Handbuch Pädagogische Anthropologie

Christoph Wulf • Jörg Zirfas (Hrsg.)

Handbuch Pädagogische Anthropologie

Springer VS

Herausgeber
Prof. Dr. Christoph Wulf
Freie Universität Berlin
Deutschland

Prof. Dr. Jörg Zirfas
Universität zu Köln
Deutschland

ISBN 978-3-531-18166-0
ISBN 978-3-531-18970-3 (eBook)
DOI 10.1007/978-3-531-18970-3

Die Deutsche Nationalbibliothek verzeichnet diese Publikation in der Deutschen Nationalbibliografie; detaillierte bibliografische Daten sind im Internet über http://dnb.d-nb.de abrufbar.

Springer VS

Lektorat: Stefanie Laux, Stefanie Loyal

Gedruckt auf säurefreiem und chlorfrei gebleichtem Papier

Springer VS ist eine Marke von Springer DE. Springer DE ist Teil der Fachverlagsgruppe Springer Science+Business Media.
www.springer-vs.de

Inhalt

Kapitel 3: Soziales

Kapitel 4: Zeit

Kapitel 5: Raum

Kapitel 6: Kultur

Homo educandus

Eine Einleitung in die Pädagogische Anthropologie

Christoph Wulf & Jörg Zirfas

Vorbemerkung

Menschen sind genuin pädagogische Wesen: Wie auch immer man den Menschen denken will oder kann, er muss *auch* in einer pädagogischen Betrachtungsweise erscheinen. Ohne Lernen oder Erziehung lässt sich der Mensch ebenso wenig verstehen, wie Lernen oder Erziehung ohne Vorstellungen vom Menschen. Dass mit dieser Fokussierung auch eine Reduzierung verbunden ist, liegt auf der Hand; Menschen sind immer *mehr* als nur pädagogische Wesen; doch es gibt keine wissenschaftliche Perspektive, die keine Reduktionismen birgt. Insofern lässt sich präziser sagen: Der Mensch ist *auch* ein genuin pädagogisches Wesen.

Geschichte und Struktur

Gegenstand der Pädagogischen Anthropologie sind der Mensch und seine Erziehungs- und Bildungsverhältnisse. Die Aufgaben einer anthropologischen Betrachtungsweise der Pädagogik bestehen einerseits darin, den Menschen von der Erziehung, Bildung und Sozialisation her und diese pädagogischen Bestimmungen vom Menschen her zu verstehen und andererseits abzuklären, welche Methodiken und Systematiken dafür erforderlich sind. Die Bemühungen um eine explizite Pädagogische Anthropologie beginnen im 18. Jahrhundert. In Folge der philosophischen und historischen Reflexionen am Anfang des 20. Jahrhunderts wird sie nach 1945 bis etwa 1975 zu einem zentralen Arbeitsbereich in der Erziehungswissenschaft. In diesem Zeitraum ist es Ziel der pädagogischen Lehre vom Menschen, die Grundlagen eines Systems zu liefern, das die pädagogischen Ausgangslagen ebenso definiert wie die Ziele, Möglichkeiten und Erfolge pädagogischer Bemühungen. Nach einer Phase der kritischen Reflexion der anthropologischen Erkenntnisse, die wegen ihrer Verkürzungen, Ideologisierungen und latenten Gewaltförmigkeiten an Bedeutung verloren, beginnt die Erziehungswissenschaft im letzten Jahrzehnt des 20. Jahrhunderts erneut, sich intensiv mit anthropologischen Fragestellungen auseinanderzusetzen. Seitdem ist in der Pädagogik unumstritten, dass anthropologische Ideen der Bildsamkeit und Bestimmung des Menschen explizit oder implizit in die pädagogischen Grundlagen, die erzieherischen Mittel und die Bildungsziele mit eingehen. Ohne anthropologisches Wissen lassen sich pädagogische Theorien und pädagogische Praxen nur unzureichend verstehen. Nicht jede Pädagogik ist eine Pädagogische Anthropologie, doch jede hat eine.

Neuere Konzepte der Pädagogischen Anthropologie seit den 1990er Jahren bestehen nun auf einer historischen, pluralistischen, kritischen und selbstreflexiven Betrachtung der Menschenbilder der Pädagogik. Sie machen mit dem Begriff der doppelten *Historizität* darauf aufmerksam, dass sich die Bestimmungen des Humanen über die Jahrhunderte hinweg stark verändert haben und dass sich auch die Betrachtungsweisen des Humanen in dieser Zeit in unterschiedliche Richtungen entwickelt haben: So macht es pädagogisch-anthropologisch durchaus einen Unterschied, ob das Wesen des Menschen in seiner Gottähnlichkeit gesehen wird, und ob diese Bestimmung mittels frühneuzeitlicher philosophischer Reflexion erfolgt ist, oder ob der Mensch als genetisches Lebewesen begriffen wird, dessen Charakteristika mittels medizinischer Testverfahren des 21. Jahrhunderts bestimmt werden. Der Pädagogischen Anthropologie kommen hier, temporal betrachtet, verschiedene Aufgaben zu: Gegen die Möglichkeit des Verlorengehens schafft sie die Erinnerung an die Spuren des Menschen und seine Erziehungs- und Bildungsmöglichkeiten. Gegen die Festlegung auf eine spezifische Zukunft plädiert sie für eine mit den Human- und Bildungsprozessen verbundene irreduzible Offenheit im Humanen und Pädagogischen. Und gegen das vermeintliche gegenwärtige Wissen bringt sie die anthropologische Unabschließbarkeit, die gebrochene pädagogische Intentionalität und die Unverfügbarkeit des Anderen sowie den Umgang mit differenten Wissenszugängen ins Spiel.

Neuere Konzepte der Pädagogischen Anthropologie machen auf die *pluralen* anthropologischen Wissensformen aufmerksam. Es gibt nicht mehr die eine, prinzipiell für die Anthropologie entscheidende Disziplin, wie etwa die Philosophie in der Antike oder die Theologie im Mittelalter. Das Ende der großen Erzählungen (Lyotard) in der Moderne bedeutet auch das Ende der einen großen humanen (wissenschaftlichen) Geschichte. Pädagogische Anthropologie ist heute pluralistisch, d. h. sie bezieht ihr Wissen aus unterschiedlichen Disziplinen und – sehr bedeutsam – auch aus unterschiedlichen Kulturen: Sie ist inter- und transdisziplinär und inter- und transkulturell im Wissen darum, dass die unterschiedlichen disziplinären und kulturellen Wissensformate durchaus im Widerstreit liegen können. Die Pädagogische Anthropologie bietet ein offenes Feld des Wissens, dessen Ränder unscharf konturiert sind und das Überschneidungen mit vielfältigen Wissensformen (Philosophie, Geschichte, Ethnologie, Biologie, Psychologie, Theologie, Ästhetik usw.) enthält. Sie bildet keinen fest umrissenen, systematischen Wissenskanon, sondern eine wissenschaftliche Einstellung oder Haltung, die die Frage nach dem Humanen stellt, eben weil dieses rätselhaft und nicht vollständig erkennbar ist. Sie definiert sich über die Perspektiven und die Problematisierungen, die sich in ihrem Wissen abzeichnen.

Pädagogische Anthropologie ist sodann *kritische* Anthropologie. Gerade in den sechziger und siebziger Jahren des letzten Jahrhunderts ist deutlich herausgearbeitet worden, dass pädagogische Menschenbilder häufig durch ihre Ahistorizität, Ideologie, Normativität, Homogenisierung, Ethnozentrismus und Gewalt gekennzeichnet waren. In der Geschichte der Pädagogik war man oftmals von einem einzigen idealistischen Menschenbild ausgegangen, das folgende Kriterien hatte: männlich, weiß, europäisch, vernünftig, bürgerlich, gesund, gebildet; dieses Menschenbild wurde dann als universeller pädagogischer Maßstab verwendet. Eine wichtige Aufgabe der Pädagogischen Anthropologie heute besteht darin, auf die (gewaltförmigen) Implikationen solcher Sonderanthropologien aufmerksam zu machen und diese im Bewusstsein ihrer Historizität und Perspektivität einzuordnen. Jede Form einer Sonderanthropologie führt zur Ausgrenzung von Menschen und ihren Lebensformen. Eine weitere kritische Aufgabe besteht darin, zwischen deskriptiven, realistischen und präskriptiven, idealistischen Anthropologien zu unterscheiden. Nach der kritischen Abkehr von einem anthropologischen Fundamentalismus und der mit ihm verbundenen normativen Pädagogik anerkennt Pädagogische Anthropologie die Relativität von Paradigmen und Methoden. Ihre damit beschriebene Hinwendung zum Perspektivismus bedeutet keine Beliebigkeit, sondern das Erfordernis, die jeweilige Perspektive bzw. das jeweilige Wissen und die jeweiligen Bezüge zu definieren.

Schließlich hat die Pädagogische Anthropologie heute auf ihren eigenen *selbstreflexiven* Charakter aufmerksam gemacht. Wie kaum in einer anderen wissenschaftlichen Betrachtungsweise ist in der Anthropologie der Forschende mit sich selbst konfrontiert, gehen der Forscher und seine Gegenwart in die pädagogisch-anthropologische Forschung mit ein. Damit handelt man sich das Problem ein, dass der Anthropologe selbst zur Instanz von Frage und Antwort wird. Neuzeitliche Anthropologie ist also anthropologische Anthropologie. Wie Menschen ihr Leben nur anthropologisch leben können, da sie immer eine mehr oder weniger bewusste Vorstellung von dem haben, was menschliches Leben ausmacht bzw. ausmachen sollte, so ist auch der anthropologisch Forschende mit seinem spezifischen anthropologischen (Vor-)Verständnis vom Menschen konfrontiert. Insofern bilden die pädagogischen Menschenbilder nicht nur die Gegenstände der Forschung, sondern auch ihre Voraussetzungen, gehen doch in die Forschungen – inhaltlich und methodisch – Menschenbilder stets mit ein.

Fasst man nun diese vier Aspekte zusammen, so ergibt sich eine *paradoxale* Grundstruktur neuerer pädagogisch-anthropologischer Überlegungen, die erstens den Versuch unternehmen, pädagogische Bestimmungen des Menschen historisch zu identifizieren und aufzuklären im Bewusstsein davon, dass diese Bestimmungen sich stetig ändern (so kann man sagen, dass der antike griechische Körper *nicht* der zeitgenössische europäische Körper ist); die zweitens versuchen, die Charakteristika des Menschen nicht „hinter", sondern nur „in" spezifischen disziplinären und kulturellen Ausprägungen zu finden und somit das Spezifische des Menschen in seinen kulturell sichtbaren Variabilitäten, Differenzen und Potentialitäten auszumachen (der medizinische Begriff des Gefühls ist *nicht* der literarische; das japanische Glück ist *nicht* das deutsche); die drittens den Versuch machen, vor dem Hintergrund heterogener und inkommensurabler anthropologischer Sprachspiele eine kritische Perspektive einzunehmen, die sich zwischen einer radikalen Normativität und einer radikalen Offenheit bewegt (denn die Anthropologie einer völligen Offenheit enthält *kaum* Möglichkeiten, inhumane (pädagogische) Praktiken zu kritisieren) und die schließlich viertens versuchen, eine Selbstbezüglichkeit mit zu reflektieren, die mit einer Selbstentzogenheit und Selbstfremdheit einhergeht (um somit ein Bewusstsein seiner eigenen theoretischen und methodischen *blinden* Flecken zu gewinnen).

Zur Bedeutung von Menschenbildern

Dass jede pädagogische Vorstellung ein explizites oder implizites Menschenbild enthält, erscheint zunächst trivial. Bedeutsamer wird dieser Sachverhalt, wenn man sich bewusst macht, dass pädagogische Menschenbilder auch deskriptive und vor allem normative Vorstellungen darüber enthalten, wie Entwicklungen verlaufen bzw. verlaufen sollen oder auch, was eine humane Bestimmung ausmacht bzw. ausmachen soll. Pädagogischen Menschenbildern kommen im komplexen pädagogischen Geschehen Deutungs-, Orientierungs- und Legitimierungsfunktionen zu, weil sie Zuschreibungen ermöglichen, Erwartungen strukturieren und erzieherische Maßnahmen legitimieren. Sie sind mit Vorstellungen von wahr und falsch, gut und böse, schön und hässlich, gesund und krank etc. untrennbar verknüpft. Pädagogische Menschenbilder gehören einerseits zu der Tiefenstruktur pädagogischen Denkens und Handelns und sind andererseits von historisch-kulturellen Lebenslagen abhängig.

Pädagogische Menschenbilder werden nunmehr unter dem Versuch der Rekonstruktion der Geschichtlichkeit von Perspektiven, Methoden und Inhalten unter dem Einsatz der Denkmuster und Methoden unterschiedlicher Disziplinen, der Philosophie, Ethnologie, Biologie, Psychologie, Ästhetik, Geschichts-, Literatur- und Kulturwissenschaft etc. analysiert. Sie werden wegen ihrer traditionellen Fixierung auf eine homogenisierende normative Menschenbildpädagogik kategorisch kritisiert. Was der Mensch ist, werden kann oder sein soll, ist historisch und kulturell variabel und insofern nie absolut zu bestimmen. Was ihn ausmacht, findet man nicht hinter, sondern *in* spezifischen historischen, kulturellen und biographischen Ausprägungen; das Besondere des Menschen besteht in seiner Vielfalt und Potentialität. In diesem Zusammenhang geht es darum, wie die Pädagogische Anthropologie ihre Konstruktionen problematisieren und pluralisieren kann, ohne auf der einen Seite die Frage nach dem Menschen zu verabschieden und ohne auf der anderen Seite den Menschen auf ein als zentral gesetztes Merkmal zu verkürzen.

In vielen neueren Ansätzen der Pädagogischen Anthropologie, die dem genannten paradoxalen Ansatz aus Historizität, Pluralität, Kritik und Selbstreflexivität verpflichtet sind, erscheint „der" Mensch als *Homo absconditus*. Der Mensch wird in dieser Perspektive zu einer nicht lösbaren Frage, zu einer negativen und heuristischen Kategorie, die die Reflexion über anthropologische Grundphänomene historisch, interkulturell und transdisziplinär möglich macht. Gerade die paradoxale Fassung moderner Pädagogischer Anthropologie macht die Betonung des fragmentarischen Charakters und der Negativität von Menschenbildern möglich, d. h. die Unabgeschlossenheit, das Nichtwissen, das Nichtwissenkönnen und das Rätselhafte des Humanen. Nur wenn der Mensch offen, ja unerkennbar bleibt, können seine Bildungs- und Bestimmungsmöglichkeiten untersucht werden.

Insofern kritisieren neuere Ansätze die traditionellen Modelle einer Wesensanthropologie, die den Menschen in einer ganz spezifischen Sicht gefasst hat. So wurde der Mensch mit seiner Natürlichkeit, seiner Sozialität, seiner Vernunft oder auch seiner Göttlichkeit identifiziert. In der neueren Geschichte des anthropologischen Denkens ist allerdings darauf verwiesen worden, dass das „Wesen" des Menschen in seiner „Unwesentlichkeit" besteht. Dabei ist unter „Wesen" die Eigenheit, die Natur, die Substanz, der Sinn, der Kern oder auch das Wirkliche verstanden worden. Und unter „Unwesentlichkeit" wurden Freiheit, Bildsamkeit, Plastizität und Selbstbestimmungsfähigkeit subsumiert. Eine Pädagogische Anthropologie des *Homo absconditus* enthält sich jeder Wesensbestimmung des Menschen. Sie ist daher eine reiche, vielfältige Anthropologie. Ein Ergebnis anthropologischer Forschungen zeigt sich immer wieder: Der Versuch, die Universalien des Menschen zu bestimmen, führt zur Erkenntnis, dass die einzige Bestimmtheit des Menschen seine Unbestimmtheit ist. Zwar kann man deutlich machen, dass es viele Universalien gibt – z. B. alle Menschen werden geboren, sind sterblich, nehmen Nahrung zu sich, lernen etwas etc. –, doch „unterhalb" dieser bloß faktischen Feststellungen (die im Einzelnen weniger „faktisch" und weniger trivial sind, als man glaubt) zeigen sich zahlreiche bestehende oder mögliche Bestimmungen dieser Universalien.

Diese Form Pädagogischer Anthropologie stellt sich nicht mehr die Frage nach *dem* Menschen, sondern die Frage nach den je spezifischen, historisch-apriorischen Dimensionen, die für die Erziehungs- und Bildungsprozesse des Menschen als konstitutiv betrachtet werden. Nunmehr geht man davon aus, dass man ohne die Aspekte der menschlichen Grenzen, der Zeit- und Räumlichkeit, der Körper- und Leiblichkeit, der Kulturalität und Sozialität sowie der Subjektivität und Individualität den Menschen in der Pädagogik nicht angemessen verstehen kann. Diese Kategorien dienen der Pädagogik als Deutungs-, Orientierungs- und Legitimierungshorizonte.

Die pädagogischen Grunddimensionen

Pädagogische Anthropologie greift in ihren Fragestellungen und Methoden in unterschiedlicher Weise auf die diversen anthropologischen Ansätze natur-, geistes-, sozial- und kulturwissenschaftlicher Provenienz zurück. Oftmals wurden und werden diese Aspekte in einem Menschenbild des „Mängelwesens" Mensch kondensiert, das sich durch Erziehung und Bildung zu einem „ganzen" Menschen vervollständigen lässt. In der Moderne wird dieses anthropologische Defizitmodell zunehmend problematisch und tendenziell durch ein anthropologisches Aktivitätsmodell abgelöst, das die Entwicklungen und Handlungen des Menschen betont. Damit wird betont, dass der Mensch sich nicht zum Menschen, sondern *als* Mensch entwickelt. In diesem Sinne ist gegenüber dem bekannten Diktum von Immanuel Kant, dass der Mensch nur durch Erziehung zum Menschen werde, festzuhalten, dass der Mensch *als* Mensch erzogen wird. Und so kann man u. a. auch mit Janusz Korczak darauf aufmerksam machen, dass sich Kinder nicht erst zu Menschen entwickeln, sondern immer schon welche sind.

Aus einer anthropologischen Perspektive, und darauf ist im letzten Jahrhundert in den geistes- wie natur- und sozialwissenschaftlichen Kontexten Pädagogischer Anthropologie immer wieder hingewiesen worden, ist der Mensch ein *Homo educandus*, ein erziehungsbedürftiges Lebewesen. Neben der Erziehungsbedürftigkeit hat die Pädagogische Anthropologie noch ein anderes Moment betont, nämlich die Erziehungsfähigkeit des Menschen (*Homo educabilis*). Auf diese beiden konstitutiven Momente ist die Pädagogische Anthropologie gegründet: Nur wenn der Mensch erziehungsbedürftig ist, *soll* er auch erzogen werden, und nur dann, wenn er erziehungsfähig ist, *kann* er auch erzogen werden.

Wir möchten an dieser Stelle die pädagogischen Bestimmungen der Anthropologie um folgende Aspekte erweitern und folgenden pädagogischen Grundriss der Anthropologie vorschlagen:

1) Der Mensch ist ein erzieherisches Wesen, insofern er einerseits erzogen wird (d. h. ein erziehungsfähiges und erziehungsbedürftiges Wesen ist) und anderseits ein Wesen ist, das selbst erzieht.
2) Der Mensch ist ein lernendes (lernfähiges und -bedürftiges) Wesen.
3) Der Mensch ist ein sich bildendes (bildungsfähiges und -bedürftiges) Wesen.
4) Der Mensch ist ein lehrendes, unterrichtendes Wesen.
5) Der Mensch ist schließlich ein sich sozialisierendes und kultivierendes Wesen.

Wer für *immer, über alle Kulturen und Zeiten hinweg,* über Menschen spricht, muss folgende pädagogische Kategorien unterstellen: Menschen lernen und bilden sich, werden erzogen bzw. erziehen sich selbst, lehren andere und entwickeln sich schließlich im Umgang mit Kultur und Sozialem. Während die Begriffe „Lernen" und „Bildung" stärker auf die Eigenaktivität und Aneignung der einzelnen Individuen abheben, betonen Erziehung und Lehren stärker die an die Educanden gerichteten Anforderungen und Vermittlungsleistungen; der Sozialisationsbegriff wiederum umfasst – zumal in Doppelung seiner transitiven und reflexiven Form – diese beiden Perspektiven in ihren sozialen und kulturellen Dimensionen. Gleichwohl gelten für alle diese pädagogischen Bestimmungen, dass sie für die Pädagogische Anthropologie, ja für die Pädagogik insgesamt konstitutiv sind.

Im Folgenden sollen diese pädagogisch-anthropologischen Grundbestimmungen näher erläutert werden. Dabei lässt sich hier keine systematische und strukturelle Aufarbeitung dieser zentralen Sachverhalte vorlegen; sie kann nur angedeutet werden. Diese Andeutung soll anhand von Fallgeschichten erfolgen, an denen man die Plausibilität pädagogisch-anthropologischer Betrachtungen instruktiv entfalten kann, nämlich an den Geschichten der „wilden Kinder".

1. Erziehung

Es ist wiederholt und zu Recht hervorgehoben worden, dass der Mensch ein erziehungsbedürftiges und erziehungsfähiges Wesen ist. Und es ist auch kein Zufall, dass der Zögling historisch betrachtet zunächst und zumeist aus der Perspektive des Erziehenden in den Blick gerät: als *Homo educandus*. Hiermit drückt sich ein über Jahrhunderte hinweg dominantes (Macht-)Verhältnis aus, das den Zu-Erziehenden und die Erziehung vom Erzieher her verstanden hat. Doch dieses Machtverhältnis ist nur eine Seite der Medaille; die andere ist die Angewiesenheit des Menschen auf Erziehung. Man braucht hier nicht auf das historisch nicht gesicherte „Sprachexperiment" des Staufers Friedrich II. (1194–1250) zu verweisen, der auf der Suche nach der „Ursprache" Waisenkinder im Säuglingsalter isoliert haben soll, um deren Sprachentwicklung zu erforschen. Denn einschlägig wissenschaftlich gesichert sind dagegen die Hospitalismusforschungen etwa von René Spitz (1887–1974), die belegen, wie bedeutsam die pädagogische Unterstützung der sprachlichen Entwicklung und wie bedeutsam eine fürsorgliche Beziehung zwischen den primären Bezugspersonen und dem Kind in den ersten Lebensjahren ist.

Man kann an diesen Forschungen einige anthropologische Annahmen diskutieren. Zunächst lässt sich festhalten, dass die Antike wohl unrecht hatte, als sie den Menschen als ein „Tier" verstand, „das Sprache hat"; Menschen erscheinen in diesem Sinne eher als Tiere, die keine Sprache haben, sondern diese erst lernen müssen. Dann lässt sich zeigen, dass Erziehung mehr sein muss als Füttern, Pflegen und Schützen. Menschen brauchen Ansprache und Beziehungen, kommunikative Anerkennung als Menschen; erst dann können sie in dieser Welt überleben. Menschen sind fragile, unvollkommene Wesen, sekundäre Nestflüchter (Portmann), die einer langen Pflege bedürfen. Erziehung lässt sich in diesem Sinne nicht nur als Aufgabe verstehen, die das Überleben der Nachkommen sichert, sondern vor allem als eine, die auf das Zum-Leben-Kommen zielt. Erziehung hat die Aufgabe, Kinder in die (sprachliche) Kultur einzuführen. Anthropologisch betrachtet ist Erziehung also nötig, weil Menschen geboren werden.

Erziehung wird als dreistellige Relation gedacht, die aus dem Vermittler (Erzieher), dem Vermittelten (Gegenstand) und dem Adressaten (Zögling) besteht; in ihrer Praxis geht es um Vermittlung und Aneignung. Dass Menschen erziehungsfähig sind, bedeutet daher, dass sie in der Lage sind, sich bewusst oder unbewusst Erziehungsinhalte anzueignen, dass sie fähig sind, moralische Grundsätze oder soziale Rollenanforderungen zu übernehmen. Dass dabei mimetische Prozesse eine zentrale Rolle spielen, wird seit der Antike in anthropologischen Reflexionen immer wieder hervorgehoben. In diesem Sinne sind Menschen aber nicht nur Zu-Erziehende, sie agieren oftmals – wenn auch unbewusst – als Erzieher. Dabei wird weder ein rein intentionaler noch ein explizit funktionaler, sondern lediglich ein prozessualer Begriff von Erziehung unterstellt; d. h. es ist nicht entscheidend, Erziehung zu wollen, noch Erziehungsresultate zu konstatieren, sondern lediglich, Prozesse von (bewusster oder unbewusster) Vermittlung auf der einen und (bewusste oder unbewusste) Aneignung auf der anderen Seite zu realisieren. Menschen vermitteln Zöglingen z. B. bestimmte Einstellungen, Haltungen oder Werte, auch wenn sie diese nicht intentional verfolgen – direkt durch ihr eigenes Verhalten, aber auch indirekt durch beispielweise die zeitliche und räumliche Gestaltung des Umfelds. Und Zöglinge eignen sich bestimmte Verhaltensweisen, Intentionalitäten und Einstellungen in der Regel auch nicht bewusst, sondern unbewusst mimetisch an, indem sie die Bewegungen und Intentionalitäten der anderen kreativ nachvollziehen. Hierbei muss man hervorheben, dass viele erzieherische Tätigkeiten einen protopädischen Charakter (Sünkel) haben, das bedeutet, dass diese nicht als gesonderte erzieherische Tätigkeiten in Erscheinung treten, sondern sich im Zusammenhang mit anderen Tätigkeiten mitvollziehen. Sodann wird Erziehung historisch betrachtet häufig mit einer moralischen oder tugendhaften Erziehung gleichgesetzt; in der Gegenwart wird Erziehung eher mit allgemeinen Dispositionen und Kompetenzen in Verbindung gebracht, die für das Leben in modernen Gesellschaften unabdingbar erscheinen.

Erziehung ist also notwendig, weil Menschen sie zum Leben brauchen und sie ist möglich, weil Menschen erziehbar sind. Und: Menschen sind auch Erzieher, weil gilt, dass man *nicht nicht* erziehen kann.

2. Lernen

Sodann lässt sich der Mensch als *Homo discens*, als lernender Mensch bestimmen. Sicherlich geht man nicht zu weit mit der Behauptung, dass in dieser Definition die grundlegende pädagogisch-anthropologische Bestimmung ihren Ausdruck findet. Unter Lernen werden in diesem Zusammenhang vor allem Veränderungen in den Blick genommen, die nicht aufgrund angeborener Dispositionen, sondern aufgrund reflektierter Erfahrungen erfolgen. Lernen bezieht sich auf die reflexive Gewinnung bzw. Aneignung und die Erarbeitung bzw. den Besitz von veränderten Wissensformen. Geht man von (strukturellen) Erziehungs- oder (formalisierten) Unterrichtssituationen aus, so lässt sich das aneignende Lernen als eine Seite von Erziehung und Unterricht begreifen. Neben diesen formalisierten Lernprozessen müssen aber auch die nonformalen und informellen Lernprozesse berücksichtigt werden, d. h. Lernprozesse, die mehr oder weniger ohne Vermittlung oder auch ganz selbsttätig erfolgen. Man kann dabei Lernen in die Dimensionen Wissen lernen, Können lernen, Leben lernen und Lernen lernen (Göhlich) unterscheiden und sollte aus pädagogischer Sicht auch daran erinnern, dass Lernen in und durch Erfahrungen bewirkt wird, sich der Auseinandersetzung mit einem Gegenstand verdankt, meistens sinnvoll strukturiert ist und auch einen ganzheitlichen Charakter hat. Pädagogisch betrachtet geht es hier um die Entwicklung von Lern- bzw. Erfahrungsfähigkeit: in der Übung der Wahrnehmung, in der Reflexion auf Urteilsmöglichkeiten und in der Verbesserung von Handlungsformen. Der Mensch erscheint in dieser Hinsicht als ein fast unbegrenzt lernfähiges oder veränderungsfähiges Wesen.

Ungeachtet der in unterschiedlichen Disziplinen anzutreffenden Stellungnahmen, die Menschen aus diversen Gründen die Lernfähigkeit absprechen (Beispiele hierzu finden sich etwa in den sonderpädagogischen Diskussionen), muss aus pädagogisch-anthropologischer Sicht Lernen (normativ) unterstellt und (empirisch) nachvollziehbar gemacht werden. In diesem Sinne versuchte Jean-Marc Gaspard Itard (1774–1838) die sinnliche Wahrnehmung oder genauer die Nahsinne des als Victor von Aveyron (1788–1828) bekannt gewordenen etwa 12-jährigen Jungen durch das tägliche Baden zu entwickeln. Dahinter steht die Absicht, dass das Bewusstmachen der eigenen Gefühlswelt und damit der Eigenperspektive eines Ichs auch mit einer Sensibilisierung der Sozialität des Menschen einhergeht. Damit folgt Itard zwar den heute als widerlegt geltenden anthropologischen und erkenntnistheoretischen Theorien von Locke und Condillac, d. h. der Idee, dass der Mensch eine *tabula rasa* sei, die mittels Eindrücken perfektioniert werden kann, erzielt aber durchaus Erfolge mit seinen Sensibilisierungsbemühungen. Victor zeigt trotz der Schwere seiner Deprivation eine Entwicklung seiner sozialen Beziehungsfähigkeit, etwa in seiner Beziehung zu seiner Mitbetreuerin Madame Guérin, oder auch in seinem freundschaftlichen Umgang mit Itard selbst. Als pädagogischen Fehler kann man Itard allerdings ankreiden, dass er versuchte, das emotionale vom intellektuellen Lernen zu trennen, obwohl auch er wissen konnte, dass die kognitive Verarbeitung von Welt von basalen affektiv-sozialen Beziehungen getragen wird. Deutlich wird an diesem Beispiel auch, dass das Lernen und die Lernfähigkeit sensible Phasen und kritische Zeiträume haben; wenn bestimmte Fähigkeiten bzw. Kompetenzen im Laufe der frühen Ontogenese nicht gelernt werden, so entstehen irreversible Veränderungen, die in späteren Zeiten nicht mehr kompensiert werden können.

Kurz: Der Mensch ist ein lernbedürftiges und lernfähiges Wesen, ein *Homo discens*.

3. Bildung

Wie kaum ein anderer Begriff ist der Bildungsbegriff (der hier nicht trennscharf vom Lernbegriff unterschieden wird) in der jüngeren pädagogischen Geschichte mit Vorstellungen und Ansprüchen aufgeladen worden. Aus anthropologischer Sicht wird mit dem Begriff der Bildung einerseits auf eine Normativität abgehoben, d. h. auf ein Menschenideal, das für Erziehung, Lernen und Unterrichten bzw. für den Bildungsprozess maßgebend ist; und andererseits wird mit Bildung auch die Bildsamkeit als Voraussetzung von Bildung impliziert – worauf hier eingegangen werden soll. Das Prinzip der Bildsamkeit, das seit Herbart als konstitutiv für pädagogisch-anthropologisches Denken und Handeln gelten muss, bezieht sich nun wiederum einerseits auf die (empirische) Bildungsfähigkeit (im Sinne von Erfahrungs-, Lern- und Entwicklungsmöglichkeit), andererseits auf den (normativen) Umstand, dass jedes Individuum an seiner Selbstbestimmung zu arbeiten habe; und schließlich wird mit diesem Begriff auch darauf abgehoben, dass es letztlich kein universelles Maß für die Bildsamkeit der einzelnen Person gibt, das dieser seine Bestimmung von außen auferlegen kann.

Argumentiert man in der Linie traditioneller Bildungstheorien – von Sokrates und Platon über Rousseau und Humboldt bis hin zu Benner und Koller – so haben Bildungsprozesse mit Fragen der Fremdheit oder Andersheit, mit Negativität oder Widerständigkeit, mit Neuem und Unerwartetem, mit Unvorhergesehenem und Unerhörtem zu tun, d. h. mit Momenten, die die Bedingungen der Möglichkeit für die Transformation von grundlegenden Dispositionen und Habitusformen des Menschen implizieren.

Auch dieser Sachverhalt lässt sich an den „wilden Kindern" und speziell an Victor verdeutlichen; an ihm lässt sich zeigen, dass er bildungsfähig im Sinne von lernfähig war, hat er doch gelernt, sich – in Grenzen – für die Gesellschaft nützlich zu machen und hat er doch auch gelernt, sich moralisch, und hier vor allem gerecht zu verhalten. Deutlich wird an diesem Beispiel auch, dass der für ihn verantwortliche Pädagoge Itard Victor eine sprachliche Form von Bildung vermitteln wollte, die dieser selbst, wohl aufgrund einer durch eine jahrelange Isolierung verursachten Erstarrung der Bildungsfähigkeit, die durch den Mangel an wiederholenden Erfahrungen zustande kam, nicht leisten konnte. In diesem Sinne wäre es einen Versuch wert gewesen, dem „wilden Kind" die schon von den Kindern der Taubstummenanstalt praktizierte Gebärdensprache beizubringen. Denn die Bildsamkeit eines Menschen ist nicht der anthropologische Maßstab, an dem seine Bestimmung zu messen ist, sondern die pädagogische *Aufgabe*, die sich aus seiner Bestimmung ergibt, dass der Mensch sich selbst bilden *soll*. Insofern enthält der Terminus Bildsamkeit im Kern eine anthropologisch-pädagogische Bestimmung, die sich auf das Verhältnis der pädagogischen Interaktion und auf die Möglichkeit der Mitwirkung der Zu-Erziehenden an pädagogischen Interaktionen bezieht. Die Bildsamkeit eines Menschen verdankt sich (auch) pädagogischen Maßnahmen. Bildsamkeit ist weniger eine Voraussetzung denn eine Reaktion auf die pädagogische Umwelt. Sie bewegt sich an der Grenze von Subjektivität und Intersubjektivität.

Der Titel der Bildungsbedürftigkeit weist ergänzend darauf hin, dass Menschen ein gelungenes Selbst- und Weltverhältnis nicht voraussetzen können, sondern selbsttätig entwickeln müssen. Menschen sind Lebewesen, die ihr Leben erst lernen müssen. Bildungsbedürftigkeit bezeichnet daher zunächst einen genuinen Bildungswillen, der darauf zielt, den Wahrnehmungs-, Denk- und Handlungshorizont zu erweitern, den Selbstbezug zu differenzieren und zu vertiefen oder auch die Reflexionsformen zu ergänzen und zu intensivieren. Dieser Bildungswille ist durchaus bei den „wilden Kindern" vorhanden, bei Victor von Aveyron, Kaspar Hauser oder auch den indischen „Wolfskindern" Amala und Kamala. In diesen Fällen finden wir immer wieder Hinweise darauf, dass Menschen sich motorisch, emotional, sozial, sprachlich etc. weiterentwickelt haben, weil sie sich für sich und die Welt interessiert haben. Die Bildungsbedürftigkeit – wie die Bildsamkeit – zeigt sich in der Entwicklung ihrer Hervorbringung. Und diese Hervorbringung ist kein durch die Natur vorgegebener, passiver, sondern ein durch pädagogische Maßnahmen (mit-)initiierter aktiver Entwicklungsprozess.

Der Mensch ist also von Anfang an ein Wesen, das bildungsbedürftig und bildungsfähig ist, ein *Homo formans.*

4. Lehren

Kaspar Hauser (1812–1833), der im Alter von sechzehn Jahren 1828 völlig verwahrlost in Nürnberg aufgegriffen worden war, wurde zur Erziehung und Unterrichtung u. a. bei dem wegen Kränklichkeit beurlaubten Gymnasialprofessor und späteren Religionsphilosophen Georg Friedrich Daumer (1800–1875) untergebracht. Hauser erreichte hier in zwei Jahren den Kenntnisstand eines vierzehnjährigen Jugendlichen; er konnte sprechen, lesen, schreiben, rechnen und zeichnen; er liebte Musik, schrieb Gedichte, pflegte die Geselligkeit und die christliche Religion – und er konnte sich disziplinieren, d. h. er hatte auch gelernt zu lernen. Folgerichtig ging er dann auch auf das städtische Gymnasium in Nürnberg.

Sowohl Daumers als auch Itards Unterrichtsversuche sind in einem neuzeitlichen Sinne dezidiert pädagogisch, d. h. von dem Bestreben geprägt, eine auf den Schüler zugeschnittene individuelle Lehrmethode zu entwickeln und auch Erfolg versprechende Lehrgegenstände zu verwenden, und insofern nicht nur von einem philosophischen Gedankengebäude, dem Curriculum oder den Lehrinhalten, sondern vom Individuum und seinen Fortschritten, ja seinen Möglichkeiten, auch die pädagogische Umwelt mitzugestalten, her zu denken.

Doch lässt sich Lehren und Unterrichten noch weitergehender begreifen. Versteht man unter Lehren und Unterricht ganz allgemein den Sachverhalt, dass ein Lehrender den Versuch unternimmt, den Kenntnis- oder Fähigkeitsstand eines Educanden zu erweitern oder zu vertiefen – unabhängig davon, ob dieser Versuch erfolgreich ist –, so finden sich Unterrichtsformen, wenn es um Zeigen, Informieren, Hinweisen, Erklären,

Beraten usw. geht. Menschen können, so könnte man hier folgern, *nicht nicht* unterrichten bzw. *nicht nicht* unterrichtet werden: Sie sind immer auch in unterrichtliche Situationen verstrickt. Dabei wird hier nicht unterstellt, dass das Lehren aus einer genuin pädagogischen Intention geschieht, mit pädagogischen Maßnahmen und Methoden operiert, sich in einem pädagogischen Rahmen (etwa der Schule) vollzieht oder einer besonderen Ausbildung bedarf. Noch in den banalsten Unterrichts- und Lehrsituationen sind zwei pädagogische Momente zu erkennen, nämlich einerseits die Vermittlung eines Unterrichtsgegenstandes (z. B. der beste Weg zu einem Ziel) und andererseits die Vermittlung des Umgangs mit diesem Gegenstand, i. e. ein formales lernendes Lernen (z. B. wie man den besten Weg findet). Insofern ist das Lehren immer auf ein Lernen bezogen, wenn es auch nicht sicher ist, dass dieses tatsächlich stattfindet. Zu ergänzen ist, dass Lehren (und auch Erziehen) in expliziter Form etwa in der Interaktion zwischen Personen wie auch in impliziter Form etwa in der Interaktion des Lernenden mit (bereitgestelltem) Material oder Medien erfolgen kann. Dabei zielt das Unterrichten, anders als die Erziehung, weniger auf eine (moralische) Haltung, als vielmehr auf die Vermittlung von Informationen und Fähigkeiten.

Der Mensch ist also ein lehrendes Wesen, ein *Homo docens.*

5. Sozialisation

Ein für „wilde Kinder" kennzeichnendes Moment besteht in der fehlenden oder auch mangelhaften Sozialisation. Der *Homo ferus* ist vor allem der nicht kultivierte und sozialisierte Mensch. Dass ein Wesen, das außerhalb der Gesellschaft lebt, entweder ein Tier oder ein Gott sein musste, war schon in der Antike anthropologisches Allgemeingut. Versteht man unter Sozialisation die Vergesellschaftung des Menschen bzw. die Entwicklung der Persönlichkeit in der Abhängigkeit vom sozialen Umfeld, so wird zunächst zweierlei deutlich: Erstens ist damit Sozialisation als Prozess bestimmt, der Vergesellschaftung und Individualisierung gleichermaßen umfasst; und zweitens ist pädagogisches Handeln als Teil des Sozialisationsprozesses anzusehen. Aus anthropologischer Perspektive erscheint Sozialisation deshalb als unumgänglich (man könnte hier auch von Sozialisationsbedürftigkeit sprechen), weil Menschen auf andere Menschen grundlegend angewiesen sind und weil sie die Regeln eines gemeinsamen Zusammenlebens erst lernen müssen. In bewussten oder unbewussten Sozialisationsprozessen eignet sich der Mensch im Laufe seines Lebens die Wahrnehmungs-, Denk- und Handlungsmuster sowie die Maßstäbe der ihn umgebenden Kultur in ihren symbolischen Formen und performativen Praxen an.

In diesem Kontext soll hier zunächst ein Faktum Berücksichtigung finden: So scheint es kein Zufall zu sein, dass sowohl Victor als auch Kaspar, wie so viele andere „wilde Kinder", kein Interesse an Sexualität entwickelt haben. Kinder und Jugendliche lernen genau jene Wahrnehmungs- und Geschmacksmuster, die in ihren individuellen soziokulturellen Umwelten Gültigkeit besitzen; Sexualität bildet aber in der sozialen Umwelt der „wilden Kinder“ (oftmals) keinen „Wert“. Wenn spezifische lebensgeschichtlich bedeutsame soziale Erfahrungen zu bestimmten Zeitpunkten nicht erfolgen, so kann es durchaus zu einer Einschränkung der (hier sexuellen) Sozialisation des Menschen kommen. Kleinkinder lernen schon früh vor allem in sozialen Erfahrungen und generieren somit Beziehungswissen. Sie müssen (Strategien) lernen, um Kontakt aufzunehmen und zu halten, Situationen und Gegenstände zu vermeiden, Interaktionen auszugestalten, Geschmackspräferenzen auszudrücken, Menschen und Gegenstände nachzuahmen etc. In diesen Sozialisationsprozessen sind Subjektivität (eigene Erlebnisse, Erfahrungen), Intersubjektivität (Erfahrungen anderer Menschen), Objektivität (Realität, Welt) und Entwicklung (Reifung) in einer komplexen Beziehung miteinander verschränkt. Der Begriff der Sozialisation verweist anders als die Begriffe „Erziehung“ und „Unterricht“ stärker auf die Komplexität der Einflüsse, die der Mensch assimilieren muss bzw. an die er sich zu akkommodieren hat. Erstaunlich ist dabei die Plastizität des Menschen. Eine immer wieder dokumentierte, entscheidende Differenz zwischen Tieren und Menschen besteht darin, dass Tiere Menschen nur sehr begrenzt, wenn überhaupt nachmachen können, aber Menschen Tiere: Man kann Tiere nicht humanisieren, doch Menschen können „zu Tieren“ werden und sich an deren soziales Umfeld assimilieren. Daher rühren die immer wieder als sinnliche und körperliche oder auch soziale und emotionale Deprivationen beschriebenen Sozialisationseffekte der „wilden Kinder“: das Laufen auf allen Vieren, die Unempfindlichkeit gegenüber Witterungseinflüssen, die außerordentliche Sensibilität, die mangelnde Empathiefähigkeit, die Gegenwartsbezogenheit, die Aggressivität etc. Ohne grundlegende Formen des Sozialen (die ggf. auch durch Tiere vermittelt werden können) kann kein Mensch überleben.

Der Mensch ist also ein soziales Wesen, ein *Homo socialis.*

Zusammenfassung

Zeichnet sich die Pädagogische Anthropologie methodologisch durch eine paradoxale Struktur aus (s. oben), so liegt ihren pädagogischen Grundbegriffen letztlich eine Grenzstruktur zugrunde, die viele Fragen und Probleme zeitigt. Dies soll hier kurz skizziert werden: Diese Struktur betrifft erstens den Zusammenhang von Bedürftigkeit und Fähigkeit, sodann den Zusammenhang von Möglichkeit und Wirklichkeit, drittens den Zusammenhang von Subjektivität und Intersubjektivität und schließlich den Zusammenhang von Passivität und Aktivität. Indem sich die Bestimmungen der Pädagogischen Anthropologie zwischen Bedürftigkeit und Fähigkeit bewegen, machen sie zum einen auf eine Mangelstruktur, auf noch zu behebende (existentielle) Defizite und Inkompetenzen aufmerksam und verknüpfen damit gleichzeitig die Aufforderung, diese Bedürftigkeiten zu kompensieren, wobei Fragen nach den spezifischen Mängeln, nach Umfang oder Intensität der Kompensation geklärt werden müssen. Zum anderen verweist dieses Spannungsverhältnis zwischen Bedürftigkeit und Fähigkeit auf das pädagogische Grundparadox, Menschen zu einem Können (Fähigkeit) aufzufordern, das sie noch nicht zu leisten imstande sind (Bedürftigkeit) und sie als mündige Personen anzuerkennen, deren Eigenschaften sie noch nicht aufweisen (Benner).

Mit dieser Paradoxie ist eine weitere Grenzdefinition verknüpft, nämlich das Spannungsverhältnis zwischen Möglichkeit bzw. Kompetenz (gr. *dynamis*) auf der einen und Wirklichkeit bzw. Performanz (gr. *energeia*) auf der anderen Seite. Hier ist die pädagogisch-anthropologische Frage zu klären, ob die von einem Menschen gezeigten Fertigkeiten Ausdruck einer Fähigkeit sind, d. h. ob die Kompetenz mit der Performanz zusammenfällt, oder ob der Bereich der Fähigkeiten als Ermöglichungsgrund umfassender ist als die Leistungen selbst. Sodann ist damit die in letzter Zeit sozialisationstheoretisch stark diskutierte These von den Ungleichheiten der diversen Kapitalsorten (Bourdieu) impliziert, d. h. vor allem die Frage, inwieweit sich das inkorporierte kulturelle Kapitel der (familialen) Umwelt verdankt.

Pädagogisch-anthropologische Bestimmungen sind drittens Grenzbestimmungen, die sich zwischen Subjektivität und Intersubjektivität bewegen. Die Termini Bedürftigkeit, Bildsamkeit, Lernfähigkeit etc. verweisen nicht nur auf eine anthropologische Qualität der Zu-Erziehenden, sondern ebenso auf die Handlungen des (im oben skizzierten weiten Sinne) Erziehenden und Lehrenden. Diese beginnen bei der Wahrnehmung dieser Bestimmungen, verlaufen über deren Einschätzung und Beurteilung und enden in konkreten pädagogischen Praktiken. Das aber bedeutet, dass Bildsamkeit nicht nur auf eine natürliche Begabung, sondern auch auf eine pädagogische Be-Gabung abhebt. Allerdings ist nicht jede pädagogische Be-Gabung möglich, was sich an Menschen mit spezifischen physischen und psychischen Schädigungen zeigt, die nicht in der Lage sind, bestimmte Lerngegenstände zu lernen oder bestimmten Lehrmethoden zu folgen.

Und schließlich implizieren die genannten Grundbestimmungen auch noch das Spannungsverhältnis von Passivität und Aktivität. Werden unter Bildsamkeit, Lern- und Erziehungsfähigkeit oder auch unter Bildungs-, Lern- und Erziehungsbedürftigkeit eher passive Momente der Beeinflussbarkeit oder Formbarkeit verstanden oder sind mit ihnen auch aktive Aspekte der Spontaneität, Selbsttätigkeit und Reflexivität verbunden? Inwieweit verdanken sich Bildungs- und Erziehungsprozesse dem Anderen bzw. den Antworten auf den Anspruch des Anderen, d. h. inwieweit sind diese durch ein emphatisches, passives Moment gekennzeichnet? Oder sind diese Prozesse nicht vielmehr von den eigenen selbstständigen Praktiken eines selbstgesteuerten Lernens oder eines aktiven Bildungsinteresses abhängig?

Zum Aufbau des Bandes

Dieses Handbuch erhebt nicht den Anspruch, einen vollständigen Überblick über die im Kontext der Pädagogischen Anthropologie geleisteten Arbeiten zu liefern. Mit einer gewissen Berechtigung kann man sagen, dass es eine Art Grundriss der hier erarbeiteten Studien repräsentiert. Die Pädagogische Anthropologie hat sich in den letzten zwanzig Jahren als eine bedeutsame Betrachtungsweise und Forschungsrichtung in den Erziehungswissenschaften etabliert. Dabei sind nicht nur im Rahmen der mittlerweile über 20 Publikationen der Kommission Pädagogische Anthropologie in der Deutschen Gesellschaft für Erziehungswissenschaft (DGfE; s. u.: Literatur) zahlreiche Veröffentlichungen entstanden, die grundsätzliche theoretische und methodische Fragen, einzelne Aspekte und Fragestellungen sowie empirische, vor allem ethnografische Untersuchungen umfassen. Da man auch heute nicht von einer Pädagogischen Anthropologie im Singular sprechen kann – sind doch in diesem Feld die Begrifflichkeiten, Methoden, Gegenstände und Perspektiven zu vielfältig, um nicht zu sagen zu heterogen und inkommensurabel –, lässt sich auch keine wie auch immer geartete allgemeine und umfassende Struktur dieser Betrachtungsweise konstruieren.

Der hier vorliegende Versuch ist daher nicht „der" Pädagogischen Anthropologie, sondern Überlegungen der Herausgeber geschuldet – die allerdings von einer ganzen Reihe der in diesem Band versammelten Kolleg(inn)en geteilt werden. Sie begreifen Pädagogische Anthropologie als eine Art Querschnittsdisziplin mit einer methodischen Vielfalt, die unterschiedliche Zugänge verschiedener disziplinärer Ansätze nebeneinander stellt, deren Positionen verdeutlicht und deren „blinde Flecken" veranschaulicht, ohne mit dem normativen Gestus einer methodischen Festlegung aufzutreten. Dieser Form Pädagogischer Anthropologie geht es um die Erprobung einer Betrachtungsweise, die mit Hilfe geistes-, sozial- und naturwissenschaftlicher Befunde die gegenwärtig gültigen kategorialen Begriffsrahmungen relativieren und das Fragmentarische und Vorläufige jeder pädagogisch-anthropologischen Bestimmung deutlich machen will. Für diesen Blickwinkel liefert das Handbuch einen systematischen Grundriss: Systematische Versuche kommen wohl in der Moderne ohne einen letzten Rest an Kontingenz, Idiosynkrasie und Dezision nicht aus. Auf Plausibilität dieses Ansatzes kann in diesem Sinne nur gehofft werden.

Um noch einmal den Ausgangspunkt zu verdeutlichen: Die hier zugrunde liegende Idee Pädagogischer Anthropologie besteht in einer negativen Anthropologie als Zurückweisung jeglicher Form einer essentialistischen Menschenbildpädagogik, die zugleich auch das Nicht-Humane festzulegen in der Lage ist. Sie betont ein „bildloses Bild" des Menschen, das sich durch mehrere strukturelle anthropologische Dimensionen auszeichnet, die als notwendige Bedingungen und prinzipielle Möglichkeiten des Menschseins verstanden werden können. Die hier angegebenen Dimensionen definieren nicht *den* Menschen; sie bilden allerdings die notwendigen historischen Bedingungen dafür, über den Menschen sprechen zu können. Wir setzen diese Dimensionen voraus, wenn wir den Menschen thematisieren. Sie beanspruchen keine Gültigkeit a priori, sondern lediglich eine historisch-apriorische Geltung.

Vor dem Hintergrund dieser Überlegungen besteht die Grundidee dieser heuristischen Pädagogischen Anthropologie darin, strukturelle anthropologische Dimensionen auf pädagogische Sachverhalte zu beziehen. Hier wird nicht mehr die Frage nach *dem* Menschen gestellt, sondern die Frage nach den Momenten, die für das Menschsein als konstitutiv gelten können. Wir können heute nicht mehr sagen, was der Mensch ist, doch wir können zeigen, dass wir ihn in bestimmten Dimensionen denken (müssen):

Das Handbuch skizziert zunächst aus einer allgemeinen Perspektive diejenigen methodischen Zugänge der Pädagogischen Anthropologie, die sich so auch in anderen Teilbereichen der Erziehungswissenschaft wiederfinden lassen, nämlich die theoretischen, historischen, empirischen, (pragmatisch) institutionellen, interkulturellen und interdisziplinären Zugänge zur pädagogischen Frage nach dem Menschen (Kapitel 1: Zugänge). Dann erfolgt ein systematischer Überblick über die anthropologischen Grunddimensionen: Der Mensch ist, und diese Dimension stand historisch lange im Schatten des Geistes, ein körperliches Wesen. Der Körper ist Ausgangspunkt, Zielpunkt, Gegenstand und Mittel pädagogischer Einwirkungen und hinsichtlich seiner Sinnlichkeiten und Praktiken in den Blick zu nehmen (Kapitel 2: Körper). Der Mensch ist weiterhin, und das wurde bislang auch betont, ein soziales Wesen. Die Selbstbeziehung und die Weltbeziehung werden wesentlich über soziale Beziehungen vermittelt und entwickelt, was u. a. mit dem Umstand zusammenhängt, dass die sozialen Erfahrungen ontogenetisch schon vor der Geburt von so zentraler Bedeutung für den Menschen sind (Kapitel 3: Soziales). Der Mensch ist sodann ein zeitliches Wesen, das eine phylogenetische und eine ontogenetische Geschichte hat; zudem muss es seine Zeit und die seiner Mitmenschen in irgendeiner Form „zeitigen“. Auch die Thematik der genetischen, sozialen, individuellen etc. Zeiten und der Umgang mit ihnen ist ein konstitutives Thema der Pädagogischen Anthropologie (Kapitel 4: Zeit). Das gilt auch für den Raum: So wie sich der Mensch von der Zeit her verstehen lässt, so auch vom Raum. Er schafft sich – mehr oder weniger – pädagogische Räume und er versteht sich selbst in räumlichen Kontexten. Dabei lassen sich unterschiedliche Räumlichkeiten thematisieren, z. B. architektonische, psychische oder soziale (Kapitel 5: Raum). Der Mensch ist ein Kulturwesen, wobei hier unter Kultur die Gesamtheit von Lebensformen und mentalen Grundlagen einer Gruppe verstanden wird. Für die anthropologische Kulturalität spielen vor allem performative, mimetische und symbolische Dimensionen eine wichtige Rolle. Die Kultur dient dem Menschen zur Gestaltung des Überlebens wie des guten Lebens, als auch dem Verständnis seiner selbst und der Welt (Kapitel 6: Kultur). Sodann lässt sich der Mensch auch als subjektives Lebewesen verstehen, als Individuum mit einer einzigartigen Biographie. Erfahrungen, Reflexionen und Wertmaßstäbe haben einerseits einen radikal individuellen Kern und verweisen doch andererseits auf die sie ermöglichenden allgemeinen Strukturen der Gesellschaft, der Normativität oder der Macht (Kapitel 7: Subjekt). Und schließlich ist der Mensch ein Wesen, das sich durch Grenzziehungen auszeichnet, es zieht Grenzen *im* Humanen (etwa zwischen gesund und krank oder zwischen weiblich und männlich) und es zieht Grenzen *des* Humanen (indem es Differenzen zu Gott, dem Tier oder der Maschine markiert), die auch ihre pädagogischen Effekte haben (Kapitel 8: Grenzen).

Danksagungen

Herzlich möchten wir uns bei allen bedanken, die an der Erarbeitung dieses Handbuchs mitgewirkt haben. Im Unterschied zu anderen Werken dieser Art haben die meisten Autorinnen und Autoren bereits jahrelang, zum Teil sogar sehr intensiv zusammengearbeitet, so dass es zwischen den Beiträgen eine erhebliche Kohärenz gibt. Für deren Auswahl und Anordnung tragen jedoch die Herausgeber die alleinige Verantwortung. Wir möchten uns herzlich bei den Autorinnen und Autoren für die Zusammenarbeit und das Engagement bedanken. Für die Unterstützung bei der redaktionellen Arbeit danken wir Dr. Michael Sonntag und Matthias Hirschmann, Diana Lohwasser, Anne Örtel und Felix Werner; für die Erarbeitung des Index und der Autorenliste Melanie Hillerkus. Besonderen Dank schulden wir Stefanie Laux vom Springer-Verlag, die unser Projekt von Anfang an wohlwollend unterstützte.

Christoph Wulf und Jörg Zirfas Berlin und Köln im Herbst 2013

Literatur: Schriftenreihe der Kommission Pädagogische Anthropologie

Band 1: Mollenhauer, Klaus/Wulf, Christoph (Hrsg.) (1996): Aisthesis/Ästhetik. Zwischen Wahrnehmung und Bewusstsein. Weinheim.

Band 2: Wulf, Christoph (Hrsg.) (1996): Anthropologisches Denken in der Pädagogik 1750–1850. Weinheim.

Band 3: Liebau, Eckart/Wulf, Christoph (Hrsg.) (1996): Generation. Versuche über eine pädagogisch-anthropologische Grundbedingung. Weinheim.

Band 4: Lüth, Christoph/Wulf, Christoph (Hrsg.) (1997): Vervollkommnung durch Arbeit und Bildung? Anthropologische und historische Perspektiven zum Verhältnis von Individuum, Gesellschaft und Staat. Weinheim.

Band 5: Sting, Stephan (1998): Schrift, Bildung und Selbst. Eine pädagogische Geschichte der Schriftlichkeit. Weinheim.

Band 6: Sting, Stephan/Dieckmann, Bernhard/Zirfas, Jörg (Hrsg.) (1998): Gedächtnis und Bildung. Erinnerte Zusammenhänge. In: Dies. (Hrsg.): Gedächtnis und Bildung. Pädagogisch-anthropologische Zusammenhänge. Weinheim.

Band 7: Zirfas, Jörg (1999): Die Lehre der Ethik. Zur moralischen Begründung pädagogischen Denkens und Handelns. Weinheim.

Band 8: Bilstein, Johannes/Miller-Kipp, Gisela/Wulf, Christoph (Hrsg.) (1999): Transformationen der Zeit. Erziehungswissenschaftliche Forschungen zur Chronotopologie. Weinheim.

Band 9: Liebau, Eckart/Miller-Kipp, Gisela/Wulf, Christoph (Hrsg.) (1999): Metamorphosen des Raumes. Erziehungswissenschaftliche Forschungen zur Chronotopologie. Weinheim.

Band 10: Schäfer, Gerd/Wulf, Christoph (Hrsg.) (1999): Bild, Bilder, Bildung. Weinheim.

Band 11: Schuhmacher-Chilla, Doris/Liebau, Eckart/Wulf, Christoph (Hrsg.) (2001): Anthropologie pädagogischer Institutionen. Weinheim.

Band 12: Göhlich, Michael (2001): System, Handeln, Lernen unterstützen. Eine Theorie der Praxis pädagogischer Institutionen. Weinheim/Basel.

Band 13: Liebau, Eckart/Peskoller, Helga/Wulf, Christoph (Hrsg.) (2003): Natur. Pädagogisch-anthropologische Perspektiven. Weinheim/Basel/Berlin.

Band 14: Wulf, Christoph/Macha, Hildegard/Liebau, Eckart (Hrsg.) (2004): Formen des Religiösen. Pädagogisch-anthropologische Annäherungen. Weinheim/Basel.

Band 15: Bilstein, Johannes/Winzen, Matthias/Wulf, Christoph (Hrsg.) (2005): Anthropologie und Pädagogik des Spiels. Weinheim/Basel.

Band 16: Bilstein, Johannes/Uhle, Reinhard (Hrsg.) (2007): Liebe. Zur Anthropologie einer Grundbedingung pädagogischen Handelns. Oberhausen.

Band 17: Wulf, Christoph/Hänsch, Anja/Brumlik, Micha (Hrsg.) (2008): Das Imaginäre der Geburt. Praktiken, Narrationen und Bilder. München.

Band 18: Baader, Meike Sophia/Bilstein, Johannes/Wulf, Christoph (Hrsg.) (2008): Die Kultur der Freundschaft. Praxen und Semantiken in anthropologisch-pädagogischer Perspektive. Weinheim/Basel.

Band 19: Bilstein, Johannes (Hrsg.) (2011): Anthropologie und Pädagogik der Sinne. Opladen/Farmington Hills.

Band 20: Baader, Meike Sophia/Bilstein, Johannes/Tholen, Toni (Hrsg.) (2012): Erziehung, Bildung und Geschlecht. Männlichkeiten im Fokus der Gender Studies. Wiesbaden.

Band 21: Bilstein, Johannes/Peskoller, Helga (Hrsg.) (2013): Erfahrung – Erfahrungen. Wiesbaden.

Band 22: Bilstein, Johannes/Brumlik, Micha (Hrsg.) (2013): Die Bildung des Körpers. Weinheim/Basel.

Bände in Vorbereitung

Band 23: Althans, Birgit/Bilstein, Johannes (Hrsg.): Ernährung.

Band 24: Bilstein, Johannes/Winzen, Matthias (Hrsg.): Technik.

Kapitel 1
Zugänge

Theorie

Christoph Wulf & Jörg Zirfas

Spätestens seit Kant sind Anthropologie und Pädagogik miteinander verschränkt. Erziehung und Bildung sind ohne implizite oder explizite Vorstellungen vom Menschen und seiner Bildsamkeit nicht möglich. Menschen können sich nur durch Erziehung und Bildung zu Menschen entwickeln. Die Erziehungsbedürftigkeit und prinzipielle Angewiesenheit des Menschen auf Bildung ist eine *conditio humana,* ohne deren Berücksichtigung menschliches Leben nicht möglich ist.

Ziel der Anthropologie ist die Erforschung des bzw. der Menschen mit dem Ziel, das anthropologische Wissen zu verbessern und so zu einem umfassenden Verständnis der Menschheit beizutragen. Aufgabe der Pädagogik bzw. der Erziehungswissenschaft ist es, das Wissen über den bzw. die Menschen unter dem Gesichtspunkt ihrer Bildbarkeit zu verbessern und dadurch einen Beitrag zu den Voraussetzungen von Erziehung bzw. Bildung zu leisten.

In einer Zeit, in der die europäischen Kulturen nicht mehr allein den Maßstab dafür abgeben, was in der globalisierten Welt darunter zu verstehen ist, Mensch zu sein, man also vom Ende einer normativen Anthropologie ausgehen muss, ist anthropologisches Wissen besonders notwendig (Bohlken/Thies 2009; Antweiler 2009). In einer Zeit der Globalisierung bedarf es daher verstärkter anthropologischer Forschung, um das, was den Menschen gemeinsam ist, mit dem in Bezug zu setzen, was sie unterscheidet. Anthropologisches Wissen ist durch eine doppelte Geschichtlichkeit und Kulturalität gekennzeichnet, also durch ein Bewusstsein davon, dass Wissen über andere historische Epochen und Kulturen durch die eigene Geschichtlichkeit und Kulturalität mitbestimmt wird.

Diese Einsicht gilt auch für die Pädagogische Anthropologie, für die zwei weitere Merkmale von zentraler Bedeutung sind. Einmal erforscht sie die in der Pädagogik bzw. der Erziehungswissenschaft vorhandenen Menschenbilder (Wulf 2001; Zirfas 2004). Sodann konstituiert sich Pädagogische Anthropologie in epistemologischer Hinsicht in

Auseinandersetzung mit ihrer Geschichte und mit den zentralen Paradigmata der Anthropologie (Wulf 2009, 2010; Wulf/Kamper 2002).

Zur Genese Pädagogischer Anthropologie

In der Entwicklung der Pädagogischen Anthropologie lassen sich in der zweiten Hälfte des 20. Jahrhunderts zunächst drei Richtungen unterscheiden, die sich in der Auseinandersetzung mit der Philosophie und einigen Wissenschaften herausgebildet haben und unterschiedliche Beiträge zur Theorie Pädagogischer Anthropologie liefern. Dabei handelt es sich um (1) eine phänomenologische, (2) eine integrative und (3) eine philosophische Strömung. Seit den 90er Jahren entstand dann in intensiver Auseinandersetzung mit diesen Richtungen eine Historisch-Pädagogische Anthropologie (Wulf/Zirfas 1994; Wulf 2001, 2009, 2010; Zirfas 2004).

Phänomenologische Pädagogische Anthropologie

Über Vorformen Pädagogischer Anthropologie, zu denen man Herman Nohls *Pädagogische Menschenkunde* von 1927 und Wilhelm Flitners *Allgemeine Pädagogik* von 1933 rechnen kann, entwickelt sich die phänomenologisch orientierte Pädagogische Anthropologie in den fünfziger Jahren durch Martinus Langevelds Studien zur Anthropologie (Langeveld 1964) und Otto Friedrich Bollnows (1965) Aufarbeitung existenzieller Phänomene wie Ehrfurcht, Stimmung, pädagogische Atmosphäre, Raum. Unter Bezug auf Arbeiten von Merleau-Ponty, Ricoeur und Waldenfels wird zwanzig Jahre später in der Historisch-Pädagogischen Anthropologie ebenfalls die menschliche Körperlichkeit aufgewertet und zum Ausgangs- und Bezugspunkt von Erziehungs- und Bildungsprozessen und ihrer Erforschung gemacht.

Integrative Pädagogische Anthropologie

Von der phänomenologischen Orientierung Langevelds, Bollnows und anderer grenzen sich in den sechziger Jahren Ansätze ab, die auf die Integration anthropologischer Forschungen einzelwissenschaftlicher Disziplinen in die Pädagogik zielen. Leitende Gesichtspunkte sind die Kriterien Bildsamkeit und Bestimmung sowie Entwicklung und Erziehung. Ziel ist es, pädagogisch relevante Ergebnisse der Humanwissenschaften mit erziehungswissenschaftlichen Fragestellungen zu vermitteln. Heinrich Roth stellt z. B. den Lernbegriff und erfahrungswissenschaftliche Befunde aus der Psychologie in den Mittelpunkt seiner Arbeiten, Max Liedtke führt die evolutionstheoretische Perspektive in die Pädagogische Anthropologie ein und verbindet Humanbiologie und Pädagogik.

Philosophische Pädagogische Anthropologie

Im Unterschied zu diesen auf die Integration von sozial- und naturwissenschaftlichem Wissen ausgerichteten Bemühungen geht der philosophische Ansatz, der in seinen zentralen Punkten und Vertretern die phänomenologisch orientierte Richtung berührt, auf die Arbeiten Max Schelers, Helmuth Plessners und Arnold Gehlens in der Philosophischen Anthropologie zurück. In dieser Tradition, für die in der Erziehungswissenschaft Otto Friedrich Bollnow und Werner Loch stehen, bemüht man sich herauszuarbeiten, was einzelne Erziehungsphänomene vom Wesen des Menschen offenbaren und welche Bedingungen zur Verwirklichung von Erziehung vorliegen müssen. Untersucht wird die den Menschen formende Kraft erzieherischen Handelns. Zum Thema wird der Mensch als zu Erziehender, als Erziehender und als bereits Erzogener. Der Mensch wird als offene Frage, d. h. als bildungsbedürftig und als bildungsfähig, als *Homo educandus* und als *Homo educabilis* verstanden. Er wird als „produktive Stelle" der Hervorbringung von Kultur begriffen, die Interpretation von Kultur als Beitrag zur menschlichen Selbstauslegung. Phänomene wie Angst, Zeit und Raum werden in anthropologischer Perspektive interpretiert und ihre pädagogische Relevanz wird untersucht. Die Forschungen aus den Einzelwissenschaften werden auf ein Gesamtverständnis des Menschen bezogen.

Bei der anthropologischen Betrachtungsweise „handelt es sich nicht um eine neu zu begründende Disziplin, nicht um einen besonderen Zweig, der dann im Ganzen der Pädagogik eine besondere Aufgabe zu erfüllen hätte, sondern um eine die gesamte Pädagogik durchziehende Betrachtungsweise [...] die von sich aus kein Ordnungsschema zu liefern im Stande ist, das die einzelnen pädagogischen Fragen in einer neuen Weise zu einem Ganzen zusammenzufügen erlaubte. Die anthropologische Betrachtungsweise hat als solche keine systembildende Funktion. [...] Was sie herausarbeitet, sind immer nur einzelne Aspekte, sich von bestimmten Gesichtspunkten her ergebende anthropologische Zusammenhänge" (Bollnow 1965, S. 49 ff.). Hier wird versucht, den Menschen von der Erziehung und die Erziehung vom Menschenbild her zu verstehen. Auch wenn Bollnow nicht die systembildende Funktion dieser Bemühung betont, enthält das Programm Pädagogischer Anthropologie einen systematischen Anspruch. Um Erziehung und Bildung auf ein Fundament von Gewissheit, Stabilität, Eindeutigkeit und Universalität gründen zu können, dachte die Pädagogische Anthropologie dieser Zeit prinzipiell systematisch. Dabei vernachlässigte sie die Historizität der Menschenbilder und den Pluralismus der Denkansätze im Verhältnis von Mensch und Erziehung.

Zur Kritik Pädagogischer Anthropologie

Überblickt man von heute aus die Bemühungen der 1950er bis 1970er Jahre, eine Pädagogische Anthropologie zu entwickeln, erscheinen sie als eine Verbindung zwischen wichtigen Fragestellungen und Erkenntnissen sowie Gesichtspunkten, die infolge der gesellschaftlichen und wissenschaftlichen Entwicklung an Bedeutung verloren haben. Im Bewusstsein der Bedeutung dieser Bemühungen gilt es nun einige kritische Einwände zu erheben, die in der Folge auch zur Entwicklung einer historisch orientierten reflexiven Pädagogischen Anthropologie führten (Wulf/Zirfas 1994; Wulf 2001; Zirfas 2004).

Die Pädagogische Anthropologie dieser Jahre reflektierte die historischen und gesellschaftlichen Bedingungen ihrer Konstitution nicht genügend; sie untersuchte nicht den Zusammenhang zwischen den von ihr entwickelten Grundbegriffen wie Offenheit, Bildsamkeit und Bestimmung und den gesellschaftlichen Entwicklungen. Unter dem Einfluss geisteswissenschaftlicher Pädagogik sahen die Vertreter der Pädagogischen Anthropologie zwar die allgemeine Bedeutung der historischen Dimension, doch berücksichtigten sie diese nicht in ihrer Konzeptualisierung von Erziehung und Bildung. Außerdem verstand man unter Geschichte weitgehend Geistes- und Ideengeschichte, nicht jedoch Sozial- und Mentalitätsgeschichte bzw. Historische Anthropologie.

Die Vorstellung überwog, man könne das von den Humanwissenschaften erarbeitete anthropologische Wissen in die Erziehungswissenschaft einführen und zu einem für Erziehung und Bildung relevanten Ganzen zusammenfassen. Diesem Ziel entspricht auch die relative Homogenität des anthropologischen Wissens dieser Jahre, die mit dem Anspruch zusammenhing, allgemeine Aussagen über den Menschen, das Kind und die Erziehung machen zu können. Die Relativierung wissenschaftlichen Wissens in den wissenschaftstheoretischen Auseinandersetzungen im Positivismus-, Hermeneutik-, Systemtheorie-, Strukturalismus- und Postmoderne-Streit hatte noch nicht stattgefunden. Sie führte im letzten Drittel des 20. Jahrhunderts in den Humanwissenschaften zur Auflösung für sicher gehaltener Referenzrahmen. Die Anthropologiekritik an den Begriffen und Verfahren anthropologischer Wissensgewinnung und die daraus folgende Einsicht in die prinzipielle Begrenztheit positiver Anthropologie sowie in die Fruchtbarkeit negativer und dekonstruktiver pädagogischer Anthropologien standen noch aus (Wimmer 2006). Diese Überlegungen führten auch dazu, Begriffen wie Differenz, Diskontinuität und Pluralität mehr Bedeutung einzuräumen und die Frage danach, wie universelles, partikulares und singuläres Wissen aufeinander bezogen werden könnten, ins Zentrum der Aufmerksamkeit zu rücken (Antweiler 2009).

Paradigmata historisch-kultureller Anthropologie

Diese Überlegungen im Zusammenhang mit Erkenntnissen aus dem Bereich der Historischen Anthropologie führen in den 1990er Jahren zur Entwicklung einer *historisch-kulturellen reflexiven Pädagogischen Anthropologie*, für die aus konzeptuellen und historischen Gründen ebenfalls die Paradigmata wichtig werden, in Auseinandersetzung mit denen sich die historisch-kulturelle Anthropologie konstituiert (Wulf 2009, 2010; Wulf/Kamper 2002). Dabei geht es um die Bereiche 1) *Evolution-Hominisation;* 2) *Philosophische Anthropologie;* 3) *Anthropologie in der Geschichtswissenschaft (historische Anthropo-*

logie); 4) Kulturanthropologie bzw. Ethnologie; 5) historisch-kulturelle Anthropologie. In Evolution bzw. Hominisation geht es um die Erkenntnis, dass alles Leben einschließlich des menschlichen miteinander verwandt und im Laufe langer Zeiträume entstanden ist. Auch der *Homo sapiens* ist in einem langen Entwicklungsprozess entstanden. In diesem Paradigma geht es um weitgehend universelle Erkenntnisse über die Geschichte des Lebens und des Menschen. In die gleiche Richtung zielen die Untersuchungen der Philosophischen Anthropologie, der es darum geht, durch den Mensch-Tier-Vergleich das Spezifische des Menschen im Unterschied zu allen anderen Lebewesen herauszuarbeiten. Anders verhält es sich mit den beiden nächsten Paradigmata, bei denen es nicht um universelle, sondern um partikulare Erkenntnisse über Menschen geht. Die Historische Anthropologie fokussiert Probleme der Menschen in einer historischen Zeit und untersucht diese in diachronischer Absicht. Die Kulturanthropologie bzw. Ethnologie fokussiert die Erforschung von Menschen in anderen Kulturen, d. h. sie untersucht ebenfalls das Partikulare. Beide Paradigmata liefern gerade durch die Fokussierung des Partikularen ihren Beitrag zur Anthropologie. Für die Pädagogische Anthropologie sind in Zeiten der Globalisierung beide grundsätzlichen Perspektiven von großem Interesse. Wie in der historisch-kulturellen Anthropologie geht es auch in der Pädagogischen Anthropologie um eine *unitas multiplex*, also um die Verschränkung von Universellem, Partikularem und Singulärem.

In methodischer Hinsicht geht es dementsprechend in der Pädagogischen Anthropologie auch darum, *philosophische Reflexion, historische Untersuchung und ethnographische Forschung* aufeinander zu beziehen. Die so entstehende methodische Komplexität wird durch die zunehmende *Transdisziplinarität und Transkulturalität* der Forschung im Rahmen von Europäisierung und Globalisierung verstärkt (Wulf 2006).

Hominisation

Forschungen zur Hominisation erweitern das Verständnis der Zeitlichkeit des Menschen und seiner Eingebundenheit in die Geschichte des Lebens. Der *Homo sapiens sapiens* ist das Resultat eines irreversiblen Evolutionsprozesses, der bis zu den Anfängen des Lebens zurückreicht, dessen Entstehung als Folge materieller Selbstorganisation begriffen wird. Der menschliche Körper hat eine gemeinsame Abstammung mit allen bekannten Arten und ist mit ihnen in abgestufter Form verwandt; er ist sowohl das Ergebnis dieser Verwandtschaft als auch das Resultat der Auseinanderentwicklung des Lebens im Prozess der Evolution. Für seine Entwicklung kommt den Kräften der Bewahrung und der Innovation, der Anpassung und der Spezialisierung zentrale Bedeutung zu. Im Zentrum der Hominisation stehen die genetische Rekombination und die natürliche Auslese sowie die subtilen Wechselwirkungen zwischen innerer und äußerer Selektion.

Bildet sich beim Vormenschen vor mehr als vier Millionen Jahren allmählich der aufrechte Gang heraus, zeigen sich beim Urmenschen zweieinhalb Millionen Jahre später die Anfänge einer Werkzeugkultur, mit der eine flexiblere Anpassung an die Umwelt und eine wachsende Unabhängigkeit von ihr einhergehen. Beim *Homo habilis* verlängert sich die Empfängnisbereitschaft des weiblichen Geschlechts und im Gehirn bilden sich die Sprachzentren heraus. Beide Entwicklungen führen zur Intensivierung von Paarbeziehungen und sozialer Kommunikation, zur allmählichen Herausbildung der Arbeitsteilung zwischen den Geschlechtern und zur besseren Aufzucht des Nachwuchses. Kultur gewinnt einen immer stärkeren Einfluss auf die Entwicklung und Nutzung des menschlichen Körpers.

Beim Frühmenschen, dem *Homo erectus,* kommt es vor mehr als einer Million Jahren zu einer beträchtlichen Vergrößerung und Qualitätsverbesserung des Gehirns. Es entstehen der Präzisionsgriff der menschlichen Hand und die Werkzeugkultur. Eine verbesserte Nahrungsbeschaffung wird möglich. Jagd und Feuernutzung fördern die geschlechtliche Arbeitsteilung, die Kommunikationsmöglichkeiten und die Entstehung differenzierter Gemeinschaften. Mit der Freisetzung der Hände und dem Wachstum des Gehirns entwickeln sich die Möglichkeiten von Sprache und Kultur. Migrationen in andere Kontinente sind die Folge.

Während in Europa der Neandertaler aus einem späten archaischen *Homo sapiens* entsteht, kommt es zur gleichen Zeit in Afrika zur Entstehung des *Homo sapiens sapiens* und damit zur Entwicklung des Körpers des modernen Menschen. Der *Homo sapiens sapiens* ist dem Neandertaler in fast allen Bereichen überlegen. Er hat ein größeres Gehirnvolumen, einen weniger energieaufwändigen Skelett- und Muskelaufbau, eine größere Fruchtbarkeit und eine geringere Kindersterblichkeit sowie höher entwickelte kulturelle Fertigkeiten und eine für die Nutzung von Umweltressourcen besser entwickelte Werkzeugtechnik.

Philosophische Anthropologie

Davon ausgehend, dass sich der Mensch seiner selbst noch nie so unsicher war wie in der ersten Hälfte des zwanzigsten Jahrhunderts, versuchen Scheler, Plessner und Gehlen unter Verwendung umfangreichen biologischen Wissens den Menschen über den Mensch-Tier-Vergleich zu erforschen. Mit Hilfe biologischen, vor allem morphologischen Wissens galt es universelle Merkmale des Menschen zu identifizieren. So gelangte man zur Identifizierung von Merkmalen des Körpers, die als charakteristisch für alle Menschen angesehen wurden. Dazu gehörten u. a. die konstitutionelle Frühgeburt, der Status als Mängelwesen, der Hiatus zwischen Reiz und Reaktion, der aufrechte Gang, die Größe des Gehirns, die „exzentrische Positionalität". Diese Charakteristika der *conditio humana,* die sich um weitere ergänzen lassen, werden als Konstitutionsbedingungen des Menschen angesehen, die unabhängig von Unterschieden der historischen und kulturellen Entwicklung Geltung beanspruchen.

Max Scheler (1928), Helmuth Plessner (1981) und Arnold Gehlen (1978), die wichtigsten Vertreter der Philosophischen Anthropologie, bleiben der Orientierung am „Gattungswesen Mensch“ verhaftet. So geht es Scheler in seiner 1928 erschienenen Schrift um die „Stellung des Menschen im Kosmos“, deren Besonderheit er im Vergleich zu den anderen Formen des Lebendigen durch den Geist gegeben sieht. Der Geist ermöglicht dem Menschen Gegenstandsbewusstsein und Weltoffenheit. Für Plessner steht zu dieser Zeit die Frage nach dem Verhältnis von Pflanze, Tier und Mensch im Mittelpunkt. Nach seiner Auffassung liegt die Besonderheit des Menschen in der Exzentrizität. Sie macht es möglich, dass Menschen ihren Körper sowohl im Modus des Seins wie im Modus des Habens erfahren. Einerseits spüren sie z. B. ihre Hand als Teil ihres Leibes, indem sie sie fühlen und empfinden. Andererseits erleben sie die Hand als ein Organ, das sie einsetzen, über das sie verfügen und deren Gebrauch sie kontrollieren können. In Gehlens Anthropologie wird der Mensch als Mängelwesen begriffen. Unter Rückgriff auf Herder, der bereits hundert Jahre zuvor im Mangel das konstitutive Moment menschlicher Existenz gesehen hatte, versucht Gehlen eine Theorie des Menschen zu entwickeln. Um als Einzelner und als Gattung überleben zu können, zielen individuelle und kollektive Handlungen darauf, die für den Menschen konstitutiven Mängel zu überwinden. Im Rahmen dieses Prozesses entstehen Kultur und die ihr Kontinuität verleihenden Institutionen. So anregend derartige Versuche sind, einen Begriff vom Menschen aus einem Merkmal zu entwickeln, so sehr sind sie an normative Vorstellungen vom Menschen gebunden, deren Kulturalität und Historizität nicht reflektiert werden.

Den universellen Menschen, von dem die Philosophische Anthropologie handelt, gibt es nicht, sondern nur Menschen in historischen und kulturellen Ausprägungen. Der universelle Mensch ist eine Abstraktion, die in der geschichtlichen und kulturellen Welt keine Entsprechung hat. Gegenüber dieser Abstraktion wird von Historischer Anthropologie und Kulturanthropologie auf der Notwendigkeit bestanden, Menschen in ihren historischen und kulturellen Ausprägungen zu untersuchen, in denen sich jeweils unterschiedliche Merkmale zeigen, die Menschen zum Menschen machen.

Anthropologie in der Geschichtswissenschaft bzw. Historische Anthropologie

Mit der historischen Wendung wird diese Perspektive in der Anthropologie weiter verfolgt. In der Geschichtswissenschaft wird sie sichtbar, seit anthropologische Dimensionen in der französischen Schule der „Annales“ und der von ihr ausgehenden Mentalitätsgeschichtsschreibung bearbeitet werden und zu einer Neuorientierung der Geschichtsschreibung führen, welche die Darstellungen und Analysen der Ereignisgeschichte und der Struktur- und Sozialgeschichte ergänzt. Mit der Konzentration auf anthropologische Themen werden in stärkerem Maße sowohl die gesellschaftlichen Strukturen sozialer Wirklichkeit als auch die subjektiven Momente des Handelns sozialer Subjekte thematisiert. So geraten elementare menschliche Verhaltensweisen und Grundsituationen des Lebens in den Blickpunkt der Forschung.

Folglich wird in der anthropologisch orientierten Geschichtswissenschaft der spezifische historische Charakter der jeweiligen Phänomene untersucht. Die Studien Fernand Braudels (1990) zum Mittelmeer, Emmanuel Le Roy Laduries (1980) über das Dorf Montaillou vor dem Inquisitor und Carlo Ginzburgs (1990) über die Welt eines Müllers um 1600 sind gelungene Beispiele. Weniger genau im Detail ist zwangsläufig die Erforschung des historischen Wandels im Bereich der „menschlichen Elementarerfahrungen" bzw. der Mentalitätsgeschichte. Hier begrenzt die Unzulänglichkeit der Quellenlage die Möglichkeiten historischer Forschung. Historisches Wissen entsteht in der Spannung zwischen Ereignis und Erzählung, zwischen Realität und Fiktion, zwischen Strukturgeschichte und narrativer Geschichtsschreibung. Eine eindeutige Grenzziehung zwischen Erzählung und Beschreibung ist nicht möglich. Geschichtsschreibung ist kontrollierte Fiktion und Konstruktion. Der historische Wandel von Mentalitäten wird erst über lange Zeiträume greifbar. Mentalitäten bilden keine in sich geschlossenen Blöcke; vielmehr sind sie füreinander durchlässig und überlagern sich. Sie präformieren Handlungen in konkreten Situationen und enthalten Orientierungs- und Entscheidungshilfen für soziales Handeln. Sie sind kultur-, schicht- und gruppenspezifisch und entstehen unter spezifischen gesellschaftlichen Bedingungen. Mentalitäten strukturieren das gesellschaftliche Handeln sozialer Subjekte vor, ohne es festzulegen; sie erlauben es dem Einzelnen, anders zu sein und anders zu handeln. Sie sind offen für Veränderungen und historischen Wandel. Das Verständnis ihrer Geschichtlichkeit macht den Blick frei für die Offenheit der Geschichte.

Kulturanthropologie bzw. Ethnologie

Auch die Kulturanthropologie bzw. Ethnologie bietet wichtige, erst in Ansätzen verarbeitete Anregungen. In ihrer Sicht ist es „außerordentlich schwer, zwischen dem Natürlichen, Universellen und Dauerhaften im Menschen und dem Konventionellen, Lokalen und Veränderlichen eine Grenze zu ziehen. Ja mehr noch, es liegt nahe, dass eine solche Grenzziehung die menschlichen Verhältnisse verfälscht oder zumindest fehlinterpretiert" (Geertz 1992, S. 59). Man findet den Menschen nicht „hinter" der Vielfalt seiner historischen und kulturellen Ausprägungen, sondern in ihr. Deshalb reicht es nicht aus, z. B. „Generation", „Familie", „Erziehung" als kulturelle Universalien zu identifizieren; es bedarf der Untersuchung solcher Institutionen in verschiedenen Kulturen. Daraus ergibt sich die außerordentliche Vielgestaltigkeit von Kultur. Gerade sie liefert Aufschluss über den Menschen. Allerdings käme es weniger darauf an, „die empirischen Gemeinsamkeiten seines [des Menschen] von Ort zu Ort und Zeit zu Zeit so unterschiedlichen Verhaltens hervorzuheben, als vielmehr die Mechanismen, mittels derer die ganze Bandbreite und Unbestimmtheit seiner angeborenen Vermögen auf das eng begrenzte und hochspezifische Repertoire seiner tatsächlichen Leistungen reduziert wird [...] Ohne die Orientierung durch Kulturmuster – organisierte Systeme signifikanter Symbole – wäre das Verhalten des Menschen so gut wie unbezähmbar, ein vollkommenes Chaos zielloser Handlungen und eruptierender Gefühle, seine Erfahrung nahezu formlos. Kultur, die akkumulierte Gesamtheit solcher Muster, ist demnach nicht bloß schmückendes Beiwerk, sondern – insofern sie die Grundlage seiner Besonderheit ist – eine notwendige Bedingung menschlichen Daseins“ (ebd., S. 70).

Als Wissenschaft vom Fremden hat die Kulturanthropologie die Erforschung anderer Kulturen zur Aufgabe. Dabei gewonnene Erkenntnisse haben nachhaltige Wirkungen auf das Verständnis des Fremden in der eigenen Kultur und auf den Kulturbegriff. In Folge der neueren epistemologischen Entwicklungen wird in der ethnologischen Forschung von einem differenzierten Kulturbegriff ausgegangen, in dessen Rahmen die Bearbeitung von Differenz eine zentrale Rolle spielt. Angesichts der Globalisierung von Politik, Wirtschaft und Kultur kommt es zur Überlappung, Durchmischung und kulturellen Assimilation von Globalem, Nationalem, Regionalem und Lokalem (Wulf 2006). In der Folge werden neue Formen des Umgangs mit dem Fremden, d. h. mit den Angehörigen anderer Kulturen erforderlich. Dabei entsteht die Frage nach dem Verstehen des Nichtverstehens fremder Kulturen (Wulf/Poulain/Triki 2006; Wulf/Suzuki u. a. 2011; Michaels/Wulf 2012).

Der Vergleich menschlicher Äußerungen in unterschiedlichen Kulturen macht deutlich, wie sehr die Untersuchung kultureller Phänomene neue Unsicherheiten und Fragen aufwerfen kann. Mit der Erforschung heterogener Kulturen liefern kulturanthropologische Arbeiten einen wichtigen Beitrag zur Ausweitung und Vertiefung der Anthropologie. Die Erforschung multikultureller Lebensbedingungen kann dazu beitragen, die Offenheit kultureller Entwicklungen zu erhalten und einen Beitrag zur Bewahrung des Möglichen zu liefern. Ethnographische Methoden führen zu anderen Formen des Wissens als philosophisches Denken und historische Quellenarbeit. Sie sensibilisieren nicht nur für das Fremde anderer Kulturen, sondern auch für das Fremde der eigenen Kultur. Daher trägt der Rückbezug der kulturanthropologischen Perspektive auf die Kulturen Europas zu einer erheblichen Ausweitung der anthropologischen Forschung bei.

Historisch-kulturelle Anthropologie und Pädagogische Anthropologie

Wie für die historisch-kulturelle Anthropologie ist es auch für eine entsprechend orientierte Pädagogische Anthropologie wichtig, sich mit diesen Paradigmata auseinanderzusetzen und sich dabei in epistemologischer und methodischer Hinsicht zu konstituieren. Die Grenzen zwischen beiden anthropologischen Ansätzen sind fließend. Beide gehen von der doppelten Geschichtlichkeit und Kulturalität aus, arbeiten mit diachronen historischen und synchronen ethnografischen Verfahren und machen mithilfe philosophischer Reflexion die Ergebnisse ihrer Forschung für das Selbstverständnis und die Selbstauslegung der Menschen bzw. für das Verständnis von Bildungsprozessen fruchtbar (Wulf 2009, 2005, 2006).

In einer ersten Phase wurden vor allem diachrone anthropologische Forschungen durchgeführt. Unter dem Titel „Logik und Leidenschaft" wurde eine Reihe von Themen untersucht, die für das Verständnis europäischer Kultur von zentraler Bedeutung sind und mit dem Rüstzeug einer einzigen Disziplin nicht angemessen bearbeitet werden können. Dazu gehören Themen wie „Körper", „Sinne", „Seele", „Liebe", „Zeit", das „Heilige", das „Schöne", das „Schweigen" (Wulf/Kamper 2002). In einer weiterführenden Studie wurden sodann in einhundert einschlägigen Begriffen die Grundbeziehungen heute in Deutschland bzw. Europa lebender Menschen zur Welt untersucht (Wulf 2010). Viele dieser Beiträge wurden in der Pädagogischen Anthropologie aufgegriffen, neu akzentuiert und weitergeführt. So wurden auf den Bereich der Erziehung und Bildung bezogene Studien zum Körper, zu den Sinnen, zu Aisthesis und Ästhetik, zu Raum und Zeit, zur Liebe durgeführt und durch neue Forschungen im Bereich Pädagogischer Anthropologie erweitert. Auch die Forschungen zur Geschichte und Theorie der Mimesis und den mimetischen Grundlagen sozialen und kulturellen Handelns wurden weitergeführt. Kulturelles Lernen ist in wesentlichen Teilen mimetisches Lernen, das keine bloße Imitation, sondern ein kreativer, auf Vorbilder bezogener Aneignungs- und Entwicklungsprozess ist (Wulf 2005, 2009; Gebauer/Wulf 1992, 1998).

In einem weiteren, synchron ausgerichteten Forschungsverbund wurde die anthropologische Bedeutung von Ritualen und Gesten untersucht. Neben der Wiederentdeckung ihrer sozialen und gesellschaftlichen Funktion wurde die Bedeutung ihres performativen Charakters herausgearbeitet. Dieser besteht zu einem erheblichen Teil in der Inszenierung und Aufführung des Sozialen und seiner körperlichen Dimensionen. Der performative Charakter von Ritualen und Gesten wurde mithilfe ethnografischer Methoden in den vier Sozialisationsfeldern „Familie", „Schule", „Peer Groups" und „Medien" untersucht. Es entstanden mehrere grundlegende Studien über die Inszenierung und Aufführung sozialen Handelns und Verhaltens und die performative Bildung von Gemeinschaften durch soziale Praktiken (vgl. Wulf/Zirfas 2007; Wulf u. a. 2001, 2004, 2007, 2011).

In historischen, ethnographischen und philosophischen Studien wurden die Grundzüge einer historisch-kulturellen Pädagogischen Anthropologie entwickelt, in deren Rahmen sowohl historisches als auch anthropologisches Wissen erarbeitet wurde. Durch die (philosophische) Reflexion dieses Wissens wurde darüber hinaus ein Beitrag zum Selbstverständnis von Erziehung und Bildung in unserer Zeit erarbeitet.

Forschungen zur Historisch-Pädagogischen Anthropologie verzichten bewusst auf eine Gesamtdeutung des Menschen und eine von ihr her begründete Pädagogik. Sie sprechen nicht mehr von *dem* Kind, *dem* Erzieher oder *der* Familie. Vielmehr geht es in diesen Untersuchungen um Kinder, Erzieher, Familien einer bestimmten historischen Zeit und Kultur. Daher spielen auch die Vergleiche zwischen Mensch und Tier nicht mehr die Rolle, die sie für die Philosophische Anthropologie und die sich auf diese beziehende Pädagogische Anthropologie hatten. Forschungen zur Historisch-Pädagogischen Anthropologie gehen davon aus, dass die Diskurse über *den* Menschen selbst das Ergebnis einer bestimmten Zeit und Kultur und einer ihr entsprechenden anthropologischen Betrachtungsweise sind und leicht zu unzulässigen Komplexitätsreduktionen führen können. Stattdessen betonen heutige Untersuchungen eher die Notwendigkeit, durch die Einbeziehung heterogener Aspekte die Komplexität der Wahrnehmung und des Verständnisses der untersuchten Phänomene zu erhöhen. Dazu bedarf es der Sichtung, Ordnung und Neubewertung vorhandenen und der Erzeugung neuen Wissens. Unter veränderten anthropologischen und epistemologischen Fragestellungen und Perspektiven bekommen zentrale Begriffe der Erziehungswissenschaft einen bis dahin nicht wahrgenommenen Sinn; historische Zusammenhänge geraten anders in den Blick; neue Bezugspunkte für pädagogisches Denken und Handel entstehen.

Pädagogisch-anthropologisches Wissen konstituiert sich in unterschiedlichen, auch widersprüchlichen Diskursen, die pädagogische Zusammenhänge in vielfältiger Weise in Erscheinung treten lassen. Diese Diskurse tragen bei zur Konstruktion pädagogisch relevanter Wahrnehmungen, Sachverhalte, Strukturen und Begriffe. Die Machtstrukturen der Gesellschaft, der Wissenschaft und der pädagogischen Institutionen werden sichtbar. In anthropologischen Diskursen verflüssigen sich die Grenzen zwischen den Wissenschaftsdisziplinen und Wissenschaftsparadigmen, so dass neue Formen pluralen Wissens entstehen.

Historisch-kulturelle und Pädagogische Anthropologie sind keine wissenschaftlichen Disziplinen im engeren Sinne; sie entwickeln paradigmatische Zugänge zu menschlichen Phänomenen. Weniger die Gegenstände und Themen als die Fragen, Werte, Perspektiven und Methoden, mit denen die Forschungen durchgeführt werden, definieren deren anthropologischen Charakter. Anthropologie umfasst keinen fest umgrenzten Gegenstandsbereich; sie ist eher durch gemeinsame Fragen und Betrachtungsweisen gekennzeichnet. In der gegenwärtigen Wissenschaftsentwicklung liegt hierin eher ein Vorteil. Er trägt dazu bei, neue Fragestellungen und Themen zu entdecken und in neuer Perspektive zu bearbeiten. In diesem Prozess spielen die Materiallage, die Themenauswahl, die Forschungsfragen und die Methoden und Verfahren eine entscheidende Rolle. Große Teile der anthropologischen Forschung halten heute nicht mehr an einem Anspruch auf universelles Wissen fest, sondern wenden sich eher den partikularen und singulären Differenzierungen zu. Auch ist der Glaube erschüttert, menschliche Geschichte ließe sich bruchlos im Sinne der Vernunft gestalten.

Anthropologische Forschung kann disziplinär und inter- bzw. transdisziplinär organisiert werden. Von ihren Disziplinen ausgehend wählen viele Untersuchungen weiterführende transdisziplinäre Perspektiven. Mit dem in den Humanwissenschaften wachsenden Interesse an anthropologischer Forschung und der damit einhergehenden Ausweitung und Umstrukturierung von Themen, Methoden und Forschungsansätzen wächst das Bemühen um multi-, inter- und transdisziplinäre Forschung. Für viele anthropologische Themen gibt es keine disziplinäre Zuständigkeit. Grenzüberschreitungen sind deshalb unerlässlich. Der Versuch, statt *der* Geschichte die Vielfalt von Geschichten, statt *der* Kultur die Mannigfaltigkeit von Kulturen, statt *der* Kindheit viele Kindheiten, statt einer Wissenschaft die Pluralität der Wissenschaften zu betonen, erzeugt eine Komplexität anthropologischer Forschungen, deren Ansprüche die Möglichkeiten disziplinär organisierter Wissenschaften übersteigen.

Wie Transdisziplinarität ist auch Transkulturalität ein Merkmal historisch-kultureller Anthropologie. Ziel ist nicht nur die Relativierung oder gar Überwindung der Fächergrenzen. Genauso wichtig ist es, die kulturellen Grenzen des humanwissenschaftlichen Wissens durchlässig zu machen. In inhaltlicher und methodischer Hinsicht bilden die philosophische, die historische und die kulturanthropologische bzw. ethnologische Dimension in der Anthropologie dafür wichtige Voraussetzungen. Diese Dimensionen relativieren die Geltungsansprüche eines in einem kulturellen Kontext entstandenen Wissens und öffnen die anthropologische Forschung für den transkulturellen Gedanken- und Wissensaustausch. Die politischen Entwicklungen in Europa und die Globalisierung machen diese Prozesse unumkehrbar; sie verlangen sogar eine weitere Intensivierung. Die Vielfalt historisch unterschiedlicher Perspektiven in der transkulturellen Kooperation zur Entfaltung zu bringen, ist angesichts kultureller Diversität eine erhebliche Herausforderung.

Historisch-kulturelle Anthropologie und historisch-kulturelle Pädagogische Anthropologie reflektieren die Möglichkeiten und Grenzen ihrer Erkenntnisse und betonen ihren kulturellen, historischen und damit relativen, doch keineswegs willkürlichen Charakter. Ihre Forschungen sind pluralistisch und transdisziplinär organisiert und bilden das Zentrum heutiger Kulturwissenschaften. Beide stehen für vielfältige transnationale und transdisziplinäre Bemühungen, nach dem Ende der Verbindlichkeit einer abstrakten anthropologischen Norm weiterhin Phänomene des Menschlichen zu erforschen. Sie stehen in der Spannung zwischen Geschichte und Humanwissenschaften und versuchen, die doppelte Geschichtlichkeit und Kulturalität ihrer Perspektiven und Methoden wie ihrer Gegenstände aufeinander zu beziehen. Sie greifen die Ergebnisse der Humanwissenschaften, aber auch die einer geschichtsphilosophisch und kulturkritisch fundierten Anthropologiekritik auf und machen sie für neuartige, paradigmatische Fragestellungen fruchtbar. Anthropologische Forschungen sind weder auf bestimmte kulturelle Räume noch auf einzelne Epochen beschränkt. In der Reflexion ihrer eigenen historischen und kulturellen Bedingtheit vermögen sie sowohl den Eurozentrismus der Humanwissenschaften als auch das lediglich antiquarische Interesse an Geschichte und Kultur hinter sich zu lassen und offenen Problemen der Gegenwart wie der Zukunft den Vorzug zu geben.

Ausblick

Seit einem halben Jahrhundert ist Pädagogische Anthropologie ein wichtiger Bereich der Anthropologie und der Erziehungswissenschaft. Im Verlauf ihrer Entwicklung hat sie unterschiedliche Schwerpunkte ausgebildet. Spielten in ihren Anfängen die Philosophische und die evolutionäre Anthropologie eine zentrale Rolle, haben in den letzten Jahren die Auseinandersetzung mit der Anthropologie in der Geschichtswissenschaft und der historisch-kulturellen Anthropologie sowie der Kulturanthropologie in thematischer und in methodischer Hinsicht an Bedeutung gewonnen. Angesichts der Globalisierung und der gegenwärtigen Wissenschaftsentwicklung haben auch Transdisziplinarität und Transkulturalität anthropologischer Forschung an Gewicht gewonnen.

Literatur

Antweiler, Christoph (2009): Was ist den Menschen gemeinsam? Über Kultur und Kulturen. Darmstadt.

Bohlken, Eike/Thies, Christian (Hrsg.) (2009): Handbuch Anthropologie: Der Mensch zwischen Natur, Kultur und Technik. Stuttgart.

Bollnow, Otto Friedrich (1965): Die anthropologische Betrachtungsweise in der Pädagogik. Der Mensch zwischen Natur, Kultur und Technik. Stuttgart.

Braudel, Fernand (1990): Das Mittelmeer und die mediterrane Welt in der Epoche Philipp II. 3 Bde. Frankfurt/M.

Gebauer, Gunter/Wulf, Christoph (1992): Mimesis, Kultur, Kunst, Gesellschaft. Reinbek.

Gebauer, Gunter/Wulf, Christoph (1998): Spiel, Ritual, Geste. Mimetisches Handeln in der sozialen Welt. Reinbek.

Geertz, Clifford (1992): Kulturbegriff und Menschenbild. In: Habermas, Rebekka/Minkmar, Niels (Hrsg.): Das Schwein des Häuptlings. Sechs Aufsätze zur historischen Anthropologie. Berlin, S. 56–82.

Gehlen, Arnold (1978): Der Mensch. Seine Natur und seine Stellung in der Welt. 9. Aufl. Wiesbaden.

Ginzburg, Carlo (1990): Der Käse und die Würmer. Die Welt eines Müllers um 1600. Berlin.

Langeveld, Martinus J. (1964): Studien zur Anthropologie des Kindes. 2. Aufl. Braunschweig.

LeRoy Ladurie, Emmanuel (1980): Montaillou. Ein Dorf vor dem Inquisitor. Frankfurt/M.

Michaels, Axel/Wulf, Christoph (Hrsg.) (2012): Emotions in Rituals and Performances. New York, London/New Delhi.

Plessner, Helmuth (1981): Die Stufen des Organischen und der Mensch: Einleitung in die philosophische Anthropologie. Frankfurt/M.

Scheler, Max (1928): Die Stellung des Menschen im Kosmos. Darmstadt.

Wimmer, Michael (2006): Dekonstruktion und Erziehung. Studien zum Paradoxieproblem in der Pädagogik. Bielefeld.

Wulf, Christoph (2001): Anthropologie der Erziehung. Eine Einführung. Weinheim/Basel.

Wulf, Christoph (2005): Zur Genese des Sozialen. Mimesis, Performativität, Ritual. Bielefeld.

Wulf, Christoph (2006): Anthropologie kultureller Vielfalt. Interkulturelle Bildung in Zeiten der Globalisierung. Bielefeld.

Wulf, Christoph (2009): Anthropologie. Geschichte, Kultur, Philosophie. Köln.

Wulf, Christoph (Hrsg.) (2010): Der Mensch und seine Kultur. Hundert Beiträge zur Geschichte, Gegenwart und Zukunft des menschlichen Lebens. Köln.

Wulf, Christoph/Althans, Birgit/Audehm, Kathrin/Bausch, Constanze/Göhlich, Michael/Sting, Stephan/Tervooren, Anja/Wagner-Willi, Monika/Zirfas, Jörg (2001): Das Soziale als Ritual. Zur performativen Bildung von Gemeinschaften. Opladen.

Wulf, Christoph/Althans, Birgit/Audehm, Kathrin/Bausch, Constanze/Jörissen, Benjamin/Mattig, Ruprecht/Tervooren, Anja/Wagner-Willi, Monika/Zirfas, Jörg (2004): Bildung im Ritual. Schule, Familie, Jugend, Medien. Wiesbaden.

Wulf, Christoph/Althans, Birgit/Blaschke, Gerald/Ferrin, Nino/Göhlich, Michael/Mattig, Ruprecht/Nentwig-Gesemann, Iris/Schinkel, Sebastian/Tervooren, Anja/Wagner-Willi, Monika/Zirfas, Jörg (2007): Lernkulturen im Umbruch. Rituelle Praktiken in Schule, Medien, Familie und Jugend. Wiesbaden.

Wulf, Christoph/Althans, Birgit/Audehm, Kathrin/Blaschke, Gerald/Ferrin, Nino/Kellermann, Ingrid/Mattig, Ruprecht/Schinkel, Sebastian (2011): Die Geste in Erziehung, Bildung und Sozialisation. Ethnographische Fallstudien. Wiesbaden.

Wulf, Christoph/Kamper, Dietmar (Hrsg.) (2002): Logik und Leidenschaft. Berlin.

Wulf, Christoph/Poulain, Jacques/Triki, Fathi (Hrsg.) (2006): Europäische und islamisch geprägte Länder im Dialog. Gewalt, Religion und interkulturelle Verständigung. Berlin.

Wulf, Christoph/Suzuki, Shoko/Zirfas, Jörg/Inoue, Yoshitaka/Kellermann, Ingrid/Ono, Fumio/Takenaka, Nanae (2011): Das Glück der Familie. Deutsch-japanische Fallstudien. Wiesbaden.

Wulf, Christoph/Zirfas, Jörg (Hrsg.) (1994): Theorien und Konzepte pädagogischer Anthropologie. Donauwörth.

Wulf, Christoph/Zirfas, Jörg (Hrsg.) (2007): Die Pädagogik des Performativen. Theorien, Methoden, Perspektiven. Weinheim/Basel.

Zirfas, Jörg (2004): Pädagogik und Anthropologie. Eine Einführung. Stuttgart.

Geschichte

Christoph Wulf & Jörg Zirfas

Einleitung

Die Geschichte der Pädagogik lässt sich als eine Geschichte von Menschenbildern verstehen. Diese Geschichte ist eng verbunden mit dem anthropologischen Denken und seinen Begrifflichkeiten. Doch obwohl in der griechischen Antike das Wort „Anthropologie“ nicht vorkommt, sondern lediglich die Begriffe *ánthropos* (Mensch) und *lógos* (Rede, Darlegung, Vortrag, Gespräch, Beratung, Definition und Vernunft), finden sich Überlegungen zu Menschenbildern schon in den schriftlich oder auch bildlich überlieferten Mythologien und Philosophien dieses Zeitalters. Pädagogische Menschenbilder stehen dabei einerseits in einer sie fundierenden Beziehung zu den historisch-kulturellen Gegebenheiten wie sie andererseits auch selbst dazu beitragen, den Geist der Zeit zu stabilisieren oder zu verändern.

Im Folgenden sollen, einer üblichen chronologischen Einteilung der Geschichtswissenschaften in Epochen folgend, die pädagogischen Menschenbilder der griechisch-römischen Antike, der jüdisch-christlichen mittelalterlichen Tradition, des frühneuzeitlichen Subjektivismus, der europäischen Aufklärung und Romantik sowie der pluralistischen und selbstreflexiven Moderne rekonstruiert werden. Im Fokus steht die Frage nach den pädagogisch leitenden Menschenbildern, die den Erziehungs- und Bildungsvorstellungen zugrunde liegen. Dabei werden sowohl explizite wie implizite Menschenbilder in der Pädagogik thematisch.

Antike

Die sog. Vorsokratiker gelten als die „Entdecker des Geistes“ (Snell), d. h. als diejenigen, die einen Freiraum gegenüber Kult, Staat und Tradition reklamierten, um zu einem eigenständigen, prüfenden und kritisierenden Nachdenken zu gelangen, das nicht diesen herkömmlichen Autoritäten oder auch den durch Homer und Hesiod überlieferten mythischen Weltbildern, sondern nur der argumentationsfähigen Logik und der aufgeklärten Vernunft verpflichtet ist. Leitend bleibt für sie, wie für viele andere in der griechischen Antike, die Unterstellung der anthropologischen Fähigkeit, sich aus Einsicht am Wahren, Guten und Schönen orientieren zu können. Auch die im 5. Jahrhundert auftretenden Sophisten sind zu diesen Denkern zu rechnen; sie zentrieren ihre Philosophie in einer Anthropologie, die nach der Stellung des Menschen, nach seinen Normen und seinem Handeln im Kontext erkenntnistheoretischer, ethischer und pädagogischer Sachverhalte fragt. Ist der „Mensch das Maß aller Dinge" (Protagoras), dann erscheinen zwar Konventionen nicht mehr heilig, sondern kulturell produziert und Werte antastbar, weil relativ; doch erscheinen mit diesen Einsichten die Menschen auch in der Lage zu sein, ihr Leben selbst bestimmen und nach den ihnen nützlichen Vorstellungen praktizieren zu können. Insofern verfolgen die Sophisten einen alltagsnahen, lebensorientierten und utilitaristischen Unterricht.

Gegen diese Positionen bringt Sokrates (469–399 v. Chr.) eine skeptische und ironische Pädagogische Anthropologie in Stellung, die vor allem auf die Grenzen des Wissens, die Problematiken sittlichen Verhaltens und die Unsicherheiten einer pädagogischen Vermittlung abhebt. Mit seiner sokratischen Fragemethodik, einer intellektuellen Maieutik, versucht er zu verdeutlichen, dass alle Menschen prinzipiell in der Lage sind, selbst komplexe Sachverhalte nachvollziehen und einschätzen und selbst große ethische Anforderungen realisieren zu können, wenn sie sich denn zunächst *via* Selbstreflexion oder im Dialog mit anderen um ein deutliches und klares Wissen bemüht haben.

Ziel der philosophisch fundierten idealistischen Pädagogik Platons (427–347 v. Chr.) ist es, den Einzelnen durch den Gebrauch seiner Verstandes- und Vernunftkräfte zur vollen Entfaltung bis hin zur Einsicht in die ewigen, wahren, unveränderbaren Gegebenheiten der Welt, die Ideen, zu führen. Aus dieser idealistischen, unveränderbaren Ordnung der Welt resultiert auch ein anthropologischer Aufbau der Gesellschaft bzw. des Staates. Dieser ist in einen dreigliedrigen Ständestaat gegliedert, der aus Bauern und Handwerkern im ersten, aus Wächtern im zweiten und aus Königen bzw. Philosophen im dritten Stand besteht. Der Makrokosmos Staat wird mit dem Mikrokosmos Mensch exakt analogisiert, zeichnet sich dieser doch durch die Trias Verstand/Vernunft (Philosoph), Wille/Mut (Wächter) und Begierde/Sinnlichkeit (Bauer/Handwerker) aus. Wird diese politisch-anthropologische Ordnung beachtet, können alle Menschen die von der Natur aus für die Gesellschaft prädestinierten und funktionellen Fähigkeiten und Möglichkeiten als Bauer, Krieger oder Philosoph ausüben. Um diesen Funktionalismus zu erkennen, müssen die Menschen sich zwingen, aus der „Höhle" der Meinungen zur wahren philosophischen Ideenerkenntnis aufzusteigen, denn nur diese gewährleistet ein der wahren Erkenntnis, der vollkommenen Tugend und der schönen Erscheinung gewidmetes Leben. Die Geschlossenheit dieses idealistischen und anthropologischen Modells impliziert wiederum auch einen totalen Erziehungsanspruch der Gesellschaft, der letztlich auf einen aristokratischen Menschentypus zielt, dessen oberstes Ziel die Bestheit, die *„areté“* ist – ein guter, wahrer und schöner Mensch, der intellektuell, körperlich und musisch gebildet ist (*kalós kai agathós*).

Auch die spartanische Pädagogik sieht den Menschen vor allem als ein staatliches Wesen; und sie praktiziert eine Kollektiverziehung, die einen durchgängigen militärischen Einschlag hat. Politik, Kultur und Pädagogik werden hier zum Mittel der Sicherung eines absoluten Militärstaates. Das pädagogisch-anthropologische Ideal ist der Krieger, der sich durch seine körperliche Leistungsfähigkeit und seinen Gehorsam den Staatsmaximen völlig unterwirft. Erziehung, die sich an diesen Erfordernissen ausrichtet, ist prinzipiell an körperlicher Disziplinierung, Zucht und Drill orientiert.

Bei Aristoteles (384–322 v. Chr.) wird der Mensch einerseits als „zoon politikon“ identifiziert, d. h. als ein Lebewesen, das in der Verwirklichung seiner Natur auf die *polis,* den Staat und die Gesellschaft bezogen ist. Und andererseits spricht er von ihm als „zoon logon echon“, d. h. von einem Lebewesen, das sich durch den *Logos* im Sinne von Sprache und Vernunft auszeichnet. Insofern lassen sich mit Aristoteles zwei wesentliche Existenzformen benennen, die dem Wesen des Menschen angemessen sind: die praktische Existenz desjenigen, der sich für die ethischen und politischen Praxisfragen einsetzt und dabei die Freundschaft mit (wenigen) anderen pflegt (*praxis*); und die Existenz eines Philosophen, der sich durch Anschauung und Reflexion um das Leben und seine Prinzipien bemüht (*theoria*). Im Unterschied zum Idealismus Platons propagiert Aristoteles einen Realismus: Der Mensch trägt die Möglichkeiten der Vervollkommnung in sich selbst, ist aber auf sittliche und pädagogische Verhältnisse angewiesen, um seinen anthropologischen Möglichkeiten gerecht zu werden.

War für die Griechen die *kalokagathia* der Inbegriff anthropologisch-politischer Vollkommenheit, so wird dieser Idealtypus im Denken der Römer zur Gestalt des *vir bonus,* des guten und tadellosen Mannes. In ihm gehen das Soziale, das Ethische und das Ästhetische eine enge Verbindung ein. Hier wie da wird eine Beziehung von Körper und Seele angestrebt, in der der schöne Körper äußerlicher Ausdruck der moralisch guten Seele sein soll. Diesen Zusammenhang finden wir etwa bei Marcus Tullius Cicero (106–43 v. Chr.), dessen Ideal des *vir bonus* sich in einer idealen, äußerlich wahrnehmbaren Analogie von körperlicher und charakterlicher Schönheit wiederfindet. Nach Cicero sollte der einzelne Mensch ein sittliches Leben ausbilden; dazu muss er seinen Geist und seine Seele kultivieren (*cultura animi*), wozu vor allem der Umgang mit Politik, Rhetorik, Philosophie und Kunst zu rechnen ist.

Deutlich weniger staats- als vielmehr subjektbezogen proklamiert der Stoiker Lucius Annaeus Seneca (4 v. Chr.–65 n. Chr.) das Idealbild eines Weisen, der sich aufgrund seiner Unerschütterlichkeit, Affektlosigkeit und Gelassenheit dem Lebensstil der Muße und Kontemplation hingeben kann. Denn nicht für das Leben, sondern für die *scholé,* die Muße, sollen die Menschen lernen. Mit Seneca wird so einerseits die Askese als (disziplinierende) Arbeit an sich selbst zu einem in der pädagogischen Geschichte bis heute bedeutsamen Faktum. Andererseits propagiert er mit seinem Diktum: *„Homo res sacra* *homini*" (Der Mensch sei dem Menschen heilig) eine universelle humanistische Haltung, die dazu führt, die „alten" anthropologischen Differenzierungen zwischen Freien und Sklaven oder auch zwischen Männern und Frauen zunehmend zu nivellieren.

Mittelalter

Mit Augustinus (354–430) werden die pädagogischen Menschenbilder nicht nur im christlichen Kontext verortet, sondern auch zunehmend psychologisiert, individualisiert und historisiert. Denn das, was den Menschen ausmacht, lässt sich nicht in der Besinnung auf einen metaphysischen Kosmos oder in den theoretischen Reflexionen der Philosophen, sondern nur im Innenbezug, in der Selbsterfahrung und im Begehren finden. Die von ihm verfassten *Confessiones* dienen somit nicht nur einer biographischen Rückschau, sondern können als ein pädagogisches Modell gelten, das den Menschen an die gläubige Orientierung an einer gottgewollten Ordnung erinnert. Das kurze Erdenleben bekommt heilsgeschichtliches Gewicht, denn es wird zu einer Prüfung, die letztlich auf das Glück im Jenseits bezogen bleibt. Der Mensch ist ein Bürger zweier Welten, der „civitas terrena", des diesseitigen Erdendaseins, und der „civitas dei", des göttlichen Reichs: Diese Zerrissenheit erklärt auch seine disharmonische Existenz und seine Unruhe und sie erklärt die anthropologische Sehnsucht nach einer absoluten Ruhe, die nur im Anblick Gottes gefunden werden kann. Gott erscheint in diesem theologischen Denken nicht nur als Wahrheitszentrum des Menschen, sondern auch als der wahre Menschenbildner: Ohne seine „pädagogischen" Maßnahmen sind alle menschlichen Anstrengungen obsolet.

Auch der Pädagogischen Anthropologie von Thomas von Aquin (1225–1274) liegt eine theologische Anthropologie zugrunde, die den Menschen als Ebenbild Gottes (imago dei) versteht. Mit ihm wird nicht wie bei Augustinus das der Welt enthobene Begehren der Seele, sondern – im Sinne von Aristoteles – die Welt und in ihr die Seele zum wichtigen Bezugspunkt. Als pädagogisch-anthropologisches Ideal gilt ihm der auch intellektuell religiös gebildete, weise Mensch, der ordnen und urteilen gelernt hat. Die Anthropologie ist dabei kaum als eigenständiges Thema bewusst, sondern fast vollkommen in die Theologie integriert. Diese Integrationsform wird noch in einer anderen Perspektive deutlich: Thomas versucht, die beiden Vermögen, den Glauben und die Vernunft, (wieder) zu harmonisieren. Da letztlich beide Vermögen von Gott stammen, können sie sich nicht widersprüchlich zueinander verhalten. Vernunft und Glauben verhalten sich komplementär zueinander, so dass ein vernunftwidriger Glaube und eine glaubenswidrige Vernunft ausgeschlossen werden können. Doch die Komplementarität ist asymmetrisch, da die Wahrheit des Glaubens vollkommener ist als die Wahrheit der Vernunft.

Frühe Neuzeit

Mit dem Humanismus und der Renaissance erhält die anthropologische Betrachtungsweise (wiederum) ein eigenständiges Gewicht. Das Zeitalter der Glaubens- und Bürgerkriege, der politischen und intellektuellen Unruhen sowie der Erfahrungen der Fremden in der „Neuen Welt" nötigen die Menschen, über ihr Menschenbild neu nachzudenken. Eine neue wissenschaftliche Disziplin scheint erforderlich, die festzustellen in der Lage ist, was zur *conditio humana* gehört und mit welchen Beobachtungen und Methoden diese Erkenntnisse gewonnen, rekonstruiert, analysiert und gesichert werden können. Das Wort „Anthropologie" ist eine Neuschöpfung des 16. Jahrhunderts, die sich in den darauf folgenden zwei Jahrhunderten etablieren wird. Hierbei entstehen neuzeitlich-anthropologische Denkfiguren, die vor allem die Selbstbeobachtung und Selbstreflexivität des Menschen fokussieren. Das anthropologische Leitbild, wie es z. B. in den Schriften von Baldassare Castiglione (1478–1529) oder Michel de Montaigne (1533–1592) zum Ausdruck kommt, ist der *uomo universale,* ein durch Wissenschaft und Künste, Geselligkeit und Politik umfassend gebildeter, sich selbst einschätzender Menschentyp, der nicht nur die schönen, sondern auch die nützlichen Künste des Lebens beherrscht.

Pico della Mirandola (1463–1494) entwickelt das Modell eines dynamischen Menschen. Nach ihm zeichnet sich der Mensch dadurch aus, dass er keiner Bedingung unterliegt, weil sein *Sein* mit seinem *Können* identisch ist. Begreift man mit Pico unter der Natur des Menschen seine permanente Formung und Veränderung, seine Entwicklung und sogar seine Selbsterschaffung, so wird der Begriff der menschlichen Natur selbst dynamisiert. Der Mensch ist der lebendige Proteus, ständig in Entwicklung begriffen, nur abhängig von seinem Willen. Er ist von Natur aus bild- und bestimmungslos; seine nach Pico noch gottgewollte Bestimmung liegt darin, sich ein Bild von sich zu machen und sich eine Bestimmung zu geben. Dazu wurden ihm von Gott die Freiheit als Selbstbestimmungsfähigkeit, als Fundamentalwahl des Willens wie als Bestimmung durch den Willen und eine zentrierte Stellung in der Welt, die eine privilegierte kontemplative Position impliziert, verliehen. Mit Pico wird die schon bei Cicero betonte Kultivierung des Selbst aufgegriffen, die nunmehr einer Selbsterschaffung aus einem vorgegebenen Stoff gleichkommt und die Möglichkeiten der Selbstverfehlung, aber auch der Selbstvervollkommnung enthält.

Auch das Denken des Erasmus von Rotterdam (1466/69–1536) stellt seine erkenntnistheoretischen, moralischen und ästhetischen Fragen mit deutlichem Bezug auf die Selbstbezüglichkeit und Selbstformung des Menschen. Erasmus kann hier als ein Kronzeuge des „Prozesses der Zivilisation" (Elias) gelten, der die Perspektive der Selbsterziehung sehr stark am körperlichen Verhalten und seinen Ausdruckformen orientiert. Ziel ist der zivilisierte Mensch. Die Selbstdeutung des Menschen gewinnt einen weiten Rahmen, der über die immer noch bedeutsame Theologie über die Philosophie, die Sprachwissenschaften, Geschichte und die Künste bis hin zu den alltäglichen Umgangsformen reicht. In diesem Rahmen hat auch die Pädagogik ihren Ort, denn sie wird nicht nur theologisch oder alltagspraktisch aufgewertet. Erasmus verteidigt ein christlich-antikes Bildungsmodell, betont das Ausnutzen der Bildungszeit, etabliert eine Sprachdidaktik und fordert immer wieder einen liberalen Umgang mit dem Zögling.

Bei Johann Amos Comenius (1592–1670) ist die zentrale anthropologische Figur eine unverdorbene und gute, d. h. letztlich gottgegebene Menschennatur, an die immer wieder (pädagogisch) angeknüpft und die auch immer wieder (pädagogisch) hergestellt werden kann. Pädagogik findet hier in einem umfassenden Kontext statt, der zeitlich von der „Schule des vorgeburtlichen Werdens" bis hin zur „himmlischen Akademie", d. h. von der fötalen bis zur letalen Existenz reicht; inhaltlich hat das zu vermittelnde Wissen einen pansophischen Anspruch: Es gilt, alle alles allumfassend (*omnes, omnia, omnino*) zu lehren. Da der Mensch mit dem Schöpfungsplan in dreifacher Weise, nämlich vegetativ, animalisch und spirituell, verbunden ist, leitet Comenius daraus auch eine Dreizahl der anthropologischen Bestimmungen und pädagogischen Aufgaben ab: Der Mensch soll Vernunft und Einsicht gewinnen, sich selbst und andere beherrschen und Gottes Ebenbild sein; dazu benötigt er die *eruditio*, die Zivilisierung und Rationalisierung, die *mores* als Tugenden und Sitten und die *religio* (oder pietas) als Nachbildung der Vollkommenheit Gottes.

Der Pietismus eines August Hermann Francke (1663–1727) ist dagegen zutiefst vom Misstrauen gegenüber der menschlichen Natur geprägt. Francke sieht daher – im Sinne Luthers – die innere Wiedergeburt des Menschen letztlich nur durch eine göttliche Gnade gewährleistet. Dennoch, oder gerade deshalb, lässt sich die innere Erweckung durch echte religiöse Gemütsbildung und die praktische Bewährung im Glauben vorbereiten. Die Betonung des Gefühlslebens (*cultura animi*) als Erziehung zur „wahren Gottseligkeit" und zur „christlichen Klugheit" bildet den entscheidenden Grundzug einer Bildung, die auf das persönliche Erfülltsein von Gott und die Rettung der einzelnen Seelen abhebt. Das Misstrauen gegenüber den menschlichen Schwächen führt einerseits zu einer sehr rigiden Pädagogik der Aufsicht und Kontrolle, des Unterrichts, der Arbeit und der Zucht. Doch darf man andererseits das von Francke geforderte „Brechen des Eigenwillens" nicht als konsequente Zerstörung der Individualität verstehen, ist doch damit ein stetiges und geduldiges Hinführen der Zöglinge zu Gott gemeint.

Neuzeit

Die Herauslösung des Menschen aus kosmologischen und religiösen Kontexten, die die Frage nach dem Menschen erst dringlich werden lässt, vollzieht sich über mehrere Jahrhunderte und wird im Zeitalter der Aufklärung zu einem Kristallisationspunkt für die unterschiedlichsten medizinischen, philosophischen, psychologischen, literarischen, ethnographischen etc. Diskurse, in denen sich dann die „Wissenschaft vom Menschen" etabliert. Die Anthropologie als systematisch betriebene Wissenschaft ist mithin eine

Schöpfung des sich selbst zur Frage werdenden Menschen der frühen Neuzeit, die dann in der Aufklärung in vielfacher Hinsicht eine (diskursive) Institutionalisierung erfährt. Dafür gibt es zwei prägnante Indizien, nämlich die Verkündigung der Menschenrechte 1789 und die Gründung der *Société des Observateurs de l'Homme* in Paris im Jahre 1799.

John Lockes (1632–1704) anthropologische Überlegungen schließen einerseits an die empiristische und utilitaristische Tradition der Antike und andererseits an die humanistische Perspektive der Renaissance an. Der Mensch wird als ein „wasted paper" verstanden, auf das man mittels durch den Erzieher arrangierter Erfahrungen die richtigen theoretischen Kategorien und praktischen Einstellungen „einschreiben" kann. Idealbild dieser Überlegungen ist der Gentleman, der sich durch Tugend (*virtue*), Lebensklugheit (*wisdom*), eine gute Lebensart (*good breeding*) und Wissen (*learning*, d.h. Fertigkeiten aller Art, vom Lesen und Schreiben bis hin zum Tanzen und Fechten) auszeichnet. Wichtig ist der Aufbau von Gewohnheiten (*habits*), die dem Gentleman ein gutes Leben im Beruf, in der Gesellschaft und im Staat ermöglichen.

Jean-Jacques Rousseaus (1712–1778) Menschenbild ist durchgängig durch das Motiv eines kritisch-historischen Selbstverstehens gekennzeichnet. Deutlich wird in Rousseaus (hypothetischer) Zivilisierungsgeschichte, dass der Mensch nicht nur als vernünftiges, sondern auch als leidenschaftliches Wesen gelten muss. Er kritisiert vor allem die bürgerliche Gesellschaft des 18. Jahrhunderts, die es dem Menschen unmöglich macht, eine Identität zu wahren, da sie im Gegenteil die innere Widersprüchlichkeit der Individuen erst konstituiert. Rousseau macht deutlich, dass die zweite Natur, die die Menschen durch ihre Sozialität und Kultur erworben haben, der ursprünglich verstandenen Natur und ihren Zielen der Harmonie und Authentizität fundamental entgegen steht. Er sieht dabei zwei Auswege: einen politischen, eine vollkommene Denaturierung des Menschen, die diesen zu einem reinen Bürger macht; und einen pädagogischen, eine radikal individuelle Erziehung, die außerhalb jeder sozialen Einflussnahme in der pädagogischen Provinz stattfinden soll. Rousseau hat mit diesem Modell die pädagogische Ausrichtung an der Natur des Menschen propagiert, und er gilt daher als Entdecker der Kindheit (und – dies sollte man hinzufügen – auch der Jugend), weil er seine indirekte und doch stark lenkende Erziehungsmethode konsequent an der Ontogenese orientiert. Er zeigt einerseits, dass der Mensch erst Kind sein muss, um Erwachsener werden zu können, und andererseits, dass es in der Erziehung stets darum gehen muss, Wollen und Können in einem Gleichgewicht zu halten.

Immanuel Kants (1724–1804) anthropologisches Denken umfasst insgesamt drei Ansatzpunkte, insofern man eine physiologische, eine pragmatische und eine transzendental-praktische Anthropologie unterscheiden kann: Während die physiologische die Natur des Menschen, seine physischen und physikalischen Dimensionen fokussiert und die pragmatische die vernünftige Gestaltung des Lebens propagiert, verfolgt die transzendentale Anthropologie die Grenzfestlegungen des Humanen. Liest man Kants anthropologische Überlegungen mit einem pädagogischen Blick, so muss die Pädagogik zunächst die physischen Dimensionen beachten, d.h. die physikalischen, körperlichen, rasse- und geschlechtsbezogenen Momente des Menschen; sie muss darüber hinaus den Menschen im pragmatischen Sinne in den Blick nehmen, d. h. den Menschen in den Raum des konkreten Allgemeinen einer Menschen- und Weltkenntnis stellen, die einen nützlichen Umgang mit dem Gebrauch der humanen Natur nahe legt, um so seine technischen Geschicklichkeiten, praktischen Klugheiten und moralischen Weisheiten auszubilden und dem Einzelnen Orientierungs- und Handlungswissen zu vermitteln. Und schließlich muss die Pädagogik sich auch mit der transzendentalen Idee des Menschen und seinem Autonomiepotential auseinandersetzen, was in das Dilemma führt, einerseits die Würde der Selbstbestimmungsfähigkeit unbedingt anzuerkennen und andererseits dennoch den Menschen disziplinieren, kultivieren, zivilisieren und moralisieren zu wollen: Denn der Mensch gelangt zu seiner Bestimmung nur durch Erziehung, die aber wiederum diese Bestimmung selbst nicht hervorbringen kann und soll.

Die Pädagogische Anthropologie von Johann Heinrich Pestalozzi (1746–1827) ist durch einen grundsätzlichen Realismus gekennzeichnet, der den Menschen immer in (sozialen) Beziehungen, etwa zu Gott, zu sich selbst, zur Familie, zum Beruf und Stand oder auch zur Nation und zum Staat denkt. Ist der Mensch in diesen Perspektiven immer als je unterschiedlich anzusehen, so bleibt sein Wesen, das durch die Trias von Natur-, Gesellschafts- und sittlichem Zustand bestimmt ist, im Grunde gleich. Diese drei Seinsweisen, die die bedürftige Leiblichkeit, die soziale Konventionalität und die selbstbestimmte Moralität des Menschen bezeichnen, sind zudem verschränkt mit drei Erziehungsformen, nämlich der Ausbildung einer emotionalen Grundbefindlichkeit (Herz), die vor allem im frühen Kindheitsalter durch die Mutter gewährleistet wird, einer praktischen Tüchtigkeit (Hand), die auf den Beruf und die Mitmenschen zielt, und einer theoretischen Reflexion (Kopf), die die ethischen und politischen Maximen zu rekonstruieren in der Lage ist.

Wilhelm von Humboldt (1767–1835) schließt an ein humanistisches Verständnis des Menschen und an eine Kräfteanthropologie an. Bildung versteht er als eine möglichst umfassende und ausgewogene Ausbildung von menschlichen Dispositionen hin zu einer individuellen Form von Menschlichkeit. Interessant erscheint hierbei, dass die Bildung des Menschen zugleich die Bildung der Welt impliziert, durch die und in der sich der Mensch bildet. Als Bildungsmedium dienen Humboldt vor allem Sprache, Geselligkeit und Kunst. Diese müssen dem Menschen zunächst fremd und unbekannt erscheinen, damit er sich an ihnen weiterentwickeln kann. Die Entwicklung geschieht durch eine Auseinandersetzung mit dem Fremden, das in eine eigene, individuelle Form aufgehoben wird.

Auch die Position von Friedrich Nietzsche (1844–1900) pointiert mit dessen Figur des elitären „Übermenschen" im Grunde eine ästhetisch-vitalistische Perspektive. Wie schon vor ihm Arthur Schopenhauer (1788–1860) verweist Nietzsche sowohl auf die immense Bedeutung des Körpers wie auch auf die der Ästhetik für die Pädagogik. Es gilt, das Leben in seiner ganzen schöpferischen Potentialität mit seinen (apollinischen) Form- und Harmoniemomenten, seiner Sublimation und maßvollen Rationalität, aber auch mit seinen (dionysischen) Schreckens- und Leidensmomenten sowie Verschmelzungs- und Rauscherfahrungen zur Geltung zu bringen. Der Übermensch bezeichnet das Endstadium einer Metamorphose, die über die von Charles Darwin (1809–1882) populär gemachte Entwicklung vom Tier zum Menschen hinaus verläuft. Der Übermensch ist ein „Mensch", der sich durch eine heroische Annahme des Schicksals (*amor fati*), eine radikale Hinwendung zur Gegenwart (ewige Wiederkehr des Gleichen), eine Überwindung der christlichen Tugenden durch einen ästhetisch-vitalistischen Lebensstil (Umwertung aller Werte) und einen fundamentalen Willen zur Selbstgestaltung (Wille zur Macht) auszeichnet.

Moderne

Die mit dem 20. Jahrhundert einhergehenden Veränderungen, seien es die der technischen Entwicklungen, die der Beschleunigung und Urbanisierung, die der kulturellen Krisen und politischen Katastrophen, die der sozialen und pädagogischen Mobilitäten oder die der Ausdifferenzierung der Wissenschaften, haben auch ihre Spuren in den Modellen der pädagogischen Menschenbilder hinterlassen. Zu Beginn des 20. Jahrhunderts nimmt die Anthropologie vor allem in der Philosophie die Bedeutung einer Grundlagendisziplin ein, die die *conditiones humanae* im Zusammenhang mit der Stellung des Menschen zu sich, zum Anderen, zur Welt und zum Kosmos zu fassen versucht. Aber auch in der Völkerkunde und Ethnologie, der Biologie, Medizin und Ethologie sowie in den Geschichts- und Kulturwissenschaften gewinnen anthropologische Überlegungen zunehmend an Bedeutung. Moderne Menschenbildentwürfe in der Pädagogik zeichnen sich sowohl durch eine unbestimmt-bestimmte Fassung, einen differentiellen Pluralismus als auch durch eine hohe Selbstreflexivität aus, d. h. dass die Menschenbilder offener werden, sich zunehmend unterschiedlichen (wissenschaftlichen) Perspektiven verdanken und zudem die Konstruktivität und Kontextualität dieser Bilder immer mitbedacht wird.

So charakterisiert Otto Friedrich Bollnow (1903–1991) die Frage nach dem Menschen als eine offene Frage und die Pädagogische Anthropologie dementsprechend als eine Betrachtungsweise ohne systematischen Anspruch. Er verweist damit auf die Unmöglichkeit eines geschlossenen Menschenbildes auf der einen und auf die Unerschöpflichkeit der anthropologischen Perspektiven – etwa durch die unterschiedlichen Disziplinen – auf der anderen Seite. Bollnow betont den wechselseitigen hermeneutischen Zusammenhang von Mensch und Erziehung, indem ein Verständnis des Menschen ohne Erziehung ebenso wenig sinnvoll ist wie die Erziehung ohne ein Verständnis vom Humanen. Allerdings lässt sich in seinen Schriften implizit dennoch ein Menschenbild herausarbeiten, das um die Momente der Gefährdetheit, der Fragilität und der Sorge zentriert ist. Dieses Menschenbild ist zutiefst der existentialistischen Philosophie und den diktatorischen Erfahrungen des 20. Jahrhunderts verpflichtet.

Heinrich Roths (1906–1983) pädagogisches Menschenbild ist zwischen Bildsamkeit und Bestimmung situiert. So wird einerseits deutlich, dass Erziehung ohne Bildungsmöglichkeit (Homo educabilis) unmöglich erscheint, und dass diese Bildsamkeit zugleich auf Erziehung angewiesen bleibt, um ihre Möglichkeiten auch entfalten zu können (Homo educandus); andererseits zeigt sich, dass die zentrale Bestimmung des Menschen, seine Mündigkeit, in einer Selbstbestimmung bestimmt wird, die wiederum ohne pädagogische Reflexion und Praxis nicht realisiert werden kann. Roth betreibt eine integrative Pädagogische Anthropologie, die die auf ihre pädagogische Relevanz bezogene Fülle des geistes- und naturwissenschaftlichen Wissens in Bezug auf Bildsamkeit und Bestimmung des Menschen diskutiert. Hierbei zielt er auf das theoretisch konsistente, empirisch abgesicherte und praktisch evaluierte Menschenbild eines reifen und mündigen Menschen, der sich durch die Vollständigkeit seiner körperlichen und seelischen Entwicklungsmöglichkeiten, durch Identität und Selbstreflexivität sowie durch Ausgeglichenheit im Verhältnis zu sich und der Welt auszeichnet.

Für viele zeitgenössische Entwürfe Pädagogischer Anthropologie stellt sich nicht mehr die Frage nach dem leitenden pädagogischen Menschenbild, sondern die Frage nach den historischen Momenten, die für die Erziehungs- und Bildungsprozesse des Menschen als konstitutiv betrachtet werden müssen. Das heißt, die Pädagogische Anthropologie rekonstruiert und diskutiert die Perspektiven der Grenzen des Menschen, seiner zeitlichen und räumlichen Verfasstheit, seiner körperlich-leiblichen Struktur, seiner sozialen und kulturellen Verortung, sowie seiner subjektiven und individuellen Gestaltung. Damit soll die Komplexität und Rätselhaftigkeit des menschlichen Lebens (Homo absconditus) einerseits betont und andererseits durch einen interdisziplinären, kritischen und interkulturellen Zugang aufzuschließen versucht werden. Für diesen Zugang wird Pädagogische Anthropologie selbstreflexiv, d. h. der Forscher und seine Gegenwart gehen immer in die pädagogisch-anthropologische Forschung mit ein. Und der Mensch ist – auch und gerade in anthropologischen Reflexionen, die den forschend Reflektierenden notwendigerweise mit einbeziehen – immer auch sich selbst verborgen. Diese Entwürfe machen deutlich, dass Menschenbildern im pädagogischen Denken und Handeln Deutungs-, Orientierungs- und Legitimierungsfunktionen zukommen, weil sie Zuschreibungen ermöglichen, Erwartungen strukturieren oder auch pädagogische Maßnahmen legitimieren. Menschenbilder sind mit Vorstellungen von wahr und falsch, gut und böse, gesund und krank etc. untrennbar verknüpft. Sie sind einerseits zu der Tiefenstruktur pädagogischen Denkens und Handelns zu rechnen und andererseits von historisch-kulturellen Lebenslagen abhängig.

Zusammenfassung

Es ist kein leichtes Unterfangen, die dargestellten pädagogischen Menschenbilder der letzten 2500 Jahre noch einmal zusammenzufassen. Dennoch scheinen *cum grano salis* in diesen Konzepten drei pädagogisch-anthropologische Motive durch, die man zumindest noch kurz benennen kann, obwohl diese natürlich jeweils einer differenzierten und differenzierenden, historisch genaueren Bestimmung bedürfen.

Ein relativ häufiges Motiv ist zunächst die Identifizierung eines deskriptiven mit einem normativen pädagogischen Menschenbild. So wird die Beschreibung einer spezifischen Form des Menschen als sein pädagogisches Idealbild ausgegeben, wenn etwa Platon die Existenz des Philosophen oder Locke das Leben eines Gentlemans normativ vorschreibt. Dieser Kurzschluss von Sein und Sollen und die mit ihm einhergehende Ideologisierung der Menschenbilder sind seit den sechziger Jahren in den Erziehungswissenschaften zu Recht stark kritisiert worden.

Als ein weiteres durchgängiges Motiv der pädagogischen Menschenbilder ist das pädagogische Ternar: 1. Natur/Wesen/Sein, 2. Lernen/Askese/Arbeit/Bildung und 3. Inhalte/Gegenstände/Ziele festzuhalten. Das meint, dass man *in pedagogicis* immer wieder einen engen Zusammenhang findet zwischen einem wie auch immer verstandenen menschlichen Wesen (als göttliches, als natürliches, genetisches etc.), den jeweiligen selbstbezogenen Lern- und Bildungspraktiken der Zöglinge und schließlich den je unterschiedlichen Lern- und Bildungsinhalten. In der Regel erweitert sich dieses Ternar zu einem Quartett, insofern noch Erziehung und Unterricht hinzukommen. Erst in der Neuzeit erhält der Selbstbildungsgedanke gegenüber dem Erziehungs- und Unterrichtsgeschehen einen systematischen bedeutsameren Wert. Der Mensch erscheint mehr und mehr als Werk seiner selbst und nicht als Resultat von Erziehung.

Und schließlich lässt sich bis in das 20. Jahrhundert hinein eine Dominanz des Intellektuellen, des Geistes, des Verstandes und der Vernunft in den Menschenbildern ausmachen. Erst in jüngerer Zeit werden die pädagogischen Menschenbilder stärker in Bezug auf den Körper, die Mimesis, das Performative, das Ritual, die Geburt und den Tod, die Gefühle und die Imagination diskutiert. Es ist wohl an der Zeit, diesen, für das anthropologische Denken des Abendlandes konstitutiven, Dualismus von Geist und Körper zugunsten von komplexeren, nicht-dichotomischen Modellen zu verabschieden.

Literatur

Benner, Dietrich/Brüggen, Friedhelm (2011): Geschichte der Pädagogik. Stuttgart.

Elias, Norbert (1985): Über den Prozess der Zivilisation. Soziogenetische und psychogenetische Untersuchungen. 2 Bände. 10. Aufl. Frankfurt/M.

Gebauer, Gunter (Hrsg.) (1998): Anthropologie. Leipzig.

Kamper, Dietmar/Wulf, Christoph (Hrsg.) (1994): Anthropologie nach dem Tode des Menschen. Vervollkommnung und Unverbesserlichkeit. Frankfurt/M.

Lenzen, Dieter (1989): Artikel: Anthropologie, historische. In: Ders. (Hrsg.): Pädagogische Grundbegriffe. Band 1. Reinbek, S. 78–82.

Liebau, Eckart (2004): Braucht die Pädagogik ein Menschenbild? In: Bizer, Christoph et al. (Hrsg.): Menschen Bilder im Umbruch. Jahrbuch der Religionspädagogik. Neukirchen-Vluyn, S. 123–135.

Reble, Albert (1993): Geschichte der Pädagogik. 17. Aufl. Stuttgart.

Roth, Heinrich (1966/71): Pädagogische Anthropologie. 2 Bände. Hannover.

Scheuerl, Hans (1982): Pädagogische Anthropologie. Eine historische Einführung. Stuttgart.

Snell, Bruno (2009): Die Entdeckung des Geistes: Studien zur Entstehung des europäischen Denkens bei den Griechen. Göttingen.

Wulf, Christoph (Hrsg.) (1996): Anthropologisches Denken in der Pädagogik 1750–1850. Weinheim.

Wulf, Christoph (Hrsg.) (1997): Vom Menschen. Handbuch Historische Anthropologie. Weinheim (2. Aufl.: Der Mensch und seine Kultur. Köln 2010).

Wulf, Christoph (2001): Einführung in die Anthropologie der Erziehung. Weinheim/Basel.

Wulf, Christoph/Zirfas, Jörg (Hrsg.) (1994): Theorien und Konzepte der pädagogischen Anthropologie. Donauwörth.

Zirfas, Jörg (2004): Pädagogik und Anthropologie. Eine Einführung. Stuttgart.

Empirie

Anja Tervooren

Erfahrung liegt jeder wissenschaftlichen Praxis zugrunde. Wie diese *empeiria* repräsentiert wird, hängt von den Traditionen ab, in die sich die jeweiligen Wissenschaftsrichtungen stellen. Der altgriechische Begriff lässt sich neben „Erfahrung" auch mit „langjähriger Übung", „Fertigkeit" oder „Kenntnis" übersetzen, während *theoria* vom Anschauen eines Schauspiels hergeleitet wird. Obwohl beide Begriffe häufig als Gegenteile konstruiert werden, bleiben sie in großer semantischer Nähe angesiedelt. Allerdings bedarf die „Anschauung" einer gewissen Distanz zum Gegenstand und eines Zeitraums, in welchem der Zuschauende selbst vom Handeln befreit ist – und dem Schauspiel folgen kann –, während „Erfahrung" eine unmittelbarere Begegnung mit einem Phänomen impliziert. Aktuelle Pädagogische Anthropologie ist bestrebt, über verschiedenste Positionen auf dem Kontinuum von Erfahrung und Anschauung Zugang zu ihren Gegenständen zu gewinnen.

Anthropologie als Wissenschaft vom Menschen skizziert heute nicht (mehr), was ein Mensch ist oder sein sollte. Spätestens nach dem Ende der Verbindlichkeit einer abstrakten anthropologischen Norm, wie sie durch Friedrich Nietzsche und Michel Foucault aufgezeigt worden ist, werden jeweils Variationen des Menschseins untersucht, denn Anthropologie habe sich, so Ulrich Bröckling (2004, S. 195), dem auszusetzen, „was Menschen tun und einander antun". Somit werden nicht Grenzen des Möglichen oder Unmöglichen gezogen und keine Menschenbilder entworfen, sondern es wird sehr genau beobachtet, wie Menschen (verschieden) sind, wie sie handeln, denken und fühlen. Anthropologie ist also auf Beobachtungen historischen und aktuellen menschlichen Lebens unterschiedlichster Art angewiesen und kann auf einen empirischen Zugang nicht verzichten.

Die generelle Unbestimmbarkeit des Menschen ist Einsatz und Herausforderung Pädagogischer Anthropologie: Der Mensch ist sowohl auf Erziehung und Bildung angewiesen als auch zu dieser fähig. In Erziehung und Bildung spielen Bilder vom Menschen, ob implizit oder explizit, stets eine große Rolle. Aufgabe Pädagogischer Anthropologie ist es deshalb zu rekonstruieren, welche sich wandelnden Bilder Erziehungsverhältnissen und Bildungsprozessen in spezifischen institutionellen Kontexten und gesellschaftlichen Situationen zugrunde liegen. Im Folgenden wird deshalb erstens die Rolle der Empirie im Kontext der Pädagogischen Anthropologie selbst bestimmt und zweitens genauer betrachtet, welche Erträge empirische Forschung in der Pädagogischen Anthropologie einbringt und welche Debatten notwendig mit diesen verbunden sind.

1 Die Pädagogische Anthropologie als empirische Wissenschaft

Seitdem zwischen dem 16. und 18. Jahrhundert die Bestimmung des Menschen als Gotteswesen brüchig wurde und sich eine Hinwendung des Menschen zum Menschen selbst vollzog, rückt dieser auch in den Mittelpunkt der wissenschaftlichen Auseinandersetzung. Die Wissenschaften vom Menschen differenzieren sich alsbald aus und die Pädagogik sowie in enger Verbindung mit dieser die Anthropologie und die Psychologie etablieren sich an den Universitäten. In dieser Zeit setzt sich eine Wissenschaftsauffassung durch, der die Überzeugung zugrunde liegt, Wissen werde durch sorgfältige Beobachtung generiert, welche in einem zweiten Schritt nur interpretiert werden müsste, und die Pädagogische Anthropologie reüssiert im 18. Jahrhundert neben ihren theoretischen Einsätzen (Wulf 1996; Zirfas 2007; vgl. Wulf/Zirfas in diesem Band) auch als empirische Wissenschaft.

Mit dem Menschen ist es bald auch das Kind, dem besondere Aufmerksamkeit zukommt. Bereits im 18. Jahrhundert gilt die offene Beobachtung von Kindern als ein Weg, um Wissen vom Kind zu erlangen und pädagogische Theorie und Praxis anzuleiten. Seit Mitte jenes Jahrhunderts setzt sich auf der Grundlage der Ausdifferenzierung einer Beobachtung von Kindern auch erst die Vorstellung eines allmählichen und kontinuierlichen Werdens des Menschen und damit ein Konzept von Entwicklung durch, das nicht nur für die Betrachtung von Kindern, sondern von Menschen allgemein zentral werden wird. Während in psychologischen Kontexten Techniken der Selbstbeobachtung ausgearbeitet und in zahlreichen neu herausgegebenen Magazinen, welche Begriffe wie „Menschenkunde", „Erfahrungsseelenkunde" oder „Psychologie" im Titel führen, veröffentlicht werden, sammeln und systematisieren in der Pädagogik Eltern, Erzieher oder Lehrer Beobachtungen von Kindern.

Der erste Lehrstuhlinhaber für Pädagogik Ernst Christian Trapp stellt 1780 fest, dass eine geübte und vorurteilsfreie Beobachtung von Menschen die unerlässliche Grundlage für eine pädagogische Haltung sei. Der Philanthrop Joachim Heinrich Campe lobt fünf Jahre später, während er eine pädagogische Enzyklopädie erstellt, einen Wettbewerb aus, in dem vor allem Väter und Erzieher aufgefordert werden, auf die „Behandlung" von Kindern und deren Effekte zu achten und letztere festzuhalten. Im Rahmen der Ausarbeitung von Techniken der Selbst- und Fremdbeobachtung etablieren sich die

Disziplinen Anthropologie, Pädagogik und Psychologie gleichzeitig und zu großen Teilen als empirisch fundierte an den Universitäten. Die Anfänge einer empirischen Anthropologie können sich jedoch nicht dauerhaft gegenüber der idealistischen Philosophie und der geisteswissenschaftlich ausgerichteten Pädagogik, die im 19. Jahrhundert federführend sein werden, behaupten (Mietzner/Tenorth/Welter 2007, S. 7 f.). Auch die ersten Ansätze empirischer Kinderforschung kommen bereits zu Beginn des 19. Jahrhunderts zum Erliegen und die systematische Beobachtung von Kindern wird erst wieder zum Ende des 19. und zu Anfang des 20. Jahrhunderts aufgegriffen, als zunächst in den angloamerikanischen Ländern, aber danach auch im deutschsprachigen Raum die *child-study*-Bewegung entsteht und Beobachtungen von Kindern jetzt vor allem von professionellen Pädagoginnen und Pädagogen, aber auch von interessierten Eltern durchgeführt und auf eine breite Basis gestellt werden (Depaepe 1993).

Werden in dieser Tradition vor allem die „eigenen" Kinder untersucht, nimmt zeitgleich das Interesse an Menschen und deren Lebensformen, die als „fremd" wahrgenommen werden, in der zweiten Hälfte des 19. Jahrhunderts kontinuierlich zu und eine neue Wissenschaft, die in Frankreich „Anthropologie", in Großbritannien „Sozialanthropologie", in den USA „Kulturanthropologie" und nur in Deutschland „Ethnologie" genannt wird, entwickelt sich. Auf der Grundlage kulturanthropologischer empirischer Forschung zu Lebenswelten – beispielsweise die der Inuit im Norden Kanadas –, die stets einen längeren Aufenthalt vor Ort beinhaltete, tragen vor allem Franz Boas und seine Schüler maßgeblich zur Position des Kulturrelativismus bei, in dem alle Kulturen zwar als verschieden, aber als gleichwertig angesehen werden (Wulf 2009, S. 97 ff.). Diese und andere Formen der Feldforschung haben einen zentralen Einfluss auf die sich zu Beginn des 20. Jahrhunderts allmählich konstituierende Chicagoer Schule, die in großer Nähe zur Sozialanthropologie mit den Methoden der Feldforschung die unterschiedlichen, nebeneinander existierenden Kulturen in der von Einwanderung geprägten Stadt Chicago untersucht und die Soziologie weltweit nachhaltig beeinflusst.

Im deutschsprachigen Raum ist es nach dem ersten Weltkrieg die Philosophische Anthropologie, welche die Richtung angibt und in der geisteswissenschaftlich ausgerichteten Pädagogik bald ihren Platz findet. Sie stellt erstens den menschlichen Körper und zweitens den Mensch-Tier-Vergleich in den Mittelpunkt. Nach der empirischen Wende in der Erziehungswissenschaft seit den 1960er Jahren, die vor allem durch das Erstarken quantitativer Forschungsansätze bestimmt ist, wächst seit Beginn der 1990er Jahre auch die Bedeutung der qualitativen Ansätze in der Erziehungswissenschaft, angeführt von der Biographieforschung, stetig an. Seit der Jahrtausendwende vollzieht sich eine zweite empirische Wende: Der Einfluss der empirischen Forschung nimmt im Kontext der allgemeinen Internationalisierung von Forschung und Bildungspolitik zu, der Wettbewerb um Forschungsgelder wird vor allem mit empirischen Projekten gewonnen und neben dem quantitativen differenziert sich auch das qualitative Paradigma aus. Auch die Verbindung beider Ansätze rückt allmählich ins Blickfeld. Vor allem ethnographische Forschungen, die sowohl an die Forschungstraditionen der Sozial- oder Kulturanthropologie als auch an ihre soziologischen Varianten anknüpfen, gewinnen in der aktuellen Pädagogischen Anthropologie und in der Erziehungswissenschaft insgesamt an Boden, da sie erstens international anschlussfähig sind, zweitens als flexible Forschungsstrategie die Gegenstandskonstruktion in den Mittelpunkt stellen und dabei drittens versprechen, eine angemessene Strategie zur Erforschung von Differenzen und Ungleichheiten in Bildungsinstitutionen zu sein.

Neben der Vielfalt ihrer Bezugsdisziplinen, welche sowohl die Geistes- und Sozialwissenschaften als auch die Naturwissenschaften umfassen, ist die Vielfalt der Forschungszugänge bis heute ein konstitutives Merkmal von Anthropologie. So insistiert Christoph Wulf in seinem Ansatz einer historisch-kulturellen Anthropologie darauf, die einzelnen Perspektiven und Erträge der von ihm als Hauptströmungen genannten anthropologischen Forschungen – Hominisation, Philosophische Anthropologie, Historische Anthropologie und Kulturanthropologie – in weitere anthropologische Forschungsprozesse einzuspeisen, anstatt sie zu einem neuen Paradigma zu vereinen (Wulf/ Weigand 2011, S. 36 ff.).

Mit Ausnahme der Philosophischen Anthropologie, die sich auf dem Kontinuum von Erfahrung und Anschauung am engsten der Anschauung verbunden sieht und sich neben der Erfahrung vor allem auf die Lektüre und Reflexion von Texten stützt, wird in allen anderen Ansätzen mit unterschiedlich gelagertem empirischen Material gearbeitet: mit Quellen oder Bildern, mit Überresten menschlicher Körper oder Kulturgegenständen, mit Dokumenten, mit Beobachtungen von Interaktionen oder Räumen sowie Befragungen unterschiedlichster Art etc. Eine Wissenschaft vom Menschen, die das komplexe Wechselverhältnis zwischen Körper, Bild und Sprache in synchroner und diachroner Perspektive in den Mittelpunkt stellt und die materiellen, imaginären und symbolischen Dimensionen menschlichen Lebens untersucht, kommt dabei nicht umhin, eine enge Verbindung zu den unterschiedlichsten Formen von Empirie zu pflegen.

2 Daten als gegebene Erfahrung im Kontext Pädagogischer Anthropologie

Obwohl Erfahrung jeglicher wissenschaftlichen Praxis zugrunde liegt, hat es sich vor allem in den Sozialwissenschaften durchgesetzt, von empirischer Forschung zu sprechen, wenn Daten unterschiedlicher Art – seien es Artefakte, in verschiedenen Medien repräsentierte Bilder, archivierte Sprachdaten oder die Beobachtung von Interaktionen – einem Interpretationsprozess zugrunde liegen und Daten und Interpretationen von den Lesenden auseinandergehalten werden können. In einer soziologischen Tradition hat es sich herausgebildet, dass unterschiedlich gelagerte Daten als solche, wenn auch notwendigerweise in Ausschnitten, den Lesenden präsentiert werden. Die Trennung von Daten, die letztendlich stets in einen Text überführt werden, und Interpretation dient dazu, die Rekonstruierbarkeit des zugrunde liegenden Erkenntnisprozesses zu erhöhen, indem der Weg zur Erkenntnis, die Konstruktion des Gegenstandes qua Feld und Methode aufgezeigt und die Auswertung nachvollziehbarer gemacht wird. Diese Vorgehensweise resultiert aber letztendlich aus einem interpretativen Paradigma, das ebenso für die Philologien, die Kulturwissenschaften und auch für die Geschichtswissenschaften gilt. Wird bei diesen jedoch häufig mit vorgefundenen Texten oder Bildern gearbeitet, produziert eine empirisch ausgerichtete Pädagogische Anthropologie, auch durch ihren engen Anschluss an die Sozialwissenschaften, ihre Daten in vielen Fällen selbst.

Die Frage, wie das, was als *datum* erscheint, zu etwas Gegebenem geworden ist, ist für die Pädagogische Anthropologie im Allgemeinen und für eine empirische Pädagogische Anthropologie im Besonderen grundlegend. Bevor Daten als *datus* und damit als Gegebene erscheinen, müssen sie zunächst zu dem werden, was im Forschungsprozess einen hohen Anspruch auf Faktizität erheben und zur anerkannten Grundlage einer Interpretation werden kann. Michael Wimmer zählt es zu den zentralen Verschiebungen im Rahmen der Neukonstitution einer Historischen Anthropologie in den 1980er Jahren, dass „die Verschränkung zwischen Gegenstandsauffassungen und ihren sprachlichen und epistemologischen Konstitutionsprinzipien selbst in den Fokus der Aufmerksamkeit rückte, d. h. die Beziehung zwischen der Geschichtlichkeit der Gegenstände und der Geschichtlichkeit ihrer methodischen Erfassung, zwischen der gesellschaftlichen und historischen Verfasstheit der menschlichen Lebenswelten und der Historizität des menschlichen Selbstverständnisses" betrachtet wurde (Wimmer 2009, S. 187). Im Folgenden werden zwei mögliche Dimensionen des Fragens, welche diese Konstruktion erhellen, angedeutet. Gefragt werden soll erstens: Kann das Andere überhaupt repräsentiert werden und verweist dessen Repräsentation und deren Form nicht eher auf den Repräsentierenden oder die Repräsentierende selbst? Zweitens wird skizziert, welchen Stellenwert die Theorie im Kontext der Konstruktion von Daten als Gegebene innehat.

2.1 Zur (Un-)Möglichkeit der Repräsentation des Anderen: Wer gibt und was wird wie gegeben?

Die Pädagogische Anthropologie ist eng mit außer- und innereuropäischer Ethnologie verknüpft und somit stets mit der Tradition der Erforschung von etwas, das als fremd oder anders bestimmt werden kann, verbunden. Gerade dieses Verhältnis von Eigenem und Anderem ist im ethnologischen Kontext in hohem Maße problematisiert worden, wenn sich auch die Herausforderung, anderes zu repräsentieren, für jegliche Wissenschaft, die sich mit Menschen beschäftigt, stellt. Emmanuel Lévinas (1983, S. 211) charakterisiert den Umgang mit dem Anderen folgendermaßen: „Die abendländische Philosophie fällt mit der Enthüllung des Anderen zusammen; dabei verliert das Andere […] seine Andersheit. Von ihrem Beginn an ist die Philosophie vom Entsetzen vor dem Anderen, das Anderes bleibt, ergriffen, von einer unüberwindlichen Allergie". In der Ethnographie ist dieses Dilemma unter dem Stichwort „Krise der Repräsentation"

(Berg/Fuchs 1993) präzise benannt worden und hat nicht nur die unterschiedlichen Disziplinen, in denen ethnographisch gearbeitet wird, in dem Bewusstsein zurückgelassen, dass der Andere notwendig verfehlt werden müsse und sich diesem im Forschungsprozess höchstens angenähert werden könne. Für die Pädagogische Anthropologie stellt sich diese Herausforderung in besonderem Maße, da sie als erziehungswissenschaftliche Teildisziplin u. a. die generationale Ordnung in den Mittelpunkt stellt und ihr Gegenstand auch immer das Verhältnis von Ich und Anderem ist.

Die Idee der Feldforschung, welche der Ausgangspunkt der Ethnographie ist, radikalisiert die Forschung zu dem, was anders ist oder als solches erscheint, weil der oder die Forschende im Forschungsfeld anwesend ist. Die Forschung vollzieht sich über den Körper der Forschenden und darüber hinaus über unterschiedliche Medien der Aufzeichnung, über die Speicherung von Bildern, Tönen, Stimmen etc. Die Ethnologin Julia Reuter akzentuiert gerade die Rolle der verwendeten Medien, deren Bedeutung weit über die Aufzeichnung und Speicherung von Daten hinausgehe. Sie spricht von der „immanenten Medialität des Fremden" (Reuter 2011, S. 20), da das Fremde als solches nicht erfahrbar sei: „Bilder verwenden Eigenes, um Fremdes sichtbar zu machen. Sie referieren auf vertraute Sinn- und Bedeutungsstrukturen, weshalb sie keine außerhalb des Bildes liegende Fremdheit darstellen, sondern allenfalls das Sichtbare so anordnen, dass es fremd erscheint" (ebd., S. 23). Aber gerade Aufzeichnungsmedien erlauben eine Auswertung, die im Nachhinein und im zeitlichen Abstand zum Aufenthalt im Feld nachträglich eine abweichende Deutung zu dem „Vor-Gesehenen" ermöglicht (Tervooren 2006, S. 56 ff.).

2.2 Zum Stellenwert der Theorie im Kontext der Konstruktion von Daten: Auf welcher Grundlage wird gegeben?

Die Ethnographie ethnologischer Provenienz, welche die Pädagogische Anthropologie maßgeblich beeinflusst hat, wird in aktuellen Debatten, vor allem in einer Gegenüberstellung von Ethnologie und Soziologie, eher als „datenskeptisch" angesehen (Scheffer/Meyer 2011, Abs. 40). Die soziologische qualitative Forschung dagegen ist eng mit einer besonderen Aufmerksamkeit für das Datum und der Forderung nach dessen sorgsamer Exposition verbunden und steht in der Tradition einer kontinuierlichen Verfeinerung von Datenerhebung und Datenauswertung. Dies gilt auch für die erziehungswissenschaftliche Ethnographie, die aus beiden Traditionen gespeist wird, auch weil sie einige Wurzeln in der Pädagogischen Anthropologie hat (vgl. die Berliner Ritualstudie Wulf et al. 2001, 2004, 2007, 2011).

Nun gibt es in der Situation der Forschung, in welcher Daten und ihre Interpretation auf der Grundlage des Verhältnisses von Beobachtern und Beobachteten oder Befragenden und Befragten im Kontext der Medialität der Daten entstehen, immer noch einen dritten Mitspieler, denn die Daten an sich, so der Soziologe und Ethnograph Pierre

Bourdieu (2006, S. 260), „die man selbst für das Konkrete hält, sind in Wirklichkeit das Produkt einer ungeheuren Abstraktion – was immer so ist, da das Gegebene immer konstruiert ist – in diesem Fall aber eine Abstraktion, die von sich als Abstraktion nichts weiß." Er betont, dass die zentrale Entscheidung in einem Forschungsprozess die der Objektkonstruktion sei. Entscheidungen für oder gegen eine Erhebungs- oder eine Auswertungsmethode, für oder gegen eine bestimmte Art und Weise Daten zu produzieren und zu interpretieren, seien nie von den theoretischen Voraussetzungen zu trennen und wissenschaftliches Arbeiten setze bereits ein Ensemble von Wahrnehmungs- und Gliederungsprinzipien voraus. Die Daten werden nicht vorgefunden, sondern produziert und diese Produktion sei von dem Verständnis der Welt, das immer von Theorie geleitet sei, nicht zu trennen (ebd., S. 259).

In diesem soziologischen Kontext, in dem sehr präzise über Methodologien und Methoden nachgedacht wird, identifiziert Herbert Kalthoff drei unterschiedliche Verwendungsweisen von Theorie in empirischer Forschung. Erstens seien Theorien „beobachtungsleitende Annahmen" und Theorien über die Beschaffenheit sozialer Ordnung flössen in die Wahl der Methoden ein und Ergebnisse werden vor diesem Hintergrund interpretiert, um dann das, was nicht damit übereinstimme, genauer betrachten zu können. Zweitens werden Theorien aus dem empirischen Material entwickelt, die sich meistens auf vergleichbare Fälle bezögen, um zentrale Merkmale der Kategorie aufzuzeigen. Drittens begreift Kalthoff Theorien als „beobachtbare soziale Phänomene", die selbst ein kulturelles Ereignis und ein Teil der Gesellschaft seien (Kalthoff 2008, S. 12 f.). Der Begriff der „theoretischen Empirie" (Kalthoff et al. 2008) verweist auf die starke wechselseitige Verschränkung von Empirie und Theorie oder eben von Erfahrung und Anschauung. Eine Pädagogische Anthropologie, die sich aus vielen verschiedenen Wissenschaftstraditionen und Disziplinen speist, basiert auf dieser engen Verschränkung von Theorie und Empirie und fasst diese noch breiter, weil Pädagogische Anthropologie auch den Anschluss zur philosophischen Reflexion, die keine Empirie im engeren Sinne einbezieht, offen hält.

Eine Pädagogische Anthropologie, die systematisch die Erfahrung von Phänomenen in den Forschungsprozess einbeziehen will, profitiert von vielen unterschiedlichen Forschungsansätzen, die sich als empirisch verstehen. Im Rahmen ihrer grundlegend interdisziplinären Verfasstheit sind vor allem die unterschiedlichsten empirischen Traditionen anschlussfähig, welche sorgfältig reflektieren, wie der eigene Gegenstand hervorgebracht wird und welche die zugrunde gelegten Theoriebestände als Wahrnehmungs- und Deutungsraster exponieren. Eine Anthropologie, die sich als Wissenschaft vom Menschen begreift, ohne wissen zu können, was den Menschen auszumachen hat, kann auf die grundlegende Reflexion des eigenen Anteils an der Konstitution ihrer Forschungsgegenstände nicht verzichten.

Literatur

Berg, Eberhard/Fuchs, Martin (1993) (Hrsg.): Kultur, soziale Praxis, Text. Die Krise der ethnographischen Repräsentation. Frankfurt/M.

Bourdieu, Pierre (2006): Die Praxis einer reflexiven Anthropologie. Einleitung zum Seminar an der École des hautes études en sciences sociales. Paris, Oktober 1987. In: Bourdieu, Pierre/Wacquant, Loïc J. D.: Reflexive Anthropologie. Frankfurt/M., S. 251–294.

Bröckling, Ulrich (2004): Um Leib und Leben. Zeitgenössische Positionen Philosophischer Anthropologie. In: Assmann, Aleida/Gaier, Ulrich/Trommsdorff, Gisela (2004) (Hrsg.): Positionen der Kulturanthropologie. Frankfurt/M., S. 172–195.

Depaepe, Marc (1993): Zum Wohl des Kindes? Pädologie, pädagogische Psychologie und experimentelle Pädagogik in Europa und den USA, 1890–1940. Weinheim.

Kalthoff, Herbert (2008): Einleitung: Zur Dialektik von qualitativer Forschung und qualitativer Theoriebildung. In: Kalthoff, Herbert/Hirschauer, Stefan/Lindemann, Gesa (Hrsg.): Theoretische Empirie. Zur Relevanz qualitativer Forschung. Frankfurt/M., S. 8–32.

Kalthoff, Herbert/Hirschauer, Stefan/Lindemann, Gesa (Hrsg.) (2008): Theoretische Empirie. Zur Relevanz qualitativer Forschung. Frankfurt/M.

Lévinas, Emmanuel (1983): Die Spur des Anderen. Untersuchungen zur Phänomenologie und Sozialphilosophie. Freiburg/München.

Mietzner, Ulrike/Tenorth, Heinz-Elmar/Welter, Nicole (Hrsg.) (2007): 52. Beiheft der Zeitschrift für Pädagogik: Pädagogische Anthropologie – Mechanismus einer Praxis. Weinheim/Basel.

Reuter, Julia (2011): Geschlecht und Körper. Studien zur Materialität und Inszenierung gesellschaftlicher Wirklichkeit. Bielefeld.

Scheffer, Thomas/Meyer, Christian (2011): Tagungsbericht: Tagung: Soziologische vs. Ethnologische Ethnographie – Zur Belastbarkeit und Perspektive einer Unterscheidung. Forum Qualitative Sozialforschung/Forum Qualitative Social Research, Volume 12, No. 1, Art. 25 – Januar 2011, http://www.qualitative-research.net/index.php/fqs/article/view/1620/3123: zuletzt abgerufen 26. 8. 2012.

Tervooren, Anja (2006): Im Spielraum von Geschlecht und Begehren. Ethnographie der ausgehenden Kindheit. Weinheim/München.

Wimmer, Michael (2009): Vom Anderen. In: Göhlich, Michael/Zirfas, Jörg (Hrsg.): Der Mensch als Maß der Erziehung. Festschrift für Christoph Wulf. Weinheim/Basel, S. 185–197.

Wulf, Christoph (Hrsg.) (1996): Anthropologisches Denken in der Pädagogik 1750–1850. Weinheim.

Wulf, Christoph (2009): Anthropologie. Geschichte – Kultur – Philosophie. Köln.

Wulf, Christoph/Althans, Birgit/Audehm, Kathrin/Bausch, Constanze/Göhlich, Michael/Sting, Stephan/Tervooren Anja/Wagner-Willi, Monika/Zirfas, Jörg (2001): Das Soziale als Ritual. Zur performativen Bildung von Gemeinschaften. Opladen.

Wulf, Christoph/Althans, Birgit/Audehm, Kathrin/Bausch, Constanze/Göhlich, Michael/Jörissen, Benjamin/Mattig, Ruprecht/Tervooren, Anja/Wagner-Willi, Monika/Zirfas, Jörg (2004): Bildung im Ritual. Schule, Familie, Jugend, Medien. Wiesbaden.

Wulf, Christoph/Althans, Birgit/Blaschke, Gerald/Ferrin, Nino/Göhlich, Michael/Jörissen, Benjamin/Mattig, Ruprecht/Nentwig-Gesemann, Iris/Schinkel, Sebastian/Tervooren, Anja/Wagner-Willi, Monika/Zirfas, Jörg (2007): Lernkulturen im Umbruch. Rituelle Praktiken in Schule, Medien, Familie und Jugend. Wiesbaden.

Wulf, Christoph/Althans, Birgit/Blaschke, Gerald/Ferrin, Nino/Kellermann, Ingrid/Mattig, Ruprecht/Schinkel, Sebastian (2011): Die Geste in Erziehung, Bildung, Sozialisation. Wiesbaden.

Wulf, Christoph/Weigand, Gabriele (2011): Der Mensch in der globalisierten Welt. Anthropologische Reflexionen zum Verständnis unserer Zeit. Münster.

Zirfas, Jörg (2007): Immanuel Kant: Zum pädagogischen Orientierungswissen einer Pragmatischen Anthropologie. In: Mietzner, Ulrike/Tenorth, Heinz-Elmar/Welter, Nicole (Hrsg.): 52. Beiheft der Zeitschrift für Pädagogik: Pädagogische Anthropologie – Mechanismus einer Praxis. Weinheim/Basel, S. 33–44.

Institution und Organisation

Michael Göhlich

Pädagogische Praxis findet in Einrichtungen statt, die zum einen als Institutionen (kritisch v. a. im Anschluss an Goffman, z. B. von Thiersch 1973; seltener an die *pédagogie institutionelle,* z. B. von Weigand 1983; systematisch unter anderem von Benner 2001; Göhlich 2001; Merkens 2006), zum anderen als Organisationen (z. B. Greving 2000; Merchel 2004; Göhlich 2005; Zech et al. 2009) bezeichnet werden. Zudem gehört zu den Feldern pädagogischer Praxis heute auch die professionelle Weiterentwicklung von Einrichtungen pädagogischer und nicht-pädagogischer Provenienz (d. h. Kitas, Schulen, Heime ebenso wie Unternehmen, Behörden, Kliniken), die in diesem Kontext meist als Organisationen (z. B. Geißler 2000; Kolhoff 2003; Feld 2007; Göhlich/Sausele 2008), gelegentlich aber auch als Institutionen (z. B. AGBW 2004) gekennzeichnet werden. Der Einsatz zweier verschiedener Begriffe – Institution und Organisation – für den scheinbar gleichen Gegenstand zeugt von der Bedeutung dieses Gegenstands für menschliches Leben in unserer Zeit, erschwert jedoch den Austausch und die Verständigung über die auf den Gegenstand bezogene pädagogische Theorie, Forschung und Praxis. Der vorliegende Beitrag unternimmt den Versuch, in vier Schritten deutlicher voneinander abzugrenzen, welche Phänomene menschlicher Praxis die beiden Begriffe bezeichnen: Zunächst wird die Etymologie beider Begriffe beleuchtet; sodann werden soziologische Definitionen zu Rate gezogen, da beide Begriffe in den letzten Jahrzehnten vornehmlich soziologisch geprägt wurden; im dritten Schritt wird die pädagogische Verwendung der Begriffe erörtert, bevor schließlich ein thesenhaftes Resümee gezogen wird.

1 Sprachliche Herkunft und Geschichte

Etymologisch sind die Begriffe „Institution" und „Organisation" nicht verwandt. Während „Institution" über rechtswissenschaftliche und kirchliche Traditionen direkt dem

Lateinischen entlehnt wurde, fand die im Wortkern griechische „Organisation" im naturwissenschaftlich inspirierten philosophischen Diskurs des späten 18. Jahrhunderts den Weg über das Französische in die deutsche Sprache.

Dass „Institution" im Grimmschen Wörterbuch keinen Eintrag erhielt, legt die Vermutung nahe, dass der Begriff im 19. Jahrhundert nicht in der deutschen Sprache verwendet wurde. Im hundert Jahre später entstandenen etymologischen Wörterbuch des Deutschen findet sich allerdings unter dem Eintrag „Institut, n ‚Einrichtung zur Erziehung, Lehre, Forschung' (18. Jh.), zuvor (vereinzelt) ‚Ordnung, Regel' (16. Jh.), [...], zu lat. instituere ‚hinstellen, aufstellen, unternehmen, einrichten, einsetzen, ordnen'" die Bemerkung: „Zum gleichen Verb stellt sich Institution, f. ‚Einsetzung, Einweisung, Einrichtung', anfangs ‚Anordnung, Unterweisung' (16. Jh.)" (Pfeifer et al. 1989, S. 744), mit der eine länger zurückreichende Tradition des Begriffsgebrauchs behauptet wird.

Der Begriff „Organisation" wird im Grimmschen Wörterbuch ausführlich behandelt. Er stammt demzufolge vom französischen „organisation" und enthält eine aktivische und eine passivische Bedeutung: „1) activisch, die thätigkeit, durch die ein organismus gebildet wird, die organisierung, z. b. der erde vermögen zur organisation und erhaltung der geschöpfe [...]; 2) passivisch, die durch organische thätigkeit hervorgebrachte bildung, einrichtung und beschaffenheit eines organischen wesens [...] in bezug auf einen staats- oder gesellschaftskörper: man kann einer gewissen verbindung, die aber auch mehr in der idee, als in der wirklichkeit angetroffen wird, durch die analogie mit den unmittelbaren naturzwecken licht geben. So hat man sich bei einer neuerlich unternommenen gänzlichen umbildung eines groszen volkes zu einem staate des wortes ‚organisation' häufig für einrichtung der magistraturen usw. und selbst des ganzen staatskörpers sehr schicklich bedient" (Grimm/Grimm 1889, S. 1339). Der hier erkennbare Bezug des Organisationsbegriffs auf das Natürliche im Sinne einer lebendigen Gestalt des Sozialen wird auch im etymologischen *Wörterbuch des Deutschen* herausgestellt: „Organisation f. ‚Einrichtung, Gestaltung, Bildung', zunächst im medizinisch-naturwissenschaftlichen Sinne vom Wesen, vom körperlich-seelischen Zustand des Menschen (2. Hälfte 17. Jh.), unter dem Einfluß des Gedankenguts der frz. Revolution übertragen auf staatliche Einrichtungen, wirtschaftliche, politische Gebilde (18. Jh.), [...] ‚einheitlicher Zusammenschluß von Personen, Verband, Partei' (20. Jh.)" (Pfeifer et al. 1989, S. 1208). Der Organisationsbegriff schließt etymologisch in erster Linie nicht an das griechische „organon" und damit auch nicht an den Werkzeug-Gedanken, sondern an den Begriff des Organs und des Organischen an und legt somit die Vorstellung eines lebendigen sozialen Gebildes nahe.

Fassen wir die etymologische Betrachtung beider Begriffe zusammen, so können wir feststellen, dass beide Begriffe schon früh im Sinne von „Einrichtung" verwendet wurden. Insofern verwundert die eingangs des Beitrags kritisch notierte Verwendung beider Begriffe zur Bezeichnung desselben Gegenstands nicht. Allerdings hat uns die etymologische Betrachtung doch einen Schritt weiter gebracht. Wir können nun nämlich feststellen, dass mit „Institution" (Konnotationen: „Einsetzung" und „Einweisung") eine Einrichtung im Sinne der Setzung einer Vorgabe, mit „Organisation" (Konnotationen

„Gestaltung“ und „Bildung“ des einheitlichen Zusammenschlusses von Personen) hingegen eine Einrichtung im Sinne der Bildung und des Gebildes einer sozialen Einheit gemeint ist.

2 Soziologische Definitionen

Bezeichnenderweise sind es selbst in pädagogischen Lexika vorrangig Soziologen, denen die Beiträge zu diesen beiden Begriffen überlassen werden (z. B. Jaeggi 1974; Morel 1996). Allerdings trägt dies keineswegs zur Einheitlichkeit der Verwendung beider Begriffe bei. So definiert Urs Jaeggi Institution als „das jeweilig kulturell geltende, einen Sinnzusammenhang bildende, durch Recht und Sitte garantierte Sozialgebilde“ (Jaeggi 1974, S. 308), Organisation hingegen als „Ordnung“ (ebd., S. 309). Julius Morel dagegen kommt der von uns oben begriffsgeschichtlich resümierten Unterscheidung recht nahe, wenn er schreibt: „Organisationen sind Personenmehrheiten (soziale Einheiten, neben sozialen Schichten, Gruppen, Gesellschaften), Institutionen sind Normsysteme (neben sozialen Rollen, Kulturen)“ (Morel 1996, S. 1150).

Die Verschiedenheit dieser Definitionen steht exemplarisch dafür, dass auch in der Soziologie bis in die jüngste Zeit hinein bezüglich des Begriffspaares Institution/Organisation keine begriffliche Einigkeit besteht. Das ist vermutlich auch darin begründet, dass sich Institutionstheorie und Organisationstheorie lange Zeit nebeneinander entwickelten, so dass die Begriffe von Institution und Organisation stark davon geprägt waren, ob der jeweilige Autor dem institutionstheoretischen oder dem organisationstheoretischen Diskurs zuzurechnen war.

So kann Max Webers „Wirtschaft und Gesellschaft“ (1922) als Entscheidung für eine Theorie der Organisationen (und gegen eine Theorie der Institutionen) gelesen werden. In der Moderne ist, darauf weist Weber hin, die traditionale Grundlage von Institutionen aufgrund des Rationalisierungsprozesses nicht mehr gewährleistet. Das, was Institutionen seitens der soziologisch-kulturanthropologischen Theorie Durkheims wie seitens der Philosophischen Anthropologie Gehlens zugeschrieben wurde, nämlich eine selbstverständliche, unhinterfragte Autorität, ist in der Gesellschaft des 20. Jahrhunderts keineswegs selbstverständlich. So löst sich die althergekommene Hausgemeinschaft (jedenfalls in ihrer umfassenden Autorität bezüglich des individuellen Verhaltens) auf und das Individuum erhält seine Lebensschulung „zunehmend von außerhalb des Hauses und durch Mittel, welche nicht das Haus, sondern ‚Betriebe‘ aller Art […] ihm liefern“ (Weber 1956, S. 293). Dabei handelt es sich Weber zufolge zunehmend um zweckrationale Organisationen, die idealtypisch einer gesatzten Ordnung folgen. Der soziologische Diskurs lässt somit eine Unterscheidung erkennen, die im etymologischen Zugang (s. o.) noch nicht deutlich wurde: Die Organisation ist etwas von Menschen ggf. bewusst Hergestelltes, die Institution hingegen ist etwas Tradiertes, von den Individuen Vorgefundenes.

Dies führt im Verbund mit den Individualisierungstendenzen der zweiten Hälfte des 20. Jahrhunderts zur Institutionenkritik der 1960er und 1970er Jahre. So bestimmt Theodor W. Adorno in einer Rundfunkdiskussion mit Gehlen Institutionen als „eine fremde und bedrohliche Macht", die dem Individuum gegenübersteht. Präzise ausgeführt findet sich die soziologische Institutionenkritik in Erving Goffmans Untersuchungen „totaler Institutionen" (Goffman 1973). Wenngleich nüchterner im Tonfall, weisen doch auch Definitionen jüngeren Datums auf die Gegenüberstellung und das Machtpotential der Institutionen hin. So werden Institutionen als „Ausdruck einer den Menschen gegenübertretenden objektiven Macht" (Eder 2001, S. 159) und als „sozial definierte Regeln mit gesellschaftlicher Geltung und daraus abgeleiteter ‚unbedingter' Verbindlichkeit für das Handeln" (Esser 2000, S. 6) angesehen. Die Auseinandersetzung über die Frage, ob Institutionen den individuellen Akteuren als dauerhafte Regelsysteme (die das Handeln individueller Akteure erst ermöglichen, ihm Sinn verleihen und einen bestimmten Handlungsablauf bewirken) gegenüberstehen oder von ihnen doch auch (bewusst) gestaltet werden können, hat sich bis zu der Position zugespitzt, dass Institutionen zwar aufgeführt werden, eigentliches Handeln jedoch nur als Abweichung von den als dauerhafte, sich selbst reproduzierende Regelsysteme gedachten Institutionen möglich ist (vgl. Jepperson 1991). Niklas Luhmann (1973) hat angesichts der andauernden Unklarheiten gar dafür plädiert, auf den Begriff der Institution zu verzichten.

Der Organisationsbegriff wird in der deutschen Soziologie zunächst durch Max Weber geprägt. Ihm zufolge zieht mit der Moderne die bürokratische Organisation herauf, deren Stelleninhaber idealtypisch mittels neutraler Amtsführung und unter Aktenführung aller Vorgänge einer gesatzten Ordnung folgen. Von den späten 1950er Jahren an ist es insbesondere Renate Mayntz, die den Organisationsbegriff in der deutschsprachigen Soziologie stärkt. In ihrem grundlegenden, die zukünftige Diskursentwicklung in einem wesentlichen Punkt voraussehenden Beitrag zu Bernsdorfs *Lexikon der Soziologie* macht sie deutlich, dass der Organisationsbegriff in der Soziologie in vierfacher Weise verwendet wird (vgl. Mayntz 1975, S. 587 ff.): zum einen als soziale Organisation, womit das Gesamt der sozialen Lebensordnung einer Gesellschaft (d. h. Gemeinschaftliches wie Gesellschaftliches) gemeint ist; zweitens als Ergebnis der Tätigkeit des Organisierens, das als formelle Organisation (Betriebsaufbau, Stellengliederung etc.) bezeichnet und durch die informelle Organisation (ungeplante soziale Phänomene) ergänzt wird; drittens als Synonym für freiwillige Vereinigungen wie Gewerkschaften und Vereine; viertens als soziales Gebilde, in dem eine Mehrzahl von Menschen zu einem spezifischen Zweck bewusst zusammenwirkt. Diese vierte Auffassung von Organisation ist es, von der Mayntz richtig vorausschauend sagt, dass sie „verspricht, zu einem Zentralbegriff für die Analyse insbesondere der modernen Gesellschaft zu werden" (ebd., S. 588). Mayntz führt damit die Definition von Organisation wieder näher an den etymologischen Sinn (s. o.) heran. Der entscheidende Unterschied gegenüber den ersten drei Auffassungen ist ihr zufolge, dass Organisation in diesem vierten Sinne „weder eine Tätigkeit noch das Ergebnis dieser Tätigkeit, die zielgerichtete Ordnung, sondern ein wirkliches soziales Gebilde meint" (ebd.).

Damit zielt sie auf das ab, was heute als institutioneller Organisationsbegriff bezeichnet wird. Während der instrumentelle Organisationsbegriff davon ausgeht, dass ein Unternehmen oder eine öffentliche Einrichtung eine Organisation *hat* (die als Funktion der Unternehmensführung alle Regelungen oder als dauerhafte Konfigurierung von Arbeitsprozessen nur generelle Regelungen umfasst), besagt der institutionelle Organisationsbegriff, dass ein Unternehmen oder eine öffentliche Einrichtung eine Organisation *ist.* Nicht nur spezifische Zweckorientierung und geregelte Arbeitsteilung, sondern auch Mitglieder, beständige Grenzen und eine eigene Kultur gehören zu einer Organisation.

In der neoinstitutionalistischen Organisationstheorie wird diese Auffassung weiter entwickelt. Dabei werden Institutions- und Organisationstheorie stärker als zuvor aufeinander bezogen. Kern des Ansatzes (grundlegend: Meyer/Rowan 1977) ist die Annahme, dass in der Gesellschaft (und damit auch in der Umwelt von Organisationen) Institutionen – die als Regeln, normative Erwartungen und Verpflichtungen gedacht werden – bestehen und entstehen, die (als Mythen) von Organisationen inkorporiert werden, um Legitimität, Stabilität, Ressourcen und somit höhere Überlebenschancen zu erlangen. So werden mit dem Aufstieg moderner medizinischer Institutionen (z. B. Prävention) jene Organisationen, die für ihre Mitglieder keine entsprechenden Vorsorgemöglichkeiten schaffen, als nachlässig angesehen. Ähnliches gilt für die gesellschaftlich bedeutsam gewordenen Institutionen Umweltschutz, Frauenförderung, Integration und anderes mehr. Dass die Inkorporation dieser Institutionen in einzelne Organisationen in mythischer Weise möglich ist, liegt an der losen Koppelung der Organisationen (Weick 1976; Orton/Weick 1990).

3 Pädagogischer Diskurs

Im pädagogischen Diskurs werden pädagogische Einrichtungen sowohl als Institutionen als auch als Organisationen bezeichnet: Insgesamt aber blieb die Reflexion auf Institution und Organisation im pädagogischen Diskurs bis in die jüngste Zeit marginal. Dafür spricht, dass keinem der beiden Begriffe im *Historischen Wörterbuch der Pädagogik* (Benner/Oelkers 2004) ein Beitrag gewidmet ist. Auch im *Grundkurs Erziehungswissenschaft* (Lenzen 1994) werden zwar schulpädagogische, sozialpädagogische und erwachsenenbildnerische „Einrichtungen" behandelt; eine Klärung des Begriffs „Einrichtung", dessen Verhältnis zu „Institution" und „Organisation" oder gar dieser beiden Begriffe selbst erfolgt jedoch nicht. Das *Wörterbuch der Pädagogik* (Böhm 2005) enthält ebenfalls keinen Eintrag zu Organisation, aber immerhin einen zu Institution, worunter hier „alle relativ dauerhaften sozialen Verhaltensmuster, Rollen und Beziehungen, mit deren Hilfe Menschen die Befriedigung wichtiger sozialer Grundbedürfnisse in einheitlicher Weise regeln" (ebd., S. 312 f.), verstanden werden. Das Verhältnis zwischen Institution und Organisation wird nicht geklärt. Selbst der Begriff der „pädagogischen Institution" bleibt, soweit er überhaupt reflektiert wird, oftmals undeutlich. So anschaulich die Formulierung ist, „dass pädagogische Institutionen Arbeitsfelder umfassen, in denen es um Kinder, Jugendliche und Erwachsene als Adressaten pädagogischer Arbeit geht, in denen Aspekte der Bildung und Erziehung, des Lernens und der Hilfe, in jedem Fall aber der Personenänderung oder des pädagogischen Bezuges im Mittelpunkt stehen und in denen in nicht unerheblichem Maße pädagogisch ausgebildetes Personal [arbeitet]" (Tippelt 2000, S. 8), handelt es sich doch weniger um eine Definition als um eine Beschreibung, die offen lässt, was genau mit „Institutionen" gemeint ist.

Wenn wir auf pädagogische Literatur der 1980er Jahre zurückgreifen, so finden sich zumindest bezüglich des Begriffs der (pädagogischen) Institution(en) einige systematische Versuche. Stellvertretend seien hier Arbeiten von Dietrich Benner und Hermann Giesecke genannt. Giesecke versteht unter Institutionen gesellschaftliche Einrichtungen, „die bis zu einem gewissen Grade menschliches Handeln personenunabhängig und damit auf Dauer gestellt regeln" (Giesecke 1987, S. 50). Seine Anlehnung an die Anthropologie Gehlens wird deutlich, wenn er konstatiert, dass Institutionen menschliche Bedürfnisse partikularisieren und auf den zuständigen sozialen Ort verweisen, weshalb sie geschützt werden müssen. Einiges (z. B. die Behauptung, dass jede pädagogische Institution einen Träger hat, vgl. ebd., S. 54) spricht dafür, dass Giesecke dabei Institutionen und soziale Orte in eins setzt. Organisationen thematisiert Giesecke nur als „Tendenzbetriebe [...], die bestimmten partikularen weltanschaulichen oder politischen Positionen verpflichtet sind – z. B. Kirchen, politische Parteien, Gewerkschaften" (ebd.). Damit gelangt er nicht über den bei Mayntz (s. o.) als dritte Variante genannten Organisationsbegriff hinaus. Die problematische Entscheidung, Institutionen in erster Linie als Orte (und nicht, wie etymologisch und soziologisch naheliegend, als normative Erwartungen, Regeln bzw. Regelsysteme) zu denken, findet sich bei Benner noch deutlicher als bei Giesecke. So fragt Benner, „wie Institutionen beschaffen sein müssen, um legitime Orte pädagogischen Handelns zu sein" (Benner 2001, S. 182), und spricht von „Institutionen, *in* denen pädagogisches Handeln stattfindet" (ebd., S. 201; Herv. M. G.).

Das macht möglicherweise die besondere Schwierigkeit aus, die die Pädagogik bislang mit dem Begriffspaar Institution(en) und Organisation(en) hat. Der Begriff „Institutionen" wird im pädagogischen Diskurs unangemessenerweise in einer – im Vergleich zum etymologischen und soziologischen Diskurs – alltagssprachlichen Weise verwendet, die mit Institutionen im Grunde nichts anderes meint als das, was im 18. Jahrhundert „Institut" genannt wurde (s. o.).

Ergänzend sei angemerkt, dass Benner vor dem Hintergrund seiner lokalisierenden Verwendung des Institutionenbegriffs unter Organisation nicht mehr versteht als die Form, in der an bzw. in diesen Orten Bildung und Erziehung organisiert wird, also die Form des Organisierens (vgl. ebd., S. 106; s. o. instrumenteller Organisationsbegriff). Diese Auffassung findet sich im pädagogischen Diskurs bis heute, etwa bei Hans Merkens, wenn er schreibt: „*In* pädagogischen Institutionen werden in vielen Fällen pädagogische Verhältnisse organisiert" (Merkens 2006, S. 33; Herv. M. G.). Lokalisierender Institutionsbegriff, instrumenteller Organisationsbegriff – so lässt sich diese Diskurstradition der Pädagogik charakterisieren, die von pädagogischen Institutionen (und nicht von pädagogischen Organisationen) spricht, dabei jedoch mit Institutionen im Grunde nichts anderes als Institute meint.

Jedoch gibt es auch eine pädagogische Diskurstradition zu Organisation(en). Vereinzelt ist eine theoretische Auseinandersetzung der Pädagogik mit der Organisation bereits in der ersten Hälfte des 20. Jahrhunderts zu finden. Dabei ist zunächst ein instrumenteller Organisationsbegriff zu beobachten – nicht die Einrichtung insgesamt mit ihren Mitgliedern, Riten, Artefakten, Zwecken, Normen und Grenzen wird als Organisation bezeichnet, sondern das der Pädagogik als Instrument dienende Organisieren. In diesem Sinne verwendet etwa Siegfried Bernfeld (1971) den Organisationsbegriff, wenn er auf die materielle Bedingtheit der Organisation der Erziehung hinweist. Gleiches gilt für Horst Rumpf (1971), der darauf hinweist, dass die Organisation der Verwaltung die Organisation des Unterrichts determiniert. Die genannten Autoren stehen zugleich für die Tradition pädagogischer Vorbehalte gegenüber der Organisation. Für ein diesbezügliches Umdenken steht Ewald Terharts Aufsatz „Organisation und Erziehung" (1986), der kritisiert, dass im pädagogischen Diskurs die Unvereinbarkeit von Organisation und Erziehung tradiert werde, obwohl Organisationen des Erziehungs- und Bildungswesens fester Bestandteil der modernen Gesellschaft sind. Andererseits forderte Pleiß (nach Mohrhart 1974) bereits um 1970 eine „pädagogische Organisationslehre" und Klaus Giel stellt Anfang der 1980er Jahre fest, dass die pädagogische Praxis sich nur im Rahmen vernünftig organisierter Einrichtungen als verantwortliche Vernunftpraxis realisieren könne, das Problem der pädagogischen Praxis daher das der pädagogischen Organisation sei, mit der die Praxis sich selber hervorbringe (vgl. Giel 1984, S. 120).

Statt einer pädagogischen „Organisationslehre", wie sie von Pleiß und Giel gefordert wird, hat sich in jüngster Zeit eine theoretisch und empirisch arbeitende „Organisationspädagogik" etabliert. Erstmals verwendet wird die Bezeichnung „Organisationspädagogik" vermutlich in einem Vortrag Heinz Rosenbuschs auf dem von ihm initiierten Bamberger Schulleitungs-Symposium (Rosenbusch 1989). Von dort wird die Bezeichnung, z. B. von Hans-Günter Rolff, aufgegriffen, allerdings nur im schulpädagogischen Diskurs. In andere pädagogische Teildisziplinen dringt der Begriff zunächst nicht vor. Das liegt vermutlich nicht nur an den Diskursgrenzen der pädagogischen Teildisziplinen, sondern auch daran, dass Rosenbuschs vorrangig instrumentelle Verwendung des Organisationsbegriffs (Fokus: Auswirkungen organisationaler Strukturen auf das Lernen) nicht an die internationale Wendung zum institutionellen Organisationsbegriff (Fokus: lernende Organisation) und zu den Theorien organisationalen Lernens anschließt. Dies leistet Harald Geißler (1994), der die einschlägige angloamerikanische Literatur rezipiert. Die inzwischen im organisationspädagogischen Diskurs vorgetragenen Auffassungen von Organisation als „Arbeitsgemeinschaft" (Geißler 2000, S. 24), als „soziales System" (König/Luchte 2005, S. 152), als „Leistungsaspekt einer spezifischen Institutionalform" (Schäffter 2005, S. 79), „sowohl als soziales System als auch als Zusammenspiel von Akteuren" (Göhlich 2005, S. 17) sowie als „kulturelle Praxis" (Göhlich/Hopf/Tröhler

2008, S. 11) überlappen sich zwar, münden aber noch nicht in einen begrifflichen Konsens. Als Gemeinsamkeit organisationspädagogischer Perspektiven kann immerhin die Fokussierung des Lernens (im Sinne einer humanen Weiterentwicklung) der (nicht nur, aber auch pädagogischen) Organisationen notiert werden.

4 Resümee

Zusammenfassend ist festzustellen:

- Wortgeschichtlich werden beide Begriffe schon früh im Sinne von „Einrichtung" verwendet. Allerdings ist dabei mit „Institution" eine Einrichtung im Sinne einer Setzung bzw. (Handlungs-)Vorgabe, mit „Organisation" hingegen eine Einrichtung im Sinne der Bildung und des Gebildes einer sozialen Einheit gemeint.
- Soziologisch wird erkennbar, dass die Institution etwas von den Individuen Vorgefundenes und Tradiertes, die Organisation hingegen etwas von Individuen (zumindest teilweise) bewusst Hergestelltes ist. Institutionen sind Regelsysteme mit gesellschaftlicher Geltung und daraus abgeleiteter Verbindlichkeit für das Handeln; Organisationen sind Sozialgebilde, die durch das Zusammenwirken ihrer Mitglieder, spezifische Zweckorientierung, geregelte Arbeitsteilung, beständige Grenzen und eigene Kultur gekennzeichnet sind. Die in der Gesellschaft (hier als Umwelt von Organisationen) bestehenden und entstehenden Institutionen im Sinne von Handlungsregeln werden (ggf. als Mythen) von Organisationen inkorporiert, um Legitimität, Stabilität, Ressourcen und somit höhere Überlebenschancen zu erlangen.
- Der pädagogische Diskurs fällt über weite Strecken hinter die etymologische und soziologische Begriffsklärung zurück. Der Begriff „Institution" wird im pädagogischen Diskurs häufig in einer alltagssprachlichen Weise verwendet, die im Grunde nichts anderes meint als das, was im 18. Jahrhundert „Institut" genannt wurde. Institutionen werden als Orte gedacht. „Organisation" wird aus dieser Sicht, wenn überhaupt, nur instrumentell, d. h. als Form des Organisierens (der Bildung und Erziehung an bzw. in diesen Orten) thematisiert. Daneben findet sich andererseits ein auf Organisation(en) bezogener pädagogischer Diskurs, der an die soziologische Begriffsentwicklung anschließt und auch den institutionellen Organisationsbegriff verwendet. Aus solch organisationspädagogischem Verständnis ist eine konkrete Organisation als menschliches Sozialgebilde (Sozialsystem, Kooperationsgemeinschaft) begreifbar, das sich als kulturelle Praxis generiert und (re)aktualisiert und dabei einerseits Institutionen (Regelsysteme mit gesellschaftlicher Geltung) aus der Umwelt inkorporiert und andererseits Praxismuster generiert, die ihrerseits wiederum in die Gesellschaft eingespeist und dort ggf. zu Institutionen werden (vgl. Göhlich 2001, 2007).

Literatur

AGBW Arbeitsgemeinschaft Betriebliche Weiterbildungsforschung (Hrsg.) (2004): Innovationsberatung in Einrichtungen beruflicher Weiterbildung. Berlin.

Benner, Dietrich (2001): Allgemeine Pädagogik. 4. Aufl. Weinheim.

Benner, Dietrich/Oelkers, Jürgen (Hrsg.) (2004): Historisches Wörterbuch der Pädagogik. Weinheim/Basel.

Bernfeld, Siegfried (1971): Sisyphos oder die Grenzen der Erziehung [1925]. Frankfurt/M.

Böhm, Winfried (2005): Wörterbuch der Pädagogik. 16. Aufl. Stuttgart.

Eder, Klaus (2001): Institutionen. In: Liebau, Eckart/Schumacher-Chilla, Doris/Wulf, Christoph (Hrsg.): Anthropologie pädagogischer Institutionen. Weinheim, S. 19–34.

Esser, Hartmut (2000): Soziologie. Spezielle Grundlagen. Bd. 5. Institutionen. Frankfurt/M.

Feld, Timm C. (2007): Volkshochschulen als lernende Organisationen. Hamburg.

Geißler, Harald (1994): Grundlagen des Organisationslernens. Weinheim.

Geißler, Harald (2000): Organisationspädagogik. München.

Giel, Klaus (1984): Pädagogische Verantwortung und die Verantwortlichkeit des Erziehers. In: Schwartländer, Johannes (Hrsg.): Die Verantwortung der Vernunft in einer friedlosen Welt. Tübingen, S. 102–122.

Giesecke, Hermann (1987): Pädagogik als Beruf. Weinheim.

Goffman, Erving (1973): Asyle [1961]. Frankfurt/M.

Göhlich, Michael (2001): System, Handeln, Lernen unterstützen. Eine Theorie der Praxis pädagogischer Institutionen. Weinheim.

Göhlich, Michael (2005): Pädagogische Organisationsforschung. Eine Einführung. In: Ders./ Hopf, Caroline/Sausele, Ines (Hg): Pädagogische Organisationsforschung. Wiesbaden, S. 9–24.

Göhlich, Michael (2007): Organisationales Lernen. In: Göhlich, Michael/Zirfas, Jörg (Hrsg.): Pädagogische Theorien des Lernens. Weinheim, S. 222–232.

Göhlich, Michael/Sausele, Ines (2008): Lernbezogene Organisation. Das Mitarbeitergespräch als Link zwischen Personal- und Organisationsentwicklung. In: Zeitschrift für Pädagogik. H. 5, S. 679–690.

Göhlich, Michael/Hopf, Caroline/Tröhler, Daniel (2008): Persistenz pädagogischer Organisationen. Eine Einführung. In: Dies. (Hrsg.): Persistenz und Verschwinden. Pädagogische Organisationen im historischen Kontext. Wiesbaden, S. 9–14.

Greving, Heinrich (2000): Heilpädagogische Organisationen. Freiburg.

Grimm, Jacob/Grimm, Wilhelm (Hrsg.) (1889): Deutsches Wörterbuch. 7. Band. Leipzig.

Jaeggi, Urs (1974): Institution, Organisation. In: Wulf, Christoph (Hrsg.): Wörterbuch der Erziehung. München, S. 308–313.

Jepperson, Ronald L. (1991): Institutions, institutional effects, and institutionalism. In: Powell, Walter W./DiMaggio, Paul J. (Eds.): The new institutionalism in organizational analysis. Chicago, S. 143–163.

König, Eckard/Luchte, Katja (2005): Organisationsanalyse und Teamentwicklung. In: Göhlich, Michael et al. (Hrsg.): Pädagogische Organisationsforschung. Wiesbaden, S. 151–166.

Kolhoff, Ludger (2003): Analyse und Entwicklung von Organisationen im sozialen Sektor. Augsburg.

Lenzen, Dieter (1994): Erziehungswissenschaft. Ein Grundkurs. Reinbek.

Luhmann, Niklas (1973): Institutionalisierung. In: Schelsky, Helmut (Hrsg.): Zur Theorie der Institution. Düsseldorf, S. 27–41.

Mayntz, Renate (1975): Organisation. In: Bernsdorf, Wilhelm (Hrsg.): Wörterbuch der Soziologie. Band 2. Frankfurt/M., S. 587–590.

Merchel, Joachim (2004): Leitung in der sozialen Arbeit. Grundlagen der Gestaltung und Steuerung von Organisationen. Weinheim.

Merkens, Hans (2006): Pädagogische Institutionen. Wiesbaden.

Meyer, John W./Rowan, Brian (1977): Institutionalized Organizations. Formal structure as myth and ceremony. In: American Journal of Sociology. Vol. 83, S. 340–363; dt. Übersetzung in: Koch, Sascha/Schemmann, Michael (Hrsg.) (2009): Neo-Institutionalismus in der Erziehungswissenschaft. Wiesbaden, S. 28–56.

Mohrhart, Dieter (1974): Rezension zu „Die Schule als soziale Organisation" von H. U. Peter. In: International Review of Education. Vol. 20. No. 2, S. 260–262.

Morel, Julius (1996): Institution. Organisation. In: Hierdeis, Helmwart/Hug, Theo (Hrsg.): Taschenbuch der Pädagogik. Band 3. 4. Aufl. Hohengehren, S. 867–875, 1144–1152.

Orton, James Douglas/Weick, Karl E. (1990): Loosely Coupled Systems: A Reconceptualisation. Academy of Management Review. Jg. 15, S. 203–223.

Pfeifer, Wolfgang et al. (1989): Etymologisches Wörterbuch des Deutschen. Berlin.

Rosenbusch, Heinz (1989): Der Schulleiter – ein notwendiger Gegenstand organisationspädagogischer Reflexion. In: Rosenbusch, Heinz/Wissinger, Jochen (Hrsg.): Schulleiter zwischen Administration und Innovation. Braunschweig, S. 8–16.

Rumpf, Horst (1971): Schuladministration und Lernorganisation. In: Ders. (Hrsg.): Scheinklarheiten. Braunschweig.

Schäffter, Ortfried (2005): „Pädagogische Organisation" aus institutionstheoretischer Perspektive. In: Göhlich, Michael et al. (Hrsg.): Pädagogische Organisationsforschung. Wiesbaden, S. 77–92.

Terhart, Ewald (1986): Organisation und Erziehung. In: Zeitschrift für Pädagogik. Jg. 32, S. 205–223.

Thiersch, Hans (1973): Institution Heimerziehung. Pädagogischer Schonraum als totale Institution. In: Giesecke, Hermann (Hrsg.): Offensive Sozialpädagogik. Göttingen, S. 56–69.

Tippelt, Rudolf (2000): Stichwort: Wandel pädagogischer Institutionen. In: Zeitschrift für Erziehungswissenschaft. Jg. 3, S. 7–20.

Weber, Max (1956): Wirtschaft und Gesellschaft. Grundriss der verstehenden Soziologie. 1. Halbband [1922]. Tübingen.

Weick, Karl E. (1976): Educational organizations as loosely coupled systems. In: Administrative Science Quarterly 21, S. 1–19.

Weigand, Gabriele (1983): Erziehung trotz Institutionen? Die pédagogie institutionelle in Frankreich. Würzburg.

Zech, Rainer et al. (2009): Organisationen in der Weiterbildung. Selbstbeschreibungen und Fremdbeschreibungen. Wiesbaden.

Transkulturalität

Christoph Wulf

Angesichts von Globalisierung und Europäisierung ist Bildung heute mehr denn je eine die Grenzen der eigenen Kultur überschreitende transkulturelle Aufgabe (Wulf/Merkel 2002; Wulf 2006). Bei dieser kommt es darauf an, Perspektiven individueller Differenz und kultureller Diversität mit Perspektiven zu verbinden, die die Situation der Menschheit insgesamt betreffen. Eine Vermittlung zwischen diesen drei Bezugspunkten ist nicht einfach und stellt eine erhebliche Herausforderung dar. Zu den großen die Menschheit insgesamt betreffenden globalen Problemen gehören die Erhaltung des Friedens (Wulf 1973, 2008), der Umgang mit kultureller Diversität (Wulf 2006) und die Bildung für Nachhaltigkeit (Wulf/Newton 2006), die eng miteinander verschränkt sind und deren konstruktive Bearbeitung die Zukunft der Menschheit mitbestimmt. Diese globalen Probleme stellen sich regional unterschiedlich dar und erfordern daher regional und lokal unterschiedliche Formen der Bearbeitung. Insofern es darum geht, Individuen ein transkulturelles, die Grenzen der Herkunftskultur überschreitendes Welt- und Selbstverständnis zu vermitteln, gilt es auch die zwischen den Menschen gegebenen individuellen Unterschiede zu berücksichtigen.

Globalisierung und kulturelle Diversität

Die Auswirkungen der Globalisierung durchziehen heute in Europa fast alle Bereiche des Lebens, so dass sich auch krisenhafte Entwicklungen wie die Finanz- und Bankenkrise der Gegenwart nicht mehr nur national oder regional, sondern weltweit auswirken. Der als Globalisierung gekennzeichnete gesellschaftliche Wandel der Gegenwart ist ein *multidimensionaler Prozess, der ökonomische, politische, soziale und kulturelle Auswirkungen* hat und der das Verhältnis von Individuellem, Lokalem, Regionalem, Nationalem und Globalem verändert. In diesem Prozess werden im Rahmen der Globalisierung vor allem folgende Veränderungen wichtig, die sich national, regional, lokal und individuell auswirken:

- die Globalisierung internationaler Finanz- und Kapitalmärkte;
- die Globalisierung der Unternehmensstrategien und Märkte mit global ausgerichteten Strategien der Produktion, Distribution und Kostenminimierung durch Verlagerung;
- die Globalisierung von Forschung und Entwicklung und Technologien mit der Entwicklung globaler Netzwerke, neuer Informations- und Kommunikationstechnologien sowie die Ausweitung der Neuen Ökonomie;
- die Globalisierung transnationaler politischer Strukturen mit der Abnahme des Einflusses der Nationen, der Entwicklung internationaler Organisationen und Strukturen und dem Bedeutungszuwachs von Nicht-Regierungsorganisationen (NGOs);
- die Globalisierung von Konsummustern, Lebensstilen und kulturellen Stilen mit der Tendenz zu ihrer Vereinheitlichung; Ausbreitung des Einflusses der neuen Medien und des Tourismus und Globalisierung von Wahrnehmungsweisen und Bewusstseinsstrukturen, Modellierung von Individualität und Gemeinschaft durch die Wirkungen der Globalisierung sowie die Entstehung einer Eine-Welt-Mentalität (Appadurai 1996; Beck 1997; Münch 1998).

Auch wenn die fortschreitende Globalisierung das Leben der meisten Menschen beeinflusst, sind Bewegungen nicht weniger wichtig, die die kulturelle Diversität betonen und häufig in Spannung zur Globalisierung geraten. Seit der UNESCO-Konvention von 2005, der Magna Charta der internationalen Kulturpolitik, haben sich die Anstrengungen verstärkt, das Recht auf kulturelle Diversität durchzusetzen (UNESCO 2005). Der Schutz und die Förderung kultureller Diversität ermöglichen die Entwicklung kultureller Identität. Angesichts der globalen Uniformierungsprozesse sind diese zum Teil gegenläufigen Tendenzen besonders wichtig. Im Rahmen dieser von allen deutschsprachigen Ländern und der Europäischen Union in der Zwischenzeit ratifizierten Konvention werden Schutz und Förderung der Vielfalt kultureller Ausdrucksformen ausdrücklich gefordert.

Dabei wird davon ausgegangen, dass kulturelle Vielfalt ein bestimmendes Merkmal und gemeinsames Erbe der Menschheit ist, das eine Hauptantriebskraft für ihre nachhaltige Entwicklung darstellt und für Frieden und Sicherheit unabdingbar ist. Diese Vielfalt wird durch die Einzigartigkeit und die Pluralität der Ausdrucksformen der Völker und Gesellschaften konstituiert. Sie ermöglicht den Austausch zwischen den Kulturen und sichert die Lebendigkeit der Kulturen und des Verhältnisses zwischen ihnen. Kulturelle Vielfalt sichert kulturelle Kreativität und erfordert Achtung der Unterschiedlichkeit und Alterität. Dabei versteht es sich von selbst, dass das Recht auf kulturelle Diversität nur insofern Geltung beanspruchen kann, als es die übergeordneten Menschenrechte nicht verletzt (UNESCO 2005).

Ganz ähnlich argumentiert das *White Paper on Intercultural Dialogue* „Living together as equals in dignity", das von den 47 Mitgliedsstaaten des Europarats 2008 verabschiedet wurde. Der Europarat geht davon aus, dass die in seiner Geschichte begründete kulturelle Vielfalt Europas den Reichtum des Kontinents darstellt, mit dem umzugehen gegenwärtige und zukünftige Generationen lernen müssen (Council of Europe 2008). Es gilt die Menschenrechte zu schützen und zu entwickeln, wie sie in der Europäischen Übereinkunft über Menschenrechte, Demokratie und Rechtsstaatlichkeit festgelegt sind, um wechselseitiges Verständnis zu fördern. Ausgegangen werden muss dabei von der Menschenwürde des Einzelnen, den miteinander geteilten Werten und dem gemeinsamen kulturellen Erbe; Aufgabe ist es, die kulturelle Diversität des Anderen zu achten. Im transkulturellen Dialog kommt es darauf an, mit den ethnischen, religiösen, linguistischen und kulturellen Unterschieden demokratisch umzugehen. Nach Auffassung des Europarats ist dazu erforderlich, dass „the democratic governance of cultural diversity should be adapted in many aspects; democratic citizenship and participation should be strengthened; intercultural competences should be taught and learned; spaces for intercultural dialogue should be created and widened; and intercultural dialogue should be taken to the international level" (ebd., S. 3).

Die UNESCO-Konvention geht von der zentralen Bedeutung der Akzeptanz kultureller Diversität aus; der Europarat empfiehlt folgende fünf Strategien zur Förderung des transkulturellen Dialogs: 1. demokratische Regierung und kulturelle Diversität. Ziel ist es, eine politische Kultur zu schaffen, in der im Rahmen demokratischer Werte, des Pluralismus und der Anerkennung kulturelle Diversität geachtet wird; Voraussetzung ist die Anerkennung der Menschenrechte, der Grundfreiheiten und der gleichen Rechte; 2. die demokratische Staatsbürgerschaft und die Partizipation an Rechten und Pflichten; 3. die Vermittlung inter- bzw. transkultureller Kompetenzen. Hierzu bedarf es der Fähigkeit, demokratische Bürgerrechte wahrzunehmen sowie sprachliche und historische Kompetenzen zu erwerben; 4. Raum für inter- bzw. transkulturelle Dialoge und 5. die Förderung des inter- bzw. transkulturellen Dialogs in den internationalen Beziehungen. Schließlich gilt es Perspektiven für zukünftiges Handeln zu entwickeln.

Der Andere in Erziehung und Bildung

Um die Möglichkeiten der Berücksichtigung von Alterität in Erziehung und Bildung in Europa am Anfang des 21. Jahrhunderts einzuschätzen, bedarf es zunächst der Vergegenwärtigung dreier wichtiger Gründe dafür, dass es den europäischen Erziehungs- und Bildungssystemen im Laufe der Geschichte häufig so schwer gefallen ist, sich der Alterität anderer Menschen und Kulturen zu öffnen und sich mit ihr auseinanderzusetzen. Bei diesen Gründen handelt es sich um den europäischen *Egozentrismus, Logozentrismus* und *Ethnozentrismus* und die damit einhergehenden psychologischen, epistemologischen und kulturellen Reduktionen, die es schwer machen, den Anderen zu verstehen.

Im Prozess einer gewaltfreien Annäherung an den Anderen gilt es zu vermeiden, Alterität zu ontologisieren und zu einem festen Objekt zu machen. Stattdessen wird Alterität als eine Relation begriffen, die sich im Prozess der Begegnung mit Menschen anderer Kulturen in unterschiedlichen historischen und kulturellen Kontexten bildet.

Im Prozess der modernen Subjektkonstitution spielt der *Egozentrismus* eine zentrale Rolle. Technologien des Selbst werden dazu verwendet, Subjekte zu bilden. Die ungewollten Nebenwirkungen dieser Entwicklungen zu einem sich selbst genügenden Subjekt sind vielfältig. Nicht selten scheitert das Sich-selbst-setzende-Subjekt am Akt der Selbstsetzung. Die erhoffte Selbstbestimmung und das erwartete Glück autonomen Handelns werden von anderen, sich diesen Ansprüchen nicht unterordnenden Kräften konterkariert. Die Ambivalenz der Subjektkonstitution zeigt sich darin, dass der in der Subjektkonstitution implizite Egozentrismus einerseits als Überlebens-, Aneignungs- und Machtstrategie, andererseits als Reduktions- und Nivellierungsstrategie dient. Der in der Zentrierung auf die Ich-Kräfte liegende Versuch, den Anderen auf seine Nützlichkeit, seine Funktionalität und seine Verfügbarkeit zu reduzieren, scheint gleichzeitig gelungen und gescheitert zu sein. Daraus ergibt sich für den Umgang mit dem Anderen ein neuer Horizont und ein neues Erkenntnis- und Aufgabenfeld.

Der *Logozentrismus* hat dazu geführt, vom Anderen wahrzunehmen und zu verarbeiten, was der Vernunft entspricht. Was nicht vernunftfähig und vernunftförmig ist, gerät nicht in den Blick, wird ausgeschlossen und abgewertet. Wer auf der Seite der Vernunft steht, ist im Recht. Das gilt selbst für die eingeschränkte Vernunft funktionaler Rationalität. Auf dieser Grundlage kommt es leicht zum Anschein, Erwachsene hätten gegenüber Kindern, Zivilisierte gegenüber Primitiven, Gesunde gegenüber Kranken Recht. Durch den Besitz der Vernunft beanspruchen sie, denen überlegen zu sein, die über Vor- oder Fehlformen der Vernunft verfügen. Wenn sich der Andere vom Allgemeinheit beanspruchenden Charakter der Sprache und der Vernunft unterscheidet, wachsen die Schwierigkeiten, sich ihm anzunähern und ihn zu verstehen. Nietzsche, Freud, Adorno und viele andere haben diese Selbstgefälligkeit der Vernunft der Kritik unterzogen und gezeigt, dass Menschen auch in Zusammenhängen leben, zu denen die Vernunft nur unzulänglichen Zugang hat.

Nachhaltig hat auch der *Ethnozentrismus* die Unterwerfung des Anderen betrieben. Todorov (1985), Greenblatt (1994) und andere haben die Prozesse der Zerstörung fremder Kulturen analysiert. Zu den furchtbaren Taten gehört die Kolonialisierung Lateinamerikas im Namen Christi und der christlichen Könige. Mit der Eroberung des Kontinents geht die Vernichtung der dortigen Kulturen einher. Bereits beim ersten Kontakt wird der Anspruch auf Anpassung und Assimilierung erhoben. Versklavung oder Vernichtung sind die Alternativen. Mit einer ungeheuerlichen Herrschaftsgeste wird das Eigene durchgesetzt, als müsse eine Welt ohne den Anderen bzw. das Andere geschaffen werden. Mit Hilfe eines machtstrategischen Verstehens wird es möglich, die Ausrottung der Völker der Eingeborenen zu betreiben. Die Indios begreifen nicht, dass sich die Spanier skrupellos berechnend verhalten und ihre Sprache zur Täuschung einsetzen: Freundlichkeit meint nicht, was sie vorgibt; Versprechen dienen nicht dazu, etwas zu vereinbaren, sondern dazu, den Anderen zu hintergehen. Jede Handlung dient anderen Zielen als vorgegeben wird. Legitimiert wird dieser Umgang mit dem Interesse der Krone, dem Missionsauftrag des Christentums und der Minderwertigkeit der Eingeborenen. Verschwiegen und aus dem eigenen Selbst- und Weltbild ausgegrenzt werden Goldgier und ökonomische Motive. Kolumbus nimmt an den Eingeborenen das wahr, was er schon weiß. Er sieht in ihrer Welt nur Zeichen, die ihn auf Bekanntes verweisen und die er in Bezug auf seinen Referenzrahmen liest, einordnet und interpretiert. Dieser Referenzrahmen gleicht dem Bett des Prokrustes, in das alles Fremde so hineingezwungen wird, dass es in dessen vorgegebene Strukturen „passt". Der Andere wird von den Bildern und Symbolen des Eigenen zugedeckt und in sie eingeschlossen. Was sich nicht einfügt, bleibt außerhalb der Wahrnehmung und der Verarbeitung. Dadurch entsteht keine Bewegung zum Anderen.

Die immer mehr Lebensbereiche durchwirkende Globalisierungsdynamik führt dazu, dass es schwerer wird, dem Anderen als dem Nicht-Nichtidentischen und Fremden zu begegnen, der für den Einzelnen und die Gemeinschaft eine konstitutive Funktion hat. Die Akzeptanz des Anderen erfordert Selbstüberwindung; erst diese erlaubt die Erfahrung des Anderen. Die Fremdheit des Anderen erleben zu können, setzt die Bereitschaft voraus, auch den Anderen in sich kennenlernen zu wollen. Kein Individuum ist eine Einheit; jeder Einzelne besteht aus widersprüchlichen Teilen mit eigenen Handlungswünschen. Rimbaud formulierte diese Situation des Einzelnen einprägsam: *Ich ist ein Anderer.* Durch die Verdrängung der gröbsten Widersprüche versucht zwar das Ich, seine Freiheit herzustellen, doch wird diese immer wieder von heterogenen Triebimpulsen und normativen Geboten eingeschränkt. Die Einbeziehung ausgesperrter Teile des Ichs in seine Selbstwahrnehmung ist daher eine unerlässliche Voraussetzung für einen akzeptierenden Umgang mit dem Anderen.

Die Komplexität des Verhältnisses zwischen dem Ich und dem Anderen besteht darin, dass beide sich nicht als zwei voneinander abgeschlossene Entitäten gegenüber stehen, sondern der Andere in vielfältigen Formen in die Genese des Ichs eingeht. Er ist nicht nur außerhalb, sondern auch innerhalb des Individuums. Der im Ich internalisierte Andere erschwert den Umgang mit dem Anderen außen. Aufgrund dieser Konstellation gibt es keinen festen Standpunkt diesseits oder jenseits des Anderen. In vielen Ausprägungen des Ichs ist der Andere immer schon enthalten. Wer der Andere ist und wie er gesehen wird, ist jedoch nicht nur abhängig vom Ich. Genauso wichtig sind die Selbstdeutungen, die sich der Andere gibt. Sie müssen nicht homogen sein, gehen aber in das Bild ein, das sich das Ich vom Anderen macht.

Wenn die Frage nach dem Anderen die Frage nach dem Eigenen und die Frage nach dem Eigenen die Frage nach dem Anderen beinhaltet, sind Prozesse der Verständigung zwischen dem Fremden und dem Eigenen immer auch Prozesse der Selbstthematisierung und Selbstbildung. Wo sie gelingen, führen sie zur Einsicht in die *Nicht-Verstehbarkeit des Fremden* und bewirken Selbstfremdheit. Angesichts der auf die Entzauberung der Welt und das Verschwinden des Exotischen zielenden gesellschaftlichen Entwicklung besteht die Gefahr, dass in Zukunft sich die Menschen in der Welt nur noch selbst begegnen und es ihnen an einem Fremden fehlt, in Auseinandersetzung mit dem sie sich entwickeln können. Wenn der Verlust des Fremden eine Gefährdung menschlicher Entwicklungsmöglichkeiten bewirkt, dann kommt seinem Schutz, d.h. der Entfremdung des Bekannten und der Bewahrung der Selbstfremdheit Bedeutung zu. Bemühungen um die Erhaltung des Fremden im menschlichen Inneren und in der Außenwelt wären dann notwendige Gegenbewegungen gegen eine die Differenzen nivellierende Globalisierung.

Nur zu leicht kann das Schwinden des Fremden auch zum Verlust des Individuellen führen, das sich aus der spezifischen Verarbeitung des Fremden konstituiert. Die Unhintergehbarkeit des Individuums greift das in jedem Individuum wirkende Bedürfnis nach Selbstvergewisserung auf. Selbstvergewisserung zielt auf ein Wissen darüber, was das Individuum geworden ist, was es ist und was es werden will. In der Genese dieses Wissens spielen Selbstthematisierung, Selbstkonstruktion und Selbstreflexion eine wichtige Rolle. Derartiges Wissen ist nur vorläufig und verändert sich im Verlauf des Lebens. André Gide drückt diese Erfahrung in den „Falschmünzern" so aus: „Ich bin immer nur das, was ich zu sein glaube, und das wechselt so unablässig, dass – wäre ich nicht da, um den Verkehr zu vermitteln – oft mein Wesen vom Abend das vom Morgen nicht wiedererkennen würde. Nichts kann verschiedener von mir sein als ich selbst."

Ein Bewusstsein von der *Nichtidentität des Individuums* bildet eine wichtige Voraussetzung für die Offenheit gegenüber dem Anderen. In der Auseinandersetzung mit fremden Kulturen, mit dem Anderen in der eigenen Kultur und dem Fremden in der eigenen Person soll die Fähigkeit entwickelt werden, vom Fremden bzw. vom Anderen her wahrzunehmen und zu denken. Durch diesen Perspektivenwechsel gilt es, die Reduktion des Fremden auf das Eigene zu vermeiden. Versucht werden soll, das Eigene zu suspendieren und es vom Anderen her zu sehen und zu erfahren. Ziel ist die Entwicklung *heterologischen Denkens.* In seinem Mittelpunkt steht das Verhältnis von Vertrautem und Fremdem, von Wissen und Nichtwissen, von Gewissheit und Ungewissheit. Infolge von Enttraditionalisierung und Individualisierung, Differenzierung und Globalisierung sind viele Selbstverständlichkeiten des alltäglichen Lebens fragwürdig geworden und erfordern individuelle Reflexion und Entscheidung. Dennoch entspricht der Gestaltungsspielraum, der dem Individuum in Folge dieser Entwicklungen zuwächst, nicht einem wirklichen Gewinn an Freiheit. Häufig hat der Einzelne nur dort einen Entscheidungsspielraum, wo er die Voraussetzungen der Entscheidungssituation nicht verändern kann. Im Umweltbereich ist dies beispielsweise der Fall, in dem der Einzelne zwar umweltbewusste Entscheidungen fällen kann, die aber auf die gesellschaftlichen Makrostrukturen, die die Qualität der Umwelt wirklich bestimmen, nur wenig Einfluss haben.

Eine wichtige Form der Annäherung an das Fremde, an den Anderen vollzieht sich in mimetischen Prozessen. Diese Annäherung erfolgt mit Hilfe verschiedener Formen der Repräsentation, in denen sich das Eigene und der Andere überlagern. Jede *Reprä-*

sentation des Anderen hat eine performative Seite. In ihr wird etwas zur Darstellung gebracht; in ihr erfolgt eine Vergegenständlichung bzw. Verkörperung. Die mimetischen Energien führen dazu, dass eine Repräsentation nicht ein bloßes Abbild eines Vorbildes ist, sondern sich von diesem unterscheidet und eine neue Welt erzeugt. In vielen Fällen bezieht sich die Repräsentation auf eine noch nicht ausgebildete Figuration des Anderen und ist die Darstellung eines Nichtdarstellbaren, seine Vergegenständlichung bzw. seine Verkörperung. Dann erzeugt Mimesis die Figuration der Repräsentation, das Objekt der Nachahmung selbst.

In mimetischen Prozessen wird das Fremde in die Logik und Dynamik der eigenen imaginären Welt eingefügt. Dadurch wird das Fremde in eine Repräsentation transformiert. Als Repräsentation wird es noch nicht zum Eigenen; es wird zu einer Figuration, in der sich Fremdes und Eigenes mischen. Dem Entstehen einer solchen *Figuration des „Dazwischen"* kommt in der Begegnung mit dem Anderen außerordentliche Bedeutung zu. Eine mimetisch geschaffene Repräsentation bietet die Möglichkeit, das Fremde nicht festzusetzen und einzugemeinden, sondern es in seiner Ambivalenz als Fremdes und zugleich Bekanntes zu erhalten. Die *mimetische Bewegung* gleicht einem Tanz zwischen dem Fremden und dem Eigenen. Weder verweilt sie beim Eigenen noch beim Anderen; sie bewegt sich hin und her zwischen beiden. Repräsentationen des Anderen sind kontingent. Sie müssen nicht so sein, wie sie sind; sie können sich auch in anderen Figurationen bilden. Zu welcher Figuration die mimetische Bewegung führt, ist offen und abhängig vom Spiel der Phantasie und dem symbolischen und sozialen Kontext. Keine Form der Repräsentation oder Figuration ist notwendig. Viele differente und heterogene Formen sind denkbar. Welche Figuren getanzt werden, welche Formen des Spiels gewählt werden, ergibt sich in der mimetischen Bewegung. Mimesis des Anderen führt zu ästhetischen Erfahrungen; in ihnen kommt es zu einem Spiel mit dem Unbekannten, zu einer Ausweitung des Eigenen ins Fremde. Sie bewirkt eine Anähnlichung an das Fremde. Sie ist sinnlich und kann sich über alle Sinne vollziehen; sie führt nicht zu einem „Hineinfallen" ins Fremde und zu einer Verschmelzung mit ihm. Eine solche Bewegung implizierte die Aufgabe des Eigenen. Sie wäre Angleichung, Mimikry ans Fremde unter Verlust des Eigenen. Mimesis des Fremden beinhaltet Annäherung und Abstand in einem, Verweilen in der Unentschiedenheit des *Dazwischen*, Tanz auf der Grenze zwischen Eigenem und Fremdem. Jedes Verweilen auf einer Seite der Grenze wäre Verfehlung, entweder des Eigenen oder des Fremden, und das Ende der mimetischen Bewegung (Wulf 2005, 2009).

Die mimetische Annäherung an den Anderen ist *ambivalent*. Sie kann gelingen und zu einer Bereicherung des Eigenen werden. Sie kann aber auch fehlschlagen. Die Begegnung mit dem Anderen oszilliert zwischen den Polen des Bestimmten und des Unbestimmten. Wieweit es gelingt, Verunsicherungen durch das Nicht-Identische des Anderen auszuhalten, entscheidet über das Gelingen der Annäherung und des Umgangs mit dem Fremden. Weder das Eigene noch das Andere dürfen als in sich abgeschlossene und voneinander vollständig getrennte Einheiten begriffen werden. Vielmehr bestehen

Fremdes und Eigenes aus einer sich in „Fragmenten" konstituierenden Relation. Diese Relation bildet sich in Prozessen der Anähnlichung und Differenz; sie ist historisch und verändert sich nach Kontext und Zeitpunkt.

Mit der Zunahme der *Undurchschaubarkeit der Welt* wächst die *Verunsicherung des Einzelnen,* der die Differenz zwischen sich und dem Anderen aushalten muss. In dieser Situation werden Ungewissheit und Unsicherheit zentrale Merkmale gesellschaftlichen Lebens. Ihren Ursprung haben sie einerseits in der Welt außerhalb des Menschen, andererseits in seinem Inneren und schließlich im Wechselverhältnis zwischen Innen und Außen. Angesichts dieser Situation fehlt es nicht an Versuchen, diese Unsicherheit durch scheinbare Gewissheiten erträglich zu machen. Doch helfen diese Gewissheiten nicht, die verlorene Sicherheit wiederzugewinnen. Ihre Geltung ist relativ und entsteht meist durch den Ausschluss von Alternativen. Was ausgeschlossen wird, bestimmen einerseits die psychisch-soziale Konstitution des Einzelnen, andererseits die gesellschaftlichen Machtstrukturen und die aus ihnen resultierenden Prozesse des Setzens und Ausschließens von Werten, Normen, Ideologien und Diskursen.

Der Andere in einer transkulturellen Vermittlung von Geschichte

Die Bedeutung des Anderen in Erziehung und Bildung hat auch der Europarat gesehen, der in einem groß angelegten Projekt versucht, die Bilder des Anderen zum Referenzpunkt für die Vermittlung von Geschichte in Europa zu machen, um damit einen Beitrag zur interkulturellen Bildung zu liefern. Dieses Projekt ist ein Beispiel dafür, dass und wie Alterität stärker ein Teil des historischen Bewusstseins werden kann und wie eine solche Orientierung auch dazu dienen kann, die Vermittlung von Geschichte auch in didaktischer und methodischer Hinsicht zu reformieren. Neben dem Beitrag, den die Vermittlung von Geschichte für die Herausbildung individueller und kollektiver Identität liefert, gilt es den Horizont des Geschichtsunterrichts zu erweitern und verstärkt europäische und globale Perspektiven aufzunehmen. Dadurch kann der Geschichtsunterricht zu einem Medium transkulturellen Lernens in einem multikulturellen Europa werden. Mit dieser Orientierung am Bild der Anderen wird ein Beitrag zu einem besseren Verständnis kultureller Diversität und zu einem produktiven Umgang mit Alterität geleistet. Das beinhaltet die Akzeptanz unterschiedlicher Sichtweisen und die Bereitschaft, diese in ihrer Vielfalt gelten zu lassen.

Um die Reduktion historischer Unterschiedlichkeit auf das Gleiche und die Homogenisierung historischer Mannigfaltigkeit zu vermeiden, ist eine Sensibilisierung für Heterogenität erforderlich. Dadurch kann eine Vereinheitlichung der Vermittlung von Geschichte und eine Reduktion auf die Entwicklung nationaler Identität vermieden werden. Selbst wenn es so aussieht, als ließe sich Alterität auflösen, die Entwicklungen der letzten Jahre zeigen deutlich, im Geschichtsunterricht ist dies nicht möglich. Historische und kulturelle Identität ist nicht ohne Alterität vermittelbar. Eine für Bilder des

Anderen offene historische Bildung beinhaltet eine relationale Verbindung zwischen einem fraktalen irreduziblen Subjekt und zahlreichen Formen historischer Alterität.

Das zentrale Ziel einer transkulturellen Vermittlung von Geschichte liegt in der Entwicklung eines *historischen Bewusstseins,* das an historischen und zeitgeschichtlichen Strukturen und Phänomenen erarbeitet wird. Die Arbeit am Erreichen dieses Ziels ist wichtiger als die Vermittlung vieler oft nicht zusammenhängender und nur unzulänglich begriffener historischer Fakten. Die Vermittlung von Geschichte muss dazu beitragen, die Fülle des historischen Wissens mit Hilfe eines exemplarischen, an ausgewählten Beispielen gründlich erarbeiteten Wissens zu strukturieren. Im Zentrum des historischen Bewusstseins steht ein Wissen davon, dass frühere Welten wie die des Mittelalters, der Renaissance oder andere kulturelle Welten der Gegenwart historisch entstanden sind und dass sie als geschichtlich gewordene veränderbar und daher *zukunftsoffen* sind. Historisches Bewusstsein umfasst ein Bewusstsein der Einmaligkeit und damit auch der Partikularität und Vielfalt gesellschaftlicher und kultureller Situationen. Zur Entwicklung eines historischen Bewusstseins beizutragen, ist auch das Ziel Pädagogischer Anthropologie, in der die Phänomene des Menschen Gegenstände der Forschung sind (Wulf 2009). Um ein historisches Bewusstsein zu vermitteln, gilt es die *doppelte Geschichtlichkeit und Kulturalität* zu begreifen, die einmal den historischen und den kulturellen Charakter unserer Zeit, zum anderen die Geschichtlichkeit und Kulturalität der historischen Epoche und Kultur umfasst, mit denen sich Kinder und Jugendliche bei der Vermittlung von Geschichte auseinandersetzen.

Neben dem Plädoyer für die Ausweitung *exemplarischen und forschenden Lernens* bei der Vermittlung von Geschichte bedarf es seiner Einbettung in ein umfassendes, heute oft von Reduktionen bedrohtes Verständnis von Bildung. Ein transkultureller Geschichtsunterricht zielt daher darauf, Lernen zu lernen, Handeln zu lernen, miteinander Leben zu lernen, Sein zu lernen. Dies wird in der UNESCO-Schrift *Learning – The Treasure Within* (Delors 1996) empfohlen, in der auch die über das fachliche Lernen hinausreichende Bildungsfunktion schulischen Unterrichts gesehen wird. Diese Sicht beinhaltet mediale, mimetische und performative Formen des Lernens (Wulf u. a. 2001, 2004, 2007, 2011). Mit Hilfe moderner Medien können geschichtliche Ereignisse den Schülerinnen und Schülern so vor Augen geführt werden, dass sie nicht nur als Fakten erinnert, sondern vielmehr in Bildern und Filmen repräsentiert und lebendig erfahren werden. Entsprechendes gilt für die Bedeutung mimetischer Prozesse. In ihnen beziehen sich Kinder und Jugendliche auf vergangene Ereignisse der Geschichte; in kreativer Nachahmung können sie sich den historischen Bildern und Erzählungen „anähneln", sie zu einem Teil ihrer Imagination machen und sie so inkorporieren. Die Vermittlung von Geschichte ist auch ein affektiver und performativer Prozess. Um das Interesse an Geschichte zu wecken und historisches Wissen lebendig und nachvollziehbar zu machen, ist ein bewusster Umgang mit der Performativität der Geschichte und des Unterrichts erforderlich. Performativität bedeutet erstens die Vermittlung von Geschichte als kulturelle Aufführung, zweitens die Performativität ikonischer und sprachlicher historischer

Quellen und drittens die Berücksichtigung der aisthetischen bzw. ästhetischen Dimension bei der Vermittlung von Geschichte (Wulf/Zirfas 2007).

Zur Dynamik transkultureller Bildungsprozesse

Transkulturelles Lernen findet in einem „dritten Raum" statt, der nicht einer Kultur zugeordnet werden kann, sondern zwischen Kulturen, Menschen und unterschiedlichen Vorstellungen entsteht. Dieser „dritte Raum" kann etwa im Fall von Kontaktzonen real sein; er hat aber auch immer eine imaginäre Dimension und bietet daher Spielraum für Bewegung und Veränderung. Die in diesem „dritten Raum" stattfindenden Lernprozesse führen häufig zur Wahrnehmung von „Differenz", des Öfteren zu Prozessen der „Transgression" und münden manchmal in neue Formen der „Hybridität".

Differenz

Differenzen erzeugen Grenzen und tragen zu ihrer Dynamisierung bei. Ohne Differenzen ist eine kulturelle Identitätsbildung nicht möglich. Durch die Inklusion und Exklusion z. B. in Ritualen werden Differenzen erzeugt. Bourdieu hat diesen Mechanismus der Differenzerzeugung am Beispiel von Einsetzungsritualen verdeutlicht. Ein solches ist die Einsetzung eines neuen amerikanischen Präsidenten in sein Amt (Wulf 2005). Besondere Bedeutung gewinnt die Kategorie der Differenz in der erwähnten UNESCO-Konvention zum Schutz kultureller Diversität, in der kulturelle Differenz als universelles Menschenrecht angesehen wird, auf dessen Grundlage kulturelle Identitätsbildung möglich ist. In die gleiche Richtung verweist die Empfehlung des Europarats über den inter- bzw. transkulturellen Dialog. In beiden Fällen spielt die durch diese Differenzierungen erzeugte Diversität eine zentrale Rolle dabei, wie mit Heterogenität und Alterität umgegangen wird (Wulf 2006, 2009).

Transgression

Transgression erfolgt einmal als Überschreitung von Regeln, Normen und Gesetzen, zum anderen als Überschreitung kulturell erzeugter Grenzen. Diese Überschreitungen können gewaltfrei sein, sind aber oft mit manifester struktureller oder symbolischer Gewalt verbunden. Beim Umgang mit kultureller Diversität kommt es häufig zur Transgression tradierter Grenzen, in deren Verlauf Neues entsteht. Transgressionen verändern Normen und Regeln, Lebensformen und Praktiken. Sie verschieben Grenzen und erzeugen dadurch neue kulturelle Relationen und Konstellationen. In der Dynamik transkultureller Lernprozesse lassen sich solche Transgressionsprozesse ethnografisch untersuchen.

Hybridität

Von besonderem Interesse ist die Entstehung neuer hybrider kultureller Formen infolge von Differenz und Transgression. Auf Grund der immer dichter und schneller werdenden Kommunikation und Interaktion zwischen den verschiedenen Kulturen und Gesellschaften der Welt, der Intensivierung des wirtschaftlichen, politischen, sozialen und kulturellen Austauschs entstehen immer mehr hybride Kulturformen. Im 20. Jahrhundert findet der Begriff der Hybridisierung Eingang in viele wissenschaftliche Disziplinen, in denen er vor allem zur Bezeichnung von Zwitter- und Mischbildungen dient. In den 80er Jahren verbreitet er sich in den Kulturwissenschaften. Im Anschluss an Homi Bhabha (2004) dient der Begriff der Hybridisierung dazu, Kulturkontakte nicht mehr nur dualistisch und essentialistisch zu bestimmen, sondern zu zeigen, dass sie Identität mit Hilfe eines „third space" schaffen. Dieser dritte Raum ist liminal; er ist ein Zwischenraum und betont die *in-between-ness.* In diesem liminalen Raum werden Grenzen unterlaufen und umstrukturiert und Hierarchien und Machtverhältnisse verändert. Entscheidend ist die Frage, inwieweit diese Prozesse und ihre Ergebnisse von performativen Praktiken bestimmt werden und *wie* dabei neue Formen der Hybridisierung entstehen. Diese Formen sind Mischformen, in denen einzelne Elemente aus verschiedenen Systemen und Zusammenhängen in einem mimetischen Prozess ihren Charakter verändern und eine neue kulturelle Identität entsteht. Sie konstituiert sich nicht mehr in Abgrenzung von einem Anderen, sondern in einer mimetischen Angleichung an ihn. „Die offenkundigen Zusammenhänge mit Transgression und Performativität erlauben es, Phänomene der Hybridisierung in sozialen Praktiken, theatralen Aufführungen, Ritualen, literarischen Texten und in der Sprache zu untersuchen. Dass dies mit Gewinn möglich ist, zeigen Donna Haraways medientheoretische und feministische Studien zu Maschinenmenschen (*cyborgs*) und den Grenzen zwischen Mensch und Tier. Andererseits ist eine Gefahr der Verwässerung des Begriffsfeldes nicht von der Hand zu weisen, wenn Hybridität als Zauberwort in der Multikulturalismus-Debatte missbraucht oder als logische Folge der Globalisierung verstanden wird. Wenn alle Kulturen hybrid sind, kann Hybridität nicht mehr als Instrument der Analyse benutzt werden, denn das Hybride impliziert ja das Vorhandensein von stabilen Identitäten, Nationen, Kulturen und Ethnien" (Audehm/Velten 2007, S. 35).

Transkulturelle Kontaktzonen

Wie bereits dargelegt, wirken drei widersprüchliche Tendenzen aufeinander. Die eine ist durch den homogenisierenden Charakter vieler Entwicklungen, die zweite durch die Betonung kultureller Diversität und die dritte durch Zunahme von Individualisierungsprozessen bestimmt. Alle drei Tendenzen stoßen in Kontaktzonen interkulturellen Lernens aufeinander und bieten die Chance zu neuen Lernerfahrungen. Ein Beispiel für eine Kontaktzone zwischen Menschen verschiedener Herkunft stellt die im Rahmen der *Berliner Ritual- und Gestenstudie* erforschte innerstädtische Grundschule mit 300 Kindern aus etwa 20 kulturellen Hintergründen dar (Wulf u. a. 2001, 2004, 2007, 2011). In dieser Schule machen die Kinder im unterrichtlichen Alltag und bei schulischen Festen wichtige Erfahrungen von Alterität, die pädagogisch gestaltet werden, um zur Entwicklung einer transkulturellen Kompetenz beizutragen.

In der *Berliner Ritual- und Gestenstudie* wurde herausgearbeitet, dass sich Rituale und rituelle und gestische Arrangements dazu eignen, Kinder und Jugendliche mit unterschiedlicher kultureller Herkunft zu befähigen, zusammen zu leben und zusammen zu lernen. Diese bislang wenig bearbeitete Strategie des Lernens enthält ein hohes Potenzial für transkulturelle Bildung. Gemeinsames Lernen, gemeinsames Handeln, Zusammenleben Lernen von Kindern und Jugendlichen mit verschiedenen kulturellen Hintergründen führt zu neuen Formen ritualisierter und gestischer Interaktion. Diese können dazu beitragen, kulturelle und soziale Differenzen gewaltfrei und konstruktiv zu bearbeiten. Sie ermöglichen es, durch ihren repetitiven und performativen Charakter neue Kommunikationsformen einzuüben und Kindern auch für das spätere Leben verfügbar zu machen. Als performativ werden Rituale und Gesten bezeichnet, weil sie Interaktionen inszenieren und aufführen und weil ihr körperlicher Charakter nachhaltige Wirkungen hat. Der repetitive und zugleich dynamische Veränderungen notwendig implizierende Charakter von Ritualen des Lernens sichert Ordnungsstrukturen, ohne innovatives Handeln zu verhindern. Rituale bieten Möglichkeiten, in mimetischen Prozessen ein praktisches Wissen für den Umgang mit kultureller Differenz zu erwerben und einzuüben (Wulf 2005, 2006).

Bei den Versuchen, neue Formen transkultureller Bildung zu entwickeln, geht es nicht nur darum, Erfahrungen mit dem Fremden analytisch aufzuarbeiten. Vielmehr führt der performative Charakter von Ritualen und Gesten dazu, ein praktisches interkulturelles Wissen zu schaffen (Wulf/Zirfas 2007). Dies entsteht weitgehend in mimetischen Prozessen, in denen „Abdrücke" von sozialen Praktiken genommen werden, in denen die sich mimetisch verhaltenden Kinder und Jugendlichen dazu befähigt werden, später in ähnlichen Situationen kompetent zu handeln. Transkulturelle praktische Handlungen sind kulturelle Aufführungen, die eine körperliche, eine sprachliche und eine ästhetische Dimension haben, welche in mimetischem Verhalten angeeignet werden.

Ausblick

Bildung kann heute nicht mehr nur im nationalen Rahmen konzeptualisiert werden; sie kann auch nicht einfach unter die Standards einer globale kulturelle Diversität kaum beachtenden Bildungsforschung subsumiert werden. Mehr denn je müssen Bildungsprozesse für Erfahrungen von Alterität geöffnet werden und muss kulturelle Diversität als eine konstitutive Bedingung von individueller und kollektiver transkultureller Bildung begriffen werden (Wulf 2008).

Literatur

Appadurai, Arjun (1996): Modernity at Large. Santa Fe.

Audehm, Kathrin/Velten, Hans Rudolf (Hrsg.) (2007): Transgression – Hybridisierung – Differenzierung: Zur Performativität von Grenzen in Sprache, Kultur und Gesellschaft. Freiburg.

Beck, Ulrich (1997): Was ist Globalisierung? Frankfurt/M.

Bhabha, Homi K. (2004): The Location of Culture. London/New York.

Council of Europe (2008): White Paper on Intercultural Dialogue „Living together as equals in dignity". Strasbourg.

Delors, Jacques (Hg.) (1996): Learning – The Treasure Within. Paris.

Greenblatt, Stephen (1994): Wunderbare Besitztümer. Die Erfindung des Fremden: Reisende und Entdecker. Berlin.

Münch, Richard (1998): Globale Dynamik, lokale Lebenswelten. Der schwierige Weg in die Weltgesellschaft. Frankfurt/M.

Todorov, Tzvetan (1985): Die Eroberung Amerikas. Das Problem des Anderen. Frankfurt/M.

UNESCO (2005): Übereinkunft über Schutz und Förderung der Vielfalt kultureller Ausdrucksformen, hrsg. von DUK. Bonn.

Wulf, Christoph (Hrsg.) (1973): Kritische Friedenserziehung. Frankfurt/M.

Wulf, Christoph (2005): Zur Genese des Sozialen. Mimesis, Performativität, Ritual. Bielefeld.

Wulf, Christoph (2006): Anthropologie kultureller Vielfalt. Bielefeld.

Wulf, Christoph (2008): Friedenskultur und Friedenserziehung in Zeiten der Globalisierung. In: Grasse, Renate/Gruber, Bettina/Gugel, Günter (Hrsg.): Friedenspädagogik. Grundlagen, Praxisansätze, Perspektiven. Reinbek, S. 35–60.

Wulf, Christoph (2009): Anthropologie. Geschichte, Kultur, Philosophie (2., erw. Aufl.). Köln.

Wulf, Christoph/Althans, Birgit/Audehm, Kathrin/Bausch, Constanze/Göhlich, Michael/Sting, Stephan/Tervooren, Anja/Wagner-Willi, Monika/Zirfas, Jörg (2001): Das Soziale als Ritual. Zur performativen Bildung von Gemeinschaft. Opladen.

Wulf, Christoph/Althans, Birgit/Audehm, Kathrin/Bausch, Constanze/Jörissen, Benjamin/Göhlich, Michael/Mattig, Ruprecht/Tervooren, Anja/Wagner-Willi, Monika/Zirfas, Jörg (2004): Bildung im Ritual. Schule, Familie, Jugend, Medien. Wiesbaden.

Wulf, Christoph/Althans, Birgit/Blaschke, Gerald/Ferrin, Nino/Göhlich, Michael/Jörissen, Benjamin/Mattig, Ruprecht/Nentwig-Gesemann, Iris/Schinkel, Sebastian/Tervooren, Anja/Wagner-Willi, Monika/Zirfas, Jörg (2007): Lernkulturen im Umbruch. Rituelle Praktiken in Schule, Medien, Familie und Jugend. Wiesbaden.

Wulf, Christoph/Althans, Birgit/Blaschke, Gerald/Ferrin, Nino/Kellermann, Ingrid/Mattig, Ruprecht/Schinkel, Sebastian (2011): Die Geste in Erziehung, Bildung, Sozialisation. Wiesbaden.

Wulf, Christoph/Merkel, Christine (Hg.) (2002): Globalisierung als Herausforderung der Erziehung. Theorien, Grundlagen, Fallstudien. Münster u. a.

Wulf, Christoph/Newton, Bryan (Hrsg.) (2006): Desarrollo Sostenible. Conceptos y ejemplos de buenas prácticas en Europa y América Latina. European Studies in Education, Vol. 22. Münster/New York.

Wulf, Christoph/Zirfas, Jörg (Hrsg.) (2007): Die Pädagogik des Performativen. Theorien, Methoden, Perspektiven. Weinheim/Basel.

Interdisziplinarität

Bernhard Rathmayr

Interdisziplinarität als Paradigma einer zeitgemäßen Pädagogischen Anthropologie lässt sich aus der Entwicklung der beiden zu ihr verbundenen Wissenschaftsdisziplinen begründen: der Pädagogik und der Anthropologie.

1 Pädagogik

Die Frage nach dem Verhältnis zu den anderen Wissenschaften beschäftigt die Pädagogik seit dem Beginn ihrer Etablierung als wissenschaftliche Disziplin an der Wende zum 19. Jahrhundert. Dabei gehen so gut wie alle Autor(inn)en davon aus, dass Erziehungswissenschaft zwar in vielfacher Hinsicht auf die Erkenntnisse und Methoden von Nachbarwissenschaften angewiesen ist, aber keinesfalls in diesen aufgehen dürfe. Das gilt bereits für Johann F. Herbart, der mit der Forderung nach „einheimischen Begriffen" die Leitformel für die Eigenständigkeit der Pädagogik als Wissenschaft auf den Weg gebracht hat. „Es dürfte wohl besser sein", schreibt er 1806 den Pädagogen ins Stammbuch, „wenn die Pädagogik sich so bald wie möglich auf ihre einheimischen Begriffe besinnen und ein selbständiges Denken mehr kultivieren möchte; wodurch sie zum Mittelpunkt eines Forschungskreises würde und nicht mehr Gefahr liefe, als entfernte, eroberte Provinz von einem Fremden aus regiert zu werden. Nur wenn sich jede Wissenschaft auf ihre Weise zu orientieren sucht und zwar mit gleicher Kraft wie ihre Nachbarinnen, kann ein wohltätiger Verkehr unter ihnen entstehen" (Herbart 1806, S. 9). Bereits bei Herbart nimmt diese Forderung jenen beschwörenden Ton an, mit dem sie seitdem immer wieder vorgetragen wird. „Protestieren Sie", fordert etwa Dieter Lenzen 1980 die Pädagogikstudent(inn)en auf, „wenn man Ihren Fachbereich ‚Erziehungswissenschaften' nennt und darunter Psychologie, Soziologie, Publizistik, Leibesübungen und weiß Gott was alles subsumiert, und die Erziehungswissenschaft zu einer Unterdisziplin der

Erziehungswissenschaft*en* macht". Das gelte es auch gegenüber den Lehrenden durchzusetzen: „Bestehen Sie gegenüber Ihren Dozenten darauf, dass sie Ihnen keine sozialwissenschaftlichen Ansätze als pädagogische Ansätze verkaufen." Das sei keine Frage eines „wissenschaftlichen Patriotismus, sondern der Klarheit des Verstandes" (Lenzen 1980, I, S. 45).

Die Ursachen dieser Sorge um den Verlust der Eigenständigkeit und der Angst vor der Überfremdung durch andere Wissenschaften sind in der Geschichte der Disziplinwerdung der Pädagogik begründet. In dieser sind unter anderem zwei Dynamiken am Werk, die die Entwicklung eines selbstbewussten Disziplinverständnisses behindern. Deren eine besteht in den Prestige- und Karrierekämpfen der unterschiedlichen pädagogischen Professionen untereinander, etwa von Lehrer(inn)en gegen Universitätspädagog(inn)en oder – genereller – pädagogischer Praktiker(inn)en gegen Erziehungswissenschaftler(inn)en. Die andere besteht in den Territorialverteidigungen der Nachbarwissenschaften, insbesondere der Philosophie und der Psychologie, sowie mit etwas zeitlichem Abstand der Soziologie. Als innerhalb der Geistes- und Sozialwissenschaften vergleichsweise junge Disziplin ging es im Prozess der Herausbildung der Pädagogik als eigenständige Disziplin innerhalb des Kanons der wissenschaftlichen Disziplinen stets darum, dass Teilgebiete anderer Wissenschaften als Bestandteile reklamiert wurden und damit ihren angestammten Sitz wechseln oder zumindest mit der Pädagogik teilen sollten. Das gilt für so große Gegenstandsbereiche wie die Entwicklungspsychologie, die Lernpsychologie, die Psychologie des Jugendalters oder die Sexualwissenschaft ebenso wie für die vor allem in der Philosophie geführte Debatte um Erziehungsziele und Erziehungsmethoden. Die Erziehungswissenschaft hat sich nicht wie etwa die Philosophie, die Medizin oder die Mathematik als längst vor der Gründung der ersten Universitäten bestehende Wissenschaft gebildet, sie wurde auch nicht wie die Psychologie dem Kanon universitärer Disziplinen als neues Fachgebiet hinzugefügt, sondern sie wurde als „Querstruktur" angelegt, „in halbherziger Verstreutheit über verschiedene akademische Bereiche angesiedelt" (Gogolin 2003, S. 67).

Was auf den ersten Blick als interne Konkurrenz und externe Abwehr erscheint, hat freilich seinen Grund im Gegenstandsbereich der Erziehungswissenschaften selbst: Dieser ist „notwendigerweise ‚grenzüberschreitend' angelegt. Die komplexen Zusammenhänge, in denen sich Erziehung und Bildung vollziehen, können nur in einem Modus angemessen bearbeitet werden, der im modernen Jargon ‚interdisziplinär' genannt wird" (ebd., S. 67 f.). Es steht der Pädagogik als Wissenschaft nicht frei, ob sie sich die Erkenntnisse anderer Wissenschaften zu Nutze macht oder nicht, vielmehr ist sie auf Grund ihres umfassenden und so gut wie alle Facetten menschlicher Existenz einbeziehenden Gegenstandes per se auf deren Beiträge angewiesen, eine Disziplin zwischen den Disziplinen, eine interdisziplinäre Wissenschaft.

Das wusste bereits Herbart, der der praktischen Philosophie die Aufgabe zuwies, die obersten Prinzipien der Erziehung zu formulieren und zu begründen und der Psychologie die Aufgabe, Verfahren zu deren Erreichbarkeit zu entwickeln. Zugleich war er überzeugt, dass diese beiden Disziplinen weit hinter den Ansprüchen einer wissenschaftlichen Pädagogik zurück blieben, weshalb es nicht sinnvoll sei, „Zeit zu feiern, bis irgendeinmal die philosophischen Untersuchungen im Reinen sein werden“ (Herbart 1965, S. 40), sondern die notwendigen Untersuchungen selbst in die Hand zu nehmen, was er mit seinen Schriften zur Philosophie und zu einer auf Erfahrung neu gegründeten Psychologie auch versuchte.

Der wesentliche Durchbruch einer interdisziplinären Orientierung der Pädagogik aber kam von der empirischen Erziehungswissenschaft und der auf ihr aufbauenden Pädagogischen Anthropologie. August Lay und Ernst Meumann, die Begründer der empirischen Pädagogik, hatten bereits in den 1890er Jahren klargestellt, dass es erforderlich sei, „[d]ie Forschungsmethoden und Hilfsmittel der experimentellen Psychologie, die Resultate dieser Wissenschaft und der Kinderforschung (der Psychologie, Anatomie und Physiologie, Anthropometrie, Pathologie und Psychopathologie des Kindes) sich dienstbar zu machen, und neben diesen auch die Resultate aller anderen Disziplinen, die in die Pädagogik hineinragen, wie die der Logik und Methodenlehre, der Ethik, Ästhetik und der Psychologie des religiösen Lebens“ (Meumann 1916, S. V). Ihr Urteil über die von Philosophen betriebene Pädagogik war vernichtend. Deren Vertreter waren „entweder Dilettanten und mit allen Mitteln der Selbstbildung behaftete Autodidakten“ oder befassten sich nicht mit den wesentlichen pädagogischen Fragen: „Wenn sich einmal ein Locke, Leibniz, Kant oder Fichte der Pädagogik annahmen, so beschränkte sich ihre Arbeit auf gelegentliche, meist mehr essayartige Behandlung einzelner Erziehungsfragen“. Die pädagogischen Probleme vor Ort, etwa die Didaktik des Unterrichts, blieben „fast immer das Werk wissenschaftlich ganz ungebildeter Praktiker“ (ebd.).

Das erste und zugleich grundlegende anthropologisch-pädagogische Werk, Heinrich Roths zweibändige „Pädagogische Anthropologie“, gründet sich auf beide Orientierungen: eine entschieden empirische Ausrichtung der Pädagogik und ein ebenso entschieden interdisziplinäres Verständnis von Anthropologie. „Alles, was auf philosophischem Wege mittels spekulativen, deduktiven und dialektischen Denkens in der Pädagogik geleistet werden kann, ist geleistet worden“, schreibt Roth über die Bedeutung der empirischen Forschung für die Pädagogik, „jetzt muss erkannt werden, dass die wissenschaftliche Pädagogik zur Forschung reif geworden ist“ (Roth 1969, S. 28). Dass mit „Forschung“ nur empirische Forschung gemeint sein kann, ist für Roth so selbstverständlich, dass er es gar nicht erwähnt. Ebenso selbstverständlich ist, „dass ohne eine möglichst interdisziplinäre Erörterung dieser Fragen keine schlüssigen Antworten für die Lern- und Erziehungsprozesse zu finden seien“ (Roth 1971, S. 13). Roth sieht die Aufgabe der Pädagogischen Anthropologie darin, die auf den Menschen bezüglichen Erfahrungswissenschaften „in gegenseitigen Austausch zu bringen, auf ihre wechselseitige Abhängigkeit aufmerksam zu machen und sie auf die pädagogische Fragestellung hin zu integrieren und zu verpflichten“ (Roth 1965, S. 209).

Heinrich Roth hat eine empirische Pädagogische Anthropologie begründet, nach der die Pädagogik die verschiedenen Erfahrungswissenschaften vom Menschen (Biologie,

Psychologie, Soziologie etc.) in einer Integrationswissenschaft unter der pädagogischen Fragestellung nach der Bestimmung des Menschen, die Roth wie Kant in seiner Mündigkeit sieht, und nach der Bildsamkeit des Menschen zusammenführen soll.

Dennoch vertritt er eine Konzeption von Erziehungswissenschaft, nach der diese eine eigenständige Wissenschaft zu sein habe, die sich von anderen, der Psychologie etwa oder der Soziologie, grundsätzlich unterscheide. „Es besteht die Gefahr, dass sich nicht nur so etwas entwickelt wie eine autonome pädagogische Biologie, eine autonome pädagogische Psychologie, eine autonome pädagogische Soziologie usw., sondern dass sich diese auch noch auseinander entwickeln und dass das Adjektiv pädagogisch sie nicht davor schützt, sich ihrer Grundwissenschaft nicht nur methodisch, was billig ist, sondern auch in ihren Zielsetzungen mehr verpflichtet zu fühlen als der Pädagogik. Diese schon sichtbare Entwicklung ist ein Beitrag mehr zur Desintegration der Pädagogik in Einzelwissenschaften, während die Sache und der Studierende nach der Klammer schreien, die alles das zusammenhält, was Pädagogik heißt" (Roth 1965, S. 208 f.).

Diese Klammer sieht Roth in zwei die Erziehungswissenschaft von allen anderen Wissenschaften unterscheidenden Bestimmungen: Erstens darin, dass die Erziehungswissenschaft die Menschen nicht beschreibt, wie sie sind, sondern wie sie – durch Bildung und Erziehung – werden können: „Die Pädagogik analysiert nicht primär die Natur des Menschen, wie sie ist, was Biologie und Psychologie tun, sondern sie fragt nach der Veränderlichkeit dieser Natur, nach der Kultivierbarkeit und Bildsamkeit des Menschen, nach seiner möglichen geistigen Gestalt, seinem möglichen geistigen Optimum – und sie analysiert, interpretiert und kritisiert nicht primär Gesellschaft und Kultur, wie sie sind, geworden sind und wohin sie tendieren." Vielmehr fragt sie „nach dem Bildungssinn der in den Wissenschaften und Künsten unserer Kultur investierten Einsichten, Gehalte und Normen, nach der Bedeutung, die diese für die geistige Selbstverwirklichung des Menschen, für die produktive Wiedererweckung und Fortsetzung der die Kultur tragenden Geisteskräfte in der jungen Generation haben." Sie kann „diese ihre Aufgabe nur in Kooperation einerseits mit den Wissenschaften vom Menschen, andererseits mit den Sachwissenschaften lösen, die damit für sie Grund- und Hilfswissenschaften werden; sie hat aber ihre Eigenart und Autonomie in dieser ihrer Fragestellung, die ihr von keiner anderen Wissenschaft abgenommen wird" (Roth 1966, S. 180).

Das zweite die Erziehungswissenschaft unterscheidende Kriterium besteht darin, dass sie eine praktische Wissenschaft ist, deren Forschungen nicht der Vermehrung theoretischer Kenntnisse dienen, sondern von Problemen der Erziehungspraxis ausgehen und Erkenntnisse für diese Praxis erbringen müssen. „Die Erziehungswissenschaft kann die ihr immanente praktische Tendenz nicht leugnen, dass ihre Einsichten, ihre ‚Wahrheiten' zu ‚geschehen' haben und sich verwirklichen sollen." Erziehungswissenschaft „ist entweder ‚Theorie einer Praxis' oder sie ist müßig" (Roth 1969, S. 16).

In den 1980er und nochmals in den 1990er Jahren wurde die Frage nach der Eigenständigkeit bzw. Interdisziplinarität der Erziehungswissenschaft vor allem als Frage nach der Berechtigung bzw. Möglichkeit einer „Allgemeinen Pädagogik" gestellt. Ausgangspunkt der Diskussionen waren im Wesentlichen zwei Dynamiken, die in der Entwicklung der Disziplin überdeutlich wahrnehmbar wurden: die zunehmende Einbeziehung nachbarschaftlicher Wissens- und Methodenbestände, insbesondere der Psychologie und der Soziologie, aber auch der Ethnologie, der Evolutionstheorie u. a. in die pädagogische Wissenschaft und die gleichzeitig zunehmende intradisziplinäre Differenzierung der Disziplin selbst, die in immer mehr „Bindestrichpädagogiken" (Erwachsenen-, Sozial-, Berufspädagogik etc.) und „Adjektivpädagogiken" (kritische, feministische, psychoanalytische, postmoderne etc.) auseinanderstrebte. Während der Status der Erziehungswissenschaft als interdisziplinärer Integrationswissenschaft immer allgemeiner akzeptiert wurde, erschien eine Versammlung des gesamten Spektrums der Disziplin unter einem „Grundgedanken" (Krüger 1994) immer schwerer vorstellbar.

Dazu kommt, dass der Gegenstandsbereich der Pädagogik sich gegenüber ihrer gesamten Tradition erheblich erweiterte. Längst war ihre Zuständigkeit nicht mehr auf die generative Dyade Kind-Erwachsener und die mit ihr verbundenen Fragen nach einer angemessenen Erziehung eingeschränkt, vielmehr weitete sie sich auf den gesamten Lebenslauf aus und innerhalb dessen auf die Problematik jeder Altersgruppe für sich (Kinder, Jugendliche, Erwachsene, Ältere), die Beziehungen dieser Gruppen untereinander, spezifische Lebenslagen und deren Handlungs- bzw. Krisenpotentiale (z. B. Arbeiter(inn)en, Frauen, Behinderte), gesellschaftlich relevante Entwicklungen und Konflikte (z. B. Krieg und Friede, Umwelt, erste und dritte Welt) usw.

Mit seiner Konzeption einer Pädagogik als Wissenschaft der „Humanontogenese" hat Dieter Lenzen die Grenzen der Pädagogik in zwei Richtungen erweitert: zeitlich auf den gesamten Lebenslauf und inhaltlich auf das gesamte Spektrum der individual-, sozial-, gesellschafts- und kulturwissenschaftlichen Disziplinen. Die binäre anthropologische Codierung Kind-Nichtkind ist angesichts der gesellschaftlichen Entwicklung nicht mehr fortsetzbar. An der Wende vom 20. zum 21. Jahrhundert ist das Kind als Begriff nicht mehr geeignet, Handlungen im Erziehungssystem von solchen zu unterscheiden, die nicht zum Erziehungssystem gehören, sondern ein neues Medium der pädagogischen Kommunikation wird erforderlich: Der Lebenslauf tritt an die Stelle des Kindes, das Pädagogische dehnt sich sozusagen amöbenhaft auf das gesamte Leben aus (Lenzen 2003, S. 57). Auf Grund dieser Entwicklungen betont Lenzen nun die integrative Potenz der Erziehungswissenschaft: Multidisziplinarität bedeutet gerade nicht das Ende der Erziehungswissenschaft, sondern deren notwendige Neuorientierung. Die Suche „nach einem begrifflichen proprium, nach ‚einheimischen' Begriffen, die nur für diese Wissenschaft gelten", sei für die Erziehungswissenschaft „völlig verfehlt". Es bedürfe vielmehr „einer integrierenden Tätigkeit eines multidisziplinären Faches, welches die fachfremden Resultate allererst für die eigene Berufswissenschaft fruchtbar macht. Diese Funktion übernimmt Erziehungswissenschaft in der Forschung seit mehreren Jahrzehnten, wenn sie psychologische, soziologische, anthropologische, biologische, philosophische und viele andere Resultate interdisziplinär und problemorientiert rezipiert und weiterverarbeitet" (Lenzen 1989, S. 18).

Das Verständnis von Erziehungswissenschaft als interdisziplinäre Disziplin bedeutet allerdings mehr als das Konzept einer – etwa aus pädagogischer Soziologie, Psychologie, Anthropologie etc. – zusammengesetzten Wissenschaft. Es reicht nicht, die relevanten Einzeltheorien und Einzelwissenschaften je für sich auf pädagogische Fragestellungen und Anwendungskontexte zuzuspitzen – laufen doch derartige Versuche häufig Gefahr, sich pädagogisch handhabbare Simplifizierungen wissenschaftlicher Theoriesysteme zurecht zu richten; sondern diese Einzeltheorien und Einzelwissenschaften müssen in einem ersten Schritt als eigenständige Zugänge zur Wirklichkeit des Menschlichen gewürdigt und in einer zweiten Bemühung auf relevante Erklärungsmodelle für individuelle, soziale und gesellschaftliche Wirklichkeiten hin integriert werden.

Dass sich Erziehungswissenschaft auf ein breites Spektrum individual-, sozial-, gesellschafts- und kulturwissenschaftlicher Theoriesysteme und Wissenschaftsdisziplinen bezieht, bedeutet eben nicht, dass sie deren Fragestellungen übernimmt oder wiederholt. Sie wendet vielmehr ihre Methoden und Erkenntnisse in die Richtung der Problemstellungen, die sich im Kontext menschlicher Existenz in Gesellschaft ergeben und deren Komplexität nur mehr im mehrperspektivischen Hinblick entsprochen werden kann. Zwar sind die „großen Erzählungen" (Lyotard) unglaubwürdig geworden; doch geblieben oder jüngst entstanden sind die großen Fragen nach dem Verhältnis der Generationen, den Geschlechtern, den Kulturen, den sozialen Lagen, der Vermittlung zwischen Erfahrungs- und Symbolsystemen, zwischen unterschiedlich umfassenden sozialen Räumen, der Beziehung zwischen Natur, Ökonomie und Technik, den spezifischen Lebenslagen und -schicksalen, z. B. körperlich oder seelisch Behinderter oder von Menschen in lebensgeschichtlichen Krisen.

Gemeinsamer Nenner dieser Problemstellungen sind die Vermittlung zwischen personaler, sozialer und gesellschaftlicher Existenz und die mit ihr verbundenen Dynamiken der Entwicklung von Personen, Gruppen und Gesellschaften. Siegfried Bernfelds (1981, S. 51) Begriffsbestimmung der Erziehung als „Summe der Reaktionen einer Gesellschaft auf die Entwicklungstatsache" könnte sich so als eine letzte Denkmöglichkeit zur Benennung eines „einheimischen" Begriffs von Pädagogik erweisen, wobei freilich einzuschränken ist, dass Entwicklung bei weitem nicht nur im Feld der Pädagogik anzutreffen ist, sondern in vielen anderen Bereichen wie etwa der Wirtschaft, der Kultur, der Natur usw.

2 Anthropologie

Die Anthropologie bestellt seit ihrer Begründung als eigenständige Wissenschaft durch Immanuel Kant auf der einen und Charles Darwin auf der anderen Seite ein weites Feld unterschiedlicher Disziplinen und Richtungen innerhalb dieser Disziplinen. Eine immer noch grobe Übersicht, hier in leicht modifizierter Anlehnung an Christoph Wulf (2004), ergibt bereits sechs umfassende Ausrichtungen, von denen jede nochmals ein umfängliches Konglomerat unterschiedlicher Theorieströmungen und Fragestellungen repräsentiert: 1. Philosophische Anthropologie; 2. Naturwissenschaftliche Anthropologie: Paläoanthropologie und Evolutionstheorie, Humanethologie und Soziobiologie, Humangenetik, Neurophysiologie und Gehirnforschung; 3. Kulturanthropologie; 4. Psychoanalytische Anthropologie; 5. Geschichtswissenschaftliche Anthropologie und 6. Historisch-kritische Anthropologie.

Eine der wenigen übereinstimmenden Auskünfte dieser Anthropologien besteht in der Relativierung verbindlicher Menschenerkenntnis: Die Vielfalt anthropologischer Erkenntnisse gibt kein einheitliches geschlossenes Menschenbild mehr ab, das pädagogischer Erkenntnis und pädagogischem Handeln normativ vorgeordnet werden könnte. So oft diese Tatsache sowohl von Anthropologen als auch von Pädagogen betont wird, so sehr erliegen beide doch immer wieder der Versuchung, ihrer Disziplin den soliden Grund eines festen Menschenwesens zu verschaffen. Dies gilt für beide großen Ströme der Anthropologie, für die Philosophische ebenso wie für die naturwissenschaftliche. An den grundlegenden Entwürfen einer Philosophischen Anthropologie Max Schelers und Helmuth Plessners lässt sich beides exemplarisch zeigen: die Grandiosität, trotz aller Skepsis dennoch eine Wesensaussage über den Menschen zu postulieren (Scheler) und die Radikalität, die Offenheit der Wesensfrage als das Wesentliche des Menschlichen anzuerkennen (Plessner).

3 Interdisziplinäre Historisch-Pädagogische Anthropologie

Angesichts der Eigenständigkeit der Anthropologie als weit verzweigtes und hoch differenziertes Gefüge von Wissenschaften und der Differenziertheit der Pädagogik andererseits wird die traditionelle Annahme einer eigenen „pädagogischen" Anthropologie in dem Sinn fraglich, als sie auf eine aus der genuin pädagogischen Fragestellung heraus entwickelte Sonderanthropologie abzielt. Das enorm angewachsene und heterogene Wissen über den Menschen entzieht sich jeder Inblicknahme aus einer einzigen Perspektive, auch der pädagogischen. Pädagogik kann der Anthropologie nicht ihren eingeschränkten Blick auf den Menschen aufzwingen, nicht *Homo* mit *Homo paedagogicus* gleich setzen. Eine zeitgemäße Pädagogische Anthropologie muss sich vielmehr auf den Gesamtbestand des anthropologischen Wissens beziehen.

Die Heterogenität anthropologischer Erkenntnisse gibt kein einheitliches Menschenbild mehr ab, das pädagogischer Erkenntnis und pädagogischem Handeln normativ vorgeordnet werden könnte. Mit Blick auf die historische und kulturelle Wandelbarkeit menschlicher Existenz insgesamt und Kindheit und Erziehung im Besonderen ist für die Pädagogische Anthropologie ein *historical* und *cultural turn* unausweichlich. Anthropologie ist nur mehr als historische denkbar, als Erforschung des Wandels des Menschlichen, nicht eines überzeitlichen und transkulturellen Wesens, das eine selbst historisch und kulturell bedingte Fiktion darstellt. Die Unmöglichkeit einer auf einer

Anthropologie *des* Menschen aufbauenden Pädagogischen Anthropologie und die historische und kulturelle Relativität menschlicher Existenz können als paradigmatisch gesichert angesehen werden. Damit ist einer Pädagogischen Anthropologie der Weg versperrt, die Ziele und Verfahren pädagogischen Handelns noch von einer allgemeinen *conditio humana* abzuleiten.

Die begrüßenswerte Vielfalt historisch-anthropologischer Theoriebildung und Empirie sollte aber nicht zu einem Vergnügen an einer immer noch größeren Vermehrung isolierter Fragmente des Puzzles menschlicher Existenz in Kultur und Gesellschaft verführen. Vielmehr sollte die Anerkennung der vielfältigen und vervielfältigbaren Möglichkeiten des Menschlichen von einer Bemühung um die Kenntnis zeitlich begrenzter Kontinuitäten in bestimmten Kulturen und Gesellschaften begleitet werden. Es erscheint angebracht, nach jenen „longue durées" Ausschau zu halten, die dem menschlichen Selbstverständnis und dem pädagogischen Menschenverständnis eine Weile orientierende Anhaltspunkte sein können, mittelfristige Kontinuitäten historisch entwickelter und gegenwärtig andauernder Traditionen menschlicher Lebensweisen in konkreten Gesellschaften.

In einer auf die Ermittlung solcher mittelfristiger Kontinuitäten des Menschlichen gerichteten Pädagogischen Anthropologie erlangen neben den anthropologischen Standarddisziplinen Theorien gesellschaftlichen Wandels unterschiedlicher disziplinärer Provenienz anthropologischen Rang: Das gilt jedenfalls für eine kulturwissenschaftlich aufgeschlossene Psychoanalyse; für den Symbolischen Interaktionismus George H. Meads und die ihm folgenden theoretischen Schulen der interaktionistischen Sozialpsychologie, Alltagswissenschaft und Ethnomethodologie; für Norbert Elias' Zivilisationstheorie gesellschaftlicher Sozio- und Psychogenese und die Psychohistorie; für die Alltags- und Mentalitätsgeschichte der historischen Schule der Annales; für Michel Foucaults historische Diskurstheorie der Disziplinierung, der Sexualität und des Körpers und die auf sie aufbauenden Forschungen zur Diskursanalyse; für Pierre Bourdieus Theorie des sozialen Habitus; für die historisch-anthropologischen Theorien der Abstraktion, der Körper und des Imaginären im Gefolge der Arbeiten Dietmar Kampers, sowie für die grundlegenden Theorien zur Geschichte und Gegenwart des Geschlechterverhältnisses, um nur einige Bezüge zu nennen.

Konturen einer interdisziplinären Historisch-Pädagogischen Anthropologie könnten so in einer zu den sozial- und kulturwissenschaftlich aufgeschlossenen Beständen der naturwissenschaftlichen Anthropologie und den Theorien mittelfristiger Epochen und Strukturen sozialen Wandels hin geöffneten Anthropologie und einer zu dieser und zu den relevanten Nachbardisziplinen hin geöffneten, auf den gesamten Lebenslauf bezogenen Pädagogik bestehen.

Literatur

Bernfeld, Siegfried (1981): Sisyphos oder die Grenzen der Erziehung. 4. Aufl. Frankfurt/M.

Gogolin, Ingrid (2003): Was ist Erziehungswissenschaft: Differenzierung und Einigkeit. In: Rathmayr, Bernhard/Ralser, Michaela (Hrsg.): Zukunft Erziehungswissenschaft. Auffassungen und Neufassungen einer Disziplin im Umbruch. Innsbruck, S. 61–71.

Herbart, Johann F. (1806): Allgemeine Pädagogik aus dem Zweck der Erziehung abgeleitet. Göttingen.

Herbart, Johann F. (1965): Pädagogische Schriften. Hrsg. v. Walter Asmus. Bd. 2: Pädagogische Grundschriften. Düsseldorf/München.

Lenzen, Dieter (1980): Allgemeine Pädagogik: Restkategorie oder Kernstück, Teil I und II. In: betrifft: erziehung 13, Heft 11, S. 42–49; Heft 12, S. 58–66.

Lenzen, Dieter (1989): Melancholie, Fiktion und Historizität. In: Gebauer, G. u. a. (1989): Historische Anthropologie. Zum Problem der Humanwissenschaften heute oder Versuche einer Neubegründung. Reinbek, S. 13–48.

Lenzen, Dieter (2003): Kindheit als soziales Konstrukt. Entdifferenzierungsprozesse an der Wende zum 21. Jahrhundert, In: Rathmayr, Bernhard (Hrsg.): Kindheit – Neue Perspektiven. Theorie, Lebenswelt, Erziehung, Politik. Innsbruck, S. 38–58.

Meumann, Ernst (1913/1914/1916): Vorlesungen zur Einführung in die experimentelle Pädagogik und ihre psychologischen Grundlagen. 3 Bde. 2. Aufl. Leipzig.

Roth, Heinrich (1965): Empirische Pädagogische Anthropologie. Konzeption und Schwierigkeiten. In: Zeitschrift für Pädagogik 13 (1965), S. 207–221.

Roth, Heinrich (1966/1971): Pädagogische Anthropologie. Bd. 1: Bildsamkeit und Bestimmung; Bd. 2: Entwicklung und Erziehung. Hannover u. a.

Roth, Heinrich (1969): Die Bedeutung der empirischen Forschung für die Pädagogik. In: Oppolzer, Siegfried (Hrsg.): Denkformen und Forschungsmethoden der Erziehungswissenschaft, Bd. 2: Empirische Forschungsmethoden. München, S. 15–62.

Krüger, Heinz-Hermann (1994): Allgemeine Pädagogik auf dem Rückzug? Notizen zur disziplinären Neuvermessung der Erziehungswissenschaft. In: Krüger, Heinz-Hermann/Rauschenbach, Thomas (Hrsg.): Erziehungswissenschaft. Die Disziplin am Beginn einer neuen Epoche. Weinheim u. a., S. 115–130.

Wulf, Christoph (2004): Anthropologie. Geschichte Kultur Philosophie. Reinbek.

Kapitel 2
Körper

Sinne

Christoph Wulf

Mit der „Wiederkehr des Körpers" (Kamper/Wulf 1982) und der allmählichen Situierung des Körpers im Zentrum der Kulturwissenschaften haben auch die menschlichen Sinne eine starke Aufwertung erfahren (Kamper/Wulf 1984; Csordes 1999; Howes 2003; Bilstein 2011; Michaels/Wulf 2013). Im Christentum wurden sie häufig als Gefährdungen des Menschen wahrgenommen, so dass es sie zu kontrollieren galt. Descartes' „Ich denke, also bin ich" lässt sich auch als Ausdruck einer Geringschätzung des Körpers und der Sinne verstehen. Natürlich ist diese Bewertung nie einhellig gewesen. In der europäischen Geschichte hat es auch immer Positionen gegeben, die besonders in der Veredelung der Sinne die Möglichkeiten eines gelingenden Lebens sahen. Mit dem Ende der Gültigkeit einer auf dem europäischen Menschen- und Weltverständnis beruhenden normativen Anthropologie ist der Körper mit seinen Sinnen ins Zentrum der Anthropologie gerückt, ist er doch trotz aller Unterschiede das Charakteristikum, das allen Menschen gemeinsam ist.

Dies zeigt auch ein Blick in die anthropologischen Paradigmata der Hominisation und der Philosophischen Anthropologie (Wulf 2009). Im Verlauf der Menschwerdung sind in vier bis fünf Millionen Jahren der Körper und die Sinne des *Homo sapiens sapiens* in einem Zusammenwirken von Veränderungen der Umwelt und Lebensbedingungen, des Gehirns, der sozialen und kulturellen Beziehungen entstanden. Auch in der Philosophischen Anthropologie wurde der im Vergleich zu den nichtmenschlichen Primaten besondere Charakter der menschlichen Sinne und der mit ihnen gegebenen Wahrnehmungsmöglichkeiten herausgearbeitet. Danach haben Menschen anstelle einer jeweils instinktspezifischen Umweltwahrnehmung die Möglichkeit, Gegenstandsbewusstsein zu entwickeln und „weltoffen" zu sein.

Zwar sind die Sinne als Teil der Ausstattung der *Spezies* Mensch allen Menschen gemeinsam, doch haben die Historische Anthropologie und die Kulturanthropologie gezeigt, wie sehr sie auch ein Ergebnis historischer und kultureller Entwicklung sind (Wulf

2009, 2010). Wie empirische Studien zeigen, beginnt die historisch-kulturelle Beeinflussung der Sinne z. B. beim Hören und Schmecken schon vorgeburtlich. Nach der Geburt erfolgen Sozialisierung und Enkulturation vorwiegend über die Sinne. Wie zahlreiche Studien nachgewiesen haben, spielt z. B. das Hören in den oralen Kulturen eine viel größere Rolle als in den Schriftkulturen, in denen der visuelle Sinn an Bedeutung gewinnt. Mit den Sinnen erschließen sich Menschen die Welt und werden zugleich durch sie erschlossen. Da die menschliche Lebenswelt historisch-kulturell ausgeprägt ist, bilden sich auch die in ihr lebenden Menschen in Übereinstimmung damit. Viele dieser Prozesse, in denen Außenwelt zur Innenwelt und Innenwelt zur Außenwelt wird, sind mimetisch. In ihnen sind die einzelnen Menschen aktiv. Über ihre Wahrnehmungen, Gefühle und Handlungen entwickeln sie sich zu Subjekten. Für ihre Subjektivierungsprozesse bildet die sinnlich vermittelte Außenwelt die Grundlage.

Bei der sinnlichen Wahrnehmung spielen mimetische Prozesse, in denen z. B. soziale und kulturelle Praktiken sinnlich angeeignet, verarbeitet und modifiziert werden, eine wichtige Rolle. Diese Wahrnehmungen sind kontextbedingt. Den Kontext machen die jeweiligen kollektiven und individuellen historischen und kulturellen Bedingungen aus. Durch ihren Kontextbezug weisen die sinnlichen Wahrnehmungen der Angehörigen einer Kultur bzw. historischen Epoche zahlreiche Gemeinsamkeiten und individuelle Differenzen auf. Welche Wahrnehmungen Menschen im Verlauf ihres Lebens gehabt haben, beeinflusst die Möglichkeiten gegenwärtiger und zukünftiger Wahrnehmung. Mithilfe der Imagination können sinnliche Wahrnehmungen erinnert oder in die Zukunft hinein projiziert werden. In beiden Fällen handelt es sich um einen Prozess, in dem nicht gegenwärtige Wahrnehmungen mithilfe der Imagination gegenwärtig gemacht werden. Auch in jeder aktuellen Wahrnehmung spielt die Präfiguration durch frühere Wahrnehmungen und die Imagination eine wichtige Rolle.

Viele Untersuchungen zeigen, dass je nach kulturellem Referenzsystem sinnliche Wahrnehmungen sehr unterschiedlich sein können (Wulf/Suzuki u. a. 2011; Wulf/Poulain/Triki 2006; Lu/Wulf 2014; Michaels/Wulf 2013). Infolge der unterschiedlichen kulturellen Referenzrahmen haben Menschen unterschiedliche Wahrnehmungen und werden die menschlichen Sinne unterschiedlich geformt. So nehmen z. B. ein gläubiger Christ im Mittelalter und ein gläubiger Muslim im heutigen Iran viele sinnliche Erscheinungen der Welt aufgrund der mit ihnen verbundenen religiösen Bedeutungen anders wahr als die Menschen moderner europäischer, indischer oder chinesischer Großstädte. Dass solche Wahrnehmungsunterschiede auch Einfluss auf die Wahrnehmung von Raum und Zeit haben, ist offensichtlich. Für die Wahrnehmung des Anderen und der Alterität, die im Rahmen von Europäisierung und Globalisierung immer wichtiger werden, ist bereits die historische und kulturelle Diversität der Weltwahrnehmung von zentraler Bedeutung.

Im Bewusstsein der Vielfalt sinnlicher Wahrnehmungen in den und über die Grenzen einer Kultur hinaus sollen im Weiteren vier Dimensionen identifiziert werden, die für die Sinneswahrnehmungen eine wichtige Rolle spielen:

- Im Rahmen der Anthropologie werden die Sinne in ihren historischen und kulturellen, in ihren sozialen und gesellschaftlichen Formungen gesehen. Schicht- und Klassendifferenzen haben auf den Gebrauch der Sinne Einfluss und werden durch ihn aufrechterhalten. Dabei spielt der Geschmack eine wichtige Rolle, über dessen Unterschiede sich gesellschaftliche Differenzierungen immer wieder vollziehen. In diesen Prozessen werden die gesellschaftlichen Machtverhältnisse immer wieder aktualisiert und eingeübt.
- Die von den Angehörigen eine Kultur verwendeten Sinnesdaten sind sprachlich durchstrukturiert. Was wahrgenommen wird, wird zugleich in seiner Bedeutung wahrgenommen. Dies gilt für die Wahrnehmung der Natur, verstärkt jedoch für die Wahrnehmung gesellschaftlicher und kultureller Produkte, die in ein sprachlich strukturiertes symbolisches Bedeutungsnetz eingeordnet sind. Menschen nehmen die Welt als gedeutete wahr und inkorporieren sie in gleicher Weise. Zu den Besonderheiten ästhetischer Erfahrungen gehört es, diese Deutungen alltäglicher Wahrnehmungen durch andere Wahrnehmungserfahrungen zu erweitern. In der linguistischen Wendung innerhalb der Kulturwissenschaften ist dies deutlich geworden.
- Ein weiteres Charakteristikum der Sinneswahrnehmungen besteht darin, dass die Menschen die Welt heute als Bild wahrnehmen. Auf diese grundlegende Veränderung in der Wahrnehmung der Welt in der Moderne hat schon Heidegger (1950) aufmerksam gemacht. Nach seinen Überlegungen wird die Welt nicht mehr als Natur, als *physis,* oder als Schöpfung Gottes erlebt, von der der Mensch ein Teil ist. Stattdessen nehmen die Menschen die Welt als Gegenüber, als ein Ensemble von Gegenständen wahr, die zu Bildern werden. Infolge der neuen Medien, insbesondere des Fernsehens und des Internets, ist diese Tendenz stärker geworden. Im Rahmen der ikonischen Wendung in den Humanwissenschaften wird sie erforscht.
- Die menschlichen Sinne und Wahrnehmungen sind performativ; sie inszenieren die Welt in einer spezifischen Weise. Sinnliche Wahrnehmungen werden als Kultur und Gesellschaft gestaltende Aufführungen begriffen. In der Erzeugung von Wahrnehmungen sind die Sinne aktiv; sie bringen vielfältige Wahrnehmungsformen hervor. Im Zentrum stehen der Körper und die Körperlichkeit der Wahrnehmungen. Die Performativität der Sinne oszilliert zwischen der materiellen Seite der Wahrnehmung und ihrem inszenatorischen Charakter. In der performativen Wendung in den Kulturwissenschaften werden diese Perspektiven erforscht (Schulze/Wulf 2007; Wulf/Zirfas 2007).

Wie viele Sinne der Mensch hat, ist keineswegs so sicher, wie es häufig unterstellt wird (Straus 1956). Neben den in den europäischen Kulturen angenommenen fünf Sinnen spielen hier außerdem noch der Bewegungssinn und der *sensus communis* eine wichtige Rolle. Die Sinne stehen in einem engen Zusammenhang. Sie ergänzen sich. Fällt ein Sinn aus, kann seine Funktion durch andere Sinne kompensiert werden. Erblindet ein Mensch, so wird der Verlust durch eine Intensivierung des Hör- und Tastsinns kompensiert. Eine andere Perspektive auf das Ensemble der Sinne ergibt sich durch ein Zusammenwirken der Sinne. Riechen und Schmecken bedingen sich z. B. wechselseitig. Hören und Sehen verschränken sich im Lebensalltag zu einer nur analytisch trennbaren Wahrnehmung. Synästhetische Aspekte spielen bei der Erforschung von Wahrnehmungspraktiken eine wichtige Rolle. In anderen Kulturen ist die Zahl der Sinne nicht auf fünf begrenzt; vielmehr ist das Spektrum der Sinne anders zugeschnitten und verdeutlicht noch einmal mehr den kulturellen Charakter der fünf Sinne (Classen 1998, 2005).

Tasten

Das Besondere des Tastsinns besteht darin, dass er reflexiv ist und damit für die Entwicklung von Subjektivität eine zentrale Rolle spielt. Wenn jemand mit seinen Fingern eine Tischplatte berührt, dann empfindet er einmal, dass er die Platte berührt; und er empfindet auch, dass er durch die Platte berührt wird. In dieser für den Tastsinn charakteristischen Situation empfindet sich der Mensch also in zweifacher Weise, einmal als jemand, der eine Handlung vollzieht, zum anderen als jemand, der im gleichen Akt die Wirkung der Handlung auf sich spürt. Für die menschliche Orientierung in der Welt und die Herausbildung eines Handlungs- bzw. Subjekt-Bewusstseins ist daher das Tasten von zentraler Bedeutung. Das wichtigste Organ des Tastens sind die Hände. Infolge des aufrechten Ganges wurden sie freigesetzt und haben sich zu sehr vielfältigen sensiblen und motorischen Organen entwickelt. Mit den Händen packen Menschen zu und verrichten schwere Arbeit, um die Welt nach ihren Vorstellungen zu gestalten. Dazu benutzen sie Werkzeuge und Maschinen, die das Potential der Handlungsmöglichkeiten der Hände erweitern. Doch die Hände dienen nicht nur zur Arbeit. Der Tastsinn entfaltet sich auch in der Berührung anderer Menschen, in zärtlichen und sorgenden Berührungen, in denen die Antwort des Anderen von zentraler Bedeutung ist. Für die Entwicklung kleiner Kinder ist der mit Bewegungen verbundene Tastsinn besonders wichtig. Kleine Kinder berühren die Dinge und stecken sie in den Mund. So erfahren sie die Welt unmittelbar und intensiv. Erst allmählich ersetzen sie diese Tasterfahrungen durch das Sehen. Wenn Kinder wissen, wie sich die Dinge anfühlen, müssen sie sie nicht mehr berühren; dann reicht ein Blick, um zu wissen, wie sie sich anfühlen. Die Tasterfahrung kann durch einen Blick ersetzt werden. Menschen berühren die Welt nicht nur mit ihren Händen; sie ertasten sie auch mit ihren Füßen und erspüren sie mit der Haut, dem größten Organ des Körpers. Mit den Füßen ertasten und erfahren sie den Raum. Mit der Haut spüren sie Wärme und Kälte, Stillstand und Bewegung und nehmen die Atmosphäre an einem Ort, in einem sozialen und kulturellen Raum wahr. Im Unterschied zum Sehsinn, der Möglichkeiten zur Distanzierung bietet, verbindet uns der Tastsinn unmittelbar mit der Welt.

Schmecken

Die Geschmacksnerven befinden sich im Mund. Der Mund, mit dem Essen und Trinken aufgenommen werden, ist für die Erhaltung des Lebens von existentieller Bedeutung. Wenn Säuglinge gestillt werden, verbindet sich bei ihnen die Nahrungsaufnahme mit dem Vertrauen, dass Hunger und Durst gestillt und die basalen Bedürfnisse befriedigt werden. Diese Lust am Essen und Trinken – am Schmecken der Muttermilch – spielt in der erotischen Beziehung zwischen Mutter und Kind eine zentrale Rolle. In Ausdrücken wie „jemanden zum Fressen gern haben" wird diese enge Verbindung zwischen Essen und Trinken, Geschmack und Erotik und Sexualität deutlich. Wie Essen und Trinken im Mund aufgenommen und geschmeckt werden, so vollzieht sich auch die Artikulation des Sprechens in der Mund- und Rachenhöhle. Mit den Geschmacksnerven im Mund wird die Qualität von Speisen unterschieden. Über nicht schmeckendes Essen und über die Entstehung von „Lieblingsspeisen" bildet sich schon früh der Geschmack heraus. Er ist jedoch nicht nur der Indikator für die Qualität von Essen und Trinken. Auch soziale Gruppen sind durch einen gemeinsamen Geschmack gekennzeichnet. Geschmacksurteile spielen daher in sozialen Beziehungen (Bourdieu 1982), in der Mode und in der Ästhetik eine wichtige Rolle. Urteile in und über die Künste sind Geschmacksurteile, über die sich bekanntlich nicht streiten lässt. Sie basieren auf nur schwer vermittelbaren Kriterien, die jedoch auch nur in begrenztem Maße präzisiert werden können (Drobnick 2006).

Riechen

Riechen und Schmecken sind eng miteinander verbunden. Die Feinheiten des Schmeckens werden über die Geruchsnerven wahrgenommen. Die Einschränkung des Riechens durch einen Schnupfen führt auch zur Beeinträchtigung des Schmeckens. Wie Tasten und Schmecken wird das Riechen zu den Nahsinnen gerechnet. Im Unterschied zum Hören und Sehen ist das Riechen ein Sinn, der besonders in intimen Beziehungen eine Rolle spielt. Eng ist er mit Begehren, Zuneigung und Vertrauen verbunden. Nicht ein Bemühen um Nähe, sondern das Aufrechterhalten von Abstand angesichts negativer Gefühle ist häufig die Folge. Wie Alain Corbin (1984) in seiner Studie *Pesthauch und Blütenduft* beispielhaft gezeigt hat, artikulieren sich die gesellschaftlichen Kämpfe zwischen Adel und Bürgertum sowie zwischen Bürgertum und Proletariat auch in einer Auseinandersetzung über unterschiedliche Gerüche und Geruchskulturen. Im 19. Jahrhundert weichen die schweren tierischen Parfums wie Moschus, Amber und Zibet allmählich den leichten, fruchtigen, vom Bürgertum bevorzugten Blütenparfums. In beiden Fällen geht es jedoch auch darum, den Gestank des Drecks und den „Gestank der Armen" zu überlagern, der mit Krankheit und Tod assoziiert wird. Analog könnte man sich fragen, ob nicht die Zunahme der Verbreitung von Deodorants in einem Zusammenhang mit der Homogenisierung, „Verfeinerung" und Ästhetisierung des Körpers steht (Diaconu 2005).

Hören

Im Unterschied zu den Augen, die man schließen kann, sind die Ohren stets geöffnet und unterliegt das Hören weniger der Kontrolle durch den Einzelnen. Beim Sprechen artikulieren wir Worte, die wir zugleich hören. Nicht nur der Andere hört uns beim Sprechen. Auch wir selbst hören uns sprechen und nehmen uns dadurch aktiv und rezeptiv zugleich wahr. Der Hörsinn ist rückbezüglich. Diese Eigenart des Hörens ermöglicht eine Selbstwahrnehmung und Selbstvergewisserung des Menschen. Zugleich vermittelt das Hören auch die Erfahrung des Anderen, seine Alterität. Das historische Modell dafür ist Gott, der zu Moses spricht, sich ihm jedoch nicht zeigt. Die Erfahrung des Anderen, des ganz Anderen vollzieht sich über das Hören. Kinder werden angesprochen, bevor sie sprechen können. Angesprochen werden ist die Voraussetzung dafür, in mimetischen Prozessen selbst sprechen zu lernen. Hören ist Voraussetzung für Verstehen und Sprechen. Wenn Kinder angesprochen werden, werden sie als Subjekt anerkannt. Sie werden wertgeschätzt und können sich als Subjekte entwickeln. Über das Angesprochensein bilden sich Gefühle der Geborgenheit und Zugehörigkeit. Keine soziale Gemeinschaft entsteht, ohne dass ihre Mitglieder lernen, einander zuzuhören. Über die Wahrnehmung von Geräuschen, Lauten, Tönen und Worten wachsen wir in eine Kultur hinein. Das Zuhören ermöglicht erst das Sprechen des Anderen. Es ist von einer häufig unterschätzten Bedeutung für die Entstehung von Gemeinschaften. Hören ist der soziale Sinn. Gemeinschaften sind auch Hörgemeinschaften, die sich dadurch bilden, dass Menschen einander zuhören und dadurch einander beim Sprechen unterstützen. Über das Hören vernehmen wir nicht nur die im Sprechen anderer Menschen an uns gerichteten Wörter und ihre Bedeutungen. In der Art und Weise, in der die Worte an uns gerichtet werden, hören wir mehr als ihre Bedeutung; wir erfahren etwas von dem Sprechenden, das sich nicht in den Worten, sondern nur im Sprechen selbst ausdrückt. Über das Timbre der Stimme, ihren Tonus, ihre Intensität, ihre Artikulation vermittelt sich der Sprechende dem Hörenden. Diese Vermittlung hat eine expressive und eine soziale Seite. Der Selbstausdruck des Sprechenden ist auf ein Gegenüber gerichtet, das diesen aufnimmt und verarbeitet. Insofern er stimmgebunden ist, ist er kaum verstellbar. Stimme und Ausdruck sind mit den vegetativen Prozessen des Körpers verbunden und entziehen sich weitgehend der Beeinflussung durch das Bewusstsein. Unter Jugendlichen entstehen viele Gemeinschaften dadurch, dass die gleiche Musik gehört wird und sich darüber gemeinsame Hör- und Erlebenspraktiken herausbilden (Schulze/Wulf 2007). Während das Sehen die Welt zum zweidimensionalen Bild macht, vermittelt sich über das Hören die Dreidimensionalität des Raumes. Nimmt das Auge Gegenstände nur wahr, wenn sie „vor" ihm liegen, erfasst das Ohr auch Töne, Klänge und Geräusche, die sich hinter dem Kopf befinden. Über die Entfaltung des Hörens entwickeln sich das Raumgefühl und das Raumbewusstsein. Diesem Zusammenspiel zwischen Hörsinn und Raumgefühl entspricht auch die morphologische Verankerung des Gleichgewichtssinns im Ohr. Über das Hören „verorten" wir uns im Raum, sichern wir den aufrechten Gang und das Gleichgewicht. Große Teile der uns umgebenden Geräusch-, Ton- und Klangwelt unterliegen dem historisch-gesellschaftlichen Wandel (Corbin 1995; Lichau u. a. 2009).

Sehen

Die Geschichte des Sehens oszilliert zwischen den Höhepunkten strahlender Erkenntnis und kontrollierender Herrschaft und den Tiefpunkten des Überwältigtwerdens und Leidens. In der Genealogie der menschlichen Sinne ist der Gesichtssinn zum Leitsinn geworden. In seiner Geschichte spiegelt sich die Ambivalenz und Vieldeutigkeit zivilisationsgeschichtlicher Prozesse. Der Gesichtssinn ermöglicht die Ausweitung des menschlichen Körpers; nach einer Formulierung Herders wirft er uns „große Strecken weit aus uns hinaus" (Herder 1891, S. 64). Außerhalb des Körpers gelegene Gegenstände und Menschen lassen sich ins Auge fassen und ins Innere des Körpers bringen. Im Sehen wird „an den Sinnesflächen des eigenen Leibes" (Plessner) das Fremde erfahren. Der Gesichtssinn ermöglicht eine Art „Zwischenkörperlichkeit". Die Welt wird „ins Auge gefasst". Das Sehen richtet sich auf einen Gegenstand bzw. auf einen anderen Menschen und trifft eine Auswahl aus dem visuellen Umfeld. Das Sehen ist eine Bewegung der Zuwendung und Fokussierung und gleichzeitig der Abwendung und Ausgrenzung. In dieser Eigenart des Gesichtssinns, die Entfernung zwischen Menschen und Dingen zu überbrücken, zugleich aber Distanz in der Wahrnehmung zu erhalten, also eine „Fernnähe" herzustellen, liegt die Affinität des Sehens zur Abstraktion. Die hypertrophe „Verwandlung" der Welt ins Bild trägt zur Abstraktion der Lebensprozesse bei (Hüppauf/Wulf 2006). In der Exzessivität der Bildproduktion verlieren Bilder heute oft den Bezug auf Außerbildliches; ihr Abbildcharakter verschwindet. Bilder beziehen sich zunehmend auf andere Bilder und zitieren sie oder Ausschnitte aus ihnen. Sie schaffen sich den Referenzrahmen selbst, in Bezug auf den sie Geltung beanspruchen. Mit der Entwicklung der Zentralperspektive steht der sehende Mensch der Welt gegenüber und macht sie zu einem Objekt seiner Erkenntnis. Damit verbunden ist eine Entwicklung von Distanz gegenüber den Gegenständen und der Kontrolle sozialer Phänomene. Benthams Panoptikum, in dem der Blick von einem Zentrum aus viele angrenzende Orte überblickt, wird zum Modell visueller Kontrolle. In der Gegenwart breitet sich diese Form visueller Überwachung aus. Mittel dazu sind allen Ortes installierte Kameras und computergestützte Identifikations-Maschinen. Was sichtbar ist, setzt sich dem Blick und der Macht aus und kann überwacht werden. Das Spektrum des Blicks ist weit gespannt. Es reicht von Distanz und Kontrolle über Erkenntnis bis zum auf Lust zielenden Begehren. Wo die Welt zum Bild wird, passt sie sich der Dynamik und den Strukturen des Sehens an. Es kommt zu einer Hypertrophie des Sehens, in deren Rahmen das Sehen die anderen Sinne dominiert. Nur was sich dem Auge präsentiert, wird öffentlich und findet einen Ort in Politik, Wissenschaft und Erkenntnis. Im Blick überschneiden sich das sehende Subjekt und die sehend antwortende Welt. Es scheint kein außerhalb dieses „Sehspiels" zu geben. Das Sehen ist performativ, d. h. es inszeniert die Gegenstände der Welt in einem Arrangement.

Literatur

Bilstein, Johannes (Hrsg.) (2011): Anthropologie und Pädagogik der Sinne. Opladen.

Bourdieu, Pierre (1982): Die feinen Unterschiede. Kritik der gesellschaftlichen Urteilskraft. Frankfurt/M.

Corbin, Alain (1984): Pesthauch und Blütenduft. Eine Geschichte des Geruchs. Berlin.

Corbin, Alain (1995): Die Sprache der Glocken. Ländliche Gefühlskultur und symbolische Ordnung im Frankreich des 19. Jahrhunderts. Frankfurt/M.

Classen, Constance (1998): The Color of Angels: Cosmology, Gender, and the Aesthetic Imagination. London/New York.

Classen, Constance (Hrsg.) (2005): The Book of Touch. Oxford/New York.

Csordes, Thomas J. (1999): The Body's Career in Anthropology. In: Moore, Henrietta (Hrsg.): Anthropological Theory Today. Cambridge/Malden, S. 172–205.

Diaconu, Mădălina (2005): Tasten, Riechen, Schmecken. Eine Ästhetik der anästhesierten Sinne. Würzburg.

Drobnick, Jim (Hrsg.) (2006): The Smell Culture Reader. Oxford/New York.

Heidegger, Martin (1950): Die Zeit des Weltbildes. In: Ders.: Holzwege. Frankfurt/M., S. 73–110.

Herder, Johann Gottfried (1891): Abhandlung über den Ursprung der Sprache. Sämtliche Werke Bd. 5. Berlin.

Howes, David (2003): Sensual Relations. Engaging the Senses in Culture and Social Theory. Ann Arbor.

Hüppauf, Bernd/Wulf, Christoph (Hrsg.) (2006): Bild und Einbildungskraft. München.

Kamper, Dietmar/Wulf, Christoph (Hrsg.) (1982): Die Wiederkehr des Körpers. Frankfurt/M.

Kamper, Dietmar/Wulf, Christoph (Hrsg.) (1984): Das Schwinden der Sinne. Frankfurt/M.

Lichau, Karsten/Tkaczyk, Viktoria/Wolf, Rebecca (Hrsg.) (2009): Resonanz. Potentiale einer akustischen Figur. München.

Lu, Pan/Wulf, Christoph (2014) (Hrsg.): Emotion und Gedächtnis. Beijing.

Michaels, Axel/Wulf, Christoph (Hrsg.) (2013): Exploring the Senses. Emotions, Rituals, Performances. New York/London/New Delhi.

Schulze, Holger/Wulf, Christoph (Hrsg.) (2007): Paragrana. Internationale Zeitschrift für Historische Anthropologie Band 16, Heft 2: Klanganthropologie. Performativität – Imagination – Narration. Berlin.

Straus, Erwin (1956): Vom Sinn der Sinne. Ein Beitrag zur Grundlegung der Psychologie (2., verm. Aufl.). Berlin/Göttingen/Heidelberg.

Wulf, Christoph (2009): Anthropologie. Geschichte, Kultur, Philosophie. Köln.

Wulf, Christoph (Hrsg.) (2010): Der Mensch und seine Kultur. Hundert Beiträge zur Geschichte, Gegenwart und Zukunft des menschlichen Lebens. Köln.

Wulf, Christoph/Göhlich, Michael/Zirfas, Jörg (Hrsg.) (2001): Grundlagen des Performativen. Eine Einführung in die Zusammenhänge von Sprache, Macht und Handeln. Weinheim/München.

Wulf, Christoph/Kamper, Dietmar (Hrsg.) (2002): Logik und Leidenschaft. Berlin.

Wulf, Christoph/Poulain, Jacques/Triki, Fathi (Hrsg.) (2006): Erziehung und Demokratie: Europäische, muslimisch und arabische Länder im Dialog. Berlin.

Wulf, Christoph/Suzuki, Shoki/Zirfas, Jörg/Inoue, Yoshitaka/Kellermann, Ingrid/Ono, Fumio/Takenaka, Nanae (2011): Das Glück der Familie. Deutsch-japanische Fallstudien. Wiesbaden.

Wulf, Christoph/Zirfas, Jörg (2007) (Hrsg.): Die Pädagogik des Performativen. Weinheim/Basel.

Emotion

Christoph Wulf

„Ich fühle, also bin ich“, so schreibt Johann Gottfried Herder gegen Descartes' *cogito ergo sum*. Fühlen wird als Garant des Seins, der menschlichen Existenz begriffen. Für Herder erfährt sich der Mensch im Fühlen, in der unmittelbaren Gegenwart des Spürens, des Tastens. Zwar können Menschen Gefühle unterschiedlich erleben und unterschiedlich mit ihnen umgehen, doch sie können nicht verhindern, Gefühle zu haben. Gefühle gehören zur *conditio humana*.

Emotionen sind konstitutiv für die Menschen aller Kulturen und aller Zeiten. Wer lebt, fühlt; wer nicht fühlt, ist tot. Nicht einzelne Emotionen, wohl aber Emotionen zu haben ist für Menschen charakteristisch. Wir haben Emotionen, doch zugleich konstituieren uns die Emotionen, so dass wir Subjekt und Objekt unserer Emotionen sind. Emotionen ergreifen uns. Zwar können wir sie anregen, künstlich erzeugen oder unterdrücken; auch können wir den Umgang mit ihnen kontrollieren; doch wir können nicht entscheiden, keine Emotionen mehr zu haben. Es scheint eine begrenzte Zahl basaler Emotionen zu geben, doch sind die Schattierungen, Mischungen und Überlagerungen zwischen ihnen vielfältig, so dass viele Emotionen nicht eindeutig sind. Fortwährend erleben wir neue Emotionen, von denen viele uns jedoch nicht unbekannt sind. Viel ist über sie gesprochen worden, doch keine Sprache kann sie erschöpfend erfassen; sie überraschen, lassen sich nicht festmachen, verändern sich und entziehen sich der Steuerung; selbst in der Erinnerung stellen sie sich unterschiedlich dar. Emotionen sind fließend und machen es schwer, sie zu Objekten der Erkenntnis zu machen; zwischen ihrer Dynamik und dem Anspruch auf distanzierte objektive Erkenntnis besteht ein unauflösbares Spannungsverhältnis.

Emotionen sind Thema vieler Wissenschaften, die unterschiedliche Emotionsbegriffe haben. Ein Vergleich zwischen der Emotionspsychologie, der Psychoanalyse, der Kulturanthropologie, der Literatur-, Musik- und Kunstwissenschaft, der Phänomenologie, der Mentalitätsforschung macht dies deutlich. Einige Untersuchungen erforschen die biologischen Aspekte der Emotionen, andere verweisen auf deren sozialen und historischen Charakter, auf ihre Gesellschaftlichkeit und Kulturalität, und bemühen sich darum, diese im alltäglichen Leben zu erforschen. Ob, wie, wann und wie weit sich diese Perspektiven verschränken lassen, ist nach wie vor eine schwierige Frage. Mehrere in paradigmatischer Hinsicht unterschiedliche Ansatzpunkte lassen sich benennen: Gehirnwissenschaften; Emotionspsychologie; Linguistik; Kultur- und Zivilisationsgeschichte; Historische Anthropologie; Literatur-, Musik- und Bildwissenschaft; Philosophie; Psychoanalyse und die Geschichte des Unbewussten; Körperanthropologie mit ihrem Versuch, Emotionen am eigenen Leibe zu spüren und zu erforschen; Sozial- und Kulturanthropologie (Böhme 2010). Je nach Ansatzpunkt liegen unterschiedliche Konzepte von Emotionen bzw. Gefühlen vor.

Viele in den europäischen Kulturen vorherrschende Vorstellungen von Emotionen gehen davon aus, dass Emotionen im „Inneren" der Menschen, im gleichsam raumlosen Ort der Seele lokalisiert, jedoch im Verhalten der Menschen beobachtbar sind. Nach dieser Auffassung gibt es eine Differenz zwischen den materiellen Prozessen im Körper und den immateriellen Prozessen der Seele (Jüttemann/Sonntag/Wulf 2005), den Emotionen und dem Geist der Menschen, die allerdings beide ohne die Materialität des Körpers nicht lebensfähig wären. Diese Zweiteilung in einen materiellen Außenraum und einen immateriellen Innenraum, die bis heute viele Diskurse über Emotionen bestimmt, stellt ein zentrales epistemologisches Problem dar. Wie kommen Emotionen „aus der Enklave der ‚Seele' ‚heraus' – wenn sie zwar in ihr entspringen und ablaufen, doch aber leiblich sich ‚ausdrücken', auf andere ‚gerichtet' und ‚übertragen' oder gar auf beliebige Objekte ‚projiziert' werden sollen? Und wie kommen Emotionen (Gefühle) in die ‚Seele' hinein – wenn sie (Gefühle) lebensgeschichtlich erworben, in materiell-sozialen Situationen gelernt, in Institutionen programmiert und fabriziert, und dennoch irgendwie ‚introjiziert' und dabei von geprägten Formen zu einem individuellen Fühlen des unverwechselbaren Ich transformiert werden sollen?" (Böhme 2010, S. 529). Immer wieder hat man versucht, den Hiatus zwischen „Außen" und „Innen" anzugehen, der sich in Begriffen wie Introjektion und Projektion, Abwehr und Ausdruck artikuliert. Mit Hilfe von Zeichen, die die Verkörperung seelischer Prozesse oder die Somatisierung seelischer Prozesse anzeigen, wurde versucht, diesen Hiatus zu überbrücken. Bis heute stellt er jedoch ein zentrales Problem der Emotionsforschung dar.

Basale Emotionen

Von anderen epistemologischen Voraussetzungen ausgehend hat es umfangreiche Forschungen über Emotionen gegeben, die den basalen Charakter einer Reihe von Emotionen betonen. Dazu gehören u.a. Freude, Wut, Trauer, Ekel, Angst (Ekman/Sorenson/Ellsworth 1982). Solche Emotionen werden z.B. durch eine Schlange hervorgerufen, von der man nicht gleich weiß, ob sie giftig ist, und die daher unmittelbar Angst auslöst. Ähnliches gilt für einen faulenden Kadaver, angesichts dessen man sich des Ekels kaum erwehren kann. In solchen Fällen wird davon ausgegangen, dass sich diese Emotionen bei allen Menschen weitgehend kulturunabhängig einstellen. Dafür spricht, dass die neuronalen Prozesse einander gleichen und dass Menschen in der Lage sind, die körperlichen Reaktionsweisen, die mit diesen Emotionen verbunden sind, als deren Ausdruck zu verstehen. Diese basalen Emotionen sind unmittelbare Reaktionen auf Ereignisse und lassen sich als solche klar identifizieren. Schwieriger ist die Situation bei Emotionen wie z.B. Liebe und Vertrauen, die nicht an einzelne Ereignisse gebunden sind und sich daher eher als lang andauernde Emotionen beschreiben lassen. Bei ihnen spielen historische und kulturelle, partikulare und singuläre Momente eine wichtige Rolle, so dass sie sich infolge kultureller Diversität unterschiedlich ausdrücken (Röttger-Rössler 2004; Röttger-Rössler/Markowitsch 2009). Oft werden diese eher historisch und kulturell ausgeprägten Emotionen im Unterschied zu den basalen Emotionen eher Gefühle genannt.

Übernimmt man diese keineswegs allgemein akzeptierte Unterscheidung, dann sind Emotionen wie Wut, Angst und Ekel eher durch ihre kurze Dauer, ihr Auftreten in plötzlichen, sich verändernden Lebenssituationen, durch intensive Erregungszustände und durch motorische Ausdrucksformen gekennzeichnet. Gefühle wie Liebe und Vertrauen hingegen sind nicht durch messbare Erregungszustände und unmittelbare Reaktionsweisen auf neue Situationen charakterisiert. Sie sind eher Ausdruck von latenten Dispositionen und Hintergrundgefühlen und lassen sich nicht eindeutig machen. Manchmal sind sie wie beim Weltschmerz auch nicht auf ein Objekt oder eine Situation gerichtet (Engelen 2007). Von Emotionen und Gefühlen lassen sich Empfindungen unterscheiden, die sich wie z.B. Schmerzen im Körper lokalisieren lassen. Auch Wärme- oder Kältegefühle gehören in den Bereich der Empfindungen. Schwieriger ist es z.B. bei Niedergeschlagenheit oder Müdigkeit, die sich nicht verorten lassen.

Emotionen und Gefühle sind mit Wünschen verbunden. So kann Liebe mit dem Wunsch verbunden sein, einen anderen Menschen zu sehen und in seiner Nähe zu sein. Oder Angst kann eine Folge des Wunsches sein, von einem Hund nicht gebissen zu werden. Emotionen und Gefühle führen zur Bewertung von Ereignissen, sozialen Konstellationen und Menschen und tragen dazu bei, die Lebenswelt zu strukturieren. Anstelle längerer Überlegungen und umfangreicher Entscheidungsprozesse lassen sie Menschen unmittelbar wissen, was sie in bestimmten Situationen zu tun haben. Emotionen und Gefühle verkürzen Entscheidungsprozesse und tragen dadurch zur Bewältigung des Lebensalltags bei. Sie führen zu Urteilen darüber, welche Handlungen in bestimmten Situationen angemessen sind, ohne das Urteil mit Argumenten zu begründen. Das bedeutet natürlich nicht, dass Emotionen und Gefühle gleich Wünschen oder Urteilen sind, wie es manche Untersuchungen suggeriert haben. In manchen Situationen können sie sogar zu diesen in Wiederspruch geraten. Da Emotionen und Gefühle jedoch mit Wünschen, Urteilen und Entscheidungen verwoben sind, haben sie eine zentrale Bedeutung für die Lebensführung.

In neuronalen Emotionsforschungen wird argumentiert, dass Emotionen universell und als Repräsentationen neuronaler Prozesse und Veränderungen anzusehen sind. Mit Hilfe somatischer Marker werden veränderte Körperzustände wie Blutdruckerhöhungen und Schweißabsonderungen im Gehirn repräsentiert (Damasio 1999). Emotionen sind Repräsentationen organischer Prozesse im Gehirn. Zur Entstehung dieser Marker trägt auch das emotionale Gedächtnis bei, das zum impliziten Gedächtnis gehört und dem Bewusstsein kaum zugänglich ist. Mithilfe der im Gedächtnis gespeicherten Marker werden organische Prozesse verarbeitet, die uns als Emotionen bewusst werden. Die für die Emotionen so wichtigen Prozesse der Konstitution des Gedächtnisses beginnen bereits in der frühen Kindheit. Sie umfassen die Erinnerung an alltägliche physische Fähigkeiten, bekannt als Priming (implizites Gedächtnis), in welchem viele unbewusste Wahrnehmungen gespeichert sind. Sie erstrecken sich auf das perzeptuelle Gedächtnis, das durch die Wahrnehmung begründet ist, und tragen dazu bei, das semantische Gedächtnis zu schaffen, das über das gelernte, kontextfreie Wissen verfügt. Sie erstrecken sich auch auf das autobiographische Gedächtnis, das dem Menschen im Akt der Erinnerung möglich macht, auf das Gedächtnis zurückzugreifen.

Die Bildung der Gefühle: diachrone und synchrone Perspektiven

Obwohl Erziehungs-, Bildungs- und Sozialisationssysteme dazu beitragen, die Gefühle ihrer Adressaten zu erziehen, zu bilden und zu sozialisieren, liegen bisher relativ wenige Forschungen dazu vor, wie das geschieht. Zwar besteht in allen Bildungssystemen ein implizites Wissen darüber, wie Gefühle gebildet werden. Mehr noch gibt es meistens sogar ein praktisches Wissen davon, wie Gefühle in den verschiedenen Institutionen modelliert werden bzw. modelliert werden sollen. Im einen Fall geht es um die Praktiken der Erziehung und Bildung, die in den verschiedenen Institutionen inszeniert und aufgeführt werden und die es empirisch zu erforschen gilt. Im anderen Fall geht es um die normativen Fragen nach den Zielen, Aufgaben und Verfahren der Bildung von Gefühlen, die für den Bereich der Erziehung und Bildung ebenfalls von zentraler Bedeutung sind. Diese Spannung zwischen der empirischen und der theoretisch-reflexiven Erforschung normativer Fragen im Hinblick auf die institutionellen Praktiken der Erziehung ist für eine erziehungswissenschaftliche Emotionsforschung konstitutiv.

Die Bildung von Gefühlen findet in einem historischen und kulturellen Kontext statt. Ihre Erforschung ist durch eine doppelte Historizität und Kulturalität gekennzeichnet. Einmal geht es um die Geschichtlichkeit und Kulturalität der Emotionen, die erforscht werden sollen, zum anderen um die Geschichtlichkeit und Kulturalität der Emotionsforschung selbst. Die Berücksichtigung dieser doppelten Historizität und Kulturalität führt dazu, dass eine historisch-kulturelle erziehungswissenschaftliche Emotionsforschung reflexiv wird (Zeitschrift für Erziehungswissenschaft 2011, 2012).

Für die Erforschung von Emotionen spielen diachrone, also in die Geschichte gewandte, und synchrone, also auf andere Kulturen ausgerichtete Forschungsansätze, Methoden und Verfahren eine zentrale Rolle (Wulf/Kamper 2002; Wulf u. a. 2011). Beide Perspektiven tragen durch die Erzeugung von Differenz dazu bei, den partikularen und relationalen Charakter von Emotionen zu verstehen und zu erklären. Deshalb beziehen wir auch hier in mehreren Fällen historische und fremdkulturelle Beispiele in die Diskussion ein.

Die Einbeziehung historischer und fremdkultureller Beispiele führt dazu, dass in vielen Fällen historische und ethnographische Methoden verwendet werden, mit deren Hilfe wir die Komplexität der untersuchten Emotionen herauszuarbeiten versuchen. Im Rahmen der ethnografischen Forschungen, die sich nicht auf die Erforschung der Bildung von Emotion in fremden Kulturen richten, sondern als fokussierte ethnografische Untersuchung im eigenen Kulturkreis die Bildung von Emotionen in der frühen Kindheit, der Schule, den Peergroups, der Arbeit, den Medien und der Religion untersuchen, gilt es die Bedeutung der Kontextualität und Relationalität von Emotionen herauszuarbeiten.

Im Unterschied zur umfangreichen experimentellen Erforschung von Emotionen, die häufig in Gefahr ist, Emotionen unabhängig von ihren historischen und kulturellen Kontexten zu sehen und zu universalisieren, fokussiert die historisch-anthropologische Forschung die sich durch Kontext und Relation ergebende Partikularität und den jeweils spezifischen Charakter der Emotionen. Emotionen werden nicht als Essenz, doch auch nicht als bloße soziale und kulturelle Konstruktionen verstanden. Emotionen haben einen bio-sozialen Charakter. Daraus ergeben sich weiterer Erforschung erfordernde Probleme. Zu diesen gehört u. a. das Verhältnis von Emotion und Körper, insbesondere von Emotion und Bewegung (Paragrana 2010), Emotion und Handlung (Paragrana 2009), Emotion und Ritual (Michaels/Wulf 2012), Glück in der Familie (Wulf u. a. 2011), Emotion und Erinnerung (Lu/Wulf 2014), Emotion und Sprache (Paragrana 2011), Emotion und Imagination (Hüppauf/Wulf 2006).

Ein wesentlicher Zugang zur Welt der Emotionen besteht darin, zu erforschen, wie die Subjekte ihre Emotionen körperlich spüren und darüber Auskunft geben. Das setzt den Begriff eines modernen Subjekts voraus und impliziert die Annahme eines weiten Spektrums individuell divergierender Gefühle. Um hiervon Kenntnis zu erhalten, bieten sich literarische Zeugnisse wie Romane und Autobiographien, Bilder, Musik und Filme, doch auch Gebäude und Landschaften an. Doch auch angesichts dieser Zeugnisse bleibt das Problem, dass alle individuellen Empfindungen in einer Sprache ausgedrückt werden, die kollektiver Besitz ist und in der nur begrenzte Möglichkeiten bestehen, Aussagen über Emotionen individuell zu spezifizieren. Die subjektive Dimension, also die Ich-Perspektive von Emotionen zu artikulieren, bedeutet natürlich nicht, dass Emotionen nur subjektiv beschrieben werden können. Es gibt nur ein begrenztes Ensemble von Emotionstypen, die sich allerdings in den einzelnen Menschen sehr unterschiedlich artikulieren können. Einerseits sind also Emotionen von Mensch zu Mensch sehr verschieden, andererseits sind sie gesellschaftlich und kulturell geprägt, d. h. sie sind sprachlich, medial und normativ inkorporiert worden und werden kommuniziert. Emotionen werden in Interaktionen erzeugt und vermittelt; sie sind ein Ergebnis von Relationen. Emotionen haben einen historischen und kulturellen Charakter; sie unterliegen dem gesellschaftlichen und kulturellen Wandel (Wulf 2009, 2010).

Emotionen spielen in den Interaktionen zwischen Menschen eine wichtige Rolle. Doch sie sind nicht weniger wichtig in der Interaktion mit der Umwelt, mit Landschaften, Städten, Gebäuden oder Gegenständen, Tieren, kulturellen Produkten. Innerhalb verschiedener Kulturen gibt es unterschiedliche Konventionen darüber, wie Menschen in bestimmten sozialen Situationen zu empfinden und wie sie ihre Emotionen zum Ausdruck zu bringen haben. So werden bei beruflichem Erfolg Ausdrucksformen der Freude, beim Verlust eines geliebten Menschen der Trauer erwartet. Besonders ausgeprägt ist die soziale Normierung der Emotionen in Ritualen. Wer in einem Ritual nicht die erwarteten Emotionen zeigt oder wenigstens vorgibt sie zu haben, wird in der am Ritual teilnehmenden Gemeinschaft schnell zum Außenseiter. Rituelle Praktiken und die entsprechenden Gesten dienen in starkem Maße zur Normierung von Emotionen. Auch Städte und Landschaften haben unterschiedliche Atmosphären, die die Emotionen der Menschen beeinflussen. Die Hektik einer Großstadt wirkt anders als die Stille eines Waldes oder das Rauschen eines Meeres auf uns. Wenn es regnet, sind wir häufig anders gestimmt als wenn die Sonne scheint. Trotz Gemeinsamkeiten zeigen sich auch hier zwischen den einzelnen Menschen kulturelle, schichtspezifische, biographisch begründete Differenzen, die dazu beitragen, eine große Varianz in den Emotionen zu erzeugen.

Aus neuen Umgangsformen mit Gefühlen entsteht die Frage nach dem Verhältnis zwischen den individuellen, kollektiven und globalen Aspekten von Gefühlen. Die psychologischen Wissenschaften haben vorwiegend die individuellen Dimensionen von Gefühlen erforscht. Historisch-anthropologische und ethnographische Forschungen fokussieren stärker die kulturellen und kollektiven Dimensionen (Hahn 2010; Illouz 2006). Sie untersuchen Phänomene kultureller Diversität und erforschen Inszenierungen und Aufführungen von Emotionen. Es werden neue Formen hybrider Emotionen untersucht und Beiträge zur Erforschung der Verschränkung zwischen globaler kultureller Homogenisierung und Diversität erarbeitet (Wulf u. a. 2011).

Sozio-kulturelle Felder

In vielen Gesellschaften haben Emotionen eine neue Bedeutung gewonnen. Dies zeigt sich in privaten Liebes- und familialen Beziehungen, in zwischenmenschlichen Relationen, Institutionen, Arbeitsbeziehungen, Inszenierungen der Politik und der neuen Medien. Mit der Skizzierung dieser gesellschaftlichen, sozialen und kulturellen Bereiche entsteht ein Bezugsrahmen für unsere Forschungen über das Verhältnis von Emotion und Imagination.

Neue Medien

Besonders auffällig ist die Inszenierung und Aufführung von Emotionen in den neuen Medien wie in Talkshows, im Reality TV oder in Sendungen, in denen Menschen in Situationen der Enttäuschung, Kränkung, Eifersucht Millionen Zuschauern gezeigt werden (Bignell 2000). Viele Menschen scheinen durch die öffentliche Darstellung intimer Emotionen deren Intensivierung zu erleben. Die anonyme Inszenierung von Emotionen in Internetforen wie Facebook, Second Life, YouTube, Twitter scheint viele Menschen dabei zu unterstützen, Emotionen zu erleben, die sie nicht haben, jedoch gerne hätten. Die weltweite mediale Inszenierung und Ausstrahlung von Katastrophen wie Erdbeben, Tsunami-Wellen und Wirbelstürmen ist von der Zurschaustellung intensiver Gefühle des Leidens und Schmerzes begleitet, die Millionen Zuschauer mit schaurigen Lustgefühlen wahrnehmen. In den emotionalen Kulturen der Gegenwart scheint es vor allem in den neuen Medien zu einer Transformation der Unterscheidung von privaten und öffentlichen Gefühlen zu kommen, die für die bürgerliche Gesellschaft lange charakteristisch war. In den neuen Medien werden einstmals intime, auf die Privatsphäre beschränkte Gefühle weltweit inszeniert und aufgeführt. Der User der Medien wird zu einem *Prosumer* oder gar *Produser.* Gefühle werden objektiviert und verdinglicht, aber auch verflüssigt und modelliert, so dass Rückwirkungen auf ihre Qualität, ihre Darstellung und ihr Erleben unvermeidlich sind.

Kommerzialisierung und Politisierung

Emotionen spielen auch am Arbeitsplatz eine wichtige Rolle. Emotionale Intelligenz und emotionale Kompetenz sind für das Gelingen der Zusammenarbeit zentrale Voraussetzungen. Für Entscheidungen und Führungsaufgaben sind sie unerlässlich. Im Marketing ist der Umgang mit Emotionen ebenfalls von zentraler Bedeutung. Die Kommerzialisierung der Emotionen durchdringt in den kapitalistisch organisierten Gesellschaften alle Bereiche der menschlichen Beziehungen (Gobé 2001). Auch die Politisierung der Emotionen spielt in allen Gesellschaften und Kulturen eine wichtige Rolle. Insbesondere dort, wo Politik „populistisch“ wird, bedient sie sich der Emotionen. In diesen Fällen spielt die Politik mit den Ängsten und Hoffnungen der Menschen (Furedi 2005), um politische Ziele durchzusetzen.

Sprache und Emotion

Neuere Forschungen haben deutlich gemacht, wie wichtig es aus kulturwissenschaftlicher Perspektive ist, Emotionen nicht zu isolieren, zu verdinglichen, zu objektivieren. Emotionen sind keine Substanzen, sondern mit allen anderen Merkmalen des Menschen verbunden. Ohne Körper, Bewusstsein, Imagination und Sprache gibt es keine Emotionen; und diese Bereiche des Menschen gäbe es nicht ohne Emotionen. In vielen Fällen trägt die Sprache auch erst dazu bei, dass die entsprechenden Emotionen entwickelt und empfunden werden können. Ein Beispiel ist die Rhetorik der romantischen Liebe. Ohne sie hätten sich die entsprechenden Liebesvorstellungen nicht als Modell durchsetzen können. Die enge Verbindung von Emotion und Sprache lässt sich noch an einem weiteren Beispiel zeigen. Gibt es in einer Kultur ein Wort, das eine bestimmte Emotion bezeichnet, so lässt sich diese Emotion auch in dieser Kultur nachweisen. Fehlt dieses Wort jedoch in einer anderen Kultur, so gibt es in dieser Kultur auch nicht die mit diesem Wort bezeichnete Emotion. Das japanische *amae* ist dafür ein Beispiel. Versucht man die mit diesem Wort bezeichnete Emotion zu beschreiben, so könnte man sagen: „von der Liebe eines anderen abhängen" oder „sich der Süße des anderen ausliefern". Um die japanische Mentalität zu verstehen, ist dieses in westliche Sprachen kaum übersetzbare Wort von zentraler Bedeutung. Die Frage ist nun, wie weit das mit diesem Wort bezeichnete Gefühl von Menschen einer anderen Kultur verstanden werden kann. Hier sind unterschiedliche Positionen möglich. Eine geht davon aus, dass dieses Gefühl mit Hilfe einer sprachlichen Beschreibung auch von Menschen anderer Kulturen begriffen werden kann. Eine andere weist darauf hin, dass dies nur sehr unzulänglich möglich ist, bedürfe es doch dafür nicht nur der Sprachkenntnis, sondern auch der mit diesem Wort bezeichneten inkorporierten Beziehungen und Handlungen. Während die erste Position eher die Ähnlichkeit in der emotionalen Ausstattung der Menschen betont, verweist die zweite Position auf nicht überwindbare kulturelle Unterschiede.

Forschungsperspektiven

In der Pädagogischen Anthropologie sind drei Aspekte von Emotionen von zentraler Bedeutung, die weiterer Erforschung bedürfen: 1. die Performativität und Körperlichkeit der Gefühle, 2. Emotionen als kulturelle und soziale Praktiken sowie 3. die emotionalen Komponenten in mimetischen Prozessen.

Performativität und Körperlichkeit

Emotionen sind performativ. Mit dieser Perspektive findet eine Verlagerung der Aufmerksamkeit statt. Das Interesse richtet sich nun weniger darauf, Emotionen zu verstehen und zu interpretieren als vielmehr zu begreifen, wie Menschen ihre Emotionen ausdrücken, darstellen, modifizieren und kontrollieren. In dieser Perspektive wird es weniger wichtig, was als vielmehr wie Menschen empfinden. Es steht weniger im Mittelpunkt, was es bedeutet glücklich zu sein, als vielmehr den Prozess zu untersuchen, in dem Menschen ihr Glücklichsein inszenieren und aufführen. Damit geraten die Formen des körperlichen Ausdrucks der Emotionen ins Zentrum der Aufmerksamkeit. Körperlichkeit, Habitualisierung, Dramaturgie der Emotionen werden wichtig. Gesten und Rituale gewinnen eine besondere Bedeutung (Wulf/Fischer-Lichte 2010; Wulf/Zirfas 2004).

Diese Perspektivenveränderung steht im Zusammenhang mit Entwicklungen in den modernen Gesellschaften, die dazu geführt haben, von „Inszenierungsgesellschaften" zu sprechen. Sie sind dadurch gekennzeichnet, dass der Lebensraum der Menschen zu einem „kleinen Theater" wird, in dem man sein Selbst kontinuierlich zur Schau stellen und vermarkten muss. Diese Tendenz hat auch die Emotionen erfasst, von denen erwartet wird, dass wir sie dementsprechend inszenieren und aufführen (Wulf/Zirfas 2007).

Emotionen als kulturelle Praktiken

Diese Perspektive führt dazu, Emotionen als kulturelle Praktiken zu begreifen, d.h. als Handlungen und als Teil des praktischen Wissens der Menschen. Emotionen lassen sich insofern als Handlungen begreifen, als sie Wirkungen auf andere Menschen ausüben. Wie dies geschieht, ist von den jeweiligen kulturellen Werten, Normen, Sprach- und Handlungsspielen (Wittgenstein) abhängig. Diese Perspektive führt zu einem Verständnis von Handlungen, in dem diese nicht nur als eine Aktivität begriffen werden. Es wird deutlich, dass es in vielen Handlungen eher „passive" Momente gibt, in denen Menschen etwas widerfährt, was sie nicht intendiert haben und was sie auch nur teilweise kontrollieren können. Diese „passiven" Elemente machen viele Handlungen erst möglich, die nur unzulänglich als Aktivität beschrieben werden (Paragrana 2009). Mimetisches Lernen ist ein wichtiges Beispiel für Prozesse, in denen sich „passio" und „actio" überlagern (Gebauer/Wulf 1992, 1998).

Emotionale Komponenten in mimetischen Prozessen

In kulturellem Lernen, das zu einem erheblichen Teil mimetisches Lernen ist, sind emotionale Komponenten für das Gelingen von Erziehungs- und Bildungsprozessen von zentraler Bedeutung. Im mimetischen Lernen von Kindern findet eine Bezugnahme auf andere Menschen mit der Absicht statt, deren Handlungen und deren Art zu empfinden nachzuahmen. Wer Kultur, z.B. in der Form des Lernens von Emotionen, von Sprache oder kulturellen Praktiken in mimetischen Prozessen lernt, wird dabei von den Handlungen und den Emotionen anderer Menschen so erfasst, dass er wie diese sich verhalten und handeln möchte. Damit erfolgt eine Verflechtung von Passivität und Aktivität, die für kulturelles Lernen charakteristisch ist. Der sich auf einen anderen Menschen mimetisch beziehende junge Mensch nimmt gleichsam einen „Abdruck" vom Anderen bzw. von dessen Handlung oder Verhalten und integriert diesen „Abdruck" in seine mentale Welt, in sein Imaginäres. In der frühen Kindheit sind diese Prozesse von besonderer Bedeutung für die Entwicklung der Emotionalität im Verlauf von Erziehungs-, Bildungs- und Sozialisationsprozessen (Gebauer/Wulf 1998).

Literatur

Bignell, Jonathan (2000): Postmodern Media Culture. Edinburgh.

Böhme, Hartmut (2010): Gefühl. In: Wulf, Christoph (Hrsg.): Der Mensch und seine Kultur. Köln, S. 525–548.

Damasio, Antonio R. (1999): The Feeling of What Happens. Body and Emotion in the Making of Consciousness. New York.

Ekman, Paul E./Sorenson, Richard/Ellsworth, Paul (1982): Emotions in the Human Face. New York.

Engelen, Eva Maria (2007): Gefühle. Stuttgart.

Furedi, Frank (2005): Politics of Fear. Beyond Left and Right. London/New York.

Gebauer, Gunter/Wulf, Christoph (1992): Mimesis. Kultur, Kunst, Gesellschaft. Reinbek.

Gebauer, Gunter/Wulf, Christoph (1998): Spiel, Ritual, Geste. Mimetisches Handeln in der sozialen Welt. Reinbek.

Gobé, Marc (2001): Emotional Branding. The New Paradigm of Connecting Brands to People. New York.

Greco, Monica/Stenner, Paul (Hrsg.) (2008): Emotions. A Social Science Reader. London/New York.

Greenberg, Leslie S./Paivio, Sandra C. (1997): Working with Emotions in Psychotherapy. New York.

Hahn, Alois (2010): Körper und Gedächtnis. Wiesbaden.

Harding, Jennifer/Pribram, Deidre E. (Hrsg.) (2009): Emotions: A Cultural Studies Reader. London/New York.

Hüppauf, Bernd/Wulf, Christoph (Hrsg.) (2006): Bild und Einbildungskraft. München.

Illouz, Eva (2006): Gefühle in Zeiten des Kapitalismus. Frankfurt/M.

Jüttemann, Gerd/Sonntag, Michael/Wulf, Christoph (Hrsg.) (2005): Die Seele. Ihre Geschichte im Abendland. Göttingen.

Lu, Pan/Wulf, Christoph (2014) (Hrsg.): Emotion und Gedächtnis. Beijing.

Michaels, Axel/Wulf, Christoph (Hrsg.) (2012): Emotions in Rituals and Performances. New York/London/New Delhi.

Paragrana. Internationale Zeitschrift für Historische Anthropologie 18 (2009) Heft 2. Schwerpunkt: Handlung und Leidenschaft. Jenseits von actio und passio. Hrsg. von Klaus Peter Köpping/Burkhard Schnepel/Christoph Wulf. Berlin.

Paragrana. Internationale Zeitschrift für Historische Anthropologie 19 (2010) Heft 2. Schwerpunkt: Emotion – Bewegung – Körper. Hrsg. von Gunter Gebauer/Christoph Wulf. Berlin.

Paragrana. Internationale Zeitschrift für Historische Anthropologie 20 (2011) Heft 2. Schwerpunkt: Emotionen in einer transkulturellen Welt. Hrsg. von Christoph Wulf/Jacques Poulain/Fathi Triki. Berlin.

Röttger-Rössler, Birgitt (2004): Die kulturelle Modellierung des Gefühls. Münster.

Röttger-Rössler, Birgitt/Markowitsch, Hans J. (Hrsg.) (2009): Emotions as Bio-cultural Process. New York.

Wulf, Christoph (2009): Anthropologie. Geschichte, Kultur, Philosophie. 2. Aufl. Köln.

Wulf, Christoph (Hrsg.) (2010): Der Mensch und seine Kultur. Hundert Beiträge zur Geschichte, Gegenwart und Zukunft des menschlichen Lebens. Köln.

Wulf, Christoph/Fischer-Lichte, Erika (Hrsg.) (2010): Gesten: Inszenierung, Aufführung, Praxis. München.

Wulf, Christoph/Kamper, Dietmar (Hrsg.) (2002): Logik und Leidenschaft. Berlin.

Wulf, Christoph/Suzuki, Shoko/Zirfas, Jörg/Inoue, Yoshitaka/Kellermann, Ingrid/Ono, Fumio/Takenaka, Nanae (2011): Das Glück der Familie. Deutsch-japanische Fallstudien. Wiesbaden.

Wulf, Christoph/Zirfas, Jörg (Hrsg.) (2004): Die Kultur des Rituals. München.

Wulf, Christoph/Zirfas, Jörg (Hrsg.) (2007): Die Pädagogik des Performativen. Weinheim/Basel.

Wulff, Helena (Hrsg.) (2007): The Emotions. A Cultural Reader. New York/Oxford.

Zeitschrift für Erziehungswissenschaft 14 (2011) Heft 1. Schwerpunkt: Emotionen. Hrsg. von Christoph Wulf/Manfred Prenzel.

Zeitschrift für Erziehungswissenschaft (2012): Sonderheft: Die Bildung der Gefühle. Hrsg. von Ute Frevert/Christoph Wulf.

Sexualität

Leopold Klepacki & Jörg Zirfas

Einleitung

Schreibt man die Geschichte der Pädagogischen Anthropologie der Sexualität aus dem Blickwinkel der Erziehung als umfassende Reflexion über die erzieherischen Voraussetzungen und Ziele, intentionalen Unterweisungspraktiken, methodischen Kontrollen und medialen Unterstützungen der sexuellen Entwicklung von Kindern und Jugendlichen, so ist diese Geschichte nicht älter als 250 Jahre. Doch lässt sich auch eine pädagogische Geschichte der Bildung der Sexualität entwerfen, in der es um eine praktische und theoretische Kultivierung der Sexualität ging (Klepacki/Zirfas 2012). In diesem Blickwinkel lässt sich zeigen, dass im Abendland im pädagogischen Umgang mit der Sexualität nicht nur das theoretische Wissen des sexuellen Begehrens im Rahmen der Gesetzlichkeit des Erlaubten und Verbotenen und auch nicht nur Geständnispraktiken und erkenntnistheoretische Zugänge zum Sexuellen vorgeherrscht haben (vgl. Foucault 1983, Kap. III), sondern auch Problematisierungen, Reglementierungen und Normierungen der sexuellen Lüste und der erotischen Begierden im Hinblick auf eine sozial und moralisch akzeptable Existenz, die durch Stilisierungs- und Zivilisierungspraktiken hervorgebracht werden sollte. In diesem Sinne bezieht sich dieser Beitrag auf diejenigen, je nach ideengeschichtlichen Etappen gegliederten, pädagogischen Maßnahmen im Abendland, die eine bestimmte, als kultiviert geltende Formung der sexuellen Lüste vorgenommen haben (vgl. Wulf 1985).

Antike

Gelegentlich findet man immer noch ein pseudowissenschaftliches Bild von der griechischen Antike als einem Zeitalter, in dem man es mit der Sexualität nicht so genau nahm und gerade auch in pädagogischen Zusammenhängen erotische Beziehungen aller Art gang und gäbe waren. Dabei ist der Sachverhalt bei genauer Betrachtungsweise wesentlich diffiziler. So gab es in der griechischen Antike die gleichgeschlechtliche (pädagogische) Liebe als Beziehung zwischen einem älteren Mann (εραστος) und einem Jugendlichen (ερομενος), der ca. 15–18 Jahre alt war; und es gab wohl auch Formen der lesbischen (pädagogischen) Liebe, etwa im Umkreis der Dichterin Sappho. Doch hat uns z. B. Kenneth Dover darüber belehrt, dass Homosexualität alles andere als unproblematisch war, steht doch der geliebte Jüngling immer in der Gefahr, vom erfahrenen älteren Liebhaber missbraucht, das heißt auf eine Art und Weise sexuell „bedrängt" zu werden, die seinen Status als potentieller Machthaber in der griechischen Polis dann in Frage stellt, wenn er sich im sexuellen Umgang als passiver Akteur verhält (Dover 1983). In diesem Sinne gab es einen kulturellen Code, der die homoerotische Beziehung regelte: Der Jüngere durfte dem Älteren erst nach längerem Werben – dann allerdings nicht zu oft – nachgeben. Er musste frei von sexuellen Begierden sein und vom Älteren (pädagogische) Hilfe bei der Entwicklung zu einem vollwertigen Mitglied der Polis bekommen.

Michel Foucault hat darauf hingewiesen, dass selbst unser Begriff von Sexualität nicht der antiken Vorstellung entsprach: Die Sexualität ist für die Griechen nicht wie im Christentum eine Dimension des schwachen und sündigen Fleisches und auch nicht, wie in der Moderne, eine widerspenstige, unfügsame und fremde Triebkraft, sondern geht im Begriff der *aphrodisia* mit Bedeutungen wie Liebesdinge, Liebesfreuden, Geschlechtsleben oder Fleischeslüste einher (Foucault 1986, S. 49). Die Griechen haben es nicht für nötig erachtet, diesen Begriff der *aphrodisia* klar abzugrenzen, dessen Natur zu erforschen oder ihn in seine Elemente zu zerlegen. Nicht „die" Sexualität war ihnen wichtig, sondern der Umgang der Lüste mit den Menschen und der Umgang der Menschen mit ihren Lüsten. Im Mittelpunkt steht hierbei die Frage nach dem dynamischen und ökonomischen Band, das Akt, Begehren und Lust miteinander in Beziehung setzt. Gleichwohl war der griechische Mann – und um diesen geht es zunächst und zumeist in der antiken Pädagogik – aufgefordert, sich mit Hilfe seines Pädagogen eine kultivierte Stilisierung des sexuellen Verhaltens in Bezug auf seinen eigenen Körper (Diätetik), in der Ehe (Ökonomik), in der homosexuellen Beziehung (Erotik) und in Bezug auf die wahre Liebe (Epistemik) herauszuarbeiten.

Ziel der ethisch-ästhetischen Kultivierung der Griechen war es, durch die souveräne Beherrschung der eigenen Lüste zur Besonnenheit (*sophrosyne*) zu gelangen; man sollte sein Leben zu einer schönen Gestalt formen, die auch über das Leben hinaus als Vorbild noch Bestand hatte. Es ist die aktive Freiheit im Umgang mit der Beherrschung seiner sexuellen Lüste, die zu einem schönen und glücklichen Leben führt. Dieses verdankt sich der Unabhängigkeit gegenüber den Leidenschaften resp. der Sexualität. Nur so kann der Mensch seiner eigentlichen Bestimmung, autonom zu sein, gerecht werden.

Das Subjekt definiert sich also nicht über seine Sexualität oder über sein Begehren, sondern über die Art und Weise, wie es über sich selbst herrscht. Aus diesem Grund ist für die Griechen nicht eine Logik, sondern eine Diätetik des Sex maßgebend, in der es um Fragen des Mehr oder Weniger, des Gesunden und Ungesunden geht. Die Sorge um den Gebrauch der Lüste steht nicht in einem Spiel von Wahrheit, Repression und Geständniszwang und auch nicht im Kontext von Verboten, sondern im Rahmen einer ethischen Problematisierung, die vor allem Fragen nach den Formen und den Umständen der Ausübung des Sexuellen betraf.

Erst allmählich, vor allem dann in den ersten Jahrhunderten nach unserer Zeitrechnung, zeigt sich eine verstärkte negative pädagogische Aufmerksamkeit auf die sexuellen Lüste. Waren sie ehemals vor allem unter den Gefahren einer unwillkürlichen Gewalt und einer unbesonnenen Verausgabung betrachtet worden, so sind sie jetzt Anzeichen für die allgemeine Gebrechlichkeit des Menschen.

Mittelalter

Im christlichen Mittelalter ereignete sich im Zuge dieser Entwicklung eine theologische Pathologisierung des Sexuellen. Enthaltsamkeit und Askese, Züchtigung und Geißelung sowie die moralisch-theologische Diskreditierung der Frau waren die Folgen (Deschner 1974, S. 91). Die Verabscheuung der fleischlichen Lust bzw. der ungezügelten sexuellen Triebhaftigkeit führte insbesondere in klerikalen Kontexten zu einer weit verbreiteten Missachtung des eigenen Körpers, die sich sowohl in grundsätzlicher Unsauberkeit äußern konnte, als auch im Tragen von Bußgürteln oder Stachelbändern sowie in der täglichen Selbstgeißelung, im Trinken von Waschwasser oder im Küssen der Wunden von Aussätzigen (vgl. ebd., S. 92 ff.).

Die Schriften des heiligen Augustinus (354–430) sind es hierbei, die einerseits den systematischen Grundstein für die Lust- und Sexualfeindlichkeit des Christentums gelegt haben und andererseits dadurch die Sexualmoral der christlichen Kirche entscheidend geprägt haben. Für Augustinus sind das sexuelle Begehren und die Lüsternheit (*luxuria*) vor allem mit der Ausschweifung, dem Exzess und der zügellosen Wollust verbunden, die direkt ins Verderben führen. Wenn Menschen sich der Sexualität hingeben, blenden sie alle anderen Aktivitäten aus. Das heißt, dass der Sex nicht nur das Denken unterbindet, sondern vor allem das Beten unmöglich macht.

Einzig und allein der eheliche Geschlechtsakt zum Zwecke der Kindeszeugung ist in den Augen des Augustinus vertretbar, nicht jedoch die Lust, die dabei empfunden werden kann. Die Geschlechtslust ist es nämlich, die nach Augustinus die Erbsünde des Menschen weiter trägt, denn nur Jesus wurde ohne Fleischeslust gezeugt und empfangen.

In seiner Schrift „Der Gottesstaat" versucht Augustinus deshalb auch darzustellen, dass der Mensch vor dem Sündenfall seine sexuellen Begierden völlig dem Willen unterworfen hatte (vgl. Augustinus 1985, S. 94 ff.). Im Paradies war der Geschlechtsakt also abgekoppelt von sexueller Erregung und die Sexualorgane waren damit rational gesteuert. Augustinus war sich jedoch auch darüber im Klaren, dass ein gewisses Lustempfinden für den praktischen Vollzug des Geschlechtsaktes unumgänglich ist. Deshalb unterschied Augustinus zwischen fleischlicher Empfindung und fleischlichem Verlangen. Erstere ist Teil einer rechten Absicht, nämlich des Aktes zum Zwecke der Zeugung, die zweite aber ist Sünde.

Einzig und allein die Kultivierung der Enthaltsamkeit kann daher für Augustinus den Menschen davor bewahren, der „geisttötenden Gewalt der Geschlechtslust" (ebd., S. 103) anheim zu fallen. Aus diesem Grund forderte Augustinus auch strikte Enthaltsamkeit an Sonn- und Feiertagen sowie in der Fastenzeit. Das Gebet durfte nicht Gefahr laufen, in den fleischlichen Begierden unterzugehen. Die Unsterblichkeit ist nicht auf dem sexuellen Wege, sondern nur in der Keuschheit zu erlangen: Die neue Ordnung Gottes zeigt sich darin, dass ein mächtiges Verlangen des Menschen keine Rolle mehr spielt, nämlich die Sexualität. Die Askese der Keuschheit hat dann ihren Kampf gegen die Exzesse der Lüsternheit gewonnen, wenn sie die Verwicklung des Willens mit den sexuellen Wahrnehmungen, Phantasien und Handlungen, die Konkupiszenz, vollständig aufgelöst hat: Man hat diesen Grad übermenschlicher Anstrengungen dann erreicht, wenn man selbst im Schlaf nicht mehr von unzüchtigen Gedanken bedroht wird.

Frühe Neuzeit

Zur Zeit der Reformation und des Humanismus wird das Problem des körperlichen und auch des sexuellen Verhaltens so wichtig, dass selbst Humanisten vom Range eines Erasmus von Rotterdam (1469–1536) sich dieses Themas annehmen. Rekapituliert man die Reihenfolge der auf die Körperzivilisierung bezogenen Inhalte bei Erasmus, so behandelt er folgende Themen: Körper, Kleidung, Kirche, Essen, Begegnungen, Spiel und Schlafzimmer (*de gestibus, de cultu, de moribus in templo, de conviviis, de congressibus, de lusu, de cubiculo*). Dabei gelten die auf Sexualität bezogenen Kultivierungs- und Zivilisierungsempfehlungen von Erasmus nicht nur für das Schlafzimmer, sondern auch für den Körper, wenn er davon spricht, nicht über Zoten und Obszönitäten zu lachen, die Schamteile nicht unnötig zu entblößen und der Berührung von anderen auszusetzen. Und er vergisst auch die Kleidung nicht, die nicht zu durchsichtig oder zu kurz sein dürfe (Erasmus 1963, S. 92, 94 f.). Um die Zöglinge in seinem Sinne zu motivieren, verwendet er den höchst subtilen Hinweis, dass die Engel immer alles beobachten und dass diese die Schamhaftigkeit der Kinder lieben würden.

Man soll sich, nicht nur in sexuellen Angelegenheiten, anständig verhalten, zurückhaltend, taktvoll, selbstbeherrschend und höflich (Zirfas 2012). Mit Erasmus etablieren sich also neue sexuelle Schamgrenzen und ein Zwang zum Selbstzwang, Tendenzen zur sexuellen Triebdämpfung, Psychologisierung und Rationalisierung. Mit ihm nimmt der Hang zur Selbstbeobachtung auch im Intimen zu: Der zivilisierte Mensch fühlt sich beobachtet, nicht nur weil er weiß, dass andere auf ihn schauen, und auch nicht nur, weil er spürt, wie sein Körper für andere aussieht, sondern vor allem, weil er sich selbst aus und in der Position eines Selbst-Beobachters überwacht. Der Umgang mit den sexuellen Lüsten ist davon bestimmt, dass diese primär aufdringlich sind: Daher sollte man darauf achten, dass man die Mitmenschen nicht sexuell belästigt und gelegentlich sollte man – nicht nur metaphorisch – ein Auge zudrücken, um sich nicht selbst von der Macht des Sexuellen mitreißen zu lassen und um die Mitmenschen nicht zu beschämen.

Aufklärung

Welches Gefahrenpotential den ungezügelten, unkanalisierten sexuellen Lüsten und den damit zusammenhängenden moralisch-pädagogisch unkontrollierbaren sexuellen Phantasien attestiert wurde, zeigt sich besonders drastisch im pädagogischen und medizinischen Kampf gegen die Onanie. Insbesondere das 18. Jahrhundert, das Jahrhundert der Aufklärung, leistete hier einer beinahe hysterischen Pathologisierung der jugendlichen Selbstbefriedigung Vorschub. Dass die Onanie ein sündhaftes Laster sei, war dabei nur mehr ein Legitimationsaspekt des Kampfes. Vielmehr wurde die Onanie als krankhafte Handlung gesehen, die nicht unerhebliche schädliche Konsequenzen für Leib und Leben haben konnte: Bis in das 19. Jahrhundert hinein wurde ein Zusammenhang von Onanie mit Rückenmarkschwund und Geisteskrankheiten aller Art hergestellt. Dieser hatte seine wissenschaftliche Erklärung darin, dass man annahm, der Mann verdanke seine Zeugungskraft seinen geistigen Fähigkeiten. Und die „reale" Grundlage dieser Erklärung bestand darin, dass der männliche Samenkanal nicht in den Hoden, sondern in der Wirbelsäule entsprang.

Thomas Laqueur (2008) hat präzise herausgearbeitet, warum gerade die Aufklärer die Onanie plötzlich so massiv bekämpft haben. Es sind drei Aspekte, die den einsamen Sex für die Aufklärung so brisant und unnatürlich machen: erstens die Motivierung der Sexualität durch imaginative Trugbilder, zweitens der asoziale Vollzug der Selbstbefriedigung und drittens die Tatsache, dass der Drang zum Onanieren nicht gezügelt werden kann (ebd., S. 178).

Die Kinder sollten deshalb die Onanie als etwas zutiefst Verabscheuungswürdiges anerkennen, damit sie nicht der Einsamkeit, dem Exzess und der Sucht verfielen (ebd., S. 200 ff.). Damit wurden Eltern und Lehrer in die Pflicht genommen, den Kampf gegen das geheime Laster auf allen Ebenen durchzusetzen. Insofern wurde die Onanie ein Zeichen der mangelnden Selbstbestimmung und Selbstkontrolle und die Pädagogik versuchte, die Kontrolle über diese sexuelle Form auf einem inneren Weg zu etablieren.

Moderne

Sigmund Freud (1856–1939) setzt die anthropologischen Akzente der Sexualität noch einmal anders, da er diese nicht wie einen biologischen Instinkt behandelt, der auf Fortpflanzung zielt. Indem die Psychoanalyse die Sexualität von dem Fortpflanzungsimperativ abkoppelt, wird diese frei für vielerlei menschliche Lust-Aktivitäten, die man schon in frühester Kindheit beobachten kann. So geht Freud davon aus, dass die sexuelle Entwicklung über verschiedene Organe, nämlich den Mund, den After und das Genital verläuft. Anders formuliert lassen sich aufgrund der vielfältigen Triebziele des Sexuellen keine eindeutigen Rückschlüsse auf die Natur der Sexualität ziehen, dafür aber lässt sich die Natur des Menschen bestimmen, nämlich als von Anfang an polymorphperverses Lustwesen (Freud 1905). Moderater formuliert: Das Charakteristikum der Sexualität ist der Wunsch.

Weil Freud von den Antriebs- und Wunschpotentialen der Sexualität überzeugt war, konzentriert sich seine Vorstellung einer sexuellen Erziehung neben der altersgemäßen sexuellen Aufklärung vor allem auf das „Triebtraining“, d. h. die Beherrschung der sexuellen Triebe, um der kontrollierten Befriedigung willen. Eine erfolgreiche Erziehung nach Freud soll gewährleisten, dass das Kind sich in einer je historisch-gesellschaftlichen Zivilisation anpassen kann, ohne seine Wünsche gänzlich aufgeben zu müssen. Die anhand der Psychoanalyse entwickelte Pädagogik ist dabei zunächst bestrebt, den erreichten kulturellen Status quo zu erhalten. Das Kind soll auch in sexueller Beziehung so erzogen werden, dass es einerseits in der Realität seine Befriedigungsmöglichkeiten wahrnehmen kann, aber andererseits keine zu großen Ansprüche an eben diese Realität stellt, denn die Realität stellt nicht nur umgekehrt Forderungen an das Kind, sondern ist im Kern eine versagende.

Es gibt bei Freud kein Patentrezept für den erzieherischen Umgang mit der Sexualität. Doch erscheint ihm eine Kultivierung im Sinne einer Sublimierung der Sexualität, d. h. eine Ablenkung des Sexualtriebs auf andere, kulturell akzeptierte Ziele als eine probate Möglichkeit. Man könnte durchaus sagen, dass für Freud Kultur und Kunst vor allem ein Aggregat sublimierter sexueller Energie darstellen.

Auch wenn Freud ohne Zweifel an prominenter Stelle auf die kulturelle und psychische Relevanz der Sexualität hingewiesen hat, so muss in diesem Kontext doch auch die parallele Entwicklung der Sexologie angesprochen werden, die sich bereits seit der zweiten Hälfte des 19. Jahrhunderts und insbesondere in der Zeit von 1922 bis zum Ende der 1940er Jahre vollzog und die, z. B. durch den Psychoanalytiker und Sexualforscher Wilhelm Reich, die Beschäftigung mit dem Orgasmus ins Zentrum ihrer Betrachtungen stellte.

Die deutsche Nachkriegsgesellschaft allerdings kannte im Gegensatz zu diesen fachlich-wissenschaftlich-therapeutischen Entwicklungen zunächst einmal nur eine Form des Umgangs mit Sexualität: Schweigen. Prüderie bestimmte die moralische Bewertung der Sexualität. Die konservativen Vertreter der Kirchen, der Politik und auch der Medien führten einen vehementen Kampf gegen Schmutz und Schund. Doch diese Haltung war schon bald nicht mehr die alleinig existierende. Die „wertkonservative Sexualmoral" (Eder 2002, S. 214) wurde seit den 1950er Jahren zusehends erschüttert, wofür v. a. die neuen kulturellen Orientierungsmuster der Jugend verantwortlich waren.

Doch auch das professionelle pädagogische Denken und Handeln dieser Zeit war, bis auf einige wenige Ausnahmen, bestimmt von Verheimlichungen und Tabuisierungen bzw. von Verharmlosungen des Sexuellen einerseits und seiner Züchtigung andererseits und festigte damit das traditionell bestehende Unbehagen im Umgang mit der Sexualität.

Eine dieser Ausnahmen stellte der schottische Reformpädagoge Alexander Sutherland Neill (1883–1973) dar, der Gründer einer der ersten demokratischen Schulen, des Internats „Summerhill". Neill war ein radikaler Befürworter einer freien Sexualität aus pädagogischen und psychologischen Grundsätzen heraus. Eine natürliche Entwicklung des Kindes war seiner Ansicht nach nur möglich, wenn die kindliche bzw. jugendliche Sexualität als normal angesehen wurde. Erst die Tabuisierung und Brandmarkung von Sexualität durch die Erwachsenen würde zu pathologischen Einstellungen gegenüber der Sexualität führen. Neills pädagogisches Ziel bestand in Anlehnung an Freud deshalb darin, die Kinder und Jugendlichen frei von Befangenheiten, Ängsten und Scham- bzw. Schuldgefühlen der Sexualität gegenüber aufwachsen zu lassen, um eine Normalisierung des Sexuellen zu ermöglichen, die ihrerseits wiederum zu einer natürlich moralischen Einstellung der Menschen führen sollte (vgl. Neill 1969, S. 197 ff.).

Spätestens mit der öffentlichen Diskussion um die „Anti-Baby-Pille" seit Mitte der 1960er Jahre setzte auch in breiteren gesellschaftlichen Öffentlichkeiten diejenige Entwicklung ein, die man später als „Sexuelle Revolution" bezeichnete. Während der Kinsey-Report (dt. 1954/55) das reale Sexualverhalten der Amerikaner statistisch erfasste und Geschlechtsverkehr im Zuge dessen als normale Alltagspraxis des Lebens auswies, trugen die Massenmedien in den Folgejahrzehnten Stück für Stück zu einer Sexualisierung der Welt bei.

Auch wenn Wilhelm Reichs Buch „Die sexuelle Revolution" aus dem Jahre 1945 (dt. 1966) denselben Titel trägt, mit dem dann die Strömung der sexuellen Emanzipation der 1960er Jahre etikettiert wurde, so muss doch an dieser Stelle angemerkt werden, dass das eine mit dem anderen nur bedingt zu tun hatte. Während seit Ende der 1960er Jahre auf die Bestrebungen der sexuellen Befreiung eine mediale Sexwelle, also eine Kommerzialisierung von Sexualität und damit eine machtgeladene Vereinnahmung des Sexuellen durch die Medien folgte, ging es in den Schriften Reichs dezidiert darum, in einer Verbindung von Tiefenpsychologie und Marxismus den Zusammenhang zwischen den libidinösen und den ökonomisch-gesellschaftlichen Bedingungen der Persönlichkeitsentwicklung herauszuarbeiten. War es Reich, der mit dem Konzept der „Sexualökonomie" die individuellen und gesellschaftlichen Prämissen und Gesetze der Sexualität auf Basis einer zu entwickelnden dialektisch-materialistischen Psychologie herausarbeiten wollte, entstand als Nachwirkung der sog. „sexuellen Revolution" der 1960er Jahre eine

Vermarktung der Sexualität, die ihrerseits in sich bereits das angelegt hatte, was heute als Pornographisierung der Gesellschaft verstanden wird.

Postmoderne

Im Augenblick lässt sich wohl keine einheitliche Pädagogische Anthropologie der Sexualität entwerfen. Wir finden in der Sexualpädagogik eine Fülle von Konzepten, die sich mit Fragen der Sexualentwicklung im Bereich der Motivationen, der Einstellungen, Orientierungen und der Verhaltensweisen beschäftigen; wir finden Modelle der sexuellen Aufklärung oder sexualethische Debatten um den Umgang mit und das Erlernen von moralisch-sittlichen Vorstellungen von Sexualität; oder gesundheitspädagogische und -psychologische Hinweise zu Fragen eines förderlichen Umgangs mit sexuellen Praktiken und zum Zusammenhang von Körperlichkeit, Liebe und Geschlecht; genderbezogene Arbeiten, die sich mit Vorstellungen von Weiblichkeit und Männlichkeit und/oder der Bildung einer (hetero, bi-, homo-, oder trans-)sexuellen Identität oder Geschlechtsrolle beschäftigen, medienpädagogische Konzeptionen, die die sexuelle Sozialisation in den Blick nehmen, Untersuchungen der Pädagogischen Anthropologie, die biologische, historische und kulturelle Aspekte des pädagogischen Umgangs mit dem Sexuellen rekonstruiert, pädagogisch-medizinische Diskurse, die sexuelle Devianz und Störungen der Sexualpräferenz (z.B. sexueller Kindesmissbrauch) diskutieren usw. (Berenike-Schmidt/Sielert 2008).

Dabei erscheint die Frage, wie es im Zeitalter der schwindenden allgemeingültigen sexuellen Normen und der Pornographisierung der Gesellschaft der „Generation Hardcore" gelingen kann, eine gelungene Kultivierung der sexuellen Lüste vorzunehmen, von besonderer Bedeutung: Findet nun eine Modellierung des sexuellen Begehrens und Verhaltens durch Modelle des Cybersex statt? Das Internet gilt den Forschern als sexueller Handlungsraum zur Ermöglichung sexueller Wünsche, bei dem körperliche Risiken, soziale Kontrollen und Schamgefühle reduziert werden und Aspekte der eigenen sexuellen Persönlichkeit erkundet werden können. Obwohl bislang wenige Forschungen über Nutzungen und Effekte des Konsums von Pornographie im Internet vorliegen, werden die Nutzer, gemäß einem alten pädagogischen Reflex gegenüber neuen Medien und ihren Inhalten, zunächst unter Devianzverdacht gestellt. Kritisiert werden im Einzelnen: der mangelnde Kinder- und Jugendschutz, die verringerte Kontrolle harter Pornographie, die Entwicklung einer Cyberpornographiesucht, die Förderung sexuell abnormer Verhaltensweisen (Paraphilien), die Belästigung Dritter, die verminderte Arbeitsleistung durch Nutzung während der Arbeitszeit oder auch eine allgemeine emotionale Verarmung und sexuelle Frustration.

Spiegelt also die Pornographisierung der Gesellschaft, die man ja nicht nur im Internet, sondern auch in anderen alltagskulturellen Phänomenen, wie etwa der Sprache, beobachten kann, nur eine Facette unserer auf Erlebnis, Event und Risiko fixierten Gesellschaft wider? Oder führt die mit der Pornographisierung verbundene schleichende Entmoralisierung und Enttabuisierung der Sexualität zu einer neuen Moral der Verpflichtung zur hedonistischen Leistungsfähigkeit (vgl. Finkielkraut/Bruckner 1989, S. 7)? In diesem Sinne hätte dann ironischerweise die Befreiung der Sexualität zur Unterdrückung durch den Sex geführt. Ist also die Pornographisierung im Internet nur das mediale Schaubild einer obszönen Kapitalisierung sexueller Körper? Besteht die neue Kultivierung der sexuellen Lüste in der sexuellen „Selbstoptimierung" um jeden Preis?

Es gibt Untersuchungen, die zeigen, dass mit der externen, medialen Dramatisierung von Sexualität in der Öffentlichkeit, d. h. mit dem Genitalen als „neuer theatralischer Darstellungsform" (ebd., S. 28), eine interne, familiale und beziehungsbezogene Entdramatisierung von Sexualität einherzugehen scheint. Diese Entdramatisierung, die innerhalb des modernen Liebesparadigmas zu beobachten sei, führe zu einer Abnahme der Lust auf Sex und zu einem letzten Tabu, keinen Sex mehr zu wollen (Eder 2002, S. 240 f.). Andererseits scheint es sinnvoll, eine private von einer öffentlichen Kultivierung der sexuellen Lüste zu unterscheiden und gerade auch die mit der sexuellen Liberalisierung verbundenen äußeren Zwanglosigkeiten nicht gering zu schätzen. Denn auch die so genannten Internetnutzer können generell zwischen den virtuellen und realen sexuellen Wirklichkeiten unterscheiden.

Schluss

Die sexuellen Begierden sind, und das ist wohl deutlich geworden, in der Geschichte der Pädagogischen Anthropologie bis heute sehr argwöhnisch betrachtet worden. Nur sehr wenige Stationen lassen sich im Sinne einer positiven pädagogischen Betrachtung fruchtbar machen: die antiken Konzepte einer Selbstkultivierung des sexuellen Handelns, psychoanalytische Aspekte einer Erziehung zum sexuellen Realitätsprinzip oder auch die Anerkennung der Lust der Körperlichkeit und Erotik, die über die antiautoritäre Erziehung bis hin zu neueren Konzepten der Sexualpädagogik reicht. Unter sexueller Kultivierung und Zivilisierung ist in dieser Geschichte i. d. R. nicht die Stilisierung ekstatischer Sexualität, sondern die Repression und Sublimierung der sexuellen Lüste verstanden worden; Sexualität wurde nicht als gefährdet, sondern als gefährlich wahrgenommen, schien sie doch das autonome Subjekt zu bedrohen. Dabei etabliert die Pädagogik in der Kultivierung der sexuellen Lüste ein Paradox: Sie thematisiert, problematisiert und produziert sexuelle Sachverhalte, um diese dann überwachen, kontrollieren und sanktionieren zu können.

Literatur

Ariès, Philippe u. a. (1984): Die Masken des Begehrens und die Metamorphosen der Sinnlichkeit. Zur Geschichte der Sexualität im Abendland. 3. Aufl. Frankfurt/M.

Augustinus (1985): Vom Gottesstaat. 2 Bände. 2. Aufl. München.

Berenike-Schmidt, Renate/Sielert, Uwe (Hrsg.) (2008): Handbuch Sexualpädagogik und sexuelle Bildung. Weinheim/München.

Deschner, Karlheinz (1974): Das Kreuz mit der Kirche. Eine Sexualgeschichte des Christentums. Düsseldorf/Wien.

Dover, Kenneth (1983): Homosexualität in der griechischen Antike. München.

Eder, Franz X. (2002): Kultur der Begierde. Eine Geschichte der Sexualität. München.

Erasmus von Rotterdam (1963): Über die Umgangserziehung der Kinder. In: Ders.: Ausgewählte pädagogische Schriften. Besorgt v. A. J. Gail. Paderborn, S. 89–106.

Finkielkraut, Alain/Bruckner, Pascal (1989): Die neue Liebesunordnung. Reinbek.

Foucault, Michel (1983): Sexualität und Wahrheit. Der Wille zum Wissen. Frankfurt/M.

Foucault, Michel (1986): Der Gebrauch der Lüste. Sexualität und Wahrheit 2. Frankfurt/M.

Freud, Sigmund (1905): Drei Abhandlungen zur Sexualtheorie. In: Ders.: Studienausgabe Band V. Frankfurt/M. 1982, S. 37–145.

Klepacki, Leopold/Zirfas, Jörg (2012): *Ars Erotica?* Zur pädagogischen Kultivierung der sexuellen Lüste im Abendland. In: Liebau, Eckart/Zirfas, Jörg (Hrsg.): Grenzgänge der Ästhetischen Bildung. Rausch – Lust – Ekstase. Bielefeld, S. 31–60.

Laqueur, Thomas (2008): Die einsame Lust. Eine Kulturgeschichte der Selbstbefriedigung. Berlin.

Neill, Alexander Sutherland (1969): theorie und praxis der antiautoritären erziehung – das beispiel summerhill. Reinbek.

Wulf, Christoph (Hrsg.) (1985): Lust und Liebe. Wandlungen der Sexualität. München.

Zirfas, Jörg (2012): Die Zivilisierung des Körpers. Zur Benimmerziehung bei Erasmus von Rotterdam. In: Bilstein, Johannes/Brumlik, Micha (Hrsg.): Die Bildung des Körpers. Weinheim/München, S. 14–31.

Plastizität

Birgit Althans

Der Begriff der menschlichen „Plastizität" scheint nicht nur mit dem deutschen klassizistischen Bildungsbegriff eng verknüpft, sondern lässt sich, wie Christian Rittelmeyer in seiner Geschichte des Bildungstriebs (Rittelmeyer 2012) zeigt, in seiner abendländischen Begriffsgeschichte bis zu Platon und seinem Begriff „euplastos" (altgr.: bildsam, bildsamer Mensch) zurückverfolgen. Allerdings wurde in der Antike besonders die plastische Formbarkeit des zu erziehenden Menschen – analog zur Gestaltung einer Skulptur – betont, die sich jedoch auch in den Texten der angelsächsischen Aufklärung wiederfinden lässt: John Locke beschrieb in seinen „Thoughts Concerning Education" (1692) den Educanden als analog dem „beliebig zu bildenden und zu formenden" Wachs. Sein Schüler Anthony Ashley Shaftesbury übertrug das Konzept der Bildsamkeit (*to form* und *formation*) auf Prozesse der Selbstbildung („inner form"), die 1738 in der deutschen Fassung – und vor der Ausformulierung des deutschen Bildungsbegriffs – mit „bilden" und „Bildung" übersetzt wurde. Für Shaftesbury war dabei wichtig, dass mit der Ausformung der äußeren Gestalt auch die „inward form" der Seele zum Ausdruck kam (Horlacher 2011, S. 29 ff.).

Rebekka Horlacher sieht hier eine Tradition der Pädagogisierung der Bildung, im Sinne der Formbarkeit des Menschen durch Bildungsprozesse als Selbstbildungsprozesse, begründet, die die deutsche Begriffsbildung (protestantischer Couleur) im 18. Jahrhundert lediglich aufgriff. Zwar wurde die Metapher des formbaren „Wachses" oder der leicht einschreibbaren „Wachstafel" seitens der Philanthropen Salzmann und Campe weiter geführt, aber auch stets ambivalent diskutiert. So wurde diese Auffassung menschlicher Bildungsprozesse zu Beginn des 20. Jahrhunderts etwa von Sigmund Freud mit seinem Text „Der Wunderblock" gründlich konterkariert, der die Wachstafel als Ort des den intentionalen Zugriffen unzugänglich bleibenden Unbewussten beschrieb. Auch die Vertreter der idealistischen Bildungsphilosophie wie Johann Gottfried Herder, Johann Wolfgang von Goethe und Wilhelm von Humboldt verwarfen die Vorstellung der Educanden als Wachsfiguren, behielten jedoch die plastische Idee der Bildung bei und betonten dabei die Selbsttätigkeit, Dynamik und Unabgeschlossenheit der menschlichen (Selbst-) Bildungsprozesse. Die inhaltlich stark differierenden sozialkritischen und reformpädagogischen Ansätze des 20. Jahrhunderts betonten demgegenüber die Einflüsse der Umwelt auf die menschliche „Plastizität". Von John Deweys Begriff der „Elastität" der Gewohnheit als Ausdruck der Bildsamkeit bis hin zur Formung durch die „strukturierende Struktur" des Habitus bei Pierre Bourdieu, der dabei jedoch auch auf die aktiven Aspekte der Formungsprozesse des Habitus verwies, lässt sich diese Perspektive verfolgen.

Die Neurowissenschaften haben die Diskussion der menschlichen Bildsamkeit inzwischen durch die Nachweise der Plastizität des Gehirns und deren Implikationen für die Pädagogik erweitert (Rittelmeyer 2002, S. 127 ff., Damasio 2006; Hüther 2011). Sowohl die Neuropsychologie Antonio Damasios wie auch die neurobiologischen Forschungen Gerald Hüthers betonen die engen Wechselbeziehungen zwischen Geist und Körper (Damasio 2006, S. 18) sowie die reziproke Formbarkeit des menschlichen Gehirns und des umgebenden kulturellen Raums (Hüther 2011, S. 116). Soweit – und stark verkürzt – lässt sich eine bildungstheoretische und -historische Perspektive auf den Begriff der Plastizität skizzieren.

Dieser Beitrag konzentriert sich nunmehr auf eine etwas sperrigere Auffassung der menschlichen Plastizität und folgt dabei der Perspektive der Pädagogischen Anthropologie oder „anthropologischen Pädagogik" Kants und seiner Metapher vom Menschen als schwer zu bearbeitendem „krummen Holz". Dem folgt die daran anschließende „organische" Konzeption des „Bildungstriebs" bei Kant, Schiller und Wilhelm von Humboldt.

Dabei wird der Spur, die Humboldt in seiner „vergleichenden Anthropologie" legt, in der er den Bildungstrieb als Wechselwirkung der bildenden und gebildeten Kräfte anhand der antagonistisch wirkenden Geschlechtscharaktere darstellte, besondere Aufmerksamkeit gewidmet. Es wird dann weiterverfolgt, wie die erste Frauenbewegung diese anthropologisch motivierte Zuschreibung unterschiedlicher Bildungstriebe qua Geschlecht nutzte und geschickt mit Friedrich Fröbels Instrumentalisierung der Mutterrolle in dessen Form- und Spieltheorie verband. Die so durch pädagogische Unterweisung und Instrumentalisierung der Mütter geformte „geistige Mütterlichkeit" wurde von der Frauenbewegung als Grundlage des weiblichen Zugangs zu höherer Bildung aufgegriffen, die Professionalisierung der Elementar-Pädagogik als „weibliches" Berufsfeld vorangetrieben. Die Perspektive der Pädagogischen Anthropologie auf die menschliche Form- und Bildsamkeit und ihre damit eng verknüpfte Instrumentalisierung der Geschlechterdifferenz soll dann abschließend um eine „symmetrische Anthropologie", die reziproke Formbarkeit der Menschen durch die von ihnen geschaffenen Dinge ergänzt werden: Fröbels Spielgaben, in ihrer pädagogischen Wirksamkeit verknüpft mit der Unterweisung im richtigen Gebrauch durch die Mütter, hatten auch ihren Einfluss auf die Entwicklung der amerikanischen Architektur des 20. Jahrhunderts und der berühmten Formel „form follows function".

Das Krumme Holz

Immanuel Kant (1724–1804) hat mit seiner oft zitierten Metapher des „krummen Holzes" („aus so krummem Holze, als woraus der Mensch gemacht ist, kann nichts ganz Gerades gezimmert werden") (Kant 1996, S. 41) die begrenzte menschliche Formbarkeit durch Bildungs- und Erziehungsprozesse, die Unmöglichkeit der Perfektibilität, als grundlegendes pädagogisches Problem formuliert. Kant stellte dabei in seiner Vorlesung „Über Pädagogik", Teil der „Anthropologie in pragmatischer Absicht", jedoch fest: „Der Mensch kann nur Mensch werden durch Erziehung. Er ist nichts, als was die Erziehung aus ihm macht" (Kant 2000a, S. 699). Dies lässt eine Pädagogische Anthropologie fragen: Was war zuerst? Das krumme Holz oder die Erziehung? Kants Pädagogik räumt der „physischen Erziehung" und somit dem Bereich der körperlich-sinnlichen Bildungsprozesse großen Raum ein, da diese durch die stufenweise ablaufenden Prozesse der „Dressur" (der körperlichen Triebe und Begierden), „Disziplinierung", „Kultivierung" und „Zivilisierung" erst den Gebrauch der Vernunft ermöglichen, den die höchste Stufe der Erziehung, die moralische Bildung und das damit verbundene Handeln nach selbst gewählten Maximen, voraussetzt. Interessant ist, dass Kant dabei die Bildung dem Begriff der Erziehung unterordnet; er setzt ihn in eins mit dem Begriff der Unterweisung, die auf die Phasen der Wartung und Disziplin/Zucht folgt. Der Zögling, der aus dem gut gewarteten Säugling erwächst, muss durch „Zucht" diszipliniert und so kultiviert werden, dass er seine ihm daraus, so Kant, erwachsende Freiheit zivilisiert – in „ungeselliger Geselligkeit" – zu gebrauchen weiß.

Kants zentrale Frage in „Über Pädagogik" lautet dabei: „Wie kultiviere ich die Freiheit bei dem Zwange? Ich soll meinen Zögling gewöhnen, einen Zwang seiner Freiheit zu dulden, und soll ihn selbst zugleich anführen, seine Freiheit gut zu gebrauchen. Ohne dies ist alles bloßer Mechanismus, und der der Erziehung Entlassene weiß sich seiner Freiheit nicht zu bedienen" (Kant 2000a, S. 711). Kant gibt dabei der „physischen Erziehung" und der körperlichen Ertüchtigung, beispielsweise im Spiel, durchaus Raum, versteht aber gerade letzteres stets als parallel zu erwerbende „Übung der Gemütskräfte" (ebd., S. 724). Der Körper wird in den verschiedenen klassischen Kinderspielen als Wahrnehmungs- und Bildungsinstrument trainiert und an „fortdauernde Beschäftigung gewöhnt, aber eben daher darf es hier auch nicht bloßes Spiel, sondern muss Spiel mit Absicht und Endzweck sein" (ebd., S. 727). Dabei sei, so Kant, mit der körperlichen Bildung auch stets die Bildung der Seele verbunden: „Man kann die Bildung der Seele also ebenso gut physisch nennen als die des Körpers" (ebd., S. 728) – damit bleibt sie jedoch noch von der höchsten Stufe der Bildung, der Moralisierung, als bloße Kultivierung weit entfernt.

Dennoch ist diese Gleichsetzung Kants von körperlicher und seelischer Bildung interessant, da sie unlängst vom französischen Philosophen Jean-Luc Nancy aus der Perspektive einer dekonstruktivistischen Theorie des Körpers – nach der Durchdeklinierung der Traditionen der klassischen Trennung zwischen Seele und Körper – erneut formuliert wurde: „Die Seele ist ein Begriff für die Erfahrung, die der Körper (verstanden als Körper ‚an-sich', ‚für-sich' oder als ‚ganz Anderer') *ist*" (Nancy 2003, S. 124). Der Körper ist, so Nancy, Erfahrung des Außen, „Außerhalb-von-sich-sein", das gespürt werden kann, „als ein ‚Sich-Berühren', das notwendigerweise über das Äußere abläuft" (ebd.). Der Körper vermittelt und bildet somit die Erfahrungen der Bildsamkeit, der Formungen durch Dressur, Disziplinierung und Kultivierung, durchaus ab – widersteht ihnen aber offensichtlich ebenso als Kants „krummes Holz".

Das Konzept des Bildungstriebs

Wilhelm von Humboldt (1767–1835) übernahm und transformierte diese Auffassung der menschlichen Formbarkeit durch Bildung durch Anschlüsse an die „Lebenswissenschaften" seiner Zeit als „Bildungstrieb". Humboldt griff dabei, wie sein Bruder Alexander, auf die Debatte um die Erzeugung menschlichen Lebens zwischen den damaligen „*Evolutionisten*", die von einer Konzeption der Zeugung als „Auswicklung" und „Freilegung" menschlicher Keime durch den Reiz männlichen Samens ausgingen, und den Vertretern der Zeugungstheorie der „*Epigenesis*" zurück, die im Zeugungsstoff organischer Körper einen besonderen Trieb vermuteten, der die gezeugten Lebewesen eine bestimmte Gestalt annehmen ließ und sie auch bei Verstümmelungen und Einschränkungen zur Regeneration befähigte. Während sein Bruder Alexander diesen „*nisus formativus*", den der Göttinger Anatomieprofessor Johann Friedrich Blumenbach entdeckte, in botanischen Studien zur Physiologie der Pflanzen und in Selbstversuchen an Muskeln und Nervenfasern des menschlichen Körpers nachwies, übertrug Wilhelm von Humboldt dieses epigenetische Modell des Bildungstriebs in die Anthropologie, verstand ihn „als Kraft, die den Menschen zu Erkenntnis und Wahrheitssuche antreibt" (Geier 2012, S. 345) und sich auf intellektuelle Zeugung und Produktivität richtet.

Auch Kant nahm in seinen Reflexionen über die menschliche Urteilskraft ein „System der *Epigenesis* der reinen Vernunft" an, „dass nämlich die Kategorien des Verstandes die Gründe der Möglichkeit des Verstandes überhaupt enthalten" (Kant 2000b, S. 158), denn die reinen Verstandeskräfte werden erworben, sie sind nicht angeboren. In der *Kritik der Urteilskraft* griff Kant wiederum auf das Konzept der *Epigenesis* zurück, indem er beschrieb, wie die Gesamtheit natürlicher Organismen in ihrer Organisation in sich „bildende Kraft" besäße. Kant formulierte hier, so die Lesart des Literaturwissenschaftlers Manfred Geier, eine holistische Idee der organischen Bildung, die auch Autoren wie Friedrich Schiller und Johann Wolfgang von Goethe rezipierten und verbreiteten. Im § 65 der *Kritik der Urteilskraft* beschrieb Kant die Naturzwecke als Teile durch eine Beziehung auf ein Ganzes, weil sie „voneinander wechselseitig Ursache und Wirkung ihrer Form sind" (Kant 2000c, S. 485). Schiller transformierte dies in seine Ausdifferenzierung des Bildungstriebs in die Trias des „Sinnlichen Triebs", des „Formtriebs" und „Spieltriebs":

> „Der sinnliche Trieb will, dass Veränderung sei, dass die Zeit einen Inhalt habe; der Formtrieb will, dass die Zeit aufgehoben, dass keine Veränderung sei. Derjenige Trieb also, in welchem beide verbunden wirken (es sei mir einstweilen, bis ich diese Benennung gerechtfertigt haben werde, vergönnt, ihn *Spieltrieb* zu nennen), der Spieltrieb also würde dahin gerichtet sein, die Zeit in der Zeit aufzuheben, Werden also mit absolutem Sein, Veränderung mit Identität zu vereinbaren" (Schiller 1984, S. 178).

Wilhelm von Humboldt übertrug die Konzeption des *epigenetischen* Bildungstriebs auf seine Idee der universellen menschlichen Bildung. 1792 formulierte er in seinen „Ideen zu einem Versuch, die Gränzen der Wirksamkeit des Staates zu bestimmen": „Der wahre Zweck des Menschen – nicht der, welcher die Neigung, sondern welchen die ewig unveränderliche Vernunft ihm vorschreibt – ist die höchste und proportionierlichste Bildung seiner Kräfte zu einem Ganzen" (Humboldt 1960, S. 64).

In dem Bruchstück „Theorie der Bildung des Menschen" wies Humboldt auf die Bedeutung der Materialität und Körperlichkeit im Kontext der Bildsamkeit hin: Die Gedanken als „blosse Form" bräuchten einen Stoff, „in den sie sich ausprägen könnten" – den Körper: „Die lebendige Kraft, welche jedes organische Wesen beseelt, fordert einen Körper. Dieser Körper und jene Kraft stehen in unaufhörlicher Gemeinschaft, in dem sie gegenseitig auf einander ein und zurück wirken. So ist in jedem organischen Wesen Wirkung und Rückwirkung verbunden" (Humboldt 1960, S. 277).

Dieses Prinzip der Wechselwirkung der „bildenden und gebildeten" Kräfte, zwischen Form und Stoff, das Humboldt als grundlegendes Prinzip seines „Plan(s) einer vergleichenden Anthropologie" (1795) begriff, wurde von ihm dann wiederholt in Bezug auf das Geschlechterverhältnis formuliert.

Humboldts Bildungstrieb und das Konstrukt der Geschlechtscharaktere

Schon in seinen „Ideen zu einem Versuch, die Gränzen der Wirksamkeit des Staates zu bestimmen" beschrieb er den Geschlechterunterschied als „charakterbildende Verbindung", die reziproke Verschränkung der Verschiedenheit der Geschlechter zu einem Ganzen als konstitutives, organisierendes Element „sogar der rohesten Nationen" (Humboldt 1960, S. 65). In der vergleichenden Anthropologie wird dies ausformuliert: „Das Bestreben der vergleichenden Anthropologie geht dahin, die mögliche Verschiedenheit der menschlichen Natur in ihrer Idealität auszumessen; oder, was dasselbe ist, zu untersuchen, wie das menschliche Ideal, dem niemals ein Individuum adäquat ist, durch viele dargestellt werden kann. Was sie also sucht, ist also kein Gegenstand der Natur, sondern etwas Unbedingtes, – Ideale, die aber auf Individuen, auf empirische Objecte so bezogen werden, dass man sie als das Ziel ansieht, dem diese sich nähern sollen" (Humboldt 1960, S. 350).

Demonstriert wird dies u.a. in den „Abhandlungen über den Geschlechtsunterschied und dessen Einfluss auf die organische Natur" (1794, in Humboldt 1960, S. 277 f.). Die dort als anthropologisch produktiv beschriebene Differenz zwischen dem Männlichen, als selbsttätigem, und dem Weiblichen, als empfangendem Prinzip wurde 1795 in „Über die männliche und weibliche Form" in Rekurs auf die menschlichen Bildungsprozesse ausformuliert, indem auf klassische Abbildungen und Bilder – und hier insbesondere auf Götter- und Göttinnendarstellungen der Antike – Bezug genommen wird: „So wie sich beide Geschlechter zum Ideal reiner und geschlechtsloser Menschheit verhalten, so verhält sich auch ihre beiderseitige Schönheit zum Ideal der Schönheit" (Humboldt 1960, S. 315).

Humboldt sah dabei zwei Bildungsprozesse wirksam: eine äußere Bildung, die sich müht, dem Ideal nahe zu kommen, und eine innere Bildung, das Einwirken der Gedanken und Empfindungen, die sich im individuellen Ausdruck, der Anmut oder Haltung spiegelt. Aus dieser Ausbildung des inneren und äußeren Bildungstriebs nach dem klassischen Schönheitsideal leitete Humboldt dann die Aufteilung der Geschlechter in funktionale Tätigkeiten, die „Naturbestimmung des Geschlechts" und dessen „moralischen Charakter", wie z.B. die Mütterlichkeit oder das „Muttergefühl", ab: „Schlechterdings eigenthümlich ist den Frauen das Muttergefühl, vorzüglich ehe die Frucht noch gebohren ist. [...] [E]ine solche Liebe, die noch dazu mehr als bloß in der Anlage auch denen eingepflanzt ist, die sie nie aus eigener Erfahrung kennen, und die gewiss nicht bloß ihren physischen Endzweck erfüllt, sondern sich mit ihren Einflüssen über den ganzen Charakter verbreitet, öffnet den Frauen einen ganz anderen Weg der Aneignung und lehrt sie einen ganz anderen Weg kennen, äussere Objekte mit sich zu verknüpfen, in sich aufzubewahren und wieder von sich zu scheiden, als wofür der Mann nur einen Begriff hat" (Humboldt 1960, S. 372 f.).

Darauf, dass sich eine solche Konzeption der Bildsamkeit der Geschlechterdifferenz in ihrer Übertragung auf die qua Geschlecht unterschiedliche Ausbildungssituation als hochproblematisch erweisen könnte, haben mittlerweile schon zwei Frauenbewegungen hingewiesen. Aus solchen Essentialismen und „mit Geschlechterbegriffen konnotierten Orientierungen in ökonomischen, politischen, intimen und anderen Interaktionen" (Landweer 1995) resultiert in vielen Regionen der Welt immer noch der verhinderte oder geminderte Zugang zu Institutionen öffentlicher Bildung. Auch die diskursive Wirkung zeigt sich ambivalent. So vertritt die amerikanische Philosophin Judith Butler die Linie der diskursiven Konstruktion von Geschlecht, wie sie in Humboldts Konstruktion der Geschlechtscharaktere nachvollziehbar ist: Geschlechterzugehörigkeiten seien, so Butler, bis in die Körper und die anatomischen Körperorgane hinein kulturell und stellen historisch kontextualisierte, diskursive Zuschreibungen dar, sie wurden durch den Diskurs geformt. Doch es gibt auch Positionen innerhalb der feministischen Theoriebildung, die mit Rückgriff auf die Phänomenologie von vor-diskursiven Geschlechtskonstruktionen ausgehen: „Die kulturell sehr unterschiedlich konstruierten Geschlechterbegriffe sind auf vielfältige Weise konnotiert mit Vorstellungen über Körperformen, mit dem, was dem jeweiligen Geschlecht an Fähigkeiten und typischen Tätigkeiten zugeschrieben wird und – nicht zuletzt mit Sexualität" (Landweer 1995, S. 98). Dabei hatten sich besonders die Vertreterinnen der ersten Frauenbewegung sehr kreativ in der Umformulierung solcher Idealisierungen der Form des weiblichen Geschlechtscharakters für eine Pädagogische Anthropologie erwiesen.

Die Per-Formativität der Geschlechtscharaktere: Geistige Mütterlichkeit als Zugang zur pädagogischen Profession

Charlotte Perkins Gilman (1860–1935) gelang 1899 unter dem Titel *Women and Economics* ein internationaler Bestseller, in dem sie in Rekurs auf Darwins Evolutionstheorie eine höchst bissige und geistreiche Kritik an der „natürlichen Eignung" der Frau für die Reproduktionstätigkeit und die Erziehung übte, die Humboldts Idealisierungen des Geschlechtscharakters in fast jedem Punkt widersprach. Auch sie sah, wie schon Rousseau es im „Emile oder über die Erziehung" formulierte, dass die Frauen im Verlaufe der Evolution „ganz Geschlecht" geworden waren; nur mit ihrem „äußeren Bildungstrieb" beschäftigt, als Geschlechtscharakter in wechselnden historischen und kulturellen Kontexten dazu geformt, durch ihre passiven Reize das Männchen anzulocken und zu binden, was sowohl ihr Überleben wie das ihrer gemeinsamen Kinder (und das der Gattung) garantieren sollte. Die alleinige Beschränkung des Weiblichen auf die Aufgaben der Mutterschaft, die übermäßige Ausformung und -bildung weiblicher Geschlechtsmerkmale empfand Perkins Gilman als Stagnation der Gattung Mensch, was sie durch Vergleiche mit anderen Arten anschaulich demonstriert:

> „Um uns an einem konkreten Beispiel einmal den Unterschied zwischen normaler und anormaler Geschlechtsdifferenzierung klar zu machen, betrachten wir einmal den Zustand einer wilden Kuh und einer ‚Milchkuh', wie wir sie als Haustier gezüchtet haben. Auch die wilde Kuh ist weiblichen Geschlechts. Sie bringt gesunde Kälber zur Welt und hat Milch genug, um sie zu säugen und das ist alles, was sie an Weiblichkeit nötig hat. In allem anderen ist sie mehr Rind als Kuh, eine leichte, starke, flinke, sehnige Kreatur, geschickt im Laufen, Springen, und wenn nötig, im Kämpfen. Für unseren wirtschaftlichen Gebrauch haben wir nur eine einzige Eigenschaft der Kuh, nämlich die, Milch zu produzieren, künstlich entwickelt: Dadurch ist sie zur wandelnden Milchmaschine geworden, wird aufgezogen und gepflegt zu diesem alleinigen Zweck und wir berechnen ihren Wert nach Liter und Quart. Die Absonderung von Milch ist eine mütterliche, eine Geschlechtsfunktion. Unsere Kuh ist also übermäßig geschlechtlich differenziert. Wenn wir sie zur Freiheit in ihre natürlichen Bedingungen zurückkehren ließen, würde sie, falls sie den Wechsel überlebte, in ein paar Generationen wieder zu der natürlichen Kuh werden, ihre Kräfte und Fähigkeiten wieder in der ihrer Gattung eigenen Weise betätigen und sie nicht mehr ausschließlich in Milch ausströmen lassen" (Gilman 1901, S. 42).

Im Gegensatz zu Rousseau, Humboldt und den Denkern der Aufklärung empfand Gilman die Überbetonung des weiblichen Geschlechtscharakters zum alleinigen Zweck der Anziehung ihres Ernährers für die weitere Entwicklung der menschlichen Gesellschaft wenig dienlich: So würde einerseits durch die wirtschaftliche Abhängigkeit des Weiblichen eine übertriebene Konsumtion ausgelöst. Zum anderen sei das weibliche Geschlecht durch mangelhafte Ausbildung nicht einmal zur Ausübung der Haushaltsführung imstande, geschweige denn (Aus-)Bildung der nächsten Generation, zu der sie ihr Geschlechtscharakter doch angeblich prädestiniere: Frauen wüssten nichts über moderne Lebensmittel, nichts über Säuglingspflege und verfügten beim Umgang mit dem Nachwuchs nicht einmal über die tierischen Instinkte. Eine Verbesserung der menschlichen Reproduktionsfähigkeit sei so nur durch die Verbesserung der Erziehungs- und Ausbildungsmöglichkeiten des weiblichen Geschlechts, dessen erweiterte Fähigkeiten in den modernen Volkswirtschaften gebraucht würden, sowie durch Kollektivierung der Kleinkind-Erziehung und der familiären Lebensformen zu erreichen. Gilman positionierte den (inneren) Bildungstrieb der Frauen somit funktional und etablierte ihn als pointiert formulierte Legitimation der professionellen Organisation und der Professionalisierung von Erziehungs- und Care-Tätigkeiten im anthropologisch und kulturwissenschaftlich gerahmten nationalökonomischen Diskurs ihrer Zeit.

Die Frauen sprachen in ihrer „Adaption" des via Aufklärung und Bildungstrieb konzipierten Geschlechterdiskurses somit zwar ebenfalls von einer besonderen Eignung „der Frau" zur Erziehung und griffen dabei die Formel von der „geistigen Mütterlichkeit" auf, die vom Elementarpädagogen Friedrich Fröbel als „zweite Natur" auch bei kinderlosen Frauen für pädagogische und pflegerische Settings produktiv gemacht werden konnte, transformierten diese jedoch kreativ im eigenen Sinne. Ein prominentes Beispiel einer solchen „Umschreibung" war die amerikanische Sozialreformerin Jane Addams, die zusammen mit ihren Mitstreiter/innen in ihrem „Hull-House-Settlement" einerseits die etablierten Formen bürgerlicher Weiblichkeit zwecks mimetischer Aneignung ihrer Nachbarschaft aufführte und „performte". Andererseits erfand sie damit für sich eine Lebensform, die „Reformance" (Jackson 2001), die soziale Arbeit mit permanenten sozialen Reformbestrebungen und sozialer Forschung verknüpfte und sie von einer Erfüllung der traditionellen Frauenrolle (Ehe und Mutterschaft) befreite. Auch Addams und ihre Kolleginnen begannen dabei zunächst mit einem Kindergarten, in Rekurs auf Friedrich Fröbels Bildungs- und Spieltheorie und seinen Gaben.

Fröbels Pädagogisierung der Mütter, die Vermittlung von Formenwissen und der Mythos ihres Einflusses auf die amerikanische Architektur: *form follows function*

Friedrich Fröbel (1782–1852) instrumentalisierte in seiner Theorie der elementaren Bildung, Johann Heinrich Pestalozzi folgend, die familiäre Mutter-Kind-Beziehung. Fröbel entwickelte nicht nur das bekannte Konzept des Kindergartens, sondern ebenso eine Spieltheorie, die den kindlichen „Spieltrieb" als Bildungstrieb begriff, der mit seinem System der kindlichen Spiel-„Gaben" unterstützt wurde. Die von Fröbel seit 1838 entwickelten „Gaben" (Ball, Kugel, und immer komplexere teilbare Würfel), die in einem aufeinander aufbauenden System eingesetzt wurden, das der Entwicklung der kindlichen Fähigkeiten folgte, bilden heute noch die Grundlage der Früherziehung, die in Fröbels Theorie materielle Formen mit kindlichen Fähigkeiten und der (mütterlichen) Stimme vernetzt. In Fröbels komplexen Begleittexten zu den Gaben, wie „Der Ball als erstes Spielwerk des Kindes" (1838), wird der organische, universalistische Bildungsbegriff Humboldts erinnert:

> „Dem Kinde tritt nämlich schon früh in dem Balle gleichsam das allgemeine Abbild jedes Gegenstands, wie auch seiner selbst, als ein in sich geschlossenes Ganzes, als eine in sich ruhende Einheit entgegen, wie denn auch das Kind in jedem, was es umgibt, stets ein *Ganzes* zu erblicken, zu erfassen, zu besitzen strebt, *nie* aber nur einen Teil als solchen allein, es sei denn, er werde wieder als ein Ganzes angeschaut, gleichsam zu einem Ganzen erhoben. Jenes Streben der Seele, des Gemütes des Kindes, als selbst ein Ganzes an sich ist aber mit Sorgfalt zu pflegen. [...] Allein auch den Trieb des Kindes, in jedem Dinge Alles zu schauen und aus jedem Dinge Alles zu machen, befriedigt der Ball. [...] Darum gebt nun früh dem Kindchen in seine kleine Hand den Stellvertreter von Allem, den *Ball,* zuerst nur zum *Umspannen,* zum *Begreifen,* endlich zum selbst- und freitätigen behandeln (Be-han-deln)" (Fröbel zit. n. Hoof 1977, S. 32).

Fröbels Theorie beschreibt minutiös den weiteren Gebrauch des Spielzeugs und dessen Einfluss auf die weitere senso-motorische und geistige Entwicklung des Kindes. Dies wird in seinen Publikationen sowohl mit Abbildungen wie auch mit Reimen und Liedern unterstützt, mit denen die Mutter die „Gabe" begleiten soll. Denn: „Wohl trifft und tut der natürliche und unverdorbene Muttersinn hier sehr oft das Rechte; allein nur so oft sich selbst unbewußt. Möglichst bewußt soll dies aber alles geschehen, was von dem Menschen auf das Kind einwirkt, denn das Kind soll ja wieder zum *Bewußtsein* erzogen werden. So knüpft die Mutter, durch die Tiefe ihres menschlichen Muttersinns geleitet, wenn sie mit ihrem Kindchen etwas zu tun hat, die stumme Handlung, das soeben *Gewordene,* so wie das sich stets an einem bestimmten *Orte* befindliche Gegenständliche, an das *tönende* Wort. Hierdurch, durch die Verknüpfung der Gegensätze und der Zweiheit, geht aber dem Kind das einigende Dritte, der vom *Geiste* bekannte, von *Geiste* festgehaltene, begriffene Gegenstand hervor: der *Begriff* des *Gegenstandes* kommt dem Kinde dadurch nach und nach zum Bewußtsein, wie sich in dem Kinde so stufenweise das Bewußtsein seiner selbst entwickelt" (Fröbel zit. n. Hoof 1977, S. 35, Hervorhebungen im Original).

Dass dies bei aller Komplexität der theoretischen Konzeption funktioniert, zeigt das Beispiel des amerikanischen Architekten Frank Lloyd Wright, einer der berühmtesten und kreativsten Vertreter der Architektur der Chicagoer Schule und einer der Verfechter der berühmten Formel „form follows function". Wright verabsäumte in seinen Publikationen selten darauf hinzuweisen, dass er sein Formgefühl den Fröbel'schen Spielgaben verdankte, die ihm seine Mutter verabreichte: „Meine Mutter lernte von Fröbel, daß Kinder erst dann nach den zufälligen Erscheinungsformen der Natur zeichnen dürfen, wenn sie die hinter jenen Erscheinungsformen liegenden Grundformen beherrschen. Zuerst mußten kosmische und geometrische Elemente dem Kinderverstand sichtbar gemacht werden. [...] [M]ehrere Jahre saß ich an dem kleinen Kindergartentisch, über den sich im Abstand von zehn Zentimetern Längs- und Querlinien zogen, so daß lauter Zehn-Zentimeter-Quadrate entstanden, dort spielte ich unter anderem auf diesen ‚Einheitslinien' mit dem Quadrat (Würfel), dem Kreis (Kugel) und dem Dreieck (Tetraeder oder Dreifuß) – es waren glatte Ahornklötze. Scharlachrote Pappdreiecke (60°–30°), fünf Zentimeter lang an der kurzen Seite, mit weißer Unterseite, waren glatte Dreiecksektoren, mit denen ich nach meiner eigenen Phantasie Muster legen – Entwürfe machen konnte. Schließlich mußte ich mit anderen Mitteln Entwürfe machen. Aber die glatten Pappdreiecke und Ahornklötze waren am wichtigsten. Noch heute fühle ich sie in den Fingern" (Wright 1966, S. 15 f.).

Gerade das letzte Beispiel verdeutlicht noch einmal, wie sehr die Geschichte der menschlichen Plastizität von Bezugnahmen auf das und Instrumentalisierungen des Geschlechterverhältnisses durchzogen ist: Elementare Bildungsprozesse, darauf weisen auch die Neurowissenschaften hin, formen das kindliche Hirn als kulturelle Räume und Lebenswelten (Hüther 2011, S. 116), sie vermitteln „Hintergrundempfindungen" (Damasio 2006, S. 208), verknüpfen Gelerntes mit Emotionen. Dies wurde – zumindest von Fröbel – ja auch stets gefordert. Allerdings immer von einem Geschlecht. Problematisch erscheint dabei aktuell, dass die elementaren Bildungsprozesse durch die enge Verknüpfung pädagogischer Professionalität mit der – ebenfalls stets geforderten – Inszenierung weiblicher Geschlechtsidentität und sogar Mütterlichkeit stets eine Abwertung erfuhren, als feminisierte pädagogische Handlungsfelder galten. Aus diesem Grund erfahren sie nun, im 21. Jahrhundert, eine massive Re-Akademisierung und Professionalisierung. In der abstrakten Idee der menschlichen Plastizität und der damit verbundenen Geschichte des Bildungsbegriffs jedoch bleibt die Idee einer unterschiedlichen Formbarkeit der Geschlechter und einer unterschiedlichen pädagogischen Formung durch die Prägung bestimmter pädagogischer Felder durch die Dominanz des einen oder des anderen Geschlechts virulent.

Literatur

Damasio, Antonio R. (2006): Descartes' Irrtum. Fühlen, Denken und das menschliche Gehirn. München.

Geier, Manfred (2012): Aufklärung. Das europäische Projekt. Reinbek.

Gilman, Charlotte Perkins (1901): Mann und Frau (Women and Economics, 1899). Die wirtschaftlichen Beziehungen der Geschlechter als Hauptfaktor der sozialen Entwicklung. Leipzig.

Hoof, Dieter (1977): Handbuch der Spieltheorie Fröbels. Untersuchungen und Materialien zum vorschulischen Lernen. Braunschweig.

Horlacher, Rebekka (2011): Bildung. Stuttgart.

Hüther, Gerald (2011): Was wir sind und was wir sein könnten: Ein neurobiologischer Mutmacher. Frankfurt/M.

Humboldt, Wilhelm von (1960): Schriften zur Anthropologie und Geschichte. Werke Bd. I. Stuttgart.

Jackson, Shannon (2001): Lines of Activity. Performance, Historiography, Hull-House-Domesticity. Ann Arbor.

Kant, Immanuel (1996): Idee zu einer allgemeinen Geschichte in weltbürgerlicher Absicht. In: Ders.: Schriften zur Anthropologie, Geschichtsphilosophie und Pädagogik 1. Werkausgabe Bd. XI. Frankfurt/M., S. 31–50.

Kant, Immanuel (2000a): Über Pädagogik. In: Ders.: Schriften zur Anthropologie, Geschichtsphilosophie und Pädagogik 2. Werkausgabe Bd. XII. Frankfurt/M., S. 695–768.

Kant, Immanuel (2000b): Kritik der reinen Vernunft. Werkausgabe Bd. III. Frankfurt/M.

Kant, Immanuel (2000c): Kritik der Urteilskraft. Werkausgabe Bd. X. Frankfurt/M.

Landweer, Hilde (1995): Generativität und Geschlecht. Ein blinder Fleck in der sex/gender-Debatte. In: Koch, Gertrud (Hrsg.): Auge und Affekt. Wahrnehmung und Interaktion. Reinbek, S. 93–119.

Nancy, Jean-Luc (2003): Corpus. Zürich.

Rittelmeyer, Christian (2002): Pädagogische Anthropologie des Leibes. Biologische Voraussetzungen der Erziehung und Bildung. Weinheim/München.

Rittelmeyer, Christian (2012): Bildung. Ein pädagogischer Grundbegriff. Stuttgart.

Schiller, Friedrich (1984): Über das Schöne und die Kunst. Schriften zur Ästhetik. München.

Wright, Frank Lloyd (1966): Ein Testament. Zur neuen Architektur. Reinbek.

Bewegung

Kristin Westphal

Bewegung spielt in vielen Disziplinen eine bedeutsame Rolle: Sie ist Thema in Anthropologie, Biologie und Philosophie, in Mathematik, Ökonomie und Physik, in Soziologie, Psychologie sowie in Geschichts- und Politikwissenschaft; und zunehmend finden sich auch Beschreibungen und Analysen in den Sport-, Tanz-, Theater-, Kultur- und Medienwissenschaften. Das Phänomen der menschlichen Bewegung als Be- und Entzug von Selbst- und Weltverhältnissen wird hier in seiner lebensweltlichen, d. h. naturhaften und zugleich auch sozio-kulturellen und geschichtlichen Bedingtheit skizziert.

1 Klassische Bewegungslehre

Im klassischen griechischen Denken der antiken Physik und Metaphysik/Philosophie steht die Bewegung, gr. *kinesis,* allgemein für Veränderung im Sinne eines Ortswechsels, Anderswerdens oder einer Zu- und Abnahme. Bewegung bedeutet dabei zuallererst Selbstbewegung und nicht ein Bewegtwerden von außen – ein Wesenszug alles Lebendigen und Natürlichen. Im Gegensatz zu äußerlich hergestellten Artefakten liegt der Ursprung der natürlichen Bewegung und seiner Ruhe in sich selbst. Platon erklärt die Seele als sich selbst bewegend (Phaidros 245c). Ruhe – als Quelle von Bewegung – und Bewegung nimmt er unter die Grundbestimmungen des Seins auf (Sophistes 248e–251a). Aristoteles untersucht die physische Bewegung, die er nicht nur als Selbst-, sondern auch als Zielbewegung ausführt. Dabei gilt die Kreisbewegung als die vollkommenste Bewegung, die sich in ihrer Rückläufigkeit nur minimal verändert und der inneren Ruhe am nächsten kommt. Alle Bewegung findet ihre Quelle in Gott als dem ersten und unbewegten Beweger, der „als geliebter" bewegt, ohne selbst bewegt zu werden (Metaphysik XII, 1072 b3).

2 Naturwissenschaftliche Sicht

Die klassische Bewegungslehre, die sich an einer Kosmologie von Orten und ihrer Beziehungen untereinander orientiert, erfährt im 17. Jahrhundert durch Galileis Entdeckung, dass die Erde sich um die Sonne dreht, eine Neubestimmung. Descartes (1596–1650) beschreibt vor dem Hintergrund der Erkenntnisse in der naturwissenschaftlichen Physik die Bewegung als bloßen Ortswechsel, als Vertauschung einer Raumstelle gegen eine andere, die sich in ein fertiges Raum- und Zeitschema einfügen, sich messen, lokalisieren und datieren lassen muss. Der Geist bzw. die Seele werden als vom Körper getrennt betrachtet. Bewegungen werden von fremden Kräften erzeugt und nicht von eigenen Zielen geleitet (Descartes: Zweite Meditation, VII, 26). Diese Sichtweise hat sich in vielen Wissenschaftstheorien bis in die Gegenwart im Kern halten können. Im 18. Jahrhundert wird die Natur als ein Bereich vielfältiger aufeinander bezogener Bewegungen und Veränderungen wahrgenommen (z. B. bei Diderot). Hegel (1770–1831) versucht in der Vorrede zur *Phänomenologie des Geistes* diese freie Relativität in eine Systematik zurückzubinden, indem er die „Selbstbewegung des Begriffs" zum Motor der Geschichte erklärt und die einzelne Ortsveränderung als „Vergehen und sich-wieder-Erzeugen des Raums in der Zeit und der Zeit im Raum" bestimmt (vgl. Naturphilosophie § 261). Im 19. Jahrhundert beherrscht ein teleologisches Geschichtsverständnis verbunden mit einem Fortschrittsglauben die Wissenschaften. Die zweite kopernikanische Wende in der Geschichte des Bewegungsbegriffs geht im 20. Jahrhundert mit der Relativitätstheorie von Albert Einstein einher.

3 Kognitionswissenschaftliche Sicht bei Piaget

Die geänderte Sichtweise besteht heute darin, dass wir wissen, dass Handlungen und menschliche Bewegungen verschiedene Bedeutungen haben können, die kontextgebunden und in einer sozial-historischen Mit-Welt und Ding-Welt leiblich/körperlich verankert sind. Das Bildungssubjekt handelt und antwortet aus dem Geschehen, aus der Begegnung mit dem Anderen und den Dingen heraus. Es ist aktiv mitwirkend.

In der Entwicklungspsychologie sind die Schweizer Jean Piaget (1896–1980) und Bärbel Inhelder (1913–1997) in ihren Untersuchungen auf die Bedeutung der Sensumotorik für die Intelligenzentwicklung des Kindes gestoßen. Ihr Erkenntnisinteresse richtet sich auf die Untersuchung der Entwicklung kognitiver Strukturen beim Kind. Auf diese Weise sind die Bewegung und Wahrnehmung in ihrem Modell lediglich als Vorstufe für operationales und abstraktes Denken insbesondere auf naturwissenschaftliche Zusammenhänge hin gewertet worden (Piaget/Inhelder 1975, S. 32). Für Piaget ist kennzeichnend, dass er die Raumvorstellung als sich in Stufen entwickelnd beschreibt, die von der Bildung der sensorischen über die symbolischen bis hin zu den abstrakten Vorstellungen von Räumen reicht. Maurice Merleau-Ponty (1908–1961), der wie Piaget vor ihm an der Universität Sorbonne Vorlesungen zur Kinderpsychologie gehalten hat, begegnet den Forschungen von Piaget und Inhelder kritisch. Für ihn ist die Struktur des präreflexiven Erlebens und Erfahrens nicht als Vorstufe für höhere Ordnungen zu betrachten. Die Komplexität der Strukturen, die sich bereits im Erleben und Erfahren von Raum und Zeit spiegeln, kann vielmehr als korrespondierende Struktur im Geist ihren Widerhall und ihre Entsprechung finden. Wahrnehmungen sind die Urschicht, auf der jegliches Denken und Handeln aufruht.

4 Historische Anthropologie

Vor dem Hintergrund der Forschungen von Elias, Gehlen und Foucault untersuchen Gunter Gebauer und Christoph Wulf den Körper und seine Bewegung als Handlungsmöglichkeit, sich Welt anzueignen. Indem sie diese formen, machen sie sie zu einem Teil von sich selbst. Und umgekehrt wird das handelnde Subjekt von der Umwelt ergriffen und seinerseits von dieser geformt. Es überkreuzen sich das Natürliche und Gesellschaftliche, das Individuelle und Allgemeine (Gebauer/Wulf 1998, S. 24). Gebauer und Wulf betrachten den Körper und seine Bewegung als Medium und Träger von Zeichen, über die wir etwas erfahren können über die Veränderungen unserer Körper- und Bewegungsvorstellungen, seine Geschichtlichkeit und kulturelle Bedingtheit. Der Sportwissenschaftler Thomas Alkemeyer untersucht die Ordnungen von Bewegungen, indem er den Choreografien des Sozialen nachgeht (Alkemeyer et al. 2009). Der Körper ist sozial und kulturell geprägt. In Gesten scheint der Mensch auszudrücken, was er ist. Aber er ist mehr als nur ein Spiegel einer Kultur. Seine Gesten und Bewegungen ermöglichen die Erfindung des Neuen. Der Leib ist retrospektiv und prospektiv gleichzeitig, er ist Sprachleib und Denkleib. Das Ausgreifende, Prospektive liegt vor allem in der Bewegung – in dem Sinne, dass die Erfahrungen, die in den Leiberfahrungen gewonnen werden, jede einzelne Erfahrung transzendieren, indem sie neue Erfahrungen ermöglichen.

5 Philosophische Anthropologie und Phänomenologie

In Abgrenzung zum cartesianischen Dualismus und einem einseitig orientierten kognitionstheoretischen und kausalistischen Denken wird die Bewegung des Körpers in der Philosophischen Anthropologie und in der Phänomenologie als ein Zusammenspiel von Motorik, Sensorik und Denken verstanden. An der Beschreibung des Phänomens der Bewegung über die motorische Aktivität hinausgehend haben dabei nicht nur Philosophen wie Plessner, Merleau-Ponty oder Heidegger, sondern auch medizinische Anthropologen und Psychopathologen wie Straus und Weizsäcker oder Biologen wie Uexküll und Buytendijk mitgewirkt.

Die Phänomenologie, die den Leib als „Umschlagstelle" zwischen Natur und Geist begreift, entdeckt die leibliche Selbstbewegung neu (Husserl 1952, S. 286). Der Leib/Körper ist dabei als Nullpunkt unserer Orientierung im Raum zu sehen. In der Bewegung stellen wir Raum her und bilden ihn zugleich ab. Der Körper ist nicht nur ein Bewegender, sondern auch ein Beweglicher; und auch der Raum bekommt durch die Selbstbewegung eine Eigenbewegung. Durch den Körper bewegen wir uns und den Raum gleichzeitig. Zum einen ist der eigene Körper in Bewegung als Ganzer wie auch im Verhältnis seiner Glieder zueinander. Zum anderen erscheint die Umgebung in Verschiebungen und Bewegungen gegeneinander (Weizsäcker 1973, S. 5). Der Körper in Bewegung ist selbst einem Zwiespalt ausgesetzt, da er als Leib hier und jetzt, im Zentrum der Welt, und gleichzeitig als Körper irgendwo in der Welt ist. Als Leib-Körper werden beide Aspekte vereinigt; das Wissen und die Wahrnehmung um den Körper in Bewegung aber kommen nicht unbedingt zur Deckung (Waldenfels 2000, S. 154). Mit Plessner (1892–1985) fasst der Begriff Leib die Doppelheit als „exzentrische Position" des Menschen, die ein gleichzeitiges „Körpersein" und „Körperhaben" einschließt. Der Mensch ist weder allein Leib, noch hat er allein Leib (Körper) (Plessner 1982, S. 241). Der Leib entwirft sich zur Welt hin und verlängert sich in sie, er misst sich an den Dingen und befragt sie. Der Leib antwortet auf die Aufforderungsstrukturen der Welt. Er scheint uns mit Hilfe seines Sinnes- und Bewegungsapparates als Empfindungsträger, der Eindrücke erfährt und behält, als Ausdrucksorgan, mit dem wir Erlebtes kundtun, und als Orientierungs- und Handlungssystem, das Erfahrungen und Wirkungen vorstrukturiert, um das, was ich bemerke oder bewirke, im Raum in ein Oben und Unten, Vorn und Hinten, Nah und Fern oder Drinnen und Draußen anordnen zu können (vgl. Waldenfels 1998, S. 21). Durch die Öffnung auf andere und anderes hin ist der subjektive Leib stets außer sich und nimmt andere und anderes als sich selbst außer sich wahr (Transzendenz). Für Bildungsprozesse heißt das, dass sich diese nicht aus sich selbst heraus, sondern am und durch den Anderen oder das Andere vollziehen. Das Ich wird immer durch andere und anderes mitkonstituiert.

Merleau-Ponty geht davon aus, dass sich unsere leiblich gebundenen Standorte in der Bewegung verändern, von denen aus wir den Raum jeweils neu entfalten (Merleau-Ponty 1966, S. 297 ff.). Kurz: So wie der Leib einer Verdoppelung in Leib und Körper unterliegt, so verdoppelt sich auch der Ort der Bewegung, weil er sowohl Ursprung der Räumlichkeit der Bewegung ist, wie zugleich eine Stelle im bewegten Raum darstellt.

6 Wahrnehmung und Bewegung

Merleau-Ponty beobachtet fernerhin, dass das Fundament der Einheit der Sinne die Bewegung ist. Damit ist nicht die objektive Bewegung und Ortsveränderung gemeint, sondern der lebendige Bewegungsvollzug im Modus der gelebten Zeiten, d.h. der Übergangssynthesen von Vergangenheit, Gegenwart und Zukunft. Wir bewegen uns in der

Welt, weil wir dort etwas zu tun haben und entwerfen uns in der Bewegung auf die Welt hin (Merleau-Ponty 1966, S. 274).

Orientierung im Raum ist zuallererst Bewegung im Raum. Der umgebende Raum wird zu einer Erfahrung des Körpers. Die komplexe Studie zum Raum von Henri Lefebvre (1901–1991) analysiert den Zusammenhang zwischen Körper, Macht und Raumproduktion (Lefebvre 1974). Produziert werden demzufolge soziale Beziehungen durch den Körper und seine Gesten. In der Bewegung, in Gesten strukturieren wir Raum und gestalten ihn. Und umgekehrt antwortet unser Leib auf den Raum in der Erfahrung von Nähe und Ferne, Enge und Weite etc. Die Studien von Erwin Straus (1891–1975) zu den Formen des Räumlichen wie auch die Arbeiten von Lefebvre machen auf die akustische Dimension aufmerksam, die bei einer Orientierung im Raum eine zentrale, wenn nicht gar führende Rolle spielt (Straus 1956; vgl. Westphal 2008, S. 24 f.). Das Hören ist mit dem Gleichgewichtssinn eng verwoben. Der Körper positioniert sich über den Gleichgewichtssinn, über die lateralisierten akustischen Beziehungen im Raum und konstituiert sich so als räumliches Wesen (vgl. Wex 2000, S. 32).

7 Tänzerische Bewegung

Eine besondere Bewegung ist die tänzerische Bewegung: Der Leib, mit dem ich die Welt in der tänzerischen Bewegung erfahre, ist selbst an der Differenz beteiligt, als Körpersein zu fungieren und zugleich im Körperhaben von sich Abstand nehmen zu können. Dass der Leibkörper im Tanzen – in ganz besonderer Weise auf der Tanzfläche bzw. Bühne ausgestellt – nach außen tritt und zu einem „anderen" Körper gemacht bzw. imaginiert wird, setzt den Leib voraus.

Tanz gehört wohl zu den wichtigsten Darstellungs- und Ausdrucksformen der Menschen und stellt einen elementaren und vitalen Zugang dar, sich selbst, die Welt und sich selbst im Verhältnis zur Welt und zur Weltsicht Anderer existentiell zu erfahren. So werden im Tanzen grundlegende dynamische Erfahrungen in Zeit und Raum gemacht, die sich kinetisch und kinästhetisch vermitteln (vgl. Brandstetter/Wulf 2007, S. 9; Westphal 2007, S. 7 f.). Erwin Straus stellt fest, dass der Tanz zu allen Zeiten und bei allen Völkern autochthon entstanden, fort- und umgebildet worden ist. „Der Tanz gehört zu den ursprünglichen Schöpfungen des Menschen wie Sprache, Kleidung, Schmuck, Gebrauch von Werkzeugen. Er muß also einem tiefen und allgemeinen Bedürfnis entspringen" (Straus 1960, S. 164). Dem Tanzen liegt ein Erleben zugrunde, das sich von dem theoretischen Erkennen, dem praktischen Begreifen, dem zweckmäßig planenden und berechnenden Handeln, dem technischen Beherrschen der Dinge entfernt (ebd., S. 166 f.). Paul Valéry (1871–1945) thematisiert die raumbildende bzw. regenerative Kraft des Tanzens, dergestalt sie die „Eigenschaften des Raumes sichtbar werden lassen und insbesondere seine Uneinheitlichkeit in Hinsicht auf den Menschen und seine Einheitlichkeit in Hinsicht auf das Tun des Geistes – die virtuellen Bewegungen" (Valéry 1993, S. 30).

Innerhalb der noch jungen Tanzwissenschaften wird das Tanzen als eine Art von Wissen verstanden, dass sich nicht im Finden und Behalten von Bewegungsformen erschöpft. Tanzen als dynamisches Geschehen rührt an die Grundlagen eines etablierten Verständnisses von Wissenschaft. Gabriele Brandstetter betont den politischen Charakter tänzerischen Wissens als implizites und situatives Wissen (Brandstetter 2007, S. 98). Gabriele Klein hebt auf die bildende Wirkung von Tanzen ab, insofern Tanzen gesellschaftliches Leben und seine Bedingungen in mimetischer Form in Bewegungserfahrungen transformiert. Auf diese Weise werden andere Zugänge des Verstehens, Erkennens, Begreifens, Sich-Wehrens von Selbst und Welt erfahren (Klein 2008, S. 14 f.).

8 Bewegung als Ereignis in der Postmoderne und Postdramatik

In postmodernen, postdramatischen und poststrukturalistischen sowie neueren phänomenologischen Theorien, die vor dem Hintergrund der Neuen Medien, der Raumkünste und der vernetzenden Technologien entstanden sind, wird die Frage danach, wie Bewegung als Ereignis zu denken ist, weiter akzentuiert: Diese Theorien wenden sich den Thematiken der Flüchtigkeit, der An- und Abwesenheit, der Eigen- und Fremdbewegung sowie Verschiebungen in der Wahrnehmungsweise von zeitlichen und räumlichen Bezügen zu (Waldenfels 2009). Der Fokus solcher Forschungen zielt auf eine neue Politik des Sehens und Hörens, in der verschiedene aisthetische Perspektiven und Sichtweisen aufzeigt werden, die sich löst von Modellen der Repräsentation, die Original und Kopie miteinander verschränkt haben und die sich hinbewegt zu Modellen, in denen Dramaturgien und Choreografien von Bewegungen in kulturellen Feldern als ein Kommen und Gehen, ein Steigen und Fallen verstanden werden können – kurz: Es geht um eine Wissenspolitik, die die lebendige Bewegung im Moment des kulturellen Geschehens in einem Umfeld wahrnimmt (Westphal 2012; Crary 1996; Lehmann 1999; de Certeau 1988).

Literatur

Alkemeyer, Thomas/Brümmer, Kristina/Kodalle, Rea/Pille, Thomas (Hrsg.) (2009): Ordnung in Bewegung. Choreografien des Sozialen. Körper in Sport, Tanz, Arbeit und Bildung. Bielefeld.

Aristoteles (1995): Philosophische Schriften in sechs Bänden. Übers. von Eugen Rolfes u. a. Darmstadt.

Brandstetter, Gabriele (2007): Tanz als Szeno-Graphie des Wissens. In: Dies./Wulf, Christoph (Hrsg.): Tanz als Anthropologie. München, S. 84–99.

Brandstetter, Gabriele/Wulf, Christoph (2007): Einleitung. Tanz als Anthropologie. In: Dies. (Hrsg.): Tanz als Anthropologie. München, S. 9–13.

Certeau, Michel de (1988): Kunst des Handelns. Übers. von Ronald Voillé. Berlin.

Crary, Jonathan (1996): Techniken des Betrachters. Sehen und Moderne im 19. Jahrhundert. Dresden/Basel.

Descartes, René (2008): Meditationes de prima philosophia. Meditationen über die Grundlagen der Philosophie. Übers. von Christian Wohlers. Hamburg.

Elias, Norbert (1939): Über den Prozess der Zivilisation. 2 Bände. Basel.

Gebauer, Gunter/Wulf, Christoph (1998): Spiel - Ritual - Geste. Mimetisches Handeln in der sozialen Welt. Reinbek.

Husserl, Edmund (1952): Husserliana IV. Den Haag/Dordrecht.

Klein, Gabriele (2004): Bewegung. Bielefeld.

Klein, Gabriele (2008): Tanzkunst als Bildung. In: Die Deutsche Bühne. Heft 2. Köln, S. 14–18.

Lefebvre, Henri (1974): La production de l'espace. Paris.

Lehmann, Hans-Thies (1999): Postdramatisches Theater. Berlin.

Merleau-Ponty, Maurice (1966): Phänomenologie der Wahrnehmung. Berlin.

Piaget, Jean/Inhelder, Bärbel (1975): Die Entwicklung des räumlichen Denkens bei Kindern. Stuttgart.

Platon (1984): Sämtliche Werke. Sechs Bände. Hrsg. von Walter Otto/Ernesto Grassi/Gert Plamböck. Reinbek.

Plessner, Helmuth (1982): Gesammelte Schriften in 10 Bänden. Band VII. Hrsg. von Günther Dux/Odo Marquard/Elisabeth Ströker u. a. Frankfurt/M.

Straus, Erwin (1930/1960): Psychologie des Menschen. Berlin.

Straus, Erwin (1956/1978): Vom Sinn der Sinne. Berlin/New York/Heidelberg.

Valéry, Paul (1993): Cahiers Hefte Bd. 6. Übers. von Hartmut Köhler/Jürgen Schmidt-Radefeldt. Frankfurt/M.

Waldenfels, Bernhard (1998): Grenzen der Normalisierung. Frankfurt/M.

Waldenfels, Bernhard (2000): Das leibliche Selbst: Vorlesungen zur Phänomenologie des Leibes. Frankfurt/M.

Waldenfels, Bernhard (2009): Ortsverschiebungen. Zeitverschiebungen. Modi leibhaftiger Erfahrung. Frankfurt/M.

Weizsäcker, Victor von (1940/1973): Der Gestaltkreis. Frankfurt/M.

Westphal, Kristin (2007): Macht im Raum erfahren. Der Körper als Ort des Denkens im Raum. In: Dies. (Hrsg.): Orte des Lernens. Beiträge zu einer Pädagogik des Raumes. Weinheim, S. 7–14.

Westphal, Kristin (2008): Ertanzte Räume. In: Liebau, Eckart/Klepacki, Leopold (Hrsg.): Tanzwelten: Zur Anthropologie des Tanzens. Münster/New York/München/Berlin, S. 45–64.

Westphal, Kristin (Hrsg.) (2012): Räume der Unterbrechung in Theater/Performance und Pädagogik. Oberhausen.

Wex, Corell (2000): Lefebvres Raum: Körper, Macht und Raumproduktion. In: Fecht, Tom/Kamper, Dietmar (Hrsg.): Umzug ins Offene. 4 Versuche über den Raum. Wien, S. 32–40.

Habitus

Eckart Liebau

1 Habitus und Sozioanalyse

Mit dem ursprünglich aus der Scholastik stammenden und in der Kunstgeschichte des 20. Jahrhunderts wieder aufgenommenen Habitus-Begriff zielt der wichtigste Vertreter des Habitus-Konzepts, der französische Soziologe Pierre Bourdieu (1930–2002), auf eine „Theorie des Erzeugungsmodus der Praxisformen" (Bourdieu 1979, S. 164).

Der Begriff „Habitus" bezeichnet durch Lernen erworbene, aufeinander bezogene und in der Regel unbewusste Wahrnehmungs-, Denk-, Urteils- und Handlungsmuster, die den spontanen Praktiken sozialer Akteure im Rahmen sozialer Strukturen und Institutionen zugrunde liegen. Der Begriff beschreibt zu dauerhaften Dispositionen verdichtete, im wörtlichen Sinne einverleibte Gewohnheiten und Routinen, also die subjektiven Grundlagen der selbstverständlichen Alltagspraktiken in den verschiedenen Feldern des gesellschaftlichen Lebens. Diese Dispositionen lassen sich als Kompetenzen des Subjekts verstehen; sie beziehen sich auf die Erzeugung sowohl praktisch-körperlicher als auch symbolischer Handlungen. Sie bilden ein in sich geschlossenes, gestalthaftes System, das dem Handelnden im Rahmen seiner relativen Autonomie geregelte, spontane Improvisationen ermöglicht, die sich insgesamt durch einen weitgehend kohärenten Stil auszeichnen. Soziale Akteure in objektiv vergleichbaren sozialen Lagen (Klassen, Milieus) verfügen über einen gemeinsamen Habitus mit je besonderen Stilvarianten im Individualhabitus; der Klassen-/Milieuhabitus enthält die je spezifischen Normalitätsprinzipien. Die Geschichte des Habituserwerbs wird vergessen; die Dispositionen werden somit zur zweiten Natur, zum „praktischen Sinn", der den „sense of one's place" einschließt. Wer den Habitus angeeignet hat, kann sich im Rahmen der entsprechenden Kontexte angemessen und spontan benehmen und bewegen.

Die im Habitus miteinander verbundenen, immer kontextbezogenen inkorporierten Dispositionen sind als Kompetenzen nicht nur für die alltägliche Lebensführung und

-bewältigung zentral; sie spielen vielmehr auch eine entscheidende Rolle im Umgang mit sozialen Unterschieden, insbesondere in der Frage der Anerkennung der Legitimität von Ungleichheit in ökonomischer, sozialer, kultureller und symbolischer Hinsicht. Es geht um Distinktion, und zwar nicht nur um objektive Unterschiede nach gesellschaftlichen Lagen und Stellungen im „Raum der Positionen", sondern auch um subjektive Unterschiede nach Haltungen und Praktiken im „Raum der Lebensstile". Abgrenzungsstrategien der privilegierten gesellschaftlichen Gruppen, Aufstiegsstrategien der mittleren Schichten und Resignationshaltungen in den unteren, insbesondere in prekären Situationen lebenden Bevölkerungsgruppen finden ihren Ausdruck in den Geschmäckern, die eben nicht zufällig verschieden sind (Bourdieu 1982) und in denen sich Zugehörigkeiten und Distanzierungen äußern und niederschlagen. Die hier jeweils unterschiedlich getroffenen Unterscheidungen zwischen schön und hässlich, passend und unpassend, fein und vulgär haben nicht nur kognitiven Charakter; sie sind vielmehr emotional und körperlich tief verankert: Ekel und Scham in ihren milieu- und kulturspezifischen Ausprägungen sind dabei die zentralen regulierenden Gefühlsdimensionen. Das Habitus-Konzept verbindet also anthropologische, soziologische, psychologische und sozialpsychologische Perspektiven zu einem integrierten Ansatz, der sich auch sozialisationstheoretisch lesen lässt (Liebau 1987).

Wenn man die Ergebnisse Bourdieus grob zusammenfasst, zeigt sich im Blick auf das Frankreich des mittleren 20. Jahrhunderts Folgendes: Die distinguierte „Form" bildet den zentralen Bezugspunkt des Habitus der oberen Schichten, „Prätention" kennzeichnet den bürgerlich-kleinbürgerlichen Habitus in seinem Bemühen, durch eifrige Nachahmung den Aufstieg in die oberen Schichten zu erreichen, die Orientierung an „Substanz" dagegen stellt das Ergebnis einer resignativen Fügung in die knappen Ressourcen im Rahmen des Notwendigkeitsgeschmacks der Unterschichten dar. In Kleidung, Wohnung, Nahrung äußern sich diese Grundmuster ebenso wie in den alltäglichen Handlungs- und Umgangsformen.

Auch wenn man deutlich erkennen kann, dass der soziologisch-anthropologische Begriff an relativ geschlossenen Gesellschaften entwickelt worden ist (anthropologisch an Studien zu den Kabylen: Bourdieu 1979, soziologisch an der französischen Klassengesellschaft des mittleren 20. Jahrhunderts: Bourdieu/Passeron 1971) und dementsprechend insofern doppelter Historizität unterliegt, als sowohl die beschriebenen gesellschaftlichen Verhältnisse als auch die wissenschaftlichen Diskurse immerhin ein halbes Jahrhundert zurückliegen, so zeigt die Rezeptions- und Weiterentwicklungsgeschichte der Bourdieu'schen Konzepte doch die Aktualität und Brauchbarkeit der von ihm verwendeten begrifflichen und analytischen Konzepte. So ist insbesondere die Grundkategorie des Habitus auch unter den aktuellen Bedingungen der Globalisierung unverändert sehr erkenntnisförderlich. Diese Kategorie ist – wie das gesamte Konzept Bourdieus – das Ergebnis der systematischen Verbindung phänomenologischer und strukturalistischer Ansätze in einem „praxeologischen" (Liebau 1987) Ansatz. So ist es für empirische Zugänge zur Beschreibung und Analyse von Gesellschaftsstrukturen und Lebenslagen und -situationen von gesellschaftlichen Akteuren sehr hilfreich, im Rahmen einer „Sozioanalyse" (Pfeffer 1985) die objektive Ausstattung von gesellschaftlichen Positionen mit ökonomischem, sozialem, kulturellem und symbolischem Kapital und die subjektive Ausstattung der Positionsinhaber mit eben diesen Kapitalformen und den damit verbundenen Geschmacksformen aufeinander zu beziehen. Kompetenz hat in der deutschen Sprache nicht zufällig die schöne Doppelbedeutung von „Fähigkeit" und „Befugnis". Wenn man also etwas Tragfähiges über Kompetenzen erfahren will, muss man zuerst nach dieser Relation fragen.

2 Habitus und Bildung

Dass Bildung in erster Linie geistige Bildung in einem anspruchsvollen kulturellen Sinne sei und dass es auch vor allem auf sie ankomme, gehörte lange zu den fundamentalen Glaubenssätzen der deutschen Pädagogik. Inzwischen ist diese idealistische Vorstellung zwar unter dem Ansturm ökonomisch-utilitaristisch motivierter Qualifikationsvorstellungen radikal relativiert worden. Vom Geist ist selbst im höheren Bildungswesen nur noch selten die Rede; kognitive Kompetenzen sind an seine Stelle getreten. Im alltagssprachlichen Begriff von Bildung findet sich immerhin noch ein Abglanz der früheren Herrlichkeit; da geht es nach wie vor insbesondere um Sprache, Kunst und Wissenschaft (Bollenbeck 1996). Der traditionelle und der moderne Bildungsbegriff stimmen jedoch darin überein, dass sie in der Regel vollständig von den physischen, psychischen und sozialen Bedingungen von Bildungsprozessen abstrahieren. Das wird sofort deutlich, wenn man geistige oder kognitive Bildungsprozesse als Habitualisierungsprozesse im umfassenderen Rahmen der Pädagogischen Anthropologie und Sozialisationstheorie betrachtet.

Denn die Grundlage aller Bildungsprozesse bilden der Körper und seine Entwicklung. Die Entwicklung ist fundamental durch die materiellen Bedingungen des Aufwachsens mitbestimmt; die herkunftsspezifischen Formen von Ernährung, Kleidung, Wohnung prägen die Grundmuster wesentlich mit, die die fundamentalen Bedürfnisse annehmen und die damit zugleich die Basis des sich entwickelnden Geschmacks darstellen. Die wichtigsten Bildungsprozesse in Kindheit und Jugend gehen dementsprechend nicht aus der expliziten, sondern aus der impliziten Erziehung und aus den allgemeinen Sozialisationserfahrungen hervor; die wichtigste Lernform ist das körperlich basierte mimetische Lernen: Lernen durch Praxis, durch Nachmachen und Mittun, durch Aneignung von Routinen und Gewohnheiten und durch die dementsprechende Entwicklung von Denk-, Wahrnehmungs-, Urteils- und Handlungsmustern, die aus der Herkunftskultur stammen und in ihr ihren Sinn haben. Für das Kind ist die Familie, die soziale Herkunft Schicksal; es hat keine Wahl. Wie im primären Kontext mit Sprache und Stimme, mit Zeit und Raum, mit Körper und Bewegung, mit Beziehung und Gewalt umgegangen wird, hat fundamentale Bedeutung, und zwar auch dann, wenn der

Jugendliche oder Erwachsene sich lebensgeschichtlich einmal aus seinem Herkunftsmilieu lösen sollte. Das gilt für interkulturelle und internationale Migrationslebensgeschichten ebenso wie für „autochthone" Aufstiegs- und Abstiegsgeschichten.

Wie kommt es also, dass Menschen ohne ausdrückliches Regelwerk und ohne Metakommunikation in der Lage sind, fein aufeinander abgestimmt und ihrer Lebenslage und Situation angemessen im gesellschaftlichen Kontext zu handeln? Wie erwerben Menschen die dafür nötigen Kompetenzen? Lässt sich mit der praxeologischen Perspektive eine im Körper verankerte Denk-, Wahrnehmungs-, Urteils- und Handlungsgrammatik, ein übergreifender „modus operandi" (Bourdieu 1979, S. 164) entschlüsseln, der den empirisch beobachtbaren Regelmäßigkeiten der Praxis zugrunde liegt? Wie kommt aber eine solche Grammatik in den Körper? Wie muss man sich den Bildungsvorgang in den Prozessen und Relationen von Verinnerlichung und Entäußerung vorstellen? Wie muss eine Theorie „von der Dialektik zwischen Interiorität und Exteriorität, d.h. zwischen der Interiorisierung der Exteriorität und der Exteriorisierung der Interiorität" (ebd.) beschaffen sein? Was folgt daraus, wenn der *modus operandi* als eine Art Grammatik, als ein generatives Prinzip anzusehen ist und die Ebene der Kompetenzen von Menschen bezeichnet? Auf solche Fragen versucht das Habitus-Konzept eine empirisch tragfähige Antwort zu geben. Die Fragen zeigen, wie groß die Nähe des Konzepts zu bestimmten Grundannahmen der klassischen Bildungstheorie insbesondere Humboldt'scher Prägung ist (Liebau u.a. 2009). Das ist auch Bourdieu nicht entgangen: „Liefe dieser überbestimmte Begriff nicht Gefahr, falsch verstanden zu werden, und ließen die Bedingungen seiner Gültigkeit sich vollständig bestimmen, so wäre ‚*Bildung*' (*culture*), ein Begriff, der sich sowohl auf das Prinzip der objektiven Regelmäßigkeiten wie auf das Vermögen des Handelnden als System verinnerlichter Modelle anwenden lässt, dem Begriff ‚Habitus' vorzuziehen" (Bourdieu 1974, S. 41, Anm. 23; Hervorhebung E.L.). Die lebensgeschichtlich in der und durch die Praxis erworbene Bildung des sozialen Akteurs, die er wiederum einsetzt, um seine Verhältnisse zu bilden – das ist die wahrscheinlich knappste Definition, die für den Habitus, den praktischen Sinn, gegeben werden kann.

3 Habitus, Familie und Milieu

Habitus bezeichnet also kollektive, aber je individuell anzueignende und auch in gewissen Grenzen zu variierende Strategien der Lebensführung, die sich zu in sich geschlossenen, festen (Lebens-)Stilen verfestigen, denen individuelle Kompetenzen korrespondieren, die ein aufeinander bezogenes Gesamtsystem bilden. Entscheidend ist dabei, dass diese Haltungen und Lebensstile grundsätzlich mit der Stellung im sozialen Raum verbunden sind. Das Kind wird in einen gegebenen Kontext hineingeboren, in modernen Gesellschaften i.d.R. in eine Familie, die durch ihre Klassenlage und Klassenstellung, durch ihre Geschichte, durch die ökonomischen, sozialen, kulturellen und symbolischen Kapitalien, über die sie verfügen kann, durch ihre spezifische Binnenstruktur, durch ihre regionale Verortung etc. gekennzeichnet ist. Die sozialen Lebensbedingungen seines Aufwachsens findet das Kind daher von allem Anfang an vor. Schon die pränatalen Existenzbedingungen unterscheiden sich radikal im Blick auf die Umgebung und die Reize, denen das ungeborene Kind ausgesetzt ist (Ernährungs- und Gesundheitssituation der Mutter, Bewegungsmuster, zeitliche Rhythmen, Geräusche etc.). Und schon vom ersten Schrei an wird der neugeborene Mensch mit seinen sozialen Existenzbedingungen direkt konfrontiert: in der Art, wie die Eltern, wie ggf. die Geschwister, wie Verwandte, Freunde und Bekannte mit dem Kind umgehen, wie sie es behandeln, sei es in direkter praktischer Interaktion und den sie begleitenden Gefühlen und Äußerungen, sei es in den konkreten, sachlichen Umständen, in die es gestellt (bzw. zunächst: gelegt) wird – das Bett, der Kinderwagen, der Raum, die Kleidung und die spezifische Methode des „Wickelns", die Nahrung und die dafür arrangierte Situation usw. Die Umstände und die Praktiken, auf die das Kind trifft, kann es zunächst in keiner Weise intentional beeinflussen; freilich wird es seine biologischen und sozialen Bedürfnisse zur Geltung bringen, wenn auch ohne Bewusstsein davon.

Man darf sich dabei das Kind nicht etwa als passive *tabula rasa* vorstellen; es ist vielmehr von vornherein ein höchst aktives, seine Welt mitgestaltendes und sich aneignendes Wesen. Aber es kann eben nur die Welten aneignen und mitgestalten, auf die es trifft. Das Kind wird daher im Lauf der Zeit genau jene Kompetenzen erwerben, die ihm eine aktive Bewältigung seiner spezifischen Lebenslage ermöglichen. Es bleibt ihm gar nichts anderes übrig.

Das Kind ist gleichzeitig Objekt von Praxisformen, in denen sich die Habitusformen der sozialisierenden Personen äußern, und Subjekt von Praxisformen, in denen es seine eigenen, angeborenen und bereits erworbenen Kompetenzen aktualisiert und erweitert. Dabei aber stößt es auf spezifische Grenzen, die durch die expliziten, vor allem aber durch die impliziten Ge- und Verbote, die in seiner Familie bzw. in einem weiteren Sinn: in der sozialen Kultur, in der es lebt und aufwächst, gelten. Die Selbsttätigkeit der Kinder, in der sie durch handelnde Aneignung ihre Kompetenzen erwerben, „ohne im eigentlichen Sinn" zu wissen, „was sie tun, weil das, was sie tun, mehr Sinn aufweist, als sie wissen" (Bourdieu 1979, S. 179), eröffnet ihnen nicht das gesamte Spektrum der Möglichkeiten praktischen oder sozialen Verhaltens, nicht das Universum der Praxis, sondern nur jenen Ausschnitt, der durch die für sie erfahrbare Praxis definiert ist. Das gilt für die körperlichen ebenso wie für die symbolischen Praktiken. Damit ist gleichzeitig eine Einsozialisierung in eine bestimmte soziale Kultur verbunden, deren Selbstverständlichkeiten, deren Gebote und Verbote, deren Traditionen und Routinen auf das Kind einwirken. In den verschiedenen Gruppen der Gesellschaft finden sich bekanntlich höchst unterschiedliche Praktiken. Dementsprechend unterscheiden sich die Sozialisationsmilieus und -gebräuche. Und dementsprechend unterscheiden sich die primären Habitusformen: Pfarrers Tochter und Lehrers Sohn haben im statistischen Durchschnitt im Blick auf kulturelle oder kommunikative Kompetenzen, aber auch im

Blick auf die zu erwartenden objektiven und subjektiven Zukunftsperspektiven mehr miteinander gemein als Pfarrers Tochter mit Müllers Tochter oder Lehrers Sohn mit Arbeiters Sohn: Sie haben z. B. mehr Zeit zum Lernen und zur eigenen Entwicklung; sie leben in der Regel in einem kulturell reicheren Milieu. Sie werden stärker auf Individualität und Personalität („Selbständigkeit") hin erzogen; Reflexivität und die Beherrschung symbolischer Praktiken spielen eine größere Rolle; es fließt mehr Geld in ihre Sozialisation. Dementsprechend unterscheiden sich die Geschmacksformen und die (subjektiven und objektiven) Interessen, die am Schluss herauskommen.

Es ist eine tendenziell zirkuläre Struktur, die sich im Sozialisationsprozess entwickelt. Das Kind trifft auf die durch den Habitus der Eltern erzeugten Praxisformen; es nimmt mit zunehmender Dauer umso kompetenter an diesen Praxisformen teil; und es reproduziert in dem Maße, in dem es seine Kompetenzen entwickelt, die Praxisformen, in die es einsozialisiert worden ist, die zur sozialen Lage seiner Eltern passen: Der Habitus reproduziert „als Instrument einer Gruppe [...] in den Nachfolgern das von den Vorgängern Erworbene oder, einfacher, die Vorgänger in den Nachfolgern" (Bourdieu u. a. 1981, S. 196). Sozialisierung bewirkt also gleichzeitig eine soziale Vererbung der Kompetenzstrukturen.

Im Verlauf individueller Sozialisationsprozesse werden Dispositionen unterschiedlichen Allgemeinheitsgrads erworben. Es gibt in Gesellschaften mehr oder minder universelle generative Prinzipien, die von allen Kindern schon in der primären, familialen Sozialisation erworben werden, wenn auch in klassen- bzw. lagespezifischen Variationen, so z. B. die Landessprache, manche Sitten und Gebräuche (fundamentale Tischsitten, Esskultur, Festgebräuche etc.) oder auch die wichtigsten Verkehrsregeln; hierher gehören auch die zentralen Prinzipien der gesellschaftlichen, insbesondere auch der generationalen und der geschlechtlichen Arbeitsteilung. Es gibt aber darüber hinaus je klassen-, gruppen- oder sogar familienspezifische generative Prinzipien, die dementsprechend nicht von allen Kindern erworben werden, sondern nur von den Kindern aus den je spezifischen Teilkulturen, z. B. sprachliche Dialekte, religiöse Habitusformen, die stilistischen Möglichkeiten, wie sie die gruppenspezifischen Alltagspraktiken und Geschmackskulturen kennzeichnen. Unter den Bedingungen der Globalisierung ergibt sich hier eine radikale Zunahme und Diversifizierung des Formenspektrums, die die ohnehin schon vorhandenen Tendenzen der Pluralisierung und Individualisierung (Beck 1986) exponentiell verstärken. Auch der Erwerb „männlicher" oder „weiblicher" Kompetenzen unterliegt gruppenspezifischen Auslegungen und Umgangsweisen. Natürlich macht es, so trivial das auch ist, auch heute noch einen zentralen Unterschied, ob ein Kind in einer alteingesessenen ländlich-katholischen Bauernfamilie, in einer universalistisch mobilen städtisch-protestantisch-universitären Arztfamilie oder in einer anatolisch-stämmigen Arbeiterimmigrantenfamilie aufwächst: Erst aus der Kombination von ökonomischer, sozialer und kultureller Lage, generationaler Stellung und Geschlecht ergeben sich die Anforderungen, die zu bewältigen, und die Kompetenzen, die zu erwerben sind.

In den primären Sozialisationsprozessen werden somit spezifische Kombinationen generativer Prinzipien erworben. Der Habitus kombiniert Dispositionen unterschiedlichen Allgemeinheitsgrads zu in sich mehr oder minder geschlossenen Gestalten oder Systemen; und erst diese Kombination ist es, die seine spezifische Passung zur jeweiligen Teilkultur ausmacht.

Allerdings darf man sich Habitualisierungsprozesse nicht etwa so vorstellen, dass in einer schönen Reihenfolge erst die allgemeinsten, dann immer speziellere generative Prinzipien vermittelt und erworben würden. Vielmehr ist davon auszugehen, dass von Anfang an spezifische Kombinationen erworben (und praktisch gelebt) werden. Deshalb sind Entwicklungsprozesse nicht erst „offen" und werden dann immer stärker „eingegrenzt", sondern sie sind von vornherein gleichzeitig „offen" und „begrenzt". Daraus folgt die fundamentale Bedeutung des primären Habituserwerbs. Hier wird die Gestalt der generativen Kompetenzen eines Individuums gebildet, die die Grundlage seiner gesamten späteren Entwicklung darstellt. Die Gestalt des primären Habitus, wie sie sich in der Dialektik von Interiorisierung und Exteriorisierung, von Verinnerlichung und Entäußerung, herausbildet, wirkt zwar nicht als Verhängnis, wohl aber als schicksalsprägend insofern, als hier die Neigung gefördert wird, „aus der Not eine Tugend zu machen, d.h. das Verworfene nicht zu wollen und das ohnehin Unvermeidliche zu wollen" (Bourdieu 1987, S. 90). Weil der „Habitus als zur Tugend gemachte Notwendigkeit" (ebd.) zu verstehen ist, als Anerkennung der Verhältnisse, wie sie sind, und als Wunsch, diese Verhältnisse aufrecht zu erhalten, tendiert er zur Reproduktion. Dies gilt nicht nur für die Phase der frühen Kindheit, in der die Grundstrukturen angeeignet und entwickelt werden, sondern es gilt auch für die Phase der späteren Kindheit und Jugend, in der nicht mehr nur die Familie, sondern auch die Schule ihre Wirkung entfaltet. Es ist die von allem Anfang an erfahrene und auf Dauer gestellte Alltäglichkeit soziokulturell differenter Praktiken und der daran gebundenen Selbstverständlichkeiten, aus der die unterschiedlichen Habitusformen erwachsen.

4 Habitus und Schule

Dass auch das Schulwesen durch seine Funktionsweise zur Reproduktion dieser Verhältnisse stark und systematisch beiträgt, hat Bourdieu schon in seinen bildungssoziologischen Untersuchungen der 1960er Jahre im Einzelnen belegt; in den gemeinsam mit Jean-Claude Passeron verfassten Arbeiten *Die Illusion der Chancengleichheit* (1971) und *Grundlagen einer Theorie der symbolischen Gewalt* (1973) kann man die im Kern bis heute gültigen Ergebnisse nachlesen.

Die Bildungsinstitutionen werden ihrer Funktionstrias (Selektion, Legitimation, Qualifikation) dadurch gerecht, dass sie ihren eigenen, neutral gehandhabten Leistungskriterien in relativer Autonomie folgen. Genau darin bestehen ihre implizite Pädagogik und ihre symbolische Gewalt. Denn Erfolg oder Versagen in Bildungsinstitutionen werden damit prinzipiell als persönliche Leistung des Schülers angesehen. Bildungszertifikate, schulische Abschlüsse ebenso wie hochschulische Titel, bescheinigen dementsprechend das nachgewiesene Leistungsvermögen. Aber gerade durch die scheinbare Neutralität der Leistungskriterien und die Gleichbehandlung der Schüler als Schüler werden, quasi automatisch, selektive Unterscheidungen hervorgerufen. Denn die Aussicht auf und die Wahrscheinlichkeit von Bildungserfolgen steigt genau in dem Maße, in dem schulische und familiäre Habitusformen übereinstimmen. Wenn die Schule als kulturell durch die Habitusformen der kulturellen Mittel- und Oberschichten geprägte Institution ihre Leistungskriterien zur Geltung bringt, so privilegiert sie damit genau jene Kinder, die aus den ihr entsprechenden Milieus stammen. Sie werden i. d. R. zu erfolgreichen Schülern; damit steigen auch ihre Berufsausbildungsmöglichkeiten und ihre Chancen, im Berufsleben relativ hohe Positionen einzunehmen, sofern, was wahrscheinlich ist, sie solche anstreben: Der Reproduktionskreislauf bleibt insgesamt erhalten.

So kann das Bildungssystem ohne größere gesellschaftliche Konflikte und bei formal gesicherter Chancengleichheit seinen Beitrag zur Reproduktion der gegebenen gesellschaftlichen Statushierarchien leisten, indem es seinen eigenen Gesetzen in „relativer Autonomie" (Bourdieu/Passeron 1973, S. 190 ff.) folgt. Verwissenschaftlichung, Versprachlichung und Intellektualisierung schulischen Lehrens und Lernens im Verbund mit dem Leistungsprinzip erweisen sich als die entscheidenden Selektionsmechanismen, die in der Logik des Bildungswesens selbst begründet sind. Ihre Wirksamkeit liegt darin, dass die Schüler im Lauf ihrer Schulzeit lernen, genau diese kognitiven Dimensionen und die entsprechenden „Hauptfächer" für die entscheidenden zu halten und sich zudem Erfolg oder Versagen generell als individuelle Leistungsfähigkeit zuzurechnen; die Einsicht in die soziale Konstitution dieser Prozesse bleibt ihnen systematisch versperrt.

5 Aktualität und Kritik

Dass das Grundkonzept nach wie vor sehr ergiebig und erklärungskräftig ist, ist evident. Nicht zufällig ist Bourdieu der wohl weltweit am stärksten rezipierte und einflussreichste französische Soziologe des 20. Jahrhunderts geworden. Allerdings haben sich die gesellschaftlichen Verhältnisse nicht nur im nationalen, sondern vor allem im globalen Kontext so stark verändert, dass die empirischen Aussagen Bourdieus nur noch begrenzte Geltung beanspruchen können. Für die Gegenwart sind, auch wenn die oben genannten Muster sich nach wie vor finden lassen und trotz der neuerlichen Klassenspaltung der modernen Gesellschaften, weniger diese alten empirischen Befunde interessant: Da hat sich unter Bedingungen von Globalisierung, Modernisierung, Pluralisierung, Individualisierung, Mediatisierung etc. vieles wesentlich geändert (Schulze 1992; Sennett 1998). Die traditionellen Geschmacksmuster europäischer Klassengesellschaften haben in den Familien, in der Öffentlichkeit und auch in den Institutionen erheblich an Bedeutung verloren; die Pluralisierung und Ausdifferenzierung der Gesellschaft hat auf allen Ebenen vielmehr generell zu erhöhter Kontingenz und Kontingenzerfahrung geführt (Musil 1930; Liebau/Zirfas 2010). Aber die analytischen Grundperspektiven, die die Aufmerksamkeit auf die soziale Bedeutung der körperlich verankerten Alltagspraktiken in Familie, Beruf, Öffentlichkeit, Kunst, Wissenschaft, Religion richten, haben nicht an Bedeutung verloren – sie erweisen sich im Gegenteil gerade auch unter den neuen globalisierten Bedingungen als außerordentlich tragfähig. Man versteht die Welt nicht, wenn man sie nicht nutzt.

Literatur

Beck, Ulrich (1986): Risikogesellschaft. Auf dem Weg in eine andere Moderne. Frankfurt/M.

Bollenbeck, Georg (1996): Bildung und Kultur. Glanz und Elend eines deutschen Deutungsmusters. Frankfurt/M.

Bourdieu, Pierre (1974): Zur Soziologie der symbolischen Formen. Frankfurt/M.

Bourdieu, Pierre (1979): Entwurf einer Theorie der Praxis auf der ethnologischen Grundlage der kabylischen Gesellschaft. Frankfurt/M.

Bourdieu, Pierre (1982): Die feinen Unterschiede. Kritik der gesellschaftlichen Urteilskraft. Frankfurt/M.

Bourdieu, Pierre (1987): Sozialer Sinn. Kritik der theoretischen Vernunft. Frankfurt/M.

Bourdieu, Pierre/Boltanski, Luc/de Saint Martin, Monique/Maldidier, Pascale (1981): Titel und Stelle. Über die Reproduktion sozialer Macht. Frankfurt/M.

Bourdieu, Pierre/Passeron, Jean-Claude (1971): Die Illusion der Chancengleichheit. Untersuchungen zur Soziologie des Bildungswesens am Beispiel Frankreichs. Stuttgart.

Bourdieu, Pierre/Passeron, Jean-Claude (1973): Grundlagen einer Theorie der symbolischen Gewalt. Frankfurt/M.

Liebau, Eckart (1987): Gesellschaftliches Subjekt und Erziehung. Zur pädagogischen Bedeutung der Sozialisationstheorien von Pierre Bourdieu und Ulrich Oevermann. Weinheim/München.

Liebau, Eckart/Klepacki, Leopold/Zirfas, Jörg (2009): Theatrale Bildung. Theaterpädagogische Grundlagen und kulturpädagogische Perspektiven für die Schule. Weinheim/München.

Liebau, Eckart/Zirfas, Jörg (Hrsg.) (2010): Dramen der Moderne. Kontingenz und Tragik im Zeitalter der Freiheit. Bielefeld.

Musil, Robert (1930/1970): Der Mann ohne Eigenschaften. Hamburg.

Pfeffer, Gottfried (1985): Das fehlende Positive. Sozialdeterministische Aspekte bei Bourdieu und ihr möglicher „Aufklärungswert". In: Liebau, Eckart/Müller-Rolli, Sebastian (Hrsg.): Lebensstil und Lernform. Zur Kultursoziologie Pierre Bourdieus (Neue Sammlung 25, Heft 3). Stuttgart, S. 277–297.

Schulze, Gottfried (1992): Die Erlebnisgesellschaft. Kultursoziologie der Gegenwart. Frankfurt/M.

Sennett, Richard (1998): Der flexible Mensch. Die Kultur des neuen Kapitalismus. Berlin.

Handeln und Praxis

Michael Göhlich

Menschen verhalten sich nicht nur, sie handeln. Sie unterlegen ihrem Verhalten und dem anderer Sinn und agieren in eben dieser Sinnhaftigkeit. Auch wenn die Einzelhandlung aus der Beobachterperspektive als ein einem Akteur zugeschriebener Ausschnitt einer Kommunikation bezeichnet werden kann, ja gerade als solches einem Akteur zugeschriebenes Geschehen ist sie sinnhaft. Der Mensch unterliegt dem Dilemma, sich als Handelnder betrachten zu müssen, will er die Autonomie, die wesentlich zur Identität jedenfalls des modernen Menschseins gehört, erreichen und erhalten. Vorgaben, Vorlagen und Vorbilder für sein Handeln erhält er in der menschlichen Praxis, in der er aufwächst (Familie, Peergroup, Medien) und in die er im Laufe seines Lebens gelangt (Schule, Betrieb etc.). Theoretisch ist es deshalb nötig, Handeln nicht nur auf Kommunikation, sondern auch und vor allem auf Praxis zu beziehen.

Die Elaboration des Begriffs des Handelns (und der Praxis) wird in drei Schritten vorgenommen: mittels eines Blicks auf die Geschichte und ausgewählte Ansätze der Handlungstheorie, mittels einer Skizze erziehungswissenschaftlicher Transferversuche bzw. spezifisch pädagogischer Handlungstheorien und schließlich mittels eigener pädagogisch-perspektivierter Formulierung eines Begriffs von Handeln und Praxis.

1 Ausgewählte Ansätze zum Verständnis menschlichen Handelns

Knapp formuliert verläuft die geschichtliche Entwicklung des Verständnisses menschlichen Handelns etwa wie folgt: Von einer polisbezogenen Handlungslehre in der Antike (Aristoteles) engt sich die Handlungstheorie über die allmähliche Reduzierung auf das Individuum und dessen Willen bzw. dessen Eingebundenheit in göttlichen Willen im Mittelalter (Thomas von Aquin) und auf die Vernunft in der Aufklärung (Kant) ein. Vom Ende des 19. Jahrhunderts an findet der soziale Bezug des Handelns neue Berücksichtigung (Durkheim, Weber, Mead, Parsons), der im 20. Jahrhundert auf eine dramaturgische Perspektive zugespitzt (Goffman) allgemeiner zunehmend als Kommunikation (Habermas) theoretisiert wird. Gegen Ende des 20. Jahrhunderts werden weitere, bei der Verengung aus dem Blick geratene Aspekte wie das Kreative (Joas) und das Körperliche, Habituelle und Mimetische (Bourdieu, Gebauer/Wulf) ins Licht gerückt. Der Begriff des Handelns wird dabei mit dem Begriff der Praxis zusammengeführt, wozu neuerdings auch die Theorie sozialer Praktiken (Reckwitz) beiträgt. Im Folgenden werden einige dieser Handlungstheorien näher beleuchtet, um dem Phänomen des Handelns näher zu kommen und ein aus heutiger Sicht angemessenes Handlungsverständnis zu entwickeln.

Schon Aristoteles postuliert, dass eine Handlung „Ausdruck eines Dahinterliegenden ist, das die Form einer mehr oder weniger bewussten Absicht oder Meinung der Person hat" (Hügli/Lübcke 1991, S. 229). Er geht von der Annahme aus, dass alles Handeln nach einem Gut strebt. Auf der Basis dieser Annahme lautet die Ausgangsfrage seiner *Nikomachischen Ethik,* was das Ziel der Staatskunst ist und welches das höchste aller Güter ist, die man durch Handeln erreichen kann (vgl. Aristoteles 1987, S. 8). Die Doppelfrage wird als eine beantwortet, und zwar mit dem Glücksbegriff. Staatskunstziel und höchstes Handlungsgut werden dabei in enge Nachbarschaft gesetzt, der Handlungsbegriff von vornherein auf die Polis bezogen. Ziel und Gut werden analog verwendet und noch nicht, etwa zeitlich als Plan und Wirkung, voneinander geschieden. Das Glück als vollkommenstes Endziel und Gut ist auf das Leben in Verflochtenheit mit Eltern, Kindern, Frau, Freunden und Mitbürgern bezogen (vgl. ebd., S. 15). Menschliches Handeln wird als Bestandteil der Praxis der Polis gedacht. Dabei wird es, und hierin liegt die pädagogische Wendung, als Einübung einer tugendhaften Haltung gefasst (vgl. ebd., S. 34). Der – neben Handlungsabsicht und Haltungseinübung – dritte Aspekt eines Verständnisses menschlichen Handelns, auf den wir durch Aristoteles aufmerksam gemacht werden, ist die Freiwilligkeit. Um das Vorliegen von Freiwilligkeit zu klären, fragt Aristoteles nach den Umständen des Handelns (vgl. ebd., S. 57). Wenn der Handelnde über einen Handlungsumstand nicht Bescheid weiß, handelt er unfreiwillig.

Mit Kant lässt sich Handlung als Kausalverhältnis zwischen einem Subjekt der Kausalität und dessen Wirkung verstehen. In diesem Sinne unterscheidet sich menschliches Handeln nicht von anderen Ursache-Wirkungs-Vorgängen. Die Spezifik menschlicher Handlungen sieht Kant darin, dass sie „praktisch" sind, d. h. durch die Angabe eines Zweckbegriffs und einer Maxime des Handelnden erklärt werden können. Der Zweckbegriff ist die Vorstellung des Sachverhalts, den der Handelnde durch die Handlung verwirklichen will. Die Maxime ist eine Handlungsregel, die sich aus der zweckrationalen Abstimmung von Neigungen und Handlungsmöglichkeiten ergibt. Sie schränkt die vernünftige Verfolgung eines Zwecks auf die Bedingung der Übereinstimmung mit den übrigen Zwecken des Handelnden ein (vgl. Willaschek 1992, S. 251). Der Unterschied zwischen menschlichen Handlungen und natürlichen Ursache-Wirkungs-Beziehungen liegt aus Kants Perspektive „nicht in der Eigenart des Bewirkens, sondern in der Eigenart der handelnden Substanz (des Menschen) als ‚Ursache'" (ebd., S. 39), der nämlich – um Wirklichkeit zu erkennen – Anschauungen von Erscheinungen und Begriffe von Dingen an sich zu einem Urteil verbindet. Auch wenn Kant um die Frage der Wirkung weiß, ist die für ihn wichtigere Frage die nach der (dem Handlungsvollzug vorgelagerten) Fähigkeit, nach Maximen und Zwecken zu handeln, d. h. die Frage nach der praktischen Vernunft, die er auch mit dem Begriff des Willens bezeichnet.

Was für Kant eine Frage ist, ob und wie nämlich Zweck und Maxime zusammenhängen, ist für Weber (1995) eine im Begriff der Zweckrationalität formulierte Gewissheit. Nicht nur die erkenntnistheoretische Problematik, sondern auch ethische Fragen geraten damit in den Hintergrund. Neben dieser Reduktion weist Webers Handlungstheorie jedoch auch den Blick weitende Komponenten auf, so etwa den Hinweis auf die Ähnlichkeit und zugleich bewusstseinsmäßige Trennung der Objekte des Sozialwissenschaftlers mit und von ihm selbst. Als idealtypisches Objekt sozialwissenschaftlichen Verstehens gilt Weber das zweckrationale Handeln der Menschen, wobei er Handeln als zielorientiertes und subjektiv sinnvolles Verhalten definiert.

Während Weber vom Einzelindividuum und dessen Handeln ausgeht, geht Mead (1993, S. 45) von der „komplexen Gruppenaktivität" aus, innerhalb derer er das Verhalten einzelner Individuen als Element analysiert. Dabei ist die Transformation von Gesten zu signifikanten Symbolen von zentraler Bedeutung. In der Gruppenaktivität wird eine Geste eines Gruppenmitglieds zum Anlass für andere, sich ihrerseits auf bestimmte Weise zu verhalten. Sinnhaft wird die Geste jedoch nicht nur mittels der Reaktion eines Anderen, sondern auch mittels ihrer Beziehung zu späteren Phasen des Handelns. Als Phasen lassen sich ihm zufolge Handlungsimpuls, Wahrnehmung, Manipulation und Handlungsvollendung unterscheiden (vgl. Mead 1969), wobei der teleologische Charakter des Handelns daraus resultiert, dass die Handlungsvollendung als im Zentralnervensystem des Akteurs bereits angeregter späterer Vorgang den früheren steuert. Schon die Phase des Handlungsimpulses ist so durch aktive organisierte Aufmerksamkeit gekennzeichnet. Mit dem Begriff der Geste bringt Mead ein Körpermoment in die Handlungstheorie ein. Gewichtiger sind in Meads Handlungsverständnis allerdings Begriffe, die sich auf die Sozialität des Handelns und vor allem auf die Identität des Handelnden beziehen.

Goffmans (1983, S. 219) „dramaturgische Perspektive" dreht Meads Modell um. Während Mead davon ausgeht, dass das Individuum sich selbst gegenüber die Rolle eines Anderen bzw. Anderer einnimmt, postuliert Goffman, dass das Individuum den Anderen gegenüber eine Rolle einnimmt. Die Anderen werden zum Publikum, der Handelnde zum Schauspieler. Handeln wird damit zur Inszenierung, zur Imagepflege (Goffman 1986, S. 10 ff.). Das dargestellte Selbst wird als Bild gesehen, das durch die Bemühungen des Darstellers auf der Bühne und in seiner Rolle dem Publikum nahegebracht wird (Goffman 1983, S. 231). Während Mead zufolge Persönlichkeitsbildung erst durch Bildung des generalisierten Anderen und diese wiederum gerade in institutioneller Praxis ermöglicht wird, sind Institutionen aus Goffmans Sicht nur als Gefährdung persönlicher

Identität denkbar, der sich das Individuum mittels Maskierung und gleichzeitiger Rollendistanz zu entziehen versucht. Handeln als Teil institutioneller Praxis erscheint als bedrohliche Gratwanderung zwischen persönlicher Identität und sozialer Etikettierung. Aus anthropologischer Sicht ist zu würdigen, dass mit der Sicht auf Handeln als Darstellung dessen Körper-, Sozial- und Identitätsbezug vernetzt fassbar wird.

Wie mit Kant ist auch mit Parsons gegen rein utilitaristische Handlungsbegründungen zu argumentieren. Anfangs sieht Parsons Handeln als Ergebnis der Interdependenz zwischen eigennütziger Zweck-Mittel-Wahl und normativer Begrenztheit der Offenheit der Zweck-Mittel-Wahl. Dabei wird der normativen Orientierung insofern ein Primat zugesprochen, als sie den Rahmen für dann auch externe Bedingungen berücksichtigende Handlungsentscheidungen absteckt. Handeln ist aus dieser Sicht nur „als Bemühung um Konformität zu Normen" (Parsons, zit. n. Münch 1988, S. 41) möglich. Mit Parsons erscheint Handeln als Ergebnis der Beziehung zwischen analytisch differenzierbaren Sphären bzw. Subsystemen. Anfänglich nur die Sphären zweckrationalen Handelns und kategorisch-normativer Verpflichtung unterscheidend, entwickelt Parsons zunächst ein Dreierschema aus Kultursystem (in dem das Normative als latentes Handlungsmuster aufgehoben ist), Sozialsystem (in dem die Institutionalisierung des Normativen aufgehoben ist) und Persönlichkeitssystem (in dem die Internalisierung des Normativen aufgehoben ist). Das Zweckrationale, das hier vor einem idealistisch-kulturtheoretischen Hintergrund zu verschwinden droht, holt Parsons schließlich im Viererschema eines allgemeinen Handlungssystems aus kulturellem, sozialem, Persönlichkeits- und Verhaltenssystem mit dem zuletzt genannten Subsystem wieder ein.

Auch wenn bloße Zweckrationalität und funktionalistische Vernunft von Habermas kritisiert werden, triumphiert die Ratio doch auch in seiner eigenen Handlungstheorie. So folgert er aus der Kritik der Zweckrationalisierung nicht etwa, leibliche oder imaginäre Momente des Handelns stärker zu beachten, sondern vertraut darauf, der Ratio über die Sprache, genauer: über den an die Lebenswelt gebundenen Verständigungsprozess zu neuem Recht verhelfen zu können. Das ist für die Pädagogik ein verführerisches Angebot, weil es den für pädagogisches Handeln notwendigen Entwurfscharakter, der eine gewisse Normsetzung in sich birgt, mit einer kritischen Form zu vereinen scheint; es birgt jedoch die Gefahr, das pädagogisch bedeutsame Sprechen mit dem Nicht-Sprachlichen auszublenden. Die Habermas'sche Handlungstheorie will und kann nur kommunikative Praxis fokussieren, die aus konstativen Sprechhandlungen sowie ergänzend aus normenregulierten Handlungen, expressiven Selbstdarstellungen und evaluativen Äußerungen besteht und „vor dem Hintergrund einer Lebenswelt auf die Erzielung, Erhaltung und Erneuerung von Konsens angelegt ist […], der auf der intersubjektiven Anerkennung kritisierbarer Geltungsansprüche beruht" (Habermas 1995, S. 37). Handlungstheoretisch nachhaltiger wirkt die Differenzierung von Welten (objektive, soziale, subjektive Welt und, sozusagen querliegend, Lebenswelt), auf die sich Akteur in seinem Handeln bezieht. Das Bemühen, mittels Herauslösung des Lebensweltkonzepts aus phänomenologischem Zusammenhang und Teilnehmerperspektive letztlich zu einer „rationalisierten Lebenswelt" (ebd., S. 219) zu gelangen, erscheint allerdings fragwürdig.

Die in der Handlungstheorie seit der Aufklärung vorherrschende Rationalität und Normativität wird zunehmend kritisiert, in Frage gestellt und durch die Betonung des Nicht-Rationalen, einer Sozialität vor aller Norm und schließlich der Körperlichkeit allen Handelns relativiert.

So wirft Joas (1996) bisherigen Handlungstheorien vor, sich auf Rationalität und/oder Normativität des Handelns zu beschränken und stellt ein Modell vor, das die Kreativität des Handelns ins Zentrum stellt. Sein Entwurf setzt mit einer dreifachen Kritik am Begriff der rationalen Handlung ein: Der Begriff der Handlung (statt des Handelns) löse die Einzelhandlung aus ihrem Kontext heraus und trenne Handeln so von situativen und biographischen Zusammenhängen. Der Begriff des Rationalen produziere ein Gegenbild des Nicht-Rationalen und werfe damit über die phänomenale Vielfalt des Handelns ein wertendes Raster. Die Setzung von Zwecken geschieht ihm zufolge nicht in einem geistigen Akt vor der eigentlichen Handlung, sondern ist „Resultat einer Reflexion auf die in unserem Handeln immer schon wirksamen, vor-reflexiven Strebungen und Gerichtetheiten" (ebd., S. 232). Gegen die Unterstellung einer ursprünglichen Autonomie des handelnden Individuums macht Joas das Postulat einer primären Sozialität stark. Schon die Beziehung des Handelnden zu seinem Körper ist von intersubjektiven Strukturen geprägt.

Die Körperlichkeit des Handelns wird auch von Bourdieu sowie von Gebauer und Wulf betont. Während Bourdieus Habitus-Begriff einen gewissen Determinismus (der individuelles Handeln durch die vorgegebene Position bzw. den vorgegebenen sozialen Raum zu erklären sucht, in den man „hineingeboren" wird; vgl. Bourdieu 1998, S. 152) nicht ganz abzulegen vermag, erscheint der von ihm später entwickelte, ähnlich wie der Habitus-Begriff eingesetzte Begriff des Praxissinnes offener. Er ist vergleichsweise aisthetisch angelegt, fasst sozusagen die Wahrnehmung des Spiels auf dem Feld des sozialen Raums aus Sicht des Akteurs. Damit versucht Bourdieu, seiner Ablehnung beider Positionen gerecht zu werden: Weder will er die sozialen Akteure als unter dem Zwang von Ursachen stehende Teilchen sehen noch als von Gründen geleitete, in vollem Bewusstsein handelnde Subjekte.

Gebauer und Wulf (1992, 1998) führen in ihrer Theorie mimetischen Handelns Bourdieus Ansatz weiter und konzentrieren sich dabei auf die Eingeschriebenheit der Praxis in den Körper. Zwar ist zu bedenken, dass diese Konzentration einer Re-Individualisierung Vorschub leisten kann. Ein Ertrag der Mimesistheorie liegt jedoch darin, dass die überkommene scharfe Abgrenzung von Handeln und Verhalten relativiert wird. Gewohnheitsmäßiges Handeln ist weder reflexhaftes oder fremdgesteuertes Verhalten noch stehen wir ständig vor der Wahl zwischen verschiedenen Handlungsmöglichkeiten. Mimetisches Handeln gilt aus dieser Sicht als allgemeine Praxis. Die intentionale, gar zweckrationale Handlung wird dagegen zum eher seltenen Spezialfall. Auch das kreative Moment des Handelns, das Joas noch in Auseinandersetzung mit rationalitätsorientierten Theoretikern zu prononcieren sucht, gewinnt nun eine neue Selbstverständlichkeit. Als mimetisches greift Handeln Praxismuster auf, wiederholt sie, nuanciert sie in der Wiederholung und schafft so Neues.

Die praxistheoretische Wende des Verständnisses menschlichen Handelns wird in der Theorie sozialer Praktiken (Reckwitz 2003) fortgeführt. Die sozialen Praktiken werden als „know-how abhängige und von einem praktischen ‚Verstehen' zusammengehaltene Verhaltensroutinen" verstanden, „deren Wissen einerseits in den Körpern der handelnden Subjekte ‚inkorporiert' ist, die andererseits regelmäßig die Form von routinisierten Beziehungen zwischen Subjekten und von ihnen ‚verwendeten' materialen Artefakten annehmen" (ebd., S. 289). Aus dieser Perspektive setzt sich die soziale Welt aus miteinander verflochtenen Praktiken des Regierens, des Organisierens, der Partnerschaft, der Verhandlung etc. zusammen, wobei diese „Praktiken nichts anderes als Körperbewegungen darstellen und […] in aller Regel einen Umgang von Menschen mit ‚Dingen', ‚Objekten' bedeuten" (ebd.). Ähnliche Überlegungen finden sich im pädagogischen Diskurs zuvor schon bei Engeström (1999) und in eigenen Arbeiten (vgl. Göhlich 2001a, S. 181 ff.).

2 Erziehungswissenschaftliche Transferversuche bzw. pädagogische Handlungstheorien

Das pädagogische Verständnis von Handeln schließt allerdings nur selten explizit an Handlungstheorien an. So verzichtet etwa Gieseckes vielgelesene Abhandlung zu Grundformen pädagogischen Handelns auf eine Auseinandersetzung mit der vorliegenden Literatur. Als Handeln gilt ihm ein bewusstes, willentliches, auf bestimmten Zielen und Motiven beruhendes und auf die Gestaltung der Wirklichkeit gerichtetes menschliches Tun (Giesecke 1987, S. 21), wobei er fünf Phasen pädagogischen Handelns unterscheidet: Festlegung des Ziels; Diagnose der Situation, in die hinein gehandelt werden soll; Antizipation des Handlungsablaufs; Prüfung des Ergebnisses; Korrektur des Lernprozesses (ebd., S. 59 ff.). Der körperliche Vollzug des Handelns wird überhaupt nicht thematisiert, Sozialität und Kommunikativität des Handelns zumindest nicht ausdrücklich. In seiner Betonung des Bewussten und Willentlichen sowie in der Unterscheidung von technischem und sozialem Handeln scheint Giesecke, ohne dies zu explizieren, auf Weber zurückzugreifen. Denken wir an die Kritik am Primat der Zweckrationalität, an die Ergänzung der Theorie intentionalen Handelns um Sozialität und Körperlichkeit, so wird das Problematische an Gieseckes Verzicht auf eine Auseinandersetzung mit dem handlungstheoretischen Diskurs deutlich.

Weiter führen explizite Transferversuche handlungstheoretischer Ansätze in pädagogischer Hinsicht. Historisch ist hier zunächst an die strukturfunktionale Schultheorie zu denken. Parsons erkennt der Aufrechterhaltung grundlegender Werte das Primat unter den handlungsbestimmenden Orientierungen zu. Hierbei übernimmt die Schule eine zentrale Funktion. Die schulische Praxis drängt die emotionale Bindung an die Familie zurück und sorgt für eine universalistische Leistungsorientierung. Problematisch erscheint an diesem Praxisverständnis nicht nur die idealtypische Abgrenzung von Familie und Schule, sondern auch die simple Gegenüberstellung von Lehrer- und Schülerhandeln. Denn im Geflecht schulischer Praxis greifen nicht nur Lehrer- und Schülerhandeln in teils ritualisierten, teils immer wieder fraglichen Interaktionen ineinander, sondern auch die Interaktionen der Schüler und Schülerinnen untereinander sowie mit der nonpersonalen pädagogischen Umgebung.

Weiter führt der Ansatz Wellendorfs, der die schulische Praxis mittels symbolisch-interaktionistischer (und psychoanalytischer) Theoreme und Begriffe zu fassen sucht und sich v. a. auf Goffman bezieht. Das Handeln der schulischen Akteure ist aus dieser Sicht ein Handel um Identität. Mit Wellendorf lassen sich schulische Rituale fokussieren, die als Ausdruck von Solidarität, Differenz und der Bedeutung von Leistung fungieren. Wellendorfs Postulat, für den Schüler gebe es, wenn er erst einmal rituell in die Schule aufgenommen worden ist, „kein institutionell legitimiertes Motiv mehr, den an ihn gerichteten Erwartungen nicht zu folgen" (Wellendorf 1979, S. 76), ist allerdings anzuzweifeln. Denn dies würde nur zutreffen, wenn institutionelle Erwartungen als singuläre und lineare aufträten. Die Erwartungen sind jedoch nicht eindeutig. Die horizontale Pluralität von Bezugsinteraktionssystemen des jeweiligen Schülerhandelns tut ihr Übriges zu dieser Mehrdeutigkeit, die sich im Handeln als Orientierungspalette niederschlägt.

Interessante Hinweise für ein pädagogisch interessiertes Verständnis menschlichen Handelns bietet der Ansatz Masscheleins (1991), wenngleich er sich nur an einer einzigen Handlungstheorie, nämlich Habermas' Theorie kommunikativen Handelns, orientiert und damit die Vielschichtigkeit der Aspekte neuerer Handlungstheorien vergibt. Masschelein setzt mit einer Kritik an der kritischen Erziehungswissenschaft ein, die sich trotz Verwendung des Begriffs „kommunikatives Handeln" nicht von der Idee der Zweckrationalität gelöst habe. Er selbst versucht, pädagogische Praxis mittels Habermas' Begriff des kommunikativen Handelns so zu konzeptualisieren, „daß man der Aporie des Zweck-Mittel-Denkens entgeht" (Masschelein 1991, S. 162). Hierfür unterscheidet er eine rahmende Ebene, auf der kommunikatives Handeln nicht neben intentionalem, zweckrationalem, strategischem Handeln steht, sondern dieses ersetzt, von einer zweiten Ebene, auf der sich aufgrund konkreter Orientierungen der Handelnden kommunikatives und strategisches Handeln als Handlungstypen nebeneinander setzen lassen. So kann intentionales Handeln als selbst in kommunikativer Praxis begründet verstanden werden. Allerdings geht Masschelein nicht über die Dualität des Dialogs hinaus. Gruppeninteraktionen oder andere über die Größe einer Dyade hinausgehende Kommunikationen kommen nicht in seinen Blick. Damit reicht sein Begriff des pädagogischen Handelns für eine Theorie pädagogischer Praxis kaum aus.

Zum pädagogisch interessierten Verständnis menschlichen Handelns tragen auch empirische Untersuchungen pädagogischen Handelns bei. Als besonders umfangreiche Studie hierzu ist die Arbeit von Bauer u. a. (1996) zu betrachten. Im Rahmen eines

Forschungsprojekts, in dem 30 Lehrer und Lehrerinnen in ihrem Arbeitsalltag ethnographisch begleitet wurden, entwerfen Bauer u. a. ein Modell professionellen pädagogischen Handelns. Es wird von zwei Konstrukten getragen: dem professionellen Selbst und dem pädagogischen Handlungsrepertoire, wobei letzteres als Teil des ersteren und dieses wiederum als „eine Hierarchie von Zielen und Werten" (ebd., S. 95) des Individuums definiert wird. Hier wird die zweckrationale (und Innerpsychisches vor Praxis stellende) Ausrichtung deutlich, die aus Sicht neuerer Handlungstheorien kritikwürdig und im erziehungswissenschaftlichen Diskurs etwa von Masschelein überwunden worden ist. Zudem fokussieren Bauer u. a. wie schon Koring (1989) das Handeln des einzelnen Lehrers. Schülerhandeln wird als Teil pädagogischer Praxis ausgeblendet. Dass Lehrer und Lehrerinnen auch indirekt interagieren, vermittelt über die Muster interaktionaler Praxis mit gleichen Schülern und Schülerinnen, Gegenständen, Umgebungen, bleibt unreflektiert. Am nächsten kommen sie einem solchen Praxismuster-orientierten Verständnis menschlichen Handelns noch in ihrer Typologie unterrichtlicher Situationen. Das begriffliche Grundgerüst der Studie führt jedoch dazu, dass auch diese Situationen nur auf einzelne Lehrerhandlungen und letztlich lineare Ursache-Wirkungs-Zuschreibungen hin analysiert werden.

3 Resümee: Handeln als (Teil von) Praxis verstehen

Die historische Skizze der Handlungstheorien hat gezeigt, dass ein pädagogisch interessiertes Verständnis menschlichen Handelns sehr verschiedene Bezüge aufzunehmen hat. Ein solcher Begriff des Handelns ist bezogen: auf Polis, etwa im Verständnis der Praxis einer pädagogischen Einrichtung als Mikropolis; auf kognitive Bedingungen, etwa in Betonung der Möglichkeit praktischer Einsicht der Akteure pädagogischen Geschehens; auf Vernunft und Kausalität, etwa in der Frage nach Intentionalität und Effektivität pädagogischen Handelns; auf Zweckrationalität, etwa im Blick auf Ziele der an der pädagogischen Praxis Beteiligten; auf Sozialität, etwa im Blick auf das Verwobensein pädagogischen Handelns in antizipierende Kompetenzzuschreibungen; auf Interaktion und Identität, etwa im Blick auf das im Handeln dargebotene Verhältnis von Übernahme und Distanz zu institutionellen Handlungsorientierungen; auf Kommunikation, etwa in Betonung einer Verständigungsorientierung der Akteure pädagogischer Praxis; auf Körper, etwa im Wissen um die Bedeutung habitueller und mimetischer Aspekte in der pädagogischen Praxis; auf Körper, Gegenstand und Institution bzw. Organisation, etwa in Anerkennung der Verwobenheit der Handlung in überindividuelle Praxismuster.

Die Erörterung pädagogischer Handlungstheorien zeigt, dass diese hinter die Vielschichtigkeit des allgemeinen handlungstheoretischen Diskurses zurückfallen. Dennoch lassen sich aus der Auseinandersetzung mit pädagogischen Handlungstheorien wertvolle Hinweise herausschälen: Institutionen, auch pädagogische, partikularisieren zwar nicht unbedingt die Interessen der Handelnden, aber doch den Sinn des Handelns. Die Komplexitätsreduktion geht jedoch zu weit, wenn man glaubt, man könne die Praxis pädagogischer Einrichtungen auf das Handeln der darin berufstätigen Pädagog(inn)en reduzieren, das dann als pädagogisches Handeln bezeichnet und näher studiert wird. Intentionales pädagogisches Handeln gründet in kommunikativer Praxis. Allerdings ist der Kommunikationsbegriff nicht auf die duale Situation des Dialogs, im pädagogischen Bereich etwa auf ein „pädagogisches Verhältnis" zweier Individuen zu beschränken. Im Alltag pädagogischer Einrichtungen ist eine kommunikative Praxis von Gruppen oder anderen sozialen Systemen häufiger, die über die Größe einer Dyade hinausgehen. Handlungen sind in solchen situativen Kontexten zu begreifen. Pädagogische Handlungen vollziehen sich insbesondere bei Störungen und in deren Antizipation, wobei dies nicht als bloße Ziel/Plan-Mittel/Umsetzung-Abfolge zu denken ist, sondern als Brechung linearer Planrealisierung und als für die spiralförmige Weiterentwicklung notwendige Irritation zirkulärer Anschlusssuche begriffen werden kann. Kurz: Handeln ist ein mehrdimensionaler Prozess, in dem sich bestimmte Aspekte (freiwillig, intentional, rational, kommunikativ, habituell, mimetisch, körper- und gegenstandsbezogen) aus Sicht des (Selbst-)Beobachters zu die jeweilige Handlung charakterisierenden Elementen verdichten.

Als körper- bzw. leibbezogener (und zumindest darin Wirkung zeitigender) sowie auf ein Drittes (Gegenstand bzw. Bedeutung, Motiv, Intention) bezogener Prozess lässt sich Handeln als sinnvolles Bewegen charakterisieren (vgl. Göhlich 2001a, S. 181 ff.). Handeln ist antizipativ, enthält Optionen auf Richtung, Anfang und Ende und ist als verkörpertes prozessuales Muster in andere Zusammenhänge (Situationen, soziale Systeme) übertragbar. Die vorgreifende Gegenwart des Handelns kann als das Performative gefasst werden, das sich in praktisches Vollziehen, körperliches Aufführen, präzisierendes Selbstdeuten und kommunikatives Wirken differenzieren lässt (vgl. Göhlich 2001b). Handeln wird einem Akteur zugeschrieben, vollzieht sich jedoch, jedenfalls im Kontext einer pädagogischen Einrichtung, im Rahmen überindividueller Praxismuster. Ein Praxismuster ist ein sichtbares, wiederkehrendes, zeiträumlich begrenztes, für die Beteiligten selbstverständliches, organisationale Identität der betreffenden Einrichtung stiftendes, unter Beteiligung mehrerer Organisationsmitglieder erzeugtes bzw. aufgeführtes, formal weitgehend festgestelltes Kommunikations- bzw. Kooperationssegment, das in seinen Wiederholungen als ein charakteristischer, die weitere Praxis prägender Modus der Praxis der betreffenden Einrichtung erscheint (vgl. Göhlich 2013). Wer (pädagogisches) Handeln verstehen will, muss diese Praxismuster zu fassen suchen, die nicht mentale Modelle oder normative Orientierungen, sondern eben praktische Muster sind.

Literatur

Aristoteles (1987): Nikomachische Ethik. Stuttgart.

Bauer, Karl-Oswald/Kopka, Andreas/Brindt, Stefan (1996): Pädagogische Professionalität und Lehrerarbeit. Eine qualitativ empirische Studie über professionelles Handeln und Bewusstsein. Weinheim.

Bourdieu, Pierre (1998): Praktische Vernunft. Zur Theorie des Handelns. Frankfurt/M.

Engeström, Yrjö (1999): Lernen durch Expansion. Internationale Studien zur Tätigkeitstheorie. Marburg.

Gebauer, Gunter/Wulf, Christoph (1992): Mimesis. Reinbek.

Gebauer, Gunter/Wulf, Christoph (1998): Spiel, Ritual, Geste. Mimetisches Handeln in der sozialen Welt. Reinbek.

Giesecke, Hermann (1987): Pädagogik als Beruf. Grundformen pädagogischen Handelns. Weinheim.

Göhlich, Michael (2001a): System, Handeln, Lernen unterstützen. Eine Theorie der Praxis pädagogischer Institutionen. Weinheim.

Göhlich, Michael (2001b): Performative Äußerungen. In: Wulf, Christoph/Göhlich, Michael/Zirfas, Jörg (Hrsg.): Grundlagen des Performativen. Weinheim, S. 25–46.

Göhlich, Michael (2013): Praxismuster der Differenzbearbeitung. In: Tervooren, Anja/Engel, Nicolas/Göhlich, Michael/Miethe, Ingrid/Reh, Sabine (Hrsg.): Ethnographie und Differenz in pädagogischen Feldern. Bielefeld (i. E.).

Goffman, Erving (1983): Wir alle spielen Theater. München.

Goffman, Erving (1986): Interaktionsrituale. Über Verhalten in direkter Kommunikation Frankfurt/M.

Habermas, Jürgen (1995): Theorie des kommunikativen Handelns. Bd. 1. Frankfurt/M.

Hügli, Anton/Lübcke, Poul (Hrsg.) (1991): Philosophielexikon. Reinbek.

Joas, Hans (1996): Die Kreativität des Handelns. Frankfurt/M.

Koring, Bernhard (1989): Eine Theorie pädagogischen Handelns. Theoretische und empirisch-hermeneutische Untersuchungen zur Professionalisierung der Pädagogik. Weinheim.

Masschelein, Jan (1991): Kommunikatives Handeln und pädagogisches Handeln. Weinheim.

Mead, George Herbert (1969): Philosophie der Sozialität. Frankfurt/M.

Mead, George Herbert (1993): Geist, Identität und Gesellschaft. Frankfurt/M.

Münch, Richard (1988): Theorie des Handelns. Zur Rekonstruktion der Beiträge von Talcott Parsons, Emile Durkheim und Max Weber. Frankfurt/M.

Reckwitz, Andreas (2003): Grundelemente einer Theorie sozialer Praktiken. In: Zeitschrift für Soziologie, Jg. 32 (2003), H. 4, S. 282–301.

Weber, Max (1995): Schriften zur Soziologie. Stuttgart.

Wellendorf, Franz (1979): Schulische Sozialisation und Identität. Zur Sozialpsychologie der Schule als Institution. Weinheim.

Willaschek, Marcus (1992): Praktische Vernunft. Handlungstheorie und Moralbegründung bei Kant. Stuttgart.

Geste

Christoph Wulf

Als signifikante Bewegungen des Körpers spielen Gesten bei der Kulturalisierung, Sozialisierung und Bildung eine wichtige Rolle. Als körperlich-symbolische Her- und Darstellungen von Intentionen und Emotionen wirken sie an der Vergesellschaftung des Einzelnen und der Entstehung und Ausgestaltung von Gemeinschaft und Gesellschaft mit. In sozialen Situationen sind sie Mittel der Sinngebung, die die Subjekte dabei unterstützen, sich verständlich zu machen und Kontakt miteinander aufzunehmen. In Gesten drücken sich soziale Beziehungen und Emotionen aus, die oft weder denen bewusst sind, die sie vollziehen, noch denen, die sie wahrnehmen und auf sie reagieren. Gesten begleiten die gesprochene Sprache und haben zugleich ein „Eigenleben" ohne unmittelbaren Bezug zum Sprechen. Verschiedentlich transportieren sie Botschaften, die das Gesprochene ergänzen, indem sie einzelne Aspekte verstärken, relativieren oder durch Widerspruch in Frage stellen. Häufig sind die so ausgedrückten und dargestellten Gehalte dichter mit den Emotionen der Sprechenden verbunden als ihre verbalen Aussagen. Gesten gelten daher oft als „zuverlässigerer" Ausdruck des inneren Lebens eines Menschen als die stärker vom Bewusstsein gesteuerten Worte.

Gesten haben ein praktisch-reflexives Potential; sie stabilisieren nicht nur soziale Beziehungen, sondern greifen in soziale Prozesse ein. Sie ermöglichen eine Unterbrechung und Distanzierung und dadurch auch einen reflektierenden Blick. In der Folge wird nicht nur die besondere Medialität der Geste, sondern auch ihr Potential deutlich. Gesten sind als Teil eines sozialen bzw. pädagogischen Tableaus signifikant. Die Analyse ihrer Wirkungsweise vervollständigt die Einsicht in die Bedeutung körperlichen Darstellungsverhaltens und regt zu einer Wiederbelebung sozialer bzw. pädagogischer Traditionen an (Flusser 1991).

In der internationalen Gestenforschung gibt es unterschiedliche Gestenkonzepte. Agamben (2001) beschreibt die Geste z. B. als etwas, das zwischen dem Hervorbringen (*agere*) und dem Ausführen (*facere*) liegt, als potentiell reflexives „Mittel in einer Mittelbarkeit". Brecht verlangt vom Schauspieler, dieses „Dazwischenliegende" der Geste als dialektisches – oder auch performatives – Phänomen sichtbar zu machen. Er zeigte mit seinem Begriff des Gestischen die Komplexität und Kontextbezogenheit der Gesten untereinander. Sie wirken durch das Prinzip der Unterbrechung und eröffnen so die Möglichkeit, Zustände sichtbar zu machen. Für eine empirische Untersuchung ist es notwendig, zunächst mit einem weit gefassten Gestenbegriff zu arbeiten, der das Spektrum der empirischen Phänomene angemessen erfasst. Meads (1973) Verständnis von Geste bietet daher einen wichtigen Ansatzpunkt. Er begreift die Geste als Phase körperlicher Bewegung, die aufgrund einer sozialen Sensorik des Körpers als Grundeinheit wechselseitiger Anpassung für sozial organisierte Lebewesen fungiert. Wichtige Anregungen gehen auch von den umfangreichen Gestenforschungen aus, die Kendon (2004) und McNeill (1992, 2005) entwickelt haben.

Das Ziel anthropologischer Gestenforschung besteht vor allem darin, ihre Körperlichkeit, ihren mimetischen und ihren performativen Charakter zu untersuchen und herauszuarbeiten, *wie* Gesten in den verschiedenen Feldern und Kontexten der Erziehung von Erwachsenen und Kindern entwickelt und dargestellt werden, um sich auszudrücken und etwas zur Darstellung zu bringen, das anderenfalls unsichtbar bliebe. Davon ausgehend, dass Gesten in hohem Maße kontextabhängig sind, gilt es den sozialen Zusammenhang zu untersuchen, in dem sie auftreten, und zu zeigen, wie sich in ihnen Intentionen und Gefühle verdichten und welche Bedeutung sie dadurch für Erziehung und Bildung haben. Dem liegt die Annahme zugrunde, dass Gesten erstens durch kollektive Vorstellungen und Praktiken, zweitens durch institutionelle Bedingungen und Traditionen sowie drittens durch individuelle Bedingungen beeinflusst werden, die es herauszuarbeiten gilt. Für die Konstitution von Gesten als Gegenstand Pädagogischer Anthropologie sind folgende Aspekte von zentraler Bedeutung:

- Gesten als Bewegungen des Körpers,
- Gesten als Ausdruck und Darstellung,
- Gesten als Formen von Erziehung und Bildung,
- Gesten als Formen der Sinngebung.

Diese Aspekte haben in großen Teilen in der bisherigen Gestenforschung kaum Beachtung gefunden, so dass ihre Erforschung wichtige, die bisherigen Diskurse erweiternde Dimensionen und Kategorien beinhaltet.

Gesten als Bewegungen des Körpers

Die Geste gehört zu den wichtigsten Darstellungs- und Ausdrucksformen des Körpers. Sie öffnet den Körper und lässt sich als eine Bewegung über ihn hinaus in Richtung auf ein Objekt begreifen, zu dem sie in Spannung steht, weil sie angehalten wird, bevor sie das Objekt erreicht. Zugleich ist sie auch eine Bewegung des Körpers, die von einem Objekt hervorgerufen wird. Sie antwortet dem Objekt und macht es zum Teil der Materialität des Körpers. Die Geste ist eine sich in Zeit und Raum vollziehende Bewegung auf der Grenze zwischen Körper und Welt (Blanga Gubbay 2010).

Da menschliche Körper stets in einer historisch-kulturellen Zurichtung in Erscheinung treten, müssen auch ihre Gesten in ihrem jeweiligen Kontext gelesen werden. Der Versuch, Gesten als universelle Körpersprache zu begreifen, hat nicht die in ihn gesetzten Erwartungen erfüllt. Historische und kulturanthropologische Studien zeigen, wie verschieden Gesten in unterschiedlichen Kulturen und historischen Zeiten verstanden werden (Bremmer/Roodenburg 1992). Gesten sind bedeutungsvolle Bewegungen des Körpers, deren Darstellungs- und Ausdrucksformen sich aus den sie bedingenden Intentionen nicht erschöpfend erklären lassen. Die Differenz zwischen Gesten als körperlichen Darstellungs- und Ausdrucksformen und der sprachlichen, mit Hilfe von Interpretationen ermittelten Bedeutung von Gesten ist unaufhebbar. Gesten haben Wirkungen, deren Bedeutung über ihre Intentionalität hinausgeht und die nur im mimetischen Nachvollzug erfahrbar werden können.

In jeder sozialen Interaktion spielen Gesten eine zentrale Rolle. Sie haben eine Mitteilungsfunktion, deren Bedeutung auch in Sozialpsychologie und Ethnologie zum Thema wird. Hier wurde gezeigt, wie der Einzelne mit Hilfe seines Körpers und seiner Gestik symbolische Räume um sich herum entwickelt. In der Kinesik, der Erforschung von Körperbewegungen, wurden Kodes nonverbaler Kommunikation analysiert. In der Ethologie werden Ähnlichkeiten zwischen menschlichem und tierischem Verhalten, menschlichen und tierischen Ausdrucksformen untersucht. Darwins Studie über den „Ausdruck der Gemütsbewegungen bei dem Menschen und den Tieren“ ist in diesem Zusammenhang nach wie vor eine lesenswerte, diese Forschungsrichtung begründende Schrift (Darwin 1979). Morris et al. (1979) haben den Ursprung und die Verteilung von Gesten in Europa untersucht, Ähnlichkeiten und Unterschiede empirisch erhoben, verglichen und analysiert. Diese Untersuchung wurde aufgegriffen und zu einer Semiotik der Gesten weiterentwickelt. Auch die Sprachwissenschaft hat die Bedeutung körperlicher Gesten seit längerem entdeckt und ihre Funktion für das Sprechen hervorgehoben. Verschiedentlich wird die Vermutung geäußert, dass die Gesten des Körpers Vorformen der Sprache darstellen, die für die Herausbildung des Sprechens wichtig waren und für die Entwicklung von Gedanken und Sätzen sowie deren Verständnis nach wie vor unerlässlich sind (Tomasello 2009). Aus all diesen Untersuchungen wird deutlich, wie zentral Gesten für Darstellung, Ausdruck und Verständnis sozialen Handelns und Sprechens sind. Zugleich zeigen sie, dass Gesten nur in begrenztem Maße bewusst eingesetzt und gesteuert werden können. Im Grenzgebiet zwischen Gestik und Mimik treten weite Bereiche der Gestik nicht ins Bewusstsein und entziehen sich daher einer Steuerung und der Kontrolle.

Bewusst eingesetzte Gesten sind Versuche, aus Situationen des bloßen Im-Körper-Seins herauszutreten und über den Körper zu verfügen. Voraussetzung dafür ist die exzentrische Position des Menschen. Sie beinhaltet, dass der Mensch anders als das Tier aus sich heraustreten und sich zu sich selbst verhalten kann. Imagination, Sprache und Handeln werden durch diese vermittelte Unmittelbarkeit der *exzentrischen Position* möglich (Plessner). Von Gesten, die intentional gehandhabt werden, weil der Einzelne über seinen Körper verfügen und ihn einsetzen kann, lassen sich Formen mimischen Körperausdrucks und Formen des gestischen Ausdrucks unterscheiden, die sich der Steuerung und der Kontrolle entziehen. Dazu gehören z. B. die mimischen Ausdrucksformen der Freude und des Lachens, des Schmerzes und des Weinens, aber auch weniger eindeutige, oft ins Gestische hinübergehende Ausdrucksformen wie Stirnrunzeln, Kopfschütteln oder die erhobene bzw. gebeugte Haltung des Kopfes. Daher greift eine Unterscheidung zwischen Mimik und Gestik zu kurz, die davon ausgeht, dass Gesten Intentionen ausdrücken, sich im mimischen Ausdruck jedoch Gefühle artikulieren. Da der mimische Ausdruck oft unmittelbar und unwillkürlich ist, gibt es auf der der Mimik nahen Seite des Gesten-Spektrums auch Gesten, die sich unwillkürlich und ungesteuert vollziehen. Verschiedentlich hat man sie als *„beat"-Gesten,* als Gesten des Schlagens oder Taktens bezeichnet. Auf der anderen Seite des Spektrums finden sich die eher intentionalen, d. h. die *ikonischen* und vor allem die *metaphorischen* Gesten (McNeill 1992, 2005). Sie formen das mimische Material und verwenden es für eine Sprache der Gesten, die nicht universell, sondern kultur-, zeit- und situationsspezifisch ist.

Im Unterschied zum mimischen Körperausdruck sind Gesten bis auf die eher unspezifischen Gesten des Schlagens bzw. Taktens ablösbar, gestaltbar und lernbar. Während in der Mimik Ausdruck und Gefühl, Form und Inhalt, seelischer Gehalt und körperliche Ausdruckserscheinung zusammenfallen, zeigen sich auf jeden Fall in der bewusst eingesetzten Gestik zwischen diesen Aspekten Differenzen, die eine intentionale Gestaltung der Gesten möglich machen. Vollkommene Gesten erreichen ein hohes Maß „künstlicher Natürlichkeit" und suggerieren die Verschränkung von seelischem Gehalt und körperlicher Ausdruckserscheinung. Insofern der Mensch Gesten als Ausdruck seiner selbst von innen und außen wahrnehmen kann, gehören sie zu den wichtigsten menschlichen Ausdrucks- und Erfahrungsmöglichkeiten. In Gesten verkörpert sich der Mensch und erfährt sich in der Verkörperung. Im sozialen Umgang mit Gesten kann körperliches Sein in Haben umgewandelt werden (Alkemeyer u. a. 2009). Dieser Transformationsprozess macht menschliche Existenz möglich. Zur Aufführung und Gestaltung von Ritualen, besonders in Religion und Politik, in denen das repräsentative Element wichtig ist, kommt der Inszenierung und der Aufführung entsprechender Gesten erhebliche Bedeutung zu.

Geste als Ausdruck und Darstellung

Insofern sich Menschen als Lebewesen verstehen lassen, die sind, ohne sich zu haben, und Gesten als Entäußerungen begriffen werden, können Menschen über ihre Gesten allmählich auch ein Verhältnis zu ihrem Körper und zu ihrem Inneren gewinnen. In einem mimetischen Verhältnis zu ihren Gesten erleben sie sich in ihren Repräsentationen. In Mimik und Gestik entäußern sie sich und erfahren sie über die Reaktionen anderer Menschen auf ihre Entäußerungen, wer sie sind bzw. wie sie gesehen werden. Die Bilder- und Körpersprache der Gestik ist ein kulturelles Produkt, mit dessen Hilfe Kinder geformt werden und an deren Ausarbeitung sie selbst beteiligt sind. Mit dem mimetischen Erwerb von Gesten findet eine Einfügung in kulturelle Körper- und Bildtraditionen statt, die im Umgang mit Gesten aktualisiert und auf jeweils gegebene Bedingungen bezogen werden. In Gesten kommen eine körperliche Konfiguration, eine innere Intention und ein vermitteltes Verhältnis zur Welt zum Ausdruck. Organempfindungen und seelische Empfindungen fallen in der Geste zusammen. Daher lässt sich auch die Frage nicht beantworten, welche Anteile in einer Geste der Freude ihrer körperlichen und welche ihrer psychischen Seite zukommen. In der Körperlichkeit der Geste findet die Untrennbarkeit der beiden Dimensionen ihren Ausdruck.

Viele Gesten werden aus kulturell geformtem mimischen und fließendem bzw. verschwommenem gestischen Ausdrucksmaterial erzeugt. Wie dieses mimische Rohmaterial der Gestik entsteht, hat die Forschung immer wieder beschäftigt. Verschiedene Erklärungsversuche liegen vor. Ausgehend vom Funktionsverlust einzelner Organe wie des Blinddarms und ihrer damit verbundenen Rückbildung erklärt Darwin den mimischen Ausdruck als Rest einer einst zweckmäßigen Funktion. Demnach lässt sich die Verzerrung der Mundlinie mit der charakteristischen Entblößung der Eckzähne im Falle der Wut damit erklären, dass der frühe Mensch ein ausgebildetes Gebiss hatte, das bei Angriff und Verteidigung für eine Drohgebärde eingesetzt werden konnte. Vermutet wird, dass die mimische Mundbewegung den Rückbildungsprozess der Eckzähne überdauerte. Die Analogisierung zwischen der aktuellen Mimik und ihrer archaischen Funktion wird als Erklärung für bestimmte in der menschlichen Mimik auftretende Ausdrucksformen angesehen. Entsprechende Erklärungen werden für das Stirnrunzeln bei Zorn oder für die Mimik des bitteren bzw. süßen Gesichts gegeben, die auf bestimmte Geschmacksempfindungen zurückgeführt wird.

Unabhängig von Darwin vertrat Piderit die These, *Mimik sei eine Handlung mit fiktivem Objekt.* Das verweist auf die Bedeutung von Imagination und Mimesis für Mimik und Gestik. Nach dieser Auffassung bezieht sich der mimische Ausdruck auf etwas Fiktives und bildet sich in Bezug auf diese Fiktion heraus. Das Fiktive kann etwas Vergangenes, etwas Gegenwärtiges oder etwas Zukünftiges sein. Der mimische und der zunächst verschwommene gestische Ausdruck sind eine mimetische Reaktion auf die Fiktion. Im Theater werden Mimik und Gestik mimetisch auf den imaginierten „Plot" und seine szenische Darstellung bezogen. Dabei wird die weitgehend unbewusste Mimik und verschwommene Gestik in eine bewusst artikulierte Gestik transformiert und stilisiert. Sie wird zu einem Element im szenischen Arrangement, das für die mimetische Verarbeitung der Inszenierung des Stückes durch den Zuschauer von zentraler Bedeutung ist. Analoges gilt auch für die sozialen Inszenierungen und ihre Gestik in anderen Institutionen wie der Schule, der Familie und der Mediennutzung.

Viele Gesten sind nicht Formen unmittelbaren Ausdrucks. Unmittelbarer Ausdruck artikuliert sich nur in der Mimik und einem Teil der Gestik. Nur schwer können die sich hier zeigenden Gefühle und Empfindungen verborgen werden. Die Zeichen des Körpers, seine Symptome, seine „Sprache" gelten als unverfälschter Ausdruck des menschlichen Inneren, der menschlichen Seele. Die Physiognomik Lavaters und seiner Nachfolger hat versucht, diesen Zusammenhängen auf die Spur zu kommen. Doch entziehen sie sich dem identifizierenden Zugriff weitgehend, ohne dass dadurch das Interesse an diesen Zusammenhängen aufgehört hätte. Mimik und Gestik des Alltags verweisen auf ein Körperwissen, das sie hervorbringt, gestaltet und verständlich macht. Dieses Wissen entsteht nicht aus der Analyse und Erklärung von Gesten. Im Vollzug sozialer Prozesse wird es mimetisch erworben (Gebauer/Wulf 1998).

Gesten als Formen von Erziehung und Bildung

Gesten spielen in Prozessen menschlicher Bildung eine wichtige Rolle (Prange 2005). In ihnen fallen Innen und Außen zusammen. Der Weltoffenheit des Menschen geschuldet, schränken sie diese Bedingung des Menschseins gleichzeitig durch Konkretisierungen ein. Diese Begrenzung der kulturell und historisch zugelassenen gestischen Ausdrucksmöglichkeiten schafft soziale Zugehörigkeit und Sicherheit. Über die Vertrautheit mit bestimmten Gesten stellt sich Vertrautheit mit einzelnen Menschen und Gruppen ein. Kinder und Jugendliche wissen, was bestimmte Gesten bedeuten, wie sie einzuschätzen, wie sie zu beantworten sind. Gesten machen menschliches Verhalten kalkulierbar. Sie sind Teil der Sprache des Körpers, die den Angehörigen einer Gemeinschaft viel voneinander mitteilt. Selbst wenn diese Botschaften eher Teil der unbewussten Fremd- und Selbstwahrnehmung sind, als dass sie zu bewusstem Wissen über den Anderen, dessen Empfindungen und Intentionen werden, ist ihre soziale Bedeutung äußerst groß. Sie gehen in das soziale Wissen ein, das der Einzelne im Laufe seiner Sozialisation erwirbt und das für die angemessene Steuerung seines sozialen Handelns eine große Rolle spielt (Wulf 2009).

Die Bedeutung von Gesten ändert sich in *Abhängigkeit von Raum und Zeit.* Viele Gesten sind an soziale Räume, Zeitpunkte und Institutionen gebunden. Institutionen wie Kirchen, Gerichte, Krankenhäuser und Schulen verlangen den Gebrauch bestimmter Gesten und sanktionieren deren Vernachlässigung. Über die Forderung, institutionsspezifische Gesten zu vollziehen, setzen Institutionen ihren Machtanspruch durch. Im Vollzug dieser Gesten werden die institutionellen Werte und Vorstellungen in die Körper der Angehörigen bzw. der Adressaten der Institutionen eingeschrieben und durch wiederholte „Aufführungen" in ihrer Gültigkeit bestätigt. Zu diesen institutionsspezifischen Ausdrucksformen des Körpers gehören noch heute Gesten der Demut (Kirche), der Achtung (Gericht), der Rücksichtnahme (Krankenhaus), der Aufmerksamkeit und des Engagements (Schule). Bleiben diese ritualisierten Gesten aus, empfinden die Vertreter von Institutionen dieses Ausbleiben als Kritik an der sozialen und gesellschaftlichen Legitimität ihrer Institutionen. In der Regel sind Sanktionen die Folge. Da sich in diesen Institutionen häufig Menschen befinden, die von ihnen abhängig sind, hat die Androhung von Sanktionen ihre Wirkung. Über die Mimesis institutionsspezifischer Gesten unterwerfen sich die Angehörigen der Gesellschaft dem normativen Anspruch der Institutionen.

Auch geschlechtsspezifische Unterschiede werden über Gesten inszeniert, wiederholt und bestätigt. Signifikante geschlechtsspezifische Unterschiede zeigen sich schon bei Mädchen- und Jungenspielen, in denen das gestische Ausdrucksverhalten über unterschiedliche Spielinteressen (Kooperation und Intimität versus Wettkampf) eingeübt wird. Auch werden geschlechtsspezifische Unterschiede in der Art evident, wie Frauen und Männer sitzen, welchen Raum sie beim Sitzen einnehmen und wie sie ihre Beine beim Sitzen arrangieren. Entsprechendes kommt beim Sprechen, Essen und Trinken zum Ausdruck. Auch klassenspezifische Unterschiede zeigen sich in der Verwendung von Gesten. Im Hinblick auf Fragen des Geschmacks hat Bourdieu diese Differenzen untersucht und deutlich gemacht, dass sich über „feine Unterschiede" soziale Hierarchien etablieren und verfestigen. Für die Wahrnehmung dieser Unterschiede spielen Differenzen in den körperlichen Gesten und Ausdrucksformen eine wichtige Rolle. In seinen Untersuchungen zum Zivilisationsprozess hat Norbert Elias gezeigt, wie die Gesten des Hofes vom Bürgertum nachgeahmt und allmählich übernommen und dabei verändert wurden. Wie sich die Macht in den Körpern festsetzt und auch ihre Ausdrucks- und Darstellungsformen, ihre Gesten, in ihrem Sinne zurichtet, hat Michel Foucault in *Überwachen und Strafen* gezeigt. Körpergesten dienen somit dazu, soziale und kulturelle Differenzen herzustellen, auszudrücken und zu erhalten. Sie vollziehen sich in einem historisch-kulturellen machtstrukturierten Kontext, aus dem heraus sich erst ihre Bedeutung erschließt.

Gesten geben Auskunft über zentrale Werte einer Gesellschaft und erlauben einen Einblick in „Mentalitätsstrukturen". Am Beispiel des Gestengebrauchs im mittelalterlichen Kloster lässt sich zeigen, welche Funktion Gesten in unterschiedlichen Bereichen einer Gesellschaft haben und wie sich aus ihrer Verwendung Aufschlüsse über das Verhältnis von Körper und Symbol, Gegenwart und Geschichte, Religion und Alltag gewinnen lassen (Schmitt 1992). Individuen, Gruppen, Institutionen inszenieren das soziale Leben. Sie entwickeln Choreographien menschlicher Gemeinschaft. Diese Inszenierungen von Körpern, Gesten und rituellen Ausdrucksformen lassen sich wie Texte lesen bzw. entschlüsseln. Seit dem letzten Viertel des 20. Jahrhunderts wurde diese Sicht des Sozialen für die Kulturanthropologie fruchtbar gemacht. Der Versuch, die soziale Realität durch „dichte Beschreibung" (Geertz) zu erfassen, entspricht dieser Auffassung von der Lesbarkeit des Sozialen. Innerhalb des Spektrums der sozialen Inszenierungen des Körpers kommt Gesten eine zentrale Bedeutung zu. Sie sind Teil der Zeichen-, Körper- und Sozialsprache und können wie die abstrakteren Zeichen eines Textes gelesen werden. Diese Betrachtung von Gesten muss durch eine Perspektive ergänzt werden, in der ihr performativer Charakter betrachtet wird, in der sie als ästhetische Handlungen, als kulturelle Aufführungen begriffen werden. Um Gesten lesen und entschlüsseln zu können, müssen sie mimetisch erfasst werden. Wer eine Geste wahrnimmt, versteht sie, indem er sie mental nachahmt und so den spezifischen Charakter ihrer körperlichen Ausdrucks- und Darstellungsform begreift. Obwohl Gesten bedeutungsvoll und einer Analyse zugänglich sind, erfasst erst der mimetische Nachvollzug ihren symbolisch-sinnlichen Gehalt. So wichtig die Differenzierung unterschiedlicher Bedeutungsaspekte von Gesten ist, erst mit Hilfe des mimetischen Nachvollzugs kann die körperliche Darstellungs- und Ausdrucksweise der Geste aufgenommen werden. Über die Mimesis der gestischen Inszenierung erfolgt deren körperliche Verarbeitung, die sich demgemäß in einem anderen Medium als dem der verbalen Kommunikation vollzieht. Über die mimetische Perzeption der Geste wird der spezifische Charakter des körperlichen Selbstausdrucks eines anderen Menschen erfasst. In der Anähnlichung an die Gesten eines Anderen werden seine Körperlichkeit und seine Gefühlswelt erfahren. In der Mimesis der Gesten eines anderen Menschen findet eine Überschreitung der personalen Grenzen des Sich-mimetisch-Verhaltenden in Richtung auf die körperliche Darstellungs- und Ausdruckswelt des Anderen statt. Die Erfahrung eines Außen wird möglich.

Dieses „Heraustreten" des Sich-mimetisch-Verhaltenden aus seinen Strukturen in die gestische Darstellungs- und Ausdruckswelt eines anderen Menschen wird als bereichernd und lustvoll erlebt. Es führt zur Erweiterung der Innenwelt durch die aisthetisch-mimetische Aufnahme eines Außen und ermöglicht lebendige Erfahrungen. Lebendig sind diese Erlebnisse, weil die mimetischen Kräfte es erlauben, die Eigenart des Anderen in der Wahrnehmung zu erfassen. In diesem Prozess erfolgt weniger eine Reduktion der Gesten des Anderen auf den Bezugsrahmen des Sich-mimetisch-Verhaltenden als vielmehr eine Ausweitung der Wahrnehmung auf die Gesten und die Bezugspunkte des Anderen. Obwohl beide Bewegungen nicht eindeutig voneinander abgrenzbar sind, liegt der Schwerpunkt in einer Erweiterung des mimetisch Wahrnehmenden bis hinein in die Darstellungs- und Ausdruckswelt anderer. Durch diese Orientierung der mimetischen Bewegung erfolgt weniger eine Einverleibung des Wahrgenommenen als eine mit assoziativen Bildern verbundene Ausweitung des Sich-mimetisch-Verhaltenden auf die Körpergesten des Anderen hin. Diese Erweiterung nach außen führt zu einer lustvollen Bereicherung des Lebens, in der bereits Aristoteles ein besonderes Merkmal der Mimesis sah.

Gesten als Formen der Sinngebung

In sozialen Situationen sind Gesten Mittel der Sinngebung. Sie drücken Gefühle aus und artikulieren Stimmungen. Sie bringen individuelle Konzepte und Vorstellungen innerer Bilder und des Weltverständnisses zum Ausdruck. Darüber hinaus konstruieren konventionalisierte Gesten Homologien zwischen abstrakten und konkreten kollektiven Vorstellungsbildern und beeinflussen damit das individuelle Denken. Sie lassen sich als deren körperlich-symbolische Darstellungen begreifen. Häufig sind die sich in den Gesten artikulierenden Gefühle und Stimmungen weder denen bewusst, die die Gesten vollziehen, noch gelangen sie ins Bewusstsein derer, die diese Gesten wahrnehmen und auf sie reagieren. In dieser Wirkung unterhalb des Bewusstseins liegt ein wesentlicher Teil ihrer sozialen Bedeutung. Dies gilt auch für die von Institutionen suggerierten Gesten und die in ihnen enthaltenen Werte, Normen und Machtansprüche. Auch sie werden von denen, die mit Institutionen in Berührung kommen, wahrgenommen und mimetisch verarbeitet, ohne dass dieser Prozess über das Bewusstsein läuft. Häufig stellen Institutionen Typen von Gesten bereit, die in ihrem Rahmen über lange Zeiträume entstanden sind und mit deren Hilfe ihre Vertreter die gesellschaftlichen Ansprüche der Institutionen zum Ausdruck bringen. Indem die Repräsentanten dieser Institutionen sich der „bereitstehenden" Gesten bedienen, stellen sie sich in die Tradition dieser Institutionen und ihrer sozialen Ansprüche. Dieser Prozess führt einmal zur Übernahme der in der Institution bereits vorgeformten sozialen Gesten. Zum anderen bewirkt sein mimetischer Charakter, dass die zum institutionellen Potential gehörenden Gesten nicht bloß reproduziert, sondern von den Vertretern der Institutionen in der Übernahme gestaltet werden können. Der mimetische Nachvollzug institutionell vorgeformter Gesten eröffnet den Repräsentanten der Institutionen ein hohes Maß gestalterischer Freiheit. Dieser Freiheitsspielraum führt zu einer allmählichen Veränderung gestischer Darstellungs- und Ausdrucksformen und ihrer Bedeutung. In der Mimesis institutionell bereitstehender Gesten findet gleichzeitig eine Darstellung vorhandener Traditionen und ihre Veränderung statt. Dieser Prozess beinhaltet keine bloße Nachahmung der Gesten, sondern ihre kreative Ausgestaltung in Form und Bedeutung. So verändern in der Form gleich gebliebene Gesten im Verlauf neuer gesellschaftlicher Entwicklungen ihre soziale Bedeutung. Untersuchungen zur Geschichte von Gesten und ihren Entwicklungen haben dies eindrucksvoll belegt (Wulf/Fischer-Lichte 2010).

Insofern Institutionen ihre Machtansprüche in den Gesten ihrer Repräsentanten „verkörpern", werden diese Machtansprüche auch im mimetischen Nachvollzug dieser Verkörperungen wahrgenommen und aufrecht erhalten. Die Adressaten dieser Ansprüche werden in den mimetischen Prozess der Übernahme und kreativen Ausgestaltung der institutionellen Werte und Normen einbezogen. Wie die Adressaten in der Mimesis institutioneller Gesten deren Wirkungen mitgestalten, wirkt auf Form und Gehalt der Gesten der Repräsentanten der Institutionen zurück. Diesem Wechselverhältnis zwischen Vertretern und Adressaten institutioneller Gestik kommt für das Verständnis der sozialen Funktion von Gesten zentrale Bedeutung zu. Über den mimetischen Nachvollzug institutioneller Gesten stellt sich bei Vertretern und Adressaten eine Identifikation mit der Institution her, deren Ansprüche und Geltung durch den Vollzug der Gesten jedes Mal bestätigt werden. Gesten werden zu Emblemen von Institutionen, über die sich die Abgrenzung zu anderen Institutionen und sozialen Feldern vollzieht. Wer Form und Bedeutung derartig emblematischer Gesten teilt, identifiziert sich mit der Institution, in deren Rahmen sie erzeugt werden. Über den mimetischen Vollzug von Gesten wird eine soziale Gemeinsamkeit erzeugt, in deren Rahmen die sozialen Beziehungen unter anderem mit Hilfe von Gesten geregelt werden. Gefühle der Zugehörigkeit werden durch den rituellen Vollzug von Gesten erzeugt und bestätigt. Dies gilt nicht nur für Institutionen, sondern auch für professionelle, schichten-, geschlechts- oder funktionsspezifische Gruppen.

Gesten sind körperliche Bewegungen, deren kulturelle Bedeutung sich im Verlauf historischer Prozesse ändert. So hat das Sitzen in der heutigen Gesellschaft eine andere Funktion als im Mittelalter oder zu Beginn der Sesshaftwerdung des Menschen. Bereits innerhalb begrenzterer historischer Zeiträume wie im Laufe des Mittelalters wandelt sich die Bedeutung von Gesten. Soziales Handeln ist gestisch oder wird von Gesten begleitet, die seine Intentionen verdeutlichen. Um Gesten in ihrer körperlichen und symbolischen Beschaffenheit zu erfassen, zu reproduzieren und zu verändern, spielt Mimesis eine entscheidende Rolle. Insofern Mimesis die Fähigkeit ist, ein Verhältnis zur Welt körperlich auszudrücken und darzustellen, bringt sie auch neue Gesten hervor. Dafür verwendet sie gestische Elemente, die sie aus ihrem traditionellen Kontext löst und in einen neuen einbringt und entsprechend dessen Erfordernissen verändert. Oder sie erfindet aus dem Potential körperlicher Ausdrucksmöglichkeiten neue gestische Formen. Das geschieht z. B. bei den Gesten des Telefonierens, Photographierens, Filmens und Video-Machens.

Alle Gesten haben die geringe Instinktgebundenheit und Exzentrizität des Menschen zur Voraussetzung. Sie sind Bewegungen des Körpers, ohne sich auf ihre Körperlichkeit reduzieren zu lassen. Gesten liegt eine Intentionalität zu Grunde, ohne dass sie in ihrer Zielgerichtetheit aufgehen. Sie sind Ausdruck und Darstellung von Gefühlen und auf Gegenstände und andere Menschen bezogen. In Gesten erfährt der Mensch sich und die Welt gleichzeitig, gestaltet er die Welt und wird gleichzeitig durch sie gestaltet. So gesehen, sind Gesten rückbezüglich, d. h. reflexiv.

Ausblick

Gesten sind Ausdruck und Darstellung körperbezogenen praktischen Wissens. Nur mit Analyse, Sprache und Denken können sie nicht erworben werden. Vielmehr bedarf es zu ihrem Erwerb mimetischer Prozesse. Durch die Nachahmung von Gesten und Anähnlichung an sie gewinnt der Sich-mimetisch-Verhaltende eine Kompetenz, Gesten szenisch zu entwerfen, einzusetzen und nach den Umständen zu verändern. Historische Untersuchungen ihrer anthropologischen Funktion verdeutlichen die starke gesellschaftliche und kulturelle Bedeutung szenischen Verhaltens. Mit Hilfe von Gesten werden soziale Kontinuität erzeugt und gesellschaftliche Veränderungen angekündigt und im menschlichen Verhalten durchgesetzt. Unter Beibehaltung des gestischen Arrangements werden häufig tiefgreifende, auf den ersten Blick kaum bemerkte Bedeutungsveränderungen durchgesetzt. Der historische Wandel von Gesten erstreckt sich auf ihre Bedeutung, ihr körperlich-sinnliches Arrangement oder beides. Der mimetische Erwerb gestischer Kompetenz sichert die Fähigkeit, Gesten mit Hilfe von Körperbewegungen aufzuführen, sie in unterschiedlichen sozialen Kontexten einzusetzen und an die jeweiligen Erfordernisse anzupassen. Im mimetischen Erwerb werden Gesten inkorporiert, werden Teil der Körper- und Bewegungsphantasie und eines körperbezogenen praktischen Wissens. Dieses gestische Körperwissen entsteht weitgehend unabhängig vom Bewusstsein und damit von den Distanzierungsmöglichkeiten der Beteiligten, entfaltet aber gerade deswegen nachhaltige Wirkungen. Diese Fokussierung der mimetischen, performativen, körperlichen, sozialen, ludischen und imaginativen Seiten der Geste bietet neue Perspektiven für eine anthropologische Gestenforschung (Wulf u. a. 2011; Wulf/Fischer-Lichte 2010).

Literatur

Agamben, Giorgio (2001): Noten zur Geste. In: Ders.: Mittel ohne Zweck. Noten zur Politik. Freiburg/Berlin, S. 53–62.

Alkemeyer, Thomas/Brümmer, Kristina/Kodalle, Rea/Pille, Thomas (Hrsg.) (2009): Ordnung in Bewegung. Choreographien des Sozialen. Bielefeld.

Blanga Gubbay, Daniel (2010): Human Gestures between Power and Action. In: Paragrana. Internationale Zeitschrift für Historische Anthropologie 19 (2010) Heft 1, S. 213–220.

Bremmer, Jan/Roodenburg, Herman (Hrsg.) (1992): A Cultural History of Gesture. Ithaca/London.

Darwin, Charles (1979): The Expression of the Emotions in Man and Animals. London.

Flusser, Vilém (1991): Gesten. Versuch einer Phänomenologie. Düsseldorf/Bensheim.

Gebauer, Gunter/Wulf, Christoph (1998): Spiel, Ritual, Geste. Mimetisches Handeln in der sozialen Welt. Reinbek.

Kendon, Adam (2004): Gesture. Visible Action as Utterance. Cambridge.

McNeill, David (1992): Hand and Mind. What Gestures Reveal about Thought. Chicago/London.

McNeill, David (2005): Gesture and Thought. Chicago/London.

Mead, George Herbert (1973): Geist, Identität und Gesellschaft. Frankfurt/M.

Morris, Desmond/Collett, Peter/Marsh, Peter/O'Shaughnessy, Marie (1979): Gestures. Their Origins and Distribution. London.

Prange, Klaus (2005): Die Zeigestruktur der Erziehung. Grundriss der operativen Pädagogik. Paderborn.

Schmitt, Jean-Claude (1992): Die Logik der Gesten im europäischen Mittelalter. Stuttgart.

Tomasello, Michael (2009): Die Ursprünge der menschlichen Kommunikation. Frankfurt/M.

Wulf, Christoph (2009): Anthropologie. Geschichte, Kultur, Philosophie. Köln.

Wulf, Christoph/Althans, Birgit/Audehm, Kathrin/Blaschke, Gerald/Ferrin, Nino/Kellermann, Ingrid/Mattig, Ruprecht/Schinkel, Sebastian (2011): Die Geste in Erziehung, Bildung und Sozialisation. Ethnographische Untersuchungen. Wiesbaden.

Wulf, Christoph/Fischer-Lichte, Erika (2010): Gesten. Inszenierung, Aufführung, Praxis. München.

Stimme

Kristin Westphal

Die Stimme hat in der Pädagogik immer schon eine große Rolle gespielt – sei es als erste Form einer vor-reflexiven und vor-sprachlichen, symbolisch-sinnlichen Interaktion im Verhältnis von Mutter und Kind, sei es im Kontext der institutionellen Arbeit als Erzieher und Lehrer in einem pädagogischen Raum, in dem es um Kontrolle, Disziplin und Strategien der Durchsetzung geht (Meyer-Drawe 2003), sei es in der Übermittlung kultureller Werte und Erfahrung (Schleiermacher 1983; Seewald 1992). Innerhalb der Sprach-, Sprech- und Theaterwissenschaften spielt die Stimme in den Traditionen der Rhetorik bereits eine große Rolle. Und nicht zuletzt ist das Sprechen und Hören in der Philosophie und den Kommunikationstheorien ein zentrales Anliegen der Analysen und Theoriebildungen (Mead 1973; Habermas 1991).

Das Thema des Körpers und des Leibes hat vor dem Hintergrund eines sich wandelnden Verständnisses von Kultur im letzten Jahrhundert zunehmend an Bedeutung gewonnen. Hinzu kommt, dass die Stimme unter den Bedingungen der technischen Apparaturen eine Umorientierung erfahren und zu neuen kulturellen Praxen im Verbund mit taktilen, visuellen oder räumlichen Medien geführt hat. Diese Bedingungen werfen Fragen danach auf, wie die neuen Medien unsere Erfahrungen anders strukturieren als bisher. In den Vordergrund treten in den Forschungen der Körper und seine Stimme in konkreten Handlungsvollzügen als körperlicher bzw. stimmlicher Vollzug sowie die Frage zum Verhältnis von „Natürlichkeit“ und „Künstlichkeit“, „Wirklichkeit“ und „Möglichkeit“ im Kontext medialer Zusammenhänge (Brecht 1992; Krämer 1998; Kolesch/Krämer 2010; Westphal 2002).

1 Phänomen der menschlichen Stimme

Die Stimme lässt sich zunächst beschreiben als ein wesentlicher Bestandteil und Träger von Informationen. Sie ist darüber hinaus selbst an Kommunikation beteiligt, sie ist Information, Geste und Ausdruck. Sie ist Spur des Körpers in der Sprache. Die Stimme ist Vehikel der Rede und gleichzeitig ihre Deutung bzw. ihr Kommentar. Über Stimme zu sprechen findet in und mit der Stimme statt. Darin ist ein Moment der Doppelung enthalten, das jedoch nicht zur Deckung kommt. Stimme entzieht sich einer eindeutigen Verortung. Sie erscheint als Selbstpräsenz, indem ich mich selbst sprechen höre, und zugleich als Fremdheit, indem ich mich selbst sprechen höre, wie ein Anderer mich hört. Hören ereignet sich als Antwort auf einen Anspruch, der vom Anderen ausgeht, welches auch das eigene Andere sein kann. Es gibt eine Differenz zwischen der gehörten und der gesprochenen Stimme. Stimme unterliegt nicht nur einem ständigen Wandlungs- und Anpassungsprozess, sondern sie ist auch vielschichtig. Sie erscheint in ihrer Körperlichkeit, hat gleichzeitig Alter, Geschlecht und Identität, sie hat Klang und Sinn, Ton und Bedeutung. Über Stimme lässt sich nur reden und reflektieren, wenn man das Hören mit einbezieht. Unsere Hörgewohnheiten unterliegen einem Wandel. Die konkrete menschliche Stimme und ihre Kontexte – also auch die der technischen Reproduktion, der Rückwirkungen auf unsere alltagsweltliche und auf professionelle Parameter des Sprechens und Hörens in der Rezeption – sind das Anliegen neuerer Forschungsansätze. Unsere Sichtweise besteht darin, Stimme und ihre Leiblichkeit als Erfahrungsdimension genealogisch zu konzipieren und ihren Modellierungen durch Kultur und Technik Ausdruck zu geben (Westphal 2002, S. 30).

2 Naturwissenschaftliche Sicht auf Stimme und Gehör

Die Diskussionen um die Entstehung der Stimme, die Entwicklung der stimmlichen Fähigkeit und um die Entwicklung des Kehlkopfes als ihrer Voraussetzung sind verankert in der menschlichen Fähigkeit, mit der Stimme reflexiv zu interagieren. Das unterscheidet die menschliche von der tierischen Stimme. Die anthropologische Bedeutung der Stimme hängt mit der Aufrichtung der Menschen und ihrer Auswirkung auf die Entwicklung des Gehirns zusammen. Mit der Absenkung des Kehlkopfes kommt es im Verlauf der Entwicklung des Menschen zu einer sich verfeinernden Artikulationsfähigkeit der Stimme. Gebauer und Wulf verweisen darauf, dass der Unterschied zwischen der menschlichen Stimme und der eines Primaten nicht in seiner osteo-muskulären Ausstattung als vielmehr im Nervensystem begründet sei (Gebauer/Wulf 1998, S. 107 f.).

Erst seit 1978 existieren Untersuchungsergebnisse von Kemp, die das Ohr nicht mehr als passiven Empfänger ausweisen (Hellbrück 1993). Doch physiologische Untersuchungen zur Stimme liegen nicht auf derselben oder auf einer analogen Ebene zur phänomenalen Stimme. Stimmliche Laute lassen sich nicht auf automatische Mechanismen ihrer

Hervorbringung reduzieren. Physiologische Erklärungen betreffen funktionale Abläufe; um deren Sinn jedoch zu verstehen, bedarf es der qualitativen Beschreibung, und diese setzt qualitative Phänomene voraus. Auch ein Naturwissenschaftler muss die Frequenzanalysen im erkennenden Sinne erst hören und auf Hörbares beziehen. Die hier verstandene Phänomenologie bezieht sich auf einen eigenen qualitativen Erfahrungsgrund. Sie führt ihre Untersuchungen der Stimme in situativen Kontexten durch. Ihr geht es also um die Stimme, die spricht, die man hört, die über technische Medien vermittelt ist und die in bestimmte Handlungskontexte, wie der Rede, den Gesang etc. eingelagert ist (Westphal 2010c).

3 Die phänomenologische Sichtweise

Die phänomenologische Sichtweise ist eine Erkenntnishaltung, die sich der Welt qualitativer Erfahrungen öffnet und sie deutend und reflexiv artikuliert. Maurice Merleau-Ponty (1908–1961) versucht, die Erfahrung als unmittelbar leibliche zu rehabilitieren, um von da aus einen Analyseweg zu finden, der weder intellektualistisch noch empiristisch verkürzt wird (Merleau-Ponty 1966). Waldenfels setzt diesen dritten Weg fort und entwickelt eine Theorie der leiblichen Responsivität, die hier als Grundlage für den Zusammenhang der Frage nach der phänomenalen Stimme verstanden wird. Der aktive, handelnde Leib antwortet auf die Aufforderungsstrukturen der Welt. Er erscheint uns auf diese Weise mit Hilfe seines Sinnes- und Bewegungsapparates als Empfindungsträger, der Eindrücke erfährt und behält, als Ausdrucksorgan, mit dem wir Erlebtes kundtun und zuletzt als Orientierungsraum und Handlungsraum, der Erfahrungen und Wirkungen vorstrukturiert, um das, was ich bemerke oder bewirke, im Raum anordnen zu können, in ein Oben und Unten, Vorne und Hinten oder in Nähe und Ferne (Waldenfels 1998, S. 21). Wir gehen davon aus, dass Leiblichkeit und Sprachlichkeit in genetischer Hinsicht miteinander verschränkt sind und sich aufeinander beziehen. Somit richtet sich die Aufmerksamkeit primär auf die Genese des prozessualen Sinns im Unterschied zu Forschungsrichtungen, die von schon bestehenden Ordnungssystemen, Regelwerken etc. ausgehen, d. h. von Sprache als grammatischem Gefüge, von der Stimme als physiologisch-organischem Funktionsgebilde oder vom kulturellen Erscheinungszusammenhang der Rede, des Gesangs etc. (vgl. Kittler/Macho/Weigel 2002; Wimmer 2002).

3.1 Stimme im Blickwinkel der Responsivität

Die Stimme bewegt sich auf der Schwelle zwischen Geist und Leib. Darin zeichnet sie sich als Halbding aus. Dabei lassen sich verschiedene Abstufungen des stimmlich Hörbaren unterscheiden. Die Stimme, die Aristoteles als Laut eines beseelten Wesens definiert, bewegt sich in der Spanne zwischen einem sprachlichen Laut mit Bedeutung und den nicht-sprachlichen Lauten der Tiere. Der vorsprachliche Vorgang des Lallens als Ausdrucksgebärde bildet dabei einen Übergang. Die Gesangsstimme ist zwischen der Sprache und der Musik anzusiedeln, so dass sie neben dem Ausdruck auch Bedeutung und Grammatik umfasst. Der Ruf in seiner wiederholbaren Lautgestalt ähnelt dem der Tierwelt. Im Schrei verdichtet sich die Ausdrucksbewegung. Einen weiteren Pol in einer solchen Hörskala bildet das Geräusch (Waldenfels 1994, S. 494; vgl. Straus 1978, S. 147). Der Klang geht – wie das Geräusch – von einer bestimmten Geräuschquelle aus, die nicht selbst gehört werden kann. Von daher bleibt sie unbestimmt. Klänge und Geräusche dagegen kommen und gehen, schwellen an und verebben wieder. „Die Stimme als solche zeigt mir nicht, woher sie kommt und wohin sie geht. Die Stimme zeigt überhaupt nicht" (Waldenfels 1994, S. 494). „Stimme" kann demzufolge auf keinen Ort, dem sie allein zugehört, zurückgeführt werden. Sie ist ein „Zwischen"-Ding, das „selbst" bedeutet.

In dem, was gesagt wird, zeigen sich vielfältige Spuren des Sprechenden. Es zeigen sich Stimmung oder Emotionalität, die soziale und regionale Herkunft, das Geschlecht, das Alter, das Befinden etc. Die Performativität der Stimme oder ihre Form bestätigt, überlagert, modifiziert, hinterfragt oder unterläuft das, was gesagt wird. Im Reden und Zuhören ergeben sich „Überschüsse", die über das, was gesagt und gehört wird, hinausgehen (können). Waldenfels geht hier einen Schritt weiter, wenn er vom Verschwiegenen bzw. Ungesagten im Gesagten spricht. Dem steht das verstehende Hören gegenüber, indem wir erfahren wollen, wer etwas in welcher Form sagt. Im Hören sind unterschiedliche Dimensionen enthalten. Ein Ton oder Geräusch kann erst einmal dazu führen, aufzumerken, zu horchen oder der Hörquelle nachzugehen. Ist es eine Stimme, kommt ihre appellative Gestalt der Initiative des aktiven Zuhörens zuvor. Die Stimme spricht mich schon an, bevor sie mir etwas sagt. Sie „ruft" mich an und appelliert an mich; darin liegt ihre erste Bedeutung. In diesem Sinne werde ich immer zu einer Antwort aufgefordert. Wer hört, antwortet – egal auf welchem Wege. Das Hören erweist sich als Aktivität, die sehr verschieden ausfallen kann – zwischen Anziehung und Abwehr sind es eher die sozialen, zwischenmenschlichen, expressiven und sensuellen Aspekte, die in einer Kultur der Repräsentation einen geringeren Stellenwert haben, lenken sie doch vom „eigentlichen" Inhalt, der Information oder Bedeutung ab. Das Zuhören, ein Lauschen also, ist an der Gestaltung des Gehörten beteiligt (vgl. Meyer-Drawe 2003, S. 128). Es führt uns zu einer Differenz zwischen dem Hören und Gehörtem und öffnet auf diese Weise einen Spalt zwischen dem, was erscheint, was wir hören, und der Art, wie es erscheint und sich verräumlicht, medial aufgefasst und gedeutet wird.

3.2 Stimme zwischen Selbst- und Fremdbezug

Der Stimme kommt im Bereich des Hörbaren eine besondere Rolle zu. In ihr ist das grundlegende Phänomen der Verdoppelung zu erwähnen, wie wir sie von der Spiegelung und dem Echo her kennen. Sie resultiert aus der Differenz zwischen einer gehörten und einer gesprochenen Stimme. Das Hören und das Gehörte beinhalten eine Doppelung, die jedoch nicht zur Deckung kommt, sondern durch Entzüge bzw. Fremdheiten markiert ist. Das Sprechen ist zugleich ein Sich-Sprechen-Hören, das nicht nur im Innern erklingt und verbleibt, sondern dank der den Sprecher transzendierenden Stimme mit der Struktur der Resonanz verbunden ist, die die Stimme in mir als Hörender wieder erklingen lässt. Wir haben es mit der grundlegenden Struktur von Selbst- und Fremdbezug und damit mit dem Moment der Nicht-Identität in sinnlichen Vollzügen zu tun, die sich im Sichsagen, Sichhören etc. ausdrückt. Die Besonderheit besteht darin, dass wir uns ständig selbst hörend zugleich verlautbaren können. Das Ereignis des Sichsagens verdoppelt das Sagen durch das Hören. Dabei erleben wir, dass die Stimme nicht allein aus uns selbst kommt, sondern wie ein Echo oder Widerhall kommt sie auch von anderswo her. Das Sichhören öffnet einen Spalt, den keine Reflexion schließen kann und der jeden „reinen" Selbstbezug verhindert. Von daher ist das Sichhören imstande, Fremdes in Form eines antwortenden Hörens und eines aus dem Hören kommenden Antwortens zu hören. So überkreuzen sich auch Hörendes und Gehörtes. Im Zuhören höre ich nicht nur die Stimme des Anderen, ich höre auch auf die sich mit dem Wahrgenommenen einstellende Resonanz. Indem ich dem Anderen zuhöre, höre ich mir auch selbst zu. Dieser Vorgang enthält eine zeitlich-räumliche Dimension, darüber hinaus auch: soziale, kulturelle, körperliche, individuelle Dimensionen.

Wie schon unter den naturwissenschaftlichen Gesichtspunkten erwähnt, ist das Hören aktiv. Wir antworten bereits schon, indem wir etwas in der Haltung des aufnehmenden Hörens hören. Das Gesagte ist zugleich in bestimmter Weise ein Gehörtes. Bis zu einem gewissen Grad decken sich Sprechen und Hören. Das Gesagte ist jedoch nicht einfach das Gehörte, vielmehr tritt das Gesagte als Gehörtes im Hörensagen auf. Wir hören demnach mehr, nämlich auch den Anspruch, der im Sagen des Gesagten laut wird. Zuhören ist aktiv. Das Zuhören spricht. Das wirft ein völlig neues Licht auf das Subjekt, die Stimme und den Vorgang des Sprechens und Hörens. Im Unterschied zu traditionellen Konzepten, die das Zuhören als einen intentionalen Hörakt, als eine subjektzentrierte Initiative – also ein Hörenwollen – auszeichnen, stellen wir hier nicht mehr das Subjekt als Täter des Hörens oder als Träger einer Stimme in den Vordergrund, sondern das Zwischenereignis des Sagens und Hörens selbst, mit dem sich Subjekte auseinandersetzen. Die Perspektive der Responsivität besteht darin, dass nicht von einem Subjekt ausgegangen wird. Sprechen und Hören stellen sich als Vorgänge und Ereignisse zwischen Menschen dar, die im responsiven Feld aktiv werden, ohne dass hier eindeutig zwischen (sprechendem) Subjekt und (hörendem) Objekt unterschieden werden könnte. Die Individuen sind Bestandteile eines Stimm-Hör-Feldes. Das intersubjektive Geschehen wird von mehr als nur von einem Individuum ausdifferenziert und verantwortet (Waldenfels 1994, S. 216). In dieser Theorie sind die Rollen zwischen den am Dialog Beteiligten nicht eindeutig zwischen Sprecher und Hörer verteilt.

3.3 Hören und Sprechen in einem Rede- und Hörfeld

Sprechen und Hören artikulieren sich in einem räumlichen, zeitlichen und sozialen Redefeld bzw. Hörfeld. Nach Waldenfels umfasst der Kontext einerseits alle sprachlichen Verweise, die mitgesagt werden, und die Situation andererseits alle außersprachlichen Umstände, unter denen etwas gesagt und gehört wird. Der Hintergrund betreffe darüber hinaus alles, was bereits schon einmal gesagt wurde und wieder gesagt werden kann. Der Horizont sei schließlich wie beim Sehen und Erfahren alles, was an einer gemeinten Sache mitgemeint sei, da er alles umgreife, was über das direkt Gemeinte hinaus gemeint sei (Waldenfels 1994, S. 271). Diese Konzeption eines Redefeldes berücksichtigt Umstände und Bedingungen der Realisierung von Sinn. Dazu gehört auch das Thema einer Rede, das vertraut ist, und das Thema als das, was dem Hörer Neues mitteilt. Ein weiterer Aspekt für das Ereignis des Sprechens und Hörens ist ihre Verkörperung in Rede- und Hörformen. Wie ich etwas sage, bedeute, dass die Sprache an sich selbst arbeite. „Sie arbeitet an ihrer eigenen Aufführung, indem sie sich selbst als Mittel einsetzt" (ebd.). Zwischen dem, was und wie ich spreche bzw. höre, öffne sich ein Spalt für die verschiedensten Redeweisen und Redemittel. Dazu gehören alle Arten von Medien, die hier ihre Formkraft entfalten können. Und ein letzter wichtiger Aspekt lässt sich mit Waldenfels am Ereignis des Sprechens kennzeichnen, nämlich der Angesprochene, das Forum, der Zeuge oder die Ordnungsinstanz meiner Rede. Das Hören verweise uns auf die leibhaftige und leibliche Gegenwart und Nichtgegenwart eines Anderen, auf die leibliche Nähe und Ferne eines Dritten.

4 Stimme als und im Medium

Medien hat der Mensch immer schon verwendet, um sich über seinen Körper hinausgehend Ausdruck zu verschaffen, sich zu inszenieren oder seine Arbeit zu erleichtern. Zugänge zur Welt sind oftmals medial. Diese Zugänge erfahren darüber hinaus durch die Medien, d. h. durch Instrumente, Vehikel oder Werkzeuge, eine intentional-technische Rahmung. Medien bringen das *Wie* ins Spiel, nämlich die Mittel, Wege und Verfahren, um sich zu entäußern und auszudrücken.

Waldenfels weist auf die Grundsituation des Menschen als Lebewesen hin, das auf der Schwelle von Natur und Kultur existiert (Waldenfels 1999a, S. 94). Weder geht der Mensch gänzlich in der Natur auf noch lässt ihn seine leibliche Zugehörigkeit zur Natur aus dieser gänzlich heraustreten. Diese Ambivalenz verweist uns zunächst auf die grundlegende Medialität unseres Zugangs zur Welt, wie sie sich z. B. über die Sprache vollzieht. Dazu gehört auch das Verhältnis von Medium und Form. Medien sind materiale Formen, ohne die es das in einem Medium Artikulierte nicht gäbe. Medienwelten sind, so gesehen, nicht allein als Ersatz für leibliche Vorgänge zu verstehen, sondern als etwas, das für etwas anderes steht und dadurch etwas Eigenes vorstellt (Waldenfels 1999a, S. 29). Beispiele sind technische Apparaturen, abstrakte Symbolsysteme etc.

Medien können die Momentaufnahme einer Stimme erweitern bzw. übertragen oder konservieren. Unter den Bedingungen der technischen Möglichkeiten kann eine Stimme wiederholt werden. Diese Wiederholung steht jedoch in Differenz zur Präsenz der sich unmittelbar ereignenden Rede. Das Konservierte kann in neue Zusammenhänge eines anderen zeitlichen und räumlichen Rahmens eingepasst werden und es bedarf der Präsenz des Hörers. Stimmen können medial verändert werden; Hörgewohnheiten können außerdem z. B. durch Hörgeräte und Kopfhörer beeinflusst werden. Stimmen – wie auch immer medialisiert – müssen gehört werden. Stimmen bedürfen, ob sie als „natürliche" oder medialisierte gehört werden, des Rückgriffs auf die kommunikative Situation des leiblich-sinnlichen Zuhörens (Abhörens). Dabei sind die Wirklichkeiten des Hörens andere als die Wirklichkeiten der medialisierten Konstruktionen der Stimme (Westphal 2002).

4.1 Verkörperung der Medien und Entkörperung leiblicher Vorgänge

Zu Beginn des 21. Jahrhunderts zeigt sich die alltägliche Grundsituation des Menschen dergestalt, dass sich angesichts „künstlicher", technologisch erzeugter Medien die leibliche Präsenz des Menschen weit überschreiten lässt. Mit fortschreitender Technisierung lässt sich beobachten, dass sich der Charakter der Medien in einer spezifischen Weise verändert hat. Die Medien zeigen sich in körper-analogen Formen, die sich im Vollzuge der Ausdifferenzierung immer mehr von einer leiblichen Organisation entfernt haben. Die Maschine bzw. die Technik ersetzt leibliche Vorgänge, indem sie den leiblichen Umgang mit ihnen nicht außer Kraft setzt, sondern auf einer reduktionistischen Stufe konserviert. Es findet eine Verkörperung in die Medien statt und gleichzeitig eine Entkörperung leiblicher Vorgänge. Stand zu Beginn der Körpertechniken – wie sie Marcel Mauss (1872–1950) sehr eindrücklich zu schildern weiß – noch ein Zusammenwirken von Körper und Instrument, so können wir von einer zunehmenden Verselbständigung der Maschinerie sprechen (Mauss 1989, S. 206). Am Anfang der medialen Entwicklung steht das Sich-Bewegen oder Bewegtwerden, dann wird daraus die bloße Motorik, die als Bewegung abgelöst von Organischem und Naturhaftem, von Maschinen in Maschinen(teilen) ausgeführt wird. Für den Prozess der technischen Entwicklung seit dem 19. Jahrhundert heißt das, dass die explorativen Wahrnehmungsprozesse immer mehr den Weg über die abstrakte metrisch visualisierte Realität der Instrumentenwahrnehmung nehmen müssen. Die unhintergehbare Situation der Anwesenheit des Anderen bzw. der materialen Welt der Dinge, die an sinnliche Wahrnehmungen gebunden ist, wird über virtuelle Einflüsse und Manipulationen stark eingegrenzt. Wir erleben keinen völligen Ersatz der Sinne, sondern auf der Seite des Rezipienten eher eine Reduktion und zugleich symbolisch-abstrakte Verdichtung der sinnlichen Wahrnehmungsgehalte, die sich z. B. über Zahlenskalen für zeitliche Fristen, Lautstärken u. a. ergeben. Zugleich erleben wir auf der Seite der Medien eine Substitution von Sinnlichkeit, die jedoch ohne die organischen Vornormierungen der sinnlichen Erfahrungen, die die Bedingungen dafür bereitstellen, dass überhaupt etwas wahrgenommen werden kann, nicht existieren kann. Zu unterscheiden sind in diesem Zusammenhang die Wahrnehmungsakte von den wahrgenommenen Gegenständen. Es sind dann die Wahrnehmungsakte, deren sinnliche Fülle sich verändert, wie wir es schon in der Literalisierung der Erfahrung beobachten können. Zu konstatieren ist, dass die kognitiv-mediatisierte Struktur der Erfahrung zunimmt. Es müssen Skalen, Anzeigen und Symbole interpretiert und entschlüsselt werden, um Auskunft über das zu erhalten, was sie repräsentieren bzw. messen. Doch lässt sich z. Zt. eine technische Welt ohne humane leibliche Referenz und Wahrnehmungsregister schwerlich vorstellen. Sie ist ohne den leiblich präsenten Leser, Hörer und Zuschauer (noch) nicht möglich.

4.2 Medien als Zwischenwelten – über das Ineinander von Künstlichkeit und Natürlichkeit von Stimmen

Die phänomenologische Sichtweise geht von einer Verschränkung und Differenz von Natur und Kultur aus und macht das körperlich-sinnliche Erfahren und Verhalten zum Ausgangspunkt ihrer Theorie. Wir sind leiblich existierende Wesen, die auf vielfältigste Weise mit einer Welt verwickelt sind. „Künstlichkeit“ oder „Fremdheit“ werden dabei als integraler Bestandteil von Erfahrung begriffen. Jede Stimme wäre demnach in sich durch Differenz zwischen Selbst- und Fremdbezug, Organhaftigkeit und Künstlichkeit (Instrumentalität), Nähe und Ferne gekennzeichnet. Die Technik bricht also nicht von außen in eine lebendige Stimme ein, sie ist von Anfang an in ihr am Werk (Waldenfels 1999b, S. 15). Das Spannungsfeld zwischen „Natürlichkeit“ und „Künstlichkeit“ führt zu differenten Erfahrungen mit Stimmen. Eine Stimme muss, wie auch immer sie „hergestellt“ wird, als Stimme erklingen. Nur dann kann sie als solche auch erscheinen und identifiziert werden. „Natürliche“ und technische Parameter müssen sich demzufolge überschneiden. Auch der, der am Mischpult sitzt, muss Stimmen, die er mischt oder neu zusammensetzt, nicht nur sehen, sondern „hören“, auch wenn durch dieses neue technische Medium das Hören sich gleichfalls verändert und im Zuge der Entwicklung die Tendenz bestehen mag, dass sich mit der Zeit die technisch gemischte High-Fidelity-Stimme als Maßstab der nicht technischen Stimme (des Klangs) etabliert. Wir hören dann die „natürliche“ Stimme als „mangelhaft“. Das heißt, im differenten medialen Erfahrungsfeld ver-rücken die Phänomene insgesamt: das Hören, die Stimme und der

Klang selbst. Eine neue technische Norm, nämlich die neue „Natürlichkeit" eines Phänomens wird zum Maß des Nicht-Hifi-Höralltags. Die medientechnisch gefilterte gehörte oder inszenierte Stimme ist verschieden von der „natürlichen".

Die künstliche Erfahrung unterscheidet sich von der „natürlichen" dahingehend, dass sie hergestellt und von einem bestimmten Kontext losgelöst werden kann. Künstliche Dinge müssen von außen bewegt werden, z. B. muss der Computer angeschaltet und bedient werden im Unterschied zu natürlichen Wesen, die sich von selbst bewegen, die belebt und beseelt sind. Als natürlich gilt für Waldenfels, „was spontan abläuft und nicht willkürlich gemacht oder reflektiert erscheint, was implizit auftritt und in einem Umfeld in einer Situation eingebettet ist" (ebd.). Darunter ist die Einstellung zu verstehen, die wir zur Welt haben, die selbstverständlich, alltagsweltlich und nicht weiter problematisiert und generell kulturell geprägt ist. Es handelt sich um das selbstverständliche Agieren in einer lebensweltlichen Umgebung. Erfahrungen machen wir spontan, aber durch herbeigeführte Eingriffe in die Erfahrungswelt auch künstlich (vgl. Waldenfels 1998, S. 210).

Geht man von Differenzfeldern der Erfahrungen aus, so lässt sich nicht mehr an Vorstellungen von „rein" künstlichen oder „rein" natürlichen Welten bzw. „rein" künstlichen oder „rein" natürlichen Stimmen festhalten. Wir können unterscheiden zwischen Differenzfeldern verschiedener Ordnungen und Schichtungen. Eine mögliche Schicht zieht auf der einen Seite spontane, d. h. leiblich-sinnliche Ordnungen genealogisch im Sinne einer Verschränkung von Mensch und Welt nach sich und bestimmt auf der anderen Seite z. B. Sprache als regelhaft und statisch (Grammatik, Wortbestand, Struktur). Eine zweite Schicht, die die erste voraussetzt, zeigt sich auf der einen Seite als nichttechnisch medialisierte, also „natürliche" Ordnung und auf der anderen Seite als technisch-medialisierte, also „künstliche" Ordnung. Zwischen diesen Grenzfällen bestehen Übergangsfelder. Die phänomenale Stimme ist demzufolge zu differenzieren als organische, leiblich gebundene und als „künstliche" im Sinne einer technisch-medialisierten Stimme. Das heißt, die „künstliche" Stimme im engen Sinne einer technisch-medialisierten ist als *eine* Dimension innerhalb der *phänomenalen* zu verstehen und nicht als Gegensatz zu einer „natürlichen". Grundsätzlich lässt sich bestimmen, dass auch die elektronische, künstliche oder medialisierte Stimme ein „Phänomen" ist, das als gehörte Stimme in Erscheinung tritt. „Phänomenal" heißt hier die vortechnische, leiblich-sinnliche bzw. „natürliche" Stimme. Dem steht die technisch-medialisierte „künstliche" Stimme nicht gegenüber, vielmehr ist diese als eine Modalität der „natürlich" phänomenalen zu betrachten, solange sie noch als Stimme hörbar und identifizierbar ist.

Zu bedenken ist in einem letzten Schritt folgende Differenzierung: Auch die digitalisierte Computerrealität wird sinnlich wahrgenommen und in ihrer Ästhetik und Perfektion, ihren Formen und Gestaltungen etc. den sinnlichen Kriterien des Wahrnehmenden ausgesetzt (Westphal 2002). Der Wahrnehmende sieht nicht Bits und Bytes, er rechnet wohl auch nicht, sondern sieht Bilder. Demzufolge lässt sich unterscheiden zwischen der Ebene der Maschine bzw. Konstruktion und der Ebene der „phänomenalen

Welt". Wir haben es zum einen mit der Sprache der Maschinen zu tun, die auf der Basis binärer Codes, Bits arbeitet, und zum anderen mit der Darstellungssprache, die bewegte Bilder erzeugt und vom Anwender bedient wird. Ohne einen Rückbezug auf die leiblich-sinnliche Welt könnte der Anwender diese Maschinen nicht bedienen. Medien (Codes) und sinnlich leibliche Erfahrungen beeinflussen sich demnach wechselseitig. Letztere müssen mediengerecht „eingebaut" werden, erstere bedienen sich vor-medialer, nicht-technologischer Parameter. Auf diese Weise entsteht eine eigene „neue" Zwischenwelt, die in pädagogischer Hinsicht erfahren, reflektiert und gestaltet werden kann (Westphal 2010a/b).

Literatur

Brecht, Bertolt (1992): Radio – eine vorsintflutliche Erfindung? (1927) In: Große Kommentierte Berliner und Frankfurter Ausgabe. Bd. 21/Schriften 1. Frankfurt/M., S. 217–219.

Gebauer, Gunter/Wulf, Christoph (1998): Spiel – Ritual – Geste. Mimetisches Handeln in der sozialen Welt. Reinbek.

Habermas, Jürgen (1991): Theorien des kommunikativen Handelns. 2 Bände. Frankfurt/M.

Hellbrück, Jürgen (1993): Hören. Göttingen.

Kittler, Friedrich/Macho, Thomas/Weigel, Sigrid (Hrsg.) (2002): Zwischen Rauschen und Offenbarung. Zur Kultur- und Mediengeschichte der Stimme. Berlin.

Kolesch, Doris/Krämer, Sybille (2010): Stimme. Annäherung an ein Phänomen. Frankfurt/M.

Krämer, Sybille (1998): Sprache, Stimme, Schrift. In: Paragrana. Internationale Zeitschrift für Historische Anthropologie. Band 7. Heft 1: Kulturen des Performativen. Berlin, S. 33–57.

Mauss, Marcel (1989): Soziologie und Anthropologie. Band II. München.

Mead, Karl Herbert (1973): Geist, Identität und Gesellschaft (1934). Übers. von Ulf Pacher. Frankfurt/M.

Merleau-Ponty, Maurice (1966): Phänomenologie der Wahrnehmung. Berlin.

Meyer-Drawe, Käte (2003): Stimmgewalten. In: Liebsch, Burkhard/Mensingk, Dagmar (Hrsg.): Gewalt verstehen. Berlin, S. 119–130.

Schleiermacher, Friedrich Daniel Ernst (1983): Pädagogische Schriften, Bd. 1: Die Vorlesungen aus dem Jahre 1826. Unter Mitwirkung von Theodor Schulze hrsg. von Erich Weniger. Berlin.

Seewald, Jürgen (1992): Leib und Symbol. München.

Straus, Erwin (1978): Vom Sinn der Sinne. Berlin.

Waldenfels, Bernhard (1994): Antwortregister. Frankfurt/M.

Waldenfels, Bernhard (1998): Grenzen der Normalisierung. Frankfurt/M.

Waldenfels, Bernhard (1999a): Sinnesschwellen. Frankfurt/M.

Waldenfels, Bernhard (1999b): Vielstimmigkeiten. Frankfurt/M.

Westphal, Kristin (2002): Wirklichkeiten von Stimmen. Grundlegung einer Theorie der medialen Erfahrung. Frankfurt/M.

Westphal, Kristin (2010a): Mediale Erfahrungen. Reflexionen über neuere Räume des Hörens und der Stimme am Beispiel des Radioballetts der Gruppe Ligna. In: Linck, Dieter/Vaßen, Florian (Hrsg.): Körper. Bewegung. Raum. Zeitschrift für Theaterpädagogik. Korrespondenzen. Heft 56. Berlin, S. 19–24.

Westphal, Kristin (2010b): Aspekte einer Topophänomenologie am Beispiel eines ortsspezifischen Theaters. In: Vierteljahreszeitschrift für wissenschaftliche Pädagogik. Heft 4 (2010), S. 611–621.

Westphal, Kristin (2010c): Von der Unersetzbarkeit der Sinne in der Welt der Medien am Beispiel der Stimme. In: Kapust, Antje/Waldenfels, Bernhard (Hrsg.): Kunst. Bild. Wahrnehmung. Blick. Merleau-Ponty zum Hundertsten. München, S. 183–194.

Wimmer, Michael (2002): Verstimmte Ohren und unerhörte Stimmen. In: Wulf, Christoph/Kamper, Dietmar (Hrsg.): Logik und Leidenschaft. Berlin, S. 95–112.

Fragmentierung

Karl-Josef Pazzini

Ein Fragment ist im Deutschen ein Bruchstück. Das Gewaltsame wird im aus dem Lateinischen kommenden Fremdwort nicht immer deutlich. Es leitet sich von *frangere* ab, was „brechen" heißt. Anthropologisch ist Fragmentierung demnach eine Handlung oder das Ergebnis einer Handlung, die etwas zerbricht oder bricht.

Auch metaphorisch genutzt hat die Metapher, auf den Körper bezogen, etwas Gewalttätiges an sich. Das Bild evoziert zunächst eine zuvor existente Ganzheit, die nun nicht mehr existiert. Bemerkenswerterweise wird *Fragment* als das Perfektum aber auch genutzt im Hinblick auf etwas, das zukünftig sein soll oder hätte sein sollen. So z. B. bei der Bezeichnung einer Skulptur als Fragment, ein *Non-finito,* sei es als Unglück oder mit Absicht. Das Fragment ist demnach auch die Stütze des zweiten Futurs. – Der Körper des Menschen tritt nicht in Fragmenten in Erscheinung, solange ein Mensch lebt, jedenfalls unverletzt ist. Beim Körper ist ein Zusammenhang immer schon als normal unterstellt.

Schreiben, eine körperliche Tätigkeit, produziert eine Spur, die von der Stückelung zeugt, Lesen ist der Versuch, zu sammeln. Weil man das Ganze nicht haben kann, es nie ganz und immer hier anwesend ist, der Körper weitertreibt, gibt es den Bedarf, Spuren zu hinterlassen und einen Zusammenhang im Großen und Ganzen zu skizzieren, vielleicht sogar einen Korpus zu hinterlassen oder sich in einen einzuschreiben, etwas nicht nur im Raum zusammenfügen zu wollen zwischen Gegenwart, Vergangenheit und Zukunft. Das Fragment zeugt von der Allgegenwart des Todes, von der Überraschung, der Endlichkeit. Im Vorgriff auf die Erosion, den Verbrauch im Laufe der Zeit, werden Ruinen gebaut, werden in der Kleidung der Gebrauch, die Abschabung, die Fadenscheinigkeit vorproduziert. Man soll nur nicht glauben, dass jemand glaubt, dass alles ganz sein könnte oder ganz bliebe. Auch wenn es bei Johann Caspar Lavater (1775) heißt: „Weg mit diesen Fragmenten, wenn die Vollkommenheit kömmt!"

Fragmentierung, insbesondere die des Körpers, ist nicht angenehm und auch nicht schön. Erst auf den zweiten Blick kann sie annehmbar und eventuell schön werden. Verdankt das Schöne sich dem Fragment? Psychoanalytisch betrifft die Frage nach Ganzheit und Schönheit die Struktur des Fetischismus (vgl. Fédida 1984). An Pädagogik kann die Frage gestellt werden, ob sie etwas zur Fragmentierung des Körpers beiträgt oder ob sie diese beseitigt. Was davon wäre anzustreben? Und: Ist das individuelle Subjekt, das autonom gedachte Individuum Bruchstück aus einer Körperschaft?

Und mit dem Vorzeichen einer anthropologischen Fragestellung muss man noch ein Stück (!) weitergehen: Sprechen und Hören sind Darstellungen und Folgen dessen, dass der Körper, auch wenn er für den Moment den Eindruck erweckt, vollkommen und ganz zu sein, in Fragmente zerfallen könnte. Mit jedem Sprechen beginnt Übertragung und damit Verbindung und Reklamation, dass etwas fehlt, ein Objekt, wie Lacan sagt, das immer schon verloren ist. Derselbe Mund, der spricht und etwas zu hören gibt, zerkleinert, fragmentiert Objekte der Umgebung und nimmt sie als zu verstoffwechselnde Kleinigkeiten zu sich, damit er weiter zusammenhält. Von Angst getrieben und durch Lust gespeist vollzieht sich im Essen wie im Sprechen Unterscheidung um Öffnungen herum, die nicht einfach Loch oder Kanal mit glatten Rändern, sondern durchaus feinporig diffundierende Membrane und Ventile sind. Das, was gegessen und gesprochen wird, hält offen, stützt und schließt in einem, damit der als Gestalt wahrgenommene Körper nicht kollabiert. Die Angst vorm Zerfall hat im Sprechen und dem es transportierenden Atem, einem körperlosen Körper, der Geistigkeit, Asyl. So können die imaginären Schrecken vom Zerfall, von Zerstückelung ausgehalten werden, stattgefundene Verletzungen bearbeitet werden, vielleicht Trostpflaster finden.

Außer bei Leichen kann man im direkten Sinne nie von einer Fragmentierung des Körpers sprechen – sofern seine visuell durch Vergleich erfassbare Gestalt als Modell zugrunde liegt. Die Rede von der Fragmentierung des Körpers befasst sich also von diesem Fall abgesehen mit anders zu fassenden Zuständen des Körpers. Fehlen kann etwa die bewusste Repräsentanz des Körpers, ein Gefühl für den Körper als Ganzen.

Ein Fragment setzt eine Ergänzungsbewegung in Gang, denn anders könnte es nicht erkannt werden: Ein Fragment kann Anlass zu Trauer sein, für ein Bedauern, Ausdruck der Befreiung aus dem Großen und Ganzen. Fragmentierung kann Aufforderungscharakter besitzen, Zeuge des Niedergangs sein, Ergebnis eines analytischen Prozesses. Fragmente zeigen Grenzen auf, postulieren Einheiten unterschiedlicher Qualität: Ein Fragment ist eine Einheit, die gerade noch so beschaffen ist, dass sie auf etwas Vollständiges verweist. In ihm überschneiden sich mehrere Bewegungen: Es wird als eine Einheit identifiziert, damit abgeschlossen. Es wird eine Grenze etabliert und damit die Nachbarschaft gesucht. Ein paradoxer Zusammenhang: Die Rede vom Fragment kann aus dem Wissen um Unvollkommenheit angestimmt werden, sie kann so intoniert werden, dass das Fragment wiederum einen so positiven Charakter bekommt, dass es viel besser, ganzer als die Ganzheit erscheint, so dass man eigentlich froh sein kann, dass man die Ganzheit nicht hat. Darin steckt im Geheimen eine Befreiungshoffnung durch

Selbstbestimmung, durch Verinselung, durch ein Herausreißen, -brechen, -gehen und eine Befreiung aus einem Netz der Gefangenschaft durch andere. Denn nur im Vergleich scheint etwas Fragmentarisches auf, Ahnung von einer Ganzheit.

Es gibt einen nicht weit vom Theologischen entfernten Zug in der Rede von der Fragmentierung, der bei Paulus im Brief an die Korinther (13, 8–13) seinen Ausgang nimmt: „Die Liebe höret nimmer auf, so doch die Weissagungen aufhören werden und die Sprachen aufhören werden und die Erkenntnis aufhören wird. Denn unser Wissen ist Stückwerk, und unser Weissagen ist Stückwerk. Wenn aber kommen wird das Vollkommene, so wird das Stückwerk aufhören. [...] Wir sehen jetzt durch einen Spiegel in einem dunkeln Wort; dann aber von Angesicht zu Angesicht. Jetzt erkenne ich's stückweise; dann aber werde ich erkennen, gleichwie ich erkannt bin. Nun aber bleibt Glaube, Hoffnung, Liebe, diese drei; aber die Liebe ist die größte unter ihnen." Bruchstücke werden diesseits zusammengehalten durch Glaube, Hoffnung und Liebe. Alle drei haben es mit Sprüngen und Ungewissheiten zu tun.

„Vom Standpunkt der Psychopathologie sieht es so aus, als werde die Identität des [...] Selbst durch die *Wiederholung* garantiert, die nichts ist als *Widerstand gegen die Fragmentierung*. Und das, was Freud über ‚Synthese' geäußert hat (Freud 1918, S. 63), kann sehr wohl im Zusammenhang mit der Symptombildung [...] gesehen werden, in der mit Hilfe des Todes als einem Moment der Liebe (des Thanatos, der im Dienste des Eros zur Herstellung der Totalität beiträgt) die Sehnsucht der Menschen nach vollkommener Vereinigung mit dem Anderen, das mit sich selbst identisch ist, Wirklichkeit wird" (Fédida 1984, S. 100; Herv. i. Orig.). Symptome, insofern sie körperlich sind, lassen sich aus der Innensicht empfinden als ein Stück zu viel oder zu wenig oder jedenfalls abgrenzbar, als etwas, das nicht so sein solle. Schmerz ist ein Signal dafür.

Aus der Außensicht ist für den Pädagogen ungewiss, wie es jeweils um die Körper steht, die im pädagogischen Prozess Handelnde, Adressaten und Medien sind. Sie sind als Ausläufer des Realen für jede pädagogische Handlung Widerstand. Um sie zum Produzieren zu bringen, bedarf es Fragmentierung durch Differenzierung, also durch neue Bilder, die sich auf die Körper legen, unbequeme, anreizende, zerreißende, lustvolle. Fragmentiert wird dabei nicht der Körper selbst, fragmentarisch bleiben Imaginarisierung und Symbolisierung; Übereinstimmung kann nur wahnhaft herbeigezaubert werden (Einfühlung). Bemerkt wird dies durchs Reflektieren, weitere Brechungen durch Interpretation und auch Brechung eines Verhängnisses, eines gewaltsamen, oft schnell greifenden imaginierten Zusammenhangs.

Vor zwei bis drei Jahrzehnten gab es eine Konjunktur des Fragments und der Fragmentierung. Das Bruchstück war Opposition gegen das vereinnahmend gedachte Große und Ganze. Es war Andeutung, die zu weiterer Interpretation anreizen sollte, es war die Betonung von Mängeln, von Fehlern, von Offenheit, wo alles im Zusammenhang zu sein schien. Die gehäufte Rede von der Fragmentierung hatte auch den Charakter der Behauptung, dass man um das Große und Ganze schon wisse, hier aber nur einen kleinen Teil zu greifen bekäme. Es war vielleicht auch ein Versteck, um den sehnsüchtigen

Wunsch nach Ganzheit nicht offen zu legen. Manchmal schien es wie betonte Bescheidenheit. Fragment war nicht mehr Sehnsuchtskategorie, sondern eine des allzu bescheidenen Verzichts als Folge vieler Enttäuschungen, wie eine Flucht nach vorne, dahin, wo keiner mehr war – die Avantgarde hatte sich verlaufen. Der Wert des Unvollendbaren wurde sehr stark gemacht.

Es begann ein Rückzug, die Suche nach etwas Verlässlichem, und dies war der Körper, bisweilen auch die (zu schützende) Natur insgesamt (vgl. beispielhaft für viele andere Titel: Kamper/Wulf 1982, 1984). Diese Suche lässt sich bis in die Naturwissenschaft hinein verfolgen (vgl. Kutschmann 1986), bis zu einer etwas erzwungenen Verbindung der Theorien von Fraktalen (vgl. Briggs 1992; Mandelbrot 1977) mit Kunst und Leben. Diese erinnern an die Ordnung schaffende Struktur der Verschränkung von Mikro- und Makrokosmos, die schon seit der Antike für eine Gewissheit des Aufgehobenseins des kleinen Einzelnen, des Stückes im Großen und Ganzen formuliert wird. Bei Nikolaus von Kues erscheint die Theorie in der *figura paradigmatica* (vgl. Nikolaus von Kues 1971, § 42), die in abgewandeltem Kontext dann auch wieder bei Lacan Verwendung findet (vgl. Lacan 1978, S. 119). In diesem Denken emaniert der kleine Teil, als Verdichtung des Ganzen, aus ihm emaniert das Ganze und das Ganze ist im einzelnen Teil immanent. Die Seele wird zur Verbindungskraft (vgl. Nikolaus von Kues 1978, S. 30, Nr. 40). Im Menschen treffen sich Naturbestimmtheit und geistige Gestaltungskraft und ringen um Ausgleich und damit um Verbindung der Divergenz der Teile (vgl. Cassirer 1977, S. 41, 115 ff.). Demgegenüber wird Fragmentierung zu Ende des letzten Jahrhunderts nicht auf einen ontologischen Zusammenhang hin expliziert. Dieser Zusammenhang leuchtet auf in einer Art Trotz, eine Art Emphase der Unmöglichkeit z. B. von sexuellen Rapports, von Vernunft und Demokratie. Die Emphase schafft masochistischen Genuss, der im Selbstverbrauch eine Art Fundament gibt.

Eine aktivere Version der Herstellung von Zusammenhang aus Fragmenten ist die Idee der *bricolage* (vgl. Lévi-Strauss 1973), der Collage und der Montage, die deutlich zu erkennen geben, dass es so, aber auch anders sein könnte, die vom Vorläufigen künden, vom Behelfsmäßigen. Darin enthalten sind, ganz im Gegensatz zum mathematischen Ursprung des Strukturalismus, auch: Ausdruck und Empfindung von Trennung; Beschränkung bis zum Aufruhr dagegen; etwas von der Frechheit der ersten Betonung des Fragments in der Romantik. Nur ist dieser Fragmentarisierung der Widerpart verloren gegangen, der noch explizit behaupten zu können glaubte, vom Haupt ab abwärts, den Körper, den Corpus als Ganzen zu fassen.

Der Körper, einmal als fragmentiert konzipiert, drängt zumindest im privaten wie wissenschaftlichen Alltag danach, gemäß unterschiedlicher Logiken zusammengesetzt zu werden: als imaginiertes Bild, mimetisch vom Anderen her, orientiert an der Anatomie gewonnen am Toten, alternativ an chinesischen Meridianen. Unterschiedliche Bilder legen sich auf den Körper und verbinden einzelne Teile. In pädagogischen Situationen oder auch vor dem Abflug im Flugzeug sind die vorn stehenden Personen Modell und Angebot für solche organisierenden Bilder. Sie können helfen, die Angst vorm Zerfall zu reduzieren. An diesen hängt aber auch eine Art saugender Erwartung, die oftmals jede Kleinigkeit an Bewegung registriert und Veränderungen und Auffälligkeiten am Körper des Anderen auswertet. Die einfallenden Bilder vernähen den Körper zu einem Ganzen (vgl. Pazzini 1997, 2010). Diese Bilder dienen nicht nur dazu, den je individuellen Körper zusammen zu halten, sondern wirken auch gegen die Gefahr, aus dem Gesamt der Menschheit heraus zu fallen (vgl. Adorno 1959, S. 107). Die Möglichkeit, diese verbindenden Körperbilder zu wechseln, im Extrem wie ein Chamäleon, kann beweglicher und schneller machen, kann aber auch zum Zerbröseln führen.

Hegel ging in der Jenenser Realphilosophie von einer Doppelung aus, dass einerseits schon etwas Geschlossenes da sei, aber andererseits auch die Nacht herrsche, Konturen eben nicht erfahrbar seien; „hier schießt dann ein blutig[er] Kopf, dort ein[e] andere weiße Gestalt plötzlich hervor und verschwinden ebenso. Diese Nacht erblickt man, wenn man dem Menschen ins Auge blickt – in eine Nacht hinein, die *furchtbar* wird; es hängt die Nacht der Welt hier einem entgegen. bb) *Macht, aus dieser Nacht die Bilder hervorzuziehen oder sie hinunterfallen zu lassen: Selbstsetzen, innerliches* Bewusstsein, *Tun,* Entzweien“ (Hegel 1805/6, S. 180 f., Herv. i. Orig.). Žižek erläutert: „Stimmt Hegels kurze Beschreibung [...] nicht perfekt zu Lacans Vorstellung vom ‚zerstückelten Körper‘ (*le corps morcelé*)? Was Hegel die ‚Nacht der Welt‘ nennt (das phantasmatische, präsymbolische Gebiet der Partialtriebe), ist eine unleugbare Komponente der radikalsten Selbsterfahrung des Subjekts, die unter anderem in den gefeierten Bildern des Hieronymus Bosch illustriert wird. Auf gewisse Weise konzentriert sich die ganze psychoanalytische Erfahrung auf die Spuren dieses traumatischen Übergangs aus jener ‚Nacht der Welt‘ in unser ‚tägliches‘ Universum des *lógos*“ (Žižek 2001, S. 52). Das Hegel’sche Tun und Entzweien, also Differenzieren, ist die Macht, die zusammenhält, die vor allem im Symbolischen eine Beziehung zur „Außenwelt“ knüpft, bzw. diese als ein Außen immer wieder mitkonstituiert. Ansonsten fällt das Individuum in die Nacht des Wahns, die permanent existiert, Zerstückelungen vielleicht zum Inhalt hat, aber deutend zusammenhält in einer Weise, die es schwer macht, am sozialen Leben Teil zu haben und Teil zu geben, neue Fragmentierung zu betreiben. In dieser Sicht wird Fragmentierung zum Treibstoff des Lebens.

So ist es dann naiv, jedenfalls die falsche Richtung, weil vom Todestrieb gezeichnet, zu fragen, mit welcher Energie, Macht oder Gewalt der Fragmentierung entgegenzuwirken sei. Es gilt, verschiedene Formen der Fragmentierung, aber auch der Verganzheitlichung als bedrohlich oder als produktiv zu erkennen, ein Spannungsfeld zu kreieren. So gibt es reale Fragmentierung, die Gefahr der gewaltsamen Zerschlagung des Körpers, der angedeuteten durch Schläge, des Verlustes eines Konzeptes von Zusammenhang, was man auch als Krankheit im somatischen und psychischen Sinne bezeichnen könnte. Metaphorisch gesprochen gilt es, die Strebungen in den Fragmenten, an den topologischen Rändern ausfindig zu machen, um Spannungsfelder wieder in Arbeit zu setzen unter dem Schutz etwa eines pädagogischen oder im härteren Fall therapeutischen Settings. Es ist anzunehmen, dass dabei Kräfte aus dem Fragment selber kommen, Schwerkräfte, Anziehungskräfte, Fliehkräfte – die aus vorangegangenen Kombinationen mit Anderem entstanden sind. Man kann sich vorstellen, dass das Fragment gespeicherte Energie hat, die in dem Moment frei wird, wo es von einem begehrenden Blick, etwa des Pädagogen, getroffen wird. Hilft das Fragment, in einer paradoxen Bewegung, zu opponieren gegen die Endlichkeit? Oder ruft, ebenso paradox, das Fragment nach einer Ganzheit und ist damit durch Wiederholung und Abschluss Agent des Todestriebes?

Das Fragment als visuell Wahrnehmbares wird eher als ein Stück im Raum wahrgenommen, erst dann ergänzend temporalisiert und gedacht als ein zu ergänzendes, als eines, das einmal anders war oder (wieder) anders sein soll. Herausgefallen aus der Zeit des Zusammenhangs provoziert es vielleicht zunächst eine identifizierende Wahrnehmung. Freud legt eine Alternative nahe in einer Zeit, als sehr deutlich wurde, dass die Normen der großen Orientierungsmuster ihre Legitimation verloren hatten. Er entdeckt als produktiv und der Singularität eher gerecht werdend die freie Assoziation, die Bruchstücke aus Zusammenhängen spricht. Dies erfordert eine „gleichschwebende Aufmerksamkeit", keine schnell identifizierende, ermöglicht andere als die schon bekannten Zusammenhänge auftauchen zu lassen. Der Analytiker „soll dem gebenden Unbewußten des Kranken sein eigenes Unbewußtes als empfangendes Organ zuwenden, sich auf den Analysierten einstellen wie der Receiver des Telephons zum Teller eingestellt ist. Wie der Receiver die von Schallwellen angeregten elektrischen Schwankungen der Leitung wieder in Schallwellen verwandelt, so ist das Unbewußte des Arztes befähigt, aus den ihm mitgeteilten Abkömmlingen des Unbewußten dieses Unbewußte, welches die Einfälle des Kranken determiniert hat, wiederherzustellen" (Freud 1981b, S. 175 f.)

Eine Konstruktion (vgl. Freud 1981c), etwas Neues, jedenfalls etwas Anderes, zielt dabei nicht auf eine getreuliche Rekonstruktion eines vergangenen Zustandes, der nicht mehr erreichbar ist, sondern geht über zum Mut der Herstellung eines anderen Zusammenhangs der Teile, so dass Energien von „innen" und „außen" in einen besseren Fluss des Austauschs geraten. Das Einspielen eines ungewohnten Zusammenhangs geschieht meist durch eine Überraschung, z. B. von der Art des Witzes. Das ist Bildung. So wird aus dem Fragment mehr, als es im Zusammenhang war, aus dem es möglicherweise kam, es übersteigt, indem es in eine andere Zeit kommt, seinen Ausgangspunkt. Das geschieht über die angestoßene Reflexion, über den Rätselcharakter des Fragments, der die kindliche (Sexual-)Forschung (vgl. Freud 1981a) wieder ans Produzieren bringt gegen die Dummheit.

Auch bei äußerlich intaktem Körper ist entscheidend für die Relationen, die die individuellen Subjekte eingehen können, die Art der Zusammenhangserzeugung, die Art und Weise, wie sie Körper haben, Raum und Zeit einnehmen und hervorbringen, sich öffnen und schließen. In Erziehung, Sozialisation und Bildung wird es möglich, Kontinuität, Unterbrechungen, Konstitution und Genese des Körpers erfahrbar zu machen. Als erwachsener Pädagoge findet man sich nach der Sexuierung nur noch im Besitz eines Teils der eigenen Geschichte: Die Kindheit mit ihrer körperlichen Basis ist verloren, da ein Rückweg abgeschnitten ist. Erinnerungsfetzen können noch umgeschrieben werden und mittels real existierender Kinder projektiv erinnert werden. Die körperliche Verfasstheit der Kindheit verschwindet aber hinter der Mauer einer anderen Logik, die nur durch mediale Übersetzungen wieder konstruiert werden kann. Diskontinuitäten durchziehen das Bild des Körpers.

Schönheit muss erst hergestellt werden. Sie hilft gegen Furcht, Angst, Schmerz, Minderwertigkeit, Verlust, Unvollkommenheit, Fragmentierung. Es gelingt, Glanz und Ganzheit erscheinen zu lassen. Schönheit gibt dem Ganzen Glanz.

So wird das Ganze, die Ganzheit zum Gegenbegriff, zum attraktiven Gegenpol des Fragmentierten. Falten und Runzeln, Anormales an der Gestalt des Körpers, Schrunden, Risse deuten zumindest auf der visuell und taktil erfassbaren Ebene an, dass etwas löchrig werden könnte, etwas abfallen könnte, etwas, das Zuviel ist, das Ideal deformiert. An was setzt Fragmentierung an? War das etwas Ganzes, das in Stücke gefallen ist, von dem vielleicht nur noch ein paar Stücke übrig sind? Wurde das Ganze zerstört?

Die Rede von der Fragmentierung des Körpers leitet sich in Deutschland gegen Ende der 70er Jahre, in Frankreich gut zehn Jahre früher, auch von Lacans schon erwähnter Schrift „Das Spiegelstadium als Bildner der Ichfunktion“ (1973) ab. In dieser ist die Rede davon, dass erst ein gestalthaft ganzes Bild, das Spiegelbild, aus einem Körper in Stücken (*morcelé*) einen ganzen macht, einen, der imaginär im virtuellen Spiegelbild von diesem einfallend als ganz gesehen werden kann, es aber nie wird. Der Logik der Argumentation entsprechend muss man eher von einem Körper „in Stücken“ sprechen, einer, der noch nicht als Ganzes erfahren werden konnte (vgl. Widmer 2006, S. 27). Das kleine individuelle Subjekt konnte die Ganzheit noch nicht erfassen. Gemäß physiologischer Konstruktionen kann plausibel werden, dass für eine solche Wahrnehmung die Nervenbahnen als sicher die Motilität regierende noch nicht durchlässig waren. Diese wahrscheinlich unzusammenhängende Erfahrung des Körpers – was ist das zu diesem Zeitpunkt eigentlich? – lässt, von einem geschlossenen Bild bestrahlt, plötzlich etwas Ganzes erscheinen, das auch wieder in Stücke fallen könnte. Im und aus dem Spiegelbild heraus – von einem anderen Platz her – schließt sich auf eine gewaltsam erleichternde Weise etwas, das so noch nicht gesehen wurde und erst noch mit allen Sinnen und der intellektuellen Einsicht mit Hilfe anderer nachbuchstabiert werden muss. Es taucht mit dem Spiegelbild etwas merkwürdig Irritierendes auf, das zwischen einer triadischen und dyadischen Struktur oszilliert. Zum Dritten wird es erst durch eine Aussage, etwa der Art: Das bist du, identifiziert und festhaltbar zum späteren Vergleich. Es bleibt eine Differenz, die wieder in das Spiegelbild hineingesehen wird, es kommt zu Idealbildungen, die aber nie in der räumlichen Anordnung des Spiegelns erreichbar sind, sie sind abgesperrt durch ein Interface. Erst der Umschlag der räumlichen Anordnung in eine zeitliche setzt alles in Bewegung, sonst würde man in der Aggressivität des Vergleichens, des Eliminierens von Differenzen, sich verlieren – wie Narziss. „Ich bin. Aber ich habe mich nicht. Darum werden wir erst. Das Bin ist innen. Alles Innen ist an sich dunkel. Um sich zu sehen und gar was um es ist, muß es aus sich heraus. Muß sich herausmachen, damit es überhaupt erst etwas sehen kann, sich unter seinesgleichen wodurch ein

Ich bin, als nicht mehr an sich, zu einem Wir wird" (Bloch 1969, S. 11). Immer erscheint woanders ein Teil seiner selbst.

> „Dieser zerstückelte Körper, dessen Begriff ich ebenfalls in unser System theoretischer Bezüge eingeführt habe, zeigt sich regelmäßig in den Träumen, wenn die fortschreitende Analyse auf eine bestimmte Ebene aggressiver Desintegration des Individuums stößt. Er erscheint dann in der Form losgelöster Glieder und exoskopisch dargestellter, geflügelter und bewaffneter Organe, die jene inneren Verfolgungen aufnehmen, die der Visionär Hieronymus Bosch in seiner Malerei für immer festgehalten hat, als sie im fünfzehnten Jahrhundert zum imaginären Zenit des modernen Menschen heraufstiegen. Aber diese Form erweist sich als greifbar im Organischen selbst, an den Bruchlinien nämlich, welche die phantasmatische Anatomie umreißen und die offenbar werden in Spaltungs- und Krampfsymptomen, in hysterischen Symptomen" (Lacan 1973, S. 67).

Hinzukommt, was Lacan nicht beschreibt: Das individuelle Subjekt ist herausgebrochen und präpariert aus Dauerverschränkungen heraus als ein autonom abgeschlossenes, das sich selber nie genügen kann. Das genau wird aber zur offenen und zur geheimen Forderung. Offen, weil ein jedes auf Autonomie, gar Autarkie hin, ganzheitlich erzogen wird; geheim, weil das Über-Ich von außen nicht wahrnehmbar den Zusammenhang zwischen den Generationen und den Anderen unbewusst schürt. Dennoch muss dieses Individuum den Übergriff ertragen, sich selber überschreiten und übergriffig werden auf die Gattung hin (vgl. Knellessen/Passett/Schneider 1998). Das geschieht in der Sexualität, das geschieht der Struktur nach in pädagogischen Situationen. Selbst das autonome Individuum, das seine Strebungen bestens integriert hat, erweist sich als ein Fragment, ein Stück der Gattung. Sexualität im engeren wie im weiteren Sinne des Gebrauchs bei Freud wird zu einer immer wieder auftretenden Krise, d. h. einem Zwang zu Entscheidungen für andere Bindungen, weil es hier um Kräfte geht, die nicht sicher beherrscht werden können, gestaltet werden müssen, die Beteiligten aus dem Häuschen sind, ohne dass zugleich damit ein Ziel sich verbinden ließe. Kinder können eine Folge sein, müssen es nicht. Auf die Gattung bezogen: Sie braucht Kinder, um zu überleben. Der Einzelne wird so zu einem endlichen Teil eines Gesamtprozesses, den er nicht steuern kann, an dem er beteiligt ist, zu dem er nur eine Zeit lang gehört, ein Prozess, der das Individuum überlebt.

Nach dem Modell der Sexualität, in der vorsichtigen und heftigen körperlichen Annäherung, gibt es die Erfahrung der Ganzheit, der spürbaren Oberfläche, die durch die Existenz des Anderen zeitweise und partiell, aber generalisierend als geschlossen erlebt werden, die auf die eine oder andere Weise ein Gefühl von Freude und auch Überwältigung auslösen kann.

Konnte das kleine Individuum und nachher das erwachsene noch „in einer Art jubilatorischer Geschäftigkeit aus den Fesseln eben dieser Stütze [des Spiegelbildes, KJP] aussteigen, sich in eine mehr oder weniger labile Position bringen und einen momentanen Aspekt des Bildes noch einmal erhaschen" (Lacan 1973, S. 63), um ihn zu fixieren, so ist in der sexuellen Zuwendung und Annäherung der Freiheitsgrad der Erregung nur mit Anderen zu bewerkstelligen, selbst noch in der Masturbation. Leicht kommt es zu Klebeeffekten, gerade auch, weil deutlich wird, dass Autonomie, Bewusstsein, Zielsteuerung nur Phänomene einer besonders arrangierten Form sind, die dort (endlich) verloren gehen. Wenn nicht professionell betrieben, dann ist sie begleitet von einer bindenden Scham und deren gemeinsamer Überwindung, dem Überwinden von sonst geltenden Ekelschranken, von der Verschiebung von Schmerzgrenzen, von der Albernheit von Wiederholung und Ritualen, die augenzwinkernd ertragen und so genossen werden können. Die Einzelnen fallen danach in eine Art Tod zurück, als Fragment aus dem Zusammenhang gefallen, ein wenig schwebend.

Selten scheint mir in der gegenwärtigen Pädagogik noch die Anspielung auf diese Zusammenhänge für die tägliche Arbeit, wie in der wissenschaftlichen Forschung, präsent zu sein. Diese Praktiken des Spiels und des Überspielens der Fragmentierung sind in unserer Kultur aus den Institutionen der Pädagogik verbannt. Das wird deutlich an der überlauten, moralisierenden Erledigung des Missbrauchs in pädagogischen Reforminstitutionen. Fragmentierung ist wie diese selbst riskant. Nur Substitute der Überwindung von Fragmentierung sind zugelassen, die kulturell möglichen Formen der Nähe, die allemal ästhetisch organisiert sind, aber in einer Weise, die oft zum Kitsch tendiert; Kitsch verstanden als schöne und niedliche Oberfläche zur Eskamotierung von Angst, der Kitsch der niedlichen kleinen Kinderwelt, wie oft der der empirischen Bildungsforschung und Evaluation.

Früh beginnt das Übergriffige, auch darin Nachdrückliche bis Gewaltsame, die Unbedingtheit einer Forderung. Es zeigt sich als Angewiesensein auf die Zuwendung des Anderen. Die Anerkennungs- und Liebesbedürftigkeit als Basis der Übertragung schafft dauernd Relationen, an deren Enden sich die Individuen auskristallisieren. Sie haben mit Bewusstsein nur jeweils Teile von sich, Bruchstücke. Anderes setzt sich hinter dem Rücken und seitwärts durch. Zusammengenommen ist für die Beschreibung dieses Durcheinanders, das vor dem Hintergrund der Annahmen eines kompletten, abgeschlossenen Individuums entsteht, in der Psychoanalyse das Konzept der Übertragung entwickelt worden. Hierin wird die Dauerverbindung, Standleitung zu Anderen und vor allem auch vom Anderen her beschrieben.

Literatur

Adorno, Theodor W. (1959): Theorie der Halbbildung. In: Ders.: Gesammelte Schriften Bd. 8. Soziologische Schriften I. Frankfurt/M., S. 93–121.

Bloch, Ernst (1969): Tübinger Einleitung in die Philosophie 2. Frankfurt/M.

Briggs, John (1993): Chaos. Neue Expeditionen in fraktale Welten. Aus dem Amerikanischen v. Friedrich Griese et al. München.

Cassirer, Ernst (1977): Individuum und Kosmos in der Philosophie der Renaissance (1927). Darmstadt.

Fédida, Pierre (1984): Ich liebhasse dich. Fragment, Zeit, Sprache. In: Dällenbach, Lucien/Hart Nibbrig, Christiaan L. (Hrsg.): Fragment und Totalität. Frankfurt/M., S. 92–105.

Freud, Ernst L./Meng, Heinrich (Hrsg.) (1963): Sigmund Freud – Oskar Pfister. Briefe 1909–1939. Frankfurt/M.

Freud, Sigmund (1918): Wege der psychoanalytischen Therapie. Internationale Zeitschrift für ärztliche Psychoanalyse, Bd. 5 (1919), S. 61–68 (Gesammelte Werke Bd. 12, 183–194).

Freud, Sigmund (1981a): Drei Abhandlungen zur Sexualtheorie (1905). In: Ders.: Studienausgabe in zehn Bänden. Band V. Frankfurt/M., S. 37–146.

Freud, Sigmund (1981b): Ratschläge für den Arzt bei der psychoanalytischen Behandlung (1912). In: Ders.: Studienausgabe in zehn Bänden. Ergänzungsband. Frankfurt/M., S. 169–230.

Freud, Sigmund (1981c): Konstruktionen in der Analyse (1937). In: Ders.: Studienausgabe in zehn Bänden. Ergänzungsband. Frankfurt/M., S. 393–406.

Hegel, Georg Wilhelm Friedrich (1805/06): Jenaer Realphilosophie. Vorlesungsmanuskripte zur Philosophie der Natur und des Geistes von 1805–1806, hg. von Johannes Hoffmeister. Hamburg 1969.

Kamper, Dietmar/Wulf, Christoph (Hrsg.) (1982): Die Wiederkehr des Körpers. Frankfurt/M.

Kamper, Dietmar/Wulf, Christoph (Hrsg.) (1984): Das Schwinden der Sinne. Frankfurt/M.

Knellessen, Olaf/Passett, Peter/Schneider, Peter (Hrsg.) (1998): Übertragung und Übertretung. Tübingen.

Kutschmann, Werner (1986): Der Naturwissenschaftler und sein Körper. Die Rolle der „inneren Natur" in der experimentellen Naturwissenschaft der frühen Neuzeit. Frankfurt/M.

Lacan, Jacques (1973): Das Spiegelstadium als Bildner der Ichfunktion (1949/1966). In: Ders.: Schriften I. Olten, S. 62–70.

Lacan, Jacques (1978): Die vier Grundbegriffe der Psychoanalyse. Seminar XI. Übers. von Norbert Haas. Olten.

Lavater, Johann Caspar (1775): Physiognomische Fragmente zur Beförderung der Menschenkenntniß und Menschenliebe. Bd. 1. Leipzig/Winterthur [Vorrede, nicht pag.].

Lévi-Strauss, Claude (1973): Das wilde Denken (1962). Frankfurt/M.

Mandelbrot, Benoît B. (1977): The Fractal Geometry of Nature. New York.

Nikolaus von Kues (Nicolai de Cusa) (1971): Mutmaßungen (De coniecturis, 1440/1444). Hamburg.

Nikolaus von Kues (Nicolai de Cusa) (1978): Vom Globusspiel (1488). Hamburg.

Pazzini, Karl-Josef (1997): Suture - Bilder in den Medien als Nähmaschinen. In: RISS. Zeitschrift für Psychoanalyse. 39/40 September/Oktober 1997, S. 133–144.

Pazzini, Karl-Josef (2010): Einfallende Bilder. In: La réalité dépasse la fiction. Lexikon zur zeitgenössischen Kunst von Com&Com. Publikation anlässlich der Ausstellung „La réalité dépasse la fiction" im CentrePasquArt, Biel/Bienne vom 17. Januar bis 14. März 2010. Sulgen/Zürich, S. 492–500.

Widmer, Peter (2006): Metamorphosen des Signifikanten. Zur Bedeutung des Körperbilds für die Realität des Subjekts. Bielefeld.

Žižek, Slavoj (2001): Die Tücke des Subjekts. Frankfurt/M.

Kapitel 3
Soziales

Interaktion und Kommunikation

Micha Brumlik

1 Interaktion und Kommunikation

„Interaktion" und „Kommunikation" sind zwei wechselseitig einander erläuternde Begriffe, die das sozialisatorische Verhalten und erzieherische Handeln im Bezug auf eine allgemeine sozialwissenschaftliche Grundlegung der Pädagogik erläutern (Mollenhauer 1972).

1.1 Interaktion

Der Begriff der Interaktion bezeichnet eine Wechselbeziehung – das lateinische „inter" bedeutet „zwischen", „actio" aber Handlung – vor allem von Personen. In Psychologie und Soziologie versteht man darunter ein zwischenmenschliches Verhalten, das einen Austausch und Einwirkungsprozess zwischen Personen hinsichtlich ihrer Haltungen, Einstellungen und allemal auch körpergebundenen Aktionen bedeutet. Unter „Interaktionismus" wird daher eine Theorie der Wechselbeziehung von Personen verstanden, die auf einer bestimmten Form der Kommunikation beruht.

Historisch wurde der Begriff der „Interaktion" in der US-amerikanischen Soziologie der ersten Hälfte des 20. Jahrhunderts entwickelt – einer Soziologie, die wesentlich vom damals entstehenden Pragmatismus sowie der darwinschen Evolutionstheorie geprägt war. Indem die Philosophie des Pragmatismus, zumal im Werk von C. S. Peirce, den methodischen Solipsismus der klassischen Erkenntnistheorie überwunden und Grundbegriffe wie „Sinn" und „Bedeutung" als Funktionen intersubjektiver Zeichenprozesse sowie Kooperation von Organismen als einen wesentlichen Faktor ihres evolutionären Erfolgs verstanden hatte, war auch im Bereich der Psychologie und der Gesellschaftslehre ein Umdenken unumgänglich (Brumlik 1973).

1.2 George Herbert Mead

Es war George Herbert Mead (1863–1931), der vor diesem Hintergrund in seinen unter dem Titel „Mind, Self and Society" (dt. Mead 1968) gehaltenen, einflussreichen Vorlesungen eine Theorie des „Sozialbehaviorismus" entfaltete, die unter Verzicht auf das methodologisch unhaltbar gewordene Verfahren der „Introspektion" das kommunikative Geschehen zwischen Menschen analytisch erschloss und empirisch zugänglich machte. Dabei setzte Mead bei einem allgemeinen Begriff des Handelns an, das er als die wirkende Beziehung eines Lebewesens zu seiner Umwelt, vor allem zu seinen Gattungsgenossen verstand. Die Beziehung der Gattungsgenossen untereinander, ihre ihrem eigenen Überleben dienliche Kooperation wird nach Mead vor allem durch „Gesten" gesteuert, die einem zunächst angeborenen Repertoire entstammen. Bei Angehörigen der biologischen Gattung Mensch wird die Koordination von Handlungen und Verhaltensweisen indes vor allem durch auditive, durch vokale Gesten gesteuert. Angehörige der Gattung „Homo sapiens" sind für Mead mit ihrer Fähigkeit zur lautlichen Symbolisierung in der Lage, sich über signifikante Symbole zu verständigen. Signifikante akustische Symbole ermöglichen es im Unterschied zu anderen Gesten, etwa haptisch-optischen Gesten, im Zeichengeber die gleichen Reaktionen auszulösen wie im Adressaten der Zeichenhandlung, im Empfänger. Durch genau diesen Mechanismus verfügt die Gattung nach Mead über die Fähigkeit zur Antizipation und das heißt zur Übernahme der Perspektiven anderer, also zu einer selbst-bewussten Stellungnahme der eigenen Handlungen im Lichte der möglichen Reaktionen der jeweiligen Adressaten. Zu sich selbst Stellung nehmen zu können aber ist eine unbedingt erforderliche Funktion gesellschaftlicher Koordination der Gattung. Ihre Angehörigen sind durch ihre innere Struktur, durch ein Zusammenspiel biologisch spontaner Impulse mit antizipierten gesellschaftlichen Reaktionen anderer auf das eigene Handeln geformt.

Das je individuell zu Bewusstsein gebrachte Zusammenspiel eigener spontaner Impulse, Mead spricht hier von „I", vom „Ich", und der Reaktionen anderer auf diese Impulse und Handlungen – Mead bezeichnet sie als „Me", also als „Mich". Die je individuelle Verschränkung beider Einstellungen bildet das, was Mead als „Self", als „Selbst" bezeichnet – ein Ausdruck, den die neuere sozialtheoretische Diskussion zumal in Deutschland unter dem Begriff der „Identität" aufgenommen hat. Entscheidend ist, dass jedes „Selbst" immer auch auf künftige Reaktionen anderer eingestellt ist, dass Selbstbewusstsein, Identität und intersubjektive Handlungen unauflöslich, aber analysierbar miteinander verflochten sind. Der Mensch als jenes Wesen also, das sich selbst in symbolischer Interaktion bildet, erfährt unter den genannten Bedingungen den Prozess seines Heranwachsens als einen Prozess der immer differenzierteren Übernahme von Rollen, d. h. von antizipierenden Erwartungen, genauer noch von Erwartungserwartungen. Beginnend mit der Identifikation und Konzentration auf bestimmte wichtige Bezugspersonen, signifikante Andere werden diese gesellschaftlichen Rollen nach Maßgabe zweier aufeinander folgender Interaktionsmuster ausgebildet. So orientiert sich das Kind zunächst an den Rollen, d.h. Verhaltensmustern ihm bekannter und vertrauter Nächster, der signifikanten Anderen eben; so lernt es später, auf der Basis der Übernahme ihrer Perspektiven allgemeine gesellschaftliche Haltungen, etwa Berufsrollen zu übernehmen, und sich an einem – wie Mead das nennt – „generalisierten Anderen" zu orientieren. Den spielerischen Interaktionsmodus, in dem das Kind lernt, die Rollen der signifikanten Anderen zu übernehmen, bezeichnet er als „play" – Schauspiel. Jene Interaktionsmuster hingegen, in denen Kinder auf der Basis bestimmter Rollen und Erwartungen deren Entsprechungen bzw. das Regelwerk aufeinander bezogener Verhaltenserwartungen als die des „generalisierten Anderen" zu übernehmen lernen, werden von ihm als „game" als (Regel)Spiel bezeichnet. Beiden Stufen zunehmender Verallgemeinerung und Abstraktion von konkreten Rollenerwartungen kann schließlich eine dritte Stufe hinzugefügt werden, die Mead als „universe of discourse" bezeichnete, als die Stufe derjenigen Haltungen, in der es weder um die Übernahme konkreter Rollen noch ganzer Rollenensembles geht, sondern um eine Haltung, die die nicht näher qualifizierten Belange aller Menschen betrifft.

1.3 Exkurs: Teilnehmer und Zuschauerperspektiven

Mead bezeichnet seine Theoriebildung, in der er das Konstrukt der symbolischen Interaktion entfaltet, als „sozialbehavioristisch", d.h. als eine Theorie, die die Beobachtung von Interaktionen in den Mittelpunkt ihrer empirischen Umsetzung stellt. Die Beobachtung von Interaktionen aber kann aus zwei radikal unterschiedenen Perspektiven heraus geschehen: aus einer Beobachter- und einer Teilnehmerperspektive. Im Rahmen einer dann behavioristischen Beobachterperspektive werden Interaktionen als strategisch geplante, oder doch mindestens objektiv gemeinte, reiz-reaktionsgelenkte Austauschprozesse verstanden, in denen sich die Interaktionsteilnehmer gegenseitig als Mittel zum Erreichen beliebiger Ziele gegenüberstehen. Aus einer entgegengesetzten, teilnehmenden Perspektive erscheinen Interaktionen als wechselseitige Teilnahme von Personen an der Erlebens- und Erfahrungssphäre anderer, bzw. als stets deutungsbedürftige Handlungen. Diese Perspektive mündet in eine sinnverstehende Soziologie, die sowohl das Selbstverständnis von Personen als auch die Strukturen von Personen immer auch als Ergebnis und Ausdruck von durch verzerrte Machtverhältnisse eingeschränkten, situationsgebundenen Interpretations- und Inszenierungsleistungen der Individuen ansieht.

Im Rahmen einer erziehungswissenschaftlichen Perspektive auf Interaktionen steht damit die Entwicklung sozialer Identität der Individuen im Zentrum. Kognitivistische Entwicklungstheorien in der Tradition Piagets, also Theorien des genetischen Strukturalismus, und interpretativ ausgerichtete Interaktionstheorien in der Tradition des Symbolischen Interaktionismus, also von Mead, verbinden einen teilnehmerorientierten Ansatz aus der Binnensicht sozialer Akteure mit der entwicklungspsychologischen Erkenntnis, dass soziale Wahrnehmungs- und Erwartungsschemata sich ebenso wie soziale Handlungsformen und -muster strukturiert herausbilden. So hat die kognitivistische Entwicklungspsychologie die Genese des moralischen Urteils, die Entwicklung von Stadien der Rollenübernahme sowie die Entwicklung der Perspektivenübernahme untersucht. Dabei hat sich gezeigt, dass die wechselseitige Übernahme von Perspektiven, d.h. die sich in symbolischen Interaktionen vollziehende, zunehmende Strukturierung von Erfahrungsantizipationen gleichermaßen die Bedingung für das Entstehen des moralischen Urteils wie sozialer Gefühle ist (Selman 1982; Damon 1990; Youniss 1994).

Von besonderer erziehungswissenschaftlicher Bedeutung sind dann die sozialisatorischen Interaktionen in Peergroups verschiedenen Alters, in Eltern-Kind- sowie in Lehrer-Schüler-Interaktionen, wobei die Eltern-Kind-Interaktion jedenfalls gemäß der Theorie von Mead schon deshalb Vorrang hat, weil sie in aller Regel, im statistischen Normalfall am häufigsten vorkommt.

1.4 Talcott Parsons

Das sah auch der strukturfunktionalistisch und handlungstheoretisch zugleich argumentierende Soziologe Talcott Parsons (1902–1979) so, dessen 1955 erschienenes Werk „Family, Socialization and Interactionprocess" das familiäre Interaktionsfeld nach Maßgabe des von ihm entwickelten AGIL Schemas gedeutet hat (Parsons/Shils 1951). Im AGIL Schema steht das „A" für die „Adaption", d.h. die Anpassungsfähigkeit eines sozialen Systems, das „G" für „Goal Attachment", d.h. „Zielerreichung", „I" steht für „Integration" und „L" für „Latency", d.h. für die Bewahrung der in einem sozialen Handlungssystem vorhandenen Werte. Das Handlungsfeld Familie zeichnet sich dann dadurch aus, dass bestimmten Rollenträgern, etwa dem Vater, die Funktion der Zielerreichung, der Mutter hingegen die Integration nach innen zugeschrieben wird. Rollenübernahmen selbst versteht Parsons nach Maßgabe identifikatorischer Lernprozesse im Paradigma behavioristischer Psychologie. Das aber heißt nichts anderes, als dass Parsons die dem symbolischen Interaktionismus innewohnende Perspektive von zwar auf wechselseitigen Erwartungen beruhenden, aber eben wegen der unterschiedlichen persönlichen Identitäten der Individuen gerade nicht deckungsgleichen aufeinander bezogenen Haltungen nicht mit vollzieht. Interaktionen sind somit in dieser Theorie nicht durch das situative Deuten und Aushandeln von Erwartungen und Bedeutungen, also durch wechselseitige Interpretationsprozesse gekennzeichnet, sondern durch ein reibungsloses Ineinandergreifen von Erwartungen und Handlungen. Diese Grundannahme lässt sich in drei rollentheoretische Unterannahmen zergliedern: Das Integrationstheorem unterstellt allgemein, dass eine Übereinstimmung von Wertorientierungen und Bedürfnisdispositionen, das Identitätstheorem, dass eine Kongruenz zwischen Rollendefinitionen und Rolleninterpretationen besteht, schließlich postuliert das Konformitätstheorem, dass eine Kongruenz zwischen geltenden Normen und wirksamen Verhaltenskontrollen besteht. Jürgen Habermas hat ausgeführt, dass alle drei Annahmen „mögliche Freiheitsgrade des Handelns" vernachlässigen, dass also das Integrationstheorem eine Bewertung von Rollenschemata nach Graden ihrer Repressivität ausschließt, das Identitätstheorem die Bewertung der Rigidität von Rollendefinitionen unmöglich macht und das Konformitätstheorem es verwehrt, unterschiedliche Autonomiegrade des Handelns zu erkennen (Habermas 1973).

Die Aufgabe dieser Annahmen führt dann zu der schon im Interaktionismus angelegten interpretativen Rollentheorie, dergemäß alle Interaktionen zwischen Menschen – auch und sogar in eingespielten, routinisierten und institutionellen Kontexten – eine von unterschiedlichen Ressourcen gestützte Aushandlung sind, die, soll sie erfolgreich sein, den Interaktionsteilnehmern vier bestimmte „Grundqualifikationen des Rollenhandelns" (Krappmann 1971) abverlangt: „Rollendistanz" als die individuell erkannte Differenz zwischen dem Individuum und der je situativ von ihm geforderten Rolle; „Ambiguitätstoleranz" als die Fähigkeit, bei zwei gleichzeitig erfahrenen, in der Sache einander entgegengesetzten Rollenerwartungen eine eigene Perspektive beibehalten zu können; „Empathie" als die Fähigkeit, sich in die Situation und Perspektive anderer so weit wie möglich hineinzuversetzen, d. h. sie tentativ zu übernehmen, sowie schließlich jene Fähigkeit, die als „Darstellungskompetenz" bezeichnet wird, d. h. die Fähigkeit, den jeweiligen Interaktionspartnern mitzuteilen bzw. sie zu informieren, dass man über Rollendistanz, Ambiguitätstoleranz und Empathie verfügt.

2 Kommunikation

Wenn es jedoch um Mitteilungen bzw. das Geben von Informationen geht, ist man auch beim Begriff der „Kommunikation" und damit bei der Frage nach dem Verhältnis der Begriffe „Interaktion" und „Kommunikation".

Ebenso wie der Begriff der „Interaktion" entstammt der Begriff der Kommunikation dem Lateinischen und weist als etymologische Wurzel „communis", d. h. „gemeinsam" auf. Begriffsgeschichtlich reicht die Bedeutung bis in die scholastische Theologie des Mittelalters zurück, um schließlich im frühen 20. Jahrhundert beim Philosophen Karl Jaspers als durch Mitteilung erwirkte „Gemeinschaft gegenseitigen bewussten Verständlichwerdens" (Jaspers 1960, S. 72) thematisiert und in existenzphilosophischen Überlegungen weiter entfaltet zu werden.

2.1 Technisch-mathematische Modelle

Als Begriff auch schon im Pragmatismus vereinzelt vorkommend, wurde der Begriff der Kommunikation freilich zuerst in Nachrichtentechnik und Kybernetik systematisch entwickelt. In den Arbeiten von Norbert Wiener (Wiener 1948) und Claude E. Shannon (Shannon 1964) wird „Kommunikation" als Beziehung zwischen einem „Sender" und einem „Empfänger" definiert, die darin besteht, dass zwischen beiden eine Information als Nachricht so ausgetauscht wird, dass der „Empfänger" die versandte Information zu reproduzieren vermag. Dabei wird vorausgesetzt, dass die „Information" eindeutig von „Sender" oder „Empfänger" unterschieden ist und dass die physikalischen Träger der Information von ihrem Bedeutungsgehalt selbst unterschieden sind.

Was das Verhältnis der Begriffe „Interaktion" und „Kommunikation" angeht, so gilt, dass „Kommunikation" der umfassendere Begriff ist. Jede „Interaktion" ist also ein Fall von „Kommunikation", nicht aber jede „Kommunikation" ein Fall von „Interaktion" – und zwar deshalb nicht, weil der Begriff der „Inter"-„Aktion" zwischenmenschliches, intentionales Handeln voraussetzt, während „Kommunikation" auch zwischen zwei nicht intentional funktionierenden Maschinen, etwa zwei Morseapparaten stattfinden kann. Freilich sind auch nicht alle zwischenmenschlichen Kommunikationen in dem Sinne intentional, dass sie den jeweils Kommunizierenden auch bewusst sind. Für eine sozial- und das heißt auch erziehungswissenschaftliche Verwendung des Kommunikationsbegriffs ist es daher nicht gleichgültig, ob man den Kommunikationsbegriff nach dem nachrichtentechnischen oder dem sinnverarbeitenden Modell verwendet, wobei wieder die schon beim Interaktionsbegriff bemerkte Unterscheidung von Beobachter- und Teilnehmerperspektive relevant wird.

2.2 Die Axiome menschlicher Kommunikation

In therapeutischem Interesse hat Paul Watzlawick (1921–2007) eine in Sprache und Form nach Maßgabe der Kybernetik entwickelte Kommunikationstheorie vorgelegt, die – zunächst ohne auf die Intentionen der Kommunikationspartner einzugehen – fünf Axiome menschlicher Kommunikation aufstellt (Watzlawick et al. 1969):

Erstens: Man kann nicht nicht kommunizieren; zweitens: Jede Kommunikation hat einen Inhalts- und einen Beziehungsaspekt, wobei letzterer den ersteren bestimmt; drittens: Die Natur einer Beziehung ist durch die Interpunktionen der Kommunikationsabläufe durch die Partner bedingt; viertens: Menschliche Kommunikation bedient sich digitaler und analoger Modalitäten sowie fünftens: Zwischenmenschliche Kommunikationsabläufe sind entweder symmetrisch oder komplementär. Dabei geht Watzlawick der kybernetischen Form seiner Darstellung zum Trotz mindestens durch sein viertes Axiom von „Kommunikation" als sinnverstehendem Prozess aus, da sie ausdrücklich auf eine Differenz von sprachlicher und nichtsprachlicher, gestischer Kommunikation abhebt. Sprachliche Kommunikation aber lässt sich zwar – etwa im Fall einer auf fremde, zunächst unverständliche Sprachen ausgerichteten Sprachwissenschaft – durchaus als ein Fall vokalen Verhaltens beobachten, setzt aber, sofern es um intentionales, wissenschaftliches Handeln geht, ihrerseits sprachfähige und damit auch sprachverstehende Subjekte voraus – mithin Subjekte, die des Sinnverstehens mächtig sind.

Damit geht es nun um die entscheidende grundlagentheoretische Frage, ob eine allgemeine Theorie der Kommunikation als letzten, unhintergehbaren Horizont einzig sprachlich zugänglichen Sinn in Anspruch nehmen muss oder ob es wenigstens theoretisch möglich ist, den zunächst nur sprachlich zugänglichen Begriff des „Sinns" ohne Rückgriff auf menschliche Sprache zu artikulieren.

2.3 Sinnhafte Kommunikation oder autopoietisches Prozessieren

Damit ist die Problematik menschlicher Kommunikation an jenem Punkt angelangt, an dem sich zumindest in Deutschland die Geister schieden, nämlich bei jener als „Habermas-Luhmann"-Kontroverse (Habermas/Luhmann 1971) bekannt gewordenen Auseinandersetzung darüber, ob „Sinn" im Paradigma der Bewusstseinsphilosophie als Horizont von Verweisungszusammenhängen zu fassen ist, also als prinzipiell auch einem einsamen Individuum zur Verfügung stehende Intentionalität, oder ob sich der Begriff des Sinns grundsätzlich überhaupt nur vor dem Hintergrund einer intersubjektiv möglichen Sprechsprache erläutern lässt. Tatsächlich unterscheidet die neuere Philosophie der Sprache zwischen „Sinn" und „Bedeutung", wobei „Bedeutung" jene Objekte oder Zustände bezeichnet, auf die sprachliche Ausdrücke verweisen, und „Sinn" die Regeln, nach denen sprachliche Ausdrücke verwendet werden, also z. B. Eigenschaften, die bestimmten Gegenständen zugesprochen werden. Sprache aber ist – spätestens seit Wittgensteins *Philosophischen Untersuchungen* (Wittgenstein 1967) nur noch als intersubjektive denkbar, womit ausgeschlossen ist, dass Sinn als welterschließende, prinzipiell auch sprachfrei mögliche Leistung eines Subjekts, das über Intentionen verfügt, erläutert werden kann.

Tatsächlich hat Niklas Luhmann diese Konzeption von Sinn in der Weiterentwicklung seiner Theorie aufgegeben, um „Sinn" nicht mehr nur als komplexitätsreduzierenden Mechanismus eines beliebigen Systems zu erläutern, sondern um nun von einer Theorie miteinander kommunizierender Systeme auszugehen, wobei „Systeme", vor allem psychische und soziale Systeme, nun als „autopoietische Systeme" gefasst werden, also als Systeme, die die Elemente, aus denen sie bestehen, selbst produzieren (Luhmann 1995a). Im Anschluss an Parsons' Theorie der „Handlungssysteme" kann Luhmann dann „Sinn" als Modus von „Kommunikation" (Luhmann 1995b) erläutern, als „sozialen Sinn", und „Kommunikation" als eine Operation, in der und durch die sich soziale Systeme erhalten und reproduzieren. „Alle Begriffe, mit denen Kommunikation beschrieben wird, müssen daher aus jeder psychischen Systemreferenz herausgelöst und lediglich auf den selbstreferentiellen Prozeß der Erzeugung von Kommunikation durch Kommunikation bezogen werden" (Luhmann 1990, S. 24). Der Prozess der Kommunikation aber fasst drei Selektionsmodi sozialer Systeme zusammen, nämlich Information, Mitteilung und Verstehen, wobei das „Verstehen" als vorrangige oder doch mindestens erste Leistung eines sozialen Systems aufgefasst wird, d. h. dass die Mitteilung als Operation eines Systems von dem, was das System mitgeteilt hat, unterschieden wird und von jenem System, das verstanden hat, einem Urheber zugeschrieben wird. Bezogen auf menschliche Gesellschaften, d. h. Gesellschaften, die auf Kommunikationen beruhen und nicht aus Menschen bestehen, sind es dann die einzelnen biologischen Systeme einzelner Gattungssubjekte, denen im Zusammenleben mit anderen die unwahrscheinliche Leistung gelingt, die Unwahrscheinlichkeit des Verstehens zu reduzieren. Unwahrscheinlich ist gelingende Kommunikation zwischen Menschen deshalb, weil Menschen und ihr Bewusstsein – ihr psychisches System – wie alle Systeme in sich operational geschlossen sind und ihre wechselseitige Beobachtung hochgradig kontingent ist, d. h. es letztlich auf Zufällen beruht, ob eine subjektiv vermeinte Intention eine andere Person (alter) mit demselben Sinngehalt tatsächlich erreicht.

Dass es dennoch möglich ist, gelingend zu kommunizieren, liegt an der evolutionären Herausbildung symbolisch generalisierter Kommunikationsmedien, also zunächst der Sprech-, dann der Schriftsprache, dann aber auch der Kommunikationsmedien „Macht", „Liebe", „Wahrheit", „Geld" und „Kunst".

Wiederum sind für die Erziehungswissenschaft (Kade 1997) vor allem zwischenmenschliche Kommunikationen von Bedeutung, sozialisatorisch zwischen je einer oder auch zwei, bis drei Personen, in institutionalisierter Erziehung im idealtypischen Fall zwischen einer Lehrperson und mehreren Schülern – also Kommunikationen in einfachen Sozialsystemen (Luhmann 2002). Unter diesen Bedingungen greift dann das Phänomen der „doppelten Kontingenz", d. h. dass das eine personale System selektiv kommuniziert, was es vom anderen personalen System erwartet und *vice versa.* Dieses Phänomen der doppelten Kontingenz macht es unmöglich, (erzieherische) Kommunikation als sichere, kausal vorgehende Beeinflussung zu verstehen, weshalb alle Erziehung mit Ungewissheits- und Freiheitsgraden (Radtke 2003) versehen ist, daher einem „Technologiedefizit" (Luhmann/Schorr 1982) unterliegt und nicht wirklich planbar ist.

2.4 Jürgen Habermas

Ein ganz anderer Begriff der zwischenmenschlichen Kommunikation, der sich wesentlich an der inneren Struktur der Sprechsprache ausrichtet, ist von Jürgen Habermas in seiner *Theorie des kommunikativen Handelns* entwickelt worden.

„Könnten wir nicht", so Habermas, „auf das Modell der Rede Bezug nehmen, wären wir nicht imstande, auch nur in einem ersten Schritt zu analysieren, was es heißt, dass sich zwei Subjekte miteinander verständigen" (Habermas 1981, S. 387). In der Aufnahme der in der Philosophie der normalen Sprache (von Savigny 1974) entwickelten Theorie der Sprechakte (Searle 1973) stehen dann nur sprachlich mögliche Handlungen im Zentrum, indem sich mindestens zwei Sprecher miteinander behauptend oder anweisend bzw. verpflichtend über etwas in der Welt verständigen und dabei Geltungsansprüche erheben. Es sind lokutionäre, illokutionäre und perlokutionäre Sprechakte, in denen deutlich wird, dass Sprechen eben immer auch intersubjektives Handeln ist. „Kommunikatives Handeln vollzieht sich in eingelebten und normativ abgesicherten Sprachspielen" (Habermas 2009a, S. 152), weswegen im unvermeidlichen Sprachmodus die Unterstellung eines zurechnungsfähigen Gegenübers unvermeidlich ist.

2.5 Kommunikation als gestisches Verstehen – Michael Tomasello

Damit bleibt freilich noch immer die erziehungs- und sozialisationstheoretische Frage offen, wie Angehörige der Gattung „Homo sapiens" ontogenetisch individuell die Fähigkeit zur Teilnahme an derartigen Sprachspielen erwerben und welches die dazu gattungsspezifischen, biologischen Voraussetzungen sind. Die neuesten Ergebnisse der Humananthropologie, namentlich die Forschungen von Michael Tomasello, gehen nicht nur davon aus, dass die je einzelnen Exemplare der biologischen Gattung Mensch im Unterschied zu allen anderen höheren Primaten über das verfügen, was die Hirnforschung als „theory of mind" bezeichnet, also ein Bewusstsein davon, dass andere Angehörige derselben Gattung ebenfalls über Wissen und Bewusstsein verfügen, sondern dass Individuen dieser Gattung prinzipiell auf die Inanspruchnahme und Gewährung von Hilfe durch andere Exemplare der Gattung angelegt sind (Tomasello 2010). In dieser Hinsicht widersprechen humananthropologische Studien den systemtheoretischen Annahmen von einem letztlich auf sich selbst verwiesenen autopoietischen Bewusstsein und sehen mithin „Kommunikation" nicht als hochgradig unwahrscheinliche Stabilisierung kognitiver Weltaneignungsformen an, sondern als phylogenetische Voraussetzung der Hominisation. Andererseits – hier im Widerspruch zu einer vor allem an der Sprechsprache orientierten Modellierung dessen, was menschliche Kommunikation bedeutet – kann Tomasello theoretisch (Tomasello 2002) und empirisch gestützt nachweisen, dass es die vorsprachliche Fähigkeit zu gestischem Zeigen und Verstehen des Gezeigten ist, die der menschlichen Kommunikationsfähigkeit zugrunde liegt: „Aus Helfen und Teilen werden wechselseitige Erwartungen oder gar Kooperationsnormen; aus dem Verstehen von Zielen und Absichten werden gemeinsame Ziele [...]; aus dem Verstehen der Aufmerksamkeit wird eine gemeinsame Aufmerksamkeit und ein gemeinsamer Hintergrund; praktisches Überlegen wird zu kooperativem Überlegen, und imitierte Signale werden zu [...] geteilten Konventionen" (Tomasello 2009, S. 119).

Die Forschungen Michael Tomasellos bestätigen Jahrzehnte nach Mead dessen grundlegende Annahmen zu Interaktion und Kommunikation – mit dem einen, freilich entscheidenden Unterschied, dass bei ihm das Gesichtsfeld und die optisch-gestische Kommunikation eine größere Rolle spielen als bei Mead, der aufgrund theoretischer Überlegungen die vokale, stimmliche Geste für den wesentlichen Faktor bei der evolutionären Herausbildung menschlicher Kommunikation und Interaktion hielt. Jürgen Habermas scheint sich dieser Lesart einer Kommunikationstheorie, die zwar von der evolutionär angelegten Fähigkeit zur Kommunikation ausgeht, diese als sinnhafte aber nicht mehr in der Sprache, sondern in einem sinnhaft gestischen Weltverstehen begründet sieht, inzwischen angeschlossen zu haben (Habermas 2009b).

Literatur

Brumlik, Micha (1973): Der symbolische Interaktionismus und seine pädagogische Bedeutung. Frankfurt/M.

Damon, William (1990): Die soziale Entwicklung des Kindes. Frankfurt/M.

Habermas, Jürgen (1973): Stichworte zur Theorie der Sozialisation. In: Ders. (Hrsg.): Kultur und Kritik. Frankfurt/M., S. 124–129.

Habermas, Jürgen (1981): Theorie des kommunikativen Handelns. Bd. 1. Frankfurt/M.

Habermas, Jürgen (2009a): Vorlesungen zu einer sprachtheoretischen Grundlegung der Soziologie. In: Ders. (Hrsg.): Philosophische Texte. Bd. 1. Frankfurt/M., S. 29–156.

Habermas, Jürgen (2009b): Es beginnt mit dem Zeigefinger. In: Die ZEIT, Nr. 51.

Habermas, Jürgen/Luhmann, Niklas (1971): Theorie der Gesellschaft oder Sozialtechnologie. Frankfurt/M.

Jaspers, Karl (1960): Vernunft und Existenz. München.

Kade, Jochen (1997): Vermittelbar/Nicht-Vermittelbar: Vermitteln: Aneignen. Im Prozeß der Systembildung des Pädagogischen. In: Luhmann, Niklas/Lenzen, Dieter (Hrsg.): Bildung und Weiterbildung im Erziehungssystem. Frankfurt/M., S. 30–80.

Krappmann, Lothar (1971): Soziologische Dimensionen der Identität. Stuttgart.

Luhmann, Niklas (1990): Die Wissenschaft der Gesellschaft. Frankfurt/M.

Luhmann, Niklas (1995a): Die operative Geschlossenheit psychischer und sozialer Systeme. In: Ders. (Hrsg.): Soziologische Aufklärung 6. Die Soziologie und der Mensch. Opladen, S. 25–36.

Luhmann, Niklas (1995b): Was ist Kommunikation? In: Ders. (Hrsg.): Soziologische Aufklärung 6. Die Soziologie und der Mensch. Opladen, S. 113–124.

Luhmann, Niklas (2002): Das Erziehungssystem der Gesellschaft. Frankfurt/M.

Luhmann, Niklas/Schorr, Karl Eberhard (1982): Das Technologiedefizit der Erziehung und die Pädagogik. In: Dies. (Hrsg.): Zwischen Technologie und Selbstreferenz. Frankfurt/M., S. 11–40.

Mead, George Herbert (1968): Geist, Identität und Gesellschaft. Frankfurt/M.

Mollenhauer, Klaus (1972): Theorien zum Erziehungsprozeß. München.

Parsons, Talcott (1955): Family, Socialization and Interaction Process. Glencoe.

Parsons, Talcott/Shils, Edward A. (1951): Towards a General Theory of Action. Theoretical foundations for the social sciences. Cambridge.

Radtke, Frank-Olaf (2003): Erneuerte Kausalitätsmythen für die Pädagogik. In: Erwägen – Wissen – Ethik. Jg. 14. Heft 3, S. 446–448.

Savigny, Eike von (1974): Die Philosophie der normalen Sprache. Eine kritische Einführung in die „ordinary language philosophy." Frankfurt/M.

Searle, John R. (1973): Sprechakte. Ein sprachphilosophischer Essay. Frankfurt/M.

Selman, Robert L. (1982): Die Entwicklung des sozialen Verstehens. Frankfurt/M.

Shannon, Claude E. (1964): The Mathematical Theory of Communication. Champaign.

Tomasello, Michael (2002): Die kulturelle Entwicklung des menschlichen Denkens. Frankfurt/M.

Tomasello, Michael (2009): Die Ursprünge der menschlichen Kommunikation. Frankfurt/M.

Tomasello, Michael (2010): Warum wir kooperieren. Berlin.

Watzlawick, Paul/Beavin, Janet H./Jackson, Don D. (1969): Menschliche Kommunikation, Formen, Störungen, Paradoxien. Bern.

Wiener, Norbert (1948): Cybernetics or Communication and Control in the Animal and the Machine. Cambridge.

Wittgenstein, Ludwig (1967): Philosophische Untersuchungen. Frankfurt/M.

Youniss, James (1994): Soziale Konstruktion und psychische Entwicklung. Frankfurt/M.

Pädagogische Beziehungsformen

Sabine Seichter

„Der Mensch wird am Du zum Ich" (Buber 1984, S. 32). Diesen bekannten Satz von Martin Buber könnte man wie ein auf sieben Worte komprimiertes pädagogisches Programm lesen. So genommen führt dieser Satz ganz unvermittelt in das Zentrum des hier zu erörternden Problems hinein: den personalen Grund pädagogischer Beziehungsformen.

Bei der Erörterung dieses Problems ist der Blick also auf pädagogisch intendierte Ego/Alter-Relationen zu richten, nicht auf die Beziehung zu Dingen, auch nicht auf bloß durch Medien vermittelte Beziehungen, und zwar im Hinblick auf die Herausbildung eines personalen Selbst, mit Martin Buber gesprochen: eines „Ichs".

Alle Ansätze einer relationalen Anthropologie sehen in der Beziehung zwischen Ich und Du eine existentielle Grundbestimmung des Menschen, mehr noch: eine der zentralen Kategorien des menschlichen In-der-Welt-Seins. Dass der Mensch von seiner Geburt bis zu seinem Tode primär als eine relational verfasste Person gedacht und verstanden werden muss, um überhaupt über Sinn und Funktion von Erziehung und Bildung sprechen zu können, belegen über die einschlägigen Erkenntnisse aus Philosophie, Soziologie und Pädagogik hinaus gegenwärtig auch aktuelle Befunde aus Bindungsforschung und Neurowissenschaften. Alle diese Befunde sprechen, freilich von unterschiedlichen Perspektiven her, für die gleichermaßen emotionale, soziale und kognitive Relevanz von Relationalität.

Der kanadische Philosoph Charles Taylor hat in seinem imponierenden (Lebens-)Werk über die Entstehung der neuzeitlichen Identität (vgl. Taylor 1996) beharrlich die Frage nach der wechselseitigen und konstitutiven Beziehung der Person zu sich selbst und zur Welt gestellt. Dabei hat er vor allem darauf aufmerksam gemacht, dass die Art und Weise des personalen In-der-Welt-Seins primär nicht nur von rein kognitiven Auffassungen bestimmt wird und nur von ihnen abhängig ist, sondern – wie es Hartmut Rosa im Sinne Taylors gefasst hat – stärker von „einem vorreflexiven, verkörperten, expressiv und praktisch entwickelten Weltverständnis und Weltempfinden" (Rosa 2011, S. 16) geprägt wird. Nur innerhalb eines solchen Beziehungsgeschehens könne, so Taylor, die Möglichkeit für eine gelingende (praktische) personale Identität geschaffen werden.

Fasst man mit Taylor die Person – im Hinblick auf Erziehung und Bildung – nicht als ein kausal bewirktes und mechanisch funktionierendes (passives) Objekt, stellt sich unausweichlich die pädagogisch entscheidende Frage nach ihrer aktiven Beteiligung am erzieherischen Interaktionsgeschehen.

Für Erziehung und Bildung weist dieses anthropologische Verständnis hinsichtlich der Bedeutung von pädagogisch intendierten face-to-face-Beziehungen – von der frühkindlichen Erziehung sowie dem schulischen und außerschulischen Bereich über die Erwachsenenbildung bis hin zur Gerontologie – für die Ausbildung personaler Identität auf das spannungsreiche Ineinander von Emotion und Kognition hin. Anerkennung, Vertrauen und ethisch-moralische Gefühle spielen in einem pädagogischen Beziehungssetting eine ebenso gewichtige Rolle wie kognitive Wissens- und Kenntnisvermittlung. In diesem Zusammenhang untersuchen aktuelle Forschungsprojekte – über bereits vorliegende empirische, traditionell in der Pädagogischen Psychologie verankerte Erhebungen zur Thematik des Lehrens und Lernens hinausgehend – im Rahmen der pädagogischen Ethnographie die Bedeutung einer Praxis der gegenseitigen Wertschätzung zwischen Lehrerinnen/Lehrern und Schülerinnen/Schülern im Bezug auf eine produktive Lernatmosphäre und eine funktionale Leistungsbewertung (Wulf et al. 2012). Dabei treten sowohl die Art und Weise zwischenmenschlicher Beziehungsformen als auch die damit verbundenen Möglichkeiten zur Modifizierung und Regulierung von Relationalität verstärkt in den Fokus erziehungswissenschaftlicher Forschung.

Historisch gesehen stellen pädagogische Beziehungsformen spätestens seit der Aufklärung, also seit der Entstehung der Pädagogik als wissenschaftlicher Disziplin, sowohl theoretisch als auch praktisch ein zentrales Integral erziehungswissenschaftlichen Selbstverständnisses dar. Während Johann Heinrich Pestalozzi (1746–1827) die professionelle Gestaltung pädagogischer Beziehungsformen noch stark am vermeintlich „natürlichen" Vorbild der familiären Erziehung, speziell der mütterlichen Rollenzuschreibung von emotionaler Hingabe, Liebe und Wärme, orientiert sah und auf deren Nachahmung durch den professionellen Erzieher und Lehrer bestand, versuchte man in der Folgezeit immer mehr die Spezifität des Pädagogischen in bewusster Abhebung vom Familiären zu konstruieren. Erziehung und Bildung sollten nicht länger dem häuslich-intimen Charakter einer „Wohnstubenerziehung" gleichen, sondern sich als „künstliches" öffentlich-institutionalisiertes Handlungsfeld konstituieren. In einer zuweilen heftig geführten Debatte über das pädagogische „Ethos" des Erziehers und Lehrers (Seichter 2011) erwuchs immer stärker die Erkenntnis, dass es für die Vermittlung von Normen, Werten und Bildungsgehalten eines personalen Transformationsprozesses, also eines Vermittlers bedarf. Zugespitzt formuliert: Es ist der konkret handelnde individuelle Erzieher, der über seine Person eine andere Person erzieht und bildet.

Diesbezüglich wird Friedrich Daniel Ernst Schleiermacher (1768–1834) – neben Immanuel Kant (1724–1804) und Johann Friedrich Herbart (1776–1841) einer der Gründungsväter der pädagogischen Wissenschaft – den Ausgangspunkt seines genuin praktischen Verständnisses von wissenschaftlicher Pädagogik just in dem ethisch-anthropologischen Verhältnis zweier Generationen zueinander wählen und gerade darin die Möglichkeit intentionalen Einwirkens (in individueller und gesellschaftlicher Absicht) auf den Zögling sehen. So heißt es in seiner klassisch gewordenen Pädagogik-Vorlesung von 1826 lapidar: „Auf diese Grundlage des Verhältnisses der älteren zur jüngeren Generation, was der einen in Beziehung auf die andere obliegt, bauen wir alles, was in das Gebiet dieser Theorie fällt" (Schleiermacher 2000, S. 9). Schleiermachers doppeltes Erziehungsziel, dem (individuellen) Zuerziehenden zu seiner personalen Eigentümlichkeit zu verhelfen bei gleichzeitiger (kollektiver) Eingliederung in die fünf großen Lebensbereiche von Kirche, Staat, Wissenschaft, Familie und geselligem Leben, kann nach Schleiermacher nicht nach Art einer Sozialtechnologie, sondern nur in Form einer *techné*, was im klassischen Wortsinn mit „Kunst" zu übersetzen ist, realisiert werden. Diese Kunst ist vor allem durch die nicht aufhebbare Dialektik von Unterstützen und Gegenwirken, von Behüten und Freigeben gekennzeichnet. Die pädagogische Beziehungsform, die bei Schleiermacher und in der Folge bei allen in dieser Wissenschaftstradition stehenden Vertretern ihre maßgebliche Grundlage in der generativen Differenz zwischen Erzieher und Zögling findet, ist zum einen gekennzeichnet durch das spannungsvolle Wechselverhältnis von Individualität und Sozialität als praktischer (kultureller und geschichtlicher) Lebenswirklichkeit, zum anderen durch die daraus resultierenden und aller Erziehung und Bildung unumgänglich inhärenten Ambivalenzen wie beispielsweise Anerkennen und Negieren, Gegenwart und Zukunft etc.

Während die starke Fokussierung auf das intergenerationelle Verhältnis Schleiermacher vorrangig als eine heuristische Figur dient, um den substantiellen Sinn von Erziehung fassen zu können, wird in der disziplintheoretischen Weiterentwicklung, vor allem in der Geisteswissenschaftlichen Pädagogik, das relationale und wechselseitige Beziehungsgeschehen zwischen Erzieher und Zögling zu einem essentiell konstitutiven und geradezu idealtypischen Bestandteil der Erziehungs- und Bildungstheorie. Die These lautet nun, dass in der phänomenologischen Beschreibung der pädagogischen Beziehung der Anfang allen pädagogischen Denkens zu liegen habe. Bei Wilhelm Dilthey (1833–1911) liest es sich programmatisch so: „Die Wissenschaft der Pädagogik, deren Möglichkeit von mir aufgezeigt ist, kann nur beginnen mit der Deskription des Erziehers in seinem Verhältnis zum Zögling" (Dilthey 1961, S. 190).

Herman Nohl (1879–1960), Schüler und langjähriger Assistent Wilhelm Diltheys, vertiefte das hier angesprochene Phänomen systematisch weiter und führte 1924 den Begriff des „pädagogischen Bezugs" zur Charakterisierung eines bestimmten, pädagogisch hergestellten „Lebensverhältnisses" in die erziehungswissenschaftliche Diskussion ein. Nohls pädagogisches Verständnis war – beispielsweise im radikalen Unterschied zur Sozialpädagogik seines Zeitgenossen Paul Natorp – maßgeblich an der „Individuallage" des Einzelnen orientiert. So war es bei ihm weniger die Idee einer kollektiv organisierten Erziehung und Bildung (wie bei dem sozialistischen Neukantianer Natorp), sondern – geprägt von seinen persönlichen Erfahrungen aus Fürsorgeerziehung und Verwahrlostenpädagogik – die individuelle Beziehung zwischen zwei Personen, welche die erzieherische und bildende Grundlage formiert. So heißt es bei Nohl definitorisch: „Verwahrlosung ist von hier aus angesehen das Fehlen solcher inneren Bindung, die das Leben reguliert, und Pädagoge ist derjenige, der einem bestimmten Individuum gegenüber den richtigen Weg findet, um ihm diese innere Bindung zu verschaffen" (Nohl 1949, S. 180).

Nach Nohl ist die pädagogische Beziehungsform, die sich für ihn auch angesichts der aktuellen Herausforderungen der Jugendbewegung mit ihrer Infragestellung des Generationenverhältnisses und der Forderung nach einer eigenen sozialen Autonomie herausbildet, vor allem durch zwei Momente charakterisiert: durch (mütterlich inspirierte) Liebe und (väterlich bestimmte) Autorität bzw. – aus der Perspektive des Kindes gesehen – durch Liebe und Gehorsam.

Es ist dabei vor allem der Begriff der pädagogischen Liebe, welcher als semantisches Deutungsmuster zur Beschreibung der pädagogischen Beziehungsform fungiert (vgl. Seichter 2007). Hinsichtlich einer Klärung der konkreten Bedeutung dieser pädagogischen Liebe weist Eduard Spranger darauf hin, dass dies ausschließlich mit philosophischen Mitteln durchgeführt werden könne und somit auch der Versuch, das Problem der pädagogischen Liebe begrifflich zu fassen, nur theoretisch-konstruktiv erfolgen könne. Im Anschluss an Schleiermacher, der den Begriff der pädagogischen Liebe als ein „Seelewerdenwollen der Vernunft" ausgelegt hatte, wird erneut versucht, das professionelle interpersonale Verhältnis auf Rationalität und auf Emotionalität zu gründen. Damit einhergehend wird intendiert, die Ambivalenz von Vernunft und Gefühl in das pädagogische Beziehungsgeschehen selbst zu integrieren und handlungstheoretisch in der Dialektik einer Liebe zu den objektiven Werten (Gesellschaft, Kultur und Bildung) im Allgemeinen und einer Liebe zu den subjektiven Werten des Zuerziehenden (Charakter- bzw. Persönlichkeitseigenschaften, Potentiale) im Besonderen zu sehen. Der von Herbart bereits 1802 eingeführte „einheimische" Begriff des pädagogischen Takts, welcher im Kontext der pädagogischen Beziehungsform bis heute diskutiert wird, kann als Ausdruck für jenen professionellen Balanceakt zwischen einer pädagogisch bedeutsamen Hinwendung zum Zögling bei gleichzeitiger respektvoller Zurückhaltung vor dessen Integrität und Personalität verstanden werden, welcher sich aus theoretischem Wissen und praktischer Haltung, aus allgemeinem Prinzip und individuellem Fall ergibt.

Im Sinne der geisteswissenschaftlichen Tradition konkretisiert sich die Form der pädagogischen Beziehung in der Anerkennung des Zuerziehenden, in einer von Sorge getragenen Hilfe bei der Personwerdung des Kindes, in einer dialogisch konstruierten Ich-Du-Beziehung und in einem verantwortungsbewussten Engagement seitens des Erziehers. Dieser weiß um die Bedeutung der Dialektik zwischen einer erzieherisch-bildnerischen Nähe sowie einer unerlässlichen sittlich-ethischen Distanz und arbeitet darauf hin, den Heranwachsenden zu einem Leben in Selbstverantwortung und Mündigkeit zu führen, um das pädagogische Verhältnis schließlich überflüssig zu machen und aufzulösen. Die für das Kind auf Vertrauen basierende wechselseitige, wenn auch anfänglich asymmetrisch gedachte pädagogische „Erziehungsgemeinschaft" ist somit jene Handlungsform, in welcher der Erzieher erstens den jungen Menschen fordert, zweitens seine Individualität in der gegebenen Situation und antizipierend im Rahmen seiner Möglichkeiten fördert und das drittens im Bezug auf objektive Werte und die kulturelle Gemeinschaft tut.

Nohls Analyse der pädagogischen Beziehungsform, welche ihren Ausgang im Primat der einzelnen und individuellen Person findet, ist, vor allem wegen der Exklusivität der interpersonalen „Begegnung", bereits von seinen Zeitgenossen kritisiert und relativiert worden. So wies zwar auch Theodor Litt (1880–1962) auf die prinzipielle Struktur einer personalen Ich-Du-Relation hin, machte aber gleichzeitig auf die eindimensionale Begrenzung jener dyadischen Vorstellung und auf die Gefahr von deren isolierter Betrachtung aufmerksam: „Erzieher und Zögling stehen einander niemals wie im luftleeren Raum gegenüber. Jede, auch die geringfügigste erzieherische Handlung ist durchwirkt von Beziehungen, die über die Grenzen dieses interpersonalen Verhältnisses hinausführen" (Litt 1995, S. 79). Die reale Wirklichkeit und die potentiellen Möglichkeiten des Zöglings sind – über seine personale Innerlichkeit hinaus – auch an seinen weltlichen „Außenbereich" gebunden, welcher innerhalb des Erziehungsprozesses deutlich erkannt und verstanden werden muss. Auch Wilhelm Flitner (1889–1990) betonte das von Nohl idealisierte „Person-qua-Person"-Verhältnis, wies jedoch mit allem Nachdruck darauf hin, dass es in Erziehung und Bildung empirisch immer um eine Mehrzahl und eine Vielfalt pädagogischer Beziehungen geht; ebenso zeigte er die zeitliche, sachliche und funktionelle Begrenzung der unterschiedlichen „Erziehungsgemeinschaften" auf (Flitner 1997, S. 70–86).

Im Anschluss an diese Diskussion öffnete Nohl 1952 die zunächst konzipierte exklusive „Bildungsgemeinschaft" zwischen einem Erzieher und einem Zögling und sprach dem Einfluss sozialer Gruppen und den komplexen Lebenszusammenhängen für die Erziehung und Bildung des Kindes eine größere Bedeutung zu: „Der pädagogische Bezug hat sich [...] geändert [...]. Der Lehrer ist nicht mehr so der einzige Bezugspunkt, auf den alle Aufmerksamkeit der Schüler gerichtet ist [...], sondern die Spannung des Schülers besteht vor allem zu der sozialen Gruppe, in die er hineinwachsen will, und die ihn zu immer neuer Auseinandersetzung und Entscheidung aufruft, und der Lehrer wird mehr zum Helfer bei der geistigen Bewältigung dieses Lebens und bei seiner sinnvollen Gestaltung" (Nohl 1965, S. 66). Jedoch ist es bei Nohl selbst nicht mehr zu einer grundsätzlichen Revision seiner Idee der pädagogischen Beziehungsform gekommen.

Neben der von seinen ebenfalls in der geisteswissenschaftlichen Tradition stehenden Kollegen, wie z. B. Wolfgang Klafki oder Otto Friedrich Bollnow, geäußerten Binnenkritik (d. h. hinsichtlich einer exklusiven und prinzipiell dialogisch gedachten Begegnung zwischen „Ich" und „Du") wird an dieser schematischen Skizzierung ab Mitte der 1960er Jahre heftige Kritik, vor allem Ideologiekritik aus materialistischer und professionstheoretischer Perspektive, geübt. Dabei wird nicht die prinzipielle anthropologische und bildungstheoretische Bedeutung des pädagogischen Beziehungsgeschehens per se in Frage gestellt, sondern dessen Versimplifizierung und Verklärung und die damit einhergehende Reduktion des Phänomens unter Verkennung von Komplexität und Realität. So fordern jene neuen Kritiker – zu nennen sind in erster Linie Heinz-Joachim Heydorn, Hans-Jochen Gamm, Klaus Mollenhauer, Hermann Giesecke – vor allem eine differenzierte Analyse der konkreten empirischen und der Beziehung impliziten psychischen, sozialen, politischen und ökonomischen (Macht-)Strukturen und der sich daraus ergebenden professionellen pädagogischen Handlungsformen.

Auch das Beziehungsgefüge zwischen Erzieher und Zögling selbst wird einer Revision unterzogen. Hatten die Vertreter der Geisteswissenschaftlichen Pädagogik den „pädagogischen Bezug" eher als eine einseitige Beziehungsform zwischen (zwei) Vertretern der beiden Generationen verstanden, welche stark eindimensional bezüglich einer an sich konfliktlos und harmonisch gedachten Struktur von Geben und Empfangen zwischen Älterem und Jüngerem konstruiert war, so entlarvten die neuen Kritiker dessen implizite autoritäre Herrschaftsstruktur und machten den Gedanken einer wechselseitigen, prinzipiell konflikthaft und demokratisch gedachten Situation für pädagogisches Denken und Handeln stark. Das Interesse, soziales Handeln genauer zu charakterisieren, fand in den Begriff der pädagogischen „Interaktion" Eingang, und die pädagogische Beziehungsform wurde in der Folge als eine Situation miteinander interagierender und kommunizierender Subjekte verstanden. In jenen Denkmodellen wurde vor allem versucht, die dialogphilosophische und existentielle Bedeutung der erzieherischen Begegnung in neuere erziehungswissenschaftliche und sozialisationstheoretische Ansätze zu transformieren.

So betrachtete beispielsweise die sog. „Pädagogik der Kommunikation" von Klaus Schaller die pädagogische Beziehungsform primär als einen symmetrischen und emanzipatorischen Kommunikationsprozess, in welchem es primär darum geht, die formale Struktur des Bezugs selbst zu betonen und weniger die daran konkret partizipierenden Personen. Mit dieser Perspektive fand eine Verschiebung von den an der Kommunikation beteiligten Personen hin zu den Maßgaben einer an einer „rationalen Lebensführung orientierten gesellschaftlichen Interaktion" (Schaller 1981, S. 60) statt. Eine andere wichtige Perspektive zur Erweiterung der pädagogischen Grundidee von Herman Nohl bot der Ansatz des Symbolischen Interaktionismus, in welchem die Bildung von Sinn- und Bedeutungszusammenhängen von (historisch und gesellschaftlich formierten) Symbolsystemen hinsichtlich des sozialen und kulturellen Miteinander-Handelns analysiert wird. Indem die Interagierenden lernen sollen, die eigene Identität bzw. das eigene Selbst über die gemeinsam zu erschließende Bedeutung von Symbolen zu bilden, kann diese pädagogische Beziehungsform – und mit ihr die Auflösung starrer Rollenzuschreibungen – weniger als ein Akt passiver Einflussnahme von Älteren auf Jüngere gedeutet werden; vielmehr erscheint sie als ein interaktiver Prozess doppelseitiger

Intention, welche sich aus einer phänomenologischen Perspektive als ein „responsives Verhältnis" beschreiben lässt, das sich nicht auf eine bloße Subjekt-Subjekt-Beziehung oder eine Subjekt-Objekt-Konstellation und schon gar nicht auf einen Lehr-Lern-Prozess im Sinne eines Sender-Empfänger-Verhältnisses reduzieren lässt.

Aber auch diese weiterführenden Ansätze sind ihrerseits nicht ohne Kritik geblieben. Vor allem die dort zumindest probeweise versuchte Ausklammerung bzw. sogar Tilgung des Primats der Personalität zugunsten einer scheinbar stärker sachlichen und demokratischen Beschreibung des menschlichen In-der-Welt-Seins ist zu Recht kritisch betrachtet worden. So haben beispielsweise schon die älteren Hospitalismusforschungen von René Spitz (1887–1974), die frühkindlichen Bindungsforschungen des Psychoanalytikers John Bowlby (1907–1990) und die davon ausgehenden Weiterentwicklungen in Verhaltensforschung, Lern- und Kognitionspsychologie und schließlich die Care-Ethik (Fürsorge-Ethik) von Nel Noddings (Noddings 1986) die Relevanz der sowohl emotional, kognitiv als auch sozial prägenden Interaktionsdynamik aufgezeigt und belegt. Die aktuelle Fokussierung auf ethisch-personale Gefühle, die sich maßgeblich nur in einer pädagogischen face-to-face-Beziehung zeigen und herausbilden können, ist neuerdings (wieder) von außerordentlich großem erziehungswissenschaftlichen Interesse. Zu diesem Wandel hat in nicht geringem Maße die nordamerikanische Philosophin Martha C. Nussbaum mit ihrer weltweit beachteten Studie *Upheavals of Thought. The Intelligence of Emotions* (Nussbaum 2001) den entscheidenden Anstoß gegeben, indem sie die irreführende Entgegensetzung von Vernunft und Gefühl, Kognition und Emotion überwunden und gezeigt hat, dass es reine Gefühle gar nicht gibt, diese vielmehr immer schon von einem vernunftgeleiteten Urteil bzw. von einer rationalen Stellungnahme abhängen.

Trotz zahlreicher erziehungswissenschaftlich relevanter Beiträge z. B. aus Systemtheorie, Habitustheorie, Psychoanalyse, Strukturtheorie u. a. fehlt gerade heute eine umfassende und zugleich differentielle Theorie pädagogischer Beziehungsformen hinsichtlich der personalen Subjektbildung und deren gesellschaftlicher Performanz. Neben idealtypisierenden Reflexionen über deren existentiellen Sinn und deren Bedeutung auf der einen gibt es empirische Untersuchungen über deren funktionalen Zweck auf der anderen Seite. Wünschenswert, weil allein aufschlussreich, wäre es jedoch, wenn die Beziehungsformen in einem integrativen Forschungssetting gleichzeitig auf normativer und auf deskriptiver Ebene analysiert und diskutiert würden. Nur so könnte ein Verständnis davon entstehen, welche tatsächlich vorfindbaren Formen einer pädagogischen Beziehung modellhaft vorkommen und inwieweit der Praktiker darüber hinaus einer regulativen Idee bedarf, um daran sein Handeln orientieren und prüfen zu können. Je nach wissenschaftlichem Interesse, was tatsächlich der Fall *ist* oder was eine pädagogische Beziehung eigentlich *sein sollte*, wird die Kritik so oder anders ausfallen.

Auch wenn Zwecke, Ziele, Dauer und Intensität in einem künstlich hergestellten Sozialraum vorgegeben und begrenzt sind, ist eine pädagogische Beziehung – unbeschadet der soziologischen Kategorisierung durch positionelle Rollenzuschreibungen und im Unterschied zu sozialen Beziehungsformen, die durch abstrakte und anonyme Momente konstituiert werden – eher als ein interaktives, dialogisches, reziprokes und responsives (historisch und kulturell bestimmtes) Geschehen innerhalb gesetzlicher, gesellschaftlicher und organisatorischer Bedingungsstrukturen zu betrachten. Dass auch soziale Regulations- und Normierungsprozesse von Bedeutung sind, versteht sich dabei von selbst und schließt den Gedanken der Relationalität per se nicht aus. In ihrem „Handbuch Persönliche Beziehungen" resümieren Karl Lenz und Frank Nestmann die umfassende (anthropologische) Bedeutung des pädagogischen Beziehungsgeschehens so: „Die Person ist Teil ihres Netzwerks und ihr Netzwerk wird zu einem Teil der Person. Ihr Denken, Fühlen und Handeln konstituiert das Netzwerk und das Netzwerk beeinflusst ihr Denken, Fühlen und Handeln. [...] Insofern sind diese Netzwerke ‚natürliche' und ‚alltägliche' Begleiter von Menschen über ihren Lebenslauf, die Lebensübergänge flankieren und über die spezifischen Strukturmerkmale, ihre Qualitäten und ihre Funktionen unser aller Leben maßgeblich prägen" (Lenz/Nestmann 2009, S. 13).

Versucht man die Strukturmerkmale der pädagogischen Beziehungsform herauszustellen, so ist vor allem an die von Schleiermacher aufgewiesenen ambivalenten bzw. dialektischen Formen in Erziehung und Bildung zu denken, wie beispielweise die *double-binds* zwischen Emotionalität und Rationalität, zwischen Nähe und Distanz, zwischen Objektivem und Subjektivem oder zwischen Bejahung und Negierung.

Der von Martin Buber eingangs zitierte programmatische Satz „Der Mensch wird am Du zum Ich" verweist abschließend auf eine nicht zu überwindende Grenze der Idee der pädagogischen Beziehungsform. So wichtig die Begegnung mit dem Anderen für die (Heraus-)Bildung der eigenen personalen und soziokulturellen Identität ist, so anthropologisch bedeutsam ist seine, aufgrund des Gedankens der Alterität, anzuerkennende und nie völlig erkennbare Fremdheit bzw. Andersheit. Im Anschluss an Michel Foucault hat die renommierte nordamerikanische Philosophin Judith Butler aufgezeigt, dass das Erkennen und Erfahren des Anderen über kausale Erklärungsversuche weit hinausreicht und die Kunst eines verantwortlichen Umgangs miteinander gerade in der „Anerkennung der Grenze der Anerkennung" und somit in der Grenze des Wissens über den Anderen besteht (Butler 2003, S. 56). Dieser Grenzerfahrung der Anerkennung des Anderen geht bei Butler – an den uralten Gedanken der Selbstsorge bei Sokrates erinnernd – der Prozess der Selbsterkenntnis voraus, den sie eigens als einen „selbstbeschränkenden Akt" beschreibt. Für Butler markieren die Begrenztheit des eigenen Selbstverständnisses und die Begrenztheit der Anerkennung des Anderen nicht nur Bedingungen, sondern geradezu die Situation einer verantwortlichen menschlichen Gemeinschaft im Allgemeinen und – so ist hinzuzufügen – auch der pädagogischen Beziehung in institutionellen Kontexten im Besonderen.

Deshalb kann nicht allein die Planbarkeit, Vorausberechnung und Vorhersehbarkeit menschlichen Handelns das Ziel des zwischenmenschlichen Umgangs sein, denn für Butler liegt „das Zeichen unserer Humanität" im Eingeständnis der Grenzen und nicht in einer Hypertrophierung der instrumentellen Vernunft. Das Bewusstsein des Erziehers von seiner eigenen Fehlbarkeit lässt ihn die Unberechenbarkeit seiner erzieherischen Aufgabe begreifen und macht ihm indirekt deutlich, dass der humane Charakter der Erziehung gerade in ihrer Begrenzung und in ihrem prinzipiellen Scheitern-Können-Müssen liegt, und zwar angesichts des Gedankens der reziproken Relationalität. Butlers Intention, Beziehungshandeln aus ethisch-anthropologischer Perspektive zu beschreiben, verweist, v. a. im Rückblick auf die jüngsten Fälle sexueller Gewalttaten in pädagogischen Institutionen, auf die notwendige Neuformulierung eines pädagogischen Berufsethos, welches die anthropologische und bildungstheoretische Problematik pädagogischen Beziehungsgeschehens in ihrem ganzen Umfang erkennt und gleichzeitig die Chancen, aber auch die unterschiedlichen Nuancen, Gefahren, Grenzen und Verzerrungen einer interpersonalen Beziehungsform für die professionelle Praxis anerkennt.

Literatur

Buber, Martin (1984): Das dialogische Prinzip (1923). 5. Aufl. Heidelberg.

Butler, Judith (2003): Kritik der ethischen Gewalt. Frankfurt/M.

Dilthey, Wilhelm (1961): Grundlinien eines Systems der Pädagogik. In: Ders.: Gesammelte Schriften, Bd. IX (1884–1894). Hrsg. v. Otto Friedrich Bollnow. 3. Aufl. Darmstadt, S. 167–231.

Flitner, Wilhelm (1997): Allgemeine Pädagogik (1950). 4. Aufl. Stuttgart.

Lenz, Karl/Nestmann, Frank (Hrsg.) (2009): Handbuch Persönliche Beziehungen. Weinheim.

Litt, Theodor (1995): Die Bedeutung der pädagogischen Theorie für die Ausbildung des Lehrers (1946). In: Ders.: Pädagogische Schriften. Bes. v. Albert Reble. Bad Heilbrunn, S. 74–87.

Nohl, Herman (1949): Die Pädagogik der Verwahrlosten (1927). In: Ders.: Pädagogik aus dreißig Jahren. Frankfurt/M., S. 173–181.

Nohl, Herman (1965): Erziehung als Lebenshilfe (1952). In: Ders.: Aufgaben und Wege der Sozialpädagogik. Hrsg. v. Carl Ludwig Furck u. a. Weinheim, S. 64–70.

Noddings, Nel (1986): Caring. A Feminine Approach to Ethics & Moral Education. Berkeley.

Nussbaum, Martha (2001): Upheavals of Thought. The Intelligence of Emotions. Cambridge.

Rosa, Hartmut (2011): Is There Anybody Out There? Stumme und resonante Weltbeziehungen – Charles Taylors monomanischer Analysefokus. In: Kühnlein, Michael/Lutz-Bachmann, Matthias (Hrsg.): Unerfüllte Moderne? Frankfurt/M., S. 15–43.

Schaller, Klaus (1981): Abschied vom pädagogischen Bezug? In: Vierteljahrsschrift für wissenschaftliche Pädagogik. 57. Jg., S. 44–64.

Schleiermacher, Daniel Friedrich (2000): Texte zur Pädagogik. Bd. 2. Hrsg. von Michael Winkler/Jens Brachmann. Frankfurt/M.

Seichter, Sabine (2007): Pädagogische Liebe. Paderborn.

Seichter, Sabine (2011): Pädagogisches Ethos. In: Kade, Jochen et al. (Hrsg.): Pädagogisches Wissen. Erziehungswissenschaft in Grundbegriffen. Stuttgart, S. 191–198.

Taylor, Charles (1996): Quellen des Selbst. Die Entstehung der neuzeitlichen Identität. Frankfurt/M.

Wulf, Christoph/Bittner, Martin/Clemens, Iris/Kellermann, Ingrid (2012): Unpacking Recognition and Esteem in School-Pedagogic. In: Ethnography and Education 7 (3), S. 59–75.

Gemeinschaft und Gesellschaft

Christoph Wulf & Jörg Zirfas

Einführung

Allzu häufig findet man in der Geschichte des anthropologischen Denkens, die auch die der Pädagogischen Anthropologie einschließt, einen sehr starken individualistischen Grundzug. Der Mensch erscheint als *solitaire* (Rousseau), der allein in diese Welt geworfen wird (Heidegger), einsam seinen Weg der Freiheit geht (Sartre), dabei die anderen prinzipiell als Konkurrenten erlebt (Hobbes) und sich daher ein bestimmtes Image zulegt, um sein Gegenüber zu manipulieren (Goffman). Dagegen muss die Sozialität des Menschen ausdrücklich betont werden. Der Mensch ist, und darauf hat in der Antike etwa Aristoteles schon eindringlich hingewiesen, ein *zoon politikon*, ein soziales Wesen. Menschen sind von Anfang an soziale Wesen, die auf die Fürsorge und Anerkennung anderer fundamental angewiesen sind und die das „Abenteuer des Zusammenlebens" (Todorov 1996) gemeinsam bewältigen müssen (vgl. Claessens 1980). Pädagogische Beziehungen, die nicht auf egoistische, agonistische, hegemoniale oder machtsüchtige Motive zielen, konzentrieren sich in diesem Sinne um die, für menschliches Zusammenleben konstitutiven, Gedanken der Erziehungsbedürftigkeit und -möglichkeit sowie um Begriffe der wechselseitigen Achtung und Wertschätzung. So impliziert die anthropologische Idee der Offenheit des Humanen pädagogische Maßnahmen der Unterstützung der Selbstbestimmung, und die anthropologische Idee der Erziehungsnotwendigkeit zielt auf die Angewiesenheit auf einen pädagogischen Anderen, ohne den Selbstbestimmung und individuelle Entfaltung nicht möglich wären. Dementsprechend achten sich Menschen nicht nur, indem sie sich als sich selbst bestimmend erfahren, und auch nicht nur, indem sie die Möglichkeiten haben, sich selbst zu entwickeln, sondern auch, indem sie sich mit anderen in ihrer Angewiesenheit auf andere verbunden wissen. Menschen, und auch das ist seit der Antike bekannt, können nur in sozialen Beziehungen überleben und sie können nur in ihnen bzw. in Bezug auf sie gut leben. Dabei erscheinen die Erzieher als Repräsentanten der jeweiligen Gemeinschaft bzw. Gesellschaft und Erziehung selbst nicht nur notwendig zur Entwicklung und Sozialisierung des Einzelnen, sondern auch für die Tradierung und Weiterführung der jeweiligen sozialen Systeme des Zusammenlebens.

Zur Ausdifferenzierung der Begriffe

Bis in das 19. Jahrhundert hinein gibt es keine Ausdifferenzierung von Gemeinschaft und Gesellschaft, d. h. diese Begriffe werden synonym verwendet. Semantisch beziehen sie sich auf Phänomene der unterschiedlichen Formen der Zusammengehörigkeit, auf Sozialität und Sozietät, auf politische Teilhabe- und Teilnahmeformen (Gemeinde, Nation etc.), auf juristische Verbände und Körperschaften oder auch auf selbstgewählte (Freundschafts-)Beziehungen und Netzwerke. Über die Jahrhunderte hinweg bestand Konsens darin, dass der Mensch konstitutiv auf andere Menschen und auf eine Gemeinschaft bzw. Gesellschaft angewiesen ist, in der er seine Möglichkeiten als sprachliches, vernünftiges, politisches Wesen, durch pädagogische Maßnahmen forciert, zur Entfaltung bringen kann. Dabei lassen sich in diesem bis heute andauernden Diskurs zwei Ebenen unterscheiden, eine *anthropologische* Ebene, die die Bedeutung der Koexistenz und Sozialität betrifft, und eine *evaluative* Ebene, die sich auf die Analyse und Beurteilung von sozialen Ausprägungen richtet. Das heißt, wir finden einerseits sowohl phylogenetisch wie ontogenetisch Menschen immer in Formen des sozialen „Mit-Seins" (Heidegger), seien es nun Horden, Stämme, Familien oder Nationalstaaten. Und wir finden andererseits immer wieder Fragen nach dem guten und glücklichen Leben in diesen sozialen Formen, nach Möglichkeiten der pädagogischen Vermittlung und Aneignung von spezifischen Haltungen und Fertigkeiten für ein solches Leben im Sozialen (vgl. Rosa u. a. 2010).

Vor dem Hintergrund der mit dem 19. Jahrhundert eingehenden Veränderungen, seien es die der technischen Entwicklungen, die der Beschleunigung und Urbanisierung, die der kulturellen Krisen und politischen Katastrophen sowie die der sozialen und pädagogischen Mobilitäten, kam es zu einer begrifflichen Differenzierung von Gemeinschaft und Gesellschaft. Zeitdiagnosen wie Entfremdung (Marx), Sinnverlust (Weber) und Anomie (Durkheim) veranlassten Autoren wie Ferdinand Tönnies (1855–1936) und Helmuth Plessner (1892–1985), die Identität des Sozialen neu zu bestimmen. Tönnies, der mit seinem Werk *Gemeinschaft und Gesellschaft. Grundbegriffe der reinen Soziologie* (1887) als Ursprung der systematischen Differenzierung dieser Sozialformen gilt, begreift Gemeinschaft als eine Verbindung des realen und organischen, Gesellschaft aber als eine des ideellen und mechanischen Lebens. Während die Menschen der Gemeinschaft durch Abstammung, Orte und Gesinnung wesentlich verbunden sind, sind Menschen der Gesellschaft wesentlich getrennt – trotz aller Verbundenheit (Tönnies 1991, S. 34). Ist ihm die Familie das Paradigma für die Gemeinschaft (ebd., S. 20), so gilt ihm der Markt, auf dem es um das Angebot und die Anerkennung von Leistung geht, als wesentlich für die Gesellschaft (ebd., S. 44 ff.). Anthropologisch wird diese Konstruktion durch die Ausdifferenzierung von zwei Willensformen begründet, dem sog. „Wesenwillen", der die soziale Verbindung um ihrer selbst willen quasi leiblich eingeht, und dem sog. „Kürwillen", der diese lediglich im instrumentellen Sinne rational begreift (ebd., S. 73 ff.). Während so die Gemeinschaft mit Leiblichkeit und Gefühl, mit Dauer und Tradition oder Authentizität und Natürlichkeit aufgeladen wird, wird die Gesellschaft zur Negativfolie mit Momenten des Abstrakten und Rationalen, des Mechanischen und Kalten oder des Scheinbaren und Funktionalen. Dass eine Pädagogik der Gemeinschaft sich eines patriarchalisch-familiären Modells der Weisung, Lehre und Einübung bedient, in dem das Verhältnis von Vater und Kind in einem Verhältnis von Würde, Herrschaft und Kraft zum „Beschützt-, Geleitet*werden* und Gehorchen*müssen*" seine „Einheit und Vollendung" (ebd., S. 83, 9 ff.) findet, liegt im Grunde auf der Hand. Eine organische Gemeinschaft erfordert eine unmittelbare Erziehung.

Vor allem in reformpädagogischen Modellen und in den sich etablierenden sozialpädagogischen Ansätzen zu Beginn des 20. Jahrhunderts gewinnt der Gedanke der Gemeinschaft als idealer Rahmen für die Ausbildung von Moralität und Sozialität, aber auch für die Entwicklung des Individuums eine bestimmende Rolle. So wird etwa Peter Petersens Jena-Plan-Schule eine „Gemeinschaftsschule" sein, in deren Mittelpunkt die Schulgemeinde bzw. -gemeinschaft steht, und selbst in den Prinzipien der modernen Modelle der *community education* – der Lokalität, der Lebenswelt und dem Gemeindebezug – schwingt noch ein wenig vom Gemeinschaftspathos mit.

Demgegenüber betont Plessner in seinem 1924 publizierten Buch über die „Grenzen der Gemeinschaft" (1981) gerade den sozialen Radikalismus von Gemeinschaftsformen, ob nun als Bluts-, Liebes- oder Sachgemeinschaften. Ausgehend von seinem anthropologischen Grundgedanken einer exzentrischen Positionalität des Menschen – der sein Leben lebt, indem er sich zu sich reflektiert und praktisch verhält –, macht er darauf aufmerksam, dass Menschen sowohl (organische, gemeinschaftliche) Nähe als auch (rationale, gesellschaftliche) Distanz benötigen. Die für den Menschen konstitutiv erachteten Gesetzmäßigkeiten der natürlichen Künstlichkeit, der vermittelten Unmittelbarkeit und des utopischen Standortes verweisen darauf, dass diese nicht in einer Form von Gemeinschaft ihren Ausdruck finden können, sondern einer Vielzahl unterschiedlicher Gesellungsformen bedürfen. Vor diesem Hintergrund einer letztlich negativen, den Begriff des Menschen nicht fixieren wollenden Anthropologie finden sich bei Plessner daher auch „Mischungsverhältnisse" von gemeinschaftlichen Gesellschaften und gesellschaftlichen Gemeinschaften, die wiederum unterschiedliche pädagogische Akzentuierungen in Ausgangslage und Ziel, Inhalten und Form von Erziehung und Bildung nahe legen und somit die Frage der Selbstthematisierung des Menschen durchaus in einem spielerischen, experimentellen Sinne offen halten. Denn der gemeinschaftliche Radikalismus – „Radikalismus heißt Dualismus" (ebd., S. 14) – vereinseitigt den Menschen und spaltet ihn in Körper oder Geist, Liebe oder Verpflichtung etc. auf.

Die Desavouierung des Gemeinschaftsgedankens und die starke Fokussierung auf den Gesellschaftsbegriff – nicht nur in der Pädagogik – ist in jüngerer Zeit wohl weniger auf kritische soziologische und politische Debatten, sondern vielmehr auf den Nationalismus und seine Idee der Volksgemeinschaft zurückzuführen. In einer anthropologischen Betrachtungsweise sind Gemeinschaftsmodelle stärker mit Nähe, Emotionalität, Moral und Identität aufgeladen, während Gesellschaftsbegriffe eher um die Momente von (generalisierter) Kommunikation, Reflexivität, Recht und Differenz zentriert sind.

Bildung der Moral

Wenn es in jüngster Zeit eine Denkrichtung gab, die den fundamentalen Zusammenhang von Gemeinschaftlichkeit und soziomoralischer Bildung behauptet hat, so war dies der Kommunitarismus (vgl. Honneth 1994). Unterstellt wurde hierbei, dass das Leben in und für die Gemeinschaft, mit einer Vielzahl an gemeinsam geteilten Ge- und Verboten, einem System moralischer Werte und gemeinsamer Lebenserfahrungen, zugleich Grund und Ausdruck von „Herzensgewohnheiten" (Bellah) ist bzw. werden kann. Die Gemeinschaft liefert die für die soziale Praxis und die sozialen Probleme notwendigen Handlungsmaximen und Tugenden, nämlich Gemeinsinn, Solidarität, Mitmenschlichkeit und Verantwortungsbereitschaft – mit einem Wort: Wir-Gefühle, die zu unmittelbarem gemeinsamen Denken und Handeln und zu einer tief empfundenen kollektiven Identität führen. Der Kommunitarismus erinnert an die Bedeutung politischer, sozialer und moralischer Bindungen und deren Bedeutung auch für liberalistisch verfasste Gesellschaften. Über den Appell an die soziale Verantwortlichkeit der Einzelnen und ihre Zivilcourage sowie über die Reorganisation pädagogischer Institutionen möchte er die *civil virtues* rekonstruieren und reetablieren, so dass sich die Einzelnen mit der Gemeinschaft (stärker) identifizieren bzw. identifizieren können (Zirfas 1999).

Die Gemeinschaft gilt hier als soziales Netzwerk reziproker, interpersonaler Beziehungen, die vor allem als moralische Nahinstanz und pädagogische Institution – als Familie, als Schule, als Nachbarschaft, als Universität, als Arbeitsplatz – die wichtigste und permanente Quelle der moralischen Orientierung der Individuen gewährleisten soll. Sie repräsentiert die konsensuell mögliche Einheitlichkeit von (inhaltlichen) Normen und Werten gegenüber einer Pluralität von Werten und hat auch als „pädagogische Stimme" das Recht und die Pflicht, durch sozialen Druck, etwa in Form von Appellen, durch Veröffentlichung unmoralischen Verhaltens und mittels Überwachung unsicherer Mitkommunitarier, die für sie konstitutiven Vorstellungen und Praktiken sicherzustellen. Das heißt, dass die Gemeinschaft im Konfliktfall die gemeinsamen Werte wichtiger als die individuellen Rechte der Mitglieder gegenüber der Gemeinschaft nimmt und somit die kommunitären Verbindlichkeiten gegenüber den individuellen Freiheiten privilegiert. Eine gemeinsame Basis sieht der Kommunitarismus in einer Rekonstruktion des gemeinschaftlichen Guten, der alle gleichermaßen immer schon zugestimmt haben.

Identitätsbildung

Es geht dem Kommunitarismus mithin darum, dass sich Menschen als Teil einer Gemeinschaft begreifen und das konstitutive Verhaftetsein ihrer Identität in sozialen Zusammenhängen anerkennen und dementsprechend in Handlungen umsetzen. Der Kommunitarismus macht deutlich, dass auch in (postmodernen) Zeiten des moralischen Universalismus und des ethischen Ästhetizismus das Individuum auf Gruppen angewiesen bleibt, in denen es sich mit den je konkreten Normen und Haltungen auseinandersetzen und ggf. identifizieren kann und so erst in die Lage versetzt wird, eine Identität aufzubauen. Für den Kommunitarismus im Sinne von Sandel und Taylor ist z. B. der (kommunitäre) Bürger ein Mensch, der seine Identität über die Mitgliedschaft zu einem Gemeinwesen definiert und damit seine Identität als genuin soziale begreift. Die Identität ist gesellschaftlich oder sie ist überhaupt nicht.

Dabei erscheinen „freie" Menschen in doppelter Hinsicht als fragile und auf die Gemeinschaft angewiesene Wesen: Sie *müssen* einerseits vor gesellschaftlichen bzw. staatlichen Übergriffen geschützt werden und sie bedürfen zweitens zur Stärkung ihrer Moral eines kommunitären Verbundes. Bestimmt man die Gemeinschaft allerdings nur als Funktion zur Stabilisierung und Entwicklung der Autonomie des Individuums, so verfehlt man die Pointe einer pathetisch verstandenen Gemeinschaft, die gerade darin besteht, dass diese für den Einzelnen insofern konstitutiv ist, als es jenseits von Gemeinschaft nur gelingen kann, eine „ungebundene Identität" (Sandel), also im eigentlichen Sinne überhaupt *keine* Identität, zu entwickeln. In diesem Sinne ist der liberale Bürger ein Gespenst oder ein Phantom. Da die anderen immer schon Teile meines Selbst darstellen, kann ich meine Identität auch nur dialogisch, in der Auseinandersetzung mit den anderen bzw. mit den Beziehungen zu den anderen, verstehen und entwickeln. Hier wird dann der Bereich der Erziehung und Sozialisation für die Kommunitaristen interessant. Erziehung zur Gemeinschaft kann dementsprechend nur als doppelte, als Erziehung in Gemeinschaft und Erziehung im Hinblick auf die Gemeinschaft begriffen werden, wenn denn die Identifikation mit dem überindividuellen Wir oder dem Gemeinschaftsgeist erfolgen soll. Insofern bleibt das Individuum auch in (postmodernen) Zeiten des moralischen Universalismus und des ethischen Ästhetizismus auf eine Gruppe angewiesen, in der es sich mit den je konkreten Normen und Handlungen des Guten und Gerechten auseinandersetzen und identifizieren kann, womit er erst in die Lage versetzt wird, eine soziale und moralische Identität aufzubauen. Dabei lassen sich zwei Modelle einer Gruppenidentität differenzieren: eine starke Wir-Konzeption, in der eine essentialistische und ideale Struktur der Selbstvergegenwärtigung in der Gemeinschaft erfolgt, und ein schwaches Wir-Modell, in dem die Selbsterfahrungen konkreter, weniger universell und essentialistisch angelegt sind.

Es steht hier nicht in Frage, dass die Identität des Menschen sich im Wesentlichen einem interaktiven Prozess verdankt, in dem er erzogen, sozialisiert und gebildet wird. Kritisch muss allerdings festgehalten werden, dass die Entwicklung und Konstitution der

Identität als Sozialität in einem empirischen wie normativen Maße zwingend, umfassend, bruchlos und unverfügbar sein soll. Viel eher geht die individuelle *corporate identity* nicht komplett in der sie umgreifenden Identität der allseits geteilten Überzeugungen und Institutionen der jeweiligen Gemeinschaft auf, sondern ist als ein Kontinuum von egoistischen und altruistischen Motiven, von Differenzerfahrungen, Übergängen und Pluralisierungen zu konzipieren, die nicht alle unmittelbar den gemeinsamen Geist der einen und einzigen Gemeinschaft verströmen (vgl. Zirfas/Jörissen 2007, S. 123 ff.).

Pluralisierungen

Oftmals wird die Gemeinschaft als ein deskriptiv-ethisches Konstrukt verstanden, das die Momente von Authentizität, Geschlossenheit, Patriotismus, Hierarchie und vor allem Traditionalismus betont. Dieser starke und eindeutige Begriff von Gemeinschaft ebnet natürlich empirisch jegliche sozialen, moralischen und politischen Differenzen ein, die zwischen den Gemeinschaften esoterischer Sekten, religiöser Fundamentalisten, radikaler politischer Bündnisse oder der nationalsozialistischen Volksgemeinschaft bestehen; und dieser Begriff differenziert auch nicht zwischen persönlichen oder internationalen, imaginierten oder realen, hedonistisch orientierten oder pflichtbewussten Lebens(stil)gemeinschaften. Kurz: Eine pathetische Gemeinschaftsideologie integriert alle Formen von Gemeinschaften gleichermaßen in ein harmonisches und romantisches Bild von Gemeinschaftlichkeit, das die Identität eines kollektiven Naturzustandes unterstellt. Damit wird eine Idee von homogener Gemeinschaftlichkeit in Anschlag gebracht, die sich so empirisch nicht halten lässt, da auch Gemeinschaften – wie ihr Gegenbild, die Gesellschaften – sich durch Fragmentarisierung wie Globalisierung, Traditionalisierung wie Flexibilisierung, Egalität und Hierarchie etc. auszeichnen; weder haben sich patriarchalische Familien noch kastenartig strukturierte Stämme, feudale Gemeinwesen oder durch Klassen getrennte Nationen jemals ausschließlich durch Gemeinsinn, Teilnahme und Teilhabe sowie durch allumfassende Solidarität ausgezeichnet. Ganz dringlich stellt sich hier die Frage der Machtproblematik in einer Gemeinschaft und bekanntlich besteht seit Platons Zeiten das Paradox einer idealen Gemeinschaft darin, dass ihr Initiator zugleich ihr erster Tyrann sein kann – womit die Idealität der Gemeinschaft schon erheblich in Frage gestellt ist. Diese Machtproblematik durchzieht sowohl die ideologischen Rekonstruktionen von Gemeinschaftlichkeit wie auch ihre Konstruktionen einer idealen Gesellschaft.

Diese theoretischen wie praktischen Problemhorizonte kulminieren – seit Aristoteles – in einer Gemeinschaft von Gemeinschaften, die die Homogenität einer durchgängigen Gemeinschaftlichkeit unterstellt und dadurch den Sinn von Kommunität selbst untergräbt, wenn sich denn Gemeinschaftlichkeit über die *besonderen* Loyalitäten definieren lässt, die durch die von Individuen (unbewusst) eingegangenen Bedingungen entstanden sind. Allerdings ist der Gedanke einer matruschkahaften Gemeinschaftspyramide insofern sinnvoll zu denken, weil es so kein Außen der Binnenkollektivität gibt. Im optimalen Fall identifiziert man sich egal mit welcher Schicht der Gemeinschaft letztlich immer nur mit dieser selbst.

Gesellschaftliche Individualisierung

Starke Theorien der Gemeinschaft stehen insgesamt quer zu dem für die Neuzeit weitgehend verbindlichen sozialen Imperativ, dass die Gemeinschaft lediglich die Aufgabe habe, den Menschen die Bedingungen dafür bereit zu stellen, sich selbst zu einem mündigen Bürger, zu einer autonomen Persönlichkeit in einer Gesellschaft zu bilden. Der Gesellschaftsbegriff ist dabei in der Neuzeit an den Begriff der bürgerlichen Gesellschaft (*civil society*) geknüpft, die auf der Sicherheit von Leib und Leben, dem Schutz von Eigentum und dem Recht auf persönliche Freiheiten basiert. Hierbei ist es pädagogisch-anthropologisch zentral, ob man Gesellschaft differenztheoretisch als soziale Ständegesellschaft, ökonomische Klassengesellschaft, bildungsbedingte Schichtengesellschaft oder lebensstilorientierte Milieugesellschaft versteht, oder ob man sie analytisch als kontingenzbasierte Risikogesellschaft (Beck), habitusgenerierte Distinktionsgesellschaft (Bourdieu), alltagsästhetische Erlebnisgesellschaft (Schulze) oder auch als globalisierte Weltgesellschaft begreift (vgl. Treibel 2006).

Gerade die in der Moderne konstatierten sozialen und bildungsbedingten Mobilitäten, die mit der Globalisierung verknüpften ökonomischen und kulturellen Bewegungen, die medialen Errungenschaften und die mit den Migrationsprozessen einhergehenden interkulturellen Begegnungen legen einerseits ein Menschenbild nahe, das im hohen Maße durch Flexibilität, Reflexivität und Autonomie sowie durch lebenslanges Lernen und den Umgang mit Heterogenität und Übergängen geprägt ist. Andererseits lässt sich die aktuelle Situation auch als eine dezentrierende begreifen, in der die angesprochenen Entwicklungen von den i. d. R. durch Emotionalität und Solidarität geprägten familiären und nachbarschaftlichen Bindungen über kollegiale und funktionale Beziehungen bis hin zu einer Gesellschaft von Fremden reichen, in der nur sehr schwach ausgeprägte affektive Zusammenhänge bestehen. Man kann nun darüber diskutieren, ob man eine „Fernstenliebe" (Nietzsche) auf der Basis affektiv-kommunitärer Beziehungen aufbauen kann oder ob nicht vielmehr ein kognitiverer Zugang anthropologisch angemessener erscheint.

Aus pädagogisch-anthropologischer Sicht lässt sich aus diesen Sachverhalten folgern, dass es zum Lernpotential moderner Gesellschaften gehört, den (sozialen) Perspektivenwechsel einzuüben: Weil immer alles auch anders sein könnte bzw. weil sich immer alles schon als anderes darstellt, mithin aus Gründen der Kontingenz und der Perspektivität im Sinne einer wachsenden Zahl von sozialen Perspektiven, zielen Lernerfahrungen auf eine Stärkung der Individualisierung. Bildung erscheint als ein auf Dauer gestellter Kampf der wechselseitigen individuellen Anerkennung. Erst in der Übernahme einer kontingenten Perspektivität, die durchaus im Sinne einer formalen universalistischen Sicht der Anerkennung von Individualität zu lesen ist, wird die je partikulare, relative Sicht des Einzelnen deutlich, der dem je zu erziehenden Anderen gerade die Möglichkeit der Wahl- und Willensfreiheit des Umgangs mit Werten lässt, welche in der *einen kommunitären* Welt der *einen* Ethik, des *einen* Wertekataloges eben nicht mehr hinterfragt, sondern mehr oder weniger zwanglos oder zwanghaft durch Erziehung und Sozialisation eingelebt wird. Die Idee der Pluralität von Gemeinschaften und Gesellschaften ist nicht nur ein historisches Faktum, sondern bestimmt die Form gelungener Autonomie und Intersubjektivität (vgl. Brumlik/Brunkhorst 1994).

Wenn auch der Gedanke einer kommunitär-kollektiven Selbstbestimmung den Anschein hat, das Problem der Spannung zwischen Individualität und Kollektivität mit einem Schlage zu lösen, so erscheint aus vielerlei Gründen eine Auflösung der Spannung vermutlich schädlicher als der daraus resultierende Konflikt selbst (vgl. Elias 1991). Denn die Idee der Freiheit wird in vielen Gemeinschaftsmodellen nicht als liberale, deliberative, sondern als positive Freiheit, als Freiheit zur kollektiven Kontrolle über das gemeinsame Leben verstanden, so dass es ohne die Anteilnahme an der gemeinschaftlichen Praxis keine Autonomie im Sinne einer wahren, freien Wahl des individuellen Lebens geben kann. Die Überwachung von Autonomie zur moralisch richtigen Handhabung seiner Freiheit im Sinne eines Paternalismus gemeinschaftlicher Werte hat auf der Folie eines liberalen, die Selbstbestimmung der Einzelnen in den Mittelpunkt stellenden und fordernden Weltbildes die Grenze zum Machtmissbrauch schon überschritten. Die Betonung individueller Freiheiten kann durchaus Bedingung für die Reflexion der Lösungsmöglichkeiten sozialer Divergenzen und politischer Missstände sein. Denn mit dem Ausmaß an individueller Freiheit wächst vielleicht auch die Möglichkeit, politische und soziale Problematiken früher erkennen und korrigieren zu können.

Performative Praktiken

Betrachtet man die (impliziten) Anthropologien von Gemeinschafts- bzw. Gesellschaftsmodellen, so werden immanente Widersprüche deutlich: Ist der Mensch „von Natur aus“ gemeinschaftsorientiert – bzw. in der negativen kulturanthropologischen Variante: unfähig, sich für die gültigen, nämlich kommunitären Werte selbstbestimmt zu entscheiden –, so erscheint *a priori* nicht deutlich werden zu können, wie es überhaupt zu einer liberalen Gesellschaftsordnung kommen konnte, die ja vom Wert der Einzelnen ebenso überzeugt ist, wie sie es jedem und jeder zugesteht, sich ihre eigenen Wertehierarchien und Bedeutungen, d. h. ihre Vorstellung vom guten Leben selbst zu geben. Vor dem Hintergrund dieser Frage leuchtet nicht ein, warum das *zoon politikon* die Stütze der Gemeinschaft verlieren konnte, die ihm im kommunitären Nahraum jene Erfahrungen vermitteln sollte und wie es zu einer anthropologischen Überforderung der Menschen in Form der modernen Massenkultur, des juristischen Anspruchsdenkens und der Konsumgesellschaft kommen konnte. So scheint das Gemeinschaftsdenken letztlich auf einer Anthropologie der egoistischen Schwäche zu beruhen, die jene Menschen in den Mittelpunkt stellt, gegen und für die gemeinschaftsbildende Maßnahmen ergriffen werden müssen. Identifizierungsprozesse werden hier nicht als Möglichkeiten zur individuellen Lebensgestaltung und zur Ausformung von Autonomie verstanden, sondern als Möglichkeiten sozialer Beeinflussbarkeit, deren Chancen angesichts des vorauszusetzenden egoistischen Wesens des Menschen erheblich in Frage stehen.

Auf der anderen Seite pochen traditionelle Gesellschaftstheoretiker auf den Gemeinsinn, wenn sie unterstellen, dass ein reziproker Individualismus sich noch auf ein gemeinsames Aushandeln von Werten und Normen beziehen lässt, ohne in einen Krieg aller gegen alle umzuschlagen. Wie aber kann man Individuen die These nahe legen, dass die Beförderung des Gemeinsinns mehr ist als der Verzicht auf die Durchsetzung egoistischer Interessen, wie ein Interesse am Anderen vermitteln, dessen Dasein auch in die eigene Identität verstrickt ist? Ohne die Tugenden eines (minimalen) Gemeinsinns und ohne das identifikatorische Selbstverständnis als Mitglied eines kommunitären Verbandes lassen sich auch formale, prozedurale Kriterien des Miteinanderaushandelns von Konflikten nicht plausibel machen, geschweige denn eine liberale Demokratie entwerfen, die auf die Selbstregierung der Bürger abhebt.

Es ist kein Zufall, dass sich die neueren, sich als „posttraditional" oder „dekonstruktiv" etikettierenden Überlegungen zu Gemeinschaft und Gesellschaft wenig auf deren Wesen oder auch auf die einfache Dichotomie des Entweder-Oder, sondern auf das *Wie* der Vergemeinschaftungs- und Vergesellschaftungsformen beziehen. Mit der Fragestellung, wie sich Gemeinschaften und Gesellschaften performieren, d. h. erzeugen, bestätigen und restituieren, rücken Inszenierungsformen, körperliche und sprachliche Praktiken, räumliche und zeitliche Rahmungen sowie mimetische Zirkulationsformen in den Mittelpunkt (Wulf/Zirfas 2007). Gemeinschaften und Gesellschaften sowie pädagogische Handlungsfelder erscheinen hierbei als prekäre performative Arenen von Spannungen, Grenzziehungen und Aushandlungsprozessen. Und anthropologisch betrachtet rückt der Mensch als vergemeinschafteter bzw. vergesellschafteter, aber auch als vergemeinschaftender und vergesellschaftender in den pädagogischen Blick (vgl. Veith 2001).

Literatur

Brumlik, Micha/Brunkhorst, Hauke (Hrsg.) (1994): Gemeinschaft und Gerechtigkeit. Frankfurt/M.

Claessens, Dieter (1980): Das Konkrete und das Abstrakte. Soziologische Skizzen zur Anthropologie. Frankfurt/M.

Elias, Norbert (1991): Die Gesellschaft der Individuen. Frankfurt/M.

Honneth, Axel (Hrsg.) (1994): Kommunitarismus. Eine Debatte über die moralischen Grundlagen moderner Gesellschaften. 2. Aufl. Frankfurt/M.

Plessner, Helmuth (1981): Grenzen der Gemeinschaft. Eine Kritik des sozialen Radikalismus. In: Gesammelte Werke V. Hrsg. v. Günter Dux et al. Frankfurt/M., S. 7–133.

Rosa, Hartmut/Gertenbach, Lars/Laux, Henning/Strecker, David (2010): Theorien der Gemeinschaft zur Einführung. Hamburg.

Todorov, Tzvetan (1996): Abenteuer des Zusammenlebens. Versuch einer allgemeinen Anthropologie. Berlin.

Tönnies, Ferdinand (1991): Gemeinschaft und Gesellschaft. Grundbegriffe der reinen Soziologie (1887). 3. Aufl. Darmstadt.

Treibel, Anette (2006): Einführung in die soziologischen Theorien der Gegenwart. Wiesbaden.

Veith, Hermann (2001): Das Selbstverständnis des modernen Menschen. Theorien des vergesellschafteten Individuums im 20. Jahrhundert. Frankfurt/M./New York.

Wulf, Christoph/Zirfas, Jörg (Hrsg.) (2007): Pädagogik des Performativen. Theorien, Methoden, Perspektiven. Weinheim/Basel.

Zirfas, Jörg (1999): Auf der Suche nach dem richtigen Leben. Individualpädagogik oder kommunitaristische Erziehung. In: Zeitschrift für Erziehungswissenschaft 2, H. 3, S. 431–448.

Zirfas, Jörg/Jörissen, Benjamin (2007): Phänomenologien der Identität. Human-, sozial-, und kulturwissenschaftliche Analysen. Wiesbaden.

Mimesis

Christoph Wulf

Wenn von Mimesis die Rede ist, beinhaltet das folgende drei Voraussetzungen: Zunächst darf Mimesis nicht nur als Begriff der Ästhetik verstanden werden, der primär die Nachahmung der Natur durch die Kunst bezeichnet. Vielmehr ist Mimesis ein anthropologischer Begriff. Dies zeigt bereits die Verwendung des Begriffes in der Antike (Gebauer/Wulf 1992). Zum anderen darf Mimesis nicht als bloße Nachahmung im Sinne der Herstellung von Kopien verstanden werden. Vielmehr bezeichnet Mimesis eine kreative menschliche Fähigkeit, mit deren Hilfe Neues entsteht. Und schließlich verweisen bereits der sprachgeschichtliche Ursprung und der frühe Verwendungszusammenhang von Mimesis auf die Rolle, die Mimesis für die Inszenierung körperlichen Verhaltens, für die Kultur des Performativen spielt.

Mimesis als anthropologischer Begriff

Schon Aristoteles weist darauf hin, dass die Fähigkeit zu mimetischem Verhalten den Menschen angeboren ist; „sie zeigt sich von Kindheit an, und der Mensch unterscheidet sich dadurch von den übrigen Lebewesen, dass er in besonderem Maße zur Nachahmung befähigt ist und seine ersten Kenntnisse durch Nachahmung erwirbt – als auch durch die Freude, die jedermann an Nachahmung hat" (Aristoteles 1987, S. 11). In anthropologischer Hinsicht ist diese besondere Fähigkeit zu mimetischem Handeln an

- die Frühgeburt des Menschen und seine dadurch bedingte Angewiesenheit auf Lernen,
- seine residuale Instinktausstattung und
- den Hiatus zwischen Reiz und Reaktion

gebunden. Greifbar wird diese Fähigkeit in ihren historischen Ausprägungen, so dass es sinnvoll erscheint, sich mit mimetischem Verhalten, Lernen und Handeln in einer historisch-anthropologischen Betrachtungsweise auseinander zu setzen.

Mimesis als kreative Nachahmung

Mimesis bedeutet, etwas „zur Darstellung bringen“, etwas „ausdrücken“, sich einer Sache oder einem Menschen „ähnlich machen“, ihr oder ihm nacheifern. Mimetisches Verhalten bzw. Handeln bezeichnet die Bezugnahme auf einen anderen Menschen oder auf eine andere „Welt“, in der Absicht, ihm oder ihr ähnlich zu werden. Mimetisches Verhalten kann sich auf das Verhältnis von vorgegebener und dargestellter „Wirklichkeit“ beziehen; dann bezeichnet es ein Repräsentationsverhältnis. Es kann aber auch die „Nachahmung“ von etwas bezeichnen, das es selbst nicht gegeben hat, etwa die Darstellung eines Mythos, der immer nur in dieser Darstellung gegeben ist und dem kein bekanntes Modell außerhalb dieser Darstellung zugrunde liegt. Mimetisches Verhalten und Handeln hat eine konstitutive Funktion. Entsprechendes gilt, wenn mimetisches Verhalten den Prozess der „Vorahmung“ bezeichnet, wie das in Formen magischer mimetischer Prozesse der Fall ist. In diesen Fällen bezieht sich mimetisches Verhalten und Handeln nicht notwendig auf eine „Wirklichkeit“; es kann sich auch auf Wort-, Bild- oder Handlungszeichen beziehen, die zum Modell anderer Wort-, Bild-, oder Handlungszeichen werden.

Mimesis als kulturelles und soziales Lernen

Performative Darstellung und Inszenierung und „Mimesis“ bezeichnen die menschliche Fähigkeit, innere Bilder, Imaginationen, Ereignisse, Erzählungen, den „Plot“ einer Handlungsfolge zur Darstellung zu bringen und szenisch zu arrangieren. Körperlicher Ausdruck und körperliche Inszenierung werden zum Ausgangspunkt für mimetische Prozesse. Mit Hilfe der Wahrnehmung erfolgt eine Mimesis dieser Prozesse, in deren Verlauf sich Anähnlichung und Aneignung vollziehen. Die unterschiedlichen Voraussetzungen der Prozesse mimetischer Anähnlichung an Vorbilder lassen Unterschiedliches entstehen. Die Unterschiedlichkeit ihrer Ergebnisse sichert die Entstehung von Neuem aus dem mimetischen Bezug auf Vorgefundenes. Mimetisches Verhalten und Handeln spielt als Fähigkeit zur Darstellung und Inszenierung von Gesten und Ritualen sowie als Fähigkeit zur Anähnlichung und Aneignung von Gesten und Ritualen eine wichtige Rolle (Gebauer/Wulf 1998; Wulf 2005).

Zu den wichtigsten Formen sozialen und kulturellen Verhaltens und Handelns gehört das mimetische Lernen, das Lernen durch Nachahmung. Mimetisches Lernen bezeichnet nicht bloßes Imitieren oder Kopieren, sondern einen Prozess, in dem in der mimetischen Bezugnahme auf andere Menschen und Welten eine Erweiterung der eigenen Weltsicht, des Handelns und Verhaltens erfolgt. Mimetisches Lernen ist produktiv; es ist körperbezogen und verbindet den Einzelnen mit der Welt und anderen Menschen; es schafft ein praktisches Wissen und ist daher für soziales, künstlerisches und praktisches Handeln konstitutiv. Mimetisches Lernen ist kulturelles Lernen und als solches von zentraler Bedeutung für Erziehung und Bildung (Wulf 2001, 2005, 2009).

Mimetisches Lernen in früher Kindheit

Mimetische Prozesse richten sich zunächst vor allem auf andere Menschen. In ihnen nehmen Säuglinge und Kleinkinder auf die Menschen Bezug, mit denen sie zusammenleben: Eltern, ältere Geschwister, andere Verwandte und Bekannte. Sie versuchen sich diesen ähnlich zu machen, indem sie z. B. ein Lächeln mit einem Lächeln beantworten. Doch sie initiieren auch durch die Anwendung bereits erworbener Fähigkeiten die entsprechenden Reaktionen der Erwachsenen. In diesen frühen Prozessen des Austauschs erlernen Kleinkinder auch Gefühle. Sie lernen, diese in Bezug auf andere Menschen in sich zu erzeugen und sie bei anderen Menschen hervorzurufen. Im Austausch mit der Umwelt entwickelt sich ihr Gehirn, d. h. es werden bestimmte seiner Möglichkeiten ausgebildet, andere hingegen verkümmern. Die kulturellen Bedingungen dieses frühen Lebens schreiben sich in die Körper der Kinder ein. Wer nicht in frühem Alter Sehen, Hören, Fühlen oder Sprechen gelernt hat, kann es zu einem späteren Zeitpunkt nicht mehr erlernen (Scheunpflug/Wulf 2006).

Zwar gibt es elementare Formen mimetischen Lernens auch bei anderen Primaten; doch sind Menschen in besonderer Weise fähig, mimetisch zu lernen. Unter Bezugnahme auf die Erforschung des Sozialverhaltens von Primaten und im Vergleich zu diesen ist es Vertretern der Entwicklungspsychologie und der kognitiven Psychologie in den letzten Jahren gelungen, einige Charakteristika des menschlichen Lernens in diesem frühen Alter zu bestimmen und den besonderen Charakter des mimetischen Lernens beim Menschen im Säuglings- und Kleinkindalter herauszuarbeiten. Zusammenfassend beschreibt Michael Tomasello (2002, S. 189) diese Fähigkeiten von Kleinkindern: „Sie identifizieren sich mit anderen Personen; nehmen andere als intentionale Akteure wie sich selbst wahr; nehmen mit anderen an Aktivitäten gemeinsamer Aufmerksamkeit teil; verstehen viele der kausalen Beziehungen, die zwischen physischen Gegenständen und Ereignissen in der Welt bestehen; erkennen die kommunikativen Absichten, die andere Personen durch Gesten, sprachliche Symbole und Sprachkonstruktionen ausdrücken; lernen anhand von Imitation durch Rollentausch anderen gegenüber dieselben Gesten, Symbole und Konstruktionen hervorzubringen; und bilden sprachlich basierte Gegenstandskategorien und Ereignisschemata."

Diese Fähigkeiten versetzen Kleinkinder in die Lage, an kulturellen Prozessen teilzunehmen. Sie können sich an den Inszenierungen der Praktiken und Fertigkeiten der sozialen Gruppe beteiligen, in der sie leben, und sich dadurch deren kulturelles Wissen aneignen. Die hier beschriebenen Fähigkeiten verweisen auf die zentrale Bedeutung von Vorbildern für die mimetischen Lernprozesse von Kleinkindern. Die Fähigkeiten, sich mit anderen Personen zu identifizieren, sie als intentional Handelnde zu begreifen und mit ihnen Aufmerksamkeit auf etwas zu richten, sind an das mimetische Begehren des Kindes gebunden, den Erwachsenen nachzueifern, sich ihnen anzuähneln bzw. wie sie werden zu wollen. In diesem Begehren, den Älteren ähnlich zu werden, liegt die Motivation dafür, kausale Beziehungen zwischen den Gegenständen der Welt zu begreifen, die kommunikativen Absichten anderer Menschen in Gesten, Symbolen und Konstruktionen zu verstehen und wie diese Gegenstandskategorien und Ereignisschemata herauszubilden. Dabei erreichen Kleinkinder bereits mit neun Monaten diese in den mimetischen Möglichkeiten des Menschen liegenden Fähigkeiten, über die andere Primaten zu keinem Zeitpunkt ihres Lebens verfügen.

Mimetisches Lernen: Erziehung durch Nachahmung in der Antike

Nach heutigem Wissen liegen die Ursprünge des Begriffs „Mimesis" im griechisch-antiken Sizilien. „Mimesis" verweist auf die Art und Weise, wie der „Mimos" eine Posse aufführt. Der Begriff bezieht sich auf die Alltagskultur der einfachen Leute, auf die Szenen bei den Feiern der Reichen, die mit der Absicht vorgeführt werden, diese zu unterhalten. Die hier entwickelten Inszenierungen und Aufführungen sind oft deftig und despektierlich. Der Mimesisbegriff bezieht sich also anfangs auf kulturelle performative Praktiken und hat eine ausgeprägt sinnliche, auf Körperbewegungen bezogene Seite. Im 5. Jh. v. Chr. findet der Begriff „Mimesis" dann in Ionien und Attika eine größere Verbreitung. Bereits in vorplatonischer Zeit lassen sich drei Bedeutungsnuancen unterscheiden, die bis heute wichtige Aspekte mimetischen Lernens beschreiben. So bezeichnet mimetisches Verhalten einmal die *unmittelbare Nachahmung von Tieren und Menschen* durch Rede, Lied und Tanz, dann die *Nachahmung menschlicher Handlungen* und schließlich die *Nachschaffung von Bildern* von Personen oder Sachen in materieller Form (Else 1958, S. 79). In platonischer Zeit ist die Verwendung des Mimesisbegriffs zur Bezeichnung von Prozessen des Nachahmens, Nachstrebens, Nacheiferns, der Darstellung und des Ausdrucks bereits gebräuchlich.

Im dritten Buch von Platons „Staat" findet erstmals eine *Übertragung des Mimesisbegriffs auf die Erziehung* statt. Nach dortiger Auffassung erfolgt Erziehung weitgehend durch Mimesis. Mimetischen Prozessen wird eine außerordentliche Macht zugeschrieben. Sie basiert auf der starken mimetischen Veranlagung des Menschen, die besonders im frühen Kindesalter die motorische, sinnliche und sprachliche sowie die geistige, soziale und personale Entwicklung ermöglicht. Platon zufolge erfahren und erwerben Kinder und Jugendliche soziales Verhalten in der Begegnung mit anderen Menschen und im Erleben von deren Verhaltensweisen. Dabei werden Werte und Einstellungen mit allen Sinnen aufgenommen und inkorporiert. Neben den visuellen kommt den auditiven Sinnen eine besondere Bedeutung zu. So betont Platon die Bedeutung der Musik und ihrer mimetischen Verarbeitung für die Entwicklung der seelischen Erlebnisfähigkeit. Er unterscheidet verschiedene Formen der Musik, denen er vielfältige Wirkungen auf die „Seele" junger Menschen zuschreibt.

Nach der im „Staat" entwickelten Auffassung sind die erzieherische Entwicklung und das Lernen des jungen Menschen durch sein mimetisches Begehren (Girard 1987) möglich, das seine Angleichung an ein Vorbild „erzwingt". Durch die Auswahl richtiger Vorbilder sollen menschliche Unzulänglichkeit überwunden und Verbesserung erreicht werden. Strittig ist die Radikalität dieser Position, mit der auf der Basis einer normativen Anthropologie und einer normativen Erziehungstheorie das Leben und die Erfahrungen junger Menschen bestimmt werden.

Bereits Aristoteles hat dieser platonischen Auffassung widersprochen. Er war genauso von der Macht mimetischer Prozesse überzeugt, zog daraus jedoch andere Schlussfolgerungen. Das Unzulängliche und Unverbesserliche dürfe aus dem Erfahrungsbereich nicht ausgeschlossen werden; vielmehr müsse man sich mit ihm auseinandersetzen und sich dadurch gegen seine Ansteckungsmacht „immunisieren". Schutz gegen die Macht negativer Vorbilder biete nicht ihre Vermeidung, sondern die Auseinandersetzung mit ihnen, sonst bleibe der junge Mensch gegenüber negativen Einflüssen anfällig und wehrlos. Nur wenn eine Bearbeitung der negativen Vorbilder stattfinde, könnten sich Widerstandskraft und personale Stärke entwickeln. Ähnliche Überlegungen spielen bis heute in der politischen Bildung eine Rolle. Danach entstehen gefestigte politische Einstellungen nicht durch die Abwehr ihnen widersprechender Auffassungen, sondern durch deren kritische Bearbeitung. Gleiches gilt für Einstellungen und Werte in anderen Bereichen der Erziehung. Diese Position wird heute durch psychoanalytisches Wissen gestützt, das die negativen Folgen von Vermeidung und Abwehr für die Psychogenese herausgestellt hat.

Wegen der nachhaltigen Wirkungen mimetischer Lernprozesse verlangt Platon eine strenge Kontrolle ihrer Gegenstände und Inhalte und fordert Aristoteles die intensive Bearbeitung ihrer Wirkungen. Seit Platon ist klar: Nicht nur Vorstellungen, Einstellungen und Werte, sondern auch soziale Lebens- und Handlungsformen werden in mimetischen Prozessen gelernt. Aufgrund der unterschiedlichen Voraussetzungen junger Menschen entsteht keine bloße Kopie des Vorbilds; der mimetische Prozess führt zu einer Differenz, die die Eigenständigkeit und den kreativen Charakter seiner Ergebnisse ausmacht. Das im mimetischen Akt angeeignete Vorbild ist also keine bloße Abbildung aufgrund äußerer Ähnlichkeit, sondern eine Konstruktion des sich mimetisch Verhaltenden, in der Raum für Differenz, Partikularität und Kreativität ist.

Mimetisches Lernen: Soziales Handeln und praktisches Wissen

Die Fähigkeit zu sozialem Handeln wird in kulturellen Lernprozessen mimetisch erworben. Zahlreiche Forschungen haben dies in den letzten Jahren belegt. Menschen entwickeln die von Kultur zu Kultur unterschiedlich ausgeprägten Fähigkeiten des Spielens, Tauschens von Gaben und rituellen Handelns in mimetischen Prozessen. Um jeweils „richtig" handeln zu können, ist ein praktisches Wissen erforderlich, das über sinnliche, körperbezogene mimetische Lernprozesse in den entsprechenden Handlungsfeldern erworben wird. Auch die jeweiligen kulturellen Charakteristika sozialen Handelns lassen sich nur in mimetischen Annäherungen erfassen. Praktisches Wissen und soziale Handlungen sind stark historisch und kulturell geformt (Wulf 2005). Dies zeigt sich besonders in Ritualen und in dem in ihnen gelernten praktischen Wissen, für dessen Entstehung die Inszenierung und Aufführung, die Wiederholung und das damit verbundene mimetische Lernen von besonderer Bedeutung sind (Wulf u. a. 2001, 2004, 2007, 2011).

In einer ersten Annäherung werden soziale Handlungen als mimetisch bezeichnet, *wenn sie als Bewegungen Bezug auf andere Bewegungen nehmen, wenn sie sich als körperliche Aufführungen oder Inszenierungen begreifen lassen und wenn sie eigenständige Handlungen sind, die aus sich heraus verstanden werden können und die auf andere Handlungen oder Welten Bezug nehmen* (Gebauer/Wulf 1998). Nicht mimetisch sind damit Handlungen wie mentale Kalküle, Entscheidungen, reflexhaftes oder routiniertes Verhalten, aber auch einmalige Handlungen und Regelbrüche.

Überall, wo jemand mit Bezug auf eine schon bestehende soziale Praxis handelt und dabei selbst eine soziale Praxis herstellt, entsteht ein mimetisches Verhältnis zwischen beiden – beispielsweise, wenn man eine soziale Praxis aufführt, wenn man nach einem sozialen Modell handelt, wenn man eine soziale Vorstellung körperlich ausdrückt. Dabei sind mimetische Handlungen keine bloßen Reproduktionen, die exakt einem Vorbild folgen; in mimetisch vollzogenen sozialen Praxen kommt es zur Erzeugung von etwas Eigenem.

Im Unterschied zu Prozessen der Mimikry, in denen eine reine Anpassung an vorgegebene Bedingungen vollzogen wird, erzeugen mimetische Prozesse gleichzeitig Ähnlichkeit *und* Differenz zu anderen Situationen oder Menschen, auf die sie sich beziehen. Durch die „Anähnlichung" an früher erfahrene Situationen und kulturell geprägte Welten erwerben Subjekte die Fähigkeit, sich in einem sozialen Feld zu orientieren. Durch die Teilnahme an der Lebenspraxis anderer Menschen weiten sie ihre Lebenswelt aus und schaffen sich neue Handlungs- und Erfahrungsmöglichkeiten. Dabei überlagern sich Rezeptivität und Aktivität; die vorgegebene Welt verschränkt sich mit der Individualität derer, die sich auf sie mimetisch beziehen. Die Menschen schaffen die früher erfahrene Situation bzw. die Welt außerhalb ihrer noch einmal und machen sie in der Verdopplung zu ihrer eigenen. Erst in der Auseinandersetzung mit der früheren Situation bzw. der äußeren Welt gewinnen sie ihre Individualität. Erst in diesem Prozess formt sich der nicht festgestellte Antriebsüberschuss der Menschen zu individuellen Wünschen und Bedürfnissen. Die Auseinandersetzung mit dem Außen und die Selbstbildung entstehen in demselben System. Äußere und innere Welt gleichen sich kontinuierlich an und werden nur in der Wechselbeziehung erfahrbar. Ähnlichkeiten und Korrespondenzen zwischen Innerem und Äußerem entstehen. Die Menschen machen sich der Außenwelt ähnlich und ändern sich in diesem Prozess; in dieser Transformation wandeln sich ihre Wahrnehmung des Äußeren und ihre Selbstwahrnehmung.

Der Erwerb praktischen Wissens in mimetischen Prozessen muss nicht auf Ähnlichkeit beruhen. Wird in einer Bezugnahme auf eine vorgängige Welt sozialer Handlungen bzw. performativer Aufführungen mimetisches Wissen erworben, lässt sich erst in einem Vergleich der beiden Welten bestimmen, welches der Gesichtspunkt der mimetischen Bezugnahme ist. Ähnlichkeit ist ein allerdings häufiger Anlass für den mimetischen Impuls. Doch auch die Herstellung eines magischen Kontakts kann zum Ausgangspunkt der mimetischen Handlung werden. Selbst für die Abgrenzung des Handelns von vorhandenen sozialen Praxen ist eine mimetische Bezugnahme erforderlich. Sie erst erzeugt die Möglichkeit von Akzeptanz, Differenz oder Ablehnung vorgängiger sozialer Handlungen (Gebauer/Wulf 1992, 1993, 1998).

In mimetischen Lernprozessen werden vorgängige soziale Handlungen noch einmal gemacht. Sie werden inszeniert, aufgeführt und dadurch performativ (Wulf/Göhlich/Zirfas 2001; Wulf/Zirfas 2007). Dabei wird die Bezugnahme nicht vom theoretischen Denken, sondern mit Hilfe der Sinne aisthetisch hergestellt. Verglichen mit der ersten sozialen Handlung entfernt sich die zweite Handlung von dieser insofern, als sie sich mit ihr nicht direkt auseinandersetzt, sie nicht verändert, sondern sie noch einmal macht. Dabei hat die mimetische Handlung einen zeigenden und darstellenden Charakter; ihre Aufführung erzeugt wiederum eigene ästhetische Qualitäten. Mimetische Prozesse beziehen sich auf von Menschen bereits gemachte soziale Welten, die entweder wirklich gegeben oder imaginär sind.

Der dynamische Charakter sozialer Handlungen hängt damit zusammen, dass das für ihre Inszenierung erforderliche Wissen ein praktisches Wissen ist. Als solches unterliegt es in geringerem Maße als analytisches Wissen rationaler Kontrolle. Praktisches Wissen ist kein reflexives, seiner selbst bewusstes Wissen. Dazu wird es erst im Zusammenhang mit Konflikten und Krisen, in denen die aus ihm entstehenden Handlungen einer Begründung bedürfen. Wird die soziale Praxis nicht in Frage gestellt, bleibt das praktische Wissen gleichsam halbbewusst. Wie das Habitus-Wissen umfasst es Bilder, Schemata, Handlungsformen, die für die szenische körperliche Aufführung sozialer Handlungen verwendet werden, ohne dass sie auf ihre Angemessenheit hin reflektiert werden. Sie werden einfach gewusst und für die Inszenierung der sozialen Praxis herangezogen.

Zum praktischen Wissen gehören auch die Körperbewegungen, mit deren Hilfe Szenen sozialen Handelns arrangiert werden. Mittels der Disziplinierung und Kontrolle von Körperbewegungen entsteht ein diszipliniertes und kontrolliertes praktisches Wissen, das – im Körpergedächtnis aufbewahrt – die Inszenierung entsprechender Formen symbolisch-szenischen Handelns ermöglicht. Dieses praktische Wissen ist auf die in einer Kultur herausgebildeten sozialen Handlungs- und Aufführungsformen bezogen und daher ein ausgeprägtes, in seinen historisch-kulturellen Möglichkeiten jedoch auch begrenztes Wissen.

In mimetischen Prozessen vollzieht sich eine nachahmende Veränderung und Gestaltung vorausgehender Welten. Hierin liegt das innovative Moment mimetischer Akte. Mimetisch sind soziale Praxen, wenn sie auf andere Handlungen Bezug nehmen und selbst als soziale Arrangements begriffen werden können, die sowohl eigenständige soziale Praxen darstellen als auch einen Bezug zu anderen Handlungen haben. Soziale Handlungen werden durch die Entstehung praktischen Wissens im Verlauf mimetischer Prozesse möglich. Das für soziale Handlungen relevante praktische Wissen ist körperlich und ludisch sowie zugleich historisch und kulturell. Es bildet sich in *face-to-face-Situationen* und ist semantisch nicht eindeutig. Es hat imaginäre Komponenten, lässt sich nicht auf Intentionalität reduzieren, enthält einen Bedeutungsüberschuss und zeigt sich in den sozialen Inszenierungen und Aufführungen von Religion, Politik und alltäglichem Leben.

Mimetisches Lernen: Enkulturation durch Anähnlichung und Differenz

Abschließend sollen thesenartig einige Überlegungen zur Bedeutung mimetischer Lernprozesse für die Entstehung von Gemeinschaften, die Erzeugung von kulturellem Wissen und die Erziehung und Bildung von Subjekten entwickelt werden.

Im Unterschied zu Imitation und Simulation wird mit der Verwendung des Begriffs „Mimesis" an einem Außen festgehalten, dem man sich annähert und ähnlich macht, in das hinein das Subjekt sich aber nicht „auflösen" kann, zu dem also eine Differenz bestehen bleibt. Dieses Außen, auf das sich Subjekte hinbewegen, kann ein anderer Mensch, ein Teil der Umwelt oder eine konstruierte imaginäre Welt sein. In jedem Fall findet eine Annäherung an eine Außenwelt statt. Indem dieses Außen mit den Sinnen und der Einbildungskraft in mimetischen Lernprozessen in innere Bilder, Klangkörper, Tast-, Geruchs- und Geschmackswelten überführt wird, lässt es lebendige, an die unhintergehbare Körperlichkeit des Subjekts gebundene Erfahrungen entstehen.

Mimetische Lernprozesse sind mit der Körperlichkeit gegeben und beginnen daher sehr früh. Sie vollziehen sich vor der Ich-Du-Spaltung und der Subjekt-Objekt-Trennung und tragen wesentlich zur Psycho-, Sozio- und Persongenese bei. Sie reichen hinein ins Vorbewusste. Aufgrund ihrer Verklammerung mit den frühesten Prozessen der Körperkonstitution durch Geburt, Entwöhnung und Begehren sind ihre Wirkungen sehr nachhaltig.

Noch bevor sich Denken und Sprache herausbilden, erfahren Menschen die Welt, sich und den Anderen mimetisch. Mimetische Prozesse sind an die verschiedenen Sinne gebunden. Besonders beim Lernen motorischer Fähigkeiten spielen mimetische Fähigkeiten eine wichtige Rolle. Doch auch der Erwerb der Sprache ist ohne diese Begabung nicht denkbar. In der frühen Kindheit erfährt das Kind die Welt in mimetischen Lebensformen.

In mimetischen Prozessen wird das geschlechtliche Begehren geweckt und entwickelt. Eine Geschlechterdifferenz wird erfahren und eine Geschlechteridentität gelernt und erworben. Begehren verhält sich zu anderem Begehren mimetisch; es wird angesteckt und steckt selbst an. Dabei entfaltet es eine mit den Intentionen des Subjekts häufig in Widerspruch geratende Dynamik. Einmal entfaltete Vorstellungen werden modifiziert, neue probiert. Bezüge zu immer wieder anderen Entwürfen und Experimenten werden entwickelt. Viele dieser Prozesse vollziehen sich unbewusst.

Mimetische Prozesse unterstützen die Polyzentrizität der Subjekte. Sie reichen in Schichten der Körperlichkeit, der Sinnlichkeit und des Begehrens, in denen andere Kräfte als im Bewusstsein bestimmend sind. Dazu gehören Aggression, Gewalt und Destruktion, die auch in mimetischen Prozessen geweckt und gelernt werden. In Gruppen- und Massensituationen können sie besonders wirksam werden, da hier das Steuerungs- und Verantwortungszentrum der Subjekte durch eine Kollektivinstanz ersetzt wird, die durch rauschhafte Ansteckung destruktive Handlungen möglich macht, zu denen die einzelnen Subjekte nicht in der Lage wären.

In mimetischen Prozessen werden die in den Institutionen Familie, Schule und Betrieb verkörperten Werte, Einstellungen und Normen von Kindern, Jugendlichen und Erwachsenen gelernt. Wie z. B. die Diskussion über den „heimlichen Lehrplan" gezeigt hat, können die in der Institution tatsächlich wirkenden Werte in Widerspruch zum bewussten Selbstverständnis der Institution stehen. Institutionsanalyse und Ideologiekritik, Institutionsberatung und institutionelle Veränderungen können diese Widersprüche ins Bewusstsein bringen und Abhilfe ermöglichen.

Analoges gilt für die erzieherischen und sozialisierenden Wirkungen von Menschen. Auch sie vollziehen sich weit mehr über mimetische Prozesse als allgemein angenommen wird. Auch hier gibt es eine Diskrepanz zwischen dem Selbstbild des Erziehers und den Wirkungen seines tatsächlichen Handelns. Nicht selten beeinflussen die unbewussten und ungewollten – sich beispielsweise über die Charaktere von Lehrern und Erziehern vermittelnden – Wirkungen Kinder und Jugendliche nachhaltig. Insbesondere wird die Art und Weise, in der einzelne Lehrer empfinden, denken und urteilen, in mimetischen Prozessen erfahren und gelernt. Angleichung und Abstoßung spielen dabei eine in jedem einzelnen Fall unterschiedliche und in ihren Auswirkungen nur schwer einschätzbare Rolle. Die Schwierigkeit, die Wirkung erzieherischen Verhaltens einzuschätzen, resultiert auch daher, dass das gleiche Verhalten eines Lehrers oder Erziehers in verschiedenen Lebensphasen eines Menschen unterschiedlich eingeschätzt wird.

Die mimetische Aneignung von Orten, Räumen und Gegenständen ist für die Entwicklung des Subjekts von zentraler Bedeutung. Von früher Kindheit an setzt es sich in einen mimetischen Bezug zur umgebenden, als „beseelt" erlebten Welt. In dieser Anähnlichung und Angleichung weitet sich das Kind in diese hinein aus, nimmt es sie in seine innere imaginäre Welt auf und bildet sich dadurch. Da es sich stets um eine historisch und kulturell bestimmte Welt handelt, deren Gegenstände Bedeutungen haben, also symbolisch kodiert sind, erfolgt in diesen mimetischen Prozessen auch eine Enkulturation des Kindes bzw. Jugendlichen.

Gegenstände und Institutionen, imaginäre Gestalten und praktische Handlungen sind in gesellschaftliche Machtverhältnisse eingebettet, die durch Anähnlichung und Angleichung mitvermittelt werden. In mimetischen Prozessen werden sie gelernt und erfahren, reflektiert jedoch zunächst meistens nicht. Um das mimetisch Erlebte zu begreifen, bedarf es der Analyse und der Reflexion. Nicht selten entstehen dann erst angemessene Einschätzungen und Urteile. Mimetische Prozesse stellen wichtige Voraussetzungen für das Entstehen lebendiger Erfahrungen dar; damit sich diese entwickeln, bedarf es auch der Analyse und der Reflexion.

Mimetische Prozesse sind ambivalent; ihnen ist ein Impuls zur Angleichung inhärent, der sich unabhängig vom Wert der vorgängigen Welt vollziehen kann. So können Anähnlichungen an Erstarrtes und Lebloses stattfinden, die die innere Entwicklung des Subjekts blockieren oder fehlleiten. Mimesis kann zu Simulation und Mimikry verkommen. Sie kann aber auch zur Ausweitung des Subjekts in die umgebende Welt führen, zu einem Brückenschlag zur Außenwelt und damit zu neuen Lernerfahrungen. Für die mimetische Annäherung an die Außenwelt ist ihre Gewaltlosigkeit charakteristisch. Es ist nicht Ziel des mimetischen Prozesses, die Welt zu gestalten oder zu verändern. Eher geht es darum, sich in der Begegnung mit ihr zu entwickeln und zu bilden.

In mimetischen Prozessen kann ein nicht-instrumenteller Zugang zu anderen Menschen gelernt werden. Die mimetische Bewegung lässt den Anderen, wie er ist, und versucht nicht, ihn zu verändern. Sie enthält eine Offenheit für das Fremde, indem sie es bestehen lässt, sich ihm nähert, aber nicht darauf zielt, die Differenz aufzulösen. Der mimetische Impuls zum Anderen akzeptiert dessen Nicht-Identität; er verzichtet auf Eindeutigkeit um der Andersheit des Anderen willen, dessen Eindeutigkeit nur durch Reduktion auf dasselbe, das Bekannte möglich wäre. Der Verzicht auf Eindeutigkeit sichert den Reichtum der Erfahrung und die Andersartigkeit des Fremden.

In der mimetischen Bewegung wird dadurch gelernt, dass von einer symbolisch erzeugten Welt aus eine vorgängige Welt interpretiert wird, die selbst schon interpretiert ist. Es erfolgt eine Neudeutung einer bereits gedeuteten Welt. Dies gilt selbst für die Wiederholung oder einfache Reproduktion. So schafft eine Geste, die wiederholt vollzogen wird, andere Sinnstrukturen als ihre erste Ausführung. Sie isoliert einen Gegenstand oder ein Ereignis aus dem gewöhnlichen Kontext und stellt eine Perspektive der Rezeption her, die anders ist als diejenige, in der die vorgängige Welt wahrgenommen wird. Isolierung und Perspektivenwechsel sind Merkmale ästhetischer Prozesse, die an die enge Verwandtschaft anknüpfen, die zwischen Mimesis und Ästhetik besteht. Mimetische Neuinterpretation ist eine neue Wahrnehmung, ein Sehen-als (Wittgenstein). Im mimetischen Handeln ist die Absicht involviert, eine symbolisch erzeugte Welt so zu zeigen, dass sie als eine bestimmte gesehen wird.

Literatur

Aristoteles (1987): Poetik. Hrsg. von H. Fuhrmann. Stuttgart.

Else, Gerald F. (1958): Imitation in the 5th century. In: Classical Philology 53 (2), S. 73–90.

Gebauer, Gunter/Wulf, Christoph (1992): Mimesis. Kultur - Kunst - Gesellschaft. Reinbek.

Gebauer, Gunter/Wulf, Christoph (Hrsg.) (1993): Praxis und Ästhetik. Frankfurt/M.

Gebauer, Gunter/Wulf, Christoph (1998): Spiel, Ritual, Geste. Mimetisches Handeln in der sozialen Welt. Reinbek.

Girard, René (1987): Das Heilige und die Gewalt. Zürich.

Platon (1958): Sämtliche Werke. Reinbek.

Scheunpflug, Annette/Wulf, Christoph (Hrsg.) (2006): Zeitschrift für Erziehungswissenschaft, 4. Beiheft 06: Biowissenschaft und Erziehungswissenschaft. Berlin.

Tomasello, Michael (2002): Die kulturelle Entwicklung des menschlichen Denkens. Zur Evolution der Kognition. Frankfurt/M.

Wulf, Christoph (2001): Anthropologie der Erziehung. Eine Einführung. Weinheim/Basel.

Wulf, Christoph (2005): Zur Genese des Sozialen. Mimesis, Performativität, Ritual. Bielefeld.

Wulf, Christoph (2009): Anthropologie. Geschichte, Kultur, Philosophie. Köln.

Wulf, Christoph/Althans, Birgit/Audehm, Kathrin/Bausch, Constanze/Göhlich, Michael/Sting, Stephan/Tervooren, Anja/Wagner-Willi, Monika/Zirfas, Jörg (2001): Das Soziale als Ritual. Die performative Bildung von Gemeinschaften. Opladen.

Wulf, Christoph/Althans, Birgit/Audehm, Kathrin/Bausch, Constanze/Göhlich, Michael/Jörissen, Benjamin/Mattig, Ruprecht/Tervooren, Anja/Wagner-Willi, Monika/Zirfas, Jörg (2004): Bildung im Ritual. Schule, Familie, Jugend, Medien. Wiesbaden.

Wulf, Christoph/Althans, Birgit/Blaschke, Gerald/Ferrin, Nino/Göhlich, Michael/Jörissen, Benjamin/Mattig, Ruprecht/Tervooren, Anja/Wagner-Willi, Monika/Zirfas, Jörg (2007): Lernkulturen im Umbruch. Rituelle Praktiken in Schule, Familie, Jugend und Medien. Wiesbaden.

Wulf, Christoph/Althans, Birgit/Audehm, Kathrin/Blaschke, Gerald/Ferrin, Nino/Kellermann, Ingrid/Mattig, Ruprecht/Schinkel, Sebastian (2011): Die Geste in Erziehung, Bildung und Sozialisation. Wiesbaden.

Wulf, Christoph/Göhlich, Michael/Zirfas, Jörg (Hrsg.) (2001): Grundlagen des Performativen. Eine Einführung in die Zusammenhänge von Sprache, Macht und Handeln. Weinheim/München.

Wulf, Christoph/Zirfas, Jörg (2007): Pädagogik des Performativen. Weinheim/Basel.

Rituale

Kathrin Audehm

Rituale haben als *konstitutive Elemente des sozialen Lebens* in den letzten Jahrzehnten breite Aufmerksamkeit erfahren. Damit verbunden sind einerseits eine *Ausweitung des Begriffsfeldes,* andererseits eine besondere Aufmerksamkeit für die lange unterschätzten *innovativen und dynamischen Dimensionen* rituellen Handelns. In Anknüpfung an kulturanthropologische Ritualauffassungen und Ritualstudien werden gegenwärtig hauptsächlich der *ambivalente, ludische und performative Charakter* von Ritualen sowie ihre *Veränderungs- und Anpassungsfähigkeit* an sich wandelnde historische und soziale Kontexte fokussiert.

Die Perspektiven auf Rituale sowie die damit verbundenen Begrifflichkeiten sind so vielfältig wie die untersuchten sozialen Phänomene selbst. Zunächst lassen sich zwei disziplinübergreifende Richtungen feststellen, die sich in Bezug auf den symbolischen Charakter von Ritualen unterscheiden. Die eine Richtung betont die *Regelhaftigkeit und Gerichtetheit* rituellen Handelns. Rituale erscheinen hier als wiederholbare Handlungen, feststehende Regeln bzw. Handlungsmodi (Catherine Bell) und können in der Psychoanalyse bis zum Ritualismus bzw. der neurotischen Zwangshandlung reichen. Innerhalb dieser Richtung lässt sich auch die Diskussion darüber verorten, ob Rituale überhaupt als Bedeutungsträger zu bezeichnen sind (Caroline Humphrey und James Laidlaw). Dagegen versteht die zweite Richtung Rituale als *symbolische Inszenierungen und Aufführungen.*

Die Untersuchung von Ritualen als symbolische Inszenierungen lässt sich zunächst in drei thematische Schwerpunkte unterteilen, denen die Auffassung von Ritualen als „Fenster" in eine Kultur gemeinsam ist (Wulf/Zirfas 2004a). Der erste Schwerpunkt untersucht den *Zusammenhang rituellen Handelns mit Mythos, Kultus und Religion* (Rudolf Otto, William R. Smith, Herbert Spencer), wobei zu Beginn die Frage nach den jeweiligen Ursprüngen von besonderem Interesse ist. Im zweiten Schwerpunkt verschiebt sich das Interesse hin zu den *sozialstrukturellen Funktionen von Ritualen* (Émile Durkheim,

Arnold van Gennep, Claude Lévi-Strauss). Und schließlich richtet sich die Aufmerksamkeit auf den *Zusammenhang von symbolischer Aufführung und sozialer Kommunikation* (Mary Douglas, Clifford Geertz, Victor Turner). Rituale werden hier als Texte bzw. geordnete Verweisungszusammenhänge gelesen, und diese Auffassung ist zunächst strukturfunktionalistisch verankert. Doch auch hier hält allmählich die poststrukturalistische Auffassung der Iteration Einzug und Rituale erscheinen schließlich als *performative Praktiken,* die Erfahrung und Bedeutung generieren und vermitteln (Erving Goffman, Hans-Georg Soeffner, Christoph Wulf u. a.).

Rituelle Aufführungen sind Handlungskomplexe, deren Anfang und Ende häufig durch Signale markiert werden (Michaels 2001). Sie unterliegen einem besonderen Aufwand und heben sich vom alltäglichen Handlungsfluss durch sichtbare Vorbereitungen ab (Soeffner 1992). Der *Inszenierungscharakter* von Ritualen zeigt sich in der Festlegung der einzelnen Handlungsmuster und ihres Ablaufs, die einen begrenzten Handlungsspielraum gewährt. Die Betonung des Aufführungs- und Inszenierungscharakters trägt dazu bei, Rituale von bloßen Regeln und Routinen zu unterscheiden. Darüber hinaus sind mit diesem relativ „harten" Begriff Rituale von anderen kulturellen Gattungen wie dem Theater abgrenzbar. Er steht einem „weichen" Ritualbegriff gegenüber, der den Forschenden einerseits erlaubt, ihre Konzepte an die zu untersuchenden Phänomene im jeweiligen Forschungsfeld anzupassen. Andererseits fordert eine mit „weichen" Begrifflichkeiten arbeitende Ritualstudie die Lesenden dazu auf, sich selbst einen Begriff zu machen.

Rituale sind Handlungskomplexe, die *ohne Worte* auskommen. Diese Auffassung unterschlägt nicht, dass Sprechakte häufig Elemente von Ritualen sind, wie sie aus Floskeln oder Eiden bekannt sind, bspw. als „Ja, ich will" beim Hochzeitsritual oder als „Guten Appetit!" beim Familienessen. Die Auffassung vom Ritual als Praxis ohne Worte unterstreicht die zentrale Stellung der nonverbalen Akte für das Verständnis und das Gelingen von Ritualen, deren angemessener Vollzug die „Richtigkeit" des Rituals sichert. Darüber hinaus hat Claude Lévi-Strauss Rituale als *Sprache neben der Sprache* (*paralangage*) bezeichnet. Die Funktions- und Wirkungsweise bzw. die Logik von Ritualen liegt mehr oder weniger „neben" der reflexiven Spur der Sprache. Dies liegt in der *Materialität, Sinnlichkeit und Emotionalität sowie der körperlichen Kodierung* des rituellen Handlungsvollzugs begründet.

Mary Douglas hat unterstrichen, dass in der Kulturanthropologie Rituale als *„Ausdruck eines Glaubens"* gelten (Douglas 1986). Ihre Arbeiten knüpfen dabei an die von Émile Durkheim geerbte Auffassung von der *Trennungsfunktion* von Ritualen an, die als sakrale Handlungen das Heilige vom Profanen der Alltagswelt abgrenzen. Rituale weisen den Dingen eine Position in klassifikatorischen Systemen zu, indem sie diese als entweder rein oder unrein bzw. als passend oder deplatziert kategorisieren und damit die alltäglich gefährdete Stabilität symbolischer Ordnungen sichern und erneuern (Douglas 1988). Darüber hinaus erzeugen Rituale ein *„Verbundensein durch gemeinsame Symbole"* und festigen den sozialen Zusammenhalt (Douglas 1986), womit sie den *Zu-*

sammenhang von symbolischer und sozialer Ordnung regulieren. Mary Douglas weist zudem die Auffassung zurück, Rituale wären häufiger in Stammeskulturen als in Industriegesellschaften zu finden.

Victor Turner hat eine ähnlich tatkräftige Auffassung von Ritualen als Geschichten über *„soziale Dramen"* entwickelt (Turner 1995). Rituale markieren besondere Phasen in sozialen Prozessen, mit denen sich soziale Gruppen inneren oder äußeren Veränderungen anpassen. Dabei werden in gesteigerter Erregtheit verbale und nonverbale symbolische Handlungen zu Erlebnisepisoden kombiniert. Die symbolischen Handlungen vermitteln Botschaften mithilfe des gesamten Sinnesrepertoires und schaffen ein *besonderes Ereignis in vier Phasen: Regelbruch, Krise und Bewältigung* sowie abschließende *Reintegration oder endgültiger Bruch.* Damit verbinden Rituale Vergangenes mit Zukünftigem und erzeugen somit Bedeutung. Die rituellen *Symbole sind dabei die kleinsten Einheiten der rituellen Inszenierung* und werden hier als *dynamische Systeme* verstanden, die, indem sie einen einzelnen Ritus „durchreisen", ihre Bedeutung gewinnen und/oder verlieren und den *psychischen Zustand der rituellen Akteure,* die ihnen ausgesetzt sind oder die sie im Kommunikationsprozess mit anderen verwenden, beeinflussen. Die rituelle Darstellung ist also nicht lediglich eine Repräsentation von dem Ritual vorgängigen Dingen; die Präsenz des Ereignisses presst Bedeutung aus der symbolischen Aufführung. Dieses „Herauspressen" bzw. dieser Akt der Sinnstiftung wird im Rekurs auf Austins Sprechakttheorie als *performativer Akt* bezeichnet.

Diese Auffassung vom Ritual verdankt sich nicht zuletzt der Wiederentdeckung der „Les rites de passage" Arnold van Genneps (1909), wonach fast alle Rituale sich auf individuelle wie kollektive *Übergangssituationen* beziehen und selbst die *Verlaufsform eines Übergangs* aufweisen. Dabei lassen sich lebenszyklische Rituale – wie Geburts-, Initiations-, Heirats-, Scheidungs- und Todesrituale – von biographischen Statuspassagen – wie Prüfungen, Inaugurationen und Krönungen – sowie kalendarischen Ritualen – wie Regentänzen, Erntedankfesten und Sonnenwendfeiern oder dem Karneval sowie Gedenk-, Sieges- und Revolutionsfeierlichkeiten – unterscheiden. Übergangsrituale gliedern sich in die *Phasen der Trennung bzw. Ablösung, des Schwellenzustandes bzw. der Liminalität sowie der Angliederung bzw. Inkorporation.* Dabei existiert je nach Anlass eine große Variationsbreite in der zeitlichen Dauer und dem Grad der Ausgestaltung der einzelnen Phasen. Deshalb lassen sich Beerdigungen auch als Trennungsriten, Hochzeiten als Angliederungsriten und Rituale der Verlobung oder Initiation als Umwandlungs- oder Schwellenriten bezeichnen.

Im Zustand der *Liminalität* werden die Akteure von ihren sozialen Verpflichtungen befreit und die Grenzen zwischen Heiligem und Profanem, Kosmos und Chaos, Ordnung und Unordnung werden unterbrochen. Die liminale Phase zeichnet sich durch ein geheimes, strapaziöses und schmerzhaftes, häufig demütigendes und dennoch ekstatisches oder rauschhaftes Spiel mit Symbolen aus, die aus legitimen Ordnungen herausgelöst und dabei verkehrt werden. Doch gerade dieses dramatische Spiel auf den normativen und symbolischen Grenzen einer Gemeinschaft sichert ihre Stabilität und

Legitimität. In dieser *antistrukturellen Phase* wird eine besondere Art von Gemeinschaft erlebt, die Victor Turner *Communitas* nennt (Turner 1989). Liminalität ist daher sowohl eine komplexe Episodensequenz innerhalb einer sakralen Zeit und eines sakralen Raumes, sie umfasst jedoch auch subversive und spielerische Elemente. Das Ritual gewinnt einen *ludischen Charakter* (Turner 1995). In tribalen und agrarischen Gesellschaften lassen sich Spiel und Arbeit zumeist nicht unterscheiden und das Ritual ist spielerisch und ernst zugleich. Das dramatische Spiel basiert auf Arbeit, sowohl an der rituellen Inszenierung, d. h. auf der Ebene der Planung, Gestaltung und Kombination, als auch während der rituellen Aufführung bzw. des unmittelbaren Handlungsvollzugs.

Neben *Inversion und Kohäsion* ist die *Katharsis* ein weiterer Gestaltungs- und Wirkungsmodus von Ritualen. Der reinigende und heilende Mechanismus zeigt sich deutlich in Ritualen der Askese und Buße, der Beichte und des Geständnisses sowie in Opferritualen. Rituale mögen Gemeinschaften Stabilität und Sicherheit verleihen, Krisen bewältigen, Brüche heilen und sozialen Wandel bewältigen, zugleich markieren und demonstrieren sie ebenso *das Andere und Fremde* und verweisen somit auf die Risiken und Gefahren der rituellen Aufführung und die mit ihnen verbundenen symbolischen Ausschlüsse aus sozialen Ordnungssystemen (Schlesier/Zellmann 2009). *Ordnungs-, Sinn- und Identitätsstiftung* sind einerseits wesentliche soziale Funktionen von Ritualen, andererseits sind Rituale *ambivalente symbolische Praktiken.* Sie spielen mit Lust und Angst, mit Demütigung und Erhabenheit, mit Ablösung und Einbindung, mit Abwehr und Begehren.

Die *Erzeugung von Alterität* verdeutlicht den ambivalenten Charakter ritueller Aufführungen. Das Spiel mit erotischem Begehren im frühneuzeitlichen Moriskentanz, insbesondere im Modell der Liebeswerbung, verkehrt die Ordnung des christlichen Hauses (Arbeitsgruppe Rituale 2004). Sich ungelenk verrenkende, stolpernde und tollpatschige Männer kreisen um eine Frau, die denjenigen zum Sieger kürt, der sich am närrischsten gebärdet. Die *Darstellung der grotesken Körper* der vom Liebeswahn geplagten Männer verlangt jedoch ein hohes Maß an körperlichem Geschick und Kunstfertigkeit der rituellen Akteure. Rituale beschwören das Andere in doppelter Form: Sie erzeugen die Illusion seiner Beherrschbarkeit und bezeichnen zugleich seine Alterität im Sinne einer Gefährdung der eigenen Weltdeutung. Das Faszinierende, Geheimnisvolle, Unwägbare und Erschreckende prägt die *Atmosphäre* von Ritualen und resultiert aus ihrem *sakralen, transzendenten und transformatorischen Charakter.* Die *performativen Effekte* der Kohäsion, Inversion, Katharsis und Alterität spielen sich dabei in den dramatischen Episoden eines rituellen Prozesses ab. Ihre Ambivalenz und *Prozesshaftigkeit* können Rituale scheitern lassen. Folgen die rituellen Akteure der rituellen Inszenierung, scheinen sie gut erzogen zu sein, oder: Rituale besitzen eine implizite *Pädagogik.*

Zunächst basieren Rituale auf *Nachahmung.* Sie treten in mitlaufender Expression zu sich selbst ins Verhältnis und gewinnen somit ihren symbolischen Charakter. Darüber hinaus ahmen sich die rituellen Akteure gegenseitig nach und beziehen sich dabei zugleich aufeinander und auf ein in der symbolischen Inszenierung demonstriertes Wissen. Im Zuge dieser *sozialen Mimesis* wird darüber hinaus ein *praktisches Wissen* um ein angemessenes Verhalten erworben, das sowohl die rituellen Handlungsvollzüge als auch die im Ritual dargestellten symbolischen und normativen Ordnungen inklusive ihrer Regelmäßigkeiten und Konventionen betrifft (Gebauer/Wulf 2003). Dieses praktische Wissen stellt die performativen Effekte und die Wirkung von Ritualen sicher. Dazu gehören die mit Ritualen verbundenen Identitätszuweisungen ebenso wie die vollzogenen Differenzsetzungen. Bezogen auf die symbolische Aufführung von Alterität wirken Rituale im Sinne einer warnenden *Negativdidaxe.*

Rituale sind *körperliche Aufführungen* bzw. symbolische Praktiken der *Inkorporierung.* Die Episoden eines rituellen Prozesses arbeiten mit und an den Körpern der rituellen Akteure. Dies betrifft die Hauptakteure der rituellen Aufführung ebenso wie das Publikum und die Meister der rituellen Inszenierung. Die rituellen Autoritäten haben sich selbst an die Etikette, den Code der Kleidung und Gesten sowie die Abfolge der Handlungsmuster zu halten. Daran ist ihre Anerkennung als Repräsentanten einer Institution oder sozialen Gruppe gebunden. Diese Anerkennung basiert auf dem *kollektiven Glauben* der Akteure an die Macht der symbolischen Aufführung, der wiederum in den Dispositionen ihres Habitus verbürgt ist (Bourdieu 1990). Die Wirkung von Ritualen basiert auf *sozialer Magie,* die, ohne die bereits geleistete Inkorporierungsarbeit wiederholen zu müssen, den Glauben der Akteure an die im Ritual eingesetzten Grenzziehungen und Identitätszuweisungen sichert. Pierre Bourdieu nennt die Inkorporierungsarbeit auch *Erziehung,* weil sie weder in noch außerhalb von Ritualen dem Zufall überlassen bleibt. Ihre Pädagogik ist hier Bestandteil der *symbolischen Gewalt* von Ritualen.

Als körperliche Aufführungen, die auf Glauben basieren, verleihen Rituale einer in bestimmten historischen und sozialen Kontexten existierenden Wahrheit Evidenz. Allerdings verleihen Rituale nicht allein einem normativ-restriktiven Glaubenssystem bzw. einer Ideologie Materialität und Sinnlichkeit (Louis Althusser), vielmehr sind sie *diskursive Praktiken,* die Wahrheiten produzieren. So werden bspw. in modernen Prüfungsritualen keine Geister oder Götter beschworen und hier wird keinen Herrschenden gehuldigt, vielmehr wird die Normalisierung der Prüflinge aufgeführt, das heißt, die Ausbildung ihrer Leistungsfähigkeit wird ebenso demonstriert und beurteilt wie ihre Einbindung in Machttechniken (Foucault 1991). Als diskursive Praktiken erzeugen Rituale eine Wahrheit über Subjekte, errichten die Herrschaft von Normen und sind zugleich Schauspiele der Eleganz einer Disziplinarmacht.

Die *Pädagogik von Ritualen* muss nicht auf Erziehung beschränkt bleiben, sondern kann ebenso *Bildungspotentiale* aufweisen. So verteidigt Judith Butler zwar das *Zusammenspiel von Anrufung und Begehren,* weist jedoch mit Rekurs auf Derrida auf die performativen Möglichkeiten der *Iteration* hin (Butler 2001). Die einzelnen Aufführungen sind durch temporäre Abstände gekennzeichnet, die Raum für reflexive Distanzierungen wie Aneignungen lassen. So können Formen, Elemente und Episoden ritueller Prozesse aufgegriffen, aus ihrem Zusammenhang gelöst und in ihren Bedeutungen verschoben werden, bspw. in jugend- und subkulturellen oder politischen Oppositions- und Widerstandsritualen. Darüber hinaus können Iterationen mit dem ambivalenten Charakter und den spielerischen und subversiven Elementen spielen und dabei rituelle Inszenierungen stören oder dynamisch auf das Gefüge ritueller Prozesse zurückwirken. Rituale sind als Iterationen keine kopierenden Wiederholungen des Immergleichen, sondern liefern potentielles Material für Kreativität und Innovation. Werden *Rituale als Performances* betrachtet, so ist nunmehr in machtkritischen Analysen auf das iterative Potential der Aufführungen und den Eigensinn der Akteure zu achten.

Die hier dargestellten Perspektiven verdanken sich einem wissenschaftlichen Austausch, wie er inzwischen prägend für die Ritualforschung ist. Zu seinen Voraussetzungen gehören die *Aktualisierung von Problemstellungen über Disziplingrenzen hinweg* (Schäfer/Wimmer 1998) sowie die gesteigerte *Zugänglichkeit von Ritualtheorien* (Belliger/Krieger 2003). Im Zuge der *interdisziplinären Zusammenarbeit* haben Sprach-, Literatur- und Kunstwissenschaften einerseits Rituale als symbolische Praktiken neu für sich entdeckt und andererseits mit ihrem spezifischen Wissen um Dramatisches und Dramaturgisches, um Semiotisches, Symbolisches und Performatives, um Emotionalität und Virtuosität zur Weiterentwicklung der Ritualforschung beigetragen. Dies betrifft insbesondere Untersuchungen zur *Dynamik der Ritualentwicklung, zum Verhältnis von Ambivalenz, Ordnung und Alterität* sowie *von Inszenierung und Aufführung* (Caduff/Pfaff-Czarnecka 2001; Fischer-Lichte 2003; Wulf/Zirfas 2003). Darüber hinaus haben sich die sozialwissenschaftlichen Methoden und Verfahren der Ritualanalyse verfeinert (Jörissen/Wulf 2010).

In der Erziehungswissenschaft ist eine lange vorherrschende Skepsis gegenüber Ritualen einer empirisch gesättigten Revision unterzogen worden (Wellendorf 1973; Wulf/Zirfas 2004b). Die *Berliner Ritualstudie* etwa untersucht das Sozialisations-, Bildungs- und Erziehungspotential von Ritualen und Ritualisierungen, wobei den Arbeiten gemeinsam ist, dass sie *die Kreativität und den Eigensinn der rituellen Akteure* verdeutlichen. So zeigt sich in den *Ritualisierungen des Schulalltags* eine Verzahnung von gruppen- und schulspezifischen bzw. institutionellen Dimensionen, wobei der Erfahrungsraum der Schülerinnen und Schüler sowohl von affirmativem wie auch oppositionellem Verhalten geprägt ist (Wagner-Willi 2005). Der mediale und spielerische Umgang mit Geschlechtlichkeit und Heteronormativität in *Peergruppen* zeigt sowohl Aneignungs- als auch Distanzierungsprozesse (Bausch 2006; Tervooren 2006). Und schließlich werden *Familienrituale* als pädagogische Handlungsfelder und als Mittel der Differenzbearbeitung untersucht (Audehm 2007).

Die Ritualforschung ist inzwischen eine hochgradig interdisziplinäre Angelegenheit. Eine Rückkehr zu einem disziplinspezifischen und „harten" Ritualbegriff oder auf der anderen Seite die Entwicklung einer disziplinübergreifenden Ritualtheorie sind dabei kaum zu erwarten. Zukünftig käme es wohl dennoch darauf an, den faszinierenden Merkmalen, der performativen Kraft sowie der sozialen Magie von Ritualen – inklusive ihrer destruktiven Wirkungen – gerade dadurch gerecht zu werden, dass man sie zu unterscheiden vermag von Regeln, Gewohnheiten und Routinen, die bei näherer Betrachtung ebenfalls alles andere als „simpel" sind. Die zumindest teilweise Verwischung der Grenzen zwischen Ritual und anderen kulturellen Gattungen wie Spiel, Sport, Tanz, Theater oder Konzert ist weniger der Forschung geschuldet als vielmehr eine Reaktion auf ihren tatsächlichen Wandel. Was wird mit Ritualen in postindustriellen Gesellschaften geschehen, in denen ganze Lebensbereiche einer ökonomischen Kommodifizierung unterliegen und eine Lebenskunst fetischisiert wird, in der permanente Kreativität, Innovation und Dynamik zu normativen Anforderungen verallgemeinert sind?

Literatur

Arbeitsgruppe Rituale (2004): Differenz und Alterität im Ritual. Eine interdisziplinäre Fallstudie. In: Fischer-Lichte, Erika/Wulf, Christoph (Hrsg.): Paragrana. Internationale Zeitschrift für Historische Anthropologie: Praktiken des Performativen, Jg. 13, Heft 1, S. 187–249.

Audehm, Kathrin (2007): Erziehung bei Tisch. Zur sozialen Magie eines Familienrituals. Bielefeld.

Bausch, Constanze (2006): Verkörperte Medien. Die soziale Macht televisueller Inszenierungen. Bielefeld.

Belliger, Andréa/Krieger, David J. (Hrsg.) (2003): Ritualtheorien. Ein einführendes Handbuch. Wiesbaden.

Bourdieu, Pierre (1990): Was heißt Sprechen? Die Ökonomie des sprachlichen Tausches. Wien.

Butler, Judith (2001): Psyche der Macht. Das Subjekt der Unterwerfung. Frankfurt/M.

Caduff, Corinna/Pfaff-Czarnecka, Joanna (Hrsg.) (2001): Rituale heute. Theorien – Kontroversen – Entwürfe. Berlin.

Douglas, Mary (1986): Ritual, Tabu und Körpersymbolik. Sozialanthropologische Studien in Industriegesellschaft und Stammeskultur. Frankfurt/M.

Douglas, Mary (1988): Reinheit und Gefährdung. Eine Studie zu Vorstellungen von Verunreinigung und Tabu. Frankfurt/M.

Fischer-Lichte, Erika (Hrsg.) (2003): Ritualität und Grenze. Basel/Tübingen.

Foucault, Michel (1991): Überwachen und Strafen. Die Geburt des Gefängnisses. Frankfurt/M.

Gebauer, Gunter/Wulf, Christoph (2003): Mimetische Weltzugänge. Soziales Handeln – Rituale und Spiele – ästhetische Produktionen. Stuttgart.

Jörissen, Benjamin/Wulf, Christoph (2010): Qualitative Methoden in der Ritualforschung. In: Friebertshäuser, Barbara/Lander, Antje/Prengel, Annedore (Hrsg.): Handbuch Qualitative Forschungsmethoden in der Erziehungswissenschaft. Weinheim, S. 639–652.

Michaels, Axel (2001): „Le rituel pour le rituel" oder wie sinnlos sind Rituale? In: Caduff, Corinna/Pfaff-Czarnecka, Joanna (Hrsg.): Rituale heute. Theorien – Kontroversen – Entwürfe. Berlin, S. 23–47.

Schäfer, Alfred/Wimmer, Michael (Hrsg.) (1998): Rituale und Ritualisierungen. Opladen.

Schlesier, Renate/Zellmann, Ulrike (Hrsg.) (2009): Ritual als provoziertes Risiko. Würzburg.

Soeffner, Hans-Georg (1992): Die Ordnung der Rituale. Frankfurt/M.

Tervooren, Anja (2006): Im Spielraum von Geschlecht und Begehren. Ethnographie der ausgehenden Kindheit. Weinheim.

Turner, Victor (1989): Das Ritual. Struktur und Antistruktur. Frankfurt/M./New York.

Turner, Victor (1995): Vom Ritual zum Theater. Der Ernst des menschlichen Spiels. Frankfurt/M.

Wagner-Willi, Monika (2005): Kinder-Rituale zwischen Vorder- und Hinterbühne: Der Übergang von der Pause zum Unterricht. Wiesbaden.

Wellendorf, Franz (1973): Schulische Sozialisation und Identität. Weinheim.

Wulf, Christoph/Zirfas, Jörg (Hrsg.) (2003): Paragrana. Internationale Zeitschrift für Historische Anthropologie: Rituelle Welten, Jg. 12, Heft 1 u.2.

Wulf, Christoph/Zirfas, Jörg (Hrsg.) (2004a): Die Kultur des Rituals. Inszenierungen. Praktiken. Symbole. München.

Wulf, Christoph/Zirfas, Jörg (Hrsg.) (2004b): Innovation und Ritual. Jugend, Geschlecht und Schule. Beiheft 2 der Zeitschrift für Erziehungswissenschaft. Wiesbaden.

Spiel

Ursula Stenger

Fragt man mit Scheuerl (1979), Huizinga (2001) u. a. nach den wesentlichen Merkmalen des Spiels, also danach, was das Spiel als Spiel ausmacht, was es von anderen Phänomenen unterscheidet, so kann man in einem ersten Zugang folgende Punkte benennen (vgl. Huizinga 2001, S. 15–20; Scheuerl 1979, S. 69–122):

Das Spiel zeichnet sich durch räumliche und zeitliche Begrenztheit, durch Wiederholbarkeit und Einmaligkeit aus, es durchbricht das normale, alltägliche Leben, baut sich unverfügbar und ereignishaft auf, setzt dabei auch Handlungs- und Denkformen des Alltags außer Kraft und entlässt den Spielenden dann wieder in sein gewöhnliches Leben. Auch wenn viele Fähigkeiten beim Spielen erworben werden, so ist dieser Erwerb nicht das Ziel des Spiels. Gespielt wird um des Spielens willen, nicht um eines Nutzens willen, der außerhalb des Spiels liegt. Selbst die Tiere, die beim Spiel etwa das Jagen und Stellen der Beute üben, tun dies mit Übermut und Überschwang ohne das Risiko des Scheiterns, das möglicherweise den Verlust des eigenen Lebens bedeuten würde.

Im Spiel baut der Spielende eine eigene Wirklichkeit auf, die einen „als-ob"-Charakter hat (vgl. Scheuerl 1979, S. 79–88). Man tut so, als ob man kämpfen, ein Haus bauen, ein Baby versorgen würde, zugleich aber im Bewusstsein dessen, dass es sich dabei um ein Spiel handelt. Diese Scheinhaftigkeit kann jedoch mit einer großen Ernsthaftigkeit der Anstrengung, mit Leidenschaft und Lust betrieben werden. Spielen bedeutet die Erfahrung von „Gegenwärtigkeit" (ebd., S. 98–105), die sich so äußern kann, dass *die* Zeit vergessen wird und nur die Zeitlichkeit des Spiels in ihrer Eigendynamik bestimmend ist. Gegenüber wenigen Sekunden, die für den Ausgleich in einem fast schon verlorenen Fußballspiel bleiben, werden Themen und Zeitdimensionen des normalen Lebens ausgeblendet. Nur das „Jetzt" zählt. Das Spiel ist häufig verbunden mit dem Gefühl des Überschusses, es beinhaltet ein Moment der Freiheit, denn es kann nicht befohlen und auch nicht erzwungen werden. Es bleibt unverfügbar (vgl. weitere Aspekte einer Anthropologie des Spiels in Bilstein/Winzen/Wulf 2005).

Am Beispiel der Beschreibung und Erörterung einer Spielszene aus Janusz Korczaks Roman „Wenn ich wieder klein bin" sollen im Folgenden Erfahrungsformen kindlichen Spiels, wie auch unterschiedliche theoretische Perspektiven, ausdifferenziert werden. Der Ich-Erzähler des Romans ist ein Erwachsener, der wieder zum Kind geworden ist und nun das Erleben der Kinder schildern und dieses zugleich den Erwachsenen erläutern kann. Auf diese Weise sind in dem Text zwei Perspektiven wechselnd präsent. Eine Außenperspektive blickt aus der Distanz auf das Spiel, wie es bspw. die Pädagogik des Spiels tut, wenn sie nach dem Nutzen von (Lern-)Spielen fragt. Gewissermaßen betrachten auch Klassifizierungen von Spielarten aus der Distanz das einzelne Spiel, indem sie es mit anderen Arten des Spiels vergleichen, die u. U. anderen Prinzipien folgen. Auch die Entwicklungspsychologie sieht die Spielentwicklung des Kindes im Kontext seiner gesamten Entwicklung. Dagegen suchen psychoanalytische, phänomenologische und anthropologische Ansätze auf unterschiedliche Weise den Innenblick des Spielers einzubeziehen, die spezifische Art des Spielerlebens zu fassen und die Bedeutung des Spiels für den Menschen als Menschen herauszuarbeiten.

Der Ich-Erzähler des Romans schildert Überlegungen zu einem Pausenspiel in der Schule:

> „Wenn einer also als erster ein Spiel zeigt, das den anderen gut gefällt, folgen ihm gleich alle. Als hätte er ein Zeichen gegeben. […] Zwei rasende Wagen fuhren die ganze Pause hindurch. Unser Dreigespann passte gut zusammen. […] Wer selbst nicht mitspielt, der kann hier nichts verstehen. Denn wichtig ist nicht allein, dass man rennt, sondern, was in einem vorgeht. […] Man darf ein Spiel nicht geringschätzen oder behindern, weder unterbrechen noch den anderen einen unerwünschten Mitspieler aufzwingen. Wenn ich ein Kutscher bin, so will ich die Pferde von gleicher Größe haben, nicht zu groß, nicht zu klein, feurig, aber gehorsam, verständig, aufmerksam. Wenn ich ein Pferd bin, so will ich keinen Kutscher haben, der dumm oder brutal ist. Denn ich bestimme selbst die Geschwindigkeit des Laufs, ich will nicht, dass er mich zerrt, schlägt und stößt. Anders fühle ich mich als Pferd, anders als Kutscher. Und was wisst ihr? Dass ich schnaubte, dass ich ungeduldig mit den Beinen auf der Stelle trete oder rufe: „brrr – hüh!" (Korczak 1973, S. 76 f.).

Das Spiel beginnt plötzlich, es ist nicht viel Zeit in einer Schulpause. Eine Idee wird aufgegriffen, es findet eine Transformation statt. Eben noch diszipliniert in einer Reihe sitzende Schüler sind nun Kutscher mit zwei Pferden. „Wenn ich ein Pferd bin" deutet darauf hin, dass die *Verwandlung* tiefgreifend ist. Doch was geschieht? Huizinga (2001, S. 26) spricht von einer *Verbildlichung*, Buytendijk (1991, S. 141) von der Bildhaftigkeit der Spielgegenstände, das heißt davon, dass wir mit Bildern spielen, die ebenso mit uns spielen. Das Bild des Kutschers oder der Pferde organisiert das Spiel. Bewegungsformen, Erregungspotentiale, Emotionen, die dem Rasen eines Dreigespanns zugeschrieben werden, finden im Spiel ihre Inszenierung. Wulf (2005, S. 17) spricht davon, dass im Spielen ein *mimetischer Bezug*, eine Art „Anähnlichung an imaginäre Bilder und Entwürfe", stattfindet. Dies führt zu bestimmten Verhaltensweisen, die als Kutscher möglich sind: Es geht darum, die Pferde so zu führen, dass keine Zusammenstöße mit anderen passieren, dass sie sich nicht gegenseitig behindern, dass ihre Geschwindigkeit und ihre Energie zum Tragen kommen, wenn mit anderen Dreigespannen oder Fahrzeugen um die Wette gelaufen wird. Die Kraft der Phantasie transformiert dabei die Außenwelt des Pausenhofs mit seinen Abmessungen in eine Rennbahn. Wahrnehmungen und Handlungen werden durch die Bilder geformt, die das Spiel formen (vgl. ebd., S. 15). Mit kurzen Zurufen, die das Spiel unterbrechen (Metakommunikation), werden die Bilder heraufbeschworen, die jene imaginäre Welt konstituieren, an denen auch bei Widerständen festgehalten wird. Ein Dreigespann wird gerammt, die Pferde stoßen sich, ein plötzlicher Schmerz droht das Spiel zu beenden, doch eine auffordernde Bewegung, ein ins Spiel Zurückrufen festigt den Glauben an das Spiel, führt in die Welt und Subjektivität zurück.

Spielbeobachtungen zeigen, dass nach *Spielunterbrechungen* (einer hat sich weh getan, ist beleidigt, weil seine Idee nicht aufgegriffen wurde und er will das Spiel verlassen usw.) das Spiel dann weitergeführt wird, wenn es den Mitspielern gelingt, die Imagination erneut hervorzurufen. Die Fragen: „Willst Du noch mitspielen?" oder „Wie geht es Dir?" führen selten zu einer Fortführung des Spiels, da sie aus der Imagination herausführen, die Spielwelt zerstören, indem sie von außen sprechen. Das Aufgreifen der Bildebene des Spiels: „Vorsicht, da kommt ein neuer Angreifer, wir müssen ausweichen", verbunden mit einer Geste, die etwa mit imaginären Zügeln einen erneuten Start kennzeichnet, führt den Mitspieler eher dazu, wieder in die Spielwelt einzutauchen und sie weiter mit auszugestalten (vgl. auch ebd., S. 17). Die Spielwelt ist nicht nur in der Phantasie vorhanden, sie wird körperlich, und materiell durch die Transformation von Gegenständen in Spielobjekte ausgestaltet, inszeniert und ostentativ dargestellt. Ein Seil kann ein Zügel sein usw. (vgl. ebd., S. 19; Buytendijk 1991, S. 141). Das Dreigespann rennt nicht nur für sich selbst, die Spieler wollen andere auffordern, sich am Rennen zu beteiligen, wollen sich aus Lust an der Bewegung, aber auch für potentielle Zuschauer wagemutig in die Kurve legen. Huizinga (2001, S. 19) geht davon aus, dass das Spiel auch eine *ästhetische Komponente* hat, es will auch schön sein, indem es eine gestaltete Form hervorbringt. „Das Spiel bindet und löst. Es fesselt. Es bannt, das heißt: es bezaubert." Der Glanz des Spiels, die Intensität der gegenwärtigen Erfahrung wirkt nach, erfüllt die Kinder vielleicht auch dann noch, wenn sie den Weg wieder in ihr Klassenzimmer nehmen und sich über das Spiel austauschen.

Obwohl das Spiel meist einen klaren Beginn und ein Ende hat, so ist es nicht in jedem Augenblick in gleicher Weise da und geformt. Diesen Aspekt hat die phänomenologische Spieltheorie (Buytendijk 1991; Stenger 2005, 2010; u. a.) herausgearbeitet. Jedes Spiel hat eine eigene *Spieldynamik*, ist unberechenbar und einzigartig. Der eröffnete Spielraum wird durch die Entwicklung der Spielidee, durch das Hin und Her der Aktionen und Reaktionen, aber auch durch die Erwartungsspannung und aktuelle Einschätzung weiterer Entwicklungsmöglichkeiten des Spiels bestimmt. Spielregeln und die Einübung von Spielzügen in früheren Spielen oder im Training sind wichtig, müssen aber unter den aktuellen Bedingungen und der Dynamik des Spiels in dem Augenblick mit den auf dem Platz befindlichen Spielern neu erzeugt, entwickelt und entfaltet werden. Was wie eine Wiederholung aussieht, ist eine beständige Neuschöpfung. Alle auf dem Pausenhof befindlichen Kinder beeinflussen direkt oder indirekt die Dynamik des Spielgeschehens durch ihre Reaktionen auf Spielhandlungen von Einzelnen. Das Spiel muss glücken, gelingen, es bleibt ein Wagnis, und ein Gelingen kann nicht erzwungen werden.

Als Geschehen ist das Spiel *subjektübergreifend:* „Im Spiel ist das Subjekt Teil eines größeren Ganzen, eines umfangreichen Netzes von Beziehungen. In einer spielerischen Handlung ist vieles präsent, was über das Individuum hinausreicht: die Gesten, Mitspieler, Konkurrenten, Zuschauer, vergleichbare frühere Situationen. Das Prinzip des Spiels ist nicht Reduktion auf einen einzelnen, sondern die Ausweitung des Menschen" (Gebauer/Wulf 1998, S. 205). Das Gelingen einer individuellen, punktuellen Handlung ist immer auch im Kontext der Gesamtdynamik des Spiels zu sehen. Würde das Kutscher- und Pferderennspiel an einem Tag mit einer schweren Verletzung enden, so würde rückwirkend das ganze Spiel nicht mehr als geglückt und erfüllend empfunden werden. Auf der anderen Seite wagen einzelne Spieler als Teil eines Teams, durch eine Dynamik beflügelt, mehr und entwickeln im Wechselspiel kooperativ und kreativ neue Ideen der Weiterentwicklung des Spiels, auf die ein Kind alleine nie gekommen wäre.

Die Spieler beziehen sich jedoch nicht nur aufeinander oder auf frühere Spielsituationen, ihre Handlungen und Deutungen sind nach Gebauer und Wulf – im Rückgriff auf Geertz und Mead – *Bezugnahmen auf Organisationsprinzipien und Werte der Kultur und Gesellschaft* (vgl. Gebauer/Wulf 1998, S. 206–209; Wulf 2005, S. 18). Jede Kultur, Gesellschaft oder auch gesellschaftliche Gruppierung entwickelt eigene Spiele oder Spielvorlieben, in denen sie Momente ihrer Grundprinzipien verkörpert und den Heranwachsenden so Gelegenheit bietet, über das Erlernen von Spielen zugleich diese Prinzipien, Vorstellungen, Empfindungen, Interaktions- und Handlungsformen von unterschiedlichen kulturellen Kontexten und Gesellschaften zu erwerben und einzuüben. Die Lust an hoher Geschwindigkeit und dem Wettstreit sind für das Rasen der Dreigespanne im o. g. Pausenhof-Beispiel zentral. Kutscher und Pferde sind ein Thema des Alltagslebens der ersten Hälfte des 20. Jahrhunderts. Rasende Dreigespanne sind auf den Schulhöfen heute eher selten geworden. Imaginationen, die Rennspiele heute organisieren, beziehen sich eher auf schnelle Autos, Weltraumraketen oder Ähnliches. Spielhandlungen greifen auf kulturelle Themen und Handlungswissen zurück und nutzen es für ihre performativen Handlungen. Wie müssen etwa Pferde beschaffen sein, die gut vor eine Kutsche gespannt werden können: „Pferde von gleicher Größe [...] nicht zu groß, nicht zu klein, feurig, aber gehorsam, verständig, aufmerksam" (Korczak, a. a. O.). Das Spiel wird durch kulturelles Wissen (über Pferde) und kulturelle Modelle strukturiert, es bezieht sich auf sie, bildet sie jedoch nicht ab. Das Kind ist Kutscher, aber ein Kutscher im Spiel. Es geht nicht um eine historisch exakte Nachbildung damaliger Kutscher, sondern um einen Bezug auf die imaginierte Welt und Subjektivität des Kutschers. Spiele unterliegen ebenso wie kulturelles Wissen einem historischen Wandel (vgl. dazu Parmentier 2004).

Spiele zum Thema Pferd sind heute häufiger bei Mädchen zu finden. Entsprechend der Erkenntnis von Gebauer und Wulf (1998, S. 209–222) sind die Pferdespiele der Mädchen als *Aufführungen von Geschlechtszugehörigkeit* eher kooperativ und weniger raumgreifend als das Rasen der Dreigespanne. Das Besorgen der Tiere, das Füttern und Striegeln, das Satteln und kunstvolle Reiten stehen dabei mehr im Vordergrund. Die im Spiel inszenierten Welten stehen also im Kontext der kulturellen Welten außerhalb des Spiels.

Im Spiel werden Themen, Figuren und Interaktionsmuster jeweilig ausgewählt. Warum will einer lieber ein Pferd, der andere lieber ein Kutscher sein? Welche Form der *Identität* wird begehrt und im Spiel inszeniert? Huizinga (2001, S. 22) beschreibt das zentrale Merkmal bestimmter Spielformen als die „Darstellung von etwas". Diese Darstellung eines Tieres oder einer anderen Gestalt lässt das Kind aus der gewöhnlichen Wirklichkeit heraustreten, indem es in eine „Verbildlichung" (ebd.) eintritt, die es selbst mit hervorbringt. „Man bildet etwas nach, man stellt sich etwas Schöneres, Erhabeneres oder Gefährlicheres vor, als man gewöhnlich ist. Man ist Prinz oder Vater oder böse Hexe oder Tiger. Das Kind gerät dabei dermaßen außer sich, dass es fast schon meint, es ‚sei es', ohne damit das Bewusstsein der ‚gewöhnlichen Wirklichkeit' ganz zu verlieren" (ebd., S. 22 f.). Im Spiel kann der Mensch über sich hinausgehen, neue Identitäten erproben, der Lust nachkommen, ein anderer sein zu wollen (vgl. Wulf 2005, S. 17).

Psychoanalytisch inspirierte Spieltheorien richten ihre Aufmerksamkeit auf den Zusammenhang des Spiels mit den früheren, individuellen Erfahrungen der Spielenden (vgl. Stenger 2010), bzw. auf die *Innenverfasstheit des Spiels*. „Denn wichtig ist nicht allein, dass man rennt, sondern, was in einem vorgeht" (Korczak, a. a. O.). Was man fühlt, wenn man ein Pferd, ein Kutscher, eine Hexe oder ein Prinz ist, das ist entscheidend. Im Spiel werden Wünsche und Ängste symbolisiert, aber auch be- und verarbeitet. Die Innenwelt der Spielenden findet eine Darstellung und zugleich eine Transformation in der Materialität und Dynamik des Spiels. Ein Beispiel: Drei Mädchen im Alter von drei Jahren unterhalten sich am Maltisch der Kita darüber, wie ihr Papa sie schimpfen kann: „Bis ich weinen muss". Das Gespräch ist sehr ernsthaft, die Stimmung gedrückt. Plötzlich springt eine auf und gibt das Zeichen für ein Spiel: „Jetzt verkleid' ich mich als Pippi (Pippi Langstrumpf)" und zieht eine sonnengelbe Strumpfhose an, die in diesem Augenblick zum Utensil ihrer Rolle wird. Es beginnt ein Spiel mit ihr als Pippi und den anderen beiden als Tommy und Annika. Väter werden nicht weiter thematisiert. Pippi Langstrumpf ist eine autonome Persönlichkeit, der alles gelingt, was sie in die Hand nimmt. Sie ist ein Kind, das in der Welt auch ohne die Unterstützung von Erwachsenen bestens zurecht kommt. Im Spiel können die drei Mädchen in der Kita Identitätsentwürfe erproben und inszenieren, die kraftvoll sind. Die vorherige Abhängigkeit und Ausgeliefertheit dem Vater gegenüber ist wie weggeblasen. Sie sind nun frohe, starke, aktiv handelnde Menschen. Im Lied, das sie im Spiel singen, heißt es: „Wir machen uns die Welt, […] wie sie uns gefällt!"

Nach Schäfer schafft das Kind zugleich einen für es selbst tragfähigen Sinn seiner Erfahrungen und entwirft so ein Bild von sich und der Welt (vgl. Schäfer 1995, S. 23 f.). Die

Phantasien im Spiel werden so wirksam für die Ich-Entwicklung des Kindes. Während also die kulturwissenschaftlich orientierte Spieltheorie das Bild und die Narration der Pippi Langstrumpf als Bild des Kindes in einer bestimmten Gesellschaft und Zeit analysieren würde und nach der Art der Inszenierung im Spiel fragen würde, geht es der psychoanalytisch inspirierten Spieltheorie darum, welche Bedeutung genau dieses Spiel für diese Kinder und ihre Entwicklung hat.

Oerter greift in seiner *Psychologie des Spiels* (1999) entwicklungspsychologische Aspekte auf (z. B. die Zone der nächsten Entwicklung im Spiel; ebd., S. 147–170), fragt aber auch grundlegend nach Gründen für Kinderspiele (ebd., S. 172–277). Für ihn ist der übergeordnete Gegenstandsbezug im Spiel zentral, also der Bezug der Handlung auf das Spielthema, welches das Kind aktuell oder längerfristig beschäftigt (vgl. ebd.). Das kann ein Entwicklungs- oder Beziehungsthema sein oder ein sozialer Konflikt, welche narrativ in Form von Spielgeschichten, räumlich durch Entfernungen und materialisierend durch Gegenstände oder Figuren dargestellt und „übersetzt" werden (vgl. ebd., S. 255–262). Das Spiel verhilft dem Kind auf sehr vielfältige Weise, die Probleme seines Daseins zu bewältigen und neue Perspektiven zu entwickeln.

Das Spiel erscheint einerseits als ein Geschehen, das vom Alltag abgegrenzt ist, in dem neue Welten und neue Identitätsentwürfe entwickelt werden. Das Spiel folgt einer Eigendynamik, die nicht vorhersehbar ist. Obwohl es sich vom alltäglichen Leben abgrenzt, ist es doch andererseits auf vielfältige Weise darauf bezogen. Im Medium des Spiels werden kulturelle Muster, Prinzipien, Bilder, Narrationen und Werte genutzt, um Welt zu deuten. Diese werden jedoch so transformiert, dass dabei individuelle Fragen und Themen bearbeitet und entwickelt werden können.

Das Spiel ist seit langer Zeit schon kein zentrales Thema der Frühpädagogik mehr, obwohl es das Bildungsmedium ist, in dem Kinder ihre sie im Innersten bedrängenden und beglückenden Themen artikulieren und transformieren. Das Spiel ist ein Freiraum, sich unabhängig von den Zwängen und Notwendigkeiten des Daseins zu entwerfen und zu erfahren. Ein Leben lang spielen wir im Kopf Möglichkeiten durch, Entwürfe und Pläne, die wir uns von uns selbst, von unseren Familien und Freunden, von unserem Leben machen. Das spielerische Hin- und Herbewegen von Ideen (sei es für einen Artikel oder eine neue Wohnzimmereinrichtung) ist ein zentrales Merkmal der Kreativität des Menschen.

Will man das Spiel nun in einem zweiten Schritt aus weiteren Perspektiven betrachten, so kann man sich Entwicklungsstufen des kindlichen Spiels vergegenwärtigen oder aber davon ausgehend Spielarten voneinander abgrenzen (vgl. Stenger 2010). Da gibt es dann Funktions- und Rollen- oder Symbolspiele, Konstruktions- und Regelspiele etc. Grundlegender teilen Huizinga und Caillois ein. Für Huizinga (2001, S. 22–24) gibt es nur zwei Spielarten: Kampf um etwas oder Darstellung von etwas. Caillois (1982) hingegen ergänzt diese zwei Formen, die er *Agon* (Wettkampf) und *Mimikry* (Maske) nennt, um zwei weitere Formen, nämlich um *Alea* (Zufall) und *Illinx* (Rausch). Die Ausführungen dazu sind ertragreich, aber lassen sich die Spiele tatsächlich so einfach klassifizieren? Und was wäre der Gewinn? Als Beispiel sei das Glücksspiel (Roulette) betrachtet, das klassischerweise der Gruppe *Alea* zugehört. Aber ist das Motiv, das noch hinter dem Glücksspiel steht, nicht ein Wettkampf z. B. mit der Bank um einen Gewinn, den man sich erhofft? Fast alle Spiele haben Momente dieser vier Formen. Auch ein Wettkampf hat Zufallsmomente, auch ein Schachspiel kann eine Form von Rausch erzeugen und selbst eine Verwandlung zu einer bestimmten Art von Spieler scheint oftmals stattzufinden.

Was bedeuten all diese Erkenntnisse nun für eine *Pädagogik des Spiels?* Korczak sagt dazu in dem Eingangszitat einiges: „Man darf ein Spiel nicht geringschätzen oder behindern, weder unterbrechen noch den anderen einen unerwünschten Mitspieler aufzwingen." Die Wertschätzung des freien Spiels ist nach Flitner eine Errungenschaft der Reformpädagogik, der entwicklungspsychologisch und psychoanalytisch orientierten Spieltheorien sowie der Autoritätskritik der 1960er und 70er Jahre (vgl. Flitner 1998, S. 133–136).

Thematisierungen des Spiels stehen inzwischen im Diskurs der Frühpädagogik hinter den Themen Lernen, Bildung und Förderung weit zurück. Traut man dem Bildungspotential des Spiels nicht mehr? Beobachtungen des freien Spiels können deutlich machen, dass im Spiel der Kinder nicht nur individuelle Themen, familiäre Lebenswelten, sondern auch das Anregungspotential der Kita sichtbar wird. Geht man davon aus, dass Spiele sich auf kulturelle Welten beziehen, dann müssen diese auch außerhalb des Spiels Thema sein, um im Spiel weiterbearbeitet zu werden. Obwohl es in sich abgeschlossen ist, bildet das Spiel nie nur eine isolierte Tätigkeit von Kindern. Beobachtungen des Kutschers, das Betrachten von Bilderbüchern, Geschichten, Bilder, theatrale Inszenierungen, Lieder und Tänze geben reiches Material, eröffnen Sinnhorizonte, die dann im freien Spiel zu einer eigenen Weltdeutung verarbeitet und transformiert werden können. Es braucht also vielfältige Anregungen, Freiräume und Materialien, um Themen selbst und in Gruppen spielerisch aufgreifen und weiterspinnen zu können. Pippi Langstrumpf ist den Kindern in anderen Situationen vorgelesen worden, sie haben alleine und in Gruppen die Bücher/Bilder, evtl. Filme gesehen, auf deren imaginäre Bilder sie sich mimetisch beziehen.

Bei dem Ansinnen jüngerer Kinder, Mitspieler einer Gruppe werden zu wollen, können Pädagogen unterstützen, jedoch ohne sie anderen aufzuzwingen. In einer Gruppe mitzuspielen ist eine hohe Kunst, die junge Kinder erst lernen müssen. Sie halten in ihren eigenen Tätigkeiten inne, beobachten hoch konzentriert andere Kinder oder Spielgruppen in der Krippe, erproben nach deren Fortgang deren Spielzeuge, lernen in Interaktionen mit Pädagoginnen (die mehr Fehler verzeihen als Peers) Spieldynamiken, Spielmöglichkeiten, Aktions-, Reaktionsmöglichkeiten und Zusammenhänge kennen, die sie dann zunächst in untergeordneten Positionen, etwa als Hund oder Baby, in ein komplexes Spielgeschehen einbringen können (vgl. Stenger 2005, 2010 sowie Schäfer 1995).

Sensible pädagogische Begleitung kann das Spielgeschehen bereichern, verändert es aber in jedem Fall, da Erwachsene eher reale Gegebenheiten fiktiv darstellen als Kinder, die tatsächlich fiktive Welten im Spiel schaffen (vgl. Oerter 1999, S. 163–166). Wie fein man hier beobachten muss, um dem Spielgeschehen gerecht zu werden, zeigt Korczak, indem er etwa erläutert, dass ein Streit im Spiel auch angezettelt werden kann, um sich zu erholen oder um das Spiel zu verändern und zu verbessern (vgl. Korczak 1973, S. 50). Von außen hinzukommend ist dies oft nicht einsehbar.

Das Spiel ist ein zentrales Bildungsmedium – nicht nur in der Kindheit. Im Spiel bearbeiten Kinder ihre Erfahrungen, deuten ihre Welt und entwerfen neue Sichtweisen und Handlungsmöglichkeiten. Im Spiel gibt es die Freiheit, ein anderer sein zu können und sich mit anderen in eine begeisternde Spieldynamik hingeben zu dürfen, die unvordenklich bleibt.

Literatur

Bilstein, Johannes/Winzen, Matthias/Wulf, Christoph (2005) (Hrsg.): Anthropologie und Pädagogik des Spiels. Weinheim/Basel.

Buytendijk, Frederik J. J. (1991): Die spielerische Dynamik (1933). In: Scheuerl, Hans (Hrsg.): Das Spiel. Theorien des Spiels. Weinheim/Basel, S. 134–142.

Caillois, Roger (1982): Die Spiele und die Menschen. Frankfurt/M.

Flitner, Andreas (1998): Spielen – Lernen. Praxis und Deutung des Kinderspiels. Erweiterte Neuausgabe. München/Zürich.

Gebauer, Gunter/Wulf, Christoph (1998): Spiel, Ritual, Geste. Mimetisches Handeln in der sozialen Welt. Reinbek.

Huizinga, Johann (2001): Homo ludens. Vom Ursprung der Kultur im Spiel. Reinbek.

Korczak, Janusz (1973): Wenn ich wieder klein bin und andere Geschichten von Kindern. Göttingen.

Oerter, Rolf (1999): Psychologie des Spiels. München.

Parmentier, Michael (2004): Spiel. In: Benner, Dietrich/Oelkers, Jürgen (Hrsg.): Historisches Wörterbuch der Pädagogik. Darmstadt, S. 929–945.

Schäfer, Gerd (1995): Bildungsprozesse im Kindesalter. Weinheim/Basel.

Scheuerl, Hans (1979): Das Spiel. 9. Aufl. Weinheim/Basel.

Stenger, Ursula (2005): Zum Phänomen des Spielens. In: Bilstein, Johannes/Winzen, Matthias/Wulf, Christoph (Hrsg.): Anthropologie und Pädagogik des Spiels. Weinheim/Basel, S. 231–248.

Stenger, Ursula (2010): Die Bedeutung des Spiels für das kindliche Lernen. In: Duncker, Ludwig/Lieber, Gabriele/Neuß, Norbert/Uhlig, Bettina (Hrsg.): Bildung in der Kindheit. Das Handbuch zum Lernen für Kindergarten und Grundschule. Seelze, S. 30–37.

Wulf, Christoph (2005): Spiel. Mimesis und Imagination, Gesellschaft und Performativität. In: Bilstein, Johannes/Winzen, Matthias/Wulf, Christoph (Hrsg.): Anthropologie und Pädagogik des Spiels. Weinheim/Basel, S. 15–22.

Rolle

Leopold Klepacki

Einleitung

Im alltäglichen Sprachgebrauch weckt der Begriff „Rolle“, im Hinblick auf seine Verwendung, bestimmte Formen menschlichen Handelns zu beschreiben, die Assoziation mit der Tätigkeit des Schauspielens im Theater, im Film oder im Fernsehen: Schauspieler verkörpern oder spielen Rollen. Sie übernehmen viele Rollen und tun dies in unterschiedlicher Art und Weise mit unterschiedlicher Glaubwürdigkeit und unterschiedlichem Erfolg. Eine Rolle spielen meint daher zunächst und zumeist, so zu tun, als ob man jemand anderes wäre. Das Wort „spielen“ scheint dabei von entscheidender Wichtigkeit zu sein, denn Spielhandlungen basieren auf besonderen, nur situativ gültigen Regeln, die die Spielsituation markieren. Sie sind u. a. in einer spezifischen Art und Weise konsequenzvermindert und weisen ein scheinhaftes Element auf (vgl. z. B. Scheuerl 1979). Im Hinblick auf schauspielerisches Rollenhandeln bedeutet das in einem allgemeinen Verständnis etwa Folgendes: Der Schauspieler Herr Meier spielt beispielsweise Hamlet, d. h., er verhält sich (annähernd, ungefähr etc.) so, wie es die von Shakespeare entworfene Figur im Drama tut. Herr Meier als Hamlet ist aber immer Herr Meier. Er hört als Hamlet nicht auf, Herr Meier zu sein. Trotzdem behandeln Mitspieler und Zuschauer Herrn Meier während der Aufführung so, als ob er Hamlet wäre, weil er so tut. Die Handlungen haben i. d. R. keine Relevanz bzw. Konsequenz über den ästhetischen Rahmen der Aufführung hinaus. Aus diesem Grund werden Herrn Meier auch nicht die Handlungen Hamlets zur Last gelegt. Person und Rolle werden aufgrund des theatralen Rahmens strikt voneinander getrennt.

Anders ist die Wahrnehmung des Zusammenhangs von Person, Rolle, Handlung und Konsequenz im zweiten zentralen alltagssprachlichen Verwendungskontext des Rollenbegriffes, nämlich bei der Übernahme von Rollen im sozialen Alltag. Auch im sozialen Leben spricht man davon, dass Menschen in ihrem Leben viele Rollen übernehmen und auch hier werden diese in unterschiedlicher Art und Weise und mit unterschiedlicher Glaubwürdigkeit und unterschiedlichem Erfolg ausgeführt. Die Etikettierung des sozialen Rollenhandelns mit dem Spielbegriff erfolgt hier allerdings oftmals eher in einer explizit metaphorischen Redeweise bzw. in einem Reden in Anführungszeichen. Bereits in der Alltagswahrnehmung werden die Grundlagen, Ansprüche und Folgen sozialen Rollenhandelns in einer wesenhaften Differenz zu den kunstförmigen Handlungen von Schauspielern gesehen und somit als qualitativ andersartig gewertet. Wegen dieser differenten Wahrnehmung spiegelt die Aussage „eine Rolle spielen" quasi einen *common sense* wider; der Ausspruch ist ein Topos. Die Allgemeinheit des *man* weiß, was damit gemeint ist. Herausgearbeitet werden soll daher hier, was die beiden Verwendungskontexte dieses Begriffes im Hinblick auf spezifische Formen des menschlichen Handelns bedeuten und welche pädagogisch-anthropologischen Fragen und Problemstellungen bzw. welche pädagogischen Anregungen daraus resultieren.

Vorab ist zu konstatieren, dass in beiden Bereichen, dem theatralen wie dem soziologischen, der Begriff der Rolle als ein sowohl deskriptives als auch normatives modellgenerierendes Instrumentarium betrachtet werden kann, das Möglichkeiten aufzeigt, wie man sich theatrales bzw. soziales Handeln vorstellen kann. Dabei stehen theatrales Rollenhandeln und soziales Rollenhandeln aufgrund der oben aus der Alltagswahrnehmung abgeleiteten Aspekte in einem gegenseitigen Verweisungszusammenhang; doch diese beiden Begriffe sind nicht einfach ineinander konvertierbar, obwohl gerade die Übertragung des originär theatralen Rollenbegriffs in soziale Handlungskontexte in einer soziologischen Perspektive ein hohes Erklärungspotential bereit hält. Auch in einer pädagogischen Lesart theatraler und soziologischer Rollentheorien geht es schließlich um mehr als ein metaphorisches Reden; hier geht es darum, mithilfe einer bestimmten Begrifflichkeit spezifische Eigenheiten sozialen Handelns sichtbar zu machen, mit denen sich Menschen in Lern-, Bildungs- und Sozialisationsprozessen auseinandersetzen müssen, um gesellschaftlich handlungsfähige Subjekte zu werden.

1 Der theatrale Rollenbegriff

Das Lemma *Rolle* im *Metzler Lexikon Theatertheorie* (Haß 2005, S. 278 ff.) zeigt sehr deutlich, dass der Begriff ein komplexes Beziehungsgefüge eröffnet: Er kann auf eine Position (eine Rolle übernehmen), eine Funktion (sich in eine Rolle versetzen) oder eine Aufgabe (eine Rolle spielen) verweisen.

Anthropologisch steht dabei die Möglichkeit des Menschen im Hintergrund, sich zu sich selbst und zu anderen Menschen körperlich in ein bedeutungshaftes oder symbolisches Verhältnis versetzen zu können. Im Theater geschieht diese Versetzung dadurch, dass der Schauspieler bewusst als jemand tendenziell anderes anderen Menschen gegenüber in Erscheinung tritt. Die theatrale Situation ist daher eine komplizierte, da sich soziale Rollen und artifizielle Rollen situativ überlagern. Der Schauspieler spielt eine artifizielle Rolle und befindet sich zugleich in seiner sozialen Rolle als Schauspieler – genauso, wie sich die Zuschauer in ihrer sozialen Rolle als Theaterzuschauer befinden. Die menschliche Möglichkeit, sich zu sich selbst abständig zu verhalten, ist somit eine Grundvoraussetzung für Rollenhandeln überhaupt. Rolle und Person können dabei weder losgelöst voneinander existieren noch gehen sie völlig ineinander auf. Das Rollenspiel des Schauspielers thematisiert und befragt diese Form menschlicher Selbst- und Fremdverhältnisse in einer symbolischen Art und Weise (vgl. Fischer-Lichte 1997).

Helmuth Plessner (1892–1985) beschreibt die Qualität dieses Selbst-Thematischwerdens des Schauspielers als Mensch und Rolle in seinem Aufsatz „Zur Anthropologie des Schauspielers" folgendermaßen: „Entscheidend bleibt der Rückhalt an der Rolle, in der seine Individualität sich entfaltet und zugleich verschwindet. Die Verwandlung bleibt durch die Persönlichkeit getragen" (Plessner 1982, S. 405). Für Plessner manifestiert sich der (Schauspieler-)Mensch im und durch Rollenhandeln in einer zugleich unmittelbaren und mittelbaren, in einer sowohl natürlichen als auch künstlichen Art und Weise. Diese anthropologische Doublette gelingt, weil der Schauspieler seine eigene körperliche Existenz in ein Mittel symbolischer Darstellung, in ein Werkzeug des bedeutungshaften Verweisens auf etwas Anderes transformiert. Im Prinzip der rollenhaften Verkörperung wird somit die Eigenart menschlichen Seins erst darstellbar (ebd., S. 409).

Verallgemeinert lässt sich festhalten, dass das Prinzip der Rolle auf ein wie auch immer geartetes Vermittlungs- bzw. Verbindungsprinzip zwischen dem Darstellenden und seinem Körper sowie dem Darzustellenden verweist. Dabei ist jedoch weder etwas über die Art und Weise, also das *Wie* der Darstellung, noch etwas über die Beschaffenheit des Darzustellenden ausgesagt. Die Geschichte der Schauspielkunst zeigt an dieser Stelle vielfältigste Ansätze, Theorien und Methoden auf, wie sich das rollenförmige Handeln des Schauspielers im Sinne bewusster artifizieller Inszenierungen menschlicher Handlungen vollziehen kann bzw. zu vollziehen hat. Äußerliche körperliche Darstellung, innere psychische Einfühlung und Identifikation, mimetische Anverwandlung, verfremdende Abstandnahme, emotionale Nähe oder rationale Distanz wären hierbei verschiedene Möglichkeiten, die ihrerseits wiederum die Vielschichtigkeit der Beziehung von Rollenträger und Rollenfigur verdeutlichen.

Die Form des rollenförmigen Handelns des Schauspielers verweist auf unterschiedliche Verständnisse über das Verhältnis von sozialer Lebensrealität und artifiziell-ästhetischer Wirklichkeit im Rollenhandeln des Schauspielers. Denn Theater bzw. inszeniertes theatral-rollenförmiges Handeln kann sowohl *Repräsentation* von etwas als auch *Präsentation* von etwas sein. Dieses *Etwas* (vgl. Fischer-Lichte 2001, S. 161) muss aus heutiger Perspektive allerdings sehr offen gehalten werden. Es lässt sich nicht, wie z. B. in der Tradition des klassischen dramatischen Theaters, nur auf literarische Rollen-Figuren beschränken. Vielmehr bedeutet dieses *Etwas* ein breites Spektrum an Erscheinungsmöglichkeiten zwischen den Polen der dramatischen (psychologischen und literarischen) Rollenfigur und dem personalen physischen Selbst des Schauspielers, dessen Körper als Hervorbringungsorgan performativer Handlungsvollzüge in Erscheinung tritt. Die Rolle als funktionales Vermittlungsprinzip zwischen Darsteller und Dargestelltem wird dabei zunehmend fragwürdig. Das, was der Schauspieler während des Schauspielens ist, äußert sich als etwas Ephemeres, etwas Fragiles, dass sich in einem liminoiden Zwischenraum von *nicht ich sein* und *nicht nicht ich sein* (vgl. Schechner 1990, S. 233) konstituiert. Anders ausgedrückt: Eine theatrale Rolle ist weder starr noch eindeutig, sondern sie ist prozessual schwellenhaft angesiedelt auf der Grenze zwischen sozialer Realität und ästhetischer Wirklichkeit, zwischen Physikalität (dem Körper des Schauspielers) und Semiotizität (der Bedeutung seiner Handlungen), zwischen dem Eigenen (was dem Schauspieler als Person zu eigen ist) und dem anderen (was er darstellt, verkörpert, (re-)präsentiert).

Besonders deutlich wird dieser komplexe Sachverhalt in Kontexten sog. *postdramatischer* bzw. *performativer* Theaterformen seit den 1970er Jahren (vgl. z. B. Umathum 2005; Weiler 2005). Diese Formen geben die inhaltlich-semantische und logisch-strukturelle Dominanz dramatischer Texte in Theateraufführungen auf und fokussieren Aspekte der situativen Emergenz, der polyvalenten und simultanen Zeichenverwendung sowie der Desartikulation konventioneller Handlungsstringenz. Tendenziell implizieren derartige Formen deshalb auch ein Moment selbstreferentieller bzw. selbstreflexiver Verhandlung und Problematisierung der Bedingungen ihrer eigenen situativen Erscheinungen. Damit einhergehend stellen sie auch die traditionelle Vorstellung eines in sich geschlossenen theatralen Rollenhandelns in Frage. Theatrales Rollenhandeln erscheint dabei als etwas Brüchiges, etwas, das permanent Gefahr läuft, zu scheitern. Der Schauspieler behauptet nicht mehr zwangsläufig eine in sich konsistente, also geschlossen inszenierte Illusion, sondern zeigt auch die Grenzen seines Tuns auf, indem er z. B. in seine soziale Rolle als Schauspieler zurückfällt.

In nochmals erhöhtem Maß zeigen sich sowohl diese Verwerfungen und Brüche des theatralen Rollenhandelns als auch die situative Überlagerung von theatralem und sozialem Rollenhandeln, wenn sog. *Experten des Alltags*, also Laien, auf der Theaterbühne in Aktion treten, die subjektives Handeln jenseits theatraler Figurenkonstellationen präsentieren (vgl. Fischer-Lichte u. a. 2006, S. 14–69). Rolle ist hier das, was man von sich selbst und über sich selbst als man selbst präsentiert. Dies zieht allerdings unweigerlich die Fragen nach dem „Wesen" und der Konstitution des Selbst nach sich. Immerhin handelt es sich um Inszenierungen des Selbst in einem (auch) theatralen und nicht (nur) sozialen Rahmen. Der Unterschied zu konventionellen Theateraufführungen liegt jedoch darin, dass die Darsteller nicht mehr so tun, als ob sie ein anderer wären (z. B. Hamlet), sondern sie treten als sie selbst auf. Die theatrale Selbst- und Fremdreferentialität in der Darstellung sowie das Reale und das Artifizielle werden bei solchen (Selbst-)Inszenierungen in ihrer situativen Ko-Präsenz sowohl den Darstellenden als auch den Zuschauern zum Problem. Wer da auf der Bühne als wer in Erscheinung tritt und ob die Rolle, die dieser *Wer* spielt, „echt" oder „künstlich" ist, bleibt letztlich der subjektiven Wahrnehmung des Zuschauers überlassen.

2 Der soziologische Rollenbegriff

Die obigen Ausführungen zum theatralen Rollenbegriff legen nahe, dass eine Rolle erstens qualitativ komplexer ist als ein einfaches vorgegebenes Formschema. Die Rolle ist zweitens in einem Zwischenraum von rahmenhaften Vorgaben, Fremdwahrnehmungen und subjektiven Ausgestaltungen situiert. Und drittens stellt sich nicht nur die Frage danach, was eine Rolle ist, sondern auch die Frage danach, wann und wie eine Rolle ist. Situativ erscheinen Menschen anderen Menschen stets in einer *Als-Struktur:* als Freund, als Kollege, als Vorgesetzter, als Fachmann oder Laie, als Beamter, Angestellter oder Selbstständiger, als Künstler usw. – oder eben als Theaterzuschauer.

Da Menschen in vielen unterschiedlichen Kontexten agieren, handeln sie zwangsläufig auch in unterschiedlichen Rollen und dort jeweils in einer unterschiedlichen Art und Weise vor unterschiedlichen Hintergründen und im Hinblick auf je unterschiedliche Anforderungen und Ziele. Entscheidend ist dabei, dass soziale Rollen zunächst einmal unabhängig von konkreten Menschen existieren. Daraus folgt, dass soziales Rollenhandeln zwar individuell und subjektiv ist, da Rollen de facto an handelnde Menschen gekoppelt sind; Rollen haben jedoch auch einen über-individuellen Anteil, mit dem sich eine Person, die in einer bestimmten Rolle handelt, im Sinne einer normativen Vorgabe konfrontiert sieht. Die Rolle steht dem Rollenträger deshalb einerseits als von außen an ihn herangetragene Verhaltenszumutung gegenüber, beinhaltet andererseits jedoch in der konkreten Ausgestaltung auch ein hohes Maß an subjektiven, emotionalen und individuellen Aspekten. Differenzen zwischen einem normativ erwarteten Rollenhandeln und einem tatsächlichen Handlungsvollzug sind also der Normalfall. Das individuell-subjektiv vollzogene soziale Rollenhandeln und das gesellschaftlich-normativ erwartete stehen also offenbar in einem grundsätzlichen Spannungsverhältnis. Soziologisch ist daher zwischen Rolle, Rolleninhaber, Rollenerwartungen und tatsächlichem Rollenhandeln zu unterscheiden (vgl. das Lemma „Rolle“ in Hillmann 2007, S. 756–758).

Die theoretische Ausformulierung sozialen Rollenhandelns ist in der Soziologie so umfassend vollzogen worden, dass in diesem Kontext weder ein historischer noch ein systematischer Überblick gegeben werden kann, sondern nur drei Theorien bzw. Modelle paradigmatisch angesprochen werden sollen, die einerseits verdeutlichen, dass soziales Rollenhandeln in einen konfliktgeladenen Dualismus zwischen gesellschaftlichen Rollenerwartungen und individuellen Zielen, Wünschen und Bedürfnissen eingebettet ist und die andererseits aufzeigen, wie man sich den praktischen Vollzug sozialen Rollenhandelns vorstellen kann.

Die Ausformulierung des Rollenbegriffes in der strukturfunktionalistischen Systemtheorie des US-amerikanischen Soziologen Talcott Parsons (1902–1979) intendiert, konformes Rollenhandeln als zentrales Funktionselement von Gesellschaften zu bestimmen. Die Hauptaufgabe von Sozialisationsprozessen besteht dementsprechend darin, Menschen dazu zu befähigen, in den funktional ausdifferenzierten Subsystemen der Gesellschaft kompetent und freiwillig vorgegebene Rollen zu übernehmen, auszufüllen und darin eine persönliche Befriedigung zu erfahren. Das heißt, Menschen müssen nicht nur für die jeweiligen Rollenpositionen angemessen qualifiziert werden, sondern sie müssen auch den gesellschaftlichen Bedürfnissen entsprechend verteilt werden. Hierbei ist es insbesondere die Schule, die die Aufgaben der Qualifikation, der Selektion und der Allokation im Sinne einer gesellschaftsreproduzierenden und gesellschaftsstabilisierenden Funktion zu übernehmen hat (vgl. z.B. Baumgart 1997a).

Jürgen Habermas (*1929) hat nun kritisch darauf hingewiesen, dass Rollenhandeln erstens nicht in einer hundertprozentigen Internalisierung von Rollenmustern aufgeht; dass zweitens nicht jede Rollenübernahme mit einem Moment der persönlichen Befriedigung einhergeht; und dass drittens es nicht immer sichergestellt werden kann, dass Rollenhandeln auf sozialen Eindeutigkeiten aufbaut ist. Habermas geht dagegen davon aus, dass Rollenhandeln (erstens) auf interpretationsbedürftigen Strukturen und Prämissen aufbaut; dass es (zweitens) im Normalfall als etwas Ambivalentes erfahren wird; und schließlich merkt er an, dass Rollenerwartungen nicht eindeutig, sondern tendenziell diffus sind: Rollennormen werden nicht völlig ungebrochen übernommen, so dass es zu einem immer wiederkehrenden Konflikt zwischen angetragenen Normen und individuellen Dimensionen des Handelns kommt. Für Habermas hat der Sozialisationsprozess aus diesem Grund auch die Aufgabe, das Individuum im Hinblick auf diese Schwierigkeiten und Anforderungen in einer kritischen Art und Weise zu stärken (vgl. z.B. Baumgart 1997b).

Der US-amerikanische Soziologe Erving Goffman (1922–1982) hat schließlich in seinem Werk „The Presentation of Self in Everyday Life" (dt. „Wir alle spielen Theater") eine modellhafte Beschreibung gesellschaftlichen Rollenhandelns mittels theatraler Begrifflichkeiten vorgelegt. Für Goffman bedeutet soziales Rollenhandeln das Bestreben eines Menschen, in einem konkreten sozialen Kontext, d.h. in einem spezifischen situativen Rahmen, anderen Menschen aus Gründen der situativen Einflussnahme in einer bestimmten Art und Weise, konkret mittels einer Mischung aus einem individuellen und einem standardisierten Ausdrucksrepertoire, in Erscheinung zu treten. Sozialen Situationen ist damit ein inszenatorisch-performativer Charakter zu eigen. Der Begriff der Rolle bezeichnet hierbei das vorherbestimmte Handlungsmuster, das sich während einer sozialen Darstellung entfaltet. Je nachdem, wie dieses Handlungsmuster durch den Akteur zur Erscheinung gebracht wird, kann eine Darstellung glücken, überzeugend sein oder auch nicht. Das *Selbst* eines Menschen ist dabei das, was im Kontext bzw. auf Basis der rollenhaften Selbst-Präsentationen im sozialen Alltag durch diesen Menschen für andere Menschen wahrnehmbar von diesem Menschen in Erscheinung tritt (vgl. Goffman 1983).

3 Theatralität – Rolle – Gesellschaft: eine pädagogische Zusammenführung

Dass soziales Rollenhandeln erlernt und situationsspezifisch geübt werden muss, implizieren alle hier angerissenen Theorien und Modelle. Dass der Sozialisationsprozess hierfür der zentrale Lernkontext ist, kann an dieser Stelle nicht weiter ausgeführt werden (vgl. z. B. Hurrelmann 2002), sondern wird als gegeben vorausgesetzt. Vielmehr soll hier auf eine spezifische anthropologisch-gesellschaftliche „Funktion" von Theater verwiesen werden, die zugleich auch ein Erklärungsmuster für die aktuelle Popularität des Theaterspiels in pädagogischen Kontexten bietet.

Moderne oder postmoderne Gesellschaften werden häufig als theatrale oder als Inszenierungsgesellschaften beschrieben (Willems/Jurga 1998). Auch wenn diese Etikettierungen historisch betrachtet nicht immer triftig erscheinen, bleibt die pädagogisch entscheidende Frage, wie Menschen in diesen Gesellschaften jene Rollenhandlungsfähigkeit erlangen können, die sie für eine umfassende und produktive Teilhabe an diesen Gesellschaften benötigen. Nicht alleine die Kompetenz, in diesem Fall ein spezifisches praktisches Wissen, sondern vielmehr die Performanz, also der leibliche Vollzug gestalterischer, bedeutungshafter Handlungen, entwickelt sich vor dem Hintergrund kontingenter Lebensmöglichkeiten zu einer entscheidenden biographischen Anforderung an das Subjekt. Postmoderne Inszenierungsgesellschaften sind somit immer auch Gesellschaften der Probe, da in ihnen die Konstitution ästhetischer-spielhafter Wirklichkeiten zu einer Alltagspraxis wird.

Weil soziale Aufführungen im Gegensatz zu theatralen nicht tendenziell konsequenzvermindert sind, kommt dem Theater bzw. genauer gesagt: dem Handlungsrahmen der Theaterprobe, ein spezifisches pädagogisches Potential zu. Im Theaterspiel wird Performanz „erzwungen". Theater ohne Handlung ist nicht denkbar. Theatrale Handlungen sind jedoch, im Unterschied zu sozialen Handlungen, qualitativ andersartig revidierbar und wiederholbar. Das Theater kann somit als Raum der methodisierten Probe und als methodische Reflexionsinstanz derselben sowohl das Prinzip des sozialen Rollenhandelns als auch die Mechanismen sozialer Inszenierung in einen Handlungsrahmen zweiter Ordnung versetzen. Dieser Rahmen führt dazu, dass theatrale Handlungen im Unterschied zu primären sozialen Handlungen nicht nur anders erfahren und wahrgenommen werden, sondern auch dazu, dass deren Wirkungsintentionen und Wirkungen andere sind als diejenigen sozialer Rollenhandlungen. Theatrale Handlungen zielen zunächst auf eine ästhetische Wirkung ab (die natürlich auch beispielsweise moralische oder erkenntnistheoretische Implikationen enthalten kann), wohingegen soziale Rollenhandlungen primär dazu dienen, individuelle und kollektive Lebenswelten in einer spezifischen Form aufrecht zu erhalten.

Theater in diesem Sinn verstanden ist Handlung über Handlung. In der Theaterprobe können diese Handlungen immer wieder aufs Neue variiert, verändert, hinterfragt bzw. auf ihre Wirkung hin reflektiert werden. Somit kann Theaterspiel – zumindest theoretisch-strukturell – die Bedingungen der Möglichkeit sozialen Rollenhandelns sowie deren Vollzugsbedingungen und Konsequenzen bewusst werden lassen.

Im Gegensatz zu Alltagspraxen, die zu weiten Teilen unreflektiert und unhinterfragt sowie „automatisch" oder habitualisiert ablaufen, ist Theaterspiel auf ein Bewusstsein der Darstellung angewiesen. Theaterspielen wirkt daher auf einer performativen Ebene fragmentierend, zergliedernd, elementarisierend und damit analytisch. Erst auf dieser Basis können sich die artifiziell-synthetischen performativen Bedeutungserzeugungen konstituieren. Im Gegensatz zur Grammatik sozialer Alltagshandlungen ist die Grammatik des Theaterspielens ohne Reflexionsprozesse nicht erlernbar.

Dies führt dazu, dass der Prozess des Theaterspielens nicht nur eine ästhetische Darstellungs-, Verweis- oder Ausdrucksdimension besitzt, sondern darüber hinaus zugleich subjektive Selbst- und Weltverhältnisse konstituiert. Die pädagogische Relevanz theatralen Handelns besteht darin, die Prämissen und Anforderungen rollenförmigen Handelns performativ-probehaft befragen und reflektieren zu können.

Bildungstheoretisch ergeben sich hier nunmehr vielfältige Anschlussmöglichkeiten: Im und durch Theaterspiel können Menschen ihre Handlungsmöglichkeiten sowie ihre Interpretationsmöglichkeiten von Handlungen erweitern und reflektieren. Von besonderer pädagogischer Relevanz ist dabei die körperlich-leibliche Dimension des Handlungsvollzugs. Die Bedeutungen können im theatralen Rollenspiel nur körperlich-leiblich hervorgebracht werden. Insofern sind die Zeichen auch nicht ablösbar von den Zeichenträgern. Die Ermöglichung kunstförmiger performativer und aisthetischer Bildungsprozesse kann somit auch als ein pädagogisches Spezifikum des Theaterspiels aufgefasst werden. Dass Bildung stets als Selbst- und Weltbildung zu verstehen ist, wird hier augenscheinlich (Liebau/Klepacki/Zirfas 2009).

Entscheidend an dieser Stelle ist jedoch der Umstand, dass die durch das Theaterspiel potentiell initiierbaren Lern- und Bildungsprozesse nur dann wirksam werden können, wenn eine performative Auseinandersetzung mit den formalen und inhaltlichen An- und Herausforderungen der theatralen Kunst selbst erfolgt. In pädagogischer Hinsicht wäre somit das anthropologische Reflexionsmedium Theater erst dann ein pädagogisches Lern- und Bildungsmedium, wenn es zugleich Gegenstand pädagogischer Vermittlungs- und Aneignungsprozesse ist.

Zu unterscheiden ist hier deshalb schließlich ein Lernen *im* Theaterspielen als Erlernen von z. B. spezifischen theatralen Körper- und Inszenierungstechniken von einem Lernen *durch* Theaterspielen von z. B. persönlichen, sozialen, methodischen Fähigkeiten und einem Lernen *zum* Theaterspiel, das als Erlernen eines historischen und theoretischen theatralen Wissens dem Lernen im und durch das Theater vorausgehen sollte. Erst dann besteht die Chance, dass die Kunst des Theaters wirksam wird für eine Bildung der subjektiven Wahrnehmungs-, Gestaltungs- und Darstellungsfähigkeit, für die performative Behandlung von Fragen des sozialen Rollenhandelns und der Identität und für die Auseinandersetzung mit subjektiven und kollektiven Problemen bezüglich der Ambiguitäten, Ambivalenzen und Kontingenzen sozialer Alltagskontexte (vgl. Klepacki/Zirfas 2009).

Literatur

Baumgart, Franzjörg (1997a): Sozialisation als Erlernen von Rollen. In: Ders. (Hrsg.): Theorien der Sozialisation. Bad Heilbrunn, S. 81–87.

Baumgart, Franzjörg (1997b): Ich-Identität als Ziel der Sozialisation. In: Ders. (Hrsg.): Theorien der Sozialisation. Bad Heilbrunn, S. 153–165.

Fischer-Lichte, Erika (1997): Theater. In: Wulf, Christoph (Hrsg.): Vom Menschen. Handbuch Historische Anthropologie. Weinheim/Basel, S. 985–996.

Fischer-Lichte, Erika (2001): Ästhetische Erfahrung. Das Semiotische und das Performative. Tübingen/Basel.

Fischer-Lichte, Erika/Gronau, Barbara/Schouten, Sabine/Weiler, Christel (Hrsg.) (2006): Wege der Wahrnehmung. Authentizität, Reflexivität und Aufmerksamkeit im zeitgenössischen Theater. Berlin.

Goffman, Erving (1983): Wir alle spielen Theater. Die Selbstdarstellung im Alltag. München.

Haß, Ulrike (2005): Rolle. In: Fischer-Lichte, Erika/Kolesch, Doris/Warstat, Matthias (Hrsg.): Metzler Lexikon Theatertheorie. Stuttgart/Weimar, S. 278–283.

Hillmann, Karl-Heinz (Hrsg.) (2007): Wörterbuch der Soziologie. 5. Aufl. Stuttgart.

Hurrelmann, Klaus (2002): Einführung in die Sozialisationstheorie. 8. Aufl. Weinheim/Basel.

Klepacki, Leopold/Zirfas, Jörg (2009): Ästhetische Bildung: Was man lernt und was man nicht lernt. In: Liebau, Eckart/Zirfas, Jörg (Hrsg.): Die Kunst der Schule. Über die Kultivierung der Schule durch die Künste. Bielefeld, S. 111–139.

Liebau, Eckart/Klepacki, Leopold/Zirfas, Jörg (2009): Theatrale Bildung. Weinheim/München.

Plessner, Helmuth (1982): Zur Anthropologie des Schauspielers (1948). In: Dux, Günter/Marquard, Odo von/Ströker, Elisabeth (Hrsg.): Helmuth Plessner. Gesammelte Schriften. Band VII. Frankfurt/M., S. 399–418.

Schechner, Richard (1990): Theater-Anthropologie. Spiel und Ritual im Kulturvergleich. Reinbek.

Scheuerl, Hans (1979): Das Spiel. Untersuchungen über sein Wesen, seine pädagogischen Möglichkeiten und Grenzen. Weinheim/Basel.

Umathum, Sandra (2005): Performance. In: Fischer-Lichte, Erika/Kolesch, Doris/Warstat, Matthias (Hrsg.): Metzler Lexikon Theatertheorie. Stuttgart/Weimar, S. 231–234.

Weiler, Christel (2005): Postdramatisches Theater. In: Fischer-Lichte, Erika/Kolesch, Doris/Warstat, Matthias (Hrsg.): Metzler Lexikon Theatertheorie. Stuttgart/Weimar, S. 245–248.

Willems, Herbert/Jurga, Martin (Hrsg.) (1998): Inszenierungsgesellschaft. Opladen/Wiesbaden.

Macht und Gewalt

Markus Rieger-Ladich

Obwohl das pädagogische Feld von Beginn an in Macht- und Gewaltverhältnisse verstrickt ist, gerät dies doch immer wieder in Vergessenheit – und wird häufig erst dann thematisch, wenn dessen Akteure in besonders anstößiger Weise gegen ihr Berufsethos verstoßen (vgl. Oevermann 2010). Werden diese Fälle von den Massenmedien aufgegriffen, operieren diese nicht selten mit einem Gegenbild, das Erziehung und Bildung in einer sozialen Sphäre situiert, die gänzlich frei scheint von Zwang, Macht und Gewalt. Der nüchternen Analyse pädagogischer Praktiken ist die Rhetorik der Skandalisierung (vgl. Liell 1999) freilich kaum förderlich.

Da diese Geschehnisse auf das verweisen, wozu Menschen offensichtlich prinzipiell fähig sind, ist es unverzichtbar, auch innerhalb der Pädagogischen Anthropologie eine *Analyse* von Macht und Gewalt zu betreiben. Es scheint mir unstrittig, dass eben dies in der Vergangenheit häufig versäumt wurde, dass pädagogische Konzepte viel zu selten mit der beobachtbaren Praxis abgeglichen wurden (vgl. Oelkers 2011). Es gilt daher, Anschluss an die neueren Entwicklungen innerhalb der Macht- und Gewaltforschung zu finden und die eigenen begrifflichen Instrumente zu schärfen. Zu diesem Zweck werde ich zunächst Schlaglichter auf die Debatte um den Machtbegriff werfen, danach die Ausdifferenzierung des Gewaltbegriffs skizzieren sowie zwei Fallbeispiele diskutieren. Ich schließe mit Hinweisen auf Herausforderungen für die Pädagogische Anthropologie.

1 Macht

Pikanterweise war es mit Helmuth Plessner ein Vertreter der Philosophischen Anthropologie, der davor warnte, Macht als überzeitliches Phänomen zu betrachten: Unter dem Titel „Die Emanzipation der Macht“ verweist er darauf, dass deren Wahrnehmung rückgebunden bleibt an historische Konstellationen. Dass der Mensch auf dem Radar zeitkritischer Reflexionen als machtbegabtes Wesen erscheint und soziale Gebilde auf Erscheinungsformen von Macht hin beobachtet werden, ist mithin nicht selbstverständlich; vielmehr indizieren sie historische Transformationsprozesse: „Mit dem Schwinden der Selbstverständlichkeit einer gegebenen staatlichen Ordnung wächst das Interesse am Begriff der Macht […]. Machtbegriff und Machttheorie sind daher jungen Datums und Spätprodukt eines Denkens, das zur Staatlichkeit kein natürliches Vertrauensverhältnis mehr besitzt“ (Plessner 2003, S. 264).

Wenn daher noch die persönlichsten Beziehungen zum Gegenstand machtkritischer Untersuchungen werden, ist dies Ausdruck einer fortschreitenden Entgrenzung der ehedem relativ präzise lokalisierbaren Sphäre der Macht. So verweist die Emanzipation der Macht auf Gesellschaften, die in der Selbstthematisierung Gleichheit, Gerechtigkeit und Fairness besondere Prominenz einräumen. Das Operieren mit dem Machtbegriff „als einer auf alle sozialen Zonen und Prozesse […] bezogenen Kategorie“ (ebd., S. 273) kennzeichnet daher die Durchsetzung egalitärer Leitbilder: Bleiben die realen Verhältnisse hinter diesen Ansprüchen zurück, lässt sich dies im Rückgriff auf die Semantik der Macht zwar nicht unterbinden, aber wenigstens skandalisieren.

Die *Veralltäglichung der Macht* verweist daher auf die Ablösung primär stratifikatorisch differenzierter Gesellschaften und den Erfolg der emanzipatorischen Semantik. In der Folge erscheint auch die radikalisierte Machtkritik, die in den letzten Jahrzehnten etwa von Michel Foucault, Pierre Bourdieu und Judith Butler entwickelt wurde, in einem neuen Licht: Mit ihrer verdienstvollen Arbeit sind sie nicht nur wichtige Protagonist(inn)en dieser Bewegung der Entgrenzung, sondern auch diskursive Effekte historischer Transformationen.

In der Folge der fortschreitenden *Intimisierung und Vergesellschaftung* der Macht gerät auch das pädagogische Feld in den Verdacht, dass seine Selbstbeschreibungen keinen verlässlichen Aufschluss über die tatsächlichen Verhältnisse geben. Nachdem Siegfried Bernfeld in den 1920er Jahren dessen Verstrickung in gesellschaftliche Machtverhältnisse mit beißendem Spott kommentiert hatte, unterzog Katharina Rutschky in den 1970er Jahren kanonische Texte der Pädagogik einer kritischen Lektüre und wies nach, dass die Organisation von Erziehung häufig zu einem Element gesellschaftlicher Konkurrenzkämpfe geworden war.

Um der Instrumentalisierung des pädagogischen Feldes auf die Spur zu kommen, empfiehlt es sich, an Max Webers Definition zu erinnern: „Macht bedeutet jede Chance, innerhalb einer sozialen Beziehung den eigenen Willen auch gegen Widerstreben durchzusetzen, gleichviel worauf diese Chance beruht“ (Weber 1980, S. 28). Interessant ist sie durch den Zusatz, dass der Machtbegriff „soziologisch amorph“ sei und es eben nicht nur unterschiedliche Konstellationen sein können, die jemanden befähigen, seinen Willen durchzusetzen, sondern alle „denkbaren Qualitäten eines Menschen“ (ebd.).

Diese Bestimmung antizipiert die Entgrenzung des Phänomens. Heinrich Popitz steht daher in der Tradition Webers, wenn er vier „anthropologische Grundformen“ (Popitz 2009, vgl. S. 22 ff.) der Macht identifiziert. Die *Aktionsmacht* (1) macht sich die

Verletzungsanfälligkeit des menschlichen Körpers zunutze: Insofern der Mensch einen anderen zu verletzen vermag, kann er Macht über ihn erlangen. Die *instrumentelle Macht* (2) operiert mit der Differenz von Zuteilung bzw. Entzug und beruht darauf, dass sich Menschen meist an der Zukunft orientieren. *Autoritative Macht* (3) wiederum verdankt sich der menschlichen „Orientierungsbedürftigkeit": Als „Mängelwesen" (Gehlen) bleibt der Mensch auf die Stiftung von Ordnungen angewiesen – und damit den Manipulationsversuchen anderer ausgeliefert. Die *Macht des Datensetzens* (4) bezeichnet den Einfluss auf die Handlungen anderer, der aus dem Eingriff in die materielle Welt resultiert.

Wenn daher pädagogische Praktiken auf ihre Machtförmigkeit hin untersucht werden, wenn Schulgebäude als Orte sozialer Zurichtung, ihre architektonische Gestalt auf stumme Adressierungen und die Möblierung von Klassenzimmern auf ihre Disziplinierungseffekte hin befragt werden (vgl. Rieger-Ladich/Ricken 2009), wenn pädagogische Klassiker neu gelesen werden, um Subjektivierungspraktiken, Pastoraltechniken und Regierungsformen aufzudecken (vgl. Brinkmann 2013), ist mit unterschiedlichen *Spielarten der Macht* zu rechnen.

Sucht man die Bedeutung der Kategorie „Macht" für die Reflexion des pädagogischen Feldes zu bestimmen, erschließt sich schnell der Wert von Popitz' Typologie „anthropologischer Grundformen". Es sind unterschiedliche Varianten involviert, wenn etwa Käte Meyer-Drawe (2001, S. 447) auf die Machtförmigkeit von Erziehungspraktiken verweist – „Macht steckt in Erziehung wie ein Stachel oder Pfahl im Fleisch" – oder wenn Michael Wimmer (2007, S. 12) auf die „Komplizität von Bildung und Macht" aufmerksam macht: Wie sich die Aktionsmacht zur instrumentellen oder zur autoritativen Macht verhält, lässt sich nicht vorab entscheiden. Erst die *Analyse empirischer Fälle* von Erziehungspraktiken und Bildungseinrichtungen gibt hier genaueren Aufschluss.

2 Gewalt

Als Gewalt im engeren (physischen) Sinne wird in der sozialwissenschaftlichen Gewaltforschung zumeist die Verletzung der Integrität des Körpers und die Zufügung von Schmerz gefasst. Sie wird – etwa im Rückgriff auf Hannah Arendt – als eine Handlung interpretiert, die „wie alle Herstellungsprozesse im Sinne der Zweck-Mittel-Kategorie verläuft" (Arendt 1996, S. 8) und mit der „absichtlichen körperlichen Verletzung anderer" (Popitz 1992, S. 42) operiert, um eigene Zwecke zu verfolgen.

Innerhalb der Gewaltforschung (vgl. Heitmeyer/Hagen 2002) sind jene Beiträge selten, die Gewalthandlungen als solche erforschen. Ungleich häufiger werden Versuche unternommen, die (vermeintlichen) Ursachen der Gewalt zu bestimmen und der sog. menschlichen Natur auf die Spur zu kommen. Wie problematisch dies ist, zeigen die Arbeiten Wolfgang Sofskys, der sich in seinem „Traktat über die Gewalt" (1996) zwar um „dichte Beschreibungen" (Geertz) von Gewaltexzessen bemüht, dabei aber soziale und historische Kontexte vernachlässigt. Die Folge ist eine „Mystifizierung" und „Essentialisierung" (Liell 1999, S. 46) der Gewalt, die etwa „die primitivsten Schichten der Seele" (Sofsky 1996, S. 225) als das „wahrhaft Unsterbliche" (ebd.) auszuweisen sucht und den schicksalhaften Kreislauf von Blut und Gewalt beschwört.

Produktiver als Spekulationen über die gewaltsame „Natur des Menschen" sind phänomenologische Beiträge, wie sie Jan Philipp Reemtsma (2008) vorgelegt hat. Er entwickelt eine *Typologie körperlicher Gewalt* vor dem Hintergrund des Ausgeliefertseins des Neugeborenen: „Die Welt ist nichts, was mich automatisch versorgt, noch bevor ich Schmerzen leide, sondern zuerst leide ich, schreie, und dann habe ich vielleicht Glück und werde wieder satt. Glück *muss* man auch haben, denn das langsam zum Ich werdende Menschenwesen kann für sich nichts tun. Es ist ausgeliefert. Dieses Gefühl begleitet die Ich-Werdung und bleibt als abrufbares Befindlichkeitspotential vorhanden" (ebd., S. 105).

Dabei unterscheidet Reemtsma (ebd., S. 106 ff.) drei Formen physischer Gewalt: Der *lozierenden Gewalt* gilt der Körper als Objekt, das aufgrund seiner räumlichen Ausdehnung zu einem Hindernis wird – und welches es dem eigenen Verfügungsrecht zu unterwerfen gilt. Ist hier das Desinteresse am Anderen konstitutiv, geht es der *raptiven Gewalt* darum, den fremden Körper zu besitzen – und häufig genug auch darum, ihn zum Objekt der sexuellen Begierde zu machen. Dessen Vernichtung ist dabei nicht intendiert. Dies trifft allein für die *autotelische Gewalt* zu: Sie findet ihren Zweck in sich selbst; ihr geht es um die Vernichtung eines anderen Körpers.

So nachdrücklich viele Vertreter/innen der Gewaltforschung die Bedeutung der körperlichen Verletzung betonen, überzeugt dies doch nicht uneingeschränkt. Bernhard Waldenfels (2000, S. 15) etwa warnt davor, „die Gewalt über Gebühr zu personalisieren und zu existentialisieren". Verletzungen können auch von seelischer Grausamkeit oder von symbolischen Gewalthandlungen herrühren. Und sie können auf Diskriminierungen und Benachteiligungen zurückgehen, die sich nicht an Einzelpersonen adressieren lassen. Für die Weiterentwicklung der Gewaltforschung wäre es daher fatal, „Subjekte gegen Strukturen beziehungsweise Systeme auszuspielen" (ebd., S. 19).

Als Reaktion auf die handlungstheoretische Engführung und die latente Anthropologisierung der Gewaltforschung wurden unterschiedliche Konzepte entwickelt. Zu den wichtigsten zählen jene der strukturellen Gewalt sowie der symbolischen Gewalt.

Johan Galtung begegnete mit dem Begriff der *strukturellen Gewalt* in den 1970er Jahren der Neigung zur Individualisierung von Gewalthandlungen sowie der Vernachlässigung politischer und ökonomischer Strukturen. Gewalt verdankt ihre Form den Kontexten, in die sie eingelassen ist. Galtung sensibilisierte daher für überindividuelle, anonyme Gewaltverhältnisse und schärfte damit den Blick für die Beeinträchtigung der Lebens- und Entwicklungsmöglichkeiten der Menschen in ausgebeuteten Gesellschaften (vgl. Scherr 2004).

Auf das verstörende Phänomen, dass solch eklatante Formen der Diskriminierung von den Betroffenen selbst mitunter gar nicht als skandalös wahrgenommen werden, reagierte Pierre Bourdieu mit dem Konzept der *symbolischen Gewalt:* „Die symbolische Gewalt richtet sich mittels der Zustimmung ein, die dem Herrschenden (folglich der Herrschaft) zu geben der Beherrschte gar nicht umhinkann, da er, um ihn und sich selbst, oder besser, seine Beziehung zu ihm zu erfassen, nur über Erkenntnismittel verfügt, die er mit ihm gemein hat, und die, da sie nur die verkörperte Form des Herrschaftsverhältnisses sind, dieses Verhältnis als natürlich erscheinen lassen [...]" (Bourdieu 2005, S. 66).

Wie wichtig diese Ausdifferenzierung des Gewaltbegriffs ist, zeigt die fortschreitende Entwertung der Körperlichkeit, der ein *Formenwandel der Gewalt* korrespondiert, welcher sich auch innerhalb des pädagogischen Feldes widerspiegelt. Entzündete sich in den 1960er Jahren noch eine Debatte an der Frage, ob Schläge als legitimes Mittel der Erziehung gelten können, lässt sich nun die weitgehende Durchsetzung der „gesellschaftlichen Tabuisierung physischer Gewalt" (Scherr 2004, S. 215) konstatieren. Auch wenn die physische Gewalt in Familien oder Jugendkulturen nicht bestritten werden soll, spricht doch manches dafür, den Blick für jene Erscheinungsformen der Macht zu schärfen, die sich nicht länger über körperliche Verletzungen absichern. Interpretiert man die Schule nicht allein als die zentrale „Agentur" (Schelsky) für die Zuteilung sozialer Chancen, sondern auch als Ort der Verbreitung der legitimen Kultur bürgerlicher Gesellschaften, geraten Schulen auch als Medien symbolischer Gewalt in den Fokus: Indem sie durch Curriculum, Interaktionsformen und Beurteilungspraktiken bestimmte Habitus privilegieren (vgl. Alkemeyer/Rieger-Ladich 2008), erzwingen sie auf sanfte Weise die Zustimmung zum Status quo und immunisieren die krasse Ungleichverteilung von Ressourcen gegen Kritik.

3 Verwicklungen und Überlagerungen: Fallbeispiele

Wendet man sich nun Einzelfällen zu, zeigt sich schnell, dass sich auch im pädagogischen Feld Macht- und Gewaltverhältnisse häufig auf komplizierte Weise überlagern. An zwei Beispielen soll dies gezeigt werden: zunächst am Fall eines prügelnden Hauslehrers zu Beginn des 20. Jahrhunderts und danach am Beispiel des sexuellen Missbrauchs von Internatsschülern an der Odenwaldschule seit Mitte der 1960er Jahre.

Wie wichtig die Berücksichtigung der *historischen Kontexte* sowie die *diskursive Rahmung* pädagogischer Praktiken ist, zeigt der Fall *Andreas Dippold.* Die historischen Dokumente des Kaiserreiches (vgl. Hagner 2010) belegen, dass dessen Züchtigungspraktiken von dem Berliner Bankiersehepaar, das ihn angestellt hatte, zunächst gebilligt wurden. Aus Sorge um die Schulkarriere der beiden jüngsten Söhne geben die Eltern diese in die Obhut Dippolds, eines Studenten der Rechtswissenschaft, der besonderen pädagogischen Ehrgeiz erkennen lässt. Er verlässt die Metropole und unterwirft die Kinder in ländlicher Abgeschiedenheit einem rigorosen *Erziehungsregime,* das sich von der Körperertüchtigung über die Ernährung bis zum Unterricht erstreckt. Indem er deren Korrespondenz mit der Mutter manipuliert – etwa, indem er sie zu Geständnissen über exzessives Onanieren nötigt –, steigert er seinen Einflussbereich immer weiter. Schon bald wird der Zugriff schrankenlos, nehmen die Prügelstrafen an Intensität zu – bis schließlich am 10. März 1903 der ältere der beiden Brüder schweren inneren Verletzungen erliegt.

Auffällig ist, dass die Vorkehrungen, die der Hauslehrer unternahm, um seine Macht zu vergrößern, zunächst von der Mutter unterstützt wurden. Dabei kombinierte er die Aktionsmacht mit der Macht des Datensetzens: Dippold machte sich die Verletzungsanfälligkeit des menschlichen Körpers zunutze und schränkte die Kontrolle durch Dritte stark ein. Ob die Ausübung körperlicher Gewalt von ihm als lustvoll erlebt wurde, lässt sich nicht entscheiden (vgl. Hagner 2010, S. 46). Deutlich wird hingegen, dass die Machtverhältnisse nicht nur *repressiv*, sondern auch *produktiv* sind: Die Etablierung des Dispositivs kindlicher Sexualität erzeugt Geständnisanreize und subjektivierende Effekte: „Man scheucht den Sex auf" und provoziert eine „Explosion verschiedener Diskursivitäten" (Foucault 1992, S. 46), die von Pädagogik und Medizin, von Politik und Medien aufgefangen werden. Auch die Gewalthandlungen des prügelnden Hauslehrers sind eingelassen in diskursive Kontexte, welche die Grenze zwischen legitim und illegitim oder zwischen rechtmäßig und strafbar definieren. Deutlich wird dies in seinen Briefen: „Schreiben und Prügeln, Bekennen und Strafen, in dieser Konstellation verschmolzen kontingente persönliche Eigenheiten und eine übergeordnete diskursive Struktur zu einer Einheit" (Hagner 2010, S. 46).

Der Fall des sexuellen Missbrauchs an der *Odenwaldschule* liegt anders. Diese galt lange als reformpädagogisches Vorzeigeprojekt und wurde in vielerlei Hinsicht als wegweisend begriffen (vgl. Oelkers 2011, S. 129 ff.). Folgt man den Berichten Betroffener, sind hier seit 1965 mehr als 120 vornehmlich männliche Schüler sexuell misshandelt worden (vgl. Füller 2011). Ort der sexuellen Handlungen, die von Berührungen unter der Dusche über erzwungenes Onanieren bis hin zur Vergewaltigung reichen, sind zumeist die sog. Internatsfamilien. Einige der männlichen Erzieher sind pädophil; sie profitieren von der Absage an unpersönliche Erziehungsstile sowie Prüderie und leben ihre sexuellen Neigungen aus: „Die Idee der Nähe zum Kind, des Lernens und Lehrens auf Augenhöhe, […] die Struktur der Internatsfamilie waren beides für Pädosexuelle: ein idealer Instrumentenkasten, um eine übergriffige Nähe zu Kindern und Jugendlichen herzustellen. Und zugleich eine perfekt harmlose Tarnung für teilweise brutale Übergriffe auf Schüler" (Füller 2011, S. 96).

Es handelt sich hier ersichtlich nicht um das Fehlverhalten einer Einzelperson, sondern um einen ungleich größeren, *systemischen (Schuld-)Zusammenhang*, in den auch Mitwisser(inn)en involviert waren. Damit rückt das Internat als eine soziale Organisationsform in den Blick, die bestimmte Macht- und Gewaltpraktiken begünstigt. Es verkörpert die „datensetzende Macht" (Popitz), indem es ein Innen von einem Außen unterscheidet sowie sanktionsbewehrte Ordnungen etabliert. Offensichtlich wurden zahlreiche Schüler(innen) zu Opfern sexueller Gewalt, die von ihnen zunächst als solche nur schwer zu erkennen war, da sie nicht im Gewand der Gewalt auftrat, sondern eher als besondere Zuwendung. Es scheint, dass die „raptive Gewalt“ (Reemtsma), die am Körper des Opfers vollzogen wird (vgl. Füller 2011, S. 25), von den Tätern zuweilen erfolgreich verschleiert wurde. Sie trat offensichtlich häufig in Verbindung mit der autoritativen Macht auf, die Folgebereitschaft zu erzeugen sucht: Sie beutet die Orientierungsbedürftigkeit insbesondere junger Menschen aus und sucht möglichst großen Einfluss auf deren Modi des Erlebens zu nehmen (Popitz 2008, S. 28).

Das *Internat* bietet hierfür günstige Voraussetzungen: Es kann zu einem weitgehend geschlossenen symbolischen Universum werden, das Beziehungsmuster eigener Art stiftet und – im schlimmsten Fall – totalitäre Züge annimmt. Besonders wirksam immunisiert es sich durch eine *charismatische Gestalt,* die aufgrund ihrer besonderen Begabung uneingeschränkte Gefolgschaft zu verdienen scheint (vgl. Weber 1980, S. 124). Genau diese Eigenschaften wurden ihrem langjährigen Leiter attestiert, der es offensichtlich verstand, in seiner Person „Eros und Herrschaft“ (Oelkers 2011) zu vereinigen, die Lehrer(innen)schaft für sich einzunehmen und deren zeittypische libertäre Gesinnung für die eigenen Zwecke einzusetzen: „Während sie [die Lehrer; MRL] von Freiheit träumten, entstand in der Wagenburg Odenwaldschule eine Art totalitäre Institution. An ihrer Spitze stand ein charismatischer Führer, bei dem es sich herausstellen sollte, dass er freie Liebe predigte, aber auch Sex erzwang“ (Füller 2011, S. 51).

4 Herausforderungen

Die beiden Fallbeispiele zeigen, dass bei der Erforschung von Macht und Gewalt jegliche *Mystifizierung* und *Anthropologisierung* strikt zu vermeiden ist (vgl. Wimmer et al. 1996): Gewalthandlungen erschließen sich in ihrer eigenen Logik gerade nicht, wenn sie im Rückgriff auf eine geheimnisvolle Natur des Menschen interpretiert und erklärt werden. Stattdessen gilt es, deren diskursive Rahmungen zu erforschen sowie die sozialen Kontexte, in die sie eingelassen sind. Hinreichend oft sind es Machtverhältnisse, die erst das ungehemmte Ausleben von Aggressionen ermöglichen. Und immer wieder werden dabei pädagogische Konzepte als Legitimationsinstanz bemüht. Zu untersuchen sind diese künftig nicht allein inhaltsanalytisch, sondern auch auf die *sozialen Praktiken* hin, die sie provozieren, sowie die realen Effekte, die sie zeitigen.

Nicht weniger wichtig wird es sein, auf den beobachtbaren *Gestaltwandel* der hier thematisierten Gegenstandsbereiche konzeptionell zu reagieren. Gerade innerhalb des pädagogischen Feldes ist damit zu rechnen, dass Machtverhältnisse neue, raffiniertere Formen annehmen und sich korrespondierende Gewalttypen herausbilden, welche die offene Konfrontation vermeiden (vgl. Rieger-Ladich 2011). Gleichsam im Schatten der Beschwörung meritokratischer Prinzipien werden die Verteilungskämpfe von ihrer Schärfe kaum etwas einbüßen, auch wenn sie in neuem Gewande ausgetragen werden.

Auf diese Herausforderungen gilt es zum einen mit *empirischen Studien* zu reagieren, die den fortwährenden Wandel von Macht und Gewalt nachzeichnen, sowie die unterschiedlichen Spielarten, ihre Überlagerungen und Dynamiken festhalten; zum anderen aber auch durch die klassische *Arbeit am Begriff*, die sowohl die Typologien auf ihre Kohärenz, ihre Anschluss- und Leistungsfähigkeit hin prüft, als auch mit der Weiterentwicklung der begrifflichen Instrumente den forschungspraktischen Erfordernissen Rechnung trägt. Um dies leisten zu können, gilt es freilich auch die beträchtlichen Erregungspotentiale zu kontrollieren, die von der öffentlich vorgetragenen „Gewaltrede" (Hamburger) zuverlässig freigesetzt werden.

Literatur

Alkemeyer, Thomas/Rieger-Ladich, Markus (2009): Symbolische Gewalt im pädagogischen Feld. Überlegungen zu einer Forschungsheuristik. In: Schmidt, Robert/Woltersdorff, Volker (Hrsg.): Symbolische Gewalt. Pierre Bourdieus Konzept einer kritischen Herrschaftsanalyse. Konstanz, S. 103–124.

Arendt, Hannah (1996): Macht und Gewalt. München.

Bourdieu, Pierre (2005): Die männliche Herrschaft. Frankfurt/M.

Brinkmann, Malte (2013): Übung und Macht in der Pädagogik Montessoris. Pädagogische Analysen zu Polarisation, Normalisation und Hygiene. In: Bühler, Thomas/Bühler, Patrick/Osterwalder, Fritz (Hrsg.): Zur Inszenierungsgeschichte pädagogischer Erlöserfiguren. Bern, i. E.

Foucault, Michel (1992): Der Wille zum Wissen. Sexualität und Wahrheit 1. Frankfurt/M.

Füller, Christian (2011): Sündenfall. Wie die Reformschule ihre Ideale missbrauchte. Köln.

Hagner, Michael (2010): Der Hauslehrer. Die Geschichte eines Kriminalfalls. Erziehung, Sexualität und Medien um 1900. Berlin.

Heitmeyer, Wolfgang/Hagen, John (Hrsg.) (2002): Internationales Handbuch der Gewaltforschung. Wiesbaden.

Liell, Christoph (1999): Der Doppelcharakter von Gewalt: Diskursive Konstruktion und soziale Praxis. In: Neckel, Sighard/Schwab-Trapp, Michael (Hrsg.): Ordnungen der Gewalt. Opladen, S. 33–54.

Meyer-Drawe, Käte (2001): Erziehung und Macht. In: Vierteljahrsschrift für wissenschaftliche Pädagogik. 77. Jg., S. 446–457.

Oelkers, Jürgen (2011): Eros und Herrschaft. Die dunkle Seite der Reformpädagogik. Weinheim/Basel.

Oevermann, Ulrich (2010): Sexueller Missbrauch in Erziehungsanstalten. In: Merkur, Heft Nr. 734, S. 571–581.

Plessner, Helmuth (2003): Die Emanzipation der Macht. In: Ders.: Macht und menschliche Natur. Gesammelte Schriften V. Frankfurt/M., S. 259–282.

Popitz, Heinrich (2009): Phänomene der Macht. Tübingen.

Reemtsma, Jan Philipp (2008): Vertrauen und Gewalt. Versuch über eine besondere Konstellation der Moderne. Hamburg.

Rieger-Ladich, Markus (2011): Die Gewalt des Symbolischen und ihre Grenzen oder: Von Kaschmirmänteln und Plattenkäufen. In: Schäfer, Alfred/Thompson, Christiane (Hrsg.): Gewalt. Pädagogik Perspektiven. Paderborn, S. 59–87.

Rieger-Ladich, Markus/Ricken, Norbert (2009): Macht und Raum: Eine programmatische Skizze zur Erforschung von Schularchitekturen. In: Böhme, Jeanette (Hrsg.): Schularchitektur im interdisziplinären Diskurs. Territorialisierungskrise und Gestaltungsperspektiven des schulischen Bildungsraums. Wiesbaden, S. 186–203.

Scherr, Albert (2004): Körperlichkeit, Gewalt und soziale Ausgrenzung in der „postindustriellen Wissensgesellschaft". In: Heitmeyer, Wilhelm/Soeffner, Hans-Georg (Hrsg.): Gewalt. Entwicklungen, Strukturen, Analyseprobleme. Frankfurt/M., S. 202–223.

Sofsky, Wolfgang (1996): Traktat über die Gewalt. Frankfurt/M.

Waldenfels, Bernhard (2000): Aporien der Gewalt. In: Dabag, Mihran/Kapust, Antje/Waldenfels, Bernhard (Hrsg.): Gewalt. Strukturen, Formen, Repräsentationen. München, S. 9–24.

Weber, Max (1980): Wirtschaft und Gesellschaft. Grundriss der verstehenden Soziologie. Tübingen.

Wimmer, Michael (2007): Der Traum von der gewaltlosen Erziehung und einer aggressionsfreien Erziehung. Unveröffentlichtes Manuskript. Hamburg.

Wimmer, Michael/Wulf, Christoph/Dieckmann, Bernd (Hrsg.) (1996): Das „zivilisierte Tier". Zur Historischen Anthropologie der Gewalt. Frankfurt/M.

Takt

Shoko Suzuki

Takt (engl., frz. *tact*) stammt vom lat. *tactus* ab. *Tactus* meint Einfluss, Wirkung sowie Gefühlssinn und Gefühl (Georges 1959, Bd. II, S. 3008). Im Bereich der musikalischen Metrik bezeichnet der Takt das Maß für den geregelten Ablauf und die Gewichtsverteilung der Tonfolge. Der Takt als Rhythmus im musikalischen Bereich, vor allem bei der Mehrstimmigkeit, hat zwei Bedeutungen: Auf der einen Seite ist er ein ordnendes, auf der anderen Seite ein befreiendes Prinzip. Der Takt bestimmt das gesamte Zeitmaß, unter dem die musikalische Ordnung steht. Solange den einzelnen Musiker die Harmonie der Töne und die Ordnung des Rhythmus stören, versucht er sich vom gleichförmigen Takt zu befreien und sich ästhetisch darzustellen. Phänomenologisch betrachtet liegt der Takt in der Beziehung zwischen dem Einzelnen und dem Allgemeinen und integriert beide in der Harmonie (vgl. Klages 1934; Brüstle u. a. 2005).

Aus dem musikalischen Bereich wurde der Takt im 18. Jahrhundert in den Bereich des Sozialen übertragen (Blochmann 1950, S. 713 ff.; Muth 1962, S. 15 ff.). Unter Takt wird eine bestimmte Verhaltensweise im menschlichen Umgang verstanden. Taktvoll handelt der Mensch, wenn er, jeweils der Situation entsprechend, Feingefühl, Geschicklichkeit und Zurückhaltung im Benehmen erkennen lässt. In einer phänomenologischen Betrachtung wird der Takt als das Gefühl der Berührung bzw. als Berührung an sich mit der Handlungsfähigkeit im Umgang mit Menschen verknüpft. Die Berührung des Menschen mit den Anderen erscheint in verschiedenen Formen, etwa als Hautkontakt, wie beim Baby an der Mutterbrust, oder als seelisch-geistige Berührung mit Mitmenschen. Daher ist der Takt ein elementarer physisch-psychischer Faktor des Menschen, der den Menschen zur Menschheit bildet (vgl. Gödde/Zirfas 2012).

Der Takt-Begriff muss im Zusammenhang mit der neueren Ästhetik in der zweiten Hälfte des 18. Jahrhunderts betrachtet werden, ist doch laut A. Bäumler „das Ereignis, das von der Entstehung der neueren Ästhetik begleitet wird, der Einbruch des Individualismus in die abendländische Welt" (Bäumler 1981, S. 1). Im Vergleich mit der griechischen und der mittelalterlichen Ästhetik, die das Objekt des Ästhetischen, das Schöne selbst, zum Forschungsgegenstand genommen haben, setzt die neue Ästhetik des 18. Jahrhunderts das ästhetische Subjekt voraus. Mit diesem Ausgangspunkt ergibt sich für die Ästhetik das Problem des Geschmacks. Die Entdeckung des selbständigen ästhetischen Subjekts führt zu einer neuen Betrachtungsweise des Menschen: Der Mensch wird nicht nur als denkender Mensch, sondern auch als aktiv handelnder Mensch betrachtet. Die neue Ästhetik stellt die Individualität des Menschen bzw. die Menschheit insgesamt ins Zentrum ihres Forschungsinteresses und nimmt nicht bloß die rationale, sondern auch die irrationale Seite des Menschen mit in den Blick, um den Menschen in seiner Totalität zu erfassen. Bei diesem Paradigmenwechsel entstehen neue Fachtermini aus dem alltäglichen Sprachgebrauch heraus, wie etwa Gefühl, Geschmack, Genie, Empfindung, Sinnlichkeit, Witz usw. Auch der Takt-Begriff gehört in diese Gruppe. Wilhelm von Humboldt betrachtet den Takt als einen gleichsam neben den anderen Erkenntnisvermögen wirkenden ästhetischen Sinn (Menze 1965, S. 164ff.). Bei Humboldt ist der Takt gleichbedeutend mit der Einbildungskraft. Immanuel Kant rückt den Takt in logischer Ausprägung sogar in die Nähe der Urteilskraft (Kant 1900, S. 149; vgl. Pleines 1980).

Im pädagogischen Zusammenhang spielt der Takt des Lehrers eine große Rolle (vgl. Gödde/Zirfas 2012). Als J.F. Herbart die Erziehungsanstalt Pestalozzis besuchte und dessen Unterricht aufmerksam verfolgte, war er von den pestalozzischen „Kunstgriffen" des Unterrichts beeindruckt. Herbart schreibt: „Der Kunstgriff des Vortrags ist jener Takt im Vorsprechen und Nachsprechen; und die Verbindung dieses mündlichen Unterrichts mit dem Vorzeigen und Nachzeigen. Dadurch wird die Geistestätigkeit des Lehrlings auf den Grad gebracht, welcher der Intention der natürlichen Tätigkeit gleich ist" (Herbart 1802, K 12, S. 7). Hier identifiziert Herbart also den mit eigenen Augen erlebten pestalozzischen „Kunstgriff des Unterrichts" mit dem Takt.

Im Jahre 1802 stellt Herbart im Anschluss an Kants Begriff des logischen Taktes den Begriff „pädagogischer Takt" sowohl als „Mittelglied zwischen Theorie und Praxis" als auch als pädagogische Urteilskraft des Erziehers dar (Herbart 1802, K 1, S. 285). Die pädagogische Theorie in der Allgemeinheit ihrer Begriffe kann aufgrund der „Unbestimmtheit, welche unmittelbar aus der Allgemeinheit folgt", die Ebene der „individuellen Umstände, in welchen der Praktiker sich jedesmal befinden wird, und alle die individuellen Maßregeln, Überlegungen, Anstrengungen, durch die er jenen Umständen entsprechen muss" (ebd., S. 284), gar nicht erreichen. „Nun schiebt sich aber bei jedem noch so guten Theoretiker, wenn er die Theorie ausübt und nur mit den vorkommenden Fällen […] verfährt, zwischen Theorie und die Praxis ganz unwillkürlich ein Mittelglied ein, ein gewisser Takt nämlich, eine schnelle Beurteilung und Entscheidung, die nicht wie der Schlendrian ewig gleichförmig verfährt, aber auch nicht, wie eine vollkommen durchgeführte Theorie wenigstens sollte, sich rühmen darf, bei strenger Konsequenz und in völliger Besonnenheit an die Regel zugleich die wahren Forderungen des individuellen Falles ganz und gerade zu treffen" (ebd., S. 285). Darin versucht er, eine der metatheoretischen Aporien aufzulösen, nämlich Theorie und Praxis zu überbrücken, indem er den Takt als Handlungsvermögen des Erziehers in der pädagogischen Praxis begreift. Nach Herbart schiebt sich der Takt beim Erzieher zwischen die pädagogische Denkweise und das Erziehungshandeln und trägt auf diese Weise zur „schnellen Beurteilung und Entscheidung" (ebd., S. 290) bei. Der Takt besetzt damit den Platz in der Theorie, den diese für den Takt frei ließ, und fungiert flexibel als „unmittelbarer Regent der Praxis" (ebd., S. 286). Die Vermittlung zwischen Theorie und Praxis in der Pädagogik, so meint Herbart, sei nur durch den Takt, der im pädagogischen Handeln als flexible Urteilskraft des Lehrers auftaucht, realisierbar. Aber die reine Vermittlung von Theorie und Praxis ist nur für das „übermenschliche Wesen" (ebd., S. 285) möglich, weil der Takt im menschlichen Handeln als ein „praktisches Können" erscheint. Deshalb ist es notwendig, das praktische Können des Erziehers zu bilden, um Theorie und Praxis möglichst stetig und richtig zu vermitteln. Für Herbart reduziert sich das Theorie-Praxis-Problem damit auf die Aufgabe, die Urteilskraft des Praktikers zu bilden. Sofern die Geglücktheit des menschlichen Handelns auf der Bildsamkeit der Urteilskraft beruht, eröffnet sich ein neuer Beitrag der Pädagogik zur Lösung des metatheoretischen Grundproblems.

Um die Bildung der Urteilskraft bzw. des Taktes als praktisches Können theoretisch begründen zu können, operiert Herbart mit einer doppelten Bedeutungsweise des Taktes: Einerseits versteht er den Takt als Urteils- und Entscheidungsvermögen, andererseits begreift er den Takt als eine Kunst, angemessenes und situationsgemäßes Handeln zu ermöglichen. Nach Herbart soll der Takt als praktisches Können zur Kunst bzw. zur „Art und Sitte" (ebd., S. 290) ausgebildet werden, um der Handlungsfähigkeit Stetigkeit zu verleihen. Um den Takt „getreu den Gesetzen, welche die Wissenschaft in ihrer weiten Allgemeinheit ausspricht" (ebd., S. 286) auszubilden, bedarf es zweier erfahrungsgestützter Schritte: einer „Vorbereitung des Verstandes und Herzens vor Antretung des Geschäfts" durch das Lernen der wissenschaftlichen Ereignisse sowie einer wiederholten Anwendung des Taktes im Handeln.

Nach Herbart tritt der Takt auf als:

1) Mittelglied zwischen Theorie und Praxis in einer auf die Praxis bezogenen Wissenschaft wie der Pädagogik (ebd., S. 285, 290);
2) Beurteilung und Entscheidung des Erziehers in der pädagogischen Praxis (ebd., S. 290);
3) Erkenntnisvermögen, mit dem ohne Umstände der Gemütszustand des Kindes erfasst werden kann (Herbart 1802, W 1, S. 129);
4) Zeitmaß, mit dem der Lehrer den Gang des Unterrichts – entsprechend dem Gemütszustand des Kindes und dem Lehrplan – steuern kann (Herbart 1805, W 1, S. 164; W 3, S. 519);
5) höchstes Kleinod für die pädagogische Kunst, um das der Situation angemessene Handeln des Lehrers zu ermöglichen (Herbart 1806, K 2, S. 39);

6) eines der sinnlichen Erkenntnisvermögen, das aus der Aufmerksamkeit und der rhythmischen Auffassung besteht (Herbart 1832, K 13, S. 234 f.);
7) Wahrnehmungsvermögen, das die subjektive Auffassung der Zeit ermöglicht (Herbart 1839, K 11, S. 124 ff.).

Die Herbartianer, die Herbart gleichsam als den „Vater der neuzeitlichen Pädagogik" verstehen wollten, haben die irrationalen Momente, die aus der modernen Wissenschaft nicht in ihr pädagogisches System integrierbar sind, wie etwa den pädagogischen Takt, aus ihrem pädagogischen Bezugsrahmen eliminiert oder dessen irrationale Seite aus dem Begriffsinhalt des Taktes beseitigt, um den Takt in ihr eigenes System zu integrieren; so betont etwa Ziller die rationale Seite des Taktes (Ziller 1884, S. 45 f.).

Im Gegensatz zu dieser rationalistischen Interpretation des Takts im Kontext der Herbartianer wird er in der geisteswissenschaftlichen Pädagogik des 20. Jahrhunderts als „lebensnahliegender" Begriff auf der Gefühlsebene hochgeschätzt (vgl. Nohl 1950). Nohl betont die Bedeutung des Taktes nicht mehr im Kontext des Wissenschaftsverständnisses der neuzeitlichen Pädagogik, sondern im Zusammenhang seiner Lehre vom „pädagogischen Bezug", deren Gegenstand das Erzieher-Zögling-Verhältnis bildet. Die „pädagogische Haltung" gibt „dem Erzieher eine eigentümliche Distanz zu seiner Sache wie zu seinem Zögling, deren feinster Ausdruck ein pädagogischer Takt ist, der dem Zögling auch da nicht ‚zu nahe tritt', wo er ihn steigern oder bewahren möchte, und der spürt, wenn eine große Sache nicht pädagogisch klein gemacht werden darf" (Nohl 1933, S. 24).

Dieser ambivalente Charakter des Taktes, der sowohl von der Theorie als auch von der Praxis abhängt und gleichzeitig auf beide Rücksicht nimmt, soll hier aber nicht in der Perspektive des neuzeitlichen Verständnis einer wissenschaftlichen Pädagogik betrachtet, sondern vielmehr im Blickwinkel der klassischen, traditionellen Kunstlehre rekonstruiert werden.

Ausgehend von der Entdeckung der kombinatorisch-topischen Darstellungsform des Herbart'schen Hauptwerkes, der „Allgemeinen Pädagogik, aus dem Zweck der Erziehung abgeleitet", hat Blass den Takt als *ars iudicandi* bezeichnet (Blass 1972, S. 106). Nach Blass besitzt der Takt in der topischen Pädagogik strukturelle und genetische Bedingtheit. Strukturell gesehen fungiert der Takt als Urteilskraft, die die pädagogischen Gesichtspunkte (*topoi*), die durch die topische Pädagogik als *ars inveniendi* aufgefunden worden sind, zusammenstellt und beurteilt.

Durch die „hermeneutisch-deskriptive" Analyse präsentiert Müßener den Takt als „dialektisch-ausmittelndes" Moment in der Pädagogik Herbarts (Müßener 1986, S. 187). In diesem topisch-rhetorischen Zusammenhang eröffnen sich neue Ansichten vom Takt als dem der Situation angemessenen Handlungsvermögen, das der Mensch hat, um seine materielle und psychologische Distanz in Bezug auf andere Menschen und seine Umwelt zu begreifen und sich entsprechend darauf einzustellen. Der Takt ermöglicht es dem sich bewegenden Menschen, eine Situation in Sekundenschnelle zu erfassen. Takt ist die Fähigkeit und die Kunst, einen Fixpunkt zu erfassen, bei dem innerhalb einer Bewegung die beste Balance zu finden ist.

Im anthropologischen Zusammenhang hat Helmuth Plessner auf die Bedeutung von Takt im intersubjektiven Kontext hingewiesen. Er betont dabei die „Grundlosigkeit als ein Wesensmoment des Taktes" (Plessner 1972, S. 102). Diese Grundlosigkeit ermöglicht gerade die flexible Funktion des Taktes.

In seiner Auseinandersetzung mit der Gedankengeschichte der Kunst des Handelns hat Michel de Certeau auf die Stelle verwiesen, in der Kant die Ausübung der Kunst der Seiltänzer erwähnt; die Eigenschaften dieser Kunst gelten ihm als Fähigkeit des Taktes: „Durch diese Fähigkeit, ausgehend von einem vorgegebenen Gleichgewicht einen neuen Zustand zu schaffen und trotz der Veränderung der Bestandteile an einem formalen Zusammenhang festzuhalten, nähert er [der Praktiker, hier der Seiltänzer, S. S.] sich sehr stark der künstlerischen Produktion an" (de Certeau 1988, S. 150). In der praktischen Erfahrung fungiert dieser Takt als Kunst bzw. Fähigkeit wie die unaufhörliche Erfindungskraft des Geschmacks. Die Praxis bleibt letzten Endes, worauf de Certeau mit Freud hinweist, „eine Sache des Taktes" (Freud, zit. n. ebd.).

In der ostasiatischen Philosophie wird Takt als das Wesentliche für das menschliche Leben als poietischen Prozess verstanden – „poiesis" bedeutet dabei im ursprünglichen, griechischen Sinne die künstlerische Kreativität. Kitaro Nishida, der Gründer der Kyoto-Schule Japans, der in den 1920er Jahren das traditionelle japanische Denken in der Verbindung mit der altgriechischen und deutschen Philosophie neu strukturieren wollte, hat sich mit demjenigen Takt befasst, der in einem gewissen unbewussten Zustand plötzlich erscheint, der entsteht, wenn das Bewusstsein durch die Bildung von Routinen abgeschliffen wurde (vgl. Suzuki 2012; Elberfeld 1999). Er hat die Poiesis des Lebens mit dem Fühlen und Denken des Ortes des Nichts, das den Ostasiaten nahe ist, kombiniert; und diese Poiesis hat er wiederum mit der Logik des Ortes und dem körperlichen Wissen, das Selbstbewusstsein oder Intuition genannt wird – und das im Zuge der Konzentration in der Ausübung ostasiatischer Künste entsteht –, zur handelnden Intuition vereint (Nishida 2006, Bd. 10, S. 288 ff.).

Nishida hat die Erscheinungsmechanismen dieses Taktes mit der östlichen Ideentradition verglichen. Er sagt, dass das Erwachen bei einer religiösen Erleuchtung und die Ekstase einer künstlerischen Darstellung so aussehe, als sei das Bewusstsein in einen tranceartigen Zustand geraten; dieser Augenblick sei aber ein solcher, in dem derjenige, der die Situation selbst erlebt, ein weiteres Auge auf sich selbst richten und sich von außen objektiv betrachten kann. Diese Erleuchtung hat Nishida Takt als handelnde Intuition genannt. Dieses Konzept erscheint zwar etwas vage, doch Nishida verdeutlicht hiermit jene Intuition, bei der man mit Überzeugung handelt und bei der sozusagen der Intellekt durch den Körper zum Ausdruck gebracht wird. Diese Idee entdeckte er als ein Phänomen in der Zen-buddhistischen Meditation und in den Übungen traditioneller ostasiatischer Künste. In jenen sei dieses Nahekommen der Kunst an die Natur das Ziel der Übungen. Wenn ein kleines Kind beginnt, schreiben zu lernen, zeigt es in seinen Leistungen weder den Übereifer noch das Verlangen, das eigene Können übergroß darzustellen. Diesen „natürlichen" Zustand versucht ein Virtuose durch den Prozess des Übens seiner Kunst wiederzuerreichen. Jede Körperbewegung, die vorher unbewusst ablief, wird seltsam bewusst und Ziel einer übergroßen Aufmerksamkeit, so dass sie hölzern wird, sobald man zu üben beginnt. Es ist wichtig, dass man diese hölzernen Bewegungen durch das Üben wieder in natürliche Bewegungen zurückführen kann.

In den inter- und multikulturellen Gesellschaften sowie in der inter- und transdisziplinären Forschungstendenz im 21. Jahrhundert gewinnt Takt wieder eine neue Bedeutung; Takt als Medium von Identischem und Unterschiedlichem, Individuellem und Kollektivem, Kognitivem und Emotionalem, Vernünftigem und Sinnlichem, Geistigem und Körperlichem. Der Takt bietet Anschlussmöglichkeiten an sozial- und kulturwissenschaftliche Diskurse der neuartigen Stile des „Lernens", das nicht mehr auf das schulische Lernen begrenzt ist, wie das implizite Wissen (M. Polanyi), der Habitus, das praktische Wissen (P. Bourdieu), die Poietik der alltäglichen Praxis (M. de Certeau) usw. Im Kontext dieses „anderen" Lernens können nicht nur die performativen zwischenmenschlichen Zusammenhänge, sondern auch die mimetischen Prozesse anhand der Funktion des Taktes anthropologisch untersucht werden. So können zugleich diese vielfach vergessenen Handlungsdimensionen als Formen des Lernens wiederentdeckt werden.

Literatur

Bäumler, Alfred (1981): Das Irrationalitätsproblem in der Ästhetik und Logik des 18. Jahrhunderts bis zur Kritik der Urteilskraft. Darmstadt (Nachdruck der erweiterten 2. Aufl. Tübingen 1967; 1. Aufl. Halle a. d. Saale 1923).

Blass, Josef Leonhard (1972): Pädagogische Theoriebildung bei Johann Friedrich Herbart. Meisenheim am Glan.

Blochmann, Elisabeth (1950): Der pädagogische Takt. In: Die Sammlung, 5. Jg., S. 712–722.

Brüstle, Christa/Chattas, Nadia/Risi, Clemens/Schouten, Sabine (2005) (Hrsg.): Aus dem Takt. Rhythmus in Kunst, Kultur und Natur. Bielefeld.

Certeau, Michel de (1988): Kunst des Handelns. Berlin.

Elberfeld, Rolf (1999): Kitarō Nishida (1870–1945). Das Verstehen der Kulturen. Moderne japanische Philosophie und die Frage nach der Interkulturalität. Amsterdam u. a.

Georges, Karl-Ernst (1959): Ausführliches lateinisch-deutsches und deutsch-lateinisches Handwörterbuch. 10. Aufl. Leipzig.

Gödde, Günter/Zirfas, Jörg (2012) (Hrsg.): Takt und Taktlosigkeit. Über Ordnungen und Unordnungen in Kunst, Kultur und Therapie. Bielefeld.

Herbart, Johann Friedrich (1964): Johann Friedrich Herbarts Sämtliche Werke. Hrsg. v. Karl Kehrbach/Otto Flügel/Theodor Fritsch. Langensalza 1887–1912, Neudruck Aalen (zit. als K plus Bandfolge und Seitenzahl).

Herbart, Johann Friedrich (1913–1919): Herbarts pädagogische Schriften. Hrsg. v. Otto Willmann/Theodor Fritsch. Osterwieck/Leipzig (zit. als W plus Bandfolge und Seitenzahl).

Kant, Immanuel (1900): Anthropologie in pragmatischer Hinsicht. Akademie-Ausgabe Bd. VII. Kants gesammelte Schriften. Hrsg. v. der Königlich Preußischen Akademie der Wissenschaften. Berlin.

Klages, Ludwig (1934): Vom Wesen des Rhythmus. Kampen auf Sylt.

Menze, Clemens (1965): Wilhelm Humboldts Lehre und Bild vom Menschen. Ratingen.

Müßener, Gerhard (1986): J. F. Herbarts „Pädagogik der Mitte". Sieben Analysen zu Inhalt und Form. Darmstadt.

Muth, Jacob (1962): Pädagogischer Takt. Heidelberg.

Nishida, Kitaro (2006): Nishida Kitarō Zenshū (Nishida Kitaro Gesamtausgabe, 1947–1953). 24 Bde. Tokyo.

Nohl, Herman (1933): Die Theorie der Bildung. In: ders./Pallat, Ludwig (Hrsg.): Handbuch der Pädagogik (Bd. I: Die Theorie und die Entwicklung des Bildungswesens). Berlin, S. 3–80.

Nohl, Herman (1950): Die Bildung des Erziehers. In: Die Sammlung, 5. Jg., S. 705–728.

Pleines, Jürgen E. (1980): Die logische Funktion des Taktes im Anschluss an das Kantische System der Philosophie betrachtet. In: Kant-Studien, 71. Jg., S. 469–487.

Plessner, Helmuth (1972): Die Logik der Diplomatie. Die Hygiene des Taktes. In: Ders.: Grenzen der Gemeinschaft. 2. Aufl. Bonn, S. 87–102.

Suzuki, Shoko (2008): Takt als Medium. Überlegungen zum Takt-Begriff von J. F. Herbart. In: Paragrana. Internationale Zeitschrift für Historische Anthropologie 17, Heft 1, S. 145–167.

Suzuki, Shoko (2010): Takt in Modern Education. Münster u. a.

Suzuki, Shoko (2012): The Kyoto School and J. F. Herbart. In: Standish, Paul/Saito, Naoko (eds.): Education and the Kyoto School of Philosophy. Pedagogy for Human Transformation. Dordrecht u. a., S. 41–53.

Ziller, Tuiskon (1884): Allgemeine Pädagogik. Hrsg. v. Karl Sigmund Just. 2. Aufl. Leipzig.

Kapitel 4
Zeit

Phylogenese

Annette Scheunpflug

Unter der Phylogenese versteht man – entsprechend der griechischen Wurzel des Wortes „phýlon" (Stamm) und „génesis" (Ursprung) – die stammesgeschichtliche Entwicklung der Lebewesen und – damit in unmittelbarer Beziehung stehend – die Frage nach dem Ursprung des Lebens. Fragt man nach der Phylogenese im Kontext Pädagogischer Anthropologie, geht es also um den Ursprung des Menschen, dessen Verortung im Kontext anderer Lebewesen und um die Frage, ob dieser Zugang Anregungen für das erziehungswissenschaftliche Denken bietet. Im Folgenden wird zunächst die Entwicklung des phylogenetischen Denkens in der (Pädagogischen) Anthropologie skizziert, dann werden anthropologische Einsichten aus dem Diskurs zur menschlichen Phylogenese dargestellt und abschließend einige Anregungen aus diesem Diskurs für die erziehungswissenschaftliche Reflexion formuliert.

Phylogenetisches Denken in der Pädagogischen Anthropologie

Entwicklung des phylogenetischen Denkens

Bis in das 19. Jahrhundert hinein ist das Denken über den Ursprung des Menschen im abendländischen Kulturkreis durch die biblische Schöpfungstheologie beeinflusst, nach der der Mensch als ein durch Gott geschaffenes Wesen interpretiert und als Gott ebenbildliche Krone der Schöpfung verstanden wird. Diese Idee vom Ursprung des Lebens durch eine Schöpfung und die damit verbundene Idee der Konstanz der Arten blieb über Jahrhunderte dominant, auch wenn schon seit der frühen Neuzeit einzelne Befunde, z. B. zum Alter der Erdgeschichte, deutlich machten, dass der biblische Text nicht als naturwissenschaftliches Dokument zu lesen sei.

Im 18. Jahrhundert ermöglichte es der Fortschritt der Naturwissenschaften, das durch die Antike und das christliche Mittelalter geprägte Natur- und Weltbild durch genaue Naturbeobachtung empirisch zu hinterfragen. Der schwedische Arzt Carl von Linné (1707–1778) beispielsweise entwickelte ein Klassifikationssystem für Pflanzen, das heute noch von Bedeutung ist und Verwandtschaftslinien zwischen Pflanzen aufzeigte. Geologische Untersuchungen lösten die Vorstellungen des auf zirka 6 000 Jahre datierten Erdalters, die auf Berechnungen der biblischen Generationentafel im Buch Genesis (1. Mose) basierten, ab und kamen zu der Erkenntnis, dass die Erde erheblich älter sein müsse. Anatomische Untersuchungen an Tieren – auch an Tieren außerhalb Europas und Nordamerikas, die durch die Erschließung der Welt und die zunehmend besser werdenden Reisemöglichkeiten zugänglicher wurden – zeigten die Ähnlichkeiten der Baupläne verschiedener Tiergruppen. Die Vergleichende Anatomie entstand als Wissenschaft.

Vor diesem Hintergrund entwickelte der französische Zoologe Jean Baptiste de Lamarck (1744–1829) 1809 in seinem Hauptwerk „Zoologische Philosophie" wesentliche Gedanken einer phylogenetischen Theorie. Er erkannte die Verwandtschaft der Arten und deren gemeinsame Entwicklungsgeschichte. Damit war die Abkehr von der Annahme der Konstanz der Arten sowie eines einmaligen Schöpfungsaktes vollzogen.

Eine umfassende Theorie der Evolution wurde von Charles Darwin (1809–1882) elaboriert und damit der Vorstellung einer Abstammungsgeschichte (nicht nur) des Menschen zum Durchbruch verholfen. In seinen Werken zur „Entstehung der Arten durch natürliche Auslese" von 1859 und 1871 zur „Abstammung des Menschen" gelang Darwin ein Paradigmenwechsel im Hinblick auf das Verständnis der Ursprünge des Lebens. Er begründete eine Theorie der Evolution, die sich bis heute als äußerst fruchtbar erwiesen hat. In seinen Werken wurde ein Entwicklungsdenken formuliert, das Entwicklung als ein Wechselspiel zwischen einem Überangebot an Nachkommen, begrenzten Ressourcen und der Einzigartigkeit von Individuen beschreibt, in dem Individuen einer bestimmten Art im natürlichen Wettbewerb miteinander stehen und in diesem – im Hinblick auf ihre weitere Reproduktion – unterschiedlich erfolgreich sind. Diejenigen Individuen, die am besten an die jeweiligen Umweltbedingungen angepasst seien, hätten gegenüber andere Vorteile, die sich in einer höheren Reproduktionsmöglichkeit niederschlagen. Dieser Mechanismus wurde bekannt unter der 1864 von Herbert Spencer geprägten Terminologie des „survival of the fittest", das Überleben des am besten Angepassten, die Darwin übernahm.

Darwins Theorie erschütterte in mehrfacher Hinsicht die bis dahin vertretenen Ideen der Ursprünge des Menschlichen: Zum einen betonte sie die stammesgeschichtlichen Entwicklungslinien von Lebewesen und eben auch des Menschen und verringerte damit die systematische Kluft zwischen Menschen und Tieren. Zum anderen beschrieb er eine nicht-teleologische Entwicklungstheorie, d. h. also eine Entwicklungstheorie, die ohne kreativen Akt, ohne Schöpfung, Intention oder Handlung auskommt, sondern in der Entwicklung vielmehr über Mechanismen wie Resonanz, Kontingenz und Selbstorganisation interpretiert wird. In einem solchen Theorieansatz wird der Mensch nicht mehr systematisch über die Tiere als die Krone der Schöpfung gestellt, sondern seine Verwandtschaft mit den Primaten betont.

Rezeptionslinien phylogenetischen Denkens in der Pädagogik des 19. Jahrhunderts

Angesichts der Ablösung der zuvor biblisch fundierten Schöpfungsvorstellung dominierte in der Rezeption dieser darwinschen Perspektive auf die Phylogenese des Menschen in der *schulbezogenen Pädagogischen Anthropologie* zunächst die Auseinandersetzung zwischen „Glauben" und „Wissen", d. h. das Verhältnis von schulischer Naturkunde bzw. Naturwissenschaft und Religion im Hinblick auf die Entwicklungsgeschichte des Menschen. So zeigt z. B. eine Auswertung der 11 000 Seiten umfassenden Enzyklopädie der Erziehung (1903–1911) von Wilhelm Rein, dass Darwin 18 Mal namentlich genannt wird (vgl. Scheunpflug o. J.). Diese Nennungen beziehen sich durchgängig auf die Beschreibung der Differenz zwischen Wissen und Glauben (so in den Artikeln „Christentum und Entwicklungsgeschehen" sowie „Wissenschaft und Wissenswertes"). Diese Theorie ermöglichte es, die Naturwissenschaft vom Wortsinn der Bibel als naturwissenschaftliches Dokument zu lösen, den naturwissenschaftlichen Unterricht weiterzuentwickeln, gleichzeitig den Religionsunterricht auf theologische Füße zu stellen und damit den „Glauben vom Aberglauben zu befreien" (Lassek 2009; vgl. zur Popularisierung Darwins im 19. Jahrhundert Daum 1998). Dieser Rezeptionsstrang – die konstitutive Unterscheidung zwischen den Fächergruppen Religion und Naturwissenschaft – ist heute weitgehend selbstverständlich.

Im *erziehungswissenschaftlich-anthropologischen Diskurs* wurde die darwinsche Theorie zwar mannigfaltig rezipiert, das evolutionäre Verständnis der *Phylogenese* des Menschen und die mit der darwinschen Theoriebildung verbundene Kränkung im menschlichen Selbstverständnis wurden für die pädagogische Theoriebildung jedoch wenig fruchtbar (vgl. Oelkers 1994; im Überblick Bernstorff/Langewand 2012; im Hinblick auf die Selektionstheorien und die damit verbundene ideologisierende Rechtfertigung konservativer Gesellschaftsbilder bzw. moralischer Rechtfertigungsdiskurse Bernstorff 2009). Vielmehr setzte die Rezeption unterhalb der Paradigmendiskussion an und konzentrierte sich auf Fragen der „Natur des Kindes" und seiner „angeborenen" sowie (bei Tuiskon Ziller in Lamarck'scher Tradition) „erworbenen Anlagen" und die Bedeutung der Umwelt (vgl. zur Geschichte dieses Diskurses in der Erziehungswissenschaft Lenz 2012). Bis heute ist diese Debatte dominant, wenn es um das Themenfeld der Phylogenese des Menschen geht, freilich ohne den Bezug dazu herzustellen.

Anthropologische Einsichten aus dem Diskurs um die menschliche Phylogenese

Menschen als evolutionär evolvierte Lebewesen – zur Abstammungsgeschichte

Mit Darwins *Entstehung der Arten* begann zur Entwicklungsgeschichte des Menschen eine intensive Forschung, die bis heute nicht abgeschlossen ist und an der im interdisziplinären Diskurs u. a. Paläontologen, Primatologen, Humanbiologen und Genetiker beteiligt waren und weiterhin sind. An vielen Details der Abstammungsgeschichte wird noch gearbeitet, aber vieles ist inzwischen auch empirisch gut belegt:

1) Kein Zweifel besteht an der biologischen *Abstammung* des Menschen aus der Gruppe der großen Menschenaffen. Zwergschimpansen (Bonobos) und Menschen unterscheiden sich in ihrer genetischen Ausstattung nur um etwa 1,5 Prozent; zirka 98,5 Prozent sind also identisch. Die Entwicklung des Menschen hat mehrere Millionen Jahre gedauert. Von den Abspaltungen der Entwicklung der Australopithecinen, der sogenannten Vormenschen, dem Bindeglied zwischen Primaten (Menschenaffen) und menschlichen Vorfahren, bis zur Entwicklung des *Homo sapiens sapiens* dauerte es zirka 4,5 Millionen Jahre. Die enge Verwandtschaft des Menschen mit dem Schimpansen wirft ethische Fragen bezüglich des Tierschutzes (im Hinblick auf Einrichtung von Reservaten, Haltung in Zoos und Verwendung von Primaten z. B. in der medizinischen Forschung) auf.
2) In der Entwicklungsgeschichte des Menschen gab es unterschiedliche *Menschenarten.* Aus heutiger Sicht ist die Entwicklungslinie des Menschen verzweigt und komplex wie ein dichter Busch. Einige Menschenarten starben aus (wie beispielsweise der Neandertaler). Einige dieser Hominiden vermochten lange Zeit – im Falle des *Homo erectus* etwa eine Million Jahre – auf der Erde zu leben.
3) Der *Homo sapiens sapiens* entstand vermutlich vor zirka 150 000 Jahren in *Afrika.* Er ist damit erdgeschichtlich gesehen sehr jung. Die Besiedelung der nichtafrikanischen Welt durch den *Homo sapiens sapiens* nahm vor ungefähr 100 000 Jahren ihren Anfang. Die lange Zeit des relativ geringen Kulturkontakts zwischen den Menschen unterschiedlicher Kontinente war zu kurz und erfolgte auf zu geringer Populationsbasis, um nennenswerte genetische Differenzen auszuprägen. Menschen haben – im Vergleich zu vielen anderen Lebewesen – einen sehr langsamen Generationenwechsel. Damit dauert es sehr lange – je nach Situation viele tausend Jahre –, bis sich ein zufällig mutiertes Gen innerhalb einer Population signifikant verbreitet oder gar zum gemeinsamen Merkmal aller wird. Allenfalls kleinere Verschiebungen, z. B. im Hinblick auf Resistenz gegen bestimmte Krankheitserreger (so Malaria durch Sichelzellenanämie, Pest durch Verschiebung der Auftretenswahrscheinlichkeit unterschiedlicher Blutgruppen) oder die Fähigkeit, Milchzucker als Erwachsener zu verdauen,

lassen sich feststellen; diese Gene machen jedoch „kaum eine Voraussage für Unterschiede in anderen Genen" (Enard 2010, S. 64). Menschen sind aufgrund der relativ jungen Art enger untereinander verwandt als dies Gorillas, Schimpansen oder Orang-Utans sind. Da die Auswanderung des Menschen aus Afrika über den gesamten Erdkreis erst vor relativ kurzer Zeit (vor ca. 50 000 bis 100 000 Jahren) stattfand, sind „zwei Menschen fast gleich miteinander verwandt, unabhängig davon, ob sie auf dem gleichen oder auf verschiedenen Kontinenten leben" (ebd.). Die in manchen kruden pädagogischen Theorien verbreitete Ansicht, dass Afrikaner beispielsweise genetisch bedingt geringere mathematische Fähigkeiten hätten, entbehrt vor dem Hintergrund dieser Theorien jeglicher Grundlage.

Menschliche Entwicklung über Angepasstheit und Anpassung

Die Evolutionstheorie versteht den Menschen also als das Ergebnis einer langen Entwicklungsgeschichte in Anpassung an die jeweilige Umwelt. Um den nachfolgenden Gedanken – die menschliche Angepasstheit an Bedingungen des Pleistozäns und die jeweils individuelle Anpassung an reale Umwelten – zu verstehen, sei kurz auf die Grundlagen darwinscher Evolutionstheorie verwiesen. Zufällige Mutationen, die sich in der jeweiligen Umgebung als besonders vorteilhaft erwiesen, führten dazu, dass die Träger dieser Merkmale mehr Nachkommen hatten und sich damit diese Merkmale in einer Population ausbreiteten. Die für die Vermehrung notwendigen Ressourcen, wie das Nahrungsmittelangebot, soziale Unterstützung, Geschlechtspartner und elterliche Fürsorge, waren und sind nicht unbegrenzt vorhanden. Manche Lebewesen können aufgrund zufälliger Unterschiede diese Ressourcen besser nutzen als andere. Diese unterschiedlichen Nutzungsmöglichkeiten werden am Reproduktionserfolg erkennbar an der Anzahl der eigenen oder verwandten Nachkommen. Wenn diese besseren Nutzungsmöglichkeiten zumindest zum Teil auf genetischen Unterschieden beruhen, wird es in einer Population über einen sehr langen Zeitraum zur Verschiebung von Genfrequenzen kommen. Damit findet ein evolutiver Wandel statt. Diejenigen, die die Wachstumsgrenzen ihrer Umwelt am weitesten ausdehnen können, die also effektiv Nahrung beschaffen, Feinden und Gefahren entgehen oder ihnen standhalten, soziale Bündnisse schließen, soziale Konkurrenz aushalten und Nachkommen großziehen können, werden im Laufe der Zeit häufiger in einer Population vertreten sein.

Im Verlauf der Entwicklung der Menschheit haben sich so genetische Dispositionen für alle Aspekte der Lebensgestaltung – körperlicher wie psychologischer oder kognitiver Art – entwickelt, und zwar ungeplant und zwangsläufig im Hinblick auf eine optimale reproduktive Effizienz. Diese Entwicklungsgeschichte zeigt sich nicht nur in der Körpergestalt, sondern auch in den Motivationsstrukturen des Handelns, den Vorlieben für bestimmte Nahrung, Formen des Erkennens und Strukturen des Denkens sowie der Koppelung von Gefühlen mit bestimmten Situationen. Mit dem Begriff der Anpassung wird beschrieben, dass Menschen durch ihre Stammesgeschichte Merkmale herausgebildet haben, die sich in der Entwicklungsgeschichte als vorteilhaft herausgestellt haben. In der genetischen Ausstattung des heutigen Menschen sind damit nicht nur die Erfolge der Vorfahren der letzten vier Millionen Jahre, sondern auch die Anpassungserfolge des *Homo sapiens sapiens* abgespeichert.

Die in der Pädagogischen Anthropologie häufig in Lehrbüchern beschriebene Bestimmung des Menschen als eine „physiologische Frühgeburt" (Portmann) oder als „Mängelwesen" (Gehlen) ist dem Bemühen geschuldet, die kulturelle Seite des menschlichen Daseins zu erklären. Aus stammesgeschichtlicher Sicht ist der Mensch weder als ein Mängelwesen noch als eine Frühgeburt zu sehen, sondern so perfekt an seine Umwelt angepasst, dass die lange Zeit der Kindheit in besonderem Maße das Lernen ermöglicht (s. u.).

Während die Menschheit in ihrer genetischen Ausstattung an längst vergangene Perioden angepasst ist, passt sich jeder Mensch in Auseinandersetzung mit seinem Lebensumfeld – kulturell überformt – an die jeweilige Lebenssituation an bzw. bemüht sich, diese zu gestalten. Wer nach der Anpassung von Menschen fragt, sucht damit nach der biologischen Funktionalität kultureller Verhaltensmuster und interpretiert diese vor dem Hintergrund von Erkenntnissen aus den Biowissenschaften.

Intelligenz, Sprache und Sozialität

Aufgrund der geringen genetischen Differenz zum Schimpansen erstaunt der erhebliche Unterschied im Hinblick auf die geistigen Möglichkeiten des Menschen, die sich in der Fähigkeit zur Sprache, seiner hohen Intelligenz und seiner ausgeprägten Sozialität zeigen. Das Hirngewebe ist neben dem des Herzens und der Leber das – nimmt man den Energieeinsatz für dessen Ausbildung als Vergleichskriterium – teuerste Gewebe des Menschen, zehnmal so aufwändig, wie man es von seinem Gewicht her erwarten würde. Im Ruhezustand verbraucht das durchschnittliche Gehirn eines Erwachsenen, obwohl es nur ca. 2 Prozent des Körpergewichtes ausmacht, ca. 20 Prozent der Körperenergie (vgl. Aiello/Wheeler 1995). Wie konnte sich dieses Organ entwickeln?

Menschen unterhalten im Durchschnitt intensivere Beziehungen zu ca. einhundertfünfzig Personen und stehen mit bis zu 1 500 Personen in einem lockeren Kontakt. Diese Dimensionen spiegeln Gruppengrößen aus der menschlichen Entwicklungsgeschichte wider (vgl. dazu Dunbar 1998, 2012). Leben in Gruppen korreliert bei Säugetieren mit der Entwicklung der Größe des Gehirns („Social Brain Hypothesis", Dunbar 1998). Nach dieser Hypothese entwickelte sich die Reflexivität des Menschen in der Optimierung der Vorteile des Gruppenlebens gegenüber dessen Nachteilen. Die Organisation des Lebens in großen Gruppen bedarf umfangreichen Wissens nicht nur über die Gruppe selber, sondern auch über Annahmen zweiter (ich denke darüber nach, was mein Gegenüber denken könnte) und dritter Ordnung (ich denke darüber nach, was mein Gegenüber

über meine Gedanken denkt). Die dafür nötige „Mentalisierungsgeschicklichkeit" (Dunbar 2012, S. 259) erhöhte den Selektionsdruck auf die Ausbildung eines großen Gehirns. Menschen haben die Fähigkeit, bis in die Erfassung von Intentionalität der fünften Ordnung zu operieren („Ich glaube, dass Du annimmst, dass ich mich frage, ob Du denkst, dass ich gerne etwas machen würde", ebd., S. 258; zit. n. Kindermann u. a. 1998 u. Stiller/Dunbar 2007), hingegen schaffen Menschenaffen es mühsam bis zum Verstehen der Intentionalität zweiter Ordnung und alle anderen Affen bleiben auf die erste Ordnung begrenzt (vgl. die Darstellung bei Dunbar 2012, S. 259). Für effektive Kooperationen in Gruppen ist es notwendig, eine Art „Buchführung über vergangene Interaktionen" (Ostner 2009, S. 240) anzulegen, wofür ein großes Gehirn von Vorteil ist (zu den für Sprache und Kognition nötigen genetischen Veränderungen vgl. Enard 2010). Menschen haben eine besondere Kompetenz, Intentionen anderer zu verstehen und darüber zu kommunizieren (vgl. Tomasello 2006, 2009).

Auffallend ist auch der langsamere Lebensverlauf von Menschen. Sie können deutlich älter werden als Primaten. Hier sind die lange Zeit der Jugend vor der Geschlechtsreife (Neotenie) sowie für Frauen die lange Zeit der Menopause ohne reproduktive Tätigkeit zu nennen. Nach der „better adult hypothesis" (vgl. Alexander 1988) wird dadurch die Anpassung optimiert, denn die Zeit der Jugend erlaubt es, zu einem sozial erfolgreichen Erwachsenen heranzuwachsen und intellektuell wie sozial zu lernen. Dies ermöglicht die Anpassung an sehr unterschiedliche Lebensräume durch Lernen. Die Verfügbarkeit von Frauen ohne eigene Reproduktionsarbeit ermöglicht engere Geburtenabstände und eine gute Versorgung von Kindern (der sogenannte „Großmutter-Effekt", vgl. Hawkes 2010; Voland 2009, S. 206–211; Voland u. a. 2005).

Kultur als Ausdruck phylogenetischer Geschichte

Wie ist aus phylogenetischer Perspektive die Kulturfähigkeit des Menschen zu erklären? In der Philosophiegeschichte wurden häufig „Natur" und „Kultur" unterschieden oder einander gegenübergestellt. Erlernte und über Generationen weitergegebene Traditionsbildung kennen jedoch auch Tiere wie Primaten und Vögel, ist also keine nur auf den Menschen bezogene Fähigkeit. Eckart Voland (2009, S. 18) macht (mit Rückgriff auf die Arbeiten von Tooby/Cosmides 1992) deutlich, dass die Antinomie zwischen beiden Perspektiven auf einem Kategoriefehler beruht: „Die Frage ist nicht, ob ein bestimmtes Verhalten Ergebnis der natürlichen Selektion oder eines kulturellen Lernprozesses ist, sondern die Frage ist letztlich, aus welchen Gründen welche Lernprozesse aus der natürlichen Selektion hervorgegangen sind." Der Biologe Hubert Markl (1983, S. 40) hat das Verhältnis zwischen Natur und Kultur knapp und präzise so auf den Punkt gebracht: „Es ist uns natürlich, unser Dasein durch eine Kulturtradition zu bewältigen." Kulturfähigkeit wird aus phylogenetischer Perspektive also als eine biologisch evolvierte Kompetenz interpretiert. Damit kann Kultur als ein Schlüssel zum Verständnis von Fragen biologischer Selbsterhaltung, wie beispielsweise Nahrungssuche oder Reproduktion, interpretiert werden (vgl. Voland 2009, S. 17 ff.). Besonders bedeutsam wird in diesem Kontext die Imitation und Tradierung erfolgreicher Lebensentwürfe (vgl. zur Mimesis den Beitrag von Christoph Wulf in diesem Band).

Anregungen für die erziehungswissenschaftliche Reflexion

Ein phylogenetisch grundiertes Verständnis des Menschen hält für die Erziehungswissenschaft einiges an Anregungspotenzial bereit:

1) Aus einer phylogenetisch grundierten Sicht auf *Lernen* wird deutlich, dass Menschen nur in den phylogenetisch gebahnten Möglichkeiten des Gehirns lernen können. Dabei ist zwischen privilegiertem Lernen (also den Lernprozessen, die quasi automatisch durch genetische Programme in distinkten Umwelten ablaufen, wie Laufenlernen, Erstspracherwerb etc.) und nicht-privilegiertem Lernen zu unterscheiden (also Mathematik, Autofahren oder Fremdsprachenlernen). Schule ist danach auf das nicht-privilegierte Lernen spezialisiert, mit all den Folgeproblemen im Hinblick auf Motivation, Notwendigkeit von Didaktik als Herstellung von Imitationsmöglichkeiten etc. Unter anderem konnten für die Erziehungswissenschaft nicht neue, aber nun mit neuer empirischer Evidenz vorgetragene Hinweise über die Bedingungen der Möglichkeit für Lernen wie Schlaf, Ernährung oder Sozialität benannt werden (vgl. z. B. OECD 2002; Scheunpflug 2004; Stern u. a. 2005).
2) Eine phylogenetische Sicht auf *Verhalten* lenkt den Blick auf die Funktionen von Kindheit und Lernen. Verhalten kommt dann als die Bilanz eines universellen Algorithmus selbstbezogener Gene in distinkten Umwelten in den Blick. Damit wird die besondere Bedeutung und Funktion des Lernens in der Kindheit und Jugend erkennbar. Deutlich wird auch, warum Eltern als Lernmodell des Verhaltens für Kinder eine so bedeutsame Rolle abgeben und Kinder Eltern mit mehr Vertrauen begegnen als Fremden. In der empirischen Forschung konnten vielfältige Anpassungsstrategien von Menschen, z. B. im Hinblick auf Fortpflanzungssysteme (vgl. Voland 2009, S. 148 ff., 2010), Geschlechterdifferenzen (vgl. Bischof-Köhler 2002), häusliche Gewalt (vgl. Kaiser 2012), Elterninvestment (vgl. Barrett/Dunbar/Lycett 2002, S. 171–202) etc. rekonstruiert werden, die darüber Aufschluss geben, wie die biologische Funktionalität kulturell geprägter Formen menschlichen Verhaltens erklärt werden kann. Gerade für den Kontext von Bildung besteht jedoch noch Forschungsbedarf.
3) Eine abstrakte phylogenetische Perspektive bietet aber auch für die erziehungswissenschaftliche Theoriebildung interessanten Erkenntnisgewinn. Häufig sind pädagogische und erziehungswissenschaftliche Theorien handlungsorientiert konstruiert, indem sie Beobachtungen über Handlungen, Intentionen, Ziele und Mittel rekon-

struieren. Eine darwinsche Perspektive auf Bildung und Erziehung regt dazu an, Erziehung über Systembildungsprozesse von Angebot und Nachfrage, Selektion und Variation abzubilden. Damit kommen andere Aspekte in den Blick, so beispielsweise Selbstorganisation, Anpassungsprozesse, Selbsterhalt etc. Eine konsequent evolutionär durchgearbeitete pädagogische Theorie liegt von Treml (2004) vor (für die Unterrichtsdidaktik Scheunpflug 2001).

Ausblick

Das Wissen um die Phylogenese des Menschen regt zu einem bescheideneren Menschenbild an, das weniger die Exklusivität des Menschen im Bereich des Lebendigen heraushebt als vielmehr seine strukturelle Ähnlichkeit mit anderen Lebewesen. Damit wird eine kulturvergleichende, kulturübergreifende sowie Menschen und Tiere einbeziehende interdisziplinäre Forschung und Theoriebildung gefördert. Von ihrem Selbstverständnis her ist die naturwissenschaftliche Anthropologie heute eine universell und kulturübergreifend argumentierende Theorie – prägnant zusammengefasst in dem Diktum des Biologen Theodosius Dobzhansky, „Nothing in biology makes sense except in the light of evolution".

Klusmann (2009, S. 130) hat für die Psychologie die Vermutung aufgestellt, dass die Evolutionspsychologie eine Perspektive sei, „aus der jedes psychologische Thema betrachtet werden kann". Entsprechend würde die Evolutionspsychologie nur so lange als Disziplin beschreibbar bleiben, „wie die Psychologie sie benötigt, um das Wissen der Evolutionsbiologie zu assimilieren." Ähnlich könnte es sich auch für eine Rezeption evolutionstheoretischer Ansätze in der Erziehungswissenschaft darstellen, die den Menschen aus Perspektive einer evolutionär verstandenen Phylogenese interpretieren.

Literatur

Alexander, Richard D. (1988): Über die Interessen der Menschen und die Evolution von Lebensläufen. In: Meier, Heinrich (Hrsg.): Die Herausforderung der Evolutionsbiologie. München, S. 129–172.

Aiello, Leslie C./Wheeler, Peter (1995): The Expensive-Tissue-Hypothesis: The Brain and the Digestive System in Human and Primate Evolution. In: Current Anthropology, 36, S. 199–221.

Barret, Louise/Dunbar, Robin/Lycett, John (2002): Human Evolutionary Psychology. Princeton: Princeton University Press.

Bernstorff, Florian (2009): Darwin, Darwinismus und Moralpädagogik. Zu den ideengeschichtlichen Voraussetzungen des Darwinismus und seiner Rezeption im deutschsprachigen pädagogischen Diskurs des späten 19. Jahrhunderts. Bad Heilbrunn.

Bernstorff, Florian/Langewand, Alfred (2012): Darwinismus, Bildung, Erziehung: Historische Perspektiven auf das Verhältnis von Evolution und Pädagogik. Berlin/Münster.

Bischof-Köhler, Doris (2002): Von Natur aus anders. Die Psychologie der Geschlechterunterschiede. Stuttgart.

Daum, Andreas W. (1998): Wissenschaftspopularisierung im 19. Jahrhundert. Bürgerliche Kultur, naturwissenschaftliche Bildung und die deutsche Öffentlichkeit, 1848–1914. München.

Dunbar, Robin (1998): The Social Brain Hypothesis. In: Evolutionary Anthropology, 6, S. 178–190.

Dunbar, Robin (2012): Warum die Menschen völlig anders wurden. In: Fischer, Ernst Peter/Wiegandt, Klaus (Hrsg.): Evolution und Kultur des Menschen. Frankfurt/M., S. 244–268.

Enard, Wolfgang (2010): Menschwerdung – Die Auskunft der Genome. In: Fischer, Ernst Peter/Wiegandt, Klaus (Hrsg.): Evolution und Kultur des Menschen. Frankfurt/M., S. 57–73.

Hawkes, Kristen (2010): Der Großmutter-Effekt. In: Fischer, Ernst Peter/Wiegandt, Klaus (Hrsg.): Evolution und Kultur des Menschen. Frankfurt/M., S. 170–196.

Kaiser, Ingrid (2012): Gewalt in häuslichen Beziehungen. Sozialwissenschaftliche und evolutionsbiologische Positionen im Diskurs. Wiesbaden.

Kinderman, Peter/Dunbar, Robin I. M./Bentall, Richard P. (1998): Theory-of-mind Deficits and Causal Attributions. British Journal of Psychology, 89, S. 191–204.

Klusmann, Dietrich (2009): Evolutionspsychologie. In: Bohlken, Eike/Thies, Christian (Hrsg.): Handbuch Anthropologie. Der Mensch zwischen Natur, Kultur und Technik. Stuttgart/Weimar, S. 130–136.

Köhler, Tim (2011): Aufgaben und die Rezeption der Evolution. Zwischen inhaltlicher Deformierung und Verhaltensregulation in preußischen Schulbüchern zwischen 1871 und 1914. In: Matthes, Eva/Schütze, Sylvia (Hrsg.): Aufgaben im Schulbuch. Bad Heilbrunn, S. 71–82.

Lassek, Reinhard (2009): Der größte aller Ketzer? Die Evolutionstheorie Charles Darwins (1809–1882) hat den Glauben vom Aberglauben befreit. In: Zeitzeichen. Evangelische Kommentare zu Religion und Gesellschaft, 10. Jg., 2, 2009, S. 8–11.

Lenz, Michael (2012): Anlage-Umwelt-Diskurse. Historie, Systematik und erziehungswissenschaftliche Relevanz. Bad Heilbrunn.

Markl, Hubert (1983): Wie unfrei ist der Mensch? Von der Natur in der Geschichte. In: Ders. (Hrsg.): Natur und Geschichte. München/Wien, S. 11–50.

OECD (2002): Understanding the Brain. Towards a New Learning Science. Paris.

Oelkers, Jürgen (1994): Wissenschaft und Wirklichkeit: Der pädagogische Diskurs in Deutschland am Ende des 19. Jahrhunderts. In: Hoffmann, Dietrich/Langewand, Alfred/Niemeyer, Christian (Hrsg.): Begründungsformen der Pädagogik in der Moderne. Weinheim, S. 101–124.

Ostner, Julia (2009): Primatologie. In: Bohlken, Eike/Thies, Christian (Hrsg.): Handbuch Anthropologie. Der Mensch zwischen Natur, Kultur und Technik. Stuttgart/Weimar, S. 233–241.

Rein, Wilhelm (Hrsg.) (1903–1911): Encyklopädisches Handbuch der Pädagogik. 2. Aufl. 11 Bände. Langensalza.

Scheunpflug, Annette (2001): Evolutionäre Didaktik. Weinheim.

Scheunpflug, Annette (2004): Lernen als biologische Notwendigkeit. In: Duncker, Ludwig/ Scheunpflug, Annette/Schultheis, Klaudia: Schulkindheit. Anthropologie des Lernens im Schulalter. Stuttgart, S. 172–230.

Scheunpflug, Annette (2006): Elterliches Investment – eine Annäherung an für Erziehung relevantes Verhalten aus soziobiologischer Perspektive. In: ZfE, 9. Jg., Beiheft 5, S. 117–132.

Scheunpflug, Annette (o. J.): Darwin als Erzieher. Unveröffentlichtes Manuskript.

Stern, Elsbeth/Grabner, Roland/Schumacher, Ralph (2005): Lehr-Lern-Forschung und Neurowissenschaften: Erwartungen, Befunde und Forschungsperspektiven. Berlin.

Stiller, James/Dunbar, Robin I. M. (2007): Perspective-taking and Social Network Size in Humans. Social Networks 29, S. 93–104.

Tooby, John E./Cosmides, Leda (1992): The Psychological Foundations of Culture. In: Barkow, Jerome/Cosmides, Leda/Tooby, John E. (Hrsg.): The Adapted Mind. Evolutionary Psychology and the Generation of Culture. New York/Oxford, S. 19–135.

Tomasello, Michael (2006): Die kulturelle Entwicklung des menschlichen Denkens. Frankfurt/M.

Tomasello, Michael (2009): Die Ursprünge der menschlichen Kommunikation. Frankfurt/M.

Treml, Alfred K. (2004): Evolutionäre Pädagogik. Stuttgart.

Voland, Eckart (2009): Soziobiologie. Die Evolution von Kooperation und Konkurrenz. 3., überarb. Aufl. Heidelberg.

Voland, Eckart (2010): Grundriss der Soziobiologie. Heidelberg

Voland, Eckart/Chasiotis, Athanasios/Schiefenhövel, Wulf (2005): Grandmotherhood. The Evolutionary Significance of the Second Half of Female Life. News Brunswick, New Jersey/London.

Ontogenese

Gerd E. Schäfer

Entwicklung und Ontogenese werden in der fachlichen Literatur nicht klar voneinander unterschieden. So heißt es z. B. im *Handwörterbuch Psychologie* (1983, S. 113): „*Ontogenese ist* die *individuelle Entwicklung* von Persönlichkeitsmerkmalen" (Herv. GES; in der 4. Auflage von 1999 ist „Ontogenese" als Stichwort nicht mehr enthalten). Es gibt vielfältige Ansätze, Entwicklung zu beschreiben, informationstheoretische, kognitive, soziokulturelle, ökologisch-systemische, ethologische usw. Oft stehen bestimmte Funktionen im Vordergrund: sprachliche, emotionale, soziale, sensorische etc. (Überblicke z. B. bei Oerter/Montada 2002; Berk 2005, Siegler et al. 2011; Keller 2011). Das grundlegende Modell scheint stets ein Anlage-Umwelt-Modell zu sein, das durch soziokulturelle, soziale oder konstruktivistische Einschränkungen modifiziert wird. Genauso finden sich vielfältige Vorstellungen von Ontogenese. Zumeist jedoch wird – von Ernst Haeckel (1866) ausgehend – darunter die vornehmlich biologische Entwicklung des Menschen von der Zeugung bis zum Tod gefasst. In der derzeitigen Entwicklungspsychologie scheint der Begriff der Ontogenese kaum benutzt zu werden. In den vier genannten entwicklungspsychologischen Handbüchern kommt er jedenfalls nicht vor. Der folgende Beitrag kann die unübersichtlichen Begriffsverwendungen nicht klären. Jedoch soll wenigstens eine Arbeitsfassung des Begriffs der Ontogenese für den jetzigen Zusammenhang expliziert werden.

Als Ausgangspunkt dazu dient eine Definition von Maturana und Varela (1987, S. 84): „Ontogenese ist die Geschichte des strukturellen Wandels einer Einheit ohne Verlust ihrer Organisation." Auf den Menschen übertragen bedeutet dies den strukturellen Wandel eines Individuums von der Zeugung bis zum Tod, ohne Verlust seiner Organisation als lebendes Wesen. Diese scheinbar sehr der Biologie nahe Definition soll in einer Weise ausgedeutet werden, die – über die Biologie hinaus – den Menschen als Körper-Geist-Einheit erfasst.

Lebendiger Organismus (Maturana/Varela)

Eine ontogenetische Sichtweise geht zunächst von einem Menschen als einem Lebewesen aus. Lebewesen sind Organismen, die so strukturiert sind, „daß sie sich – buchstäblich – andauernd selbst erzeugen" (Maturana/Varela 1987, S. 50). Sie sind das Produkt ihrer autopoietischen Organisation, d. h. „es gibt keine Trennung zwischen Erzeuger und Erzeugnis. Das Sein und das Tun einer autopoietischen Einheit sind untrennbar, und dies bildet ihre spezifische Art von Organisation" (ebd., S. 56). Der für menschliche Wesen bedeutsame Aspekt dieser Aussage besteht darin, dass man keine wichtigen Bestandteile aus dieser Organisation herausnehmen kann, ohne dass das Leben verloren geht. Leben setzt einen – bislang nicht definierten – Grad an Komplexität von Organisation voraus. Daraus isolierte (Unter-)Einheiten sind u. U. nicht lebensfähig.

Nun kann sich kein lebendes Wesen aus sich heraus entwickeln. Es ist dazu auf die Interaktion mit einer geeigneten Umwelt angewiesen. „Bei diesen Interaktionen ist es so, daß die Struktur des Milieus in den autopoietischen Einheiten Strukturveränderungen nur *auslöst*, diese also weder determiniert noch instruiert (vorschreibt), was auch umgekehrt für das Milieu gilt. Das Ergebnis wird – solange sich Einheit und Milieu nicht aufgelöst haben – eine Geschichte wechselseitiger Strukturveränderung sein, also das, was wir *strukturelle Koppelung* nennen" (ebd., S. 85). Für jegliches Lebewesen bedeutet dies, dass Einflüsse von außen nur im Rahmen der Variationsmöglichkeiten der autopoietischen Strukturen und Prozesse wirksam werden. Was außerhalb davon liegt, wird entweder nicht wahrgenommen, bleibt unwirksam, oder es wirkt sich zerstörerisch auf das Zusammenspiel des Organismus aus.

Die Argumentationslinie von Maturana und Varela greift eine Prämisse Batesons auf, nämlich die von Descartes für die darauf folgenden Jahrhunderte wissenschaftlichen Denkens fixierte Trennung von Geist und Natur bzw. von Geist und Körper aufzugeben (Bateson/Bateson 1993, S. 30, 36). Diese Trennung erweist sich als ein erkenntnistheoretisches Hindernis, um über den Prozess der Ontogenese nachzudenken. Wenn die Ontogenese des Menschen mit der Zeugung beginnt, dann beginnt sie mit einem Zustand, den wir biologisch nennen und der in einem naturwissenschaftlichen Verständnis nichts mit Geist zu tun hat – es sei denn, man reduziert geistige, und damit letztlich auch soziale und kulturelle Prozesse auf das kausale Zusammenspiel von Materie. Diese Lösung ist wohl für den Umgang mit Menschen wenig zufriedenstellend.

Hält man jedoch an der Körper-Geist-Trennung fest, dann ergibt sich das Problem, wann denn zum Körper der Geist hinzutritt, oder auf welche Weise er denn von Anfang an gegenwärtig ist. Diese sind Fragen, die offensichtlich unbeantwortbar sind. Je mehr man sich mit intrauterinen und Entwicklungsprozessen in den ersten Lebensjahren beschäftigt – einer Zeit, in der das, was man bei erwachsenen Menschen als Geist wahrnehmen kann, schwer nachvollziehbar ist –, desto mehr wird deutlich, dass das Modell der Trennung von Geist und Körper ungeeignet ist, Fragen der frühesten Entwicklung zu beantworten. Man kann dieser Frage jedoch dadurch aus dem Weg gehen, dass man nur über einzelne Funktionen spricht, z. B. über körperliche, sensorische, kognitive oder sozio-emotionale Entwicklung und die Frage nicht stellt, wie diese denn zusammenwirken – ein in der Forschung übliches Verfahren. Will man jedoch über funktionale Entwicklungen hinausgehen, dann wird man über ein monistisches, aber nicht materialistisch-reduktionistisches Modell nachdenken müssen. Bateson hat ein solches Modell vorgestellt.

Einheit von Geist und Körper (Bateson)

Was Gregory Bateson mit Geist meint, scheint mir am besten durch eine Geschichte erklärbar, die er in einem Brief an den Ökologen John Todd entworfen hat (vgl. hierzu Bateson/Bateson 1993, S. 281). Sie beginnt mit der Frage, woher denn das Feld wisse, dass der Bauer tot sei.

Offensichtlich gibt es einen Zusammenhang an Informationen zwischen dem Landwirt und seinem Feld, der dieses Feld auf eine bestimmte Weise strukturiert, eine Strukturierung, die sich ändert, wenn er tot ist oder sich auf andere Weise nicht mehr in die Kreisläufe seines Feldes einmischt. Die Untersuchung dieser Frage führt also zuallererst zu dem Gedanken, dass die Bestandteile eines Feldes auf eine regelhafte Weise zusammenspielen, in die der Landwirt mit einbezogen ist. Diese Regelhaftigkeit wird sich ändern, wenn der Bauer daran nicht mehr beteiligt ist.

Obwohl der Bauer an diesem Zusammenspiel – das, wenn alles gut funktioniert, zu einer guten Ernte führt – offensichtlich bedeutungsvoll beteiligt ist, kann er sich daraus herauslösen. Er bildet einen eigenständigen systemischen Zusammenhang, der zwar mit dem Feld interagiert (strukturell gekoppelt ist), der ihm aber erlaubt, auch ohne das Feld zu existieren. Das Feld bildet eine ebensolche abgrenzbare Einheit. Es hört als biologischer Organismus nicht auf zu existieren, verliert jedoch sukzessive seine Eigenschaft, ein Feld zu sein, indem es sich in einen biologischen Organismus verwandelt, der auch ohne Verbindung zu einem Landwirt weiterlebt.

Landwirt und Feld verwirklichen – jeder auf seine Weise – wesentliche Eigenschaften lebendiger Organismen: Sie bilden abgrenzbare Funktionseinheiten (die ab einer gewissen Komplexität und den Voraussetzungen entsprechender Organisation) als lebendige Organismen betrachtet werden können (Maturana/Varela 1987). Diese Funktionseinheit erzeugt dynamische Prozesse, die – mit Hilfe externer Energiezufuhr – sich selbst aufrechterhalten. Dieser dynamische Zusammenhang geht, wenn die Verhältnisse sich ändern, nicht verloren, sondern ändert gegebenenfalls Gestalt, Struktur und Prozesse, ohne seine grundlegende Organisation als lebender Organismus zu verlieren.

Welche Wandlungen von Prozessen und Strukturen stattfinden, hängt von den Kontexten ab, in welche diese lebendige Organisation weiter eingebettet bleibt, im Fall des Feldes z. B. von Klima, Bodenbeschaffenheit, benachbarten Biotopen usw. Was ein Feld „bedeutet", wird also maßgeblich von den Kontexten mitbestimmt, mit welchen es interagiert.

Im Rahmen seiner Kontextbedingungen und den Möglichkeiten seiner Organisation ist ein lebendiger Organismus also in der Lage, seinen eigenen, inneren Zusammenhang immer wieder neu zu erzeugen, also sich selbst hervorzubringen, am Leben zu bleiben und sich gemäß den gegebenen Kontexten zu verändern.

Die Struktur, Dynamik und Organisation von Zusammenhängen macht die lebendige Einheit – hier das Feld – sensibel für Einflüsse aus den Kontexten, mit denen es strukturell verknüpft ist. Als integrierter und aufeinander abgestimmter Zusammenhang wirkt es wie ein Wahrnehmungsorgan, d. h. es reagiert auf (bedeutungsvolle) Unterscheidungen. Bedeutungsvoll meint – wie Bateson es ausdrückt – einen „Unterschied, der einen Unterschied macht" (Bateson u. a. 1981, S. 582). Es gibt Unterschiede, die für einen Zusammenhang nicht relevant sind: Wenn nur ausreichend und entsprechend verteilt Niederschläge fallen, ist es nicht bedeutsam, ob diese tags oder nachts fallen oder ob sie durch künstliche Berieselung ersetzt werden. Nicht bedeutungsvolle Zusammenhänge verändern am Gesamtzusammenhang des lebendigen Organismus nichts, werden von seiner Fähigkeit, sich in einer bestimmten Schwankungsbreite anzupassen (eine Eigenschaft, die komplexe lebendige Zusammenhänge von physikalischen Wenn-Dann-Verbindungen unterscheidet), gleichsam „aufgesogen" oder unwirksam gemacht. Ein kleiner Stein, bestimmte Zustände eines Weges können bedeutungslos sein, wenn es um das Erreichen eines bestimmten Zieles geht und werden vom Wanderer „übergangen", genauso wie er an seinem Vorhaben unter unterschiedlichen klimatischen Einflüssen festhalten kann.

Veränderungen von kohärenten Mustern gibt es nur im Zusammenhang der strukturellen und organisatorischen Möglichkeiten eines lebendigen Organismus. Werden dessen Möglichkeiten flexibler Strukturveränderungen überschritten, so wird ein Muster entweder in Teilen oder ganz geschädigt.

Vor diesem Hintergrund kann nun nachvollzogen werden, was Bateson Geist nennt:

> 1. „*Ein Geist ist ein Aggregat von zusammenwirkenden Teilen oder Komponenten.*
> 2. *Die Wechselwirkung zwischen Teilen des Geistes wird durch Unterschiede ausgelöst,* und ein Unterschied ist ein nichtsubstantielles Phänomen, das nicht in Raum oder Zeit lokalisiert ist; [...]
> 3. *Der geistige Prozeß braucht kollaterale Energie.*
> 4. *Der geistige Prozeß verlangt zirkuläre (oder doch komplexere) Determinationsketten.*
> 5. *Im geistigen Prozeß müssen die Auswirkungen von Unterschieden als Umwandlungen (d. h. codierte Versionen) von vorausgegangenen Ereignissen aufgefaßt werden.* Die Regeln dieser Transformation müssen vergleichsweise beständig sein (d. h. beständiger als der Inhalt), aber sie unterliegen selbst der Transformation.
> 6. *Die Beschreibungen und Klassifizierungen dieser Transformationsprozesse enthüllen eine Hierarchie von logischen Typen, die den Phänomenen immanent sind.*
>
> Ich werde so argumentieren, daß die Phänomene, die wir *Denken, Evolution, Ökologie, Leben, Lernen* und so weiter nennen, nur in Systemen auftreten, die diesen Kriterien genügen" (Bateson 1982, S. 113 f., Herv. i. Orig.).

Batesons Geschichte endet nun folgendermaßen: „Nehmen wir einmal an, daß das Leben sich durch ein dynamisches Muster auszeichnet, eine Art Tanz, ziemlich formal, etwa ein Menuett. Und daß der Zweck, die Funktionsweise usw. dieses Menuetts dahin geht, andere Tanzmuster *auszumachen* und zu *klassifizieren*. Die Wiese mit ihrer interagierenden Artenvielfalt tanzt einen endlosen Tanz und wird dabei von Informationen (d. h. Nachrichten von Veränderung und Kontrast) ‚über' die Umwelt angestoßen; das heißt, das dynamische Muster ist eine Art nicht-lokalisiertes Sinnesorgan. Ha!" (Bateson/Bateson 1993, S. 281 f., Herv. i. Orig.).

Geist ist ein übergreifender, gestalteter und gestaltender Prozess, ein Muster, das verbindet, ein Tanz, der sensibel ist gegenüber Veränderungen. Geist wäre dann ein Aspekt der natürlichen Welt in all ihren Gestaltungsformen. Bei Bateson hat der Begriff des Geistes also nicht den defizitären Unterton, der entsteht, wenn Geist der Natur gegenüber gestellt wird. „Beim Schreiben [von *Geist und Natur*, GES] wurde der Geist für mich zu einer Reflexion großer Teile und vieler Teile der natürlichen Welt außerhalb des Denkers. Alles in allem waren es nicht die rohesten, die einfachsten, die animalischsten und primitivsten Aspekte der menschlichen Gattung, die sich in den natürlichen Phänomenen spiegelten. Vielmehr waren es die komplexeren, die ästhetischen, die feinen und die eleganten Aspekte von Menschen, in denen sich die Natur spiegelte. Nicht meine Gier, meine Zweckgerichtetheit, meine ‚animalischen' sogenannten ‚Instinkte' und so fort erkannte ich auf der anderen Seite dieses Spiegels, dort drüben, in der ‚Natur'. Vielmehr entdeckte ich dort die Wurzeln der menschlichen Symmetrie, Schönheit und Häßlichkeit, Ästhetik, die wirkliche Lebendigkeit und das kleine bißchen Weisheit des menschlichen Wesens. Seine Weisheit, seine körperliche Grazie und selbst seine Gewohnheit, schöne Gegenstände herzustellen, sind ganz genauso ‚animalisch' wie seine Grausamkeit" (Bateson 1982, S. 11 f.).

Wenn Geist ein Phänomen allen Lebendigen ist, was ist dann menschlicher Geist? Er ist in diesen umfassenderen geistigen Zusammenhang eingebettet und vermag mit seinem Bewusstsein nur Ausschnitte aus diesem Gesamtzusammenhang zu erfassen. Das Risiko der ökologischen Krise ist dadurch entstanden, dass die wissenschaftlich-technologische Entwicklung auf der Illusion aufbaut, diesen Ausschnitt aus dem Gesamtzusammenhang für das Ganze zu halten und die Logik des wissenschaftlich-technischen Bewusstseins als die Logik unterstellt, die die Welt zusammenhält. Bateson nennt seine über die Techno-Logik hinausgehende Auffassung eine „Ökologie des Geistes" (1981).

Damit ist ein Ausgangspunkt für ein Evolutionsmodell der Ontogenese gewonnen. Es sei am Beispiel von Edelmans Modell der neuronalen Gruppenselektion weiter erläutert (Edelman 2004). Vor dem eben skizzierten Hintergrund eines ökologischen Geistmodells sollte im Auge behalten werden, dass dieses biologische Modell hier nicht als ein reduktionistisches Modell verstanden wird. Vielmehr wird es begriffen als ein Ausschnitt aus den Kreisläufen des Geistes, in welchen eine Verbindung von soziokulturellen und biologischen Prozessen nachvollziehbar wird.

Edelmans globale Hirntheorie – Verbindungen als Grundlage der Hirntätigkeit

Das menschliche Gehirn besteht aus drei großen anatomischen Bereichen, der Hirnrinde mit ihrem „Unterbau", dem sogenannten Thalamus. Daran schließen das Mittelhirn und der evolutionsgeschichtlich älteste Teil, der Hirnstamm an. Diese Bereiche bestehen aus etwa 50 Arten von Nervenzellen, die, vor allem im Cortex, modular verbunden sind. Module sind gleichartige Funktionszusammenschlüsse, die, je nach Lage im Gehirn, unterschiedliche Aufgaben wahrnehmen (Gazzaniga 1989, S. 99 ff.). Die für die mentalen Phänomene wichtigste Eigenheit des Gehirns besteht in seiner hochgradigen Vernetztheit. Dabei gibt es lineare und parallel arbeitende Zusammenhänge. Insgesamt bildet das Gehirn ein hochgradig „distributives System", in dem die Informationen einerseits in vielen Einzelfunktionen getrennt verarbeitet werden (vgl. Singer 2002, S. 31 f.). Andererseits stehen diese in einem gleichzeitigen Austausch untereinander. Dieses hochkomplexe neuronale System wird darüber hinaus durch ebenso komplexe biochemische Prozesse reguliert (Vincent 1998). Im Gegensatz zu den neuronalen Funktionen, die bioelektrisch durch die Vernetzung der Neuronen über Synapsen, also über ein höchst differenziertes „Leitungssystem" miteinander kommunizieren, sind die biochemischen Prozesse nicht an solche Bahnen gebunden, sondern eher an Orte. Einige dieser biochemischen Prozesse können sich aber auch unspezifisch über weite Bereiche des Gehirns ausbreiten.

Diese Komplexität bildet – zum Einen – die Grundlage dafür, dass das, was wir Information nennen, sich nicht in einzelnen Elementen des neuronalen Systems gespeichert findet, sondern ein Ergebnis netzwerkhafter Verknüpfungen und Zustände ist. *Die wesentliche Aktivität des Gehirns bei der Erzeugung von Können und Wissen besteht darin, Verbindungen herzustellen und zu modulieren.* Die unzähligen Ereignisse, die das Gehirn „registriert", erzeugen unzählige, für die jeweiligen Ereignisse spezifische Verbindungen. Ereignisse unterscheiden sich von globalen Zuständen des Gehirns durch ihre Kohärenz. Sie bilden integrierte Muster. Zum Zweiten ermöglicht die Speicherung von Information in komplexen Ereignismustern, dass das Gehirn auch auf unscharfe und unvollständige Informationen reagieren kann. Edelmans globale Hirntheorie möchte nun die Frage beantworten, wie dieses komplex vernetzte System (aus Erfahrungen) lernt. Sein Antwort lautet: Es lernt nach dem Modell der Evolution.

Die Selektion von Repertoires

> „Eine zentrale Idee Darwins ist das so genannte *Populationsdenken:* Durch Auslese unter den voneinander verschiedenen Individuen einer Population, die miteinander um das Überleben konkurrieren, bilden sich bestimmten Funktionen dienliche Strukturen und ganze Organismen heraus" (Edelman 2004, S. 43).

Der Darwin'sche Selektionismus – so die These Edelmans – bildet also die logische Grundstruktur von Entwicklungen sowohl im Bereich der biologischen Evolution des Gehirns wie auch in der Entwicklung des individuellen, biografischen Instrumentariums zur Erzeugung von Weltbildern. Letzteres geschieht unter Einbezug des jeweiligen Stands der soziokulturellen Evolution. Die Theorie des Selektionismus geht also von zwei zentralen Prozessen aus: der Entwicklung eines Repertoires an komplexen funktionalen Verbindungen, sowie der Auswahl und Veränderung der jeweils geeigneten unter gegebenen Bedingungen. Wie funktioniert nun dieser Prozess aus Variation und einschränkenden Bedingungen im Bereich der Entwicklung des Gehirns?

Zur biologischen Ausstattung der menschlichen Gehirnentwicklung gehört, dass Babys bereits mit einem hohen Grad an unspezifischen Vernetzungen geboren werden. Die erste Aufgabe eines lernenden Gehirns besteht darin, aus diesen Verbindungen diejenigen auszuwählen, die sich zur Bewältigung der Aufgaben eignen, die sich dem Neugeborenen stellen. Diese Lernaufgabe nennt Edelman die Entwicklung eines *primären Repertoires.* Es bildet eine individuelle, neuroanatomische Struktur, die ein Stück weit die vorgefundenen Lebensbedingungen widerspiegelt, so wie die Anatomie des Fisches seine Lebensbedingungen im Wasser abbildet.

Darauf baut ein *sekundäres Repertoire* auf. Durch die erfahrungsabhängige Bildung von neuronalen Netzwerkverbindungen werden bestimmte Netzwerke für wiederkehrende Aufgaben optimiert. Die neurobiologische Grundlage besteht in der Schaffung neuer synaptischer Verbindungen und in der Verstärkung von vorhandenen, die ausreichend geeignet sind. Während das primäre Repertoire, je älter ein Individuum ist, umso weniger veränderbar ist, bleibt das sekundäre Repertoire ein Leben lang flexibel. Die Bildung neuer synaptischer Verbindungen und die Verstärkung oder Schwächung vorhandener Netzwerke hängt davon ab, wie sehr sich das Individuum neuen Lernprozessen stellt.

Im Bereich der sensorischen und motorischen Erfahrungen bilden sich durch den wiederholten Gebrauch *Karten,* die bestimmte Handlungszusammenhänge wiedergeben. Beispielsweise sind die Tätigkeiten der Hand in solchen sensorisch-motorischen Kartierungen niedergelegt. Sie speichern gewissermaßen die Routinen und sind an den Rändern offen für Veränderungen durch neue Erfahrungen. So verändern sich die Kartierungen der Hand durch das Erlernen eines Instruments. Bei einem Pianisten beispielsweise sind diese Areale deutlich vergrößert gegenüber Menschen, die kein Klavier spielen (vgl. z. B. Spitzer 2002, S. 110 ff.). Diese Kartierungen entstehen dadurch, dass die vorhandenen Erfahrungsmuster durch die neuen, vergleichbaren immer wieder überschrieben und dadurch gefestigt und variiert werden. Es bildet sich – gegenüber einem Ungeübten – ein differenziertes Repertoire an Handlungsmustern. Je größer und je differenzierter dieses Repertoire ist, desto mehr Möglichkeiten stehen einem Individuum für die Bewältigung zukünftiger Aufgaben als Grundlage weiterer Verbesserungen zur Auswahl. Je mehr Möglichkeiten bereits vorhanden sind, desto eher können sich daraus weitere Lernprozesse ergeben.

In dem Maße, in dem diese Karten in alltägliche Handlungsvorgänge einbezogen sind, stehen sie in Verbindung zu emotionalen Verwertungs- und kognitiven Steuerungssystemen. Sie müssen durch die Zentren des Gehirns reguliert werden, die mit Gleichgewicht, Tages- und Nachtrhythmen, dem Erhalt vitaler Funktionen und insbesondere mit der Gedächtnisfunktion in Verbindung stehen. Diese Verbindung von sensorisch-motorischen Karten zu den weiteren Systemen bezeichnet Edelman als *globale Kartierungen*.

Den Grundmechanismus, der die erfahrungsabhängigen Veränderungen der neuronalen Netzwerke voranbringt, nennt Edelman *„reentry"* (Edelman 2004, S. 50). Darunter versteht er eine komplexe Form von Rückkoppelung. Nicht nur einzelne Funktionen werden durch Rückkoppelung verändert und gegebenenfalls verstärkt. Vielmehr werden ganze, in Karten und globalen Kartierungen niedergelegte Erfahrungszusammenhänge umstrukturiert. Im wiederholten Durchlaufen werden sie immer wieder in ihren vergleichbaren Anteilen festigend überschrieben, durch situative Varianten differenziert und unterschiedlichen Voraussetzungen angepasst.

Mit dem Modell der neuronalen Gruppenselektion liegt ein Modell vor, das in zweierlei Hinsicht Bedeutung für die Ontogenese des Menschen hat: Zum einen taugt es als ein Modell der Ontogenese, welches nachvollziehbar macht, wie sich Einflüsse des Milieus in den Körper einschreiben, sich verkörpern und damit zu einer Art zweiter Natur werden. Zum anderen liefert es eine Logik für diese Ontogenese im Sinne einer Integration lebendiger Prozesse.

Um Missverständnisse einzuschränken, muss eine häufige Grundannahme in der Interpretation des Darwinismus korrigiert werden. Bei der Selektion geht es nicht um das „Überleben des jeweils Besten" oder um einen permanenten „Kampf des Überlebens". Vielmehr können die Auswahlbedingungen oftmals von vielen vorhandenen Varianten erfüllt werden, die so lange in die Weiterentwicklung einbezogen werden, bis eine Grenze erreicht wird, die nicht überschritten werden kann, ohne dass die Funktionsfähigkeit der jeweiligen Variante zusammenbricht. Es geht also weniger um eine Schlacht des Überlebens, als um ein *Spiel* der Lebensmöglichkeiten innerhalb definierter Grenzen (vgl. Maturana/Varela 1987, S. 129).

Das Evolutionsmodell in der Entwicklung der menschlichen Erfahrung

Nach diesem Modell bedeutet Ontogenese des Menschen also die biographische, erfahrungsabhängige Evolution eines menschlichen Körper-Geist-Organismus auf der Grundlage der Flexibilität seiner neuronalen Organisation und im Rahmen seiner strukturellen Koppelung mit dem umgebenden Milieu. Letzteres wirkt dabei als ein Set von Einschränkungen der Variationsmöglichkeiten des Körper-Geist-Organismus (Bateson 1981, S. 515).

Daraus ergibt sich die Aufgabe, diesen Evolutionsprozess – und nicht nur einzelne funktionale Entwicklungen für Menschen ab der Geburt bzw. ab der Zeugung – zu beschreiben. Er wird im weitesten Sinn als *Bildungsprozess* fassbar, der alle Handlungs- und Verarbeitungsmöglichkeiten des menschlichen Körper-Geistes einbezieht. In einem spezifischeren Sinn kann er (ab der Geburt wenigstens) als ein Erfahrungsprozess nachvollzogen werden. Die wichtigsten Prozesse, die sich dabei abspielen, sind die folgenden (vgl. hierzu Schäfer 2010).

- Zu einem bestimmten Zeitpunkt seiner Entwicklung hat ein Individuum bestimmte Möglichkeiten des Handelns und Denkens. Nur in den allerersten Anfängen individueller Entwicklung sind diese biologisch vorgegeben.
- Im Rahmen einer gegebenen sachlichen und sozialen Umwelt verwirklicht es etwas von diesen Möglichkeiten. Dabei variieren diese Möglichkeiten entlang gegebenen Kontextzusammenhängen (Evolutionseinheit ist ein flexibles Individuum in einer vielfältigen Population, in einem flexiblen Umfeld).
- Diese Variationen bilden die Grundlage für neue Handlungen innerhalb neuer, vielleicht ebenfalls etwas veränderter Kontexte.
- Inhalte, Handlungs- und Denkweisen, die auf solche Weise verwirklicht werden, entwickeln sich weiter. Anderes bleibt von weiteren Entwicklungen ausgeschlossen.
- Es ist also nicht so, dass eine oder mehrere Bedingungen zusammen eine bestimmte neue Form hervorbringen. Vielmehr wird ein handelnder Gesamtzusammenhang im komplexen Zusammenspiel mit ermöglichenden oder begrenzenden subjektiven, sozialen und sachlichen Bedingungen in einem offenen Auswahlprozess abgestimmt. Daraus ergeben sich neue Entwicklungsschritte (vgl. Batesons Modell der Einschränkung, Bateson 1981, S. 515).
- Es sind daher offene Variationen gegebener Möglichkeiten unter vorhandenen Bedingungen, die zusammenwirken und den nächsten Entwicklungsschritt gestalten.
- So gesehen ist es das Zusammenspiel von einem Variationen erzeugenden Driften (Maturana/Varela 1987, S. 103 ff.) und von Einschränkungen, welches die Entwicklung voran bringt. Das Neue, das entsteht, entsteht im Rahmen der Variationsbreite der Ausgangsbedingungen und der Einschränkungen des Feldes, in dem dieses Driften stattfindet.
- Eigen und Winkler (1983) haben gezeigt, dass dieses Zusammenwirken von Variationen und Eingrenzungen als deterministisches Spiel verstanden werden kann. Es scheint, als seien komplexe Lebensprozesse vor allem als Spiel im Rahmen von Spielräumen organisiert.
- Die entscheidenden Prozesse dieser Entwicklung bestehen darin, erzeugte, szenisch organisierte Erfahrungen (Episoden) festzuhalten, zu variieren, einzuschränken und umzugestalten, sowie sie in Handlungsprozesse unter gegebenen Bedingungen wiederholend einzubringen (re-entry).

Ein psychologisches Modell für diesen evolutionären Wandel hat Katherine Nelson vorgelegt (1996, 2007). Ihr Modell des „Developmental Change" umfasst psychische, soziale und kulturelle Aspekte, die am konkreten und geistigen Handeln eines Menschen beteiligt sind (vgl. Schäfer 2010). Für Bateson ist ein solches Modell des evolutionären Wandels die Grundlage seiner Hypothese, dass das Leben in Geschichten gelebt wird und sich durch die Interaktion von Geschichten verändert, nicht durch kausale Einwirkungen. Damit soll ein Ausblick angedeutet sein, der die hier geführte Diskussionslinie noch vertiefen könnte. Den Modellen mehr oder weniger funktionaler Einzelentwicklungen, wie sie die Entwicklungspsychologie liefert, soll ein Modell der Ontogenese als einer Theorie des strukturellen Wandels zur Seite gestellt werden, der kulturelle, soziale, kommunikative und subjektive Dimensionen der Körper-Geist-Erfahrung umgreift.

Literatur

Bateson, Gregory (1981): Ökologie des Geistes. Frankfurt/M.

Bateson, Gregory (1982): Geist und Natur. Frankfurt/M.

Bateson, Gregory/Bateson, Catherine (1993): Wo Engel zögern – Unterwegs zu einer Epistemologie des Heiligen. Frankfurt/M.

Berk, Laura E. (2005): Entwicklungspsychologie. 3. Aufl. München.

Edelman, Gerald M. (2004): Das Licht des Geistes – Wie Bewusstsein entsteht. Düsseldorf/Zürich.

Eigen, Manfred/Winkler, Ruthild (1983): Das Spiel – Naturgesetze steuern den Zufall. 5. Aufl. München.

Gazzaniga, Michael S. (1989): Das erkennende Gehirn. Paderborn.

Haeckel, Ernst (1866): Generelle Morphologie der Organismen. Berlin.

Asanger, Roland/Wenniger, Gerd (Hrsg.) (1983): Handwörterbuch der Psychologie. 4. Aufl. Weinheim, Basel.

Keller, Heidi (Hrsg.) (2011): Handbuch der Kleinkindforschung. 4. Aufl. Bern.

Maturana, Umberto R./Varela, Francisco J. (1987): Der Baum der Erkenntnis. Bern/München/Wien.

Nelson, Katherine (1996): Language in Cognitive Development. Cambridge.

Nelson, Katherine (2007): Young Minds in Social Worlds. Cambridge, Mass./London.

Oerter, Rolf/Montada, Leo (2002): Entwicklungspsychologie. 5. Aufl. Weinheim/Basel/Berlin.

Schäfer, Gerd E. (2010): Wissen erzeugen – kognitionswissenschaftliche Grundlagen einer Kultur des Lernens in der frühen Kindheit aus erziehungswissenschaftlicher Perspektive. In: Kasüschke, Dagmar (Hrsg.): Didaktik in der Pädagogik der frühen Kindheit. Köln/Kronach, S. 306–335.

Siegler, Robert/DeLoach, Judy/Eisenberg, Nancy (2011): Entwicklungspsychologie des Kindes- und Jugendalters. Dt. Aufl. hrsg. v. Sabina Pauen. 3. Aufl. Heidelberg.

Singer, Wolf (2002): Der Beobachter im Gehirn. Frankfurt/M.

Spitzer, Manfred (2002): Lernen – Gehirnforschung und die Schule des Lebens. Heidelberg/ Berlin.

Vincent, Jean-Didier (1990): Biologie des Begehrens – Wie Gefühle entstehen. Reinbek.

Geburt und Tod

Jörg Zirfas

Einleitung

Initium ut esset, creatus est homo – damit ein Anfang sei, wurde der Mensch geschaffen – hielt Augustinus (1985, Buch 12, Kap. 21) schon im 4. Jahrhundert fest. Doch im Abendland galt wohl eher das Gegenteil: *Finis ut esset, creatus est homo.* In diesem Sinne lässt sich über Jahrhunderte hinweg in vielen Stationen des abendländischen Denkens, und auch in der Pädagogik, von einer „Geburtsvergessenheit" und einer „Todesversessenheit" (Saner 1975) sprechen. Das Leben wird in vielen Erziehungskonzeptionen nur als *cursus ad mortem,* nicht auch als Geburt bedacht (Zirfas 2003). Der Tod, und nicht die Geburt, galt historisch als entscheidendes Phänomen der Erziehung, das in jedem Bildungsakt einen bestimmenden Ort zu erhalten hatte. Diese Todespräferenz hat einerseits mit einem aus antiken kosmologischen Überlegungen heraus resultierenden christlichen Weltbild zu tun, in dem die Einübung in den Tod deshalb als notwendig erschien, weil dieser als das immer schon zu antizipierende Ziel des Lebens begriffen wurde, das die Pädagogik darauf verpflichtete, im ganzen Leben das Sterben zu vollziehen. Der Tod galt lange Zeit als die Vervollständigung des Lebens und das ewige Leben bildete das Wesen einer Todesvorstellung, für die der Tod den Anfang der Unsterblichkeit bedeutet. Die „Erziehung ins Sterben" (Platon, Phaidon 64a) ließ sich dementsprechend pädagogisch dann nur so gewährleisten, dass man den Tod im Leben ständig präsent hielt. Insofern blieb im Abendland nicht nur mit der (christlichen) Zeitvorstellung der Zukunft als dem Reich Gottes eine für das Leben bestimmende Zukunftsvorstellung maßgeblich. Zum anderen lässt sich die Geburtsvergessenheit auch anthropologisch begründen, denn der Mensch ist ein auf die Zukunft bezogenes Wesen, das sein Leben auf die Zukunft hin bzw. von der Zukunft her lebt. Diese These gilt auch für Kulturen, die zyklische Zeitvorstellungen und somit eine Vorstellung der vergangenen Zukunft bevorzugen, denn auch sie haben ein zeitliches Modell von einem Vorher und Nachher, allerdings eines, in dem das Nachher (der Zukunft) durch das Vorher (der Vergangenheit) bestimmt ist. Die Geburt eröffnet den Zeitraum der Endlichkeit, der Tod die Perspektive der Ewigkeit.

Neben der Geburtsvergessenheit der Pädagogik fällt zweitens auf, dass für einige pädagogische Konzeptionen oftmals die Geburt weniger Bedeutung besitzt als die Zeugung. Versteht man – traditionell – Geburt als zeitlich und natürlich nachrangiges und gleichzeitig durch die Zeugung kausal verursachtes Phänomen, so rückt sinnvollerweise schon die Zeugung ins primäre pädagogische Interesse; diese Fokussierung findet man z. B. in Platons Konzeption des gerechten Staates oder auch bei Ellen Key, die – implizit an Platons eugenische, Nietzsches machtphilosophische und Darwins biologische Überlegungen anschließend – vor allem den Ausschluss des Zufalls bei der Zeugung sowie die Veredlung der Menschennatur propagiert. Die Entscheidung für das neue Leben fällt für die Pädagogik oftmals nicht mit der Geburt, sondern mit der Zeugung; insofern ist sie nicht an Natalität, sondern an Fertilität bzw. Fertilisation interessiert (vgl. Zirfas 2008).

Die folgenden Ausführungen enthalten einen historischen Überblick über wichtige Stationen des Geburts- und Todesdenkens in der Pädagogik. Zur Sprache kommen die Theorien von Platon, Comenius, Montaigne, Schleiermacher, Heidegger und Arendt.

Antike, Mittelalter und frühe Neuzeit

Dass zum Leben auch das Sterben-Lernen und damit die Integration der Schattenseiten des Lebens, von Einsamkeit, Schmerzen, Angst, Melancholie und Tod gehört, war für die Antike wie das Mittelalter ein Gemeinplatz. In der Antike glaubt man an eine unvergängliche, unveränderbare, sich selbst gleich bleibende Struktur des Kosmos. Momente wie Harmonie, Vollkommenheit, Wesenhaftigkeit und Vernünftigkeit gehen in die kosmologische Ordnung mit ein. Geburt und Tod sind in einen ewigen Kreislauf des Werdens eingefügt, in dem das Leben mit dem Tod und der Tod mit dem Leben identifiziert werden. In diesem Zusammenhang gilt es für den Menschen, sich in die kosmologischen Abläufe einzuordnen; das Sterbliche ist am Unsterblichen zu orientieren. Daher geht es schon in der Antike darum, gegenüber dem Tod und der Kontingenz des menschlichen Lebens eine Haltung der Überwindung zu gewinnen. Sterben zu lernen bedeutet, sein Leben unter den Blick der *aeternitas* zu stellen, um die unsterbliche Seele aus dem Gefängnis des vergänglichen Körpers zu befreien.

Sterben zu lernen erscheint mithin sinnvoll und notwendig, weil menschliches Leben sterblich ist und als solches in die ewigen Rhythmen des Kosmos eingebunden ist. So verwendet Homer, ebenso wie der spätere griechische Sprachgebrauch, den Begriff Mensch fast synonym mit dem Begriff der Sterblichen – im Unterschied zu den Göttern, den Unsterblichen. Anthropologisch formuliert: Der Mensch ist dasjenige Lebewesen, das weiß, dass es stirbt, was zunächst zweierlei meint: Der Mensch weiß, dass er sterben *kann,* dass Sterblichkeit als eine stets präsente Möglichkeit sein Dasein begleitet. Zum zweiten weiß er, dass er sterben *muss,* dass er dem Tod nicht entrinnen kann, dass es einen Zeitpunkt in der Zukunft gibt, in der die jetzige Form des Lebens in eine andere Form, die des Todes übergeht. Sterben zu lernen bedeutet daher, bestimmte Fähigkeiten im Umgang mit der eigenen Endlichkeit zu erwerben. Sterben zu lernen ist in der Antike und im Mittelalter eine spezifische Form des Leben-Lernens, nämlich diejenige, die das Leben unter dem Blickwinkel der Unendlichkeit fasst.

Daher wird schon mit Sokrates (469–399 v. Chr.) und Platon (427–347 v. Chr.) für die Philosophie wie für die Pädagogik der Tod ein konstitutives Moment. Und das nicht nur in einem transzendenten Sinn, in dem es der Seele möglich sein wird, die ewige Wahrheit ohne die sie verfälschende Leiblichkeit und Sinnlichkeit in den Blick nehmen zu können. Die „richtigen" Philosophen sind dementsprechend jene, die die Seele vom Leib trennen können; nur so kann die Seele ihrer eigenen Wesenheit, nämlich ihrer göttlichen ewigen Ideenstruktur entsprechen. Das Leben ist zwar immer zu kurz, doch gewährleisten die ewigen Ideen den *Ephemeren* die allzeitliche Möglichkeit, doch irgendwann einmal alles – und zwar richtig – zu lernen (Platon, Timaios, 42b). Auch in einem pädagogisch-praktischen Sinne geht es schon Sokrates darum, gegenüber dem Tod die moralische Haltung der Überwindung zu gewinnen und das eigene sterbliche Leben als pädagogisches Medium der Unsterblichkeit zu begreifen. Die auf den Tod gerichtete Haltung nennt Sokrates *melétē thanátou,* was mit „sorgen um", „Einübung" oder „Vorbereitung auf den Tod" übersetzt werden kann. Mit dieser Zielsetzung verpflichtet Sokrates die Menschen darauf, dem Tod im Leben und Lernen einen zentralen Stellenwert einzuräumen: Denn einerseits lässt sich der Sinn des Lebens erst rückschließend vom Ereignis des Todes her begreifen, andererseits gilt es, auf den Tod hin zu leben, eine richtige philosophische Haltung ihm gegenüber einzunehmen.

Auch die Diskussionen über die Geburt sind in ein kosmologisch-natürliches Schema integriert; wobei die Antike es sich nicht leisten konnte, die Geburt allein der Natur zu überlassen, hängt doch das Überleben der Gesellschaften von einem ausgewogenen Verhältnis von Geburten und Todesfällen ab. Neben der Geburtenregelung taucht die Geburtsthematik auch im Generationenkontext auf, der letztlich bezogen ist auf die Zeitlichkeit der Unsterblichkeit (Platon, Nomoi, 721a ff.). *Sub specie aeternitas* erscheinen alle Generationen als ein unsterbliches Geschlecht, das sich seine Unsterblichkeit – im Gegensatz zu den Göttern – gerade durch seine anthropologische Zeitlichkeit sichert. Anders formuliert: Menschen bekommen Kinder, um an der Unsterblichkeit teilzuhaben.

Die Geburt erscheint damit für Platon als ein Transitionspunkt in mehrfacher Hinsicht: als bevölkerungspolitisches Relais der Generationen, als Beginn erzieherischer Maßnahmen, als Indikator einer menschenmöglichen Ewigkeit und schließlich als Ort des Vergessens der Ideenwelt. Im engeren pädagogischen Sinne ist die Geburt vor allem als defizitärer Modus bedeutsam, eignet ihr doch das Vergessen des ideell Wahren, Guten und Schönen. Nach Platon existiert die Seele unabhängig vom Körper und sie besitzt vor der Geburt eine unmittelbare Erkenntnis der ewigen Ideen. Während sie im Körper existiert, ist Erziehung dementsprechend der Versuch, den Menschen an die unsterblichen Ideen zu erinnern. Hierzu gehören auch die platonischen Überlegungen zu den (pädagogischen) Möglichkeiten der Palingenese und zur Maieutik (vgl. Platon, Timaios, 42b).

Platons Wiedergeburts- und Hebammenlehre erscheint allerdings nicht als Versuch, das fremdbestimmte Geburtsgeschick in eine selbstbestimmte Fortschrittsgeschichte umzudeuten (Lütkehaus 2006, S. 69), sondern als ungemein tröstliches pädagogisches Programm, das allen Erziehern versichert, dass irgendwann einmal alles gelernt sein wird. Das Leben ist zwar immer zu kurz, doch gewährleisten die immerwährenden Ideen den *Ephemeren* die allzeitliche Möglichkeit, doch irgendwann einmal alles – und zwar richtig – zu lernen. Das hier angelegte kosmische Erziehungsprogramm verspricht aufgrund prinzipieller Wiederholbarkeit die – im Kontext einer Vergöttlichung der individuellen Seelen vermittelte – Vollendung der Menschheit als Ganzer. Erziehung lässt sich so betrachtet als zweite, wahre Geburt verstehen: Dass diese Erziehung als Rückkehr zum Wahren, Guten und Schönen mit Mühen und Gefahren verbunden ist, betont Platon vor allem im Höhlengleichnis (Platon, Politeia, 514a ff.). Hier wird geschildert, wie die Seelen zur Umlenkung genötigt werden, um aus ihrem Höhlen-Alltag falscher Meinungen an die Sonne herausgeführt werden zu können, die sinnbildlich für den Ort der unverfälschten Wahrheit steht.

Im Grunde genommen sind Geburt und Tod schon mit Sokrates für die Philosophie wie für die Pädagogik konstitutive Momente. Die Liebe zur Wahrheit, die Philosophie, braucht den Tod als Trennung von Leib und Seele und sie braucht die Geburt als Möglichkeit, ein Leben führen zu können, das sich an die unsterblichen Ideen erinnert. Der Tod ist allerdings der Geburt gegenüber im Vorteil, da mit ihm verbunden die Möglichkeit aufscheint, die ewige Wahrheit ohne den sie verfälschenden Leib in den Blick nehmen zu können. Der Tod bildet die Transzendentalität von Wahrheit, Schönheit und Güte; Philosophieren heißt *meditatio mortis,* für die die Wahrheit mit Hilfe der leibgebundenen Sinnlichkeit nicht einholbar erscheint. Und auch für die Pädagogik wird der Tod entscheidend, insofern er das Telos des Lernens bildet.

Mit Michel de Montaigne (1533–1592) gewinnt die – schon zur Spruchweisheit gewordene – Maxime, dass Philosophieren Sterben lernen heißt, vor dem Hintergrund eines neuen, nunmehr endlicheren Zeitbewusstseins ihre Bedeutung darin, dem Menschen vor Augen zu führen, dass den Menschen in ihrem Leben die Zeit fehlen könnte, die bleibt, um die geforderten pädagogischen Anstrengungen einer Todesvergegenwärtigung noch zu leisten. Nun weiß auch Montaigne, dass man dem Tod immer wie ein Lehrling gegenübertritt, doch erhält die permanente Gegenwärtigkeit des Todes eine mortale Bereitschaft und Kompetenz, die wiederum die Bedingung der Möglichkeit für eine geistige Freiheit gegenüber dem Tod bedeutet. Die Didaktik des Todes zugunsten des Lebens anerkennt die Frist einer sinnvollen Gestaltung des Lebens (vgl. Montaigne 2005, S. 60 ff.).

Man kann diese Todesmaxime so interpretieren, dass man in jedem Augenblick seines Lebens Abschied zu nehmen bereit sein muss. Es gilt dann, sein Leben so zu gestalten, dass es nicht erst in der Zukunft, sondern in jedem gelebten Augenblick als sinnvoll erfahren wird. Sein Leben angesichts der Endlichkeit zu leben heißt dann, es nicht der Sinnlosigkeit preisgeben zu wollen. Dadurch entsteht der Versuch, das Leben jeglicher zeitlicher Dauer zugunsten einer Gegenwart zu entreißen, die vollkommen in jedem Augenblick aufgeht, und so erst ein sinnvolles Leben gewährleistet. Die pädagogische Maxime der mimetischen Reflexion des Todes befreit das Leben vom Tod, weil dieser jenem nicht als absolutes Übel entgegentritt und weil jenes den Tod immer schon eingeholt hat. Das Sterben-Lernen wird zum Leben-Lernen, das *memento mori* schlägt um in ein *memento vivere,* es geht nunmehr nicht darum, dass man lebt, um zu sterben, sondern dass man sterben soll, um zu leben (Ariès 1999).

Für Johann Amos Comenius (1592–1670) (und ggf. für alle pädagogisch-metaphysischen Modelle) sind Geburt und Tod zeitliche Durchgangsstadien. Gott steht hier am Anfang und am Ende der Zeit; die Erziehungs- und Lernprozesse werden daher in die göttliche Zeit eingepasst. Dieser Ausgangspunkt besagt, dass Erziehung sich immer schon in einem zeitlosen Rahmen bewegt, der durch die drei für Comenius wesentlichen Orte von Erziehung noch einmal umrissen wird: Der Zeitraum der Erziehung betrifft den Mutterleib ebenso wie die Erde und den Himmel, d.h. wir haben von einer „Schule des vorgeburtlichen Werdens" auszugehen und enden mit der Erziehung in der „Schule des Todes" als Vorbereitung auf das ewige Leben (Comenius 1991, S. 11). Das Leben erscheint als Zwischenzeit, Geburt und Tod als Übergänge und die Welt als Schule des Menschengeschlechts von Anbeginn aller individuellen wie kollektiven Zeit bis hin zur himmlischen *Academia* (ebd., S. 85, 273). „Denn durch unsere Geburt werden wir in das Leben gesandt wie in eine Schule" (ebd., S. 94).

Doch während bei Platon die Menschen schon mit spezifischen Vorprägungen und latentem oder manifestem Wissen auf die Welt kommen, woran sich die standesspezifische Erziehung zu orientieren hat, geht Comenius vom Geborenen als unbeschriebenem Blatt aus, dem „durch die Tätigkeit der Sinne, des Verstandes und des Glaubens alles eingeprägt werden" kann (ebd., S. 58), was wiederum die Erziehung mit einer ungeheuren Machtfülle ausstattet. Comenius legt in seinen panpädagogischen Reflexionen vor allem Wert auf eine gute Schwangerschaft (ebd., S. 155ff.), die sich durch Ehrenhaftigkeit, Gesundheit und Frömmigkeit der Eltern auszeichnet. Eltern zeugen Kinder für den Himmel und Gott und nicht für die Erde und sich selbst. Eine gute Geburt ist die fundamentale Voraussetzung für ein gutes Leben und ein gutes Sterben; die Vorbereitung auf die Zeugung, die Zeugung selbst sowie die Schwangerschaft sollen dementsprechend unter göttlichen Vorzeichen verlaufen: Ziel der *Pampaedia* ist das Lob Gottes, das schon aus dem Munde des Säuglings erschallt (ebd., S. 164). Auch hier wird deutlich: Geburten und Todesfälle erscheinen einer im metaphysischen Rahmen argumentierenden Pädagogik lediglich als von Ewigkeit her determinierte Durchgangsstadien zur wahren Existenz.

Aufklärung und Klassik

Mit der Aufklärung werden Geburt und Tod weniger als (pädagogische) Durchgangsstadien, sondern als eigenständige anthropologische Phänomene betrachtet, die unterschiedliche pädagogische Anschlussmöglichkeiten implizieren. Zugleich rückt, telosbezogen, der Tod als Ziel der Erziehung aus dem Zentrum bzw. wird um das Ziel der Selbständigkeit ergänzt. Im Kontext der Generationenerziehung bzw. der Tradierung nichtgenetischer Dispositionen und einer modernen Fortschrittsfigur bekommen Geburt und Tod aber ihren bis heute systematisch wichtigen Ort. Vor dem Hintergrund eines nachmetaphysischen Denkens, das eine Aufwertung des endlichen Lebens impliziert, wird zugleich die sehr dominante Todesperspektive in der Pädagogik nunmehr durch eine verstärkte Diskussion der Geburtsthematik ergänzt.

In diesem Sinne spielt die Geburt bzw. die Zeugung eine dominante Rolle in der Pädagogischen Anthropologie von Immanuel Kant (1724–1804). Denn nach ihm resultiert die Pflicht zu einer am Kindeswohl orientierten Erziehung nicht erst aus der anthropologischen Tatsache der Geburt, sondern schon aus der ethischen Handlung der Zeugung. Mit der Zeugung greifen die Eltern in das Autonomiepotential des Kindes ein und bringen das Kind, ohne es zu fragen, auf „unsere" Welt. Im Artikel 28 seiner *Metaphysik der Sitten,* der das Elternrecht behandelt, schreibt Kant, dass man „den Akt der Zeugung als einen solchen anzusehen [hat], wodurch wir eine Person ohne ihre Einwilligung auf die Welt gesetzt, und eigenmächtig in sie herübergebracht haben; für welche Tat auf den Eltern nun auch eine Verbindlichkeit haftet, sie, so viel in ihren Kräften ist, mit diesem ihrem Zustande zufrieden zu machen" (Kant 1982, S. 394). Während Erziehung sich in diesem Sinne als Reaktion auf die anthropologische Tatsache der Geburt verstehen lässt, zielt ihr ethischer Anspruch darauf, eine Schuld zu begleichen, Wiedergutmachung zu betreiben, um, so Kant, den Eingriff in die Freiheit des Anderen abzugelten. Dafür sind die Eltern nach der Geburt aufgefordert, ihren Kindern entsprechend ihren Möglichkeiten ein Höchstmaß an Zufriedenheit zu gewährleisten.

An diesem paradoxen Konzept, Eltern die Schuld für eine Autonomieverletzung zuzuschreiben, die erst die Bedingungen der Möglichkeit von Autonomie gewährleistet, ist hervorzuheben, dass es die leiblichen Eltern sind, die Kant zur Erziehung verpflichtet; das Kind hat ein Recht auf Wiedergutmachung gegenüber seinen Erzeugern. Das erzieherische Verhältnis wird durch die Zeugung nach Kant zu einer einzigartigen, nicht substituierbaren und asymmetrischen Verpflichtung einer am Wohlergehen und an der Selbständigkeit orientierten Erziehung. Kant spricht im eben erwähnten Paragraphen nicht vom Recht auf eine gute Erziehung, was pädagogisch ohnehin fragwürdig wäre, denn Erziehung als Vermittlungsgeschehen kennt weder eine Produkthaftung noch im engeren Sinne einen Kunstfehler, wie ihn die Medizin oder die Juristik kennt. Folgt man also der Argumentation Kants, so würde Mündigwerden vor diesem Hintergrund bedeuten, seinen Eltern rückwirkend die Absolution für die Zeugung zu erteilen; d. h. Autonomie bedeutet, selbst die Ursache seiner selbst, seine Zeugung, noch mitverantworten zu können.

Auch Friedrich Schleiermacher (1768–1834) stellt die Fragen nach Geburt, Tod und Erziehung mit Blick auf Selbständigkeit: Wann fängt die pädagogische Einwirkung an? fragt er 1826 in seinen *Vorlesungen* (1983, S. 44 f.) und gibt dann auf seine Frage drei Antworten: wenn das weltliche Leben anfängt, wenn das geistige Leben anfängt, oder wenn das Leben sich im Mutterleib regt. Ebenso differenzierend antwortet Schleiermacher auf die Frage, wann denn die pädagogische Einwirkung aufhöre, mit den Möglichkeiten, dass sie erstens niemals aufhöre, zweitens dass sie irgendwann als bildende, aber nicht als sittliche Einwirkung aufhöre und drittens, dass sie dann aufhöre, wenn der Mensch mündig wird.

Wer über Erziehung nachdenkt, kommt also nicht umhin, Anfang, Dauer und Ende der Erziehung festlegen zu müssen, um nicht nur die pädagogischen Aspirationen zu konkretisieren, sondern auch Erziehung selbst operationabel und funktional gestalten zu können. Denkt man aber mit Schleiermacher Erziehung von der Geburt her, so beginnt Erziehung mit Unbestimmtheit. Anfangs- wie Endpunkte pädagogischer Maßnahmen lassen sich nach Schleiermacher nämlich als Punkt und/oder zugleich als Prozess, und damit immer nur als *nicht feststellbar* begründen. Den geburtlichen Anfang übersetzt Schleiermacher in die „Unentschiedenheit der anthropologischen Voraussetzungen" (ebd., S. 50 f.); das Ende der Erziehung identifiziert er mit dem Mündigwerden des Menschen (ebd., S. 45). Die Pädagogik bestimmt sich somit als unbegrenzbar, was nicht nur dazu führt, dass die Erzieher nicht aufhören können zu erziehen, sondern auch dazu, dass Medizin und Justiz die Anfänge und Endpunkte definieren, etwa in der Frage, wann das Leben eines Menschen anfängt, wann er schulreif oder auch ein mündiger Bürger ist. Weil Erziehung von Anfang an geburtlich im Unbestimmten beginnt, ist die erzieherische Aufgabe nach Schleiermacher die Förderung der Selbsttätigkeit bzw. der Selbstbestimmungsfähigkeit. Die Leerstelle Geburt und die Unbestimmbarkeit der anthropologischen Voraussetzungen verlangen nach einer Erziehung, die auf die Möglichkeit der Bestimmung der Voraussetzungen durch den Zögling selbst zielt.

Moderne

In der Moderne war es vor allem Martin Heidegger (1889–1976), der mit seiner Anthropologie des Todes auch dem pädagogischen Diskurs, teilweise vermittelt über den sich an ihn anschließenden Existentialismus, neue Impulse gab. Heidegger versteht den Tod als eine „Seinsmöglichkeit, die je das Dasein selbst zu übernehmen hat" (Heidegger 1979, S. 250). Der Tod ist als Abwesender, d. h. als noch bevorstehender, anwesend. Das Dasein hat diese Möglichkeit zu erwarten und zu übernehmen, weil die Nichtübernahme dem Verfallensein an das „Man", den unreflektierten *common sense* gleichkommt. Der Abschied von der Welt und den anderen wirft das Subjekt dabei so auf sich selbst zurück, dass ihm möglich wird, von seinem eigenen Selbst Abschied zu nehmen. Während sich an dieser Stelle noch Anklänge an die Stoa oder an Montaigne finden lassen, ist der

Tod nach Heidegger auch „die Möglichkeit der schlechthinnigen Daseinsunmöglichkeit“ (ebd., S. 250). Im Sich-Bevorstehen auf den Tod gewinnt das Dasein durch das proleptische Abschiednehmen die Beziehung zum Anderen seiner selbst: Der Tod ist hier nachträgliche Zukunft und Spiegel des Daseins. Im Verhältnis zum Tod gewinnt der Mensch eine Beziehung zur absoluten Beziehungslosigkeit, die auch seine Selbstbeziehung umfasst. Wenn Dasein aber nichts anderes ist als Sein zum Tode, wenn der Mensch, solange er existiert, immer schon stirbt, so gibt es auch kein erreichbares Jenseits mehr und der Tod ist kein Übergang mehr, der das Andere des Lebens markiert. Es gibt keinen Trost über das Leben hinaus, weil das Sterben selbst der Trost ist: Die Sterblichkeit des Daseins ist hier als Bedingung der Möglichkeit einer unsterblichen Existenz gedacht: „Dasein verendet nie“ (ebd., S. 247), und wir können von der Endlosigkeit des Daseins sprechen. Es ist das Leben, nicht der Tod, der dem Dasein einen Grund zur Sorge bietet. Indem Heidegger den Tod als Möglichkeit der Unmöglichkeit versteht, nimmt er ihm seine radikale Negativität, die im Zu-Ende-Gehen des Lebens und der Unergreifbarkeit und Unverfügbarkeit des Todes besteht. Und diese Unterschlagung resultiert (auch) aus der Vernachlässigung der intersubjektiven Erfahrung des Todes, der Ausblendung der Zeit des anderen. Die Zukunft des Todes ist immer schon Gegenwart, ein fortlaufendes Jetzt, das jegliche Ankunft des Todes immer schon vorweggenommen hat.

Diese Perspektive ist dann im Existentialismus aufgegriffen worden, der immer wieder auf Formen der Gegenwart des Todes im Leben hingewiesen hat (vgl. Theunissen 1991). So führt – erstens – das Erleben der Vergänglichkeit der Dinge auch zu einem Miterleben der eigenen menschlichen Vergänglichkeit. So lässt sich – zweitens – durch die Erkenntnis, dass das Leben ein kontinuierlicher Prozess zum Tode hin ist, das gesamte Leben als Sterbeprozess verstehen. Drittens bedingt das Altern als Zunahme von Vergangenheit und als Abnahme von Zukunft einen stetigen Prozess der Zunahme der Vergegenwärtigung des Todes im Leben. Ein vierter Bezug der Gegenwärtigkeit des Todes im Leben ergibt sich aus dem Vollzug des Lebens als Existieren, denn Menschen leben ihr Leben sowohl auf den Tod hin, als auch von ihrem Tod her. Versteht man – fünftens – die Formel, dass der Tod einen Schatten über das Leben wirft, nicht metaphorisch, sondern existentiell, so erscheinen Phänomene wie Angst, Einsamkeit, Krankheit, Melancholie, Nacht, Schlaf, Übergangsrituale, Verlust, ja selbst die Liebe oder die Erotik als negative Vorspiele des Todes im Leben. Und wer schließlich die Kontingenz im Leben bedenkt, der bedenkt zugleich die Möglichkeiten der Distanz, der Verschiedenheit, der Abschiedlichkeit und des Abstandes. Ist Sterben ein Distanzierungsprozess, ein Prozess des Abschiednehmens und des Abstandgewinnens zu sich, zur Welt und zu anderen, so erscheint das Leben als Prozess zwischen Geburt und Tod nicht nur als permanente Ankunft und Zuwendung, sondern zugleich als permanente Abwendung und Abschied.

Hannah Arendt (1906–1975), die mit ihrer Philosophie der Natalität eine Gegenposition zur Todesphilosophie von Martin Heidegger bezieht, versteht den Tod nur als das eine Ende des Lebens, das andere bildet für sie die Geburt; von daher wird statt einem Sein zum Tode, das bei Heidegger eine entscheidende Rolle spielt, ein Sein zum

Anfang für sie bedeutsam. Unter Geburt als *Anfang* versteht Arendt die Möglichkeit, Initiative zu ergreifen, aus eigener Kraft etwas Neues anfangen zu können. Menschen sind Anfänger des Anfangs bzw. des Anfangens, sind spontane Wesen, die von sich aus in der Lage sind, eigene Wahrnehmungs-, Denk- und Handlungsmuster zu entwickeln (Arendt 1987, S. 166). Menschen sind in diesem Sinne freie Wesen, die ihr Freisein darin erfahren, dass sie Anfänger von etwas sein können. Während die Geburt als Anfang die Innenperspektive des Menschen und dabei die Perspektive des politischen Handelns betont, bezieht sich die Geburt als *Neuheit* auf die Außenperspektive: Die Geborenen erscheinen den schon Lebenden als neue Menschen. Das geborene Kind erscheint somit als das unerwartete, unberechenbare Wesen, als „unendlich Unwahrscheinliches", oder als ein „Wunder" (ebd., S. 166 f.). Sodann ist die Geburt nicht nur Anfang und Neuheit, sondern auch *Potentialität* und *Werden:* „So zeigt das Kind, mit dem es die Erziehung zu tun hat, dem Erzieher ein Doppel-Gesicht: Es ist neu in einer ihm fremden Welt, und es ist im Werden: Es ist ein neuer Mensch, und es ist ein werdender Mensch" (Arendt 1994, S. 266). Während der Mensch das Werden allerdings mit allem Lebendigen teilt, das in vielfacher Weise ebenso unvollkommen zur Welt kommt wie dieser, besteht die eigentliche pädagogische Brisanz vielmehr in der mit dem Menschen verbundenen eigentümlichen Neuheit. Diese soll durch Erziehung bewahrt werden; wäre diese nicht im pädagogischen Blick, so wäre Erziehung nur Funktion des Lebens, und damit „Erhaltung des Lebens und Training oder Einübung ins Lebendigsein" (ebd.).

Zu diesen drei Grunddifferenzierungen der Geburt als Anfang, Neuheit und Potentialität lässt sich festhalten: Wenn Arendt über Geburt als Anfang und Anfangen spricht, bezieht sie sich auf den politischen Ort als gemeinsame Praxis der Freiheit; wenn sie sich auf Geburt als Neuheit (und Potentialität) bezieht, steht die Erziehung im Mittelpunkt ihrer Betrachtungen. Die Politik ist die Aktualisierung der Geburt als Initiation, deren Potenz durch die Erziehung als Konservierung des Neuen gesichert wird. Erziehung hat es also nur mit der *Vorbereitung* auf das gemeinsame Handeln zu tun. Erziehung hat nach Arendt eine doppelte Aufgabe, einerseits das neue Kind mit der Welt bekannt zu machen, andererseits darauf zu achten, dass die durch das Kind vermittelte Neuheit vom Alter der Welt nicht unterdrückt wird, damit die gemeinsame Erneuerung der Welt vorangetrieben werden kann. Erziehung heißt Erhaltung des Neuen zur Verbesserung des Alten; diese Grundfigur ist seit Schleiermacher bekannt. Das Ziel der Erziehung nach Arendt ist der politisch handelnde Mensch, der quasi im Handeln die anerkennende Bestätigung seines Geborenseins vornimmt. Dieser Mensch erscheint als Grund seiner selbst, er bringt sich und die Bedingungen seines Lebens im politischen Handeln immer wieder selbst hervor.

Schluss

Anthropologisch betrachtet ist die Zeit immer schon von ihrem Ende her definiert, ist sie verbunden mit der Erfahrung und der Gewissheit der Fragilität, Vergänglichkeit und Endlichkeit menschlichen Lebens; der Mensch muss mit seiner Zeit rechnen, sie einteilen und strukturieren, eben weil er kein ewiges Wesen ist. Menschen leben ihr Leben zum Tode hin und vom Tode her. Der Zeitmangel des menschlichen Organismus bestimmt somit das Maß und die Bedeutung, das der Mensch seinem Leben verleiht: Zeit wird somit eine Dimension des Sinns menschlichen Daseins. Menschliches Leben ist befristetes Leben.

Wer den Tod im *metaphysischen* Zusammenhang denkt (z. B. Platon), der kann ihm den Charakter einer Möglichkeit des Lebens verleihen, weil der dreidimensionale Zeitbezug des Menschen in seinem Anderen aufgehoben ist, nämlich der Allzeitlichkeit oder der Ewigkeit als dem Anderen der Zeit. Wer den Tod *nach dem Ende der Metaphysik* denkt (in Grenzen: Montaigne, dann aber: Heidegger), dessen Betrachtungen ergeben, dass der Tod dem Menschen ein Unnatürliches in der Beziehung zu dem, was man nicht ist, bleibt; den Tod kennzeichnet eine natürliche Unverfügbarkeit, die die des Lebens selbst betrifft.

Erziehungskonzeptionen in metaphysischen Kontexten betrachten die Geburt als ein von der Ewigkeit her determiniertes Durchgangsstadium, das seine pädagogische Bestimmung von den als unveränderlich feststehenden metaphysischen Gesetzmäßigkeiten erhält. Dieses Geburtsverständnis wird zentral durch temporale Kreisvorstellungen und Ewigkeitskonzeptionen bedingt. Erziehung ist hier kosmologische Erziehung bzw. Gottesdienst, die sich an den *Voraussetzungen* der Geburt, nicht an ihr selbst orientiert. Geburten bestätigen den ewigen Lauf der Dinge, der ebenso wie für die Geburt auch für Erziehung konstitutiven wie regulativen Charakter hat.

Kommt im metaphysischen Zugang letztlich eine Zeitenthobenheit der Pädagogik zum Tragen, so kommt die Pädagogik mit der Idee der Geburt als Anfang, der auf ein Ende verweist, unter *Zeitdruck*. Vielfältig sind hier die pädagogischen Versuche, mit der Fülle des Wissenswerten angesichts der Kürze der Lebens zurechtzukommen: Standardisierung, Kanonisierung, Beschleunigung, Komprimierung, Selektion etc. Mit dem zunehmenden „Bewusstsein" der Geburtsbezogenheit in der Pädagogik werden Erziehungsprogramme bedeutsam, die spätestens mit der Geburt des Kindes beginnen – wenn sie nicht schon – siehe Schleiermacher oder Comenius – auf die vorgeburtliche Erziehung des Fötus wie der Eltern abheben.

Gleichzeitig verweist die Geburt in der Moderne – siehe Schleiermacher oder Arendt – auf etwas Neues, Unbekanntes, Unbestimmbares, zu dem die Pädagogik sich erzieherisch verhalten können muss. Im nachmetaphysischen Verständnis ist die Geburt ein *Anfang*, ein Schnitt in der Zeit, der zugleich auf ein Ende – den Tod – verweist. Anders als zu metaphysischen Zeiten, in denen die Geburt noch kontaminiert war mit den Präliminarien der Ewigkeit, erbt die Pädagogik mit dem radikalen Neuanfang der

Geburt auch die individuelle Unbestimmbarkeit, auf die sie zu reagieren hat: *Individuum est ineffabile.* Dabei korrespondiert die Unbestimmtheit der Geburt als Anfang der Erziehung mit ihrem Ziel: der Selbstbestimmung. In den neuzeitlichen pädagogischen Konzeptionen wird die Geburt als *initium* eines neuen, individuellen Lebens verstanden, dessen zukünftige offene Entwicklung Erziehung auf eine Selbstbestimmungsfähigkeit des Zöglings verpflichtet, die selbst noch die eigene Geburt umfassen soll.

Aus anthropologischer Sicht ist Erziehung notwendig und möglich aufgrund der *sozio-biologischen Konstitution* des geburtlichen und dem Tode geweihten Menschen. Die Geburt als Anfang und der Tod als Ende liefern keine Antworten auf die pädagogischen Fragen nach dem Wie und Wozu der Erziehung. Doch anthropologisch betrachtet bedeuten Geburt und Tod existentielle Fremdheitserfahrungen, die dem Menschen deutlich machen, dass er in seiner Selbstbestimmung nicht aufgeht. Geburt und Tod konfrontieren die Pädagogik nicht nur mit den Aufgaben der Kontinuität und Tradierung von Kultur, sondern auch mit denen der individuellen Einübung in die Kontingenz und Unbestimmbarkeit des Lebens (Zirfas 2009).

Literatur

Arendt, Hannah (1987): Vita activa oder Vom tätigen Leben. München.

Arendt, Hannah (1994): Zwischen Vergangenheit und Zukunft. Übungen im politischen Denken I. München/Zürich.

Augustinus (1985): Vom Gottesstaat. 2. Aufl. München.

Ariès, Philippe (1999): Geschichte des Todes. 9. Aufl. München.

Comenius, Johann Amos (1991): Pampaedia. Allerziehung. Hrsg. v. Klaus Schaller. Sankt Augustin.

Heidegger, Martin (1979): Sein und Zeit. 15. Aufl. Tübingen.

Kant, Immanuel (1982): Die Metaphysik der Sitten. Werkausgabe Band VIII. Hrsg. v. Wilhelm Weischedel. Frankfurt/M.

Lütkehaus, Ludger (2006): Natalität. Philosophie der Geburt. Kusterdingen.

Montaigne, Michel de (2005): Essais. Hrsg. v. Arthur Franz. Köln.

Platon (1984): Sämtliche Werke. Hrsg. v. Walter Otto et al. Hamburg.

Saner, Hans (1995): Geburt und Phantasie. Von der natürlichen Dissidenz des Kindes. Basel.

Schleiermacher, Friedrich (1983): Ausgewählte pädagogische Schriften. Hrsg. v. Ernst Lichtenstein. 3. Aufl. Paderborn.

Theunissen, Michael (1991): Negative Theologie der Zeit. Frankfurt/M.

Wulf, Christoph/Hänsch, Anja/Brumlik, Micha (2008) (Hrsg.): Das Imaginäre der Geburt. Praktiken, Narrationen und Bilder. München.

Zirfas, Jörg (2003): Tod und Erziehung. Zeittheoretische Reflexionen. In: Liebau, Eckart/Peskoller, Helga/Wulf, Christoph (Hrsg.): Natur. Pädagogisch-Anthropologische Perspektiven. Weinheim, S. 299–317.

Zirfas, Jörg (2008): Geburt und Erziehung. In: Wulf, Christoph/Hänsch, Anja/Brumlik, Micha (Hrsg.): Das Imaginäre der Geburt. Praktiken, Narrationen und Bilder. München, S. 199–215.

Zirfas, Jörg (2009): Leben und Tod. Über die Unvermeidlichkeit des pädagogischen Umgangs mit menschlicher und weltlicher Kontingenz. In: Liebau, Eckart (Hrsg.): Lebensbilder. Streifzüge in Kunst und Pädagogik. Oberhausen, S. 89–108.

Generation

Christoph Wulf & Jörg Zirfas

Einleitung

Seit einigen Jahren findet der Generationenbegriff in den Human-, Sozial- und Kulturwissenschaften wieder verstärkte Aufmerksamkeit. Dies ist unter anderem eine Folge der zahlreichen sozialen, politischen oder auch ethischen Diskussionen um den Generationenvertrag, den Modernisierungsdiskurs, die Veränderungen von Kindheit, Jugend und Alter, die Debatten über Pflegeversicherung und Sterbehilfe. Diese Diskussionen verdeutlichen die zentrale Stellung der Generationenfrage in den Wissenschaften vom Menschen. Sie führen dazu, auch pädagogische Prozesse wieder stärker in ihrer Einbettung in Generationenzusammenhänge zu begreifen (vgl. Liebau/Wulf 1996; Liebau 1997b; Ecarius 2008).

Generation ist ein vielschichtiger Begriff, der mehrere Dimensionen umfasst. Etymologisch betrachtet geht das lat. „generatio" auf das „genos" zurück, das in der griechischen Gesellschaftsordnung ein – in der Regel aristokratisches – Geschlecht oder einen adligen Familienverband bezeichnete, dessen Angehörige sich auf ihre Abstammung in männlicher Linie vom selben Ahnherren beriefen und die im Allgemeinen sich wenigstens einmal im Jahr trafen, um Beamte zu wählen, Verfügungen zu erlassen und neue Mitglieder aufzunehmen. Und auch der lateinische Begriff „gens", der ebenfalls die maskuline Abstammung betont, gehört zum etymologischen Umfeld der „generatio". Im Unterschied zum *genos* der Griechen bezieht sich die *gens* zwar auch auf einen Ahnherren, den die Römer, anders als die Griechen, jedoch weder der Nachwelt überlieferten noch verehrten.

Biologisch beschreibt der Generationenbegriff die jeweiligen Glieder der Geschlechterfolge bei Lebewesen. Chronologisch erfasst er zum einen die Lebenszeit einzelner Lebewesen bzw. einzelner Menschen, als auch die innerhalb eines bestimmten Zeitraumes geborenen Menschen. Soziologisch bezieht er sich auf die in einem bestimmten Zeitraum geborenen Menschen im Hinblick auf ihre Einstellungen und Ansichten. Technisch betrachtet bezeichnet der Begriff Generation die zu einem bestimmten Stand der Entwicklung gehörenden Geräte und Apparaturen. Pädagogisch stellt der Generationenbegriff vor allem auf die Beziehung zwischen Erwachsenen und Kindern ab, auf Fragen der reziproken intergenerationellen Einstellungen, der Tradierung von Erziehungsinhalten, der Konzepte von Erziehungszielen und der aus diesen Fragen sich ergebenden Problematiken. Anthropologisch bezeichnet er schließlich die einzelnen Glieder im Reproduktionsprozess der menschlichen Gattung (Parentalgeneration, Filialgeneration).

Fasst man zunächst diese Ergebnisse diverser Disziplinen zusammen, so lassen sich für den Generationenbegriff folgende grundlegende Differenzierungen festhalten: Generation definiert einen Bezug zu zeitlichen Zusammenhängen (zyklisch, linear, fortschrittlich); er definiert einen Bezug zur Herkunft (biologisch, sozial, kulturell) und er definiert schließlich auch einen Bezug zu anderen Generationen (Einheit/Differenz, Gleichzeitigkeit/Ungleichzeitigkeit).

Auch wenn man heute nicht mehr davon sprechen kann, dass die Pädagogik die Wissenschaft des Generationenverhältnisses schlechthin ist, so bleibt der Begriff der Generation für die Erziehung doch insofern wichtig, als er in einem ersten Schritt als ein heuristisches pädagogisch-anthropologisches Prinzip dienen kann. Denn mit ihm kann man – zeitlich betrachtet – die Bedeutung des Alters und des Alterns, d. h. Aspekte der (höheren) Lebenserwartung, Phänomene der Jugendlichkeit, des Alters, der Lebenslauf- und Biographieforschung vergegenwärtigen und analysieren. Man kann – soziokulturell betrachtet – die Stabilisierung von Herkunftsgewissheiten oder die Erzeugung von Herkunftsdifferenzen und -perspektiven in den Blick nehmen. Und man kann mit ihm den Bezug zur anderen Generation, aber auch zur eigenen Generation beschreiben und klären. Denn Generationen gibt es nie an sich und isoliert, sondern nur im Zusammenhang und in Differenz zu anderen Generationen sowie mit einem Bewusstsein darüber, wie dieser Zusammenhang aussieht.

Generation kann als eine ungemein bedeutsame pädagogisch-anthropologische Grundbedingung betrachtet werden, da jedes menschliche Leben in biographisch-zeitliche, sozial-räumliche und historisch-kulturelle Zusammenhänge eingebettet ist. In diesem Sinne dient der Generationenbegriff (historisch) als Begründung der Pädagogik, als Thematik der pädagogischen Professionalisierung, als vielschichtiger Reflexions- und Problematisierungsbegriff sowie – wegen seiner vielseitigen disziplinären Bezüge – als interdisziplinäres Kontextualisierungskonzept.

Natalität und Mortalität

Aus pädagogisch-anthropologischer Sicht ist der Generationenbegriff zunächst vor dem Hintergrund von Natalität und Mortalität zu betrachten. Aufgrund der zeitlichen Begrenztheit des menschlichen Lebens ist die Erhaltung, Veränderung und Weiterbildung der Gattung Mensch nur möglich, weil menschliches Leben in Generationen und Generationenbeziehungen organisiert ist und dadurch über den Tod der einzelnen Menschen und Generationen hinaus kulturelle Kontinuität und Evolution herstellen kann. Als anthropologischer Begriff verweist der Generationsbegriff auf die menschliche „Frühgeburt", die damit verbundene Plastizität des Körpers und die sich daraus ergebende Angewiesenheit auf Erziehung sowie auf die Sterblichkeit des Menschen. Als pädagogischer Begriff verweist er auf die Weitergabe des nicht-genetischen Erbes; dieses ist in Institutionen, Werten, Rechten und Techniken realisiert, die jeweils weitervermittelt und angeeignet werden müssen, damit eine Gruppe oder Gesellschaft überleben bzw. gut leben und sich im Hinblick auf die Zukunft auch weiterentwickeln kann (vgl. Sünkel 1996).

Der Generationenbegriff ist für die Thematik der Erziehung und Bildung zunächst insofern wertvoll, als er auf einen kontinuierlichen Wandel der Generation verweist, der es permanent notwendig macht, auf Erziehungs- und Bildungsziele, -stile und -inhalte zu reflektieren, will man den sozialen Fortbestand einer Gesellschaft mitbestimmen oder aber den Einzelnen in die jeweilige Gesellschaft enkulturalisieren. Dabei ist für eine intergenerative Erziehung der anthropologische Sachverhalt der Zeitlichkeit und der generativen Ordnung grundlegend.

Schon in der Antike finden sich Überlegungen, wie man das Überleben und das gute, gerechte Leben der Gesellschaft auch durch eine pädagogische Generationenerziehung gewährleisten kann. Die Generationenfrage in Form der Bevölkerungspolitik folgt zunächst dem einfachen Gedanken, dass ein Staat für sein Überleben nicht zu viele, aber auch nicht zu wenige Nachkommen haben darf. Über die Regulierung der Nachkommenschaft hinaus wird die Generationenbeziehung im Zusammenhang mit Erziehung bei Platon (427–347 v. Chr.) immer im Hinblick auf den vollkommenen Staat und damit auf die Vorstellungen der älteren Generation bezogen. Generative und auch pädagogische Differenzen können in diesem vollkommen gerechten Staat nicht auftauchen, da alle Menschen an der Realisierung der guten Ordnung interessiert sind, die im Dienste eben jener Idee der Gerechtigkeit gründet, die darin besteht, dass „jeder das Seinige tut" (Platon, Politeia). Die Erziehung und die Generationenfolge werden somit an der Ewigkeit einer immer schon verwirklichten guten Ordnung orientiert. *Sub specie aeternitas* erscheinen alle Generationen als ein unsterbliches Geschlecht, das sich seine Unsterblichkeit – im Gegensatz zu den Göttern – gerade durch seine anthropologische Zeitlichkeit und die generative Weitergabe der Kultur und Werte sichert; in diesem Kontext hat die Erziehung nicht nur unmittelbar praktisch-soziale und bevölkerungspolitische Aufgaben, sondern Aufgaben von kosmologischer Dimension. Auch bei Aristoteles (385–332 v. Chr.) folgt die Erziehung, die *paideia,* der natürlichen Ordnung der Dinge und sie ist ebenfalls auf die Vervollkommnung des Menschen im Staat bezogen. Ziel des Staates ist zunächst das bloße (Über)Leben, dann das vollkommene Leben, das als das beste und natürlichste Leben ein Leben der Autarkie ist; dieses kann nur durch Erziehung und Tugend realisiert werden, so dass die Erziehung der Bürger mit in das Ziel der Staatsordnung Aufnahme findet.

Vermittlung und Aneignung

Friedrich Schleiermacher (1768–1834) kann als Begründer einer Theorie der Erziehung als Generationenerziehung verstanden werden. In seinen pädagogischen Vorlesungen fundiert er die Notwendigkeit von Erziehung in der Generativität menschlichen Lebens (Schleiermacher 1957). Dabei steht zunächst die Frage im Vordergrund, die eine Theorie des gesamten pädagogischen Generationenverhältnisses umfasst: „Was will denn eigentlich die ältere Generation mit der jüngeren?" (ebd., S. 9). Auch die andere Frage Schleiermachers: „Wie soll die Einwirkung der älteren Generation auf die jüngere beschaffen sein?", die nach der Aufgabe und den Möglichkeiten der Erziehung fragt, lässt sich seiner Meinung nach nur aus der „Idee des Guten" beantworten (ebd., S. 13, 20). Diese identifiziert er mit einer Idee des „höchsten Gutes" als den „Organismus" aller wahren Güter in ihrem wesentlichen Zusammenhang. Diese Güter sind für ihn solche, die sich in den Praxisfeldern der Gesellschaft, d. h. in Geselligkeit, Politik, Wissenschaft und Religion tradiert haben und die als wertvoll betrachtet werden. Schleiermacher orientiert sich in seiner pädagogischen Theorie des Generationenverhältnisses an der Theorie einer übergenerationellen Ethik, in der die Erziehung als generatives Problem kooperativen Handelns, der „Mitgesamttätigkeit", zur Realisation eines ideell gedachten Guten verstanden wird. Die jüngere Generation soll sich das von der älteren Generation vermittelte Wissen und Können so aneignen, dass sie in der Lage ist, nicht nur die wertvollen Traditionen aufzugreifen und aktuell kooperativ mit anderen Generationen zusammenzuarbeiten, sondern sie soll auch dahingehend kompetent sein, die zukünftige Entwicklung voranzutreiben. Mit dem Ziel einer regulativen Idee des Guten als dem Ineinander von Vernunft und Natur, „der Natur gewordenen Vernunft" und der „Vernunft gewordenen Natur" liegt, so Schleiermacher, das Spekulative der Pädagogik zugrunde; dieses soll sich am Fortschritt zum höchsten Gut über die Generationen beteiligen.

Mehrere Gesichtspunkte, die auch den modernen pädagogischen Diskussionsstand um Generation widerspiegeln, erscheinen problematisch: So wird die spekulative Teleologie im Sinne einer allgemeingültigen Theorie des Guten kaum spezifiziert und sie scheint zum einen moralisch fragwürdig zu sein, da die Generationen für ein nicht näher bezeichnetes Ziel instrumentalisiert werden. Aber auch die Form der Generationenerziehung im Sinne eines Drei-Stadien-Gesetzes von Entwicklung, Fortbildung und Tradierung oder die These, dass Erziehung ihre Sittlichkeit der Sittlichkeit der Gesellschaft entnehmen kann, kann nur dann Gültigkeit beanspruchen, wenn man an den moralischen transgenerationellen Fortschritt der Geschichte glaubt, in dem die Generationen durch starke Differenzierungen charakterisiert werden können. Zudem erscheint unklar, wie lange die Erziehung zur Selbständigkeit dauert und woran man die Selbständigkeit, Mündigkeit etc. erkennt. Zudem lassen die mit den modernen generativen Perspektiven der „Multiperspektivität" und „Multigenerativität" einhergehenden Problematiken – dass eben nicht mehr nur eine Generation die jeweils andere jüngere erzieht, dass die soziale und moralische Perspektivität zwischen den Generationen nicht mehr linear, eindeutig und synonym verläuft, so dass idealtypisch einem bestimmten Alter eine bestimmte moralische Orientierung an Normen und Werten eigen ist – Schleiermachers Theorie der Generationenerziehung fragwürdig erscheinen. Denn die Phänomene der Gleichzeitigkeit differenter moralischer, sozialer etc. Perspektiven sind nicht nur in unterschiedlichen Lebensaltern, sondern auch innerhalb einer Generation, und identische Lebensmaximen durchaus auch in unterschiedlichen Lebensaltern vorhanden.

Die Frage der Vermittlung in der Generationenerziehung klärt dann Schleiermacher sehr differenziert durch ein Begriffsquartett von *Verhüten, Gegenwirken, Unterstützen* und *Entwickeln,* das auch heute noch seine Gültigkeit beanspruchen kann. Klaus Mollenhauer (1928–1988) hat dann wiederum herausgearbeitet, dass diese Generationenerziehung in der Moderne auf mehreren pädagogischen Grundvorgängen und -prinzipien aufbaut: Hierzu gehören die *Legitimation* der pädagogischen Maßnahmen gegenüber der nachkommenden Generation, das *Präsentieren* und Überliefern derjenigen Inhalte, die für die ältere Generation wichtig erscheinen, wozu vor allem das Vorleben eines als gut empfundenen Lebens gehört, das *Repräsentieren,* d. h. das Auswählen von Bestandteilen der Kultur, die man für die nachwachsende Generation nicht nur in der Gegenwart, sondern in der Zukunft als sinnvoll erachtet, sowie die Annahmen von *Bildsamkeit* und *Selbsttätigkeit,* d. h. die pädagogisch-anthropologischen Unterstellungen, dass Menschen entwicklungsfähig und -willig sind und dass man sie zur Selbsttätigkeit auffordern müsse (Mollenhauer 1983).

In diesem Sinne lassen sich Schleiermacher wie Mollenhauer zur geisteswissenschaftlichen Pädagogik als Kulturpädagogik zählen; diese fokussierte die Einführung des subjektiven in den objektiven Geist, die Initiation des Kindes in die Kultur als den Rahmen für das individuelle Leben und das Verstehen. Bei Herman Nohl (1879–1960) erscheint das Generationenverhältnis zusammenfassend als Grundlage und Bedingung von Pädagogik, aber auch als ihre eigentliche Schwierigkeit. Nohls Resümee: „*Das Verhältnis zur älteren Generation ist die tiefste Erfahrung, die die Jugend hat.* Und dies Verhältnis erschöpft sich nicht in seinen Zwecken, auch nicht in dem Ziel der Entwicklung der Autonomie der Jugend, sondern als Lebenszusammenhang und Träger der Kontinuität des Geistes ist es ein Unendliches" (Nohl 1979, S. 591).

Im Mittelpunkt dieses Lebenszusammenhangs, so machen neuere Forschungen deutlich, stehen nicht nur pädagogische Vermittlungsvorgänge, sondern auch mehrperspektivische und multidimensionale Lernprozesse der kulturellen Aneignung (vgl. Gebauer/ Wulf 1992, 2003). Nach lernpsychologischen Erkenntnissen sind Kleinkinder schon bereits im Alter von ca. neun Monaten in der Lage, sich so auf einen anderen Menschen zu beziehen, dass sie nicht nur seine Körperbewegungen nachahmen, sondern auch die Intentionalität seiner Handlungen verstehen können; sie können Handlungen und Intentionalitäten auf andere Kontexte übertragen und dort selbsttätig vollziehen (vgl. Tomasello 2002). Hier zeigt sich die bereits von Aristoteles betonte besondere mimetische Fähigkeit der Menschen, die es ihnen ermöglicht, sich mit Hilfe von Körper, Sprache, Wahrnehmung, Bewusstsein und Imagination komplexe kulturelle Zusammenhänge zu vergegenwärtigen, d. h. Wissen und Können von einer anderen Generation zu lernen, zu verändern und weiter zu entwickeln. Kulturelles Lernen ist vor allem mimetische Aneignung, die durch die gemeinsame vom Lehrenden und Lernenden vollzogene Ausrichtung der Aufmerksamkeit auf etwas, sei es ein Gegenstand, eine Handlung oder ein Problem, zustande kommt. Die Aufmerksamkeit führt zum Verstehen der kommunikativen Absichten anderer Menschen, der Entwicklung von Perspektiven in der Verwendung sprachlicher Symbole und zur Fähigkeit zum Tausch sozialer Rollen. Aufgrund ihres mimetischen, für das Lernen in Generationsverhältnissen zentralen Begehrens identifizieren sich Kinder schon sehr früh mit anderen Personen. Säuglinge und Kleinkinder „nehmen andere als intentionale Akteure wie sich selbst wahr; nehmen mit anderen an Aktivitäten gemeinsamer Aufmerksamkeit teil; verstehen viele der kausalen Beziehungen, die zwischen physischen Gegenständen und Ereignissen in der Welt bestehen; erkennen die kommunikativen Absichten, die andere Personen durch Gesten, sprachliche Symbole und Sprachkonstruktionen ausdrücken; lernen anhand der Imitation durch Rollentausch, anderen gegenüber dieselben Gesten, Symbole und Konstruktionen hervorzubringen; und bilden sprachlich basierte Gegenstandskategorien und Ereignisschemata" (ebd., S. 189).

Diese Fähigkeiten werden zu Beginn des Lebens vor allem in generativen-mimetischen Prozessen erworben. Menschen erwerben Fähigkeiten der Selbst-, Welt- und Anderenbeziehung durch Angleichung an die Umwelt und die anderen Menschen. Die Aneignung der Kultur geschieht in konkreten Zusammenhängen und in der Teilnahme am inter- und intragenerativen Leben. In diesen Lernprozessen überlagern sich Rezeptivität und Aktivität; in ihnen verschränken sich die vorgegebene Welt, die Intersubjektivität und die Subjektivität der sich auf sie mimetisch Beziehenden. Erst in der Auseinandersetzung mit der Welt – die in frühen Lebensaltern in hohem Maße durch die ältere Generation präsentiert wie repräsentiert wird – können Menschen ihre Individualität gewinnen. Die Menschen machen sich der Außenwelt ähnlich und bilden sich in diesen Prozessen; insofern transformieren sie zugleich Generationenbilder und -verhältnisse.

Familiarität und Sozialität

Aus pädagogischer Sicht gibt es zwei generationale Sozialräumlichkeiten, die für die Lern- und Bildungsprozesse nicht nur für Kinder und Jugendliche vor allem von Belang sind: Das sind die Familie und die zeitgleich lebenden Generationen (z. B. die Peergroup).

Nicht nur etymologisch, sondern auch realgeschichtlich, nämlich schon zur Zeit der Renaissance, in der Umstellung von einer göttlichen zu einer stärker anthropologisch zentrierten Ordnung, findet man Reflexionen zur Familie als entscheidenden Ort des Zusammenlebens der Generationen. Nicht mehr wird Generation auf die von Gott geschaffene Weltordnung bezogen. Stattdessen ist es die Familie, die den Bezugspunkt für die Generationsfolge ausmacht. Leon B. Albertis (1404–1472) *Della Famiglia* (1986) ist für die sich im 14. Jahrhundert in Florenz vollziehenden Veränderungen im Verständnis des Generationsverhältnisses ein charakteristisches Zeugnis. Die „Famiglia" wird geschichtlich als das Ergebnis der Handlungen von Menschen gesehen. Zugleich wird deutlich: Was ein Individuum wird, kann es nur auf der Grundlage und im Rahmen der Leistungen seiner Famiglia werden. Nur diese kann aus ihren Angehörigen wertvolle Mitglieder der städtischen Gesellschaft machen. Daher sind die Angehörigen der Famiglia verpflichtet. Ohne sie, ohne die Taten und Leistungen der Väter und Großväter, findet das Individuum nicht die Möglichkeit, sich und in der Folge die nachwachsende Generation zu entwickeln. „Der Verstand, die Voraussicht und Weltkenntnis der Alten sind es, die vereint mit gutem Willen die Familie in der heiteren Blüte des Glücks erhalten und ihr Auszeichnung, Ruhm und Glanz erwerben. Wer also dies an den Seinen vermag, sie im Glück zu halten, wider Unglück zu sichern, bei jedem Schicksal in Ehren zu bewahren, wie es die Alten vermögen, ist man dem nicht größte Ehrfurcht schuldig?" (ebd., S. 26). Nicht mehr in erster Linie Gott, sondern seiner sich in einer Generationenfolge konstituierenden Famiglia ist das Individuum verantwortlich. Aus ihrem Wohlstand und Ansehen leitet sich sein sozialer Wert her. Über sie wird die Kontinuität zwischen den Generationen hergestellt. Ihr Ansehen sichert den Angehörigen der verschiedenen Generationen den Sinn und Wert ihres Lebens. Alberti sieht die ideale Famiglia vor allem durch die Beachtung der Gebote der Religion, häusliche Hierarchie, richtige Vermögensverwaltung und die Achtung der väterlichen Autorität bzw. des Familienrates (*consorteria*) charakterisiert. Mit dieser Entwicklung kündigt sich abermals eine Neu-Ordnung der Generationsverhältnisse an, was sich institutionell an den Gründungen von Schulen und Universitäten, normativ an der Orientierung am Selbstbezug und funktional daran ablesen lässt, dass Erziehung zu einer ausdifferenzierten Lebenspraxis wird.

Das Zusammenleben der jüngeren und älteren Generationen ist heute weniger in Form traditioneller Familien mit klaren Zuständigkeiten und Hierarchien als in Form von Netzwerken mit mehreren Zentren organisiert. Auch wenn in neueren Untersuchungen nicht mehr von einer pädagogisch-linearen Beziehung der älteren zur jüngeren Generation, sondern von einem familiären Generationenbegriff als Netzwerk ausgegangen wird, so zeigt die Forschung auch, dass diese Netzwerke – immer noch – ein Höchstmaß an Stabilität, Nähe und Wohlbefinden für die einzelnen Mitglieder gewährleisten und im Austausch von Dienstleistungen, finanziellen Unterstützungen und Wertevermittlungen individuell unverzichtbar sind (vgl. Bien 1994). Waren vorindustrielle Familien vor allem Not- oder Zwangsgemeinschaften, die durch Arbeit, Schicksal und gegenseitige Abhängigkeiten in Generationen zusammenleben mussten, so sind moderne Familien durch die Leitbilder von Gefühl und Autonomie definiert. Sie erscheinen als dauerhafte generationelle Gefüge, die mit einem hohen Maß an Emotionalität, einer hohen Interaktions- und Kommunikationsdichte und Versorgungsleistungen aller Art einhergehen. Vor allem die Frauen erscheinen in ihrer stärkeren Orientierung auf das Netzwerk als Ganzes als Bindeglieder im Mehrgenerationenkontext (bspw. Betreuung von Kindern und Pflegebedürftigen).

Fasst der Familienbegriff die in einer Familie lebenden Generationen zusammen, so bezieht sich der soziologische Generationenbegriff nicht nur auf die Gleichzeitigkeit von innerhalb einer Zeitspanne geborenen Menschen, sondern auch auf deren gemeinsame Erfahrungen. Der soziologische Generationenbegriff ist mit den Namen Wilhelm Dilthey (1833–1911) und Karl Mannheim (1893–1947) verbunden: Generation bezeichnet hier einerseits die Abfolge von Nachkommen, die Nachkommenschaft oder das Verhältnis in der Familie im Sinne von lat. *generare* (aktiv) „erzeugen“ und (passiv) „abstammen“; diese können zu sog. Alterskohorten mit je spezifischen Einstellungen zusammengefasst werden. Andererseits umfasst Generation alle durch dieselben leitenden Erfahrungen und Einwirkungen einer kulturellen Epoche geprägten Individuen (Dilthey 1971; Mannheim 1970).

Mannheim differenziert zudem drei wesentliche Merkmale einer Generation: die *Generationenlagerung*, die den gemeinsamen historisch-kulturellen Hintergrund einer Generation erklären soll (bspw. die Nachkriegsgeneration), den *Generationenzusammenhang*, der durch die praktische Betroffenheit von historischen Konstellationen oder schicksalhaften Ereignissen zustande kommt (bspw. die Kriegsgeneration) und die *Generationeneinheit*, die sich durch enge, interaktive habituelle soziale Orientierungs- und Handlungsmuster auszeichnet (bspw. die 68er Generation). Diese Differenzierungen weisen darauf hin, dass Alterskohorten nicht unbedingt gleiche habituelle Prägungen erhalten; und sie ermöglichen für das Verständnis der Struktursituation einer Generation zum anderen auch die Differenz, die Abstandserfahrung, die „selektive Lücke“ zwischen den Generationen zu nutzen, d. h. die „Diskontinuität konkreter Verhaltensweisen bei gleichzeitiger Kontinuität von Grundauffassungen und -einstellungen“ (Herrmann 1987, S. 370). An dieser Stelle findet sich auch eine Parallele zur Umgangs- oder Alltagssprache, in der der Begriff der Generation gerade den Lebens- und Erfahrungsabstand, etwa den der Eltern von den Kindern, meint. Doch erscheint es vor den aktuellen Entwicklungen der Entstandardisierung der Lebensläufe, der Flexibilität von Biographien, von fluiden Identitätsentwürfen, habituellen Mobilitäten in einer inter- und transkulturellen Gesellschaft sehr schwierig, eindeutige generationelle Zusammenhänge oder Einheiten im Sinne dichter, konjunktiver und biographisch tiefgehender Erfahrungsräume zu identifizieren; sie scheinen tendenziell durch – auch altersgemischte und nur bedingt milieuspezifische – Stilgruppen abgelöst zu werden. Der Begriff der Generationenlagerung, der einen verwandten Zusammenhang des Denkens, Fühlens und Handelns nur aufgrund des Geburtsdatums bezeichnet, hat dagegen nach wie vor seine Plausibilität (Liebau 1997a; vgl. Lüscher/Schultheis 1993).

Zusammenfassung

Aus neuerer pädagogischer Sicht lassen sich mit Walter Hornstein (1983) im Begriff der Generation mehrere Merkmale festhalten: So lässt sich in einer zu großen Nähe zwischen den Generationen ebenso wenig erziehen wie in einer zu großen Distanz. Dabei kann man davon ausgehen, dass die Distanz im Hinblick auf Einstellungen, Ziele und Werte zwischen den Generationen (Kind, Jugend, Erwachsener) schwindet – was durch aktuelle Erhebungen im Rahmen der Shell-Jugendstudie (2010, S. 43 ff.) noch einmal unterstrichen wird. Charakteristisch ist für das Generationenverhältnis heute eine nicht mehr genau definierbare Grenze zwischen den Generationen zugunsten von Brüchen, Unregelmäßigkeiten und Widersprüchlichkeiten. Auch der erzieherische Einfluss erscheint nicht mehr so eindeutig wie noch zu Zeiten der Aufklärung oder der Reformpädagogik, weshalb die Frage Schleiermachers mittlerweile schon ihre Umkehrung erfahren hat: „Was will die jüngere Generation mit der älteren?" (vgl. Ecarius 1997). Wenn auch die mit dem Vermittlungs- und Aneignungsgeschehen einhergehende Problematik der Asymmetrie in der Eltern-Kind-Beziehung in den ersten zehn Jahren des Kindes hinsichtlich Wissen und Können in einem umfassenden Sinne noch recht eindeutig erscheint, sind dann die Kompetenzen der jüngeren Generation hinsichtlich Technik, Ästhetik, Medien und Pragmatik oftmals auch für die ältere Generation maßgebend (vgl. Gogolin/Lenzen 1999; Stiegler 2008). Faktisch wie normativ wird der Gedanke der Reziprozität und der Symmetrie stärker in den Blick gerückt, d. h. dass beide Generationen voneinander lernen und dass pädagogische Sachverhalte in einer Atmosphäre wechselseitiger Anerkennung von den Generationen ausgehandelt werden.

Vor dem Hintergrund einer Ent-Differenzierung der Generationen, d. h. einer Infantilisierung der Erwachsenen und einer Seniorisierung von Kindern und Jugendlichen, wird zeitgenössisch auch vom „Ende der Erziehung" (Giesecke) gesprochen. Ging das traditionelle Modell von einer Generationenbeziehung aus, in der der pädagogische Einfluss der älteren Generation auf die jüngere in der Regel von der Pädagogik als Erziehung zur „Tugend", zu (moralischen) Einstellungen, zu Tradierung von Werten und Vermittlung von Normen, Handlungsmotiven und Orientierungsmustern verstanden worden ist, so wird angesichts der modernen uneindeutigen Generationenbeziehungen und angesichts fragwürdiger politischer, kultureller und moralischer Werte und Einstellungen sowie angesichts einer Fülle von Miterziehern wie Medien und Peergroups Erziehung problematischer. Anders formuliert: Die Generationenerziehung erscheint durch eine kaum intentionalisierbare Sozialisation ersetzt. Während Erziehung traditionell als entscheidende Gelenkstelle für Sittlichkeit und Moralität, Loyalität, Sozialität und Wertebindung erscheint, ist Sozialisation, d. h. die Auseinandersetzung von Menschen mit ihren intellektuellen und praktischen Umwelten, weniger kontrollier- und steuerbar, weniger eindeutig und konform und weniger didaktisch und methodisch gesichert.

Erscheint das Generationennetzwerk einerseits stabil – man spricht schon von einer Addierung der Generationen zu einer Drei- bzw. Vier-, ja Fünf-Generationenfamilie als Produkt der Moderne –, so hält man auf der anderen Seite eine Dynamisierung zwischen den Generationen für gegeben: Aufgrund der erheblich gestiegenen Lebenserwartung – auch und gerade im letzten Jahrhundert – leben Menschen heute häufig in Drei-Generationen-Familien zusammen. Solche Mehrgenerationenfamilien stellen völlig neue Anforderungen an das Zusammenleben und an die Pädagogik; so muss sich etwa die jüngere Generation mit zwei älteren Generationen auseinandersetzen und die mittlere Generation kann sehr lange ihren Kindheitsstatus im Verhältnis zur älteren Generation nicht verlassen. Dabei kommt dieser sog. Sandwich-Generation häufig auch die Aufgabe zu, sowohl für die jüngere als auch für die ältere bzw. die älteren Generationen zu sorgen. Im Hinblick auf ihre soziale Herkunft, die Sicherung ihrer Herkunftsgewissheiten und die Gestaltung von Herkunftsperspektiven sehen sich die Generationen neuen Anforderungen ausgesetzt. Hinzu kommt, dass die Generationenfrage durch Perspektiven der Geschlechtlichkeit, Kulturalität, Bildung und Konfession vielfach gebrochen wird und somit uneindeutig und unübersichtlich erscheint. Zudem hat die Rede von „der" älteren und „der" jüngeren Generation ihre Eindeutigkeit verloren, wenn diese zeitlichen Etikettierungen nicht das faktische Lebensalter, sondern progressivere oder konservativere Einstellungen und Wertekonzepte beinhalten. Diese Phänomene der Gleichzeitigkeit des Ungleichzeitigen erzeugen zahlreiche inter- und intragenerationelle Abstimmungsprobleme, die neue Formen der pädagogischen Arbeit erfordern.

Während man einerseits davon ausgehen muss, dass traditionell-generative Differenzierungen nach Lebensalter, Herkunft, sozial-kultureller Bindung oder auch nach Moral an pädagogischer Relevanz verlieren werden, beobachtet man andererseits, dass Jugendlichkeit als Norm von Generativität schlechthin stilisiert wird, an der sich selbst die „jungen Alten" noch orientieren (vgl. Hoppe/Wulf 1996). In Zukunft wird man in der Pädagogischen Anthropologie wohl von einem kontextualisierten Generationenbegriff ausgehen müssen; kontextualisiert deshalb, weil die Human-, Sozial- und Kulturwissenschaften insgesamt sehr deutlich zeigen, dass zur Beschreibung von Generationen Differenzrevisionen auf allen Ebenen vorgenommen werden müssen: Ökonomische, soziale, psychologische, geschlechtsspezifische, moralische, biographische und nicht zuletzt pädagogische Revidierungen verweisen darauf, dass zeitliche, herkunftsbedingte und beziehungstheoretische Generativität alleine als pädagogisches Erklärungsmuster nicht mehr hinreichend ist.

Literatur

Alberti, Leon B. (1986): Vom Hauswesen. München.

Bien, Walter (Hrsg.) (1994): Eigeninteresse oder Solidarität. Beziehungen in modernen Mehrgenerationenfamilien. Opladen.

Dilthey, Wilhelm (1971): Schriften zur Pädagogik. Paderborn.

Ecarius, Jutta (Hrsg.) (1997): Was will die jüngere mit der älteren Generation? Opladen.

Ecarius, Jutta (2008): Generation, Erziehung und Bildung. Eine Einführung. Stuttgart.

Gebauer, Gunter/Wulf, Christoph (1992): Mimesis: Kultur - Kunst - Gesellschaft. Reinbek.

Gebauer, Gunter/Wulf, Christoph (2003): Mimetische Weltzugänge. Soziales Handeln - Rituale und Spiele - ästhetische Produktionen. Stuttgart.

Gogolin, Ingrid/Lenzen, Dieter (Hrsg.) (1999): Medien-Generation. Opladen.

Herrmann, Ulrich (1987): Das Konzept der Generation. In: Neue Sammlung 27, S. 364–377.

Hoppe, Birgit/Wulf, Christoph (Hrsg.) (1996): Altern braucht Zukunft. Hamburg.

Hornstein, Walter (1983): Die Erziehung und das Verhältnis der Generationen heute. In: Zeitschrift für Pädagogik, 18. Beiheft, S. 59–79.

Liebau, Eckart (1997a): Generation. In: Wulf, Christoph (Hrsg.): Vom Menschen. Handbuch Historische Anthropologie. Weinheim/Basel, S. 295–306.

Liebau, Eckart (Hrsg.) (1997b): Das Generationenverhältnis. Weinheim/München.

Liebau, Eckart/Wulf, Christoph (Hrsg.) (1996): Generation. Versuche über eine pädagogisch-anthropologische Grundbedingung. Weinheim.

Lüscher, Kurt/Schultheis, Franz (Hrsg.) (1993): Generationenbeziehungen in „postmodernen" Gesellschaften. Konstanz.

Mannheim, Karl (1970): Das Problem der Generationen. In: Ders.: Wissenssoziologie. 2. Aufl. Neuwied/Berlin, S. 509–565.

Mollenhauer, Klaus (1983): Vergessene Zusammenhänge. Über Kultur und Erziehung. München.

Nohl, Herman (1979): Das Verhältnis der Generationen in der Pädagogik (1914). In: Neue Sammlung 19, S. 583–591.

Schleiermacher, Friedrich Daniel Ernst (1957): Pädagogische Schriften I. Die Vorlesungen aus dem Jahre 1826. Düsseldorf.

Shell Deutschland (Hrsg.) (2010): Jugend 2010. Eine pragmatische Generation behauptet sich. Frankfurt/M.

Stiegler, Bernard (2008): Prendre Soin. De la jeunesse et des générations. Paris.

Sünkel, Wolfgang (1996): Der pädagogische Generationenbegriff. In: Liebau, Eckart/Wulf, Christoph (Hrsg.): Generation. Versuche über eine pädagogisch-anthropologische Grundbedingung. Weinheim, S. 280–285.

Tomasello, Michael (2002): Die kulturelle Entwicklung des menschlichen Denkens. Frankfurt/M.

Zirfas, Jörg/Wulf, Christoph (2004): Generation. In: Benner, Dietrich/Oelkers, Jürgen (Hrsg.): Historisches Wörterbuch der Pädagogik. Weinheim/Basel, S. 409–421.

Gedächtnis

Stephan Sting

Das Gedächtnis stellt ein „anthropologisches Apriori“ dar, ohne das weder menschliche Existenz noch gesellschaftlich-kulturelles Leben möglich sind (vgl. Harth 1997, S. 738). Es stiftet den Grund und den Zusammenhalt unseres individuellen Lebens (vgl. Keddi 2011, S. 95); zugleich verleiht es Gesellschaften und Kulturen Kontinuität und Dauer. Jedes Denken baut auf bereits vorhandenen Denkschemata, Mustern und Kategorien auf – enthält also ein „Wieder-Denken“ und „Ge-Denken“ (vgl. Bözörmenyi 2009, S. 208 f.; Fabian 2007, S. 21 f.). Ebenso ist jedes Wahrnehmen und Erkennen zugleich ein „Wieder-Erkennen“, das das Festhalten von Erfahrungen und Eindrücken im Gedächtnis voraussetzt.

Die enge Verschränkung von Gedächtnis, Person und Kultur macht die Gedächtnisfunktion zu einem integralen Moment von Lern- und Bildungsprozessen (vgl. Roth 2011, S. 102; Dieckmann u. a. 1998, S. 7). Man könnte das Gedächtnis in einer ersten Annäherung als materielles Substrat oder „Hardware“ von Lernen und Bildung bezeichnen. Allerdings zeigen kulturwissenschaftliche sowie neurowissenschaftliche Studien, dass es sich bei der Gedächtnisfunktion um ein komplexes und dynamisches Geschehen handelt, das permanenten historischen, sozial-kulturellen und physischen Veränderungen unterliegt. Bei der Entwicklung des Gedächtnisses fallen Biologie und Kultur zusammen: So wie alle Wirkungen der kulturellen Umwelt auf das Gedächtnis die „letzte Wegstrecke“ über die „zellulär-molekularen Strukturen“ des Gehirns zurücklegen müssen (Roth 2006, S. 17), so beeinflusst die kulturelle Umwelt umgekehrt die Aktivierung von Genen und die physikalisch-physiologischen Prozesse der Gedächtnisfunktion. Im menschlichen Gehirn gibt es „keinen Unterschied von ‚Hardware‘ und ‚Software‘“ (Welzer 2006, S. 111). Eine angemessene Beschreibung des Gedächtnisses muss dementsprechend historische, sozial- und kulturwissenschaftliche sowie bio- und neurowissenschaftliche Zugänge berücksichtigen.

Das Gedächtnis leistet keine bloße Speicherung von vergangenen Erfahrungen und kulturellen Überlieferungen, sondern es hat die Gegenwart im Blick auf die Zukunft in ein dynamisches Verhältnis zur Vergangenheit zu setzen. Gerhard Roth betrachtet die Verhaltenssteuerung und Verhaltensplanung als vorrangige Aufgaben des Gedächtnisses, wozu keine detaillierte und präzise Wiedergabe von vergangenem Geschehen erforderlich ist. Die Gedächtnisleistung ist „ein aktiver und zugleich unbewusster Prozess", bei dem die Gedächtnisinhalte „mehr oder weniger stark vom Gehirn ‚umgeschrieben' werden" (Roth 2011, S. 185). Das verbindliche Festhalten von Vergangenem erfordert deshalb sozial und kulturell konstituierte Gedächtnisprozeduren, mittels derer Wesentliches von Unwesentlichem unterschieden sowie Kontinuität und Kollektivität in Bezug auf die Vergangenheit hergestellt werden können.

Gedächtnis und Bildung: historische Perspektiven

In der Antike wurde zu dem Zweck eine *„ars memoriae"* entwickelt, mit der versucht wurde, durch die Konstruktion eines geistigen Innenraums, eines „Palastes", „Tempels" oder „Magazins", einen imaginären Wissenskontext zu etablieren, der der Ablagerung verkürzter und verdichteter Wissensinhalte in Form von „Merkbildern" diente. Die mnemotechnischen Verfahren sollten dem sich erinnernden Subjekt durch Techniken der Selektion und Aufmerksamkeitslenkung zur Orientierung im Feld der kulturellen Tradition verhelfen und auf diese Weise kulturelle Kontinuität sichern (vgl. Dieckmann u. a. 1998, S. 12 f.).

In den neuzeitlich-europäischen Gesellschaften trat die Reflexion über Bildung an die Stelle der antiken Gedächtniskunst. Bildung wurde zu einer sozialen Praxis, die den Anschluss des Subjekts an die Vergangenheit, die kulturelle Tradition und das überlieferte gesellschaftliche Wissen ermöglichen sollte. Bildung übernimmt die Gedächtnisfunktion der Bewahrung von Vergangenem bei Erhaltung der Aufnahmefähigkeit für Neues, Zukünftiges. Sie hat dabei zugleich die Diskrepanz zwischen der Gesamtheit der Kultur und Gesellschaft und dem einzelnen Subjekt zur Voraussetzung (vgl. ebd., S. 8 ff.).

Die Spannung zwischen Kultur und Subjekt sowie zwischen Vergangenheit und Zukunft durchzieht den neuzeitlichen Bildungsdiskurs von Anfang an. Erasmus von Rotterdam (ca. 1466–1536) erstellt einen ersten Bildungskanon, der eine auf das Fassungsvermögen des Schülers zugeschnittene Verkleinerung und Schrumpfung des kulturellen Wissens darstellt. Der *Bildungskanon* etabliert ein selektives, *pädagogisches Gedächtnis,* das zwischen subjektivem und kulturellem Gedächtnis interveniert. Die Willkürlichkeit der Auswahl der pädagogisch vermittelten Inhalte wird durch einen bildungstheoretischen Diskurs legitimiert, der den pädagogischen Umgang mit dem kulturellen Wissen reflektiert (vgl. Sting 1998, S. 82 ff.). Die Auseinandersetzung mit dem Bildungskanon bestimmt die Bildungsdebatte bis heute. Sie findet z. B. im „Orbis sensualium pictus" von Johann Amos Comenius (1592–1670) ihre Fortsetzung, der eine pädagogische verkleinerte, aber umfassende Welt darstellen soll. Und ebenso findet sie sich in Johann Friedrich Herbarts (1776–1841) Plädoyer für ein pädagogisches Curriculum, das einem Konsens der „Gebildeten der Nation" entspringen und der systematischen Gedankenkreisbildung als Grundlage dienen soll, oder in neueren Überlegungen zur Identifizierung von Schlüsselqualifikationen und Schlüsselkompetenzen wieder.

Ein weiterer Versuch zur Überwindung der Diskrepanz zwischen subjektivem und kulturellem Gedächtnis bestand darin, ein stabiles Fundament für die Gedächtnisbildung und den Umgang mit der Überlieferung zu schaffen. Für Martin Luther (1483–1546) konzentriert sich die gesamte Überlieferung in der biblischen Geschichte, die als subjektive Glaubensgewissheit Platz im Gedächtnis jedes Einzelnen findet. Wer über dieses Fundament verfügt, hat den „Sinn" der kulturellen Überlieferung im Voraus erfasst. Die von der Bibel ausgehende Sinnprojektion transformiert die Vielfalt und Masse der kulturellen Tradition in einen „Spiegel", der immer wieder neue Belege für die eigene Glaubensgewissheit liefert (vgl. Sting 1998, S. 98). Die *Fundierung des Gedächtnisses in der Glaubensgewissheit* ist für Luther kein von außen zu erwirkender Bildungsauftrag, sondern Resultat der Selbstbildung, der eigenen Beschäftigung mit der Heiligen Schrift. Die christliche Bildung in Form von Bibel, Katechismus und Gesangbuch rückte daher in der Nachfolge der Reformation für ca. 200 Jahre ins Zentrum der Bildungsbemühungen. Auch im Pietismus August Hermann Franckes (1663–1727) wird die Heilige Schrift zum Ausgangspunkt einer christlichen Hermeneutik, mit deren Hilfe das einzelne Subjekt Traditionen und kulturelles Wissen, aber auch alltägliche Erfahrungen mit einem aus der Bibel abgeleiteten „Sinn" verknüpft (vgl. ebd., S. 147 f.).

Eine zentrale Rolle nimmt das Gedächtnis in Friedrich Schleiermachers (1768–1834) Grundlegung der modernen Hermeneutik und Bildungstheorie ein. Die Überwindung der Diskrepanz zwischen subjektivem und kulturellem Gedächtnis sowie zwischen Vergangenheit und Zukunft wird hier nicht mehr durch einen Bildungskanon oder eine vorab festgestellte Gewissheit geleistet, sondern nur durch die Gedächtnisarbeit selbst und den Glauben, dass Übereinstimmung und Kontinuität möglich sind. Einzige Grundlage des subjektiven Gedächtnisses ist das „unmittelbare Selbstgefühl", das ein permanentes Selbst-Gedenken ermöglicht. Als einigendes Moment stiftet das Gedächtnis eine Verbindung zwischen den verschiedenen subjektiven Lebensmomenten sowie zwischen dem Selbst und dem Anderen (der Gesellschaft und der Kultur) (vgl. ebd., S. 294 ff.). Schleiermacher vollendet damit einen historischen Prozess, der zur *Autobiographisierung des Gedächtnisses* führt und der nach Harald Welzer in unserer Kultur und Gesellschaft, in der die Sozialisierung über die Herausbildung von Individualität verläuft, in der Ontogenese jeder einzelnen Person verankert wird. „Erst wenn es ein Selbst gibt, auf das die Erlebnisse, Beobachtungen, Gedanken bezogen werden können, kann die heranwachsende Person mehr und mehr mit den Personen seiner Umgebung synchronisiert werden. Individualisierung und Sozialisierung sind also keineswegs Gegensätze, sondern fallen zusammen" (Welzer 2006, S. 121). Das autobiographische Gedächtnis wird zur entscheidenden „bio-psycho-sozialen Instanz", die subjektive Kohärenz und Kontinuität sichert und die „das Relais zwischen Individuum und Umwelt, zwischen Subjekt und Kultur darstellt“ (ebd., S. 123).

Der Preis dafür ist eine Subjektivierung und Fragmentierung des kulturellen Gedächtnisses. Es kann keinen Allgemeinheits- oder Gewissheitsanspruch mehr stellen, sondern bleibt selektiv und perspektivisch. Jedes kulturelle Wissen ist an seinen historisch-sozial konstituierten „Ort“ gebunden und erhält nur in Abhängigkeit von seinem Ort Sinn und Bedeutung (vgl. Schleiermacher 1993, S. 381, 464). Der Zugang zur kulturellen Tradition erfordert eine mühevolle Gedächtnis- und Verstehensarbeit, die als Annäherung des subjektiven Gedächtnisses an das Gedächtnis des Anderen – an dessen biographischen, historischen und sozialen „Ort“ – beschrieben werden kann. Der Verstehensprozess vollzieht sich im intersubjektiven Aushandeln eines gemeinsamen Wissens per Gespräch. Das gemeinsame Wissen wird jedoch nie allgemein. Es konstituiert bestenfalls ein kollektives Gedächtnis, das die Differenz zur Gesamtheit der kulturellen Tradition durch keine Bildungsanstrengung überwinden kann (vgl. Dieckmann u. a. 1998, S. 18 ff.).

Kollektive und kulturelle Gedächtnisse

Die Tatsache, dass sich das individuelle Gedächtnis im sozialen Austausch mit anderen konstituiert, führt dazu, dass es eher „von außen“ als „von innen“ kommt. Die Gedächtnisentwicklung verläuft „vom Sozialen hin zum Individuellen“ (Welzer 2006, S. 127; vgl. Keddi 2011, S. 132). Maurice Halbwachs (1877–1945) hat bereits in den 1920er Jahren darauf hingewiesen, dass das individuelle Gedächtnis aufgrund seiner sozialen Verfasstheit nicht ohne einen „historischen oder kollektiven Rahmen“ existiert, den er als *„kollektives Gedächtnis“* bezeichnet hat (vgl. Halbwachs 1991, S. 2). Kollektive Orientierungen sichern unbemerkt und unreflektiert die eigenen Erinnerungen ab. Das soziale Milieu, in dem wir leben, liefert nicht nur Anhaltspunkte und Anlässe für unsere Erinnerungen. Es füllt auch unbemerkt und unbewusst die Lücken unseres Gedächtnisses durch fremde Beiträge, so dass wir nicht imstande sind, zwischen eigenen und fremden Erinnerungen klar zu unterscheiden. Das individuelle Gedächtnis ist für ihn nur ein „Ausblickspunkt“ auf das kollektive Gedächtnis (ebd., S. 31; vgl. Sting 2009).

Das kollektive Gedächtnis erfasst ebenso wie das individuelle Gedächtnis nur einen Ausschnitt der Gesamtheit der Geschichte und Vergangenheit. Es bildet kollektive Schemata zur Wahrnehmung vergangener Ereignisse und Personen aus, die eine soziale Organisation von Erinnerung und Vergessen beinhalten (vgl. Burke 1991, S. 289 ff.). Burke hat die Bindung des kollektiven Gedächtnisses an rivalisierende „Erinnerungsgemeinschaften“ betont, die eine informelle, meist unbewusste „Zensur“ der Wahrnehmung der Vergangenheit betreiben und die eine Pluralität kollektiver Gedächtnisse hervorbringen, die zueinander im Konflikt und Dissens stehen (ebd., S. 298 ff.).

Von dem gruppenbezogenen, in konkreten Lebenszusammenhängen verankerten kollektiven Gedächtnis unterscheidet Jan Assmann ein *„kulturelles Gedächtnis“*. Das kollektive Gedächtnis zeichnet sich durch einen beschränkten Zeithorizont aus: Als informelles Alltagsgedächtnis reicht es maximal 3–4 Generationen bzw. 80–100 Jahre zurück und hängt letztlich von den neuronalen, physiologischen Fähigkeiten der individuellen Gedächtnisse ab. Im kulturellen Gedächtnis tritt die Kultur an die Stelle der neuronalen Prozesse (vgl. Assmann 1997, S. 89). Bedeutsam für das kulturelle Gedächtnis ist seine Künstlichkeit und Herstellbarkeit: Kultur überlagert das Alltagsgedächtnis durch eine kulturelle Formung, die in Texten, Riten, Denkmälern, Institutionen und Kommunikationsformen „Erinnerungsfiguren" festhält. Die kulturellen Hervorbringungen einer Gesellschaft erweitern das menschliche Gedächtnis um eine Außendimension; sie sind durch Alltagsferne charakterisiert und bewahren Ereignisse der Vergangenheit als Fixpunkte, die z. T. über Jahrhunderte hinweg aktualisierbar bleiben.

Welzer bezeichnet die externalen, kulturell fixierten Gedächtnisinhalte als *„Exogramme"*, die sich als hinterlassene Spuren der Geschichte unseren Erinnerungen einschreiben. Es handelt sich um äußerliche, aktivierbare Vorstellungen und Erinnerungen, auf die wir jederzeit zugreifen können und die uns Orientierungen für die Bewältigung gegenwärtiger Anforderungen und für die Entwicklung von auf die Zukunft gerichteten Handlungsoptionen liefern (vgl. Welzer 2006, S. 116 f.). In Exogrammen verdichten sich die kulturellen Gedächtnisinhalte, um sich – entsprechend dem altgriechischen Begriff „grámma" (Geschriebenes, Schrift) – im individuellen Gedächtnis einzuschreiben.

Der Begriff des „Exogramms" verweist somit auf die zentrale Bedeutung der Schrift als Bindeglied zwischen individuellem, kollektivem und kulturellem Gedächtnis in unserer Kultur. Die dauerhafte Fixierung und generationenübergreifende Tradierung von Geschriebenem führt zur Stabilisierung und Erweiterung des kulturellen Gedächtnisses. Zugleich erlaubt die Aufzeichnung von Privatem und Alltäglichem auch das Festhalten und Konservieren von persönlichen, familiären und gruppengebundenen Erinnerungen. Wie andere Gedächtnisformen ermöglicht Schrift keine einfache Speicherung von Wissen und Erinnerungen, da sowohl Schreiben als auch Lesen mit mnemotischen Umformungen und Konstruktionen einhergehen (vgl. Sting 2003, S. 328).

Auch das kulturelle Gedächtnis enthält, wie schon das kollektive Gedächtnis, Bindungen an Gruppen und Gruppenidentitäten. Es zieht eine Grenze zwischen Zugehörigem und Nicht-Zugehörigem, zwischen Eigenem und Fremdem. Es fixiert zwar unverrückbare Erinnerungsfiguren und Wissensbestände, doch jede Gegenwart setzt sich zum kulturellen Wissensvorrat in eine dynamische aneignende Beziehung. Der Rückgriff auf die Vergangenheit verläuft über eine Selbstthematisierung und Selbstvergewisserung der jeweiligen Gruppe oder Gesellschaft.

Die gesellschaftlichen Transformationen nach 1989 haben zahlreiche kulturelle Traditionen in mittel- und osteuropäischen Staaten als eine ausgrenzende Erinnerungskultur „von oben" entlarvt, unterhalb derer sich ein abweichendes und widerständiges *Gegen-Erinnern* erhalten hat. Es entstanden neue Freiräume für ein anderes Erinnern von ethnischen und sprachlichen Minderheiten (vgl. Wakounig 2009, S. 98 f.). Zugleich machte dieser historische Prozess deutlich, dass jede kulturelle Konstitution von Gedächtnis und Erinnerung Kompromisse und Abwägungen, aber auch Ausschlüsse und machtpolitische Implikationen enthält. Die Verschmelzung von Gedächtnis und Kultur in der „Erinnerungskultur" führt zu einer „Zähmung der Erinnerung", indem das Chaos und die Anarchie heterogener Erinnerungen in eine geordnete kulturelle Praxis überführt werden (vgl. Fabian 2007, S. 26). Das kulturelle Gedächtnis erweist sich demnach als eine Ordnungsmacht, die von verstreuten Gegen-Erinnerungen begleitet wird, die häufig zu Überlebenspraktiken von Minoritäten werden. Diese Praktiken führen vor Augen, dass auch das kulturelle Gedächtnis trotz seiner scheinbar überzeitlichen Stabilität historischen Veränderungen unterliegt und letztlich nur in der Pluralität sich widerstreitender kultureller Gedächtnisse besteht.

Biologisches Gedächtnis

Die Fähigkeit, sich an Vergangenes zu erinnern, ist neben kollektiven Verständigungsprozessen und kulturellen Manifestationen an neurophysiologische Prozesse der Gedächtnisbildung gebunden. In den letzten Jahrzehnten ist eine Intensivierung von Untersuchungen zur Gedächtnisfunktion im Feld der neurophysiologischen und molekulargenetischen Gehirnforschung zu verzeichnen. Dennoch sind „die neuronalen, insbesondere molekularen und zellulären Mechanismen, die der Gedächtnisbildung zugrundeliegen", nach wie vor unklar (Roth 2011, S. 111; vgl. Kandel 2007, S. 450 ff.; Siegel 2006, S. 32).

Ein Konsens besteht darin, dass das Gedächtnis kein im Gehirn lokalisierbarer „Speicher" ist, sondern dass die Gedächtnisfunktion mit den neuronalen Schaltkreisen und synaptischen Verbindungen des Gehirns verwoben ist. Die verschiedenen Aspekte und Elemente des Gedächtnisses sind über das gesamte Gehirn und dessen Formen der Informationsverarbeitung verstreut; sie sind in „spinnennetzartige neurale Netzwerke" eingelagert und führen zur dynamischen, veränderbaren Herausbildung eines *„neuralen Netzprofils"* (vgl. Siegel 2006, S. 21). Das Gedächtnis geht in die Strukturierung des Gehirns ein und beeinflusst dessen zukünftige Aktivitäten. Gedächtnisbildung und Gehirnentwicklung sind also eng miteinander verschränkt. Dabei spielen genetische Determinationen zur Ausbildung von Gehirnstrukturen und auf Erfahrung basierende Synaptogenese zusammen. Zugleich führt das Langzeitgedächtnis nach Eric Kandel nicht nur zu anatomischen Veränderungen im Gehirn, sondern auch zu Veränderungen in der Genexpression. Die Gene sind also nicht nur Determinanten der neurophysiologischen Entwicklung; sie sind auch „Diener der Umwelt", indem sie „von Ereignissen in der Außenwelt angeleitet" werden (Kandel 2007, S. 288).

Die Untersuchung einzelner Aspekte der Gedächtnisfunktion macht deutlich, dass das Gedächtnis außerordentlich komplex ist. Inzwischen werden zahlreiche Gedächtnisarten unterschieden, deren Operationen in unterschiedlichen, spezialisierten Hirnarealen lokalisiert werden (vgl. ebd., S. 148 f.). Roth unterscheidet zwischen dem *de-*

klarativen bzw. expliziten Gedächtnis, das von Bewusstsein begleitet und sprachlich verfügbar ist, und dem *prozeduralen bzw. impliziten Gedächtnis,* das automatisiert und routinisiert operiert. Das deklarative Gedächtnis lässt sich wiederum in das Wissens- bzw. Faktengedächtnis, das episodische Gedächtnis (Erinnerung an Ereignisse im eigentlichen Sinn) und das autobiographische Gedächtnis (Erinnerung an Erlebnisse und Personen mit Bezug auf die eigene Person) unterteilen. Das prozedurale Gedächtnis umfasst z. B. alle erworbenen kognitiven und motorischen Fertigkeiten, die Ausbildung von Gewohnheiten und nichtassoziatives Lernen (Gewöhnung und Sensitivierung). Vom deklarativen und prozeduralen Gedächtnis grenzt Roth das *emotionale Gedächtnis* als dritte grundlegende Gedächtnisart ab, die Ereignisse und Handlungen mit der Erinnerung an spezifische Gefühle (Lust, Unlust, Freude, Furcht usw.) verknüpft (vgl. Roth 2011, S. 103 ff.). Eine weitere zentrale Unterscheidung besteht zwischen Kurzzeit- und Langzeitgedächtnis, die je verschiedene physiologische Prozesse im Gehirn auslösen und die in ganz unterschiedlicher Form für die Aktivierung von Erinnerungen verfügbar sind (vgl. Kandel 2007, S. 239 f.).

Für die Art und Weise, wie Ereignisse und Erfahrungen im Gedächtnis verankert und für die Erinnerung reproduzierbar sind, scheinen einige Schwellen im Prozess der Gedächtnisbildung wesentlich zu sein. Ereignisse müssen zunächst das Bewusstsein passieren, um ins Kurzzeitgedächtnis zu gelangen. Das Kurzzeitgedächtnis kann nicht mehr als drei bis fünf Bedeutungseinheiten gleichzeitig erfassen, was zu einer Selektion der Ereignisinhalte führt, die ins Gedächtnis eingehen (vgl. Roth 2011, S. 141 f.). Eine zweite Schwelle besteht bei der Umwandlung von Kurzzeit- in Langzeiterinnerungen. Die Überführung von kurzzeitigen Erinnerungen in das Langzeitgedächtnis geschieht in einer „Konsolidierungsphase", in der Erinnerungen stabilisiert und zugleich verdichtet und umgeschrieben werden. Langfristig bewahrt werden vor allem „Kernerinnerungen" (Kandel 2007, S. 307). Daniel Siegel beschreibt diesen Prozess als Festhalten von Gedächtnisspuren oder *„Engrammen"*, die sich aus Wesentlichem und spezifischen Details zusammensetzen. „Mit der Zeit können die Details verblassen. Das Wesentliche einer Erinnerung kann jedoch weitestgehend unangetastet und recht einfach zugänglich bleiben" (Siegel 2006, S. 24).

Eine dritte Schwelle findet sich schließlich im Prozess des Gedächtnisabrufs bzw. der Aktivierung von Erinnerungen. Die Kernerinnerung wird ausgearbeitet und rekonstruiert – „nicht ohne Abzüge, Hinzufügungen, Ausschmückungen und Verzerrungen" (Kandel 2007, S. 307). Während das Langzeitgedächtnis selbst einem permanenten internen Reorganisationsprozess unterliegt (vgl. Roth 2011, S. 108), ist die Aktivierung von Erinnerungen ein dynamisches und konstruktives Geschehen, bei dem „ein neues neurales Netzprofil zusammengesetzt wird – aus Merkmalen des abgespeicherten, alten Engramms, Elementen, die von Erinnerungen an andere Erfahrungen stammen, und Momenten, die mit gegenwärtigen Befindlichkeiten zu tun haben" (Siegel 2006, S. 25).

Der Prozess der Elaborierung von Erinnerungen kann zur Folge haben, „dass wir von der Genauigkeit und Wahrhaftigkeit einer ‚Erinnerung' an ein Ereignis überzeugt" sind, „das niemals stattgefunden hat" (Siegel 2006, S. 42). Zugleich verweist er auf die Verschränkung von biologischen und kulturellen Gedächtnisprozessen, indem die neuralen Aktivierungsmuster, die „Engramme", mit den „Exogrammen", den Spuren der Geschichte und den Hinterlassenschaften der Kultur, verwoben werden (vgl. Welzer 2006, S. 116).

Gedächtnis und Selbst

Zwischen neurophysiologischen Operationen und kulturellen Formierungen etabliert sich das subjektive Gedächtnis als Vermittlungsinstanz. Es bewahrt das Gefühl für das Selbst durch die Veränderungen der psycho-physischen Verfassung und der Lebensumwelt hindurch und erzeugt auf diese Weise *Kontinuität und Kohärenz des Selbst.* Wesentlich ist dafür das autobiographische Gedächtnis, das ein zusammenhängendes Bild von der Welt und sich selbst mittels Konstruktion einer Biographie etabliert (vgl. Keddi 2011, S. 114). Wie die bisherigen Ausführungen andeuten, handelt es sich dabei um eine Realitätskonstruktion, die Verzerrungen und Umdeutungen, Lücken und Ausschmückungen enthält. Ihre Basis besteht letztlich allein in dem Schleiermacher'schen Glauben, dass Kontinuität und Kohärenz möglich sind. Zugleich errichtet sie einen Bezugspunkt, der dem Subjekt Handlungsmacht verleiht – eine „biographische agency", von der aus Menschen ihr Leben führen und einer „persönlichen Logik" folgen (vgl. ebd., S. 76 ff.).

Die Relevanz dieser gedächtnisbasierten Selbstkonstruktion wird dort sichtbar, wo die Gedächtnisfunktion gestört ist. Kandel berichtet von Studien an dem Patienten H. M., der nach einer Gehirnoperation die Fähigkeit verloren hat, neue Inhalte des Kurzzeitgedächtnisses in Inhalte des Langzeitgedächtnisses umzuwandeln. Als Folge davon konnte er sich keine neuen Kenntnisse mehr aneignen. „Sein Heute ist an die Vergangenheit gekettet, er lebt in einer kindartigen Welt. Man kann sagen, seine persönliche Geschichte kam mit der Operation zum Stillstand" (Miller zit. n. Kandel 2007, S. 146).

Der umgekehrte Fall sind traumatische Erinnerungen, die nicht adäquat vom subjektiven Gedächtnis verarbeitet werden können. Traumatische Erfahrungen erzeugen unlöschbare Gedächtnisinhalte, die nicht ins deklarative Gedächtnis überführt werden können. Der Konsolidierungsprozess wird blockiert und die Schaffung eines kohärenten Selbstbildes wird behindert (vgl. Siegel 2006, S. 40 f.). Die Fähigkeit, flexibel auf die Umwelt zu reagieren, wird beeinträchtigt. Die Person bleibt anfällig für implizite Gedächtnisaktivierungen. Traumabedingte Gedächtnisfragmente werden nicht aktiv erinnert, sondern sie drängen sich in bestimmten Situationen als „flashbacks" auf. Sie belästigen die Betroffenen als „ungebetene Gäste" und „wirken oftmals so fremd, dass sie nur schwer oder überhaupt nicht in die persönliche Lebensgeschichte integriert werden können" (Ottomeyer 2009, S. 133). Extremerfahrungen wie Unfälle, Folter oder Missbrauch führen zu einer Dissoziation, bei der ein Teil des Subjekts infolge einer Überforderung des Bewusstseins aus dem Geschehen aussteigt. Wahrnehmung und Erinnerung des Geschehens werden vom Bewusstsein abgespalten (vgl. Loch 2006, S. 29 f.). Resultat ist eine Deformation des autobiographischen Gedächtnisses, die die Handlungsfähigkeit des Subjekts einschränkt.

Das *autobiographische Gedächtnis* entsteht im Verlauf der Ontogenese. Es ist nicht genetisch determiniert, sondern wird im Alter von 3–4 Jahren in Eltern-Kind-Interaktionen konstituiert. Entscheidend dafür ist der „memory talk": Eltern vermitteln dem Kind in Gesprächen ein „Gefühl für die Eingebundenheit der eigenen Person in einer Kontinuität von Vergangenheit und Zukunft – ein Gefühl für ein Selbst, das geboren worden ist und erwachsen werden wird" (Nelson 2006, S. 86). Damit verbunden sind die Reflexion auf die eigene Erfahrung und die Einmaligkeit der eigenen Person und die Vermittlung von Modellen, wie Erinnerungen erzählt werden. Das autobiographische Gedächtnis ist so an spezifische narrative, schriftsprachliche Praktiken gebunden und von sozialen Beziehungen abhängig, die sich „innerhalb bestimmter sozialer und kultureller Milieus" herausbilden (ebd., S. 78).

Das autobiographische Gedächtnis ist letztlich ein Konstrukt unserer Kultur und Geschichte. Es ermöglicht die Konstruktion eines kohärenten und kontinuierlichen Selbst, das in unserer Gesellschaft als soziale Institution und Agent von sozialen Handlungen verankert ist. Gesellschaftliches Zusammenleben in unserem Kulturkreis verlangt, dass sich Menschen als individuell und verschieden von anderen erleben und zugleich verlässlich dieselben sind, die sie gestern waren und morgen sein werden (vgl. Keddi 2011, S. 133). Dazu ist eine spezifische Verfasstheit des Gedächtnisses erforderlich, die jedoch weder menschheitlich verallgemeinerbar noch eindeutig neurowissenschaftlich bestimmbar ist. Die Plastizität und damit verbunden die Historizität, Kulturgebundenheit und Sozialität des Gedächtnisses sind unhintergehbar.

Literatur

Assmann, Jan (1997): Das kulturelle Gedächtnis. Schrift, Erinnerung und politische Identität in frühen Hochkulturen. München.

Böszörmenyi, Laszlo (2009): Können sich Computer erinnern? In: Antonitsch, Peter/Scherbantin, Annette/Theuermann, Anneliese/Wakounig, Vladimir (Hrsg.): Zeit erinnern. Zum interdisziplinären und pädagogischen Umgang mit Zeit und Erinnerung. Klagenfurt/Wien, S. 205–215.

Burke, Peter (1991): Geschichte als soziales Gedächtnis. In: Assmann, Aleide/Harth, Dietrich (Hrsg.): Mnemosyne. Formen und Funktionen kultureller Erinnerung. Frankfurt/M., S. 289–302.

Dieckmann, Bernhard/Sting, Stephan/Zirfas, Jörg (1998): Gedächtnis und Bildung. Erinnerte Zusammenhänge. In: Dies. (Hrsg.): Gedächtnis und Bildung. Pädagogisch-anthropologische Zusammenhänge. Weinheim, S. 7–39.

Fabian, Johannes (2007): Erinnerung/Gegen-Erinnerung, Sammeln/Verstreuen. Reflexionen aus einer ethnographischen Perspektive. In: Hobuß, Steffi/Lölke, Ulrich (Hrsg.): Erinnern verhandeln. Kolonialismus und kollektives Gedächtnis Afrikas und Europas. Münster, S. 12–31.

Halbwachs, Maurice (1991): Das kollektive Gedächtnis. Frankfurt/M.

Harth, Dietrich (1997): Gedächtnis und Erinnerung. In: Wulf, Christoph (Hrsg.): Vom Menschen. Handbuch Historische Anthropologie. Weinheim/Basel, S. 738–744.

Kandel, Eric (2007): Auf der Suche nach dem Gedächtnis. München.

Keddi, Barbara (2011): Wie wir dieselben bleiben. Doing continuity als biopsychosoziale Praxis. Bielefeld.

Loch, Ulrike (2006): Sexualisierte Gewalt in Kriegs- und Nachkriegskindheiten. Lebens- und familiengeschichtliche Verläufe. Opladen/Farmington Hills.

Nelson, Katherine (2006): Über Erinnerungen reden: Ein soziokultureller Zugang zur Entwicklung des autobiographischen Gedächtnisses. In: Welzer, Harald/Markowitsch, Hans J. (Hrsg.): Warum Menschen sich erinnern können. Fortschritte der interdisziplinären Gedächtnisforschung. Stuttgart, S. 78–94.

Ottomeyer, Klaus (2009): Traum-Gedächtnis-Abwehr. In: Antonitsch, Peter/Scherbantin, Annette/Theuermann, Anneliese/Wakounig, Vladimir (Hrsg.): Zeit erinnern. Zum interdisziplinären und pädagogischen Umgang mit Zeit und Erinnerung. Klagenfurt/Wien, S. 130–139.

Roth, Gerhard (2006): Geist, Seele, Gehirn. In: Kandel, Eric R.: Psychiatrie, Psychoanalyse und die neue Biologie des Geistes. Frankfurt/M., S. 9–17.

Roth, Gerhard (2011): Bildung braucht Persönlichkeit. Wie Lernen gelingt. Stuttgart.

Schleiermacher, Friedrich D. E. (1993): Hermeneutik und Kritik. Frankfurt/M.

Siegel, Daniel L. (2006): Entwicklungspsychologische, interpersonelle und neurobiologische Dimensionen des Gedächtnisses. In: Welzer, Harald/Markowitsch, Hans J. (Hrsg.): Warum Menschen sich erinnern können. Fortschritte der interdisziplinären Gedächtnisforschung. Stuttgart, S. 19–49.

Sting, Stephan (1998): Schrift, Bildung und Selbst. Eine pädagogische Geschichte der Schriftlichkeit. Weinheim.

Sting, Stephan (2003): Stichwort: Literalität – Schriftlichkeit. In: Zeitschrift für Erziehungswissenschaft. Jg. 6. H. 3. Berlin, S. 317–337.

Sting, Stephan (2009): Gedächtnis – Bildung – Identität. In: Antonitsch, Peter/Scherbantin, Annette/Theuermann, Anneliese/Wakounig, Vladimir (Hrsg.): Zeit erinnern. Zum interdisziplinären und pädagogischen Umgang mit Zeit und Erinnerung. Klagenfurt/Wien, S. 140–151.

Wakounig, Vladimir (2009): Kollektives Gedächtnis. In: Antonitsch, Peter/Scherbantin, Annette/Theuermann, Anneliese/Wakounig, Vladimir (Hrsg.): Zeit erinnern. Zum interdisziplinären und pädagogischen Umgang mit Zeit und Erinnerung. Klagenfurt/Wien, S. 97–107.

Welzer, Harald (2006): Über Engramme und Exogramme. Die Sozialität des autobiographischen Gedächtnisses. In: Welzer, Harald/Markowitsch, Hans J. (Hrsg.): Warum Menschen sich erinnern können. Fortschritte der interdisziplinären Gedächtnisforschung. Stuttgart, S. 111–128.

Gegenwart

Jörg Zirfas

Die Bedeutung der Gegenwart

Als eine der drei modalen Bestimmungen der Zeit genießt die Gegenwart sowohl aus *genetischer* wie aus *struktureller* Hinsicht für den Menschen eine Vorrangstellung. So betont Jean Piaget (1896–1980) in seinem Werk über die Bildung des Zeitbegriffs nicht nur die Entwicklung von der sensomotorischen über die unkoordinierte zur anschaulichen bzw. operativen Zeitintelligenz, sondern auch den Ausgangspunkt dieser Entwicklung in einer Gegenwarts- und Raumorientierung (Piaget 1995). Aufgrund verschiedenartiger empirischer Versuche mit Kleinkindern kann Piaget zeigen, dass sich bis zur dritten Lebenswoche noch keine deutliche Zeitgliederung nachweisen lässt; allerdings lassen sich ab diesem Zeitraum schon Anpassungen der körpereigenen Rhythmik an Tag- und Nacht-Zyklus verzeichnen. In den nächsten beiden Jahren, der so genannten sensomotorischen Phase, bildet sich eine Wahrnehmungszeit oder praktische Zeit heraus, in der es zu einer ersten Erfassung von zeitlichen Reihenfolgen und unterschiedlicher Dauer sowie einem deutlichen Bewusstsein von einem Jetzt kommt. Das Wort „heute" wird im Alter von zwei Jahren zum ersten Mal geäußert, etwa sechs Monate später, im Alter von drei Jahren können Kinder „morgen" bzw. „gestern" artikulieren, mit etwa fünf Jahren dann „Tage". Etwa im Alter von drei Jahren bildet sich mithin eine gewisse Tagesgliederung heraus, der dann mit vier Jahren der Aufbau eines Tagesgitters folgt, in dem Ereignisse eingegliedert werden können. Mit fünf Jahren beginnt der Aufbau der Woche, in diesen Zeitraum fällt die Vertrautheit mit der Uhr und den Phänomenen von Gleichzeitigkeit, Dauer und Reihenfolge.

Insgesamt verläuft die Entwicklung von einer pragmatischen, einer Handlungszeit, einer Zeit, die an bestimmte inhaltliche Vorgänge des Hier und Jetzt der Gegenwart gebunden ist und von diesen aus verstanden wird, zu einer abstrakten, homogenen Zeit. Denn die für unsere Kulturen bestimmende Zeitform zeichnet sich nach Piaget durch eine Zeitkonzeption für alle sukzessiven Ereignisse aus, die sich durch die Koordination der Momente: Dauer, Reihenfolge, Gleichzeitigkeit, Geschwindigkeit, Umkehrbarkeit, Additivität (zwei Zeitstrecken bilden wieder eine Zeitstrecke) und Assoziativität (die gesamte Zeit bleibt unabhängig von der Zusammenstellung der einzelnen Zeitstrecken erhalten) ergibt.

Genetisch gibt es aber noch ein zweites anthropologisches Argument für die Gegenwart. Dieses ist allerdings nicht mit dem Anfang, sondern mit dem Ende des Lebens verknüpft. Weil die Menschen sterben müssen, so lautet die bis heute währende Tradition des *carpe diem*, kommt es darauf an, jeden Tag und jede Stunde im Hier und Jetzt zu nutzen, d.h. den Wert der Zeitlichkeit als Vergänglichkeit zu begreifen, und sein Leben gegenwärtig, intensiv und systematisch zu leben. Nur wer in der Gegenwart lebt – was auch einschließt, dass er täglich bereit ist zu sterben –, schöpft seine Lebenszeit konsequent aus. So unterschiedliche Autoren wie Lucius Annaeus Seneca (4 v. Chr.–65 n. Chr.), Michel de Montaigne (1533–1592) und Friedrich Nietzsche (1844–1900) – um nur diese zu nennen – heben ganz besonders auf den Sachverhalt ab, dass Menschen zunächst und zumeist ihre Lebenszeit, respektive ihre Gegenwart, nicht sinnvoll gestalten, dass sie, von den Tätigkeiten des Lebens eingenommen, keine bewusste zeitliche Gestaltung ihres Alltags und ihres Lebens vornehmen. Die Menschen werden gleichsam vom Tod als Übergang mitgerissen, statt ihr Leben mit Blick auf den Tod selbstbestimmt zu leben. „Gegenwart lernen" zielt nicht auf eine rastlose, lediglich effizienzorientierte und auf Zukunft bezogene Zerstreuung, sondern auf ein Verweilen in der Gegenwart, das Seneca als Muße, Montaigne als Meditation und Nietzsche als Entscheidung versteht. Allgemeiner formuliert geht es um das richtige Zeithaben und die gelassene Einteilung der Zeit, um die Aufmerksamkeit auf verschiedene Zeitstrukturen und auf den wichtigen Augenblick sowie um Bedeutung der Gegenwart als existentiellen Lebensmoment (vgl. Bollnow 1969, S. 16 ff.).

Strukturell hat die Gegenwart im dreidimensionalen Zeitmodell von Vergangenheit, Gegenwart und Zukunft eine Vorrangstellung, weil dieses gleichsam in der Gegenwart zentriert und in die Richtungen des Vergangenen und des Zukünftigen aufgespannt ist. Bei Augustinus (354–430) findet sich diese Zentrierung am prägnantesten, wenn er von *praesentia de praeteritis, praesentia de futuris* und *praesentia de praesentibus*, oder von *memoria, expectatio* und *contuitus* (Augustinus 1988, Buch XI) spricht. Denn in allen Zukunfts- wie in allen Vergangenheitsbestimmungen wird deutlich, dass die Gegenwart im Vergleich zur Zukunft – aber auch zur Vergangenheit – einen Vorrang genießt. Denn die Zukunft entfaltet sich als zukünftige wie vergangene Gegenwart ebenso nur von einer zukünftigen Gegenwart aus, wie sich auch eine vergangene Zukunft und eine vergangene Vergangenheit nur von einer vergangenen Gegenwart her denken lassen (Theunissen 1991, S. 152; Zirfas 2002).

Psychopathologie der Gegenwart

Die dauerhafte Erfahrung einer Jetzt-Zeit, so machen allerdings psychiatrische und philosophische Überlegungen deutlich, liefert den Menschen einer Ewigkeit des Zeitlichen aus; dieser Zustand ist für Psychopathologien der Zeit, die sich in Depression und Melancholie niederschlagen, konstitutiv (vgl. Theunissen 1991, S. 218 ff.). Hier zeigt sich eine Herrschaft der Zeit, die Leiden erzeugt. Diese Menschen nehmen Zeit in einer bestimmten Weise wahr, in der sie sich der Zeit ausgeliefert fühlen, und zwar einer Zeit, die nicht vergehen will und die somit die psychisch Kranken einer Situation der Wiederkehr des ewig Gleichen aussetzt. Melancholische und depressive Patienten sind durch eine eigenartige Antriebslosigkeit, ein Fehlen von Lebenskraft und eine Ohnmacht in doppelter Hinsicht gekennzeichnet: Menschen, die unter der Zeit leiden, sind nicht mehr oder nur eingeschränkt fähig, ihr Leben *von* vorne her zu leben, d. h. sich in der Gegenwart einen Entwurf für die Zukunft zu machen, nach dem sie ihr Leben in der Gegenwart ausrichten, noch erscheinen sie fähig, ihr Leben in der Gegenwart *nach* vorne zu leben, sich also zu entwickeln und zu verändern, mit den Möglichkeiten, die ihnen auch aus der Vergangenheit erwachsen sind. Diese Menschen erleben eine Herrschaft der Zeit als – in unterschiedlicher Stärke – Nicht-Vergehen von Zeit, das ihnen ihren eigenen Stillstand widerspiegelt: „Das Leben […] ist an einem vorbeigezogen, man stand still und holt es nicht mehr ein", so äußert sich ein Patient von Ludwig Binswanger (zit. n. ebd., S. 50). Die Gegenwart gerinnt zur negativen Ewigkeit einer endlosen Zeitlichkeit, zu einem bloßen Vergehen oder einem gefrorenen Fließen, in dem es keine Anhalts- und Haltepunkte mehr gibt. Die Gegenwart des Lebens wird erfüllt von der Zeit als nicht enden wollende Bewegung; die Zeit geht gleichsam durch die Patienten als ihr Medium hindurch, füllt es vollkommen aus und vermittelt diesen durch ihre Endlosigkeit den eigenen Stillstand. In der schlechten Unendlichkeit einer niemals enden wollenden Gegenwart verschwinden alle erlebnismäßigen Differenzierungen im grauen Einerlei des ewigen Vergehens: „There is no such thing as time – there is only eternity […] there is only timeless, hateful, spaceless worsening of things. You can never go forward; you must always regress into horrific mass" (Lehmann zit. n. ebd., S. 74).

Vor dem Hintergrund dieser Überlegungen kann man von zwei polaren anthropologischen Modellen der Gegenwart sprechen: Im ersten, negativen Modell kommt es zu einem Erstarren von Zeit, einer Endlosschleife des Jetzt, in der sich die Menschen als sinnentleert und tot erfahren. Und im zweiten, positiven Modell von Gegenwart können die Menschen die Zeit zeitigen, d. h. in Vergangenheit, Gegenwart und Zukunft ausdifferenzieren, und damit Glück und Sinn erleben.

Das Verdikt der Aufopferung der Gegenwart

Geht man von einem anthropologischen, d.h. genetischen und strukturellen Vorrang der Gegenwart aus, so liegt es nahe, pädagogische Maßnahmen zu ergreifen, die die Bedeutung der Gegenwart unterstreichen, um somit pädagogisch auf Formen der Gegenwärtigkeit abzuheben, die nicht nur als Ausgangspunkt und Ziel von Erziehung und Bildung dienen, sondern auch ihre Formen und Inhalte bestimmen.

Paradigmatisch stehen dafür die Versuche von Jean-Jacques Rousseau (1712–1778) und Friedrich Daniel Schleiermacher (1768–1834). Es ist Rousseau, mit dem Pädagogik beginnt, konsequent auf die Problematik der Gegenwärtigkeit zu reflektieren. Im Mittelpunkt seines pädagogischen Denkens steht dabei ein normatives, als natürlich etikettiertes Menschenbild, dessen Charakteristika Authentizität und Identität bilden, d.h. es geht ihm darum, als Mensch immer „eine vollkommene Einheit" zu sein (Rousseau 1990, S. 113). Daher zielt seine Pädagogik darauf ab, das Glück der Gegenwart ebenso zu gewährleisten, wie das Glück der Zukunft des Zöglings; anders gesagt, soll das Glück der Zukunft durch dasjenige der Gegenwart etabliert und vermittelt werden. „Die Mutter will, daß ihr Kind glücklich ist, und zwar sofort. Hierin hat sie recht ..." (ebd., S. 108, Anm.). Denn die antizipierte glückliche Zukunft könnte (dies ist angesichts der hohen Kindersterblichkeit im 18. Jahrhundert ein durchaus realistischer Gedanke) nicht eintreten, und somit wären bei einer Nichtorientierung an einem gegenwärtigen Glück sowohl die Kindheit als auch das Erwachsenenalter Zeiten des Unglücks. „Was soll man daher von dieser barbarischen Erziehung denken, die die Gegenwart einer ungewissen Zukunft opfert, die ein Kind mit allen möglichen Fesseln bindet und es allmählich unglücklich macht, um ihm für eine ferne Zukunft irgendein angebliches Glück zuzubereiten, das es höchstwahrscheinlich nie genießen wird?" (ebd., S. 184). Erziehung, die ihr Ziel im Erwachsenen und nicht im Kind findet, dezentriert die kindliche Erfahrung und macht unmöglich, worauf es Rousseau ankommt, nämlich eine glückliche, weil authentische Selbstbeziehung (Zirfas 1993, S. 341ff.). In der Fixierung auf die Zukunft wird die Gegenwart entwertet, weil jene für diese vergeudet wird. Daher benennt er als „größte, wichtigste und nützlichste Regel jeglicher Erziehung", dass es darum geht, „Zeit [zu] verlieren und nicht [zu] gewinnen" (Rousseau 1990, S. 212). Mit dieser *Pädagogik des Verweilens* wird die Präsenz selbst nur als Verzögerung im Dienste der vollendeten Selbstbeziehung begriffen und eben deshalb ganz als Mittel für die Gestaltung der Zukunft benutzt.

Rousseaus Maxime, dass es in der Erziehung darum gehe, Zeit zu verlieren, wird spätestens dann problematisch, wenn man sich die Frage stellt, inwieweit es überhaupt legitim erscheint, die Zeit der Kinder für pädagogische Hoffnungen in Anspruch zu nehmen. Schleiermacher setzt an dieser temporalen Frage nach der Aufopferung der Gegenwart an (Schleiermacher 1983, S. 81ff.). Dabei geht er davon aus, dass Kinder „ganz in der Gegenwart" leben; diese Vorstellungen verknüpft er pädagogisch mit einer ethischen Idee des Fortschritts, der „Entwicklung des Menschengeschlechts", so dass für seine Pädagogik der Gegenwart der Gedanke der Weiterentwicklung leitend wird (ebd., S. 51, 81, 41). Leitend für seine Bildungs- und Erziehungstheorie ist die ethische Theorie einer Förderung jeden Lebensmoments, denn die Gegenwart – als einzelner Moment, aber auch als eine zeitlich kurze Reihe betrachtet – darf nicht der Zukunft geopfert werden. Wenn Schleiermacher die Aneignung eines Zeitbewusstseins durch das Kind plausibel zu machen versucht, setzt er voraus, was Piaget dann rund einhundert Jahre später empirisch belegen wird, nämlich dass Bewusstsein wesentlich temporales Bewusstsein ist, das sich symmetrisch vom Gegenwarts- sowohl in Vergangenheits- als auch in Zukunftsbewusstsein erweitert (ebd., S. 83). Für Schleiermacher, der die Problematik der Verschränkung von Gegenwart und Entwicklung als einer der ersten systematisch erziehungswissenschaftlich thematisiert, gibt es ein Modell, das die pädagogisch-anthropologischen Problematiken aufhebt, nämlich das Spiel (ebd., S. 81 ff.). Denn das Kennzeichen eines gelungenen Spiels ist das Bewusstsein der Entwicklung. Insofern kann Schleiermacher die Gegenwart mit der Vergangenheit, aber vor allem mit der Zukunft verbinden, denn diese gehört als unabdingbare Voraussetzung zur Erziehung. Weil die Erfahrungen in der Gegenwart in sich sinnvoll und befriedigend sind und *gleichzeitig* die Möglichkeit von Zukunft vorbereiten, darf die Gegenwart pädagogisch nicht mit der Zukunft verrechnet werden (vgl. Koch 2001, S. 16 ff.).

Die Verbindung von Gegenwärtigkeit und Zukunftsbewusstsein gelingt Schleiermacher dann auf verblüffend einfache Weise: „Die Lebenstätigkeit, die ihre Beziehung auf die Zukunft hat, muß zugleich auch ihre Befriedigung in der Gegenwart haben; so muß auch jeder pädagogische Moment, der als solcher seine Beziehung auf die Zukunft hat, zugleich auch Befriedigung sein für den Menschen, wie er gerade ist" (Schleiermacher 1983, S. 84). Diese Lebenstätigkeit ist für Schleiermacher das Spiel, „die Befriedigung des Moments ohne Rücksicht auf die Zukunft" (ebd., S. 86), in dessen Rücken doch gleichsam die „List der Zukunft" in Gestalt der Übung als Funktionalität der Wiederholung und vor allem als Potentialität der Entwicklung präsent ist. Damit wird die Präsenzerfahrung als ein In-der-Gegenwart-Sein zu einem kontinuierlichen Zeiterleben, einer andauernd-präsenten Befriedigung, die eine radikale zeitliche Differenzerfahrung unmöglich macht: Lernen wird – und das klingt sehr nach pädagogischem Optimismus – zu einem andauernden befriedigenden Übergang von einem Augenblick zum anderen (vgl. ebd., S. 85; Pfeiffer 2007, S. 126 ff.).

Polarisation der Aufmerksamkeit und Fruchtbarer Moment

In der Geschichte der Pädagogik findet man eine ganze Reihe von Beschreibungen und Reflexionen sog. „fruchtbarer Momente im Bildungsprozess" (Copei 1963): Von Platons Dialog *Menon* oder seinem *7. Brief* bis hin zu Montessoris Phänomen der Polarisation der Aufmerksamkeit werden diese Augenblicke pädagogisch betrachtet mit einem produktiven Lernen in Verbindung gebracht, das sich dadurch auszeichnet, dass Menschen sich aus vermeintlichem Wissen befreien, stereotype habituelle Reaktionen durchbrechen, Erwartungshaltungen konterkarieren und so zu neuen Wahrnehmens-, Handlungs- und Wissensstrukturen vorstoßen. In diesen Bildungsmomenten erfüllt sich die Zeit, hier gelingen fruchtbare Entwicklungen. Daher ist auch in der Bildungstheorie der *Kairos* (gr. für den richtigen, günstigen Augenblick) oft als Ergebnis eines Entwicklungsprozesses, als eine Erfüllung, als Erreichen einer Bildungsstufe, als subjektives Gefühl des Wissens, der Freude und des Glücks bestimmt worden. Und gelegentlich ging man sogar soweit zu behaupten, dass jeder Augenblick, der nicht sinnvoll in einen integrierten zeitlichen Zusammenhang eingefügt werden kann, nicht zum „Aufbau der gereiften Persönlichkeit" beitragen kann und somit einem „sinnlosen Schwinden" verfällt (Bollnow 1969, S. 38, vgl. S. 25 ff.).

Maria Montessori (1870–1952) steht mit ihrer Thematik der Polarisation der Aufmerksamkeit in der Geschichte eines pädagogischen Denkens, das vor allem den Wendepunkt, die Entscheidung, den revolutionären Sprung und den Neuanfang in der Pädagogik betont. In dieser findet man eine Fülle von Erziehungsmodellen, die mit der Ansicht einhergehen, dass man von Grund auf neu pädagogisch anfangen müsse, weil die bisherigen Versuche auf einer falschen Anthropologie, einer verfehlten Ethik oder einer lückenhaften Didaktik basierten. Von Platon bis hin zur *community education* geht es mithin immer um eine neu anfangende Pädagogik (vgl. de Haan 1996, S. 246 ff.). Zur Veranschaulichung und Legitimierung dieses Denkens dient ihr immer wieder eine von ihr oft zitierte Beobachtung, in der ein dreijähriges Kind, versunken und konzentriert in ein Zylinderspiel, eine Übung zweiundvierzigmal wiederholte; eine Beobachtung, die unter dem Begriff der Polarisation der Aufmerksamkeit oder auch dem des Montessori-Phänomens firmiert (vgl. Montessori 1992, S. 124).

Was hier beschrieben wird, lässt sich durch Präsenz als absoluten Anfang bestimmen. Absolut deshalb, weil mit ihr eine Situation der reinen pädagogischen Potentialität gegeben ist, in der die Erziehung als Vermittlungsmaßnahme bis hin zum Selbständigwerden des Zöglings ihren zunächst völlig unbestimmten und offenen Ausgang nimmt. Erziehung aber kann nicht offen bleiben, wenn Entwicklungsprozesse in Gang kommen wollen. Anders formuliert: die reine Präsenz sagt nichts darüber aus, wie Erziehung als kommunikative Vermittlung strukturiert und gestaltet werden muss. Die Präsenz des radikalen Anfang erscheint für Montessori wohl aus zwei Gründen unumgänglich: Einerseits vermeidet eine radikale Präsenz eine Kontamination mit der bisherigen irrigen Pädagogik – und unterläuft damit das pädagogische Paradox, die neue Erziehung mit den alten Erziehern bewerkstelligen zu müssen; und andererseits sorgt die radikale Präsenz immer wieder für eine fundamentale Erneuerung, d. h. für eine sinnvolle und richtige Zukunft der Menschheit, und damit auch dafür, die ggf. erlahmenden revolutionären Kräfte jeweils neu zu „entbinden".

Die Pädagogik Montessoris lebt vom Glauben an den revolutionären Sprung im Augenblick, mit dem jedes Kind sich als neuer Mensch in die alte Welt versetzen kann. Das Kind vollzieht in der Präsenz der Aufmerksamkeit an sich einen Übergang, eine

Selbstumwandlung, die man als Übergangsritual (im Sinne van Genneps) beschreiben kann. Das Kind löst sich aus seiner gewohnten Umgebung ab, erfährt in der Konzentration, im zeitvergessenen Augenblick höchster Intensität eine Umwandlung und gliedert sich danach wieder in die Umwelt ein. Durch eine geeignete Umgebung, geschultes Lehrpersonal und pädagogisches Material kann das Wunder gelingen (ebd., S. 143). Der neue Mensch ist kein Produkt der Pädagogik, sondern lediglich ihre Erscheinung. Das Wunder der Wandlung oder Bekehrung, der Konversion zum Heil, geht letztlich von den Kindern selbst aus. Kinder bilden somit die Möglichkeit, die zyklische Erneuerung der Welt immer wieder von vorne zu beginnen: „das Kind ist der ewige Messias, der immer wieder unter die gefallenen Menschen zurückkehrt, um sie ins Himmelreich zu führen" (ebd., S. 221). Dem Kind kommt in dieser Pädagogik eine Erlösungsqualität zu, weil seine Existenz noch von einer Gegenwärtigkeit gekennzeichnet ist, in der sich Zeit und Ewigkeit verbinden (s. u.). Weil das Kind Zeit „anders" als ein Erwachsener erlebt, behält es durch seine Möglichkeiten eines präsentischen Zeiterlebens in der spielenden Konzentration ein fast sakrales Geheimnis dessen, was sein könnte.

Gerade die Reformpädagogik zu Beginn des 20. Jahrhunderts knüpft mit Montessori an ein Kinderbild an, das das Kind als neuen Messias sieht, der für die Menschheit das Heil bedeutet. Hier ist es das Kind, das die Revolution ins Neue hinein vollziehen wird. Insofern bietet die singuläre Präsenz nicht nur den Bruch mit der bisherigen, durch die Erwachsenen praktizierten falschen Pädagogik, sondern auch den phylogenetischen Kulminationspunkt einer Entwicklung, die letztlich durch einen kosmischen Schöpfungsplan vorgegeben ist. Die Erneuerung der Erziehung kann die Prozesse bis zu dem Punkt treiben, in dem alles neu und völlig anders wird. „Nur durch die theologische Anbindung des Augenblicks, in dem das Kind als neuer Mensch erscheint, bewahrt das Ereignis den Charakter eines tatsächlichen Neuanfangs; nur durch die Manifestation eines göttlichen Willens war die Radikalität des Bruchs garantiert. Mit der *Einsetzung* des Kindes in die Zeit des vollständigen Neubeginns oblag es dem Kind selbst, völlig frei und schöpferisch zu handeln" (de Haan 1996, S. 262). Dann wird das Kind als Kind einer höheren Ordnung erscheinen, das dazu bestimmt ist, eine Menschheit zu bilden. Nunmehr setzt ein neues pädagogisches Verhältnis ein, in der die Erwachsenen von den Kindern lernen; während jene sich als Irrläufer der Geschichte entpuppen, in deren Fußstapfen sich nur der Verfall verstetigt, erhebt sich das neue Geschlecht sozusagen aus den Trümmern des Fortschritts. Die Kinder werden nun zu den Eltern der Erwachsenen und zum radikalen Erneuerer der Menschheit.

Im Unterschied zu vielen Modellen, die von einer pädagogischen Unverfügbarkeit von Bildungsmomenten ausgehen, hebt Friedrich Copei (1902–1945) partiell auf ihre pädagogische Verfügbarkeit ab. Damit geht einher, dass er den Bedingungen und Dimensionen dieses Augenblicks eine größere Aufmerksamkeit schenkt. Definiert wird der „fruchtbare Moment" als eine Form der sinnhaften Indifferenz, in dem sich ein äußerer, vorgegebener Sinn mit einer inneren, sich entwickelnden Struktur zusammenschließt, kurz: „die Verschmelzung von Subjekt und Objekt" zu Formen „tiefster und lebendigster Sinnerfassung und Sinngestaltung“ (Copei 1963, S. 86, 101). Man kann diesen Augenblick mit Johannes Bilstein (2004, S. 298 ff.) als ekstatischen Moment im Bildungsprozess bestimmen, in dem sich ein Mensch durch Erschütterungen unterschiedlichster – intellektueller, ethischer, ästhetischer und religiöser – Art dazu veranlasst sieht, sein Leben ändern zu müssen.

Konzentriert um die teils erlittene, teils selbst herbeigeführte Erfahrung als Konfrontation mit einem Anderen, Fremden, Neuen ergibt sich die Lösung eines Problems, und zwar oftmals dann, wenn man es nicht erwartet. „Man kann den ganzen Prozess als *die allmähliche Klärung einer dunkeln Intention – oder Intuition – bis zum Punkte des Aufleuchtens bezeichnen.* Er ist *zugleich der Anschmiegungsprozess des Denkens an die Sache, im ‚fruchtbaren Moment‘ verschmelzen beide,* der Krampf des Suchens löst sich in einem Hingegebensein und in einem Verschmelzen mit der Sache. Nicht *ich* denke, *es* denkt in mir, das ist immer wieder der Eindruck der großen Männer in solchen Momenten gewesen“ (Copei 1963, S. 72). Der fruchtbare Moment ist ein Dual aus einem Nicht-Mehr- und einem Noch-Nicht-Gültigsein, der den Menschen in die Richtung einer Lösung drängt.

Obwohl diese Stelle den Sachverhalt des Ergriffenseins oder auch der Erwählung nahe legt, differenziert Copei an anderer Stelle idealtypisch verschiedene Phasen oder Etappen, die zu einem fruchtbaren Moment hinführen und die dann auch pädagogisch genutzt werden können. Im Ausgang und vor dem Hintergrund von „Selbstverständlichkeiten“ tauchen zunächst „Anstöße“ auf, indem jene erschüttert und in Frage gestellt werden; es entwickelt sich dann eine „Frage- und Staunenshaltung“, die versucht, den Dingen neu und anders auf den Grund zu kommen; hierfür wird die „Aufmerksamkeit“ geschärft und „Methoden der Klärung“ werden in Gang gebracht, die ein Überspringen der Irritation im Lernprozess ermöglichen sollen. Schließlich kommt es dann zu dem „fruchtbaren Moment“, der als eine besondere Art der Erkenntnis gefasst wird (ebd., S. 68; vgl. S. 59 ff.). Mit der Fruchtbarkeit des fruchtbaren Moments ist also mehreres verbunden: eine „vor-romantische Metaphorik der Prägnanz“, die mit der imaginären Vorstellung eines dunklen Grundes einhergeht, aus dem das Neue, das Plötzliche und das Überraschende hervorgehen (Bilstein 2004, S. 301); ein Moment der Erwählung und des Ergriffenwerdens, der unausweichlich zu sein scheint, aber gleichwohl auch pädagogisch angebahnt wie verhindert werden kann, ein erzieherisches Dual von aktiver Gestaltung und quasi religiöser *unio mystica* (ebd., S. 302); eine freudige Lösung von Suchprozessen, Spannungen und Widerständen; eine echte geistige Leistung für alle Lebensbereiche und schließlich eine das Leben des Betroffenen „umformende Macht“, eine „Gewalt“ und „Erschütterung“ (Copei 1963, S. 89), bei der die Fruchtbarkeit zur Furchtbarkeit wird.

Die Ewigkeit des Augenblicks

Mit den pädagogisch-anthropologischen Vorstellungen von Gegenwart ist zunächst oftmals ein ästhetischer Grundzug verknüpft, wenn von der Imagination und Kontemplation bei Rousseau oder auch vom Spiel bei Schleiermacher und Montessori die Rede ist. Sodann bieten diese pädagogischen Präsenzerfahrungen Erfahrungen der Befriedigung und des Glücks, insofern in ihnen als fundamental erachtete humane Wünsche zur Erfüllung oder auch anthropologische Gegebenheiten zur Vollendung kommen. Und in eigentlich allen Modellen geht es um die Befreiung vom Zwang der Zeit, um eine andere Zeit, in der es auch um andere Formen der Erziehung und Bildung gehen kann. Diese andere „Zeit" wird traditionell als Ewigkeit gedacht, die hier mit der Präsenz eine konstitutive Verbindung eingeht. Damit unterliegen die genannten Modelle der Pädagogik der Paradoxie, zugleich zeitlich und außerhalb der Zeit zu sein (vgl. Kierkegaard 1923).

Nun lassen sich mehrere Formen von Ewigkeit als Zeitlosigkeit unterscheiden: Man kann zunächst eine (negative) Form der Ewigkeit festhalten, in der die Zeitlosigkeit in ihr Gegenteil, nämlich die Allzeitlichkeit mutiert und der Gedanke der zeitlosen Ewigkeit zur Ewigkeit der Zeit, zum bloßen Reflex von Entstehen und Vergehen verkommt (s. Psychopathologie). Ewigkeit lässt sich sodann verstehen als Ewigkeit, die jenseits der Zeit nichts als deren Anderes, nämlich Zeitlosigkeit bedeutet. Diese Ewigkeit reißt sich von der Zeit als Vergänglichkeit los und gewährt insofern eine Befreiung von der Vergänglichkeit, als sie die Zeiten auf die Gegenwart hin verdichtet. Dieser verweilenden Ewigkeit lässt sich schließlich eine Ewigkeit entgegenstellen, die als das Andere der Zeit zugleich Zeit ist, nämlich die aionische Ewigkeit, die die Ewigkeit in der Zeit meint. Die Ewigkeit in der Zeit meint die Ewigkeit des Vollzugs von Zeit in der Erinnerung der Vergangenheit, dem Verweilen in der Gegenwart und der Antizipation der Zukunft einer Zeit, in der diese selbst zu einer anderen geworden wäre, in der Zeit als Ewigkeit, Ewigkeit als Zeit aufscheint. Dieser Zeit der Ewigkeit wäre die Zeit zugleich Ewigkeit, insofern diese nicht nur punktuell in der Zeit auftaucht, sondern gleichsam zur ganzen Zeit wird.

Anders formuliert: Unter der pädagogischen Gegenwart ist i. d. R. nicht das Jetzt einer linearen Zeit oder die Plötzlichkeit, das Erschrecken und der metabolische Bruch, noch die Pause oder Lücke gemeint. Sie ist auch nicht wie in der integralen Präsenz aus einer Reduktion von Vergangenheit und Zukunft auf die Gegenwart entstanden, sondern Präsenz meint einerseits verweilende und andererseits aionische Ewigkeit. Eine *verweilende* Gegenwart lässt sich als ein Losreißen von der Bewegung der Zeit, als eine Erfahrung des Sich-Zurücknehmens-aus-der-Zukunft und ein Sich-von-der-Vergangenheit-Befreien interpretieren. Diese oftmals als Kontemplation beschriebene Erfahrung lässt sich als ein Aufgehen in der Gegenwart, als Glück des Erlebens des Augenblicks verstehen. Im Verweilen bricht die Ewigkeit in die Gegenwärtigkeit ein. Darin liegt auch das utopische Moment der Kontemplation. Dieses Verweilen ist eine Befreiung von der Zeit, keine durch sie. In der vollkommenen Gegenwart, der integralen Präsenz, ist dann jegliche Zeit erloschen, jede irreversible und reversible Vorstellung von Zeit dem Gedanken der Ruhe und Sicherheit gewichen.

Die *aionische* Gegenwart der Fülle und Fülle der Zeit, die sich einem der Zeit mimetisch Angleichen verdankt und in der sich unverfügbare menschliche Möglichkeitsbereiche erahnen lassen, hat Hans-Georg Gadamer (1993, S. 291) wie folgt charakterisiert: „Der Aion ist umfassend, ohne Teile zu umfassen. In ihm ist alles zugleich. Er ist volle Gegenwärtigkeit, in der keine Zukunft aussteht oder der keine Vergangenheit abgeht. Sein Sein ist nicht leblose Präsenz, sondern eine unendliche Möglichkeit oder Potenz (ἄπειρος δύναμις), in gewisser Weise also doch vieles, wie das Samenkorn oder wie der Punkt es auf ihre Weise auch sind."

Vor dem Hintergrund dieser beiden Modelle erscheint die Pädagogik als Wissenschaft der potentiellen Zeitenfülle bzw. temporalen Möglichkeiten und der geglückten Ekstase bzw. des ekstatischen Glücks.

Literatur

Augustinus, Aurelius (1988): Bekenntnisse. 5. Aufl. München.

Bilstein, Johannes (2004): Der ekstatische Moment im Bildungsprozess. In: Paragrana. Internationale Zeitschrift für Historische Anthropologie. Band 13. Heft 2: Rausch - Sucht - Ekstase. Berlin, S. 293–310.

Bilstein, Johannes/Miller-Kipp, Gisela/Wulf, Christoph (Hrsg.) (1999): Transformationen der Zeit. Erziehungswissenschaftliche Forschungen zur Chronotopologie. Weinheim.

Bollnow, Otto Friedrich (1969): Das Verhältnis zur Zeit. Ein Beitrag zur pädagogischen Anthropologie. Heidelberg.

Copei, Friedrich (1963): Der fruchtbare Moment im Bildungsprozess. 7. Aufl. Heidelberg.

Gadamer, Hans-Georg (1993): Über leere und erfüllte Zeit. In: Sandbothe, Mike/Zimmerli, Walter Ch. (Hrsg.): Klassiker der modernen Zeitphilosophie. Darmstadt, S. 281–297.

Haan, Gerhard de (1996): Die Zeit in der Pädagogik. Vermittlungen zwischen der Fülle der Welt und der Kürze des Lebens. Weinheim/Basel.

Kierkegaard, Sören (1923): Der Augenblick. Gesammelte Werke 12. Jena.

Koch, Lutz (2001): Pädagogik der Gegenwart oder der Zukunft. In: Nieke, Wolfgang/Masschelein, Jan/Ruhloff, Jörg (Hrsg.): Bildung in der Zeit. Zeitlichkeit und Zukunft – pädagogisch kontrovers. Weinheim/Basel, S. 13–25.

Montessori, Maria (1992): Kinder sind anders. 7. Aufl. München.

Piaget, Jean (1995): Die Bildung des Zeitbegriffs beim Kinde. Zürich.

Pfeiffer, Ursula (2007): Kontinuität und Kontingenz. Zeitlichkeit als Horizont systematischer Überlegungen in der Erziehungswissenschaft. Bad Heilbrunn.

Rousseau, Jean-Jacques (1990): Emile oder Über die Erziehung. Hrsg. von Martin Rang und Eleonore Sckommodau. Stuttgart.

Schleiermacher, Friedrich Daniel Ernst (1983): Ausgewählte pädagogische Schriften. Hrsg. von Ernst Lichtenstein. 3. Aufl. Paderborn.

Theunissen, Michael (1991): Negative Theologie der Zeit. Frankfurt/M.

Zirfas, Jörg (1993): Präsenz und Ewigkeit. Eine Anthropologie des Glücks. Berlin.

Zirfas, Jörg (2002): Fragmentarische Temporalität. Zur zeitlichen Verfaßtheit menschlichen Lebens. In: Wulf, Christoph/Kamper, Dietmar (Hrsg.): Logik und Leidenschaft. Erträge Historischer Anthropologie. Berlin, S. 1008–1019.

Zukunft

Gerhard de Haan

Erziehung für die gute Zukunft des Einzelnen wie der Gesellschaft

Zukunft ist – so Mollenhauer (1980, S. 100 f.) – „die integrale pädagogische Kategorie [...], von der alles abhängt". Diese Einsicht ist nicht trivial, sondern hoch problematisch, denn das pädagogische Handeln ist unter dieser Prämisse ein „prinzipiell riskanter Vorgriff auf Künftiges", der sich legitimieren muss (Mollenhauer 1981, S. 67).

Die Legitimation des Vorgriffs auf Zukünftiges hat eine lange Geschichte in der Pädagogik. Sie wurde – eher theoretisch denn praktisch – mehrfach so gelöst, dass man einen Zukunftsbezug nur dann zulassen wollte, wenn das Lernen für die Zukunft in der aktuellen Situation die Zustimmung der Lernenden erfuhr und sie diese Situation als für sich befriedigend erfuhren – so lautete die Lösung von Rousseau und Schleiermacher (vgl. dazu den Artikel zu „Gegenwart" von Zirfas in diesem Band; de Haan 1996, S. 151 ff.). Sie bezogen sich dabei auf die Überlegung, dass ein auf die Zukunft hin erzogenes Kind – ein gar nicht so unwahrscheinlicher Fall – das Jugend- oder Erwachsenenalter nicht erreichen könnte, sondern schon vorher stirbt und damit sein Leben zugunsten einer gar nicht gelebten Zukunft geopfert würde. In eben diesem Spannungsverhältnis zwischen Gegenwartsbezug – mit seiner exponiertesten Form, dem Augenblickserleben – (vgl. dazu ebenfalls den Artikel „Gegenwart" von Zirfas in diesem Band) und Zukunftsbezug bewegt sich das pädagogische Handeln in den theoretischen Reflexionen seit Mitte des 18. Jahrhunderts. Man kann es als ein fundamentales Dilemma bezeichnen, dem sich die Pädagogische Anthropologie allerdings erst mit der Aufklärung stellen muss.

Mittelalterliche Gesellschaften hatten nämlich noch keinen Begriff von Zukunft. Über das, was kommen würde, wurde in gleicher Weise gesprochen wie über das, was gegenwärtig oder vergangen war. Augustinus etwa billigte um 400 n. Chr. „dem Zukünftigen [...] den gleichen Grad der Realität" zu „wie dem Gegenwärtigen und Vergangenen" (Hölscher 1999, S. 34). Zukunft ist in der Neuzeit immer weniger das, was auf einen zukommt. Künftiges besteht nicht in Ereignissen, auf die man stößt, vielmehr kann und muss die Zukunft mit der Aufklärung gemacht werden – und ist damit historisch kontingent.

Seit die Zukunft in der Aufklärung als offen gilt, also entworfen und gestaltet werden muss, sich gar eine Wiederholung des Vergangenen und Gegenwärtigen verbietet, sondern zur Verbesserung der irdischen Verhältnisse beigetragen werden muss, sind Erziehung und Bildung mit Innovationszwängen und -versprechen aufgeladen, die in das genannte Dilemma hineinführen. Denn mit den säkularisierten bürgerlichen Erziehungsphilosophien, wie sie seit dem 17. Jahrhundert entworfen werden, wird schnell deutlich, dass pädagogisches Handeln nicht allein auf die bloße Reproduktion von und Integration in die Gesellschaft abstellen kann. Das muss den nachwachsenden Generationen immer zugemutet werden; nun aber müssen auch gesellschaftliche Zukunftsentwürfe folgen. Das Ziel ist die Verbesserung der Verhältnisse: die Vervollkommnung des Einzelnen (bei Rousseau; vgl. dazu Reitemeyer 1995), die Höherbildung der Menschheit (bei Wilhelm von Humboldt; vgl. dazu Ricken 2006, S. 260 f.), das Fortschreiten zum Besseren (bei Kant) oder der Fortschritt des Ganzen (bei Hegel; vgl. zu Kant und Hegel: Ritter 1972). Das alles sind verschiedene Imaginationen für dieselbe Sache: Es geht um die – wie immer sie auch gedacht sein mochte – gute Zukunft des Einzelnen wie der Gesellschaft. Es kommt darauf an, dass die Kinder „nicht dem gegenwärtigen, sondern dem zukünftig möglich bessern Zustande des menschlichen Geschlechts, das ist: der Idee der Menschheit, und deren ganzer Bestimmung angemessen, erzogen werden" (Kant 1975, S. 704).

Auch wenn es schon erhebliche Schwierigkeiten macht zu klären, was für die Sicherung des Bestandes der Gesellschaft gelernt werden muss – ein Problem, dem sich erstmals in systematischer Form Comenius (1978) in seinem *Orbis sensualium pictus* von 1658 zu stellen versuchte –, so ist diese schwierige Vorleistung nicht das einzige Problem des Umgangs mit Zeit und der Komplexität der Welt in der Pädagogik (vgl. de Haan 1996). Schwieriger sogar ist es, mit der Funktion von Erziehung umzugehen, nicht nur den Bestand der Kultur und ihre schon erreichten Fortschritte zu sichern, sondern zugleich auf künftigen Fortschritt zu verpflichten. Wie soll man als Advokat einer besseren Zukunft auftreten, ohne die nachwachsende Generation zu mediatisieren? Wird die gute Zukunft schon entworfen, so wäre es nicht die eigenständige Zukunft der Nachwachsenden: „Es wäre die offenbarste Verschiedenheit zwischen denjenigen, welche die Regeln geben [...] und den anderen, die, ohne sie gegeben zu haben, ihr Folge leisten sollten; [...]. Daß dieses das Rechte nicht sei, ist klar" – so Schleiermacher 1826 (1983, S. 101). Die Zukunft würde defuturisiert, wenn sie von den Lehrenden oder Erziehenden schon vorbestimmt würde. Der Grund liegt, weiter als Schleiermacher dieses unter der Prämisse der Gleichheit aller Menschen(-generationen) gefasst hat, in dem nicht zu übersteigenden Problem, dass die Zukunft gar nicht vorbestimmt werden kann. Sie kann nur als gegenwärtige Zukunft gedacht werden: Zukunftsvorstellungen sind an die gegenwärtigen Bedingungen ihrer Formulierung gebunden. Nimmt man sie vorweg, so verlieren sie das Momentum des Andersseins: „Die Zukunft, wie diese Gegenwart sie versteht, erstickt die Zukunft, wie sie sich selbst verstehen würde" (Litt 1927, S. 20). Der gesellschaftliche Anspruch auf und Auftrag zur Höherentwicklung kollidiert mithin nicht allein mit dem Eigenrecht der nachwachsenden Generationen, sondern auch mit dem Gegenwartsbezug von Zukunftsvorstellungen. Zwar kann die Pädagogik eine gewisse anthropologische Absicherung darin finden, dass nachwachsende Generationen schon in eine bestimmte Kultur hineingeboren und in ihr sozialisiert werden, aber das ist nur eine Minimalgarantie, die nicht mehr offeriert als eine gewisse Sicherheit, dass wenigstens das Individuum (wohl aber die ganze Gesellschaft, wie der Faschismus belegt) im Normalfall nicht hinter den erreichten Stand der Entwicklung zurückfallen dürfte. Aber auch hier gilt: Mit jedem Menschen fängt alles von vorn an – und: „Je mehr Geistiges schon in der älteren Generation realisiert ist: desto weniger dürfen wir auch [...] [die] Einwirkung [auf die jüngere, G. d. H.] dem Zufall überlassen" (Schleiermacher 1983, S. 12). Schleiermachers Dialektik vom „Erhalten" des gegenwärtig Erreichten und „Verbessern" des Zukünftigen macht ein Erziehungsprogramm notwendig, das nicht nur einen Überblick über das Bestehende erfordert, sondern auch die Herausbildung des Willens, die Erbschaft des Fortschrittsprojektes anzutreten, sich also zum Gattungssubjekt zu machen. Unter dieser Prämisse ist die Fortentwicklung des Ganzen in gewisser Weise der individuellen Beliebigkeit entzogen, soweit man die Idee der Vervollkommnung als Strukturgesetz der Weltgesellschaft betrachtet.

Diese Annahme wurde allerdings schon von Adorno (1969) in Anbetracht des Nationalsozialismus und des Holocaust mehr als nur bezweifelt: Der Fortschritt der gesellschaftlichen Verhältnisse ist nicht zu gewährleisten, der Rückfall in die Barbarei jederzeit möglich. Mit der Kritik an den „Großen Erzählungen", also dem Zweifel an der Idee eines gemeinsamen, globalen Verständnisses vom Humanum, vom Gattungssubjekt und seiner Emanzipation, wie sie Lyotard (1982) formuliert, wird die Verpflichtung auf das kollektive Projekt der Höherentwicklung brüchig. Es ist nicht nur die Kritik der Theoretiker der Postmoderne wie Lyotard, mit der der Glaube an das Gattungssubjekt untergraben wird. Es ist auch die Debatte um das *Posthistoire*, also die Rede vom „Ende der Geschichte" (Fukuyama 1992) und der Zweifel daran, dass man überhaupt noch von der Existenz von „Gesellschaften" ausgehen kann (vgl. Faßler 2009), die dem Fortschrittsprojekt mitsamt seinem Auftrag für die Pädagogik wenigstens vorläufig das anthropologische Fundament entzieht.

Lernen als Bevorratung für die Zukunft

Nicht tangiert wird dagegen der Zukunftsbezug des pädagogischen Handelns selbst. Lernen ist weiterhin ein Bevorratungskonzept auf die Gestaltung von Zukunft hin. Die Bevorratung umfasst nämlich weiterhin mehr als die Aneignung epistemischen Wissens, das archiviert wurde und als „wahr" gilt. Sie inhibiert mehr als die Rezeption musealisierter Geschichte wie gegenwärtiger Kultur. Die Bevorratung umfasst auch mehr als die Akkumulation diverser Fähigkeiten für den alltäglichen Gebrauch.

Darin liegt weiterhin das eigentlich Geniale einer angeleiteten oder selbst organisierten systematischen Aneignung von Wissen seit der Aufklärung: Man soll und kann in der Gegenwart Fähigkeiten und Fertigkeiten erlangen, die man erst in der Zukunft wird einsetzen können. Nur kann eine Bevorratungspädagogik nicht mehr zwingend, wie in der Aufklärung noch möglich, an das Vervollkommnungsprojekt gebunden werden. Dafür ist es nicht notwendig, den Beweis anzutreten, dass das Fortschrittsdenken oder die Idee der Vervollkommnung der Menschheit sich tatsächlich erschöpft hat. Vielmehr hat die moderne Gesellschaft in ihrem Wandel Probleme erzeugt, an denen sich eine auf Zukunft bezogene Pädagogik abarbeiten muss, ohne ihre alten Problemlagen schon überwunden zu haben; es sind diese die *Unsicherheit* und das *Nichtwissen,* die mit dem Wandel von der Industrie- zur Wissensgesellschaft virulent werden.

Zukunft in der Wissensgesellschaft

Seit den 1960er Jahren wird von der „Knowledgeable Society" (Lane 1966) gesprochen. Zunächst war dabei nur die steigende Bedeutung von Wissenschaft und Technik für wirtschaftliche Prosperität und das Anwachsen des Dienstleistungssektors in den Blick geraten. Der Begriff „Wissensgesellschaft" dient seit den 1990er Jahren dann aber dazu, gesellschaftliche Wirklichkeit als vom Wissen abhängig zu beschreiben und als Wissensgesellschaft zu gestalten (vgl. de Haan 2012). Hoch entwickelte Gesellschaften basieren demnach auf deutlich expandierendem Wissen und seiner Anwendung (vgl. Stehr 1991) – und dieses nicht nur im ökonomischen Sektor, sondern auch im Bereich des politischen und sozialen Handelns. Die klassischen Ressourcen, aus denen sich die Wirtschaft und ihr Wachstum erklären (Arbeit, Kapital und natürliche Ressourcen), müssen nachweislich um die Ressource Wissen ergänzt werden (vgl. Goldin/Katz 2008). Wissen, attestiert durch Zertifikate, ist zudem ein deutlicher Prädiktor für die Lebenschancen, über die der Einzelne verfügt. Eigenständiges Arbeiten, Verantwortungsübernahme für das Arbeitsergebnis, Innovationsfähigkeit und Kooperationsbereitschaft, deutliches Engagement unter Einsatz des permanent erweiterten bzw. revidierten Leistungsvermögens sind Voraussetzungen für die Tätigkeit in der Wissensgesellschaft. Zugleich gilt die Wissensgesellschaft als fragil (vgl. Stehr 2000) und risikobehaftet (vgl. Beck 1986).

Wissen ist dabei als Handlungsvermögen zu verstehen, als Fähigkeit, (soziales) Handeln in Gang setzen zu können (vgl. Stehr 2000, S. 81 f.), ist also mehr als bloße Informiertheit: Es ist die Fähigkeit zur Gestaltung. Dieses Verständnis von Wissen ist allerdings nicht spezifisch auf die Wissensgesellschaft bezogen, sondern laut Stehr (vgl. ebd., S. 81) eine anthropologische Konstante. Auch Gesellschaften, die auf einem zyklischen

Zeitverständnis basieren, sind von ihrem akkumulierten Wissen und dessen Tradierung abhängig. Was rechtfertigt dann aber die Rede von der „Wissensgesellschaft"? Es ist die Notwendigkeit der *permanenten Revision* des Wissens (vgl. Wilke 1998; Rosa 2005). Dieses betrifft die materielle wie auch die symbolische Reproduktion der Gesellschaft, die Verarbeitung von Informationen wie die Problemlösungen. Die auf Dauer gestellte Revision evoziert die Erwartung von Veränderungen und erzwingt die Bereitschaft, diese Veränderungen auch zu realisieren.

Aufgrund des in der Wissensgesellschaft herrschenden Revisionszwangs ist sie eine *spezifisch* ausgeprägte Lerngesellschaft, da die Erkenntnisbestände nicht statisch sind, sondern als generell revisionsoffen und -bedürftig angesehen werden müssen (vgl. de Haan/Poltermann 2002; Wilke 1998). Es ist dabei nicht mehr das von einem klaren Ziel bestimmte Fortschrittsprojekt, das dem Zukunftsbezug pädagogischen Handelns bzw. des Lernens die Richtung weist, sondern, viel unspezifischer, die in der Wissensgesellschaft auf Dauer gestellte „Selbst-Experimentation". Steht das Ziel gesellschaftlicher Entwicklung nicht mehr sicher fest, wie in der Aufklärung gedacht, und sind nicht einmal die Bestände, also epistemisches Wissen, Geschichtsdeutungen und der Wert von Kultur revisionsresistent, so fragt sich, wie Pädagogik dann den Zukunftsbezug ausgestalten kann. Sie ist als Disziplin, die im o. g. Sinn Wissen vermitteln will, also Handlungs- und Gestaltungsfähigkeit ermöglichen möchte, vor das Problem gestellt, umstellen zu müssen: von den Gewissheiten über und dem Wissen für die Zukunft auf Nicht-Wissen und den Umgang mit Unsicherheit. Das Phänomen der Unsicherheit ist dabei nicht allein in der außerpädagogischen Welt virulent, sondern auch im pädagogischen Handeln selbst: Weder kann ein zukunftsfester Bildungskanon ausgemacht werden noch ist die Transparenz der zu Erziehenden und ihrer Intentionen gegeben – ganz abgesehen davon, dass die Nebenfolgen erzieherischen Handelns nicht gewusst werden können (vgl. Kade/Seitter 2003; de Haan 2008).

Zukunft unter der Prämisse des Nichtwissens

Die Wissensgesellschaft ist mit Risiken und Gefahren behaftet, die oftmals kaum zu bewältigen sind (vgl. Beck 1986): In ihr werden die Nebenfolgen getroffener Entscheidungen und realisierter Handlungen zum zentralen Problem. Auf der Basis von innovativem Wissen wurden Risiken evoziert (Atomenergie, Biodiversitätsverluste, Klimawandel, Gentechnologie, Alterung der Gesellschaft usw.), die einer Bearbeitung bedürfen, ohne dass präzise zu stellende Fragen existieren würden, wie man die erzeugten Probleme bewältigen kann und welche noch zu erwarten sind. Die Wissensgesellschaft lässt sich daher auch als „Weltrisikogesellschaft" oder „*Nicht*wissensgesellschaft" (Beck 2008, S. 211; Hervorhebung im Original) analysieren.

Wissen ist in diesem Kontext nicht mehr mit Wahrheit konnotiert, sondern mit *Erwartungen:* Man erwartet sich spezifische Effekte vom Einsatz des Wissens und weiß zugleich, dass die Effekte dieses Einsatzes nicht sicher prognostiziert, ja nicht einmal erahnt werden können. Damit ist Wissen nicht mehr klar an die Idee der Vervollkommnung gebunden, sondern an ein ganzes Set von Formen des Nichtwissens. Fünf Formen lassen sich nach Beck (ebd., S. 212) unterscheiden: *Temporäres Nichtwissen, uneingestandenes Nichtwissen, Nicht-Wissen-Wollen, gewusstes Nicht-Wissen-Können* und *nichtgewusstes Nicht-Wissen-Können* (vgl. zum Folgenden de Haan 2012).

Temporäres Nichtwissen suggeriert, mit dem Erwerb neuer Kenntnisse würde das Nichtwissen verschwinden. Dies ist die Erwartungshaltung in allen Lehr- und Lernprozessen, seit über die Funktion pädagogischen Handelns publiziert wird – und auch die wissenschaftliche Welt denkt so: Neue Erkenntnisse werden in Zukunft offene Fragen beantworten. Daran ist nichts Problematisches, solange sich das temporäre Nichtwissen nicht in ein *uneingestandenes Nichtwissen* transformiert. Letzteres birgt das Risiko nicht intendierter, aber in Kauf genommener Nebenfolgen. Das betrifft im Bildungsbereich etwa das Risiko, einen Lehrplan aufzustellen, der das Potenzial haben soll, zukunftsfestes Wissen zu enthalten, von dem man aber gar nicht wissen kann, ob die Revision des Wissens die Inhalte schon bald obsolet machen wird – wie auch das Risiko des Studenten, die Klausur nicht zu bestehen, weil man im Zuge der Selbstsuggestion von der Bewältigbarkeit der Aufgabenstellung ausgeht.

Wenn in der Wissensgesellschaft die Prosperität der Gesellschaft sowie die Lebenschancen des Einzelnen vom (zertifizierten) Wissen abhängen, dann stellt sich die Frage, in welchem Maße man es sich gesellschaftlich wie individuell leisten kann, gegen die Abhängigkeit zu opponieren bzw. sich der Aufforderung, sich Wissen anzueignen, (sanktionsfrei) zu entziehen, also etwas *nicht wissen zu wollen.* Musste man bei Schleiermacher (s. o.) das Lehren von der Zustimmung der Lernenden abhängig machen, so wurde doch immer unterstellt, dass lernen zu wollen ein Grundbedürfnis sei. Das Interesse am Hinzulernen konnte allenfalls verstellt, nicht aber gar nicht vorhanden sein. Von dieser positiven Sicht auf das Wissen und seinen Erwerb kann man in der Wissensgesellschaft nicht mehr ausgehen: Seit man via Gentests etwas über Krankheitsdispositionen wissen kann, sind Versicherungen und Arbeitgeber aus nachvollziehbaren Gründen daran interessiert, aufgrund prädikativer Gentests etwas über die Risiken zu erfahren, die Versicherte und Arbeitnehmer latent in sich tragen. Der Einzelne mag dagegen gar nicht wissen wollen, ob es eine genetisch bedingte Veranlagung zu spezifischen Krankheiten gibt, da dieses schon vor jeglichem Ausbruch der Krankheit zu einer Einschränkung seines Wohlbefindens und seiner künftigen Handlungspläne führen kann. Damit wird die Zielstellung der Wissensgesellschaft, das Wissen permanent zu erweitern, gerade durch jene Prinzipien unterlaufen, die es dem Individuum erst attraktiv erscheinen lassen sollten, sich möglichst intensiv Wissen anzueignen: Wissen sollte die Lebenschancen erweitern, die Autonomie befördern und Chancengleichheit herstellen helfen. Hier ist das Setzen von Grenzen nicht nur individuell in Form des intendierten Nicht-Wissen-Wollens, sondern auch gesamtgesellschaftlich in Form des Nicht-Wissen-Sollens und -Dürfens erörterungsbedürftig (vgl. Wehling 2006, S. 323 ff.).

Die Komplexität des *gewussten Nicht-Wissen-Könnens* lässt sich deutlich an den großen atomaren Unfällen ablesen. Die Kontamination strahlt nicht nur auf die Umgebung aus, sie affiziert das soziale Leben, staatliches Handeln, selbst die sinnlichen Wahrnehmungsmöglichkeiten des Einzelnen und das Urteilsvermögen der Wissenschaft. Beck leitet daraus die Regel ab, dass mit der Größe der Gefahren auch der Umfang des Nichtwissens überproportional steige und dass die damit notwendig zu treffenden Entscheidungen zugleich unmöglicher würden – weil sie nicht auf gesicherten Erkenntnissen beruhen können (vgl. Beck 2008, S. 215). Kann man ein sanktionsfreies gewusstes Nicht-Wissen-Können in Anspruch nehmen, wenn man Entscheidungen auch trifft, die auf diesem Typus des Nichtwissens beruhen? Muss man, um für oder gegen Atomkraft zu sein, über die Funktionsweisen der Techniken, über die Wahrscheinlichkeiten von Unfällen auf dem neuesten Stand der Wissenschaft und deren Einsichten in das von ihr gewusste Nicht-Wissen-Können sein? Gibt es hier einen Zwang zur Selbstaufklärung? Man kann nicht alles wissen. Man ist permanent zu Entscheidungen auf der Basis von gewusstem Wissen um das Nichtwissen gezwungen, etwa bei der Auswahl von Nahrungsmitteln. Auf welcher Basis dies geschieht, ob man seinen Vor-Urteilen folgt oder dem Gefühl, der Meinung der Community oder spezifischen Informationsquellen vertraut, was tolerabel ist und was nicht, ist nicht aufgeklärt. Freilich kann das Nicht-Wissen-Wollen auch die Selbstgefährdung steigern. Die möglichen Nebenfolgen der Nanotechnologie zu ignorieren heißt ja nicht, dass diese damit auch nicht existieren. Leugnung ist ebenso wenig hilfreich wie ein bloßer Verweis auf die soziale Konstruktion von Gefährdungen, deren Objektivierungsmöglichkeit außerordentlich begrenzt ist. Dass man das Recht auf Nichtwissen in beiden Fällen in Anspruch nimmt, ist allerdings schon aus Selbstentlastungsgründen legitim.

Nichtgewusstes Nicht-Wissen-Können betrifft die gar nicht voraussehbaren, ja nicht einmal erahnbaren Folgen des Handelns. Man kann nicht wissen, ob der Einsatz von Nanotechnologie, die inzwischen zu unserem Alltag gehört, künftig überhaupt Probleme erzeugt und wenn ja, welche. Man kann es nicht wissen, aber dem nichtgewussten Nicht-Wissen-Können wird im Zuge der allgemeinen Wahrnehmung der Risiken des Nichtwissens durchaus schon unterstellt, es handle sich um fahrlässige Unwissenheit. Das heißt, nichtgewusstes Nicht-Wissen-Können setzt Anerkennungsdiskurse und Konstruktionsprozesse frei, die sozial induziert sind (vgl. Wehling 2006, S. 15).

Man sieht: Mit dem Nichtwissen zerbricht der vom Fortschrittsgedanken und vom Gattungssubjekt geprägte Zukunftsbezug der Pädagogik. An dessen Stelle treten eine generelle, nicht mehr von klaren Zielen geleitete Revisionsoffenheit gegenüber dem Wissen und die Notwendigkeit, sich dem Nicht-Wissen zu stellen.

Konsequenzen für den Zukunftsbezug von Bildung und Erziehung

Wenn die Wissensgesellschaft eine Gesellschaft ist, die durch ihre Revisionsoffenheit und -bedürftigkeit wie durch unhintergehbares Nichtwissen charakterisiert werden kann, dann wäre dem ein zukunftsbezogenes Lernen adäquat, das experimentierendes Handeln im Umgang mit Artefakten und dem Sozialen in den Vordergrund stellt – mitsamt den Unsicherheiten und der Einsicht ins Nicht-Wissen.

Dem hat sich die Pädagogik bisher kaum gestellt: Die Aneignung von Wissen in den formellen Bildungseinrichtungen geschieht in der Regel separiert in Fächern und Fachwissenschaften; der Bildungskanon greift primär auf als bewährt geltendes epistemisches Wissen zurück, das Lernen ist nicht ergebnisoffen und fehlerfreundlich, sondern an Gewissheiten orientiert. Jene Erfordernisse, die Reich schon 1992 an das Individuum in der Wissensgesellschaft formulierte, bleiben dagegen marginalisiert. Er diagnostizierte, dass Systemdenken, Abstraktionsvermögen, eine experimentelle Grundhaltung, Kooperationsfähigkeit, kreative Anwendung von Fachwissen, die Fähigkeit unvorhergesehene Probleme zu lösen, Neues lernen zu können eine wachsende Bedeutung erfahren werden.

Die Dynamik der permanenten Revisionen unterworfenen verwissenschaftlichten Lebenswelt verlangt zusammengefasst nach der Fähigkeit, selbsttätig agieren zu können: Man muss sich den künftigen Erfordernissen ans Lernen selbst wie den erwartbaren neuen Lerngegenständen stellen können. Zudem nimmt die Notwendigkeit zu, Innovationen auch bewerten zu können, da diese im Bereich der neuen Medien, der Medizin, der Genetik usw. den individuellen Alltag affizieren. Die Bewertung dieser Innovationen ebenso wie der Umgang mit ihnen ist aber von Unsicherheit geprägt (vgl. die Beiträge in Böhle/Weihrich 2009), da die Nebenfolgen von Technik, Produkten und Tätigkeiten nicht mehr auf einzelne Subsysteme beschränkt sind.

In der Konsequenz scheint eine psychische Ausstattung erforderlich zu werden, die eine ausgeprägte Ambiguitäts- und Frustrationstoleranz und ein deutliches Maß an Selbstwirksamkeitserwartung umfasst. Denn bei aller Unsicherheit wird man auf der Basis unvollständigen und widersprüchlichen Wissens handeln müssen – selbst dann, wenn aufgrund des Nicht-Wissen-Könnens unbeabsichtigte Nebenfolgen auftreten werden.

Will man daraus für den Zukunftsbezug von Bildung und Erziehung eine Schlussfolgerung ziehen, so liegt sie in der Notwendigkeit, gerade das Nichtwissen in seinen Varianten und Konsequenzen zum Gegenstand der Reflexion zu machen, da sie die Autonomie des Individuums unmittelbar beschränken und zugleich erweitern. Dazu gehört aber auch die Reflexion über das Vertrauen, welches man in Experten oder Gegenexperten, staatliche Institutionen oder Nichtregierungsorganisationen investiert – z. B. hinsichtlich der Einschätzung von Risiken. Fahrlässig wäre es, Erziehungs- und Bildungsprozesse so aufzusetzen, als wären Entscheidungen darüber, wie wir leben wollen, aufgrund der Präferenz für den Gegenwartsbezug gar nicht zu stellen oder an andere oder an künftige Gegenwarten zu delegieren. An die Stelle der Verpflichtung auf das für alle gültige Projekt der Vervollkommnung treten dann Optionen für die Gestaltung der Zukunft, die nicht einmal vorgegeben, sondern nur erfunden und im Zuge der „Selbst-Experimentation" versucht werden können. Es wäre dann aber auch zu fragen, ob und wie die Menschen in der Wissensgesellschaft mit Unsicherheitsabsorptionsstrategien bei der Antizipation der Gestaltung von Zukunft ausgestattet werden können.

Literatur

Adorno, Theodor W. (1969): Fortschritt. In: Ders.: Stichworte. Kritische Modelle 2. Frankfurt/M., S. 29–50.

Beck, Ulrich (1986): Risikogesellschaft. Auf dem Weg in eine andere Moderne. Frankfurt/M.

Beck, Ulrich (2008): Weltrisikogesellschaft. Auf der Suche nach der verlorenen Sicherheit. Frankfurt/M.

Böhle, Fritz/Weihrich, Margit (Hrsg.) (2009): Handeln unter Unsicherheit. Wiesbaden.

Comenius, Jan Amos (1978): Orbis sensualium pictus/Die sichtbare Welt. Dortmund (Reprint der Ausgabe von 1658).

Faßler, Manfred (2009): Nach der Gesellschaft. Infogene Welten – anthropologische Zukünfte. München.

Fukuyama, Francis (1992): Das Ende der Geschichte. Wo stehen wir? München.

Goldin, Claudia/Katz, Lawrence F. (2008): The Race between Education and Technology. Cambridge.

Haan, Gerhard de (1996): Die Zeit in der Pädagogik. Vermittlungen zwischen der Fülle der Welt und der Kürze des Lebens. Weinheim/Basel.

Haan, Gerhard de (2008): Ungewisse Zukunft, Kompetenzerwerb und Bildung. In: Ehrenspeck, Yvonne/Haan, Gerhard de/Thiel, Felicitas (Hrsg.): Bildung: Angebot oder Zumutung. Wiesbaden, S. 25–44.

Haan, Gerhard de (2012): Erziehung in der Wissensgesellschaft. In: Sandfuchs, Uwe u. a. (Hrsg.): Handbuch Erziehung. Bad Heilbrunn, S. 43–50.

Haan, Gerhard de/Poltermann, Andreas (2002): Bildung in der Wissensgesellschaft. In: Heinrich Böll Stiftung (Hrsg.): Gut zu Wissen. Links zur Wissensgesellschaft. Münster, S. 310–340.

Hölscher, Lucian (1999): Die Entdeckung der Zukunft. Frankfurt/M.

Kade, Joachim/Seitter, Wolfgang (2003): Jenseits des Goldstandards. Über Erziehung und Bildung unter den Bedingungen von Nicht-Wissen, Ungewissheit, Risiko und Vertrauen. In: Helsper, Werner/Hörster, Reinhard/Kade, Jochen (Hrsg.): Ungewissheit. Pädagogische Felder im Modernisierungsprozess. Weilerswist, S. 50–72.

Kant, Immanuel (1975): Über Pädagogik (Vorlesung 1776/77, veröffentlicht 1803). In: Ders.: Werke in sechs Bänden. Hrsg. v. W. Weischedel. Bd. 6. Darmstadt, S. 693–761.

Lane, Robert E. (1966): The Decline of Politics and Ideology in a Knowledgeable Society. In: American Sociological Review, 31, S. 649–662.

Litt, Theodor (1927): „Führen“ oder „Wachsenlassen“. Eine Erörterung des pädagogischen Grundproblems. Leipzig/Berlin.

Lyotard, Jean-François (1982): Das postmoderne Wissen. Ein Bericht. Bremen.

Mollenhauer, Klaus (1980): Einige erziehungswissenschaftliche Probleme im Zusammenhang der Erforschung von „Alltagswelten Jugendlicher“. In: Lenzen, Dieter (Hrsg.): Pädagogik und Alltag. Stuttgart 1980, S. 97–112.

Mollenhauer, Klaus (1981): Die Zeit in Erziehungs- und Bildungsprozessen. Annäherungen an eine bildungstheoretische Fragestellung. In: Die Deutsche Schule 73, S. 68–78.

Reich, Robert B. (1992): The Work of Nations: Preparing Ourselves for 21st Century Capitalism. New York.

Reitemeyer, Ursula (1995): Perfektibilität gegen Perfektion. Rousseaus Theorie gesellschaftlicher Praxis. Münster.

Ricken, Norbert (2006): Die Ordnung der Bildung. Beiträge zur Genealogie der Bildung. Wiesbaden.

Ritter, Joachim (1972): Fortschritt. In: Historisches Wörterbuch der Philosophie. Bd. 2. Hrsg. v. J. Ritter u. a. Darmstadt, Sp. 1032–1059.

Rosa, Hartmut (2005): Beschleunigung. Die Veränderung der Zeitstrukturen in der Moderne. Frankfurt/M.

Schleiermacher, Friedrich D. E. (1983): Pädagogische Schriften Bd. 1. Die Vorlesungen aus dem Jahre 1826. Hrsg. v. Th. Schulze/E. Weniger, Frankfurt/M./Berlin/Wien.

Stehr, Nico (1991): Wissen und Wirtschaften. Die gesellschaftlichen Grundlagen der modernen Ökonomie. Frankfurt/M.

Stehr, Nico (2000): Die Zerbrechlichkeit moderner Gesellschaften. Strategien der Macht und die Chancen des Individuums. Göttingen.

Wehling, Peter (2006): Im Schatten des Wissens? Perspektiven der Soziologie des Nichtwissens. Konstanz.

Wilke, Helmut (1998): Systematisches Wissensmanagement. Stuttgart.

Kapitel 5
Raum

Architektonischer Raum

Christian Rittelmeyer

Einleitung

Architektur aus einer anthropologischen Perspektive zu betrachten, heißt sie auf grundlegende Konstitutions- und Existenzbedingungen des Menschen zu beziehen, um die Frage nach einer anthropomorphen Gestaltung der Bauten beantworten zu können. Es heißt, den architektonisch gestalteten Raum auf die Bedürfnisse der jeweiligen Nutzer abzustimmen, ihn nicht allein nach Maßgabe technisch-funktionaler Vorgaben (Hauptnutzflächen, Energieeffizienz, Raumangebot je Schüler usw.) zu planen.

Man stelle sich die folgende – nicht erfundene – Situation möglichst anschaulich vor: Ein Architekt erhält den Auftrag, ein Grundschulgebäude zu planen. Die zuständige Baubehörde hat dafür einen ersten Vorschlag skizziert: Zwei parallel angeordnete rechteckige und zweistöckige kastenartige Bauten. Der Raum dazwischen soll als Schulhof dienen, er wird von einer Seite her durch einen Hauptzugang erschlossen. – Der Baumeister sitzt unzufrieden vor der Zeichnung und stellt fest, dass die Anlage langweilig und unlebendig wirkt, auch sei der freie Raum zwischen den beiden Blöcken eher ein Durchgang als ein umhüllend und schützend wirkendes Umfeld. Er zeichnet die Baukörper-Grundrisse nun, als wären sie in der Mitte auseinander gezogen, so dass sichelförmige Formen entstehen: Der zwischen ihnen liegende Schulhof erhält jetzt eine gestreckte elliptische Form. Das gebe, so stellt er fest, den Kindern weitaus eher ein Heimat- und Schutzgefühl. Aber gibt es ihnen auch das richtige Raumgefühl? Er verschiebt die Zeichnungen beider Baukörper ein wenig, und zwar gegenläufig, so dass an jeder Schmalseite ein leicht vorragender Bau entsteht. Das, so betont er, gibt ein Gefühl für Rechts und Links und damit für die eigene Person im Raum. Vom Hauptzugang her gesehen, weicht die rechte Flügelfront etwas zurück. Die Dachformen der beiden Teile werden nun nach den Außenseiten hin abgesenkt, so dass dort einstöckig Klassenzimmer und andere Nutzräume ihre Fensterfronten haben, zum Innenhof steigen die Dächer an, wodurch Raum für einige kleine Atelierräume im ersten Stock geschaffen wird, davor entsteht auf jeder Seite auch eine Teilüberdachung des Schulhofs. In diesem soll ein kleines elliptisches Amphitheater durch Absenkung eines Areals über drei Stufen entstehen, auf denen die Kinder in der Pause sitzen können. Sie sind dabei einander zugewendet – durch die soziopetale Anordnung wird im Schulhof nochmals eine architektonische Rhetorik der Gemeinschaftsbildung entfaltet.

Vergleicht man diese Baukonstellation mit den ursprünglich geplanten beiden Kastenbauten, dürfte unmittelbar deutlich werden, wie verschiedenartig das Raumempfinden, aber auch das soziale Verhalten der Kinder durch solche Baumilieus angeregt wird. Wir beobachten in dieser Situation einen der seltenen Fälle, in denen sich Architekten von Bauten mit pädagogischer Zwecksetzung *anthropologisch orientierte* Gedanken machen: Was geschieht mit dem Raumempfinden der Heranwachsenden in diesem oder jenem Baumilieu? Wie verhält sich die Gebäudeform zur Körperlichkeit der Nutzer? Welche Sinnestätigkeiten werden durch diese oder jene Form angeregt, und welche Botschaften der Architektur werden dadurch generiert?

Qualitätskriterien

Als wichtige Kriterien einer solchen menschengemäßen Gebäudegestaltung haben sich *für Schulbauten* neben anderen Qualitätsmerkmalen der *Abwechslungsreichtum* (wie im erwähnten Entwurf des Architekten) statt Monotonie (Behördenvorschlag), ferner eine *freilassende* statt bedrängende und eine *eher warm* als kalt wirkende Raumanmutung erwiesen. Diese Qualitätskriterien, die freilich in unterschiedlichsten Gestaltungsformen ihren Ausdruck finden können, haben sich in den letzten Jahrzehnten als relativ konstant erwiesen – vermutlich, weil sie elementare Kriterien der zwischenmenschlichen Kommunikation betreffen, die sich im Bauausdruck objektivieren und in dieser symbolischen Ausdrucksgestalt Sympathie auslösen: Abwechslungsreich und freilassend wirkende Gesprächspartner sind uns lieber als langweilig und bedrängend anmutende, kalt wirkende Menschen erzeugen eher Antipathie als Gesprächspartner, die eine gewisse Wärme oder Zuwendung in ihrem Verhalten zum Ausdruck bringen. Möglicherweise sind solche Bedürfnisse in einem höheren Ausmaß ubiquitär, als es die Historische Anthropologie nahe legen möchte. Ebenso bedenkenswert ist aber auch, dass der offensichtliche Wandel im Schulbau und allgemeiner in der Architektur überhaupt zum Ausdruck bringt, dass sich historisch und kulturell variierende mentale Signaturen in den Bauten mehr oder minder authentisch artikulieren (vgl. die exemplarische Rekonstruktion des andersartigen Architekturempfindens wie auch Sehbegriffs in der griechischen Antike bei Rittelmeyer/Klünker 2005, Kap. 1, S. 19 f.; Kap. 6). Warum ist es wichtig, sich über solche Gestaltungsfragen des Schulbaus Gedanken zu machen?

Beurteilungsaspekte des architektonischen Raumes

In den letzten Jahren sind zahlreiche empirische Studien zur Wirkung konkreter Gestaltungselemente auf Schülerinnen und Schüler durchgeführt worden. Kindergärten und andere pädagogische Institutionen wurden hingegen in dieser Hinsicht bisher eher selten untersucht. Eine umfangreiche internationale Forschungsliteratur lässt inzwischen den Schluss zu, dass die jeweilige Gestaltung von Schulbauten erhebliche Auswirkungen auf das Lernverhalten, auf die Lernleistungen, auf die Aggressionsbereitschaft und auf die Krankheitsanfälligkeit Heranwachsender hat (Rittelmeyer 2009). Den Bauformen und Farben der Schulanlagen, dem Dekor, Mobiliar und der Schulhofgestaltung muss daher die gleiche Aufmerksamkeit geschenkt werden wie der Qualität der Lehre und Lehrpläne. Die neuere erziehungswissenschaftliche und psychologische Schulbau-Theorie sieht in einer auch nach pädagogischen Gesichtspunkten gestalteten Schullandschaft ausdrücklich einen wesentlichen Bestandteil der Qualitätssicherung in Schulen (z. B. Walden 2009; Washor 2003; Watschinger/Kühebacher 2007). Um jedoch menschengemäße Bauten mit pädagogischer Nutzung planen zu können, bedarf es einer komplexen Analyse des Bau-Milieus. Es sind dabei mindestens die folgenden sieben Gesichtspunkte zu beachten, die von Nutzern – zumeist unbewusst – immer wieder thematisiert werden, und zwar im Hinblick auf ihre Sympathien oder Antipathien gegen bestimmte Bauformen (ausführlich dazu Rittelmeyer 2012). Diese Beurteilungs-Aspekte sollen hier mit Blick auf *Schulbauten* erwähnt werden.

Die – wie sie von amerikanischen Kritikern häufig genannt werden – „school boxes" des einleitend genannten Behördenvorschlags werden von Nutzern häufig als langweilig, starr, unlebendig und *unzeitgemäß* beschrieben. Mit der letzten Bezeichnung wird der *historische Aspekt* der Bauform angesprochen: Ist sie in einem tieferen – nicht nur modischen – Verständnis zeitgemäß? Welche verborgenen Botschaften vermitteln Bauten aus verschiedenen Zeiträumen? Ein zweiter wichtiger Betrachtungsaspekt bezieht sich auf die Frage, ob Bauten schön oder hässlich wirken: Damit wird der *ästhetische Aspekt* betont.

Der eben erwähnte Architekt versuchte beispielsweise, die einander gegenüberliegenden Dachkanten über dem Innenhof nicht nur – wie große Teile des Gebäudes – aus Sichtholz zu gestalten, er gab der Lineatur auch eine Bogenform (von außen zur Mitte aufschwingend, dann abschwingend), so dass eine das *Bewegungsempfinden* anregende, sehr lebendig wirkende Baugestalt entstand (dazu auch Leyk 2010). Das sind Elemente, die in der Regel zum Eindruck einer ästhetisch ansprechenden Architektur beitragen.

Und weiterhin: Wenn der Behördenentwurf von dem Architekten als unlebendig, von den Nutzern sicher auch als starr, langweilig, abweisend bezeichnet wird bzw. würde, ist der *soziale Aspekt* thematisiert: Bauten werden wie soziale Gesten erlebt, sie erscheinen beschwingt, lebendig, freundlich, brutal, lustig, charakterlos usw. Der *regionale Aspekt* wird häufig betont, wenn ein Gebäude nicht in seine Umgebung zu passen scheint und indirekt auch, wenn in bestimmten Bauten in zeitgemäßen Formen regionale Traditionen zitiert werden – so die Stabkirchen-Architektur in der Waldorfschule Stavanger in Norwegen oder das Aufgreifen japanischer Bau- und Ornamenttraditionen in der Eishin High School bei Tokio, die Präsentation kunstgewerblicher Traditionen Baschkortostans (Russland) in den dortigen Innenraum-Interieurs oder die – gelegentlich leuchtend ornamentierten – Lehm- und Rundbauformen in ländlichen Grundschulen Südafrikas (vgl. Kroner 1994). So hat der eingangs erwähnte Architekt sich in seinem Entwurf ausdrücklich auf Gestaltungsformen bezogen, die in umliegenden Bauernhöfen zu finden waren – die aber von ihm in transformierter Gestalt zitiert und einem internationalistischen Schachtelbaustil entgegengesetzt wurden.

Der *funktional-technische* Aspekt bezieht sich auf die Qualität des Baumaterials und der technischen Ausstattung (Belichtung, Belüftung, technisches Inventar, Qualität des Mensaessens, ergonomische Qualität der Schulmöbel usw.). Der *Aspekt der Raumwidmung* betont die je besonderen architektonischen Anforderungen z. B. an Gemeinschaftsräume, naturwissenschaftliche Lernräume oder Klassenzimmer, Schulhöfe und Bibliotheken. So wird z. B. von Schülern immer wieder betont, dass sie in naturwissenschaftlichen Räumen eher kühl wirkende Farben akzeptieren, die ihnen in Klassenräumen unsympathisch erscheinen würden. Die Farbgebung ist daher je nach Raumwidmung unterschiedlich zu bewerten. Auch für dieses Widmungs-Kriterium bietet die Idee des schützenden Begegnungsraums im Innenhof der erwähnten Grundschule ein gutes Beispiel: Er zeigt in seiner Gestaltung die Widmung für eine Begegnung der Schüler in den Unterrichtspausen.

Schließlich ist als siebter Aspekt der *anthropologisch-ästhesiologische* zu nennen, den ich gleich genauer besprechen werde. Real sind mit Blick auf konkrete Schulbauten zwar alle sieben Aspekte immer mehr oder minder deutlich miteinander verwoben, keiner lässt sich ohne den anderen sinnvoll erörtern, aber aus Gründen einer analytischen Betrachtung dieser komplexen Schulbauwirklichkeit scheint es mir sinnvoll zu sein, auch den anthropologisch-ästhesiologischen hier gesondert aufzuführen und aus einer bestimmten Perspektive exemplarisch genauer zu betrachten.

Anthropologisch-ästhetischer Aspekt

Die Forschungen in den letzten Jahren zeigen deutlich, dass die Wahrnehmung des jeweiligen Baumilieus nicht bloß *visuell und kognitiv* erfolgt. Unser *gesamtes sinnlich vermitteltes Leibempfinden* spielt bei der Architekturwahrnehmung eine erhebliche Rolle. Wir *sehen* Raumformen und -farben, *tasten* Türklinken und Tischoberflächen, *riechen* Bau- und Farbmaterialien, *hören* den Raumklang, *spüren* die Wärme oder Kälte von Holz- und Stahlmaterialien, *schmecken* das Mensaessen usw. Das ist in der Architekturtheorie häufiger und gelegentlich auch in pädagogischen Publikationen beschrieben worden. Viel zu wenig wurde jedoch in der bisherigen Forschung darauf geachtet, dass über diese Sinnesbereiche hinaus auch unser *Gleichgewichtsempfinden* (vestibulärer Sinn), unser *Eigenbewegungsempfinden* (kinästhetischer Sinn) und verschiedene Sinnesrezeptoren für die *Wahrnehmung unserer Körperfunktionen* (somatoviscerale Sinne, im folgenden Lebensfunktionssinne genannt) an der Architektur-Wahrnehmung beteiligt sind. Wir bewahren unseren aufrechten Gang mehr oder minder sicher in verschiedenen (waagerecht, senkrecht oder schräg konturierten) Raumarrangements; unsere Blicke gleiten über Fassaden, wir durchlaufen gewisse muskuläre Spannungs- und Entspannungsprozesse bei der Betrachtung von Architektur. Unsere Atem- und Herztätigkeit scheint mindestens durch bestimmte architektonische Umgebungskonstellationen beeinflusst zu werden. Zwar wurde, wie erwähnt, auf die Beteiligung des gesamten Leibes am Architektur-Erleben mitunter hingewiesen, aber solche Hinweise blieben bisher weitgehend spekulativ. Nur sehr vereinzelt wurde auf diesem Sektor auch empirisch geforscht. Die Wahrnehmung der Schularchitektur z. B. als „belebend", „starr", „dynamisch" oder „freilassend", also das Erleben ihrer auch symbolisch-sozialen Ausdrucksgestalt, scheint indessen durch die Aktivierung der zuletzt genannten Sinne wesentlich mitbestimmt zu werden. Verschiedene Bauformen scheinen diese Sinne in einer jeweils besonderen Weise anzusprechen und anzuregen, so dass die jeweilige sensorische Komposition auch den Gebäudeeindruck spezifisch mitbestimmt.

Synästhesie

Wenn wir z. B. von der erlebten Starre oder Dynamik eines Gebäudes sprechen, dann liegt dem nicht nur eine rein intellektuelle Deutung zugrunde, sondern ein reales Zusammenspiel von visueller Objektwahrnehmung und der Sensomotorik unseres Bewegungsempfindens und anderer Sinnesmodalitäten. Mit der visuellen Außenwahrnehmung korrespondiert also die Wahrnehmung über weitere Sinne, die zum Teil auf den eigenen Körper gerichtet sind – z. B. Temperatur-, Gleichgewichts- oder Spannungsempfindungen. Der Katalog identifizierbarer Sinne ist wesentlich umfangreicher als die klassischen fünf Sinne. Eine phänomenologisch begründete Systematik, in der oben die eher nach außen gerichteten und nach unten hin die auf die Wahrnehmung des eigenen Körpers gerichteten Sinne aufgeführt sind, könnte z. B. so aussehen:

- Sehsinn
- Hörsinn
- Riechsinn
- Geschmackssinn
- Temperatursinn
- Gleichgewichtssinn
- Eigenbewegungssinn
- Lebensfunktionssinn
- Tastsinn

Es mag an diesem Katalog erstaunen, dass der nach landläufiger Meinung nach außen gerichtete *Tastsinn* hier als „innengerichteter" Sinn bezeichnet wird. Tatsächlich ist aber das Tastgefühl als solches nur eine Hautsensation. Wenn wir beispielsweise eine Türklinke greifen, ist die Tastempfindung immer schon eine Synästhesie aus einem Temperatureindruck (die Klinke ist eher warm oder eher kühl), von Eigenbewegungs- und Gleichgewichtsempfinden (wir lokalisieren sie wie unsere Handbewegung im Raum als „vorn", „oben", „niedrig" usw.) und möglicherweise dem System von Lebensfunktionssinnen (die Klinke fühlt sich angenehm an, sie erzeugt bei der Betätigung ein gutes Gefühl). Erst dieses Zusammenspiel nach innen, auf die eigene Leiblichkeit, und nach außen, auf die Umgebung gerichteter Sinne führt zu einer sympathischen oder antipathischen Einstufung der gesehenen Architektur. Wie hier, so gibt es generell bei der Wahrnehmung niemals ein isoliertes Fungieren nur eines Sinnes.

Wenn von manchen Kulturtheoretikern von einer Dominanz des Sehsinns in der europäischen Moderne gesprochen wird, so mag das für dessen Thematisierung gelten, gewiss jedoch nicht für seine tatsächliche, immer synästhetisch konfigurierte Aktivität.

Jede Wahrnehmung eines *Gebäudes* ist also zugleich immer auch eine des *eigenen Körpers*. Indem wir eine Wendeltreppe hinauf- oder hinabgehen, spüren wir über Sensoren an Muskeln, Sehnen und Gelenken die besonderen Bewegungscharakteristika der Beine und Arme, das Wenden des Kopfes usw. Aber selbst bei ruhigem Stehen oder Sitzen sind unsere Augen in Bewegung, in der Regel, ohne dass wir dies bemerken (ausführlich dazu: Rittelmeyer 1994). Ein Schüler mag z. B. relativ ruhig auf dem Schulhof stehen oder im Klassenzimmer sitzen und auf die Schulfassade oder auf die Tafelwand blicken. Dieser „Blick" umfasst allerdings immer nur ein relativ kleines Detail des Baukörpers, der auf der Netzhaut im Auge scharf abgebildet wird – er muss daher fortwährend explorierend hin- und her-, auf- und abgleiten, um die ganze Fassade oder einen Fassadenteil, eine Wandtafel oder Klassenwand erkennen zu können. Dabei entstehen je nach Gebäudeform unterschiedliche Bewegungsmuster, die – so legen empirische Untersuchungen nahe – der Eigenbewegungssinn registriert und mit dem optischen Eindruck zu einer Einheit verbindet. Diese Synästhesie ist dann für den Eindruck der Baudynamik mitbestimmend (also beispielsweise für das Erleben einer „lebendigen", „bewegten", „starren", „aufschwingenden" oder „abwechslungsreichen" Bauform).

Weitere Beispiele für solche multimodalen Wahrnehmungen konnten Forschungen liefern, denen zufolge verschiedene Klassenraum-Beleuchtungen oder Farbgebungen in Arbeitsräumen den Hormonhaushalt von Schülern verändern, was mit einem eher gedrückten oder fröhlichen Selbstgefühl einhergeht. Diese Veränderungen sind immer Folgen einer Wechselwirkung zwischen äußerem Milieu und spezifischer, auch biographisch motivierter Wahrnehmungsaktivität des einzelnen Schülers. Nach Schülermeinung angenehm oder unangenehm wirkende Schulhöfe verändern systematisch die Herzfrequenzvariabilität und damit verbunden das Gesundheits- oder Belastungsgefühl, oder „kalte" bzw. „warme" Farbgebungen provozieren bei manchen Betrachtern eine Absenkung oder Erhöhung der Hauttemperatur. So verbindet sich der visuelle Objekteindruck immer mit (zumeist unbewussten) Empfindungen des eigenen Leibes. Das Objekt in seiner wahrgenommenen Rhetorik wird demnach *synästhetisch* konfiguriert. Die erlebte „Sprache der Architektur" ist insofern tatsächlich immer *auch* Resultat eigenleiblicher Erfahrungen beim Betrachten oder bei der aktiven Nutzung von Schulgebäuden. Die Architekturwahrnehmung ist deswegen von der gesamten Leiblichkeit des Menschen her zu interpretieren, insbesondere bedarf es einer genaueren Analyse des Zusammenspiels verschiedener Sinnesqualitäten, über die wir das architektonische Milieu *aktiv* erschließen. Am Beispiel der erwähnten Wirkung von Farbgebungen auf unser Temperaturempfinden soll dieser Sachverhalt noch etwas vertieft und aus einer bestimmten anthropologischen Perspektive interpretiert werden.

Es ist nach bisherigem wissenschaftlichen Erkenntnisstand nicht davon auszugehen, dass die Farben und Bauformen unmittelbar auf die Hauttemperatur Einfluss nehmen. Diese erhöht oder erniedrigt sich vielmehr durch eine angeregte oder abgedämpfte *Gefäßtätigkeit* beispielsweise in der Brustregion des Oberkörpers. Also muss man davon ausgehen, dass zunächst ein visuelles Signal, der Farb- oder Gebäudeeindruck, in das Gehirn gelangt. Von hier muss jedoch ein *Impuls in die Peripherie* der Brustregion erfolgen, der dort die Gefäßtätigkeit anregt oder abdämpft. Die damit entstehende gesteigerte oder erniedrigte Körpertemperatur wird durch Temperaturrezeptoren wieder in das Gehirn zurückgemeldet, verschmilzt hier gewissermaßen mit dem visuellen Außeneindruck, so dass unser Urteil „kalte" oder „warme" Farbe schon eine *Synästhesie,* ein sinnliches Zusammenwirken von optischem und Temperatur-Sinn ist.

Aber wie soll man erklären, dass der Eindruck von warm oder kalt wirkenden Formen und Farben nicht bloß zentralnervös registriert, sondern im eigenen Körper nochmals erzeugt oder verstärkt wird? – Wäre die Fassaden-Wahrnehmung ein reiner Gehirnvorgang, so würde man wohl völlig gleichgültig auf solche Phänomene blicken – ohne Sympathien und Antipathien, ohne bewertende, unsere Wahrnehmung akzentuierende Urteile. Erst dadurch, dass unser Körper sich – wenn auch minimal – erwärmt oder abkühlt, fangen wir an, dieses Objekt zu *bewerten* („Diese Farbe wirkt auf mich zu kühl"; „Der rotgelbe Raum lässt mich nicht mehr frei atmen, er bedrängt mich mit seinen überhitzten Farben"). Wir beziehen Stellung, *urteilen* und demonstrieren damit für die wissenschaftliche Beobachtung, wie eng die *sinnlichen Aktivitäten unseres Körpers* mit *kognitiven* Leistungen des alltäglichen Lebens zusammenhängen, ja deren Objekte als *Urteilsgegenstände* erst *konstituieren.* Der Körper fungiert wie der Resonanzboden einer Violine, die eine Saitenschwingung zum *Klang* werden lässt – vergleichbar dem geistig-seelischen Engagement und Anteilnehmen an den Phänomenen unserer Welt.

Schluss

Bauten wie z. B. Kindergärten oder Schulen sind also komplexe Sinnesmilieus, und je nach den sowohl durch die Architektur als auch durch die eigenen Vorerfahrungen und

Suchbewegungen, kulturellen Orientierungen und mentalen Habitus aktivierten Sinnesspektren erhalten konkrete Bauten *eine je bestimmte* soziale, historische und anthropologisch-ästhesiologische Anmutungsqualität. Es ist eine Aufgabe zukünftiger Forschung, diese komplexen Erfahrungsfelder, d. h. Sinnes- und damit Bildungslandschaften genauer und interdisziplinär aufzuklären (Böhme 2009). Dabei sind sowohl historische Baulektüren als auch anthropologische Muster zu untersuchen, die ihre kulturtypischen Ausprägungen erhalten, aber als solche ebenso universale Merkmale des menschlichen Zur-Welt-Seins sein könnten.

Es ist zwar ein gut begründetes Anliegen der Historischen Anthropologie, menschliches Handeln und Verhalten in seinen historisch-kulturellen Artikulationsformen zu beschreiben und zu verstehen. Aber man muss aufpassen, dass dieser – durchaus zeittypische – Diskurs nicht zum Dirigenten einer Wirklichkeitslektüre wird, die das mögliche Gemeinsame der Menschen verschiedener Kulturen und Epochen aus dem Blick verliert. Diese doppelte Blickrichtung in zukünftigen Forschungen zum architektonischen Raum zu erproben, legt gerade eine auch biologisch aufgeklärte ästhesiologische Methodologie der eben erwähnten Art nahe.

Literatur

Böhme, Jeanette (Hrsg.) (2009): Schularchitektur im interdisziplinären Diskurs: Territorialisierungskrise und Gestaltungsperspektiven des schulischen Bildungsraums. Wiesbaden.

Kroner, Walter (1994): Architektur für Kinder. Stuttgart.

Leyk, Manja (2010): Von mir aus … Bewegter Leib – Flüchtiger Raum: Studie über den architektonischen Bewegungsraum. Würzburg.

Rittelmeyer, Christian (1994): Schulbauten positiv gestalten. Wie Schüler Farben und Formen erleben. Wiesbaden.

Rittelmeyer, Christian (2009): Schule als gestalteter Raum: Schularchitektur. In: Hellekamps, Stephanie/Plöger, Wilfried/Wittenbruch, Wilhelm (Hrsg.): Handbuch der Erziehungswissenschaft. Band II: Schule/Erwachsenenbildung/Weiterbildung. Paderborn, S. 505–511.

Rittelmeyer, Christian (2012): Einführung in die Gestaltung von Schulbauten. Frammersbach.

Rittelmeyer, Christian/Klünker, Heike (2005): Lesen in der Bilderschrift der Empfindungen. Erziehung und Bildung in der klassischen griechischen Antike. Stuttgart.

Walden, Rotraut (Hrsg.) (2009): Schools for the Future. Design Proposals from Architectural Psychology. Göttingen.

Washor, Elliot (2003): Translating Innovative Pedagogical Designs Into School Facilities Design. Dissertation Johnson & Wales University. Providence (Rhode Island).

Watschinger, Josef/Kühebacher, Josef (Hrsg.) (2007): Schularchitektur und neue Lernkultur. Bern.

Körperlicher Raum

Helga Peskoller

Wenn das Folgende seinen Ausgang in der Annahme nimmt, dass der erste Raum, den wir zu bewohnen und in Gebrauch zu nehmen lernen, der eigene Leib und Körper ist, der sich von Anfang an in einem zweiten vorfindet und zeitlebens auf andere Körper wie Räume bezogen bleibt, sind die Weichen für eine Betrachtung gestellt, die der *Räumlichkeit des Körpers* und der *Körperlichkeit des Raums* Aufmerksamkeit schenkt, was zugleich bedeutet, dass an die Stelle des absoluten Raums gelebte Räume und anstelle von toten *lebendige Körper* treten, die atmen, sich bewegen und berühren, empfinden, spüren, fühlen und auch erinnern. Wird das Phänomen des räumlichen Körpers und des körperlichen Raums in seiner *Verschränkung* als eine Frage nach der *menschlichen Selbstverortung* im Spannungsfeld zwischen Natur und Kultur skizziert, könnte sich rasch zeigen, dass die Natur der Kultur keine eindeutige und klare Lektion, sondern nur *komplexe Lehren* erteilt (vgl. Morin 1996, S. 24) und dass eine Definition von Begriffen nach dem Bild fester Körper mit harten, unterscheidbaren Rändern unmöglich wird (vgl. Bergson 1939, S. 1 f.).

Die Sprachgeschichte des Wortes Raum meint etwas, das enger, begrenzt und als *Hohlraum* vorstellbar von Anfang an auf ein darin wohnendes menschliches Leben bezogen, aber nicht immer schon vorhanden ist, sondern geschaffen werden muss, weshalb das Grimm'sche Wörterbuch als ursprüngliche Bedeutung des Verbums *räumen* eine Lichtung im Wald durch Urbarmachung oder Ansiedlung verzeichnet.

Raum lässt sich nicht ohne die Zeit denken, und die Gegenwart, welche Vergangenheit und Zukunft trennt, kann mit Hilfe der *Aufmerksamkeit* ihre trennende Funktion überwinden, indem eine *qualitative Dauer* erzeugt wird, die das Vorrücken des Zeitpfeils aufzuhalten imstande ist, wodurch ein Tröpfchen Ewigkeit einströmen und ein *qualitativer Raum* sich bilden kann (vgl. zur Lippe 1997, S. 171).

Im Gegensatz dazu ist der *mathematische Raum* durch Gleichförmigkeit und Homogenität bestimmt. Es gibt keine bevorzugte Richtung, jeder Punkt kann willkürlich zu einem Koordinatenmittelpunkt gemacht werden und den ihn erfüllenden Dingen steht dieser ohne innere Gliederung bis ins Unendliche sich erstreckende euklidische Raum gleichgültig gegenüber. Der Raum der Physik existiert wiederum als grundlegendes Ordnungsmodell und geht davon aus, dass den Raum in der menschlichen Erfahrung drei Dimensionen – Höhe, Breite und Tiefe bzw. Abstand, Richtung und Höhe – bestimmen, weshalb sich alle Objekte ausdehnen und alle physikalischen Vorgänge sich darin abspielen können. Dahinter steht die Vorstellung eines Raums als Behälter für Materie und Felder, die zurück führt auf das von Isaac Newton (1643–1727) formulierte Konzept des *absoluten Raums* als homogener, unendlicher Behälter ohne jede Beziehung zu etwas außer ihm, immer gleich, unbeweglich und von der Realität anderer Körper unberührt.

Ein Ausweg aus dieser herrschenden Raumvorstellung der modernen Naturwissenschaft ist bereits im vierten Buch der „Physik" von Aristoteles (384–322 v. Chr.) enthalten, indem alles von Natur aus seinen *angestammten Ort* hat, nach seinen „Arten" in Oben und Unten, Vorn und Hinten, Rechts und Links *gegliedert* ist, über eine *eigene Kraft* und eine *Grenze* umfassender Körper verfügt, die wie eine Haut sich von außen her um die Dinge schmiegt. Hier drängt sich das Bild eines *auszufüllenden Hohlraums* ähnlich einem Gefäß und damit die Vorstellung eines notwendig *endlichen* Raums auf, und wenn sich nichts mehr um diesen Hohlraum legen lässt, weil er selbst – wie nach dem Ptolemäischen Weltbild der Antike das als kristalline Schale vorgestellte Himmelsgewölbe – bereits die äußerste Grenze ist, dann verlieren darüber hinausreichende Fragen ihren Sinn (vgl. Bollnow 1960).

Das ändert sich im Zeitalter der Entdeckungen mit Beginn der Neuzeit grundlegend und löst ein berauschendes Gefühl aus, in das sich bald Angst und Unsicherheit mischt. Denn die neue Weite *relativiert* das alte räumliche Ordnungsgefüge und nimmt den sicheren Halt eines Raumbewusstseins, für das der eigene Lebensraum als *Mittelpunkt* der Welt galt. Nicht weniger tiefgreifend wirkt sich die Veränderung des Koordinatensystems durch Kopernikus' (1473–1543) Entdeckung im Himmelsraum aus, wodurch beides gesteigert wird, der Rausch der *Unendlichkeit* und die Angst vor der *Leere.* In Blaise Pascals (1623–1662) *Pensées* als Lehre von der Größe und dem Elend des Menschen wird die Verlorenheit im Schweigen der unendlichen Räume mit Schaudern empfunden. Wobei dieses Schweigen nicht nur eine akustische, sondern auch eine visuelle Erfahrung darstellt, weil aufgrund der begrenzten Reichweite der Sinne kein *Horizont* mehr zu erblicken ist, obgleich er lockt und die Menschen vorwärts zieht, aber selbst Ausdruck für ihre Endlichkeit bleibt.

Berge sind paradigmatische Orte dieser paradoxen Erfahrung des Horizonts und *vermitteln* zwischen irdischem und himmlischem Raum. Ihr Schweigen löst weniger ein Schaudern denn Staunen aus und historisch betrachtet setzt ihre Erkundung noch vor den Entdeckungsreisen auf den Ozeanen oder den Pilgerfahrten durch Europa ein. Als einen der ersten zog es Francesco Petrarca (1304–1374) aus freien Stücken und Neugier auf den 1 912 Meter hohen Mont Ventoux in der französischen Provence, und als er oben ankam, war er nach eigenem Bericht vom Ausblick und „freiem Schauspiel" derart überwältigt und ergriffen, dass er nach der Lektüre der *Confessiones* des Augustinus (354–430) schweigend zurückkehrte ins Tal. Zeitgleich mit Kolumbus bricht 1492 unter Karl VIII. Antoine de Ville (1450–1504) in Frankreich zum 2 087 Meter hohen Mont Aiguilles in der Dauphine auf, aber das war keine Wanderung mehr, sondern bereits schwierige Kletterei und die Ankunft oben hielten die Hofschreiber unten fest. Das Wort *Bergsteigen* taucht 1575 in einer Reisebeschreibung von Jakob Rebus erstmals auf und mit der Erfindung des Barometers durch Evangelista Torricelli (1608–1647) ordnet sich das Wissen um die Höhe neu. Spätestens seit Horace-Bénédict de Saussures (1740–1799) Zweitbesteigung des Mont Blanc (4 810 m) im Jahre 1787 mit seinen physikalischen Messversuchen und medizinischen Beobachtungen wegen der Höhenunverträglichkeit werden die existentielle Gebundenheit der Menschen in ihrem Raum und dessen Einfluss auf das *menschliche Erleben* augenfällig.

Die Kulturgeschichte der Höhe (vgl. Peskoller 1999) gibt einen Eindruck der Wirkung des *Wechsels* von der horizontalen Ebene in die vertikale Achse auf die Wahrnehmung, das Empfinden des menschlichen Körpers und darüber, dass mit der Höhe die *Tiefe* wächst, *Horizont und Perspektive* wechselseitig aufeinander bezogen sind, das naturwissenschaftliche Interesse am Menschen zunimmt und es auf die *Tätigkeit* ankommt. Ohne voran zu schreiten, zu steigen und zu klettern können Berge nicht bewältigt werden, wobei die Anziehungskraft der Erde die Wirkung der *Schwerkraft* auf die aufsteigenden Körper verstärkt und dadurch die Gefahr zu fallen ebenso erhöht wie die Aufmerksamkeit, was zur Intensivierung des Gefühls beiträgt, nicht schon losgelöst, sondern immer noch in dieser Welt zu sein. Die Bergerfahrung gestaltet sich zu einer *Gegenerfahrung*, bei der die Menschen nicht, wie später durch die Luftfahrt, aus der irdischen Verankerung gerissen, sondern wegen der Schwerkraft und Unverträglichkeit der Höhe an die Begrenztheit und Endlichkeit ihrer eigenen Räumlichkeit erinnert werden. Sie spannt sich über die Wirbelsäule und den aufrechten Gang vertikal wie bei den Bergen auf und bildet in Verbindung mit der Horizontalen das einfache Grundgerüst der *Orientierung*.

Diese Orientierung bezieht sich auf den Außen- und auf den Innenraum, der den des eigenen Körpers mit einschließt. Ohne auf die damit verbundene Frage nach der *Bewegung* (vgl. Westphal in diesem Band) oder auf die *Leib-Körper-Debatte* genauer eingehen zu können, sei festgehalten, dass die leibliche Dimension unserer Existenz – im Unterschied zum Körper als eine von außen sichtbare raumzeitliche Einheit – nicht zum Repertoire des Beobachtbaren gehört und daher weniger in erkenntnistheoretischer als in ethischer und sozialer Hinsicht bedeutsam ist (vgl. Meyer-Drawe 2010, S. 217; 2001). Neuere Ansätze im Anschluss an Wittgenstein messen dem Körper mehr Gewicht bei (vgl. u. a. Kamper/Wulf 1989; Hager 1996; Shusterman 2005; Suthor/Fischer-Lichte 2006) und insgesamt wird von der Differenz Leib/Körper noch zu wenig Gebrauch gemacht. Fokussiert auf den räumlichen Aspekt, sollen nun drei der gängigen Leib-/Körpertheorien exemplarisch rekonstruiert werden.

Maurice Merleau-Ponty (1908–1961) bestimmt den vorgängigen Horizont menschlichen Daseins durch den das Bewusstsein tragenden Leib und den diesen umgebenden Raum. Ausgegangen wird – im Gegensatz zu den klassischen Positionen von Descartes und Kant – von den jeweils konkreten *Erfahrungen* der uns umgebenden wirklichen, nicht länger nur vorgestellten Gegenstände. Das wertet die *Sinne* als „Medium" (Merleau-Ponty 1994, S. 51) auf und macht den Leib zum „Durchgangsort" (Merleau-Ponty 1966, S. 175) unserer Weltbezüge, die aufgrund der Bindung an ihn gleichermaßen wirklich und unbewusst sind (vgl. Merleau-Ponty 1994, S. 233). Seine Phänomenologie nimmt ihren Anfang in der Dichte lebendiger *Selbstempfindungen* (vgl. Merleau-Ponty 1966, S. 118) – mit dem berühmten Handexperiment als Urstelle (vgl. Husserl 1952, S. 145) – und verweist auf das Doppelverhältnis, diese Welt zu empfangen und zu übernehmen als auch zu gestalten und zu verändern (vgl. Merleau-Ponty 1966, S. 158). Der Leib bevölkert als beseelter Körper den Raum (vgl. Merleau-Ponty 2000, S. 47), bietet sich somit qualitativ dar, indem er als das ausgedehnte *Zwischen* das Innen und Außen trennend verbindet (vgl. Waldenfels 1994, S. 69) und die Begegnung mit den Dingen einleitet. Dadurch entsteht jener volle Raum, der im „Raumniveau" – ein von Max Wertheimer (1880–1943) geprägter und bei Merleau-Ponty verwendeter Begriff (vgl. Merleau-Ponty 1966, S. 290) – beide *Lagen*, die des herkömmlichen Raums und die des leiblichen Koordinatensystems, verbindet und dadurch ermöglicht, zum „natürlichen Feld" (ebd., S. 7) unserer Wahrnehmung und Gedanken zurückzukehren, in welchem wir als Welt, dem „Horizont aller Horizonte" (ebd., S. 381), unhintergehbar „wohnen" (ebd., S. 169).

Wohnen (*habiter*) als Schlüsselwort bezeichnet bei Merleau-Ponty das Verhältnis zur Welt und zum Leben, spielt bereits bei Gaston Bachelard (1884–1962) und später bei Otto Friedrich Bollnow (1903–1991) eine wichtige Rolle, wenn es heißt, dass die „Räumlichkeit des Menschen im ganzen als Wohnen verstanden wird" (Bollnow 1963, S. 277). In Anlehnung an Graf Dürckheim (1896–1988) entfaltet Bollnow den Begriff des gelebten bzw. *erlebten Raums* und meint damit „nichts Seelisches, nichts bloß Erlebtes oder Vorgestelltes oder gar Eingebildetes, sondern etwas Wirkliches: der wirkliche konkrete Raum, in dem sich unser Leben abspielt" (ebd., S. 19). Der erlebte Raum ist nichts bloß Subjektives und seine innere Gliederung ergibt sich auch nicht – wie beim mathematischen Raum – durch die Reduktion auf ein reines Verstandessubjekt, sondern sie ist das Ergebnis konkreter Lebensbezüge, die an Verhältnisse und das Verhalten im Raum gekoppelt sind (vgl. ebd., S. 22 f.). An Beispielen wie dem Wald oder Nebel wird die Zwischenstellung des Menschen herausgehoben, der, zwischen Innen und Außen an einen engen Raum ohne feste Grenzen oder dominante Richtung gebunden, leicht die Orientierung verliert und weshalb die Frage nach der räumlichen Verfassung des menschlichen Lebens auf sein innerstes Wesen trifft (vgl. ebd., S. 310).

Bernhard Waldenfels, der seine Philosophie des Antwortens in den Spuren Husserls, Merleau-Pontys und Lévinas' entwickelt, geht auch von der Frage des Wohnens und der Orientierung aus, aber beschreitet – unter Berücksichtigung von Descartes, Kant und im Anschluss an Nietzsche und Heidegger – einen anderen Weg. Er setzt im *Hier* an, d. h. jeweils an dem Ort, wo alles seinen Ausgang nimmt. Dahinter steht das Verständnis vom Körper als einer praktischen Einheit, die sich in Verrichtungen und im Handeln selber herstellt. Dadurch eröffnet sich ein *Raumfeld,* das in keinem Koordinatensystem verzeichnet ist, sich als *Situation* vom leiblichen Hier her aufbaut und aufgrund des aufrechten Gangs überschaubar bleibt (vgl. Waldenfels 2000, S. 115 ff.). Anknüpfend an das Theorem des Körperschemas und die Frage, wie sich der Leib als Einheit erfahren und raumzeitlich orientieren kann, erkennt Waldenfels im Rückgriff auf Jacques Lacans (1901–1981) „Spiegelstadium", dass die Art und Weise, wie der Körper sich gliedert, nicht einfach nur angeboren, sondern auch erlernt wird und Ausdruck dessen ist, wie Andere mich sehen (vgl. ebd., S. 121). Das Körperschema fungiert – in Auslegung von Merleau-Ponty – als „Scharnier" zwischen dem, wie ich „für mich", und dem, wie ich „für Andere" bin, wodurch Leiblich-sein auch Sichtbar-sein, Tastbar-sein und Verletzbar-sein heißt, selbst wenn dieser Bezug zum Anderen nicht in jeder Situation eigens hervortritt (vgl. ebd., S. 122).

Auch wenn Lévinas' (1912–1995) Leibkonzeption mit seiner radikalen Bedeutung des anderen Menschen, Helmuth Plessners (1892–1985) „exzentrische Positionalität", die den Menschen zwingt, sich unentwegt ins Verhältnis zu seiner eigenen Verhältnismäßigkeit von Leibsein und Körperhaben zu setzen (vgl. Plessner 1983), oder Hermann Schmitz' „unmittelbares, eigenleibliches Spüren" mit seinem Appell an die konkrete individuelle Erfahrung (vgl. Schmitz 1990) nur erwähnt werden können, wäre *in summa* festzustellen, dass Leib sein als bewusste Aufgabe durch konkrete Lebensvollzüge bewältigt werden muss (vgl. Böhme 2003, S. 24) und begleitet ist von Ambiguität und Fremderfahrung.

Abschließend lässt sich – auf die Eingangsthese bezogen – die Vermutung wagen, dass menschliche Selbstverortung kein abstrakter Vorgang sein kann, sondern ein Prozess und Ergebnis konkreter Lebensvollzüge und Lebensführung sein muss und dort verankert ist, von wo aus eine Bewegung, eine Betätigung, eine Erfahrung, ein Tasten, Spüren und Berühren ausgeht. Dadurch tritt das Konzept des absoluten Raums zugunsten eines relationalen, performativen Raumverständnisses zurück und macht Platz für die Räume im Dazwischen (vgl. Seitz 1996). Wenn sich die Aufmerksamkeit als qualitative Dauer darauf richtet, entstehen jene verschränkten Orte als Situationen, von denen unsere Körper jeweils ein Teil sind (vgl. Liebau/Miller-Kipp/Wulf 1999). Wie diese Orte sind auch unsere Körper gegliedert, haben ein nicht nur gegebenes Schema, und ihr Organismus bewegt vom Hier aus den Raum und die Zeit (vgl. von Weizsäcker 1968, S. 143).

Mit der Bewegung und Gliederung, dem Bau und der Gestaltung des Körpers ist – wie es bei Michel de Montaigne (1533–1592) bereits heißt – auch ein ästhetisches Interesse, später bei Blaise Pascal sogar eine erkenntnistheoretische und ethische Qualität verbunden. Neben der Logik des Verstandes mit ihrem Geist der Exaktheit gibt es nach Pascal die Logik der Gefühle mit dem Geist der Differenziertheit als eigenständige *Ordnung des Herzens.* Sie belässt die Dinge in ihrem Sosein, bleibt auf sie bezogen und stellt sich – ohne Gleichgültigkeit oder Gewaltanwendung – einem inneren Messgerät folgend auf die jeweils einmalige Situation und deren gesamten Kontext ein. Dadurch können die Erscheinungen der Alltagswelt, das Lebendige in seinem Wandel und die Person in ihrem sozialen Umfeld in einem *Mittelding* zwischen subjektiver und objektiver Perspektive erkennbar werden.

Denken und Erkennen, bedingt durch die am Leib gebrochene Geistigkeit, kann aber niemals vollständig und deutlich, sondern muss auch unscharf, bewegt (vgl. zur Lippe 2011), ein Gemenge und Gemisch sein, das im Modus des Tastens arbeitet und dort beginnt, wo auch dieser Beitrag angefangen hat – bei der *Geburt* als leiblich-körperliches Raumgeschehen (vgl. Wulf/Hänsch/Brumlik 2008). Sie muss möglicherweise im Laufe des Lebens wiederholt und nachträglich bestätigt werden, aber dann im Wissen um die Unterscheidung von Drinnen und Draußen und in Kenntnis von Rhythmus und Intervall, was dem Körper die Bewegungen ringsum abzuschätzen erlaubt. Es gibt gute Gründe anzunehmen, dass sich unsere Seele an dem Punkt befindet, wo das „ich" sich entscheidet, wie damals beim allerersten Durchgang (vgl. Serres 1989, S. 15). Die räumliche Erfahrung des ganzen Körpers scheint auf diesen punktförmigen Ort hinzuweisen, der selbst dann nicht verlassen wird, wenn der Körper sich aufrichtet, das Gewicht von der einen auf die andere Hälfte verlagert, aufbricht und geht.

Literatur

Bergson, Henri (1939): Schöpferische Entwicklung. Jena.

Böhme, Gernot (2003): Leibsein als Aufgabe. Zug.

Bollnow, Otto Friedrich (1960): Der erlebte Raum. In: Universitas, 15. Jg., S. 379–412.

Bollnow, Otto Friedrich (1963): Mensch und Raum. Stuttgart.

Hager, Frithjof (Hrsg.) (1996): KörperDenken. Aufgaben der Historischen Anthropologie. Berlin.

Husserl, Edmund (1952): Ideen zu einer reinen Phänomenologie und phänomenologischen Philosophie. Bd. 2: Phänomenologische Untersuchungen zur Konstitution. Husserliana Band 4. Den Haag.

Kamper, Dietmar/Wulf, Christoph (1989): Transfigurationen des Körpers. Spuren der Gewalt. Berlin.

Liebau, Eckart/Miller-Kipp, Gisela/Wulf, Christoph (Hrsg.) (1999): Metamorphosen des Raums. Erziehungswissenschaftliche Forschungen zur Chronotopologie. Weinheim.

Merleau-Ponty, Maurice (1966): Phänomenologie der Wahrnehmung (1945). Berlin.

Merleau-Ponty, Maurice (1994): Das Sichtbare und das Unsichtbare gefolgt von Arbeitsnotizen (1964). München.

Merleau-Ponty, Maurice (2000): Die Natur. Aufzeichnungen von Vorlesungen an der Sorbonne 1949–1952 (1968/95). München.

Meyer-Drawe, Käte (2001): Leiblichkeit und Sozialität. Phänomenologische Beiträge zu einer pädagogischen Theorie der Inter-Subjektivität. 3. Aufl. München.

Meyer-Drawe, Käte (2004): Leiblichkeit. In: Benner, Dietrich/Oelkers, Jürgen (Hrsg.): Historisches Wörterbuch der Pädagogik. Weinheim/Basel, S. 601–619.

Meyer-Drawe, Käte (2010): Leib, Körper. In: Bermes, Christian/Dierse, Ulrich (Hrsg.): Schlüsselbegriffe der Philosophie des 20. Jahrhunderts. Hamburg, S. 207–219.

Morin, Edgar (1996): Die Unidualität des Menschen. In: Kamper, Dietmar/Wulf, Christoph (Hrsg.): Anthropologie nach dem Tode des Menschen. Frankfurt/M., S. 15–24.

Peskoller, Helga (1999): BergDenken. Eine Kulturgeschichte der Höhe. 3. Aufl. Wien.

Plessner, Helmuth (1983): Die Frage nach der Conditio humana. Gesammelte Schriften. Band 8. Frankfurt/M.

Schmitz, Herrmann (1990): Der unerschöpfliche Gegenstand. Bonn.

Seitz, Hanne (1996): Räume im Dazwischen. Bewegung, Spiel und Inszenierung im Kontext ästhetischer Theorie und Praxis. Essen.

Serres, Michel (1989). Die fünf Sinne. Eine Philosophie der Gemenge und Gemische (1985). Frankfurt/M.

Shusterman, Richard (2005): Somästhetik: Vorschlag einer Disziplin. In: Ders.: Leibliche Erfahrung in Kunst und Lebensstil. Berlin, S. 119–140.

Suthor, Nicola/Fischer-Lichte, Erika (Hrsg.) (2006): Verklärte Körper. Ästhetiken der Transfiguration. München.

Waldenfels, Bernhard (1994): Antwortregister. Frankfurt/M.

Waldenfels, Bernhard (2000): Das leibliche Selbst. Vorlesungen zur Phänomenologie des Leibes. Hrsg. v. Regula Giuliani. Frankfurt/M.

Weizsäcker, Victor von (1968): Der Gestaltkreis. Theorie der Einheit von Wahrnehmen und Bewegen. 5. Aufl. Stuttgart/New York.

Wulf, Christoph/Hänsch, Anja/Brumlik, Micha (Hrsg.) (2008): Das Imaginäre der Geburt. Praktiken, Narrationen und Bilder. München.

Zur Lippe, Rudolf (1997): Raum. In: Wulf, Christoph (Hrsg.): Vom Menschen. Handbuch Historische Anthropologie. Weinheim/Basel, S. 169–179.

Zur Lippe, Rudolf (2011): Das Denken zum Tanzen bringen. Philosophie des Wandels und der Bewegung. 2., korr. Aufl. Freiburg im Breisgau.

Psychischer Raum

Daniel Burghardt

Einleitung

Was unter dem psychischen Raum zu verstehen ist, obliegt fortdauernd der Diversität historischer und diskursiver Voraussetzungen. Untersuchungen zu dem Begriffsspektrum beschäftigen Philosophie und Medizin seit der Antike; ab der Moderne haben sich besonders Disziplinen wie Biologie, Psychologie oder die Kulturwissenschaften unter je verschiedenen anthropologischen Perspektiven mit psychischen Raumtheorien befasst. Der folgende Beitrag möchte zentrale Entwicklungslinien gegenwärtiger Diskurse ab der Moderne vorstellen. Ausgehend von der Orientierungsforschung des 19. Jahrhunderts über kognitivistische Ansätze des 20. Jahrhunderts bis hin zu kulturwissenschaftlichen Raumtheorien der Postmoderne wird eine historisch-kulturelle anthropologische Skizze der interdisziplinären Diskurse des psychischen Raums nachgezeichnet. Neben der historischen Darstellung sollen konkrete Perspektiven einzelner Vertreter wie Lotze, von Cyon, Uexküll, Tolman, Piaget/Inhelder und Foucault eine besondere Berücksichtigung finden.

Gemeinhin wird im Anschluss an Immanuel Kant unter dem *Psychischen Raum* die Funktion der subjektiven Wahrnehmung des Raumes bzw. von Räumen gefasst (vgl. Kaulbach 1992, S. 88 ff.). Eine grundlegende anthropologische Differenz bildet dabei die erkenntnistheoretische Kontroverse um die Bedingungen der Raumwahrnehmung zwischen Aprioristen, Nativisten und Empiristen. Während Kant, als Vertreter der ersten Einordnung, 1781 in seiner „Kritik der reinen Vernunft" den Raum (zusammen mit der Zeit) als Verstandeskategorie bzw. reine Form der Anschauung beschrieb, welche apriori die Wahrnehmung aller äußeren Erscheinungen bedingt und ordnet (vgl. Kant 1968, § 2, § 3), greift er fünf Jahre später in seinem Text „Was heißt: sich im Denken orientieren?" (vgl. Kant 1978) der Orientierungsforschung des 19. Jahrhunderts vor, indem sich hier ein physiologischer Wahrnehmungsraum und ein lebensweltlicher Orientierungsraum als Unterscheidungen abzuzeichnen beginnen (vgl. Dünne/Günzel 2006, S. 28 ff.). Mit den Ansätzen der Orientierungsforschung wird sich der erste Teil des Beitrags befassen.

Die an Kant anschließenden sinnesphysiologischen Nativisten, namentlich Johannes Peter Müller und Elias von Cyon, führten die (dreidimensionale) Raumwahrnehmung auf die angeborene anatomische Struktur der Sinnesorgane zurück. Anhand der Frage, ob angeborene oder durch Erfahrung erworbene Konstitutionen für die Wahrnehmung des Raumes ausschlaggebend sind, kam es zur Auseinandersetzung mit den Empiristen, als deren raumtheoretische Begründer Hermann Lotze und Hermann von Helmholtz gelten dürfen. Hier schließt insbesondere die empirische Kognitionsforschung des 20. Jahrhunderts an, auf die wir anhand der Gestalttheorie und Entwicklungspsychologie im zweiten Abschnitt eingehen werden. Augenfällig wird in allen Ansätzen der Wahrnehmungsraum nicht als subjektunabhängiges „Ding" oder objektiver „Container" gefasst, vielmehr erscheint er einmal durch innere, ein anderes Mal durch äußere und/oder angeborene respektive erworbene Voraussetzungen des Menschen bestimmt. Heute verhandeln die Wissenschaften den Psychischen Raum mittels Bestimmungen wie: *Wahrnehmungsraum, Vorstellungsraum, Kognitiver Raum, Psychologischer Raum, Erlebter Raum, Spatial Reasoning* oder *Cognitive Maps* (vgl. Wagner 2010). Die machttheoretischen Verflechtungen um diese Fülle der Begriffe werden im letzten Kapitel als Teil der poststrukturalistischen Auseinandersetzung abschließender Gegenstand des Artikels sein.

Orientierung im Raum

Der Bedeutung des Orientierens, als Lage- und Richtungsbestimmung bzw. Ausrichtung in einem Bezugsrahmen, liegen fundamentale raumanthropologische Annahmen zugrunde: Vom Lateinischen *oriens* herkommend, bezeichnet die Handlung des Orientierens die (Aus-)Richtung nach Osten, womit zugleich der subjektive Standpunkt in Bezug auf den Aufgang der Sonne angesprochen ist (vgl. Stegmeier 2008, S. 55 ff.). Somit geht die Orientierungsforschung des 19. Jahrhunderts, neben der bereits erwähnten Rückführung der räumlichen Wahrnehmung auf den anatomischen Bau des Menschen, vom Leib und dessen subjektiver rechter und linker Seite, dessen Oben und Unten, dessen Hinten und Vorne sowie, eingebettet in die Welt, von den objektiven Himmelsrichtungen als räumliches Referenzsystem aus. Wie schon Kant bezogen sich seine sinnesphysiologischen Nachfolger auf einen dreidimensionalen Raum, jedoch nicht mehr als transzendentale Anschauungsform, sondern unter physiologischen Vorzeichen. Mit anderen Worten: Die Dreidimensionalität wird nun weniger aus philosophischer Notwendigkeit als vielmehr durch den materiellen Aufbau des Nervensystems, der einzelnen Sinnesorgane oder gar der Möglichkeit eines speziellen Raumorgans behauptet. So leitet schon der englische Sensualismus des 17. und 18. Jahrhunderts, mit John Locke und George Berkeley als dessen raumtheoretischen Repräsentanten die Raumwahrnehmung in Abhängigkeit vom *Tastsinn* ab. Nicht mehr die abstrakte Vorstellung, sondern die konkrete (Tast-)Bewegung – beispielsweise eines Blinden, der eine Kugel oder einen Würfel benennen soll – bildet die Grundlage des Raums. Visuelle Wahrnehmungen gelten demnach primär als unräumlich, erst die Motorik bildet den *Psychischen Raum.*

Dagegen betrachtet Mitte des 19. Jahrhunderts Hermann Lotze die Dreidimensionalität nicht mehr als eine Auffassung des Raumes, sondern fasst diesen, durch die Verknüpfung der Wahrnehmung mit dem *Gesichtssinn,* schlichtweg als Synonym des Dreidimensionalen. Auf der These Johannes Peter Müllers aufbauend, nach der alle räumlichen Qualitäten gleich einer Urschrift durch bestimmte Quantitäten auf der Netzhaut ersetzt werden, ergänzte Lotze die Zeichen der Netzhautelemente um die Abstufung der Augenbewegung, welche die von Müller formulierte exzentrische Raumprojektion ergeben. Die von Lotze entwickelte Theorie der *Lokalzeichen* geht davon aus, dass es keine Eins-zu-Eins-Entsprechung zwischen dem Abbild auf der Netzhaut und der Projektionsfläche geben kann, die räumliche Wahrnehmung dagegen ein über Augenbewegung und Netzhaut als relative Koordinaten für jeden gereizten Netzhautpunkt vermitteltes Empfinden sei (vgl. Lotze 1852, S. 325 ff.).

Im weiteren Verlauf der Orientierungsforschung sollte der *Gehörsinn* eine gehobene Position im Diskurs um den psychischen Wahrnehmungsraum erlangen. Entdeckten in den 1870er Jahren Josef Breuer und Ernst Mach das aus den drei Bogengängen sowie Sacculus und Utriculus (Maculaorgane) bestehende Gleichgewichtsorgan (Vestibularapparat) im Innenohr, leitete Elias von Cyon aus der anatomischen Lage der drei Bogengänge geradewegs die Dreidimensionalität des Raumes ab und machte im Ohr den Sitz eines spezifischen Raumorgans aus. Über eine innere Empfindung des Raumsinns gründet sich danach eine, den äußeren Empfindungen der fünf anderen Sinne vorausgehende, absolute Raumvorstellung – so ließe sich von Cyons These, aus der *ex negativo* die Unnatürlichkeit der nichteuklidischen Geometrie und ein Beweis gegen Kants transzendentale Annahme der Apriorität von Raum und Zeit abgeleitet wird, zusammenfassen (vgl. Cyon 1908, S. VII). Das Postulat eines sechsten Raumsinns wurde jedoch sowohl von Mach als auch von Breuer physiologisch widerlegt. Beide entwickelten unabhängig voneinander ein physikalisches Modell, wonach die Flüssigkeit im Bogengangsystem keine dreidimensionale Raumvorstellung vermittelt, sondern als Gleichgewichtsorgan lediglich auf Beschleunigung reagiert und für die Bewegungskoordination zuständig ist (vgl. dazu Dünne/Günzel 2006, S. 36 ff.).

Gleichwohl legte von Cyon mit seinem Ansatz *cum grano salis* den Grundstein für die Umwelttheorie eines Jakob Johann von Uexküll, dessen berühmtes Beispiel vom subjektiven (Umwelt-)Raum bzw. animalischen Funktionskreis der Zecke – welcher sich einzig über spezielle Geruchsempfindung (Buttersäure, die im Schweiß aller Säugetiere enthalten ist), Temperaturempfindung (derjenigen des Blutes der Säugetiere: 37 Grad) und Tastempfindungen (Typologie der Haut der Säugetiere, die in der Regel mit Haaren und Blutgefäßen versehen ist), die allesamt so für andere Lebewesen nicht erfahrbar sind, konstruiert – einen gewichtigen Einfluss auf die Philosophische Anthropologie des

20. Jahrhunderts nahm (vgl. Uexküll/Kriszat 1934). Damit markierte der physiologische Kantianismus seinen zoologischen Höhepunkt. Uexküll weist darauf hin, dass die Menschen, im Gegensatz zu den Tieren, ihre Umwelt perspektivisch und veränderbar, kurz, weltoffen wahrnehmen. Sah Max Scheler diese Weltoffenheit im Geist begründet, führte sie Arnold Gehlen auf die mangelhafte biologische Konstitution des Menschen zurück. In der Folge erkannte Martin Heidegger in Uexkülls Forschung das „Fruchtbarste […], was die Philosophie heute sich aus der herrschenden Biologie zueignen kann", da über die Umwelt das „Sein des Tieres als solches bestimmt" wird (Heidegger 2004, S. 383 ff.). Das Tier bleibt in seinem umweltbedingten Raum jedoch „weltarm", wohingegen sich der Mensch „weltbildend" (ebd., S. 261 ff.) zu dieser verhalten kann.

So fand der Gedanke eines subjektiven Wahrnehmungsraums bzw. eines genuin psychischen Raums in das Spektrum der Geisteswissenschaften verwandelt wieder Einlass und es entstand eine regelrechte Topographie der Kindheit: Pädagogische Stichwortgeber sind Martha Muchow, die in ihrem raumpädagogischen Standardwerk „Der Lebensraum des Großstadtkindes" (1935) auf Uexkülls Umweltlehre ausdrücklich Bezug nimmt und diese auf die Entwicklung und Sozialisation von Kindern in einer bestimmten Umwelt bzw. einem bestimmten Milieu überträgt (vgl. Muchow/Muchow 1978, S. 9 ff.); Walter Benjamin, der emphatisch an spezifische Orte seiner Berliner Kindheit erinnert (vgl. Benjamin 2000) und die phänomenologischen bzw. (patho-)phänomenologischen Ansätze Otto F. Bollnows und Ludwig Binswangers, welche auf den Studien zum gelebten Handlungsraum als grundlegend räumliche Verfassung des menschlichen Daseins eines Karl von Dürckheim aufbauen (vgl. Dürckheim 1932).

Kognition des Raums

Indem der Diskurs um den psychischen Raum – als Folge der *kognitiven Wende* – zusehends psychologisiert wird, erhält er im Lauf des 20. Jahrhunderts seine bis heute bedeutsame Dimension. So lässt sich ein Wandel der Begrifflichkeit feststellen, wonach der *kognitive Raum* als Dachbegriff fungiert, unter dem Psychologen, Geographen oder Stadtplaner sich sammeln. Gehobenen Einfluss hatten zunächst Ansätze der Gestalttheorie wie auch der Entwicklungspsychologie, welche auf den oben beschriebenen Strömungen aufbauten und sich gegenüber dem vorherrschenden Paradigma des Behaviorismus abgrenzten. Interdisziplinär einschlägige Beachtung fand die Metapher der kognitiven *Karte,* welche von der Annahme einer mentalen Repräsentation eines geographischen Raums ausgeht.

Edward Tolman versuchte seine These einer inneren Repräsentation der räumlichen Umgebung, welche über das bloße Reiz-Reaktions-Schema des klassischen Behaviorismus hinausgeht, anhand des zielgerichteten Verhaltens von Tieren bei der Suche nach Futter in Labyrinthen zu verifizieren. Der Weg der Tiere (hier: Ratten) durch die räumliche Versuchsanordnung ging über das planlose Versuch-und-Irrtum-Verhalten hinaus und wies bei mehrmaliger Wiederholung der Suche erkennbare Suchstrukturen auf, von denen Tolman auf das Durchlaufen kognitiver Prozesse schloss (vgl. Tolman 1951).

Die Kognitivierung des Orientierungsverhaltens wurde von der Wahrnehmungsgeographie Kevin Lynchs aufgenommen und auf Untersuchungen zum mentalen Umweltbild angewendet. Demnach hängt die Orientierung von externen Referenzsystemen wie Landmarken, Straßennamen, Wegen und Rändern etc. ab und nicht von einem lange angenommenen „mystischen Orientierungsinstinkt" (vgl. Wagner 2010, S. 242). Auch wenn Lynch die Kartenmetapher noch verwendet, tendierte er bei seinen empirischen Untersuchungen – in denen er Karten von Stadtbezirken anfertigen und Wege in ihnen beschreiben ließ – dazu, den Bewohnern der Städte ein geistiges Wahrnehmungsbild zuzusprechen (vgl. Lynch 1989, S. 13 ff.). Auch erwies sich die Heuristik der mentalen Karte als zunehmend problematisch, da sich die erwartete funktionale Analogie einer objektiven Abbildfunktion im Vergleich zu topographischen Karten als verzerrt, lückenhaft und selektiv darstellte (Downs/Stea 1982, S. 24, 111 ff.). Schwierigkeiten ergeben sich außerdem bei einem Transfer in Bereiche der Sozialwissenschaften, in denen versucht wird, die Gedankenwelt kollektiver Prozesse qua Karte abzubilden. Das Übersetzen mentaler Strukturen in vergegenständlichte Karten bzw. Bilder wird z. B. in postmodernen Ansätzen der politischen Psychologie, als gewaltsames Schematisieren etwa einer politischen Verhaltensbereitschaft, kritisch betrachtet (vgl. Shapiro 1997). Dessen ungeachtet behält das Schlagwort der mentalen Karte seine öffentliche Wirksamkeit bis heute bei.

In der Studie *Die Entwicklung des räumlichen Denkens beim Kinde* (1948) griffen Jean Piaget und Bärbel Inhelder aus entwicklungspsychologischer Perspektive die Einsichten einer sich wandelnden Perspektivität sowie den Miteinbezug eines übergeordneten Referenzsystems auf. Der psychische Raum bedeutet demnach kein Ablesen fertiger Eigenschaften von Dingen, vielmehr ist die Raumvorstellung ein fortschreitender kognitiver Prozess eines auf die Gegenstände ausgeübten Handelns, welcher sich über Stadien abbilden lässt. Durch die Unterscheidung einer Wahrnehmungs- und Vorstellungsebene nehmen Piaget und Inhelder Bezug auf Kants apriorische Struktur der Sinnlichkeit, welcher der Verstand immer erst nachfolgt. Zur Wahrnehmung bedarf es des direkten Kontakts mit den Gegenständen, die Vorstellung hingegen kann auch nicht anwesende Dinge geistig rekonstruieren (vgl. Piaget/Inhelder 1975, S. 38).

So entsteht im frühen Kindesalter ein sensomotorischer Raum, der an den Fortschritt der Wahrnehmung und der Motorik gebunden ist. Erst mit Erwerb der Sprache und dem Beginn eines handlungsunabhängigen, anschaulichen Denkens tritt der bildlich vorgestellte Raum hervor. Das sensomotorische Stadium ist das der Wahrnehmung, in welchem sich die topologischen Raumrelationen des Benachbartseins, der Trennung, der Aufeinanderfolge, des Umschlossenseins und der Kontinuität herausbilden, die noch rein assoziativ und ohne Bezugssystem vom eigenen Körper ausgehend im Vorstellungsraum als verinnerlichte Handlung abermals durchlaufen werden müssen (vgl. ebd., S. 523 ff.). So werden durch einfache Handlungen, wie z. B. das „Zuerteilen eines

Platzes, einzeln (Nachbarschaft) oder in einer bestimmten Aufeinanderfolge (Reihenfolge)" (ebd., S. 525), erste topologische Raumkonstruktionen gebildet, welche die Voraussetzung für die später folgenden perspektivischen und euklidischen Räume bilden. Nach der Verinnerlichung der topologischen Relationen entwickelt sich im Alter von 8 bis 10 Jahren eine perspektivische Sichtweise, d.h. Kinder können nun die räumliche Perspektive einer anderen Person mit dem eigenen und einem anderen Standpunkt koordinieren. Dieses Stadium nennen Piaget und Inhelder den projektiven Raum. Eine vollständige Anpassung der Wahrnehmung an das Denken findet im letzten, euklidischen Stadium statt, d.h. die 11- bis 12-jährigen Kinder berücksichtigen nun räumliche Konstanten eines Koordinatensystems wie Geraden, Parallelen und Winkel.

Pädagogisch rezipiert wurde insbesondere der Ansatz Piagets und Inhelders: Neben einer schon früh einsetzenden Nutzbarmachung der Ergebnisse für die Mathematik-Didaktik wird heute vor allem auf Piagets reformpädagogische Intention eines aktivierenden Unterrichts, über den Lehrer zurücknehmende Methoden, wie die Gruppenarbeit und das self-government, rekurriert (vgl. Piaget 1999). Zudem leitete Hans Aebli aus Piagets Analysen eine operative Didaktik ab, die nicht mehr vom konkreten Unterrichtsgegenstand, sondern von den allgemeinen, strukturellen Lernprozessen her konzipiert ist. Die Rolle der Eltern und Lehrer(innen) ist nach Piaget immer eine passive. Sie können zum kognitiven Lernen nur beitragen, indem sie Situationen schaffen, die die Auseinandersetzung des Kindes mit der Umwelt anregen.

Auch wenn die Diversität und Aktualität der Ansätze keinen einheitlichen Schluss zulassen, bildet der *kognitive Raum* in den Diskursen vorwiegend eine Funktion menschlicher Aktivität. Dabei wird der Austausch mit der Umwelt als Karte, Bild oder Stadium schematisiert. Bei aller Formalisierung des psychologischen Raumbegriffs darf das Kantische Diktum, dass die Gegenstände sich immer nach unserer, jetzt kognitiven, Erkenntnis richten, genauso wenig in Vergessenheit geraten wie die soziale und machtförmige Vermittlung der Raumwahrnehmungsprozesse.

Macht über den Raum

Gleichsam als Abgrenzungsfolie verstehen insbesondere poststrukturalistische und kulturwissenschaftliche Theorieansätze die beschriebenen Konzeptionen des psychischen Raums. Während dieser hierbei immer auch als ein *sozialer Raum* begriffen wird, rücken vornehmlich kulturell erzeugte Devianzen durch räumliche Grenzziehungen in den Blick. Dabei steht nicht mehr die räumliche Wahrnehmung im Vordergrund, sondern räumliche Arrangements, die diese gerade erzeugen. Anders gewendet wechselt der Fokus von der Frage, wie die physikalische Entität des Raumes psychisch wahrgenommen wird hin zu der, wie soziale Räume Psyche begrifflich identifizierbar machen und wie auf diese – so ließe sich mit Foucault ergänzen – nicht zuletzt über räumliche Machtstrategien produktiv zugegriffen wird.

Folgerichtig nimmt Michel Foucault von einer begrifflichen Festlegung *des* Raumes und *der* Psyche Abstand, vielmehr macht er die Genealogie der Begriffe selbst zum Gegenstand seiner archäologischen Rekonstruktion. Der Raum legt als überrestliches Monument Zeugnis von einer jeweiligen Kulturepoche bzw. Episteme ab. Dabei gilt Foucaults Interesse den Macht- und Wissensverhältnissen, die sich durch den Raum artikulieren. Die Verbindungen manifestieren sich durch das Moment der Ordnung qua Topographie und Architektur. In den Diskursanalysen zur Psychiatrie und zum Gefängnis wird eine architektonische Topologie der einschließenden Ausschließung respektive der ausschließenden Einschließung eines historisch kontingenten Anderen beschrieben. Nicht mehr die psychischen Karten im Kopf, sondern die physische Anordnung auf einem Tableau der Disziplinierung spiegelt das qua panoptischer Macht erzeugte Wissen von Menschen mit ihren Vorlieben, Abneigungen und anderen Praktiken wider. Über „Techniken des Raums" (vgl. Foucault 1982, S. 339) wie die der Parzellierung, der Codierung und der Klausur werden Menschen als Körper in der Klinik, im Gefängnis, in der Fabrik oder in der Schule Plätze und Funktionen zugewiesen, die architektonisch vermittelt und abgeschlossen sind (vgl. Foucault 1992, S. 181 ff., 216). Als Folge entstehen regelrechte Typen von Individualität: „Jedem Individuum seinen Platz und auf jeden Platz ein Individuum" (ebd., S. 183). Nach Foucault formt bzw. produziert die politische Ökonomie des Körpers über materielle Räume erst die Psyche: „Über diese Verzahnung von Machtwirkung und Wissensgegenstand hat man verschiedene Begriffe und Untersuchungsbereiche konstituiert: Psyche, Subjektivität, Persönlichkeit, Bewußtsein, Gewissen usw. [...]" (ebd., S. 42).

Pädagogische Anschlüsse markieren insbesondere Foucaults Hervorhebung der disziplinierenden und subjektivierenden Wirkung des Raums. Die Erzeugung einer bestimmten Psyche über die Plastizität des Körpers und eine daran anknüpfende Erkenntnispolitik lassen die Pädagogik neben Disziplinen wie Medizin, Justiz, Ökonomie und Politik als Teil eines wissenschaftlichen Machtapparates erscheinen. Über pädagogische Zuschreibungen und Setzungen werden Menschen zu Fällen von Schülern, Schwererziehbaren oder ADHS-Kindern klassifiziert, welche wiederum pädagogische Institutionen, wie in einem Zirkel, als unabdingbar für deren Normalisierung erscheinen lassen. Foucaults Erhellung der Schattenseiten der Pädagogik dient dieser selbst auch als kritisches Reflexionsinstrument eigener machtpolitischer Verflechtungen. Einmal mehr zeigt sich, dass es zur Konstruktion einer gesellschaftlichen Norm nicht nur den panoptischen, sondern auch den pädagogischen Blick braucht.

Das Interesse der Poststrukturalisten beschränkt sich jedoch nicht auf die Gegenwartsdiagnose einer über Machtverhältnisse formierten Gesellschaft. Die von Foucault geforderte Wissenschaftskonzeption der *Heterotopologie* – welche sich speziell mit sozialen Gegen-Orten zu befassen hätte, die sich relational bilden, indem ihnen die „merkwürdige Eigenschaft zukommt, in Beziehung mit allen anderen Orten zu stehen, aber so, dass sie alle Beziehungen, die durch sie bezeichnet, in ihnen gespiegelt und über sie der Reflexion zugänglich gemacht werden, suspendieren, neutralisieren oder in ihr Gegenteil verkehren" (vgl. Foucault 1984, S. 934 ff.) – genauso wie die von Gilles Deleuze und Felix Guattari begründete *Nomadologie* (vgl. Deleuze/Guattari 1992, S. 39) – die dem Raum der Sesshaften den deterritorialisierenden glatten Raum der Nomaden entgegensetzt – verweisen als Metatheorien der Räumlichkeit auf geophilosophische Flucht- und Widerstandslinien raumanthropologischen Werdens. Vor diesem Hintergrund wird der hier skizzierte Begriff des psychischen Raums in den sich aktualisierenden anthropologischen Differenzen zwischen Mensch und Tier, Psyche und Physis, Erwachsenem und Kind oder Normal und Anormal immer wieder neu auszulegen sein. Die Pädagogik muss sich dabei ihrer Interdisziplinarität genauso wie ihrer advokatorischen Verantwortung gewahr werden, indem sie die Begriffe *Psyche* und *Raum* in ihrer jeweils historischen, kulturellen Konzeption und dem daraus resultierenden anthropologischen Verhältnis verhandelt.

Literatur

Benjamin, Walter (2000): Berliner Kindheit um neunzehnhundert (1932–1934/1938). Frankfurt/M.

Cyon, Elias von (1908): Das Ohrlabyrinth als Organ der mathematischen Sinne für Raum und Zeit. Berlin.

Deleuze, Gilles/Guattari, Felix (1992): Tausend Plateaus. Kapitalismus und Schizophrenie II (1980). Berlin.

Downs, Roger M./Stea, David (1982): Kognitive Karten: Die Welt in unseren Köpfen. New York.

Dünne, Jörg/Günzel, Stephan (Hrsg.) (2006): Raumtheorie. Frankfurt/M.

Dürckheim, Karl von (1932): Untersuchungen zum gelebten Raum. Neue Psychologische Studien. Band 6. Heft 4. München.

Foucault, Michel (1982): Raum, Wissen und Macht. In: Ders. (2005): Dits et Ecrits. Schriften Bd. IV. Frankfurt/M., S. 324–340.

Foucault, Michel (1984): Von anderen Räumen (Vortrag 1967). In: Ders. (2005): Dits et Ecrits. Schriften Bd. IV. Frankfurt/M., S. 931–942.

Foucault, Michel (1992): Überwachen und Strafen (1975). Frankfurt/M.

Heidegger, Martin (2004): Die Grundbegriffe der Metaphysik. Welt – Endlichkeit – Einsamkeit (Vorlesung 1929/30). Frankfurt/M.

Kant, Immanuel (1968): Kritik der reinen Vernunft (1781). Werkausgabe Band III und IV. Hrsg. v. Wilhelm Weischedel. Frankfurt/M.

Kant, Immanuel (1978): „Was heißt: sich im Denken orientieren?" (1786). In: Ders.: Schriften zur Metaphysik und Logik I. Werkausgabe Band V. Hrsg. v. Wilhelm Weischedel. Frankfurt/M., S. 265–283.

Kaulbach, Friedrich (1992): Traditionelle Philosophie von Kant bis ins 20. Jahrhundert. In: Ritter, Joachim/Gründer, Karlfried (Hrsg.) (1992): Historisches Wörterbuch der Philosophie. Band 8 (R–Sc). Basel/Stuttgart, S. 88–97 [Artikel: Raum, S. 68–111].

Lotze, Hermann (1852): Medizinische Psychologie oder Psychologie der Seele. Leipzig.

Lynch, Kevin (1989): Das Bild der Stadt (1960). Braunschweig/Wiesbaden.

Muchow, Martha/Muchow, Hans H. (1978): Der Lebensraum des Großstadtkindes (1935). Bensheim.

Piaget, Jean (1999): Über Pädagogik. Weinheim.

Piaget, Jean/Inhelder, Bärbel (1975): Die Entwicklung des räumlichen Denkens beim Kinde [1948]. Gesammelte Werke Studienausgabe Band 6. Stuttgart.

Shapiro, Michael J. (1997): Violent Cartographies. Mapping Cultures of War. Minneapolis.

Stegmeier, Werner (2008): Philosophie der Orientierung. Berlin.

Tolman, Edward C. (1951): Cognitive Maps in Rats and Men. In: Ders.: Collected Papers in Psychology. Berkeley/Los Angeles, S. 241–264.

Uexküll, Jakob Johann von/Kriszat, Georg (1934): Streifzüge durch die Umwelten von Tieren und Menschen. Berlin.

Wagner, Kirsten (2010): Kognitiver Raum. In: Günzel, Stephan (Hrsg.): Raum. Ein Interdisziplinäres Handbuch. Stuttgart, S. 234–249.

Sozialer Raum

Jutta Ecarius & Ronnie Oliveras

In der Neuzeit war schon Rousseau der Ansicht, dass räumliche Anordnungen und damit verbundene Sinnstrukturen pädagogisches Handeln beeinflussen. Nicht umsonst grenzt er die verdorbene Gesellschaft, die Stadt, aus und verlegt den Ort pädagogischen Handelns für Emile in die Natur (Rousseau 1981). Die Natur in ihrer räumlichen Anordnung ist eine Lehrmeisterin für Emile. Die Natur des Menschen und die Natur des Ländlichen agieren in ihrer „Unverdorbenheit" und „Unbefangenheit" und darüber entwickelt sich der Zögling mit indirekter Anleitung des Erziehers zu einem mündigen Bürger. Der ideale Ort kindlicher Bildung ist dann für Fröbel (1982) das umzäunte Haus mit einem Garten unter professioneller pädagogischer Anleitung. Die Reformpädagogen sind ebenso überzeugt davon, dass die räumliche Gestaltung sich auf Erziehung, Lern- sowie Bildungsprozesse der Heranwachsenden auswirkt. Maria Montessori (2007) gestaltet den Raum in pädagogischer Weise so weitgehend, dass Spielzeug, Materialien, Stoffe den „sensiblen" Entwicklungsphasen des Kindes zugeordnet werden, wobei die Auseinandersetzung mit diesen Materialien in einer räumlichen Anordnung kindliche Bildungsprozesse hervorrufen soll. Räumlich noch eingegrenzter argumentiert Ellen Key (1991), denn nur das private, familiale Haus kann einen paradiesischen Raum kreieren, in dem die Mutter eine ruhige Ordnung für das Kind bereitstellt (vgl. Baader 1999). Öffentliche Räume wie die Schule und der Kindergarten werden von Key abgelehnt. Auch Dewey (1964), der als Begründer der pragmatischen Theoriebildung den Erfahrungsbegriff in den Kontext des Raumes stellt, betont die enge Verbindung von Erfahrung, Lernen und Erziehen, um bei Heranwachsenden ein Demokratieverständnis und ein kritisches Reflexionsbewusstsein zu befördern.

Neben pädagogischen Überlegungen zum Raum gibt es auch naturwissenschaftliche, philosophische und sozialwissenschaftliche Ansätze, die den Raum theoretisch als Begriff untersuchen. Während mathematisch-naturwissenschaftliche Ansätze den Raum als eigenständige Größe zu erfassen versuchen, verfolgen andere Disziplinen die Frage danach, wie in und mit Räumen Sinnstrukturen und Bedeutungsgehalte generiert werden. Aber auch in sozialpädagogischen Ansätzen wird eine raumorientierte Perspektive genutzt, um pädagogische Konzepte zu begründen.

Raum als mathematische Formel

Im Althochdeutschen gibt es den Begriff „rümi", der „weit" oder „geräumig" bedeutet. Im Mittelhochdeutschen kommt das Wort „rûm" vor, was so viel bedeutet wie „das Nichtausgefüllte" oder „freier Platz". Der Raum hat philosophisch betrachtet eine grundlegende Wirklichkeitskomponente, wobei strittig ist, ob der Raum „an sich" eigenständig existiert oder erst durch die Wahrnehmung und Sinndeutungen des Subjekts bedeutsam wird. Blickt man historisch noch weiter zurück, herrschten bis zum 5. Jahrhundert v. Chr. vor allem mythische Raumvorstellungen vor. Mit der griechischen Antike kommen geometrische Denkfiguren auf. Euklid stellt erstmals die Frage nach der unendlichen Teilbarkeit des Raumes. Der euklidische Körper ist ein Raumkörper zur Erfassung geometrischer Maße. Als affiner Raum mit zweidimensionaler Ausprägung in Form eines Vektorraums und einem Skalarprodukt lassen sich mathematisch Formeln begründen. Damit wird der Raum von menschlichen Sinndeutungen neutralisiert und operationalisierbar für mathematische Definitionen.

Descartes vervollständigt die euklidische Raumvorstellung, indem er den Raum absolut setzt, die Dreidimensionalität betont und Räume der Lebenserfahrung und der Weltordnung voneinander trennt (kartesische Dimensionen). Ihm gelingt die endgültige Abstraktion des Raumes; menschliches Handeln und Sinndeutungen einerseits und räumliche Anordnungen andererseits sind hier vollständig voneinander getrennt. Mit Carl Friedrich Gauß und Nikolai Iwanowitsch Lobatschewski (ab 1826) folgte die nichteuklidische Wende, auf die sich Einstein (ab 1905) zur Begründung seiner Relativitätstheorie bezieht. Den nunmehr drei Raumdimensionen wird als weitere Dimension ein Raum-Zeit-Kontinuum hinzugefügt.

Raum als relationaler Raum

Während die Metaphysik versucht, den Raum unabhängig von der Erfahrung zu erklären, fragt die Erkenntnistheorie nach den Bedingungen der Erfahrungen im Raum, und die Phänomenologie stellt Formen des Erlebens des Raumes in den Vordergrund. Die Anthropologie analysiert den Zusammenhang von Menschsein und Erleben, Erfahrung, Lernen und Bildung (vgl. Liebau/Miller-Kipp/Wulf 1999). Während also die euklidische Geometrie und dazugehörend die kopernikanische Wende mit Kopernikus, Galilei, Keppler und Newton aus mathematischer Perspektive den Raum mathematisch-synthetisch zu erfassen versucht, beschreiten die Geisteswissenschaften andere Wege. Husserl und Heidegger betonen aus phänomenologischer und auch ontologischer Sicht die Intentionalität des Bewusstseins und verweisen auf die Räumlichkeit des Daseins. Danach gibt es weder ein reines Subjekt noch ein reines Objekt, vielmehr sind beide stets durch das Bewusstsein (*nous*) miteinander verbunden. Durch den Akt des Bewusstwerdens werden Sinndeutungen erst konstituiert, Gegenstände und Räume erhalten so einen sinnstiftenden Bedeutungsgehalt.

In der Erziehungswissenschaft geht es einerseits um die psychologische Entwicklung des Raumsinns, dann um die körperliche Erweiterung von Handlungsräumen und schließlich und vor allem um den pädagogisch gestalteten und formierten Raum. So lassen sich Erkenntnisse zur Entwicklung des räumlichen Denkens beim Kind etwa bei Piaget und Inhelder (1993) finden. Die kindliche Aneignung des Raumes, der räumlichen Umwelt von Stadt und Land verstehen Muchow/Muchow (1998) als langsame Ausdehnung des Aktionsradius des Kindes in vor allem konzentrischen Kreisen (vgl. Pfeil 1965). Auch nach Baacke (1995) bewegt sich der Erfahrungsbereich des Kindes in kontinuierlich größeren Räumen von der Mikro-, Meso- zur Makroebene. Zeiher und Zeiher (1992) verfechten ein Konzept in Anlehnung an modernisierungstheoretische Annahmen, nach dem das Kind den Raum eher wie Inseln in Form von funktionsgebundenen Orten, die über die Stadt verteilt sind, erlebt und sich aneignet.

Betrachtet man den Raum aus anthropologischer Perspektive, so werden die Bezüge zwischen räumlichen Anordnungen und menschlichem Handeln, Wahrnehmen und Fühlen betont (vgl. Liebau/Miller-Kipp/Wulf 1999). Der Mensch mit seinem Leib und seinem Körper (Westphal 1999) erfährt in und mit dem sozial strukturierten Raum Einschreibungen und Normierungen, aber es eröffnen sich auch performative Akte der Bildung und des bewussten Gestaltens (vgl. Wulf 1999). Geschlechtlichkeit, Ethnizität, soziale Strukturen sind Elemente des Körperlich-Leiblichen, zugleich aber äußern sie sich in der räumlichen Anordnung, wobei diese durch Prozesse der Globalisierung und Technisierung neue Dimensionen annimmt.

Bollnow (1963) ist einer der wenigen Pädagogen, die räumliche und anthropologische Betrachtungen wechselseitig miteinander verschränken. Unterschieden wird ein mathematischer und ein erlebter Raum, wobei im erlebten Raum der erlebende Mensch im Mittelpunkt steht, wodurch der Raum insgesamt seine Werthaltigkeit enthält. In Anlehnung an Heidegger sind Menschsein und Wohnen, also Leben, eng miteinander verbunden. Diese Erkenntnis nutzt Bollnow zur Beschreibung eines pädagogischen Lernraumes. Die Ästhetisierung des Raums aus pädagogischer Perspektive hat folglich den Lernenden Anreize in Form von Personen, Gegenständen und Geschehnissen zu bieten, so dass ein Lernen möglich wird, das sich im Tun, im Handeln und in der Aktivität formiert. Bollnow unterscheidet zur Präzisierung einen Realraum bzw. eine Raumgestalt, einen Handlungsraum bzw. eine Raumausstattung und einen gestimmten Raum bzw. eine Raumausgestaltung. Rittelmeyer (1994) nutzt diese Gedanken, um für den Schulraum Qualitätskriterien wie freilassend, anregend, warm oder freundlich zu formulieren. Damit ist der pädagogische Raum ein inszenierter Raum zur Förderung von Lernprozessen. Göhlich und Zirfas (2007, S. 100) kritisieren daran, dass zwar pädagogische Handlungen durch eine aktive Raumgestaltung der Pädagogen intendiert sind, aber das lernende Subjekt, das Kind oder der Jugendliche, nicht wirklich berücksichtigt wird. Insofern liegt auch kein Lernbegriff vor, der räumlichen Kontexten zugeordnet ist.

Zu unterscheiden ist nach Göhlich und Zirfas (2007) der Lehrraum vom Lernraum. Vor dem Hintergrund anthropologischer Annahmen fragen sie, welche Welt in den pädagogischen Raum hinein genommen werden soll, um Lernen, ausgerichtet an einer Idee des guten Lebens, zu ermöglichen. Einen Orientierungsrahmen bildet die Dimension „Zeit", wobei gerade die Normierung einer Zeitökonomie einer Kritik unterzogen wird. Dem stellen sie in Anlehnung an Rousseaus Pädagogik den Gedanken des Verweilens im Gegenwärtigen gegenüber. Eine bewusste Rücknahme des Zukunftsgedankens in der Pädagogik verhindere so eine ökonomische Ausbeutung des heranwachsenden Subjekts. Vergangenheit und Zukunft sind aus dem pädagogischen Raum herauszunehmen, um eine präsentische Existenz, eine Gegenwart der reinen Dauer zu ermöglichen.

Einen weiteren Zugang zum Raum präsentieren sozialwissenschaftliche Ansätze, die seit den 1990er Jahren prominent geworden sind, wobei vor allem die Differenz zwischen Orten, wechselseitigen Beeinflussungen und Sinndeutungen theoretisch Bedeutung erlangt. Vielfach wird hierzu auf Michel Foucault und seinen Artikel „Andere Räume" von 1967 (Foucault 1991) zurückgegriffen sowie auf den marxistischen Ansatz von Henri Lefebvre. Lefebvre entwickelt in seinem Werk *La production de l'espace* (1974) einen relationalen Raumbegriff im Kontext einer marxistischen Argumentation. Unterschieden wird in eine räumliche Praxis (*spatial practice*), Repräsentationen von Raum (*representations of space*) und einen Raum der Repräsentation (*representational space*). Während erstere Perspektive die Wahrnehmung von Räumen und raumbezogene Verhaltensweisen betont, meint die zweite die konkrete kognitive Entwicklung von Räumen durch Wissenschaftler, Planer oder Techniker. Damit wird zugleich eine ideologisch-kognitive Dimension eingebaut. Die dritte Ebene bezieht sich auf Bilder und Symbole, mit denen widerständige Elemente verbunden sind. Die darin eingelagerten Imaginationen eröffnen Möglichkeiten, kapitalistisch-normierte Strukturen der räumlichen Anordnung zu überwinden.

Die marxistische Raumtheorie von Lefebvre wurde vor allem von Manuel Castells weiter entwickelt. Aus der Perspektive des Postkolonialismus entstammen Raumkonzepte von Doreen Massey (1999) und Helmuth Berking (1998) zur Heterogenität lokaler Kontexte im Raum globaler Strukturen und Anordnungen. Benno Werlen (1997) wiederum nutzt den Ansatz von Giddens, um aus einer raumtheoretischen Perspektive eine Geographie der Subjekte zu formulieren. Eine Unterscheidung des Handlungsbegriffes in normorientiert, kommunikativ bzw. verständnisorientiert und zweckrational eröffnet die Möglichkeit, den Raum und das Setting als Produkt von Handeln mit unterschiedlichen Intentionen zu deuten. Es ist somit der jeweilige Handlungstypus, der den Raum in unterschiedlicher Weise definiert, gestaltet und auch nutzt. Besonders prominent ist auch der soziologische Ansatz von Bourdieu (1981, 1985) zum sozialen Raum, der Gesellschaft in eine Topologie sozialer Räume einbettet. Bourdieu bezeichnet somit nicht einzelne geographische Räume als Sozialräume, sondern er betrachtet Gesamtgesellschaften als soziale Räume.

Raum als Sozialraum

Die ersten Analysen von Bourdieu zum Raum beziehen sich auf die kabylische Gesellschaft (1979), die über ein Innen und Außen an Räumlichkeiten (Haus – freier Himmel) geschlechtsspezifisch sozial-räumlich erfasst wird. In seinem bekanntesten Werk, *Die feinen Unterschiede* (1981), entwirft er ein Konzept des sozialen Raumes mittels eines Koordinatensystems. Der soziale Raum, der soziale Positionen und Lagen abbildet, erklärt sich über die Verteilung der als Kapital gefassten gesellschaftlichen Ressourcen und der mit ihnen verbundenen sozialen Chancen und Möglichkeiten. Eine vertikale Dimension erfasst dabei das Ausmaß bzw. Volumen der sozialen, kulturellen und ökonomischen Kapitalien. Die horizontale Dimension im Raum präsentiert die bipolar angeordnete Ausrichtung an mehr kulturellem oder ökonomischem Kapital, worüber stärker kulturell oder ökonomisch orientierte soziale Fraktionen bzw. Milieus erklärt werden, die sich hinsichtlich der Zusammensetzung, der Zukunftsaussichten und der Verteilung ihres Kapitalbesitzes unterscheiden (vgl. Hradil 1999, S. 138). Bourdieu unterscheidet drei Kapitalsorten, die als Konstruktionsprinzipien des sozialen Raumes gelten können und die sich in symbolisches Kapital (Renommee und Prestige) umformen lassen: *Das kulturelle Kapital* lässt sich als inkorporiertes Kapital in Form von habitualisierten Fähigkeiten, als objektiviertes Kapital als Besitz von kulturellen Gütern oder als institutionalisiertes Kapital, das durch Zertifikate und Titel nachgewiesen wird, verstehen; *das soziale Kapital* konkretisiert sich als ein Netz von Beziehungen (vgl. Bourdieu 1997, S. 63); und *das ökonomische Kapital* als materieller Besitz.

Zudem beschreibt Bourdieu einen Raum der Lebensstile oder Lebenspraxen. Darüber äußern soziale Gruppen, Kollektive und Milieus anhand der sozialen, kulturellen und ökonomischen Kapitalien ihre symbolische Identität in Abgrenzung zu anderen Gruppen und verorten sich im sozialen Raum. Unterschiedliche Positionen im sozialen Raum finden ihren Ausdruck durch die Repräsentation von unterschiedlichen Lebensstilen, die relational aneinander orientiert sind. Dabei sind unter Lebensstilen keine von den sozialen Akteuren bewusst gefassten Einstellungsmuster und Ausdrucksmöglichkeiten zu verstehen. Für Bourdieu ist das Subjekt sozialer Handlungen kein rationaler Akteur, sondern Akteure agieren innerhalb von klassifizierbaren Praxisformen. Die jeweilige Lage im sozialen Raum führt zu unterschiedlichen Lern- und Konditionierungsprozessen mit dem Ergebnis, dass die Subjekte der Position „entsprechende“ habituelle Strukturen verinnerlichen und ein System von Dispositionen herausbilden.

Der soziale Raum der Positionen wird über den Habitus mit dem Raum der Lebensstile verbunden. Mit dem Habitus-Begriff als strukturierte und strukturierende Struktur wird das Paradoxon „vom objektiven Sinn ohne subjektive Absicht" (Bourdieu 1981, S. 170), der Zusammenhang des sozialen Raumes der Positionen mit dem Raum der konkreten Lebensstile, erklärt. Unterschiedliche Positionierungen im sozialen Raum werden durch verschiedene kulturelle Präferenzen der Akteure sichtbar. Die Lebensstile als systematische Produkte des Habitus konstituieren Systeme gesellschaftlich unterscheidbarer Merkmale und Zuschreibungen. Dieser Ordnungssinn fußt nach Bourdieu auf einem gemeinsamen Stamm von grundlegenden Wahrnehmungsmustern aller Akteure einer Gesellschaft. Die inkorporierten sozialen Strukturen, die allen Akteuren gemeinsam sind, ermöglichen die Teilungs- und Gliederungsprinzipien, die die gesellschaftliche Ordnung und damit den sozialen Raum konstituieren. Damit werden ebenso Machtverhältnisse und die Trennung von Herrschenden und Beherrschten reproduziert und legitimiert.

Bourdieus Theorie interessiert hier insofern, als er über den Habitus die Lebensstile (als Raum), also die Praktiken und Handlungsmuster der Subjekte, mit einem Raum der Positionen und damit der Materialisierung im Raum (sozialer Raum) verknüpft. Allerdings analysiert Bourdieu fast ausschließlich die Sozialwelt der Erwachsenen. Das eröffnet die Frage, wie die Sozialräume für Kinder, Jugendliche und alte Menschen aussehen, welche sozialen Positionen dort situiert und welche Lebensstile dort jeweils charakteristisch sind (vgl. Ecarius 1996). Räume sind weder klar umrissen noch von Grenzen markiert (vgl. Behnken/Du Bois-Reymond/Zinnecker 1988, S. 5). Vielmehr sind es offene Räume, die einerseits geographisch, andererseits oftmals durch pädagogische Institutionen und schließlich auch durch soziale Beziehungen und Lebensstile bestimmt sind (vgl. Ecarius 1999). Betrachtet man beispielsweise die Generationenordnung der Jugendphase, dann sind markante Räume die Schule, Freizeitinstitutionen und das familiale soziale Milieu. Jugendliche soziale Räume konstituieren sich aus spezifischen generationalen Anordnungen heraus, in denen sich Ältere und Jüngere miteinander in Beziehung setzen und (jugendkulturelle) Lebensstile herausbilden. So untersucht Hummrich (2011) die Bedeutung von Räumlichkeit während der Jugendphase anhand zweier exklusiver Schulkulturen im Zusammenspiel von Familie und Schule, um Strukturen sozialer Ungleichheit und Teilhabemöglichkeiten sowie Platzierungs- und Aneignungsleistungen von Jugendlichen aufzuzeigen. Nach Böhme und Herrmann (2011) verbinden sich in Schulen pädagogische „Machträume" mit Bildungskonzeptionen, die von Gedanken eines Schutz- und Schonraumes oder eines pädagogischen Kontroll- und Steuerungsraumes geprägt sind.

Sozialraumorientierung als pädagogische Praxis

Raum, Räumlichkeit und/oder Sozialraum sind aber nicht nur Gegenstand wissenschaftlicher Analysen, sondern zugleich Gegenstand einer konzeptionellen und realen sozialen Arbeit. Bedeutsam geworden ist hier der Begriff der „Sozialraumorientierung".

Allerdings gibt es keine einheitliche Definition: Der Begriff Sozialraumorientierung dient als Bezugsgröße sozialpolitischer Interventionsmaßnahmen, als praxisorientiertes pädagogisches Fachkonzept oder als Rahmenkonzept von Projekten und Initiativen.

Für Kessl und Reutlinger (2007) sind es vier Aspekte gesellschaftlicher Transformationsprozesse, die maßgeblich an einer Um- bzw. Neuordnung des Räumlichen beteiligt sind. Erstens hat die Globalisierung zu einer zunehmenden Internationalisierung des Kapitals sowie einer weltweiten Vereinheitlichung von Waren und Lebensstilen geführt, unterfüttert von „grenzenlosen" Kommunikationsstrukturen durch die Möglichkeiten schnelleren Datenaustausches und eine gestiegene soziale und räumliche Mobilität. Damit verbunden sind globale Veränderungen „oberhalb der lokalen und nationalstaatlichen Ebene" (ebd., S. 10). Zweitens werden verstärkt Veränderungen im Rahmen nationalstaatlicher und internationaler sozialer Ungleichheitsverhältnisse registriert. Diese führen zu räumlichen Segregationsprozessen; bestimmte Städte, Regionen, Quartiere oder auch Stadtteile weisen eine immer höher werdende Anzahl von Bewohnern und Bewohnerinnen auf, die unter prekären Bedingungen ihren Alltag bewältigen müssen. Drittens provoziert die Transformation des bisherigen wohlfahrtstaatlichen Sicherungssystems die Bereitstellung von Alternativen bzgl. des Angebots von Integrationsräumen für die einzelnen Gesellschaftsmitglieder. Nahräume gewinnen eine immer stärkere Bedeutung, da sie als Ressource und Potential betrachtet werden, um einzelne Gesellschaftsmitglieder aneinander zu binden, um Formen der Vergemeinschaftung zu fördern. Damit wird der Nahraum zum Gegenstand politischer und pädagogischer Programme, die als Territorialisierungsstrategien bezeichnet werden. Viertens entstehen immer mehr sozial geschlossene und markierte Räume, die als „benachteiligte Stadtteile" oder „soziale Brennpunkte" identifiziert werden und dadurch Gegenstand sozialräumlich-orientierter Fördermaßnahmen werden.

Gesellschaftliche Transformationsprozesse lassen die Arbeit im und mit dem Raum sogar als Notwendigkeit erscheinen. Besonders in den Feldern der Kinder- und Jugendarbeit (vgl. Deinet 2005; Krisch 2009), den Hilfen zur Erziehung (vgl. Koch/Wolff 2005) und der Gemeinwesenarbeit (vgl. Rostock 2009) wendet man sich seit den 1990er Jahren verstärkt einer Sozialraumorientierung zu. So wird im Konzept der Lebensweltorientierung, dessen Unterstützungsformen auf eine Hilfe zur Selbsthilfe, Empowerment und Identitätsarbeit zielen, die Arbeit an der sozialen Infrastruktur eines Sozialraums als eigenständiger Aufgabenbereich betrachtet. Neben der Arbeit in und mit der jeweiligen Gegenwart der Betroffenen, den sozialen Bezügen und den gesellschaftlichen Bedingungen handelt eine lebensweltorientierte Soziale Arbeit im sozialen Raum der Betroffenen und versucht ansetzend an vorhandene räumliche Strukturen neue Erfahrungen zu eröffnen (vgl. Thiersch/Grunwald/Köngeter 2002, S. 172). Auch im Konzept der Lebensbewältigung werden personale Betroffenheiten und sozialstrukturelle Gegebenheiten der Lebenslage aufeinander bezogen (vgl. Böhnisch 2002, S. 204). Eine verstärkte Orientierung an den spezifischen Ressourcen der Betroffenen findet sich ebenfalls in den Konzeptionen der Dienstleistungsorientierung (vgl. Olk/Otto 2003).

Betrachtet man die unterschiedlichen Felder und Konzepte, so lassen sich folgende Gemeinsamkeiten beschreiben: Es findet eine Abkehr von der Konzentration auf Einzelfälle statt. Neben den personalen Ressourcen spielen somit im Rahmen von pädagogischer Hilfe zum einen verstärkt die sozialräumlichen Ressourcen eine große Rolle. Umfeld, Bezirk, Stadtteil und die sich dort findenden Potentiale geraten in den Fokus. Zum anderen geht es um eine „(Re)Aktivierung kleinräumiger Unterstützungssysteme und Bindungsstrukturen" (Kessl/Reutlinger 2007, S. 41), d. h. die den jeweiligen Adressaten und Adressatinnen zur Verfügung stehenden sozialen Netzwerke sollen einbezogen werden. Anhand dieser allgemein gefassten Praxisanweisungen wird deutlich, dass Sozialraumorientierung nicht nur als Planungskonzept kommunaler Sozialverwaltung zu verstehen ist. Es geht nicht ausschließlich um die Planung, Organisation und das Management von geographischen Räumen, um Raumzuweisungsstrategien und Regionalisierungsbestrebungen, sondern es geht darum, „dass der ‚Sozialraum' von den Konstitutionsleistungen bzw. Handlungen des dynamischen Subjektes her aufgeschlossen werden muss" (Reutlinger 2005, S. 404). Der soziale Raum ist somit nicht nur der verdinglichte Raum oder der fixe Behälter, sondern unter dem Sozialraum ist sowohl der gesellschaftliche Raum als auch der menschliche subjektive Handlungsraum zu verstehen.

Literatur

Baacke, Dieter (1995): Die 6- bis 12-jährigen. Einführung in Probleme des Kindesalters. Weinheim/Basel.

Baader, Meike (1999): Pädagogische Paradiesentwürfe. In: Liebau, Eckart/Miller-Kipp, Gisela/Wulf, Christoph (Hrsg.): Metamorphosen des Raums. Weinheim, S. 138–148.

Behnken, Imbke/Du Bois-Reymond, Manuela/Zinnecker, Jürgen (1988): Raumerfahrung in der Biographie. Beispiel Kindheit und Jugend. FernUniversität Hagen.

Berking, Helmuth (1998): Global flows and local cultures. In: Berliner Journal für Soziologie, Jg. 8, Heft 3, S. 381–392.

Böhme, Jeanette/Herrmann, Ina (2011) (Hrsg.): Schule als pädagogischer Machtraum. Wiesbaden.

Böhnisch, Lothar (2002): Lebensbewältigung. In: Thole, Werner (Hrsg.): Grundriss Soziale Arbeit. Opladen, S. 199–215.

Bollnow, Otto-Friedrich (1963): Mensch und Raum. Stuttgart.

Bourdieu, Pierre (1979): Entwurf einer Theorie der Praxis. Frankfurt/M.

Bourdieu, Pierre (1981): Die feinen Unterschiede. Frankfurt/M.

Bourdieu, Pierre (1985): Sozialer Raum und „Klassen". Frankfurt/M.

Bourdieu, Pierre (1997): Die verborgenen Mechanismen der Macht. Hamburg.

Castells, Manuel (2001): Der Aufstieg der Netzwerkgesellschaft. Teil I. Opladen.

Deinet, Ulrich (2005), Sozialräume von Kindern und Jugendlichen als subjektive Aneignungsräume verstehen! In: Projekt „Netzwerke im Stadtteil" (Hrsg.): Grenzen des Sozialraums. Wiesbaden, S. 165–183.

Dewey, John (1964): Demokratie und Erziehung. Braunschweig.

Ecarius, Jutta (1996): Individualisierung und soziale Reproduktion im Lebensverlauf. Opladen.

Ecarius, Jutta (1999): Die Verräumlichung sozialer Strukturen. In: Liebau, Eckart/Miller-Kipp, Gisela/Wulf, Christoph (Hrsg.): Metamorphosen des Raums. Weinheim, S. 60–89.

Foucault, Michel (1991): Andere Räume. In: Wentz, Martin (Hrsg.): Stadt-Räume. Frankfurt/M./New York, S. 65–72.

Fröbel, Friedrich (1982): Die Kindergärten als um- und erfassende Pflege- und Erziehungsanstalten der Kindheit. In: Ders.: Ausgewählte Schriften. Hrsg. v. Erika Hoffmann, Bd. 4. Stuttgart.

Göhlich, Michael/Zirfas, Jörg (2007): Lernen. Stuttgart.

Hradil, Stefan (1999): Soziale Ungleichheit. Opladen.

Hummrich, Merle (2011): Jugend und Raum. Wiesbaden.

Kessl, Fabian/Reutlinger, Christian (2007): Sozialraum. Wiesbaden.

Key, Ellen (1991): Das Jahrhundert des Kindes. Weinheim/Basel.

Koch, Josef/Wolff, Mechthild (2005): Erziehungshilfen und lokale Integration. In: Kessl, Fabian/Reutlinger, Christian/Maurer, Susanne/Frey, Oliver (Hrsg.): Handbuch Sozialraum. Wiesbaden, S. 375–393.

Krisch, Richard (2009): Sozialräumliche Methodik der Jugendarbeit. Weinheim.

Lefebvre, Henri (1974): La production de l'espace. Paris (engl. The Production of Space. Oxford 1991).

Liebau, Eckart/Miller-Kipp, Gisela/Wulf, Christoph (1999) (Hrsg.): Metamorphosen des Raums. Weinheim.

Massey, Doreen (1999): Power-Geometries and the Politics of Space-Time. Heidelberg.

Montessori, Maria (2007): Das kreative Kind. 17. Aufl. Freiburg.

Muchow, Martha/Muchow, Hans-Heinrich (1998): Der Lebensraum des Großstadtkindes. Weinheim.

Olk, Thomas/Otto, Hans Uwe (2003): Soziale Arbeit als Dienstleistung. München.

Pfeil, Elisabeth (1965): Das Großstadtkind. München/Basel.

Piaget, Jean/Inhelder, Bärbel (1993) Die Entwicklung des räumlichen Denkens beim Kinde. Stuttgart.

Reutlinger, Christian (2005): Urbane Lebenswelten und Sozialraumorientierung. In: Deinet, Ulrich/Sturzenhecker, Benedikt (Hrsg.): Handbuch Offene Kinder- und Jugendarbeit. Wiesbaden, S. 400–406.

Rittelmeyer, Christian (1994): Schulbauten positiv gestalten. Wiesbaden/Berlin.

Rostock, Sandra (2009): Soziale Räume managen. In: Kluschatzka, Ralf Eric/Wieland, Sigrid (Hrsg.): Sozialraumorientierung im ländlichen Kontext. Wiesbaden, S. 53–73.

Rousseau, Jean-Jacques (1981): Emile oder Über die Erziehung. Paderborn/München/Wien/Zürich.

Thiersch, Hans/Grunwald, Klaus/Köngeter, Stefan (2002): Lebensweltorientierte Soziale Arbeit. In: Thole, Werner (Hrsg.): Grundriss Soziale Arbeit. Opladen, S. 161–179.

Werlen, Benno (1997): Sozialgeographie alltäglicher Regionalisierung. Band II. Stuttgart.

Westphal, Kristin (1999): Wirklichkeiten von Räumen. In: Liebau, Eckart/Miller-Kipp, Gisela/Wulf, Christoph (Hrsg.): Metamorphosen des Raums. Weinheim, S. 22–36.

Wulf, Christoph (1999): Raumerfahrung im Umbruch. Körper, Bewegung, Globalisierung. In: Liebau, Eckart/Miller-Kipp, Gisela/Wulf, Christoph (Hrsg.): Metamorphosen des Raums. Weinheim, S. 14–21.

Zeiher, Hartmut J./Zeiher, Helga (1992): Organisation von Raum und Zeit im Kinderalltag. In: Markefka, Manfred/Nauck, Bernhard (Hrsg.): Handbuch der Kindheitsforschung. Neuwied, S. 389–401.

Handlungsraum

Jeanette Böhme

In der Pädagogischen Anthropologie lassen sich grundsätzlich zwei Thematisierungen des Handlungsraums unterscheiden: In philosophisch-anthropologischen Ansätzen wird mit diesem Begriff auf die raummateriale Verfasstheit menschlichen Handelns verwiesen. Als Handlungsraum wird eine dinghafte Raumordnung bezeichnet, die menschliches Dasein ermöglicht, aber auch gezielt potenziert. Hier schließt ein pädagogisches Verständnis vom Raum als didaktisch arrangierter Ordnung an, in der Vermittlungsabsichten verwirklicht werden sollen. In diesem Verständnis bleiben die Handlungen in pädagogischen Beziehungen und der Lerner selbst weitestgehend ausgeblendet. Diese Leerstellen wurden in der Historischen Anthropologie interdisziplinär aufgegriffen und damit eine performative Wende in der Forschung zum pädagogischen Handlungsraum vollzogen. Weniger die materiale Beschaffenheit des Raums, vielmehr die Praktiken der Akteure, die räumliche Ordnungen hervorbringen, stehen hier im Forschungsfokus. In dieser Perspektive werden einerseits Rituale in pädagogischen Praxisfeldern analysiert und ihre Bedeutung kontrovers als Ermöglichung, Ideologisierung und Innovierung von Bildungsprozessen ausgewiesen. Andererseits wird die pädagogische Bedeutung von Inszenierungen herausgestellt, wobei die Bildungspotenziale der Kreativität, Spontaneität und Ereignishaftigkeit menschlichen Handelns hervorgehoben werden, die sich einer normativen Vereinnahmung durch die Pädagogik entziehen.

In diesem Beitrag wird das Verständnis vom Handlungsraum als materialer Zweckraum, als performativer Ritualraum und als inszenierter Aufführungsraum vorgestellt. Die abschließende Reflexion macht deutlich, dass die Bandbreite der Perspektiven von einer raumdeterministischen bis raumvoluntaristischen Interpretation des Handlungsbegriffs reicht. Jedoch verbindet die unterschiedlichen Auffassungen des pädagogischen Handlungsraums die Annahme, dass in Bildungsprozessen die Dichotomie zwischen Mensch und Raum aufgehoben wird. So ist es insbesondere die Pädagogische Anthropologie, die ein Verständnis für die verräumlichte Sinnstruktur von Bildung schärft.

1 Der pädagogische Handlungsraum als materialer Zweckraum

In dem Verständnis vom Handlungsraum als materialem Zweckraum wird der phänomenologische Handlungsbegriff als intentional ausgerichtetes Handeln (vgl. Schütz/Luckmann 1994, S. 90 ff.) mit einem morphologischen Raumbegriff als dinghafte Ordnung (vgl. Halbwachs 2002, S. 11 ff.) verknüpft. Aus der phänomenologischen Perspektive ist die Handlung der Entwurf eines Handelns, der auf die Verwirklichung einer Absicht bezogen ist. Die Handlung ist demnach der sinnstiftende Bezug eines Handelns. Der Begriff Handlungsraum verweist nun auf eine Wechselbeziehung, und zwar derart, dass die Verwirklichung einer Handlung eine konkrete Raumordnung voraussetzt und umgekehrt jede Raumordnung materialer Ausdruck eines entworfenen Daseins ist. Der pädagogische Handlungsraum wird so als raummateriale Geste einer Vermittlungsabsicht gefasst, die an die Metapher vom „Raum als Erzieher" anschließt.

Als zentraler Vertreter dieses Ansatzes hat der philosophische Anthropologe Otto Friedrich Bollnow (2010) den Begriff „Handlungsraum" ausdifferenziert (ebd., S. 202 ff.). Für Bollnow ist der Handlungsraum ein „Zweckraum" (ebd., S. 209). Denn ein Handlungsraum als Sinnzusammenhang begründet sich in der Korrespondenz zwischen dem Konzept einer Tätigkeit und der Ordnung des Raums. Bei Bollnow kann also der Handlungsraum menschenleer, muss jedoch nach einem nachvollziehbaren Nutzungsprinzip eingeräumt sein, indem Dinge zweckmäßig ausgerichtet greifbar sind (ebd., S. 205). In der menschlichen Tätigkeit zeigt sich, inwiefern sich die Ordnung des Raums als dinghafte Welt bewährt. Dabei hinterlässt das Handeln Spuren im Raum, die zunehmend geplante Abläufe behindern. Denn Dinge geraten nach dem Gebrauch in Unordnung, werden abgenutzt oder aufgebraucht. Dann gilt es die Ordnung des Handlungsraums wieder herzustellen (vgl. ebd., S. 208), denn nur so kann die Steuerbarkeit von Handlungsabläufen gesichert bleiben. Ein gut organisierter Handlungsraum ökonomisiert also antizipierte Abläufe, schafft Klarheit, Übersicht und Steuerungsmacht. Somit hat das Konzept des Handlungsraums eine Nähe zu der Ordnung eines handwerklich-technisierten Arbeitsraums in Form einer Fabrik oder einer Werkstatt (vgl. ebd., S. 212).

Greifen wir Bollnows Konzept vom Handlungsraum aus einer pädagogischen Perspektive auf, werden Funktionsräume bezeichnet, die zum Zweck der Vermittlung von Wissen, etwa in Form von Unterrichten und Erziehen, eingerichtet sind. Beispielhaft dafür sind etwa formale Lernräume wie schulische Klassen- und Fachräume. Dort finden wir eine Ordnung vor, die Handlungsabläufe zur Verwirklichung einer pädagogischen Absicht zwar nicht determiniert, zumindest aber strukturiert. Die Professionalität des Pädagogen oder der Pädagogin bewährt sich in einer Gestaltung und Verwaltung des Raums. Einen Raum zu einem pädagogischen Handlungsraum zu profilieren heißt, seine Ordnung in einer pädagogischen Absicht zu begründen. Die Bewährung einer vorgenommenen Verknüpfung zwischen Raumordnung und pädagogischer Absicht zeigt sich in dem beobachtbaren Handeln der Akteure als Ausdruck von Lern- und Bildungsprozessen.

In Bollnows Ausführungen zum Verhältnis von „Mensch und Raum" (2010) wird jedoch auf die Grenzen einer pädagogischen Ökonomisierung von Lern- und Bildungsprozessen durch die Einrichtung materialer Zweckräume verwiesen, weil der Raum selbst ein anthropologisches Konstitutiv ist: Denn Mensch und Raum, diese „Verbindung bedeutet nicht nur, dass der Raum modifizierend auf den Menschen einwirkt, [...] sondern dass der Mensch nur in der Einheit mit einem konkreten Raum ein bestimmtes Wesen gewinnt" (ebd., S. 295). So bezieht sich der Raum auf die Mitte des Menschen (vgl. ebd., S. 273). Dieses Hier des Menschen im Raum bleibt jedoch unbestimmt, ist nicht konkret lokalisierbar (vgl. ebd., S. 287), denn „der Leib [...] ist selber räumlich ausgedehntes Gebilde, durch das ich gewissermaßen in den Raum eingelassen bin, mit einem eigenen Raumvolumen, und durch eine Oberfläche nach außen hin abgegrenzt" (ebd., S. 288). Diese Grenze zwischen dem Leib als Eigenraum und dem Außenraum kann jedoch durchlässig werden, und zwar dann, wenn sich der Mensch zum Raum in „Form eines vertrauend-verstehenden Verbundenseins" (ebd., S. 280) in Beziehung setzt, den Raum bewohnt. Wie der Leib, so können auch das Haus und die Welt zum Eigenraum werden. Dieses von Bollnow gezeichnete Verschmelzungsphänomen erlaubt schließlich den Umkehrschluss: „Der Mensch ist im Raum inkarniert" (ebd., S. 304). Den Grad und die räumliche Reichweite dieser Verschmelzung kann der Mensch regulieren. Dort wo sie ist, wird der Eigenraum ausgedehnt, dort wo sie negiert wird, bleibt der Raum dem Menschen fremd und objekthaft (vgl. ebd., S. 295).

Nach Bollnow konstituiert sich damit in der intentionalen Verhältnissetzung von Mensch und Raum eine dichotome Gegenüberstellung von Subjekt und Objekt. Das ursprünglich Andere, auf das diese Gegenüberstellung bezogen bleibt, ist die Verschmelzung von Mensch und Raum, die Bollnow unter Rückgriff auf Merleau-Ponty mit dem Begriff des Wohnens beschreibt, den er zu einem anthropologischen Schlüsselbegriff erklärt (vgl. ebd., S. 276 ff.). Gerade dieses Bewohnen eines intentionalen Raums lässt für den Menschen eine Räumlichkeit entstehen, die Einfluss auf sein Wesen hat und dieses hervorbringt. Der Mensch bewegt sich dann nicht nur im Medium eines Handlungsraums, sondern ist selbst Teil des Raums. Damit sind die „Formen eines intentional gegliederten Handlungsraums nicht aufgehoben, aber erscheinen erst als etwas Abgeleitetes und Späteres und bleiben auf jenes andre bezogen" (ebd., S. 304).

In der philosophisch-phänomenologischen Perspektive ist der pädagogische Handlungsraum verräumlichter Ausdruck pädagogischer Sinnkonstruktionen, jedoch kein Garant ihrer Verwirklichung. Als materialisierte Raumgestalt einer pädagogischen Absicht muss eine Identifikation des Educanden mit diesem Raum bestehen. Und diese Identifikation begründet sich nach Bollnow durch spezifische Raumerfahrungen der Geborgenheit, des Schutzes und des Vertrauens. Erst wenn der pädagogische Handlungsraum für den Lerner zur Räumlichkeit wird, indem er mit diesem verschmilzt, setzt sich die Wirkmächtigkeit der pädagogischen Absicht frei, die sich im Raum materialisiert.

2 Der pädagogische Handlungsraum als performativer Ritualraum

Wenn der pädagogische Handlungsraum als materialer Zweckraum analysiert wird, bleibt die pädagogische Bedeutung sozialen Handelns weitestgehend ausgeblendet. Gerade darauf richtet die Historische Anthropologie ihren Forschungsfokus und verortet sich so im „Performativen Turn“ (vgl. Bachmann-Medick 2009, S. 104 ff.). Als pädagogischer Handlungsraum wird ein Feld performativer Verräumlichung des Pädagogischen bezeichnet und darauf bezogen der Fokus auf „Formen und Theorien sozialen Handelns und Wissens“ (Wulf/Göhlich/Zirfas 2001, S. 13) eingestellt. Der Begriff Handlung wird mit Bezug auf die Sprechakttheorie von Austin (1972) als handelndes Tun ausgewiesen, das mit sprachlichen Äußerungen verbunden und intentional ausgerichtet ist. In dieser Perspektive werden insbesondere Rituale als die zentralen performativen Ordnungsgefüge pädagogischer Praxis herausgestellt. Ihre Bedeutung wird je nach ritualtheoretischem Ansatz unterschiedlich konkretisiert (vgl. Wulf 2004, S. 195 ff.). Hier sollen lediglich drei Bedeutungen von Ritualen skizziert werden, und zwar die der Ermöglichung, Ideologisierung und Innovierung von Bildungsprozessen.

Dass pädagogische Praxis durch Rituale konstituiert bzw. hervorgebracht wird, ist ein Verständnis, das sich mit dem ritualtheoretischen Ansatz von Arnold van Gennep (1999) verbindet. Gennep untersucht Rituale als funktionale Prozessmuster. Er stellt ein Verlaufsschema heraus, in dem zwischen Phasen der Trennung, der Umwandlung und schließlich der erneuten Angliederung an soziale Ordnungen unterschieden wird (vgl. ebd., S. 29). Ein zentrales strukturfunktionalistisches Kennzeichen von Ritualen ist die raumzeitliche Organisation von Übergängen. Somit werden Bildungsprozesse durch Rituale nicht nur beeinflusst, sondern überhaupt erst ermöglicht. Für die Pädagogik ist dieser Ansatz insofern interessant, als das Wechselspiel von Raummaterialität und Raumpraktiken in den Blick gerückt wird. So werden etwa Initiationsrituale in eigens dafür eingerichteten separaten oder transitiven Räumen umgesetzt, jedoch ist die Bedeutung darin ablaufender Handlungen auch streng codiert. In dieser Perspektive bewährt sich ein pädagogischer Handlungsraum immer dann als performativer Ritualraum, wenn es gelingt, seine materiale und soziale Ordnung derart zu synchronisieren, dass Bildungsprozesse ermöglicht werden, die eine Reproduktion der Gesellschaft bzw. des sozialen Zusammenhanges sicherstellen.

Dem entgegen behauptet Franz Wellendorf (1973), dass eine Ritualisierung des pädagogischen Handlungsraums eine Deprofessionalisierung darin stattfindender Praxis bedingt. Wellendorf problematisiert die Wirkmächtigkeit des Rituals, insofern im ritualisierten Handlungsvollzug diejenige Distanz aufgehoben wird, die Voraussetzung für eine kritische Reflexion damit verbundener Absichten ist. So haben Rituale ein ideologisierendes Potenzial. Wellendorf sieht etwa Schulabschlussfeiern nicht als ein Ritual im Übergang vom Kind zum Erwachsenen. Vielmehr drückt sich in solchen szenischen Arrangements die Ideologie der Institution aus, die auf eine Zementierung ihrer Selektionsmacht zur Sicherung von Herrschaftsstrukturen zielt. Die Rituale schreiben Weltansichten bei Akteuren performativ ein, ermöglichen so die Manipulation der Massen und Stabilisierung antidemokratischer Systeme. Wellendorfs Ansatz macht deutlich, dass nicht jeder performative Ritualraum ein pädagogischer Handlungsraum ist, und zwar genau dann nicht, wenn damit die Absicht einer ideologischen Verführung der Massen verbunden ist.

Gerade an dieser Stelle setzt der Forschungszusammenhang von Christoph Wulf (2004) an, der in Studien die Grenzen einer umfassenden Determination sozialer Abläufe und totalen Vereinnahmung des Subjektes durch Ritualisierung aufgezeigt hat. Kein Handlungsablauf lässt sich identisch reproduzieren und kein Handlungsentwurf lässt sich identisch verwirklichen. Vielmehr ist jedem Handeln, jeder Performance ein unbestimmter, kontingenter Rest immanent, der als strukturelles Kennzeichen des Rituals Subjektivierungen und kulturelle Innovationen ermöglicht und auch erzwingt. Der performative Ritualraum ist durch mimetische Prozesse gekennzeichnet, die als nachahmende Performances eine ästhetische Interpretation erinnerter oder entworfener Raumpraktiken zum Ausdruck bringen. In solchen mimetischen Prozessen wird praktisches Wissen und damit kulturelles Handlungswissen angeeignet, und eben nicht in Gestalt einer blinden Adaption. Vielmehr begründet sich im ästhetischen Moment der ritualisierten Performance ein Bildungspotenzial, denn es „erzeugt die Möglichkeit von Akzeptanz, Differenz oder Ablehnung vorgängiger sozialer Handlungen" (Wulf 2004, S. 170).

3 Der pädagogische Handlungsraum als ereignishafter Aufführungsraum

Als Zuspitzung des „Performativen Turns" lässt sich in der Erziehungswissenschaft ein Forschungsfeld ausweisen, in dem Bildungspotenziale von Inszenierungen im Zentrum stehen. Konsequent wird die Aufmerksamkeit auf die Hervorbringung kultureller Bedeutungen im Prozess des Handelns gerichtet. In diesem Fokus auf die Performance werden zwei Dichotomien bei der Bestimmung des Verhältnisses von Mensch und Raum aufgelöst: erstens die Dichotomie von Subjekt und Objekt; zweitens die Dichotomie von Akteur und Zuschauer (vgl. Fischer-Lichte 2004, S. 19 ff.). Anstelle der Rolle eines passiven Rezipienten sozialer Handlungsabläufe tritt die Auffassung eines Akteurs, der seine Interpretationen sozialer Regeln kreativ zur Schau stellt bzw. stellen muss. Die ästhetische Dimension von Inszenierungen wird mit Verweis auf Bildungspotenziale in das Zentrum der Perspektive auf den pädagogischen Handlungsraum gerückt (vgl. Mollenhauer 1995).

Insbesondere mit den Ausführungen von Fischer-Lichte (2004) lassen sich die Bildungspotenziale von Inszenierungen konkretisieren: So wird mit Bezug auf Butler darauf verwiesen, dass einem Handlungsraum „Verkörperungsbedingungen" (ebd., S. 39) immanent sind. Die Verkörperungsbedingungen werden jedoch nicht als kulturelle Codierungen des Körpers in Form einer Disziplinierung verstanden, vielmehr als interpretativer Bezug im Akt der Performance. Der Körper selbst rückt als Verräumlichung historischer und kultureller Möglichkeiten in den Blick. So kann der Körper in der Performance die individuelle Interpretation von historisch-kulturellen Regelsystemen, die sich in situativen Erwartungen konkretisieren, als ästhetisches Ereignis in Szene setzen.

Mit Blick auf einen pädagogischen Handlungsraum lassen sich die Verkörperungsbedingungen sowohl in der material-architektonischen Beschaffenheit als auch in der geltenden Ordnung des Sozialraums feststellen. So führt etwa ein Stuhl im Klassenraum zur Praktik des Sitzens, wie auch die Regel, dass man als Schüler im Unterricht in der Regel sitzt. Die Form der Platzierung bzw. Parzellierung ist nach Foucault eine Raumtechnik der Disziplinierung. So „übt einerseits die Gemeinschaft auf die/den einzelnen körperliche Gewalt aus. Zugleich aber eröffnen sie durchaus die Möglichkeit, dass sich in/mit ihnen die/der einzelne selbst hervorbringt" (ebd., S. 39). Der Handlungsraum wird somit zu einem potenziellen Aufführungsraum ereignishafter Verhältnissetzungen etwa auch zu der Platzierung als Disziplinierungstechnik. Und so kennzeichnet den pädagogischen Handlungsraum eine performative Verräumlichung des Pädagogischen.

Die Beobachtung des pädagogischen Handlungsraums als inszenierter Aufführungsraum nimmt im deutschsprachigen Raum ihren Anfang in Ethnographien zu Schülerkulturen von Jürgen Zinnecker (1978). Dort wurde aufgezeigt, dass sich Schüler in der Auseinandersetzung mit dem ritualisierten Schulalltag Parallelräume für die Inszenierung des jugendlichen Selbst etablieren. So wurde deutlich, dass sich Jugendliche zwar an der Aufführung des Unterrichts auf der schulischen Vorderbühne beteiligen, so dass der curricular definierte und institutionalisierte Ablauf nicht gestört wird. Die Thematisierungen des jugendlichen Selbst, die durch die minimalistischen Spielräume dieser Vorderbühne negiert und sanktioniert werden, inszenieren Schüler jedoch auf einer Hinterbühne. Diese kann sich außerhalb des Unterrichtsraums befinden (Schülertoilette, Pausenhof), kann aber auch in den Unterrichtsraum eingelagert sein (Bankkritzelei, Briefschreiben). Die Hinterbühne, die zentral für die Sozialisation und Identitätsbildung ausgewiesen wird, konstituiert sich damit in der distanzierenden Verhältnissetzung zur schulischen Vorderbühne. Was Zinnecker als schülerseitige Parallelhandlungen ausweist, wird in aktuellen ethnographischen Studien als zwei Bedeutungsdimensionen von Raumpraktiken ausgewiesen. So zeigen etwa Elisabeth Mohn und Klaus Amann (2006), wie der Gang zwischen den Bankreihen zur Tafel zum Laufsteg wird. Die Ordnung des Klassenraums und die lehrerseitige Aufforderung, an die Tafel zu kommen, werden hier als Verkörperungsbedingungen für die ästhetischen Entäußerungen der performativen Interpretationen des schulisch Geforderten sichtbar. Die schulischen Vorgaben als Aufführungsbedingungen finden so in den Inszenierungen ihre Potenzierungen, Brechungen und Modifikationen. Inszenierungen sind demnach „nicht Repräsentation oder Ausdruck von etwas Vorgängigem, Gegebenem", vielmehr sind sie weitaus stärker „eine genuine Konstitutionsleistung" (Fischer-Lichte 2004,

S. 55). Die Performance wird nicht als körperliche Verschmelzung des Menschen mit einem material gegebenen Raum ausgewiesen, wie bei Bollnow. Vielmehr wird eine soziale Verschmelzung in Form einer „Ansteckung" (ebd., S. 49) zwischen den Teilnehmern angenommen, die in dem Moment des Ereignisses erfolgt, das sich lediglich flüchtig verräumlicht: „Wir alle spielen Theater" (Goffman 1983).

Gerade in dieser Perspektive steht nun die Frage, wie sich diese Erkenntnisse für die pädagogische Konzipierung von Raumordnungen nutzen lassen. Fischer-Lichte (2004, S. 192) hebt „drei Verfahren hervor, mit denen die Performativität des Raumes intensiviert wird", die nun kurz mit einem exemplarischen Verweis auf Konzepte einer schulräumlichen Organisation von Lern- und Bildungsprozessen benannt werden sollen:

1) „Verwendung eines (fast) leeren Raumes bzw. eines Raumes mit variablem Arrangement, der beliebige Bewegungen von Akteuren und Zuschauern zulässt" (ebd.): Hier schließt etwa das Konzept der Lernstraße an, das auf eine Implementierung urbaner Raumordnungen in den schulischen Bereich zielt und eine Auflösung der Klassenraumordnung mit dem Darstellungsraum (Tafelbereich) sowie Zuschauerbereich (Sitzreihen der Schüler) bedingt.
2) „Schaffung spezifischer räumlicher Arrangements, welche bisher unbekannte oder nicht genutzte Möglichkeiten zur Aushandlung der Beziehung zwischen Akteuren und Zuschauern, von Bewegung und Wahrnehmung eröffnen" (ebd.): Hier schließen etwa Konzepte des Rollenspiels im Unterricht oder des Schultheaters an, die aus bildungstheoretischer Sicht Potenziale für eine temporäre Auseinandersetzung mit Rollenerwartungen in differenten Szenen eröffnen.
3) „Verwendung vorgegebener und sonst anderweitig genutzter Räume, deren spezifische Möglichkeiten erforscht und genutzt werden" (ebd.): Hier ist insbesondere auf die Entschulungsdebatte zu verweisen, in der die Stadt als Lernraum ausgewiesen wird. Die drei Raumtechniken machen eines deutlich: Das Konzept eines pädagogischen Handlungsraums als inszenierter Aufführungsraum steht im deutlichen Kontrast zur gegenwärtig geschlossenen Organisation des formalen Lernraums Schule.

4 Raumtheoretische Reflexionen der Perspektiven

Die Differenzen bei der Verwendung des Begriffs Handlungsraum gründen einerseits in dem Verständnis, was eine Handlung ist. So wird mit diesem Begriff das Handeln entweder auf die Verwirklichung eines Entwurfs bezogen oder als performative Interpretation einer Situation und damit verbundener Erwartungshaltungen gedeutet. Insofern die Pädagogik im Kern auf die Verwirklichung von Absichten zielt, schließen die Verständnisse instruktiv an. Andererseits zeigen sich jedoch vielmehr Unterschiede zwischen den ausgeführten Perspektiven in der Verhältnissetzung von Handlung und Raum sowie den jeweils verwendeten Raumbegriffen (vgl. Schroer 2006, S. 78 ff.). So bestehen Unterschiede in der Grundannahme, ob der soziale Sinn von Handlungen durch den Raum strukturiert oder ob sozialer Sinn eines Raums performativ erzeugt wird. Abhängig vom gewählten grundlagentheoretischen Ansatz werden die Konstrukte Raummaterialität, Raumpraktik und Raumimagination anders bestimmt und relationiert. Diese Differenzen finden ihren Ausdruck insbesondere darin, ob der Begriff „Handlungsraum" eine materiale Gestalt oder ein soziales Regelsystem bezeichnet. Vor diesem Hintergrund werden auch die Bildungspotenziale des (pädagogischen) Handlungsraums unterschiedlich konkretisiert:

Wird der Handlungsraum als *materialer Zweckraum* begriffen, so ist ein Bildungspotenzial in der material-physischen Verfasstheit des Raums immer schon angelegt. Grundlegend für diese Auffassung ist, dass die Nutzungsordnung eines Raums Handlungsvollzüge von Akteuren strukturiert. Hier lassen sich instruktiv didaktische Reflexionen zum Verhältnis von materialer Raumgestalt und pädagogischer Absicht anschließen. In dieser Perspektive wird die Wirkmächtigkeit des materialen Raums in der pädagogischen Praxis unterstellt, ohne jedoch in ein überzogenes raumdeterministisches Denken zu verfallen. Denn schließlich verweist Bollnow darauf, dass sich die Bildungspotenziale des Raums nur dann entfalten, wenn die Nutzer diesen Raum annehmen, sich darauf einlassen können. Für den pädagogischen Handlungsraum könnte diese Bedingung anerkennungstheoretisch (vgl. Honneth 1992) konkretisiert werden: Wenn Kinder und Jugendliche eine pädagogische Absicht decodieren, die sich im Raum materialisiert und darin emotionale Zuwendung, soziale Wertschätzung und die Anerkennung als Rechtsperson zum Ausdruck kommt, ist die Grundlage für eine Bereitschaft gegeben, diesen Raum im Bollnow'schen Sinn zu bewohnen. Denn erst wenn Kinder und Jugendliche den Raum bewohnen, wird die Differenz zwischen Körperraum und Handlungsraum aufgehoben und es erfolgt eine wirkmächtige Verinnerlichung des pädagogisch entworfenen Bildes vom idealen Nutzer, den konkrete Fähigkeiten, Haltungen und Überzeugungen auszeichnen.

Wird der Handlungsraum als *performativer Ritualraum* betrachtet, wird dieser sehr kontrovers als Ort der Ermöglichung, der Ideologisierung und Innovierung von Bildungsprozessen ausgewiesen. Mit van Gennep ist der pädagogische Handlungsraum ein material-soziales Bedingungsgefüge, welches Bildungsprozesse ermöglicht und sozial regelt. Gerade hier setzt Wellendorfs ideologiekritische Perspektive auf Rituale an, die als Technik zur Manipulation der Massen zu einer Deprofessionalisierung pädagogischer Praxis führt. Entritualisierung steht hier für eine sozialräumliche Öffnung der Spielräume für individuelle Ausdrucksformen. Diese Kontroverse wird in der modernen Ritualforschung konstruktiv aufgebrochen, indem verdeutlicht wird, dass in Ritualen keine Adaption sozialer Regeln und kulturellen Wissens, vielmehr eine spannungsreiche Auseinandersetzung mit diesen erfolgt. Rituelle Praktiken werden als performative (De-)Codierung mit sozialen Regeln und Erwartungen ausgewiesen und dabei das innovative Potenzial dieses Prozesses herausgestellt, in denen Bildungspotenziale begründet werden. In der Ritualforschung lässt sich somit eine Verschiebung der Aufmerksamkeit von den Strukturen des (Sozial-)Raums auf die Prozesse des Performativen feststellen. Diese performative Wende hat auch zu einem Bruch mit Ansätzen geführt, die eher raumdeterministisch argumentieren und zudem eine (Bildungs-)Forschung befördert, die den Fokus auf jene individuell-kreativen Dynamiken der Inszenierung einstellt.

Wird der Handlungsraum in der Erziehungswissenschaft als *inszenierter Aufführungsraum* beobachtet, dann lassen sich einerseits Prozesse der performativen Verräumlichung des Pädagogischen aufzeigen, andererseits rückt aber auch die Inszenierung als Bildungsprozess in den Blick. Die Inszenierung ist performativ-ästhetischer Ausdruck einer Auseinandersetzung mit sozialen Handlungsregeln und -erwartungen. Dieser Prozess ist prinzipiell kontingent, also nicht beliebig, aber in seiner Gestalt durch die situativen Bedingungen auch nicht determiniert. In dem performativen Präsentationscode des „Als-ob" ist der pädagogische Modus nun in die Raumpraktik selbst eingelassen und begründet ein Bildungspotenzial. Hier schließen didaktische Überlegungen zum Schultheater und Rollenspiel im Unterricht an, in denen sich Kinder und Jugendliche experimentell in Szenen entwerfen, thematisieren und somit ästhetische Interpretationen ihrer selbst in Bewährungssituationen erproben können.

Der Begriff des Handlungsraums verweist auf ein Spektrum von Ansätzen zwischen eher raumdeterministischen und raumvoluntaristischen Auffassungen. Gegenwärtig bedingt der „Spatial Turn" wieder eine neue Aufmerksamkeit auf die Bedeutung der materialen Gestalt des Raums für soziale Abläufe. Damit wird zwar der „Performative Turn" nicht abgelöst, der übrigens auch nicht vollständig den „Interpretativen Turn" beendet hat. Vielmehr ist der Verweis auf das Ende der „Meisterparadigmen" (Bachmann-Medick 2009, S. 17) ernst zu nehmen und macht auch einen solchen Beitrag riskant, der nur eine hoch selektive Momentaufnahme einer gegenwärtigen Begriffsverwendung sein kann. Zumindest sind Schlaglichter aufgezeigt, die im besten Fall Anlässe für eine Reflexion des eigenen Verständnisses vom Handlungsraum geben können.

Literatur

Austin, John (1972): Zur Theorie der Sprechakte (1962). Stuttgart.

Bachmann-Medick, Doris (2009): Cultural Turns. Reinbek.

Bollnow, Otto Friedrich (2010): Mensch und Raum (1963). Stuttgart.

Fischer-Lichte, Erika (2004): Ästhetik des Performativen. Frankfurt/M.

Gennep, Arnold van (1999): Übergangsriten. Frankfurt/M./New York.

Goffman, Erving (1983): Wir alle spielen Theater (1969). München.

Halbwachs, Marcel (2002): Soziale Morphologie (1938). Ausgewählte Schriften Bd. 4. Konstanz.

Honneth, Axel (1992): Kampf um Anerkennung: zur moralischen Grammatik sozialer Konflikte. Frankfurt/M.

Mohn, Elisabeth/Amann, Klaus (2006): Lernkörper. Kamera-Ethnographische Studien zum Schülerjob. Göttingen.

Mollenhauer, Klaus (1995): Grundfragen ästhetischer Bildung. Weinheim.

Schütz, Alfred/Luckmann, Thomas (1994): Strukturen der Lebenswelt. Band 2. Frankfurt/M.

Schroer, Markus (2006): Räume, Orte, Grenzen. Frankfurt/M.

Wellendorf, Franz (1973): Schulische Sozialisation und Identität. Weinheim.

Wulf, Christoph (2004): Anthropologie. Reinbek.

Wulf, Christoph/Althans, Birgit/Audehm, Kathrin u.a. (2004): Bildung im Ritual. Schule, Familie und Medien. Wiesbaden.

Wulf, Christoph/Göhlich, Michael/Zirfas, Jörg (2001): Sprache, Macht und Handeln – Aspekte des Performativen. In: Dies. (Hrsg.): Grundlagen des Performativen. Weinheim/München, S. 9–24.

Zinnecker, Jürgen (1978): Die Schule als Hinterbühne oder Nachrichten aus dem Unterleben der Schüler. In: Reinert, Gerd-Bodo/Zinnecker, Jürgen (Hrsg.): Schüler im Schulbetrieb. Reinbek, S. 29–116.

Imaginärer Raum

Doris Schuhmacher-Chilla

Zur Systematik des imaginären Raums

Der imaginäre Raum ist ein unsichtbarer Ort, der als komplexes Gefüge von Räumlichkeit zu verstehen ist. Reales, Virtuelles und die dazu gehörigen Symboliken gehen in die Konstruktion eines Raumes ein, der auf das vegetative System des Körpers und zugleich auf die jeweilige ihn umgebende Kultur angewiesen ist. Er ist ihren Bildern und medialen Ausprägungen nachgeordnet, aber nicht weniger mächtig in seiner unbewussten Wirkung auf uns. Für die Erforschung des gegenwärtig stark veränderten Zusammenhangs von Bild, digitalen Bildmedien, Körper und Subjektkonstituierung ist er von großer Bedeutung.

Wissenschaftsgeschichtlich ist die mit dem *iconic turn* einhergehende Wende zum Bild ein Meilenstein für kulturwissenschaftliche Untersuchungen der anthropologischen Seite der Bilder, die den imaginären Raum, innere Bilder, Vorstellungsbilder, Phantasie und Einbildungskraft implizieren. Zwischen menschlichem Blick und technischem Artefakt wird eine transdisziplinäre Thematisierung jener Kräfte vorangetrieben, die als *conditio sine qua non* phylogenetisch wie ontogenetisch die Menschwerdung beeinflussen und die Bildtransformationen vorantreiben (vgl. Boehm 1994; Belting 2001, 2007; Wulf 2009).

Im medialen Raum entstehen *innere Bilder* an der Grenze von Außen- und Innenwelt auf der Basis einer elementaren imaginativen Fähigkeit. Diese nicht zu hintergehende *imaginative* und *performative Kraft* ist verantwortlich dafür, dass Bilder im Menschen durch den mentalen Blick präsent werden. Durch das Sehen bestehender Bilder werden individuelle, kollektive, kulturelle und imaginäre Räume miteinander verknüpft. Äußere Bilder werden in den Körper aufgenommen, wo sie die schon vorhandenen inneren überlagern. Sie sind ihrerseits Erzeugnisse bereits transformierter und vergegenständlichter Imaginationen, die als alltägliche Bild-Medien und Artefakte in künstlerischen Formulierungen vorliegen. Innere Bilder variieren je nach Kultur, Lebensalter, Lebensführung und stellen ein unermessliches Reservoir an individueller menschlicher Erfahrung wie auch das Potenzial für all jene kreativen Bearbeitungen dar, die in der Überkreuzung von außen und innen interikonisch konzipiert werden. Die Frage nach der Beziehung von inneren und äußeren Bildern wie nach der Bildung innerer Bilder führt in den anthropologischen Zusammenhang von „Sehen, Bild, Phantasie, von Körper, Kultur und Geschichte“ (Wulf 1999, S. 331). Es besteht eine enge Verbindung von Phantasie, Körper und Wahrnehmung, bei der deutlich wird, dass sich die Phantasie letztlich einer theoretischen Begrifflichkeit verwehrt.

In Arnold Gehlens anthropologischem Verständnis des Menschen als Mängelwesen wird Phantasie ontologisierend als Antriebsüberschuss gedeutet. Maurice Merleau-Ponty (1966, 1994) hat in Abgrenzung und Weiterführung von Helmuth Plessner den zweifachen Körper als den herausgestellt, der sich selber hat und zugleich Körper ist. In der Bezugnahme beider Modi liegt das Besondere im phänomenologischen Sinn darin, dass der Mensch Angelpunkt der Perspektiven ist, mit denen er die reale Welt und alle Gegenstände wahrnimmt, eine Perspektive, die ermöglicht und insofern begrenzt, als der Körper oder Leib „sich nicht vor meinem Blick entfalten kann, vielmehr immer am Rand meiner Wahrnehmung bleibt und dergestalt mit mir ist“ (Merleau-Ponty 1966, S. 115). Die in der Körperlichkeit bedingte chiastische Verschränkung von außen und innen ermöglicht eine für das Subjekt vereinheitlichende Erfahrung und Orientierung, in der die physiologischen und historisch-kulturellen Voraussetzungen des eigenen Sinnesaktes wie die der Beschaffenheit des Objekts bereits enthalten sind (Merleau-Ponty 1994) und darüber hinaus bereits die mediale Verfasstheit der Wahrnehmung deutlich machen, wenn man einen gegenwärtig weit gefassten Medienbegriff zugrunde legt, dessen Tektonik sich bis in soziale Rituale und Repräsentationen erstreckt.

Aus psychoanalytischer Sicht ist der imaginäre Raum bei Jacques Lacan ähnlich wie bei Merleau-Ponty an einen Zustand körperlicher Präsenz gebunden, der dem sprachlichen vorausgeht und an die Identifikation des kleinen Kindes mit der Mutter gebunden ist. Die Mutter verbürgt die Ganzheit des körperlichen Erlebens, über die das kleine Kind noch nicht verfügt, die es aber in der unhinterfragten Bindung an die Mutter auf sich selbst projizierend übernimmt. Im Erleben der Macht und Ganzheitlichkeit der Mutter liegt die Gefahr des Erlebens eigener Unselbständigkeit und Unvollständigkeit, die Lacan zufolge auch Motor des lebenslangen Begehrens ist. Mit der Theorie des Spiegelstadiums entwirft Lacan über den Blick, der im Spiegel die Vollständigkeit des eigenen Körperbildes sieht (den das Kind jedoch auf Grund seiner sensumotorischen Entwicklung noch nicht erlebt hat), eine Matrix des Imaginären, in dem die Funktion von inneren Vorstellungsbildern und Phantasien als Kontrahenten der Wirklichkeit, vor allem der Endlichkeit des Lebens deutlich wird. Dem Blick kommt in der Beziehung von Körper, Bild und imaginärem Raum eine Schlüsselrolle zu. Er beinhaltet nach Lacan ein Verhältnis des Trugs zu dem, was man sehen möchte, denn er ist bereits Ergebnis der Überkreuzung von innen und außen, selbst und anderem, und weder konform mit dem, was das Subjekt sei, noch mit dem, was es zu sehen wünsche (Lacan 1975).

Von Seiten der französischen Philosophie hatte bereits Jean-Paul Sartre in seiner „Phänomenologischen Psychologie der Einbildungskraft" das Imaginäre als irrealisierende Funktion des Bewusstseins beschrieben, das sich der Welt entziehen, d. h. einen Abstand zu ihr einnehmen muss, um etwas vorstellen zu können (Sartre 1994). Wie Merleau-Ponty betont Sartre den Symbolbegriff der Vorstellung als ein inneres Gefüge, das er von der einfachen Wahrnehmung unterscheidet. Entscheidend für den Akt des Vorstellens sind negierende, nicht aber abstrakte Setzungsakte. In ihnen erscheint das Objekt anschaulich – abwesend. Der Doppelcharakter der Imagination liegt im gleichzeitigen Konstruieren und „Nichten" der Welt (ebd., S. 292). In der Vorstellung wird das Negierte danach wie eine Wahrnehmung behandelt, d. h. *als ob* es anwesend wäre. Diese Möglichkeit, oder dieser *Möglichkeitssinn,* wird für Sartre durch ein in realen Situationen lebendes Bewusstsein bedingt, dessen Freiheit darin liegt, das reale, konkrete Etwas im Imaginationsakt durch das Irreale zu ersetzen. Nur in derartigen Funktionszusammenhängen wird das Imaginäre erfahrbar. Es ist kein isolierbares Phänomen, sondern bildet mit dem Realen und dem Fiktiven eine triadische Beziehung. Die Vorstellungsbilder des Imaginären sind referenzlos und müssen den Gegenständen vorausgehen. Sie tragen aber maßgeblich zu visueller Kontinuität und stabiler Gegenstandswahrnehmung bei. Um in Erscheinung zu treten, braucht das Imaginäre ein Medium, in dem es als Form zu erkennen ist (vgl. Iser 1983).

In der wechselseitigen und untrennbaren Verbindung von dem, was in einer Gesellschaft jeweilig als zu Sehendes medial gegeben ist und den je individuellen Vorstellungen entsteht das kollektive und individuelle Imaginäre. In seinem Entwurf einer politischen Philosophie begreift Cornelius Castoriadis sich von Lacan abgrenzend „Gesellschaft als imaginäre Institution" (Castoriadis 1984). Sie formiert sich auf der psychischen Grundlage einer *radikalen Imagination,* die nicht spiegelbildlich zu einem Körper induziert ist, sondern eine radikale, unhintergehbare Kraft ist. Das radikale Imaginäre, das somit als Doppeltes existiert, ist als Gesellschaftlich-Geschichtliches ein kollektives offenes Strömen. „Das Imaginäre, von dem ich spreche, ist kein Bild *von.* Es ist unaufhörliche und (gesellschaftlich-geschichtlich und psychisch) wesentlich indeterminierte Schöpfung von Gestalten/Formen/Bildern, die jeder Rede von ‚etwas' zugrunde liegen. Was wir ‚Realität' und ‚Rationalität' nennen, verdankt sich überhaupt erst ihnen" (ebd., S. 12). Castoriadis macht deutlich, dass jedes Denken von Gesellschaft und Geschichte selbst deren Teil ist (vgl. ebd., S. 13). Das Kern- oder Grundphantasma des Subjekts macht seine Einzigartigkeit, sein organisierendes Schema aus. Dieses besteht zum einen in einer Symbolisierung, etwas für etwas anderes zu setzen, in einer für das Imaginäre insofern notwendigen Konstruktion, als etwas konkretisiert werden muss, um existent zu sein. Zum anderen besteht die Matrix auch umgekehrt in einer imaginären Vorstellung, die dem Akt des Symbolisierens zugrunde liegt. „In dem Maße jedoch, wie das Imaginäre letztlich auf eine ursprüngliche Fähigkeit zurück geht, sich mit Hilfe der Vorstellung ein Ding oder eine Beziehung zu vergegenwärtigen, die nicht gegenwärtig ist (die in der Wahrnehmung nicht gegeben ist oder es niemals war), werden wir von einem letzten oder *radikalen Imaginären* als der gemeinsamen Wurzel des *aktualen Imaginären* oder des *Symbolischen* sprechen. Es handelt sich dabei um die elementare und nicht weiter zurückführbare Fähigkeit, ein Bild hervorzurufen" (ebd., S. 218).

Anthropologisch ist der Umgang mit den vielseitigen inneren Bildern eine Folge der Exzentrizität und Bildungsfähigkeit (Bildsamkeit) des Menschen. Auf Grund der zentrierten Position ist der Mensch zwar an sein Leben gebunden, das er vollziehen muss. Damit ist er der *Kontingenz* des Lebens unterworfen, das sich in seiner Unwägbarkeit und Offenheit einer letztlich rationalen Durchdringung und Planbarkeit entzieht. Doch dank des Vermögens von Phantasie und Imagination kann sinnlich Erfahrenes umgewandelt und Welt und Selbst exzentrisch in Bildern entworfen werden (Zirfas 2009; Wulf 2011).

Menschen müssen und können sich auf Grund der Exzentrizität oder, aktuell gesprochen, aufgrund der Paradoxie von Selbstgefühl und Bildmedium zu sich selbst verhalten. Sie sind damit auch in einer gewissen kreativen Art und Weise, die sich erneut in paradoxale Muster der Selbst- und Fremdrelationen verwickelt, immer wieder zur Erfindung eines Selbst gezwungen. In diesem Sinne ist Imagination auch als eine produktive ästhetische Kategorie im Sozialisationszusammenhang zu sehen (Schuhmacher-Chilla 1995). Selbst unter den derzeitigen Voraussetzungen eines veränderten Begriffs und einer veränderten Bedeutung von Kreativität bleibt die produktive Fähigkeit zur Entdeckung und zum unvorhersehbaren Umgang mit den „Zwischenebenen" der Störbilder, Leerstellen, Verfehlungen, Verwerfungen und anderen Brüchen als Freiheitsfaktor des Subjekts bestehen.

Aufgabe einer den *Doppelsinn der Bilder* bedenkenden Bildanthropologie bleibt es zukünftig, die Macht der mentalen und physischen Bilder sowie die Bedingungen ihrer positiven und negativen Möglichkeiten in Bezug zur Lebenswirklichkeit zu reflektieren. Sie bestimmen unsere Aufmerksamkeit, steuern Erinnerung, Vergessen und Blickverhalten. Christoph Wulf unterscheidet sieben unterschiedliche Funktionen mentaler Bilder als „Verhaltensregler, Orientierungsbilder, Wunschbilder, Willensbilder, Erinnerungsbilder, mimetische Bilder und archetypische Bilder" (Wulf 2009, S. 316). *Verhaltensmuster* werden neuen ethologischen Untersuchungen zufolge nicht vererbt, sondern zum großen Teil durch so genannte Auslöse-Bilder gewonnen, z. B. bei grundlegenden Verhaltensweisen wie dem Essen und Trinken oder dem Aufziehen von Kindern. *Orientierungsbilder* verändern sich im Zuge der Globalisierung, werden durch Vernetzung stärker öffentlich und schaffen immer schneller eine immer größere *community*, die international wirksam wird und neue globale Formen des Bewusstseins schafft. *Wunschbilder* sind von großer Bedeutung für die Intention menschlichen Handelns und die mentale Gestimmtheit. In ihnen zeigen sich Begehren und Realitätserfahrung mitunter als inkompatible Zonen, um die man weiß. *Willensphantasmen* oder *Willensbilder* beinhalten den Antriebsüberschuss, in dem Handlungsenergie projiziert wird und der Basis menschlicher Arbeit und Kultur ist. *Erinnerungsbilder* gehören zum Privaten einer jeweiligen Person. Sie nähren sich sowohl aus Wahrnehmungsbildern wie aus imaginären Bildern und gehen in gegenwärtige Wahrnehmungen mit ein. Obwohl sie konkreten Zeiten und Räumen der persönlichen Erlebenswelt entstammen, bilden sie eine Vergegenwärtigung des Vergangenen und ermöglichen zudem in ihrer emotionalen, persönlichen Bewertung Widerstand gegen die unaufschiebbare, lineare Zeit. *Mimetische Bilder* sind die Bilder, die in uns als Vor-Bild wirken, ob wir es wollen oder nicht. Der Drang, es Bildern gleich zu tun, weist in die Antike zurück. Platon sah diejenigen Bilder als gefährlich an, die seinen Erziehungszielen nicht entsprachen. Aristoteles befürwortete demgegenüber das Erlernen von Fähigkeiten, sich dem Unerwünschten zu widersetzen, was Konfrontationen mit ihm voraussetzte. Angesichts des Umgangs mit Wirkungen von Gewalt und Sexualität in den neuen Medien ist die Frage wieder aktuell. *Archetypische Bilder* gehen auf C. G. Jungs Gedanken zum kollektiven Unbewussten zurück, müssen aber nicht darauf bezogen werden, sondern meinen eher bestimmte Leitbilder und Schicksalsbilder, die das kulturell produktive Handeln einer Nation oder Kultur beeinflussen (vgl. ebd.).

Zur Geschichte von Phantasie – Einbildungskraft – Imagination

Ging es im Vorhergehenden um das eher systematische Erfassen des imaginären Raums, wird im Folgenden seine historische Ausprägung hervorgehoben. In der griechischen Antike spielte der imaginäre Raum als Phantasie bei Platon wie bei Aristoteles eine z. T. auch kalkuliert unbedeutende Rolle, denn man fürchtete ihre ungezügelte Macht. Bei Platon erscheint sie als diejenige, die die Nachahmung des Erscheinenden bewirkt. Bei Aristoteles hat der Künstler die Fähigkeit, etwas in Erscheinung zu bringen. In der römischen Antike findet eine Verlagerung der Bedeutung dahingehend statt, dass die aktive Fähigkeit, Bilder in die Ein-Bildung herein zu nehmen, hervorgehoben wird. Paracelsus überträgt dieses Verständnis unter dem Begriff *Einbildungskraft* ins Deutsche. Während Kant noch Gefahren der wuchernden Phantasie wittert, gewinnt die Einbildungskraft im Laufe des 18. Jahrhunderts in Zusammenhang mit der erhöhten Aufmerksamkeit für Bilder an Bedeutung. Gegenüber dem cartesianischen Paradigma der methodenstrengen Wahrnehmung besteht bis zur Romantik ein Rechtfertigungsdruck für die sinnesbezogene Phantasie. Im Laufe des 18. Jahrhunderts zeigt sich vor allem in der Dichtung mitunter eine Abgrenzung der Phantasie gegenüber Einbildungskraft und Imagination. „Häufig wird nur die Einbildungskraft, nicht die Phantasie, als schöpferische Kraft bestimmt, sich visuell und reflexiv auf Gegenstände zu beziehen“ (Schulte-Sasse 2010, S. 104). Für Kunst, Literatur und Philosophie wird die Phantasie seit dem späteren 18. Jahrhundert gänzlich neu bewertet und als Urheber von Kreativität, damit als geistiger Urheber künstlerischer Werke verehrt. Im Rahmen des neuen Selbstverständnisses in der Moderne, das ein Ende der Transzendenz und eine Wende zur Lebenswelt bedeutet, werden die enge Beziehung von Einbildungskraft und autonomer Subjektivität vor allem im Geniekult deutlich; aber auch die Ambivalenz der Einbildungskraft wird erkannt (Hüppauf/Wulf 2006).

Einerseits ist sie das hochgeschätzte *produktive Vermögen*, von dem Kant lobend die Anschauung gegenüber bloßen Begriffen erwähnt und das die *ästhetische Idee* beinhaltet, von Kant definiert als „Vorstellung der Einbildungskraft, die viel zu denken veranlaßt, ohne daß ihr doch irgend ein bestimmter Gedanke, d. i. *Begriff*, adäquat sein kann" (Kant 1968, S. 314). In dieser Funktion verehren sie die romantischen Dichter und Theoretiker Novalis, Schlegel, Schelling, aber auch Baudelaire leidenschaftlich. Andererseits ist die Einbildungskraft als Möglichkeitssinn komplementär zur Überhöhung der Leere oder des Nichts verpflichtet bzw. ihr ausgesetzt – ein Aspekt, der über Nietzsche, den Surrealismus und die Dekonstruktion Derridas bis zur Thematisierung des Nichts in der zeitgenössischen Kunst führt. Vor allem von den Frühromantikern wird die Einbildungskraft gedeutet und in einem ästhetischen Programm gegen das Regime der regelgeleiteten Rationalität verteidigt, wobei Jean Paul dem Begriff der Phantasie den Vorrang gibt, denn nur letztere ergänzt für ihn jenes Angeschaute, das die Einbildungskraft rahmt. Obwohl die Einbildungskraft im berühmten Ausspruch Kants an sinnliche Anschauung gekoppelt wird, ist sie weniger bedeutend als die Urteilskraft. Produktive Einbildungskraft ist jedoch zugleich als vereinheitlichende Fähigkeit, etwas in ein Bild zu fassen, Bedingung für ästhetisches Erleben. Bei Hegel wird die anschauliche Einbildungskraft kritisiert, und das begriffliche Erfassen von Wirklichkeit wird hoch bewertet, da es ohne ein visuelles Verhältnis von Subjekt und Objekt zur absoluten Identität führt.

Trotz vielfältiger epochaler Unterschiede gibt es in der Vorstellung eines Subjekts, das sich *blickend* auf Gegenstände bezieht, Ähnlichkeiten zwischen Aufklärung, Klassik und Romantik. Im 19. und 20. Jahrhundert wird Imagination als Voraussetzung für die Einheit von künstlerischem Gegenstand als Werk und Subjekterfahrung geltend gemacht und gerät damit in den Verdacht bildungsbürgerlicher Ideologien, die Werk und Subjekt als autonom begreifen. Die gesellschaftliche Rolle der Phantasie besteht paradoxerweise darin, dass sie der Realität gegenübergestellt wird, quasi als politischer Entlastungsprozess. In der soziologischen Unterscheidung von Imagination und Imaginärem wird in Folge der Aufklärungskritik ein anthropologischer und auch kulturkritischer Aspekt eingefordert, der das mächtige gesellschaftliche und kulturelle Imaginäre von individuellen, körpernahen Imaginationsprozessen abhebt (Kamper 1986, 1990) und die Aufmerksamkeit auf die *gespaltene Imagination* (Kamper 1990, S. 280) lenkt. Das Motto lautet: *Gegen das Imaginäre hilft nur die Einbildungskraft* (ebd., S. 282). Die körpernahen Bilder werden zu Schutzschirmen gegen eine sich mehr und mehr visualisierende, aber blinde Verbildlichung der Wirklichkeit, die bar jeder Zeitlichkeit und Erfahrung ist. Es wird deutlich, dass es bei der Bildungsprozesse initiierenden Einbildungskraft um eine Kraft geht, die den Bildern vorausgeht und zugleich Reflexion beansprucht (Schäfer/Wulf 1999).

Blicke – Sehen – Bilder

Für Hans Belting (2001, S. 57) sind Menschen die „Orte der Bilder". Angesichts ihrer Körperlichkeit sind sie nicht nur Vermittler zwischen Bild und Blick, sondern Erzeuger von Bildern im Blick, d. h. sie projizieren und empfangen Bilder. Körper ist nicht als essentialistischer Begriff zu verstehen, sondern meint: historisch wandelbare Orte der Bilder als Orte des Austauschs und der Interaktion im Unterschied zu geografischen und öffentlichen Orten. Wird der Doppelsinn des Bildbegriffs, Inneres und Äußeres zu sein, nicht vorschnell aufgelöst, bleibt der theoretische Zugang zu Wahrnehmungs- und Vorstellungsprozessen erhalten; inneres und äußeres Bild erweisen sich nicht als Gegensatzpaar. Der Körper gilt Belting als lebendes Medium in dem Sinne, als die Bilder, gesehene, erinnerte und geträumte, von ihm Besitz ergreifen. Das Dreieck Körper – Medien – Bild wird um den Blick ergänzt. Weil Menschen an Bilder glauben, kann ihre Macht der Macht lebender Wesen entsprechen. Der Bilderglaube vollzieht sich Belting zufolge auf der Grundlage eines symbolischen Beseelungsaktes, der *Animation*, mit dem die Fähigkeit zur Verlebendigung eines unlebendigen Gegenstandes als Bild gemeint ist. Akteure dieser Metamorphose sind wir selber. „Es sind wir, die wollen, dass Bilder etwas wollen. Bildmedien sind gleichsam fiktive Partner unseres Blicks" (Belting 2007, S. 50).

Aus erweiterter phänomenologischer, bildtheoretischer Sichtweise wird darüber hinausgehend gefordert, Bildersehen als Handlung zu begreifen. Einerseits wird Sehen Bedingung dafür, dass ein Bild erscheint, dass sich dieses *Bildding* durch seine Begrenzung oder „Rahmung" von bloßen Alltagsdingen unterscheidet und sich in einem Figurationsprozess verkörpert, durch den wir seine Konturen allererst wahrnehmen. Andererseits ist das Sehen im Bunde mit der Imagination, denn „die Imagination der Betrachter wird von diesem Fremdkörper angezogen und destabilisiert" (Schwarte 2011, S. 223). Auf dem Weg in die imaginative Möglichkeitswelt folgen dem Akt der Verkörperung auf verschiedenen Ebenen angesiedelte Negationen wie z. B. das Zurücktreten des Alltäglichen oder der Verweis auf Abwesendes. Das Bild, das aufscheint, geht aber nicht in der Imagination auf, sondern stellt sich ihr in gewisser Weise mit seinen wichtigsten Komponenten, *Materialität, Dimensionalität* und *Licht* entgegen (Schwarte 2011, S. 221). Auf seiner Oberfläche zeigt es die Spur einer Energie, eines Dings oder eines Ereignisses, das selbst nicht mehr anwesend ist, mit dem das Bild aber ursächlich verbunden ist (Didi-Huberman 1999). Fotografien oder Schattenbilder des Körpers sind beispielsweise als Körperspuren zu sehen.

Keinesfalls ist die Imagination der Betrachter und Betrachterinnen von Bildern zeitgenössischer Kunst lediglich als subjektive Einbildung anzusehen (Schuhmacher-Chilla u. a. 2011). Imagination ist vielmehr notwendiger Bestandteil einer aktiven Rezeption und Konstruktion, die in erheblichem Maße mit mimetischem Sehen und performativer Wirkungsmacht der Bilder verknüpft ist. Im mimetischen Sehen erfolgt eine *Anähnlichung* an die äußere Welt, die einem bildhaften Abdruck gleich in die innere Bilderwelt des Subjekts übertragen wird und so zirkulierend zum imaginären Bestandteil des

Subjekts wird, der wiederum auf dessen weitere Sichtweisen und Interpretationen nachhaltig Einfluss nimmt. Im „mimetischen Nachvollzug“ (Wulf 2009, S. 320) besteht die Leistung auch darin, jene Ambivalenz und Unsicherheit zu ertragen, die mit der unvorhersehbaren und nicht benennbaren Wirkungsmacht der Bilderwelt gegeben ist. In dem Maße, wie ein verweilender Widerstand gegen schnelle begriffliche Urteile sowie gegen ein bloßes Wiedererkennen eines bekannten Inhalts das innere *Icon* in seiner undurchdringlichen Fülle und Komplexität vor dem inneren Auge aufrecht hält, wird dieses Bild durch Konzentration und Kraft eigenen Denkens imaginativ weiter vervollständigt. Es hervorzurufen und sich mit ihm zu beschäftigen gleicht der Intensität eines herkömmlichen Interpretationsaktes. Dieser Akt der Aneignung und Erkenntnis, der beide Arten von Bildern, innere und äußere umfasst, spielt in Bildungsprozessen eine wichtige Rolle.

Literatur

Belting, Hans (2001): Bild-Anthropologie. München.

Belting, Hans (Hrsg.) (2007): Bilderfragen. Die Bildwissenschaften im Aufbruch. Paderborn.

Boehm, Gottfried (Hrsg.) (1994): Was ist ein Bild? München.

Castoriadis, Cornelius (1984): Gesellschaft als imaginäre Institution. Entwurf einer politischen Philosophie. Frankfurt/M.

Didi-Huberman, Georges (1999): Ähnlichkeit und Berührung: Archäologie, Anachronismus und Modernität des Abdrucks. Köln.

Hüppauf, Bernd/Wulf, Christoph (Hrsg.) (2006): Bild und Einbildungskraft. München.

Iser, Wolfgang (1983): Das Imaginäre: kein isolierbares Phänomen. In: Henrich, Dieter/Iser, Wolfgang (Hrsg.): Funktionen des Fiktiven. München, S. 479–486.

Kamper, Dietmar (1986): Zur Soziologie der Imagination. München/Wien.

Kamper, Dietmar (1990): Zur Geschichte der Einbildungskraft. Reinbek.

Kant, Immanuel (1968): Kritik der Urteilskraft (1790). Akademie-Ausgabe Band V. Berlin.

Lacan, Jacques (1975): Das Spiegelstadium als Bildner der Ichfunktion. In: Ders.: Schriften I. Frankfurt/M., S. 61–70.

Merleau-Ponty, Maurice (1966): Phänomenologie der Wahrnehmung. Berlin.

Merleau-Ponty, Maurice (1994): Das Sichtbare und das Unsichtbare. München.

Sartre, Jean Paul (1994): Das Imaginäre. Phänomenologische Psychologie der Einbildungskraft. Reinbek.

Schäfer, Gerd/Wulf, Christoph (1999): Bild – Bilder – Bildung. Weinheim.

Schuhmacher-Chilla, Doris (1995): Ästhetische Sozialisation. Berlin.

Schuhmacher-Chilla, Doris/Ismail, Nadia/Kania, Elke (Hrsg.) (2011): Image und Imagination. Oberhausen.

Schulte-Sasse, Jochen (2010): Einbildungskraft/Imagination. In: Barck, Karlheinz (Hrsg.): Ästhetische Grundbegriffe. Studienausgabe Band 2. Stuttgart, S. 88–120.

Schwarte, Ludger (2011): Taktisches Sehen. Auge und Hand in der Bildtheorie. In: Bilstein, Johannes/Reuter, Guido (Hrsg.): Auge und Hand. Oberhausen, S. 211–228.

Wulf, Christoph (1999): Bild und Phantasie. Zur historischen Anthropologie des Bildes. In: Schäfer, Gerd/Wulf, Christoph (Hrsg.): Bild - Bilder - Bildung. Weinheim, S. 331–344.

Wulf, Christoph (2009): Anthropologie. Geschichte, Kultur, Philosophie. Köln.

Wulf, Christoph (2011): Bild, Blick und Imagination. In: Bilstein, Johannes (Hrsg.): Anthropologie und Pädagogik der Sinne. Opladen, S. 127–141.

Zirfas, Jörg (2009): Leben und Tod. Über die Unvermeidlichkeit des pädagogischen Umgangs mit menschlicher und weltlicher Kontingenz. In: Liebau, Eckart (Hrsg.): Lebensbilder. Streifzüge in Kunst und Pädagogik. Oberhausen, S. 89–108.

Kapitel 6
Kultur

Lebensformen

Micha Brumlik

Der Begriff der „Lebensform“ oder der „Lebensformen“ ist gegenwärtig einer der zentralen Begriffe einer verstehenden, auf jeden Fall sprachtheoretisch informierten Kultur- und Sozialwissenschaft (Liebsch 2004). Der stets im Plural verwendete Begriff bezeichnet die Summe der moralischen, religiösen, auf Produktion und Reproduktion bezogenen Regeln, die partikularen menschlichen Gemeinschaften ihr unverwechselbares Gepräge geben.

Ludwig Wittgenstein (1889–1951)

Als bekannteste Referenz kann die in den 1930er und 1940er Jahren von dem Philosophen Ludwig Wittgenstein entwickelte Gebrauchstheorie der Sprache gelten, die sprachliche Bedeutungen als die Regeln ihres Gebrauchs bestimmt. In § 19 seiner „Philosophischen Untersuchungen“ (PU) behauptet Wittgenstein: „Und eine Sprache vorstellen heißt, sich eine Lebensform vorstellen“ (Wittgenstein 1967, S. 20). Kurz darauf stellt er einerseits fest, dass es in beliebigen Sprachen eine nicht näher bestimmbare, „unzählige“ Anzahl unterschiedlicher Satzformen – Wittgenstein nennt sie „Sprachspiele“ – gebe, und andererseits macht er darauf aufmerksam, dass „das Wort ‚Sprachspiel‘ hier hervorheben [soll], daß das Sprechen der Sprache ein Teil ist einer Tätigkeit, oder einer Lebensform“ (Wittgenstein 1967, S. 24). Wittgenstein setzt das Sprechen einer Sprache und das, was er als Lebensform bezeichnet, nicht einander gleich. Wenn das Sprechen einer Sprache nämlich nur Teil einer Lebensform ist, muss eine Lebensform selbst mehr sein – etwa ein Ensemble materieller Praxen. Dort, wo Wittgenstein den Begriff des Sprachspiels einführt, gibt er zu Protokoll, dass er beides, sowohl die sprachlichen Regeln im Besonderen als auch das Ensemble, in das sie verwoben sind, als „Sprachspiel“ bezeichnet: „Ich werde auch das Ganze: der Sprache und der Tätigkeiten, mit denen sie verwoben ist, das ‚Sprachspiel' nennen" (ebd., S. 17). In den wahrscheinlich im gleichen Zeitraum entstandenen „Bemerkungen zur philosophischen Psychologie" führt er demgemäß aus: „Statt des Unzerlegbaren, Spezifischen, Undefinierbaren: die Tatsache, dass wir so und so handeln, z. B. gewisse Handlungen strafen, den Tatbestand so und so feststellen, Befehle geben, Berichte erstatten, Farben beschreiben, uns für die Gefühle der Anderen interessieren. Das Hinzunehmende, Gegebene – könnte man sagen – seien Tatsachen des Lebens/seien Lebensformen" (Wittgenstein 2009, S. 122).

Lebensformen stellen demnach die Gesamtheit dessen dar, was Menschen in der Welt vorfinden und mit dem sie zunächst unumgänglich konfrontiert sind. Also die Gesamtheit materieller Bedingungen, sprachlicher Regeln, symbolischer Bedeutungen und sozialer Beziehungen. In Lebensformen determinieren Sprachspiele die Bedeutung von Handlungen ebenso, wie Handlungen die Bedeutung von Lebensformen bestimmen (Hintikka/Hintikka 1990, S. 279–289). Wittgenstein radikalisiert diese Ansicht auch in seiner Theorie der Wahrheit, dergemäß dem, was unter „Wahrheit" verstanden wird, kein außersprachlicher Rang außerhalb einer je historisch-kulturell entstandenen Lebensform zukommt: „So sagst du also, dass die Übereinstimmung der Menschen entscheide, was richtig und was falsch ist? – Richtig und falsch ist, was Menschen *sagen;* und in der *Sprache* stimmen die Menschen überein. Dies ist keine Übereinstimmung der Meinungen, sondern der Lebensform" (Wittgenstein 1967, S. 113).

Lebensformen determinieren demnach das, was in ihnen gilt, total; fraglich ist daher erstens, ob und unter welchen Bedingungen es Einzelnen oder Gruppen möglich ist, die Grenzen ihrer Lebensform zu überschreiten sowie zweitens, wie eine Verständigung zwischen Angehörigen verschiedener Lebensformen überhaupt möglich sein soll. Ungeklärt ist weiterhin, ob überhaupt, und wenn ja, wie die Grenzen von Lebensformen bestimmt werden können. Denn sollten sie – wofür nach Wittgenstein einiges spricht – unscharf und porös sein, schwächt sich ihr vorausgesetzter Holismus doch wieder ab.

Friedrich Daniel Ernst Schleiermacher (1768–1834)

Wittgenstein ist weder der Erste noch der Einzige, der den Begriff der „Lebensform" verwendet oder theoretisch untersucht. Wahrscheinlich hat er selbst den Begriff der in den 1920er und 1930er Jahren entwickelten deutschsprachigen geisteswissenschaftlichen Psychologie entnommen. In einer ausführlichen Bestimmung ist der Begriff 1921 in der von Eduard Spranger verfassten Studie *Lebensformen. Geisteswissenschaftliche Psychologie und Ethik der Persönlichkeit* (Spranger 1996) erschienen. Spranger selbst aber hatte den Begriff über seine Rezeption Diltheys von Schleiermacher übernommen. Schleiermacher führt diesen Begriff im § 107 seiner „Vorlesung über den christlichen Glauben" ein, und zwar in der zweiten Auflage von 1830/31; hier definiert er: „Das Aufgenommenwerden in die Lebensgemeinschaft mit Christo ist als verändertes Verhältniß des Menschen zu Gott betrachtet seine Rechtfertigung, als veränderte Lebensform betrachtet seine Bekehrung" (Schleiermacher 1999, S. 150). Erläuternd fügt Schleiermacher später an: „Unter der Lebensform ist hier nichts anderes zu verstehen, als die Art und Weise, wie die einzelnen Zeitteile des Lebens werden und sich aneinanderreihen; und das Selbstbewusstsein wird also betrachtet in seinem Übergang in Thätigkeit, das heißt als Grund des Willens" (ebd.).

Schleiermacher unterscheidet zwischen „Lebensgemeinschaft" hier und „Lebensform" dort – beide Begriffe werden in Beziehung zu dem von Schleiermacher selbstverständlich vorausgesetzten „Christus" gesetzt. Dabei geht es beim Begriff der „Lebensgemeinschaft mit Christus" gleichsam um zwei Subjekte, während es beim Begriff der „Lebensform" um ein bestimmtes Selbstverhältnis geht. Jene Christen, die aus sich aus dem „Gesamtleben der Sündhaftigkeit" (ebd.) im Geiste der lutherisch-paulinischen Rechtfertigungslehre bekehren, ändern damit die Erzählung ihres eigenen Lebens, die Reihung seiner einzelnen Elemente – modern gesprochen ändern sie ihr „Narrativ". Das aber bedeutet, das reflektierende Bewusstsein, das Selbstbewusstsein, als aktiv und somit willensfähig zu verstehen. Diese bewusstseinsphilosophische Voraussetzung scheint Schleiermacher unumgänglich, um das Verhältnis von Rechtfertigung und Bekehrung zu erläutern, denn: „Noch weniger liegt in dem Ausdrucke Rechtfertigung irgendetwas auf den Anfang einer neuen Lebensform Hindeutendes" (ebd., S. 152). Schleiermachers bewusstseinsphilosophische Erläuterung der lutherisch-paulinischen Rechtfertigungslehre impliziert, dass die Gläubigen selbst einen neuen Anfang in ihrem Leben machen müssen, eine Aktivität, die durch das deutsche Wort „Buße" nicht genügend akzentuiert wird, „da dieser [Ausdruck, M.B.] keine Andeutung von dem wirklichen Anfang einer neuen Lebensform enthält, und es auch sehr befremdlich klingt, den Glauben [...] als einen Teil der Buße aufzählen zu hören" (ebd., S. 154).

Das, was eine „Lebensform" ist, ist nach Schleiermacher nach Maßgabe der Güte eines Lebensvollzuges bewertbar. Die Bekehrung, als „Eintritt in die Lebensgemeinschaft mit Christo", ist zugleich „der Anfang einer höheren Lebensform" (ebd., S. 168), die zwar vom Subjekt in seiner Selbsttätigkeit gewollt werden kann, aber letztlich Christus zu verdanken ist. Es ist somit die Selbstmitteilung von Christus in der Bekehrung, die zum Verlangen einer „personbildendenden Selbsttätigkeit" führt. Die Bekehrung steigert das Verlangen der Individuen nach einer „ein zusammenhängendes neues Leben konstituierenden Selbsttätigkeit" (ebd., S. 171).

Wilhelm Dilthey (1833–1911)

Diese Gedankenfigur einer zusammenhängenden und je und je neu herzustellenden Struktur des eigenen, bewusst geführten Lebens ist eine der Grundlagen von Wilhelm Diltheys Begründung der idiographischen „Geisteswissenschaften" (Hermann 1971). So war es Wilhelm Dilthey, der den Begriff der „Lebensform" von Schleiermacher, dessen Biographie er schon früh untersucht hatte (Dilthey 1985), übernahm. In seinen Überlegungen zum „Problem der Religion“ bei Schleiermacher stellte er fest, dass Schleiermacher „jede bestimmte Gestaltung der Religion aber als individuelle Bildung des Abhängigkeitsgefühls zu einer Lebensform neben dem metaphysischen System als ein sich ihm Angleichendes hinstellte“ (Dilthey 1994, S. 300). Dilthey versteht unter „Lebensform“ demgemäß eine „Wertverteilung“ (ebd., S. 282), und zwar in einem Zusammenhang, in dem auch der – später durch Wittgenstein bekannt gewordene – Begriff der „Familienähnlichkeit“ von ihm eingeführt wird. „Lebensformen“ sind im Sinne Diltheys demnach jene Strukturen, anhand derer Individuen ihre Leben führen. Die Strukturen selbst bestimmen sich nach je unterschiedlichen, individuell gewichteten Relevanzen von unterschiedlichen Vorstellungen eines guten und gelungenen Lebens. Diesen Gedanken versuchte dann Eduard Spranger in seinem theoretischen Hauptwerke, den „Lebensformen“ zu entfalten.

Eduard Spranger (1882–1963)

Eduard Sprangers erstmals 1914 in noch vorläufiger Form publizierte Studie „Lebensformen“ dürfte auf diese Traditionslinien zurückgehen, freilich modifiziert durch die Rezeption von Max Webers Lehre von den Idealtypen sowie eine neukantianisch modifizierte Wertlehre. Von pädagogischer Bedeutung sind Sprangers „Lebensformen“ vor allem deshalb, weil sie als Grundlegung einer geisteswissenschaftlichen Entwicklungspsychologie gelten können, deren erzieherische Konsequenzen Spranger in den letzten Abschnitten seiner Studie zieht. Abgesehen davon stellen die „Lebensformen“ den großangelegten systematischen Versuch einer umfassenden Typologie von kulturellen, die Haltung der je einzelnen Individuen prägenden Strukturen dar. „Unter ‚Lebensformen‘ sind ja nichts anderes als gedanklich entworfene Strukturen des individuellen Bewusstseins zu verstehen, die sich ergeben, wenn ein Wert im Einzelleben als der beherrschende gesetzt wird“ (Spranger 1996, S. 396).

Spranger entwickelt auf Basis der Annahme wesentlicher Werte und der ihnen entsprechenden „Wertbeziehungen“ sechs „ideale Grundtypen der Individualität“, nämlich: die Typen des theoretischen und ökonomischen, des ästhetischen und sozialen Menschen, des Machtmenschen und des religiösen Menschen. Diese „Grundtypen“ zeichnet aus, dass ein menschliches Leben jeweils von einem Wertbezug dominiert wird, der wiederum den anderen Wertbezügen, die in jedem Leben ebenfalls enthalten sind, seine charakteristische Färbung verleiht. „Lebensformen“ stellen also für Spranger – anders als im heutigen Sprachgebrauch – weniger kollektiv geteilte Regeln symbolischer Interaktion denn Strukturprinzipien einer je individuellen Lebensführung dar, die letzten Endes im Bewusstsein eines einzelnen Menschen verankert ist.

Anstatt von „Lebensform“ wäre daher im Falle Sprangers eher von „Form der je individuellen Lebensführung“ zu sprechen. Mehr noch, Spranger konzipiert den einzelnen Menschen selbst als „Form“, „die sich von innen her der Lebensführung aufprägt“ (ebd.,

S. 403). Diese Form stellt sich als ein „Innengesetz des Agierens und Reagierens, des Erlebens und Schaffens“ dar, von dem aus sich die „innere Gesetzlichkeit der Lebensformen“ (ebd.) verstehen lässt. Dabei gelingt es Spranger nicht, den ontologischen Status dessen, was er als „Wert“ reklamiert, eindeutig zu klären. Werte werden vom Individuum als „Werterlebnisse“ (ebd., S. 320) erfahren und haben einen „Gehalt“. Dieser „Gehalt ist offenbar gleich seinem Beitrag für das Wertganze, gleich seiner Bedeutung für die Totalität des Wertlebens, zunächst der Einzelperson“ (ebd., S. 321). Allerdings zeichnen sich menschliche Lebensformen dadurch aus, nicht von nur einer Klasse von Werten geprägt zu sein, sondern von „Werterlebnissen verschiedener Gattung“ (ebd., S. 283). So können in der Gestaltung eines Lebens unterschiedliche, zum Teil auch gegensätzliche Werte konflikthaft aufeinandertreffen und den Lebensvollzug damit auch zu einer ethischen Aufgabe machen. Menschliche Lebensvollzüge sind in „objektive Kulturzusammenhänge eingelagert, die das Resultat eines langen gesellschaftlich-historischen Prozesses sind“ (ebd., S. 421). Ihnen liegt ein „unentwirrbares Geflecht von Summierungen und Wechselwirkungen“ (ebd.) zugrunde.

Bei alledem bleibt ungeklärt, was ein „Wert“ letzten Endes ist. Hier schwankt Spranger und so bleibt der Status von „Werten“ als Idealisierungen vorfindlicher Haltungen und Einstellungen bzw. als metaphysische Wesenheiten eigenen ontologisch/ontischen Ranges systematisch offen. Spranger sieht die Totalität der Bedeutsamkeit eines Lebens letztlich in jenem Wert verankert, den er als „Religiosität“ bezeichnet. „Werterlebnisse“ jedenfalls haben einen „metaphysischen Gehalt“ (ebd., S. 321). Indem Spranger das „Religiöse“ einerseits für das einzelne menschliche Bewusstsein als eine Wertsphäre unter anderen bestimmt und andererseits diese Wertsphäre dadurch auszeichnet, dass ihr Anspruch auf die umfassende Erfassung eines ganzen Lebenssinns auch für sein wissenschaftliches Unterfangen gilt, unterstellt er auch seine geisteswissenschaftlich-verstehende Methodologie einem religiösen Anspruch.

Im Verstehen verbindet sich der Anspruch auf Objektivität mit dem Willen, den „inneren sinnvollen Zusammenhang im Sein und Tun, im Erleben und Verhalten“ (ebd.) von Menschen zu erfassen. Andere Menschen aber lassen sich im Unterschied zum eigenen Selbst „nur aus Objektivationen“ (ebd., S. 414) verstehen. Schlüssel zum Nachvollzug aber ist die „Wertgesetzlichkeit des Geistes: Verstehen heißt in die besondere Wertkonstellation eines geistigen Zusammenhangs eindringen“, was nichts anderes bedeutet, als die Handlungen und Erlebnisse einer Person „in der Einheit und Totalität ihres geistigen Wesens“ (ebd., S. 418) zu finden.

Damit kommt dieser Theorie der Lebensformen zugleich ein besonderes Gewicht beim Verstehen erzieherischer Vorgänge bzw. von Bildungsprozessen zu. Wird es jetzt doch möglich, jene „Kulturtätigkeiten“ nachzuvollziehen, die „auf persönliche Wesensformung sich entwickelnder Subjekte gerichtet ist“ (ebd., S. 382). Spätestens in seiner Theorie der Erziehung und Bildung reklamiert Spranger 1914 sein spätidealistisches, an Kant, Fichte und Hegel orientiertes Bildungsideal, sei doch „Erziehung“ „auf persönliche Wesensformung sich entwickelnder Subjekte gerichtet […] Sie erfolgt an den echt wertvollen Gehalten des gegebenen objektiven Geistes, hat aber zum letzten Ziel die Entbindung des autonomen normativen Geistes (eines sittlich-idealen Kulturwillens) im Subjekt" (ebd.).

Spranger selbst war nicht in der Lage, der damit vorgezeichneten Ethik zu folgen. In der Zeit des Nationalsozialismus verriet er diese Ethik der Autonomie an einen völkischen Kollektivismus (Ortmeyer 2009, S. 91–103).

Fazit

Der gegenwärtig vor allem soziologisch-linguistisch verstandene Begriff der „Lebensform", der nach dem späten Wittgenstein auf die sprachlich vorgegebenen Bedeutungen und nur sprachlich möglichen Regeln des Zusammenlebens von Menschen in unterschiedlichen Kulturen hinweist, hat seinen Ursprung in einer bewusstseinsphilosophisch begründeten Theorie reformatorischer Rechtfertigungslehre. Von Schleiermacher entfaltet, geht es ihr um das Verhältnis von Selbsttätigkeit und göttlicher Gnade, um die Frage, wie Individuen ihrem Leben selbst eine neue, andere Wendung, eine andere Form geben können. Dilthey übernahm den Begriff und konzipierte mit ihm – neben dem von Hegel übernommenen Begriff des „Geistes" als einer empirisch feststellbaren kulturellen Größe – eine Theorie der „Geisteswissenschaften", der es um das verstehend nachvollziehbare Verhältnis, die Wechselwirkung von individuellem Leben und vorgegebenem gesellschaftlichen Rahmen ging. Die Systematisierung des von Dilthey wissenschaftlich eingeführten Begriffs durch Spranger misslang freilich mehrfach: Spranger gelang es trotz der in den „Lebensformen" immer wieder behaupteten Priorität der „Ethik" nicht, eine normativ gültige Ethik der Lebensführung zu entwickeln; der hier immer wieder durchschlagende Historismus führte dann mit einiger Konsequenz dazu, dass sich Spranger 1933 und später dem NS-Regime nach einigem Zögern nicht nur unterwarf, sondern es halbherzig und opportunistisch unterstützte. Insoweit spiegelt sich in Sprangers Schwanken gegenüber dem Nationalsozialismus exakt jener Wertrelativismus, den er in den „Lebensformen" ebenso präzise wie theoretisch überzeugend nachgezeichnet hatte.

Literatur

Dilthey, Wilhelm (1985): Leben Schleiermachers. Gesammelte Schriften XIV. Göttingen.

Dilthey, Wilhelm(1994a): Die geistige Welt. Einleitung in die Philosophie des Lebens. Zweite Hälfte. Gesammelte Schriften VI. Göttingen.

Dilthey, Wilhelm (1994b): Gesammelte Schriften V. Göttingen.

Hermann, Ulrich (1971) Die Pädagogik Wilhelm Diltheys. Ihr wissenschaftstheoretischer Ansatz in Diltheys Theorie der Geisteswissenschaften. Göttingen.

Hintikka, Merrill B./Hintikka, Jaakko (1990): Untersuchungen zu Wittgenstein. Frankfurt/M.

Liebsch, Burkhard (2004): Kulturelle Lebensformen - zwischen Widerstreit und Gewalt. In: Jaeger, Friedrich/Liebsch, Burkhard (Hrsg.): Handbuch der Kulturwissenschaften. Stuttgart, S. 190–206.

Ortmeyer, Benjamin (2009): Mythos und Pathos statt Logos und Ethos. Weinheim/Basel.

Schleiermacher, Friedrich Daniel Ernst (1999): Der christliche Glaube. 2. Aufl. 1830–1831. Berlin.

Spranger, Eduard (1996): Lebensformen. Geisteswissenschaftliche Psychologie und Ethik der Persönlichkeit (1914). 9. Aufl. Tübingen.

Wittgenstein, Ludwig (1967): Philosophische Untersuchungen. Frankfurt/M.

Wittgenstein, Ludwig (2009) Bemerkungen über die Philosophie der Psychologie. Werkausgabe Band 7. Hrsg. v. Heikki Nyman et al. Frankfurt/M.

Symbol

Johannes Bilstein

1 Symbolizität als *differentia specifica*

Der Begriff „Symbol“ gehört zweifellos zu den zentralen Termini der europäischen Denkgeschichte. Er lässt sich bis in die Antike zurückverfolgen und hat seitdem immer wieder Bedeutungswandel vollzogen. „Der Begriff ist schwierig, ein gestaltwechselnder Proteus, schwer zu packen und zu bannen“ (Vischer 1887, S. 154).

In dieser Begriffsgeschichte wird der menschlichen Fähigkeit zum Symbolgebrauch eine zentrale Rolle bei der Bestimmung des Selbstverständnisses und der Selbstdefinition der Gattung zugemessen, und diese anthropologische Hochschätzung der menschlichen Symbolfähigkeit bezieht sich dabei auf die mit ihr verbundenen erkenntnistheoretischen, kunsttheoretischen, sprachtheoretischen, zeichentheoretischen und bewusstseinstheoretischen Funktionen (Rolf 2006).

Insbesondere Hans Jonas hat seinen Versuch einer Philosophischen Anthropologie explizit an der Fähigkeit des Menschen ausgerichtet, sich von seiner Welt zu distanzieren und sie per Bildlichkeit zu re-präsentieren – er versteht den Menschen als *Homo pictor*. Gegen eine Tradition, welche die Fähigkeiten zum Bilder-Machen einem religiös-ikonoklastischen Verdikt unterwirft, argumentiert Jonas damit, dass das Bildermachen in der Tat zu den einfachen und zentralen Besonderheiten der Gattung Mensch gehört: neben dem Werkzeuggebrauch, der Anlage von Gräbern und Feuerstätten. „Das Kriterium versuchter (selbst mißlungener) sinnlicher Abbildung […] ist vollgültige Zeugenschaft für die transanimalische Freiheit ihrer Hersteller“ (Jonas 1994, S. 124). Es ist gerade das Bildvermögen, welches die eigentliche Stufe des Menschlichen anzeigt, dieses Vermögen markiert nämlich „die Stufe einer nicht-animalischen Mittelbarkeit der Objektbeziehung und eines Abstandes von der Wirklichkeit, der durch jene Mittelbarkeit zugleich unterhalten und überbrückt wird“ (ebd., S. 123 f.; vgl. Boehm 2001).

Zwar ist bei Jonas durchgehend von „Bildlichkeit“ die Rede, gemeint ist jedoch die umfassende Fähigkeit des Gattungswesens Mensch, seine Lebenswelt, die ihr entstammenden Eindrücke und die sie ordnenden Strukturierungsleistungen intern zu repräsentieren und sich irgendwie auch dem direkten Druck dieser Lebenswelt zu entziehen, ganz gleich, ob sich diese Fähigkeit nun in visuellen Bildern, sprachlichen Metaphern oder umfassenderen Symbolisierungen ausdrückt (Halava 2011).

Auf der Grundlage der Jonas'schen Thesen argumentiert auch Hans Belting in seinem Versuch einer Bild-Anthropologie, der die bildlichen, und das heißt: repräsentativen Fähigkeiten der Menschen als entscheidendes Merkmal ihrer Weltbewältigung rekonstruiert und sich dabei auch mit dem – auf Baudrillard zurückgehenden – Verdacht auseinandersetzt, dass sich die Bildlichkeit verselbständigen, letztlich gegen die vor-bildliche Realität durchsetzen könnte. Zwar gesteht er den menschlichen Bild-Erzeugnissen durchaus eine eigene Wirkung zu: Der Mensch „ist den selbst erzeugten Bildern ausgeliefert, auch wenn er sie immer wieder zu beherrschen versucht“ (Belting 2001, S. 12). Dennoch aber muss er den Bildern nicht unterliegen: „Die Krise der Repräsentation ist in Wahrheit ein Zweifel an der Referenz, die wir den Bildern nicht mehr zutrauen. Die Bilder scheitern nur dort, wo wir in ihnen keine Analogien mehr für das finden, was den Bildern voraus geht und auf das sie sich in der Welt beziehen können“ (ebd., S. 18).

Damit ist eine Krise der Repräsentation einerseits zugestanden, andererseits aber aus den Unausweichlichkeiten einer kulturkritischen Anthropologie befreit. Die menschliche Fähigkeit, Bilder zu produzieren und in Bildern zu denken, die Fähigkeit auch, sich symbolisch Repräsentanten von Welt zu erschaffen, bleibt ein Stück Reichtum – wenn auch mit hohen Risiken behaftet.

2 Riss, Abstand, Differenz

Will man den Polyvalenzen von „Symbol“ näher kommen, lohnt sich ein Blick in die Früh- und Imaginationsgeschichte des Begriffes. Die Ausgangs-Legende dazu findet sich in Platons Symposion. Dort wird in der Rede des Aristophanes berichtet, wie die Geschlechter entstanden sind: Ursprünglich kugelförmig, sind die Menschen in zwei verschiedene, männliche bzw. weibliche Halb-Kugel-Gestalten getrennt worden. „Von so langem her also ist die Liebe zueinander den Menschen angeboren, um die ursprüngliche Natur wiederherzustellen, und versucht aus zweien eins zu machen und die menschliche Natur zu heilen. Jeder von uns ist also ein Stück von einem Menschen, da wir ja zerschnitten, […] aus einem zwei geworden sind. Also sucht nun immer jedes sein anderes Stück“ (Platon 1975, 191 d, S. 222).

„Symbolon“ steht im Platonischen Original, und gemeint ist der komplementäre Teil eines ursprünglichen Ganzen, das geteilt und halbiert worden ist und das seiner Wiederherstellung harrt. Am Beginn der Imaginationsgeschichte von „Symbol“ steht also die Vorstellung von Abstand und Differenz und dabei ist die Aufmerksamkeit Platons auf die Lösung und Auflösung dieses Abstandes, auf Heilung gerichtet.

Das ist zunächst ganz wörtlich und konkret zu verstehen. Es geht um zerbrochene Ringe, Münzen und Marken, um physisch geteilte Dinge also. „In der ursprünglichen Bedeutung [...] werden als Symbole die zusammenpassenden Hälften eines zerteilten Astragal, Ringes o. ä. bezeichnet, die im griechischen Brauch der Gastfreundschaft dem Überbringer der einen Hälfte jeweils die Gewährung des Gastrechtes durch den Besitzer der anderen garantierten" (Müri 1931, S. 15).

Im Begriff des Symbols schwingt so von vornherein die Erinnerung an eine verloren gegangene Einheit mit, er spricht die Sehnsucht an, aus den – neuerdings – zweien wieder eines zu machen. Im Konzept des Symbols steckt „ursprünglich der Gedanke einer letztendlichen Wiederzusammenführung" (Eco 1985, S. 193). Dieser Akzent auf Einheit, Vereinheitlichung und Wiedervereinigung prägt dann auch die sozialen, rechtlichen oder theologischen Bedeutungsvarianten von „symbolon": „Passwort" und „Vertrag", „Losung" oder „Sinn- und Lehrspruch", schließlich auch „Glaubensbekenntnis" – immer geht es darum, Verbindungen und Einheiten zu benennen, auch in den religiösen Systemen; immer schon liegt – durch die Vorsilbe „sym-" – der Akzent auf dem Zusammenführen und Vereinen (Burkhardt 1996, S. 463–465).

In dem wohl späteren Timaios-Dialog macht Platon dann noch einmal den geradezu kosmologischen Hintergrund dieser Einheits-Sehnsucht deutlich. Dort will der welterschaffende Demiurg sein Werk als vollkommene Gesamtheit konzipieren, bei der nichts – kein Element, kein Einzelphänomen – außen bleibt: Die Schöpfung will er als ein homogenes Ganzes, als eine lebendige Einheit, die alle anderen lebendigen Einheiten in sich fasst, und deshalb muss sie Kugelgestalt haben: „Dem Lebenden aber, das bestimmt war, alles Lebende in sich zu umfassen, dürfte wohl die Gestalt angemessen sein, welche alle irgend vorhandenen Gestalten in sich schließet; darum verlieh er ihm die kugelige, vom Mittelpunkte aus nach allen Endpunkten gleich weit abstehende kreisförmige Gestalt, die vollkommenste und sich selbst ähnlichste aller Gestalten, indem er das Gleichartige für unendlich schöner ansah als das Ungleichartige" (Platon 2002, 33a-b, S. 31 f.).

Das Argument ist hier letztlich ein ästhetisches: Das Gleichsame wird als unendlich schöner angesehen als das Ungleiche, Einheit wird jeder Divergenz vorgezogen. Jede Trennung, jeder Abstand, alle Differenz kann nur als ein Defekt wahrgenommen werden, den es durch symbolisierende Handlungen zu heilen gilt. Das Gleiche, das sich selbst Ähnliche, markiert letztlich die ideale Form des Seins.

Im Begriff des Symbols sind vor diesem Hintergrund zugleich Imaginarien der Trennung und Differenz als auch der Versöhnung und Wiedervereinigung aufgehoben. Er benennt die Vorstellung, dass ein Zeichen dabei helfen könnte, eine verloren gegangene Einheit: zwischen den Geschlechtern, zwischen dem Bewusstsein und der Welt, wenn nicht wieder herzustellen, so doch wenigstens den sie zerstörenden Riss zu überbrücken.

Zu dem konstitutiven Abstand, den das Symbol benennt, seiner ikonischen Differenz, gehört seine Konventionalität. Spätestens seit Aristoteles gehen wir ausdrücklich davon aus, dass ein Symbol, z.B. ein sprachlicher Ausdruck, nicht auf einem natürlichen Zusammenhang, sondern auf einer Übereinkunft, einer Konvention beruht: Das sprachliche Symbol „Rose" hat mit der Natur der Sache, der blühenden und duftenden Blume, direkt nichts zu tun: „That which we call a rose, by any other name would smell as sweet" (Shakespeare 1600, II, 2, S. 912; Eco 1994). Als willkürliches, auf Verabredung beruhendes Zeichen markiert das Symbol eine Differenz, die es zugleich zu überwinden versucht.

3 *Animal symbolicum*

Die Frage ist, was man in den Vordergrund stellt: den Abstand oder dessen Überwindung. Ein wichtiges Beispiel für die synthetisierend-versöhnliche Akzentuierung des Symbolverständnisses bietet die in den 1920er und 1930er Jahren entwickelte Symboltheorie Ernst Cassirers, aus der sich auch für die pädagogische Diskurstradition bemerkenswerte Folgen ergeben.

Cassirers Begriff der „symbolischen Formen" ist eng an die handelnde Auseinandersetzung des Menschen mit seiner Welt gebunden, die Symboltätigkeit des Menschen ist direkt gebunden an seine eigene, gestaltende, die Welt verändernde Dynamik, an die „Kraft des inneren Bildens, die sich in der Erzeugung der Welt der Kunst und der Welt der Erkenntnis, in der Erzeugung der mythischen und der sprachlichen Welt beweist" (Cassirer 1921–1922, S. 187; vgl. Cassirer 1923–1929, Bd. I, S. 41–52).

Alle Symbolik bleibt bei Cassirer an die genuin menschliche *dynamis* gebunden, sie existiert nur durch menschliche Leistung. Und im Einzelnen sind es vor allem drei Bereiche, in denen sich die symbolischen Formen konkretisieren: in der Sprache, in der Welt von Mythos und Religion und schließlich im Sprach- und Erkenntnisbereich der Wissenschaft. Jeder dieser drei Gruppen widmet Cassirer ausführliche Untersuchungen, in denen es immer darum geht, Muster menschlichen Weltverstehens zu rekonstruieren. Insofern trägt Cassirers Philosophie der symbolischen Formen von Anfang an einen stark anthropologischen Akzent (vgl. Cassirer 1944, S. 47–51).

Schon aus der aktiven und produktiv-synthetischen Natur der symbolischen Weltaneignung des Menschen ergibt sich, dass die Cassirer'schen Symbolischen Formen mehr und anderes sind als Zeichen im logischen oder semiotischen Sinne: Sie enthalten immer schon etwas, denn alle menschliche Kultur folgt den immanenten Gestaltungen des menschlichen Geistes. Weil jede sinnliche Wahrnehmung bereits „Sinn" in sich fasst, befindet sie sich in einer „Wechselbestimmung" zwischen den Erscheinungen und der Ordnung dieser Erscheinungen. „Wir suchen diese Wechselbestimmung dadurch zum Ausdruck zu bringen, daß wir für sie den Begriff der ‚symbolischen Prägnanz' einführen. Unter ‚symbolischer Prägnanz' soll also die Art verstanden werden, in der ein Wahrnehmungserlebnis als ‚sinnliches' Erlebnis, zugleich einen bestimmten nicht-anschaulichen ‚Sinn' in sich faßt und ihn zur unmittelbaren konkreten Darstellung bringt" (Cassirer 1923–1929, Bd. III, S. 235).

Jedes im Hier und Jetzt gegebene Wahrnehmungsphänomen ist also auf ein charakteristisches Sinn-Ganzes bezogen und mit ihm verwoben – das meint der Ausdruck der Prägnanz. Cassirer entwickelt hier einerseits den Argumentationsgang von Kants transzendentaler Kritik weiter, greift andererseits explizit auf Goethe zurück und berührt sich schließlich auch mit Theorie-Modellen, wie sie z. B. in der zeitgenössischen Psychologie unter dem Begriff der „Gestalt" entwickelt werden (Paetzold 1994, S. XI; vgl. Pochat 1982, S. 127–152; Burkhardt 1996, S. 464 f.).

Gerade in ihrer Prägnanz, ihrer vorweg weisenden Sinnhaftigkeit, führen die symbolischen Formen bei Cassirer eine bemerkenswerte Zwischen-Existenz. „Der symbolische Prozeß ist wie ein einheitlicher Lebens- und Gedankenstrom, der das Bewußtsein durchflutet, und der in dieser seiner strömenden Bewegtheit erst die Vielfältigkeit und den Zusammenhang des Bewußtseins, erst seine Fülle wie seine Kontinuität und Konstanz zuwege bringt" (Cassirer 1923–1929, S. 235). Gerade die Fluss- und Flutungs-Metaphorik, die Cassirer hier einsetzt, macht seine Perspektive noch einmal besonders deutlich: Ihn interessiert der Strom, sein theoretischer Blick ist auf Synthesis gerichtet, nicht auf Trennendes und nicht auf Abstände. Deshalb – da bezieht er sich direkt auf die Sprachphilosophie Wilhelm von Humboldts – geht er in der Sprache auch von einem Primat des Satzes vor dem Wort aus (ebd., S. 99–108, 280 f.). „Synthesis" ist ihm Ursprung allen Denkens und Sprechens, „Synthesis" ist die entscheidende Leistung der symbolischen Formen und auf „Synthesis" ist auch seine theoretische und philosophierende Aufmerksamkeit gerichtet.

Freilich bleibt die erziehungstheoretische Rezeption der Cassirer'schen Arbeiten zunächst bemerkenswert mager: „Man kann getrost von einer weitgehenden Nichtrezeption sprechen" (Oelkers 1989, S. 292). Oder, anders formuliert: Die Pädagogik ist nicht nur an den bis in die Gegenwart andauernden Renaissancen des Neukantianismus kaum beteiligt, sondern sie war auch in den 1920er Jahren bei der zeitgenössischen Rezeption der originalen Theorie-Beiträge bemerkenswert zurückhaltend – und dies, obwohl gerade der auf Dilthey zurückgehende Argumentationszusammenhang der geisteswissenschaftlichen Pädagogik eine intensive Auseinandersetzung vor allem mit Cassirer durchaus nahe gelegt hätte (Tenorth 1989). Dabei macht gerade die Zentralstellung von „Synthesis" die Cassirer'sche Symboltheorie für pädagogische Argumentationen bis heute interessant.

In dem Aufsatz „Goethes Idee der Bildung und Erziehung" von 1932 nämlich begründet Cassirer die große Bedeutung Goethes als Pädagoge vor allem auf dessen genereller Tendenz zur Einheit und zur Vereinheitlichung. „Bildung ist ihm ein allumfassendes Prinzip, das gleich sehr das natürliche wie das geistige Dasein umspannt, und das eben dazu dient, uns die notwendige und unverbrüchliche Einheit beider ständig vor Augen zu halten" (Cassirer 1932, S. 342 f.). Um Einheit, Synthetisierung also geht es Goethe in Cassirers Augen, und das macht ihn pädagogisch so überaus relevant. „Wenn Goethe mit dem Begriff der Bildung ebensowohl das organische wie das geistige Werden erfaßt, so handelt es sich bei ihm hierin um etwas völlig anderes, als um eine jener bequemen Analogien und Metaphern, wie sie so oft und so gern in der pädagogischen Sprache verwendet werden. Für ihn besteht hier eine echte und ursprüngliche Identität, denn es ist ein und dasselbe objektive Gesetz des Alls, das sich uns im Bereich des organischen Werdens wie in dem des geistigen Werdens enthüllt" (ebd., S. 343).

Cassirer liest Goethe denn auch ganz eindeutig: „Der Weg der wahrhaften Bildung kann nur der Weg zur Ganzheit sein: und jedem Einzelnen ist dieser Weg aufgegeben. [...] Aller Wille zur Bildung muß Wille zur Totalität sein" (ebd., S. 350). Erziehung und Bildung sind für Cassirer nur als Anstrengungen zur Vereinheitlichung vorstellbar, Erziehung muss synthetisieren, muss das Primat des Allgemeinen vor dem Besonderen im Auge behalten. „Was von ihr erwartet und gefordert wird, ist nichts anderes und nichts Geringeres, als daß sie die verschiedenen Formen menschlicher Gesetzgebung in sich aufnimmt, daß sie sie umfaßt und auf ein einheitliches Ziel hinlenkt. Bei aller Schonung des Besonderen darf dieser Wille zur Einheit in der Erziehung niemals erlahmen, denn er ist die Seele jeder spezifisch-bildenden, jeder eigentlich-pädagogischen Tätigkeit. So sehr daher der Pädagoge alle Besonderheit, alles eigene Sein und allen ursprünglich-eigenen Sinn schont, so wenig kann er allgemeinen Forderungen entsagen" (ebd., S. 349). Synthesis und Vereinheitlichung sind damit, und vor dem Hintergrund des Denkmodells der Philosophie der symbolischen Formen keineswegs überraschenderweise, einmal mehr an entscheidende Stelle gerückt: diesmal freilich im Zusammenhang bildungsphilosophischer Reflexionen (Oelkers 1989, S. 316).

Zugleich jedoch mit ihrem Hang zur Synthese bietet die Cassirer'sche Symboltheorie auch insofern pädagogisch attraktive Deutungsmuster, als sie von einer systematisierten Vielfalt von symbolischen Formen ausgeht. Wenn man Erziehung als Initiation in die Symbolwelt der Kultur versteht, werden die Cassirer'schen Differenzierungen dieser Symbolwelt in verschiedene Formenbereiche – Mythos, Religion, Kunst, Wissenschaft – interessant, weil sie inner-pädagogische Differenzierungen prädeterminieren. Bei Cassirer gibt es kein Block-Universum, sondern ein pluralistisches Universum symbolischer Welten. Es ist gerade seine Einsicht in die plurale Struktur symbolischer Wirklichkeiten, die Cassirers Symboltheorie pädagogisch interessant macht, denn von dieser Pluralität her lassen sich Differenzierungen sowohl auf der persönlichkeitstheoretischen Ebene als auch auf der Ebene von Kultur und Gesellschaft in den Blick nehmen. Cassirer, das ist ein in der Tradition des deutschen Idealismus stehender Neukantianer, ein von Kant, Goethe und Humboldt entscheidend geprägter deutsch-jüdischer Bildungsbürger, der durchweg versöhnlich gestimmt ist – auch und ganz besonders bei seiner Analyse der Vielzahl symbolischer Formen. Sein Interesse zielt auf die vereinigenden oder wiedervereinigenden Symbole, sein Blick richtet sich auf das Fließen des einheitlichen Lebens- und Gedankenstromes, nicht auf den Abstand zwischen Ufer und Ufer oder dessen Überwindung.

4 Das Territorium des Symbolischen

In Cassirers Konzept der „symbolischen Prägnanz“ ist die Vorstellung enthalten, dass die Symbole in sich eine eigene Kraft und eine eigene Dynamik enthalten, dass sie sozusagen schwanger (*praegnans*) sind mit Möglichkeiten und künftigen Entwicklungen. Diese Eigendynamik der Symbolwelt bezieht sich bei Cassirer auf Religion, Wissenschaft und Kunst und greift auf eine eher romantische Motivtradition zurück, die dem Neukantianer Cassirer ansonsten eher fremd ist. Symbole – so lässt sich diese Vorstellung verallgemeinern – sind eben keine reinen Zeichen, sie sind auch nicht nur willkürliche Benennungen, sondern letztlich Repräsentanten und Vor-Zeichen des Unendlichen.

Knapp und deutlich findet sich das bei August Wilhelm Schlegel formuliert: „Wie kann nun das Unendliche auf die Oberfläche, zur Erscheinung gebracht werden? Nur symbolisch, in Bildern und Zeichen.“ „Das Schöne ist eine symbolische Darstellung des Unendlichen“ (Schlegel 1801–1802, S. 248 f.). Damit wird der Symbolwelt eine eigene, die rein empirischen Erscheinungen transzendierende Dynamik unterstellt, die sie zu einer Art post-säkularer Restkategorie, zu einem Residuum der Transzendenz macht.

Diese Autonomie und Eigendynamik des Symbolischen wird insbesondere in Bezug auf die Künste umso intensiver diskutiert, je mehr sich das Genie-Paradigma in den Vordergrund der ästhetischen Diskurse drängt. Den besonderen Erzeugnissen künstlerischen Handelns: den großen Dichtungen, den großen Gemälden, den großen musikalischen Kompositionen, wird ein Eigenleben unterstellt, eine Autonomie, die aus ihnen Symbolwesen mit eigener Lebenskraft und eigenen Lebensgesetzen werden lassen – prägnant eben. In ihnen sind übersummative Effekte wirksam, die aus ihnen mehr machen als bloße Repräsentanten eines Schöpfer-Willens, als bloße Abbilder von anderem, wirklich Vorhandenem oder als Antworten auf Nutzer-Bedarf. Sie folgen einer eigenen inneren Logik, einer Autonomie, die nicht an einen Hersteller oder Schöpfer gebunden ist, sondern sich aus dem Eigenleben, der inneren Kraft und der Dynamik der Werke selber bestimmt.

Es ist Goethe, der die entsprechende Grundformel am Beispiel der Poesie liefert: „Wer Gedichte will verstehen, muss ins Land der Dichtung gehen“ (Goethe 1819, S. 1). Den Werken der Kunst wird ein eigener Bezirk zugeschrieben, ein „Land“; ihnen wird kontrafaktisch eine Souveränität unterstellt, die sie real keineswegs haben – es gibt so etwas wie ein eigenes Territorium des Symbolischen. Aus dieser letztlich metaphysisch begründeten, jedenfalls paradoxen Unterstellung folgt dann für jede Interpretation und jede Rezeption, dass sie vor allem eines sein müssen: werk-immanent.

Diese Autonomisierung des Symbolischen hat im 19. und im 20. Jahrhundert sowohl Radikalisierung als auch Kritik erfahren. Während einerseits die vielfältigen Bewegungen und Strömungen des Symbolismus die Abtrennung der Symbole von allen außersymbolischen Referenzen in die letzte Konsequenz treiben (Hülsewig-Johnen 2013), entwickelt sich andererseits mit vorzugsweise soziologischen Argumenten eine breite

Kritik an all diesen mehr oder weniger esoterischen Bestrebungen. Verloren gehe dabei jedes Bewusstsein von den Außen-Bedingungen aller Symbole, verloren gehe auch die Reflexion auf ihren konventionellen Charakter. Es entstehe ein unreflektierter, politisch fataler Ästhetizismus, der einen historisch unschuldigen Bereich des Schönen hypostasiere; die einstmals von Kant begründete Autonomie des Symbolischen habe sich in Autarkie, ja: despotische Autokratie weiterentwickelt.

Durch die konsequente Ablösung des Symbols von der Referenz entwickeln sich wirkmächtige Imaginationen von Autonomie und Souveränität, die den konstitutiven Riss, der das Verhältnis von Symbol und Referenz charakterisiert, weder überbrücken noch aufzuheben versuchen, sondern schlicht durch den Rückzug auf nur noch eine Seite, die symbolische, negieren.

In der Tradition der ästhetischen Theoriebildung finden sich hier bemerkenswerte Analogien zur pädagogischen Diskurstradition. Historisch hat sich diese Parallele spätestens im Laufe der Romantik herausgebildet. Dort entwickelt sich ein pädagogischer Blick auf das Kind, der – gegen alle empirisch offensichtlichen Determiniertheiten – die eigene Kraft und die unverwechselbare Individualität schon der Kleinsten erkennen will. Dieser Blick entspringt einer gewollten und gewählten Ästhetisierung, welche mit der gewollten und gewählten, alle empirisch offensichtlichen Determinationen zurückstellenden Autonomisierung der Kunstwerke durchaus vergleichbar ist (vgl. Baader 1996; Bilstein 2012).

Den Symbolen jedenfalls geschieht mit ihrer Autonomisierung zweierlei: Einerseits gewinnen sie eine uneingeschränkte Freiheit, werden sie zu Elementen eines eigenen, an nichts und niemanden mehr geknüpften Referenzsystems, andererseits aber werden sie damit auch aller kulturellen Verbindungen und aller lebensweltlichen Relevanz entkleidet, erleiden sie eine „Abschnürung von den anderen Mächten und Provinzen des Daseins, von der Totalität des Lebens“ (Simmel 1914), die sie letztlich ihrer Wirkmöglichkeiten beraubt. Die Bewegung des *l'art pour l'art* und die Tradition des europäischen Ästhetizismus bieten dafür die besten Beispiele.

5 Symboltheorie in pädagogischer Absicht

Eine Symboltheorie aus der Sicht der Pädagogischen Anthropologie bleibt bis heute ein Feld, „das zu bearbeiten wäre“ (Mollenhauer 1991, S. 105) und auf dem die Merkmale und Qualitäten von Symbolen auf die Ebene der Individualentwicklung weitergeführt werden müssten.

Dabei spielt die allem Symbolischen zugrunde liegende ikonische Differenz eine entscheidende Rolle: Hier kann man sich Symbole in der Funktion einer Brücke vorstellen, die im Laufe der Ontogenese vom Subjekt aufgebaut wird. „Das Herstellen dieser Brücke ist eine kognitive Leistung des Ich, die deshalb gelingen kann, weil beides, das sinnenhaft präsentierte Ikon und der entsinnlicht diskursive Satz, einen gemeinsamen

Sinn-Grund hervorbringen können, obwohl zwischen beiden die Sinngrenze entsteht, die das ‚Imaginierte' vom ‚Wirklichen' scheidet" (ebd., S. 106).

Diese Grenze zwischen dem Imaginierten und dem Wirklichen läuft auf weite Strecken parallel zur Grenze zwischen dem Begrifflichen und dem Vorbegrifflichen, und auch hier wirken die Symbole synthetisierend. Sie bewegen sich zugleich im Bereich der realitätsorientierten Konventionalität der Begriffe und in der Zone vorbegrifflicher Imaginationen: „Symbole haben [...] immer eine der Möglichkeit nach doppelte Funktion: sie sind ‚sozialisatorisch', also vergesellschaftend wirksam, insofern sie zum kulturellen Arsenal gehören; sie sind vor-sozialisatorisch, vor-begrifflich, ‚reflexiv' wirksam, sofern sie es vermögen, einen kulturellen ‚Habitus' in Bewegung zu bringen" (ebd., S. 107).

Dabei funktionieren die Symbole intrapsychisch wie Übergangsobjekte im Winnicott'schen Sinne. Diesen intermediären Objekten, die im ontogenetischen Modell Winnicotts beim Übergang zwischen dem mütterlichen und dem eigenen Leib, zwischen innen und außen, zwischen Ich und Welt helfen, kommt ein doppelter Charakter zu. Einerseits halten sie Verbindungen zu allerersten Objektbeziehungen (Mutter) lebendig, ermöglichen sie also Regressionen in ganz frühes Erleben: Gerade weil das Übergangsobjekt entscheidende sinnliche Qualitäten der Mutter-Beziehung teilt, bietet es immer wieder einen Rückweg in den affektiven Heimathafen dieser Beziehung an. Andererseits stellen sie wichtige Hilfsmittel bereit für einen Weg, der zu Autonomie und Selbständigkeit führt. Gerade weil das Übergangsobjekt den – symbolisierten – Kontakt zur Mutter präsent hält, wird dem Kind ein im räumlichen und psychischen Sinne größerer und erweiterter Bewegungsradius möglich (Winnicott 1971).

Die gleiche Doppelfunktion vermutet Mollenhauer auch in Bezug auf die Symbole. Auch sie bieten Rück-Bezüge an frühe sinnliche und leibliche Erlebenselemente an, auch sie ermöglichen gerade durch diese Rückbezüge Bewegungen nach vorne. Auf der Grundlage primärer Erfahrungen zeigen sie den Weg voraus in die Autonomie abgegrenzter Begrifflichkeit. Das Symbol „fungiert emanzipatorisch insofern, als es dem Subjekt hilft, sich aus den engsten, biologisch gegebenen Personenbeziehungen und Verhältnissen zu befreien; es fungiert regressiv insofern, als das Subjekt sich gleichsam zurückziehen kann in die Situation primärer Leiberfahrung" (Mollenhauer 1991, S. 107).

Hier bietet die Rede über die Künste das beste Beispiel. Das spezifische Verhältnis zum eigenen Ich und zur eigenen Wahrnehmung, das durch die Symbolfähigkeit im Laufe der menschlichen Individualentwicklung entsteht, ist in der Diskurstradition der ästhetischen Theorie intensiv und ausführlich problematisiert worden – insbesondere in der Frage nach der „Reflexivität" von Äußerungs- und Gestaltungsformen. Hier ist denn auch erkennbar, wozu Symbole im Lebenslauf gut sein können: Sie präsentieren einen Abstand zur Welt, der immer schon da ist und machen ihn bearbeitbar. Der Bezug des schaffenden oder rezipierenden „Ich" zu sich selber ist im Bereich der Kunst ein anderer als im sonstigen Leben, und dieser besondere Bezug auf sich selbst gilt für allen Symbolgebrauch. „Die bildende Wirkung von Symbolen liegt darin, beruht darauf, daß sie eine Zone, eine Region, eine Schicht des ‚Selbst' erreicht, zu der das Ich sich in ein anderes Verhältnis setzt, sich als Ich anders hervorbringt, als im alltäglich-praktischen oder im theoretisch-epistemischen" (ebd., S. 108). Was dabei für die Symbole gebrauchenden Menschen, auch bereits die Kinder, herauskommt, ist vor allem Eines: Freiheit.

Gerade der Vergleich mit den an dieser Stelle immer schon experimentierenden Künsten verleiht den Symbolen einen geradezu utopischen Rang. Sie bewahren in diesem Verständnis die Erinnerung an einen Riss, der wohl nicht zu übergehen ist, an eine Differenz, die nicht zugunsten welcher Versöhnungssehnsucht auch immer geschlossen werden kann. Die Metaphysik der Ganzheit, die weite Strecken des pädagogischen Diskurses bis heute beherrscht, fällt insofern hinter das mit „Symbolisierung" markierte Problembewusstsein zurück (Bilstein 2012).

Literatur

Baader, Meike Sophia (1996): Die romantische Idee des Kindes und der Kindheit. Neuwied.

Belting, Hans (2001): Bild-Anthropologie. München.

Bilstein, Johannes (2012): Prototypen des Lebendigen. In: Kunsthalle Emden (Hrsg.): Künstlerkinder. Bielefeld, S. 43–47.

Boehm, Gottfried (2001): Repräsentation – Präsentation – Präsenz. In: Ders. (Hrsg.): Homo pictor. München/Leipzig, S. 3–13.

Burkhardt, Armin (1996): Geballte Zeichen. Das Symbol und seine Bedeutungen. In: Zeitschrift für Semiotik. 18. Jg., S. 461–482.

Cassirer, Ernst (1921–1922): Der Begriff der symbolischen Form im Aufbau der Geisteswissenschaften. In: Ders.: Wesen und Wirkung des Symbolbegriffs. Darmstadt 1994, S. 169–200.

Cassirer, Ernst (1923–1929): Philosophie der symbolischen Formen. Bd. I–III. Darmstadt 1994.

Cassirer, Ernst (1932): Goethes Idee der Bildung und Erziehung. In: Pädagogisches Zentralblatt XII, S. 340–358.

Cassirer, Ernst (1944): Versuch über den Menschen. Frankfurt/M. 1970.

Eco, Umberto (1985): Semiotik und Philosophie der Sprache. München.

Eco, Umberto (1994): A Rose by any other name. In: Guardian Weekly, 17. Jan.

Goethe, Johann Wolfgang (1819): Noten und Abhandlungen zu besserem Verständnis des West-östlichen Divans. In: Goethes Werke. I. Abteilung, 7. Band. Weimar 1888.

Halava, Mark A. (2011): Homo pictor und animal symbolicum. Zu den Möglichkeiten und Grenzen einer philosophischen Bildanthropologie. In: Image. 14. Tübingen, S. 2–9.

Hülsewig-Johnen, Jutta (2013): Schönheit und Geheimnis. Der deutsche Symbolismus, die andere Moderne. Bielefeld.

Jonas, Hans (1994): Homo pictor: von der Freiheit des Bildens. In: Boehm, Gottfried (Hrsg.): Was ist ein Bild? München, S. 105–124.

Mollenhauer, Klaus (1991): Die Funktion des Symbols in der Erziehung. In: Oelkers, Jürgen/ Wegenast, Klaus (Hrsg.): Das Symbol – Brücke des Verstehens. Stuttgart, S. 98–110.

Müri, Walter (1931): Symbolon. Wort- und sachgeschichtliche Studie. In: Ders.: Griechische Studien. Basel 1976, S. 1–44.

Oelkers, Jürgen (1989): Symbolische Form und Differenz. In: Ders./Schulz, Wolfgang K./ Tenorth, Heinz-Elmar (Hrsg.): Neukantianismus. Weinheim, S. 291–326.

Oelkers, Jürgen (1991): Metapher und Wirklichkeit. Die Sprache der Pädagogik als Problem. In: Ders./Wegenast, Klaus (Hrsg.): Das Symbol – Brücke des Verstehens. Stuttgart, S. 111–124.

Paetzold, Heinz (1994): Die Realität der symbolischen Formen. Darmstadt.

Platon (1975): Symposion (ca. 380 v. Chr.). Übers. Friedrich Schleiermacher. In: Platon. Sämtliche Werke. Bd. 2. Hamburg, S. 203–250.

Platon (2002): Timaios (ca. 360 v. Chr.). Übers. Friedrich Schleiermacher. In: Platon. Sämtliche Werke. Bd. 4. Hamburg.

Pochat, Götz (1982): Der Symbolbegriff in der Ästhetik und Kunstwissenschaft. Köln.

Rolf, Eckard (2006): Symboltheorien. Berlin/New York.

Schlegel, August Wilhelm (1801–1802): Die Kunstlehre. In: Ders.: Kritische Ausgabe der Vorlesungen Bd. 1. Paderborn 1989, S. 190–274.

Shakespeare, William (1600): Romeo and Juliet. In: Ders.: Complete Works. London 1951, S. 902–939.

Simmel, Georg (1914): L'art pour l'art. In: Ders.: Zur Philosophie der Kunst. Potsdam 1922, S. 37.

Tenorth, Heinz-Elmar (1989): Widersprüche einer Philosophie – Notizen zur Sozialgeschichte des Neukantianismus. In: Oelkers, Jürgen/Schulz, Wolfgang K./Tenorth, Heinz-Elmar (Hrsg.): Neukantianismus. Weinheim, S. 39–78.

Vischer, Friedrich Theodor (1887): Das Symbol. In: Ders.: Philosophische Aufsätze Eduard Zeller gewidmet. Leipzig, S. 153–193.

Winnicott, Donald W.: Vom Spiel zur Kreativität (1971). Stuttgart 1979.

Bild

Ulrike Mietzner

1 Einleitung

„Natürlich ist der Mensch ein Ort der Bilder. Wieso natürlich? Weil er ein natürlicher Ort der Bilder ist, gleichsam ein lebendes Organ für Bilder" (Belting 2001, S. 57). Die Fähigkeit des Menschen, Bilder hervorzubringen, gehört ebenso zur anthropologischen Besonderheit des Menschen wie seine eigene Sichtbarkeit, die einschließt, dass Menschen sich ein Bild von der Welt machen und selbst gesehen werden. Dieses Bildvermögen zeigt sich eindrücklich in Felsbildern und Gravuren im algerischen Tassili, in den Höhlen Südfrankreichs und Spaniens oder im Vallée de Merveilles in den Alpen und wo immer man sonst auf der Welt den Artefakten des *Homo sapiens* begegnet. Die Fotoforen des Internets, die Aufnahmen der längst selbstverständlichen Darstellungen der Erde und des Alls – aus der Ferne aufgenommen – oder die Ultraschallaufnahmen aus dem Inneren des Menschen – eine Nahaufnahme – sind Teil der digitalen Bilderwelt. So entstehen virtuelle, aber faktisch wirksame Bildräume, die Menschen miteinander teilen und die Teil der Wirklichkeit sind. Der „Macht der Bilder" (Boehm 2001a, S. 3) ist nicht zu entkommen, Bilder gehören zur grundlegenden Voraussetzung menschlicher Wahrnehmung und Existenz. Sie wirken an der Schnittstelle zwischen der Umwelt und dem Inneren des Menschen. Oswald Schwemmer beschreibt die Funktion von Kultur als „Verschränkung von Innenwelt und Außenwelt" (1997, S. 30), Bilder sind dabei das Mittel der Überlagerungen und Verbindungen von inneren Bildern und äußeren Bildern, innerer und äußerer Welt.

Unter dem Begriff „Bild" werden nicht allein künstlerische Bilder verstanden, sondern alle Bilder: sowohl immaterielle innere als auch materiale äußere Bilder des Alltags sowie digitale Bilder. Bilder sind allgegenwärtig, strömen in uns und sind in uns, wir sind Bildproduzenten schon durch die Präsentation von uns selbst. Bilder existieren in den meisten Teilbereichen des Wissens oder sind dort Objekt der Auseinandersetzung: Medizin, Biologie Physik, Philosophie, Kunst, Ethnographie, Erziehungswissenschaft – ihre Produktion, Verbreitung und Bedeutung in historischer und vergleichender Hinsicht sind das Untersuchungsfeld der vielgestaltigen Bildwissenschaft.

Das Phänomen des Bildlichen unterliegt sowohl in den Wahrnehmungsweisen als auch in der Herstellung geschichtlichen und kulturellen Veränderungen; einerseits wegen der sich wandelnden und kulturell gebundenen Symbolisierung, andererseits wegen der Entwicklung der Technik und Medialität der Bilder.

2 Begriffsbestimmung

Der deutsche Bildbegriff umfasst alle Bilder, anders als beispielsweise im anglo-amerikanischen Sprachraum, wo „image" das weite Feld der vor allem immateriellen und „picture" die materiale Bildfassung meint. „Bild" bezeichnet sowohl natürliche Bilder wie Schatten oder Spiegelungen als auch künstliche Bilder vor allem in der Malerei, Fotografie oder auch bewegte Bilder, zudem innergeistige Bilder wie Vorstellungen, Erinnerungen und Träume und sprachliche Bilder und im übertragenen Sinne Vorbilder und Leitbilder (Trebeß 2006, S. 63).

Die Unterscheidung in unterschiedliche Bildtypen findet sich auch im Altgriechischen; dort wurde mit „eikón" ebenfalls die gesamte Bandbreite des Bildes verstanden, aber die physische Beschaffenheit registriert: Natürliche Bilder (*phýsei eikónes*) wurden von künstlichen Bildern (*téchnei eikónes*) abgegrenzt. „Eikón" bezeichnete auch das Vorstellungsbild, es diente einer idealistischen Konzeption. Mit „eídolon" wurde das Abbild bezeichnet; im Lateinischen wurde dies mit „simulacrum" oder „imago" übersetzt. „Imago" wurde zunächst im Sinne von „Bildnis eines Verstorbenen" oder „Porträt" verwendet, später dehnte sich dann die Bedeutung auf das allgemeine Phänomen aus.

Die Etymologie des deutschen „Bild" ist unklar. Sie wird zurückgeführt auf das mittelhochdeutsche „bilde" als Gestalt und Beispiel; auch ein Bezug auf das germanische „Wunderkraft", „bil", wird vermutet (Prange 2011, S. 57). Im Bildbegriff ist der Bezug zum Abbild im Sinne des Simulacrums vorhanden, zudem die Idee des Bildes als Mittel der Erkenntnis und im Sinn von Vorstellungsbildern (ebd.).

Der Übergang zum massenmedialen Bild findet schon zu Beginn des 19. Jahrhunderts statt: sowohl mit den Kupferstichen zur Verbreitung von Verhaltenscodizes (insbes. Chodowiecki) als auch mit der Panoramamalerei und dann der Stereophotographie oder dem Diorama. Aber auch in der Renaissance wurden Bildnisse und Skulpturen als mediale Erziehungsprogramme genutzt. Ging es hier um die Bilder von der Wirklichkeit, entstand mit der Freisetzung der Malerei von der Abbildungsfunktion deren stärkere Konzentration auf ihre eigene Form der Wirklichkeit, was Konrad Fiedler „reine Sichtbarkeit" nannte. Das Bild ohne Abbild- oder Nachahmungscharakter erfindet Wirklichkeit (Werner Hofmann); jedoch lässt sich auch diese Rolle anthropologisch deuten als Darstellung über das unmittelbar Sichtbare hinaus.

3 Philosophische Diskussion

Während sich bei Aristoteles eine positive Auffassung zur Mimesis – auch zur bildlichen Form – zeigt, unterscheidet Platon Wahrnehmung und Denken, wobei er Wahrnehmung, auch weil sie von Sinnlichem überlagert ist, nicht dieselbe Achtung zukommen lässt. Das Höhlengleichnis zeigt, dass Bilder die Erkenntnis verhindern; umso deutlicher wird dadurch aber, wie hoch Platon die Wirkungsmacht von Bildern bewertet. Insofern wird sein Bildverständnis unterschiedlich diskutiert, denn einerseits nehmen Bilder bei ihm in Bezug auf Erkenntnis einen niedrigen Rang ein, andererseits sieht er ihre Qualität und umfassende Potenz und benennt die Rivalität der beiden Ausdrucksformen. Diese Einschätzung führt in der Philosophie über die vergangenen zwei Jahrtausende zu einer hohen Bewertung der Sprache und – auch vermittelt über das Christentum – zu einer ambivalenten oder abwertenden Haltung gegenüber dem Bild.

Die Phänomenologie vor allem seit den Arbeiten Maurice Merleau-Pontys seit der Mitte des 20. Jahrhunderts hat eine hohe Bewertung des Bildes als Mittel der Erkenntnis vorgenommen. Inzwischen werden auch Bilder als reflexive Medien diskutiert. Zudem hat mit der Semiotik eine Denkweise an Bedeutung gewonnen, die alle Äußerungen als Zeichen wertet bzw. wie Sachs-Hombach eine eigene bildtheoretische Semiotik entwickelt. Anders argumentiert Hans Blumenberg, der die behauptete „Lesbarkeit der Welt" kritisiert und ihr die „Sichtbarkeit" des Menschen entgegensetzt. Sein Diktum lautet: „Der Mensch ist sichtbar": „Dieses explodierte Sehenkönnen ist aber zugleich ein exponiertes Gesehenwerdenkönnen" (Blumenberg 2006, S. 777). Bernhard Waldenfels beschreibt Bilder als Objekte und Instrumente einer „Verähnlichung und Vergegenwärtigung der Welt" (nach Belting 2007, S. 13).

4 Von der Kunstwissenschaft zur Bildwissenschaft

Historisch findet sich eine kunstwissenschaftliche Beschäftigung mit dem zentralen Wesen der Bilder schon in der Renaissance bei Leon Battista Alberti, der Bilder vor allem als Re-Präsentation versteht (Boehm 2001a, S. 4 f.). Bildgeschichtliche, d. h. auch alltagsbezogene Themen wurden in der Kunstwissenschaft im gesamten 19. Jahrhundert erforscht (Bredekamp 2011).

Als eigentlicher Begründer einer kulturwissenschaftlichen Bildwissenschaft gilt Aby Warburg, der vor allem in den 1920er Jahren kulturanthropologische Fragen der Bilder verfolgt hat (vgl. Schulz 2005, S. 30 f.). Er hat ein eigenes Medium der Untersuchung weltweiter und historischer Bildbezüge mit seinem Bildatlas „Mnemosyne“ entwickelt. Zudem hat er den Zusammenhang von Körper und Bild behandelt, wenn er mit dem Begriff der Pathosformel den Zusammenhang zwischen Körpergesten und dem emotionalen Körper und Bildern beschreibt (Schulz 2005, S. 131).

Sowohl im britischen als auch im amerikanischen Sprachraum führte insbesondere die Debatte um koloniale Bilder – also das Thema Macht und Bilder – zu einer *visual anthropology*, zu deren namhaften Vertretern u. a. William John Mitchell zu zählen ist. Hier spielen weniger künstlerische Bilder eine Rolle als der gesamte Bereich der visuellen Kultur und Kommunikation.

Gleichzeitig erschienen 1994 zwei Texte, einmal Mitchells *Picture Theory* (Mitchell 1994; vgl. Mitchell 1986, 2008, S. 9), worin eine Wende hin zum Visuellen beschrieben wird – der sog. „pictorial turn“, den Mitchell als philosophisch versteht. Mitchell beschreibt eine „paradoxe“ Situation, weil er einerseits von einer medialen Bildproduktion in einem bisher nie da gewesenen Ausmaß ausgeht und andererseits auch eine Medienkritik an einer von Bildern dominierten und verführten Kultur beobachtet (Mitchell 1994, S. 15).

Zum anderen hat Gottfried Boehm mit seiner Publikation *Was ist ein Bild?* (1994), die auf eine von ihm und anderen namhaften deutschen Bildwissenschaftlern initiierte Tagung des Potsdamer Einsteinforums 1993 folgte, welche als einer der Anfänge der deutschen bildwissenschaftlichen Debatte gelten darf, den Begriff des „iconic turn“ eingeführt.

Seitdem haben sich an unterschiedlichen Orten interdisziplinäre Forschungszentren gebildet. Dazu gehört die Wiederbelebung des Aby-Warburg-Hauses in Hamburg durch Martin Warnke mit seiner Forschungsstelle Politische Ikonographie. Neben dem nationalen Forschungsschwerpunkt „Bildkritik. Macht und Bedeutung der Bilder“ in Basel muss das inzwischen abgeschlossene Karlsruher Graduiertenkolleg „Bild – Körper – Medium. Eine anthropologische Perspektive“, das 2000 mit Hans Belting gegründet und von Martin Schulz koordiniert wurde, zu den wesentlichen Ideengebern einer sich als medientheoretisch und bildwissenschaftlich verstehenden Disziplin zählen.

Auch die Burdavorlesungen in München 2002 bis 2005 zum „Iconic Turn – das neue Bild der Welt“ sowie das Projekt „IMAGE“ des Medienwissenschaftlers Klaus Sachs-Hombach trugen zu dieser Debatte bei. Verbunden mit der Entwicklung einer Bildwissenschaft war die Ausweitung des Bildbegriffs über Werke der Kunst hinaus auf alle bildlichen (Er-)Fassungen des Menschen. Bildwissenschaft lässt sich nur als interdisziplinäres Projekt verstehen, denn die unterschiedlichen bildwissenschaftlichen Deutungsversuche aus biologischer, neurophysiologischer, ethnologischer, kunstwissenschaftlicher und nicht zuletzt erziehungswissenschaftlicher Sicht gehen nicht in einer Theorie oder „Superdisziplin“ (Schulz 2005, S. 149) auf. Auch die Erziehungswissenschaft setzt sich spätestens seit den fundierten Arbeiten von Klaus Mollenhauer und Konrad Wünsche mit diesem Thema auseinander, ohne bisher das Potential der Bilder für die eigene Bildungstheorie hinreichend erfasst zu haben.

5 Bildtheorie

Der Begriff des Bildes umfasst die Visualisierungen in allen Wissens- und Lebensbereichen des Menschen. Bilder verfügen über eine „Eigenlogik" – so Gottfried Boehm. Sie erzeugen in ihrer spezifischen Form bildlichen Sinn – über Relationen von Form wie Linie, Kreis, Farbe, Grund, Figur, die Verbindung von Vordergrund und Hintergrund, Form und Inhalt usw. Dadurch entstehen Dynamiken und Stimmungen. Sinn entsteht zudem in Wechselwirkung mit dem physischen Bildträger, ohne Mittler wären Bilder nicht sichtbar, aber jedes Medium verändert den Bildsinn. Zu den zentralen bildtheoretischen Debatten gehört u. a. die Frage nach der Ähnlichkeit. In bestimmten historischen Phasen beansprucht das Bild entweder die Identität mit dem Gegenstand (*vera icon*) oder aber die Ähnlichkeit. Moderne, vor allem abstrakte Kunst löst sich davon bewusst und will durch eigene Form das Wesentliche darstellen oder aber sich auch ganz von der Gegenständlichkeit entfernen.

Die Entwicklung der Perspektive – und damit verbunden der Zentralperspektive – wie auch die Bildspezifik des Simultanen eröffneten historisch wie anthropologisch entscheidende Fragen in Bezug auf die Stellung des Menschen in der Welt. Perspektivik ist eine erblickte – vermessene – Ordnung der Welt. Denn der Eigenwert der Bilder liegt in ihrer „simultanisierenden" (Boehm 2007, S. 13) und ihrer „deiktischen" Kraft. Sowohl Bildmotive als auch Bildgestaltung führen zur Sichtbarkeit.

Die semiotische Bildtheorie führt Sprache und bildliche Hervorbringungen auf deren Zeichenhaftigkeit zurück. Diese kann auch Bildern nicht abgesprochen werden, sie sind aber umlagert von anderen Wirkfaktoren, dies hat auch zu spezifisch auf Visualität bezogenen Zeichentheorien geführt.

Phänomenologische Bildtheorien nehmen bildliche Eigenlogik auf: Denn Bilder zeigen ihre Wirkung genau dann, wenn das Wort versagt (Meyer-Drawe 2010, S. 810). Auch habe die Sichtbarkeit von Bildern nicht eine zugrunde liegende endgültig festzusetzende Grammatik: Alloa (2011, S. 232) betont dennoch, dass sich in der Malerei keine „unzugängliche Innerlichkeit" ausdrücke, vielmehr setze „die Bildgebung durch den Leib eine Sichtbarwerdung fort, die bereits zwischen dem Zuschauer und den Dingen" begonnen habe.

Bildtheorie als Medientheorie betont die Medialität der Bilder. Ohne Zweifel brauchen Bilder ein Medium, das sie sichtbar macht. Zuallererst ist es das „Supermedium" (Schulz) des Körpers, das die Bilder hervorbringt und sichtbar macht, dazu bedarf es der Techniken der Sichtbarmachung. Die Erzeugung der Bildphänomene im virtuellen Raum lässt diese – fast – lebendig also im Sinne des Virtuellen im Raum erscheinen. Solche beeindruckenden virtuellen Welten finden sich sowohl in den Höhlen des Cro-Magnon, in der Sixtinischen Kapelle als auch in Videoinstallationen von Bill Viola oder in Computerspielen – wobei die Unterschiede zwischen manuell erzeugten virtuellen Welten und computergestützt erzeugten virtuellen Welten nicht verwischt werden dürfen.

Medien werden als Teil der sie hervorbringenden Kultur betrachtet und bringen selbst Kultur hervor. Sie sind nicht bloße Technik, sondern bestimmen in der Art ihrer Medialität den Gegenstand, so schon McLuhan. Neue Kameras, die bis zu 40 000 Bilder pro Sekunde aufnehmen, machen das für das menschliche Auge Unsichtbare sichtbar.

Schulz plädiert dafür, keinen zu engen Medienbegriff anzuwenden, sondern einen eher weiten, der alte und neue Medien nicht strikt trennt. Medien als Grundlage des Bildes sind „eine vorbedingende und vorentscheidende eigene Mittelbarkeit" (Schulz 2005, S. 105). Derselbe Inhalt erhält in einem anderen Medium einen anderen Sinn. Vor allem verändert sich die Wahrnehmung, sie wird durch die spezifische mediale Sichtbarkeit „gesteuert". Der Inhalt wird auch mit dem Medium transportiert (*the medium is the message*). In Medien werden vorhergehende Medien sichtbar; in der Schrift die gesprochene Sprache; im Bildmedium die Vorstellung, so McLuhan. Die Digitalisierung führt heute zu einer Annäherung der unterschiedlichen Äußerungen in Bild, Schrift und Ton, die nun alle im binären Code auszudrücken sind. Medienkritisch ist die These der absoluten Simulation, in der Wirklichkeit und Virtualität zusammenfallen, gemeint – so u. a. Baudrillard.

Die Materialität der Bilder ist zum einen durch den Bildträger bestimmt und zum anderen durch Farben und Herstellungstechniken, die Beschaffenheit des Bilduntergrundes wie die Technik des Erscheinens des Bildes auf diesem Untergrund. Bildherstellung kann unmittelbar an die Bewegung des Körpers gebunden sein oder eine Rechenoperation. Doch auch diese Bildeigenschaft ist an die vorhandenen Techniken gebunden – vor allem an optische, druck- und computertechnische Erfindungen.

Bilder sind zwar von der Idee her auch in den Höhlen von Pech Merle durch flackerndes Öllampenlicht bewegt worden, aber die Erfindung der laufenden Bilder oder heute der digitalen Bildfolgen und Überlagerungen sowie deren drahtlose Übertragung gelten als Bildrevolution.

Zum theoretischen Verständnis des Bildes gehören methodologische Überlegungen zur Bildinterpretation. Im Laufe der kunst- und bildwissenschaftlichen Entwicklung haben sich verschiedene Methoden herausgebildet, in denen es vor allem darum geht, das Sehen von Bildern so zu systematisieren, dass 1. historische Produktions- und Rezeptionsweisen berücksichtigt werden, 2. Form, Inhalt, Symboliken, Techniken und Bildkontexte einbezogen werden können, 3. Bild-Text- und Bild-Bild-Relationen bewertet und 4. insgesamt nachvollziehbare Verfahren verwendet werden. Historisch zählen zu den Verfahren der Bildinterpretation der ikonografisch-ikonologische Ansatz von Erwin Panofsky, die Bildrezeption von Wolfgang Kemp, bildhermeneutische Verfahren oder jüngst die Segmentanalyse von Roswitha Breckner.

6 Bild-Anthropologie

Der Begriff der Bild-Anthropologie wurde geprägt von Hans Belting (2001). Bild, Medium und Körper als historisch und kulturell zu verstehende Aspekte bilden ihr Thema: Hans Jonas (1963, S. 26) hat das „Bildvermögen" des Menschen als dessen „differentia specifica" bezeichnet. Der Mensch sei das *animal symbolicum.* Unter dem Titel „Argumente zum Homo Pictor" erörtert Jonas, inwieweit Bildfähigkeit tatsächlich eine anthropologische Besonderheit des Menschen ist. Die Ursprünge dieses Ausdruckswillens untersucht auch Belting, der Bilder als Verkörperung eines ursprünglich imaginären Körpers bezeichnet und den Körper als Bindeglied zwischen Bild und Medien versteht. Auch für Martin Schulz gründen Bilder in der „Erfahrung des eigenen Körpers", „seine Bewegung, sein Bildgedächtnis, seine Geschichte und sein Selbstbild stehen in Korrelation zu anderen Körpern wie insbesondere auch zu anderen wahrgenommenen Körperbildern und ihren wahrnehmbaren Bildkörpern" (Schulz 2005, S. 125).

Bildanthropologie berücksichtigt den Körper in dreifacher Hinsicht: als wahrnehmenden Körper, als bildlich darstellenden und als dargestellten Körper. Die Trennung von Sprachfähigkeit und Bildfähigkeit lässt sich kritisieren, denn Gesten können sowohl als Ausgangspunkt für Bilder als auch der Sprache gesehen werden. Das Bildvermögen ist auch nicht getrennt von sonstigen menschlichen Fähigkeiten zu betrachten: Die Herstellung der Umwelt, von Schmuck, Hausbau gehören zur „ontogenetischen Entwicklung der Bildfähigkeit" (Henning 2011). Bild und Sprache gehen aber nicht ineinander auf, auch nicht im anthropologischen Sinne, denn der Sprache fehlen angesichts eines Bildes oft Worte. Boehm bezeichnet dies als „ikonische Differenz".

Zum „Ursinn" der Bilder gehöre die Erfahrung des Todes (Schulz 2005, S. 132), die eine Motivation für die Bilderherstellung (vgl. Stoellger nach Henning 2011) darstellt. Stoellger wirft damit wie Belting die Frage „nach der systematischen Relevanz der Religion für den Ursprung der Bilder" auf. Diese Reflexivität des Menschen im Bewusstsein der Endlichkeit – und ihre Überwindung in der Bildlichkeit – kann jedoch ebenso zur distanzierten Betrachtung seiner Existenz führen. Jonas beschreibt, dass schon im Bildermachen der Mensch aus der „Andringlichkeit der Umwelt" zurücktrete und „die Freiheit des distanzierten Überblicks" (Jonas 1963, S. 41) erlange, in der der Mensch dann auch schon als „Schöpfer neuer Dinge" (ebd., S. 43) hervortrete.

Zu den anthropologischen Eigenschaften des Bildes gehört seine Memorialfunktion: 1. Es bewahrt – im Sinne eines Speichergedächtnisses – kulturelle Artefakte und stellt die gesammelten Objekte 2. für die Orientierung in der Gegenwart und für ein Handeln in die Zukunft hinein zur Verfügung.

Bilder stellen auch Entwürfe dar, im Sinne einer Mitteilung und Behauptung sind sie soziale Handlung, die es zu deuten gilt. Insofern seien Bilder ein „Erkenntnisraum", der sich durch die „simultanisierende" und „deiktische" Kraft des Bildes auszeichnet (Boehm 2007, S. 13). Was lässt sich aber besser zeigen als sagen? Im Zeigen wird die

Grenze zwischen dem eigenen Körper und der Welt überwunden, es ist eine Weise, sich außersprachlich mit der Welt in Beziehung zu setzen.

Im Bild zeigen sich zudem Denkprozesse. Denken ist eben nicht allein sprachlich verfasst, sondern Reflexionsprozesse sind selbst auch ein Abgleich von Bildern und ein Erfassen in Bildern. „Alles Denken ist zunächst ein Sehen, wenn auch nicht notwendig durch das Auge. Vielmehr erfolgt diese erste Formulierung sinnlicher Wahrnehmungen in dem für das Sehen, Hören oder Fühlen eigentümlichen Idiom, normalerweise in dem aller Sinne zusammen. Denn alles Denken beruht auf Vorstellen, und die Vorstellung bildet sich in dem Erfassen der ‚Gestalt'" (Langer zit. n. Breckner 2010, S. 33). Bilder sind auch nicht allein Reflexionsraum, sondern ein Möglichkeitsraum, in dem bildnerisch im doppelten Wortsinn an sich und der Welt gehandelt wird (Breidbach/Vercellone 2011, S. 163).

Zuletzt sollte der Ikonoklasmus nicht unerwähnt bleiben – Bilderfeindlichkeit gilt nicht nur als religiös bestimmt, sondern auch als Teil einer Wende gegen die Bildlichkeit und deren Sinnlichkeit. Bildern wird eben auch Verführung unterstellt.

Alle bildanthropologischen Aspekte zeigen auch die erziehungswissenschaftliche Relevanz von Bildern. Und zwar auf allen Ebenen: als Medium, als Erkenntnisraum, als Mittel der Verbindung von Mensch und Welt und als kommunikative Form.

7 Bilder ohne Körper: Digitalisierung

Die physische Präsenz der Bilder hat sich in die digitale aufgelöst. Die technische Realisierung hat die Bilder vom Körper gelöst. Aber dafür gibt es die Daueranwesenheit der Codes in der „cloud". Inwiefern diese Bilder den Menschen verändern, ist offen: Nach Friedrich Kittler sind diese Medientechniken poststrukturalistische Programme, die sich nicht mehr anthropomorph verstehen lassen. Nicht der Mensch sei das Maß aller Dinge, sondern Technik und Medienwelt müssten als Grundlage der Betrachtung genommen werden. Kittler spricht vom „informationstheoretischen Materialismus". Für Norbert Bolz ist in der technischen Wirklichkeit der neuen Medien „der Mensch nicht mehr Herr der Daten, sondern wird selbst in Rückkopplungsschleifen" eingebaut (zit. n. Schulz 2005, S. 111). Während sich analoge Bilder auf ein anthropologisch erzeugtes Urbild oder eine Vorstellung beziehen, können digitale Bilder vom Computer errechnet sein.

Digitale Körperbilder sind Menschenbilder eines machbaren Menschen. Die Körpergrenze zwischen Innen- und Außenwelt könnte immer durchlässiger werden, wenn nicht allein Bilder, sondern auch Menschen oder ihre Teile programmiert werden können. Diese Auflösung kann schmerzhaft sein, aber auch spielerische Facetten eröffnen.

Diese Entwicklung führen Breidbach und Vercellone aus und bezeichnen das Bild aber weiter als Widerstand des Ichs gegen die Welt, an dem sich das Ich begreifen und auseinandersetzen kann. Das hieße, dass Bilder ihren reflexiven Charakter behalten: Sie beziehen sich auf andere Bilder, sie beziehen sich im Bild auf den Grund, um Neues im Alten hervorzubringen. Bilder interagieren, aber nicht von allein, sondern mit den Menschen. Damit sind Bilder entscheidend für das Selbst- und Weltverständnis des Menschen (Schulz 2005, S. 137 f.).

Im digitalen Bild auf dem Screen rücken die Bilder näher, sie lassen sich heranzoomen und verändern, zu eigenen Bildern machen. Damit verlieren die Bilder ihren Bezug auf die Außenwelt. In der Vielfalt der möglichen Referenzen entsteht Referenzlosigkeit; der Mensch wird aber deutlicher wieder Schöpfer der Bilder und die Verschränkung zwischen innerem und äußerem Bild als der Funktion und gleichzeitig der Wesensart der Bilder wird intensiviert.

8 Bild und Bildung

Sowohl als Ausdrucksmedium im Prozess des Entstehens als auch als Beschäftigung mit vorgefundenen Bildern ist Bildverstehen zentral für Bildung im Sinne eines Selbst- und Weltverhältnisses – gerade, wenn dies als konkret alltagsbezogen und in der aktuellen globalisierten Kommunikationsstruktur stattfindend verstanden wird. *Emoticons* und Handyfotos, montierte Kameras auf Brillen und Kameraüberwachung zeigen, wie eng die Bilderwelt rückt, wie sehr Sprache und Bild in Piktogrammen und Infografiken zusammenrücken. Gerade die Auffassung vom eigenen und fremden Körper ist eine über das Bild vermittelte und zentral für das Aufwachsen und Altern und die Wahrnehmung des Anderen – und somit auch zentrale Aufgabe einer erziehungswissenschaftlichen Bildforschung.

Bilder fungieren in einem unendlichen Tradierungs- und Vermittlungsprozess, sind vorläufige symbolisch gefasste und Form gewinnende Sinnstiftung. Bilder verändern das Selbstbild des Menschen. Sie beziehen sich auf vorausgegangene Bilder, die sie tradieren, überformen und neu fassen. Bilder sind heute gleichzeitig flüchtig und sich festsetzend und insofern formen sie nicht nur das Bildgedächtnis, sondern auch Verhaltensweisen, Habitus-, Interaktions- und Haltungsformen. Sie bieten den Grund, in dem wir selbst uns in der Welt zurechtfinden.

Bilder erzeugen eine Welt, eine Variation der vorgefundenen Welt; die Wiederholung nennt Merleau-Ponty „die edle Form des Gedächtnisses" (zit. n. Alloa 2011, S. 228). Die Welt und auch die Bilder sind bereits vorstrukturiert, aber auch noch nicht fertig, „horizonthaft und damit beweglich" (ebd., S. 229).

Wir Rezipienten und Produzenten setzen Bilder in einem Prozess der Durchdringung, Überlagerung und Überblendung in Bewegung; „Bilder als symbolische Gestaltungen der Welt" (Breckner 2010, S. 29) sind in diesem Sinne zugleich als Bildungsprozesse zu verstehen.

Literatur

Alloa, Emmanuel (2011): Das durchscheinende Bild. Konturen einer medialen Phänomenologie. Zürich.

Belting, Hans (2001): Bild-Anthropologie. Entwürfe für eine Bildwissenschaft. München.

Belting, Hans (2007): Die Herausforderung der Bilder. In: Ders. (Hrsg.): Bilderfragen. Die Bildwissenschaften im Aufbruch. München, S. 11–23.

Blumenberg, Hans (2006): Beschreibung des Menschen. Frankfurt/M.

Boehm, Gottfried (1994) (Hrsg.): Was ist ein Bild? München.

Boehm, Gottfried (2001) (Hrsg.): Homo pictor. München/Leipzig.

Boehm, Gottfried (2001a): Repräsentation – Präsentation – Präsenz. Auf den Spuren des homo pictor. In: Ders. (Hrsg.): Homo pictor. München/Leipzig, S. 3–13.

Boehm, Gottfried (2007): Wie Bilder Sinn erzeugen. Die Macht des Zeigens. Berlin.

Bredekamp, Horst (2011): Bildwissenschaft. In: Pfisterer, Ulrich (Hrsg.): Metzler Lexikon Kunstwissenschaft: Ideen, Methoden, Begriffe. Stuttgart, S. 72–75.

Breidbach, Olaf/Vercellone, Frederico (2011): Anschauung denken. München.

Breckner, Roswitha (2010): Sozialtheorie des Bildes. Zur interpretativen Analyse von Bildern und Fotografien. Bielefeld.

Henning, Claudia (2011): Tagungsbericht zur Internationalen Fachkonferenz Ursprünge der Bilder (30. März – 1. April 2011). In: IMAGE 14 (Ausgabe Juli 2011).

Jonas, Hans (1963): Die Freiheit des Bildens: Homo pictor und die differentia des Menschen. In: Ders. (Hrsg.): Zwischen Nichts und Ewigkeit. Göttingen, S. 26–43.

Meyer-Drawe, Käte (2010): Die Macht des Bildes – eine bildungstheoretische Reflexion. In: Zeitschrift für Pädagogik. Jg. 56, Heft 6, S. 806–818.

Mitchell, William J. T. (1986): Iconology. Image, Text, Ideology. Chicago/London.

Mitchell, William J. T. (1994): Picture Theory. Chicago/London.

Mitchell, William J. T. (2008): Bildtheorie. Frankfurt/M.

Pfisterer, Ulrich (Hrsg.) (2011): Metzler Lexikon Kunstwissenschaft: Ideen, Methoden, Begriffe. Stuttgart.

Prange, Regina (2011): Bild. In: Pfisterer, Ulrich (Hrsg.): Metzler Lexikon Kunstwissenschaft: Ideen, Methoden, Begriffe. Stuttgart, S. 57–62.

Schulz, Martin (2005): Ordnungen der Bilder. Eine Einführung in die Bildwissenschaft. München.

Schwemmer, Oswald (1997): Die kulturelle Existenz des Menschen. Berlin.

Trebeß, Achim (Hrsg.) (2006): Metzler Lexikon: Ästhetik. Kunst, Medien, Design und Alltag. Stuttgart/Weimar.

Sprache

Cornelie Dietrich

Pädagogisch-anthropologische Aspekte der Sprache beziehen sich in vielerlei Hinsicht auf die Grundfragen der Sprachanthropologie, besitzen aber darüber hinaus je eigene Fragerichtungen, die mit der Entwicklungstatsache und dem Erziehungsbedürfnis des Menschen sowie dem Generationenverhältnis zusammenhängen. Im Folgenden werden daher zunächst drei Dimensionen allgemeiner Sprachanthropologie vorgestellt (Sprechen und soziale Interaktion, Sprechen und Denken, Sprache und Leib), um dann auf spezifische Aspekte einer pädagogischen Sprachanthropologie einzugehen (Spracherwerb, Sprache und Identität, Sprache der Erziehung). Dabei werden biologische und naturwissenschaftliche Fragen zugunsten eines kulturanthropologischen Ansatzes eher marginal gehalten, da ihnen für *pädagogische* Zusammenhänge lange nicht die Bedeutung zuzumessen ist wie denen nach der kulturellen Praxis der Sprache und des Sprechens. So stehen für die allgemeine Sprachanthropologie, die mehrheitlich das Grenzgebiet zwischen Natur und Kultur besiedelt, Fragen nach Entstehung der Sprache, nach genetischen Grundlagen der menschlichen Sprachfähigkeit, nach universellen sprachlichen Mustern sowie nach den Unterschieden und Gemeinsamkeiten zwischen menschlichen und tierischen Kommunikationsweisen mehr im Zentrum als in einer pädagogischen Sprachanthropologie. Diese ist durch die Historizität von Sprachanthropologien einerseits und von Erziehungs- und Bildungsdiskursen andererseits immer schon in doppelter Weise kulturell orientiert.

1 Grundfragen der Sprachanthropologie

Der Mensch als *animal symbolicum* (Cassirer) lebt durch die Sprache in einem dichten Gewebe symbolischer Interpretationen über die Welt. In den verschiedenen Funktionen der menschlichen Sprache zeigt sich die Webart dieses Stoffes, der Mensch und Welt sowohl trennt als auch vereint. In großer thematischer Kontinuität handelt die Sprachanthropologie über die kommunikative, die kognitive und die expressive Funktion der Sprache und des Sprechens. Schriftsprache wird mit der Erinnerungs- und Speicherfunktion der sie nutzenden Kulturen in Verbindung gesehen. Gegenstand der Sprachanthropologie ist daher weniger die Sprache selbst, ihre Geschichte, Struktur und ihre Erscheinungsformen, sondern vielmehr das Verhältnis von Sprachlichkeit zu anderen humanspezifischen Vermögen und Bedingungen wie der Sozialität, den kognitiven Fähigkeiten und der Leiblichkeit.

1.1 Sprechen und soziale Interaktion

Geht man zunächst von den sprachlichen Erscheinungsweisen des (mit-)menschlichen Alltags aus, so erscheint Sprache als Praxis der sozialen Interaktion, der Mitteilung und Verständigung, des Austausches, der Auseinandersetzung mit anderen über anderes. Die Frage nach dem Ursprung der Sprache in der Entwicklung der Menschheitsgeschichte wird häufig zusammen mit der Entwicklung von komplexer werdenden Sozialverbänden diskutiert (Trabant 1997, S. 597). Als ein „Kraulen auf Distanz", welches Bindungen in größeren Gruppen ermöglicht, ebenso wie als zunehmend komplexer werdendes Verhandeln von Aufgaben, Rollen und Zuständigkeiten zeigt sich die Entwicklung der Sprache immer auch als eine Entwicklung von Sozialität und beide in direkter Abhängigkeit voneinander. So lassen sich in komplexen menschlichen Gemeinschaften *Inhalte* sozialer Themen nicht anders als in sprachlichen Symbolen und sprachlichen Praxen bearbeiten.

Viele soziale *Formen* benötigen zu ihrer Aufrechterhaltung darüber hinaus sprachlich-rituelle Formeln, etwa der Begrüßung, der Vermeidung von Peinlichkeit, der gegenseitigen Wohlwollensvergewisserung („phatische Kommunikation" nach Malinowski oder „framing" nach Goffman). Sprachliche Kommunikation dient so einerseits der gegenseitigen Mitteilung und Verhandlung über die (innere und äußere) Welt und andererseits auch der Etablierung, Gestaltung, Aufrechterhaltung oder Destruktion der sozialen Gemeinschaft selbst. Letzterer Aspekt wird seit Austins Sprechakttheorie (Austin 2002) in theoretischen und empirischen Ansätzen sprachlicher Performativität bearbeitet (z. B. Wulf/Göhlich/Zirfas 2001).

1.2 Sprechen und Denken

Gegenüber der interindividuellen Funktion des Kommunizierens existiert die intra-individuelle Funktion des durch Sprache beeinflussten oder bedingten Denkens. In der Geschichte der Sprachanthropologie wurden verschiedene Auffassungen über den Zusammenhang zwischen beiden menschlichen Vermögen diskutiert, die jeweils entweder die Abhängigkeit oder die Unabhängigkeit von Sprechen und Denken stärker postulierten. In dieser Frage steckt zudem diejenige nach dem Verhältnis von Universalität des menschlichen Sprach- und Denkvermögens und der empirischen Pluralität höchst unterschiedlicher Sprachen.

Zunächst galt seit dem „Organon" des Aristoteles die Auffassung der Nicht-Identität. Die Sprachen wurden als Werkzeug gesehen, welches dazu dient, die Denkvorgänge (*logos* in griechischer, *conceptus* in lateinischer Tradition) zu materialisieren, in Worte „zu kleiden", und sie dadurch kommunizierbar zu machen. Einer universalen Denkfähigkeit stehen viele verschiedene Symbole – Wörter, Grammatiken, Sprachen, Buchstaben – gegenüber, die die Gedankeninhalte zu bezeichnen vermögen. Diese Grundidee der Nicht-Identität von Sprechen und Denken hat auch heute noch Bestand, etwa in Piagets Theorie kognitiver Strukturen und Schemata, in der *theory of mind* oder in der Universalgrammatik Chomskys (Chomsky 1970). Ebenso stärkt die Untersuchung anderer als sprachlich strukturierter kognitiver Vorgänge wie etwa des bildlichen oder musikalischen Vorstellungs- und Denkvermögens die Auffassung, dass Sprechen und Denken zwar nicht voneinander unabhängig, aber ebenso wenig identisch zu denken sind.

Im 18. und 19. Jahrhundert, als man begann, sich eingehender mit einem vergleichenden Studium der Völker, Kulturen und auch deren Sprachen zu beschäftigen, entstand eine bis heute wichtige Gegenrichtung zu dieser Position. Sie lässt sich in dem berühmten Diktum Humboldts (1994), verschiedene Sprachen brächten auch verschiedene „Weltansichten" hervor, zusammenfassen. Demnach sind die Worte dem Denken immer schon voraus und bedingen es, weil nur gedacht werden kann, wozu Worte, und das heißt, Unterscheidungen und Kategorien, vorhanden sind. Sprache ist für Humboldt „das bildende Organ des Denkens" (ebd.).

Berühmt geworden ist in diesem Zusammenhang die „Saphir-Whorf-Hypothese", in der vor allem diese Klassifikationsarbeit des sprachlich determinierten Denkens, die auch Cassirer betont (1990), hervorgehoben wird: „Wir gliedern die Natur an Linien auf, die uns durch unsere Muttersprache vorgegeben sind. Die Kategorien und Typen, die wir aus der phänomenalen Welt herausheben, finden wir nicht einfach in ihr – etwa weil sie jedem Beobachter in die Augen springen; ganz im Gegenteil präsentiert sich die Welt in einem kaleidoskopartigen Strom von Eindrücken, der durch unseren Geist organisiert werden muß – das heißt weitgehend: von dem linguistischen System in unserem Geist" (Whorf 1984, S. 12).

Diese Auffassung wird wiederum relativiert durch jüngere Erfahrungen von Sprachpolitik und Diskursanalysen (z. B. Butler 1998); zahlreiche Untersuchungen belegen, dass eine bestimmte Machtpolitik (etwa in totalitären Staaten) auch eine Sprache „erfindet" und durchsetzt, die wiederum auf das Denken und Wahrnehmen Einfluss nimmt. Damit ist die Geschichte der Sprachanthropologie in eine weitere Epoche eingetreten, die dem Dual von Sprechen und Denken die Machtdimension hinzufügt. Nur wer die legitimierten, mit Macht ausgestatteten Sprechpraxen mit in das Kalkül nimmt, wird die vielseitigen Wechselwirkungen zwischen Sprechen und Denken theoretisch wie empirisch präziser beschreiben können.

1.3 Sprache und Leib

Sprache ist nicht denkbar ohne Sprecher, die sie sprechen, und ein je zuhörendes Gegenüber; die Sprecherinnen und Sprecher sind immer vitale Organismen, die nicht nur mit Zunge und Stimmlippen, sondern auch mit „Händen und Füßen", mit Augen und Gesichtsmuskeln sprechen. Jedes sprachliche Zeichen bedarf einer materiellen Manifestation.

Die Sprechfähigkeit des Menschen setzt phylogenetisch die Entwicklung eines Atem-, Stimm- und Sprechapparates voraus, der die variantenreiche Lautproduktion menschlicher Sprachen erst ermöglicht. Dieser konnte sich erst nach der Aufrichtung des *Homo erectus* entwickeln, als die Hand zum Werkzeuggebrauch und das Gesicht zur Kommunikation freigesetzt wurden. Von ebenso großer Bedeutung wie die Sprechorgane ist auf der anderen Seite das Ohr. Erst im selbstreflexiven Sich-selbst-Lautieren-Hören konnte sich phylogenetisch die feine Differenziertheit der Sprachlaute entwickeln. Trabant (1998, S. 33 ff.) spricht hier, in Weiterführung der Humboldt'schen Tradition, von der Tätigkeit einer doppelten Artikulation: Zum einen gliedert sich die Welt der Eindrücke und Empfindungen durch Worte und Begriffe in voneinander unterschiedene Einheiten, zum Weiteren gliedern sich die Worte in voneinander getrennte Laute (Phoneme), so dass unzählige Kombinationsmöglichkeiten zur (Neu-)Schöpfung von Worten vorhanden sind.

Besonders die expressive Funktion der Sprache, die Mitteilung von Emotionen und Empfindungen in körperlich gebundenen, gestischen und mimischen sowie prosodischen Zeichen, wird mit der leiblichen Dimension der Sprache in Verbindung gebracht. Dabei entsteht die anthropologisch wesentliche Frage, die sowohl Phylogenese als auch Ontogenese betrifft, wie sich aus dem präsentativen Zeigen der leibgebundenen Geste die re-präsentativen Funktionen des abstrakten Laut-Zeichens entwickeln konnten und täglich neu hervorgebracht werden.

In diesem Zusammenhang ist anthropologisch auch die Nähe zwischen magischen und Sprechhandlungen (vgl. Cassirer 1990) bedeutsam. Denn die Magie der Worte in kulturellen Ritualen ist an die vokale Geste gebunden. Taufe oder Eheschließung, Richterspruch und Ermahnung des Lehrers werden zur machtvollen Wirklichkeit erst durch die Aus-Sprache. Neuere Performativitätstheorien haben diese Aspekte von Materialität und Leiblichkeit rehabilitiert (Wulf/Göhlich/Zirfas 2001; Dietrich 2010).

2 Pädagogische Sprachanthropologie

2.1 Spracherwerb des Kindes

Für eine Pädagogische Sprachanthropologie besteht eine erste wichtige Frage in der Erklärung des komplexen Phänomens kindlichen Spracherwerbs. Fast vergessen sind heute

Debatten aus dem 18. Jahrhundert, in denen es um die Frage ging, ob ein Kind in der vorsprachlichen Phase überhaupt schon als Mensch im vollen Sinne angesehen werden könne, da doch erst durch die Sprache der Mensch zum Menschen werde (vgl. Langeveld 1956). Unabhängig davon gehört die Phase des Spracherwerbs zu den zentralen Ereignissen des Aufwachsens, die jeden Erwachsenen durch ihre scheinbare Selbstläufigkeit immer wieder fasziniert. Auf der einen Seite im hohen Maße kulturabhängig, lernt doch auf der anderen Seite jedes (gesunde) Kind, selbst in schwierigsten Lebenslagen, sprechen, so dass die Vermutung eines angeborenen Sprachsystems naheliegt.

Zum einen richten sich die Untersuchungen auf die Sprache als einen Korpus von Worten und grammatischen Regeln, deren Anwendung innerhalb bestimmter Situationskontexte von Kindern zwischen dem 2. und etwa 5. Lebensjahr erlernt wird. Der Behaviorismus erklärte das Sprechen-Lernen (wie alles Lernen) durch die ständig wiederholte Folge von *stimulus* und *response,* von Vorsprechen und Nachsprechen, beschleunigt durch die Orientierung an menschlichen Modellen, die auch die Verstärkung der jeweils „richtigen" *response* vornehmen. Allerdings kann damit überhaupt nicht erklärt werden, wie Kinder in so kurzer Zeit nicht nur Wörter und Begriffe, sondern auch grammatische Regeln anzuwenden lernen und zudem syntaktisch korrekte Sätze sprechen, die sie vormals nie gehört haben.

Demgegenüber postuliert Chomsky (1970) eine den Menschen angeborene „Universalgrammatik", durch die allein erklärbar sei, dass alle (gesunden) Menschen zu etwa der gleichen Zeit die grammatischen Regeln ihrer, gleich welcher, Umgebung aktiv hervorbringen. Im genetisch verankerten *Language Acquisition Device* (LAD) ist, so Chomsky, dem Menschen die Fähigkeit gegeben, in einer beinahe beliebigen sprachlichen Umwelt das Gehörte auf die universellen grammatischen Strukturen zu beziehen und dabei die jeweils korrekten Regeln der Einzelsprache in der eigenen Sprechpraxis zu etablieren.

Bruner (2002) glaubte nicht an eine derartige Beliebigkeit der Umwelt. Er fügte dem LAD einen interaktionistischen Rahmen hinzu und begründete damit eine neue Spracherwerbstheorie: Das Kind brauche ganz spezifische Unterstützungsleistungen der Erwachsenen, damit sich die angeborenen Sprachfähigkeiten auch entwickeln können. Es lerne, so Bruner, weder allein durch Nachahmung noch durch einen natürlichen Wachstumsprozess des LAD. Unter dem Begriff des *Language Acquisition Support System* (LASS) beschrieb er, wie das Kind in standardisierten Formaten, die von den Bezugspersonen vorgegeben und mit einer Art „intuitiver Didaktik" gestaltet werden, durch Interaktionen allmählich in die Sprache hineinwächst.

Auch Tomasello (2011) untersuchte den Spracherwerb des Kindes als ein in erster Linie interaktionistisches Geschehen. Für ihn ist die menschliche Sprachentwicklung und Sprachnutzung Werkzeug der Kooperation als dem allgemeinsten Bestreben im menschlichen Zusammenleben und zugleich Werkzeug kultureller Evolution. Sprachliche Kooperation entwickelt sich im Rahmen der menschlichen Fähigkeit von geteilter Aufmerksamkeit und geteilter Intentionalität. In der frühen Zeigegeste erfährt das Kind die mit anderen geteilte, auf ein Drittes hin fokussierte Aufmerksamkeit. Kinder richten ihren Fokus auf einen Gegenstand, zeigen darauf und erwarten das gleiche vom Gegenüber; umgekehrt zeigen die Erwachsenen auf Gegenstände (etwa im Bilderbuch), Kinder schließen sich dieser Gerichtetheit an, vergewissern sich dabei aber auch immer wieder der Fokussierung des Gegenübers. Erst auf dieser Grundlage kann dann das Sprechen als ein Wechselspiel komplementärer Interaktionsbeiträge entstehen.

Entgegen dem Mainstream der Fortschrittserzählungen, die im kindlichen Spracherwerb allein einen unhinterfragten Gewinn in der Entwicklung zur Teilhabe an den logoszentrierten Kommunikationsweisen der (europäisch-westlichen) Kultur sehen, befragen phänomenologische Anthropologien das Geschehen auch kritisch auf mögliche Verluste hin (vgl. Merlau-Ponty 1993). Während das Kind die Sprache der Kultur, in der es lebt, erlernt, verliert es zugleich eine gestisch-körperliche Einheit mit den Dingen und Menschen. Das Kind, das zu sprechen beginnt, muss zu allen Bezugspersonen eine neue Beziehung etablieren; in den Akten der Benennung der Welt schiebt sich ein Keil zwischen Mensch und Welt. So ermöglicht Sprache Welterschließung und Weltkonstruktion, schafft aber auch eine Distanz zu ihr, ermöglicht und erzwingt eine Frontstellung, die andere Verhältnisweisen ausschließt. In diesem Zusammenhang entstehen erst allmählich kulturanthropologische Untersuchungen über das spezifische Sprechen der heranwachsenden Kinder und Jugendlichen (Dietrich 2010), die mögliche Widerstände gegen solche Verlusterfahrungen in den Blick nehmen.

Vor diesem Hintergrund wird die Frage nach der Förderung von Sprachlichkeit, Sprachsinn, Sprachensensibilität und Mehrsprachigkeit kulturanthropologisch anders zu stellen sein als allein kompetenzorientiert.

2.2 Sprache und Identität

Dass viele Sprechakte nicht der Kommunikation, dem Informationsaustausch oder dem Denken dienen, sondern als Kundgabe von bestimmten Identitäten fungieren, zeigen z. B. die Sprechgesänge im Fußballstadion, in politischen Versammlungen oder die offensiv vorgetragenen Soziolekte von bestimmten jugendkulturellen Gruppen. Auf der anderen Seite verrät die Weise des Sprechens dem Gegenüber, auch ohne dass es vom Sprecher unbedingt intendiert ist, etwas über dessen geografische, soziale, ethnische, geschlechtliche Identität. Während es hier um Gruppenidentitäten geht, fragt pädagogische Sprachanthropologie auch nach individueller oder personaler Identität. Denn zu den wesentlichen Vermögen und Herausforderungen menschlichen Lebens in der Neuzeit gehört die Ausbildung von Selbstbewusstsein, Selbstverständnis und Identität. Die „Schwierigkeiten mit Identität" (Mollenhauer) entstehen in der Moderne durch ihren lebenslang dynamischen Charakter: Da Identität immer nur als Fiktion einer Möglichkeit im Verhältnis zu einer erlebten Wirklichkeit aufgegeben sein kann (denn man kann nicht „identisch" sein), eignet ihr stets ein instabiler Entwurfscharakter. Dieser kann auch auf die biografische Vergangenheit gerichtet sein. Die Reflexion über den, der jemand hätte sein oder werden können, ist ebenso kontingent wie diejenige über zukünftige Selbstentwürfe. Identitätsarbeit hat diese Verhältnisse je aktuell auszubalancieren; sie erfolgt im intersubjektiven Austausch symbolisch-interpretierend und damit wesentlich sprachlich.

Humboldt hat in seinen sprachanthropologischen Schriften die Entwicklung eines „Sprachsinns", mit Hilfe dessen dem Menschen Selbstbewusstsein wie auch Welterkenntnis erst möglich werden, beschrieben. Im Sprachsinn sind rezeptive und produktive Eigenschaften verbunden. Durch ein fein abgestuftes Sensorium für sprachliche Phänomene verstehen und erzeugen Menschen Bedeutungsnuancen, die Innenwelt und Außenwelt nicht nur voneinander trennen, sondern allererst auseinander hervorbringen. Vermöge des Sprachsinns vollzieht sich die Transformation der äußerlich wie innerlich erfahrbaren Welt in sprachliche Prozesse, vollzieht sich die „allgemeinste, freieste und regeste Wechselwirkung" zwischen Ich und Welt mittels Sprache. In einem Brief an Schiller aus dem Jahr 1800 beschreibt Humboldt den Sprachsinn genauer. Es sei dies „die Fähigkeit, inneres Denken und Empfindungen und äußere Gegenstände vermöge eines sinnlichen Mediums, das zugleich Werk des Menschen und Ausdruck der Welt ist, gegenseitig auseinander zu erzeugen oder vielmehr seiner selbst, indem man sich in beide teilt klar zu werden" (Humboldt 2002, S. 198). Sprechend nur kann zwischen äußeren Gegenständen und inneren Denk- oder Empfindungsbewegungen unterschieden werden, denn in den sprachlichen Unterscheidungsvorgängen erzeugen sich erst Innenwelt und Außenwelt „gegenseitig auseinander". Die Sprache fungiert als eine selbst unsichtbar bleibende Grenze zwischen Innen und Außen, deren Innenseite Teil der menschlichen Individualität, deren Außenseite Teil der Allgemeinheit ist. In diesem Sinne ist Sprache *zugleich* Werk des Menschen und Ausdruck der Welt, privat und öffentlich, egologisch und logisch.

Ähnlich wie Humboldt war auch noch Bollnow (1966, S. 183 ff.) von der Welt und Selbst harmonisch verbindenden Kraft eines gut ausgebildeten Sprachsinns überzeugt. „Erst in der sprachlichen Erfassung der Welt gliedert und gestaltet sich das eigene Leben" (ebd.). Bollnow betont eine dreifache Identitätsbildung. Sprachlich vermittelt seien nicht nur alle Welterschließung, sondern auch die Selbstbegegnung sowie vor allem auch die Begegnung mit anderen Menschen durch gegenseitige Adressierung, Anerkennung und Namensnennung. In allen drei Hinsichten erfolgt im reflexiven Charakter von Sprechen und (sich selber) Hören eine sprachlich konstituierte Selbstformung.

In jüngerer Zeit hat sich eine sehr viel größere Skepsis gegenüber der produktiv identitätsbildenden Kraft menschlichen Sprachvermögens ausgebildet. Gebildet wurde die Skepsis an den Erfahrungen von Diskriminierung, Rassismus und Indoktrination, die in sprachlich performativen Akten der Mächtigen zu einer die Selbstbestimmungs- und Selbst-Verstehensbemühungen vieler Menschen erheblich einschränkenden Realität werden. Sprachlich-rituelle Akte erzeugen ihre Wirkung dabei durch Wiederholung und Bezugnahme auf Konventionen, zu denen die Sprecher (z. B. Lehrer(in), Eltern, Pfarrer(in), Richter(in)) gesellschaftlich legitimiert sind. So durchziehen Machtdimensionen sprachlicher Gewaltausübung den Alltag eines jeden Heranwachsenden und nötigen ihn zur Übernahme der in der sprachlichen Ordnung enthaltenen gesellschaftlichen Ordnung. Es stellt sich dann die Frage nach sprachlichen Subjektivierungsspielräumen innerhalb der Zwänge machtvoll durchgesetzter sprachlicher Konventionen. Butler (1998) sieht allein in der „Resignifizierung", d. h. in der dekonstruierenden Kontextverschiebung sprachlicher Bedeutungen eine Möglichkeit, solche Macht- und Diskriminierungsvollzüge zu unterlaufen. Koller (2012, S. 135) entwickelt diese Figur weiter im Sinne einer transformatorischen Bildungstheorie. Demnach könnten Subjekte Resignifizierungen nicht nur an zugemuteten Fremdzuschreibungen, sondern auch an Selbstbeschreibungen vornehmen, wenn sie im Verlauf der eigenen Biografie neue sprachliche Figuren des Welt- und Selbstbezugs in den vorhandenen finden.

2.3 Sprache der Erziehung

Mit Bezug auf die Generativität des Menschen ist ein drittes Themenfeld pädagogischer Sprachanthropologie gegeben. Fasst man in der Tradition Humboldts und Austins Sprache eher als Tätigkeit (*energeia*) denn als System oder Korpus (*ergon*) auf, so erschließen sich die dynamischen Dimensionen des diachronen Sprachwandels in der Generationenfolge und der synchronen Sprachenvielfalt im Zusammenleben der Generationen. Zu fragen ist hier nach den Bedeutungen und Funktionen der durch die Erwachsenen im Erziehungsprozess präsentierten Sprechgesten. Erwachsenes Sprechen in der Erziehung und explizite Spracherziehung dienen einerseits der Stabilisierung der legitimen Sprache(n) und Sprechweisen in der Generationenfolge, andererseits der Eröffnung von sprachlichen Freiräumen und Leerstellen für die je nachwachsenden Generationen.

Zur Stabilisierung und Tradierung kulturellen Sinns gehört zum einen die sprachliche Normierung der jüngeren Generation hinsichtlich Standardsprache, Schriftsprache, der Vermittlung erwünschter Fremdsprachen, aber auch dem Erlernen bestimmter Redegattungen (wie etwa der eigenbiografischen Narration oder dem vernünftigen Argumentieren). In dieser generativen Normierungstätigkeit erfolgt zugleich über die Sprache auch eine Reproduktion sozialer Verhältnisse. Kinder erlernen das Sprechen der älteren Generation nicht nur formal, sondern sie inkorporieren im Spracherwerb ebenso soziale Normen (vgl. Bourdieu 1990; Dietrich 2010).

Auf der anderen Seite haben erwachsenes Sprechen und Spracherziehung seit der Moderne den folgenden Generationen auch Freiräume zu eröffnen, in denen diese bisher Ungesagtes artikulieren und damit den Sprachwandel als individuellen und sozialen Wandel ermöglichen können. Dazu gehört zunächst eine reflexive Haltung den in Erziehung vermittelten sprachlichen Normen und Standards gegenüber, die sich, wie etwa seit den 1970er Jahren geschehen, auch kritisch auf die sprachlichen Praxen der Marginalisierung, Diskriminierung und Exkludierung beziehen. In dem durch zunehmende Globalisierung, Migration und Pluralisierung entstehenden Phänomen der synchronen

Mehrsprachigkeit liegt eine weitere kulturelle Herausforderung, die von jeder Generation in immer wieder anderer Weise bearbeitet werden muss und daher eine offenere Spracherziehung erfordert. Schließlich ist in der den Logozentrismus fokussierenden Anthropologiekritik des letzten Jahrhunderts auch deutlich geworden, welch hohe Bedeutung eine Erziehung zu und in anderen als wortsprachlichen – etwa ästhetischen – Symbolsystemen für die Entwicklung und Erhaltung menschlicher Kulturen besitzt.

Literatur

Austin, John L. (2002): Theorie der Sprechakte. Stuttgart.

Bollnow, Otto Friedrich (1966): Sprache und Erziehung. Stuttgart.

Bruner, Jerome (2002): Wie das Kind sprechen lernt. Bern.

Bourdieu, Pierre (1990): Was heißt sprechen? Die Ökonomie des sprachlichen Tauschs. Wien.

Butler, Judith (1998): Hass spricht. Zur Politik des Performativen. Berlin.

Cassirer, Ernst (1990): Versuch über den Menschen. Einführung in eine Philosophie der Kultur. Frankfurt/M.

Chomsky, Noam (1970): Sprache und Geist. Frankfurt/M.

Dietrich, Cornelie (2010): Zur Sprache kommen. Sprechgestik in jugendlichen Bildungsprozessen in und außerhalb der Schule. Weinheim/München.

Humboldt, Wilhelm von (1994): Über das vergleichende Sprachstudium in Beziehung auf die verschiedenen Epochen der Sprachentwicklung (1. Rede vor der Akademie vom 29. Juni 1820). In: Ders.: Über die Sprache. Reden vor der Akademie. Hrsg. v. Jürgen Trabant. Tübingen/Basel, S. 11–32.

Humboldt, Wilhelm von (2002): Über Denken und Sprechen (1795–97). In: Werke V. Hrsg. v. Andreas Flitner/Klaus Giel. 5. Aufl. Darmstadt.

Koller, Hans-Christoph (2012): Bildung anders denken. Einführung in die Theorie transformatorischer Bildungsprozesse. Stuttgart.

Langeveld, Martinus J. (1994): Die Notwendigkeit einer Anthropologie des Kindes. In: Wulf, Christoph/Zirfas, Jörg (Hrsg.): Theorien und Konzepte der pädagogischen Anthropologie. Donauwörth, S. 28–36.

Merleau-Ponty, Maurice (1993): Die Prosa der Welt. München.

Tomasello, Michael (2011): Die Ursprünge der menschlichen Kommunikation. Frankfurt/M.

Trabant, Jürgen (1997): Sprache. In: Wulf, Christoph (Hrsg.): Vom Menschen. Handbuch Historische Anthropologie. Weinheim/Basel, S. 595–608.

Trabant, Jürgen (1998): Artikulationen. Historische Anthropologie der Sprache. Frankfurt/M.

Whorf, Benjamin Lee (1984): Sprache, Denken, Wirklichkeit. Reinbek.

Wulf, Christoph (2004): Anthropologie. Geschichte – Kultur – Philosophie. Reinbek.

Wulf, Christoph/Göhlich, Michael/Zirfas, Jörg (2001): Grundlagen des Performativen. Eine Einführung in die Zusammenhänge von Sprache, Macht und Handeln. Weinheim/München.

Konsum

Gabriele Sorgo

Alle Menschen müssen konsumieren. Als hochkomplexe Organismen verbrauchen sie Ressourcen des Planeten Erde, um sich am Leben zu erhalten und um dieses Leben kulturell angemessen zu gestalten und zu genießen. Das Wort Konsum, von lat. *consumare*, umschreibt sowohl diese Prozesse des Ressourcenverbrauchs als auch die Inanspruchnahme von Dienstleistungen. Spätmoderne Gesellschaften verwenden das Wort Konsum häufig als Sammelbegriff für sämtliche Akte der Marktentnahme. Beim Ware-Geld-Tausch handelt es sich jedoch lediglich um einen Teilbereich der ununterbrochen sich vollziehenden Austauschprozesse zwischen Menschen und ihren Umwelten. Sowohl die Nahrungsaufnahme als auch der Warenkauf zum Zweck des persönlichen Verbrauchs stellen soziale Totalphänomene dar. Ernährungs- und Einkaufspraktiken sind rechtlich, wirtschaftlich, religiös, ästhetisch und sozialmorphologisch wirksam und strengen kulturspezifischen Regeln unterworfen. Denn der Vorgang der Nahrungsaufnahme findet an der Schnittstelle natürlicher Systeme mit kulturellen Ordnungen statt, jener des Warenerwerbs an den Schnittflächen marktwirtschaftlicher Systeme mit Haushalten ohne Profitorientierung. Verbote, Meidungen und Ritualisierungen begleiten daher diese Übergänge und finden in entsprechenden Praktiken ihren Ausdruck. Im Folgenden soll Konsum unter den Aspekten seiner körperlichen, seiner psychosozialen und seiner symbolischen Wirksamkeit betrachtet werden, wobei freilich zutage tritt, dass diese Bereiche sich stets durchdringen.

Konsum – körperlich

Alle lebenden Organismen nehmen Energie aus ihrer Umgebung auf. Bereits im embryonalen Zustand sind Menschen in den Stoffwechsel der Mutter und über sie in ein planetarisches Ernährungssystem eingebunden. Das Kind muss von Anfang an auch von einer sozialen Gemeinschaft aufgenommen werden, um zu einem vollwertigen Mitglied der Gesellschaft heranreifen zu können. Nach der Abnabelung bedarf das Neugeborene einer Pflege, die in erster Linie aus der Versorgung mit Nahrung und der Entsorgung der Exkremente besteht. Indem es seine erste Nahrung erhält, nimmt es nicht nur eine soziale Beziehung auf und bindet sich über den Milchfluss der Mutter an die Menschengruppe, in der es geboren worden ist, sondern dieses Sozialgefüge hatte vielmehr bereits das Ungeborene in sich aufgenommen und über die Mutter als Mitglied der Gemeinschaft genährt. Die erste soziale Beziehung, die ein Neugeborenes eingeht, wird wesentlich über Nahrung hergestellt. Dennoch ist sie mehr als nur eine materielle Beziehung, da über die nährenden Substanzen und durch sie vermittelt der gesamte symbolische Kosmos der Gruppe und deren emotionale Befindlichkeiten auf das Kind einwirken.

Kommt ein Mensch auf die Welt, so erfährt er oder sie, wie Äußeres – Luft und Nährstoffe – in den Körper eindringt und Inneres – die Luft, die Exkremente und andere Absonderungen – heraustritt. Zu Beginn des Lebens lassen die Körperöffnungen diesen Austausch und diese Kommunikation noch unkontrolliert zu. Der kindliche Körper ist offen, die Ordnung beginnt erst auf ihn zu wirken, sodass er im Lauf der Jahre lernt, Augen, Mund, Nase und Anus willkürlich zu verschließen. Die vielfältigen Sitten und Vorschriften, welche Menschen bei der Ernährung von Kleinkindern seit jeher in Betracht ziehen, zeigen deutlich, dass bereits diese frühkindliche Phase von der Gesellschaft mit höchster Aufmerksamkeit überwacht wird (vgl. Fildes 1986). Ein Erwachsener übt diese Kontrolle über seine Körperöffnungen später freiwillig an sich aus.

Skelettfunde ergaben im Vergleich, dass in der Zeit von etwa 1 Million Jahren v. Chr. bis zur Entstehung des *Homo sapiens* um ca. 160 000 v. Chr. sich der Mund, die Lippen, die Mundhöhle und die Mahlzähne der frühen Menschen parallel zur Gehirnvergrößerung verkleinerten. Die Kiefermuskeln wurden schwächer, der Magen schrumpfte im Vergleich zu anderen Säugetieren um ein Drittel und der Dickdarm verkleinerte sich um fast zwei Drittel. Als Grund führen Anthropologen die Entwicklung verfeinerter Methoden der Nahrungszubereitung an, vor allem die Verwendung des Feuers (Wrangham 2009). Das Garen mit Feuer erschloss neue pflanzliche Nahrungsquellen, veränderte den menschlichen Körper und ließ geschlechtsspezifische Arbeitsteilung sinnvoll werden. Die verlängerte Brutpflege, das Füttern von Menschen einer Gruppe, die nicht nur aus eigenen Kindern besteht, ermöglichte die Entwicklung von Vertrauen als Voraussetzung für Gruppenbildung. Die Beherrschung des Feuers unterstützte die Herstellung einer Gruppengrenze und erforderte die Einrichtung und Beachtung von Regeln für die Nahrungsteilung. So entstanden künstliche Überlebensnischen in der natürlichen Umwelt vermutlich zugleich mit der Nahrungsteilung auf der Basis von Gruppendisziplin. Daher müssen Menschen bereits vor dem Einsatz komplexer Gruppenjagdmethoden ein zur Kooperation befähigtes Gehirn aufgewiesen haben, statt es – wie im 20. Jahrhundert lange von Anthropologen vermutet wurde – durch Gruppenjagd und Fleischgenuss erst zu entwickeln. Denn ein permanenter Konkurrenzkampf um Ressourcen hätte den Gruppenzusammenhalt bedroht und den Nachwuchs gefährdet. Somit hängt die Entstehung von Gruppendisziplin, Kooperation und Sprache eng mit den Ernährungspraktiken zusammen.

Kulturanthropologische Forschungen legen nahe, dass die Wahrnehmung der Körpergrenzen die Entstehung des Selbst und seiner grenzüberschreitenden sozialen Einbindung beeinflusst (Falk 1994, S. 10–44). Auch die Psychoanalyse interpretiert das Ich als eine begrenzende Vermittlungsinstanz oder Rindenschicht zwischen dem weitgehend unbewussten Es als Vertreter körperlicher Prozesse und der Außenwelt. Nahrung stellt gewiss einen der ersten Reize dar, der von außen über die Körpergrenzen nach innen dringt, und Kinder sind von Anfang an fähig, sie anzunehmen oder zu verweigern. Wilfred Bion (1990) nimmt das Essen und Verdauen sogar als Modell für die Entwicklung der inneren psychischen Vorgänge. Aus seiner Sicht funktioniert die Psyche nach dem Modell des Verdauungsapparats. Bion sieht den Nahrungsentzug, der manchmal in der Kleinkinderpflege kurzfristig unvermeidlich ist, als Ursprung des Denkens. Das begehrte, aber nicht vorhandene Objekt, welches die Stillung des Hungers verspricht – meistens die mütterliche Brust –, wird vorgestellt, um die Zeit bis zur realen Befriedigung zu überbrücken. Die frühkindlichen oralen Erfahrungen eines Menschen liefern vermutlich prägende Modelle für alle späteren Beziehungen eines Menschen zu anderen Menschen, Tieren oder Objekten. Diese These von den Ähnlichkeiten der Funktionen von Psyche und Magen liefert außerdem Analyseinstrumentarien für das moderne Kaufverhalten, welches Identität und Status der Konsumierenden auf sozialsymbolischer Ebene durch Nahrungsmittelwahl oder durch den Erwerb symbolisch aufgeladener Waren absichern soll. Essstörungen gehen außerdem manchmal mit suchtähnlichem Kaufverhalten oder Kleptomanie einher.

Menschen sind Omnivoren und was die Ernährung betrifft sehr anpassungsfähig. Sie können sowohl rein vegetarisch als auch ausschließlich von Fleisch und tierischen Produkten leben. Bis zur Moderne hatten die Menschen weltweit ihren Stoffwechsel an die regional verfügbare Kost angepasst. Die regionalen Küchen verwandelten die Rohstoffe mittels komplexer Rezepte in Speisen, die den Geschmack ebenso wie die Identitäten formten (vgl. Barlösius 1999, S. 123 f.). Globale Handelsbeziehungen und Migrationsbewegungen bewirken jedoch seit der frühen Neuzeit, dass marktorientierte Lebensstile sich in allen Regionen der Erde durchsetzen und die regionalen Nahrungsmittelsortimente den globalen weichen müssen. Ernährungsbedingte Krankheiten können die Folge sein. So nehmen etwa Alkoholabhängigkeit oder Diabetes mellitus Typ 2 dort eher zu, wo die über viele Generationen an die Umwelt angepassten Verdauungsapparate der Menschen global vertriebene neuartige Substanzen wie z. B. Alkohol oder Zucker nicht im erforderlichen Ausmaß assimilieren können bzw. wo auch das Erfahrungswissen der traditionalen Küchen und die vererbten sozialen Settings die Stoffe nicht integriert haben. Probleme wie Essstörungen und Bluthochdruck erwachsen z. T. aus der Deregulierung von Essenszeiten und der Deritualisierung der Speiseaufnahme, sowie aus der allgemein menschlichen Vorliebe für nahrhafte und fettreiche Speisen, welche sich unter Bedingungen der Überfülle an Sättigungsangeboten bei gleichzeitiger Individualisierung der Essvorgänge in den reichen Konsumgesellschaften verhängnisvoll auswirkt. Denn die spätmodernen Menschen essen nicht nur, weil sie Hunger haben oder sie der gesellige Rahmen zum Essen animiert, sondern sie konsumieren Snacks und süße Getränke oft aus Prestigegründen oder zwischendurch als Ersatz für andere Annehmlichkeiten wie etwa emotionale Zuwendung oder schlicht zum Zweck der sinnlichen Selbstvergewisserung.

Um die Nachteile der industriell erzeugten und oft konservierten Kost wie etwa den Mangel an Spurenelementen, Vitaminen und hochwertigen Fetten oder den hohen Nitratgehalt auszugleichen, werden Nahrungsmittel seit einigen Jahrzehnten von ihren Erzeugern mit speziellen Wirkstoffen angereichert. Diese funktionellen Nahrungsmittel sollen Gesundheit, Schönheit und Gehirntätigkeit durch Vitamine und Spurenelemente fördern, die Wirkung ist jedoch nicht erwiesen. Traditionale Ernährungsgewohnheiten werden so durch wissenschaftlich begründete Verzehrsempfehlungen ersetzt, die weniger auf der sinnlichen Erfahrung der Individuen oder ihrer kulturellen Einbettung als auf chemischen Analysen beruhen. Die „Entbettung" der industriell erzeugten Lebensmittel soll durch ernährungswissenschaftliche Diskurse ausgeglichen werden. Auf diese Weise geraten aber moderne Küchen in Hörigkeit zur profitorientierten Lebensmittelindustrie.

Konsum – psychosozial

Die Entstehung des *Homo sapiens* beruhte auf seinen besonderen Fähigkeiten zur Gruppenbildung und zur Kooperation. Dabei spielte die Nahrung eine bedeutende Rolle, weil grundlegende Formen altruistischen Handelns im Umfeld der fürsorglichen Nahrungsteilung ihren Ursprung haben. Bis heute praktizieren die letzten noch existierenden Wildbeutergesellschaften Nahrungsteilung als oberstes Gebot. Pooling von Ressourcen zum Zweck des Machtgewinnes kann erst in sesshaften Gesellschaften entstanden sein und erzeugte auf Dauer ein Machtgefälle zwischen Nahrungsgebern und -nehmern, das etwa seit 6000 v. Chr. zur Entstehung von Klassenstrukturen und elitären Schichten geführt hat.

Pasi Falk (1994) hält die Herstellung von Mahlgemeinschaften für die zentrale soziale Praxis archaischer und vormoderner Gesellschaften. Dies bestätigen ernährungsgeschichtliche Studien, die zeigen, dass die Teilung der Nahrung in privaten Haushalten bis zur Gegenwart ritualisiert wird und dass die Tischgemeinschaft die sozialen Hierarchien abbildet und bestätigt. Außerdem nahm und nimmt das ritualisierte Gemeinschaftsmahl zentrale kultische Funktionen in den meisten bekannten Religionen ein (vgl. Josuttis 1980). Tierschlachtungen mit anschließender Verspeisung oder auch Gaben von Getreide oder Brot für die Gottheiten stellen Formen der Nahrungsteilung mit Wesen aus dem Jenseits dar, deren Huld und Neigung durch die Einbindung in eine vorgestellte Mahlgemeinschaft gewonnen werden soll. Umgekehrt wurden in bäuerlichen Kulturen seit der neolithischen Revolution die nahrungsspendenden Kräfte als großzügig gewährende oder konkret mütterliche Gottheiten vorgestellt. Viele Stammeskulturen weltweit erzählen Mythen über Götter, aus deren zerstückeltem Körper alle nahrhaften Feldpflanzen und Tiere hervorgegangen sein sollen. In diesen Mythen verbindet der Körper der Gottheit durch die Nahrungsaufnahme die Essenden und verleiht ihnen eine soziale Gestalt, indem er sie zu „Kindern" der nahrungsspendenden Gottheit macht. Solche Mythen stützen die These von Falk, dass so genannte *Eating Communities* grundlegenden Zusammenhalt stiften. Falk spricht von einer bidirektionalen Öffnung der Körper in segmentären Gesellschaften. Die Nahrung dringt nicht nur in die Individuen ein, sondern sie funktioniert auch als sozialer Kitt, der gleichzeitig dafür sorgt, dass das essende Individuum von der Gruppe durchdrungen und gleichsam beim Essen von ihr einverleibt wird. Das soziale Gefüge bindet in Nahrungsströme ein oder schließt unerwünschte Wesen und Individuen aus. Diese Vorstellung lässt sich mit Einschränkung sogar auf den modernen Sozialstaat übertragen. Die Jahrtausende alten Praktiken des Nahrungsspendens an Gräbern zeigen, dass die Toten in die Mahlgemeinschaft der Lebenden eingeschlossen bleiben können. Die Praxis, Verstorbene mit Nahrung zu versorgen, ist weltweit verbreitet und findet auch im christlichen Totenmahl noch ihren Ausdruck. Das Fest zu Ehren der jüngst Verstorbenen, die nun in der Erde ruhen, schließt den Nahrungskreislauf zwischen Menschen und Erde sowie zwischen Diesseits und Jenseits und weist den Toten und den Lebenden ihren Platz zu. In vorchristlichen europäischen Gesellschaften erhielten die Manen und Hausgeister rituell ihren Anteil an Nahrung, weil sie als unsichtbare Mitglieder des Haushaltes galten. Zugleich stellten diese Gaben auch apotropäische Maßnahmen dar, die in der Angst vor Forderungen aus dem Jenseits wurzelten, das die bestehende Gruppierung schützen oder schwächen konnte. Sie bestätigen jedenfalls die starke soziale Bindekraft der Nahrung und ihre Beziehung zu transzendenten Sphären. Denn einerseits ermöglicht Nahrung das physische Fortbestehen der sozialen Gruppierung im Wechsel der Generationen, andererseits verbindet sie aber grundsätzlich die Mächte der Natur, welche die Feldfrüchte und die essbaren Tiere gewähren, mit der menschlichen Welt. Insofern die nahrhaften Früchte der Erde entstammen und insofern die Toten und alles Verwesende wieder zur Erde zurückkehren, stellt Nahrung den Zusammenhang zur physischen und spirituellen Welt her. Durch ihre Verderblichkeit zeigt sie das Vergehen physischer Existenz, doch ihre Zerstörung im Körper der Essenden als Voraussetzung ihrer Verdaulichkeit und Verwandlung in Lebenskraft enthüllt zugleich die in ihr wirkenden unsterblichen Kräfte, die für das Gedeihen der Gesättigten sorgen.

Bei Essstörungen wie Magersucht, Ess-Brech-Sucht, Fixierung auf gesunde Nahrung, Fettleibigkeit oder periodischen Heißhungeranfällen schließen sich die Betroffenen meist freiwillig aus der Institution der Mahlgemeinschaft aus, die ihnen eine Stütze bei der Einhaltung des rechten Maßes sein könnte. Die Ablehnung oder Ambivalenzen gegenüber der Nahrung bis hin zu übermäßiger Gier und gesundheitsschädigendem Missbrauch können als Symptome einer instabilen psychischen Identität gelesen werden, welche eine stabile soziale Einbindung verhindert. Da Identität immer auch über den Körper abgesichert werden muss, eignet sich Nahrung als ursprüngliches Medium emotionaler Einbindung besonders gut für Absicherungspraktiken oder für ritualisiertes, zwanghaftes Verhalten, zumal Nahrungsmittel in reichen Konsumgesellschaften im Übermaß zur Verfügung stehen (vgl. Kleinspehn 1987, S. 371–424). Auch Verhaltensstörungen wie Kaufsucht, Kleptomanie oder das Messie-Syndrom (engl. *compulsive hoarding*) stellen Versuche dar, emotionale Instabilitäten zu regulieren und zu kontrollieren. Das zwanghafte Verhalten dient dann als Prothese, um jene Mängel auszugleichen, die vorerst nicht anders bearbeitet und daher nicht behoben werden können. Wie Lebensmittel von essgestörten Personen entweder völlig verweigert oder ihrer Nährkraft beraubt und zerstört, weil in ihrem Nutzen pervertiert werden, so landen auch Waren, die aufgrund emotionaler Mangelgefühle erworben werden, meist unbenützt im Abfall.

Falks Herleitung der *Eating Community* von der anthropologisch vorgegebenen sozialen Bedürftigkeit der Menschen liefert für pathologisches Kaufverhalten die ziemlich schlüssige Erklärung, dass zwanghafter Konsum den Versuch darstellen könnte, sich über Warenströme in eine vorgestellte Gemeinschaft der Konsumenten einzubinden. Immerhin legt der Begriff der Konsumgesellschaft nahe, dass jene Menschen, denen es an finanziellen Kapazitäten mangelt, aus dieser Gesellschaft ausgeschlossen sind. Da jedoch die Produktionsbedingungen soziale Kontakte zwischen Hersteller und Konsumenten weitgehend unterbinden, können die symbolisch aufgeladenen Waren nur Hoffnungen auf Einbindung analog zu den Mahlgemeinschaften erwecken, aber nicht erfüllen. Face-to-face-Kontakte, körperliche Nähe und verlässliche Verteilungsregeln von langer Dauer fehlen in Konsumsphären. Aus diesen Gründen kann die Konsumgesellschaft nicht als *Eating Community* betrachtet werden, obwohl das Marketing gezielt solche Vorstellungen nährt und speziell Markenwaren als Zeichen der Zugehörigkeit beschreibt.

Hungersnöte erzeugen Extremsituationen, in denen die ansonsten selbstverständlich gepflegten Sitten der Nahrungsteilung außer Kraft gesetzt werden können. Historische und gegenwärtige Berichte belegen, dass lebensgefährlicher Nahrungsmangel die Sozialgefüge bzw. die Tisch- und Mahlgemeinschaften auflöst und selbst die Fürsorge der Eltern für ihre Kinder sich ins Gegenteil verkehren kann. Hunger stellt immer eine Bedrohung der sozialen Ordnung dar. Umgekehrt entspricht freiwilliger Nahrungsverzicht dem Selbstausschluss aus einer Mahlgemeinschaft. Sowohl das Fasten religiös motivierter Asketen und Asketinnen als auch moderne Hungerstreiks müssen daher als (religions-)politisch wirksame Methoden der gezielten Einflussnahme auf die bestehenden sozialen oder religiösen Ordnungen interpretiert werden (Wimbush 1995).

Konsum – symbolisch

Zusätzlich zu den Zwecken der physischen Bedürfnisstillung und der sozialen Einbindung fungieren Konsumpraktiken und die einbezogenen Substanzen und Gegenstände auch als Bedeutungsträgerinnen innerhalb eines symbolischen Universums. Vorlieben, Meidungen, Verbote und sämtliche Routinen der Zubereitung und des Verzehrs sowie die während der Sozialisation erlernten Tischsitten samt den zugehörigen Werkzeugen und routinisierten oder ritualisierten Handlungsabläufen bilden Wertehierarchien ab, die durch soziologische oder medizinische Analysen allein nicht erklärt werden können (vgl. Setzwein 1997). Aus historischer Sicht wurden besonders jene Lebensmittel, die in einer Region gut gediehen und den größten Teil der täglich verfügbaren Kalorien lieferten, zu Symbolträgern oder selbst zum Symbol: die Weizenähre, die Olive und die Traube in den Mittelmeerregionen, Mais etwa im alten Mexiko. Aber auch Äpfel, Fische, Schafe, Rinder u. v. a. nehmen zentrale Plätze in mythologischen Erzählungen ein. Weizen spielte sowohl als pflanzliches Symbol für Tod und Auferstehung in den griechischen Demeterkulten eine Rolle als auch im gesamten Mittelmeerraum als Grundsubstanz für Brote, welche zur Ehre von Gottheiten in spezieller Gestalt gebacken wurden. Bis heute formen Gesellschaften, die Brot als Grundnahrungsmittel wertschätzen, die Teigportionen z. B. zu Mondsicheln, Ähren, Sonnen, Zöpfen usw., so dass ein nicht in Kalorien zu messender Mehrwert entsteht. Dieser symbolische Zusatznutzen vieler Speisen belegt einmal mehr, dass Essende sich nicht nur leiblich, sondern auch emotional und spirituell in eine Gemeinschaft einbinden. Was eine Kultur verbietet, z. B. Schweinefleisch, kann in der anderen überhöht werden. Die Gründe dafür sind vielfältig, selten rational im modernen Sinn, dafür aber logisch innerhalb der je vorherrschenden symbolischen Ordnung. Auf Nahrungsmittel bezogene Reinheitsgebote dürfen daher nicht nur funktional, z. B. als vormoderne Hygienevorschriften, interpretiert werden. Vielmehr repräsentieren sie Facetten einer symbolischen Ordnung, welche den Geschmack und das gesamte ästhetische Empfinden der alten Gesellschaften umso mehr durchdrang, als diese auf mündliche Traditionen angewiesen waren, die in Alltagspraktiken ihren Ausdruck fanden und weitergegeben wurden. Moderne säkularisierte Gesellschaften pflegen jedoch seit Jahrhunderten den interkulturellen Austausch und haben die Konstruktion von symbolischen Universen zu einem großen Teil verschriftlicht und individualisiert. Daraus resultiert, dass die Weiterführung von Traditionen zumindest im Feld der Ernährung weitgehend auf freiwilligen Entscheidungen beruht und nicht mehr durch angedrohte Sanktionen erzwungen wird.

Obwohl die finanzielle Situation immer noch eine deutliche Rolle bei der Auswahl spielt, zwingt die Armut in den Konsumgesellschaften nicht mehr zu einer so deutlich schichtspezifischen Nahrungswahl wie oft noch in der ersten Hälfte des 20. Jahrhunderts. Vielmehr ist die Auswahl der zu konsumierenden Nahrungsmittel und vieler käuflicher Objekte ebenso eine Frage der Bildung und der Information geworden. Geschmacksvorlieben beruhen auf Sozialisationsprozessen, die von Geburt an auf Individuen einwirken. Nahrungsmittelpräferenzen stellen die individuelle Umsetzung der durch Sozialisationsprozesse erworbenen Wertehierarchien dar, müssen jedoch kein Schicksal bleiben. Auch Medien wirken als parasoziale Sozialisationsinstanzen geschmacksbildend. Sobald Menschen in modernen Gesellschaften über mehr Nahrung verfügen, als sie zum Überleben brauchen, können sie im Rahmen der vorherrschenden symbolischen Ordnung wählen und ihren individuellen Geschmack entwickeln. Der persönliche Geschmack kann heute wie die Zugehörigkeit zu sozialen Schichten und Lebensstilgruppen, die er zum Ausdruck bringt, mit mehr oder weniger Anstrengung bewusst verändert werden.

Gleichzeitig existieren auch in modernen Industriegesellschaften weiterhin geschlechtsspezifische Ernährungsstile, die zeigen, dass im Feld der Ernährung manchmal Traditionen von sehr langer Dauer fortbestehen. Vor allem Fleisch gilt z. B. in den europäischen Gesellschaften als männliches Nahrungsmittel, Gemüse hingegen eher als weibliches. Statistiken über den Nahrungsmittelverzehr aus dem ersten Jahrzehnt des 21. Jahrhunderts belegen, dass Frauen in der EU signifikant weniger Fleisch im Jahresdurchschnitt verzehren als Männer. Bis zur Entstehung der Massentierzucht war Fleisch teurer als andere Lebensmittel und blieb bei Familienmahlzeiten der Unter- und Mittelschicht dem männlichen Oberhaupt vorbehalten. In christlichen Gesellschaften galt Fleisch zudem als Stimulans für Kampflust und sexuelles Begehren – beides traditionell männliche Vorrechte. Umgekehrt konnotieren vegetarische Vorlieben und zaghafter Appetit bis zur Gegenwart mit Weiblichkeit. Solche meist unterbewussten Wertungen beeinflussen persönliche Geschmacksvorlieben ebenso wie Herkunft, physiologische Voraussetzungen und individuelle Erfahrungen.

Die Symbolik der Substanzen, Farben und Konsistenzen kann außerdem durch ihr künstlerisches Arrangement gesteigert werden. Ästhetisch angerichtete Speisen befriedigen die Bedürfnisse nach Selbstausdruck und individueller Weltgestaltung. Nahrungsmittel fungieren in diesem Fall nicht nur als Augenschmaus, der Appetit erweckt, sondern formulieren Codes der sozialsymbolischen Selbstbeschreibung. Sie erzählen, wer man ist oder sein möchte, welche persönlichen Wertvorstellungen man mit der Gesellschaft teilt oder ihr entgegenstellt, wo man Kulturwandel (etwa durch Vegetarismus, Fair-trade-Produkte oder Fastfood) anstrebt oder eher Traditionen hochhält und Fremdeinflüsse meidet. Ernährungsstile können sogar wie religiöse Überzeugungen gelebt werden, insofern sie Menschen mit ähnlichen Weltbildern vergemeinschaften. Waren Individuen in traditionalen Gesellschaften also an Tabus, Verbote und Meidungen gebunden, deren Missachtung oder Übertretung den Verstoß aus den sozialen Gruppierungen mit ihren symbolischen Ordnungen bewirken konnte, so besteht in den spätmodernen Gesellschaften vielmehr die Tendenz, sich freiwillig mittels demonstrativer Konsumpraktiken an Lebensstilgruppen anzuschließen und die differenziell konstruierte Identität durch Inklusion abzusichern. Beim Warenkauf verhält es sich ebenso. Je weniger die käuflichen Gegenstände materiell verbraucht werden, umso eher dienen sie symbolisch der Absicherung der Lebenswelten (vgl. Miller 1998) und der erwünschten Beziehungen.

Literatur

Barlösius, Eva (1999): Soziologie des Essens. Eine sozial- und kulturwissenschaftliche Einführung in die Ernährungsforschung. Weinheim/München.

Bion, Wilfred (1990): Lernen durch Erfahrung. Frankfurt/M.

Falk, Pasi (1994): The consuming body. London u. a.

Fildes, Valerie A. (1986): Breasts, bottles and babies. Edinburgh.

Josuttis, Manfred (Hrsg.) (1980): Das heilige Essen. Kulturwissenschaftliche Beiträge zum Verständnis des Abendmahls. Stuttgart/Berlin.

Kleinspehn, Thomas (1987): Warum sind wir so unersättlich? Über den Bedeutungswandel des Essens. Frankfurt/M.

Miller, Daniel (1998): A theory of shopping. Cambridge.

Setzwein, Monika (1997): Zur Soziologie des Essens: Tabu, Verbot, Meidung. Opladen.

Wimbush, Vincent L. (Hrsg.) (1995): Asceticism. New York u. a.

Wrangham, Richard W. (2009): Feuer fangen: Wie uns das Kochen zum Menschen machte – eine neue Theorie der menschlichen Evolution. München.

Kunst und Künste

Johannes Bilstein

„Kunst" bezeichnet heute in der Regel ein Erfahrungs- und Handlungssystem, das mit drei ursprünglich getrennten Diskurs-Traditionen verbunden ist: mit den Ideen und Theorien des Schönen, mit dem Bereich des Ästhetischen und mit Vorstellungen von genialischer Schöpferkraft. Das war nicht immer so.

Am Beginn der Bedeutungsgeschichte von „Kunst" stehen die griechischen „technai", das sind handwerkliche und intellektuelle Fertigkeiten, die lebensnotwendig sind und deren Begriff – „techné" – sich immer mehr verallgemeinert. Bald gibt es eine Vielzahl von technai, die immer weiter auf die Notwendigkeiten des Alltagslebens bezogen sind und deren Verständnis sich mit den zeitgleichen Diskursen über die Schönheit und über die Künstler kaum berührt, während es – z. B. bei Platon – einen Kontext zu pädagogischen Reflexionen durchaus gibt (Zirfas 2009).

Im Lateinischen übersetzen Cicero, Seneca, Plinius und Quintilian „technai" dann mit „artes" und über die Jahrhunderte werden diese *artes* immer wieder geordnet, gegliedert und systematisiert (Fuhrmann 1999, S. 45–55), werden die freien (*artes liberales*) den mechanischen Künsten (*artes mechanicae*) gegenübergestellt, wird zwischen schönen und nützlichen, zwischen gewöhnlichen und schmutzigen oder auch kindlichen Künsten unterschieden (Pochat 1986, S. 54). Freilich bringt die vor allem theologisch geprägte Diskussion den Künsten immer auch Misstrauen entgegen: Sie könnten sich verselbständigen, müssen deshalb immer wieder unter den Primat der Theologie, später dann der Philosophie gestellt werden. Weiblich allegorisiert, werden sie als Helferinnen und Zulieferinnen disqualifiziert. Sie haben bestenfalls vorbereitenden, propädeutischen Wert (Curtius 1948, S. 46–49; Kristeller 1952, S. 164–175) und stehen auch immer wieder und immer weiter unter dem alten platonischen Verdacht der Verführungskraft: Sie drohen den freien Mann zu verweichlichen und zu verweiblichen, und deshalb müssen sie in der Erziehung mit besonderer Vorsicht und unter besonderer Bewachung behandelt werden.

Mit der Renaissance entwickelt sich in einem langen Prozess der Ausdifferenzierung langsam die – auch institutionelle – Selbständigkeit von Künsten, schönen Künsten und Wissenschaften. Kunst verbindet sich immer mehr mit ästhetischen und genialischen Qualitäten, wird schließlich in einer sich zunehmend säkularisierenden Kultur zur Repräsentantin idealer, quasi-religiöser Wertsphären (Bilstein 2008).

„Die Künste" benennen also vor dem Hintergrund dieser Entwicklung ein Handlungssystem, das sich einerseits immer noch auf Fertigkeiten und Können bezieht, das jedoch andererseits mit „erhöhten", irgendwie transzendent legitimierten Ansprüchen insbesondere von Schönheit und genialischer Schöpferkraft verbunden ist.

Kunst als besonderes Merkmal des Menschen

Parallel zu den begriffsgeschichtlichen Verschiebungen verändert sich auch der Rang, welcher den Künsten in Bezug auf das Selbstverständnis des Menschen zugemessen wird. So wird der Mensch z. B. bei Pico della Mirandola am Ende des 15. Jahrhunderts als ein Wesen verstanden, das sich über seine Kunstfertigkeit definiert und durch diese Fähigkeiten zu einer Art Vize-Gott wird (Pico 1496, S. 9; Bilstein 2009). Die Künstler wiederum bieten die Prototypen dieser Gott-Ähnlichkeit. Sie sind für die Erfindung des Neuen zuständig, ihnen geht es nicht mehr so sehr um Nachahmung, sondern um Originalität und *ingenium*. Der „furore dell'arte" befähigt sie, Neues und Unerhörtes zu empfinden und zu erfinden und macht sie dadurch zu Stellvertretern Gottes auf Erden. Kunst-Tätigkeit wird nun auch im Selbstverständnis der Künstler zu einem „gleichförmig Geschöpf nach Gott" (Dürer), der Künstler wird – in der Sprache der italienischen Kunstlehre bei Leon Battista Alberti – zum anderen Gott, zum „alter deus" (Kris/Kurz 1934, S. 75). Das ihn auszeichnende *ingenium* ist göttlicher Herkunft, und so wird der Künstler hier auf Erden zu einem Vize-Gott, der fortsetzt, was ein als Künstler – als Bildhauer, als Architekt etc. – imaginierter Schöpfer-Gott einst begonnen hat (Löhr 2011).

Damit sind die Künste und die Künstler ins Zentrum menschlicher Selbstverständigung gerückt, sie haben im anthropologischen Diskurs einen unvergleichlichen und nicht zu überbietenden Rang eingenommen, denn sie markieren die besten und höchsten Möglichkeiten des Menschen: Kunst wird zur *differentia specifica* des Menschen (Kris/Kurz 1934, S. 84 f.).

Diese Hochschätzung der Künste und der Künstler hält sich bis in die Epoche des deutschen Idealismus, findet sich schließlich noch in dem Zentraldokument des deutschen Diskurses über Ästhetische Erziehung, in Friedrich Schillers Briefen „Über die Ästhetische Erziehung des Menschen". Die Künste und das Spiel machen für ihn das zentrale Charakteristikum menschlichen Daseins in der Welt aus, es sind die Künste, in denen das eigentliche Humanum in Erscheinung tritt. Nirgendwo verwirklicht sich die Fähigkeit, im Spiel Form- und Stofftrieb auszubalancieren, so deutlich und so eindeutig wie in den Künsten, die direkt an eine überirdisch legitimierte und transzendent definierte Schönheit gebunden sind (Schiller 1793, S. 291).

Der Mensch als Gattungswesen verwirklicht sich also in einem in der Kunst und nur dort angesiedelten Ausgleich von Materie und Geist, von Stoff- und Formtrieb, und diese prominente, letztlich auch politisch entscheidende Synthese ist im Bereich der Künste angesiedelt. Eine als säkularisierte Heilsgeschichte konzipierte Fortschrittsgeschichte der Menschheit kann sich insofern nur in den und durch die Künste abspielen (Mollenhauer 1990; Parmentier 2004). Seine Kunst-Fähigkeit macht den Reichtum des Menschen aus (Bilstein 2011).

Notbehelf des Mängelwesens

Dabei ist die Bewertung dieser künstlerischen Potenzen des Menschen seit der Antike durchaus umstritten. Geradezu stereotyp nämlich stehen langen Traditionen „reicher" Anthropologien ebenso wirksame „arme" Überlieferungen (Blumenberg 1971, S. 113) gegenüber. Die gehen davon aus, dass eine als „Stiefmutter" verstandene Natur den Menschen höchst defizitär ausgestattet hat und ihn so dazu zwingt, mit allerlei Geschicklichkeiten und Kunstfertigkeiten diese Defekte irgendwie zu kompensieren. Dieser Streit zwischen eher optimistischen, auf Reichtum akzentuierten und den eher pessimistischen, die Ausstattungsarmut betonenden Menschenbildern zieht sich durch die gesamte europäische Philosophiegeschichte und findet dann noch einmal eine besonders ausgeprägte Akzentuierung in den Anthropologien des 18. und frühen 19. Jahrhunderts.

Für Johann Gottfried Herder z. B. ist die Vorstellung einer nur und alleine „schwachen" menschlichen Natur kaum auszuhalten. Zur Anthropologie des Kindes beklagt er: „Mit einer so zerstreuten, geschwächten Sinnlichkeit, mit so unbestimmten, schlafenden Fähigkeiten, mit so geteilten und ermatteten Trieben geboren, offenbar auf tausend Bedürfnisse verwiesen, zu einem großen Kreise bestimmt – und doch so verwaiset und verlassen, daß es selbst nicht mit einer Sprache begabt ist, seine *Mängel* zu äußern – Nein! ein solcher Widerspruch ist nicht die Haushaltung der Natur" (Herder 1772, S. 24).

Aus einer solchen Perspektive heraus muss dann alle Kunstfertigkeit, müssen auch alle Künste als Notbehelf, als Ersatzmittel in Mangelsituationen erscheinen. Dies prägt – mit deutlichen Folgen für die weiteren anthropologischen Diskurse – noch die Kulturtheorie bei Sigmund Freud.

Dessen Vortrag „Der Dichter und das Phantasieren" fungiert schon bald nach seinem Erscheinen 1908 als eine Art Grund-Dokument aller psychoanalytischen Kunst-Theorie und aller folgenden Kunst-Anthropologien. Freud behandelt darin die Frage, warum ein psychischer Apparat Zeit, körperliche Anstrengung und affektive Energie auf eine nicht direkt der körperlichen Befriedigung dienende Tätigkeit wie das Dichten – hier stellvertretend für alle kulturelle Tätigkeit – verwendet. Letztlich geht es Freud also um die

Grundlage dessen, was er als Sublimation schon früher immer wieder zum Kernelement der Kultur und zur menschlich-seelischen Höchstleistung zugleich erhoben hat (Freud 1908). Grundlage – so Freud – aller künstlerischen Tätigkeit ist das Phantasieren. Und bei seinem Versuch einer Psychoanalyse des Phantasierens kommt er zu dem Ergebnis, dass es eigentlich nur ein Motiv geben kann, und das ist der Mangel.

Wenn Befriedigung, also eine vom Konstanzprinzip beherrschte Abfuhr von Energie, Ziel aller seelischen Aktivitäten ist, dann sind alle phantastischen Tätigkeiten immer nur zweitbeste Lösungen, dann wird ein solcherart konzipiertes Seelenleben immer zunächst und vor allem anderen nach der ungebrochenen und ungefilterten Befriedigung suchen. Ein Psychismus, der solche direkte Befriedigung erfährt, hat keinerlei Veranlassung zu irgendeiner Phantasie-Tätigkeit. Freud formuliert das in einem lakonischen Satz, der in der Folge für die Psychologie der Kunst und umfassender für jede Kulturpsychologie entscheidende Bedeutung gewonnen hat: „Man darf sagen, der Glückliche phantasiert nie, nur der Unbefriedigte. Unbefriedigte Wünsche sind die Triebkräfte der Phantasien, und jede einzelne Phantasie ist eine Wunscherfüllung, eine Korrektur der unbefriedigenden Wirklichkeit" (Freud 1908, S. 216).

Ausgehend von einem ökonomischen Modell des Seelenlebens werden alle menschlichen Aktivitäten, die nicht direkt der Re-Äquilibrierung letztlich körperlich determinierter Energien dienen, als abgeleitete und Umweg-Produkte angesehen, als ein für die Entstehung der menschlichen Kultur unverzichtbarer Überschuss, der dem Subjekt einiges an seelischer Arbeit abverlangt. Und die Fähigkeit zu dieser Arbeit wird im Laufe einer komplizierten Entwicklungsgeschichte allererst aufgebaut (Bilstein 2005).

Unter dem Einfluss Schopenhauers und der deutschen Romantik (Gödde 2009, bes. S. 384–461) entsteht bei Freud so das Bild eines unter konstanter Unbefriedigung leidenden Menschenwesens, das sich durch Phantasieren und durch die aus der Phantasie entstehenden vielfältig-bunten Künste über seine libidinöse Mangelsituation hinweghilft. Diese eher „arme" Anthropologie lässt dann auch alle Sozialität, alle zwischen den Menschen entstehenden Praxen als alleine Defizit-kompensierend erscheinen. Das menschliche Miteinander regelt sich über Sublimationsleistungen, die aus dem Mangel heraus entstehen und der Kompensation von Mangel dienen. Dieses Konzept ist bei Freud in eine letztlich dann doch aufklärerisch akzentuierte Zivilisationstheorie eingebettet (Brumlik 2006, S. 231–264), welche die sublimatorische Kompensation des Mangels gerade als Generator kultureller Leistungen feiert. Da es dann folglich Aufgabe aller Erziehung ist, auf den Erwerb entsprechender Sublimierungsmechanismen hinzuarbeiten, bekommt auch die pädagogische Auseinandersetzung mit den Künsten einen tendenziell therapeutischen, auf jeden Fall nicht-spielerischen Akzent.

Ein solcher Akzent auf dem Mangel kann dann durchaus zu radikal-misanthropischen Perspektiven insbesondere auf die modernen, nicht mehr weltanschaulich gebundenen Künste führen, kann auch die Leistungen der zeitgenössischen Künste insgesamt als nur noch scheinhaft und oberflächlich diskreditieren. Dabei bleibt dann jedoch auch die Leistung der Künste gebunden an eine nicht historisch reflektierte und auch von den realen praktischen Kontexten abgelöste Anthropologie. Umgekehrt kann man aber auch davon ausgehen, dass die Besonderheit des Gattungswesens Mensch sich gerade in seinem sozialen Charakter konkretisiert. „Mitverhältnisse tragen alles, was lebt" (Plessner 1961, S. 193) – eine solche Ausgangsbestimmung der *conditio humana* weist auch den Künsten einen anderen, letztlich sozial verankerten Rang zu. Keineswegs als „Invalide seiner obern Kräfte" (Herder 1784, S. 143; Kritik: Plessner 1961) werden die Menschen zu kulturellen Leistungen fähig, die sich nicht zuletzt und vor allem in den Künsten manifestieren. In den Werken, den Bildern und Plastiken, den großen Dramen oder Musikstücken manifestieren sich übersummative Effekte, die aus diesen Werken mehr machen als bloße Repräsentanten eines Schöpfer-Willens, als bloße Abbilder von anderem, wirklich Vorhandenem oder als Antworten auf Nutzer-Bedarf: Sie produzieren und repräsentieren durch ihr bloßes Dasein einen „Zuwachs an Sein" (Gadamer 1960, S. 133), und dieser Zuwachs markiert in der Tat einen nicht überbietbaren Reichtum.

Könnerschaft und Erneuerungssehnsucht

Aus dem historischen Verlauf des Diskurses über die Künste lassen sich für die zeitgenössische Diskussion vor allem zwei Akzente herausdestillieren. Zum einen stehen die Künste in den sich säkularisierenden und modernisierenden Gesellschaften zunehmend für Erneuerung und Innovation – und das bezieht sich auch und nicht zuletzt auf den Bereich der Erziehung. Sowohl zeitgenössische Konzepte der ästhetischen Bildung als auch Modelle zur kulturellen Bildung setzen darauf, dass die Beschäftigung mit den Künsten den Individuen die Fähigkeiten vermittelt, mit denen sie die Originalitäts-, Innovations- und Kreativitätsansprüche sich stetig wandelnder Gesellschaften befriedigen können. Insbesondere unter dem Slogan „Kreativität" spielen Imaginationen von künstlerisch inspirierten Erneuerungsfähigkeiten in den Diskursen über die Reform und Weiterentwicklung unseres Bildungswesens eine entscheidende Rolle – auch wenn diese Berufung auf menschliche Schöpferkräfte oftmals eher deklamatorischen Charakter hat und die historischen Wurzeln von Innovationsphantasien konsequent missachtet. Die Erschaffung des Neuen, einstmals ein göttliches Urrecht, ist zum geradezu verpflichtenden Programm alltäglich handelnder Menschen geworden, und dabei sollen die Künste irgendwie als Vorbild dienen.

Diese ihnen zugeschriebene Kompetenz für Innovation haben die Künste durch ihr eigenes, seit dem 18. Jahrhundert vor allem im Rahmen des Genialismus immer mehr forciertes Erneuerungs-Pathos selbst beansprucht. Wenn in der Auseinandersetzung zwischen den Alten und den Modernen auf Seiten der Modernen gerade die Fähigkeit zur Erneuerung immer mehr in den Vordergrund der Selbstlegitimation tritt, dann wird über kurz oder lang auch ein entsprechender gesellschaftlicher Anspruch entstehen (Pochat 1986, S. 351–354). Die Künste sollen für das Neue zuständig sein, sie werden im kulturellen Diskurs über ihre Innovations-Kompetenzen legitimiert. Dabei kann es ihnen im Einzelfall gelingen, diese Erneuerungs-Sehnsüchte zu befriedigen, in der Regel jedoch werden sie davon utopisch überfrachtet werden.

Zum anderen aber bleibt der Anspruch auf Können und Fertigkeit, den auch in unserer Zeit die Künste immer noch zu erfüllen haben. Die Arbeit in und mit den Künsten bleibt an die Voraussetzungen von Kultur gebunden, also an Sorge, Pflege und Arbeit, an das Sich-Bemühen um eigene Könnerschaft und eigene Leistung und an das unterscheidende Trennen zwischen dem Gelingenden und dem Misslungenen. Die intensiv-kritische Auseinandersetzung mit den Folgen eines technisch-handwerklichen Verständnisses menschlichen Handelns hat sich gerade im Diskurs über die Künste in einer andauernden Debatte über deren handwerkliche Bedingungen niedergeschlagen. Auch dort, im Streit um das Handwerk, die technische Könnerschaft als Grundlage menschlicher Praxis, fungieren die Künste als Metaphern unseres kulturellen Selbstverständnisses (Bilstein 2011).

Paradigmen des nicht Lehrbaren

Dabei steht jeder Rückbezug auf die Handwerklichkeit von Kunst dem klassisch-genialistischen Selbstverständnis vom Künstler diametral entgegen. In dieser Tradition nämlich verdankt der künstlerisch tätige Mensch seine spezifischen, künstlerischen Fertigkeiten gerade nicht übender Anstrengung, sondern quasi eingeborenen Fähigkeiten, die ihn als Genius von den anderen unterscheiden. Damit zeichnen sich die Künste vor allen anderen menschlichen Handlungsfeldern dadurch aus, dass sie nicht lehrbar sind.

Auch dies ist eine alte Imagination. Schon in den ersten Künstler-Biographien, die wir aus der Antike kennen, wird der lange wirksame Mythos konstruiert, dass der wahrhaft große Künstler sein Können keiner Lehre verdanke. Die Künstler erscheinen so durchaus traditionell als Prototypen der Selbstkonstitution. Dieses Element künstlerischen Selbstverständnisses lässt sich so einerseits auf die antiken Enthusiasmus-Lehren zurückverfolgen, findet aber andererseits mit den im 17. Jahrhundert sich langsam entfaltenden Genie-Theorien seine endgültige Übersteigerung. In der Konsequenz eines sich allmählich immer mehr säkularisierenden Menschenbildes wird der Künstler zum Vize-Gott, wird konsequenterweise dann auch seine Kunst zu einem nicht lehrbaren Mirakel. Kunst ist von Gott gegeben, kommt dem Künstler von oben zu – stellt jedenfalls das Musterbeispiel für all die Gehalte und Tugenden dar, die im menschlichen Leben eben nicht vermittelbar, nicht durch Didaktik oder Pädagogik beizubringen sind. Unbelehrt wie die Künstler sind, erscheint das, was sie ausmacht, als unlehrbar (Bilstein 2008).

Im Verlauf einer historischen Entwicklung, die immer mehr und immer größere Anteile der Welterfahrung den Logiken didaktischer Vermittlung unterwirft, bilden die Künste so immer deutlicher ein letztes Residuum des Unvermittelten und Unvermittelbaren. In der Folge eines genialistischen Kunst-Verständnisses bieten sie ein Bild mehr oder weniger mystifizierter Qualitäten des Menschlichen, die menschlichem Zugriff – eben auch menschlich-lehrendem Zugriff – entzogen sind und entzogen sein sollen. Diese Sonderstellung der Künste führt in letzter Konsequenz dann – einerseits – zu einer kontrafaktischen Autonomie-Stellung eben dieser Künste und der Werke, zur Imagination einer Selbständigkeit, die in den einschlägigen Diskursen genauso utopisch wie ideologisch fungieren kann. Andererseits jedoch wird diese Autonomisierung auch schon früh kritisiert, insbesondere wegen ihrer elitistischen und anti-egalitären Intentionen. Wenn die Künste so sehr anders sind als alles andere menschliche Handeln, dann sind auch die sie Ausübenden Besondere, die über alle anderen erhaben und ihnen heldenhaft überlegen sind. In seiner soziologischen Analyse der Geniereligion von 1918 weist Edgar Zilsel bereits darauf hin, dass alle genialischen Vorurteile „mit Glück und Blut der Nebenmenschen bezahlt werden" und fragt schließlich, ob nicht „der Begriff der genialen Persönlichkeit und der Tiefe eine arge Gefahr für unser Zeitalter" mit sich bringt (Zilsel 1918, S. 233 bzw. 234). Der Vorwurf richtet sich hier auf eine künstlerische Hybris gegenüber den gewöhnlichen Mitmenschen, die eine rest-religiöse Legitimation für die Durchsetzung partikularer Interessen missbraucht. So führt das genialistische Verständnis der Künste einerseits zu ihrer elitistischen Überhöhung. Andererseits jedoch entsteht aus dem generalisierten Anspruch auf künstlerische Qualitäten für alles menschliche Handeln eine Kultur pädagogischer Trivialisierung, die spontan-authentischen Ausdruck ohne jede Anstrengung verspricht (Noltze 2010).

Literatur

Bilstein, Johannes (2005): Der Glückliche spielt nicht. In: Bilstein, Johannes/Winzen, Matthias/Wulf, Christoph (Hrsg.): Anthropologie und Pädagogik des Spiels. Weinheim, S. 139–153.

Bilstein, Johannes (2008): Die Kunst der Lehre und die Lehre der Kunst. Koblenz.

Bilstein, Johannes (2009): Giovanni Pico della Mirandola: Oratio de hominis dignitate. In: Böhm, Winfried/Fuchs, Birgitta/Seichter, Sabine (Hrsg.): Hauptwerke der Pädagogik. Paderborn, S. 351–353.

Bilstein, Johannes (2011): Zur metaphorischen Potenz der Kunst. In: Ders. (Hrsg.): Die Künste als Metaphern. Oberhausen, S. 13–41.

Blumenberg, Hans (1971): Anthropologische Annäherung an die Aktualität der Rhetorik. In: Ders.: Wirklichkeiten in denen wir leben. Stuttgart 1981, S. 104–136.

Brumlik, Micha (2006): Sigmund Freud, der Denker des 20. Jahrhunderts. Weinheim.

Curtius, Ernst Robert (1948): Europäische Literatur und lateinisches Mittelalter. Bern/München 1984.

Freud, Sigmund (1908): Der Dichter und das Phantasieren. In: Ders.: Gesammelte Werke. Bd. 7. London 1941, S. 213–223.

Fuhrmann, Manfred (1999): Der europäische Bildungskanon des bürgerlichen Zeitalters. Frankfurt/M.

Gadamer, Hans-Georg (1960): Wahrheit und Methode. Tübingen.

Gödde, Günter (2009): Traditionslinien des „Unbewußten". Schopenhauer – Nietzsche – Freud. Gießen.

Herder, Johann Gottfried (1772): Abhandlung über den Ursprung der Sprache. Stuttgart 1993.

Herder, Johann Gottfried (1784): Ideen zur Philosophie der Geschichte der Menschheit. Frankfurt/M. 1998.

Kris, Ernst/Kurz, Otto (1934): Die Legende vom Künstler. Frankfurt/M. 1980.

Kristeller, Paul Oskar (1952): Das moderne System der Künste. In: Ders.: Humanismus und Renaissance Bd. II. München 1976, S. 164–206, S. 287–312.

Löhr, Wolf-Dietrich (2011): Von Gottes „I" zu Giottos „O". Schöpferhand und Künstlerkörper zwischen Mittelalter und Früher Neuzeit. In: Bilstein, Johannes/Reuter, Guido (Hrsg.): Auge und Hand. Oberhausen, S. 51–76.

Mollenhauer, Klaus (1990): Die vergessene Dimension des Ästhetischen in der Erziehungs- und Bildungstheorie. In: Lenzen, Dieter (Hrsg.): Kunst und Pädagogik. Darmstadt, S. 3–17.

Noltze, Holger (2010): Die Leichtigkeitslüge – Über Musik, Medien und Komplexität. Hamburg.

Parmentier, Michael (2004): Ästhetische Bildung. In: Benner, Dietrich/Oelkers, Jürgen (Hrsg.): Historisches Wörterbuch der Pädagogik. Weinheim/Basel, S. 11–32.

Pico della Mirandola, Giovanni (1496): De hominis dignitate. Über die Würde des Menschen. Zürich 1989.

Plessner, Helmuth (1961): Die Frage nach der Conditio humana. In: Ders.: Gesammelte Schriften. Bd. VIII. Frankfurt/M. 1983, S. 136–217.

Pochat, Götz (1986): Geschichte der Ästhetik und Kunsttheorie. Köln.

Schiller, Friedrich (1793/94): Über die Ästhetische Erziehung des Menschen, In einer Reihe von Briefen. In: Ders.: Ausgewählte Werke. Band VI. Stuttgart/Wien 1994, S. 237–291.

Zilsel, Edgar (1918): Die Geniereligion. Frankfurt/M. 1990.

Zirfas, Jörg (2009): Schönheit als Vermittlung. Platons Konzept einer Ästhetischen Bildung als Theorie und Praxis der Erinnerung. In: Zirfas, Jörg/Bilstein, Johannes/Klepacki, Leopold/Liebau, Eckart: Geschichte der ästhetischen Bildung. Band 1: Antike und Mittelalter. Paderborn, S. 59–87.

Digitale Medialität

Benjamin Jörissen

1 Die anthropologische Konstitutivität des Medialen

Dass Medien ein eminent anthropologisches Thema darstellen, scheint angesichts der Bedeutung von Sprache, Zeichen und Bildern in der menschlichen Evolution und Kulturgeschichte evident. Dennoch existiert keine homogene oder systematische „Anthropologie der Medien“, die uns zuverlässig über die anthropologischen Aspekte „des Medialen“ informieren könnte. Und dies ist kein Zufall: Da es keine allgemeine und allgemein anerkannte „Theorie der Medien“ gibt – und wenig Aussicht auf eine solche besteht –, ist der Gegenstandsbereich medienanthropologischer Beiträge entsprechend weitläufig. Das „Handbuch Historische Anthropologie“ (Wulf 1997) etwa, als ein zentraler Bezugspunkt der neueren anthropologischen Diskussion, listet im Abschnitt „Medien und Bildung“ die Artikel „Bild“, „Geld“, „Kommunikationsmedien“, „Neue Medien“, „Rhythmus“, „Schrift“, „Sprache“, „Zahl“ und „Zeichen“. Hier sind gleich mehrere nicht ineinander überführbare Arten von Medienbegriffen involviert – Kommunikationsmedien, Artikulationsmedien, Speichermedien, Containermedien sowie der genuin soziologische Begriff der generalisierten Interaktions- bzw. Erfolgsmedien (z. B. Geld).

Eine alternative Strategie besteht darin, nicht von vergegenständlichten „Medien“, sondern vom Phänomen der Medialität auszugehen. Es geht hierbei um eine Mediumtheorie, die, sowohl von einzelnen Medienerscheinungen als auch von bestimmten Medientypen abstrahierend, auf übergreifende Form- und Strukturaspekte fokussiert (und von dort aus bspw. mediale Architekturen vergleichend differenzieren kann). Eine so gefasste Anthropologie der Medialität nimmt die Konstitutivität von Medialität für das, was jeweils als „Mensch“ die historischen Bühnen betritt, in den Blick. Diese Konstitutivität bezieht sich auf Medialität als a) Voraussetzung für Symbolizität, b) Strukturbedingung konkreter (kulturell-historischer) Artikulationsformen und somit c) als bildungstheoretische Strukturbedingung für den Aufbau und die Transformation von

Selbst- und Weltverhältnissen. Diese drei Momente seien nachfolgend als pädagogisch-medienanthropologische Grundlage skizziert.

a) Auf einer sehr basalen Ebene lässt sich Medialität durch die Verschränkung zweier Sphären charakterisieren, die der Bild- und Medienphilosoph Lambert Wiesing (2008, S. 241 ff.) im Anschluss an Husserl als Trennung von „Genesis" und „Geltung" bezeichnet. Durch materielle, somit der Zeit – der Entstehung, dem Verfall, mithin der „Genesis" – unterliegende Mittel wird „etwas sichtbar, hörbar und lesbar, was physikalisch nicht existiert" (ebd.) und insofern einer überzeitlichen Ordnung, einer Sphäre der „Geltung", angehört: Das Buch altert materiell, der Text nicht. Medialität wird in dieser Perspektive als Möglichkeitsbedingung der Entstehung symbolischer Welten begreifbar. Damit versteht sich, dass Medialität selbst nicht „erscheint": Sie verbirgt sich in der Hervorbringung von Erscheinungen. Durch die mediale Trennung von Genesis und Geltung wird „Welt" erst zum symbolischen Möglichkeitsraum der Wahrnehmung und des Denkens. „Deshalb kann ein menschliches Dasein, welches nicht nur ein stoffliches Vorhandensein ist, gar nicht ohne Medien entstehen" (ebd., S. 248). Die anthropologischen Bedeutungen von Medien sind nicht beliebig instrumentelle oder passive Aspekte im Hominisationsprozess, sondern vielmehr entsteht Symbolizität jeweils im Rahmen komplexer Strukturen des Zusammenspiels menschlicher und dinglicher Akteure (worauf in paläoanthropologischer Perspektive bereits Leroi-Gourhan 1988 verwies).

b) Eine „Trennung von Genesis und Geltung" kann sich nur ereignen, wenn und insofern konkrete Ausdrucksformen geschaffen werden. Zum Aspekt der Genesis gehört also ein Prozessgeschehen, aus dem eine konkret wahrnehmbare Form hervorgeht. Diese Überführung von materiellen Bedingungen und symbolischen Möglichkeiten in eine gefügte symbolische Gestalt beschreibt der anthropologische Begriff der Artikulation (Schlette/Jung 2005). Artikulationen sind konkrete Formgebungen, in denen sich die Trennung von individuellen Perspektiven einerseits und sozial-kulturellen Perspektiven andererseits aufhebt: Darin liegt ihre besondere pädagogische Relevanz. Sie sind „meist okkasionelle, manchmal planmäßige – Explikation[en] menschlicher Erfahrung durch die Performanz von symbolischen Akten […], in denen die implizit-qualitative Gestalt gelebter Erfahrung in die explizit-semantische Gestalt eines prägnanten Symbolismus transformiert wird" (Jung 2005, S. 105), und zwar verbunden mit dem Anspruch an intersubjektive Anerkennung (die eine Sphäre der „Geltung" voraussetzt). Es geht also um eine Form der praktischen Reflexivität, die zugleich etwas „Inneres" symbolisch expliziert und diese Explikation bereits (im Sinne innerer Kommunikation) an sozialen Erfahrungen ausrichtet. Da das Ereignis der Trennung von Genesis und Geltung jeweils mit konkreten medialen Artikulationen einhergeht, ist Medialität mithin an eine Verbindung von Erfahrung und Sozialität im Rahmen von Kultur und kulturellen Formen gekoppelt.

Medialität ist daher zugleich Strukturbedingung kultureller Formen. Jegliche Artikulation ist auf mediale Formbildungsmöglichkeiten verwiesen. Die kulturhistorisch entwickelten symbolischen Prägnanzmuster können nur durch mediale Prozesse und Dynamiken ihre spezifische Struktur erhalten: Das Medium ist ein „dynamisches System, in dem die Artikulationsprozesse dessen Selbststrukturierung in Gang setzen bzw. nutzen" (Schwemmer 2005, S. 55). So unterliegt beispielsweise die Zentralperspektive als symbolische Form und historische Bedingung visueller Ausdrucksmöglichkeiten (Panofsky 1964) ihrerseits medialen Strukturbedingungen: Die Festlegung auf den eindeutigen Betrachterstandpunkt – das bildkonstituierende Subjekt – ist nur durch die fixierte Transformation von medialer Bildfläche in einen innerbildlichen Raum möglich.

c) Aus bildungstheoretischer Perspektive schließlich folgt aus der Konstitutivität medialer Artikulationen eine grundlegende Relevanz von Medialität für Bildungs- und Sozialisationsprozesse (Marotzki 2003; Jörissen/Marotzki 2009). Dabei spielt einerseits die komplexe Strukturiertheit medialer Artikulationen und Architekturen für den Aufbau von Selbst- und Weltverhältnissen – sowie für die Transformation dieser Strukturen in Bildungsprozessen – eine maßgebliche Rolle. Die strukturelle Komplexität von Film beispielsweise geht mit Freiheitsgraden einher, die hohe Unbestimmtheitspotenziale bedingen: Zeit-, Bild-, Sprach-, Ton-, Montage- und Narrationsebene erzeugen einen rezeptiven Optionsraum (also Angebote von Lesarten), der per se heterogen ist. Daher sind Differenzeffekte diesen Medien implizit, die als Irritation und Unbestimmtheit Bildungsprozesse ermöglichen und anregen. Die besondere Bedeutung digitaler Medien ergibt sich aus dieser Perspektive einerseits durch die Steigerung der Komplexität medialer Architekturen, andererseits durch die Vervielfachung und Verbreitung medialer Optionen der eigenen, individuellen Artikulation in neuen Öffentlichkeitsgefügen.

2 Digitale Medialität

Im Anschluss an den Medienphilosophen Dieter Mersch (2002) lassen sich die oben beschriebenen Prozesse einer Trennung von „Genesis" und „Geltung", eines Zusammenspiels von medialen Strukturen und symbolischen Formen und eines Vorgangs der Artikulation, in dessen Rahmen überhaupt erst etwas Konkretes entsteht, als Prozess der „Mediatisierung" verstehen. Wesentlich im Hinblick auf ein Verständnis digitaler Medialität ist dabei das Moment des Materiellen. Im Mediatisierungsprozess erscheint die Form als etwas Wahrnehmbares, während nicht nur das Medium invisibilisiert, sondern zugleich seine Materialität durch das Ereignis des Erscheinens überdeckt wird. So verschwinden im Sehen eines zentralperspektivisch organisierten Bildraums nicht nur Fläche und Farbe, sondern mehr noch Leinwand und Pigmente des Gemäldes. Die Materialität des Medialen tritt nur als Spur, als Rauschen oder Störung, im Mediatisierungsprozess auf (ebd., S. 63). Es ist gerade das Feld der Kunst, auf dem dieses Verhältnis von Materialität und Medialität bekanntlich immer wieder gegenständlich wird – von den Anamorphismen der Renaissancemalerei bis zum dekonstruktiven Spiel mit den Materialitäten des Bildes in der (Post-)Moderne (vgl. Mersch 2006).

Das besondere – und historisch neue – Moment digitaler Medialität liegt auf dieser Ebene des Materiellen begründet: Digitalität de- und recodiert das materielle Moment von Mediatisierungsprozessen. Sie verdoppelt damit den oben dargestellten Prozess der Mediatisierung. Insofern bedeutet Digitalität eine „Mediatisierung von Mediatisierungen" (Mersch 2002, S. 69).

Dies ist möglich, weil und insofern digitale Technik in ihrer technischen Materialität eine hohe „Feinkörnigkeit" aufweist – nämlich die Kapazität von Mikroprozessoren zu quantitativer und temporaler Auflösung, welche die statische und dynamische Qualität der Ausgabe in Relation zu den spezifisch menschlichen sinnlichen Wahrnehmungskapazitäten bestimmen. Das materielle Moment des Digitalen liegt gerade in seiner Universalität, die einer perfekten technologischen Mimesis gleichkommt. Während in der analogen Welt Material durch seine spezifischen Eigenschaften nur bestimmte Verwendungsoptionen in Ausdrucksprozessen zulässt – daher seine Widerständigkeit, die programmatisch Gegenstand der Abarbeitung in der Kunst ist –, kann mithilfe digitaler Technik jede mögliche (und letztlich auch unmögliche) Materialeigenschaft dargestellt werden – mit Ausnahme der einen Eigenschaft, Material zu sein.

Bisweilen wird diese Eigenschaft des Digitalen selbst erfahrbarer Gegenstand ästhetischer Inszenierung: so etwa bei der digitalen Simulation der Materialität älterer digitaler Technologien – in den Simulationen von 8-Bit-Bild- und Klangerzeugungen aus der Frühzeit der digitalen Klangtechnik und den Pixelästhetiken früher Displays und Computerschriften. Diese Algorithmisierung der Widerständigkeiten des Materiellen ist keine exotische Ausnahme, sondern vielmehr die Regel. Von der Simulation analogfotografisch typischer „Fehlermuster" (also z. B. der Simulation von Instantkamera-Ästhetiken in der digitalen Smartphone-Fotografie) über die technisch aufwändige Reproduktion von analogen Röhrenverstärker-Charakteristiken in digitalen Instrumenten bis zu „humanen" Fehlermustern der Akteure in digitalen Spielen inszenieren digitale Artikulationsformen und -technologien die Vergegenständlichung des materiellen Moments von Mediatisierungsprozessen – allerdings nicht ihrer eigenen, sondern nur der durch sie re-mediatisierten.

Es wäre erheblich zu kurzsichtig, digitale Medialität nur unter diesem Aspekt der technischen Recodierung oder Simulation analoger Materialität zu sehen (und sie daher bloß als Entfremdung und Wirklichkeitsverlust zu verstehen). Vielmehr recodiert sie wie gesehen auch digitale Technologie. Die Entwicklung digitaler Technologie entlässt „Hardware" in eine sich rhizomatisch ausbreitende Universalität von „Software". Die Entwicklung des Internets begann mit einer Software, die die unterschiedlichen Hardwarekonfigurationen der ersten vernetzten Großcomputer überwinden konnte. Der „Computer" als in sich geschlossenes Hardwaresystem ist heute Relikt: Software wird im Netz ausgeführt, buchstäblich über den Globus verteilt auf Web-Servern, „Smart Devices" und Cloud-Speichern. Doch selbst die Hardware der Server wird nur mehr simuliert: „Virtuelle Server" werden in Echtzeit auf Basis massiver verteilter Computercluster errechnet.

Mit dieser Fähigkeit, beliebige Materialitäten, bis hin zur selbstreferenziellen Simulation ihrer eigenen Technologie, schlichtweg auszurechnen, sich zudem auf beliebige Schnittstellen – von der Tastatur bis zur Stimm- oder visuellen Gestenerfassung; vom Braille-Gerät bis zur Augmented-Reality-Brille; vom robotischen Körper bis zum 3D-Materialdrucker – einzustellen, nimmt Technologie erstmals die oben dargestellte Struktur des Medialen auf, etwas anderes erscheinen zu lassen und in diesem Erscheinen zu verschwinden – nur geht es hierbei nicht um ästhetische Erscheinung, sondern um arbeitende (Informations-)Maschinen.

Digitale Medialität stellt daher (im Vergleich zur analogen Medialität) neue mediale Rahmungen mit völlig anders gelagerten Emergenzen her, die vor allem aus der Ermöglichung jener universalen Kommunikationsmöglichkeiten (im technischen Sinne) resultieren, durch die globale Netzwerke (wie etwa das Internet) entstanden sind. Aus ihr gehen komplexe, ineinander verschachtelte medientechnologische Ökologien hervor: globale physische Netzwerke (Internet, X.25-Netz), auf denen diverse logische Netzwerke (u. a. das World Wide Web) aufsetzen, die wiederum Infrastruktur für innerhalb ihres Netzes miteinander verbundene Geräte, Anwendungen, Plattformen und Architekturen bilden (z. B. die Blogosphere oder Soziale Netzwerk-Plattformen).

Innerhalb dieser hochkomplexen Lagerung ist selbst etwas vergleichbar Schlichtes wie etwa die digitale Reproduktion eines Gemäldes im Internet weit mehr als bloß ein entkörperlichtes Abbild eines analogen Mediendinges. Es handelt sich vielmehr um ein kulturelles Objekt mit einer weitgehend andersartigen Möglichkeitsstruktur, zu der unter anderem – aber keineswegs ausschließlich und möglicherweise auch nicht primär – die referenzielle Bezugnahme auf das „analoge", materielle Gemälde zählt. Es ist all das, was in einer vernetzten digitalen Sphäre mit ihm gemacht werden kann: Anlass zum Gabentausch, zur Kommentierung, zur kooperativen Analyse und Interpretation, zur Archivierung, zur Manipulation, zum Remix, zur programmierten De- und Rekontextualisierung.

Da für jede dieser Optionen Programmcode erzeugt werden muss, der sie ermöglicht, sind Prozesse der „Mediatisierung von Mediatisierungen" durchaus kein blinder technischer Automatismus (wie eine technikzentristische Sichtweise nahelegen würde), sondern vielmehr Gegenstand nicht nur individueller, sondern auch kultureller, politischer und vor allem ökonomischer Gestaltungsprozesse (Chun 2011). Angesichts der beschriebenen Transparenz der Hardware gerät Software als kulturelles Objekt in den Blickpunkt der Betrachtung (vgl. Manovich 2013). Da digitaler Code nicht nur Objekte beschreiben, sondern auch programmierte Prozesse initiieren kann, wird – werkmetaphorisch gesprochen – die Trennung von Werkzeug, Werkprozess und Werk aufgelöst. Die „Werkzeuge" sind daher ebenso manipulier- und transformierbar wie die kulturellen Objekte selbst, so dass „mediale Artikulation" in der digitalen Sphäre nicht nur auf kulturelle Objekte im traditionellen Sinn, sondern zugleich auch auf die Artikulation medialer Architekturen oder Akteure (also z. B. auf die Programmierung von Software) zu beziehen ist (Wardrip-Fruin 2009).

Schließlich stellen die auf der technologischen Plattform des Internet aufsetzenden Entwicklungen selbst Artikulationen dar, insofern sie Ausdruck bestimmter diskurspolitischer Standpunkte und mit diesen verbundener Gestaltungsabsichten sind: Allen voran die Implementation und Verbreitung eines bestimmten Subnetzwerkes (des World Wide Web), aber auch globale vernetzte Kollaborationsinitiativen im Rahmen der OpenSource- und ähnlicher nichtkommerzieller Bewegungen, auf deren Arbeit die Funktionalitäten und Angebote des Internet im Wesentlichen beruhen, zählen hierzu. In dieser Perspektive artikuliert sich im Entwicklungsgang vom proprietären Programmierer, der für eine bestimmte informationsverarbeitende Maschine eine Dienstleistung erbringt, zum universellen, offenen Netz als globalem Projekt die spezifische Ausprägung einer Möglichkeit, die in der Universalität des Codes (und seinen Eigenschaften, allen voran die perfekte unbegrenzte Kopierbarkeit sowie die Rekonfigurierbarkeit) angelegt ist, die jedoch zugleich mit Ideen und Ideologien von Perfektibilität und Transzendenz einhergehen (Thiedeke 2010). Das Entstehen eines kultur- und technikhistorisch singulären globalen digitalen Netzwerkes ist daher nicht weniger ein (auch) anthropologisches Faktum als andere menschheitsgeschichtliche Projekte, wie etwa, ebenfalls im Schnittfeld von Symbolizität, Instrumentalismus und Infrastruktur anzusiedeln, die Entstehung von Schriftsystemen.

3 Zur Pädagogischen Anthropologie vernetzter Medialität

Digital vernetzte Medialität ist ein umweltliches Phänomen – nicht nur im Sinne des Lebens in und mit digital durchzogenen Räumen und Zeiten, sondern zudem im Sinne einer unterliegenden symbolischen Infrastruktur, deren digital basierte Ökonomie und Logistik auch den Alltag (vermeintlich) medienferner Menschen strukturell mitbestimmt. Die anthropologische Bedeutung von Infrastruktur – von Straßen, Städten, Mobilität, Kommunikationstechniken – ist kulturhistorisch nicht nur eine der Ökonomie im engeren Sinne (etwa des Handels, der Verwaltung und der Kriegsführung), sondern ebenso der Bildung (der Begegnung, Erschließung, Dezentrierung, aber auch schützender Umgrenzung). Neue Infrastrukturen, seien es materielle, rechtliche oder mediale, restrukturieren tradierte kulturelle Gefüge. Im Fall digitaler Medien bringt die Infrastruktur zugleich komplexe mediale Architekturen hervor. Das globale digitale Netz restrukturiert Räume und Zeiten, Gemeinschaft und Identität, Artikulation, Imagination und Gedächtnis, Wissen und Bildung, Körper und Sinne, Kultur und Alltag. Aus dieser Vielfalt pädagogisch relevanter Themen, die hier nicht im Detail entfaltet werden können, seien abschließend die pädagogisch rahmengebenden Aspekte Raum und Zeit sowie Gemeinschaft und Identität hervorgehoben.

Räume und Zeiten

Der Diskurs um Raum und Medialität ist (nicht zuletzt aufgrund der Umfänglichkeit beider Begriffe) zu komplex, um hier als solcher in den Blick genommen zu werden (vgl.

Funken/Löw 2003; Buckow/Fromme/Jörissen 2012; Westphal/Jörissen 2013). Wenn man, um einen Kern der Diskussion aufzugreifen, jenseits des cartesianischen Raumverständnisses einerseits die soziale Konstruktivität von Räumen zur Kenntnis nimmt, andererseits die mediale Konstituiertheit sozialer Konstruktionen (Kommunikationen, Sprache, Bilder etc.), wird das komplexe Verhältnis von Raum und Medialität deutlich. Dies betrifft kulturelle Raumkonstruktionen und -inszenierungen, wie etwa in der Kunstgeschichte ablesbar, wie auch individuelle Raumerfahrung und -imagination. Digitale Medialität bricht in dieser Hinsicht insbesondere mit der Geschlossenheit von Räumen; ihre Effekte etwa hinsichtlich der Erosion der kulturellen Dichotomie von Privatheit und Öffentlichkeit sind erheblich. In Bezug auf pädagogische Räume, insbesondere solche der formalen Bildung, ist ein Bruch der linearen Raumordnungen literaler Kultur mit den nicht-linearen Ordnungen digitaler Medialität im Detail aufweisbar (Böhme 2006). Neben diesen Aspekt der medienstrukturellen Konstituiertheit von Räumen tritt die Eigenräumlichkeit digitaler Medien, die allerdings zwischen Metapher und Virtualität oszilliert. Während virtuell simulierte Räume ein Faktum darstellen, das insbesondere in digitalen Spielen als sozialer oder subkultureller Raum eine hohe lebensweltliche und erfahrungsmäßige Bedeutung einnimmt (Günzel 2013), ist die Frage der Räumlichkeit im Internet (insbesondere dem World Wide Web als zentralem Bestandteil) komplexer. Als Sozialraum erscheint das Netzwerk von Orten, die jeweils aufgesucht werden können. Es ist allerdings ein Raum ohne Umgrenzung, der durch ständige Permutationen und Rekombinationen konstituiert wird.

So wie es zu hybriden Verflechtungen von Räumen kommt, sind temporale Aspekte digitaler Medialität durch Polychronien gekennzeichnet. Die räumliche Hybridisierung unterschiedlicher Situationen wird durch grundlegende Struktureigenschaften digitaler Medialität temporal anschlussfähig: Die Kombination von Interaktivität und Persistenz erlaubt situative Pseudo-Gegenwarten, die quasi als Gleichzeitigkeiten erfahren werden können – eine kommunikative Situation kann in Relation zu anderen situativen Zeitverläufen verlangsamt werden oder zum Stillstand kommen, später wieder aufgegriffen und beschleunigt werden etc.; situative Zeitverläufe, die im Netz häufig als Fluss stattfinden (Stream, Feed), können gerafft, gestreckt, wiederholt und zeitlich umgekehrt werden. Die damit einhergehende temporale Flexibilitätssteigerung ermöglicht einerseits alternative Zeitpraktiken, die als widerständige Strategien gegen gouvernementale Zeitregimes gestaltet werden können, die aber auch im Gegenteil im Sinne eines gouvernementalen Zeitmanagements einer Rationalisierung von Lebenszeit, somit einer Auffüllung zeitlicher Lücken und Reduktion von Muße bildungstheoretisch problematisch sind (Niesyto 2012). In dieses Spannungsfeld sind auch „eingebettete" raumzeitliche Erfassungstechnologien zu stellen, die auf der einen Seite als raumzeitliche Mikro-Biographisierungen (z. B. im Rahmen von „GPS-Art"), jedoch vor allem als neue Formen universeller Zeit-Raum-Koordinationen Aufmerksamkeit steuern und so zu einer Art adaptiv-technologischem Hintergrund oder Unbewusstem werden (Hayles 2011).

Gemeinschaft und Identität

Das Netzwerk ist die unterliegende technologische Basis des Internets. Netzwerke bestehen aus Knoten und Verbindungen zwischen Knoten. Unterschiede in Netzwerken sind solche der Art und Qualität von Verbindungen, die typischerweise ungleich verteilt sind, woraus sich dichtere oder weniger dichte Bereiche, zentralere und randständigere Knoten ergeben (Granovetter 1973, 1983). Das Netz ist als Form ein Signum der Moderne – die Entwicklung von technischen Infrastrukturnetzwerken (Telegraph, Eisenbahn, Strom, Telefon) ist eine Reaktion auf, aber auch eine Forcierung von topographischen und sozialen Dezentrierungsdynamiken (Faßler 2001). Ganz jenseits des Technologiediskurses wird dies seit den 1950er Jahren in der soziologischen Netzwerktheorie und -analyse registriert. Das Konzept sozialer Netzwerke lenkt den Blick zunächst auf die Qualitäten sozialer Beziehungen. Cliquen, Familien, Gemeinschaften, Gruppen und organisationale (formelle) Gruppen lassen sich als besondere Formen von Netzwerken beschreiben, wobei zum einen das Verhältnis schwacher und starker Verbindungen (weak vs. strong ties, vgl. Granovetter 1973), zum anderen aber auch eine Vielfalt sich überlagernder Verbindungsqualitäten sowie deren Interdependenz von Bedeutung ist (Mehrfachdeterminierungen von Beziehungen, die performativ ausgehandelt werden müssen).

Der oft formalistische Anklang soziologischer Netzwerktheorie sollte nicht über ihre anthropologische Relevanz hinwegtäuschen – im Zentrum stehen Prozesse der Genese und Absicherung von Identitäten sowie der narrativen Konstruktion unterschiedlicher Netzwerke, der ritualisierten Aushandlung in sozialen Arenen, der Habitualisierungen, Regime und Widerstände (White 2008).

Vor diesem Hintergrund erscheint das mediale Netz als Potenzialität von Sozialformen. Das von Mersch eingeklagte Moment der defizienten (oder eben recodierten) Materialitäten tritt hier als Frage nach der Abwesenheit oder Appräsenz der Körper auf: Es liegt in der Logik der Medien, noch das Zeichen der Abwesenheit, die Spur, zu invisibilisieren. Damit entsteht paradoxerweise zugleich eine Über- und Unterdeterminierung gegenseitiger Erfahrung. Unterdeterminiert sind Online-Begegnungen durch die Abwesenheit körperlicher Erfahrungsdichte (was die Habitus teilweise maskiert); überdeterminiert sind sie durch die eben dadurch ermöglichten Anschlussfähigkeiten. Insofern habituelle Exklusionskriterien weniger wirksam sind, erhöht sich die Wahrscheinlichkeit kommunikativer Anschlüsse. Es prägen sich in digitaler Kommunikation und Selbstinszenierung neue Formen von Habitus aus, so etwa Darstellungsstile auf den Profilseiten von sozialen Online-Netzwerken. Die online allein wahrnehmbare „Persona", die häufig zu einem genuinen Teil der eigenen Identität wird (Turkle 1999), ist ein imaginäres Konstrukt: Allerdings ist sie keine reine „Erfindung", sondern Ergebnis eines doppelseitigen Imaginations- und Anerkennungsgefüges. Die inszenierte Persona wird als Person rezipiert (Invisibilisierung des Mediatisierungsprozesses); das Hybrid von Persona und Person erhält soziale Anerkennung von anderen Personen, die wiederum auch als ein solches Hybrid agieren und nur als Persona sichtbar werden. Auf diese Weise kommt es zu einer tendenziell geschlossenen doppelten imaginären Figur zweier hybrider Akteure. Die aus diesem paradoxalen Verhältnis resultierenden sozialen Formen und Effekte, sofern sie in reiner Online-Interaktion begründet sind, ähneln allenfalls den bekannten Formen. Tatsächlich stellen sie neue Formen dar – von der Online-Community über symmetrische und asymmetrische Netzwerke bis hin zu „viralen" Massen-Netzwerkeffekten spielt das charakteristische Verhältnis von Maskierung, Hybridität, Anschlussfähigkeit und imaginativer Anerkennung eine tragende Rolle.

4 Resümee

Medialität stellt eine zentrale Strukturbedingung von Symbolizität und mithin ein zentrales anthropologisches Moment dar. Vor diesem Hintergrund lassen sich konkrete Medien oder Medienarchitekturen als Möglichkeitsbedingungen menschlicher Artikulation begreifen, die innerhalb eines dreifachen Spannungsfeldes von Zeichen und Symbol (Kultur), Material und Struktur (Technik) sowie Prozess und Produkt (*techné* als Praxis) verortet sind. In dieser Perspektive wird auch Historizität als grundlegende Eigenschaft von Medialität deutlich, denn jede Veränderung im Feld der Kultur, der Technik oder der Praktiken verändert das Gesamtgefüge, wodurch neue, emergente Perspektiven und Optionen entstehen. Wenn es daher als einheitliches Objekt fixierbare – zumindest in wissenschaftlich haltbarem Sinne feststellbare – „Medien" nicht gibt, so gibt es doch bis in die Jungsteinzeit zurückreichende kulturelle Entwicklungslinien medialer Artikulationsformen.

Digitale Technologie bedeutet nicht nur einen weiteren Medienwechsel; sie greift tief in die medialen Gefüge ein, indem sie erstens Medialität *selbst* de- und rekonstruiert, zweitens sich als fluides Software-Netzwerk universal und global ausbreitet. Die aufgezeigten Restrukturierungen von Raum, Zeit, Gemeinschaftsform und Identität durch digital vernetzte Medialität verweisen exemplarisch auf grundlegende Veränderungen im pädagogischen Feld, die sowohl in bildungstheoretischer Perspektive im engeren Sinne wie auch in lern- und vermittlungstheoretischen Perspektiven Wirkungen zeitigen. Die Transformation von Öffentlichkeit hin zu offenen, vernetzten (damit aber auch stärker fragmentierten) Räumen und Sichtbarkeiten (Jörissen 2011) hat vielfältige neue Artikulationsformen und -möglichkeiten geschaffen, die ihrerseits Wissensgefüge und -verhältnisse verändern und sowohl individualistische Schließungen als auch gemeinschafts- oder sogar differenzorientierte Anschlüsse ermöglichen. Die neuen Medien haben dabei auch neue Strategien der Repräsentation hervorgebracht, die Neuverhandlungen über (normative oder andere) anthropologische Diskurse und mit ihnen einhergehende Selbstverständnisse, Praktiken und Erfahrungsräume forcieren (von pseudonymen und hybriden Identitäten über alternative Körperdiskurse bis zu Transhumanismusdiskursen und -praxen). Diese Transformationen sind jedoch nicht nur deliberativer Art. Vielmehr entfalten sich zugleich globale Informationsregimes, deren kombinatorische Macht einer gouvernementalen Selbstführung, vom „Lifelogging“ (digitale Erhebung körperbezogener Daten, Publikation und Verarbeitung im Netz) bis zu pädagogischen Formen öffentlicher Selbstführung (Online-Portfolios als öffentliche Prüfungen; vgl. Meyer u. a. 2010), den Weg bereitet. Diese Prozesse stehen am Anfang. Aufgabe einer gegenwärtigen Pädagogischen Anthropologie digitaler Medialität ist es daher, die analytischen und methodologischen Mittel zur Beobachtung und zum Verständnis des Status quo und der zukünftigen Dynamiken zu entwickeln.

Literatur

Böhme, Jeanette (2006): Schule am Ende der Buchkultur: Medientheoretische Begründungen schulischer Bildungsarchitekturen. Bad Heilbrunn.

Bukow, Gerhard Ch./Fromme, Johannes/Jörissen, Benjamin (Hrsg.) (2012): Raum, Zeit, Medienbildung: Untersuchungen zu medialen Veränderungen unseres Verhältnisses zu Raum und Zeit. Wiesbaden.

Chun, Wendy Hui Kyong (2011): Programmed Visions: Software and Memory (Software Studies). Cambridge, MA.

Faßler, Manfred (2001): Netzwerke: Einführung in die Netzstrukturen, Netzkulturen und verteilte Gesellschaftlichkeit. München.

Funken, Christiane/Löw, Martina (Hrsg.) (2003): Raum, Zeit, Medialität: interdisziplinäre Studien zu neuen Kommunikationstechnologien. Wiesbaden.

Granovetter, Mark S. (1973): The strength of weak ties. In: American Journal of Sociology, S. 1360–1380.

Granovetter, Mark S. (1983): The strength of weak ties: A network theory revisited. In: Sociological Theory 1 (1), S. 201–233.

Günzel, Stefan (2013): Körpermedium und Bildraum. In: Westphal, Kristin/Jörissen, Benjamin (Hrsg.): Vom Straßenkind zum Medienkind: Raum- und Medienforschung im 21. Jahrhundert. Weinheim, S. 37–46.

Hayles, N. Katherine (2011): Komplexe Zeitstrukturen lebender und technischer Wesen. In: Hörl, Erich (Hrsg.): Die technologische Bedingung. Beiträge zur Beschreibung der technischen Welt. Frankfurt/M., S. 193–228.

Jörissen, Benjamin (2011): Bildung, Visualität, Subjektivierung. In: Meyer, Torsten/Mayrberger, Kerstin/Münte-Goussar, Stephan u. a. (Hrsg.): Kontrolle und Selbstkontrolle. Wiesbaden, S. 57–73.

Jörissen, Benjamin/Marotzki, Winfried (2009): Medienbildung. Eine Einführung: Theorie – Methoden – Analysen. Stuttgart.

Jung, Matthias (2005): „Making us explicit“: Artikulation als Organisationsprinzip von Erfahrung. In: Schlette, Magnus/Jung, Matthias (Hrsg.): Anthropologie der Artikulation. Begriffliche Grundlagen und transdisziplinäre Perspektiven. Würzburg, S. 103–142.

Leroi-Gourhan, André (1988): Hand und Wort: die Revolution von Technik, Sprache und Kunst. Frankfurt/M.

Manovich, Lev (2013): Software Takes Command. Bloomsbury.

Marotzki, Winfried (2003): Zur Konstitution von Subjektivität im Kontext neuer Informationstechnologien. In: Lippitz, Wilfried/Bauer, Walter/Marotzki, Winfried u. a. (Hrsg.): Weltzugänge: Virtualität - Realität - Sozialität. Hohengehren, S. 45–61.

Mersch, Dieter (2002): Ereignis und Aura: Untersuchungen zu einer Ästhetik des Performativen. Frankfurt/M.

Mersch, Dieter (2006): Mediale Paradoxien. Zum Verhältnis von Kunst und Medien. In: Sic et Non 6 (1) (http://sicetnon.org/index.php/sic/article/view/115 [14.7.2013]).

Meyer, Torsten/Mayrberger, Kerstin/Münte-Goussar, Stephan u.a. (Hrsg.) (2010): Kontrolle und Selbstkontrolle: Zur Ambivalenz von E-Portfolios in Bildungsprozessen. Wiesbaden.

Niesyto, Horst (2012): Bildungsprozesse unter den Bedingungen medialer Beschleunigung. In: Bukow, Gerhard Ch./Fromme, Johannes/Jörissen, Benjamin (Hrsg.): Raum, Zeit, Medienbildung. Wiesbaden, S. 47–66.

Panofsky, Erwin (1964): Aufsätze zu Grundfragen der Kunstwissenschaft. Berlin.

Schlette, Magnus/Jung, Matthias (Hrsg.) (2005): Anthropologie der Artikulation: Begriffliche Grundlagen und transdisziplinäre Perspektiven. Würzburg.

Schwemmer, Oswald (2005): Kulturphilosophie: eine medientheoretische Grundlegung. München.

Thiedeke, Udo (2010): Von der „kalifornischen Ideologie“ zur „Folksonomy“ - die Entwicklung der Internetkultur. In: Grell, Petra/Marotzki, Winfried/Schelhowe, Heidi (Hrsg.): Neue digitale Kultur- und Bildungsräume. Wiesbaden, S. 51–60.

Turkle, Sherry (1999): Leben im Netz. Identität in Zeiten des Internet. Reinbek.

Wardrip-Fruin, Noah (2009): Expressive Processing: Digital Fictions, Computer Games, and Software Studies. Cambridge, MA.

Westphal, Kristin/Jörissen, Benjamin (Hrsg.) (2013): Vom Straßenkind zum Medienkind: Raum- und Medienforschung im 21. Jahrhundert. Weinheim.

White, Harrison C. (2008): Identity and control: how social formations emerge. Princeton.

Wiesing, Lambert (2008): Was sind Medien? In: Münker, Stefan/Roesler, Alexander (Hrsg.): Was ist ein Medium? Frankfurt/M., S. 235–248.

Wulf, Christoph (Hrsg.) (1997): Vom Menschen: Handbuch Historische Anthropologie. Weinheim.

Performativität

Christoph Wulf & Jörg Zirfas

Wenn von *Performativität* die Rede ist, so handelt es sich um einen Begriff zur Kennzeichnung eines Theorie- und Diskursfeldes, in dessen Mittelpunkt unterschiedliche Formen und Theorien sozialen Wissens und Handelns stehen. Gemeinsam betonen diese die performative Kraft von Sprache und Imagination, künstlerischer Inszenierung und Aufführung, pädagogischem Handeln und rituellem Geschehen. In diesen Ansätzen ist das Verhältnis von singulärer Handlung und mimetischer Wiederholung zentral.

Wenn menschliches Handeln als aufführendes kulturelles Handeln, als *cultural performance* begriffen wird, so ergeben sich daraus Veränderungen für das Verständnis sozialer und erzieherischer Prozesse. In diesem Fall finden die Körperlichkeit der Handelnden sowie der Ereignis- und inszenatorische Charakter ihrer Handlungen größere Aufmerksamkeit. Soziales und pädagogisches Handeln ist *mehr* als die Verwirklichung von Intentionen. Dieses „Mehr" besteht in der Art und Weise, in der Handelnde ihre Ziele realisieren. Trotz einer intentional gleichen Ausrichtung von Handlungen zeigen sich in dem *Wie*, dem *modus operandi* ihrer Durchführung erhebliche Unterschiede. Zu den Gründen dafür gehören einerseits historische, kulturelle und soziale Rahmenbedingungen, andererseits besondere, mit der Individualität der Handelnden verbundene Merkmale. Das Zusammenwirken der beiden Faktorengruppen erzeugt die Komplexität sozialen und pädagogischen Handelns mit seinen ungewollten Nebenwirkungen. Die Grenzen der Voraussehbarkeit und Planbarkeit sozialen Handelns werden sichtbar. Gerade im erzieherischen Handeln zeigen sich diese Grenzen immer wieder; für Erziehung und Bildung sind sie sogar konstitutiv.

Der Charakter und die Qualität sozialer Beziehungen hängen auch wesentlich davon ab, wie Menschen mit ihrem Körper beim Handeln umgehen, welche körperlichen Abstände sie einhalten, welche Körperhaltungen sie zeigen, welche Gestiken sie entwickeln. Über diese Merkmale vermitteln Menschen anderen Menschen mehr als die Intention ihres Handelns. Diese Faktoren tragen auch wesentlich zur Bildung von Gemeinschaften bei. Trotz ihrer zentralen Bedeutung für die Wirkungen sozialen Handelns fehlen diese Aspekte in vielen Handlungstheorien, in denen Handelnde auf ihr Bewusstsein reduziert werden; eine Abstraktion von den sinnlichen und kontextuellen Bedingungen ihres Handelns ist die Folge.

Im Blickwinkel des Performativen interessiert, wie Handeln emergiert, wie es mit Sprache und Imagination verbunden ist, wie seine Einmaligkeit durch gesellschaftliche und kulturelle Muster ermöglicht wird und wie sich sein Ereignischarakter zu seinen repetitiven Aspekten verhält. Wie weit lassen sich Sprechen und Kommunikation als Handeln begreifen und welche Rolle haben Ansprache und Wiederholung für die Herausbildung geschlechtlicher, sozialer und ethnischer Identität? Handeln wird als Nachahmung, Teilnahme und Gestaltung kultureller Praktiken begriffen. Dazu gehören: künstlerisches und soziales Handeln als *performance*, Sprechen als *performatives Handeln* und *Performativität* als ein abgeleiteter, diese Zusammenhänge übergreifend thematisierender Begriff.

Die folgenden sechs Punkte verdeutlichen, warum der Begriff der Performativität für die Erziehungswissenschaft bedeutsam ist.

Der historische Charakter der Erziehungswirklichkeit und ihre Textstruktur

In der geisteswissenschaftlichen Pädagogik gab es – im Unterschied zur Psychologie – eine lange Tradition, die gute Voraussetzungen dafür schuf, dass der Begriff der Performativität produktiv aufgenommen werden konnte. Dazu gehörte die umfangreiche Rezeption Wilhelm Diltheys, die schon in den 1950er und 1960er Jahren erfolgte und dessen Arbeiten erst wesentlich später für Clifford Geertz (1995) und die Entwicklung des *interpretativen Paradigmas* in der Kulturanthropologie wichtig wurden.

In der Erziehungswissenschaft stießen die Forschungen Diltheys auf die in der Pädagogik bekannten Reflexionen Friedrich Schleiermachers (1994) *erstens* über die Geschichtlichkeit und Kulturalität der Erziehung, *zweitens* über das Theorie-Praxis-Verhältnis in der Erziehung und *drittens* über die Bedeutung der Hermeneutik für das Verständnis von Erziehungsprozessen. In der geisteswissenschaftlichen Pädagogik gab es ein Bewusstsein davon, dass Erziehung und Erziehungssysteme das Ergebnis komplexer *historisch-gesellschaftlicher Entwicklungen* sind und sich nicht einfach durch neue Ideen und Konzeptionen verändern lassen. Ferner wurde die Erziehungswissenschaft als *eine Wissenschaft von der pädagogischen Praxis für die pädagogische Praxis* begriffen (Wulf 1992).

Erich Weniger (1929) unterschied in diesem Zusammenhang drei Arten von Theorie: *erstens* die dem pädagogischen Handeln impliziten Theorien, die dem Bewusstsein des Handelnden nicht zugänglich sind, obwohl sie die Art seines Handelns wesentlich bestimmen; *zweitens* die dem Pädagogen bewussten, sein Handeln anleitenden Theorien; und *drittens* die allgemeinen Theorien, mit denen z. B. die Zusammenhänge zwischen erzieherischer Praxis, Bildungsinstitutionen und gesellschaftlichen Entwicklungen analysiert und interpretiert werden.

Eng mit diesen Überlegungen hängt die Erkenntnis zusammen, dass die „Erziehungswirklichkeit" einen bedeutungsvoll strukturierten Sinnzusammenhang bildet, den es mit hermeneutischen Verfahren zu verstehen und zu interpretieren gilt. Die Nähe zu der von Geertz und anderen in den 1980er Jahren entwickelten Position ist offensichtlich. Allerdings fehlte in der geisteswissenschaftlichen Pädagogik noch die empirische Ausarbeitung dieses interpretativen Paradigmas, das in der Erziehungswissenschaft nachhaltig rezipiert wurde und den Ausgangspunkt für viele Forschungen über Performativität bildete.

Pädagogik als Handlungswissenschaft und die Performativität pädagogischen Handelns

Da Pädagogik eine Handlungswissenschaft und Erziehungswissenschaft eine Wissenschaft von der Praxis für die Praxis ist, spielt das *implizite praktische Wissen* für das pädagogische Handeln eine zentrale Rolle. Dies ist umso mehr der Fall, als es unzureichend ist, Pädagogik lediglich als ein Ensemble von Techniken zu begreifen. Zwar umfasst Pädagogik technisches Wissen, doch ist Pädagogik darüber hinaus auch eine Kunst, die nur in Grenzen theoretisierbar ist. Bei einem solchen Verständnis liegt es nahe, dass der Performativität der Pädagogik eine zentrale Bedeutung zukommt. Die Inszenierung und Aufführung erzieherischen Handelns impliziert intentionale und nichtintentionale Handlungen. Beiden Arten des Handelns ist der performative Charakter gemeinsam. Vor allem in Institutionen des Bildungswesens spielt die Inszenierung von Situationen, in denen Erziehung stattfindet, eine zentrale Rolle. Damit eine Inszenierung gelingt, bedarf es einer ihr entsprechenden Aufführung. Um solche Aufführungen realisieren zu können, ist ein *praktisches Wissen* erforderlich, in welches das oben erwähnte implizite Wissen und die das Handeln anleitenden Theorien eingehen. Wie Wittgenstein und Bourdieu gezeigt haben, ist dieses praktische Wissen nur in begrenztem Maße theoretisch vermittelbar. Seine Vermittlung erfolgt eher durch die Inszenierung und Aufführung, durch die Performativität pädagogischen Wissens, die sich in sinnlich wahrnehmbaren und erlebbaren Situationen zeigt und die so zum Gegenstand der Interpretation werden kann.

Ursprünge des Performativen und ihr Einfluss auf die Erziehungswissenschaft

Versucht man herauszuarbeiten, welches Verständnis von Performativität sich in der Erziehungswissenschaft entwickelt hat, so ergibt sich ein weites Spektrum von Ansätzen, die sich in unterschiedlicher Intensität auf mehrere Ausgangspositionen beziehen, die in unterschiedlicher Weise die modernen sozial- und kulturwissenschaftlichen Konzeptionen des Performativen beeinflusst haben: (1) die performative Sprechaktphilosophie John Austins (2002), die Aussagen als Handlungen begreift; (2) die Transformationsgrammatik Noam Chomskys (1980) mit ihrer Differenz von Performanz und Kompetenz; (3) die Kultur- und Theatertheorien der *performance art* (Fischer-Lichte 2004); (4) die Genderdiskussion, in deren Verlauf Judith Butler (1998) den Begriff der Performativität als rituelle Zitierung des Geschlechts einführt und schließlich (5) der Sonderforschungsbereich „Kulturen des Performativen", in dessen Forschungen vor allem die Momente Körperlichkeit, Referentialität, Flüchtigkeit, Kreativität, Darstellung, Emergenz und rituelle Wiederholung untersucht wurden.

Ausgangspunkt für diese in der Erziehungswissenschaft besonders intensiv rezipierten Forschungen war die *Berliner Ritual- und Gestenstudie* (Wulf u. a. 2001, 2004, 2007, 2011). In dieser von annähernd zwanzig Forschern in einem Zeitraum von zwölf Jahren durchgeführten Untersuchung wurde die Bedeutung von Ritualen in den vier wichtigsten Sozialisationsfeldern Familie, Schule, Peergroup und Medien untersucht. Im Mittelpunkt standen die Kinder und Jugendlichen einer Grundschule in einem sozialen Brennpunkt Berlins, von denen sehr viele unterschiedliche Migrationshintergründe hatten. In diesen Forschungen galten kulturelle Handlungen vor allem als performativ oder als „performances" und rückten damit die Aspekte der Handlungs- und Inszenierungsformen in den Mittelpunkt der Analysen (Fischer-Lichte/Wulf 2001, 2004). Kulturelle Handlungszusammenhänge werden nicht mehr als Aufführungen eines psychologischen, sozialen oder religiösen Textes verstanden, sondern als soziale Institutionen mit einem performativen Überschuss, der sich in Dramaturgie und Organisation ritueller Interaktionen und ihrer Effekte, der szenisch-mimetischen Expressivität, dem Aufführungs- und Inszenierungscharakter und dem praktischen Wissen sozialen Handelns zeigt. So lassen sich kulturelle Bedeutungen, Funktionen und Formen vor allem im Zusammenhang mit körperlichen Aufführungen, zeitlichen und räumlichen Rahmungen, ritualisierten Interaktionen und nicht nur mit ästhetischen, sondern mit der Wahrnehmung aller Sinne verbundenen aisthetischen Prozessen begreifen. Fragen der Perzeption, Verarbeitung und Inkorporierung von Ritualen werden mit dem Blick auf mimetische Prozesse und praktisches rituelles Wissen wichtig. Das Performative fokussiert somit z. B. die Momente des Herstellens von Ritualen, ihre Handlungsvollzüge und ihre Dynamiken, die mit den Ritualen verbundenen Materialien und Rahmungen sowie die Austauschprozesse zwischen Akteuren und Zuschauern (Wulf/Zirfas 2004).

Diese Erforschungen des Performativen machen auch für die Erziehungswissenschaft deutlich, dass sich die performative Perspektive nicht nur auf ritualisierte Aufführungen, sondern auch auf die *Wahrnehmung*, die *Medien* und die *gender-Entwicklung* beziehen lässt. Diese Sicht führt zu einem performativen Wahrnehmungs- und Raumbegriff, in dessen Rahmen die Rhythmen des Zusammenspiels von Ordnung und Bewegung, Erinnerung und Erwartung, Teilhabe und Distanz in Erziehungs- und Bildungsprozessen neu in den Blick geraten.

Die performative Perspektive auf die Medien führt vor allem zur Untersuchung des *Mediengebrauchs* in Erziehung und Bildung. Es wird untersucht, wie Medien Entferntes in Erscheinung bringen, wie sie etwas wahrnehmbar machen, wie sie interferieren, konkurrieren, koexistieren und sich durch Transfer und Vernetzung ergänzen. In diesen Prozessen zeigt sich der heteronome Charakter der Medien, die dadurch wirken, dass sie eine „fremde" Ordnung zur Erscheinung bringen und die Eigen- und Fremdstrukturen des Mediums im medialen Vollzug hybrid werden. Text, Bild, Körper, Raum, Performativität werden zu zentralen Begriffen einer erziehungswissenschaftlichen Medienforschung.

Ähnlich verhält es sich im Bereich der *Gender-Forschung*, in der davon ausgegangen wird, dass *gender* eine soziokulturelle Konstruktion und das Ergebnis von Verkörperung ist, deren Prozessualität, Relationalität und Geschichtlichkeit in den verschiedenen Sozialisationsfeldern zum Thema werden. Dabei spielen Praktiken der Machtausübung, der Habitusbildung und der Subversion von Geschlechternormen eine wichtige Rolle (Fischer-Lichte/Wulf 2004).

Zusammenfassend lässt sich festhalten: Spricht man von Performativität als „Vollzug einer (sprachlichen) Handlung" (Austin), als „(ostentativer) Aktivität eines Individuums" (Goffman), als „materialisiertem Geschlecht", „zitierender Praxis", „Macht des Diskurses" (Butler), oder als „verkörperter Sprache" (Krämer), so betont man damit zunächst die praktische, soziale und kulturelle Ordnung von Phänomenen, ihren Zusammenhang, ihre Entwicklung, ihre Synthesen und Differenzen, ihre aktiven und passiven Momente, kurz ihre Prozesse, Modalitäten, Logiken und Funktionen. Die Begriffe „performativ", „performance" und der diese Zusammenhänge übergreifend thematisierende Begriff „Performativität" verdeutlichen die Bedeutung der Form und der ästhetischen Dimension für das Gelingen sozialer Arrangements. Wenn vom Performativen des Handelns die Rede ist, dann wird damit ein einmaliges, zeitlich und räumlich begrenztes Ereignis bezeichnet. Modell ist dafür einmal die „künstlerische performance", zu der neben den Akteuren auch das Publikum gehört, welches für das Geschehen konstitutive Bedeutung hat. Erst im Zusammenwirken von Akteuren und Zuschauern entsteht eine „performance". Auch rituelle Aufführungen wie politische Demonstrationen, Zeremonien und Liturgien, oder Weihnachtsfeiern, Faschingsfeste und Amtseinsetzungen lassen sich nach diesem Modell begreifen. In diesen Fällen entstehen Aufführungen, in denen Menschen zum Ausdruck bringen, wie sie gesehen werden wollen und wie ihr Verhältnis zueinander ist. Auch hier werden Gemeinsamkeiten erzeugt und Gemeinschaften geschaffen (Wulf/Göhlich/Zirfas 2001; Wulf/Zirfas 2007).

Die Emergenz des Performativen

Performative Praktiken evozieren (fraglos) gültige Normen, Regeln und Sicherheiten und können dadurch ebenso konservierend und stabilisierend wie transformativ und subversiv wirken, bedeutet doch das Vollziehen performativer Akte immer auch die Möglichkeit, im Vollzug selbst die Normen und Regeln außer Kraft zu setzen, sie zu ironisieren, umzucodieren, die Fraglosigkeit in Frage zu stellen. Performative Akte sind selbstreferentiell, selbstidentifizierend und selbstexemplikativ: Sie deuten in einem bestimmten Sinne nicht über sich hinaus, sondern auf sich hin, sie vollziehen das, was sie bedeuten und ihre Bedeutung liegt in ihrem Vollzug. Indem sie vollzogen werden, stellen sie eine Wirklichkeit her; sie stellen *ihre* Wirklichkeit als *die* Wirklichkeit her, von der „die Rede ist". Dadurch haben sie die Kraft, konventionelle Differenzierungen zu bestätigen wie zu dementieren, sie können eindeutige wie oszillierende Verhältnisse schaffen und Differenzen zwischen Signifikaten und Signifikanten, Subjekten und Objekten, Akteuren und Zuschauern konservieren oder aufheben.

Unter dem Blickwinkel des performativen Aktes als Vollzugsgeschehen, das ebenso von funktionalen Bedingungen des Gelingens (Austin) wie von phänomenalen Bedingungen des *Embodiment* (Butler) abhängig ist, erscheinen performative Akte als ritualisierte öffentliche Aufführungen. Wenn Performativität zu ritualisierten Aufführungen führt, sich in solchen manifestiert und realisiert, so ist neben dem Begriff der Aufführung, der Darstellung, der Inszenierung auch der Begriff des Rituals bzw. der Ritualisierung für eine Theorie des Performativen von zentraler Bedeutung. Für Aufführungen wie für Rituale ist die körperliche Kopräsenz der am Geschehen Beteiligten konstitutiv, die eine Handlung gemeinsam vollziehen und gemeinsam eine Wirklichkeit hervorbringen. Über körperlich-mimetische Prozesse entsteht eine gemeinsam geteilte Wirklichkeit. So gibt das Performative auf die alte Frage nach der Entstehung von Wirklichkeit eine neue Antwort: Durch Aufführungen, die – im hier relevanten und nicht ausreichenden Sinne – definiert werden können als Geschehnisse zwischen Akteuren und Zuschauern und durch Rituale, die definiert werden können als wiederholbare Geschehnisse zwischen Akteuren, bringen Menschen gemeinsam, gestisch, sprachlich, körperlich, mimetisch Wirklichkeiten hervor, die für alle Beteiligten einen, wenn auch kritisierbaren, verbindlichen Charakter haben. In performativen Konstellationen wird die Fokussierung auf die Zeichenprozesse abgelöst durch die Fokussierung auf die konkrete Materialität von räumlichen, zeitlichen Bedingungen und Gegenständen, auf Körperlichkeit und Wahrnehmungsprozesse – auf das konkrete, singuläre Ereignis.

Die konstitutive Kraft des Performativen

Wo *performativ* als anthropologischer bzw. kulturwissenschaftlicher Begriff verwendet wird, betont er den *konstitutiven Charakter sozialer Handlungen* (Wulf 2009). In dieser Konstitution bezeichnet das Performative sowohl das Gelingen sozialer Prozesse als auch deren Veränderbarkeit, Fragilität und Scheitern, das dann wiederum zu neuen sozialen Wirklichkeiten führen kann. Butler sieht die Geschlechtszugehörigkeit durch performative Akte konstituiert. Bourdieu verwendet „performativ" zur Charakterisierung der Wirkungen von Einsetzungsriten. Sein Habitus-Begriff ist performativ; er bestimmt das Verhältnis von Handeln als Ergebnis bisheriger und als Ausgangspunkt zukünftiger Handlungen genauer. Gebauer und Wulf arbeiten die Bedeutung mimetischer Prozesse für die Herausbildung performativen Wissens und Handelns heraus (Gebauer/Wulf 1998). Gesellschaft, Gemeinschaft und Kultur werden von ihnen als Ergebnis performativer Handlungen begriffen. Geschlecht, Identität und Ethnizität, Rituale und Ritualisierungen des Alltags erwecken den Anschein der „Natürlichkeit". Dadurch schaffen sie Illusionen, verdecken ihre historische Entstehung, ihre prinzipielle Veränderbarkeit und die ihnen impliziten Machtverhältnisse.

Begreift man Gesellschaft und Kultur als Ergebnis performativer Handlungen, kommt der *Wiederholung* eine zentrale Bedeutung zu. Sie steht im Zentrum performativ-mimetischer Prozesse, in denen eine Bezugnahme auf Vorausgehendes erfolgt, die jedoch nie zu demselben Ergebnis führt. Vielmehr kommt es in diesen Prozessen zu einer nachahmenden Veränderung und Gestaltung des Vorausgehenden. Hier liegen das innovative und das kreative Moment mimetischer Prozesse und ihre Bedeutung für performatives Handeln (Wulf 2005). In der Hervorbringung von Gesellschaft und Kultur spielt dieses Moment performativer Differenz eine entscheidende Rolle. Im Verlauf dieses Prozesses kommt es zur Inszenierung und Aufführung von Kritik und Veränderung. Performatives Handeln schafft soziale Konstruktionen, Institutionen und je nach kultureller Praxis unterschiedliches praktisches Wissen. Praktisches Wissen ist performativ; es ist körperlich, ludisch, rituell und zugleich historisch, kulturell; performatives Wissen bildet sich in face-to-face-Situationen und ist semantisch nicht eindeutig; es ist ästhetisch und entsteht in mimetischen Prozessen; performatives Wissen hat imaginäre Komponenten, enthält einen Bedeutungsüberschuss und lässt sich nicht auf Intentionalität reduzieren; es artikuliert sich in Inszenierungen und Aufführungen des alltäglichen Lebens, der Literatur und der Kunst.

Die Relevanz der Performativität für die Pädagogik

Abschließend soll die Relevanz des Performativen für die Erziehungswissenschaft in vier thesenartigen Überlegungen verdeutlicht werden.

1) Geht man mit den sozial- und kulturwissenschaftlichen Theorien von einer performativen Wende der Kultur aus, so zeigt sich, dass die Semantik der ästhetischen, inszenierten Selbstentfaltung der Individuen in modernen Gesellschaften an Bedeutung gewinnt: Moderne Gesellschaften sind demokratische *Inszenierungsgesell-*

schaften (Willems/Jurga 1998). Der Lebensraum jeder und jedes Einzelnen wird zu einer Theaterbühne, auf der man sein Selbst permanent zur Schau stellt bzw. stellen muss. Diese performative Tendenz der Kultur muss die Pädagogik zur Kenntnis nehmen, will sie als empirische und als handlungsorientierte Wissenschaft anschlussfähig bleiben (Zirfas 2004, 2005).

2) Die mit dem Performativen verbundenen methodischen Erneuerungen zielen auf die *Dignität der pädagogischen Praxis.* Methodiken des Performativen greifen auf phänomenologische, ethnographische, interaktionistische und konstruktivistische Modelle zurück, um die Momente des pädagogischen Alltags in einer mikroanalytischen Einstellung zu erfassen. Durch einen Wechsel von der *Was-* zur *Wie-Ebene* gewinnt der Beobachter zweiten Grades an Bedeutung, der die Praxen jenes Beobachters ersten Grades (des Akteurs, des Beobachteten) zu explizieren in der Lage ist. Gerade die performativen Praktiken, d. h. sprachliche Handlungen, inkorporierte Stile, ritualisierte Geschehnisse, liminale Phasen etc. – die performativen *modi operandi* des individuellen und gemeinschaftlichen Lebens – werden in diesem Blickwinkel beschreibbar (Bohnsack 2003).

3) Der Begriff des Performativen macht es möglich, soziales und pädagogisches Handeln generell in neuem Licht zu sehen. Was bis in handlungstheoretische Entwürfe der 90er Jahre hinein nur negativ als nicht-intentional oder mystifizierend als kreativ gefasst werden konnte, erhält mit dem Begriff des Performativen, der auf Körperlichkeit, Habitualität, Dramaturgie, spielerischen Freiraum, Mimesis und durchdringende Macht des Handelns gleichermaßen hinweist, eine theoretische Form, die auch neue Wege qualitativ-empirischer Forschung eröffnet. Hiermit kommen die bislang eher ausgeblendeten Momente des Handelns ins Spiel: seine habitualisierten, mimetischen, in Gesten und Ritualen deutlich werdenden Muster und seine materiellen Strukturen wie Räumlichkeit, Zeitlichkeit, Szenerien, Körperlichkeit, Requisiten etc.

4) Der Blickwinkel des Performativen ermöglicht neben einem anspruchsvolleren Begriff des pädagogischen Handelns auch eine komplexe Theorie der Bildung. So wird unter dem Begriff der Bildung der Prozess und das Ergebnis einer Veränderung verstanden, die sowohl das Selbst- als auch das Sozial- und Weltverhältnis des Menschen betrifft. Bildung bezeichnet somit die Verknüpfung von Kultur und Individualität, die es den Menschen möglich macht, dass sie an ihren Erziehungs- und Bildungsbedingungen, mithin an ihren Selbst- und Weltverhältnissen, *selbst* mitwirken, d. h. in der Lage sind, sich selbst eine Form zu geben.

Literatur

Austin, John Langshaw (1972): Zur Theorie der Sprechakte. Stuttgart.

Bohnsack, Ralf (2003): Rekonstruktive Sozialforschung. Einführung in qualitative Methoden. Opladen.

Butler, Judith (1998): Haß spricht. Zur Politik des Performativen. Berlin.

Chomsky, Noam (1980): Sprache und Geist. Frankfurt/M.

Fischer-Lichte, Erika (2004): Ästhetik des Performativen. Frankfurt/M.

Fischer-Lichte, Erika/Wulf, Christoph (Hrsg.) (2001): Theorien des Performativen. Paragrana. Internationale Zeitschrift für Historische Anthropologie 10, H. 1.

Fischer-Lichte, Erika/Wulf, Christoph (Hrsg.) (2004): Praktiken des Performativen. Paragrana. Internationale Zeitschrift für Historische Anthropologie 13, H. 1.

Gebauer, Gunter/Wulf, Christoph (1998): Spiel, Ritual, Geste. Mimetisches Handeln in der sozialen Welt. Reinbek.

Geertz, Clifford (1995): Dichte Beschreibung. Beiträge zum Verstehen kultureller Systeme. Frankfurt/M.

Schleiermacher, Friedrich Daniel Ernst (1994): Ausgewählte pädagogische Schriften. Hrsg. von Ernst Lichtenstein. Paderborn u. a.

Weniger, Erich (1929): Theorie und Praxis in der Erziehung. In: Ders.: Die Eigenständigkeit der Erziehung in Theorie und Praxis. Weinheim, S. 7–22.

Willems, Herbert/Jurga, Martin (Hrsg.) (1998): Inszenierungsgesellschaft. Ein einführendes Handbuch. Opladen/Wiesbaden.

Wulf, Christoph (1992): Theorien und Konzepte der Erziehungswissenschaft. 5. Aufl. München.

Wulf, Christoph (2005): Die Genese des Sozialen. Mimesis, Performativität, Ritual. Bielefeld.

Wulf, Christoph (2009). Anthropologie. Geschichte, Kultur, Philosophie. Köln.

Wulf, Christoph/Althans, Birgit/Audehm, Kathrin/Bausch, Constanze/Göhlich, Michael/Sting, Stephan/Tervooren, Anja/Wagner-Willi, Monika/Zirfas, Jörg (2001): Das Soziale als Ritual. Zur performativen Bildung von Gemeinschaften. Opladen.

Wulf, Christoph/Althans, Birgit/Audehm, Kathrin/Bausch, Constanze/Jörissen, Benjamin/Mattig, Ruprecht/Tervooren, Anja/Wagner-Willi, Monika/Zirfas, Jörg (2004): Bildung im Ritual. Schule, Familie, Jugend, Medien. Wiesbaden.

Wulf, Christoph/Althans, Birgit/Blaschke, Gerald/Ferrin, Nino/Göhlich, Michael/Mattig, Ruprecht/Nentwig-Gesemann, Iris/Schinkel, Sebastian/Tervooren, Anja/Wagner-Willi, Monika/Zirfas, Jörg (2007): Lernkulturen im Umbruch. Rituelle Praktiken in Schule, Medien, Familie und Jugend. Wiesbaden.

Wulf, Christoph/Althans, Birgit/Audehm, Kathrin/Blaschke, Gerald/Ferrin, Nino/Kellermann, Ingrid/Mattig, Ruprecht/Schinkel, Sebastian (2011): Die Geste in Erziehung, Bildung und Sozialisation. Ethnographische Fallstudien. Wiesbaden.

Wulf, Christoph/Göhlich, Michael/Zirfas, Jörg (Hrsg.) (2001): Grundlagen des Performativen. Eine Einführung in die Zusammenhänge von Sprache, Macht und Handeln. Weinheim/München.

Wulf, Christoph/Zirfas, Jörg (Hrsg.) (2004): Die Kultur des Rituals. Inszenierungen, Praktiken, Symbole. München.

Wulf, Christoph/Zirfas, Jörg (Hrsg.) (2007). Die Pädagogik des Performativen. Theorien, Methoden, Perspektiven. Weinheim/Basel.

Zirfas, Jörg (2004): Dramatic Literacy. Soziale Inszenierung und Selbstdarstellung. In: Ecarius, Jutta/Friebertshäuser, Barbara (Hrsg.): Literalität, Bildung und Biographie. Perspektiven erziehungswissenschaftlicher Biographieforschung. Wiesbaden, S. 84–102.

Zirfas, Jörg (2005): Weltliche, soziale und schulische Theatralität. In: Liebau, Eckart/Klepacki, Leopold/Link, Dieter/Schröer, Andreas/Zirfas, Jörg (Hrsg.): Dramatische Bildung. Grundrisse des Schultheaters. Weinheim/München, S. 257–275.

Deutungssysteme und Deutungsmuster

Andrea Bramberger

Einleitung

Die Pädagogische Anthropologie beschäftigt sich in ihrem historisch-kritischen Zugang mit kulturellen Phänomenen, deren Ausprägung, Ausgestaltung und Veränderung, und mit den daraus resultierenden Effekten für reale Lebenswelten von Menschen in unterschiedlichen kulturellen bzw. sozialen Räumen und zu unterschiedlichen historischen Zeiten. Darüber hinaus analysiert sie die Strukturen, die diesen Phänomenen und Bewegungen zugrunde liegen und die auch den Blick der Forschenden und die Disziplin selbst organisieren, um schließlich konkrete pädagogische, sozial- und gesellschaftspolitische Handlungsempfehlungen abzuleiten und zu begründen. Deutungssysteme und Deutungsmuster berühren die Historisch-Pädagogische Anthropologie mehrfach: Sie sind unmittelbarer Gegenstand ihrer Forschung. Zugleich lassen sich die komplexen Forschungsperspektiven und die Markierungen des Selbstverständnisses Historisch-Pädagogischer Anthropologie anhand der Konzepte dieser „Deutungen" anlegen und ordnen, denn die Historisch-Pädagogische Anthropologie bewegt sich – durchaus selbstreflexiv – im kulturellen Deutungsrahmen.

Der folgende Beitrag rekonstruiert (1) die Geschichte der Konzepte „Deutungssysteme" und „Deutungsmuster", diskutiert (2) mit Charles Taylors Theorie der „social imaginaries" eine moderne Variante dieser Modelle, deren Stärke vor allem darin liegt, dass sie soziales Handeln akzentuiert, und zeigt (3), wie sie mit der Historisch-Pädagogischen Anthropologie aufgegriffen, adaptiert, weiterentwickelt und für Fragen der Erziehung und Bildung geöffnet werden.

1 Historie der Deutungssysteme und Deutungsmuster

Unter Deutungssystemen versteht man mächtige Systeme, die Kultur organisieren und strukturieren. Solche Deutungssysteme sind etwa Religion, Wissenschaft und Kunst. In diesen Deutungssystemen finden sich unterschiedliche Deutungsmuster. Das sind kollektiv akzeptierte und verstehbare, wenngleich reflexiv begrenzt verfügbare Wissensbestände und Vereinbarungen, die in der Gesellschaft auffindbar sind und die es Menschen ermöglichen, die Realität zu betrachten. Sie bestimmen die „Organisation der Wahrnehmung von sozialer und natürlicher Umwelt in der Lebenswelt des Alltags" (Lüders/Meuser 1997, S. 58), leiten Handlungen im Alltag theoretisch an, und sie bewirken bestimmtes, konkretes Handeln einzelner Menschen und Menschengruppen. Sie verorten den Einzelnen in der gesellschaftlichen Gruppe, und sie sichern seine Zugehörigkeit zu dieser Gruppe. Diese Systeme und Muster werden von Erziehungstheoretiker(inne)n traditionell strukturtheoretisch und wissenssoziologisch diskutiert.

1.1 Strukturtheoretische Perspektive

Aus strukturtheoretischer Perspektive werden Deutungsmuster als soziale Regel- und Argumentationsstrukturen begriffen, die Antworten auf reale Probleme geben. Sie ordnen und organisieren den Alltag der Menschen, indem sie sich als tragfähige, internalisierte Muster erweisen, die Handeln begründen. Im Lebensalltag erscheinen sie als zwingende, vorgegebene anthropologische Konstanten. Auf der Ebene der Theorie werden sie als Variablen diskutiert, die zwar Veränderungen unterliegen, aber in ihren aktuellen Varianten verbindlich und realitätsmächtig sind. Deutungsmuster sind kollektive Wissensbestände, die spezifisch strukturiert sind. Rekonstruktive Sozialforscher(innen) fragen mitunter nach der identitätskonstituierenden und gesellschaftskonstruierenden Wirkung der Deutungssysteme: Wie sehen sie aus? Wie wirken sie? Unter welchen Bedingungen konstituieren sie sich in der Art und Weise, in der sie sich zeigen? Wie verändern sie sich? (vgl. Oevermann 2001).

1.2 Wissenssoziologische Perspektive

Die zweite Forschungsperspektive bezieht sich auf die Möglichkeiten der Wahrnehmung der Deutungsmuster, und sie fragt nach deren Verfügbarkeit. Wissenssoziologische Deutungsmusteranalysen stellen „den Gegenstandsbereich der Sozialwissenschaften selbst und seine Vorgegebenheit als Realität der vorwissenschaftlichen Erfahrung" (Schütz 1932, S. 11) in Frage. Das betrifft erstens die Entstehung und Wirkung der Deutungsmuster: Das Denken, also auch die Wahrnehmungen sozialer und kultureller Phänomene sind in einem historischen und sozial-kulturellen Raum verankert. Zum einen entstehen Deutungsmuster vor einem jeweils speziellen Problemhintergrund. Sie verändern sich mit dem Wandel sozialer Problemlagen. Zugleich sind sowohl die Wahrnehmung als auch die Wirkung dieser Muster determiniert und von einem sozialen Standort bestimmt. Strukturkategorien wie *race, class, gender, sexual orientation, religion, age* usw. und ihre multiplen Intersektionalitäten bringen Variationen der Deutungsmuster hervor. Zugleich gibt die Zugehörigkeit der Menschen zu diesen Kategorien ihre (An-)Wendung des Deutungsmusters vor. Aus wissenssoziologischer Perspektive wird die innere Logik der Deutungsmuster, im Rahmen derer ihre Variabilität gesteuert wird, rekonstruiert. Die zweite Problematisierungsebene betrifft jenes Feld, in dem sich Sozialforscher(innen) bewegen: Der Blick der Forschenden ist nicht neutral, sondern von diesen Mustern strukturiert oder berührt. Wenn es keinen „view from nowhere" (vgl. Hacking 1983) gibt, unterliegen Aussagen über Deutungsmuster ihrer Logik und es stellt sich die Frage: Festigen die wissenschaftlichen Analysen das, was schon vorgegeben ist, oder verändert allein schon die Thematisierung Phänomene, so dass gilt: representing *is* intervening?

2 Charles Taylor: *Social Imaginaries*

Charles Taylor verknüpft die Dimensionen der Bedingungen des sozialen Handelns mit den Dimensionen der Bedingungen der (wissenschaftlichen) Theoriebildung und Erkenntnis, und er fokussiert deren Interdependenzen. Damit öffnet er den Blick für multiple Sichtweisen auf die Fragen nach Identitäten der Menschen und danach, wie Kultur und soziales Handeln Individualität, Gemeinschaft und Diversität sowie das Dilemma von Inklusion und Exklusion auf den Ebenen des Handelns und der Theoriebildung hervorbringen und handhaben.

2.1 Repräsentationen sozialer Phänomene

Charles Taylor (vgl. 2004) fasst das Konglomerat der Deutungsmuster und der Deutungssysteme mit ihren unterschiedlichen Funktionen und Historien der Repräsentation und der Theoretisierung mit dem Begriff der *social imaginaries. Social imaginaries* sind das, was das Handeln der Mitglieder einer Gesellschaft möglich macht, indem sie den Ideen Sinn verleihen. Internalisierte Wissensbestände, die unser Handeln organisieren, sich an unserem Handeln zeigen und durch unser Handeln existieren, umfassen Regelstrukturen und darüber hinaus Vorstellungen über unsere soziale Existenz, über das gemeinsame soziale Leben und unser Zusammenleben, über Konsens und Dissens, über die Vereinbarungen, die den Erwartungen und dem Handeln zugrunde liegen und über die Legitimation unseres Handelns. Dieses Wissen ist faktisch *und* normativ. Das Wissen darüber, wie Soziales funktioniert, ist mit Ideen darüber verwoben, wie es sein, wie es gelingen und misslingen könnte. Das erlaubt und erzeugt im Mikrobereich eine Pluralität von Handlungsalternativen und Variationen der Beziehung zwischen Individuen bzw. zwischen Individuum und Gesellschaft. Zugleich sind diese Mikroentscheidungen in eine bindende, kollektive Entscheidung eingeschlossen, in einen Rahmen, der Alternativen nur bedingt zulässt und forciert. Hinter diesem normativen Ideal steht ein Wissen um eine moralische oder metaphysische Ordnung, in deren Kontext diese Normen Sinn machen.

2.2 *Maps of social space*

Jenseits dieses Hintergrundwissens, das unser Handeln organisiert, liegt eine andere Ebene der *social imaginaries.* Annahmen darüber, wie wir zueinander stehen, wie wir zu dem wurden, was wir sind, wie wir uns zu anderen Gruppen verhalten, haben keine klaren Grenzen. Das weitgehend unstrukturierte, unartikulierte Feld einer Gesamtsituation, innerhalb derer bestimmte *features* als bedeutsam bezeichnet werden und sich in dem Sinn zeigen, den wir ihm gegeben haben, ist nicht fassbar, „this wider grasp has no clear limits" (Taylor 2004, S. 25). Das, was als Kultur verfügbar ist, ist nicht präkonfiguriert. Vor diesem Hintergrund kommt dem sozialen Handeln – das der Sinngebung folgt und sie immer wieder begründet – eine neue, bedeutende Dimension zu: „The relation between practices and the background understanding behind them is therefore not one-sided. If the understanding makes the practice possible, it is also true that it is the practice that largely carries the understanding" (ebd.). Möglicher Gegenstand der Erforschung ist demnach das Repertoire kollektiver Handlungen auf der Basis der Dispositionen bestimmter existenter Gruppen in der Gesellschaft, Forschungsergebnis ist eine Skizze ihrer „implicit map of social space" (ebd.).

2.3 Veränderung der *social imaginaries*

Charles Taylors besondere Aufmerksamkeit gilt den Momenten der Veränderung und der Frage nach den Gründen für die Veränderung von Handlungsmustern. Er geht davon aus, dass vor allem Theoretisierungen Veränderungen hervorbringen, und dass diese Veränderungen wiederum Theorien modifizieren. Diesen Mechanismus versucht Taylor in zwei Bewegungsabläufen nachzuvollziehen: Über seine abstrakte Beschreibung der *social imaginaries* legt er eine exemplarische Analyse derselben vor und skizziert „an account of the forms of social imaginary which have underpinned the rise of Western modernity" (Taylor 2002, S. 91). Westliche *social imaginaries* seien durch drei Schlüsselformen charakterisiert, und zwar durch Wirtschaft (*economy*), den öffentlichen Raum (*public sphere*) und durch Selbstverwaltung (*self-governance*). Taylor überlegt, wie es dazu kommen konnte, Gesellschaft primär als Plattform für den Austausch von Gütern und Leistungen zu entwerfen, der den Wohlstand sichern soll, den öffentlichen Raum als einen Ort für Deliberation und Diskussion unter Fremden über unterschiedliche Belange zu imaginieren, und eine Idee selbstverwalteter Menschen zu entwickeln, die zu säkularen Handlungen fähig sind und die sich in ihrem Handeln nicht auf transzendentale Prinzipien berufen.

Mit seiner Analyse zeigt er, wie sich eine Gesellschaft ihr kollektives Leben vorstellt und führt damit auf einer abstrakten Ebene konkrete Denkstrukturen des modernen Lebens vor. Zugleich ist seine Analyse selbst sowohl ein Beispiel für seine theoretischen Überlegungen zur Veränderung von Deutungsmustern als auch für die performative Kraft von Theorien: Taylor erklärt und schafft Veränderung.

3 Historisch-Pädagogische Anthropologie

Historisch-Pädagogische Anthropologie setzt sich über die Analyse von Deutungssystemen und Deutungsmustern ähnlich differenziert und komplex mit „Kultur“ auseinander. Stärker noch als Charles Taylor forciert sie durch ihren selbstreflexiven Umgang mit Deutungsmustern und der Verbindung von Sozial- und Diskursgeschichte die Kraft des Handelns: Über ihre spezielle Theoretisierung sozialen Handelns erschließt sie Möglichkeiten, *Kultur* in ebendiesem Handeln und in konkreten Projekten offen zu halten.

3.1 Sozialgeschichte

Über die Rekonstruktion von Sozialgeschichte analysiert die Historisch-Pädagogische Anthropologie soziale Phänomene im historischen, nicht linearen Verlauf und in unterschiedlichen kulturellen Kontexten. Sie analysiert diese Phänomene und das Zusammenspiel einzelner sozialer Phänomene, die zwar sozial konstruiert, aber wirkungsmächtig sind, weil sie das Handeln der Menschen determinieren und so und nicht anders gelebt werden müssen. Sie fragt beispielsweise nach den Bedingungen des Kind-Seins und des Aufwachsens (Bsp. 1: Kindheiten): Wie gestalten sich Kindheiten in unterschiedlichen historischen Zeiten, in unterschiedlichen Kulturen unter heterogenen Lebensbedingungen? Wie sieht der Lebensalltag der Kinder in ihren speziellen Lebenswelten aus? Wodurch etablieren sich unterschiedliche Chancen und Möglichkeiten in Kinderleben? Oder sie fragt nach Familienmustern (Bsp. 2: Familienmuster): Wie konstituiert sich die generative Ordnung? Wie gestalten sich Mutterschaft, Vaterschaft, Großelternschaft, Geschwisterbeziehungen? Für welche Familien und Familienmitglieder gelten welche Konzepte? Oder sie fragt auch nach Unterrichtsmodellen (Bsp. 3: Unterrichtsmodelle): Welche Unterrichtsmodelle wurden zu welchen Zeiten für welche Gruppen von Menschen entwickelt? Und wie lassen sich die Akteure und Adressaten des Unterrichts beschreiben?

Die Historisch-Pädagogische Anthropologie stellt Fragen danach, welche Deutungsmuster Biographien in welcher Art und Weise bestimmen, wie die einzelnen Deutungsmuster zusammenspielen und wie sie durch das Handeln der Menschen gefestigt werden. Sie rekonstruiert die Logik unterschiedlicher bzw. vorherrschender Deutungsmuster. Auf der Mikroebene erforscht die Historisch-Pädagogische Anthropologie kulturelle Vielfalt, Diversität und Differenzen unter den Menschen und erzeugt auf diese Weise ein stets erweiterbares „Lexikon des Menschlichen" (vgl. Rathmayr 1996), ohne die Sicht auf das, was den Menschen gemeinsam ist und Differenzen erst ermöglicht, zu verlieren (vgl. Wulf 2009).

3.2 Diskursgeschichte

Diskursgeschichten berichten nicht nur über soziale Phänomene und Subjekte, sondern sie artikulieren darüber hinaus Möglichkeiten, in denen sie überhaupt zum Vorschein kommen. Diskurse zu dekonstruieren bedeutet, ihre Konstruktionsprinzipien sichtbar zu machen, wobei Dekonstruktion zugleich Montage ist und sich auf diese Weise gegen Essentialismus wendet. Die Historisch-Pädagogische Anthropologie analysiert den Problemhintergrund, vor dem die Entstehung von Deutungsmustern plausibel wird. Sie fragt etwa nach den Prämissen, die die Bedingungen des Aufwachsens von Kindern steuern (Bsp. 1: Kindheiten): Unter welchen Umständen werden Kinder in welcher Art und Weise als Kinder wahrgenommen? Welche Handlungen Erwachsener konstituieren Kindheit? Oder sie entwirft Diskursforschungen zu Familienmustern (Bsp. 2: Familienmuster): Welche gesellschaftliche und politische diskursive Situation, welche Moral und welche Historie stützen welche Familienmuster? Und schließlich lassen sich auch Analysen von Unterrichtsmodellen durchführen (Bsp. 3: Unterrichtsmodelle): Welche Vorstellungen von Erziehung und Bildung, welche Konzepte der Weitergabe des Wissens und der Organisation von Gesellschaft brachten welche Formen von Unterricht hervor? Welche gesellschaftlichen Funktionen werden von welchen Unterrichtsmodellen gestützt oder unterminiert?

Der transdisziplinäre Charakter der Historisch-Pädagogischen Anthropologie ermöglicht eine Zusammenschau unterschiedlicher Lesearten der Deutungsmuster. Diese unterschiedlichen Zugänge und Betrachtungsweisen beziehen sich nicht nur auf einzelne Deutungsmuster, sondern auch auf die Dimensionen der verschiedenen Symbolsysteme wie Sprache, Bild oder Klang. Diese Kulturleistungen repräsentieren Ordnungen. Das Erlernen und Beherrschen dieser kulturellen Zeichen, diese „kulturelle Alphabetisierung" (vgl. Mollenhauer 1990), bedeutet eine Aneignung und Internalisierung der Gesellschaftsordnung. Zugleich bilden diese Systeme die Plattform, auf der Ordnungen mitunter transzendiert werden: Poesie oder Nonsens-Texte etwa reflektieren, variieren und irritieren die Ordnung, ohne sie zu desavouieren, und sie kennzeichnen sie als flexibel.

Zugleich systematisiert Historisch-Pädagogische Anthropologie reflexives Denken. Sie nimmt sich selbst nicht davon aus und stellt kritisch auch die Frage nach den Möglichkeiten, Forschungen über Deutungsmuster und Deutungssysteme anzustellen: Wie kann über Deutungsmuster geforscht werden, von denen man als Forschende(r) bedingt ist? Der notwendigerweise von Deutungsmustern determinierte Blick erlaubt Forschenden ein Bekenntnis zu „situatedness" (vgl. Haraway 2000). Diese *situatedness*, die als eine Qualität und nicht als ein Mangel empfunden wird, betrifft sowohl die Betrachtung der sozialen Phänomene als auch die eigene Position der Forschenden. Soziale Positionierungen bestimmen den Raum des theoretischen Denkens und geben den Rahmen vor, in dem Theoriebildung stattfindet. Deshalb kann Wissen immer nur „partiales Wissen" sein. Dieser Umstand fordert von Forschenden, die sich weder Totalitarismus noch Relativität ausliefern wollen, Positionierung und damit Verantwortlichkeit für Praktiken, die (Diskurs-)Macht verleihen. Dieses partiale Wissen positionierter Forschender führt zu einer Vielfalt verfügbaren, verortbaren Wissens, zu „situated knowledges" (Haraway 1988, S. 575).

3.3 Pädagogik als Sozial- *und* Kulturwissenschaft

Pädagogik erweist sich als eine kulturelle Leistung, die Bildung ermöglicht und andererseits über Bildungsprozesse in ihrem professionellen Handeln Kultur vollzieht (vgl. Brumlik 2006). Selbstreflexiv bestimmt die Historisch-Pädagogische Anthropologie ihre Position als Kulturleistung, als Kulturträgerin und Kulturvermittlerin, die als solche soziales Handeln begründet, organisiert und verändert. Die Veränderungen betreffen vor allem „Kultur" selbst: Als Sozial- und Kulturwissenschaft trägt Historisch-Pädagogische Anthropologie dazu bei, Deutungsmuster sichtbar und für Veränderungen und Modifikationen durchlässiger zu machen. Diese Veränderungen zeigen sich am Handeln der Menschen und gehen daraus hervor. Sie entwickelt in „leidenschaftlicher Unvoreingenommenheit" eine besondere Sensibilität für solche – pädagogischen – Initiativen und Projekte, die Neues, Unkonventionelles, nicht schon Geplantes, das im Handeln erst entsteht, dem Traditionellen, Bewährten zur Seite stellen bzw. die aus dem Traditionellen, der Historie, hervorgehen.

Childhood studies konstatieren den *Status quo* der aktuellen Kindheitsforschung (Bsp. 1: Kindheiten): Parallel zur umfassenden Dekonstruktion der Ordnung der Generationen und der Einsicht in den Konstruktcharakter generativer Kategorien und der Generationendifferenz selbst finden sich insistierende und realitätsmächtige Bilder und Vorstellungen darüber, wie Kinder sind und sein sollen. Die Annahmen über das Verschwinden der Kinder und der Kindheit sowie die Mythen über kindliche Unschuld stützen einander mitunter, was dazu führt, dass immer dichtere pädagogische Schutzräume für Kinder und ihre Eigenrechte konstruiert werden. Im Gegensatz dazu fordert etwa Henry Giroux (2006) dazu auf, öffentliche Räume zu schaffen, in denen sich die

Kinder gleichsam im Schutz und im Licht der Öffentlichkeit als Akteure ihres Handelns erleben können. Diese Räume sollten, so Giroux, nicht präkonfiguriert sein.

Projekte, die auf egalitäre Differenzen setzen, transzendieren z. B. über Theaterperformances, in denen Professionelle, Menschen jeden Alters und Menschen mit Behinderung gemeinsam auf der Bühne stehen, neben anderen normierenden Strukturen auch die der Ordnung der Generationen (Bsp. 2: Familienmuster). Diese Performances zielen nicht darauf ab, Ordnungen aufzulösen oder sie durch andere zu ersetzen. Sie schaffen Räume, in denen Stimmungen aufkommen können, die selbst schon neu sind, und in denen etwas entstehen kann, das zuvor weder von Regisseur(inn)en noch von Erziehungstheoretiker(inne)n, weder vom Publikum noch von den Protagonist(inn)en in dieser Art und Weise geplant worden war.

Moderne Lehr-/Lernmodelle, die Wissenserwerb als sozialpolitische Handlungen begreifen, erproben egalitäre Teilhabe aller an Bildungsprozessen (Bsp. 3: Unterrichtsmodelle). Sie thematisieren die gesellschaftlichen Funktionen der Schule und damit verbundene Problematiken wie etwa die Stabilisierung und Reproduktion der Sozialstruktur der Gesellschaft. Zugleich wird dieses Thema über die gemeinsamen Erfahrungen in *learning communities of interest* nicht nur sichtbar, sondern auch erlebbar. Lehrende und Lernende finden sich mit ihrem Thema in einem Prozess mit einem Ausgang, der nicht schon zuvor bekannt ist (vgl. hooks 1994).

Literatur

Brumlik, Micha (2006): Kultur ist das Thema. In: Zeitschrift für Pädagogik. 52. Jg. Heft 2, S. 60–67.

Giroux, Henry (2006): Nymphet Fantasies. Child Beauty Pageants and the Politics of Innocence. In: The Giroux-Reader. Boulder, S. 125–146.

Hacking, Ian (1983): Representing and Intervening. Introductory Topics in the Philosophy of Natural Sciences. Cambridge/New York.

Haraway, Donna (1988): Situated Knowledges. The Science Question in Feminism and the Privilege of a Partial Perspective. In: Feminist Studies. 14. Jg. Heft 3 (1988), S. 575–600.

Haraway, Donna (2000): How Like a Leaf. An Interview with Thyrza Nichols Goodeve. New York.

hooks, bell (1994): Teaching to Transgress. Education as the Practice of Freedom. New York.

Lüders, Christian/Meuser, Michael (1997): Deutungsmusteranalyse. In: Hitzler, Ronald/Honer, Anne (Hrsg.): Sozialwissenschaftliche Hermeneutik. Opladen, S. 57–79.

Mollenhauer, Klaus (1990): Die vergessene Dimension des Ästhetischen in der Erziehungs- und Bildungstheorie. In: Lenzen, Dieter (Hrsg.): Kunst und Pädagogik. Erziehungswissenschaft auf dem Weg zur Ästhetik? Darmstadt, S. 3–17.

Oevermann, Ulrich (2001): Die Struktur sozialer Deutungsmuster – Versuch einer Aktualisierung. In: Sozialer Sinn. 1. Jg., S. 35–81.

Rathmayr, Bernhard (1996): Anthropologie: historisch-kritische. In: Hierdeis, Helmwart/Hug, Theo (Hrsg.): Taschenbuch der Pädagogik. Hohengehren, S. 50–68.

Schütz, Alfred (1932): Der sinnhafte Aufbau der Welt. Frankfurt/M. 1987.

Taylor, Charles (2002): Modern Social Imaginaries. In: Public Culture. 14. Jg. Heft 1, S. 91–124.

Taylor, Charles (2004): Modern Social Imaginaries. Durham.

Wulf, Christoph (2009): Anthropologie. Geschichte – Kultur – Philosophie. Köln.

Kapitel 7
Subjekt

Biographie

Hans-Rüdiger Müller

1 Biographie als Thema Pädagogischer Anthropologie

Pädagogik und Biographie haben gemein, dass in ihnen der Mensch (im Kollektivsingular) sich selbst zum Thema wird, sei es unter dem Gesichtspunkt seiner Erziehung und Bildung oder sei es unter dem Gesichtspunkt seiner Lebensführung. Beide Male thematisiert sich der Mensch als Urheber und zugleich als Adressat eines praktischen Tuns, das ihn (als Gattungswesen) in seinem Werden oder Gewordensein unmittelbar selbst betrifft, im ersten Fall bezogen auf die praktisch-pädagogische Hervorbringung des Menschen, im zweiten Fall bezogen auf die von ihm ausgeübte, ihm zugerechnete und auf ihn zurückwirkende Lebenspraxis. So konfrontiert das pädagogische wie auch das biographische Interesse den Menschen mit der Frage, welches die in ihm (als Gattungswesen oder als Einzelwesen) selbst liegenden Voraussetzungen dieses Tuns sind, was die beabsichtigte Zielrichtung seines Strebens begründet und welches die relevanten äußeren Bedingungen sind, unter denen dieses praktische Interesse verfolgt werden kann. Deshalb können Biographien in einer doppelten Hinsicht zum Thema einer Pädagogischen Anthropologie werden. Sie können als (lebensgeschichtlicher) Hintergrund zum Verständnis von Kindern, Jugendlichen und Erwachsenen betrachtet werden, der bei der Gestaltung pädagogischer Praxis zu bedenken ist; oder sie können als lebensgeschichtliche Praxis (als Lebensführung und auch als Lebensbeschreibung oder – beides zusammenführend – als biographisch reflektierte Lebenspraxis) zum Thema werden, die von pädagogischen Prozessen durchdrungen ist (Schulze 2006; Alheit/von Felden 2009; Henningsen 1981). Wenn auch beide Perspektiven häufig verschränkt ineinander auftreten, so lassen sie sich doch grundsätzlich dadurch unterscheiden, dass in der einen Perspektive das gelingende Leben und in der anderen eine gelingende Pädagogik im Mittelpunkt des Interesses steht. Dass wir heute häufig letzteres als Voraussetzung für das erstere verstehen (nämlich dass besondere pädagogische Anstrengungen den

Heranwachsenden dazu verhelfen sollen, ein gelingendes Leben zu führen), ist keineswegs selbstverständlich, sondern Teil einer modernen, neuzeitlichen Auffassung vom Menschen als einem Wesen, das vor dem Horizont einer offenen und damit unsicheren Zukunft selbst die Verantwortung für zentrale Weichenstellungen in seinem Leben übernehmen muss. Wenn es also eine anthropologisch begründete universelle Erziehungsbedürftigkeit des Menschen geben mag (Gehlen), die auf seiner nicht festgelegten, „weltoffenen" (Scheler) Natur beruht (hierzu wäre im Sinne historisch-kultureller Anthropologie zunächst zu klären, was unter dem „Menschen", seiner „Natur" und was unter „Erziehung" zu verstehen ist; vgl. hierzu Wulf 2009), dann tritt dies doch stets nur in besonderen kulturellen Ausprägungen zutage, von denen die Vorstellung, Menschen müssten mit sogenannten pädagogischen Mitteln zur selbständigen Lebensführung erzogen werden, nur eine unter vielen ist.

2 Geschichte biographischer Selbstzeugnisse und Richtungen pädagogischer Biographieforschung

Der Begriff der Biographie oszilliert zwischen zwei Bedeutungen. Er meint zum einen das gelebte Leben eines Menschen, d. h. seine Geschichte als eine Aufeinanderfolge von tatsächlichen Lebensereignissen, subjektiven Erlebnissen und Erfahrungen, Handlungen und Widerfahrnissen und zum anderen die Beschreibung dieses Lebens, d. h. seine Geschichte als Erzählung, die bestimmten narrativen Mustern folgt und in unterschiedlichen Varianten erfolgen kann. Aus den Geschichts- und Kulturwissenschaften wissen wir, wie sehr beide Bedeutungsaspekte von (Lebens-)Geschichte ineinandergreifen. Alles Vergangene muss erinnert werden (Assmann 2007; Halbwachs 1967), und die Sinnstruktur des Erinnerten erschließt sich uns (im weiteren Sinne) in Erzählungen (Ricoeur 2005; Schapp 2004). Deswegen gibt es auch immer wieder Versuche, das Vergangene neu zu beschreiben und einen Diskurs darüber, welchen Erkenntniswert oder Wahrheitsstatus die unterschiedlichen Versionen haben. Die Lebensgeschichten anderer Menschen sind uns nur in Dokumenten zugänglich, die eben solche Erzählungen enthalten, seien sie von den jeweiligen Biographieträgern selbst (Tagebücher, Autobiographien, Memoiren) oder von Dritten verfasst, die das Leben einer Person aus den verfügbaren Daten rekonstruieren (Biographien über öffentlich bekannte Persönlichkeiten aus Politik, Kultur und anderen gesellschaftlichen Bereichen; literarische Biographien).

Damit sind zugleich auch die unterschiedlichen Gattungen und Formate angesprochen, in denen lebensgeschichtliche Erzählungen abgefasst werden können oder in denen sie historisch in Erscheinung getreten sind: Bekenntnisse, Tagebücher und Memoiren, Reisejournale, Abenteuer- und Erlebnisberichte, Briefe und autobiographische Romane, aber auch Lebensläufe, Führungszeugnisse, Dossiers und Beobachtungsprotokolle, Interviews, Film- und Bilddokumente, Talkshow-Auftritte, Internet-Homepages und persönliche Selbstdarstellungen in Internetforen oder -netzwerken usw. (vgl. für die Zeit bis zum Beginn des 20. Jahrhunderts Misch 1967–79).

Das pädagogische Interesse richtet sich insbesondere auf autobiographische Dokumente, um auf diese Weise Einblick in Prozesse der Subjektkonstitution und der subjektiven Erfahrung und Bearbeitung von Lebensereignissen im Allgemeinen, aber auch von Erziehungserfahrungen und Bildungserlebnissen im Besonderen zu gewinnen. Von Vorläufern wie den *Bekenntnissen* des Augustinus (397), den Lebenserinnerungen von Thomas Platter (1572) oder den Tagebuchaufzeichnungen seines Sohnes Felix Platter (1536–1576) einmal abgesehen, lässt sich vor allem ab dem 18. Jahrhundert die Herausbildung eines spezifisch auf die Konstitution von Subjektivität ausgerichteten autobiographisch-literarischen Diskurses feststellen; dieser ist eng verbunden mit der wachsenden Bedeutung von Erziehung und Bildung im Selbstverständnis des Bürgertums und der den gesellschaftlichen Modernisierungsprozess tragenden oder reflexiv begleitenden gesellschaftlichen Schichten (Schriftsteller, Künstler, Philosophen, aufgeklärter Adel). Zu den zentralen Quellen dieser Zeit gehören etwa die *Bekenntnisse* von J.-J. Rousseau (1766–70), das Reisejournal J. G. Herders (1769), J. H. Jung-Stillings zwischen 1777 und 1804 in mehreren Teilen erschienene autobiographische Berichte, U. Bräkers lebensgeschichtliche Erzählung *Der arme Mann im Tockenburg* (1789) und der psychologisch-autobiographische Roman *Anton Reiser* (1785/86) von K. Ph. Moritz, der zudem in seinem ab 1783 herausgegebenen *Magazin zur Erfahrungsseelenkunde* etliche weitere autobiographische Schriften publizierte. Während hier, am Übergang zur Moderne, vor allem die Dissonanzerfahrungen und das Motiv der in ihrem Ausgang ungewissen Identitätssuche bestimmend waren, erreichte die Autobiographie mit Goethes *Dichtung und Wahrheit* (1831) – in Korrespondenz zu der Gattung des Bildungsromans (Goethes *Wilhelm Meister*) – eine paradigmatische literarische Form, die mit ihrer geschlossenen Verlaufsgestalt (der junge Mensch erprobt und entdeckt seine Möglichkeiten unter wechselnden Umständen, bis er schließlich zu einer reifen Form findet) weit in das 20. Jahrhundert hinein prägend war. Auch wenn für die Zeit ab dem Ende des 18. Jahrhunderts vereinzelt autobiographische Veröffentlichungen von Frauen auftauchen (z. B. Karoline Schulze-Kummerfeld, Dorothea Friderika Baldinger), handelt es sich doch zunächst um einen vorwiegend männlich dominierten Diskurs, während die literarisch-kulturelle Form des Selbstausdrucks von Frauen eher die Briefkultur außerhalb oder am Rande des öffentlichen Literaturbetriebs war (Niethammer 2000). Daneben entwickelten sich im Verlauf des 19. und im beginnenden 20. Jahrhundert unter dem Eindruck wachsender sozialer und politischer Gegensätze weitere Formen der autobiographischen Selbstdarstellung wie die sozialpolitisch inspirierte Arbeiterbiographie (vgl. Emmerich 1974/1980), die pädagogisch beobachtende Tagebuchliteratur (etwa das um 1849 von Hermann Franck über die Erziehung seines Sohnes verfasste „Tagebuch für Hugo“, vgl. Franck 1997) oder die an einer ästhetisch-narrativen Um- oder Neuformung der Person orientierte Schriftsteller- bzw. Künstlerbiographie (vgl. Alheit/Brandt 2006). So hat sich die (auto-)biographische Literatur bis in die Gegenwart hinein in unterschiedliche Formate weiter differenziert, die dem individuellen Schreiben und Erzählen als kulturelle Muster unterlegt sind.

Anknüpfend an das vor allem von Dilthey beeinflusste Interesse der geisteswissenschaftlichen Pädagogik an der subjektiven, erlebnisnahen Seite der Auseinandersetzung mit gesellschaftlichen Verhältnissen und kulturellen Beständen – einem Interesse, das vor allem anhand von Jugendtagebüchern (Eduard Spranger; Erika Hoffmann) und publizierten autobiographischen Dokumenten (Henningsen 1981) empirisch verfolgt wurde –, entwickelte sich ab den 1970er Jahren – parallel zur psychologischen und soziologischen Lebenslaufforschung und der *oral history* in der Geschichtswissenschaft – die pädagogische Biographieforschung. Neu daran war, dass sie neben den oben erwähnten Quellen nun zunehmend auch lebensgeschichtliche Erzählungen analysierte, die zu diesem Zweck im Forschungsprozess selbst erst hervorgebracht wurden und unter methodisch kontrollierten Bedingungen entstanden. Dazu gehörten vor allem, in Orientierung an der amerikanischen Methodendiskussion, die seit den 50er und 60er Jahren von Vertretern einer interpretativen Soziologie (Blumer 1973; Cicourel 1973; Wilson 1973) geführt wurde, narrative Interviews, in denen Probanden zur Produktion lebensgeschichtlicher Erzählungen ermuntert wurden. Eher sozialwissenschaftliche, an der sozialen Genese des Subjekts interessierte Ansätze (Alheit 1997; Fischer-Rosenthal/Rosenthal 1997; Kade 2001; Schütze 1983) und eher pädagogisch-hermeneutische, an kulturellen Erziehungs- und Bildungserfahrungen interessierte Ansätze (Cloer 2006; Fröhlich 1997; Mollenhauer 1997; Schulze 2006) der pädagogischen Biographieforschung stehen seither nebeneinander und im Dialog miteinander. In den letzten Jahren sind verstärkt Versuche unternommen worden, Verbindungen zwischen dem philosophisch ausgerichteten bildungstheoretischen Diskurs und der auf sozialwissenschaftlichen Methoden und Identitätstheorien aufbauenden Biographieforschung zu schaffen (Fuchs 2011; Koller/Marotzki/Sanders 2007; Wigger/Equit 2010). Insgesamt lässt sich das erziehungswissenschaftliche Interesse an biographischen Entwicklungen auch als Reaktion auf eine zunehmende kulturelle Pluralisierung und soziale Dynamisierung moderner Gesellschaften verstehen, in der historisch tradierte und sozial institutionalisierte Lebenslaufmuster und Karrierewege an Strukturierungskraft verlieren und Fragen der Lebensführung – bei zunehmend unkalkulierbaren gesellschaftlichen Rahmenbedingungen – dem Einzelnen und seiner aktiven Auseinandersetzung mit seiner Umwelt und der sozialen Konstitution seiner Person überantwortet werden. Biographizität (Peter Alheit) wird so, als selbstverantwortete Gestaltung des eigenen Lebens vor einem ungewissen Horizont und in Interdependenz mit den sozialen Figurationen der historischen Lebensform (Norbert Elias), auch zu einem Muster der Selbstauslegung des Menschen in der Moderne.

3 Systematische Fragen einer Pädagogischen Anthropologie der Lebensgeschichte

Das insbesondere in den letzten Jahrzehnten gewachsene erziehungswissenschaftliche Interesse an biographischen Erzählungen wird von theoretischen und methodologischen Diskussionen begleitet, die um eine Reihe systematischer Fragen im Hinblick auf eine Pädagogische Anthropologie der Lebensgeschichte kreisen. Dazu gehört zentral das Problem, wie sich das *Verhältnis von gelebtem Leben und seiner Beschreibung als Lebensgeschichte* genauer bestimmen lässt. Diese häufig unter dem Stichwort der Authentizität geführte Debatte hat zum Hintergrund, dass in Erzählungen (und anders liegen uns Lebensgeschichten ja nicht vor) die lebensgeschichtlichen Ereignisse stets aus dem Blickwinkel des Autors oder der Autorin ausgewählt, geordnet und in bestimmten narrativen Formaten präsentiert werden und daher niemals mit dem identisch sind, was sich im tatsächlichen Leben abgespielt hat. Das Erzählen beruht – insbesondere bei autobiographischen Dokumenten – auf der Erinnerungstätigkeit des erzählenden Subjekts, eine Tätigkeit, die unterschiedliche Wege gehen kann (wie sich exemplarisch an den methodischen Reflexionen von Schriftstellern und Schriftstellerinnen ablesen lässt, die sich im Schreiben selbst kritisch mit der Authentizität ihrer Selbstdarstellung auseinandersetzen, wie z. B. Christa Wolf, Günther de Bruyn oder Monika Maron). Narrative Texte enthalten aus psychologischen wie auch aus Gründen der ästhetischen Darstellung immer fiktive Elemente. Sie sind Konstruktionen der (eigenen) Lebensgeschichte, wenn auch keine beliebigen Erfindungen, sondern Versionen, die das Geschehene oftmals im kritischen Gegenzug zu individuellen oder kollektiven Erinnerungsroutinen erkunden und zur Geltung bringen sollen – aber eben nur Versionen, zu denen sich immer auch alternative Versionen denken lassen. Aufgabe der pädagogischen Biographieforschung ist es dann, die Konstruktionsweise dieser Versionen als Resultat der Auseinandersetzung eines erzählenden Subjekts mit seinem Leben und seinen Erinnerungsprozessen zu analysieren. In gewisser Weise wird so auf methodisch kontrollierbarem Wege ein Aspekt aufgenommen, der dem Lebensvollzug selbst auch anhaftet. Schon Jürgen Henningsen behauptete in den 1960er Jahren: „Wir leben autobiographisch"; d. h. nicht erst in der nachträglichen Rückwendung auf vergangene Lebensepochen, sondern bereits im Vollzug des Lebens begleiten wir das, was (uns) geschieht, in reflexiver Einstellung, wir erzählen uns und anderen (und konstruieren damit permanent) Versionen über unser Leben, um uns der eigenen Identität zu versichern und sie anderen glaubhaft zu machen. Die autobiographische Reflexion ist so gewissermaßen selbst das Medium, in dem die Person sich bildet. In diesem Sinne spricht auch Ricoeur (2005) von der „narrativen Identität" als Grundform unserer sozialen Existenz. Ähnlich unterscheidet Marotzki (2006, S. 65 ff.) zwischen einem „diachronen" und einem „synchronen" biographischen Reflexionsformat.

Wenn also grundsätzlich von der Konstruktivität der biographischen Erzählung ausgegangen werden muss (und damit das Authentizitätsproblem weder gelöst noch ignoriert werden kann), dann ist aus pädagogisch-anthropologischer Sicht auch von besonderem Interesse, in welchen *Artikulationsformen* die Subjekte sich auf ihr Leben beziehen, um ihm einen Sinn zu geben resp. sich den Sinn ihres Tuns und ihrer Widerfahrnisse zu erschließen. Sprache ist immer zweierlei: ein Medium des individuellen Ausdrucks und ein Medium der intersubjektiven Verständigung. Einerseits versucht der Sprechende, das nur ihm in seiner (Selbst-)Wahrnehmung Zugängliche sich und anderen darzustellen. Andererseits bedient sich der Sprechende der Sprache als einem überpersonalen Regelsystem, das vom Individuellen abstrahiert, um soziale Kommunikation zu ermöglichen. Stets muss also das individuelle Erleben des Subjekts in ein allgemeines kulturelles Ordnungssystem von Sprachformen und Bedeutungen überführt werden, das den Artikulationsraum markiert und damit auch begrenzt. Die metaphorische Sprache der Poesie unterscheidet sich in dieser Hinsicht von der pragmatischen Sprache des Alltags und beide wiederum von der logisch-begrifflichen Sprache der Wissenschaften oder den religiösen Liturgien; die Sprache der Kinder unterscheidet sich von der der Erwachsenen und beide von der Sprache, die für bestimmte Jugendszenen typisch ist, die Sprache am Telefon von der Sprache im E-Mail-Verkehr und beide wiederum von der Sprache in Facebook oder Twitter, die deutsche Sprache von der französischen, der amerikanischen oder der chinesischen. Jede Sprache repräsentiert einen spezifischen Raum kultureller Bedeutungen, eine „Weltsicht" (Wilhelm von Humboldt), und das sprechende Subjekt agiert so immer an der Grenze zwischen dem jeweils Sagbaren und dem Unsagbaren (Wittgenstein). Jede biographische Äußerung ist schon aus diesem Grunde immer in einer gewissen Weise sozial vorstrukturiert und damit dem Subjekt entzogen. Selbstbezug und Selbstentzug greifen ineinander. Stößt das sprechende Subjekt an Grenzen der Artikulation, so bleibt ihm nichts als der Versuch, im Widerstreit (Lyotard) der unterschiedlichen Sprachen und Symbolordnungen immer neue Versionen zu (er-)finden (Koller 1999).

Die sozialkulturelle Prägung der subjektiven Selbstsicht und der Lebensführung des Einzelnen hat Pierre Bourdieu dazu veranlasst, von der *„biographischen Illusion"* zu sprechen, die sowohl die Betroffenen als auch die sozialwissenschaftlichen Beobachter verkennen lasse, dass sich in der vermeintlich subjektiven Steuerung des Lebensvollzugs und der Lebensgeschichte letztlich nur ein milieuspezifischer Habitus durchsetze, der durch die Position des Individuums im sozialen Raum bestimmt werde (Bourdieu 1998). Nur dem Anschein nach sei das Subjekt frei, seine eigenen biographischen Entscheidungen zu treffen und dazu eigene Optionen und Bewertungen, letztlich eine persönliche Identität auszubilden. Zwar würden das Verhalten der Personen und ihr Lebensweg in der modernen Gesellschaft nicht mehr durch Traditionen und Institutionen festgelegt und auch nicht, wie in totalitären Gesellschaften, durch direkte Repression erzwungen. Aber das individuelle Denken und Verhalten, selbst die Wahrnehmung und die geschmacklichen Vorlieben der Menschen, sogar ihre körperlichen Ausdrucksformen und die Art, sich zu bewegen seien wesentlich von einem sozialen Habitus geprägt, der – als „strukturierende Struktur" – nur in begrenztem Maße individuelle Varianten zulasse. Die Illusion der Biographie täusche im Grunde nur vor, dass die Menschen selbstbestimmt handelten, wenn sie ihren subjektiven Intentionen und Wünschen folgten und ihrem Leben eine Richtung und Struktur gäben, während sie sich tatsächlich in den Bahnen eines inkorporierten, sozial präformierten Habitus bewegten.

Wenn auch in der pädagogischen Rezeption der Thesen Bourdieus auf die Spielräume des Subjekts insistiert wird, die sich innerhalb der Grenzen des Habitus für den Bildungsprozess und darüber hinaus in der Möglichkeit des „Sich-zu-sich-Verhaltens" und damit auch des Verhaltens *zu* den eigenen Habitualisierungen für den Einzelnen ergeben, so schließt sich an die kritischen Anmerkungen Bourdieus doch auch die Frage nach der *„Weltvergessenheit"* (von Rosenberg 2010) einer auf das Individuum konzentrierten pädagogischen Biographieforschung an. Die historisch-soziale Konstitution individueller Lebensgeschichten und die sozialen Determinanten der subjektiven Lebensführung werden in der Rekonstruktion der individuellen Selbstsicht der Biographieträger nicht hinreichend bedacht. Vor diesem Hintergrund haben biographietheoretische Forschungsansätze an Bedeutung gewonnen, die unter dem programmatischen Konzept der „transformatorischen Bildungsprozesse" nach den äußeren Anlässen von Lebenskrisen oder biographischen Irritationen sowie deren individueller Bearbeitung und den dadurch hervorgerufenen Transformationen von Selbst- und Weltverhältnissen fragen (Koller/Marotzki/Sanders 2007). Auch andernorts wird gegenwärtig eine bildungsphilosophische Fundierung der pädagogischen Biographieforschung versucht (Fuchs 2011; Micus-Loos 2012). Unter anderem angeregt durch die machttheoretischen Analysen Michel Foucaults und in der Fortführung auch derer Judith Butlers sowie weiterer sozialphilosophischer Arbeiten zur Bedeutung von Anerkennungsprozessen im sozialen Konstitutionsprozess des Subjekts (Honneth) verschieben sich die den biographischen Analysen zugrunde gelegten Subjektkonzeptionen. Entsprechende Ansätze lösen sich zunehmend von der Vorstellung eines sich aktiv gegen gesellschaftliche Fremdbestimmung zur Wehr setzenden, autonom handlungsfähigen Ich und favorisieren theoretische Entwürfe einer „relationalen Subjektivität", die sich grundsätzlich nur in sozialen Beziehungen oder Interdependenzen (so schon Norbert Elias) entwickelt, über die sie nicht verfügt, ohne ihnen indessen vollständig unterworfen zu sein (vgl. exemplarisch Equit 2011).

Zu den systematischen Fragen einer Pädagogischen Anthropologie der Lebensgeschichte gehören auch die Zeitgestalten, in denen biographische Prozesse zu denken sind. Die pädagogische Perspektive auf die Lebensgeschichte verleitet leicht dazu, den individuellen Lebensgang als eine permanente Progression zu sehen. Aus Kindern und Heranwachsenden sollen Erwachsene werden. Und wenn es nach den Modellen des *lifelong learning* geht, dann sollen oder müssen Erwachsene sich ihr gesamtes Leben lang fort- und weiterbilden, damit sie in ihrer Lebensführung nicht den Anschluss an den sozialkulturellen und ökonomischen Wandel verlieren und den biographischen Krisen gewachsen sind. Es ist die Zeitgestalt des „Fortschritts", die seit Beginn der Moderne den pädagogischen Blick auf die Lebensgeschichte prägt. Auch wenn der Gedanke an einen kontinuierlichen Prozess der personalen Entwicklung inzwischen einer Sicht gewichen ist, die lebensgeschichtliche Einbrüche, Abbrüche und Umbrüche als Normalfall einkalkuliert, bleibt die Vorstellung des Fortschreitens zum Besseren hin im individuellen Entwicklungsgang als Grundmuster erhalten; dieses wird geradezu gestärkt durch die Auffassung, dass gerade die Krisen im Lebenslauf den Anlass zu neuen Bildungsschritten geben, die eine Emanzipation des Subjekts aus seinen Denk- und Handlungsgewohnheiten befördern. Aber abgesehen davon, dass diese auf permanente Steigerung angelegte Perspektive eigentlich keine wirklich überzeugenden Konzepte für das Altern oder gar das Sterben bereit hält, lassen sich auch aus anderen Gründen Zweifel an der Angemessenheit einer solchen Zeitgestalt anmelden.

Die Verbindung von Lebenskrise und Bildungsschritt im Sinne einer Fortschrittsbewegung ist ein biographisches Muster, das seinen historischen Ursprung in der Schwellenzeit von der traditionalen Gesellschaft zur Moderne hat. Die Wurzeln dieses Formats gehen auf religiöse Bekenntnisschriften im Mittelalter und auf die pietistische Tradition der „Selbstüberwindung" im 18. Jahrhundert zurück (vgl. den psychologischen Roman *Anton Reiser* von Karl Philipp Moritz). In der Folge ging es dann, kulturgeschichtlich gesehen, um die Lösung des sich seiner selbst bewusst werdenden Vernunftsubjekts aus den Fesseln der unhinterfragten Tradition und der übernommenen Lebensgewohnheiten – ein sozialer Emanzipationsgedanke der Aufklärungsepoche. In der fortgeschrittenen Moderne hingegen, der sog. „Risikogesellschaft" (Beck), sind die soziale und die biographische Krise allgegenwärtig. Die historischen Brüche und Katastrophen des 20. Jahrhunderts haben das Vertrauen in einen kontinuierlichen Fortschritt von Mensch und Gesellschaft ebenso erschüttert wie der Einbruch unvorhergesehener ökonomischer, kultureller und sozialstruktureller Umwälzungen in das Leben der Einzelnen. So scheint die *Aufrechterhaltung* einer personalen Integrität in den Kontingenzen und Wechselfällen des sich immer weiter beschleunigenden gesellschaftlichen Lebens mindestens ebenso sehr eine „Bildungsaufgabe" zu sein, wie die grundlegende (oftmals adaptive) *Umwälzung* von Selbst- und Weltbezügen in immer neuen Lebenssituationen.

Ein anderer Einwand gegen die ausschließlich linear nach vorne ausgerichtete temporale Fortschrittsperspektive liegt in der biologisch fundierten *Zyklizität und Rhythmik des Lebens.* Weltzeit und Lebenszeit unterscheiden sich grundsätzlich durch die Momente der Natalität und der Endlichkeit des menschlichen Lebens. Dies spiegelt sich in den zahllosen historischen Modellen der an- und absteigenden Alterstreppe des Lebens, die zwar in ihren Ausprägungen variieren, aber in der Grundstruktur einem ähnlichen Schema folgen – und auch heute ist ja der körperliche und geistige Verfall des Menschen nicht dadurch aufgehoben, dass die aktive Phase des Alters sich enorm verlängert hat, wenngleich sich dadurch eine freiere Reziprozität in den intergenerationalen Konstellationen von Kindern, Eltern und Großeltern und in deren Folge auch eine flexiblere (familien-)biographische Rhythmik ergibt. Auch die Erkenntnis, dass psychosoziale Prägungen in den frühen Lebensjahren die späteren Lebensphasen nachhaltig vorstrukturieren und immer wieder „aktualisiert" werden (und dabei modifiziert werden können), verdanken wir nicht allein der Traumaforschung, sondern auch psychologischen und psychosozialen Entwicklungstheorien (Erikson) einschließlich der neueren Bindungsforschung (zusammenfassend Rittelmeyer 2005). Aus einer gewissen Perspektive lässt sich so das Leben auch als Wiederkehr des immer selben unter jeweils neuen individual- und gesellschaftsgeschichtlichen Bedingungen verstehen, allerdings nicht im Sinne eines Wiederholungszwangs, sondern als Anlass für schöpferische und produktive Neuauslegungen der sich selbst reproduzierenden Person. Aus dieser Perspektive ließe sich auch die oben erwähnte These von der „biographischen Illusion" noch einmal neu aufrollen. So scheint es angemessener, von einem Ineinandergreifen von zyklischen und linearen Zeitformen in der Lebens- und Bildungsgeschichte auszugehen, wobei gerade die Spannungen und Bezüge zwischen diesen Zeitformen interessante Forschungsperspektiven eröffnen (Bilstein/Miller-Kipp/Wulf 1999).

4 Ausblick

Für die Zukunft ist zu erwarten, dass sich die Theorie und die Empirie einer pädagogisch-anthropologischen Biographieforschung unter anderem zentral mit den drei folgenden Themen auseinanderzusetzen haben. Erstens die Weiterführung der Diskussion um eine der heutigen Zeit entsprechende Subjektkonzeption, die insbesondere auch den *Konstitutionsprozess des Subjekts* in den sozialkulturellen, sprachlichen und literarischen Praktiken aufzunehmen hätte, in denen der Mensch sich selbst wie auch seine Welt als strukturierte Sinnfiguration hervorbringt. Zweitens die Rekonstruktion von Verschränkungen lebensgeschichtlicher Prozesse und ihrer Artikulation mit den *generationen- und zeitgeschichtlichen Tradierungs- und Transformationsprozessen,* also auch mit kollektiven Erfahrungen und Erinnerungen, die den kulturellen und mentalen Hintergrund der Artikulation individuellen Lebens ausmachen. Und drittens die Berücksichtigung der Eingewobenheit individueller Lebensgeschichten in die Deutungs- und Funktionszusammenhänge sozialer Milieus und anderer sozialer Gefüge (Elias), die – gerade unter pädagogischem Aspekt – die Bildungsbiographien in den Kontext komplexer *Bildungskonfigurationen* stellen.

Literatur

Alheit, Peter (1997): Individuelle Modernisierung. Zur Logik biographischer Konstruktionen in modernen Gesellschaften. In: Hradil, Stefan (Hrsg.): Differenz und Integration. Die Zukunft moderner Gesellschaften. Frankfurt/M./New York, S. 941–951.

Alheit, Peter/Brandt, Morten (2006): Autobiographie und ästhetische Erfahrung. Entdeckung und Wandel des Selbst in der Moderne. Frankfurt/M.

Alheit, Peter/von Felden, Heide (2009) (Hrsg.): Lebenslanges Lernen und erziehungswissenschaftliche Biographieforschung. Konzepte und Forschung im europäischen Diskurs. Wiesbaden.

Assmann, Aleida (2007): Geschichte im Gedächtnis. Von der individuellen Erfahrung zur öffentlichen Inszenierung. München.

Bilstein, Johannes/Miller-Kipp, Gisela/Wulf, Christoph (Hrsg.) (1999): Transformationen der Zeit. Weinheim/Basel.

Blumer, Herbert (1973): Der methodische Standort des symbolischen Interaktionismus. In: Arbeitsgruppe Bielefelder Soziologen (Hrsg.): Alltagswissen, Interaktion und gesellschaftliche Wirklichkeit. Bd. 1. Reinbek, S. 80–146.

Bourdieu, Pierre (1998): Die biographische Illusion. In: Ders., Praktische Vernunft. Zur Theorie des Handelns. Frankfurt/M., S. 75–83.

Cicourel, Aaron (1973): Basisregeln und normative Regeln im Prozess des Aushandelns von Status und Rolle. In: Arbeitsgruppe Bielefelder Soziologen (Hrsg.): Alltagswissen, Interaktion und gesellschaftliche Wirklichkeit. Bd. 1. Reinbek, S. 147–188.

Cloer, Ernst (2006): Pädagogisches Wissen in biographischen Ansätzen der Historischen Sozialisations- und Bildungsforschung. In: Krüger, Heinz-Hermann/Marotzki, Winfried (Hrsg.): Handbuch erziehungswissenschaftliche Biographieforschung. 2., überarb. u. aktualisierte Aufl. Wiesbaden, S. 171–204.

Emmerich, Wolfgang (1974/1980): Proletarische Lebensläufe. Autobiographische Dokumente zur Entstehung der Zweiten Kultur in Deutschland. 2. Bände. Reinbek.

Equit, Claudia (2011): Gewaltkarrieren von Mädchen. Der „Kampf um Anerkennung" in biografischen Lebensläufen. Wiesbaden.

Fischer-Rosenthal, Wolfram/Rosenthal, Gabriele (1997): Narrationsanalysen biographischer Selbstpräsentationen. In: Hitzler, Ronald/Honer, Anne (Hrsg.): Sozialwissenschaftliche Hermeneutik. Opladen, S. 133–164.

Franck, Hermann (1997): Wenn du dies liest … Tagebuch für Hugo. Hrsg. v. Andreas Feuchte. München.

Fröhlich, Volker (1997): Lebensgeschichten verstehen. In: Bittner, Günther/Fröhlich, Volker: Lebensgeschichten. Über das Autobiographische im pädagogischen Denken. Kusterdingen, S. 165–185.

Fuchs, Thorsten (2011): Bildung und Biographie. Eine Reformulierung der bildungstheoretisch orientierten Biographieforschung. Bielefeld.

Halbwachs, Maurice (1967): Das kollektive Gedächtnis. Stuttgart.

Henningsen, Jürgen (1981): Autobiographie und Erziehungswissenschaft. Fünf Studien. Essen.

Kade, Jochen (2001): Risikogesellschaft und riskante Biographien. Zur Wissensordnung der Erwachsenenbildung/Erziehungswissenschaft. In: Wittpoth, Jürgen (Hrsg.): Erwachsenenbildung und Zeitdiagnose. Bielefeld, S. 9–38.

Koller, Hans-Christoph (1999): Bildung und Widerstreit. Zur Struktur biographischer Bildungsprozesse in der (Post-)Moderne. München.

Koller, Hans-Christoph/Marotzki, Winfried/Sanders, Olaf (Hrsg.) (2007): Bildungsprozesse und Fremdheitserfahrung. Beiträge zu einer Theorie transformatorischer Bildungsprozesse. Bielefeld.

Krüger, Heinz-Hermann/Marotzki, Winfried (Hrsg.) (2006): Handbuch erziehungswissenschaftliche Biographieforschung. 2., überarb. u. aktualisierte Aufl. Wiesbaden.

Marotzki, Winfried (2006): Bildungstheorie und Allgemeine Biographieforschung. In: Krüger, Heinz-Hermann/Marotzki, Winfried (Hrsg.): Handbuch erziehungswissenschaftliche Biographieforschung. 2., überarb. u. aktualisierte Aufl. Wiesbaden, S. 59–70.

Micus-Loos, Christiane (2012): Bildung, Identität, Geschichte. Ost- und westdeutsche Generationenerfahrungen im Spiegel autobiographischer Texte. Paderborn u. a.

Misch, Georg (1967–79): Geschichte der Autobiographie (1907 ff.). Frankfurt/M.

Mollenhauer, Klaus (1997): Schwierigkeiten mit dem „Szientismus" und das autobiographische Motiv. In: Bittner, Günther/Fröhlich, Volker: Lebensgeschichten. Über das Autobiographische im pädagogischen Denken. Kusterdingen, S. 213–223.

Niethammer, Ortrun (2000): Autobiographien von Frauen im 18. Jahrhundert. Tübingen/Basel.

Ricoeur, Paul (2005): Vom Text zur Person. Hermeneutische Aufsätze (1970–1999). Hamburg.

Rittelmeyer, Christian (2005): Frühe Erfahrungen des Kindes. Ergebnisse der pränatalen Psychologie und der Bindungsforschung. Stuttgart.

Rosenberg, Florian von (2010): Bildung und das Problem der „Weltvergessenheit". Überlegungen zu einer empirisch fundierten Bildungstheorie im Anschluss an Pierre Bourdieu. In: Vierteljahrsschrift für wissenschaftliche Pädagogik. 86. Jg., S. 571–586.

Schapp, Wilhelm (2004): In Geschichten verstrickt. Zum Sein von Mensch und Ding (1953). Frankfurt/M.

Schütze, Fritz (1983): Biographieforschung und narratives Interview. In: Neue Praxis, S. 283–293.

Schulze, Theodor (2006): Biographieforschung in der Erziehungswissenschaft - Gegenstandsbereich und Bedeutung. In: Krüger, Heinz-Hermann/Marotzki, Winfried (Hrsg.): Handbuch erziehungswissenschaftliche Biographieforschung. 2., überarb. u. aktualisierte Aufl. Wiesbaden, S. 35–57.

Wigger, Lothar/Equit, Claudia (2010): Bildung, Biografie und Anerkennung. Interpretationen eines Interviews mit einem gewaltbereiten Mädchen. Opladen/Farmington Hills, MI.

Wilson, Thomas P. (1973): Theorien der Interaktion und Modelle soziologischer Erklärung. In: Arbeitsgruppe Bielefelder Soziologen (Hrsg.): Alltagswissen, Interaktion und gesellschaftliche Wirklichkeit. Bd. 1. Reinbek, S. 54–79.

Wulf, Christoph (2009): Anthropologie. Geschichte, Kultur, Philosophie. Köln.

Erfahrung

Gudrun Morasch

Der Begriff der Erfahrung spielt in der Pädagogik von jeher eine große Rolle, wenngleich es vergleichsweise wenige theoretische Abhandlungen zu dieser Frage gibt. Nachdem inzwischen bedeutsame Erkenntnisse aus der Neurobiologie zu der Thematik vorliegen, ist es dringend geboten, diese innerhalb der Pädagogischen Anthropologie aufzugreifen.

Im Folgenden geht es zunächst um den Begriff der Erfahrung innerhalb der Pädagogik (1). Anschließend wird eine neurobiologische Theorie der Erfahrung dargelegt (2). Schließlich werden Aspekte einer erziehungswissenschaftlichen Konzeption der Erfahrung entwickelt, welche die Erkenntnisse aus der Neurobiologie integriert (3).

1 Der Begriff der Erfahrung in der Pädagogik

Innerhalb der Pädagogik finden sich im Wesentlichen zwei Bedeutungsstränge zum Begriff Erfahrung: Zum einen gilt Erfahrung als in sinnlicher Wahrnehmung begründete Erkenntnisart, „die sich auf vorgegebene Tatsachen und Sachverhalte bezieht und diese als in einen Zusammenhang gehörig und von diesem her (obj.) erscheinend zur Vorstellung bringt" (Rombach 1971, S. 375). Zum anderen versteht man sie als zunächst „unausdrücklichen Weltzugang" (Koch 2008, S. 367), als eine Weise, „das Leben" kennenzulernen, was sich auf Seiten des betroffenen Menschen als „individuelle Erfahrung" konkretisiert. Aufgrund seiner besonderen Bedeutung für die Pädagogische Anthropologie wird im Weiteren das letztgenannte Verständnis behandelt.

Erfahrung in dem genannten Sinn bildet zunächst das einfache Kennenlernen von Menschen, Dingen und Phänomenen, kurz: der Welt, in die wir hineingeboren werden. Sie entwickelt sich als anfängliches Weltverständnis aus der sinnlichen Wahrnehmung und der Art, wie wir Menschen und Dingen begegnen, die uns auf diese Weise vertraut werden. Aber erst durch die Aufnahme ins Gedächtnis wird aus dem Vertrautsein Erfahrung, erst auf dieser Basis können Erfahrungen begleiten und führen (ebd., S. 366).

Erfahrung als „Weltzugang" richtet sich auf einzelne Phänomene, darüber aber immer auf „das Leben" selbst. Entsprechend wird hier erfahren bzw. gelernt, was in Bildungsinstitutionen keinen oder nur wenig Platz hat, allenfalls auf der Meta- bzw. erzieherischen Ebene stattfindet. Erfahrung gilt damit durchaus als Form des Lernens, allerdings ganz überwiegend als Lernen *am* Leben und *für* das (weitere) Leben, folglich beginnt es nicht mit der Einbindung in Bildungsinstitutionen, sondern prinzipiell mit bzw. schon vor der Geburt. Während das viel thematisierte Lernen *aus* der Erfahrung (ebd.) für die Entwicklung des Individuums von eher akzidenteller Bedeutung ist, geht es in der individuellen Erfahrung vor allem um ein Lernen *an* der Erfahrung (Dieckmann 2006, S. 406), wenngleich dieses keineswegs ausdrücklich sein muss – oft wird das Gelernte nicht explizit gewusst (anders: Koch 2008, S. 367).

Erfahrung in diesem Sinn ist nicht „machbar", nicht plan- oder steuerbar. Sie ist unter Umständen und bis zu einem gewissen Grad zu ermöglichen, indem man sich ihr öffnet, sich auf sie einlässt oder indem man entsprechende Situationen oder Umstände herbeiführt. Sie kann jedoch nicht „hergestellt" werden, sondern schenkt sich ungeplant und unerwartet, oft sogar aus der Durchkreuzung von Erwartungen heraus (Gadamer 1990, S. 362): Es gilt, sich etwas *sagen zu lassen* (ebd., S. 35). Entsprechend wird Erfahrung auch als Eintritt in eine neue Welt beschrieben, in die sich der Erfahrende wie von Zauberhand geführt oder sogar *ent*führt – mitgenommen – erlebt (Rombach 1983; Morasch 1996, S. 147 f.). Erfahrung ist somit eher Widerfahrnis als Akt des Bewusstseins (Gadamer 1979, S. 40): Eine Erfahrung im beschriebenen Sinn widerfährt einem, sie trifft und erschüttert einen, wenn auch in unterschiedlich starker Intensität. Erfahrung berührt ganz unmittelbar – daher rührt ihre Evidenz: Was wir erfahren haben, überzeugt uns in anderer Weise als „nur" Nachgelesenes, Gehörtes (Koch 2008, S. 365).

Weiter handelt es sich um einen vor allem *gefühlsmäßigen* Vorgang, ein individuelles, persönliches *Erleben:* Eine Erfahrung trifft mich immer seinsmäßig (Gadamer 1993), wenngleich unter Mitwirkung von Vernunft und Verstand (Morasch 1996, S. 343 f.), das heißt aber, sie verändert mich und mein Selbstverständnis: Nach einer Erfahrung ist man ein anderer als zuvor (vgl. auch Gadamer 1990, S. 362). Entsprechend handelt es sich zwingend um einen *existentiellen* Vorgang, woraus wiederum folgt, dass er anderen kaum – geschweige denn vollständig – vermittelt werden kann. Folglich muss man Erfahrungen immer selbst machen (Morasch 1996, S. 70; Gadamer 1990, S. 361 f.).

Erfahrungen verändern also, sie prägen unser jetziges und auf dieser Basis wiederum unser künftiges Denken und Erleben, unsere ganze Persönlichkeit – mehr oder weniger stark. Folglich gilt als bedeutsam, ob man – insbesondere in der (frühen) Kindheit – „gute" oder „schlechte" Erfahrungen gemacht hat, vor allem, wenn sie von großer emotionaler Intensität waren. Somit gilt Erfahrung als „ein Lernerfolg, der sich in unserem Wissen zeigt und weiter unser Verhalten und die Willensentscheidungen mitbestimmt" (Horney/Ruppert/Schulze 1970, S. 738). Das eigene Geprägtsein durch Erfahrung ist dabei prinzipiell uneinholbar, nie bis ins Letzte zu durchdringen: Das Bewusstsein hinkt dem Sein immer hinterher (Gadamer 1986, S. 470; Gadamer 1990, S. 306 f.; Morasch 1996, S. 70).

2 Neurobiologische Erkenntnisse zum Phänomen Erfahrung

Im Folgenden wird aufgezeigt, was die *Neurobiologie* zur Frage der Erfahrung beitragen kann. Gezeigt wird dies an einer Theorie des deutschen Hirnforschers Gerald Hüther über die Auswirkungen von Erfahrungen auf das Individuum und sein Erleben. Im Einzelnen wird dabei zunächst die Auffassung der Hirnforschung zum Verhältnis von Körper und Geist behandelt (2.1), weiter geht es um Prinzipien der Hirnentwicklung (2.2) und schließlich um den von Hüther beschriebenen Vorgang einer strukturellen Verankerung von Erfahrungen im Gehirn (2.3). Eine kurze Übersicht über die dabei Einfluss nehmenden Faktoren schließt dieses Kapitel ab (2.4). (Hinweis: Im vorliegenden Abschnitt wird aus Gründen der Übersichtlichkeit auf Quellenangaben zur zugrunde liegenden neurobiologischen Literatur verzichtet. Die entsprechenden Verweise finden sich in Morasch 2007, S. 345–371 bzw. Morasch 2010. Zur theoretischen Konzeption Hüthers siehe auch Hüther 1997, 2000; Hüther et al. 1999).

2.1 Zum Verhältnis von Körper und Geist: Das Paradigma des empirischen Realismus

Die Bedeutung des Gehirns für die Entwicklung der Kompetenzen und Fähigkeiten eines Menschen steht in der Neurobiologie außer Frage. Das Gehirn gilt als unabdingbare Grundlage von Bewusstsein und jeglicher mentalen Verbindung zur Welt, von Denken, Sprache, Wahrnehmung, Intelligenz und Persönlichkeit. Bezüglich des Verhältnisses von Körper bzw. Gehirn und Geist wird dabei nahezu durchgängig angenommen, dass beide eng zusammenhängen bzw. dass zumindest eine im Rahmen der experimentellen Überprüfbarkeit liegende strenge Parallelität zwischen Mentalem und Neuronalem vorliegt. Begründet wird dies mit der Beobachtung, dass mentale Prozesse eng mit zerebralen gekoppelt sind. Mit jedem psychischen Zustand korreliert ein physiologischer Zustand; zudem können mentale Prozesse durch Eingriffe im Gehirn beeinflusst werden. Entsprechend wird angenommen, dass Abläufe im Gehirn eine nicht nur notwendige, sondern auch hinreichende Bedingung für das Auftreten psychischer Phänomene bilden, genauer: dass „alle uns bekannten Verhaltensleistungen, auch die geistigen und seelischen Phänomene, auf Prozessen beruhen, die an das materielle Substrat des Gehirns gebunden sind" (Singer 1990, S. 7). Psychische Phänomene sind demnach generell als Hirnleistungen demonstrierbar. Entsprechend bedeutsam für das Denken, Erleben und Verhalten sowie die Fähigkeiten eines Menschen sind Struktur und Beschaffenheit seines Gehirns.

2.2 Prinzipien der Hirnentwicklung

Die Aufgabe des Gehirns ist es, das Verhalten des Organismus dahingehend zu steuern, dass sein Überleben gesichert bzw. optimiert wird. Zu diesem Zweck nimmt es Informationen aus der Umwelt auf, ordnet und bewertet sie, um schließlich geeignete Verhaltensreaktionen im Körper zu initiieren und zum Teil durch diesen an die Umwelt zu übermitteln.

Die ontogenetische Entwicklung des Gehirns bildet dabei einen äußerst komplexen Vorgang. Während sein *Bau* vor allem genetisch bedingt ist, wird die *Ausfaltung* seiner funktionellen Architektur und die damit verbundene Entwicklung kognitiver, motorischer und anderer Fähigkeiten sowohl von genetischen Voraussetzungen als auch von Umwelteinflüssen bestimmt – die sich wiederum gegenseitig beeinflussen. Viele der im Gehirn angelegten Funktionen können dabei nur im Wechselspiel mit der Umwelt voll entwickelt werden.

Als angeboren gilt somit ein *vorläufiges Muster* eines Schaltplans, welches als Basis der sich letztlich entwickelnden neuronalen Verbindungen dient. Während die primär angelegten Verschaltungen noch streng genetisch determiniert sind, erfolgt ihre Stabilisierung bzw. Auflösung, das heißt aber die funktionelle Entwicklung und Ausformung des Gehirns, mit fortschreitender Entwicklung zunehmend unter dem Einfluss von Umweltfaktoren: Sensorische Signale aus der Umwelt zeigen die Funktionalität der angelegten Verbindungen in der gegebenen Umwelt und wirken so bei ihrer Auswahl mit. Konkret bedeutet dies, dass aktivierte, vor allem häufig benutzte – und das heißt für die Kommunikation mit der Umgebung besonders geeignete – Verschaltungen stabilisiert, nicht aktivierte – das heißt nicht passende – Verbindungen dagegen unwiderruflich eliminiert werden. Auf diese Weise erfolgt eine kontinuierliche Anpassung der sich herausbildenden Verschaltungsmuster an die innerhalb und außerhalb des Nervensystems vorliegenden Bedingungen. In abgeschwächter Weise findet dieser Prozess während des ganzen Lebens statt. Während nicht aktivierte Verbindungen während der ersten Lebensjahre irreversibel zerstört werden, bleiben sie im ausgereiften Gehirn jedoch reaktivierbar.

2.3 Die strukturelle Verankerung von Erfahrungen im Gehirn

Am stärksten und nachhaltigsten beeinflusst wird die Ausbildung, Stabilisierung und Reorganisation der neuronalen Verschaltungen im kindlichen Gehirn durch Erfahrungen. Nach Hüthers Erkenntnissen schlagen sich die individuellen Erfahrungen eines Menschen strukturell im Gehirn nieder und beeinflussen damit wesentlich die Nutzung der neuronalen Strukturen, welche wiederum Denken, Fühlen und Handeln wesentlich bestimmen. Beispielsweise prägen sie Erwartungen und lenken die Aufmerksamkeit; sie legen fest, wie man Erlebnisse bewertet und auf Ereignisse reagiert. Entsprechend sind sie von größter Bedeutung für die Entwicklung der Persönlichkeit.

Auf Basis der genetisch angelegten und durch Umwelteinflüsse weiterentwickelten Ausstattung seines Gehirns entwickelt der Mensch Vorgehensweisen, die ihm helfen, in seiner Umwelt zurechtzukommen, letztlich: zu überleben. Als Erfahrung bezeichnet Hüther das Wissen eines Menschen über die in seinem bisherigen Leben entweder besonders erfolgreich oder besonders erfolglos eingesetzten, in dieser Weise immer wieder bestätigt gefundenen und deshalb auch für künftige Probleme entsprechend bewerteten Vorgehensweisen des Denkens und Handelns. Eine Erfahrung bildet dabei kein passiv übernommenes Wissen, sondern ist das Ergebnis der subjektiven Bewertung der eigenen Reaktionen auf eine als wichtig empfundene Veränderung der Außenwelt. Folglich sind Erfahrungen dadurch gekennzeichnet, dass sie emotional aufwühlen, betroffen machen und zum Handeln zwingen. Entsprechend enthält die Erinnerung an eine Erfahrung vor allem das, was dabei *in uns* passiert ist: das *Gefühl,* das die betreffende Situation ausgelöst hat.

Erfahrungen resultieren aus Anforderungen, die mit Hilfe der verfügbaren Verschaltungen nicht (adäquat) beantwortet werden können. Als Auslöser gilt dabei ein Gefühl von Angst im weitesten Sinn, das sich durch die Erfahrung der Bewältigbarkeit einer bestimmten psychischen Belastung jedoch tiefgreifend verändern und beispielsweise als Überraschung, Neugier, Freude oder gar Lust wahrgenommen werden kann.

Voraussetzung für die strukturelle, neurobiologische Verankerung von Erfahrungen im Gehirn ist dessen Plastizität, vollzogen wird sie über kurz anhaltende, kontrollierbare Stressreaktionen. Nach Hüther bilden diese den wichtigsten Auslöser für adaptive Veränderungen bereits etablierter assoziativer Verschaltungsmuster. Eine solche kontrollierbare Stressreaktion – besser zu bezeichnen als Herausforderung – ist dann gegeben, wenn die vorliegenden Verschaltungen zwar prinzipiell zur Bewältigung der Situation geeignet sind, aber noch nicht effizient genug, um diese vollständig und routinemäßig zu beantworten. Um die letzten Reserven des Körpers zu aktivieren, erfolgt zunächst eine unspezifische Aktivierung kortikaler und limbischer assoziativer Netzwerke sowie des zentralen und peripheren noradrenergen Systems, welche als mehr oder weniger stark angstbesetzter Handlungsbedarf wahrgenommen wird. Lässt sich das Problem durch eine Aktivierung bestimmter assoziativer Verschaltungen lösen, so erlischt die Reaktion. Die dabei verstärkt ausgeschütteten Neurotransmitter – vor allem Noradrenalin und Dopamin – wirken jedoch noch länger nach. Sie stimulieren die adrenergen Rezeptoren von Nerven- und Gliazellen und führen dadurch zur Festigung und Bahnung aller im Verlauf des Stress-Reaktions-Prozesses aktivierten synaptischen Verschaltungen. Das heißt, dass jede in einer kontrollierbaren Stressreaktion erfolgreich genutzte Verbindung allein durch ihre Benutzung bestätigt, stabilisiert und effizienter gemacht wird. Geleistet wird dies vom noradrenergen System – einem Transmittersystem, welches Botenstoffe zur Kommunikation zwischen Nervenzellen ausschüttet –, das diejenigen Verschaltungen stabilisiert, welche unser Denken und Fühlen bestimmen.

Durch die wiederholte Aktivierung derartiger Reaktionen kommt es zu einer immer effizienter werdenden Bahnung der im Lauf der betreffenden Bewältigungsstrategie aktivierten neuronalen Netzwerke, das heißt aber zu einer sukzessiven Stabilisierung, Fazilitation und verbesserten Effizienz aller in diesem Zusammenhang erfolgreich eingesetzten kognitiven und emotionalen Reaktionen. Zugleich erzeugt das Gehirn im Zug der Stressbewältigung ein positives Gefühl, das ebenfalls mit jeder Aktivierung stärker ins Gehirn „eingegraben" wird. Entsprechend fühlt man sich nach der Bewältigung entsprechender Situationen von Mal zu Mal selbstbewusster und kompetenter. Die betreffenden Bahnungsprozesse sind dabei umso intensiver, je früher und häufiger sie erfolgen. Ihr psychisches Korrelat bilden eine im Gehirn strukturell verankerte Erfahrung und entsprechend modifizierte Erwartungen. Wesentlich ist, dass die entsprechenden Reaktionsmuster kaum wieder aufgelöst werden können. Entsprechend wird ein vor allem in der Kindheit immer wieder als erfolgreich erlebtes Verhalten zunehmend verfestigt, was bis zur neurotischen Fixierung führen kann.

Hüther zufolge tragen Erfahrungen im Sinn kontrollierbarer Stressreaktionen somit entscheidend zur Strukturierung des Gehirns, das heißt zur Selbstorganisation neuronaler Verschaltungsmuster im Rahmen der jeweils vorgefundenen (psychosozialen) Bedingungen bei. Für eine Verwirklichung der individuellen genetischen Möglichkeiten zur Strukturierung des Gehirns sind komplexe, verschiedenartige und vielseitige Herausforderungen erforderlich. Als kontrollierbar erlebte Stressreaktionen bzw. Herausforderungen stimulieren sie die Spezialisierung und verbessern die Effizienz bereits bestehender Verschaltungen. Damit sind sie wesentlich an der Weiterentwicklung und Ausprägung von Persönlichkeitsmerkmalen beteiligt. Im Fall der Konfrontation mit nur wenigen Verhaltensstrategien besteht dagegen die Gefahr einer Bahnung *einseitiger* Verschaltungsmuster, die das Denken und Handeln eines Menschen entsprechend bestimmen und bis zu psychischer Abhängigkeit bzw. zwanghaftem Gebrauch führen kann. Folge eines vergleichsweise beschränkten Spektrums an Bewältigungsstrategien ist eine hohe Wahrscheinlichkeit, an neuartigen Belastungen zu scheitern. Zudem scheint die Aneignung *neuer* Bewertungs- und Bewältigungsstrategien nur im Durchlaufen riskanter, da als unkontrollierbar erlebter Belastungen möglich zu sein.

2.4 Einflussfaktoren

Als ausschlaggebend für die strukturelle Verankerung von Erfahrungen im Gehirn gelten Zeitpunkt, Intensität, Häufigkeit und Mehrdimensionalität des Ereignisses:

1) *Zeitpunkt:* Neue Erfahrungen können während des ganzen Lebens gemacht werden. Allerdings sind ontogenetisch frühe Erfahrungen – unter Berücksichtigung des Entwicklungsstands des Gehirns sowie sensibler Entwicklungsphasen – im Allgemeinen insofern besonders wirksam, als der Mensch erst damit *beginnt,* Erfahrungen zu sammeln. Entsprechend gilt: Je früher in der Individualentwicklung Erfahrungen im Gehirn verankert werden, desto nachhaltiger bestimmen sie die weitere Nutzung

und Ausformung der neuronalen Verschaltungen. Einen wesentlichen Einschnitt bedeutet zudem die Pubertät: Die bis dahin aktivierten Verschaltungen bleiben lebenslang aktivierbar, während alle anderen endgültig eliminiert werden.

2) *Intensität:* Wenn eine Erfahrung von großer emotionaler Bedeutung ist, wird das noradrenerge System aktiviert, dann schlägt sie sich strukturell im Gehirn nieder. Indem sie das noradrenerge System evozieren, zeigen starke Emotionen, dass es sich um eine letztlich für das Überleben des Organismus *bedeutsame* Erfahrung handelt. Entsprechend ermöglicht es der Organismus in diesem Fall, das Gehirn nachhaltig zu verändern und das heißt vor allem, bisher nachrangige Verschaltungen zu aktivieren und zu bahnen.
3) *Häufigkeit:* Je öfter eine Erfahrung gemacht wird, desto leichter können die entsprechenden Verschaltungen auch zu einem späteren Zeitpunkt neurobiologisch verankert werden.
4) *„Mehrdimensionalität“:* Schließlich wird eine Erfahrung dadurch verstärkt, dass sie auf möglichst vielen Ebenen vermittelt und das heißt: gefestigt wird.

Die für unser Denken, Fühlen und Handeln wesentlichen neuronalen Verschaltungen sind damit hierarchisch angeordnet. Die am tiefsten verankerte und damit stärkste Schicht bilden die in der (frühen) Kindheit erlebten Werte, Überzeugungen und Vorstellungen, wobei erste Erfahrungen wohl schon im Mutterleib gemacht werden. Als Basis dienen dabei die genetisch präformierten neuronalen Verschaltungsmuster, welche das sich entwickelnde Gehirn für ganz bestimmte sensorische Wahrnehmungen, für eine bestimmte assoziative Verarbeitung dieser Eindrücke und für die Aktivierung ganz bestimmter Verhaltens- und Gefühlsreaktionen prädisponieren. In ähnlicher Weise prädisponieren die später auf Basis individueller Vorerfahrungen entwickelten Erwartungen Aufmerksamkeit, Wahrnehmungsverarbeitung, Denken, Fühlen und Handeln. Auf diesem Fundament bauen alle späteren Erfahrungen auf: Was auf diesem Hintergrund „brauchbar“ ist, wird integriert, alles andere bleibt unberücksichtigt. Begründet ist dies in der beschriebenen Verfestigung der Reaktionsmuster.

Anzumerken ist, dass beim Menschen den psychosozialen Erfahrungen die weitaus größte Bedeutung zuzukommen scheint. Zugleich gilt soziale Unterstützung als entscheidender Faktor bezüglich der Stressbewältigung, indem sie Angst *und* Stressreaktion beenden kann. Dagegen wirken sich ein Mangel an psychosozialen Erfahrungen, eine unzureichende Bindung an die Eltern und vor allem ein *Entzug* sozialer Unterstützung negativ aus.

3 Aspekte einer erziehungswissenschaftlichen Konzeption der Erfahrung

Vergleicht man die Charakteristika der genannten erziehungswissenschaftlichen Vorstellungen mit den neurobiologischen, empirisch fundierten Erkenntnissen zum Thema Erfahrung, so finden sich, trotz der unterschiedlichen Zugangsweisen, zahlreiche Berührungspunkte. Führt man beide Vorstellungen zusammen, so ergibt sich folgendes Bild:

Erfahrungen sind nicht nur von subjektiver Bedeutung für einen Menschen und sein Erleben, sie vermehren auch nicht nur das ihm zur Verfügung stehende Wissen und Können, sondern sie verändern ihn selbst. Indem sie sich strukturell im Gehirn niederschlagen, beeinflussen sie die Entwicklung der Verhaltensdispositionen, das heißt der Art und Weise, zu denken, zu fühlen und zu erleben, und somit letztlich die Entwicklung der Persönlichkeit. Zugleich ist es aufgrund der mit einer Erfahrung einhergehenden physiologischen Veränderungen nicht möglich, sie als solche an andere Menschen weiterzugeben.

Erfahrungen sind nicht im strengen Sinn „machbar", steuerbar oder kontrollierbar, da ihre Bedeutung wie auch ihre Auswirkungen davon abhängen, wie die betreffende Person das Ereignis und ihre eigene Reaktion subjektiv einschätzt. Allerdings besteht die Möglichkeit, *Angebote* bezüglich als wertvoll erachteter Erfahrungen bereit zu stellen, das heißt beispielsweise die Rahmenbedingungen für in pädagogischer Hinsicht wünschenswerte Erfahrungen zu schaffen.

Erfahrungen entstehen aus der Konfrontation mit emotional als bedeutsam eingeschätzten Situationen und entsprechenden Bewertungen des eigenen Verhaltens. Folglich handelt es sich um bewegende, persönlich betreffende, als existentiell erlebte Situationen, die durch starke Gefühle charakterisiert sind: Erst durch starke emotionale Bewegtheit wird eine Aktivierung des noradrenergen Systems ausgelöst, welche wiederum eine strukturelle Verankerung des Erlebnisses ermöglicht. Entsprechend sind Erfahrungen sowohl im subjektiven Erleben als auch bezüglich der Nachhaltigkeit der neuronalen Verankerung von unterschiedlich starker Intensität, aber generell als „Widerfahrnis" zu sehen: Sie bewegen, reißen mit, verändern. Folglich bleibt in der Erinnerung vor allem das *gefühlsmäßige* Geschehen präsent. Dabei gilt: Je intensiver das emotionale Erleben, desto nachhaltiger schlägt sich eine Erfahrung im Gehirn nieder, desto größer ist ihr Einfluss auf das weitere Erleben und Verhalten.

Entscheidend ist schließlich der *Zeitpunkt*, zu dem eine Erfahrung stattfindet: Die Bedeutung von Erfahrungen bzw. ihre Auswirkungen auf die Verhaltens- und Persönlichkeitsentwicklung eines Menschen sind (unter Berücksichtigung des Entwicklungsstands des Gehirns) umso größer, je früher in der Ontogenese sie stattfinden, das heißt, je weniger geprägt bzw. je „offener" die Gehirnstruktur und folglich auch die Persönlichkeit des betreffenden Menschen noch ist.

Die Auswirkungen von Erfahrungen auf die Persönlichkeitsentwicklung sind demnach größer und nachhaltiger als bisher gedacht, da sie sogar die Bedingungen der Möglichkeit zukünftiger Erfahrungen und die damit verbundenen Verhaltens- und Erlebensmöglichkeiten beeinflussen. Zugleich haben damit Umwelteinflüsse, das heißt aber auch Erziehung im weitesten Sinn, großes Gewicht: Wenn frühe Erfahrungen die Entwicklung von Gehirn und Verhaltensdispositionen, das heißt aber letztlich der Persönlichkeit, lebenslang beeinflussen, ja: prägen, bilden sie einen wesentlichen Ansatzpunkt pädagogisch motivierter Einflussnahme. Wenngleich Erfahrungen nicht als solche gesteuert bzw. von außen vermittelt werden können, sondern immer das betreffende Kind bzw. sein Gehirn darüber entscheidet, was es auf welche Weise aufnimmt und umsetzt, hat die Pädagogik die Möglichkeit, ihren Zielvorstellungen entsprechende *Angebote* zu machen bzw. *Anregungen* zu geben. Entsprechend geht es darum, Kindern von Geburt an Erfahrungen zu ermöglichen, welche die sich entwickelnde Persönlichkeit langfristig auf unter pädagogischen Gesichtspunkten *günstige* Weise prägen könnten. Dabei sind zwei Punkte von zentraler Bedeutung:

1) Zum einen gilt es, die Beharrungstendenz des Gehirns für die Förderung einer (wie auch immer inhaltlich beschaffenen) nachhaltigen Grundlage für die weitere Persönlichkeitsentwicklung insofern zu nutzen, als man versucht, von Geburt an die Rahmenbedingungen für Erfahrungen einer bestimmten, unter pädagogischen Gesichtspunkten als wertvoll erachteten Qualität bereit zu stellen und damit die Etablierung eines lebenslang wirksamen Fundaments der kindlichen Persönlichkeitsentwicklung zu fördern.
2) Zum anderen ist eine möglichst „breite" Entwicklung von Gehirn und Persönlichkeit zu unterstützen, um einer einseitigen, kompetenzbeschneidenden Herausbildung von Verhaltensdispositionen entgegenzuwirken. Konkret heißt das beispielsweise, Kindern von Geburt an eine große Bandbreite an Möglichkeiten zu eröffnen, sich und die Welt zu erleben und zu bearbeiten, das heißt auf neurobiologischer Ebene möglichst viele verschiedene Verschaltungen zu aktivieren und neuronal zu verankern.

Literatur

Dieckmann, Bernhard (2006): Erfahrung. In: Lenzen, Dieter/Rost, Friedrich (Hrsg.): Pädagogische Grundbegriffe. Band 1: Aggression bis Interdisziplinarität. Reinbek, S. 404–407.

Gadamer, Hans-Georg (1979): Das Erbe Hegels. In: Gadamer, Hans-Georg/Habermas, Jürgen (Hrsg.): Das Erbe Hegels. Zwei Reden aus Anlaß des Hegel-Preises. Frankfurt/M., S. 33–84.

Gadamer, Hans-Georg (1986): Hermeneutik: Wahrheit und Methode. 2. Ergänzungen, Register. Gesammelte Werke. Band 2. Tübingen.

Gadamer, Hans-Georg (1990): Hermeneutik: Wahrheit und Methode. Grundzüge einer philosophischen Hermeneutik. Gesammelte Werke. Band 1. 6. Aufl. Tübingen.

Gadamer, Hans-Georg (1993): Über das Lesen von Bauten und Bildern (1979). In: Ders.: Gesammelte Werke. Band 8: Ästhetik und Poetik I. Kunst als Aussage. Tübingen, S. 331–338.

Horney, Walter/Ruppert, Johann Peter/Schultze, Walter (1970): Pädagogisches Lexikon in zwei Bänden. Gütersloh.

Hüther, Gerald (1997): Biologie der Angst. Wie aus Streß Gefühle werden. Göttingen.

Hüther, Gerald (2000): Die neurobiologische Verankerung von Erfahrungen. In: Elsner, Norbert/Lüer, Gerd (Hrsg.): Das Gehirn und sein Geist. 2. Aufl. Göttingen, S. 105–121.

Hüther, Gerald/Adler, Lothar/Rüther, Eckart (1999): Die neurobiologische Verankerung psychosozialer Erfahrungen. In: Zeitschrift für psychosomatische Medizin und Psychotherapie. 45. Jg. Tübingen, S. 2–17.

Koch, Lutz (2008): Erfahrung und Lernen. In: Mertens, Gerhard/Frost, Ursula/Böhm, Winfried/Ladenthin, Volker (Hrsg.): Handbuch der Erziehungswissenschaft. Band 1: Grundlagen. Allgemeine Erziehungswissenschaft. Paderborn u. a., S. 365–371.

Morasch, Gudrun (1996): Hermetik und Hermeneutik. Verstehen bei Heinrich Rombach und Hans-Georg Gadamer. Heidelberg.

Morasch, Gudrun (2007): Hirnforschung und menschliches Selbst: Eine erziehungswissenschaftliche Konzeption des Selbst unter Berücksichtigung neurobiologischer Erkenntnisse. Heidelberg.

Morasch, Gudrun (2010): Gehirn, Verhalten und Persönlichkeit. Zur Bedeutung neurobiologischer Erkenntnisse für die Pädagogik am Beispiel von Gerald Hüthers Theorie der Erfahrung. In: Schlüter, Steffen/Langewand, Alfred (Hrsg.): Neurobiologie und Erziehungswissenschaft. Die neueren Konjunkturen pädagogischer Wissenschaftsforschung aus historischer und systematischer Perspektive. Bad Heilbrunn, S. 67–84.

Rombach, Heinrich (Hrsg.) (1971): Lexikon der Pädagogik in vier Bänden. Freiburg i. Br. u. a.

Rombach, Heinrich (1983): Welt und Gegenwelt. Umdenken über die Wirklichkeit: Die philosophische Hermetik. Basel.

Singer, Wolf (1990): Einführung: Das Ziel der Hirnforschung. In: Ders.: Gehirn und Kognition. Verständliche Forschung. Heidelberg, S. 7–9.

Individualität

Norbert Ricken

Wie nur wenig andere Begriffe markiert „Individualität" ein zentrales Moment des modernen europäischen Selbstverständnisses und legt die Einsicht nahe, dass Menschen Individuen seien – und zwar von Anfang an und überall. Demgegenüber gilt es – nach einer kurzen Rekonstruktion der Begriffsbedeutung (1.) – sowohl begriffsgeschichtlich (2.) als auch in genealogischer Perspektive (3.) darauf hinzuweisen, dass „Individualität" ein historisch-kulturell bedingtes und gesellschaftlich funktionales Konzept der Selbstvergewisserung ist, das zwar neuzeitlich-modern entstanden und insofern klassisch geworden ist, spätmodern inzwischen aber zunehmend weniger zu überzeugen vermag. Gegen seine umstandslose Verabschiedung soll schließlich in systematischer Absicht mit Singularität, Nichthintergehbarkeit und Fremdheit ein Bedeutungsmoment von Individualität reformuliert werden (4.).

1. Vom lateinischen *individua* als Übersetzung des griechischen *ἄτομα* (*átoma*) abstammend meint Individualität zunächst Un(zer)teilbarkeit und bezeichnet numerische Einzahl wie qualitative Einheit und Besonderheit. An dieses Verständnis von „Einzelheit" in Opposition zum „Allgemeinen" schließt dann eine logisch wie auch historisch nachzeichenbare Bedeutungsreihe an, die von „Einzigkeit" und „Einmaligkeit" qua Nichtsubsumierbarkeit über „Einzigartigkeit" und „Eigentümlichkeit" qua (radikaler) Unähnlichkeit bzw. Andersheit bis hin zu „Unergründlichkeit" und „Unmitteilbarkeit" reicht (vgl. Kobusch/Oeing-Hanhoff/Borsche 1976, S. 300 ff.) und in dem ebenso vielzitierten wie in seiner Herkunft nicht bekannten Diktum Goethes ‚individuum est ineffabile' (vgl. ebd.) gipfelt. Unter Individualität wird heute schließlich überwiegend die Besonderheit und Unverwechselbarkeit eines Menschen mit Blick auf dessen Eigenart und Persönlichkeit verstanden und auch in der spezifischen Zusammensetzung bzw. Summe seiner Eigenschaften gesucht; damit rückt Individualität in einen engen Zusammenhang mit Authentizität und Subjektivität sowie Identität und Personalität.

2. Erst in *begriffsgeschichtlicher Perspektive* (vgl. Meyer-Drawe 2004) kann aber deutlich gemacht werden, dass sowohl die enge Verknüpfung von Individualität mit dem Menschen als Einzelwesen als auch ihre Aufladung zu einem der „Wörter mit grundbegrifflicher Aura" (Eibl/Willems 1996, S. 3) selbst historisch und ein typisch neuzeitlich-modernes Phänomen ist, dessen Ausarbeitung sich auf das Ende des 18. Jahrhunderts datieren lässt (vgl. M. Willems in Willems/Hahn 1999, S. 102–136). Denn während noch in der griechischen und auch der scholastischen Philosophie mit „Individuum" diejenigen Substanzen bezeichnet werden, die – in erkenntnistheoretischer und ontologischer Perspektive – weder weiter aufteilbar noch auf anderes zurückführbar sind, so dass deren Prädikation auf keine anderen zutrifft (vgl. Kobusch/Oeing-Hanhoff/Borsche 1976, S. 300–310), wird Individualität erst in der Aufklärung – u. a. vorbereitet durch Leibniz' Verständnis der „individuellen Substanz" als einer „fensterlosen Monade" – ausdrücklich auf den Menschen bezogen bzw. eingeschränkt und als menschliche Selbstkennzeichnung gefasst, in der sich nun Einzigartigkeit bzw. Eigentümlichkeit und Verschiedenheit von anderen sowohl mit Selbstvervollkommnung bzw. Selbstentfaltung und -verwirklichung als auch mit Autonomie und Authentizität verschränken. Was zunächst aber bloß als Selbstbeschreibung erscheint – wie z. B. bei Hegel, der Individualität „als Person undurchdringliche, atome Subjektivität" (Hegel 1969, S. 484) fasst – und von der Unteilbarkeit in die Un*mit*teilbarkeit führt – exemplarisch formuliert in Schillers Versen „Spricht die Seele, so spricht, ach!, schon die Seele nicht mehr" (Schiller 1797, S. 302) –, ist auch als Prinzip und Gebot der Individuation zu verstehen. Fichtes Forderung, „sich als Individuum zu setzen" (Fichte 1965, S. 221), macht Individualität zur „Bedingung der Ichheit" (ebd.), die „durch jede freie Handlung" (ebd., S. 222) weiterentwickelt wird, so dass „Ich" als Individuum schließlich „derjenige [ist], zu welchem ich mich mit Freiheit mache, und […] es darum [bin], weil ich mich dazu mache" (ebd.). Damit aber ist Individualität selbst zentrales Moment der neuzeitlich-modernen Selbstauslegung des Menschen als Subjekt und markiert sowohl in erkenntnistheoretischer als auch handlungstheoretischer Perspektive die spannungsvolle Einheit von Welt- und Selbstkonstitution. Die Differenz aber zur griechisch-antiken Selbstdeutung des sich um ‚sich sorgenden Selbst' (Foucault) ist unübersehbar, geht es doch in der griechisch-antiken „Bekümmerung des einzelnen um sich selbst" (Meyer-Drawe 2004, S. 455) gerade nicht um dessen Individualität, also dessen Einzigartigkeit im Vergleich zu anderen, sondern um die umgreifende politische und kosmische Ordnung und das Vernehmen der diese konstituierenden Idee des Guten.

Über den insbesondere von Humboldt geprägten Begriff der Bildung ist Individualität schließlich auch pädagogisch bedeutsam geworden und seitdem als eines der pädagogischen Theoreme schlechthin nicht mehr wegzudenken: nicht nur, weil Bildung – über den Gedanken der Bildsamkeit vermittelt – als ‚Bestimmung zur Selbstbestimmung' (Benner) aufgefasst wird und seitdem überwiegend selbstbezüglich – nämlich: als ‚Sich-Bilden' – gedacht und an Individualität orientiert werden muss; sondern auch, weil im Gedanken der Bildung als der „höchste[n] und proportionirlichste[n] Bildung seiner Kräfte zu einem Ganzen“ (Humboldt 1966, S. 64) Individualität selbst zum (neuen) Allgemeinen erhoben wird, insofern es „die letzte Aufgabe unsres Daseins [ist], dem Begriff der Menschheit in unserer Person, sowohl während der Zeit unsres Lebens, als auch noch über dasselbe hinaus, durch die Spuren des lebendigen Wirkens, die wir zurücklassen, einen so großen Inhalt, als möglich, zu verschaffen“ (ebd., S. 235). Ohne Bezug auf Individualität lässt sich seitdem pädagogisches Denken und Handeln nicht konzipieren, so dass es als Prinzip in den verschiedenen erziehungswissenschaftlichen Strömungen – sozusagen vom Herbartianismus über die geisteswissenschaftliche Pädagogik bis hin zur kritischen Erziehungswissenschaft – in variierenden Gestalten durchgängig auftaucht.

Aber auch wenn – bereits seit Humboldt – immer wieder betont wird, dass ‚Eigentümlichkeit' und ‚Brauchbarkeit' wie überhaupt ‚Individuum' und ‚Gesellschaft' nicht unabhängig voneinander zu denken sind, so ist doch in diesen überaus geläufigen Entgegensetzungen bereits eine erste Sollbruchstelle des Konzepts der Individualität markiert, in der diese schließlich als „extrasoziale Individualität“ (Willems/Hahn 1999, S. 14) bzw. „Exklusionsindividualität“ (Luhmann 1989, S. 160) justiert und tendenziell auf bloße Innerlichkeit reduziert wird. Solchermaßen zur Identifikation des Selbst mit sich selbst im (konstitutiven bzw. konstituierenden) Unterschied zu allen anderen gesteigert, gerät der Einzelne in eine (Gegen-)Lage, in der soziale Bindungen jeglicher Art zur Einschränkung der Individualität führen (müssen), so dass sie schließlich als gelingende unmöglich wird und geradezu notwendig in Entfremdung umschlägt: „Ewig nur an ein einzelnes kleines Bruchstück des Ganzen gefesselt, bildet sich der Mensch selbst nur als Bruchstück aus, ewig nur das eintönige Geräusch des Rades, das er umtreibt, im Ohre, entwickelt er nie die Harmonie seines Wesens, und anstatt die Menschheit in seiner Natur auszuprägen, wird er bloß zu einem Abdruck seines Geschäfts, seiner Wissenschaft“ (Schiller 2000, 6. Brief, S. 23). Angesichts der drohenden Gefahren von Vereinzelung und Einsamkeit, Egoismus und bloß komparativer Existenz qua sozialer Distinktion ist dann aber auch kaum verwunderlich, dass bereits zur Mitte des 19. Jahrhunderts erstmalig die Forderung von Mager formuliert wird, dass die damalig herrschende, die antike „Staats- oder Collektivpädagogik“ allerdings zu Recht ablösende „Individualpädagogik“ durch eine neue „Social-Pädagogik“ (Mager 1844, S. 396) vervollständigt werden müsse.

3. Gerade weil aber die begriffsgeschichtliche Rekonstruktion immer wieder neu den Gedanken nahe legt, es handele sich bei der Geschichte der Individualität um eine Geschichte der ‚Entdeckung des Ich' (Dülmen), in der „der Schleier [...] gewoben aus Glauben, Kindesbefangenheit und Wahn“ sukzessive „in die Lüfte verweht“ und der ein für allemal gültigen Einsicht in die menschliche Konstitution Platz macht: „Der Mensch wird geistiges Individuum und erkennt sich als solches“ (Burckhardt 1928, S. 131), ist in *genealogischer Absicht* darauf hinzuweisen, dass Individualität als Muster der Selbstdeutung ein historisch und gesellschaftlich bedingtes Konzept ist, das an die Herausbildung

der spezifisch europäischen Moderne geknüpft ist und ebenso mit ihr entsteht wie auch vergeht (vgl. Dumont 1991). In vielfältigen historischen Arbeiten ist dieser Prozess in seinen unterschiedlichen Facetten nachgezeichnet (vgl. z. B. Dülmen 1997) und zu gesellschaftsstrukturellen Mustern verdichtet worden.

So ist es insbesondere Luhmann gewesen, der die Entstehung der Individualitätssemantik mit der Umstellung der Gesellschaftsstruktur von primär stratifikatorischer auf primär funktionale Differenzierung verbunden hat (vgl. Luhmann 1989); gemäß dieser Perspektive gerät der Einzelne in eine strukturelle Außenstellung zur Gesellschaft, weil der Wechsel der (primären) Differenzierungsform von der Orientierung an sozialer Ordnung und Schichtung zu aufgabenorientierten funktionalen Gesellschaftssystemen die Einzelnen nun zwingt, sich nicht mehr qua Zugehörigkeit (wie z. B. zu Stand und Familie bzw. Sippe), sondern ausschließlich durch Bezug auf sich selbst zu verstehen (vgl. ebd., S. 158 ff., 215). Das Individuum – und die es begleitende Semantik der Individualität – ist dann die spezifische Form eines gesellschaftlich induzierten Selbstverständnisses, das nicht nur diesen Gesellschaftswandel spiegelt, sondern seinerseits selbst mit ins Werk setzt und in zahlreichen veränderten gesellschaftlichen Praktiken – wie z. B. im Wandel der Selbstthematisierungsformen von der Beichte zum biographisch justierten Tagebuch und zur Analyse (vgl. Hahn/Willems in Eibl/Willems 1996, S. 7–37) – sichtbar wird. Auch die erstaunliche Konjunktur der Pädagogik seit dem 18. Jahrhundert hängt mit diesem Wandel zusammen, ist doch das sich seitdem stetig ausdifferenzierende Erziehungssystem nicht nur mit der nun erforderlichen Anpassung der Einzelnen an die durchgängig gestiegenen Qualifikationsanforderungen gesellschaftlicher Teilsysteme betraut, sondern auch mit der qua Erziehung (statt bloßer Sozialisation) zu bearbeitenden Problematik sozial wie systemisch erforderlicher Inklusion und der – dieser vorhergehenden und sie allererst bedingenden – gesellschaftlichen Exklusion beschäftigt.

Dass aber dieser Wandel der Selbstthematisierungsformen und des damit zusammenhängenden menschlichen Selbstverständnisses gerade nicht umstandslos als eine Emanzipations- und Befreiungsgeschichte gelesen werden kann, ist – neben anderen Arbeiten, wie denen von Elias zur Transformation äußerer in innere Zwänge (vgl. Elias 1976, Bd. 2, S. 312 ff.) – insbesondere auch von Foucault in seinen genealogischen Arbeiten zur Transformation der Machtpraktiken deutlich gemacht worden. Angesichts der Grenzen souveräner Macht, die qua Verbot und Negation zu regulieren sucht und zugleich damit Widerstand erzeugt, geht mit der Etablierung der Disziplinarmacht im 18. Jahrhundert nicht nur eine Ausweitung und Verfeinerung der Macht, sondern auch deren Umwandlung in eine produktive Macht einher (vgl. Foucault 1976, S. 250); in ihr ist das Individuum qua Überwachung und Sanktion nicht nur besonderes Objekt der Macht, sondern in seiner spezifischen Form – als „zellenförmige, organische, evolutive und kombinatorische Individualität“ (ebd., S. 248) – seinerseits selbst „Effekt […] von Macht“ (ebd., S. 247), ein Produkt „der spezifischen Machttechnologie der ‚Disziplin‘“ (ebd., S. 250), die auf „freiwilligen Gehorsam“ bzw. „vernünftige Selbsttätigkeit“ setzt. Auch in seinen späteren Arbeiten hält Foucault unter dem Schlagwort „Regieren durch Individualisieren" (Foucault 1994, S. 246) an dieser Diagnose der Produktivität der Macht fest und ergänzt deren Tableau um die Analyse der Pastoralmacht sowie der Gouvernementalität; in dieser Logik nur folgerichtig geht es daher nicht darum, „das Individuum vom Staat und dessen Institutionen zu befreien, sondern uns sowohl vom Staat als auch vom Typ der Individualisierung [...] zu befreien" (ebd., S. 250), den er genauer als eine paradoxe Kombination von Individualisierung und Totalisierung zugleich fasst.

Vor diesem Hintergrund lässt sich schließlich die Theorie gesellschaftlicher Individualisierung, wie sie insbesondere von Ulrich Beck vertreten worden ist (vgl. Beck 1986), als eine Diagnose des Gestaltwandels von Individualität im Prozess reflexiver Modernisierung lesen. Bezeichnete Individualisierung zunächst sowohl die Freisetzung der Einzelnen durch die Auflösung sozialer und traditionaler Bindungen als auch deren – wenn auch veränderte – Wiedereinbindung in gesellschaftliche Zusammenhänge und die daraus entstehenden neuen Formen sozialer Abhängigkeit, so verschärft sich die Zumutung für die Einzelnen, ihr jeweiliges Leben nun „jenseits von Stand und Klasse" (Beck) reflexiv zu gestalten, und erzwingt eine weitreichende „Identitätsarbeit" (Keupp). Die zunehmende Pluralisierung der Lebensstile sowie die damit verbundene „Bastelexistenz" und daraus resultierende „Patchwork-Identität" (vgl. Keupp 1999) lösen die Einheit(lichkeit) und Einzigkeit von Individualität weitgehend auf und hinterlassen allenfalls das Problem der Singularität: zwar sich nicht als ursprünglich setzen zu können, und doch genau darin nicht vertretbar bzw. nicht hintergehbar zu sein. Kaum verwunderlich ist daher, dass in jüngster Zeit unter dem Stichwort des „ermüdeten Selbst" (vgl. Ehrenberg 2004) zunehmend die Anstrengung und Vergeblichkeit dieser Arbeit an sich selbst, auch überhaupt ein (vorzeigbares) Selbst sein zu müssen, in den Blick gerückt worden ist.

4. Bilanziert man nun den zurückgelegten Gedankengang in *systematischer Absicht*, dann wird zunächst zweierlei deutlich: Zum einen ist Individualität selbst ein historisch-gesellschaftliches Konzept menschlicher Selbstverständigung und insofern nicht die sukzessive Freilegung bzw. „Entdeckung" der anthropologischen Konstitution des Menschen; zum anderen aber wäre es dann auch ebenso unangemessen, die Geschichte der Individualität nun als – in der Sache keinerlei Anhalt findende – „Erfindung von Individualität" auszulegen, wird doch mit Individualität auch eine Intuition auf den Begriff gebracht, die sich zwar als theoretisch sperrig und positiv kaum bestimmbar erweist, in der damit aber umkreisten Problematik jedoch unabweisbar zu sein scheint: dass Menschen nämlich ihr Leben – in welcher konkreten Form auch immer – führen müssen und darin – auch noch in der Auflösung in andere bzw. der vollständigen Übernahme vorliegender oder vorgegebener Lebensformen – trotz aller Nichtursprünglichkeit (allein schon aufgrund ihrer materiellen Körperlichkeit) weder vertretbar noch hintergehbar sind und sich genau in dieser Spannung zu sich selbst verhalten müssen.

Gegen die Nutzung der „Unhintergehbarkeit von Individualität" (Frank 1986) als Sprungbrett einer fundierungsorientierten Selbstbewußtseins- und Subjekttheorie ginge es daher aber auch darum, den Gedanken der Individualität aus seiner Subjektumklammerung zu lösen und „als den eigentlichen Widerpart von Subjektivität zu profilieren" (Rudolph 1991, S. 8). Das aber hieße, sowohl der Pluralität der Individuen als auch ihrer jeweiligen Partikularität und Differentialität Rechnung zu tragen und Individualität gerade nicht als (gar einheitliche) Substanz, sondern qua Differenz „als Index für ‚Alterität' […] ins Spiel zu bringen" (ebd., S. 10). Einen möglichen Ausgangspunkt dafür bietet Kierkegaards Verständnis des Selbst als einer doppelten Relation: „Was aber ist das Selbst? Das Selbst ist ein Verhältnis, das sich zu sich selbst verhält, oder ist das an dem Verhältnisse, daß das Verhältnis sich zu sich selbst verhält; das Selbst ist nicht das Verhältnis, sondern daß das Verhältnis sich zu sich selbst verhält" (Kierkegaard 1992, S. 8). Folgt man dieser Weichenstellung, dann werden nun Selbst- und Anderenbezüglichkeit nicht mehr gegeneinander konturiert werden müssen, so dass die Epigenesis des Selbst – wie im symbolischen Interaktionismus unternommen – von anderen her gedacht werden kann, ohne dass damit Determination oder Konstruktion bzw. Kreation impliziert wären. Wird Individualität aber streng relational gedacht, dann taucht zunächst deren jeweilige konkrete Situiertheit – als Verhältnis zu einer sozial-räumlich gedachten Ins-Verhältnis-Setzung (Positionierung und Normierung) – und deren praktische Ausgestaltung bzw. Aufführung und Widerrufung auf, die gerade nicht in eine positiv bestimmbare, sich selbst durchsichtige und anderen vorzeigbare Identität überführt werden kann. Insofern markiert Individualität weder ein substanztheoretisch bestimmbares (und unteilbares) „Was" noch ein subjekttheoretisch zu bestimmendes (einzigartiges) „Wer", sondern ein nur praktisch und insofern performativ verstehbares „Wie" der jeweiligen Lebensführung, in der sowohl die eigene Singularität (gerade in all ihrer intersubjektiven Bezogenheit und Teilhabe) und Temporalität (in ihrem zeitlichem Vollzug wie endlichem Vorübergang) als auch die damit verbundene Fremdheit und Selbstentzogenheit gehandhabt werden muss und aufgrund ihrer Nichtdelegierbarkeit immer auch gehandhabt wird (vgl. Ricken 2004). Individualität als Anforderung gelesen hieße dann, der eigenen Nichtvertretbarkeit bzw. -hintergehbarkeit Rechnung zu tragen, ohne diese in Ursprünglichkeit wenden zu können, und die Mühe der Arbeit an sich als einer „anthropologischen Differenz" (Kamper 1973) auf sich zu nehmen, die jeweiligen kulturell bedingten und unverzichtbaren Bestimmungen des Menschen zugleich zu übernehmen und zurückzuweisen.

Literatur

Beck, Ulrich (1986): Risikogesellschaft. Auf dem Weg in eine andere Moderne. Frankfurt/M.

Burckhardt, Jakob (1928): Die Kultur der Renaissance in Italien. Berlin.

Dülmen, Richard van (1997): Die Entdeckung des Individuums 1500–1800. Frankfurt/M.

Dumont, Louis (1991): Individualismus. Zur Ideologie der Moderne. Frankfurt/M./New York.

Ehrenberg, Alain (2004): Das erschöpfte Selbst. Depression und Gesellschaft in der Gegenwart. Frankfurt/M./New York.

Eibl, Karl/Willems, Marianne (Hrsg.) (1996): Individualität. Hamburg.

Elias, Norbert (1976): Über den Prozess der Zivilisation. Soziogenetische und psychogenetische Untersuchungen. 2 Bände. Frankfurt/M.

Fichte, Johann Gottlieb (1965): Das System der Sittenlehre nach den Principien der Wissenschaftslehre (1798). In: Ders.: Sämmtliche Werke Band IV. Hrsg. v. Immanuel Herrmann Fichte. Berlin/New York, S. 1–365.

Foucault, Michel (1976): Überwachen und Strafen. Die Geburt des Gefängnisses (1975). Frankfurt/M.

Foucault, Michel (1994): Das Subjekt und die Macht (1982). In: Dreyfus, Hubert L./Rabinow, Paul (Hrsg.): Michel Foucault. Jenseits von Strukturalismus und Hermeneutik. 2. Aufl. Weinheim, S. 243–261.

Frank, Manfred (1986): Die Unhintergehbarkeit von Individualität. Reflexionen über Subjekt, Person und Individuum aus Anlaß ihrer „postmodernen" Toterklärung. Frankfurt/M.

Hegel, Georg Wilhelm Friedrich (1969): Wissenschaft der Logik (Teil II). In: Ders.: Werke. Band 6. Hrsg. v. Eva Moldenhauer/Karl Markus Michel. Frankfurt/M.

Humboldt, Wilhelm von (1966): Werke. Band 1: Schriften zur Anthropologie und Geschichte. Stuttgart.

Kamper, Dietmar (1973): Geschichte und menschliche Natur. Die Tragweite gegenwärtiger Anthropologiekritik. München.

Keupp, Heiner (1999): Identitätskonstruktionen. Das Patchwork der Identitäten in der Spätmoderne. Reinbek.

Kierkegaard, Søren (1992): Die Krankheit zum Tode (1849). Gesammelte Werke Abt. 24/25. Hrsg. v. Emanuel Hirsch/Hayo Gerdes, übersetzt v. Emanuel Hirsch. Gütersloh.

Kobusch, Theo/Oeing-Hanhoff, Ludger/Borsche, Tilman (1976): Art. Individuum/Individualität. In: Historisches Wörterbuch der Philosophie. Band 4. Darmstadt, Sp. 300–323.

Luhmann, Niklas (1989): Individuum, Individualität, Individualismus. In: Ders.: Gesellschaftsstruktur und Semantik. Studien zur Wissenssoziologie der modernen Gesellschaft. Band 3. Frankfurt/M., S. 149–258.

Mager, Karl (1844): Schule und Leben (Forts.). Glossen zu Dr. Curtmanns Preisschrift. In: Pädagogische Revue 8, Heft 5, S. 395–409.

Meyer-Drawe, Käte (2004): Art. Individuum. In: Benner, Dietrich/Oelkers, Jürgen (Hrsg.): Historisches Wörterbuch der Pädagogik. Weinheim/Basel, S. 455–481.

Ricken, Norbert (2004): Menschen: Zur Struktur anthropologischer Reflexionen als einer unverzichtbaren kulturwissenschaftlichen Dimension. In: Jaeger, Friedrich/Liebsch, Burkhard (Hrsg.): Handbuch der Kulturwissenschaften. Band 1: Grundlagen und Schlüsselbegriffe. Stuttgart/Weimar, S. 152–172.

Rudolph, Enno (1991): Odyssee des Individuums. Zur Geschichte eines vergessenen Problems. Stuttgart.

Schiller, Friedrich (1797): Musen-Almanach für das Jahr 1797. Tübingen.

Schiller, Friedrich (2000): Über die ästhetische Erziehung des Menschen in einer Reihe von Briefen (1793/94). Stuttgart.

Willems, Herbert/Hahn, Alois (Hrsg.) (1999): Identität und Moderne. Frankfurt/M.

Identität

Jörg Zirfas

Einleitung

Der vielleicht einfachste anthropologische Zugang zur Identität besteht in dem Sachverhalt, dass sich jeder Mensch als ein „etwas" verstehen muss und dass er auch von seinen Mitmenschen als ein solches „etwas" verstanden wird. In diesem Sinne ist Identität der anthropologische Titel für das Resultat wiederkehrender menschlicher Selbst- und Fremdbeziehungen – wie auch immer diese faktisch aussehen. Vorausgesetzt ist dabei nicht, dass Menschen sich als „Ich", „Individuum", „Selbst" oder „Person" verstehen müssen – d. h. in Begrifflichkeiten, die ihre Bedeutung einer abendländischen Geschichte verdanken und insofern kaum universalisierbar sind (vgl. Schäfer 1999) –, sondern lediglich, dass Menschen sich mit irgendetwas identifizieren. Anthropologisch lässt sich Identität insofern nicht als eine vorauszusetzende Entität, sondern als das Ergebnis von reflexiven und sozialen Identifizierungspraktiken verstehen.

Dieser sehr weite performativ-anthropologische Begriff von Identität macht es z. B. möglich, sehr prominente und verbreitete Vorstellungen von Identität als Resultate solcher Identifizierungsprozesse zu verstehen. Diese Vorstellungen fokussieren insgesamt nicht die Identifizierungen mit anderen (Menschen), sondern Prozesse der Selbstidentifizierung: etwa Identität als Identitätskern, der den Menschen ihre *Selbigkeit* über Räume und Zeiten hinweg garantiert, oder Identität als *Selbstheit,* die klärt, inwiefern Menschen mit sich noch in unterschiedlichen Situationen übereinstimmen, oder Identität als *Kohärenz- und Kontinuitätsmodell* bzw. als Synthese- oder Integrationsleistung, die den Menschen ihre Gleichheit angesichts von sozialen differenten Lebenspraxen (Rollen) und zeitlichen Differenzerfahrungen ermöglicht, oder auch Identität als *Ähnlichkeit,* die den Menschen deutlich macht, wie stark die Vorstellungen ihrer selbst Entwicklungen, Veränderungen und Kontingenzen unterworfen sind. Sowohl Identität als

Selbigkeit (lat. *idem*) wie als Selbstheit (lat. *ipse*) wie als Syntheseleistung oder als Ähnlichkeit verdankt sich selbst- und fremdbezüglichen menschlichen Akten.

Der Begriff der Identität leitet sich vom Lateinischen „idem" ab, bedeutet also von seiner Etymologie her Dasselbige oder eben Selbigkeit. In diesem Sinne hat der Begriff eine weit zurückreichende Tradition, die bis in die griechische Antike und die Begriffe *autos* und *to auton* reicht. In der Philosophie und der Theologie über die Jahrhunderte hinweg in logischer, analytischer oder auch ontologischer Weise verwendet, ist der Begriff gerade im 20. Jahrhundert nicht nur in der Umgangssprache, sondern auch in den Geistes- und Sozialwissenschaften oftmals als hermeneutischer und praktischer Schnittpunkt von individuellen Selbstkonzepten auf der einen und sozialen Erwartungen und Erfordernissen auf der anderen Seite verstanden worden. Dabei garantiert Identität als Selbigkeit oftmals Unveränderlichkeit, Vollkommenheit, Einheit, Rationalität und Kontinuität. Diese Attribute werden zwar auch heute noch mit dem Identitätsgedanken in Verbindung gebracht; doch werden deren Relevanz und deren Implikationen für ein zeitgenössisches Konzept von Identität zunehmend in Zweifel gezogen.

Im Folgenden soll weder die Geschichte des Identitätsbegriffs in anthropologischer Perspektive rekonstruiert noch sollen die unterschiedlichen disziplinären Fassungen des Identitätsbegriffs für die Pädagogische Anthropologie fruchtbar gemacht werden (vgl. Marquard/Stierle 1979; Keupp u. a. 1999; Abels 2006; Jörissen/Zirfas 2010). Vielmehr geht es uns um anthropologische Dimensionen, die als bedeutsame Formen der Identifizierung gelten können und die insofern auch für die Pädagogik relevant sind (vgl. Böhme 1997; Zirfas/Jörissen 2007).

1 Die Entwicklung von Identifizierungsformen

Vor allem die Säuglingsforschung hat in den letzten Jahrzehnten versucht, Hinweise zu Erfahrungsmomenten der Selbstgenese zu bestimmen, indem sie frühe Stadien einer Selbstbeziehung rekonstruiert hat, in denen eine solche Beziehung noch gar nicht manifest – also anhand explizit und eindeutig selbstbezogener Artikulationen – beobachtet werden kann. Es geht hierbei um elementare Erfahrungsgehalte, die ein späteres Selbstverhältnis überhaupt erst ermöglichen, d. h. nicht um eine Vorstellung von dem, *was* man ist, sondern um ein Gefühl davon, *dass* man ist. Säuglinge lernen etwas über das eigene Selbst, indem sie etwas über ihre eigenen Möglichkeiten und Grenzen „erfahren", etwa in den Situationen, in denen die Welt ihnen nachgibt oder sich ihnen widersetzt. Indem ihr Verhalten sich an der Umwelt in vielfältiger Weise „bricht" – Gegenstände dürfen nicht außerhalb der Reichweite sein, wenn man sie ergreifen möchte –, erfahren sie auch etwas über sich selbst. Das aber bedeutet, dass Säuglinge a priori ein epistemisches, nicht nur ein empfindsames oder halluzinatorisches Verhältnis zu Welt haben.

Der Entwicklungspsychologe und Psychoanalytiker Daniel N. Stern hat fünf Entwicklungsstufen des Selbst als elementares Selbstverhältnis in Formen von sog. „Inseln der Konsistenz“ rekonstruiert. Gestützt auf eine Fülle von empirischen Beobachtungen beschreibt und analysiert er die frühkindlichen Erfahrungen verschiedener Invarianten (propriozeptive Wahrnehmung der Urheberschaft eigener Handlungen, räumliche und zeitliche Kohärenzerfahrungen, Erfahrung weitgehend invarianter Affektqualitäten), die die Basis der Selbstgenese bilden (Stern 1992, S. 61ff.): In den ersten beiden Monaten entwickelt sich ein Empfinden des auftauchenden Selbst („sense of an emergent self“), in dem Säuglinge Verbindungen zwischen Ereignissen herstellen und sich ein Gefühl von Regelmäßigkeit und Geordnetheit herausbildet. Zwischen dem 2. und dem 8. Monat lässt sich ein Empfinden des Kern-Selbst („sense of a core self“) identifizieren, in dem die Säuglinge die Erfahrung von zwei getrennten Körpern machen, die, ohne miteinander zu verschmelzen, miteinander in Beziehung treten können. Hierbei taucht das Selbst als Urheber von Handlungen und als Ort einer zusammenhängenden physischen Einheit auf.

Die dritte Phase des Selbstempfindens ist das Empfinden des subjektiven Selbst („sense of a subjective self“), das Stern in den Zeitraum vom 8. bis zum 15./18. Monat datiert, und das dadurch charakterisiert ist, dass die Kinder eine Vermutung anderer Psychen bekommen, die zwar von der eigenen getrennt sind, aber sich doch durchaus überschneiden können, indem man gemeinsame Erfahrungen und Kommunikationen austauscht. In der vierten Phase, der des verbalen Selbstempfindens, die mit ca. 15–18 Monaten beginnt, lernen Kinder das Kommunizieren mit Symbolen, was ihnen nicht nur ein Gefühl, sondern auch ein gemeinsames und symbolisch kommunikatives Wissen vermittelt. Erst mit der Ausbildung der Sprachfähigkeit bildet sich auch die Fähigkeit, sich selbst (etwa im Spiegel) als Objekt zu erkennen. Erst in diesem Alter beginnt das Kind, „das Selbst zu objektivieren und so zu handeln, als wäre das Selbst eine begrifflich fassbare, äußere Kategorie. [...] In diesem Alter konsolidiert sich auch die Geschlechtsidentität. Die Kinder erkennen, daß das Selbst als objektive Entität anderen objektiven Entitäten, Jungen oder Mädchen, zugeordnet wird“ (ebd., S. 236). Schließlich identifiziert Stern noch eine fünfte Stufe, die des narrativen Selbstempfindens, die mit drei oder vier Jahren entsteht und die Kompetenz beschreibt, persönliche Erfahrungen und Motive in einer kohärenten Geschichte präsentieren zu können.

Mit der Sprachfähigkeit und der Fähigkeit der Selbstobjektivierung beginnt die Phase, die in der klassischen sozialwissenschaftlichen Identitätstheorie i.d.R. als Ausgangspunkt der Beschreibung der Identitätsgenese betrachtet wurde, weil mit ihr immer komplexere Repräsentationen von Situationen, anderen und Selbst entstehen können. Hier ist zum einen das Identitätsmodell von George Herbert Mead (1863–1931) wichtig, der Identität in der Fähigkeit erkennt, sich selbst zum Objekt machen zu können, d.h. Menschen müssen andere sein, um sie selbst werden zu können. Das lernen sie vor allem im Austausch von Gesten und Sprache mit den signifikanten Anderen (Eltern, Verwandte) und im Spiel bzw. Wettkampf mit den generalisierten Anderen (Mitschüler). Mead unterscheidet in seinem Identitätskonzept das *Me* als Wissen über sich aufgrund relativ ähnlicher sozialer Reaktionen, das impulsive, zukunftsorientierte *I*, und das *self*, die Rolle des generalisierten Anderen, in der die Einheitlichkeit der beiden Momente Me und I sich zu einer Gesamtidentität (*self*) entwickeln. Diese Identität ist in kulturell homogenen Erfahrungsräumen homogen und kann in heterogenen Erfahrungsräumen auch heterogen sein.

Zum anderen ist hier auch das Identitätsentwicklungsmodell von Erik H. Erikson (1902–1994) zu nennen, der Identität als Gefühl versteht, das auf der über Räume und Zeiten hinweg wahrgenommen Selbstgleichheit und auf der Anerkennung der Gleichheit und Kontinuität durch andere beruht. Identität entwickelt sich in krisenhaften Stadien, die er folgendermaßen bestimmt: 1. Stadium, ca. 1. Lebensjahr/Säuglingsalter: Ur-Vertrauen vs. Ur-Misstrauen; 2. Stadium, ca. 2.–3. Lebensjahr: Autonomie vs. Scham und Zweifel; 3. Stadium, ca. 4.–5. Lebensjahr/Vorschulalter: Initiative vs. Schuldgefühl; 4. Stadium, ca. 6.–11. Jahr/Grundschulalter: Werksinn vs. Minderwertigkeitsgefühl; 5. Stadium, ca. 11.–16. Jahr/Adoleszenz: Identität und Ablehnung vs. Identitätsdiffusion; 6. Stadium, frühes Erwachsenenalter: Intimität und Solidarität vs. Isolierung; 7. Stadium, Erwachsenenalter: Generativität vs. Selbstabsorption; 8. Stadium, reifes Erwachsenenalter: Integrität vs. Verzweiflung. Für die Identitätsentwicklung sind vor allem das 1. und das 5. Stadium sehr bedeutsam.

2 Identität als Resultat von Denken und Fühlen

Für die Neuzeit lässt sich ausgehend von René Descartes (1596–1650) bis hin zu mentalistischen und neurowissenschaftlichen Konzeptionen der letzten Jahre von rationalistischen Identitätsmodellen sprechen, die Identität mit Denken, Bewusstsein und neuronalen Verknüpfungen identifizieren. Descartes verlegt durch die strikte Aufteilung der Welt in eine denkende Substanz (*res cogitans*) auf der einen und eine ausgedehnte Substanz (*res extensa*, die Welt der Körper) auf der anderen Seite den gesamten Grund der Ordnung von Welt in die „Vollzugsinstanz" des Denkens, das *ego cogito*, hinein: Dass das „Ich denke" zum „Ich sein" führt (*cogito, ergo sum*), bedeutet, dass die Identität des Menschen nun nicht mehr als das Bewusstsein von Leben als höherer Potenz eines göttlichen oder natürlichen Seins, sondern als Abfolge von einzelnen Bewusstseinszuständen verstanden wird. Damit verliert auch der Körper seine Bedeutung für Fragen der Identität (s. u.).

John Locke (1632–1704) kann dann aufgrund des cartesianischen Dualismus Identität umstandslos mit Bewusstsein identifizieren, so dass dieses nicht mehr nur einen Ausdruck des Lebens, sondern einen Ausdruck der Kontinuität der Identität und damit den konstitutiven Grund der Personalität bildet. So kann Locke, der zwischen dem Menschen als Einheit von Körper und Seele und der Person als Einheit des Bewusstseins differenziert, behaupten, dass die personale Identität sich nicht einer Identität der Substanz (des Körpers), sondern des Bewusstseins verdankt.

Als Ich oder Person gilt seit der Neuzeit jemand, der ebenso ein transtemporales Bewusstsein mit sich bringt, insofern er Zeiträume überspannen kann, wie er sich auch in Brüchen, Veränderungen und Bewusstlosigkeiten als identischer Mensch bewusst „durchhält". Es ist allein das Bewusstsein, das Identität gewährleistet und somit den personalen Status des Menschen erst garantiert. In jüngster Zeit werden Identitätsvorstellungen dann an der Unversehrtheit unseres Gehirns festgemacht; jedenfalls sind die meisten Neuro-Biologen und Mediziner der Ansicht, dass die Identität ihren „Sitz" unter der oberen Schädeldecke in der äußeren Gehirnschicht, dem Neuhirn, hat (vgl. Rager et al. 2002, S. 38 ff.).

Mit dieser rationalistischen Fassung von Identität geht einher, dass diese in nichts anderem mehr als in der Fähigkeit des reflexiven Bewusstseins besteht und in jeder Hinsicht unabhängig von den dieses bestimmenden Substanzen oder Organismen ist: Das „punktförmige Selbst" (vgl. Taylor 1996, S. 288 ff.) ist wesentlich durch das Vermögen ausgezeichnet, „Dinge als Objekte zu fixieren" (ebd., S. 309); es besteht aus nichts anderem als einer Bewegung der vollkommenen Selbstkontrolle. Identität als reflexive Rationalität wird durch selbstkontrollierende Introspektion und Selbstreflexion bzw. durch die Bereitschaft konzipiert, sich diesem rationalen Selbstbild zu unterwerfen.

Dass Gefühle, als körperlich-leibliche Erfahrungen, die zwischen physischen und kognitiven Prozessen vermitteln, ebenso Indikatoren für Identität sein können, wird spätestens seit der Romantik diskutiert und bis heute in den Human- und Sozialwissenschaften, etwa der Entwicklungspsychologie oder der Soziologie festgehalten. Dabei lassen sich unterschiedliche Akzentuierungen einer emotionalen Identität beschreiben. Wenn Jean-Jacques Rousseau (1712–1778) von der Vernunft des natürlichen Gefühls ausgeht, so zielt er auf die Irrationalität einer bruchlosen Authentizität, auf jenes „sentiment de son existence actuelle", das es dem Menschen ermöglicht, in sich selbst zu leben und zu fühlen (Rousseau 1984, S. 110, 269). Dieses Gefühl des vollkommenen Beisichselbstseins dient Rousseau nicht nur als kritisches Korrektiv gegenüber der bürgerlichen Gesellschaft, die diese Form von Identität unterläuft, da man sich in ihr immer aus den Augen der anderen wahrnehmen muss, sondern auch als Norm für seine politischen und pädagogischen Modelle. Das Identitätsgefühl ist ein vollkommenes Gefühl der Präsenz, der Selbstgenügsamkeit und des Glücks in einer natürlichen Umgebung.

Während Rousseau das Gefühl eines unmittelbaren selbstbezogenen Daseinsgefühls beschreibt, das sich ausschließlich auf die Gegenwart konzentriert, fasst Erikson das Identitätsgefühl temporal als Band, das sich über die Zeiten von Vergangenheit, Gegenwart und Zukunft spannt, und räumlich als Band, das zwischen den verschiedenen sozialen Erfahrungen verknüpft. Erikson beschreibt dieses Gefühl als Gefühl eines inneren Sich-Selbst-Gleichseins, eines Wissens um die eigene Unverwechselbarkeit und deren Bejahung sowie als Wissen um die eigene Kontinuität und die eigene Kohärenz, die das Individuum im Laufe seines Lebens und in den mit ihm einhergehenden Krisensituationen und sozialen Erfahrungen erwirbt.

3 Identitätsbilder

Strukturell ergeben sich Identitätsbilder aus der Verschränkung von vier Perspektiven: 1. aus der aus einer Innenperspektive gewonnenen Vorstellung des Individuums von sich selbst; 2. aus der aus einer Beziehung zu anderen gewonnen Vorstellung von anderen Menschen (bzw. anderen Entitäten), mit denen man sich identifiziert und von denen man sich zugleich abgrenzt; 3. aus der aus der Beziehung zu anderen gewonnenen Vorstellung von der Vorstellung anderer Menschen (oder anderer Entitäten) seiner selbst und schließlich 4. aus der aus den Beziehungen zu anderen Menschen (oder anderen Entitäten) gewonnenen Vorstellung von einer Darstellung gegenüber diesen anderen. Identitätsbilder setzten sich insofern aus den Vorstellungen der Introspektion, der Projektion, der Perspektivenübernahme und des Images zusammen.

Es war wohl Augustinus (354–430), dem das abendländische Denken die Hinwendung zu einer Subjektfigur verdankt, die die Innerlichkeit einer „radikalen Reflexivität" zum Ausgangspunkt für die Frage nach der Identität gemacht hat (vgl. Taylor 1996, S. 243). Denn die Wahrheit des Menschen ist nur auf dem Weg der Selbsterkenntnis zu gewinnen, weil sie im Innern des Menschen *wohnt.* Was Augustinus eher *er-* als *ge*funden hat, so Phillip Cary (2000), ist nicht nur ein inneres Selbst, sondern ein privates inneres Selbst. Augustinus schafft hiermit die Voraussetzung zur Institutionalisierung einer Instanz, die gleich für *beide* dominanten Identitätsfigurationen der Neuzeit, das cartesianische Ich (*ego cogito*) wie auch für die romantische Vorstellung der verborgenen *inneren (unbewussten) Natur,* maßgeblich ist. Man darf allerdings nicht übersehen, dass seine Idee der Innerlichkeit lediglich eine vermittelnde Instanz ist; insofern liefert sie keine Antwort auf die Frage nach dem Ich oder Selbst (und kann insofern als uneigentliche Identität gelten), sondern auf die Frage nach Gott.

Die Introspektion Descartes' gewährleistet nach der Formel *cogito, ergo sum* im Denken seiner Existenz sowohl die epistemische Ordnung der Welt als auch die eigene ontologische Gewissheit. Und mit den Überlegungen der Romantiker – die sich schon bei Jean-Jacques Rousseau finden lassen und bis hin zu Sigmund Freud reichen – wird ein neues Gefühl der Tiefe von Identität sichtbar, die lediglich auf das sich spiegelnde Subjekt selbst zurückweist. In dieser Selbstspiegelung entsteht eine Untiefe, die beinahe kein Außen mehr kennt – daher erscheinen die romantischen Naturschilderungen so oft wie Ausgestaltungen des Unbewussten selbst – und die einen nicht versiegenden Quell darstellt.

Man kann Klaus Mollenhauer (1928–1998) in diesem Sinne als einen skeptischen Postromantiker verstehen, der in der Nachfolge von Kierkegaard Identität als einen Relationsbegriff begreift, der das Sich-zu-sich-Verhalten als kohärenzstiftende Beziehung, als Einheit aller Selbstbezüge des Individuums umfasst: Identität umfasst solche Sachverhalte, die es mit dem „Verhältnis des Menschen, der ‚ich' sagt, zu dem, was dieses Ich über sich sagt, zu tun haben" (Mollenhauer 1994, S. 156). Allerdings ist die Relation der Identität nur als „*Fiktion*" gegeben, „weil mein Verhältnis zu meinem Selbstbild in die

Zukunft hinein offen, weil das Selbstbild ein *riskanter* Entwurf meiner Selbst ist" (ebd.). Aus der Sicht des Individuums bezeichne Identität das Verhältnis zum eigenen Selbstbild und als solches etwas, an dem „Zweifel *immer* angebracht" seien (ebd., S. 159; vgl. Stross 1991).

In den unterschiedlichsten Disziplinen ist immer wieder die Frage aufgeworfen worden, wie man erklären kann, dass Menschen sich mit anderen Menschen identifizieren. Ob die Erfahrung der Intersubjektivität sich psychischen Identifikationen, körperlich-mimetischen Prozessen, hermeneutisch-emphatischen Nachvollzügen, Appräsentationen des Fremden, symmetrischen Anerkennungsprozessen etc. verdankt, ist letztlich nicht geklärt. In den neueren Überlegungen lässt sich auch von einem identitätsgestützten Analogismus sprechen. So machen die kognitionspsychologischen Untersuchungen von Michael Tomasello darauf aufmerksam, dass es im Alter von etwa neun Monaten zu einer „Revolution" kommt, in Folge derer der andere Mensch in Analogie zu eigenen Erfahrungen gedacht wird. Das Kleinkind schreibt in dieser Zeit dem anderen zunehmend die Vorgänge zu, die in ihm selbst stattfinden. Es identifiziert den anderen mit den eigenen Formen propriozeptiver Wahrnehmungen. Selbsterfahrungen bzw. Vorstellungen von den eigenen Gefühlen, Wahrnehmungen, Intentionen und Verhaltensmustern werden auf andere Menschen projiziert und der andere analog oder ähnlich zum eigenen Selbst verstanden. Folgt man dieser Perspektive, fällt in dieses Alter um das erste Lebensjahr nicht nur das Spiegelstadium, in dem das Kleinkind sich selbst erkennt und mit sich selbst jubilatorisch identifiziert (Lacan), sondern auch das Simulationsstadium, in dem andere nach eigenen Bildern verstanden werden.

Die Perspektivenübernahme bezeichnet den für die Identität bedeutsamen Sachverhalt, sich aus der Perspektive der anderen selbst zu betrachten. Wichtig dabei ist, dass einerseits die Wahrnehmung und Zuschreibung der Identität aus der Position des sozialen Gegenübers erfolgt und dass andererseits Menschen diese Identifizierungen internalisieren und sich und andere vor diesem Hintergrund wahrnehmen und einschätzen. Hierbei lässt sich die Übernahme eines positiven Bildes (Pygmalioneffekt) oder eines negativen Bildes (Stigmatisierung) der sozialen Anderen unterscheiden. Dabei, und das wird seit den 1960er Jahren in der Pädagogik stark diskutiert, können soziale Bildentwürfe mit demütigenden und entwürdigen Verfahren der Identitätszuschreibung, mit der Beschädigung von Identität einhergehen.

Erving Goffman (1922–1981) bezeichnet die Festschreibung und Typisierung von als nicht normal geltenden Identitätserwartungen und Identitätsstandards als Stigma. Prozesse, in denen ausgehend von unterschiedlichen Macht- und Definitionsverhältnissen – körperliche, psychosoziale und gruppenbezogene – Stigmata zugeschrieben werden, heißen dementsprechend Stigmatisierungen. Darüber hinaus lässt sich von Etikettierung sprechen, wenn das öffentliche Bild (des Aussehens, Verhaltens) der in Frage stehenden Person „auf den ersten Blick" keinen Aufschluss über nachweisbare Stigmata enthält. Wie die Stigmatisierungen des (manifesten) Sichtbaren dienen die Etikettierungen des (latenten) Unsichtbaren diskriminierenden Maßnahmen. Eine andere Unterscheidung verläuft zwischen Diskreditierten, Menschen mit bekannten Stigmata, und Diskreditierbaren, Menschen, die mit einem potentiellen Stigma versehen sind, das der Umwelt noch nicht bekannt ist. Wer solche Bilder negativer Identität als Diskreditierter oder Diskreditierbarer übernommen hat und nicht durch geschicktes Identitäts- und Stigmamanagement abwehren konnte, der wird kaum die Möglichkeit haben zu zeigen, dass sie oder er mehr und anderes ist als mit diesem Sortiment an institutionellen Stigmatisierungsvokabeln beschrieben wird.

Goffman hat auch auf die Bedeutung des Images für den Menschen hingewiesen. Image kann als positiver sozialer Wert definiert werden, den die Menschen für sich selbst durch jene Verhaltensstrategien erwerben, von denen die Mitmenschen unterstellen, dass sie in einer bestimmten Interaktion verfolgt werden. „Image ist ein in Termini sozial anerkannter Eigenschaften umschriebenes Selbstbild, – ein Bild, das die anderen übernehmen können" (Goffman 1986, S. 10). Ein Image zu haben oder zu bewahren bedeutet dementsprechend eine konstante Verhaltensstrategie, die sich in Situationen und in den Urteilen der daran Beteiligten durchhält. Dabei erzeugt das echte Image fast eine Maskenhaftigkeit, die in der sozialen Kommunikation als „echt" erlebt wird. Das Image ist eine Form der sozialen Disziplinierung, um gesellschaftlich relevanten Codierungen und Normierungen zu entsprechen. Das Image hilft den Menschen im buchstäblichen wie metaphorischen Sinne im sozialen Miteinander dazu, „im Bilde zu bleiben", d. h. nicht aus dem (sozialen) „Rahmen herauszufallen". Denn sichtbar ist in der Interaktion das von Menschen entworfene Bild, das primär nicht auf die Identifizierung des „wahren" Selbst, sondern auf die symbolische Vermittlung von sozial erwünschten Indices zielt. Das Image ist vor allem ein Bild der sozialen Identität. In der wechselseitigen Bezugnahme auf das Image wird eine soziale situationelle Ordnung deutlich, deren Expressivität Haltungen, Handlungen, Erwartungen und Interpretationen so reguliert, dass die beteiligten Individuen mit Hilfe ihrer Images eine Art Arbeits- und Kommunikationskonsens erreichen können. Diese Ordnung folgt dem Prinzip einer reziproken, symmetrischen Anerkennung von Images, die sich gegenseitig als anerkennend anerkennen.

4 Erzählte Identität

Versteht man unter Identität wiederkehrende Muster der Selbst-, Welt- und Anderenbeziehung, so lässt sich als ein solches Muster das Erzählen bestimmen. Identität wird somit zum Effekt von Erzählungen resp. von Biographien. Biographische Erzählungen sind in hohem Maße historischen Transformationen unterworfen und gehen immer mit Konzeptionen von Identität einher, wobei das Verhältnis von Erzählung und Lebenslauf, als zeitliche Verkettung von objektiven Ereignissen, nicht als Repräsentation zu verstehen ist. Biographien sind Ergebnisse konstruktiver Tätigkeiten des Selektierens, Ausschließens, Anordnens und Verbindens derjenigen Momente, die man gemeinhin als Lebenslauf bezeichnet. Und diese Tätigkeit ist nicht unabhängig von kulturellen Formen, konkreten Anerkennungserwartungen und situativen Machtverhältnissen. Biographien sind performative Bearbeitungen von Lebensläufen, in die mediale Formen – Romane, Filme etc. – ebenso eingehen wie Kontingenzbewältigungsstrategien, Legitimationsmuster und mehr oder weniger geschlossene oder offene narrative Konsistenzzwänge.

Narrative Identität erscheint somit als ein Konzept, das die Einheit des Lebens einer Person sowohl in diachroner Perspektive als Einheit der verschiedenen Lebensalter als auch in synchroner Hinsicht als Einheit unterschiedlicher Rollenerwartungen in einer Geschichte zum Ausdruck bringt. Paul Ricœur (1913–2005) bringt die narrative Identität hierbei nicht nur in Verbindung mit der erzählenden Person, sondern mit verschiedenen Ebenen des Erzählens (Ricœur 2005): durch die Herstellung einer Fabel, in der verschiedenartige Momente in einen Sinnzusammenhang gebracht werden, durch die Konstruktion eines Ichs oder Helden, das bzw. der sich durch einen durchgängigen Stil auszeichnet und auch durch die rezeptive Haltung des Hörers oder Lesers, der sich mit dem Helden identifizieren kann. Schließlich wird auch der Ich-Erzähler selbst durch das Erzählen performativ zu einer synchronen und diachronen Einheitlichkeit gebracht, indem er sich im Erzählen mit sich selbst identifizieren und so die Einheit seines Lebens erfahren kann.

Zur Performativität des Erzählens gehört aber auch die narrative Situation selbst. Damit eine biographische Erzählung gelingt, müssen nicht nur Bedingungen der Erzählung, sondern auch solche des Erzählens zusammenkommen: eine adäquate mündliche oder schriftliche Fassung, ggf. eine entsprechende körpersprachliche, d. h. mimisch-gestische Unterstützung, eine kommunikative Wirkung und schließlich auch eine anerkennende Bestätigung der präsentierten Identitäten durch das alter ego – gerade wenn narrative Identitäten von kanonischen oder normalen Erzählmustern abweichen.

5 Körperidentität

Der in der Geschichte des Identitätsdenkens im Abendland über die Disziplinen hinweg zu konstatierende vorherrschende Rationalismus hat eine genuine Diskussion um die Körperlichkeit der Identität lange verhindert. Anthropologisch betrachtet lässt sich Identität auch als Körperidentität fassen, die nicht nur die (sinnlichen) Wahrnehmungsgrenzen, die emotionalen Erfahrungen (Subjekt), die sozialen Zugehörigkeiten (Soziales), die räumlichen Verortungen, sondern auch die bildlichen Fassungen (Kultur) und die zeitlichen Dimensionen (z. B. Gedächtnis) betrifft. So heißt es bei Maurice Merleau-Ponty (1908–1961) unmissverständlich: „Je ne puis comprendre la fonction du corps vivant qu'en l'accomplissant moi-même et dans la mesure où je suis un corps qui se lève vers le monde. […] Mais je ne suis pas devant mon corps, je suis dans mon corps, ou plutôt je suis mon corps" (Merleau-Ponty 2002, S. 90, 175).

Der Körper ist ein Indikator für Identität, da er ein Gedächtnisraum ist, der mittels Erziehungs- und Bildungsprozessen hervorgebracht wird. So hat etwa Friedrich

Nietzsche (1844–1900) darauf hingewiesen, dass das Körpergedächtnis durch grausame Praktiken eingeübt wird, die zur Berechenbarkeit, zum Selbstzwang und zum moralischen Gewissen – oder anders: zu einer fixierten Identität führen. Nach Pierre Bourdieu (1930–2002) umfasst das Körpergedächtnis, das sich in ritualisierten mimetischen Prozessen herausbildet, ebenso eine körperliche Haltung (*Hexis*) wie eine strukturierende und strukturierte Fassung des Verhaltens (*Habitus*). Das Gedächtnis ist somit der Ort des praktischen Sinns, der Entscheidungen fällt und Handlungen ausführt, die nicht explizit überlegt werden, sich aber im Nachhinein als zweckmäßig herausstellen. Gerade diese körperlichen Praktiken sind für die Bildung von Identitäten entscheidend.

Bildanthropologische Forschungen haben schließlich gezeigt, dass der Bildbegriff auf das Medium des Körpers angewiesen ist; so erfüllt z. B. das Gesicht bzw. das Gesichts-(Pass-)Bild für die Identität des Menschen in der Moderne eine wichtige Funktion. Körper sind dabei nicht nur Bildträger, die Bilder bewahren und erinnern, ja gleichsam verkörpern, sondern auch Bilderproduzenten, insofern sie selbst Bilder entwerfen. Das Menschenbild ist Körperbild. Dementsprechend bedeutet ein Verlust der Körperbilder auch einen Verlust an Menschenbildern – und auch den Verlust einer optisch vermittelten körperlichen Identität. Interessant erscheint, dass bis zum ersten Weltkrieg die Identitätspapiere keine Bilder ihrer Inhaber trugen; die Obrigkeit war primär nicht an der bildlichen Repräsentation der Person bzw. an der Person selbst, sondern lediglich an ihren eigenen Zeichen in den relevanten Papieren interessiert. Mittlerweile zielen die wissenschaftspolitischen Überlegungen wiederum aus der Bildlichkeit heraus in die Materialität hoch verdichteter biometrischer Daten. Damit wird Identität in der unsichtbaren Materialität des Körpers sichtbar gemacht.

Identität wird hier nicht durch Identifizierung, sondern durch Kontingenz hergestellt: „Identität als Einzigartigkeit eines Menschen ist also konstituiert durch das Ensemble aller nicht von einem Lebensplan entworfenen Zufälligkeiten, all der quer zum Wollen des Subjekts eintretenden Widerfahrnisse“ (Buck 1981, S. 134; vgl. Straub/Renn 1998). Zu diesen Widerfahrnissen lassen sich die genetische Ausstattung, die biographischen Prägungen, die historischen Zufälle und die nicht intendierten Nebenwirkungen vielfältiger Interaktionen und Kommunikationen zählen. Identität ist hier nicht eine Option der Wahl, sondern eine lebensgeschichtliche Determinante. Mit dieser Form einer kontingenten Identität erübrigt sich auch die Suche nach einer solchen: „Identität kann allenfalls entdeckt und festgehalten, aber vermutlich nicht verloren werden. Als etwas Faktisches stellt sie sich ein und kann insofern nur registriert, erinnernd und erzählend zur Kenntnis genommen und zur Kenntnis gebracht werden. Sie kann *vergessen* werden; aber gerade in der Vergessenheit wirkt sie am aufdringlichsten“ (Buck 1981, S. 137).

Literatur

Abels, Heinz (2006): Identität. Wiesbaden.

Böhme, Gernot (1997): Identität. In: Wulf, Christoph (Hrsg.): Vom Menschen. Handbuch Historische Anthropologie. München/Basel, S. 686–697.

Buck, Günther (1981): Hermeneutik und Bildung. München.

Cary, Phillip (2000): Augustine's Invention of the Inner Self. The Legacy of a Christian Platonist. Oxford.

Goffman, Erving (1986): Interaktionsrituale. Über Verhalten in direkter Kommunikation. Frankfurt/M.

Jörissen, Benjamin/Zirfas, Jörg (Hrsg.) (2010): Schlüsselwerke der Identitätsforschung. Wiesbaden.

Keupp, Heiner/Ahbe, Thoma/Gmür, Wolfgang/Höfer, Renate/Mitzscherlich, Beate/Kraus, Wolfgang/Straus, Florian (1999): Identitätskonstruktionen. Das Patchwork der Identitäten in der Spätmoderne. Reinbek.

Marquard, Odo/Stierle, Konrad (Hrsg.) (1979): Identität (Poetik & Hermeneutik VIII). München.

Merleau-Ponty, Maurice (2002): Phénoménologie de la perception. Paris.

Mollenhauer, Klaus (1994): Schwierigkeiten mit Identität. In: Vergessene Zusammenhänge. Über Kultur und Erziehung. 4. Aufl. Weinheim/München, S. 155–173.

Rager, Günter/Quitterer, Josef/Runggaldier, Edmund (2002): Unser Selbst. Identität im Wandel der neuronalen Prozesse. Paderborn.

Ricœur, Paul (2005): Narrative Identität. In: Ders.: Vom Text zur Person. Hermeneutische Aufsätze (1970–1999). Hamburg, S. 209–225.

Rousseau, Jean-Jacques (1984): Diskurs über die Ungleichheit. Discours sur l'inégalité. Paderborn.

Schäfer, Alfred (1999): Unsagbare Identität. Das Andere als Grenze in der Selbstthematisierung der Batemi (Sonjo). Berlin.

Stern, Daniel (1992): Die Lebenserfahrung des Säuglings. Stuttgart.

Straub, Jürgen/Renn, Jürgen (Hrsg.) (1998): Transitorische Identität. Der Prozesscharakter des modernen Selbst. Frankfurt/M.

Stross, Annette M. (1991): Identität. Zwischen Fiktion und Konstruktion. Berlin.

Taylor, Charles (1996): Quellen des Selbst. Die Entstehung der neuzeitlichen Identität. Frankfurt/M.

Zirfas, Jörg/Jörissen, Benjamin (2007): Phänomenologien der Identität. Human-, sozial- und kulturwissenschaftliche Analysen. Wiesbaden.

Selbstsorge

Daniel Dietschi & Roland Reichenbach

Vorbemerkungen

Der Gedanke der Sorge um sich bzw. der Selbstsorge wird im politischen und pädagogischen Kontext der griechischen Antike und römischen Spätantike entwickelt. Während in der Antike die konkreten ethischen und asketischen Praktiken der Selbstsorge und Selbsterkenntnis eine kleine Schar von philosophisch gebildeten Personen der Regierungseliten interessierten, wurden Sorge und Selbstsorge als allgemeine Kennzeichnungen menschlicher Praxis im 20. Jahrhundert Gegenstand anthropologischer Theorie. Es ist das Verdienst Martin Heideggers, die elementare Bedeutung der Sorge für das menschliche Leben analysiert und hervorgehoben zu haben. Vor allem Michel Foucault ist zu verdanken, die Sorge um sich als eine politische Kategorie untersucht und nach so langer Zeit erneut in den Diskurs eingeführt zu haben, von welchem auch pädagogische Theoriebildung heute inspiriert wird. Im ersten Teil der folgenden Ausführungen wird daher der Begriff der Sorge bei Heidegger rekonstruiert und die Idee der Selbstsorge vor diesem Hintergrund als quasi-tautologisch hinterfragt, während der zweite Teil Foucaults Analysen der Selbstsorgepraxis als einer Regierung seiner selbst und daher als politische Kategorie gewidmet ist, die auch unter spätmodernen Bedingungen – wenn nicht gerade unter denselben – ihre Relevanz entfacht. Der Beitrag schließt mit Bemerkungen zur Begrenztheit des Selbstsorgegedankens.

1 Martin Heidegger: Dasein als Sorge, „Selbstsorge" als Tautologie

Die ironische *Pointe* vorneweg: Martin Heidegger (1889–1976) fungiert als Ideengeber der Pädagogischen (und im weiteren Sinne eben auch der Philosophischen) Anthropologie. Zeitlebens hat sich Heidegger vehement von der Philosophischen Anthropologie distanziert – ob sie ihm nun als Denkrichtung, als philosophische Disziplin oder mit dem Anspruch einer Ersten Philosophie bzw. Grundlagenwissenschaft entgegentrat. Seine Vorbehalte galten einerseits den aus seiner Sicht ungeprüften Prämissen, welcher sich sowohl Max Scheler als auch Helmuth Plessner in ihren einschlägigen Schriften implizit bedienten und aus den empirischen Wissenschaften, i.e. der Biologie, übernommen hätten, sowie und vor allem gegenüber den unzureichenden bzw. verfehlten Ontologien der beiden Ansätze (vgl. Wilwert 2009). Der Vorwurf der „Seinsvergessenheit" trifft – nebst jeder Bewusstseinsphilosophie der Neuzeit – jede Anthropologie, solange nicht ihr „ontologisches Fundament" (Heidegger 2001, S. 49) dahingehend geklärt sei, wie das menschliche Dasein sich zu seinem eigenen Sein verhalte bzw. wie das Verhältnis von Sein und Seiendem (als ontologische Differenz) zu verstehen sei. Heidegger widersetzte sich darüber hinaus immer wieder dezidiert jeglicher Interpretation, in der sein Hauptwerk „Sein und Zeit" von 1927 einer anthropologischen Lesart unterzogen wurde.

Ungeachtet Heideggers Vorbehalten und Abwehrhaltung lässt sich in seinem Hauptwerk ein anthropozentrischer Grundtenor ausmachen, insofern der Mensch als *einziges* Seiendes in einem ausgezeichneten Modus des Daseins *existiert.* Die anderen Entitäten (das nichtmenschlich Seiende) „existieren" streng genommen gar nicht, sie sind *zuhanden,* d.h. die Dinge sind in einen quasi-holistischen Bedeutungszusammenhang eingebettet und dem menschlichen Dasein sinnhaft erschlossen, oder *vorhanden,* d.h. vom Menschen in theoretischer Absicht objektiviert und somit gewissermaßen distanziert betrachtet. Der Mensch – oder in Heideggers Diktion: das Dasein – existiert *in-der-Welt.* Diese Feststellung klingt zunächst banal, meint aber eine ganz spezifische Verbundenheit mit den Dingen (das *Sein bei* Zuhandenem, dem Zeug, in einer *Umwelt*) und mit den anderen Menschen (das *Mitsein* mit den Anderen in einer *Mitwelt*). Das Dasein ist mithin sowohl mundan wie auch sozial verfasst und lebt sein Leben in diesen sinnhaften (Mit- und Um-) Welt-Bezügen. Der starre Subjekt-Objekt-Dualismus herkömmlicher Ontologien wird von Heidegger unterlaufen, indem er das Dasein (den Menschen) konstitutiv (immer schon) innerweltlich verweisenden Bezügen gegenüber präkognitiv verstehend aufgeschlossen konzipiert. Das erschlossene Dasein entdeckt das innerweltlich Seiende und dieses zeigt sich ihm gleichzeitig – die Welt „spricht" den Menschen an und der Mensch ist gewissermaßen bedeutungsdurchlässig. Das *In-sein* ist weniger räumlich zu verstehen, sondern bezeichnet mehr das Eingebundensein des Daseins in operative Verweisungszusammenhänge und Sinnbezüge der Welt, ein praktisches Bezogensein bzw. ein Sich-verhalten zur Welt. Die *Erschlossenheit* des Daseins ermöglicht ihm den verstehenden Zugang zur Welt – einer Welt, die *für* das Dasein (um seinetwillen) sinnhaft und räumlich verfügbar und bedeutsam ist.

Die Verfasstheit des Daseins als ein In-der-Welt-sein ist fundiert in der Grundstruktur der *Sorge.* Das Sein des Daseins ist Sorge, die im Bezug zum Selbst und zur Welt zum Ausdruck kommt. Sorge meint hier weder eine gefühlsmäßige Beklommenheit noch die bekümmernde Zuwendung (bspw. seinen Besitztümern oder seinen Nächsten gegenüber). Als konstitutive Gesamtstruktur äußert sie sich in der (gewussten) zeitlichen Dimension der eigenen, der sozialen und der mundanen Bezogenheit des Menschen, deren Flucht- und Ausgangspunkt aber immer das eigene Dasein ist; der Mensch ist das Seiende, dem es „in seinem Sein *um* dieses Sein selbst geht"; Heidegger 2001, S. 12). Dabei hat das Dasein vor allem sein *künftiges* Sein im Blick, sein *Seinkönnen* in seinen ganz individuellen Möglichkeiten. Es ist *sich* (zeitlich) *vorweg* – und in dieser antizipatorischen Vorwegnahme auch interessehalber der Welt *verfallen*.

Heidegger zieht die *Cura*-Fabel des Hyginus aus der römischen Mythologie zum Aufweis einer langen Tradition des konstitutiven menschlichen Sorgegedankens herbei. Er schafft damit eine vorontologische Grundlage für sein Konzept der Sorgestruktur des menschlichen Daseins (vgl. ebd., S. 197 ff.). Die Fabel beschreibt einen menschlichen Schöpfungsmythos. Initiatorin der *creatio* ist die Göttin *Cura* (lat. für Sorge). An den Gestaden eines Flusses formt sie tonhaltiges Erdreich zu einer Gestalt. Sie ist davon hingerissen und sinniert über ihre eigene Schöpfung nach. Der hinzu getretene Jupiter verleiht – auf Bitten der Göttin *Cura* – dem Gebilde seinen Geist. Bei der Namensgebung entbrennt ein Streit darüber, wessen Name nun das Geschöpf tragen soll. Sowohl die Initiatorin und der Geistspender als auch die Materiallieferantin Erde (Tellus) reklamieren Ansprüche. Der als Richter herbeigerufene Saturn fällt ein mediatorisches Urteil. Nach dem Ableben des Geschöpfes solle sein Geist zurück an Jupiter, der Körper wieder an die Erde gehen. Zu Lebzeiten aber gehöre es der Sorge, sie habe es ja gebildet. Mit Namen schließlich „möge es ‚homo' heißen, da es aus humus (Erde) gemacht ist" (ebd., S. 198). Das der Sorge von Saturn (notabene dem Gott der Zeit) zeitlich begrenzt zugesprochene Primat (qua Wesensbestimmung) über den Menschen weist nicht nur auf dessen Endlichkeit hin. Darüber hinaus erweist sich die Zeitlichkeit als diejenige Seinsart des Menschen, „die seinen *zeitlichen Wandel in der Welt* durchherrscht" (ebd., S. 199).

Heideggers in fundamentalontologischer Absicht konzipierte Grundstruktur der Sorge speist sich aus der *Angst*. Während die Furcht situativ, im Zusammenhang mit real Begegnendem, eine Gefährdung anzeigt, bezieht sich die Angst als *die* welterschließende „Grundbefindlichkeit" auf den Hintergrund des eigenen Nichtmehr-seins als der letzten und realisierten Möglichkeit des eigenen Lebens. Das menschliche Dasein wird erst ganz, wenn es in seinem Nicht-Sein aufgeht. Als eine in der Zeitlichkeit fundierte Grundstruktur erwirkt die Sorge die antizipatorische Hinwendung zu künftigen Seinsmöglichkeiten qua *Entwurf*. Andererseits begründet sie die unhintergehbare Gebundenheit (Ausgeliefertheit bzw. Verfallen) des Menschen an die gegenwärtige Welt – das Dasein ist in seiner Grundstruktur der Sorge „geworfener Entwurf" (ebd.).

Die *modi operandi* der Sorge äußern sich in den Weisen des *Besorgens* (als Umgang mit der mundanen Umwelt) und der *Fürsorge* (als Umgang mit der sozialen Welt). Als das „Sein bei innerweltlichem Seienden" (ebd., S. 223) umschreibt Heidegger die alltägliche Weise des *Besorgens*, die nicht erst absichtsvoll ins Werk gesetzt werden muss. Der Mensch befindet sich konstitutiv in einem responsiven Modus, in dem ihm das Seiende,

d. h. die dingliche Welt, als *zuhandenes Zeug* begegnet. Der alimentierende Umgang mit der zuhandenen Welt zur Subsistenzsicherung ist dabei eine spezifische Ausformung der Bewältigung des mundanen Verkehrens. Im besorgenden Umgang mit der Welt begegnen sich die Menschen, es ereignet sich „Intersubjektivität“ indirekt durch das Besorgen der Welt. Das Zuhandene (die Dinge der Welt) ist *von* den und *für* die Mitmenschen, d. h. hergestellt, genutzt, gewartet, bedient, zugeeignet, erhofft, gewollt – kurz: besorgt.

Von der Weise des Besorgens ist die *Fürsorge* zu unterscheiden. Der explizite Umgang mit den anderen vollzieht sich in der mit ihnen geteilten Welt – der Mitwelt. Der (gemeinschaftsbezogene) Seinsmodus des *Mitseins* äußert sich im Für-, Wider- und Ohne- und dreht sich stets um das -einandersein bzw. eines Umwillen anderer. Es bewegt sich zwischen den Polen der Rücksicht und Nachsicht auf der einen sowie einer indifferenten bis brutalen Gleichgültigkeit und Rücksichtslosigkeit auf der anderen Seite des fürsorgenden Spektrums. Die Zugewandtheit des Fürsorgemodus ist dabei für den anderen keineswegs immer nur positiv. Die Gefahr der Abhängigkeit und Beherrschung des Gegenübers liegt bei einer „einspringenden“, weil bevormundenden Fürsorge (ebd., S. 122) auf der Hand.

Die Formulierung (und Postulierung) einer Selbstsorge erweist sich nach Heidegger als „Tautologie“ (ebd., S. 193). Denn *Grund* der (heideggerschen) Sorge ist bereits das Selbst bzw. das Dasein, welches mit seinem Selbst antizipierend in (be- und für-) sorgender Weise mit der Welt verkehrend existiert: „Sorge kann nicht ein *besonderes* Verhalten zum Selbst meinen, weil dieses ontologisch schon durch das Sich-vorweg-sein charakterisiert ist; in dieser Bestimmung sind aber auch die beiden anderen strukturalen Momente der Sorge, das Schon-sein-in … und das Sein-bei … mitgesetzt“ (ebd.; Herv. geändert).

2 Michel Foucault: Selbstsorge als politische Praxis

Zwar ist das „Selbst“ eine – nicht nur psychologisch – strittige Kategorie, die schon von Hume (1955, I VI, iv) auf geradezu vernichtende Weise kritisiert worden ist. Doch aus entwicklungstheoretischer (Fend 1994, S. 199) wie auch philosophischer Perspektive (Taylor 1996, S. 52–104; Wren 1993, S. 83) kann das Selbst auch heute noch als eine im weitesten Sinne *ethische* Kategorie verstanden werden. Im Unterschied zum oben erwähnten Tautologievorwurf mag im Selbst eine Interpretationsinstanz gesehen werden, die sich auf das Verstehen der eigenen Innenwelt bezieht und sich durch Entwürfe im Lichte sozial ausgehandelter Werthorizonte konstituiert; das Selbst stellt im Grunde die Bedingung der Möglichkeit selbstreflektierter Praxis dar und ist insofern auf Transformation und Neuinterpretation angelegt (vgl. Reichenbach 2001, S. 264). Sich um diese Praxis zu kümmern, ist als ethische Aufgabe verstanden worden, als Abstandspraxis, in welcher das Bedachte ebenso wenig mit dem Gedachten zusammenfallen muss wie das Sich-kümmern mit dem Bekümmerten oder das Sich-sorgen mit dem Besorgten.

Der Ursprung der stoisch geprägten „Idee“ der Selbstsorge als einer „Kultur seiner selbst“ ist Foucault (1989, S. 55–94) zufolge in Platons „Alkibiades“ und „Apologie“ zu suchen (vgl. Hadot 1981). Die Selbstsorge wird in diesen Dialogen als „Sorge um die Seele“ bezeichnet, wobei „Seele“ vor dem Hintergrund der altgriechischen Anthropologie nicht als ein unsterblicher Besitz zu verstehen ist (vgl. Arendt 1996), sondern – wie im Anschluss an den „Alkibiades“ später gesagt worden ist – als das „einzige ‚sich selbst Gebrauchende‘“, d. h. als das, was eine „reflexive Struktur“ aufweist (Böhme 1988, S. 58). Der sokratischen Ethik zufolge ist die Selbstsorge nicht der *individuellen* Seele gewidmet, sondern vielmehr einem *allgemeinen* Guten, welches mit Wissen, Weisheit und Vernunft gleichgesetzt wird (ebd., S. 61).

Foucaults Sicht auf den antiken Selbstsorgegedanken lässt sich in folgendem Dreischritt wiedergeben (vgl. Foucault 1994, S. 712 ff.): Freiheit sei *erstens* die ontologische Bedingung der Ethik; *zweitens* sei Ethik die reflektierte Form der Freiheit; und ihre positive Form heiße *drittens* „Selbstsorge“ und bestehe in einer Konversion der Macht. Die Selbstsorge wird daher nicht nur als Begrenzung, sondern auch als „richtige“ Ausübung der Macht vorgestellt. Eine Ethik des Selbst wäre demzufolge die in Freiheit gegründete und aufgegebene *Selbstbemeisterung* („maîtrise de soi“; vgl. ebd., S. 729).

Die Selbstsorgepraxis wird von Foucault (1989) in fünf Modalitäten vorgestellt: als (1) Thema philosophischer Reflexion, als (2) ein Bündel von konkreten Übungen der „Lebenskunst“, als (3) ein „therapeutisches“ bzw. „medizinisches“ Denken, in welchem die philosophische Reflexion als „Heilmittel“ des Selbst fungiert, weiter als (4) eine Form der „Selbsterkenntnis“ im Sinne des Bewertens eigener Fähigkeiten und Notwendigkeiten hinsichtlich Tugend und Abhängigkeit, Gewissen und Wissen um Nichtwissen, wie schließlich als (5) eine spezifische „Umkehrung zu einem selber“, d. h. eine Veränderung des Selbstverhältnisses (Foucault 1989, S. 89). Die analysierten Texte befassen sich mit Praktiken der Selbst-Transformation, mit Versuchen, aus dem Leben ein *Werk* zu machen, welches einen auch ästhetischen Wert besitzt und bestimmten Stilkriterien genügt. Diese „Technologien des Selbst“, die – neben den Technologien der Produktion, der Technologie von Zeichensystemen und den Technologien der Macht – eine „Matrix“ der praktischen Vernunft bilden sollen (Foucault 1993, S. 26), zielen auf ein Ethos (und Pathos) der *Transformation,* nicht auf Vollkommenheit oder Geschlossenheit.

Schmid sieht in der Selbstsorge einen vielschichtig thematisierbaren Gedanken und unterscheidet einen *selbstrezeptiven* Aspekt, einen *selbstreflexiven* Aspekt, einen *selbstproduktiven* Aspekt, einen *therapeutischen* Aspekt, einen *asketischen* Aspekt, einen *parrhesiastischen* Aspekt, einen *mutativen* Aspekt, einen *prospektiven* und *präsentiven* Aspekt, einen *politischen* Aspekt und einen *pädagogischen* Aspekt (vgl. Schmid 1995, S. 530). Damit deutet sich an, dass die Analysen des antiken Konzepts der Selbstsorge für die Bildungstheorie von heuristischem Wert sind, insofern sich diese auch der kulturellen und psychischen Situation des Selbst widmet. Ob der Selbstsorgegedanken aber als zeitgenössisches Konzept einer *politischen Ethik* und *pädagogischen Programmatik* mehr denn als bloßes Komplement zu klassischen bzw. modernen Konzeptionen moralischer Bildung und Erziehung zu etablieren und von den ohnehin weit verbreiteten Vorstellungen individualistischer und psychologisch motivierter Ethiken abzugrenzen ist, bleibt dennoch fraglich.

Genuin *pädagogisch* erscheint das Programm einer Selbstsorge in der in Platons „Alkibiades“ erläuterten Sicht, wonach sich das Selbst *nur* im Spiegel bzw. im *Gutsein* des *anderen* („erziehenden“) *Selbst* erkennen und konstituieren könne. Dies ist offenbar eine der ältesten dokumentierten Einsichten in die *kommunikative* Struktur der Reflexion bzw. des Selbst; eine Einsicht, die Hegel später als Bildung von Bewusstsein und Selbstbewusstsein im Kampf zweier Subjekte um Anerkennung expliziert (vgl. Hegel 1986, S. 145–177). Bedeutsam ist ebenfalls, dass die Selbstsorge bei Platon im *politischen* Kontext zur Sprache kommt. Dies kann als Indiz dafür gewertet werden, dass die Kultur des Selbst ursprünglich wenig mit dem Kultivieren der Innerlichkeit zu tun hatte. Es bleibt das Verdienst Foucaults, den Gebrauch der „Techniken“ der Selbstsorge für die Spätantike untersucht zu haben. Die betreffenden Praktiken blieben dort auf zahlenmäßig kleine Gruppen und Kulturträger beschränkt (Foucault 1989, S. 62).

Das ganze *Pathos* des Selbstsorgegedankens zielt auf *Transformation,* nicht auf Vollkommenheit oder Geschlossenheit. „Das Wichtigste im Leben und in der Arbeit ist, etwas zu werden, das man am Anfang nicht war“ (Foucault 1993, S. 15). Wie Freiheit nur in ihrem Gebrauch existiert und nicht außerhalb derselben (Fink 1992, S. 123), so „konstituieren“ sich sowohl Subjekt als auch Selbst nur im konkreten „Gebrauch“. Die Bedingung der Möglichkeit von Bildung ist hier die *Abwesenheit* des mit sich identischen Selbst. Bildungsprozesse sind dank dieser Abwesenheit nicht nur möglich, sondern auch prinzipiell nicht abschließbar. Darin sieht Foucault das ethische Anliegen begründet: Denn dem ethischen Subjekt als einem Subjekt der *Erfahrung,* welches sich mit Hilfe von Selbstpraktiken bildet und so zum Subjekt möglicher *Veränderung* wird, geht es um die Möglichkeit einer *offenen* (d. h. nicht abschließbaren) Geschichte. Pathetisch formuliert geht es um die (Illusion der) *Freiheit* des Menschen, nicht um seine „wahre“ Natur, die vorausgesetzt und wiedererlangt werden soll (vgl. Schmid 1992, S. 227). Freiheitspraxis ist konkret, sie zeigt sich als Ethos, also als Art und Weise, wie das eigene Leben gestaltet wird: Sie meint daher einen *Stil,* der auf Elemente der Selbstformung verweist. Aus diesem Grund ist Ethos zunächst *Oberfläche* und *Äußerlichkeit.*

Die Frage des Stils ist gerade wegen ihrer *politischen* Dimension entscheidend, da sie in Beziehung zu dem steht, „was wir in unserer Welt willens sind zu akzeptieren, zurückzuweisen und zu verändern, sowohl bei uns selbst als auch in unseren Verhältnissen“ (Foucault, zit. n. ebd., S. 236). Die politische Dimension der Lebensführung besteht im Wunsch, „nicht Untertan zu sein“, die gesellschaftliche Dimension darin, „Formen der Gesellschaft zu finden, die auf der Selbstkonstituierung der Subjekte beruhen und diese ermöglichen“ (ebd., S. 375). Auf diese Weise ist die Ethik der Selbstsorge mit der Frage der Macht verbunden, die „Regierung seiner selber“ erfordert eine *freiheitliche Gesellschaft.* Zu den für die Konstitution des ethischen Subjekts bedeutsamen Erfahrungen gehören deshalb jene des *Intolerablen* (ebd., S. 376). Die Ethik des Selbst steht nicht gegen Geltung und Verbindlichkeit von Rechtsnormen, aber sie ist in dem Sinne „fundamentaler", als jeder Geltungsanspruch zuletzt auf die Zustimmung des Individuums angewiesen ist (ebd., S. 377).

Mindestens zwei bildungsrelevante Aspekte des Stils können unterschieden werden. Der eine ist die Technik der *Einübung* von Lebenskunst („Askese"), der andere die *Ausübung* von Lebenskunst („Stilistik"). Im Unterschied zum epistemischen Subjekt ist das ethische Subjekt durch ein „asketisches Selbstverhältnis" charakterisiert (ebd., S. 382), es *arbeitet* an sich, es *bildet* sich. Seine „Bildung" besteht darin, von der passiven und normierten zur aktiven und ethischen Form der Selbstkonstituierung zu kommen. Freiheitspraxis hat Gründe, doch die Ästhetik der Existenz „beunruhigt" auch die eigenen Gründe, die vielleicht nur scheinbaren „Evidenzen", denn die Sorge um sich geht mit dem berechtigten Zweifel einher, dass das „eigene" Selbst nicht erkannt werden kann und es daher auch weder „wahr" noch „eins mit sich selbst" sein kann. Stil führt höchstens zu Kohärenz, nicht zu Identität. Es gibt in der von der Selbstsorge ausgehenden Ästhetik der Existenz kein „eigentliches Wesen" (des Selbst, der Ethik, der Wahrheit) zu entdecken. Diese Sicht kann als Grundzug einer postteleologischen bzw. ateleologischen Bildungsvorstellung betrachtet werden.

Schlussbemerkungen

Bloße Selbstveränderungen sind unvermeidlich und politisch unspezifisch (vgl. Rustemeyer 2004, S. 88). Wer dezidiert politisch denkt, scheint auf den Aspekt der Selbstsorge gar nicht angewiesen zu sein. Dezidiert politisches Handeln erfolgt immer unter den Bedingungen der *Unsicherheit* und des *Mangels* an *Souveränität*, wie man mit Arendts (1994, 1996) Freiheits- bzw. Pluralitätsthese sagen könnte. Handeln als praktizierte Freiheit zeigt in extremen Fällen ebenfalls an, dass man bereit ist, auf sein eigenes Überleben zu verzichten, in weniger prekären und zum Glück so viel häufigeren Fällen aber, dass einen die „Sorge um sich" nicht schwach, sondern vielmehr *sozial* „stark" gemacht hat, so dass man bereit ist, für die Expression eigener Überzeugungen negative Konsequenzen zu tragen. Sich zu kennen, heißt auch hier nichts anderes als zu wissen, was man will, was man für gut und richtig hält und was man ablehnt und verachtet. Nicht nur ist derartiges moralisches und ethisches Wissen konstitutiv für die Entwicklung und Veränderung des Selbst, es ist auch jenes Wissen, das in der Tat jeweils dann politisch bedeutsam wird, wenn genügend Empörungskapazität vorhanden ist, dass dieses Selbst in der Situation der Missachtung moralisch legitimer Erwartungen diskursive Turbulenz entfacht.

Es zeigt sich hierbei, dass die Sorge um sich selbst und die Sorge für die Welt in gewisser Weise zusammenfallen, jedenfalls nicht zwei unterschiedlichen Reichen angehören. Zwar sind Selbstveränderungen letztlich „unvermeidlich" und als unvermeidliche politisch „unspezifisch", wie Rustemeyer moniert, doch der Selbstsorgegedanken erschöpft sich ja von Beginn an nicht in der *„bloßen“* Selbstveränderung. Es kommt nicht nur darauf an, *dass* das Subjekt der Sorge zu sich und zur Welt Stellung zu beziehen hat (mehr oder weniger unvermeidlich), denn damit allein könnte sich eine Ethik oder auch Politik des Selbst natürlich nicht entfalten, sondern, erstens, *wie* es das tut – also beispielsweise: in welcher Intensität, Intention, Aufrichtigkeit – und, zweitens, zu *welchen* Schlüssen bzw. Praktiken diese Reflexion, dieses Sichvergewissern am Ende – wenn auch immer nur vorläufig – führt. Bildung wäre nicht von arbiträrer oder kontingenter Prägung zu unterscheiden (*„bloße“* Sozialisation oder Selbstsozialisation), würde nicht auch das *normative* Moment der Bildung und des Bildungsprozesses bedacht. Doch diese Normativität soll eine reflektierte und bewusste sein. Die Sorge und Selbstsorge des Menschen ist nicht einfach durch Welt, sondern durch eine *bestimmte* Welt (Lebensbedingungen) geprägt, und dem Menschen kann es nicht gleichgültig sein, in *welcher* Welt er zu leben hat.

Politik ist nun aber der Versuch, insbesondere die *soziale* Welt, wo dies möglich erscheint oder gewünscht wird, mitzugestalten, sie zu verändern und zu verbessern, wie auch immer wieder, sie zurückzuweisen. Mit Heideggers Ontologie der Sorge, in welcher Dasein und Sorge zusammenfallen, ist dem Problem oder der Gefahr der Hypostasierung eines Konzeptes kaum zu entgehen: Wo alles Sorge ist, ist auch nichts mehr Sorge. Und mit Foucaults Versuch der Politisierung der Selbstsorge geschieht Analoges, wenn auch auf kleinerem Terrain: Wo jede Selbstpraxis politisch ist, hat sich der Begriff des Politischen aufgelöst. Eine dezidiert pädagogische Theorie der Selbstsorge aber hätte sich vor solchen Entgrenzungen und Expansionsgelüsten zu hüten und sich jenem Aspekt der Selbstsorge zu widmen, in dessen Mittelpunkt die Interaktion zwischen Lehrenden und Lernenden steht, anders ausgedrückt, der Selbstsorge als einer *sozialen* Praxis zwischen ungleichen Partnern.

Da es nach Heidegger ohne (das Existential) Mitsein weder Dasein noch Person gibt, diskutiert er die *Fürsorge*, denn sie ist die Sorge im Mitsein und stellt ebenfalls ein Existential dar, und unterscheidet zwischen „einspringend-beherrschender“ und „vorausspringend-befreiender“ Fürsorge. Während die erste dem Anderen die Sorge abnimmt und ihn dadurch abhängig macht, wird mit der zweiten intendiert, die Fähigkeit des Anderen zu stärken, in und mit Sorge ein möglichst selbstverantwortetes Leben zu führen. Auch diese soziale Praxis kann politisch und vor allem pädagogisch bedeutsam sein, muss es aber nicht, ihre allgemeine Bedingtheit und Ermöglichungsbedingungen können anthropologisch gekennzeichnet werden, ihre konkrete Erscheinungsform mag sich im Einzelfall der anthropologischen Deutung entziehen.

Auf drei Fragebereiche, die sich mit dem erörterten Gedankenkreis eröffnen, sei abschließend hingewiesen: 1. Das Besorgen der Welt (i. e. der Umgang mit der Welt als einem *Ort* kulturtechnisch veränderter, „gemachter“ Natur sowie der symbolisch aufgeladenen Dingwelt) ist wohl immer *auch* eine soziale Praxis – denn letztlich leben wir in einer Menschenwelt. Aber nicht alles ist immer *schon* Politik. Es ist (eben auch schon) anthropologisch bedeutsam, womit wir uns umgeben, wie die Dinge um uns herum geschaffen, beschaffen und arrangiert (worden) sind. Eine Praxis der Selbstsorge fügt sich daher ein in eine Kultur der Dinge. Der selbstreflexive Bezug des (selbstsorgenden) Menschen steht auch in einem dinglichen Horizont, vor dem neue Verantwortlichkeiten aufscheinen. Es braucht nicht erst die (normative) Figur der Nachhaltigkeit oder eines ökologischen Bewusstseins – in die immer auch anthropologische Perspektiven mit eingehen –, um die Verwobenheit mit der Dingwelt und deren *konstitutiven* Momenten (vgl. Meyer-Drawe 2000) für die menschliche Identität, Integrität und Individualität zu erahnen. Folglich eröffnet die dinglich-kulturelle Dimension eine weitere Perspektive auf die ohnehin schon unscharfe Konzeption der Selbstsorge. Der Preis der Ausdehnung ist hoch, denn er fördert die nochmalige Entgrenzung.

2. Pädagogisch ist die prototypische Unterscheidung der Fürsorge bei Heidegger von Bedeutung, da die „vorausspringend-befreiende" Fürsorge als im Dienste der (Ermöglichung der) Selbstsorge gedacht werden kann. Das Ziel der Fähigkeit der Selbstsorge kann als Äquivalent der Autonomie als Ziel von Erziehung und Bildung hinterfragt werden. Während dem heideggerschen Konzept der Eigentlichkeit eine gewisse „Passivität" (Rustemeyer 2004, S. 88) beim Ertragen und Erleiden des Daseins zugeschrieben werden muss, wird mit der bewussten „Selbsttransformation" in Foucaults Lesart der Selbstsorge der aktive Aspekt des sich um sich Sorgens und Kümmerns hervorgehoben, der letztlich auf ateleologische Bildung ohne überpersonale Zielvorgabe abhebt. Da aber nicht „jedwede Selbsttransformation" als „Ausdruck einer kritischen Haltung zu sich selbst" gedeutet werden kann, stellt sich die pädagogisch wie ethisch so virulente Frage nach dem Maßstab oder Kriterium der Selbstsorge. Wie in jeder anderen Pädagogik ergibt sich auch hier das Problem der normativen Begründung und Legitimierung einer Pädagogik der Selbstsorge. Für die pädagogische Theorie wäre weiter zu fragen, wie und ob überhaupt sich der Selbstsorgegedanke sowohl von jenem der Selbsterziehung wie auch jenem der Bildung denn (noch) auf signifikante Weise zu unterscheiden vermag.

3. Es stellt sich u. E. ganz allgemein die Frage, wie eine Theorie der Selbstsorge zu verstehen und im Kanon philosophischer (anthropologischer und ethischer), sozialwissenschaftlicher sowie historischer und pädagogischer Theoriebildung zu situieren wäre und welche Anschlussfähigkeiten sie vorweisen könnte. Sowohl „Selbst" als auch „Sorge" erscheinen als Begrifflichkeiten gleichzeitig so unterbestimmt wie überbestimmt und tief in der Alltagssprache eingebettet, jedenfalls keine wissenschaftlichen (bzw. theoretischen) Terme zu sein, dass theoretisch gehaltvolle Analysen, wie wir sie bei Heidegger und Foucault auf eindrückliche Weise vorfinden, von den Rezipienten ja vor allem einfordern, sich ganz auf die Idiosynkrasien und Launigkeiten einzulassen, die so typisch für Autoren mit apologetischer Wirkung sind. Wenn aber Selbstsorge keine Kategorie in der wissenschaftlichen Theoriebildung sein kann, dann bleibt sie kaum mehr als eine anthropologisch und vor allem pädagogisch relevante Praxis, in die eingeführt bzw. auf die hingeführt wird. Selbstsorge ist dann allenfalls eine ständig sich wandelnde mimetische Kulturtechnik – nicht mehr, aber auch nicht weniger.

Literatur

Arendt, Hannah (1994): Zwischen Vergangenheit und Zukunft. Übungen im politischen Denken I. München/Zürich.

Arendt, Hannah (1996): Vita activa oder Vom tätigen Leben. München/Zürich.

Böhme, Gernot (1988): Der Typ Sokrates. Frankfurt/M.

Fend, Helmut (1994): Die Entdeckung des Selbst und die Verarbeitung der Pubertät. Entwicklungspsychologie der Adoleszenz in der Moderne. Band III. Bern.

Fink, Eugen (1992): Natur, Freiheit, Welt. Philosophie der Erziehung. Würzburg.

Foucault, Michel (1989): Die Sorge um sich. Sexualität und Wahrheit 3. Übersetzt v. Ulrich Raulff/Walter Seitter. Frankfurt/M.

Foucault, Michel (1993): Technologien des Selbst. In: Martin, Luther H. (Hrsg.): Technologien des Selbst. Frankfurt/M., S. 24–62.

Foucault, Michel (1994): Dits et écrits. Bd. 4: 1980–1988. Paris.

Hadot, Pierre (1981): Exercices spirituels et philosophie antique. Paris.

Hegel, Georg W.F. (1986): Phänomenologie des Geistes (1807). Werke in 20 Bänden, Band 3. Frankfurt/M.

Heidegger, Martin (2001): Sein und Zeit (1927). Tübingen.

Hume, David (1955). A treatise of human nature (1739–40). In: Hendel, Ch.W. Jr. (Hrsg.): Hume. Selections. New York, S. 1–106.

Meyer-Drawe, Käte (2000): Illusionen von Autonomie. Diesseits von Ohnmacht und Allmacht des Ich (1990). München.

Reichenbach, Roland (2001): Demokratisches Selbst und dilettantisches Subjekt. Demokratische Bildung und Erziehung in der Spätmoderne. Münster.

Rustemeyer, Dirk (2004): Unmöglich wirklich. In: Ricken, Norbert/Rieger-Ladich, Markus (Hrsg.): Michel Foucault: Pädagogische Lektüren. Wiesbaden, S. 77–94.

Schmid, Wilhelm (1992): Auf der Suche nach einer neuen Lebenskunst. Die Frage nach dem Grund und die Neubegründung der Ethik bei Foucault. Frankfurt/M.

Schmid, Wilhelm (1995): Selbstsorge. In: Ritter, Joachim/Gründer, Karlfried (Hrsg.): Historisches Wörterbuch der Philosophie. Band 9. Basel, Sp. 528–535.

Taylor, Charles (1996): Quellen des Selbst. Die Entstehung der neuzeitlichen Identität. Frankfurt/M.

Wilwert, Patrick (2009): Philosophische Anthropologie als Grundlagenwissenschaft? Studien zu Max Scheler und Helmuth Plessner. Würzburg.

Wren, Tom E. (1993): The open-textured concepts of morality and the self. In: Noam, Gil G./ Wren, Tom E. (Hrsg.): The Moral Self: Building a Better Paradigm. Cambridge, Mass, S. 78–95.

Reflexivität

Edgar Forster

Einleitung

Unter Reflexivität versteht man in der Alltagssprache die Fähigkeit des Menschen, das eigene Denken und Handeln zum Gegenstand des Nachdenkens zu machen. Ohne systematischen Unterschied werden die Wörter Reflexivität, Reflexion und Reflektiertheit verwendet, um die Vorstellung auszudrücken, dass der Mensch ein sich selbst erkennendes Subjekt ist. Reflektieren heißt „zurückstrahlen, spiegeln; nachdenken, grübeln, erwägen; etwas in Betracht ziehen, erstreben, im Auge haben". Reflexivität wurde im 17. Jahrhundert dem lateinischen *re-flectere* (*reflexum*) „zurückbiegen, zurückwenden" (bzw. lat. *animum reflectere,* „seine Gedanken auf etwas hinwenden") entlehnt. Das Substantiv Reflexion (frz. *réflexion*) stammt ursprünglich aus der Optik und bedeutet „Rückstrahlung" (von Licht, Schall oder Wärme), oder im weiteren Sinn „Vertiefung in einen Gedankengang, Überlegung, Betrachtung". Das Adjektiv reflexiv, „rückbezüglich", mit der älteren Bedeutung „auf sich selbst zurückwirkend" ist eine gelehrte neulateinische Bildung aus dem 19. Jahrhundert.

In der Geschichte der Philosophie wird die Bedeutung des Begriffs Reflexion (aber nicht das Wort selbst) zuerst mit Aristoteles' Darstellung der höchsten theoretischen Aktivität, dem „Denken des Denkens" (*nóesis noèseos*), in Verbindung gebracht. Urs Schällibaum (2001) zeigt in seiner philosophiegeschichtlichen Untersuchung der Begriffe Reflexion und Reflexivität, dass Reflexivität in jeder ausgestalteten Philosophie am Werk ist. Weder historisch noch systematisch lassen sich die beiden Begriffe voneinander trennen. Anders als in den philosophischen Wörterbüchern, wo das Wort Reflexion und nicht das Wort Reflexivität vermerkt ist, ist für Schällibaum Reflexivität in einem historischen Sinn ursprünglicher als die Theorie der subjektiven Reflexion, die die philosophische Methode anstelle des Gegenstandes zum Thema macht. Reflexivität umfasse zugleich die als allgemeines Thema gedachte subjektive Reflexion und das objektiv-logische Reflexive. „Diese ursprüngliche Reflexivität ist die Verbindung einer philosophischen ‚Reflexion' auf einer methodischen, diskursiven Ebene, auf welcher das allgemeine Thema der Reflexion noch nicht wahrgenommen wird oder nicht in der Gestalt der Subjektivität wahrgenommen werden muss, mit einer als allgemeines Problem wahrzunehmenden Reflexivität" (ebd., S. 21 f.).

Auf Reflexion als Methodenbegriff zielt Herbert Schnädelbachs klassische Studie „Reflexion und Diskurs" (1977): Reflexion sei der wichtigste Methodenbegriff der neueren Philosophie, aber keine Metatheorie. Sie sei eine Selbstthematisierung von Thematisierungsweisen. In mentalistischen Termini: Denken des Denkens, Erkennen des Erkennens, Bewusstsein des Bewusstseins. Reflexion verknüpfe das so Explizierte mit der Aufgabe einer philosophischen Begründung der Philosophie, die ihrerseits Wissenschaft und Moral begründen soll. Reflexion werde damit zum Medium der Selbstbegründung der Philosophie. Der Begriff Reflexion wird in der Philosophie auch verwendet, um Handlungen subjekttheoretisch zu begründen. Habermas fundiert die Begründung von Handlungen kommunikativ: Reflexion ist nicht mehr Angelegenheit eines einsamen Erkenntnissubjekts, sondern die in das kommunikative Handeln eingebaute Schichtung von Diskurs und Handeln. Schließlich bezieht sich Reflexion auch auf die Klärung von Begriffen. In Adornos Werk „Negative Dialektik" zeigt sich die Reflexionskategorie in der denkenden Konfrontation von Begriff und Sache.

1 *Reflexive turn*

Die alltagssprachliche Verwendung der Begriffe und ihre philosophische Analyse eröffnen das Problemfeld von Reflexion und Reflexivität in den Human- und Sozialwissenschaften: Reflexivität bezieht sich nicht allein auf die Aktivität des Subjekts, auf eine Denkform oder einen Bewusstseinsprozess, sondern auch auf gesellschaftliche Systeme, historische Epochen und auf spezifische Wissenschaftspraxen. Mit den Begriffen Reflexivität und reflexiv wird heute erstens eine spezifische Signatur der Moderne benannt. Zweitens bezeichnet der *reflexive turn* eine analytische Kategorie für einen Korpus sozialwissenschaftlicher Untersuchungen, die Antworten auf die Krise der Repräsentation wissenschaftlicher Darstellungen suchen. Drittens trägt der Begriff Reflexivität dazu bei, den Begriff von Subjektivität jenseits des sich selbst gewissen Subjekts zu bestimmen.

1.1 Reflexive Modernisierung

Als der Glanz des bürgerlichen Zeitalters verblasste, rückten in den Gesellschaftstheorien die Paradoxien der Modernisierung in den Blick. Georg Simmel und andere nahmen Analysen vorweg, die heute unter dem Namen reflexive Modernisierung durchgeführt werden. Aus der Unterscheidung zwischen einer Ersten und einer Zweiten

Moderne im Anschluss an soziologische Analysen von Ulrich Beck, Anthony Giddens und anderen resultierten differenziertere theoretische Instrumente, um die gegenwärtige Erosion von Basisunterscheidungen und Grundinstitutionen (wie Nationalstaat, Familie, Erwerbsarbeit) angemessener verstehen zu können. Eine „Modernisierung der Moderne" bzw. eine reflexive Modernisierung bedeutet, dass sich die Moderne selbst zum Problemfall geworden ist. Ihre Institutionen stehen vor der Herausforderung, eine neue Handlungs- und Entscheidungslogik entwickeln zu müssen, die nicht mehr dem Prinzip des „Entweder-Oder", sondern dem des „Sowohl-als-Auch" folgt. Während die Erste Moderne Störfälle als Krisen interpretierte, deutet eine Theorie der reflexiven Modernisierung solche Krisen als „normalen" Vorgang der Modernisierung. Dadurch verändert sich deren Bedeutung; sie werden als Momente möglicher Restrukturierungen und Rekonzeptualisierungen begriffen. Reflexivität bezieht sich auf jene Prozesse, durch die diese gesellschaftlichen Phänomene in ihrer Ungewissheit und Ambivalenz wahrgenommen werden können. Daraus entsteht für Sozialwissenschaften die Aufgabe, eine theoretische Sprache zu finden, um theoretische Referenzen danach zu beurteilen, ob sie in der Lage sind, diese Ungewissheiten und Ambivalenzen abzubilden, ohne selbst ambivalent zu sein. In der Erziehungswissenschaft sollte es etwa darum gehen, „pädagogisches Risikowissen" (Lenzen) zu entwickeln, um jene Risiken abzuschätzen, zu prognostizieren und zu kontrollieren, die vom pädagogischen Wissen selbst produziert werden. In der Ökonomie wird mit dem Konzept von Reflexivität (und gegen die klassische Gleichgewichtstheorie) zum Ausdruck gebracht, dass das Verhalten von Marktteilnehmerinnen und -teilnehmern die Grundlagen des Marktes verändern kann.

Zusammengefasst können Reflexivität und Reflexion im Sinne eines doppelten Prozesses beschrieben werden: Sozialer Wandel muss zunehmend als reflexiver Prozess verstanden werden und dies erfordert Theorien, die nicht nur diese Reflexivität als Bestandteil des Wandels begreifen und dies in die Theoriebildung aufnehmen, sondern die ihre eigene Wissensproduktion als Erklärung und Gegenstand dieses Prozesses in ihre Theorien einbeziehen. Reflexivität ist damit auch ein Gradmesser für die Qualität von Theorien und der Wissensgenerierung in den Sozial- und Humanwissenschaften.

1.2 Reflexive Humanwissenschaften

Der *reflexive turn* charakterisiert eine Neuorientierung in den Kulturwissenschaften. Von *reflexive turn* spricht Doris Bachmann-Medick (2009) dann, wenn der neue Forschungsfokus von der Gegenstands- und Inhaltsebene auf die Ebene von Analysekategorien und Konzepten „umschlägt", wenn also Reflexivität zum Erkenntnismittel und -medium wird. Aus beschreibenden Begriffen werden operative Begriffe, die andere Konzepte von Wirklichkeit hervorbringen. Der *reflexive turn* bezieht sich auf die bereits bei Clifford Geertz geäußerte Krise der Repräsentation: Wie lassen sich fremde Kulturen in wissenschaftlichen Darstellungen angemessen darstellen? Geertz (1987) bezieht sich auf die Reflexion des wissenschaftlichen Schreibens, der wissenschaftlichen Praxis der Erkenntnisgewinnung und der damit verbundenen Bedeutungsproduktion. Diese Momente tangieren nicht nur das Verhältnis von Erkenntnissubjekt und Erkenntnisobjekt, sondern auch das Verhältnis von Darstellung und Dargestelltem, die durch kategoriale, begriffliche und rhetorische Voraussetzungen auseinander fallen. Damit ist die Gefahr verbunden, zwischen Subjekt und Objekt, zwischen dem Ich und dem Anderen eine Differenz zu essentialisieren und eine Asymmetrie einzuführen, die reale Machtverhältnisse widerspiegelt. Reflexive Anthropologie fragt deswegen danach, wer spricht, wer schreibt und unter welchen institutionellen Bedingungen dies geschieht.

Der *reflexive turn* findet sich ebenso in der Soziologie, etwa bei Pierre Bourdieu (Bourdieu/Wacquant 1996), in der reflexiven Erziehungswissenschaft oder in der Psychologie des reflexiven Subjekts. Die Möglichkeit von Forscherinnen und Forschern, gegenüber der eigenen Position einen absoluten Standpunkt einnehmen zu können, wird hier als scholastische Illusion über die Allmacht des Denkens verworfen. In der Psychologie wird von einer Subjekt-Objekt-Konfundierung gesprochen: Forschende sind Erkenntnissubjekte und -objekte in einer Person, ohne dass die Einflüsse dieser Duplizierung kontrolliert werden können.

1.3 Systemreflexivität

Reflexivität kann sich auf die Verfassung des Subjekts, aber auch auf die Beschaffenheit von Systemen beziehen. Exemplarisch kann dafür die Systemtheorie Niklas Luhmanns stehen. Reflexion beschreibt eine bestimmte Form der Selbstreferenz sozialer Systeme, die in ihren Operationen die Differenz von System und Umwelt zugrunde legen. Die Selbstreferenz dient der autopoietischen Reproduktion, das heißt der Reproduktion des Systems aus sich selbst heraus. Die Orientierung an der Differenz von System und Umwelt erlaubt es dem System, Konditionierungen durch die Umwelt selbst zu wählen. Ähnliches gilt für psychische Systeme, die für sich selbst operativ unerreichbar und damit auch für die eigenen Operationen intransparent bleiben. Hier liegt für Luhmann der Grund, weshalb klassische Theorien der Selbstreflexion, sei es des Bewusstseins, sei es des „Geistes", mit dem binären Schema bestimmt bzw. unbestimmt arbeiten.

2 Reflexivität und Subjektivität

Für Johann Gottfried Herder (1744–1803) ist Reflexion der mentale Zustand der Besonnenheit, wie er in „Über den Ursprung der Sprache" sagt. Sie ist eine anthropologische Konstante und sprachlicher Art. In der Reflexion wird der unablässige Strom der durch sinnliche Wahrnehmung erzeugten Bildung angehalten. Der Gegenstand, auf den sich die Aufmerksamkeit richtet, wird in seinen wesentlichen Eigenschaften erfasst.

Die Sprache ist auch für Wilhelm von Humboldt (1767–1835) der erste Akt der Reflexion. Durch diese erwacht der Mensch aus der Dumpfheit der Begierde, wird Selbstbewusstsein, indem er sich einem Objekt gegenübersieht. Die Reflexion ist der Akt eines mächtigen Subjekts und zugleich fällt in der Reflexion Denken und Wahrnehmen auseinander und als Folge davon Denken und Gedachtes, Denken und Erfahrung. Reflexion trifft auf Reflexivität und erzeugt einen Riss, der die Mächtigkeit des Subjekts in Frage stellt.

Auf Jean-Jacques Rousseau (1712–1778) geht der Gedanke zurück, dass Reflexion wesentlich Trennung und verantwortlich für die Zerrissenheit der modernen Welt ist. Sie könne nicht mehr durch eine Reflexion der Reflexion überwunden werden, vielmehr sei der Mensch durch seine exzentrische Positionalität bestimmt.

Während sich die Exzentrik noch mit einem Subjekt vertrug, das seine Souveränität gerade aus der exzentrischen Positionalität bezog, lässt sich Reflexivität nach den neueren theoretischen Einsichten der strukturalen Anthropologie, der poststrukturalistischen Theorien und der Philosophie der Dekonstruktion nicht mehr als Zeichen eines intentionalen, sich selbst gewissen Subjekts interpretieren. Vielmehr stellt sich die Frage, in welcher Weise Subjektivierungsformen Gegenstände anthropologischer Untersuchungen sind und welche Rolle dabei Reflexivität spielt. Zwei Richtungen innerhalb der Anthropologie stehen exemplarisch für das Verhältnis von Reflexivität, Subjektivität und Anthropologie: der Ansatz der kritischen Anthropologie von Dietmar Kamper und eine subjektkritische Anthropologie der Vernunft, wie sie Paul Rabinow vertritt.

2.1 Anthropologische Differenz: Reflexion und Reflexivität

Von Kamper (vgl. 1973) stammt ein früher Versuch, die Frage nach dem Menschen zwischen Geschichte und menschlicher Natur zu artikulieren und dabei das Verhältnis von Subjektivität und Reflexivität methodologisch elaboriert zu theoretisieren. In seinen frühen Arbeiten entwirft er eine kritische Anthropologie, in der weder die transzendentale Subjektivität ein ahistorischer Horizont objektiver wissenschaftlicher Erkenntnis ist noch das konkrete Individuum als ein fertiger Knotenpunkt egozentrischer Bedürfnisse begriffen werden kann. Individuen sind vielmehr in die gesellschaftliche Produktion und Reproduktion eingelassen, wie sie sich in Sozialisation und Erziehung manifestieren. Jede Auseinandersetzung mit dem Menschen, mit Subjektivität und Reflexivität muss davon ausgehen, dass das „Objekt" der Humanwissenschaften zugleich ihr „Subjekt" ist. Dies impliziert, dass die „Sache" der Anthropologie mit der Methode, die den Zugang zur Sache freilegen soll, unauflösbar verknüpft ist. Für die Anthropologie sei es entscheidend, welche Auffassung vom Menschen in die Methode seiner Erkenntnis und Erforschung eingeht. Methodologische Fragen sollen dabei nicht als eine Metatheorie fungieren; sie sind jedoch wichtige Bedingungen für die Untersuchung „des materialen Mediums", nämlich der Praktiken, Körper, Sinne, Gefühle, Rituale, Denkweisen und

Deutungsmuster. Sie halten den Begriff des Menschen offen, indem sie die produktive Spannung der anthropologischen Differenz zwischen Geschichte und Natur thematisieren, eine Differenz, die in der materialen Analyse die methodische Reflexion der Humanwissenschaften zur Anwendung bringt und dabei die Reflexivität der Praktiken von Individuen berücksichtigt (vgl. Wulf/Kamper 2002).

Zu den Grundkategorien der kritischen Anthropologie zählt Kamper (1973, S. 99 ff.) in „Geschichte und menschliche Natur" neben dem Individuum, der Aufklärung und anderen auch den Begriff der Reflexion. Sie bezeichnet die Rückwendung der Erkenntnis auf sich selbst zur Erkundung ihrer verdeckten, divergierenden Interessen. Die Reflexion hat eine Differenz im erkennenden Welt- und Selbstverhältnis zum Gegenstand. Diese Differenz ist zwei divergierenden Verhältnissen geschuldet: zum einen dem Interesse an Verfügungsgewalt, zum anderen dem Interesse an einer menschlichen Praxis, die von der Idee vom richtigen Leben inspiriert wird. Aus der Reflexion dieses Spannungsverhältnisses entsteht die Kraft zur individuellen Emanzipation. Ein zentrales Merkmal der anthropologischen Differenz bildet das Verhältnis von Reflexion und Reflexivität. Die anthropologische Reflexion stößt, wenn sie gelingt, auf die Reflexivität des Menschen. Reflexivität ist kein geschlossenes System, sondern hat eine unabschließbare Struktur und ist, obwohl letzter Horizont individueller Erfahrung, gesellschaftlich und geschichtlich vermittelt. Die anthropologische Reflexion hat in diesem Sinn die unabgeschlossene Struktur der Reflexivität zum Gegenstand und sie bewahrt in der theoretischen Analyse diese Offenheit. „Was geleistet werden muß, ist der Nachweis einer […] anthropologischen Struktur, die für Abhängigkeit aber auch für Freiheit, für Selbstentfremdung aber auch für Selbstsein verantwortlich ist – einer Struktur mithin, welche die gesellschaftliche Isolation (‚Individuum') und soziale Integration (‚Person') ebenso transzendental wie konkret zu erläutern vermag" (ebd., S. 156).

In *Geschichte und menschliche Natur* kommt der Subjektivität keine begrifflich bedeutsame Stellung zu. Die anthropologische Differenz, die sich im Spannungsverhältnis von Reflexion und Reflexivität darstellt, eröffnet nicht den Raum für das Subjekt oder für Subjektivität, wird doch der Mensch vielmehr in der anthropologischen Differenz als Doppelbewegung bestimmt: als Individuum und Person. „Zum Postulat der ‚individualen' Erkenntnis des Menschen sind alle Verfahren des *Verstandes* zu rechnen, die eine Bemächtigung ihres Erkannten intendieren, also jene ‚Logik der Herrschaft', die das objektivierende Denken der Subjektivität durchherrscht. Zum Postulat der ‚personalen' Erkenntnis gehören die Verfahren der *Einbildungskraft,* die eine Vergegenwärtigung des ‚Gegenüber' (statt Bewältigung des Gegenstandes) erreichen wollen und einer streng genommenen ‚Logik der Interaktion' verpflichtet sind" (ebd., S. 159). Dieser Dualismus ergibt sich als Antwort auf die Frage, wie die – unvermeidliche – Aktivität des Begreifens mit der – notwendigen – Passivität der Erfahrung vereinbar ist. Beschrieben wird die Struktur des Raums, die sowohl die Emanzipation und das Auftauchen des Subjekts als auch die Verdinglichung und Entfremdung erklärbar macht. Struktur soll dabei im Anschluss an Überlegungen zur strukturalen Anthropologie von Lévi-Strauss das Postulat hervorheben, dass dieser Raum immer schon strukturiert ist und dass die Struktur das Ergebnis von Interpretationen einer bereits interpretierten Wirklichkeit ist. Subjektivität muss in der Folge als Bewegung dargestellt werden, die sowohl die polare Doppelbewegung des Individuums bzw. der Person berücksichtigt als auch das Verhältnis von Reflexion und Reflexivität.

Dies soll an einem Beispiel deutlich gemacht werden: Die nachfolgenden Überlegungen zum Glück und die Reflexion darüber zeigen nicht die Zerrissenheit des Subjekts durch Reflexion, auch nicht die reflexive Vollendung des Glücks, sondern die Gedankengänge, ihre Darstellung und Reflexion einer bereits durch Reflexivität durchdrungenen „Sache" bilden zusammen genommen die Bewegung von Subjektivität: „Glücklich sein kann nur der, der nichts von seinem Glück weiß; indem der Mensch über sein Glück nachdenkt, ist er schon nicht mehr das, was er eigentlich sein will: glücklich; in der Reflexion über das Glück verschwindet dasselbige. Oder: das Glück ist mehr als nur Lustempfindung; gerade in seiner Reflexivität liegt sein eigentliches Merkmal. Ist das Wissen um sein Glück ein notwendiger Bestandteil desselben? Oder aber sind die ‚wahren' Formen des Glücks, wie Ekstase, Rausch, Meditation, Spiel und Sport, eben solche, die das Denken und Wissen des Glücks an sich ausschließen? Sind Glückserfahrungen nicht auch solche, die Wirklichkeit erschließen, statt sie auszublenden? Bedeutet Glück nicht auch – und vor allem? – die Erfahrung von Realität aufgrund von Sachlichkeit und Gelassenheit?" (Zirfas 1997, S. 815).

Kamper hat in den späteren Werken das theoretische Grundgerüst ausdifferenziert und mit unterschiedlichen Theoriesprachen experimentiert, aber seine Grundintentionen nicht verändert. Verändert hat sich seine Einschätzung, ob und wie es gelingen kann, den durch die anthropologische Differenz eröffneten Raum theoretisch und praktisch offen zu halten. Kamper stellt ernüchtert fest, dass Subjektivität durch immer neue und subtilere Formen der Selbstkontrolle eingesperrt werde. So kippt Emanzipation in ihr Gegenteil: Der Kampf gegen Fremdbestimmung zeigt sich als ebenso vollständige wie unbemerkte Internalisierung von Zwangsritualen des Spiels, der Versöhnung von Regel und Freiheit – und schließlich noch durch „transparente Reflexivität" als Zeichen der Perfektionierung des *Homo clausus* (Kamper 1986, S. 92 ff.). Keine „andere" Praxis, keine große Theorie, keine noch so radikale Reflexion vermag einen Ausweg zu verheißen. Kamper erkundet in seinen späten Schriften diese Zwangsgewalten, aber auch Spuren, die im Denken und in der Sache den Zwängen der aufgeklärten Reflektiertheit entgehen wollen. Er findet sie in einer Logik des Unscharfen bei Serres, in der Einbildungskraft eines Nerval und Artaud oder in der Reversibilität der Geschichte, wie sie die Höllenvisionen von Bosch offenbaren.

2.2 Anthropologie der Vernunft

Paul Rabinow (2004a, S. 7) fragt in seinem Projekt einer „Anthropologie der Vernunft" nicht nach dem Menschsein als solchem, sondern nach der jeweiligen, den Menschen konstituierenden „Vernunft". An die Stelle der Spekulation über anthropologische Konstanten wird Wissen, das sich auf Menschen bezieht, daraufhin befragt, in welchen Formen es Menschen konstituiert. Rationalitätsformen sind Rationalisierungen, das heißt Zurechtlegungen, konstruierte Gründe, mit denen Handelnde sich und anderen erklären und rechtfertigen, warum sie tun, was sie tun. Diese Rationalisierungen haben einen reflexiven Charakter, der den Rationalitätsformen unterliegt und einerseits den Menschen reproduziert, andererseits auch Rationalität verändern kann.

Objekte der Rabinow'schen Anthropologie sind nicht Gesellschaft, Kultur oder Subjekt, sondern Problematisierungen, wie sie Michel Foucault in „Der Gebrauch der Lüste" skizziert hat. Eine Problematisierung ist weder Repräsentation eines existierenden Objekts noch diskursive Schaffung eines neuen Objekts. Problematisierungen sind Ensembles von diskursiven und nicht-diskursiven Praktiken, die einen Gegenstand der Reflexion konstituieren. Dieser Auffassung einer anthropologischen Forschungspraxis liegen zwei Überlegungen zugrunde: Erstens ist Denken kein Repräsentationssystem, sondern eine Aktivität der Distanzierung von jener Gegenwart, wie sie uns als scheinbar natürliche entgegentritt. „Nachdenken ist die Freiheit, die man im Verhältnis zu dem, was man tut, besitzt; es ist die Bewegung, durch welche man Abstand von sich gewinnt, sich selbst als Objekt konstituiert und über das Ganze dieser Bewegung als Problem nachdenkt" (Foucault, zit. nach Rabinow 2004b, S. 61). Die Aktivität des Denkens ist eng mit der Frage verknüpft, wie sich das Wissen über Menschen in einer bestimmten Lebensführung niederschlagen kann. Rabinows Forschungspraxis soll seinem Selbstverständnis gemäß zu einem Prozess der Selbstbildung beitragen, den man als Haltung oder Ethos bezeichnen kann. Auf diese Weise führt die Problematisierung als Objekt anthropologischer Forschung zu Formen der Subjektivierung, die eng mit Freiheit verknüpft sind. Weil dies auch eine ethische Praxis ist, die Verantwortung einschließt, und wir nicht anders können, als in der Welt aktiv zu sein, käme es darauf an, „Klarheit gegenüber sich selbst" zu schaffen.

3 Pädagogische Anthropologie als reflexive Wissenschaft

Zeitgenössische Ansätze in der anthropologischen Forschung zeichnen sich durch die Gemeinsamkeit einer Doppelbewegung von Reflexion und Reflexivität aus: Die Reflexivität des Gegenstandes ist auf die Reflexion der Perspektiven und Methoden anthropologischer Forschungspraxis bezogen. Diese ist eine reflexiv verfahrende Aktivität des Denkens, die sich selbst nicht völlig transparent ist, sondern sich als Riss zwischen Erfahrung und Denken, zwischen Sache und Denken manifestiert und Eingang in das Denken findet. Das bedeutet, dass anthropologische Forschungen nicht einfach ihre Objekte vorfinden wie die Natur, sie aber auch nicht konstruieren, wie wir über soziale Dinge sagen, sie seien sozial konstruiert. Denn im Spannungsverhältnis von Forschungspraxis und Gegenstand der Forschung sind Rationalisierungsformen und Subjektivitäten möglich, die sich weder auf das Denken noch auf das Gedachte reduzieren lassen.

Literatur

Bachmann-Medick, Doris (2009): Cultural Turns. Neuorientierungen in den Kulturwissenschaften. 3., neu bearb. Aufl. Reinbek.

Bourdieu, Pierre/Wacquant, Loïc (1996): Reflexive Anthropologie. Frankfurt/M.

Geertz, Clifford (1987): Dichte Beschreibung. Frankfurt/M.

Kamper, Dietmar (1973): Geschichte und menschliche Natur. Die Tragweite gegenwärtiger Anthropologiekritik. München.

Kamper, Dietmar (1986): Zur Soziologie der Imagination. München.

Rabinow, Paul (2004a): Anthropologie der Vernunft. Studien zu Wissenschaft und Lebensführung. Frankfurt/M.

Rabinow, Paul (2004b): Was ist Anthropologie? Frankfurt/M.

Schällibaum, Urs (2001): Reflexivität und Verschiebung. Wien.

Schnädelbach, Herbert (1977): Reflexion und Diskurs. Fragen einer Logik der Philosophie. Frankfurt/M.

Wulf, Christoph/Kamper, Dietmar (Hrsg.) (2002): Logik und Leidenschaft. Erträge Historischer Anthropologie. Berlin.

Zirfas, Jörg (1997): Glück. In: Wulf, Christoph (Hrsg.): Vom Menschen. Handbuch Historische Anthropologie. Weinheim und Basel, S. 812–821.

Autonomie

Alfred Schäfer

1

Fasst man Autonomie als (moralische) Selbstgesetzgebung, so funktioniert dieses Konzept vor allem als polemische Strategie gegen eine mögliche und in seinem Namen zu identifizierende Fremdbestimmung. Gegen überkommene Normen und Vorstellungen über das eigene Leben selbst zu bestimmen ist eine Forderung in der Tradition der neuzeitlichen Aufklärung, die breiten Eingang in alltägliche Selbstverständnisse gefunden hat. Dabei ist dieses Konzept der Selbstgesetzgebung alles andere als voraussetzungslos und unproblematisch. Vieles spricht dafür, dass es durch gegensätzliche und kaum zu vereinbarende Komponenten zusammengehalten wird, die jede für sich problematisch sind. Im Begriff der Autonomie ist die Verbindung eines Selbst, das aus sich heraus Gesetze formuliert, mit der Vorstellung eines Gesetzes zusammengedacht, das verbindlich beansprucht, das Selbst und seine Ausarbeitung zu regulieren. Ein autonomes Ich, das sich Gesetze gibt, darf keinen ihm vorgängigen Grund haben: Es muss grundlos oder frei sein, um sich ein Gesetz geben zu können. Es darf also weder durch soziale Regeln noch durch ererbte Disposition oder allgemein als vernünftig geteilte Ansichten bestimmt sein. Zugleich aber sollen die Gesetze, die es sich gibt, Gesetze, d.h. verbindlich für es sein. Sie sollen also festlegen, wer das autonome Ich zu sein hat, und sie sollen ihm als Gesetze dabei keine Wahl lassen. Sie sollen also jene grundlose Freiheit, die an-archische Grundlosigkeit aufheben, die doch ihre konstitutive Voraussetzung ist. Man wird jedoch davon ausgehen können, dass diese grundlose Freiheit mit der Berufung auf Autonomie sich weitere Bestimmungen zu geben vermag, die die Gesetzeskraft der Gesetze durchkreuzen. Und man wird ebenso annehmen können, dass die moralischen Gesetze unter Berufung auf ihren grundlosen Grund, i.e. Freiheit, eben dieser Freiheit ihren an-archischen Charakter streitig machen werden.

Autonomie, verstanden als Selbstgesetzgebung, zeigt sich von hier her als ein Spannungsfeld, in dem eine grundlose Freiheit als einzig legitime Konstitutionsbedingung des moralischen Gesetzes angerufen wird und in dem gleichzeitig dieses Gesetz mit der Kraft ausgestattet zu sein scheint, konstitutiv für das zu sein, was noch als Freiheit anzusehen ist. Dieses Spannungsfeld scheint kaum aufhebbar zu sein: Man wird sich kaum ein Drittes – wie etwa die Vernunft – vorstellen können, von dem her man sich eine solche Versöhnung vorstellen könnte. Dies liegt einfach daran, dass dann ein solches Drittes immer schon die Freiheit regulieren, ihr also doch einen vorgängigen Grund einziehen müsste. Zugleich wäre dieser vorgängige Grund auch als Kriterium an das Gesetz anzulegen, was ebenfalls die Bedeutsamkeit des Subjekts in seinem Anspruch, Geltungsgrundlage für dieses Gesetz zu sein, relativiert.

Im Folgenden sollen zunächst einige kursorische Überlegungen auf die historische Konstellation verweisen, in der das Autonomiekonzept Konturen gewinnt (2). Dann soll noch einmal das angedeutete Spannungsfeld dieses Konzepts in seinen Implikationen und Figurationen aufgerufen werden (3), bevor abschließend der Frage nachgegangen wird, inwiefern nicht (ethische) Konzeptionen, die das Selbst von einem unverfügbaren Anderen her verstehen, eine andere Zentrierung der beiden widerstreitenden Aspekte von Grundlosigkeit und Selbstbindung gestatten (4).

2

Dass ein Individuum aus sich heraus, auf eigener Grundlage sich selbst Gesetze zu geben vermag – Gesetze, für die es keinen anderen Grund als es selbst geben soll –, bildet eine neuzeitliche Vorstellung. Solange die Welt, die soziale Ordnung und das menschliche Handeln als Ausdruck einer göttlichen Schöpfung oder einer ihnen voraus liegenden kosmischen Ordnung verstanden wurde, solange gab es einen (transzendenten) Grund. Jeder Anspruch, im eigenen Namen, also gegen diesen Grund Gesetze geben zu wollen, wäre als Frevel, Sünde oder Hybris erschienen. Auch solche Ordnungen ließen Freiheitsspielräume zu. Aber diese Spielräume etwa gegenüber der sozialen Ordnung waren solche im Rahmen der grundlegenden Ordnung. Man konnte auch im Namen dieser transzendenten (etwa religiösen) Grundlage aktuelle Zustände in der gegebenen sozialen Ordnung kritisieren, aber eben nicht im eigenen Namen.

Am Beispiel der Sozialvertragstheorie, wie sie etwa Thomas Hobbes (1966) gegen Ende des 30jährigen Krieges entwarf, lässt sich der historische Neueinsatz gut verdeutlichen. Der 30jährige Krieg, der im Namen unterschiedlicher katholischer und protestantischer Gottesvorstellungen geführt wurde, ließ die Annahme eines einheitlichen Schöpfungsgrundes verblassen und Hobbes stellte die moderne Frage, die sich bis zu Talcott Parsons und Niklas Luhmann durchhält: Wie ist soziale Ordnung möglich? Zur Dramatisierung dieser Frage nahm er an, dass die Welt der Menschen zunächst aus egoistischen und miteinander in Konkurrenz stehenden Individuen besteht: Kein vorgängiges, etwa durch Gott gestiftetes soziales Band eint das Selbstbehauptungsstreben dieser Individuen, das nun selber als letzter Grund erscheint. Hobbes' Idee liegt nun darin, dass nur diese Individuen aus sich selbst heraus und in eigennütziger Überwindung ihres Egoismus per Grundvertrag die gesellschaftliche Ordnung gründen können: Um einen ruinösen Konkurrenzkampf zu vermeiden, werden sie sich im eigenen Interesse auf eine gesellschaftliche Ordnung einigen, deren Gesetze dann für alle verbindlich sein werden. Es ist die Fiktion einer Gemeinschaft der autonomen Einzelnen, die sich ein solches verbindliches „Grundgesetz" gibt, das definiert, wer sie im sozialen Rahmen auf welche Weise, nach welchen Regeln zu sein haben – das sie damit als Gemeinschaft erst hervorbringt. Hobbes sieht dabei das Problem sehr deutlich, das sich aus der autonomen Setzung des Grundes und seiner die Autonomie aufhebenden Verbindlichkeit ergibt. Der Grund darf durch die freien Individuen nicht noch einmal neu gesetzt oder verändert werden können. Deshalb muss die Verbindlichkeit mit Gewalt – durch den Staat als Leviathan, der selbst den von ihm gegebenen Gesetzen nicht unterliegt – gegenüber den Individuen durchgesetzt werden: Der Gesellschaftsvertrag ist als autonome Setzung zugleich ein Unterwerfungsvertrag. Dies scheint er sein zu müssen, weil die Individuen in ihrer grundlosen Freiheit sich mit der Vermeidung der Konkurrenz zwar ein Motiv, einen Grund gegeben hatten; solange die Grundlosigkeit solcher Setzungen allerdings besteht, bedeutet sie eine Gefahr für die einmal etablierte Ordnung.

An dieser Figur, die die Grundstruktur der Autonomie expliziert, ändert sich auch in der von Jean-Jacques Rousseau (1962) vorgetragenen Gegenperspektive wenig. Rousseaus Vorschlag besteht darin, dass – entgegen der Unterwerfungsperspektive unter einen selbstinstallierten Herrscher – der autonome Gesetzgeber im idealen Fall den von ihm gegebenen Gesetzen selbst unterworfen ist, und dass er sich nur die Gesetze gibt, die er auch akzeptiert. Der Gesamtwille aller Einzelnen als Subjekt und Adressat der Gesetzgebung, als mit sich identischer, ist dann der Garant für die Einheit von Freiheit und Verbindlichkeit. Es ist die formale Identität von Subjekt (der Freiheit) und Objekt (der Bindung), die für Rousseau das Spannungsverhältnis der Autonomie aufzulösen scheint. Und dennoch ist das Modell selbst wiederum von Voraussetzungen abhängig: Es müsste zunächst einmal als solches etabliert werden, wofür Rousseau auf die (quasi-göttliche) Funktion eines weisen Gesetzgebers zurückgreift. Es müsste zudem so funktionieren, dass diese Identität wirklich gegeben wäre: dass der Gesamtwille (*volonté générale*) nicht nur der Wille aller (*volonté des tous*) wäre, dass er reiner Ausdruck einer moralisch qualifizierten Gemeinschaft und nicht nur eines faulen Kompromisses wäre. Nur unter diesen Voraussetzungen könnte davon ausgegangen werden, dass sich die Autoren des Gesetzes auch „wirklich" frei entschieden haben und sich aus diesem Grunde auch an das von ihnen gegebene Gesetz halten. Rousseaus Ausweg angesichts des in der Autonomie liegenden Spannungsverhältnisses besteht also darin, ein idealisiertes, vielleicht unmögliches Modell der Einheit von Subjekt und Objekt anzugeben – eine Einheit, die sich als solche nur im (immer schon legitimen) Gesetz zeigt und die zu ihrer Ermöglichung einer transzendenten Voraussetzung bedarf.

Immanuel Kant (1974a), der dieses Modell der Selbstgesetzgebung für die praktische Philosophie fruchtbar machte, ohne allerdings auf einen transzendenten Einsetzungsgrund wie den Gesetzgeber zurückzugreifen, betont die Unwahrscheinlichkeit seiner Wirklichkeit. Er geht davon aus, dass eine moralische Selbstgesetzgebung die Freiheit des Anfangen-Könnens voraussetzt: Ein moralisches Subjekt darf weder durch äußere Bedingungen noch durch Interessen, die aus der wahrgenommenen eigenen Position in diesem Feld resultieren, bestimmt werden. Es soll nur aus sich, auf der Grundlage eines „reinen" Willens entscheiden. Ob aber ein solcher reiner Wille auch empirisch angetroffen werden kann, muss offen bleiben. Da Kant zugleich annimmt, dass Freiheit im Sinne eines reinen Willens eine allgemein-menschliche und keine individuelle Größe darstellt, muss das Gesetz, das sich ein solches freies Subjekt gibt, ein allgemeines, für alle Menschen geltendes sein. Kant macht dem freien Willen also Vorschriften: Er soll sich in seiner Gesetzgebung an das Vernunftkriterium der Verallgemeinerbarkeit halten, da sonst im Hinblick auf seine Setzungen nicht von einem Gesetz gesprochen werden kann. Das autonome Ich gibt sich also nicht einfach ein Gesetz, sondern die Vorstellung des „vernünftigen" Gesetzes bestimmt noch, was als Autonomie angesehen werden kann. Die Grundlosigkeit, die Freiheit des setzenden Individuums wird so immer schon durch die Vorstellung seiner allgemeinen Vernunft bestimmt und damit gegründet; und es ist nicht zuletzt diese vernünftige Gründung der Freiheit, die dann auch dem gesetzten Gesetz seine Verbindlichkeit garantieren soll. Doch auch diese ist – aufgrund der Verstrickung der Menschen in die Welt – nicht gesichert. Trotz des Versuchs der Bindung der grundlosen Freiheit an die Vernunft und trotz eines Gesetzesbegriffs, der durch das Kriterium der Verallgemeinerbarkeit Geltung sichern soll, bleibt die moralische Welt der Autonomie auch für Kant eine bloße Möglichkeit, die empirisch nicht demonstriert, sondern auf die mit Hilfe der ästhetischen Urteilskraft nur verwiesen werden kann (vgl. Kant 1974b). Dennoch wird man die Möglichkeit einer solchen Autonomie annehmen müssen, wenn man (im modernen Verständnis) von einer moralischen Selbstbestimmung sprechen will.

3

Die Vorstellung der Autonomie bringt Freiheit und Gesetz zusammen. Und sie wirft damit zwei sich überkreuzende Problemstellungen auf: Warum soll sich jemand, der sich frei, d. h. ohne Grund eine Regel gibt, daran halten? Und: Inwiefern lässt die Vorstellung eines Gesetzes überhaupt diejenige der Freiheit zu? Hebt das Gesetz nicht jede Freiheit auf? Es bedeutet eine Entschärfung beider gegenläufigen Fragestellungen, wenn man sie – wie Kant – auf den gemeinsamen Grund der Vernunft zu verpflichten versucht. Dann wäre die Freiheit des Willens immer schon eine, die an der vernünftigen Gesetzesbegründung interessiert sei und damit als Freiheit schon gebunden wäre. Und dann wäre das Gesetz eines, das per definitionem Ausdruck dieser vernünftigen Orientierung und deshalb mit der es setzenden Freiheit kompatibel wäre. Die vorgängige Basis der Vernunft gestattet es dann, die Freiheit des Subjekts mit der objektiven Geltung des Gesetzes als Einheit zu denken – zumindest zu denken.

Wenn man allerdings die Vorgängigkeit dieses Grundes in Frage stellt und etwa die Freiheit nicht als allgemeine, sondern als individuelle Autonomie versteht, und wenn man das Gesetz als Regelbestimmung mit intersubjektivem und subjektivem Verbindlichkeits*anspruch* auffasst, dann nähert sich nicht nur die Moral den Bedingungen dieser Welt (ohne in ihnen aufgehen zu müssen). Wenn man aus unterschiedlichen individuellen Perspektiven darüber streiten kann, was vernünftig ist, dann zeigt sich auch das Spannungsverhältnis von Freiheit und Gesetz erneut in aller Deutlichkeit. Dabei lassen sich beide Pole gegeneinander ins Feld führen: Das Gesetz hebt die Freiheit der Selbstgesetzgebung auf, lässt diese gar unmöglich erscheinen. Die Betonung der Freiheit wiederum scheint das zu sein, was Ordnung verunmöglicht. Entlang dieser Zentrierungen lassen sich wiederum unterschiedliche Diskurse generieren.

In einem langen, immer wieder neu und anders einsetzenden (philosophischen, soziologischen, aber auch pädagogischen) Diskurs wird so nach der Möglichkeit von Freiheit und damit von Autonomie gefragt. Diese Möglichkeit scheint schon dadurch verwehrt, dass Individuen in sozialen Regelsystemen aufwachsen, dass sie Relevanz- und Sinnstrukturen übernehmen, die wiederum legitime Orientierungen, moralische Unterscheidungen und Urteilsmaßstäbe enthalten. Wie sollen Individuen zu einer freien Entscheidung unter diesen Voraussetzungen überhaupt fähig sein? Vielleicht muss man – eine Aufgabe für Pädagogen als Experten für die Realisierung des Unmöglichen – von Beginn an darauf achten, dass der freie Selbstausdruck des Kindes gegenüber sozialen Erwartungen möglich ist. Vielleicht helfen ja auch die reflexive Distanzierung oder eine Tat der Befreiung, der Loslösung weiter. Doch auch solche Strategien lösen das Problem, wie unter sozialen Voraussetzungen jene Freiheit möglich sein soll, die Autonomie gestattet, nicht. Die pädagogische Strategie verwickelt sich (seit Kant) in Paradoxien, Freiheit durch Lenkung ermöglichen zu wollen, moralische Autonomie durch (in ihrem Lichte) letztlich moralisch nicht zu legitimierende Handlungen herbeiführen zu wollen (vgl. Wimmer 2006). Reflexive Strategien, die die Regeln, denen man unterliegt, distanzieren und an von ihnen unabhängigen Maßstäben messen sollen, verstricken sich unentrinnbar in Kriterienkataloge und Wahrheitsregime, die als Möglichkeiten für Sinngebung und Rationalisierung sozial bereitstehen. Und auch Befreiungstaten, Loslösungen scheinen vorhersehbaren Drehbüchern zu folgen. Dabei scheint es gerade die Unlösbarkeit des Problems einer an-archischen Freiheit zu sein, die die diskursiven Bemühungen in Gang hält, die produktiv ist.

In einer gegenläufigen Erörterungstradition kann man fragen, wie denn, wenn die Freiheit des Individuums zentral gesetzt werden soll, überhaupt so etwas wie ein geordnetes Gemeinschaftsleben vorstellbar sein soll. Diese Diskussionslinie geht von der Gegebenheit, zumindest aber von der realen Möglichkeit einer grundlosen Freiheit aus und fragt nach den Konsequenzen. Dabei geht es letztlich darum, dieser Freiheit ein ihr vorgängiges Gesetz zu geben und sie so in geordnete Bahnen zu lenken. Dies kann – etwa in der Tradition der Geisteswissenschaften – so geschehen, dass man einen historisch durchgesetzten Denk- und Handlungsrahmen (einen Grundgedankengang; vgl. Flitner 1957) annimmt, der eine Grundlage für – auch konfligierende – individuelle Artikulationen bildet. Man kann aber auch – im Rückgriff auf eine aristotelische Tradition – ein (kommunitaristisches) Ethos postulieren, also eine gelebte Sittlichkeit, die individuellen Moralurteilen als Möglichkeits- und Begrenzungsgrund voraus liegt. Man kann aber auch mit Blick auf aktuelle und öffentlichkeitswirksame Debatten um das menschliche Gehirn das Freiheitsproblem neu diskutieren (vgl. Pauen 2008). In solchen Positionierungen, die von der Vorstellung einer organischen Gründung des Denkens ausgehen, kommt allerdings die Möglichkeit einer grundlosen und moralischen Freiheit nicht mehr vor; zu verhandeln ist nur noch die Möglichkeit von Wahlfreiheit angesichts eines Determinismus. Dass diese eigentümlichen – auch pädagogischen – Debatten, die angesichts der Freiheitsproblematik chronisch an Begründungsmangel leiden, dennoch eine solche Resonanz finden, könnte nicht zuletzt damit zu tun haben, dass man sich hier einerseits jenseits der Autonomieproblematik platzieren kann und andererseits als über das Herrschaftswissen Verfügender technisch „Autonomer" diesseits eines Human Engineering.

Man kann aber auch noch einen dritten Diskursstrang aufrufen, in dem die Autonomie als Problem des Denkbaren aufgerufen wird. Die traktierte Frage ist dann weder wie bedingungslose Freiheit möglich sein kann noch wie dem Gesetz gegenüber der Freiheit Geltung verschafft werden kann, sondern sie richtet sich eher auf die Problematik, wie es möglich ist, dass sich ein freies Individuum an eine von ihm selbst gesetzte Norm so bindet, dass es sie zur normativen Grundlage seines Selbstverhältnisses, der Arbeit an sich selbst macht. Wie also können selbstgesetzte Normen Gewalt über das setzende Individuum gewinnen? Wie ist es möglich, dass man, wissend um die eigene Konstitution des Gesetzes, sich doch daran als etwas bindet, das subjektiv-kontingente Wünsche, Befindlichkeiten und Orientierungen ordnet? Diese Frage zu beantworten scheint schwierig zu sein. Ihre Struktur aber – und das ist möglicherweise ein Grund für diese Schwierigkeit – verweist auf diejenige einer religiösen Erfahrung (vgl. Joas 1997). Vereinfacht könnte man sagen, dass diese Frage letztlich auf die andere verweist – diejenige, wie es kommt, dass einem unter den Bedingungen der Moderne und nicht mehr in einem Kontext göttlicher Offenbarungen etwas „heilig" wird. Mit diesem Verweis auf das Heilige ist neben der (Selbst-)Bindung ein zweiter Aspekt angesprochen, derjenige der Unverfügbarkeit, des Entzugs, der eine Beziehung konstituiert, die als solche asymmetrisch ist, weil das Heilige aufgrund des Entzugs eine unausdeutbare Macht erhält (vgl. Derrida 2001).

Die folgenden abschließenden Überlegungen versuchen nun, die hier verhandelte Fragerichtung nach der Verbindung von grundlos freier Setzung und der „religiösen" Erfahrung „heiliger Geltung" gleichsam umzukehren. Gefragt wird nun, ob nicht in jenen Ansätzen, die die Grundlosigkeit der individuellen Freiheit nicht von der autonomen Setzung, sondern von der Heteronomie im Verhältnis zum Anderen her denken, ein Weg zu finden ist, das Verhältnis von Freiheit und Gesetz, wie es den Autonomiegedanken spaltet, anders zu denken.

4

Eine Ahnung davon, was eine grundlose Freiheit bedeuten könnte, die aus der Situation der Nichtidentifizierbarkeit, der Nichtverfügbarkeit und damit der Unmöglichkeit, dem Anderen gerecht werden zu können, resultiert, hätte die Pädagogik schon früh – angesichts der Entdeckung des Kindes als Anderem – entwickeln können. Rousseau (1963) kann dabei als derjenige gelten, der diese Fremdheit, die Inkompatibilität des Kindes mit dem Erwachsenen betont hat, der wusste, dass die Selbst- und Weltverhältnisse von Erwachsenen und Kindern nicht nach den gleichen Rationalitätsmaßstäben betrachtet werden können. Er hat auch den einzigen Weg gewiesen, wie beides – und das heißt: eine pädagogische Beförderung der identitären Autonomie des Kindes – vorstellbar ist: im Rahmen einer imaginären Erzählung. Die Pädagogik – zumindest in ihrer Version als Praktische Pädagogik – hat jedoch an diese Erzählung geglaubt und sich aus diesem Grund in jene unauflösbaren Diskurse im Spannungsfeld der Autonomie (und die ihnen korrespondierenden Paradoxien) verstrickt. Eine Akzentsetzung, die das fremde Kind in den Fokus rückt, hätte demgegenüber dazu geführt, den Pädagogen, der auf diese Fremdheit, die er nicht verstehen kann, auf die daher eine adäquate Reaktion nicht begründbar erscheint, zum freien, grundlosen Menschen zu machen. Ein solcher Mensch wird zwar die unterschiedlichsten Gesichtspunkte zu berücksichtigen haben, aber er wird zugleich der Unbegründbarkeit seiner Entscheidung – und damit seiner Freiheit – ihren Raum zugestehen müssen.

Eben diese Konstellation, in der die Alterität des Anderen, aber auch Brüche in der scheinbar geordneten Welt des Sozialen jene grundlose Freiheit der eigenen Entscheidung hervorrufen, die als solche auch gerade den Status dessen affiziert, was dann noch ein „Gesetz" heißen kann, wird in neueren Ethikkonzeptionen verhandelt. Diese sollen hier insoweit aufgerufen werden, als sich in ihnen das Verhältnis von Freiheit und Gesetz – und damit die Konstellation dessen, was Autonomie heißt – verschiebt: eine Verschiebung, die, wie der Verweis auf die Fremdheit des Kindes zeigen sollte, durchaus nicht jenseits eines möglichen pädagogischen Selbstverständnisses liegt. Diese Verschiebung besteht nicht zuletzt darin, dass in der für geordnet gehaltenen, der identifizierten und mit Hilfe der eigenen Möglichkeiten und Fähigkeiten für verfügbar gehaltenen Welt Risse auftreten, die eine Orientierung und damit das Vertrauen auf die eigenen Fähigkeiten zur begründeten Setzung in Frage stellen. Etwas, ein Ereignis, die Intransparenz des Anderen, die Erfahrung seiner Alterität, fallen aus der Ordnung des „Seins", die eben auch die Ordnung der gängigen Orientierung ist, entlang derer sich ein Selbst figuriert. Es ist dieses Scheitern der Ordnung und des geregelt erscheinenden Verhältnisses zu ihr, die den moralischen Raum der Grundlosigkeit hervorruft. Als Ort der Freiheit ist diese Grundlosigkeit nun aber anders bestimmt. Sie ist nun kaum noch als ein Ort zu verstehen, von dem her sich ein moralisches Ich durch eine Gesetzgebung eine moralische Welt gibt, die dann für es verbindliche Gültigkeit haben soll. Vielmehr ist das, was oben als Struktur einer religiösen Erfahrung angesprochen wurde, nun als das anzusehen, was noch die freie Setzungstätigkeit bestimmt. Im Verhältnis zu Geltungsansprüchen, die nicht der Logik sozialer Ordnung unterliegen, die rätselhaft bleiben und dennoch ein – nun nicht mehr begründbar erscheinendes – Handeln fordern, wird man die grundlose Freiheit nun als etwas nachträgliches, als „bedingte Grundlosigkeit" ansehen können. Diese Bedingtheit ist dabei keine, die in der symbolischen Vergewisserung des Sozialen hinreichend kodiert werden könnte: Sie bildet keine soziale Verpflichtung, sondern etwas, dem man sich frei, also grundlos stellen muss – eine Herausforderung, der man antworten muss, ohne dass dafür Kriterien im Gegenüber noch in der eigenen „Rationalität" ausgemacht werden könnten. Es gibt also weder Kriterien für einen „richtigen" Gebrauch der Freiheit angesichts des sie Herausfordernden noch gibt es Kriterien für das, was als ein Gesetz gelten könnte. Weder erfassen Vernunftunterstellungen, die die Freiheit begrenzen sollen, noch eine Universalisierbarkeitsregel oder ein Nützlichkeitsprinzip das, was in dieser Fassung des moralischen Raums das Moralische darstellt.

Diese Heteronomie, diese Abhängigkeit, die die Notwendigkeit einer grundlosen Freiheit konstituiert, ist so gerade nicht diejenige von der sozialen Ordnung, in der man sich zu bewegen weiß. Das aber bedeutet wiederum nicht, dass der konstituierte Raum moralischer Freiheit und Verantwortung durch den Einbruch des Ereignisses, das diese Ordnung in Frage stellt – d. h. durch die asymmetrische Konfrontation mit einer Andersheit, gegenüber der man über keinen Reaktionsmaßstab verfügt –, sich jenseits des Sozialen befinden würde. Er steht für die sich im Sozialen auftuende Grundlosigkeit seiner Ordnung, ihrer vermeintlich rationalen Verfasstheit. Am Beispiel eines Wortspiels macht Derrida die Differenz im Sozialen deutlich: „Tout autre est tout autre" (Derrida 1994, S. 395). Jeder ist wie jeder andere, damit identifizierbar, vergleichbar, letztlich gleich. Aber auch: Jeder andere ist ganz anders, singulär, nicht in einer symbolischen Ordnung von Identifikation und Vergleichbarkeit verortbar.

Aus einer phänomenologischen Perspektive spricht Waldenfels (1995) davon, dass wir in jeder Kommunikation auf einen anderen antworten, dessen Anspruch an uns wir niemals mit Bestimmtheit identifizieren können. Jederzeit kann diese jeder Sozialität voraus liegende moralische Dimension der Responsivität zum Problem werden, die grundlose Freiheit als solche aufrufen. Auch Derrida (2003) verweist darauf, dass es keine soziale Kommunikation gibt ohne die schon in der Anrede gegebene Vorleistung eines Vertrauens, das grundlos ist und uns aufs Spiel setzt. Critchley spricht im Anschluss an Lévinas (2002) davon, dass die ethische Erfahrung, wie sie in der Konfrontation mit dem „unendlich fordernden Anspruch" des Anderen gegeben ist, der sich weder dem identifizierenden Denken noch den Regeln adäquaten und richtigen Handelns fügen will, das Subjekt spaltet (vgl. Critchley 2008, S. 69 ff.). Sich dieser unendlichen und unerfüllbaren Forderung zu stellen, sich einem (traumatischen) Ereignis wie der unabweisbaren Erfahrung von Ungerechtigkeit verpflichtet zu fühlen, darin besteht für Badiou (2003) die „Wahrheit" der Ethik: Ihre Wahrheit besteht in einer Treue zum Ereignis, in der Übernahme einer unendlichen Verpflichtung, die für Badiou notwendig zum (politischen) Konflikt mit der Ordnung des Sozialen führen wird.

Diese kursorischen Verweise mögen genügen, um den gegenüber der eingangs skizzierten Autonomiefrage anderen Einsatz anzudeuten. Weiterhin wird die individuelle Freiheit als Grundlosigkeit adressiert. Die Rhetorik dieser Freiheit ist nun jedoch keine mehr, die Gesetze zu geben vermag. Angesichts der Abhängigkeit von der traumatischen Erfahrung eines den Grund des Sozialen in Frage stellenden Ereignisses, der „religiösen" Erfahrung einer uneinholbaren Forderung der Andersheit wird diese Freiheit nun zum Ort eines Antwortens, eines unzureichenden Versuchs des Gerechtwerdens, des Vertrauens oder der Unentscheidbarkeit. Ihre Voraussetzung ist dabei immer schon der Einbruch jener Differenz im Sozialen, die die unbeantwortbare Frage nach dem Gesetz des sozialen Gesetzes stellt. Auf diese Weise wird das die Autonomie durchziehende Spannungsverhältnis von grundloser Freiheit und Gesetz transformiert in eines, in dem die Verpflichtung zur Freiheit aus der in Ereignis und Alterität aufbrechenden Grundlosigkeit des Sozialen resultiert. Dass die soziale Grundlosigkeit moralisch, durch ein moralisches Gesetz nicht geschlossen werden kann, mag man angesichts der Verpflichtung als schuldhafte Verstrickung gegenüber dem Anderen ausbuchstabieren; die Aufgabe gegenüber der „unendlichen Forderung" könnte aber auch darin bestehen, ihr – und damit ebenso der eigenen Freiheit wie der moralischen Unbegründbarkeit der sozialen und symbolischen Ordnung – die Treue zu halten.

Beide Ausgänge verweisen auf für das pädagogische Denken schwierige Fragen: einerseits, ob man dem fremden Kind gerecht werden kann (vgl. Schäfer 2007) und andererseits, wie man sich in der Differenz von sozialer und moralisch-politischer Ordnung situiert. Aber beide rufen, wenn auch anders und ohne Machbarkeitsfantasien, die trotz „Illusionen von Autonomie" (vgl. Meyer-Drawe 1990) mit diesem Konzept verbunden zu sein scheinen, erneut die Frage auf, wie man im Horizont des Unmöglichen Möglichkeiten denken soll.

Literatur

Badiou, Alain (2003): Ethik. Versuch über das Bewusstsein des Bösen. Wien.

Critchley, Simon (2008): Unendlich fordernd. Ethik der Verpflichtung, Politik des Widerstands. Zürich/Berlin.

Derrida, Jacques (1994): Den Tod geben. In: Haverkamp, Anselm (Hrsg.): Gewalt und Gerechtigkeit. Derrida – Benjamin. Frankfurt/M., S. 331–445.

Derrida, Jacques (2001): Glaube und Wissen. Die beiden Quellen der „Religion" an den Grenzen der bloßen Vernunft. In: Derrida, Jacques/Vattimo, Gianni (Hrsg.): Die Religion. Frankfurt/M., S. 9–106.

Derrida, Jacques (2003): Über eine gewisse unmögliche Möglichkeit, vom Ereignis zu sprechen. Berlin.

Flitner, Wilhelm (1957): Das Selbstverständnis der Erziehungswissenschaft in der Gegenwart. In: Ders.: Gesammelte Schriften III: Theoretische Schriften. Paderborn 1981, S. 310–349.

Hobbes, Thomas (1966): Leviathan oder Stoff, Form und Gewalt eines kirchlichen und bürgerlichen Staates. Frankfurt/M.

Joas, Hans (1997): Die Entstehung der Werte. Frankfurt/M.

Kant, Immanuel (1974a): Kritik der praktischen Vernunft. Frankfurt/M.

Kant, Immanuel (1974b): Kritik der Urteilskraft. Frankfurt/M.

Lévinas, Emmanuel (2002): Totalität und Unendlichkeit. Versuch über die Exteriorität. Freiburg/München.

Meyer-Drawe, Käte (1990): Illusionen von Autonomie? Diesseits von Ohnmacht und Allmacht des Ich. München/Kirchheim.

Pauen, Michael (2008): Illusion Freiheit. Mögliche und unmögliche Konsequenzen der Hirnforschung. Frankfurt/M.

Rousseau, Jean-Jacques (1962): Der Gesellschaftsvertrag. Stuttgart.

Rousseau, Jean-Jacques (1963): Emile oder über die Erziehung. Stuttgart.

Schäfer, Alfred (Hrsg.) (2007): Kindliche Fremdheit und pädagogische Gerechtigkeit. Paderborn.

Waldenfels, Bernhard (1995): Antwortregister. Frankfurt/M.

Wimmer, Michael (2006): Dekonstruktion und Erziehung. Studien zum Paradoxieproblem in der Pädagogik. Bielefeld.

Kapitel 8
Grenzen

Gott

Peter Bubmann

Kommt Gott ins Spiel der Pädagogik, sind sofort pädagogische Grundfragen berührt. Woher nimmt die Erziehung(swissenschaft) ihre Zuversicht, den Menschen zum besseren Leben hinführen zu können? Worin liegen letzte Begründungen und Zielhorizonte der Bildung? Welchen Menschen meint die Allgemeinpädagogik, wenn sie von Pädagogischer Anthropologie und Bildsamkeit spricht?

Nach einer (zu) langen Phase der Dominanz der Kirche über das Erziehungswesen bis 1918 und einem knappen Jahrhundert der zunehmenden Verdrängung des Religiösen aus der allgemeinen Pädagogik besteht im 21. Jahrhundert die Chance, wieder unverkrampfter die pädagogisch-anthropologisch wertvollen Impulse religiöser Traditionen in die Pädagogik und Bildungstheorie einzubringen (vgl. Wulf/Macha/Liebau 2004; Ziebertz/Schmidt 2006; Schweitzer 2011).

Naheliegend ist es, dass Religionspädagogen wie kirchliche Dokumente die religiöse Dimension im Bildungsdenken herausarbeiten und mit den Kategorien von Freiheit und Menschenwürde verbinden (vgl. Kirchenamt der EKD 2003; Schweitzer 2011). Gott (bzw. die religiöse Dimension) wird dann als eine letztlich notwendige Voraussetzung pädagogischer Prozesse und der Bildsamkeit des Menschen thematisch, die die Pädagogik nicht selbst schaffen kann. Der Hinweis auf das biblische Menschenbild wird dabei eingebracht als „befreiende Bedingung der Möglichkeit menschlich maßvollen, der eigenen Grenzen bewussten Denkens und Tuns" (Kirchenamt der EKD 2003, S. 60). Vom zu bildenden Menschen werde also dann angemessen geredet, wenn auch sein Status als Geschöpf und Gegenüber Gottes zur Sprache komme. Eine (katholisch-)transzendentaltheologische Variante dieser theologisch-anthropologischen Fundierung der Pädagogik legte der katholische Allgemeinpädagoge und Theologe Helmut Peukert schon in den 1980er Jahren vor: Ein Freiheit ermöglichendes pädagogisches Handeln sei auf voraussetzungslose kreativ-kommunikative Freiheitsvorleistungen angewiesen. Der Grund solcher im Bildungsprozess immer schon unterstellten Freiheit könne letztlich nur eine auch noch die Opfer der Geschichte rettende absolute, befreiende Freiheit sein – eben der Gott der Bibel (vgl. Bubmann 1995, S. 288–295). Gott wird hier in die Begründung der Pädagogik eingeführt, um deren Paradoxien und Grenzfragen zu bearbeiten (etwa die Frage, warum dem noch nicht autonomen Subjekt im Erziehungsprozess von Anfang an bereits Freiheit und Würde zu unterstellen sei). Er ist dabei zunächst als befreiender Grund der Existenz und der menschlichen Freiheit gedacht. Der Gottesgedanke und -glaube hilft, die pädagogisch unverzichtbare Hoffnung auf die Möglichkeit von Humanität und Solidarität zu bewahren. „*Das Bildungsprojekt* bleibt aber *unvollständig* ohne die Konfrontation mit jenen menschheitlichen Grunderfahrungen, die in Grenzsituationen und an der Grenze der eigenen Erfahrungsfähigkeit gemacht wurden und gemacht werden und die von der Religionsgeschichte auf so unterschiedliche Weise bezeugt werden" (Peukert 2004, S. 81).

Auch ohne diesen transzendentaltheologischen Hintergrund tauchen in der neueren Allgemeinpädagogik und Pädagogischen Anthropologie theologische Verweise primär dort auf, wo Grenzen pädagogischen Handelns in den Blick kommen. Die „Erfahrung der Grenze und des Unsagbaren verweist auch auf das Heilige, das Transzendente, das nicht Erfahrbare jenseits der Grenze" (Liebau 2004, S. 133), weshalb auch die Pädagogische Anthropologie solche religiöse Erfahrung zu berücksichtigen habe. Implizit kommt Transzendentes auch ins Spiel, wenn die neuzeitlichen pädagogischen Perfektibilitätsträume kritisch hinterfragt werden. Wird der Pädagogik gar grundsätzlich empfohlen, das „Bildungspotential der Grenzen" und damit auch das „Jenseits" der Grenze in den Blick zu nehmen (Klemenz/Paschen 2009, S. 221) und einem „Ethos der gebildeten Begrenztheit" (ebd., S. 222) zu folgen, dann liegt es nahe, neben literarischen und künstlerischen Formen der transzendierenden Erschließung des je Jenseitigen auch religiöse Praktiken und Vorstellungen als Medien und Inhalte der Bildungsprozesse aufzunehmen.

Theologisch-pädagogisch ist ausgehend von diesen Hinweisen genauer zu fragen, was gewonnen wird, wenn Gott in die Pädagogische Anthropologie eingeführt wird. Ist mit der Bestimmung Gottes als Grenze des pädagogischen Handelns schon alles gesagt, was seitens christlicher Theologie zur Pädagogischen Anthropologie zu sagen wäre? Oder gälte es, andere Metaphern und Kategorien ergänzend heranzuziehen?

Gott als Grenze, Horizont und Grenzgänger

Grenzen sind metaphorisch mehrdeutig: Sie können Schranken sein und Kommunikation behindern, sich als Todesstreifen erweisen. Dieser negative Grenzbegriff hat auch religiöse Wurzeln: Das Göttliche wird als autoritative Macht des Heiligen vorgestellt, die dem menschlichen Handeln Grenzen setzt; Gott wird somit zur Chiffre des Verbotenen. Doch können Grenzen auch schützen (etwa das schonende Gehege) und bewahren. So entstehen Reservate der Freiheit. Der Dekalog (Ex 20) versteht sich in diesem Sinne als Wegweiser der lebensdienlichen Freiheit.

Grenzgänger sehen mehr. Sie überschreiten Grenzen und kehren mit neuen Einsichten zurück. Hermeneutisch ist daher gerade die Grenze ein produktiver Ort. Religion hat immer auch mit Grenzgängen zu tun, Rituale dienen der gefahrlosen, aber nicht folgenlosen Überschreitung von Grenzen.

Anders als Ländergrenzen verschieben sich die Grenzen des Gesichtsfeldes ständig. Der Horizont ändert sich mit dem Blick und begrenzt ihn zugleich. Die Grenze wird zum wandernden Horizont. Dieser wirkt zurück auf alles Wahrgenommene und bietet dem Blick ein orientierendes Ziel.

Religionsgeschichtlich dient Gott immer wieder der Grenzziehung: Als Stammes- und Kriegsgott konstituiert er die Stammesidentität. Die Präsenz des Heiligen im Kultbezirk grenzt das Profane örtlich wie zeitlich aus und definiert so heilige Orte und Zeiten. Auch im jüdischen Heiligkeitsgesetz (Lev 17–26) mit seinen Regelungen zur kultischen Reinheit und zu sexuellen Tabus finden sich noch Spuren dieses Denkens. Insgesamt dominiert im jüdischen wie christlichen Kulturraum eine Wendung ins Ethische und eine Entgrenzung Gottes, der sich nicht auf heilige Räume begrenzen und nicht als Stammesgott instrumentalisieren lässt. Gott fordert – seinem befreienden Heilshandeln entsprechend – ein seinem Willen entsprechendes Handeln des Volkes. Damit wird er selbst zum Erzieher seines Volkes (Dtn 4,36; Jes 28,26; Jes 8,11), wozu auch das Strafen gehört (vgl. Ps 94,10). Dabei geht es nicht um blinden Kadavergehorsam, sondern um die Einsicht in den Sinn des guten und gerechten Lebens. Auch dort, wo Jahwe als strafender Erzieher gesehen wird (Hos 7,12; 10,10; Ps 6,2; 38,2; Jer 10,24), ist das Ziel die Umkehr des Volkes zu ihm. In der Weisheitsliteratur tritt die personifizierte Weisheit auf (Spr 1,20–33; 8,1–36) und weist die jungen Männer erziehend zurecht.

Zentral für die jüdische und christliche Tradition wird neben dieser gesetzes- und weisheitstheologischen jedoch eine andere, geschichtstheologische Argumentationslinie: Gott entgrenzt Lebensräume und Lebensmöglichkeiten, indem er herausruft und ins neue Land führt (Abraham) und aus der begrenzenden Knechtschaft Ägyptens befreit (Moses und der Exodus). Gott stiftet an zur Grenzüberschreitung und bildet selbst einen wandernden Horizont für die, die er als sein Volk beruft.

Schließlich werden solche Erfahrungen schöpfungstheologisch ausgeweitet: Gott stiftet Leben und Lebensräume, indem er Grenzziehungen und Unterscheidungen vornimmt: zwischen Licht und Finsternis, Himmel und Erde etc. (Gen 1). Die Schöpfung entsteht durch „Selbstbegrenzung Gottes“: „Schöpfung durch Selbstbegrenzung bedeutet, dass die Schöpfung ihrerseits begrenzt ist, in ihren Grenzen aber Entfaltungsmöglichkeiten hat“ (Körtner 2009, S. 119).

Seinen Höhepunkt erfährt das Wirken dieses grenzziehenden menschenfreundlichen Unterscheidungsgottes darin, dass Gott die Grenze zwischen Gott und Mensch von sich aus überschreitet. Er wird zum personalen Gegenüber, zum Vater und Bruder. In Jesus Christus nimmt er zugleich die letzte Grenze des Lebens, den Tod, auf sich und überwindet sie dadurch. In Jesus Christus wird Gott in der Sicht des Glaubens also selbst zum Grenzgänger, der sich im Wirken des Heiligen Geistes als Kraft der Versöhnung und Erlösung mitten im Leben erweist. Gerade darin erscheint der biblisch bezeugte Gott nicht allein „an der reinen Grenze oder den Rändern des Lebens", sondern „inmitten des durch sie begrenzten offenen Raumes" (ebd., S. 125) und wird dadurch zur „Bedingung jeglicher Kommunikation" (ebd., S. 126).

Gott und die menschliche Bildsamkeit

Vom Menschen christlich reden heißt vom dreieinigen Gott reden. Und andersherum. Jedenfalls in der evangelischen Tradition lässt sich keine von der konkreten Geschichte Gottes mit den Menschen abstrahierende (philosophisch-theologische) Anthropologie entwickeln. Was nicht heißt, dass nicht Einsichten aus anderen anthropologischen Wissenschaften und der Philosophischen Anthropologie integriert werden könnten.

Es gibt allerdings nicht die *eine* christliche Anthropologie. Schon die biblischen Schriften reden sehr unterschiedlich vom Menschen: vom Menschen, der mehr sein will als er kann und darf und in seiner Hybris das Paradies verspielt (Gen 3 ff.); vom drastisch unbelehrbaren, hinterlistigen, auch gewalttätigen und ungerechten Menschen, vom Brudermörder bis Vergewaltiger; vom Gesetzesübertreter und falschen Propheten. Dieser Mensch der Sünde braucht – so sehen es die Theologen des deuteronomistischen Geschichtswerks – die starke erziehende Hand Gottes, die ihn im Bund Gottes bewahren will. Die Geschichtsbücher der hebräischen Bibel enthalten dazu das nötige Gesetzeskorpus. So begrenzt Gott heilsam die Gottesferne (Sünde) der Menschen. Die Weisheitsschriften setzen die Akzente etwas anders: Sie sammeln aus Lebenserfahrung heraus hilfreiche Regeln eines gelingenden Lebens und präsentieren sie als Beratungsangebot. Dabei kommt in den späteren Schriften (Kohelet, Hiob) auch schon die Erfahrung zum Durchbruch, dass alle Weisheit unnütz sein kann und dass an manchen schweren Schicksalserfahrungen die weisheitlichen Deutungen und Lebensregeln stumpf werden, ja scheitern. Die Grenzen des antiken Bildungsprogramms werden hier in ungewohnt skeptischen Tönen selbstkritisch zum Thema: „Das ist alles Windhauch" (Koh 1,2) und: „Viel Wissen, viel Ärger, wer das Können mehrt, der mehrt die Sorge" (Koh 1,18). Bildung, Glück und Geschick treten auseinander, die Versprechen weisheitlicher Anstrengungen verblassen. Eine solche letztlich skeptisch-nihilistische Anthropologie bietet kaum mehr Brücken zu einer optimistischen Bildungskonzeption. Und das Gottesbild verdunkelt sich zur Vorstellung einer letztlich unergründlichen, unberechenbaren Macht des Schicksals.

Doch daneben existiert eine andere Linie: Menschen zeigen sich empfindungsfähig und solidarisch (Ruth und Noomi), sie lernen, die Zeichen der Zeit auch politisch richtig zu deuten (die Schriftpropheten), entwickeln eine tiefe Sehnsucht nach Gerechtigkeit und Neuanfang selbst in den düstersten Situationen des Leides und des Todes. Die Hoffnung auf das endzeitliche Eingreifen Gottes wird zum Movens von Frömmigkeitsbewegungen und asketischen Gruppen im Judentum. Jesus von Nazareth steht in dieser

Tradition, auf ihn werden die gewachsenen messianischen Erwartungen übertragen. Als „Menschensohn“ (so sein bevorzugter Hoheitstitel in den Evangelien) wird er zum exemplarischen Menschen Gottes. In ihm und seinem Handeln bricht das erwartete Gottesreich bereits an, wird Gottes Willen endgültig wahrnehmbar. Seine Person und das mit ihm verbundene Heilsereignis werden nun für seine Anhänger und die Kirche zum Maß aller Rede vom Menschen.

Erziehung meint im Kontext der christlichen Kirche die Einweisung in den durch Jesus Christus übereigneten Lebensraum Gottes und zielt auf gelebte Nachfolge. Weil sich in der Taufe diese Übereignung an Jesus Christus symbolisch vollzieht, wird sie zum Grund christlicher Erziehungsvollzüge. Sie zielt auf die Bildung der neuen Freiheit der „Kinder Gottes“ (Röm 8,21). Sachlich drängt das Evangelium zu Erziehung und Bildung, obwohl Paulus zunächst das Ende der alten Erziehung durch das Gesetz verkündigt: „So war das Gesetz unser Lehrer auf Christus zu, damit wir aus Glaube gerechtfertigt würden. Nachdem der Glaube gekommen ist, stehen wir nicht mehr unter diesem Lehrer“ (Gal 3,24 f.). Das Wirken des Geistes Gottes ersetzt nach Paulus die Wirkung des Gesetzes, er gestaltet das ganze Leben neu um. Hier wird der Machtcharakter dieser „Glaubensbildung“ betont: Es geht darum, sich nicht von den Mächten der vergänglichen Welt (des „Fleisches“), sondern von den Mächten des Geistes Gottes bestimmen zu lassen.

Konkret wird solches Lernen dann in der Entfaltung der gottgeschenkten Begabungen (Charismen) zum Nutzen der Gemeinde (1 Kor 12–14). In diesem Zusammenhang ergibt sich eine wichtige Brücke zum antik-hellenistischen Bildungsdenken. Paulus entfaltet Glaube, Liebe, Hoffnung als die für Christen typischen Grundhaltungen. Die Förderung solcher Grundhaltungen, die sich später mit den aristotelischen Tugenden verbinden, wird zu einem wichtigen Anliegen der christlichen Erziehung. Am Anfang christlicher Erziehung steht damit nicht mehr einfach die Einweisung ins Gesetz Gottes oder in eine weisheitliche Lebensordnung, sondern die Beförderung von Grundhaltungen und Lebensformen, in denen sich die Geistergriffenheit bzw. die Freiheit im Glauben ausdrücken kann.

Die pädagogische Rede vom Menschen bedarf also aus christlicher Perspektive mehrfacher Differenzierungen. Sie können sich am trinitarischen Gottesbegriff und dem entsprechender Gottesbekenntnis orientieren: *Schöpfungstheologisch* erscheint der Mensch als von Gott ins Dasein gerufenes Wesen, als Gegenüber Gottes. Die Rede von der Ebenbildlichkeit Gottes zielt auf die grundlegende Beziehung zum Schöpfer, nicht einseitig auf bestimmte Ausstattungsmerkmale des *Homo sapiens*, etwa seine Vernunftfähigkeit. Aufgrund dieser besonderen Beziehung zum Schöpfer kommt dem Menschen eine unverbrüchliche Würde zu – vor aller Lernanstrengung und Bildungsfähigkeit. Zur Person wird der Mensch nicht erst durch Bildung, er ist es immer schon als endliches, begrenztes Geschöpf Gottes, auch wenn er seine Subjektivität erst noch entwickeln muss. Die Aktualität dieses ersten Grundsatzes einer christlich-pädagogischen Anthropologie liegt in einer Leistungsgesellschaft, die sich mit der Inklusion der Nichtleistungsfähigen schwertut, auf der Hand.

Geschichtstheologisch ist festzuhalten: Der Tendenz zur menschlichen Hybris und destruktiven Lebensweise setzt Gott Grenzen. Das als göttlich offenbart erfahrene Gesetz weist den Menschen in seine Schranken und eröffnet zugleich Spielräume der Freiheit. Die *weisheitliche Theologie* lehrt, diese Spielräume zu nutzen, nimmt aber auch die unauflösbaren Paradoxien und geschichtlichen Kontingenzen des Leben-Lernens wie der Regeln selbst wahr. Eine christliche Anthropologie der Freiheit wird sich daher um ein konstruktiv-kritisches Verhältnis zu Lebensregeln und Pflichten bemühen. Sie sind in ihrer geschichtlichen Kontextualität zu durchschauen und dennoch als je neu zu verantwortende Hilfen zum guten Leben zu verstehen. Mit der Vorstellung eines übergeschichtlich-unverrückbaren, durch ein Lehramt „verwalteten" Naturrechts hat dies allerdings wenig zu tun. Hier scheiden sich auch weiterhin die (konfessionellen) Geister.

Christologisch betrachtet begegnet Gott in Jesus Christus dem Glaubenden als Urbild des wahrhaft freien, weil vollkommen in Gott gegründeten Menschen und Inbegriff des Ebenbildes Gottes. In ihm wird Gott in Menschengestalt erkennbar. Durch ihn erreicht die Glaubenden der rechtfertigende Zuspruch Gottes. Darin liegt der Grund ihres eigenen Freiheitsbewusstseins.

Pneumatologisch (also im Blick auf das Wirken des Heiligen Geistes) geht es darum, an diesem Gottesbewusstsein und dieser Gotteserfahrung Anteil zu erhalten. Ein Christ ist immer im Werden und schon daher auf Bildung verwiesen. Pädagogisch zu fragen ist, woher die Kräfte für die Bildung zum guten Leben kommen können. Christlicher Glaube sieht darin im positiven Fall den Geist Gottes am Werk. Die Pädagogische Anthropologie hat hier die Möglichkeiten der Empfänglichkeit und Wahrnehmung, der Entwicklung und Pflege von Lebensvertrauen, Hoffnung und Liebe, von Gerechtigkeit, Barmherzigkeit und Solidarität zu thematisieren und die damit verbundenen Transzendierungs- und Transformationsprozesse der Subjektivität in den Blick zu nehmen. Sie thematisiert die Entfaltung von Tugenden und ihre „Bildung" und die stets neue Transformation und Transzendierung des Lebens auf Gott zu.

Heilsame Begrenzung und Motivierung zur Bildungsanstrengung

In der Theologiegeschichte gibt es beide Extreme: Die Rede von der Erbsünde führt einerseits dazu, die Möglichkeit der bildenden Selbstverwirklichung gänzlich zu verneinen. Oder aber solcher Bildungs-Pessimismus kippt wie bei Johann Amos Comenius ins Gegenteil eines pädagogisch-anthropologischen Optimismus um – dessen spätere Säkularisate lange weiterwirkten (vgl. Wulf 2001, S. 18–26; Zirfas 2004, S. 39–51). Auch in der Religionspädagogik ab der zweiten Hälfte des 20. Jahrhunderts herrschte eine optimistische Sicht des Menschen vor, die sich nur selten von den alten dogmatischen Topoi der Sündelehre irritieren ließ (vgl. Bubmann/Gojny 2010, S. 196–204). Im Interesse an der wachsenden „Einsicht in die Unverbesserlichkeit menschlicher Existenz" (Wulf

2001, S. 75) könnten sich heute jedoch theologische und Pädagogische Anthropologie konstruktiv begegnen und gegenseitig anregen.

Die Rede vom Menschen als Sünder ist theologisch-pädagogisch nur im Kontext der Rechtfertigungstheologie und Rechtfertigungserfahrung verantwortlich zu entwickeln, soll sie nicht gesetzlich und destruktiv werden. Dann allerdings ist sie gerade in einer Pädagogischen Anthropologie unverzichtbar. Die ohne eigene Leistung im Glauben vertrauensvoll angenommene Wiederherstellung der Gottesbeziehung ist kein Besitzstand der Glaubenden, sondern unter den Bedingungen der noch nicht erlösten Welt immer begleitet vom „zugleich" der weiter wirkenden Gottesferne (Sünde). Die lutherische Rechtfertigungstheologie und die ihr korrespondierende Sicht des Menschen als „simul iustus et peccator", also der Gleichzeitigkeit von Gerechtfertigtsein und bleibender Bedrohung durch die Sünde, ist pädagogisch hochbedeutsam. Zwar gibt es durchaus Veränderungen und Unterschiede im Grad der Verfallenheit an die Mächte des Destruktiven: Fortschritte (wie die Entwicklung des Menschenrechtsethos) und Rückschritte (wie die Konzentrationslager des 20. Jahrhunderts). Allen einlinigen Fortschrittstheoremen aber ist mit der Dialektik von Rechtfertigung und bleibender Sündenverfallenheit eine Absage erteilt. Im „Vorletzten" dieser Welt gerät Pädagogik (und erst Recht Religionspädagogik) zur Tyrannei, wenn sie meint, aus einer optimistischen Anthropologie heraus Weltverbesserungsprogramme entwickeln und durchsetzen zu können.

Die kirchlich-pädagogischen Hauptkategorien der „Freiheit", „Menschenwürde" und „Gottesebenbildlichkeit des Menschen" dürfen daher auch nicht einfach mit den neuzeitlich einschlägigen Fortschrittsformeln verwechselt werden. Die Dialektik der Aufklärung, die Halbierung der Freiheit hin zur hybriden Selbstdurchsetzung gegenüber Mitmensch und Natur, das Verdrängen der Opfer der Geschichte kann und muss auch mit theologischen Denkmitteln kritisch hinterfragt werden. In diesem Sinne kann (wenn es gut geht) der Gottesglauben auch zur heilsamen Begrenzung pädagogischer Ideologien beitragen.

Andererseits sollte die theologische Anthropologie auch nicht dazu dienen, die Bildungsmöglichkeiten und -notwendigkeiten kleinzureden. Die Freiheit, zu der der Gottesglaube führt, ist als kommunikative und kooperative Freiheit mit bestimmten Perspektiven verknüpft: mit vorrangiger Option für die Armen und Ausgegrenzten, mit einer starken Vision einer gerechten (Welt-)Gesellschaft, mit Sinn für Barmherzigkeit und Solidarität. So wird gerade der vertrauende Rechtfertigungsglaube, der um die Vorläufigkeit und Negativität der Welt weiß, zum Movens, sich nach Kräften für die Bildung der Gesellschaft wie der Einzelnen einzusetzen. Das Gottvertrauen, das sich einer existentiellen Erfahrung des Zuspruchs verdankt, übersetzt sich in vorläufige, je neu zu definierende Ansprüche an die Erziehung des Menschengeschlechts. Die Gotteserfahrung wird zum Grund der ethischen Motivation und zum Horizont der Bestimmung ethischer Güter – diese werden aber nie selbst zum Göttlichen, sondern bleiben „Vorletztes" und damit kritisch hinterfragbar. Gottes (und damit auch des Menschen) Heil und seine unverhüllte Erkenntnis lässt sich auf solchen Bildungswegen nicht erreichen – darin liegt eine letzte (Erkenntnis-)Grenze, die der Mensch nach den Einsichten der theologischen Anthropologie nicht überschreiten kann und darf.

Identitätsbildung und Fragmentarität

Die Grenzenlosigkeit einer optimistischen Pädagogischen Anthropologie spiegelt sich in der Konjunktur von Theorien der Identitätsentwicklung in der Pädagogik (vgl. Zirfas 2004, S. 163–175). Nicht nur in den bekannten Stufentheorien der moralischen oder kognitiven Entwicklung ist letztlich die neuhumanistische Konzeption umfassender Persönlichkeitsentwicklung leitend geblieben, die in organologischen Metaphern die Identität primär als reich entfaltetes Gesamtkunstwerk aller erreichbaren Möglichkeiten interpretiert.

Der früh mit dem eigenen Sterben konfrontierte Theologe Henning Luther hat demgegenüber darauf hingewiesen, dass der Identitätsgedanke dann problematisch wird, wenn er zum normativen Leitbild einer herzustellenden Identität werde. Dem (Bildungs-)Ideal einer harmonischen und in sich geschlossenen Ich-Identität stellt er in ideologiekritischer Absicht das eindrückliche Sprachbild des *Fragments* entgegen (Luther 1992, S. 155, 150 f.). Dem korrespondiert ein Bildungsverständnis, das hinsichtlich der Vorstellung von Identität nicht „mit ihrer Abschließbarkeit rechnet" (ebd., S. 177) und darauf setzt, dass gerade der Fragmentcharakter des Lebens Bildungsprozesse ermöglicht.

Der Gottesglaube wird dann zum Ermöglichungsgrund, getrost „als Fragment zu leben und leben zu können" (ebd., S. 172), und erweist sich wiederum als eine heilsame Begrenzung pädagogisch-anthropologischer Leitvorstellungen.

Im Übrigen ist das Leben im (christlichen) Glauben weniger als festgestellte Identität denn als ständiger Grenzverkehr zu beschreiben. „Christliches Leben ist ein *Leben auf der Grenze:* Ein Leben zwischen dem alten Menschen, als den wir uns erfahren, und dem neuen Menschen, der wir sind, dem Sünder und dem Gerechten (*simul iustus et peccator*), dem Menschen dieses Lebens und dem Menschen, der von Gott her das ist, was er sein wird" (Deeg 2007, S. 285). Alexander Deeg schlägt daher vor, die christliche Existenz mit dem Begriff der Liminalität zu kennzeichnen. „Wo christliche Existenz liminal verstanden wird, da geht es nicht um eine Identität, die man haben oder entwickeln kann, da geht es um Gott, der Menschen identifiziert, und um Menschen, die darauf antworten" (ebd., S. 290). Es sind die Sprachformen der Frömmigkeit (Gebet) und der Liturgie bzw. Predigt, die solche (Bildungs-)Räume der Liminalität eröffnen. Gott wird zur Quelle und zum Gegenüber von Kommunikationsprozessen, in denen und durch die sich liminale Transformationen ereignen können.

Grundvertrauen und Transzendierung ins Offene

Existentialanthropologisch gesehen steht die Chiffre Gott für ein Doppeltes: Einerseits wird damit der tragende und haltende Grund der eigenen Existenz benannt, das, was das Grundvertrauen ins Leben ermöglicht. Zugleich eröffnet Gott als beweglicher Horizont des Lebens in seinen vielen geschichtlichen Situationen immer neue Passagen ins Unbekannte und Neue und dynamisiert so das Leben. Schon die mittleren Transzendierungen der menschlichen Liebeserfahrung lösen starke Lernerfahrungen aus. Umso mehr eröffnen sich Bildungswege und -chancen, wo große Transzendenzerfahrungen herausreißen aus der Alltagswelt und wieder in sie zurückführen.

Gott mag allgemeinpädagogisch einstweilen primär als Chiffre für die Grenzen des pädagogisch Denk- und Sagbaren eingeführt werden. Auch dadurch ist schon einiges gewonnen. Für die Glaubenden ist er zugleich immer mehr als diese Grenze, nämlich Grund und Horizont der eigenen Freiheit, Entstehungskontext hilfreicher Lebensregeln, Motivationsquelle des Handelns, prägende Kraft für Lebensform, Habitus und Tugenden, und diejenige als personales Gegenüber erfahrene Macht, die erst die lebensförderlichen Transzendierungen und Transformationen des Lebens wagen lässt und ermutigend begleitet.

Literatur

Bubmann, Peter (1995): Fundamentalethik als Theorie der Freiheit. Eine Auseinandersetzung mit römisch-katholischen Entwürfen (Öffentliche Theologie 7). Gütersloh.

Bubmann, Peter/Gojny, Tanja (2010): „Ich, ich und meine Sünden". Bildungstheorie und Religionspädagogik im Angesicht der Sünde. In: Block, Johannes/Eschmann, Holger (Hrsg.): Peccatum magnificare. Zur Wiederentdeckung des evangelischen Sündenverständnisses für die Handlungsfelder der Praktischen Theologie (Arbeiten zur Pastoraltheologie, Liturgik und Hymnologie 60). Göttingen, S. 194–213.

Deeg, Alexander (2007): Leben auf der Grenze. Die Externität christlicher Identität und die Sprachgestalt kirchlicher Gottesrede. In: Deeg, Alexander/Heuser, Stefan/Manzeschke, Arne (Hrsg.): Identität. Biblische und theologische Erkundungen. Göttingen, S. 277–300.

Kirchenamt der EKD (2003) (Hrsg. im Auftrag des Rates der EKD): Maße des Menschlichen. Evangelische Perspektiven zur Bildung in der Wissens- und Lerngesellschaft. Gütersloh.

Klemenz, Dieter/Paschen, Harm (2009): Bildungsgrenzen – Grenzbildungen – Grenzbewusstheit in der Pädagogik. In: Bildung und Erziehung. 62. Jg., S. 207–224.

Körtner, Ulrich H. J. (2009): Die Kunst der Unterscheidung. Hermeneutik der Grenze und topisches Denken aus theologischer Sicht. In: Schweitzer, Friedrich (Hrsg.): Kommunikation über Grenzen (VwGTH 33). Gütersloh, S. 119–129.

Liebau, Eckart (2004): Braucht die Pädagogik ein Menschenbild? In: Menschen Bilder im Umbruch – Didaktische Impulse (JRP Bd. 20). S. 123–135.

Luther, Henning (1992): Religion im Alltag. Bausteine zu einer Praktischen Theologie des Subjekts. Stuttgart.

Peukert, Helmut (2004): Erziehungswissenschaft – Religionswissenschaft – Theologie – Religionspädagogik. Eine spannungsgeladene Konstellation unter den Herausforderungen einer geschichtlich neuartigen Situation. In: Groß, Engelbert (Hrsg.): Erziehungswissenschaft, Religion und Religionspädagogik (Forum Theologie und Pädagogik, Bd. 7). Münster, S. 51–91.

Schweitzer, Friedrich (2011): Menschenwürde und Bildung. Religiöse Voraussetzungen der Pädagogik in evangelischer Perspektive (Theologische Studien NF 2). Zürich.

Wulf, Christoph (2001): Einführung in die Anthropologie der Erziehung. Weinheim/Basel.

Wulf, Christoph/Macha, Hildegard/Liebau, Eckart (Hrsg.) (2004): Formen des Religiösen. Pädagogisch-anthropologische Annäherungen (Pädagogische Anthropologie 14). Weinheim/Basel.

Ziebertz, Hans-Georg/Schmidt, Günter (Hrsg.) (2006): Religion in der Allgemeinen Pädagogik. Von der Religion als Grundlegung bis zu ihrer Bestreitung (RPG 9). Gütersloh/Freiburg/Basel/Wien.

Zirfas, Jörg (2004): Pädagogik und Anthropologie. Eine Einführung. Stuttgart.

Tier

Uwe Krebs

„Viele Irrwege im menschlichen Erziehungswesen und in unseren politischen Institutionen wären uns erspart geblieben, wenn die Humanpsychologen und Soziologen sich etwas mehr mit Verhaltensbiologie und Evolutionslehre beschäftigt hätten" (Mayr 1973, S. 10). Gilt auch heute noch, was im Jahr 1973 Ernst Mayr schrieb? Vor diesem Hintergrund fokussiert der Artikel Elternstrategien als subhumane Vorformen von Erziehungsphänomenen. Vier Perspektiven werden dabei aufgegriffen: 1. pädagogisch-anthropologische Begriffsklärungen, 2. eine Darstellung der evolutionären Rahmenbedingungen der Entwicklung, 3. eine theoretische Ordnung der Strategien und schließlich 4. zur Illustration einige Beispiele.

1 Begriffliches

1.1 Begriffe „Brutvorsorge", „Aufzucht", „Unterweisung" und „Erziehung"

Das Phänomen der elterlichen Fürsorge teilt der Mensch mit vielen anderen Lebewesen. Elterliche Fürsorge kann als Teilbereich der Fortpflanzung betrachtet werden, da sie den Erfolg der Fortpflanzung durch Ernährung, Schutz und Pflege des Nachwuchses sichert. Für erziehungswissenschaftliche Erkenntnisziele lassen sich mit Gewinn feinere Unterscheidungen treffen als in der biologischen Fachliteratur üblich. Dort wird zumeist allgemein von „Brutpflege" (Eibl-Eibesfeldt 1969), „Parental Care" (Clutton-Brock 1991) oder in der Soziobiologie – unter etwas veränderter Erkenntnisperspektive – von „Elternstrategien" gesprochen (Krebs/Davies 1984; Voland 2000). Die hingegen in diesem Beitrag vorgenommene begriffliche Unterscheidung von „Brutvorsorge", „Aufzucht" und „Unterweisung" erfasst erziehungswissenschaftlich wichtige Unterschiede wie *Anwesenheit oder Abwesenheit der Eltern* und *Ausmaß der Lernfähigkeit des Nachwuchses.*

1.2 Begriff „Brutvorsorge"

Dieser Begriff subsumiert alle Leistungen, die Elter(n) im Rahmen der Brutpflege zeigen, *ohne Kontakt zwischen Elter(n) und Jungtier.* Solche Leistungen zeigen z. B. unsere heimischen Erdkröten: Sie suchen nur zum Ablaichen das Wasser auf, denn an Land würden die Eier vertrocknen.

1.3 Begriff „Aufzucht"

Hingegen umfasst der Begriff „Aufzucht" alle Arten elterlicher Leistungen *mit Kontakt zu den Jungtieren.* Dieser Kontakt kann Pflege, Schutz, Ernährung und Anleitung der Jungtiere umfassen. Der Kontakt ermöglicht zudem eine *neue* Option, wenn eine *weitere* Voraussetzung, eine hinreichende Lernfähigkeit, vorliegt: Durch das elterliche Vorbild wird Imitationslernen möglich. Insbesondere bei zahlreichen Vogelarten und Säugetierarten lässt sich Imitationslernen der Jungtiere belegen (vgl. Eibl-Eibesfeldt 1969; Goodall 1986).

Die hier unter dem Begriff „Aufzucht" zusammengefassten Leistungen lassen sich keineswegs nur in den Wirbeltierklassen, also bei Fischen, Amphibien, Reptilien, Vögeln und Säugern belegen, sondern auch bei den weit älteren sog. Wirbellosen wie z. B. Spinnen, Skorpionen und Insekten. Dies zeigt, dass die Brutpflegeleistung „Aufzucht" naturgeschichtlich sehr alt ist, was ihre Bedeutung für den Fortpflanzungserfolg unterstreicht. Diese Bedeutung ist jedoch nicht bei jeder Spezies vorhanden, sondern von ökologischen Parametern abhängig.

1.4 Begriff „Unterweisung"

Der Begriff „Unterweisung" umschreibt eine sehr kleine, aber erziehungswissenschaftlich besonders interessante Teilmenge des Begriffes „Aufzucht", nämlich Verhaltensweisen des Elterntieres, die erkennbar auf das Erlernen einer bestimmten Aufgabe durch das Jungtier bezogen sind und eine andere Interpretation kaum zulassen. Diese elterlichen Verhaltensweisen unterstützen oder korrigieren das Verhalten des Jungtieres. Unterweisungsphänomene sind bislang nur von Menschenaffen bekannt und auch dort selten (vgl. Goodall 1986; Boesch/Boesch-Achermann 2000).

1.5 Begriff „Erziehung"

„Erziehung" wird hier *auf den Humanbereich beschränkt,* da das Merkmal „Intention" nur in dieser Spezies (*Homo sapiens sapiens*) ausgeprägt vorliegt. Doch bereits die Tatsache, dass im Umfeld solcher bewusst geplanten Handlungen, also bei „intentionalen Erziehungsprozessen", eine Fülle von ungeplanten Einflussgrößen existiert, die intentionale Erziehungsprozesse fördern oder behindern, zeigt, wie fließend die Übergänge sind und aus welchem Umfeld Erziehung hervorging. Diese Vorgänge aus dem Einfluss nehmenden Umfeld lassen sich unter dem Begriff „implizite Erziehungsprozesse" (Liebau) zusammenfassen. Da auf den Humanbereich beschränkt, wird „Erziehung" hier nicht weiter thematisiert.

2 Rahmenbedingungen

2.1 Zellteilung und geschlechtliche Fortpflanzung

„Erziehung" hat – vom Standpunkt des Menschen aus betrachtet – einen langen naturgeschichtlichen Vorlauf. Die Entwicklung der Vorformen von Erziehung setzt frühestens ein mit der Entstehung *mehrzelliger* Lebewesen. Einzeller teilen sich bekanntlich und sichern auf diese Weise ihr Fortbestehen, gewissermaßen als „Fertigprodukt". Mehrzeller hingegen verfügen über spezialisierte Zellen (z.B. Nervenzellen, Muskelzellen), unter denen nun allein die Keimzellen die Fortpflanzung mittels Spermium und Eizelle sichern. Diese geschlechtliche Fortpflanzung zieht Aufwendungen im Bereich der Physiologie (Produktion von Spermien und Eiern) und des Verhaltens (Schutz und Pflege des Nachwuchses) nach sich. Ihr überragender Vorteil liegt in der Kombination *zweier* Gen-Sätze. Diese neue genetische Situation verbessert die Immunabwehr gegenüber Viren und Bakterien, was aufgrund der längeren Lebensdauer von Mehrzellern von erheblichem Vorteil ist, da sich ansonsten die Bakterien und Viren mit ihren schnellen Wandlungsmöglichkeiten auf die Mehrzeller chemisch „einschießen" könnten. Die Konsequenzen der Zweigeschlechtlichkeit streuen im Tierreich weit.

2.2 Das Bauplan-Niveau

Zwischen den Tierklassen ist das Bauplanniveau Quelle großer Unterschiede in den Brutpflegeleistungen. Der Begriff „Bauplan-Niveau" bezieht sich auf die stammesgeschichtliche Entwicklungshöhe jener *Tierklasse*, zu der eine *Tierart* (Spezies) gehört (vgl. Linné 1735). Da das Bauplan-Niveau einer Spezies auch jene Leistungen einschließt oder vorenthält, die für die Brutpflege und die Aufzucht wichtig sind, werden diese Leistungen hier kurz erwähnt. Beispielsweise sind bei den fünf Klassen der Wirbeltiere (Fische, Amphibien, Reptilien, Vögel, Säuger) in *jeder* Tierklasse *neue* Eigenschaften hinzugetreten, von denen einige auch für die Brutpflege und Aufzucht bedeutsam sind. Nur die jüngste und „modernste" Wirbeltierklasse – die der Säugetiere – verdankt ihren Namen einem innovativen Merkmal aus der Brutpflege, der selbst produzierten Nahrung.

In der zweitjüngsten Tierklasse, den Vögeln, ist die wohl bedeutendste Innovation im Vergleich zur nächst älteren Tierklasse – den Reptilien – die *Endothermie.* Durch diese selbst produzierte Körpertemperatur wurde unter anderem das *Bebrüten* der Eier möglich. Dies verkürzt die erforderliche Zeit für die Entwicklung des Embryos im Ei drastisch. Reptilien hingegen haben gegenüber der älteren Tierklasse – den Amphibien – den innovativen Vorteil, *dauerhaft* Lebensräume auf dem Land besiedeln zu können. Dies ermöglichen ihre gegen Austrocknung weit besser geschützte Hautoberfläche und eine leistungsfähigere Lunge. Auch besitzen ihre Eier eine Umhüllung, die die Austrocknung verlangsamt und die Eiablage an Land gestattet. Die wohl bedeutendste Innovation der Amphibien im Vergleich zur älteren Tierklasse der Fische besteht – wie ihr Name bereits ausdrückt – in der Fähigkeit, in *zwei Lebensräumen,* Wasser und Land, zu leben. Dadurch wurden neue Ressourcen zugänglich. Dies ist ihnen aber nicht unabhängig von Feuchtigkeit dauerhaft möglich. Die letale Gefahr der Austrocknung der Haut, über die auch die Atmung zu einem hohen Anteil geschieht, bindet die Amphibien an hinreichende Feuchtigkeit. Auch besitzen ihre Eier keine vor Austrocknung schützende Hülle und müssen sich im Wasser entwickeln. Fische, die älteste Wirbeltierklasse, erscheinen auf den ersten Blick für Fragen nach Brutpflege und Aufzucht von verringerter Bedeutung, da stammesgeschichtlich am weitesten entfernt von uns Menschen. Tatsächlich aber bietet gerade diese Tierklasse einige interessante Sachverhalte: Nur sie besitzt *beide Formen der Befruchtung,* die ältere äußere Befruchtung und die jüngere innere Befruchtung. Beide Fortpflanzungstypen haben unterschiedliche Konsequenzen für die Brutpflege.

Wie ein „roter Faden" zieht sich also durch die Stammesgeschichte der Lebewesen von Tierklasse zu Tierklasse eine Tendenz zur Optimierung der Reproduktion mittels gesteigerter *physiologischer* Bauplan-Leistungen, insbesondere der Weibchen, wie etwa Ummantelung des Eies mit Kalkschale, Bebrüten des Geleges, Entwickeln des Embryos im Mutterleib und Säugen der Jungtiere. Man könnte nun meinen, die Aufwendungen für den Nachwuchs würden durch die zunehmenden Möglichkeiten des jeweiligen Bauplan-Niveaus von Tierklasse zu Tierklasse umfangreicher. Das ist nicht durchgängig der Fall, denn es bestehen große Unterschiede in den Aufwendungen für den Nachwuchs *innerhalb der gleichen Tierklasse.* Dies dürfte aber nicht der Fall sein, wenn *allein* das Bauplan-Niveau Art und Ausmaß der Aufwendungen für den Nachwuchs determiniert. Wenn man nach der Kausalstruktur der konkreten Leistungen einer Spezies in Brutvorsorge, Aufzucht und Unterweisung sucht und deren Unterschiede zu einer anderen Spezies des gleichen Bauplan-Niveaus klären will, ist die Kenntnis der Ökologie einer Tierart erforderlich.

2.3 Die Autökologie

Die Biologie verwendet für einen Teilbereich der Ökologie den Begriff „Autökologie" in Abgrenzung zur „Demökologie", der populationsbezogenen Ökologie, und der „Synökologie", der Synthese aller ökologischen Teilbereiche (Remmert 1989). Die Autökologie beschreibt die Ökologie einer gegebenen Tierspezies (von lat. *auto,* selbst). Der Begriff „Ökologie" (von griechisch *oikos,* Heimat, Haus) wurde von dem deutschen Zoologen Ernst Haeckel geprägt für „die Lehre vom Haushalt der Organismen, die die Beziehungen der Lebewesen sowohl zur anorganischen wie zur organischen Natur zu untersuchen hat" (Haeckel 1866, zit. n. Illies 1973, S. 18). Jene Umweltbedingungen eines Lebensraumes, an die sich eine Spezies im Laufe ihrer Naturgeschichte anpassen musste, haben enorme Auswirkungen auf alle Lebensleistungen einer Spezies, auch und gerade auf den Bereich der Brutpflege und Aufzucht. Für große Unterschiede in Brutpflege und Aufzucht *innerhalb* des gleichen Bauplan-Niveaus finden sich in jeder Tierklasse Beispiele. Einige werden im Kapitel „Beispiele" (s. u.) beschrieben.

Zusammengefasst lässt sich festhalten: Das *Bauplan-Niveau einer Tierklasse liefert die Optionen für konkrete Leistungen oder enthält diese vor. Die Autökologie einer Tierart determiniert die konkreten Leistungen.* Dies gilt ausnahmslos auch für den Bereich von Brutpflege und Aufzucht.

2.4 Das Wechselspiel von Bauplan-Niveau und Ökologie

Die großen Unterschiede in den Aufwendungen für den Nachwuchs auch *innerhalb* einer Tierklasse, also auf *gleichem* Bauplan-Niveau, sind demnach erklärbar durch die Beziehungen zwischen Bauplan-Niveau und Ökologie einer Art (Spezies).

Ein Beispiel mag dies erläutern: In den Tropenwäldern Südamerikas leben ganz auf das Leben in den Baumwipfeln spezialisierte kleinwüchsige Frösche (Dendrobatidae), die in luftiger Höhe in die kleinen, mit Regenwasser gefüllten Kelche der Ananasgewächse (Bromelien) im Astwerk ablaichen. Wenn nun die Wasserverhältnisse in einem solchen Bromelienkelch unzulänglich werden, transportiert das Männchen dieser Froschart die Kaulquappen auf seinem Rücken zu einem anderen Bromelienkelch mit geeigneten Wasserverhältnissen (Heusser 1970). Selbst für den zoologischen Laien handelt es sich hier erkennbar um eine komplizierte Handlung, eine Brutpflegeleistung, die räumliche Parameter (wo ist ein geeigneter Kelch?), zeitliche (kontinuierliche Kontrolle des Laichs) und chemische (ist die Wasserqualität zureichend?) umfasst. Sie kontrastiert zur Methode unserer heimischen Frösche „Ablaichen und Verschwinden". Da es sich hier um Tiere des *gleichen* Bauplan-Niveaus (Frösche) handelt, können die Unterschiede in der Brutpflege *nicht* auf Unterschiede im Entwicklungsniveau, wie sie z. B. zwischen Vögeln und Säugern bestehen, zurückgeführt werden, sondern allein auf die unterschiedlichen Lebensbedingungen der Frösche bei uns in Teichen und in den Baumwipfeln der Tropen.

Die Unterschiede im Bauplan-Niveau verschiedener Tier*klassen* erklären offensichtlich deren Unterschiede in den *Möglichkeiten* der Brutpflege: So bietet erstmals die Tierklasse der Vögel aufgrund der Endothermie ihrer Mitglieder die Möglichkeit des aktiven Bebrütens der Eier. Es bedarf aber der Ökologie einer Tier*art*, um zu erklären, weshalb z. B. auf *gleichem Bauplan-Niveau* große *Unterschiede* in der Brutpflege bestehen. Während demnach das naturgeschichtliche Alter einer Tierklasse die bauplanmäßigen Rahmenbedingungen für die Brutpflege determiniert, entwickelt sich aus der ökologischen Situation einer gegebenen Spezies die konkrete Brutpflege. Da die ökologische Situation sehr unterschiedlich bei Arten gleichen Entwicklungsniveaus sein kann, kommt es in der konkreten Brutpflege zu erstaunlichen Unterschieden, wie sie am Beispiel der Frösche schon gezeigt wurden.

3 Theoretische Ordnung

3.1 Eltern-Strategien

Die Soziobiologie (zum Begriff und Phänomen: Wilson 1975) ist jener moderne Zweig der Verhaltensbiologie, der als „Angriffspunkt" der Selektionsvorgänge der Evolution die Ebene des Genotyps eines Individuums erkannt hat (Dawkins 1989). Selektion findet folglich am einzelnen Individuum statt, genauer ausgedrückt, an seinen vererbbaren Informationen, dem Genotyp. Konsequenterweise fragt die Soziobiologie bei Eltern-Strategien nach dem Nutzen aller Maßnahmen getrennt für den Genotyp des Weibchens wie für den Genotyp des Männchens bei Fortpflanzung und Aufzucht (Clutton-Brock 1991; Krebs/Davies 1984). Da die genetische Ausstattung eines Individuums (der Genotyp) aber nur über den Phänotyp (das konkrete Individuum) zugänglich ist, entscheidet das Ausmaß, in dem ein Individuum in ökologische Rahmenbedingungen erfolgreich eingepasst ist, über seinen Fortpflanzungserfolg und damit über die Verbreitung seiner Gene. Da Verwandte einen Anteil gemeinsamer Gene haben, können die eigenen Gene auch indirekt über die Förderung solcher Verwandter verbreitet werden. Das theoretische Raster und methodische Instrumentarium der Soziobiologie erlaubt (partiell) und beansprucht auch Aussagen für menschliche Populationen. Eine Kritik hieran, z. B. im Vorwurf, kulturelle intervenierende Variablen wegen „reduktionistischer Genzentriertheit" zu übersehen, findet sich bei Treml (2004, S. 7).

3.2 „Pflege-Strategie" und „Material-Strategie"

Die aus dem Wechselspiel zwischen Bauplan-Niveau und ökologischer Situation einer Tierart resultierenden Leistungen im Bereich der Sicherung des Nachwuchses lassen sich interpretieren als jeweils optimale Lösungen für die beteiligten Individuen, einen maximalen Fortpflanzungserfolg – d. h. maximale Verbreitung der eigenen Gene – zu erzielen. Dieses Wechselspiel wird hier abstrakter geordnet auf einer Skala zwischen den Extrema „maximale Materialstrategie" einerseits und „maximale Pflegestrategie" andererseits. Der Begriff „Materialstrategie" umschreibt dabei Formen des Fortpflanzungserfolges über *physiologische Leistungen* wie maximal viele Eier bzw. Jungtiere, aber *ohne Verhaltensaufwand* für Pflege und Aufzucht. Der Begriff „Pflegestrategie" beschreibt das andere Extrem, *maximalen Verhaltensaufwand* durch Fürsorge und Betreuung für einen dann *verringerten physiologischen Aufwand.* Beide Extrema sind also jeweils nur auf Kosten des je anderen zu realisieren. Die große Masse der konkreten Formen von Brutpflege und Aufzucht liegt auf der Skala *zwischen* diesen Extrema. Sofern also intensive Betreuung und Pflege des Nachwuchses ökologisch geboten ist, sinkt die Zahl der Jungtiere und steigt der Verhaltensaufwand. Ist hingegen ökologisch geboten, viele Eier bzw. Jungtiere zu produzieren, so reduziert sich der Verhaltensaufwand oder bleibt vollständig aus.

Innerhalb eines Bauplan-Niveaus, also innerhalb einer Tierklasse, dürfte der *Gesamtaufwand,* also Verhaltensleistungen und physiologische Aufwendungen, den ein Tier für sein Weiterleben in Form von Nachkommen zeigt, insgesamt im Umfang ähnlich sein. Diese Ähnlichkeit wird aber verdeckt durch die autökologischen Erfordernisse einer Spezies, die den Aufwand sehr unterschiedlich verteilen zwischen Verhaltensaufwendungen (z. B. Schutz, Pflege, Ernährung) und physiologischen Aufwendungen (z. B. Menge der Spermien und Eier, selbst produzierte Nahrung). Welche Strategie überwiegt, hängt von jenen Parametern der ökologischen Situation ab, die für den Fortpflanzungserfolg entscheidend sind. Einschlägig bedeutsame, gleich bleibende Parameter führen zur Fortpflanzung über Materialstrategie. Nicht kalkulierbare Veränderungen in jenen Parametern, die für den Fortpflanzungserfolg wichtig sind, bewirken hingegen die Pflegestrategie. Die Ökologie spricht hier unter anderer Erkenntnisperspektive von „K-Strategen" bei der Pflegestrategie und von „R-Strategen" bei der Materialstrategie (Remmert 1989).

4 Beispiele

Insgesamt verdeutlichen die Beispiele die *überragende Bedeutung,* die der *Sicherung des Fortpflanzungserfolges* unter natürlichen Rahmenbedingungen zukommt.

4.1 Wirbellose Tierarten

Brutvorsorge und auch Aufzucht treiben bereits manche Wirbellose, wie z. B. Insekten und Skorpione. Weibchen mancher Skorpionarten transportieren die Jungtiere auf ihrem Rücken und schützen sie so vor Fressfeinden. Brutvorsorge treiben manche Wespenarten, indem sie eine lebende Raupe lähmen, in ein Versteck transportieren, ein Ei in den Raupenkörper hinein legen, aus dem sich die Larve entwickelt, die anschließend von innen – gewissermaßen in ihrer eigenen Frischfleischreserve – die Raupe frisst und so die große Menge an Nahrung gewinnt, die nach Vervielfachung des Gewichtes die Verpuppung und den Schlupf ermöglicht.

4.2 Wirbeltiere

4.2.1 Fische

Bei den Wirbeltieren bestehen bei den Fischen noch beide Formen der Befruchtung nebeneinander: die stammesgeschichtlich ältere Form der *äußeren* Befruchtung und die jüngere *innere* Befruchtung. Während bei der inneren Befruchtung das Männchen seine Spermien im Weibchen platziert, ist bei äußerer Befruchtung ein Kontakt zwischen Weibchen und Männchen nicht zwingend. Häufig geben z. B. bei Arten des offenen Meeres die Weibchen Eier in großer Menge in das Wasser ab, die anschließend von Spermienwolken der Männchen befruchtet werden. Mit den Unterschieden im Befruchtungstyp korrelieren häufig Unterschiede im Adressaten der Aufzucht. Bei äußerer Befruchtung gilt: Wer von beiden Geschlechtern *zuletzt* mit den Eiern zusammen ist, betreut das Gelege. Dies ist in der Mehrzahl der wenigen Arten, die bei Fischen Brutpflege betreiben, auch der Fall. Es gibt aber auch einige Arten, bei denen beide Eltern sich um die Brut bzw. die Jungfische kümmern. Kümmert sich hingegen nur ein Partner um das Gelege, so ist dies im Fall der Arten mit äußerer Befruchtung stets das Männchen.

Generell gesehen, sind Aufzuchtleistungen bei Fischen selten. Von 245 untersuchten zoologischen Familien der Knochenfische zeigten 191 keinerlei Brutpflege (Krebs/Davies 1984, S. 175). Seepferdchen (*Hippocampinae*) zählen zu den Fischen mit äußerer Befruchtung. Sie leben in Gezeitenzonen. Diese Zonen sind starken Schwankungen in wesentlichen Rahmenbedingungen der Brutpflege wie z. B. der Temperatur und dem Sauerstoffgehalt des Wassers ausgesetzt. Bei Seepferdchen legt das Weibchen einem Männchen wenige Dutzend Eier zur Befruchtung in eine Bauchtasche, die sich anschließend verschließt und in der sich die Eier bis zum Schlüpfen der Jungfische entwickeln. Die Eier befinden sich auf diese Weise stets in optimalen Bedingungen. Die Jungfische werden nach einiger Zeit vom Männchen unter wehenartigen Erscheinungen ausgestoßen (Sossinka 1974, S. 450). In der Gezeitenzone mit ihren *schwankenden* wichtigen Parametern ist die Pflegestrategie mit Unterbringung der Eier am Körper eine erfolgreiche

Lösung. Ebenfalls eine erfolgreiche Lösung gegen den Fraß der Eier durch natürliche Feinde haben die südamerikanischen lebendgebärenden Zahnkarpfenarten (*Poeciliinae*) entwickelt: Bei diesen – sich über innere Befruchtung fortpflanzenden – Arten gebären die Weibchen lebende Junge. Diese sind nach der Geburt selbständig. Eine weitere Möglichkeit, die Eier vor Fressfeinden zu schützen, haben manche Süßwasser-Barscharten in Afrika entwickelt. Sie erbrüten ihre Eier im Maul, in das bei Gefahr später auch die Jungfische flüchten. Bei den Diskusfischen des Amazonasgebietes bewachen nicht nur beide Eltern ihre Gelege und schützen ihre Jungtiere, sondern ernähren sie auch mit einem Hautsekret, das aus den Hautporen der Elterntiere austritt und an Kondensmilch erinnert. Sie nehmen gewissermaßen eine stammesgeschichtlich weit später auftretende Leistung der Säugetiere, die Ernährung mit selbst produzierter Nahrung, vorweg (Sossinka 1974). Die Materialstrategie ist bei Fischen weitaus häufiger und besonders bei Arten des offenen Meeres verbreitet. Dies liegt an den vergleichsweise *konstanten* bedeutsamen Parametern des offenen Meeres für den Fortpflanzungserfolg. Beispielsweise sind der Sauerstoffgehalt, die Wassertemperatur und auch der Druck von Fressfeinden gegenüber Eiern und Nachwuchs im offenen Meer so gut wie konstant.

Das Extrembeispiel der Anpassung an diese Bedingungen stellt eine Fischart des offenen Meeres dar. Die Lengfischart „Moloa" pflanzt sich durch äußere Befruchtung fort, indem das Weibchen bei jedem Fortpflanzungszyklus 28 Millionen (!) vergleichsweise winziger Eier ins offene Meer entlässt, während das Männchen eine Spermienwolke hinzu gibt (ebd.).

4.2.2 Amphibien

Bei Amphibien (Molche, Frösche und Kröten) lassen sich sowohl für Vorsorge wie auch für Aufzucht Beispiele nennen, doch überwiegen Brutvorsorgeleistungen. Besondere autökologische Umstände haben ungewöhnliche Fortpflanzungsweisen im Rahmen des Bauplan-Niveaus der Amphibien hervorgebracht: So erbrüten in Australien die weiblichen Magenbrüterfrösche (*Rheobatrachus silus; R. vitellinus*) die befruchteten Eier bis zur Metamorphose zum Frosch im eigenen Magen. Die weibliche Amazonas-Wabenkröte (*Pipa pipa*) transportiert und nährt ihre Eier und Kaulquappen bis zur Metamorphose in wabenartigen Hautausstülpungen ihres Rückens.

4.2.3 Reptilien

Auch in der nächsten Wirbeltierklasse, den Reptilien, überwiegen Brutvorsorgeleistungen. Die Weibchen suchen geeignete Stellen für die Eiablage und/oder graben aktiv die Eier in den Boden ein. Einige Waranarten legen ihre Eier in Termitenbauten, in denen eine passende Temperatur- und Feuchteregulierung herrscht. Die bei Reptilien seltenen Aufzuchtleistungen beschränken sich auf Schutz des Geleges und Hilfeleistungen beim Schlüpfen.

4.2.4 Vögel

Bei Vögeln sind hingegen Aufzuchtleistungen durchgängig belegbar, doch variieren zwischen den Arten sowohl die Beteiligten wie auch das Ausmaß. Monogamie ist hier die häufigste Paarungsform und folglich ist die Aufzucht durch beide Eltern ebenfalls häufig (Krebs/Davies 1981, S. 174). Von dieser Regel bestehen viele Ausnahmen bei Pflanzen fressenden Vögeln wie z. B. Enten und Hühnern, bei denen das Weibchen allein brütet und die Jungvögel aufzieht. Bei afrikanischen Straußen hingegen erbrütet der Hahn in einem Gemeinschaftsnest die Eier mehrerer Weibchen und führt die Jungen (Sossinka 1974). Bei Tierarten mit komplizierter Nahrungsbeschaffung, wie z. B. den Beutegreifern Adler, Habicht, Falke und Eule, sowie bei Reihern und Eisvögeln beteiligen sich die Männchen an der Aufzucht (Krebs/Davies 1984). Für diese gemeinsam mit den Eltern verbrachte Zeit der Aufzucht ist bei einer Anzahl Vogelarten belegt, dass die Jungvögel von den Altvögeln lernen. Insbesondere bei Beutegreifern ist Übung und Erfahrung erforderlich, um erfolgreich Beute zu machen (Eibl-Eibesfeldt 1969).

4.2.5 Säuger

In der Wirbeltierklasse der Säuger sind Aufzucht-Leistungen ebenfalls durchgängig belegbar. Durch die neue Bauplaneigenschaft, Nahrung durch Milchdrüsen selbst zu erzeugen, ist die Versorgung der Jungtiere ab Geburt mit optimaler Nahrung gewährleistet und zugleich das Weibchen durch diese Bauplaneigenschaft stärker in die Aufzucht involviert. Doch gibt es – ökologisch erzwungen – große Unterschiede in Form und Ausmaß der Aufzuchtleistungen. Die Zeit, in der Eltern durch Schutz, Ernährung und Betreuung der Jungtiere beansprucht sind, streut von Art zu Art sehr stark. So sind z. B. Mäuse nach vier Monaten erwachsen, Paviane nach zwölf Jahren. Die häufigste Paarungsform bei Säugern – die Polygamie – bedingt, dass die Aufzucht der Jungtiere im Wesentlichen durch das Muttertier erfolgt. Monogamie tritt bei wenigen Arten auf; dabei handelt es sich um Beutegreifer, bei denen sich die Männchen an der schwierigen Nahrungsbeschaffung und an der Fütterung beteiligen (Krebs/Davies 1984).

4.2.5.1 Menschenaffen

Bei den naturgeschichtlich jüngsten Säugern, den Menschenaffen, ist im Vergleich zu anderen Affenarten die Unselbständigkeit des Jungtieres deutlich größer und das Ausmaß und die Zeitspanne für seine Betreuung sind im Vergleich zu anderen Affen erheblich verlängert. Diese sehr lange Kindheit und Jugendphase der Menschenaffen wird übrigens beim Menschen – legt man biologische Entwicklungskriterien an – nochmals verdoppelt. Das Hirnvolumen des Menschen hat sogar etwa das dreifache Volumen des Menschenaffenhirns (Knußmann 1980; Grupe et al. 2005). Die mehrjährige Aufzucht erfolgt z. B. bei Orang-Utans durch das zumeist solitär lebende Muttertier. Da frei lebende Orang-Utans zahlreiche Pflanzenarten kennen und nutzen – man schätzt die

Zahl auf über einhundert –, wird angenommen, dass die Jungtiere während ihres mehrjährigen Verbleibs bei der Mutter diese Pflanzenarten erlernen.

Auch von Schimpansen, unseren zoologisch nächsten Verwandten, ist intensive Aufzucht und in geringem Umfang Unterweisung belegt (Goodall 1986). Das Muttertier zieht ihr Junges etwa drei Jahre in engem Kontakt auf und das Jungtier lernt vor allem durch Imitation, in geringem Umfang durch Unterweisung, bereits in dieser Zeit vieles vom Muttertier. Schimpansenmütter unterweisen beispielsweise, indem sie korrigierend eingreifen, wenn ihr Jungtier zu hoch klettern will, sie halten es dann fest. Sie ermutigen andererseits ein ängstliches Jungtier durch entsprechend unterstützendes Eingreifen zum Klettern (ebd.). Nach den drei Jahren Kindheit beginnt das etwa sechsjährige Jugendalter, in dem sich der Kontakt zur Mutter lockert und durch den größeren Radius der Aktivitäten weitere Lernmöglichkeiten durch andere Artgenossen hinzutreten (vgl. Boesch/Boesch-Achermann 2000).

Literatur

Boesch, Christope/Boesch-Achermann, Hedwige (2000): The Chimpanzees of the Tai Forest: Behavioural Ecology and Evolution. Oxford.

Clutton-Brock, Tim (1991): The Evolution of Parental Care. Princeton.

Dawkins, Richard (1989): The Selfish Gene. Oxford.

Eibl-Eibesfeldt, Irenäus (1969): Grundriss der Vergleichenden Verhaltensforschung. 2. Aufl. München.

Goodall, Jane (1986): The Chimpanzees of Gombe. Patterns of Behavior. Cambridge, Mass.

Grupe, Gisela et. al. (Hrsg.) (2005): Anthropologie. Ein einführendes Lehrbuch. Heidelberg.

Heusser, Hans Rudolf (1970): Höhere Froschlurche. In: Grzimeks Tierleben. Bd. 5. Zürich, S. 403–463.

Illies, Jochen (1973): Umwelt und Anpassung. In: Illies, Jochen/Klausewitz, Wolfgang (Hrsg.): Unsere Umwelt als Lebensraum. Zürich, S. 15–21.

Krebs, John R./Davies, Nicholas B. (1984): Einführung in die Verhaltensökologie. Stuttgart.

Knußmann, Rainer (1980): Vergleichende Biologie des Menschen. Lehrbuch der Anthropologie und Humangenetik. Stuttgart.

Linné, Carl von (1735): Caroli Linnaei Systema Naturae. Leiden.

Mayr, Ernst (1973): Evolution und Verhalten. In: Wickler, Wolfgang/Seibt, Uta (Hrsg.): Vergleichende Verhaltensforschung. Hamburg, S. 17–40.

Remmert, Hermann (1989): Ökologie. Ein Lehrbuch. 4. Aufl. Heidelberg.

Sossinka, Roland (1964): Brutpflegeverhalten. In: Immelmann, Klaus (Hrsg.): Verhaltensforschung. Zürich, S. 449–460.

Treml, Alfred K. (2004): Evolutionäre Pädagogik. Eine Einführung. Stuttgart.

Voland, Eckart (2000): Grundriss der Soziobiologie. Heidelberg.

Wilson, Edward Osborne (1975): The New Synthesis. Harvard.

Technik

Jörn Ahrens

Technik und Technologie sind selbstverständliche Bestandteile moderner Gesellschaften. Nicht nur zu Paradigmen der gesellschaftlichen Entwicklung gewordene Episteme wie der Begriff und das Konzept des Fortschritts basieren letztlich auf einem Vertrauen in die fortlaufende und ungehinderte Entfaltung technologischer Wissensbestände, Möglichkeiten und Fertigkeiten. Die Strukturbedingungen ökonomischer Systeme ebenso wie die Routinen des Alltagshandelns sind gebunden an technologische Komponenten. Technik stellt eine primäre Ressource im Rahmen der Vergesellschaftung moderner, auch postmoderner Gesellschaften dar. Wiewohl zunächst augenscheinlich instrumentellen Charakters, ist die Technik innerhalb der zu sich selbst gekommenen industrialisierten modernen Gesellschaft rasch nicht nur als instrumentell wahrgenommen worden. Vielmehr wurde sie als eine anthropologische Bedingung und Konstante gleichermaßen identifiziert. Denn wenn – wie die Philosophische Anthropologie formuliert – der Mensch „von Natur, aus Gründen seiner Existenzform künstlich" (Plessner 1975, S. 310) ist, er sich also innerhalb einer natürlichen Umwelt nur vermittels technologischer Kompetenzen behaupten und entfalten kann, dann muss der Technik selbst eine anthropologische Qualität zugebilligt werden. In dieser Perspektive formuliert Arnold Gehlen 1953, die Technik sei „so alt wie der Mensch" selbst (Gehlen 1961, S. 93). Aus der These, beim Menschen handele es sich um ein „Mängelwesen", das seine biologische Unangepasstheit an die natürliche Umwelt kognitiv und technisch ausgleichen müsse (Gehlen 1997, S. 18 ff.), folgert Gehlen, „aus den Organmängeln des Menschen [lasse sich] die Notwendigkeit der Technik herleiten" (ebd., S. 94). Die Genese und Epistemologie der Technik lassen sich aus dieser Perspektive nur anthropologisch verstehen: Technische Kompetenzen und Instrumentarien würden somit selbst schon anthropologische Grundkategorien darstellen.

Ohne die Technik gäbe es so gesehen den Menschen nicht. Ungefähr zu gleicher Zeit wie Gehlen entwickelt der Paläontologe André Leroi-Gourhan (1988, S. 36) die These, der „Besitz beweglicher Werkzeuge" sei eines der „fundamentalen Merkmale des Menschen". „Die Freiheit der Hand führt fast notwendig zu einer technischen Aktivität, die von der des Affen verschieden ist; ihre Freiheit bei der Fortbewegung verlangt im Verein mit dem kurzen Gesicht und dem Fehlen offensiver Reißzähne die Verwendung künstlicher Organe, von Werkzeugen also" (ebd.). Damit erhärtet er den bis dahin spekulativen Zugriff der Philosophischen Anthropologie empirisch: Da sich der Mensch als Gattungswesen die notwendigen und hinreichenden Bedingungen für seine Existenz in der natürlichen Umwelt, aufgrund seiner biologischen Nicht-Spezialisiertheit, erst selbst schaffen muss, stellt die Applikation der Technik die entscheidende anthropologische Qualität dar, um eine dem Menschen gemäße natürliche Umgebung zu schaffen. Artifizialität und Natürlichkeit sind hier anthropologisch kaum noch unterscheidbar; die Natur des Menschen gründet auf der Herstellung einer „artifiziellen Gesellschaft" (Popitz).

Dieser Zusammenhang einer anthropomorphen Konnotierung der Technik, mittels deren bestimmte menschliche Vermögen beeinflusst, ergänzt oder gar erst hergestellt werden, wurde zur Mitte des 20. Jahrhunderts aus verschiedenen Richtungen intensiv diskutiert. Der Medientheoretiker Marshall McLuhan bemerkt, Menschen würden sich durch neue Medien und Techniken „selbst verstärken und ausweiten". Technische Artefakte erscheinen hier als Hilfsmittel zu einer technosozialen Transformation des Menschen, um neue (soziale) Kompetenzen zu erwerben und den herkömmlich anthropologischen hinzuzufügen oder um diese bestehenden Kompetenzen zu ergänzen. Insofern stellten sie „gewaltige kollektive Eingriffe dar, die ohne antiseptische Mittel am Körper der Gesellschaft vorgenommen werden. [...] Denn wird die Gesellschaft mit einer neuen Technik operiert, ist nicht die aufgeschnittene Stelle der am meisten betroffene Teil. Die Druck- oder Schnittstelle ist betäubt. Das ganze System aber wird verändert" (McLuhan 1994, S. 107).

Neue Technologien verändern die Rahmenbedingungen, unter denen gesellschaftliche Wirklichkeit hergestellt wird und sie adaptieren oder kolonisieren Fähigkeiten, über die Menschen anthropologisch entweder bereits schon verfügen oder die sie sich erträumt haben. Damit verändert Technik die Anthropologie des Menschen – nicht zwingend materiell, aber zumindest – und das ist kulturell entscheidend – imagologisch. Günther Anders hat, ebenfalls in den 1950er Jahren, diese Tendenz als „Human Engineering" kritisiert. Der Versuch einer Angleichung des Menschen an die von ihm geschaffenen und als ungleich perfekter als er selbst bewunderten Dinge führe zu „Metamorphose-Versuchen". Die „künstlich hergestellten physischen Grenzsituationen interessieren [den Human Engineer] ausschließlich deshalb, weil er darauf abzielt, sie zu überbieten" (Anders 1992, S. 37). Für Anders kulminiert technischer Fortschritt in einer anthropologischen Dystopie, nämlich in der Aufgabe anthropologischer Besonderheit und Originalität zugunsten einer Imitation, einer Mimesis an ein entfremdetes Ideal der Dinge. „Was aus dem Leib werden soll", meint er – ganz im Einklang mit McLuhan –, „ist also jeweils durch das Gerät festgelegt; durch das, was das Gerät verlangt" (ebd., S. 39). Das ist nicht nur deshalb ein interessanter Befund, weil Anders hier ein anthropologisches Ideal sich über Artefakte realisieren sieht, sondern weil die Dinge bei ihm außerdem einen normativen Vokativ erhalten. Sie fordern vom Menschen nämlich so zu sein wie sie selbst und erhalten damit (wenn auch durchwegs pejorativ), lange bevor Bruno Latour für eine „symmetrische Anthropologie" argumentiert, eine enorme Handlungsmächtigkeit in sozio-kultureller Hinsicht zugeschrieben.

Auch Gehlen (1961, S. 98) sieht derlei Tendenzen und stellt fest, durch die „Technik als ‚Industriesystem'" werde „die Natur technisch aufgebrochen", was ein latentes „Unbehagen" an der Technik entstehen lasse (ebd., S. 99). Gehlen sieht diese Entwicklung noch als Symptom einer „weltweiten Kulturtransformation" (ebd.), die die moderne Kultur als Synthese aus Wissenschaft, Technik und Produktion im globalen Maßstab durchsetze. Wenn auch letztlich noch immer einem Fortschrittsparadigma verhaftet, das technischen und gesellschaftlichen Fortschritt in eins setzt und noch eine distinkte Differenz sieht zwischen dem Artefakt „Technik", das Natur als zweite Natur bloß imitiert, und einer Natur, die den organischen Dingen wesentlich ist, adressiert Gehlen doch Technik illusionslos als „eine der Bedingungen der Möglichkeit künftiger Existenz" (ebd., S. 101). Und er spitzt zu: „Die Technik umgibt also nicht nur den modernen Menschen, sie dringt in sein Blut ein" (ebd., S. 102). Nicht von ungefähr erinnert das an Max Webers pessimistisches Diktum, der aufgeklärte Siegeszug der Rationalität sperre den Menschen am Ende in ein „stahlhartes Gehäuse der Vernunft". Diagnosen wie diese zeugen nicht bloß von einer grundlegenden Ambivalenz der modernen Kultur; sie beschreiben vielmehr eine dieser Kultur innewohnende hegemoniale Wendung gegen ihre Subjekte. Technik und Vernunft erhalten dann selbst den Primat gesellschaftlicher Verhältnisse und emanzipieren sich von ihrem zunächst sicher intendierten Status als zweckdienliche Instrumentarien des Subjekts „Mensch".

Diese Tendenz wurde wohl zuerst von Anders benannt, der eine Mimesis des Menschen an die von ihm hergestellten Geräte erkennt. Die Perfektion der Produkte – ihre Makellosigkeit ebenso wie ihre die menschlichen Defizite, die sie substituieren sollen, nur noch stärker hervorhebenden Kompetenzen – führt zu einer Idealisierung der Dinge und zu einer „Bejahung der Verdinglichung", einer „Selbst-Verdinglichung" des Menschen (Anders 1992, S. 30). Die Diagnose einer Technologisierung von Kultur und Gesellschaft, die erhebliche Konsequenzen auch (speziell in der Dystopie von Anders) für die anthropologische Bestimmung des menschlichen Körpers hätte, steht also schon lange im Raum. Sie bleibt aber – indirekt bei Gehlen und McLuhan, dezidiert bei Anders – immer bezogen auf einen an Marx geschulten Zugang zu gesellschaftlichen Prozessen der Verdinglichung. Im Zentrum steht hier immer das Verhältnis des Menschen zu den von ihm produzierten Objekten und die Frage, ob dieses Verhältnis als ökonomisches Produktionsverhältnis, das zugleich soziale Ungleichheiten und Herrschaftsverhältnisse definiert, überhaupt eine Möglichkeit der Freiheit beinhaltet. Bei aller Bedeutung jedoch, die hier Technik im Rahmen von Anthropologie beigemessen wird, ist entscheidend, dass letztlich immer noch eine klare Dichotomie besteht zwischen der Technik, ihren Objekten und Prozessen und dem Gattungswesen Mensch, das die Technik einerseits ermöglicht und implementiert und ihr andererseits ausgeliefert ist. Obwohl Technik also eine eindeutig anthropologische Färbung aufweist, gehört sie dennoch nicht originär zur natürlichen Grundausstattung des Menschen. Diese Differenz scheint wichtig und die Option zu ihrer Aufhebung lässt schon Anders (1992, S. 41) von den „Initiationsriten des Roboterzeitalters" sprechen. Heute scheint sich diese Dichotomie aufzulösen, die Grenzen des Menschen diffundieren augenscheinlich, was insbesondere im Umfeld der Bio-, Neuro- und Nanowissenschaften wahrgenommen wird. Am Beispiel der Biowissenschaften soll im Folgenden diese neuartige Qualität einer Technologisierung der Körper diskutiert werden.

Die modernen Biowissenschaften stellen nichts weniger in Frage als das tradierte Verständnis des Menschen, das Verständnis seiner menschlichen Natur als einer ebenso latenten wie grundlegenden Substanz des Sozialen, auf der die Möglichkeit von Vergesellschaftung und Kulturgenese basiert. Die soziale und kulturelle Krise, die durch die Biowissenschaften ausgelöst wurde, ist eine durchaus akute Krise, die so praktische wie konsequenzenreiche Fragen wie die nach der moralischen und juridischen Einhegung des Menschen berührt und damit auch die nach der symbolischen Liminalität von Gesellschaft. Vor allem aber wirkt diese Krise auf der Ebene jener latenten Funktionen, der Symboltätigkeiten des Menschen, und nur auf dieser Ebene kann sie auch bewältigt werden. Schließlich ist mit dem Übergang von der äußeren Naturbeherrschung zur „Naturbeherrschung am Menschen" (zur Lippe) und weiter zur Naturbeherrschung im Menschen – u. a. vermittels der modernen Biowissenschaften – eine „radikale Veränderung" der Weisen menschlicher Selbstgestaltung verbunden. Bislang, so Gernot Böhme (1999, S. 45), seien solche Praktiken der Selbstgestaltung auf die Felder von Moral, Pädagogik und Politik beschränkt gewesen, nun aber würden sie auch unmittelbar das erfassen, „was am Menschen Natur ist." Die daraus emergierenden Transformationsprozesse des Menschen fokussieren in abstrakter Hinsicht Fragen des anthropologischen Selbstverständnisses, so wie sie praktisch speziell auf Eingriffe in den menschlichen Körper und dessen Modifikation abzielen. Am Körper des Menschen wird hier also die Überschreitung einer bis dahin als liminal akzeptierten kulturellen, symbolischen Schwelle vollzogen: Eingegriffen wird nicht mehr nur in die Natur des Menschen, die seine Umwelt bildet, sondern in die Natur, die er ist. Und dies geschieht in einer gattungsrelevanten Weise, da es sich nicht bloß um in der Medizin längst zur Routine gewordene individuelle Eingriffe handelt, sondern um essentiell irreversible Eingriffe, die das gesamte Selbstverständnis einer Evolution der Arten und insbesondere der Gattung Mensch berühren.

So warnt schon 1979 der Philosoph Hans Jonas vor einer Abkehr von einem Zugriff des Menschen auf die leblose Natur, um diese „seiner Nutzung dienstbar" zu machen. Mit der modernen Biotechnologie hingegen stehe man womöglich „auf der Schwelle einer Technologie, die auf biologischem Wissen basiert und uns mit einer Manipulationskunst beschenkt, die den Menschen selbst zum Gegenstand" machen könne (Jonas 1987, S. 39). Damit bestehe die Gefahr, dass wir tatsächlich in die Lage kämen, unsere Nachkommenschaft technisch-instrumentell zu entwerfen. Denn da Technik als „gesteigerte menschliche Macht in permanenter Tätigkeit“ (ebd., S. 44) grundsätzlich anwendungsbezogen sei, sei sie erstens niemals in der Lage, sich ethisch neutral zu verhalten und zweitens sei sie grundlegend involviert in Prozesse der Konstituierung und Ausübung von Macht (ebd.). Es fehle ihr somit an wissenschaftlichen, reflexiven und an humanen Qualitäten. Eine Technologisierung des menschlichen Körpers durch die Biotechnologien würde diesen zweckrationalen und damit per se anti-ethischen Kontexten in den Menschen „integrieren“ und sie würde den Körper endgültig zum Objekt in Prozessen der sozialen Macht- und Herrschaftsausübung machen. Jonas argumentiert hier noch mit Blick auf Probleme der Eugenik, der künstlichen Befruchtung und Reproduktionstechnologien, aber auch mit Blick auf das nach wie vor latente Problem einer möglichen Klonierung von Menschen. Auch aktuelle Debatten wie die um die Legitimität der Präimplantationsdiagnostik (PID), von Stammzellforschung und Stammzelltherapie zielen in diese Richtung. Im Zentrum steht hier immer die Sorge um die Integrität des menschlichen Körpers, der immer auch ein Gattungskörper und nie nur ein individueller Körper ist. In ähnlicher Stoßrichtung kritisiert Michel Tibon-Cornillot (1982, S. 146) ungefähr gleichzeitig mit Jonas, als Ort technischen Vorgehens sei das Lebendige zunehmend einem Prozess der Mechanisierung ausgesetzt. Als Beispiele für diese Entwicklung zieht er insbesondere die Klon-Technik und die Kybernetik heran; beide zielten darauf ab, im Zuge einer Technologisierung der Körper den Menschen als Gattung einer Transformation in Richtung eines technologischen Paradigmas zu unterziehen.

Technologisierung der Körper meint hier ganz im Anders'schen Sinne eine Angleichung der menschlichen Natur an technisch definierte Artefakte: „Nun läßt sich durchaus die aktuelle Situation der Körper und der Automatenmaschinen im Rahmen der zweiten Industriellen Revolution als beschleunigte Anthropomorphisierung der technischen Produkte bezeichnen. […] Aber diese Anthropomorphisierung fällt genau mit einer Orientierung der Wissenschaften, der Technik und der Industrie zusammen, die fähig ist, den menschlichen Körper in seinen traditionellen Strukturen zur Explosion zu bringen und die Grenzen zwischen dem Lebendigen und dem künstlich Konstruierten wieder in Frage zu stellen“ (Tibon-Cornillot 1982, S. 153). Im einen wie im anderen Fall werden Prozesse eines avancierten wissenschaftlich-technischen Fortschritts als Träger einer Transformation des Menschen erkannt, die von irreversiblen Eingriffen in den Gattungskörper ausgeht. Im Ergebnis führt damit eine massive Besetzung des menschlichen Körpers durch biowissenschaftliche Praktiken und Episteme zu einer Adressierung des Menschen selbst unter Gesichtspunkten technologischen Kalküls. Zudem greifen die Biotechnologien in einer Weise in den Menschen ein, welche die Gattungssubstanz nachhaltig verändert.

Tibon-Cornillot pointiert die in dieser Entwicklung liegende Dialektik völlig richtig, wenn er auf der einen Seite von einer fortschreitenden Anthropomorphisierung der Technik ausgeht. Die Technik selbst nimmt anthropomorphe Züge an und wird schlussendlich von organischen Prozessen kaum mehr zu unterscheiden sein. Zugleich jedoch verschärft sich andererseits gerade durch diese Angleichung eine Technologisierung des Menschen. Denn das gesellschaftliche Dispositiv der Herrschaft ist nicht mehr die Humanitas, sondern unter den Bedingungen marktökonomischer, rational organisierter Gouvernementalität natürlich die Technik selbst. Dies gilt für die Biotechnologie ebenso wie für Neuro- und Nanotechnologien und für alle Prozesse der Digitalisierung. Für derlei Vorgänge hat der Kulturanthropologe Paul Rabinow den Begriff der „Biosozialität" geprägt. Die Biowissenschaften und insbesondere die neuen genetischen Verfahren, meint er, würden eine ungleich größere Kraft der Veränderung darstellen, als dies etwa bei der Revolution in der Physik der Fall gewesen sei: „because it will be embedded throughout the social fabric at the micro-level by a variety of biopolitical practices and discourses" (Rabinow 1996, S. 98). Der Terminus Biosozialität zeigt an, dass nunmehr Natur auf der Basis von kulturellen Praktiken hergestellt wird: „Nature will be known and remade through technique and will finally become artificial, just as culture becomes natural" (ebd., S. 99). Eine solche Entwicklung erfasst und verändert sämtliche Prämissen, auf denen eine Bestimmung der Gattung Mensch bislang diskursiv beruht, und sie realisiert sich über eine Invasion der Körper durch die entsprechenden Technologien.

Was die Biotechnologien – und mit ihnen die anderen neuen Wissenschaften – bei ihrem Erscheinen auf der Bühne gesellschaftlicher Integration, Strukturbildung und Sinngebung von herkömmlichen Technologien unterscheidet, ist genau diese extrem große Nähe zur Anthropologie. So mögen Medien wie Film und TV die Welt als Repräsentation verdoppelt und ein Fenster zur Teilhabe an weit entfernten Räumen geöffnet und damit die Wahrnehmung des Authentischen nachhaltig verunsichert haben. Technologien der Fortbewegung wie Eisenbahn, Automobil oder Flugzeug mögen die Erfahrung von Geschwindigkeit radikalisiert und Möglichkeiten zu enormer räumlicher Mobilität hergestellt haben. Das Internet mag als neu erfahrene soziale Netzstrukturen ermöglicht und tradierte Selbstkonzepte in Frage gestellt haben. Aber all diesen Techniken ist gemeinsam, dass sie vor allem auf die Ausweitung und Transformation von Sinnen und Sinnesempfindungen abzielen. Und sie setzen, sogar im Falle des Internets, auf eine klare Unterscheidung zwischen der genutzten Technologie und dem produzierenden Menschen. Nunmehr aber verschmelzen menschliches Individuum und Technologie, die Differenz zwischen beiden wird aufgehoben und damit ein neuartiges Gattungsdispositiv erstellt. Diese Entwicklung vollzieht sich – in für die Gattung insgesamt exemplarischer Weise – auf den, vor allem aber in den Körpern der Individuen. Diese Körper sind Subjekt und Objekt der neuen Technologien gleichermaßen. Sie produzieren technisch hochgradig avancierte Artefakte, während diese Artefakte zugleich auf diese Körper angewendet, diese damit also transformiert werden. Und sie sind gleichermaßen individuelle Körper, eingebettet in soziale Lebenswelten wie auch in individuelle Biographieverläufe, als sie auch Repräsentanten eines allgemeinen Gattungskörpers sind, der an diesem Punkt eines technologischen Schwellenübertritts synchron zu den Eingriffen in individuelle Körper modifiziert wird. Die in diesem Zuge emergierende Biosozialität stellt analog zur physischen und anthropologischen Transformation des

Humanen dann eine Transformation der Vermittlung gesellschaftlicher Machtbeziehungen, Herrschaftsbestände und Sinngebungen dar. „Biosozialität" wäre das neuartige Dispositiv einer technosozialen Vergesellschaftung im 21. Jahrhundert, die über Praktiken einer technologischen Aneignung und Bearbeitung des menschlichen Körpers in Gang und umgesetzt wird, die keine Differenz mehr zwischen Natur, Technologie und Gesellschaft zulassen.

An solche Tendenzen einer technologischen Transformation des Menschen im Rahmen von biosozialen Vergesellschaftungspraktiken schließen allgemein zwei Reaktionsweisen an. Die eine Variante zielt ab auf eine ethische Grenzziehung, die insbesondere am Erhalt der Gattung interessiert ist. Die zweite Variante versucht Ansätze zu formulieren, die den Anforderungen einer der Technik eigenen Akteursmacht gerecht werden können. Für den erstgenannten Fall steht die Position von Jürgen Habermas (2001, S. 28), der von der Feststellung ausgeht, es verschwimme zusehends „die Grenze zwischen der Natur, die wir ‚sind', und der organischen Ausstattung, die wir uns selber ‚geben'"; damit verwische aber auch die Grenze zwischen Personen und Sachen. Mit dieser Stoßrichtung moderner Wissenschaftstechnologie, wie Habermas exemplarisch am Beispiel der Gentechnologie ausführt, seien unmittelbar „Fragen der Gattungsidentität" berührt (ebd., S. 45). Eine Modifikation des Gattungssubstrats der Gattung Mensch sei aber deshalb so brisant, weil speziell „das Selbstverständnis des Menschen als eines Gattungswesens auch den Einbettungskontext für unsere Rechts- und Moralvorstellungen" abgebe (ebd.). Eine fortschreitende Technologisierung des (menschlichen) Körpers hätte also nicht nur, was ja an sich schon ziemlich weitreichend wäre, eine Veränderung der Gattungsidentität des Menschen zur Folge; sie würde auch die Grundlagen moralisch-ethischer Paradigmen in der postsäkularen Gesellschaft nachhaltig verschieben. Vor einer solchen Tendenz und ihren unabsehbaren Folgen warnt Habermas eindringlich. Zur Abwehr derartiger Transformationsszenarien fordert er die „Errichtung künstlicher Tabuschranken" (ebd., S. 49) gegenüber der Reichweite wissenschaftlich-technologischer Wirkungsmacht; und da Habermas um die Paradoxie dieser Forderung weiß, spricht er auch aus, dass dies nicht weniger als eine „Wiederverzauberung der inneren Natur" (ebd.) bedeuten würde, und das heißt, die Rücknahme eines Kernaspekts rationalen, aufgeklärten Fortschritts, der sich bekanntlich ganz und gar Praktiken der „Entzauberung" verschrieben hat.

Die zweite Variante einer der Technik eigenen sozialen Praxis, nicht nur ihrer instrumentellen Integration in soziale Abläufe, wird u. a. von Gesa Lindemann vertreten. Am Beispiel der Intensivmedizin und der dort gehandhabten Praktiken zur Identifikation sozialer Akteure lotet Lindemann die Grenzen aus, die sich Gesellschaft setzt, vor allem aber die Praktiken, wie diese Grenzen hergestellt und immer erneut bestätigt werden. Dabei ist die Rolle der Technik immens, handelt es sich doch in der Regel um Patienten, die nicht bei Bewusstsein, komatös oder hirntot, sind. In diesem Zusammenhang spricht sie von Intensivpatienten als „biotechnische[n] Gestalten" (Lindemann 2002, S. 152). Als solche werden wesentliche Funktionen des menschlichen Körpers technisch-maschinell substituiert; die Kontrolle über das Personsein des Individuums als Träger des Körpers liegt nicht mehr bei diesem Individuum, sondern einerseits bei der Funktionalität der technischen Apparate und andererseits bei medizinischen Deutungs- und Sinngebungsakten, die aber ihrerseits nicht möglich wären ohne technisch produzierte Daten. Die entscheidende Differenz gegenüber einer Position wie der von Habermas liegt in der Feststellung, es gäbe „keinen direkten Grenzübertritt zwischen dem Bereich des Sozialen und der Natur" (ebd., S. 433). Damit wäre ein vehementes Insistieren auf einer radikalen Differenz zwischen menschlicher Natur und technologischer Aneignung nicht nur obsolet, sondern sozial auch wenig sinnvoll.

In der Gegenwart ist Technologie somit zur Produktionsstätte von Anthropologie und Sozialität geworden. Technologisierung des menschlichen Körpers heißt daher vor allem, dass Anthropologie und Gesellschaft technisch geworden sind und es keine anthropologischen oder sozialen Kategorien und Konzepte mehr außerhalb technologischer Praktiken gibt.

Literatur

Anders, Günther (1992): Die Antiquiertheit des Menschen. Bd. I: Über die Seele im Zeitalter der zweiten industriellen Revolution (1956). München.

Böhme, Gernot (1999): Über die Natur des Menschen. In: Seubold, Günter (Hrsg.): Die Zukunft des Menschen. Philosophische Ausblicke. Bonn, S. 41–57.

Gehlen, Arnold (1961): Die Technik in der Sichtweise der Anthropologie (1953). In: Ders.: Anthropologische Forschung. Zur Selbstbegegnung und Selbstentdeckung des Menschen. Reinbek, S. 93–103.

Gehlen, Arnold (1997): Der Mensch. Seine Natur und seine Stellung in der Welt (1940). Wiesbaden.

Habermas, Jürgen (2001): Die Zukunft der menschlichen Natur. Auf dem Weg zu einer liberalen Eugenik? Frankfurt/M.

Jonas, Hans (1987): Technik, Medizin und Ethik. Praxis des Prinzips Verantwortung. Frankfurt/M.

Leroi-Gourhan, André (1988): Hand und Wort. Die Evolution von Technik, Sprache und Kunst (1964). Frankfurt/M.

Lindemann, Gesa (2002): Die Grenzen des Sozialen. Zur sozio-technischen Konstruktion von Leben und Tod in der Intensivmedizin. München.

McLuhan, Marshall (1994): Die magischen Kanäle: Understanding Media (1964). Dresden.

Plessner, Helmuth (1975): Die Stufen des Organischen und der Mensch. Einleitung in die philosophische Anthropologie (1928). Berlin/New York.

Rabinow, Paul (1996): Essays on the Anthropology of Reason. Princeton.

Tibon-Cornillot, Michel (1982): Die transfigurativen Körper. Zur Verflechtung von Techniken und Mythen. In: Kamper, Dietmar/Wulf, Christoph (Hrsg.): Die Wiederkehr des Körpers. Frankfurt/M., S. 145–164.

Unbewusstes

Johannes Bilstein

1 Der dunkle Bereich

In der menschlichen Seele einen bewussten und einen unbewussten Bereich voneinander zu unterscheiden, hat in der europäischen Ideen- und Imaginationsgeschichte eine lange Tradition. Man kann da auf die Anamnesis-Lehre Platons zurückverweisen, die davon ausgeht, dass es unbewusste, nur durch mühsame Erinnerungsarbeit ans Licht zu bringende Voraussetzungen für jede bewusste Geistestätigkeit gibt. Das berühmte Experiment mit dem Sklaven, der viel mehr weiß als er selbst ahnt, dessen nicht bewusstes Wissen allererst vom pädagogisch handelnden Philosophen hervorgelockt werden muss, bietet ein Beispiel für die Unterstellung eines solchen dunklen, unterhalb des Bewusstseins liegenden Geistesbereiches (Platon, Menon, 81d4 f.). Die maieutische Leistung des Pädagogen jedenfalls bezieht sich von vornherein auf ein Inneres der Seele, das nicht sichtbar, nicht einsehbar und nur bedingt kontrollierbar ist (Fischer 1997). Hier ist zwar noch nicht ausdrücklich von einem Unbewussten die Rede, die Imagination aber einer gespaltenen, teils erkennbaren, teils nicht erkennbaren Seelenwelt markiert geradezu eine Bedingung pädagogischen Handelns.

Auch die drei verschiedenen Seelenformen, die in der aristotelischen Seelenlehre konzipiert werden, sind zumindest implizit mit unterschiedlichen Graden an Bewusstheit verbunden: Es gibt eine vegetative Seele mit unbewusster Lebenskraft, eine animalische Seele mit teilweise bewusster Erlebniskraft und schließlich die rationale Seele mit bewusster Erkenntniskraft. Diese Binnen-Strukturierung bleibt bei Aristoteles zwar sekundär, eingeordnet in eine grundsätzliche Einheitlichkeit der Psyche, sie trägt jedoch zur Unterscheidung zwischen bewussten und unbewussten Bereichen in den europäischen Seelen-Diskursen entscheidend bei (Gödde 1999, S. 43).

Es ist dann der Neu-Platoniker Plotin, der im 3. Jahrhundert nach Christus zum ersten Mal eine Seelenlehre entwickelt, die explizit zwischen Bewusstem und Unbewusstem unterscheidet. Die Seele umschließt für ihn sowohl Vernünftiges, Einsehbares und bewusst Begreifbares als auch Triebregungen, von denen sie kein Bewusstsein hat. Entscheidend ist dabei, dass die Tugend – das eigentliche Glück des Menschen – gerade aus diesem unbewussten Bereich entspringt. Bewusst reflektierte Tugend-Akte sind – sozusagen strategisch – verunreinigt, insofern kann tugendhaftes Handeln nur tugendhaft sein, wenn es unbewusst, also nicht rational kalkuliert ist. Damit stellt sich Plotin gegen den Rationalismus der Stoa und misst dezidiert dem nicht bewussten Bereich menschlicher Seelentätigkeit einen geradezu konstitutiven Rang bei (Kaiser-El-Safti 2001, Sp. 124f.). Dieser normative Kontext zwischen dem Unbewussten und dem höchsten Ziel menschlichen Handelns findet sich dann auch im Christentum immer wieder – z. B. bei Meister Eckhart, der die Seligkeit des Gott Schauenden gerade nicht an die bewusste Erkenntnis dieser Schau binden will: „... doch enwelle got des niht, dass min saelicheit dar ane lige" (Meister Eckhart 1963, S. 118). Die Seele, die zur Seligkeit der Anschauung Gottes gelangt, „weiß nichts von Wissen", sie zeichnet sich gerade durch die Bewusst-Losigkeit der *unio mystica* aus.

Die Unterscheidung eines bewussten von einem unbewussten Bereich der Seele stellt sich also als durchaus altes, zugleich antikes wie christliches Erbe dar, das dann in der Aufklärung, insbesondere in der Folge des Cartesianismus immer mehr in den Hintergrund gedrängt, allerdings bei Leibniz mit der Annahme von „unmerklichen Perzeptionen" weiter im Diskurs-Spiel gehalten wird (Kaiser-El-Safti 2001).

Die für unsere heutigen Diskurse entscheidende Wiederbelebung erfährt dieses anthropologische Deutungsmuster „Unbewusstes" dann am Ende des 18. Jahrhunderts im mentalitären Kontext der Überwindung des Idealismus und der Ausdifferenzierung romantischer Denkströmungen. Hier entsteht insbesondere mit der Philosophie Schopenhauers ein neuer Akzent auf den unbewussten Seelenregungen, die nun, direkt mit dem Anfangsmovens des Willens verbunden, als primär und vor allem Bewusstsein liegend verstanden werden. „Bewußtlosigkeit ist der ursprüngliche und natürliche Zustand aller Dinge, mithin auch die Basis, aus welcher, in einzelnen Arten der Wesen, das Bewußtsein, als die höchste Efflorescenz derselben, hervorgeht, weshalb auch dann jene immer noch vorwaltet" (Schopenhauer 1819, S. 165; vgl. Koßler 2005).

Diese These: dass Bewusstsein aus Bewusstlosigkeit entsteht und auch in bewussten Seelenlagen immer weiter unbewusste Motive wirksam bleiben, etabliert sich dann in den Seelentheorien des 19. Jahrhunderts. Eine Art definitorische Schlussformel findet sich in Carus' „Psyche" von 1846: „Der Schlüssel zur Erkenntnis vom Wesen des bewußten Seelenlebens liegt in der Region des Unbewußtseins. [...] „Daß fortwährend der bei Weitem größte Teil des Reiches unseres Seelenlebens im Unbewußtsein ruht, kann der erste Blick ins innere Leben uns lehren" (Carus 1846, S. 1; vgl. Gleiss 2005).

Damit ist eine vernunftskeptische Position markiert, die 1869 von Eduard von Hartmann zu einer eigenen, Hegel, Schelling und Schopenhauer synthetisierenden „Philosophie des Unbewussten" (von Hartmann 1869; Gödde 1999, S. 57–69) ausgearbeitet wird und die dann bei Nietzsche vollends ins Zentrum der Philosophie rückt. Die Imagination von einem eigenen, dem Bewusstsein vorgelagerten Bereich wird so gegen Ende des 19. Jahrhunderts mehr und mehr virulent (Wulf 1991).

Dabei bleibt es durchaus dunkel, woraus dieses Unbewusste besteht, was denn da als „fundus animae" im innersten Inneren der Seele wirken mag. Das mögen – in der eher empiristischen bzw. Leibniz'schen Tradition – abgesunkene Erfahrungen sein. In der deutsch-idealistischen Tradition jedoch überwiegen Imaginationen von Kraft und Energie: Die Vorstellung also, dass alles, was sich an Erfahrungen, Gefühlen und kognitiven Operationen im Inneren der Seele abspielt, auf irgend einer Art von Nährboden entsteht – einer basalen Substanz, die sich aller menschlichen Verstandestätigkeit entzieht, die aber Bedingung für alles Handeln und Erleben in der Welt ist. Dieser Urgrund ist dunkel und muss es sein. Wäre er erhellt, wäre er z. B. der Vernunft zugänglich, unterläge er ja auch gleich wieder den Regeln des Logos. Und nur deshalb, weil er dunkel ist, ist dieser Urgrund auch fruchtbar. Alle Prägnanz, alles also, was als Möglichkeit im mit Vernunft durchdrungenen Alltagsleben schlummert, alles, womit dieses Alltagsleben schwanger (*praegnans*) geht, kann nur in der Dunkelheit des nicht Bewussten gedeihen (Adler 1990, bes. S. 88–125).

Zugrunde liegt diesem Urgrund die Vorstellung einer dunklen Kraft, aus der heraus die Seele alleine in der Lage ist, dem Menschen Handeln, Denken und Fühlen zu ermöglichen und die sich in einem – ebenfalls dunklen – Mechanismus organisiert. Dabei ist sie eben beides: organisiert und dunkel, mechanisch-gesetzmäßig und völlig gesetzlos. „(1) Die dunkle Kraft der Seele ist nicht subjektiv: Sie hat keinen normativen Gehalt. (2) Die dunkle Kraft der Seele ist nicht mechanisch: Sie unterliegt keinem äußeren Gesetz. (3) Die dunkle Kraft der Seele ist nicht biologisch: Sie verwirklicht keinen organischen Zweck" (Menke 2008, S. 57).

Wenn dieser dunkle innere Bereich immer auch als Erinnerungs-Speicher fungiert, so wird doch der Gehalt dieser Erinnerungen durchaus unterschiedlich konzipiert: Das können individuelle Erinnerungen an früheres Erleben – eben die *petites perceptions* im Sinne von Leibniz –, das können aber auch „Ur-Erinnerungen" sein, die das individuelle Erleben weit überschreiten und der individuellen Seele zur Rückbindung an kollektive Tiefen-Erfahrungen verhelfen. Diese Idee eines absoluten Unbewussten zieht sich von Schelling über Carus und von Hartmann bis zu C. G. Jung und hat auch Einfluss auf Sigmund Freud.

2 Bläschen und Rindenschicht: Freud

Es sind alle diese Traditionslinien, die in Sigmund Freuds Konzeption des Unbewussten zusammenlaufen (Brumlik 2006, S. 61–73; Gödde 1999, S. 126–251; Gödde 2005). Auf zwei zentrale Elemente dieser Konzeption, seiner „ersten Topik" (Türcke 2008, S. 128), sei hier noch einmal besonders hingewiesen.

Zum einen bemüht er sich sehr intensiv darum, das Zusammenspiel von Bewusstsein und Unbewusstem zu rekonstruieren. Die Interaktion zwischen dem „System Bw" und dem „System Ubw" funktioniert – so jedenfalls wird das in „Jenseits des Lustprinzips" von 1920 nachgezeichnet – wie ein einfaches, sich allmählich differenzierendes Lebewesen. Am Anfang ist da ein „undifferenziertes Bläschen reizbarer Substanz". Dieses reizbare Bläschen hat eine der Außenwelt zugekehrte Oberfläche, die gegenüber der Rest-Substanz als – so wörtlich – „reizaufnehmendes Organ" dient. Diese dauernde Reizaufnahme hat dann Folgen: „Es wäre leicht denkbar, daß durch unausgesetzten Anprall der äußeren Reize an die Oberfläche des Bläschens dessen Substanz bis in eine gewisse Tiefe dauernd verändert wird, so daß ihr Erregungsvorgang anders abläuft als in tieferen Schichten. Es bildete sich so eine Rinde, die endlich durch die Reizwirkung so durchgebrannt ist, dass sie der Reizaufnahme die günstigsten Verhältnisse entgegenbringt und einer weiteren Modifikation nicht fähig ist" (Freud 1920, S. 25).

Bewusstsein entsteht so durch die Auseinandersetzung des Unbewussten mit dem, was an Reizen und Erfahrungen von außen kommt. Es ist „durchgebrannt" von Empfindungen und Sinneserfahrungen und wird so mit der Zeit immer fester und unempfindlicher (Freud 1920, S. 27; vgl. Türcke 2008, S. 131; Bilstein 2011).

Zum anderen wirkt dieses Unbewusste wie ein Speicher, in ihm geht nichts verloren. Jede Erfahrung, jedes Erlebnis, insbesondere natürlich jedes Trauma wird in der Tiefe des Systems Ubw aufgehoben, um von dort auf zum Teil unheimliche Weise – z. B. als Symptom – wiederum nach außen, auf das akute Verhalten und Erleben zu wirken. Daraus folgt dann auch, dass jede aktuelle Störung nur und alleine durch einen Rückgang auf Früheres, durch die Arbeit an der Erinnerung, verstanden und geheilt werden kann, und so wird der Weg zurück, in die jeweils individuelle Vergangenheit, zur entscheidenden Bewegung aller Aufklärung. Was immer der erwachsene Neurotiker oder die erwachsene Neurotikerin an Symptomen aufweisen mögen, es hat seine Wurzeln in dem Erinnerungs-Reservoir des Unbewussten und muss von dort aus bearbeitet werden.

Die Konzeption des Unbewussten als Tiefenspeicher ist auf diese Weise engstens verbunden mit einer dramatischen Aufwertung der Kindheit und des Kindheits-Schicksals. Durch die eigentümliche Konzeption der psychoanalytischen Seelentheorie erhält „Kindheit" einen ontogenetisch konstituierenden Rang, der auf erstaunliche Weise an die Metaphysik der Kindheit aus der deutsch-romantischen Tradition anschließt und der dann bald auch für eine heftige Rezeption der Psychoanalyse in der Pädagogik sorgt (Althans/Zirfas 2006; Brumlik 2006, S. 90–134).

3 Pädagogik

Dass das Unbewusste auch im planmäßigen Umgang der älteren mit der jüngeren Generation eine Rolle spielt, kann auf der Grundlage der psychoanalytischen Seelentheorie ausführlicher und intensiver untersucht und diskutiert werden als je zuvor (Kaufhold 1993). Dabei entsteht ein besonderer Akzent gerade darin, dass die unbewussten Regungen aller am Erziehungshandeln Beteiligten in den Blick geraten: der Kinder wie der Erwachsenen. Auf der Seite der Kinder ist es besonders die von unbewussten Dynamiken vorangetriebene psychische Entwicklung, die neu beschreibbar und formulierbar wird (Brumlik 2009a); auf der Seite der Erwachsenen ist es die spezifisch psychoanalytische Mischung aus genetischen und strukturellen Perspektiven, welche sich auf die Weiterentwicklung von Erziehungsreflexionen auswirkt.

Bei Siegfried Bernfeld findet sich dann eine bis heute wirkende Reflexion auf die gegenseitige Verschränkung der am Erziehungsprozess beteiligten Seelenleben. Ihm steht vor allem das große Übergewicht der Vergangenheit, der lebensgeschichtlichen Bürden auf der Seite der Erzieher vor Augen: „Und so steht der Erzieher vor zwei Kindern: dem zu erziehenden vor ihm und dem verdrängten in ihm. Er kann gar nicht anders, als jenes zu behandeln, wie er dieses erlebte" (Bernfeld 1925, S. 141; Brumlik 2009b).

Diese Aussage belegt sowohl die Schwierigkeit, wenn nicht Unmöglichkeit des Unternehmens Erziehung, enthält aber auch einen Hinweis darauf, wie Aufklärung und Erziehung denn doch noch gelingen könnten: durch Psychoanalyse eben. Eine psychoanalytisch belehrte Reflexion schafft vielleicht die Möglichkeit, diese komplexen Verwicklungen zu durchbrechen und die Zwänge der Vergangenheitsbindung – „er kann gar nicht anders" – zu überwinden.

Vor dem Hintergrund der psychoanalytischen Seelenlehre und insbesondere im Rückgriff auf unbewusste Motive und Erinnerungen gerät ein Verständnis von Erziehung als „planmäßige Tätigkeit, durch welche die Erwachsenen das Seelenleben von Heranwachsenden zu bilden suchen" (Dilthey 1971, S. 44), auf dreifache Weise in Frage.

Einerseits kommen mit den Diskursen über das Unbewusste auch all diejenigen Erfahrungen in den Blick und in den Diskurs, die zu gering, zu unauffällig und zu peripher sind, als dass sie dem planmäßigen Blick der Erzieher auffallen könnten. Das Unbewusste als Tiefenspeicher wirkt übersummativ und produziert ein Ausmaß an Kontingenz, das durch einfach-planerische Operationen nicht zu bewältigen ist. Auf der anderen Seite bieten die Rückgriffe auf ein „Ur-Inneres", einen *fundus animae,* post-säkulare Deutungsmuster, die es erlauben, individuelles Erleben an kollektive oder gar transkollektive Erfahrungen anzuschließen. Und schließlich entspringen dem Blick auf unbewusste Antriebe und Motive auf der Seite der Erziehenden vielfache Perspektiven auf die durchaus polyvalenten Motivationen der Erwachsenen: Auch die treten mit ihren je eigenen unbewussten Gehalten in das Erziehungs-Spiel ein, sind auch so an allzu eindeutig-logischen Planungen gehindert. Das Deutungsmuster „Unbewusstes" kann insofern einiges beitragen zu einer ihre Handlungsmöglichkeiten im Modus der Bescheidenheit reflektierenden Erziehungswissenschaft (Bilstein 2007) – nicht zuletzt deshalb, weil dieses Deutungsmuster wie kaum ein anderes die eigene Begrenzung in sich trägt: Wenn es denn unbewusste Gehalte in unserer Seele gibt, dann zeichnen die sich eben dadurch aus, dass wir von ihnen nur sehr schwer etwas wissen können; und dass das, was wir wissen, gerade nicht unser Unbewusstes ist. Insofern gilt für das Unbewusste der bewusstseinstheoretische Vorbehalt aller Seelentheorien ganz besonders: Einmal zur Sprache gebracht, verlieren die unbewussten Gehalte ihre Eigenart und Eigentümlichkeit. „Spricht die Seele so spricht ach! Schon die Seele nicht mehr" (Schiller 1797, S. 302).

Literatur

Adler, Hans (1990): Die Prägnanz des Dunklen. Hamburg.

Althans, Birgit/Zirfas, Jörg (2006): Das Unbewusste in der Erziehung – Zur Pädagogik Sigmund Freuds. In: Buchholz, Michael/Gödde, Günter (Hrsg.): Das Unbewusste in der Praxis. Gießen, S. 129–157.

Bernfeld, Siegfried (1925): Sisyphos oder die Grenzen der Erziehung. Frankfurt/M.

Bilstein, Johannes (2007): Ohnmacht als Programm. In: Brumlik, Micha/Merkens, Hans (Hrsg.): bildung macht gesellschaft. Opladen, S. 31–42.

Bilstein, Johannes (2011): Werkzeuge und Boten. Zum Konzept der Sinne bei Sigmund Freud und in der Psychoanalyse. In: Ders. (Hrsg.): Anthropologie und Pädagogik der Sinne. Opladen, S. 33–53.

Brumlik, Micha (2006): Sigmund Freud. Der Denker des 20. Jahrhunderts. Weinheim.

Brumlik, Micha (2009a): Allgemeine Pädagogik, Psychoanalyse und Bildungstheorie – Versuch einer Verhältnisbestimmung. In: Bittner, Günther/Dörr, Margret/Fröhlich, Volker/Göppel, Rolf (Hrsg.): Allgemeine Pädagogik und Psychoanalytische Pädagogik im Dialog. Opladen, S. 41–53.

Brumlik, Micha (2009b): Siegfried Bernfeld. Sisyphos oder die Grenzen der Erziehung. In: Böhm, Winfried/Fuchs, Birgitta/Seichter, Sabine (Hrsg.): Hauptwerke der Pädagogik. Paderborn, S. 40–42.

Carus, Carl Gustav (1846): Psyche. Zur Entwicklungsgeschichte der Seele. Darmstadt 1975.

Dilthey, Wilhelm (1971): Grundlinien eines Systems der Pädagogik. In: Ders.: Schriften zur Pädagogik. Paderborn, S. 25–82.

Fischer, Wolfgang (1997): Die sokratische Negation des Wissens – Pädagogisch. In: Ders.: Kleine Texte zur Pädagogik der Antike. Baltmannsweiler, S. 83–135.

Freud, Sigmund (1920): Jenseits des Lustprinzips. In: Ders.: Gesammelte Werke Bd. XIII. Frankfurt/M. 1999, S. 1–69.

Gleiss, Irma (2005): Der romantische Weg in die Tiefe. In: Buchholz, Michael/Gödde, Günter (Hrsg.): Macht und Dynamik des Unbewussten. Bd. 1. Gießen, S. 95–124.

Gödde, Günter (1999): Traditionslinien des „Unbewußten". Gießen.

Gödde, Günter (2005): Freuds „Entdeckung" des Unbewussten und die Wandlungen in seiner Auffassung. In: Buchholz, Michael/Gödde, Günter (Hrsg.): Macht und Dynamik des Unbewussten. Gießen, S. 325–360.

Hartmann, Eduard von (1869): Philosophie des Unbewussten. Berlin.

Kaiser El-Safti, Margret (2001): Unbewußtes, das Unbewußte. In: Ritter, Joachim/Gründer, Karlfried/Gabriel, Gottfried (Hrsg.): Historisches Wörterbuch der Philosophie. Bd. 11. Basel, Sp. 124–133.

Kaufhold, Roland (1993): Pioniere der psychoanalytischen Pädagogik: Bruno Bettelheim, Rudolf Ekstein, Ernst Federn und Siegfried Bernfeld. Gießen.

Koßler, Matthias (2005): Wege zum Unbewussten in der Philosophie Schopenhauers. In: Buchholz, Michael/Gödde, Günter (Hrsg.): Macht und Dynamik des Unbewussten. Bd. 1. Gießen, S. 180–202.

Meister Eckhart (1963): Von dem edlen Menschen (1308). In: Meister Eckharts Traktate. Bd. 5. Stuttgart, S. 109–136.

Menke, Christoph (2008): Kraft. Ein Grundbegriff ästhetischer Anthropologie. Frankfurt/M.

Platon: Menon (vor 389 v. Chr.). Reinbek 1986.

Schiller, Friedrich (1797): Musenalmanach für das Jahr 1797. Tübingen.

Schopenhauer, Arthur (1819): Die Welt als Wille und Vorstellung. II, 1. Zürich 1977.

Türcke, Christoph (2008): Philosophie des Traums. München.

Wulf, Christoph (1991): Präsenz und Absenz. Prozeß und Struktur in der Geschichte der Seele. In: Jüttemann, Gerd/Sonntag, Michael/Wulf, Christoph (Hrsg.): Die Seele. Ihre Geschichte im Abendland. Weinheim, S. 5–12.

Gender/Geschlecht

Meike Sophia Baader

Einleitung

Für gesellschaftliche Ordnungen stellt die Kategorie „Gender" eine bedeutsame Kategorie dar. Dabei sind Geschlechterordnungen zumeist binär strukturiert und „Gender" fungiert in diesem Rahmen als relationale Kategorie. Genderzuschreibungen und -vorstellungen sind macht- und wirkungsvoll nicht nur hinsichtlich gesellschaftlicher Strukturen, sozialer Machtpositionen und kultureller Formationen und Figurationen, sondern sie haben auch spezifische Effekte auf die Wahrnehmung von Menschen, ihre Positionierungen und Selbstpositionierungen, auf ihre Subjektivierungsformen und -prozesse, auf alltägliche Interaktionen, auf Sprache, Kommunikationsprozesse, Habitus, Körper und soziale Praktiken. Für die Sozial-, Geistes- und Kulturwissenschaften ist die Kategorie „Gender" eine zentrale Kategorie, die in den letzten Jahren von intensiven und produktiven theoretischen Debatten begleitet wurde. Wesentliche Impulse, Trends, Kontroversen und Fragen dieser Diskurse nachzuzeichnen ist die Intention dieses Textes. Da es sich insgesamt um eine breite Auseinandersetzung handelt, kann dies nur punktuell geschehen. Abschließend werden Kontroversen und offene Fragen der Diskussion umrissen sowie Thesen formuliert. Vor diesem Hintergrund wird dann der Beitrag der Pädagogischen Anthropologie bilanziert, um so Perspektiven für weitere Fragen und Forschungen benennen zu können. Dabei werden lohnenswerte Forschungsfelder für zukünftige Fragen identifiziert, die von der Pädagogischen Anthropologie aufgenommen werden könnten. Grundsätzlich geht der Beitrag von einer sozialkonstruktivistischen Perspektive aus, in der Geschlecht wesentlich als gleichermaßen soziale wie relationale Kategorie verstanden wird, die insbesondere durch die Wiederholung von Praktiken in sozialen Prozessen hergestellt wird. Somit ist das Nachdenken über die gesellschaftliche Hervorbringung von Männlichkeitsformationen und entsprechende Zuschreibungen eingeschlossen, was eigens betont werden muss, da die

Kategorie „Geschlecht" im wissenschaftlichen Diskurs sowie in der Forschung nach wie vor vornehmlich mit Zuordnungen zum weiblichen Geschlecht in Verbindung gebracht wird, auch wenn es etwa seit den 90er Jahren des 20. Jahrhunderts eine kritische Männlichkeitsforschung gibt, die auch in theoretischer Hinsicht produktiv ist und sich insbesondere an Konzepten des männlichen Habitus und der männlichen Herrschaft (Bourdieu) sowie des Hegemonialen und der hegemonialen Männlichkeit (Connell) abgearbeitet hat (Baader/Bilstein/Tholen 2012).

Zugänge, Entwicklungen und Trends der Geschlechterforschung

Der „turn" von der Frauen- zur Geschlechterforschung vollzog sich etwa Anfang der 1990er Jahre. Er war jedoch nicht nur mit einem neuen Blick auf „Männlichkeiten" verbunden, sondern insbesondere auch mit einer Orientierung an neuen Theorien und Methoden. So ist für die historisch ausgerichteten Disziplinen der „geschlechtergeschichtliche turn" zugleich eng etwa mit der Öffnung der Sozialgeschichte zur „neueren Kulturgeschichte" oder zur „Historischen Anthropologie" verbunden. Der Gegenstand der Geschlechtergeschichte sei, so die Historikerin Claudia Opitz-Belakhal, „viel offener und weiter ausgreifend definiert: Sie untersucht Geschlechterbeziehungen in allen denkbaren historischen Gesellschaften, ‚geschlechtlich markierte' Herrschaftsverhältnisse und Hierarchien in jeder Epoche, an jedem denkbaren historischen Ort, in jedem historischen Teilgebiet" (Opitz-Belakhal 2010, S. 11). Zugleich war der „turn" zur Geschlechterforschung begleitet von einer radikal konstruktivistischen Wende, die gleichfalls Anfang der 1990er Jahre mit den Arbeiten von Judith Butler (1991) einsetzte, die die bis dahin in der Geschlechterforschung etablierte Differenz von „sex" als biologisches und „gender" als soziales Geschlecht radikal infrage stellte. Geschlecht wurde stattdessen performativ begriffen, die Kategorien „männlich" und „weiblich" wurden in dieser Perspektive als Produkte einer Wiederholung von Praxen identifiziert, damit „de-essentialisiert" und in ihrer Relationalität analysiert. Zugleich wurde eine Kritik an feministischen Identitätskonzepten formuliert, die hinsichtlich ihres Subjektbegriffes und der Annahme einer weiblichen Subjektposition einer „Metaphysik der Substanz" (ebd., S. 28) sowie einer normativen Ordnung der Zweigeschlechtlichkeit verhaftet geblieben seien. Im weitesten Sinne an die Perspektiven des Dekonstruktivismus schließen auch ethnographisch inspirierte Zugänge an, die die Perspektive des „doing gender" bzw. „undoing gender" (West/Zimmermann) verfolgen und damit nach Konstruktionsprozessen und Herstellungsleistungen fragen. Diese Zugänge haben sich in der historischen, sozial- und kulturwissenschaftlichen Geschlechterforschung seitdem breit durchgesetzt. Die Ansätze Judith Butlers und die „performative Wende" in der Geschlechterforschung haben einerseits dazu beigetragen, dass der „Körper" zunehmend in den Fokus der Genderforschung gerückt ist, andererseits hat die von Butler vorangetriebene Kritik an der Heteronormativität dazu geführt, dass die heteronormative Matrix selbst verstärkt im Blick wissenschaftlicher Analysen steht – eine Perspektive, die die in den letzten Jahren sich etablierenden und ausdifferenzierenden Queerstudies (Degele 2008) weiter vorantrieben. Jene in der Geschlechterforschung aktuell dominierenden Diskurse und Theorien, die sich stark auf Butler beziehen, haben auch dazu geführt, dass ältere differenztheoretische Zugänge, die etwa psychoanalytische Theorien kritisch weiterentwickelten – wie beispielsweise der italienische Differenzfeminismus oder das Denken Luce Irigarays (Soiland 2010) – in den letzten Jahren im genderwissenschaftlichen Diskurs eher in den Hintergrund traten. Zugleich setzte etwa mit Beginn des neuen Jahrtausends eine intensivierte Debatte über das Paradigma der Intersektionalität ein, das ältere Einsprüche des „black feminism" weiter gedacht und für die sozialwissenschaftliche Forschung fruchtbar gemacht hat (Winker/Degele 2009).

Bilanzieren lässt sich, dass es sich bei den Debatten um die Genderforschung der letzten Jahre um eine enorm produktive Debatte handelt, die wesentliche Impulse durch Butler und ihre Analysen der „Politik des Performativen" (2006), durch das Habitus-Konzept von Bourdieu sowie durch die Frage nach der Intersektionalität und die sich daran entfachenden Auseinandersetzungen um das Verhältnis von verschiedenen Differenzkategorien und Diversitäten zueinander erfahren hat.

Kritische Männlichkeitsforschung

Explizit hat sich die Kommission „Pädagogische Anthropologie" mit der „Genderforschung" in der Perspektive der Männlichkeitsforschung in Baader/Bilstein/Tholen 2012 auseinander gesetzt. Da es in der wissenschaftlichen Community immer noch keine Selbstverständlichkeit ist, Geschlechterverhältnisse unter dem Aspekt von „Männlichkeiten" zu diskutieren, setzte die Kommission „Pädagogische Anthropologie" mit der Wahl des Themas einen klaren Akzent. Zwar steht das Thema „Jungen" seit einiger Zeit verstärkt auf der erziehungswissenschaftlichen Agenda, nachdem in den Jahren zuvor „die Väter" vermehrt Beachtung fanden. Allerdings gilt für beide Themen, dass sie eher selten mit einer kritischen Männlichkeitsforschung in Verbindung gebracht wurden (Baader 2006). Beide Themen, Vaterschaft und der pädagogische Umgang mit Jungen, werden auch in dem Tagungsband Baader/Bilstein/Tholen 2012 umfassend aufgegriffen. Männlichkeiten scheinen in der gegenwärtigen gesellschaftlichen Verfasstheit durch eine Reihe von Widersprüchen, Paradoxien und gegenläufigen Tendenzen charakterisiert zu sein. Diese komplexen und spannungsreichen Entwicklungen „herausgeforderter Männlichkeiten" und Geschlechterverhältnisse werden von Michael Meuser und Sylka Scholz insbesondere mit Blick auf den Wandel von Erwerbsarbeit und Familie in soziologischer Perspektive diskutiert. Dabei wird auch das Konstrukt der „hegemonialen Männlichkeit" einer Revision unterzogen (Meuser/Scholz 2012). Eine kritische Reflektion des auf Connell zurückgehenden Paradigmas der „hegemonialen Männlichkeit" (Connell 1999) lässt sich derzeit auch andernorts im Rahmen der Männlichkeitsforschung beobachten (Dinges 2005; Aulenbacher 2006). Meuser und Scholz verweisen zum einen auf die historische Verortung des Konzepts in der industriellen Moderne und arbeiten die Problematik der lange Zeit gültigen Priorität des Berufs für das männliche Selbstkonzept heraus. Zum anderen decken sie neue familiäre Konfigurationen auf, die dem immer noch präsenten männlichen Ernährermodell widersprechen und eine Suche nach neuen Formen von Vaterschaft nahe legen. Ferner plädieren sie für eine Aktualisierung des Konzepts der ‚hegemonialen Männlichkeit' unter den Bedingungen gegenwärtiger globaler Wirtschafts- und Gesellschaftsstrukturen.

Neben Connell ist vor allem Pierre Bourdieu in den letzten Jahren eine wichtige Referenz für die Männlichkeitsforschung gewesen. Er hat in seinem 1998 veröffentlichten Buch „La domination masculine", das auf Deutsch im Jahre 2005 unter dem Titel „Die männliche Herrschaft" erschien, mehrfach darauf hingewiesen, dass die Erforschung von Machtstrukturen zwischen den Geschlechtern ein zentrales Thema der Anthropologie sein müsse. An keinem anderen Thema lasse sich die Naturalisierung von gesellschaftlichen Konstruktionen so gut aufzeigen. Die Geschlechterverhältnisse und die männliche Herrschaft, so Bourdieu, seien ein eindrückliches Beispiel für die „Verwandlung von Geschichte in Natur, des kulturell Willkürlichen in Natürliches" (Bourdieu 2005, S. 8). Die Anthropologie, so Bourdieu, müsse die damit zusammenhängenden Prozesse enthüllen und „sowohl den willkürlichen, kontingenten Charakter als auch die sozio-logische Notwendigkeit des Prinzips der Differenz des Männlichen und Weiblichen, wie wir sie (ver)kennen", aufzeigen (ebd., S. 9). Dabei unterstreicht Bourdieu, dass es die männlichen Herrschaftsverhältnisse auszeichne, der Geschichte entzogen zu sein (ebd., S. 46) und fordert die Forschung dazu auf, die „männliche Herrschaft" ihrer „immanenten Enthistorisierung" zu entreißen (ebd., S. 77). Für die Tradierung der „männlichen Herrschaft" und ihrer symbolischen Ordnung macht Bourdieu dann insbesondere das spezifische Zusammenspiel von Familie, Kirche, Staat und Schule verantwortlich (ebd., S. 152) – alles Themenfelder, die auch im Fokus der Erziehungswissenschaft und ihrer Analysen stehen. Vor allem aber beschreibt Bourdieu die „männliche Ordnung" als „Sozialisationsarbeit" (ebd., S. 51) am Körper, denn im „sozialisierten Körper" hinterlasse die männliche Ordnung ihre dauerhaften Spuren (ebd., S. 74). Diese inkorporierten Spuren bezeichnet Bourdieu dann bekanntlich als „männlichen Habitus". Die „Sozialisationsarbeit" am männlichen Körper zeichnet sich nach Bourdieu vor allem dadurch aus, dass die „Arbeit an der Mannwerdung" als „Arbeit an der Entweiblichung" verstanden wird (ebd., S. 50). Damit unterstreicht Bourdieu die Relationalität der Kategorie „Geschlecht" als soziale Praxis. Die Perspektive, wonach es im männlichen Sozialisationsprozess vor allem darum geht, sich als „nicht-weiblich" zu performieren, ist innerhalb der Erziehungswissenschaft wesentlich von Lothar Böhnisch entwickelt worden (Böhnisch/Winter 1994). Mit den genannten Perspektiven bildet der Ansatz von Pierre Bourdieu zweifelsohne eine wichtige Referenztheorie für die Frage nach Männlichkeiten im Rahmen einer Pädagogischen Anthropologie, die für ihre forschende Arbeit stets das Prinzip der „doppelten Historizität", also die Historizität des Gegenstandes und die Historizität der Forschenden, betont hat (Baader/Bilstein/Wulf 2008). Und so spielt Bourdieus Kategorie des „männlichen Habitus" auch in den verschiedensten Beiträgen des Tagungsbandes eine Rolle, und die von Bourdieu hervorgehobenen Themenfelder „Geschichte", „Körper", „Gewalt", „Bildungsinstitutionen" und „Familie" bilden die Struktur des Buches. Es zeigt, wie gewinnbringend die von Bourdieu und Connell entwickelten Zugänge für sehr unterschiedliche Fragestellungen der Männlichkeitsforschung sein können, sie verweisen aber auch darauf, dass insbesondere Connells Konzept der „hegemonialen Männlichkeit" der kritischen Weiterentwicklung bedarf. Zudem ist in der kritischen Männlichkeitsforschung auch auf die Notwendigkeit hingewiesen worden, nicht-hegemoniale Männlichkeiten zu beforschen und sie als Gegenentwürfe und Alternativen sichtbar zu machen (Tholen 2011a, b). Als zentral für die aktuelle Männlichkeitsforschung erweist sich zudem die Kategorie des „homosozialen Raumes" sowie eine Perspektive des „Doing Masculinity" (vgl. Baader/Bilstein/Tholen 2012, S. 9–19).

Intersektionalität/Interdependenz und Diversity

Die Intersektionalitätsdebatte ging ihrerseits wesentlich auf politische Initiativen und Anfragen des „black feminism" in den USA zurück, indem kritisch danach gefragt wurde, ob sich wirklich alle Frauen in der gleichen gesellschaftlichen Lage befänden, und ob es nicht vielmehr deutliche Differenzen hinsichtlich Benachteiligung und Diskriminierung etwa zwischen weißen und schwarzen Frauen und deren multiplen Diskrimierungserfahrungen gäbe. Diese kritische Anfrage des „schwarzen Feminismus" an gängige Antidiskriminierungspolitiken ist bekanntlich von der schwarzen Rechtswissenschaftlerin Kimberlé Crenshaw 1989 erstmals unter dem metaphorischen Stichwort „Intersection" aufgeworfen worden. Die Juristin hat auf die Problematik der Konstruktion homogener Gruppen von „schwarzen Männern" und „weißen Frauen" im Rahmen von Antidiskriminierungsstrategien und Gleichstellungspolitiken hingewiesen (Crenshaw 1989). Etwa ab Mitte der 1990er Jahre wurde die Debatte um „Intersektionalität" bzw. „Intersectionality" dann transatlantisch geführt, Ausgangspunkt nahm sie zunächst von den Kategorien *race, class, gender*. In der deutschen Diskussion erscheint die Frage nach den Differenzlinien und ihren Kreuzungen – anders als in den USA – jedoch weniger als politische, sondern eher als akademische Diskussion (Davis 2008a, S. 28). Zudem tut die deutsche Diskussion sich – aus historischen Gründen – mit der Kategorie „Rasse" schwer, was auch die Identifikation und Markierung von Prozessen der Rassifizierung erschwert. In der an Genderfragen interessierten akademischen Community hat „Intersektionalität" den Status und die Funktion eines „Buzzwords" erlangt – wie Kathy Davis dies nennt und genauer beschrieben hat (Davis 2008b; Knapp 2008). Der enorme Erfolg und die Popularität des Intersektionalitätsparadigmas in den USA und in Europa werden auch in Zusammenhang mit den neuen sozialen Bewegungen gebracht. „Along with the feminist movement, anti-racist, Marxist, and gay and lesbian movements were all giving voice to subordinated sexualities, class injustices, or other subaltern realities“ (Davis 2008a, S. 23). Einen theoretisch und methodologisch differenzierten Beitrag zur Intersektionalität und zu den verschiedenen Dimensionen der Differenzlinien als Forschungszugang haben Winker/Degele vorgelegt (2009). Insgesamt kann bilanziert werden, dass die Intersektionalitätsdebatte sich darum dreht, wie sich Geschlechterordnungen zu anderen gesellschaftlich bedeutsamen Ordnungssystemen und Differenzmarkierungen verhalten, und ob es sich bei „Geschlecht“ weiterhin um eine gesellschaftliche Masterkategorie handelt oder nicht (Knapp 2008).

Die um 2000 in der deutschsprachigen Erziehungswissenschaft insbesondere von Lutz, Krüger-Potratz und Wenning angestoßene Auseinandersetzung um die Differenzlinien, die dann auch als Diskussion um Diversity Education fortgesetzt wurde, war zugleich als kritische Anfrage an die interkulturelle Erziehungswissenschaft formuliert (Lutz 1999). Von da an etablierte sich in der Erziehungswissenschaft ein Narrativ bezüglich der „Diversity Education“, das als dreiphasige Geschichte erzählt wird: von der Ausländerpädagogik über die interkulturelle Pädagogik zur „Diversity Education“. Disziplinär betrachtet fand eine Auseinandersetzung in der Erziehungswissenschaft um „Diversity“ und Differenz zunächst insbesondere in der interkulturellen bzw. vergleichenden Pädagogik, der Sozialpädagogik bzw. der Sozialen Arbeit, in der Sonderpädagogik sowie in der Geschlechterforschung statt, wobei letztere dicht mit sozial- und kulturwissenschaftlich transdisziplinär geführten Diskussionen der Gender-Studies verknüpft ist. Diese Debatte lässt sich nach zehn Jahren so bilanzieren: Die intersektionelle Perspektive hat grundsätzlich und breit Eingang in die erziehungswissenschaftliche Diskussion gefunden, genau wie die Diversity-Perspektive, nun geht es um die Erforschung je spezifischer Kontexte und um das Zusammenspiel von Differenzlinien in den verschiedensten gesellschaftlichen, sozialen, organisationalen und kulturellen Bereichen unter Einbeziehung von jeweiligen Machtkonstellationen (Baader 2013a).

Aktuelle Fragen, Anfragen und Thesen

Explizit hat die Pädagogische Anthropologie das Verhältnis von Erziehung, Bildung und Männlichkeit in der Perspektive der Geschlechterforschung in ihren Fokus gerückt und damit zur Historisierung und Kontextualisierung von Männlichkeit beigetragen sowie der immer noch gängigen Perspektive, dass Gender sich nur auf ein Geschlecht beziehe, etwas entgegengesetzt. Darüber hinaus hat sie die Kategorie „Geschlecht“ – genau wie die Historische Anthropologie – in ihrer Orientierung an der doppelten Historizität als machtvolle Strukturkategorie der Gesellschaft grundsätzlich in ihre Analysen einbezogen. Dabei lief die Kategorie in einzelnen Beiträgen vieler Tagungsbände der Pädagogischen Anthropologie – etwa zu Generation (1996), zu Natur (2003), zu „Formen des Religiösen“ (2004), zu Liebe (2007) und Freundschaft (2008), zum „Imaginären der Geburt“ (2012) oder zur „Bildung des Körpers“ (2013) – implizit und explizit mit. In den

Beiträgen spiegelt sich der oben beschriebene wissenschaftsgeschichtliche „turn“ von der Frauengeschichte zur Geschlechtergeschichte. Es lässt sich zudem beobachten, dass die in den letzten Jahren stärker in den wissenschaftlichen Fokus gerückte Frage nach dem Körper besonders zu genderreflektierten Perspektiven auffordert. Für die Perspektiven der Geschlechterforschung im Rahmen einer Historischen und Pädagogischen Anthropologie sind die Dimensionen von Raum, Zeit, Körper, Sexualität sowie Praktiken der Grenzziehung aktuell von hervorgehobener Bedeutung. In den Kulturwissenschaften werden in diesem Zusammenhang in den letzten Jahren der „spacial“, „topographical“ und „topological turn“ sowie Impulse aus den anglo-amerikanischen Borderstudies sowie den Postcolonial- und Okzidentalismusstudien diskutiert. Dabei wird nach komplexeren Interrelationen von symbolischen Raumkonstruktionen gefragt, die nationalstaatliche Grenzziehungen transzendieren. Zudem sind in den letzten Jahren im Rahmen der Historischen Anthropologie die Intersektionalitäten und Interdependenzen von Geschlecht, Körper, Sexualität und Praktiken der Rassifizierung in den Vordergrund getreten. Dies erfolgte unter Einbeziehung von Impulsen aus den *postcolonial studies*, den *queerstudies* und in den letzten Jahren auch verstärkt der so genannten „visual culture studies“, die sich mit Fragen der Bildlichkeit und ihren Analysen befassen. Insgesamt steht im Rahmen der neueren Diskussionen in der Genderforschung auch immer wieder der Subjekt- und Identitätsbegriff zur kontroversen Debatte. Dabei wird vor allem danach gefragt, inwiefern ein hybride gefasstes Subjekt – etwa im Anschluss an Reckwitz (2006) – und die Aufforderung zu performativen Subversionen – etwa im Anschluss an Butler – den gesellschaftlichen Anrufungen des stets flexibel zu seienden Subjekts und diffuser Identitäten wirklich widerständige Positionen und Positionierungen entgegenzusetzen hat. Judith Butler und die Queertheorien haben die Normierungen und Identitätszuweisungen hinsichtlich geschlechtlicher Positionierungen auf einer ganz grundsätzlichen Ebene dekonstruiert und für eine Subversion von Identitätszuweisungen plädiert. Allerdings sind diese Voten für eine Pluralisierung und Hybridisierung von Identitäten sowie für eine „Pluralisierung von Geschlecht“ in den letzten Jahren auch zunehmend kritisiert worden. In Zeiten des flexibilisierten Kapitalismus, einer nachdisziplinären Gesellschaft und neoliberaler Gouvernementalität werden sie als zutiefst problematisch betrachtet (Soiland 2011). Vor diesem Hintergrund stellt etwa Bröckling (2007, S. 285) die Frage: „Wie dem Paradox einer Anrufung entgehen, die vereinheitlicht, indem sie Unterschiede stark macht? Die Programme fordern Distinktion statt Konformität, Überschreitung statt Regelbefolgung […]. Doch auch die Verflüssigung von Positionen und ein Hinundherspringen zwischen pluralen Identitäten führen nicht aus dem Bann dieser Anrufung heraus: die nomadischen, ‚queeren‘ oder hybriden Subjekte, die als empathisch aufgeladene Gegenanrufungen poststrukturalistische Theorien – von Gilles Deleuze über Judith Butler bis Homi Bhabha – bevölkern, mögen zwar auch den in der nachdisziplinären Gesellschaft noch wirksamen Homogenisierungsdruck mit einem Vexierspiel unscharfer oder wechselnder Identitätskonstruktionen unterlaufen, dem Flexibilisierungsimperativ einer radikalen Marktökonomie haben sie wenig entgegenzusetzen." Tove Soiland (2001, S. 29) vertritt die Auffassung, dass auf der Ebene von Subjektstrukturen seit einigen Jahrzehnten nicht mehr von Normierungen gesprochen werden könne. Aus der Perspektive des Bildungssystems als eines in seiner institutionellen und organisationalen Verfasstheit beharrlichen Systems, das zur Reproduktion sozialer Ungleichheit beiträgt, sind an Soilands Behauptung von einem Nachlassen der Normierungen auf der Ebene der Subjektstrukturen jedoch auch kritische Anfragen zu stellen (Baader 2013a). So rekonstruiert etwa auch die Kindheitsforschung machtvolle Prozesse der Normierung und Normalisierung von Kindheit, die sich in den letzten Jahren herausgebildet haben (Kelle/Mierendorff 2013). Angesichts dieser Diagnosen stellt sich die Frage, ob wir es nicht derzeit eher mit Spannungsfeldern etwa von Pluralisierung und Hybridisierung und Normierungen zu tun haben als mit linearen Entwicklungen. Was das Verhältnis von Gender und Bildung und die Frage nach der wechselseitigen Reproduktion betrifft, handelt es sich um ein weites zu bearbeitendes Forschungsfeld. In diesem Zusammenhang ist durchaus auch eine genderkritische Reflektion der Traditionen des deutschen Bildungsbegriffes noch ausstehend, der sich lange an einer Grundstruktur des Verhältnisses von Subjekt und Welt oder an einer dyadischen Struktur der Vermittlung – etwa in der pädagogischen Beziehung oder im Meister-Schüler-Verhältnis – orientiert und auch übersehen hat, welche *hidden gender structures* mit dem Prinzip „Einsamkeit und Freiheit" für Universität und Wissenschaft verbunden sind (Baader 2013b). Im Zusammenhang mit dem Nachdenken über Erziehung und Bildung lässt sich jedoch auch feststellen, dass gerade in den letzten Jahren die durch Butler vorgenommenen Zugänge für die Erziehungswissenschaft fruchtbar gemacht wurden. Darüber hinaus wäre verstärkt danach zu fragen, was der Preis dafür ist, dass die Frage nach Sozialisation und Geschlecht vor dem Hintergrund eines Unbehagens an der Sicht auf das Subjekt in den letzten Jahren kaum mehr bearbeitet worden ist.

In der Historischen Anthropologie sowie in der Geschichtswissenschaft sind Anfragen an die Grenzen eines radikalen Konstruktivismus zu verzeichnen, die als Votum für einen „gemäßigten Konstruktivismus" zu verstehen sind, etwa wenn in der Historischen Anthropologie nach einer Kulturgeschichte der Sexualität gefragt wird. Das Plädoyer für einen „gemäßigten Konstruktivismus" kann dabei durchaus Hand in Hand mit einer Bezugnahme auf eine radikal dekonstruktive Perspektive gehen, etwa wenn zugleich mit Butler eine „Einheitsanthropologie" der Sexualität und des Sexuellen verworfen und Begehren und Geschlecht als durch performative Akte hervorgebracht verstanden werden (Bruns/Walter 2004, S. 16 f.). Der Historiker Jan Plamper (2012, S. 351) stellte unlängst in seiner „Geschichte der Gefühle" fest: „de facto praktizieren die meisten Sozialkonstruktivisten keinen radikalen Sozialkonstruktivismus". Unmittelbar mit der Kontroverse um den Konstruktivismus sei, so Plamper, die Natur-Kultur-Debatte verbunden. Diese ist für Lorraine Daston eine der dominanten wissenschaftsgeschichtlichen Konfliktlinien als Erbschaft des 19. Jahrhunderts. Die Wissenschaftshistorikerin mutmaßt, dass eine kollektive Psychotherapie notwendig sei, um aus der eingespielten wissenschaftsgeschichtlichen „Natur-Kultur-Binäropposition" auszubrechen (ebd., S. 17, 352).

Grundsätzlich haben wir es derzeit mit einer Tendenz zu tun, die die Bedeutung der Kategorie „Geschlecht" und ihres Status zurückzuweist. Beobachten lässt sich eine Dethematisierung von Geschlecht, die die Kategorie als historisch erledigt entsorgt (Baader 2013a). Geschlecht wird im Zuge der Ausrufung eines postfeministischen Zeitalters auf die Hinterbühne der Moderne verschoben, die sichtbaren wie die unsichtbaren Geschlechternormen und sozialen Geschlechterpositionierungen (etwa auf dem Arbeitsmarkt oder im Sozialversicherungssystem) werden übersehen oder übergangen. Dabei spielt in gesellschafts- und kulturanalytischer Perspektive auch eine machtvolle Popularkultur eine Rolle, die das Bild der postfeministischen „top girls" entwirft, denen alle Wege und Möglichkeiten offenstehen und die die veraltete Kritik an gesellschaftlichen Macht- und Ungleichheitsstrukturen längst souverän hinter sich gelassen haben (McRobbie 2010). In geschlechterpolitischer und epistemischer Hinsicht steht zudem das Verhältnis von „Gender und Diversity" auf der Tagesordnung. Hier ist noch in keiner Weise entschieden, ob es sich um einen „Alptraum oder ein Traumpaar" handelt (Andresen/Koreuber/Lüdke 2009). Forschungen zu Geschlecht und Hochschule deuten aktuell eher darauf hin, dass die Kategorie „Diversity" benutzt wird, um Gender auszusortieren und als überholt auf die Hinterbühne zu verweisen (Korff/Roman 2013; Baader 2013a). Als breitere Themen, die für die Geschlechterforschung innerhalb der Pädagogischen Anthropologie zu bearbeiten wären, lassen sich derzeit identifizieren: erstens: die Frage nach den „hidden gender structures" als Verhältnis von Beharrlichkeit und Transformation, etwa bezogen auf Erwerbsarbeit sowie Sorge- und Care-Verhältnisse – unter Einbeziehung von Männlichkeit –, aber auch unter dem Aspekt von Medien und Populärkultur. Zweitens: das Nachdenken über Subjekttheorien, Subjektformationen und Subjektivierungsformen in Verbindung mit der Frage nach dem radikalen und gemäßigten Konstruktivismus und deren Konsequenzen, drittens: das Verhältnis von Gender und Bildung, durchaus unter Berücksichtigung des langsamen Verschwindens der Kategorien Erziehung und Sozialisation aus der bildungswissenschaftlichen Reflexion. Viertens wäre das Verhältnis von Körper, Gewalt und Geschlecht unter Einbeziehung von Fragen nach Verletzbarkeit und Verletzlichkeit zu bearbeiten sowie fünftens die Reflexion der Intersektionalitäten und Interdependenzen von Geschlecht und Religion. Abschließend wird dafür votiert – jedenfalls bei Analysen zu Geschlechterverhältnissen, die sich auf aktuelle Formationen beziehen –, von Gegenläufigkeiten, Paradoxien und Spannungsverhältnissen, etwa von Gleichzeitigkeiten und Ungleichzeitigkeiten von Normierungen und Hybridisierung auszugehen sowie *hidden gender structures*, rhetorische Modernisierung (Beate Krais), Dethematisierungen und Entgrenzungen in den Blick zu nehmen und – last but not least – der allgegenwärtigen Enthistorisierung etwas entgegenzusetzen. Schließlich ist die permanente Reflexion und Bearbeitung des Verhältnisses von Kontinuität und Wandel der spezifische Raum einer sich grundsätzlich historisch verstehenden – und damit in zeitlichen Kontexten verorteten – Pädagogischen Anthropologie.

Literatur

Andresen, Sünne/Koreuber, Mechthild/Lüdke, Dorothea (Hrsg.) (2009): Gender und Diversity: Albtraum oder Traumpaar? Interdisziplinärer Dialog aktueller Tendenzen der „Modernisierung" von Geschlechter- und Gleichstellungspolitik. Wiesbaden.

Aulenbacher, Brigitte et al. (Hrsg.) (2006): FrauenMännerGeschlechterforschung. State of the Art. Münster.

Baader, Meike Sophia (2006): Vaterschaft im Spannungsverhältnis zwischen alter Ernährerrolle, neuen Erwartungen und Männlichkeitsstereotypen. Die Thematisierung von Vaterschaft in aktuellen Printmedien. In: Bereswill, Mechthild/Scheiwe, Kirsten/Wolde, Anja (Hrsg.): Vaterschaft im Wandel. Multidisziplinäre Analysen und Perspektiven aus geschlechtertheoretischer Sicht. Weinheim/München, S. 117–136.

Baader, Meike Sophia (2013a): Diversity Education. „Diversity" as a buzzword. In: Hauenschild, Katrin/Robak, Steffi/Sievers, Isabel (Hrsg.): Diversity Education. Zugänge – Perspektiven – Beispiele. Frankfurt/M., S. 38–59.

Baader, Meike Sophia (2013b): Erziehungswissenschaft zwischen disziplinären Grenzen, Grenzüberschreitungen und Entgrenzungen. In: Müller, Hans-Rüdiger/Bohne, Sabine/Thole, Werner (Hrsg.): Erziehungswissenschaftliche Grenzgänge. Markierungen und Vermessungen. Opladen/Berlin/Toronto, S. 61–80.

Baader, Meike Sophia/Bilstein, Johannes/Tholen, Toni (Hrsg.) (2012): Erziehung, Bildung und Geschlecht. Männlichkeiten im Fokus der Gender-Studies. Wiesbaden.

Baader, Meike/Bilstein, Johannes/Wulf, Christoph (2008) (Hrsg.): Die Kultur der Freundschaft. Praxen und Semantiken in anthropologisch-pädagogischer Perspektive. Weinheim/Basel.

Böhnisch, Lothar/Winter, Reinhard (1994): Männliche Sozialisation. Bewältigungsprobleme männlicher Geschlechtsidentität im Lebenslauf. Weinheim/München.

Bourdieu, Pierre (2005): Die männliche Herrschaft. Frankfurt/M.

Bröckling, Ulrich (2007): Das unternehmerische Selbst. Soziologie einer Subjektivierungsform. Frankfurt/M.

Bruns, Claudia/Walter, Tilman (2004) (Hrsg.): Von Lust und Schmerz. Eine historische Anthropologie der Sexualität. Köln/Weimar/Wien.

Butler, Judith (1991): Das Unbehagen der Geschlechter (1990). Frankfurt/M.

Butler, Judith (2006): Hass spricht. Zur Politik des Performativen. Frankfurt/M.

Connell, Robert W. (1999): Der gemachte Mann. Konstruktion und Krise von Männlichkeiten. Opladen.

Crenshaw, Kimberlé (1989): Demarginalizing the Intersection of Race and Sex: A Black Feminist Critique of Antidiscrimination Doctrine, Feminist Theory and Antiracist Politics: In: University of Chicago Legal Forum, S. 139–167.

Davis, Kathy (2008a): Intersectionality in Transatlantic Perspective. In: Klinger, Cornelia/Knapp, Gudrun-Axeli (Hrsg.): ÜberKreuzungen. Fremdheit, Ungleichheit, Differenz. Münster.

Davis, Kathy (2008b): Intersectionality as a buzzword. A sociology of science perspective on what makes a feminist theory successful. In: Feminist Theory 9/1, S. 67–85.

Degele, Nina (2008): Gender/Queer studies. Paderborn.

Dinges, Martin (2005): Männer – Macht – Körper. Hegemoniale Männlichkeiten vom Mittelalter bis heute. Frankfurt/M.

Kelle, Helga/Mierendorff, Johanna (2013) (Hrsg.): Normierung und Normalisierung der Kindheit. Weinheim/Basel.

Knapp, Gudrun-Axeli (2008): „Intersectionality" – ein neues Paradigma der Geschlechterforschung? In: Casale, Rita/Rendtorff, Barbara (Hrsg.): Zur Zukunft der feministischen Theoriebildung. Bielefeld, S. 33–54.

Korff, Svea/Roman, Navina (Hrsg.) (2013): Promovieren nach Plan? Chancengleichheit in der strukturierten Promotionsförderung. Wiesbaden.

Lutz, Helma (1999): State of the Art. Zum Stand der Interkulturellen Pädagogik. In: Tertium Comparationis 5/2, S. 134–149.

McRobbie, Angela (2010): Top Girls. Feminismus und der Aufstieg des neoliberalen Geschlechterregimes. Wiesbaden.

Meuser, Michael/Scholz, Sylka (2012): Herausgeforderte Männlichkeit. Männlichkeitskonstruktionen im Wandel von Erwerbsarbeit und Familie. In: Baader, Meike Sophia/Bilstein, Johannes/Tholen, Toni (Hrsg.): Erziehung, Bildung und Geschlecht. Männlichkeiten im Fokus der Gender-Studies. Wiesbaden, S. 23–41.

Opitz-Belakhal, Claudia (2010): Geschlechtergeschichte. Frankfurt/M.

Plamper, Jan (2012): Geschichte und Gefühl. Grundlagen der Emotionsgeschichte. München.

Reckwitz, Andreas (2006): Das hybride Subjekt. Eine Theorie der Subjektkulturen von der bürgerlichen Moderne zur Postmoderne. Weilerswist.

Soiland, Tove (2010): Luce Irigarays Denken der sexuellen Differenz. Wien.

Soiland, Tove (2011): Zum problematischen Cultural Turn in der Geschlechterforschung. In: Casale, Rita/Forster, Edgar (Hrsg.): Jahrbuch Frauen- und Geschlechterforschung in der Erziehungswissenschaft. Ungleiche Geschlechtergleichheit. Geschlechterpolitik und Theorien des Humankapitals. Opladen, S. 17–34.

Tholen, Toni (2011a): Männerbilder im Wandel? Beobachtungen zur Literatur des beginnenden 21. Jahrhunderts. In: Hindiger, Barbara/Langner, Martin (Hrsg.): „Ich bin ein Mann, wer ist es mehr?" Männlichkeitskonzepte in der deutschen Literatur vom Mittelalter bis zur Gegenwart. München, S. 282–310.

Tholen, Toni (2011b): Geschlechterkonstruktionen und Jugendbewegung in literarischen Texten um und nach 1900. In: Baader, Meike Sophia/Rappe-Weber, Susanne (Hrsg.): Jugendbewegte Geschlechterverhältnisse. Historische Jugendforschung. Jahrbuch des Archivs der Jugendbewegung 7/2010. Schwalbach/Ts., S. 143–155.

Winker, Gisela/Degele, Ina (2009): Intersektionalität. Zur Analyse sozialer Ungleichheiten. Bielefeld.

Glück

Jörg Zirfas

Die Anthropologisierung des Glücks

Die Frage nach dem Glück (griechisch: *eudaimonia, makariotes,* lateinisch: *felicitas, beatitudo,* französisch: *bonheur, félicité, béatitude* oder englisch: *luck, happiness, well-being*) ist eine der zentralen Fragen der abendländischen Anthropologie. Und die Diskussionen darüber, was Glück *ist* und ob und *wie* der Mensch glücklich werden kann, sind im anthropologischen Denken vor allem in der Philosophie und der Theologie – und heute weit darüber hinaus in den Human- und Sozialwissenschaften wie den Natur- und Verwaltungswissenschaften – mit wechselnden Intensitäten und vielfältigen Schwerpunktsetzungen über die Jahrhunderte ständig virulent. Dabei werden diese Diskussionen von einer Grundthese geleitet: Das Glück gilt, seit der Antike, oftmals als der letzte und umfassende Horizont für alle konkreten Wünsche und Hoffnungen des Menschen, als Ziel, über das hinaus der Mensch sich nichts mehr wünschen kann. Insofern ist das Glück eine Vorstellung, die die Existenz von Menschen wesentlich bestimmt. Wer nach dem Glück fragt, fragt nach dem, was ihn in seinem Grunde ausmacht und was ihn wirklich bewegt. Glück ist ein Totalitätsbegriff, denn er betrifft den ganzen Menschen.

Schon sehr früh, nämlich mit den Vorsokratikern und dann mit Sokrates, Platon und Aristoteles, lässt sich eine anthropologische Zentrierung des Glücks ausmachen, die die Vorstellung des (durch die Götter verursachten) guten Geschicks oder der äußeren Güter auf die innere Verfassung des Menschen und sein daraus resultierendes, selbstbewusstes und vernünftiges Denken und Handeln verschiebt. Diese anthropologische Zentrierung wird im Laufe der Geschichte immer wieder mit anthropologischen Dezentrierungen in Form des natürlichen Schicksals, der göttlichen Entscheidung, den staatlichen und sozialen Rahmenbedingungen oder auch den unbewussten psychischen Einflüssen um das anthropologisch bestimmbare Glück des Menschen konkurrieren.

Auch am deutschen Wort „Glück" (germ. *lukan* „schließen, verschließen", bis hin zu „abschließen, beendigen" oder auch im übertragenen Sinne „beschließen, festsetzen, bestimmen") lässt sich diese Konkurrenzgeschichte nachzeichnen. So verweist die Etymologie darauf, dass sich es sich beim Glück im Mittelalter um einen Rechtsbegriff handelte. Glück ist das „ge-lücke", das Schließen einer Lücke; Glück ist ursprünglich das „Geschick" oder der „Ausgang" einer juristischen Sache. Erst später hat sich das Glück zu einem theologischen Schicksalsbegriff gewandelt. Nicht mehr der Menschenwille, sondern Gottes Wille oder Schicksalsmächte bestimmen und beschließen das menschliche Los auf Erden. In dieser Transzendierung erscheint das Glück zunächst als das von Gott gesetzte und vorhergesehene Geschick des Menschen. Das meint zunächst: Glück ist ebenso das gute wie das schlechte Geschick. Noch im späten 18. Jahrhundert wird unter Glück auch das widrige Schicksal, das Unglück, verstanden. Erst in den letzten 200 Jahren wird Glück mehr und mehr von einem neutralen zu einem eindeutig positiv besetzten Begriff, der wieder mehr und mehr in die Handlungsmacht des Menschen gestellt wird.

Es ist daher kein Zufall, dass seit dem „pädagogischen Jahrhundert" eine enge Verknüpfung von Glück und Bildung hergestellt wird. Dass das Glück auch in der Pädagogik verstärkte Resonanz findet, hat nun einerseits damit zu tun, dass in einer säkularisierten Moderne Glück und Heil immer weniger vom Jenseits und immer mehr im Diesseits erwartet und eingeklagt werden und sich Glück in einer beschränkten Lebenszeit zu verwirklichen hat. Damit gerät auch die Pädagogik als Lebens(-lauf-)wissenschaft zunehmend unter epistemologischen und auch praktischen Druck, die Frage nach dem Glück beantworten zu müssen.

Eudämonistische Implikationen der Pädagogik

Eine Geschichte der pädagogisch-anthropologischen Modelle des Glücks liegt bislang noch nicht vor (Ansätze dazu: Riemen 1991; Zirfas 1993). Und ein Überblick über die enge Verschränkung der Eudämonologie mit der Pädagogik, die von den sokratischen Empfehlungen zu einem gelungenen Leben bis hin zum Glück als Schulfach reicht, kann hier nicht geleistet werden. Zu untersuchen ist in diesem Kontext auch die Frage der weiterführenden, für die Diskurse über Erziehung und Bildung enorm bedeutsamen Ersatzbegriffe des Glücks wie Freiheit, Selbstbestimmung bzw. -verwirklichung, Frieden, Gesundheit, Identität u. a. (vgl. Mertens 2006).

Dieser Aufsatz beschränkt die Betrachtung des Glücks auf die Neuzeit, d. h. auf die Zeit seit dem 18., dem sog. „pädagogischen Jahrhundert", bis heute. Bedeutsam für die Thematisierung des Glücks sind zwei spezifische pädagogische Epochen in der Neuzeit: die Pädagogik der Aufklärung und die Reformpädagogik bzw. die „neue" Reformpädagogik. Diese Epochen sollen anhand bedeutsamer Positionen exemplarisch dargelegt werden. Diese sollen aufweisen, dass es im Einzelnen sehr gut begründete Versuche gab, Glück als regulatives Ziel der Erziehung zu verstehen und pädagogisch auszuformulieren.

So finden wir bei Jean-Jacques Rousseau (1712–1778) Vorstellungen zum Glück des Kindes und zum Glück der Kindheit, die er nicht nur als kulturkritische Paradigmen, sondern auch als pädagogische Regulative verstanden wissen will. Glück ist nach Rousseau sehr stark mit Identität, Ausgeglichenheit und Authentizität verbunden. Es stellt sich ein, wenn sich die Bedürfnisse des Menschen und seine Fähigkeiten und Fertigkeiten in einem Gleichgewicht befinden und lässt sich daher definieren als Gleichgewicht von Wünschen und Fähigkeiten. Allerdings hat Rousseau für Kinder – wie für Erwachsene – kein paradiesisches Glück im Sinn, das diesen alle Wünsche erfüllen wird. Er propagiert eher ein hartes, stoisches Glück. Um das kindliche Glück zu gewährleisten, glaubt Rousseau, sein pädagogisches Ideal-Kind Emile nur in der Einsamkeit auf dem Land, fernab der Städte erziehen zu können. Nur in dieser vom Erzieher völlig überschaubaren und beherrschbaren Situation kann, so seine Hypothese, das Glück der Kindheit gesichert werden, so dass aus glücklichen Kindern zufriedene und glückliche Erwachsene werden können.

Immanuel Kant (1724–1804) gilt i. d. R. als derjenige, der das Glück deshalb philosophisch diskreditiert habe, weil er es als nicht verallgemeinerungsfähiges und damit nicht objektivierbares Konzept verstanden hat. Zumindest in anthropologischer wie pädagogischer Hinsicht ist diese gängige Meinung zurückzuweisen. Denn nach Kant haben die Eltern eine Verpflichtung, die Kinder zu einem glücklichen Dasein zu erziehen. Dabei resultiert die Pflicht zu einer guten und glücksorientierten Erziehung nicht aus der anthropologischen Tatsache der Geburt, sondern aus der ethischen Handlung der Zeugung. Denn mit der Zeugung greifen die Eltern in das Autonomiepotential des Kindes ein und bringen dieses, ohne es zu fragen, auf ihre Welt: Mit dem Eingriff in die fiktive Autonomie des fiktiven Zöglings verbindet Kant die Verantwortung für die leiblichen Eltern, diesem ein Höchstmaß an Zufriedenheit zukommen zu lassen. Im Grunde gehen die Eltern mit der Zeugung die Verpflichtung gegenüber dem Kind sowie auch eine Selbstverpflichtung ein, das Kind zu einem selbständigen und zufriedenen Menschen zu erziehen. Kurz: Die Eltern schulden sich und dem Kind die Freiheit als Autonomie, die Voraussetzung für Glück ist.

Ernst Christian Trapps (1745–1818) zentrale eudämonistische These lautet, dass Erziehung die Bildung des Menschen zur Glückseligkeit darstellt. Eine solche Erziehung muss von der Geburt an beginnen, wobei sich die Problematik der Bestimmung der Anlagen ergibt. Nach Trapp müssen sich die Anlagen des Menschen mit seiner Bestimmung vermitteln lassen, damit der Mensch glücklich werden kann. Glückseligkeit definiert er als einen Zustand angenehmer Empfindungen; diese Empfindungen sollen wahr, lebenslang, unvergänglich und vollkommen sein. Diese Konzeption ist letztlich dem utilitaristischen Denkmodell des „Glücks der größten Zahl" (Jeremy Bentham) verpflichtet. Dieses unterstellt, dass sich die individuellen Anlagen und Bedürfnisse reibungslos mit den sozialen Erfordernissen vermitteln lassen und dass die Pädagogik zu diesem Glück unmittelbar beitragen kann.

Friedrich Daniel Ernst Schleiermacher (1768–1834) hat sich gefragt, wie das Glück der Kinder in ihrer gegenwärtigen Erfahrungswelt mit ihrem zukünftigen Glück als Bürger pädagogisch in Verbindung gebracht werden kann. Ontogenetisch betrachtet ist das Glück der kleinen Kinder noch eng mit dem Spielen und der Gegenwart, später dann mit der Übung und der Zukunft verbunden, d. h. zunächst erfreut sich der Zögling am Spiel und nach und nach auch an der Übung. Das Glück der Kinder wird dadurch pädagogisch gesichert, dass sie langsam vom Spiel zur Übung übergehen können und dass sie diesen Übergang als befriedigend erleben. Schleiermacher konzipiert die Erziehung als eine Reihe von glücklichen Momenten der Befriedigung, bei denen im Zögling selbst keine (temporalen) Widersprüche auftreten.

Alexander S. Neill (1883–1973), der Begründer der bekannten reformpädagogischen Schule Summerhill, formuliert vor dem Hintergrund einer psychoanalytischen Pädagogik die pädagogische Glücksmaxime, alle Zwänge abzuschaffen und den Kindern die Möglichkeiten der Selbstentfaltung einzuräumen. Glücklichsein bedeutet für Neill Interessen entwickeln, schöpferisch und vor allem frei sein. Er vertritt die Idee einer repressionsfreien Erziehung, um Kinder vor möglichen psychischen Problemen (Ängsten, Depressionen etc.) zu schützen. Hintergrund für diese Befürchtungen sind die Ergebnisse der psychoanalytischen Forschungen von Sigmund Freud. Neill ging es vor allem darum, die Schule kindergeeignet zu machen. Die oberste Grundregel seines Reformmodells lautet, dass das Glück des Einzelnen nur in der gemeinsamen Freiheit aller verwirklicht werden kann.

Hartmut von Hentig (geb. 1925), Gründer der Laborschule Bielefeld, die nach dem Vorbild der Laboratory Schools in den USA konzipiert ist, hat auf sechs mögliche Maßstäbe für eine moderne Bildungstheorie hingewiesen: 1. Abscheu und Abwehr von Unmenschlichkeit; 2. Wahrnehmung von Glück; 3. Fähigkeit und Wille, sich zu verständigen; 4. Bewusstsein von der Geschichtlichkeit der eigenen Existenz; 5. Wachheit für letzte Fragen; 6. Bereitschaft zur Selbstverantwortung und Verantwortung in der *res publica*. Das Thema Glück ist explizit im Punkt 2, implizit in allen Punkten enthalten. Ohne dass von Hentig Glück definiert, beschreibt er das Ziel von Bildung dahingehend, dass sie Glücksmöglichkeiten eröffnen, das heißt Wahrnehmung, Bewusstwerden und Verantwortung für das eigene Glück entwickeln soll. Nach von Hentig schulden Eltern und Lehrer den Kindern in Bildungseinrichtungen „Anlässe für Einsicht und Freude".

Man könnte an dieser Stelle auch die bis in die Gegenwart stattfindenden Debatten darüber anschließen, wie die Frage nach dem Glück vor allem im Kontext der eudämonistischen Schuldiskussionen seit den 70er Jahren behandelt wird. Verwiesen sei hier lediglich auf vor allem materialistische, entwicklungspsychologische, psychoanalytische und reformpädagogische Konzepte, die die Schule in der Pflicht sehen, Leistungs- und Konkurrenzdruck zu mindern, um so die freie Entfaltung einer glückhaften Sinnlichkeit erlebbar zu machen. Die Schule soll Schüler zudem befähigen, ein solidarisches Glück der Gemeinsamkeit zu pflegen, individuelle Interessen und Wünsche zu vertreten, das Nachdenken über eine humane Gesellschaft zu betreiben und ihre Belastbarkeit für die Lebensbewältigung zu steigern. Darüber hinaus soll die Schule Schüler in ihrer geglückten Personwerdung durch die Erfüllung zentraler Wünsche unterstützen, sie in ihren Glückskonzepten verstehen und beraten (lernen), und gemeinsam mit ihnen Konzepte einer geglückten Gestaltung des Lebens entwerfen (vgl. Schubert 2008).

Pädagogische Implikationen des Glücks

In diesem Teil soll ausgehend von diversen Glücksvorstellungen danach gefragt werden, inwiefern diese in der modernen Pädagogik relevant geworden sind.

In der Ideengeschichte wird Glück zunächst als positiver *Zufall* oder als günstiges *Schicksal* verstanden und damit angedeutet, dass das gelingende menschliche Leben nicht vom Menschen selbst abhängig ist, sondern von äußeren Umständen, passenden Konstellationen oder von der Gnade Gottes. Hierbei kann man zwei Formen unterscheiden: Glück beim Eintreten des Zufalls oder Glück beim Ausbleiben des Zufalls. So wird das Glück beim Eintreten eines positiven, glücklichen Zufalls oftmals mit einer schicksalhaften Begegnung in Verbindung gebracht, etwa in Form einer Liebesbegegnung. Bezogen auf die zweite Variante kann man den Glücksspieler betrachten, der nicht an den Zufall, sondern an sein Glück als eine Art Zeichen von Auserwähltsein glaubt. Demnach ermöglicht erst das Spiel das Außer-Kraft-Setzen von Zufall und Schicksal, und somit Glück.

In der Pädagogik wird der Zusammenhang von Zufall und Glück oftmals mit sog. „fruchtbaren Momenten im Bildungsprozess" (Copei) identifiziert. In solchen kaum herstellbaren fruchtbaren Bildungsmomenten befreit man sich aus vermeintlichem Wissen, durchbricht stereotype habituelle Reaktionen und entwickelt neue Wahrnehmungs-, Handlungs- und Wissensstrukturen. Daher ist auch in der Bildungstheorie der fruchtbare Bildungsmoment oft als Ergebnis eines Entwicklungsprozesses, als eine Erfüllung, als Erreichen einer Bildungsstufe, als subjektives Gefühl des Wissens, der Freude und des Glücks bestimmt worden. Dabei gehen die meisten Modelle von einer pädagogischen Unverfügbarkeit solcher Momente aus.

Aufgrund der durchaus unsicheren Perspektiven auf das Schicksal gibt es seit der Antike eine starke Tendenz, die Bedingungen der Möglichkeit des Glücklichseins in den *Tugenden* zu verankern. Unter Tugenden lassen sich Fähigkeiten und Fertigkeiten verstehen, deren Zusammenspiel ein befriedigendes menschliches Leben garantiert, oder auch Verhaltensdispositionen, die die eigene Befindlichkeit, das soziale Umfeld und die unberechenbaren Zufälle so austarieren können, dass man das Leben meistern und bejahen kann (vgl. Brumlik 2002). Die Grundthese lautet hier, das die Tugenden (z. B. Gerechtigkeit) Glück zur Folge haben wie auch das Glück Tugend (Gerechtigkeit) nach sich zieht. Kurz: Wer sich tugendhaft verhält, ist glücklich – und wer glücklich ist, dem fällt es leichter, tugendhaft zu sein.

Vor dem Hintergrund, dass eine (radikale) Individualisierung des Glücks in der Moderne mit dem guten Zusammenleben aller durchaus nicht immer bruchlos vermittelbar ist, lässt sich die Diskussion des Zusammenhangs von Glück und Moral – d. h. die Debatte darum, wie der Anspruch einer Erziehung zum Glück mit dem einer Erziehung zur Moral in Einklang zu bringen ist – auch in der zeitgenössischen Pädagogik verfolgen. So kann man einerseits diesen Zusammenhang temporalisieren, insofern man entwicklungspsychologisch auf eine Stufenfolge setzt, die von der kindlichen und jugendlichen Fremdbestimmung oder einer egoistisch-hedonistischen Perspektive zu einer erwachsenen Selbstbestimmung führt. Andererseits, und hierbei Glück und Moral stärker in einem Wechselverhältnis miteinander vermittelnd, setzt die pädagogische Moderne den Einzelnen einem immer dringlicher werdenden Entscheidungs- und Rechtfertigungszwang aus. Autonomie als Fähigkeit, generalisierbare, auf andere und sich selbst bezogene Entscheidungen zu treffen, wird erst durch die Pluralität von Glücks- und Moralmodellen möglich, aber auch erforderlich. Glücksfähigkeit und Moralfähigkeit lassen sich somit in der Autonomie des Einzelnen begründen, die aber – sowohl in eudämonistischer wie moralischer Perspektive – immer schon auf den Anderen bezogen ist.

Eine dritte Form des Glücks hebt nicht auf den Zufall oder die Tugenden, sondern auf das Glück im *Leben* ab. Hier lassen sich *grosso modo* drei Formen unterscheiden: eine Philosophie der Glücksgüter, der Utilitarismus und das selbstbestimmte, bejahenswerte Leben.

Wenn man auch seit der Antike den anthropologischen Topos findet, dass alle Menschen nach Glück streben, und dass unter Glück primär nicht das Glück haben, sondern vor allem das Glücklichsein verstanden werden sollte, so lässt sich die Theorie der Glücksgüter durchaus als ein Versuch verstehen, das Glück weniger vom Individuum denn von objektiven Gegebenheiten abhängig zu machen. Unter den Glücksgütern lassen sich mehr materielle Werte wie Besitz, Geld oder Macht durchaus von mehr immateriellen wie Ehre, Freundschaft, Liebe oder Autonomie unterscheiden. Eine moderne pädagogische Variante dieser Glücksgüterdiskussion liefert etwa die Debatte um die ungleiche Verteilung des ökonomischen, sozialen, kulturellen und symbolischen Kapitals in der Gesellschaft. Ohne dass hier Glück unmittelbar thematisch wird, lässt sich unterstellen, dass aus einer ungleichen Verteilung dieser als glücksrelevant geltenden Kapitalressourcen auch Ungleichheiten des gelingenden Lebens resultieren (können). Da diese ungleiche Verteilung stark mit einem Konnex von Bildung und Herkunft verknüpft ist, kommen an dieser Stelle auch pädagogische Überlegungen zum Tragen, etwa in der Frage, ob und wie die Schule als Institution zur Reproduktion dieser Ungleichheit beträgt: Einerseits ist die Schule dem Grundsatz der Gleichbehandlung aller Schüler verpflichtet, d. h. Lehrer, Angebote, Mittel, Zensuren und Berechtigungen müssen allen gleichermaßen offen stehen und nach gleichen Kriterien verteilt werden. Doch andererseits erzeugt die schulische Gleichbehandlung aller eben keine Gleichheit, sondern Differenz, ist doch die „Gleichbehandlung" selbst nicht neutral, sondern – und das belegen alle empirischen Untersuchungen einer qualitativen Bildungsforschung – eine *spezifische* Form der Gleichbehandlung, nämlich jene, die sich am Habitus der sozialen Mittelschicht orientiert (vgl. Liebau/Zirfas 2008).

Die den neuzeitlichen Glücksdiskurs sehr prägende Debatte um das Glück als kalkulierbarer *Nutzen* ist vor allem von Jeremy Bentham (1748–1832) und John Stuart Mill (1806–1873) vorangetrieben worden. Unter dem Prinzip der Nützlichkeit wird jenes Prinzip verstanden, „das schlechthin jede Handlung in dem Maße billigt oder missbilligt, wie ihr die Tendenz innezuwohnen scheint, das Glück der Gruppe, deren Interesse in Frage steht, zu vermehren oder zu vermindern, oder – das gleiche mit anderen Worten gesagt – dieses Glück zu befördern oder zu verhindern" (Bentham 1975, S. 35 f.). Als Kriterien bei der Kalkulation des Gesamtnutzens einer Handlung führt Bentham ursprünglich u. a. die Dauer, Intensität und Wahrscheinlichkeit eines Glücks oder Unglücks auf. Während für Bentham die Quantität des Glücks allein entscheidend war, vertrat sein Schüler Mill die These, dass die kulturelle, intellektuelle und spirituelle im Vergleich zur körperlichen Befriedigung auch einen qualitativen Wert besitze. Entscheidend erscheint hierbei einerseits die nicht unumstritten gebliebene Identifizierung des Glücks mit dem Nutzen, andererseits die Kontroverse um die Kalkulierbarkeit (der Voraussetzungen) des Glücks und drittens die Frage nach der ungleichen Verteilung von Glück und Unglück in der Gesellschaft, kann doch auch durch eine Verstärkung der Ungleichverteilung im Saldo eine sozial höhere Glücksbilanz resultieren.

In der neueren pädagogischen Diskussion hat vor allem die sog. Euthanasiedebatte in der Sonder- und Integrationspädagogik zu einer scharfen Kritik am utilitaristischen Präferenzparadigma des Glücks geführt. Dabei geht es nicht nur um die anthropologische Frage, ob zum Menschsein spezifische (selbstbewusste, reflektierte, handlungsorientierte etc.) Äußerungen eudämonistischer Präferenzen gehören, sondern auch, inwieweit man ohne die Zustimmung des Betroffenen von einer negativen Glücksbilanz seines Lebens sprechen kann. Denn die unterstellte Einfühlung in das Leben eines etwa schwerstbehinderten Menschen kann zu dem utilitaristischen Schluss führen, dass dieses Leben aus eudämonistischer Perspektive sinnlos ist, soll es doch aus „neutraler Perspektive" betrachtet zu mehr Leiden als Glück führen.

Eine weitaus plausiblere Variante des glücklichen Lebens in der Neuzeit bietet das Modell des autonomen, *selbstbestimmten* Lebens: „Mit gewissen Einschränkungen [...] kann man einen Menschen als glücklich ansehen, wenn er in der (mehr oder weniger) erfolgreichen Ausführung eines vernünftigen Lebensplanes begriffen ist, den er unter (mehr oder weniger) günstigen Bedingungen aufgestellt hat, und wenn er sich einigermaßen sicher sein kann, dass er sich ausführen lässt. Jemand ist glücklich, wenn seine Pläne vorankommen, wenn seine wichtigsten Ziele sich erfüllen, und wenn er sicher ist, dass dieser gute Zustand fortdauern wird. Da sich die vernünftigen Pläne bei den einzelnen Menschen je nach ihren Begabungen, Verhältnissen u. ä. unterscheiden, werden verschiedene Menschen durch verschiedene Tätigkeiten glücklich" (Rawls 1991, S. 447). Das glückliche Leben ist in der Moderne das bejahenswerte Leben. Ein *glückliches* Leben lässt sich als ein solches verstehen, in dem sich die wichtigsten Wünsche selbst bestimmen und erfüllen lassen (vgl. Seel 1995). Das zentrale Ziel eines solchen Lebens ist die Selbstbestimmungsfähigkeit und die damit zusammenhängende Lebensbejahung, die durch das Erreichen einer gewissen Anzahl von Zielen zu einer positiven Glücksbilanz führt.

In der Pädagogik ist der Gedanke des Glücks der Selbstbestimmungsfähigkeit und der Wunscherfüllung vor allem in den jüngeren Debatten um eine Pädagogik der Lebenskunst präsent. Hierbei rückt die Frage ins Zentrum, inwiefern der Mensch auf der Basis seiner eigenen klugen Wahl ein gutes, gelingendes und schönes Leben verwirklichen kann. Und während sich die Pädagogik der Moderne oftmals als reflexive Wissenschaft vom Lebenslauf oder als Handlungswissenschaft der Lebensbewältigung versteht, rückt mit einer Pädagogik der Lebenskunst der Gedanke der Förderung individuellen Glücks in den Mittelpunkt. Lebenskunst bedeutet heute, eigene Gesetzlichkeiten auszubilden, die Richtlinien seines Lebens selbst zu erfinden, ästhetische Selbsterfindung mit spielerisch-ethischer Selbstbeherrschung konvergieren zu lassen, um so ein glückliches, d. h. bejahenswertes Leben möglich zu machen (vgl. Zirfas 2005).

Schließlich lässt sich Glück auch mit einem bestimmten *Gefühl* der Lust oder der Freude identifizieren. Mit dieser Fokussierung des Glücks auf ein Gefühl als eine Befriedigungssituation ist eine zweifache Reduktion verbunden, insofern der für den Glücksgedanken wesentliche Gesichtspunkt des geglückten Lebens zugunsten der hedonistischen Basis ausgeblendet wird und zudem vernachlässigt wird, dass sich Glücksgefühle auch ohne (zumindest bewusste) Wünsche realisieren können. Idealtypisch lassen sich zunächst zwei verschiedene Glücksgefühle unterscheiden, die kontemplativen Glücksempfindungen des Denkens und die trieb- oder wunschbezogenen Lustgefühle.

Spricht man vom „Glückhaben" und meint damit nicht das Glücksgefühl, das häufig als Lust verstanden wird, so orientiert sich die philosophische Tradition zunächst und zumeist an den Theorien der *Reflexion* und der Vorstellung, der *vita contemplativa* oder der „Muße". Die Muße wird vor allem als ein ästhetischer Zustand verstanden, der nicht auf Wahrheit, Nutzen, Gutes, sondern auf spielerische Gelassenheit, Schönheit des Lebens und Glück zielt. Die mit ihr verbundenen Gefühle sind solche der Befreiung, Befriedigung, Gelassenheit und Freude an der Fülle des Lebens; insofern sind die mit ihr verbundenen Glücksgefühle solche der Geborgenheit und Entspannung. Der ruhenden Gelassenheit der Muße eignet daher eine besondere Feierlichkeit, die sie in die Nähe des Festes, des Spiels und des Kultes rückt.

Das Glücksgefühl der Kontemplation und Muße ist in der neueren Pädagogik kaum Thema. Es liegt allerdings vor dem skizzierten Hintergrund nahe, dass die kontemplativen Glücksgefühle in der Pädagogik vor allem im Kontext der philosophischen, ästhetischen und kulturellen Bildung, im Bereich einer Pädagogik der Lebenskunst sowie in der Freizeitpädagogik, aber auch in der Erwachsenenbildung diskutiert worden sind.

Die Wiederentdeckung und Kultivierung von Kontemplation und Muße geht dabei mit einem Distanznehmen zum Alltag und einer Reflexion gerade auch von Zeitlichkeit moderner Gesellschaften und anthropologischer Gegebenheiten (Endlichkeit) einher.

Versteht man nun unter Glück ein *Lustgefühl,* dann wird oftmals das Modell einer mehr oder weniger großen Befriedigungssituation, eines durch die Bedürfnisbefriedigung induzierten episodischen Wohlbefindens angesprochen. Glück wird hierbei als „ein herausragender Empfindungs- oder Gefühlszustand begriffen, der sich als Folge der Befriedigung elementarer oder auch höherstufiger Bedürfnisse einstellt" (Taschner 2003, S. 19). Dabei bleibt zunächst offen, ob unter Glück Spaß, Flow, Freude, Zufriedenheit oder Wohlbefinden verstanden wird. Vom antiken Hedonismus bis hin zu modernen psychoanalytischen und psychologischen Überlegungen (Positive Psychology) werden Glücksgefühle mit der Erfüllung von Triebbedürfnissen und Wünschen in Verbindung gebracht. Dabei wird man, bis auf wenige Ausnahmen (z. B. de Sade), kaum pädagogisch-eudämonistische Modelle finden, die einer schrankenlosen und libertären Lusterfüllung das Wort reden; vielmehr steht hier das Glück der regelgeleiteten Begierden und der vernünftigen Genussfähigkeit, kurz: die kultivierte Lust im Mittelpunkt. Denn die Grenzenlosigkeit der Begierden (gr. *pleonexia*) verhindert den für das Lebensglück wichtigen souveränen Umgang mit sich selbst. Daher werden die Lüste oftmals mit einem Maß versehen. Das Konzept des maßvollen Umgangs kann man schon bei Epikur finden und es setzt sich bis Freud und darüber hinaus durch.

Glück ist zwar ohne Gefühle nicht sinnvoll denkbar, doch geht es keineswegs in ihnen auf. Und man kann sich natürlich fragen, ob es nicht eine Differenz zwischen einem Lustgefühl und einem Glücksgefühl gibt, insofern die Erfahrung der (körperlichen und geistigen) Befriedigung zwar mit gewissen „Sättigungsgefühlen", aber nicht unbedingt und notwendigerweise mit Glücksgefühlen einhergehen muss, die sich wohl nur dann einstellen, wenn es eine besondere Form des Genießens der Lust oder auch ein besonderes „Setting" der Lust gibt, die jeweils sehr intensive, besondere Formen des Lusterlebens gestatten, die man dann mit „Glück" identifizieren kann. Insofern wird implizit zwischen einem präsentischen Glücksgefühl wie beim Spaß und beim Flow und einer glücklichen (Lebens-)Stimmung, wie sie in der Freude (der Freudigkeit) oder der Zufriedenheit zum Ausdruck kommt, unterschieden. Darüber hinaus wird auf die auch für die Pädagogik sehr bedeutsame Differenz zwischen aktualen Gefühlen und Gefühlsdispositionen hingewiesen; denn die Gefühlsdispositionen – etwa die Zufriedenheit oder die Haltung des Glücklichseins – bilden den letztlich anthropologischen Hintergrund, vor dem sich aktuale Gefühle erst einstellen können (Zirfas 2011).

Die Grenzen des Glücks

Die entscheidende anthropologische Glücksproblematik liegt wohl darin, dass die Menschen als endliche Wesen einer unendlichen Sehnsucht nach Glück unterliegen. Das

Glück übersteigt die menschlichen Möglichkeiten – Glück ist daher immer Glück im Unglück. Und es ist letztlich das vielleicht größte Unglück, der Tod, der den Menschen die Frage nach dem Glück aufnötigt. Denn der Tod bzw. das Wissen um ihn nötigt den Menschen dazu, über sein Leben Rechenschaft vor sich und anderen zu geben. Hierbei muss er, bewusst oder unbewusst, die Frage nach dem Glück beantworten. Denn diese Frage ist die Frage nach dem Sinn des Lebens.

So können Menschen auf Dauer in der Zeit nicht glücklich werden, denn in der Gewöhnung an das Glück als Zufall, Lust etc. verblasst dieses zur Normalität des gelebten Lebens. Anthropologisch und eudämonologisch betrachtet erscheint die Zeit als große Gegenspielerin des Menschen. Glück lässt sich nur gegen die Zeit festhalten. Wenn das Glück gegenwärtig ist, ist es nicht ewig; und wenn das Glück ewig erscheint, ist es nicht präsent. Das Andere der Zeit ist traditionell die Ewigkeit. Glück stellt sich ein in der Flucht aus der Zeit in die Ewigkeit, auf dem Weg zu einer anderen Zeit oder zum Gegenmodell der Zeit. Die Modelle vollkommenen Glücks sind Modelle der Befreiung von Zeit (Zirfas 1993).

Als Lebenslaufwissenschaft kann die Pädagogik das Glücksstreben über das menschliche Leben hinweg begleiten, kann sie das Glücklichsein als Ziel von Erziehung und Bildung verstehen, ohne es letztlich verantworten zu müssen oder garantieren zu können. Denn ihre eudämonistische Aufgabe besteht darin, pädagogische Bedingungen der Möglichkeiten dafür zu schaffen, dass Menschen ihre Form des Glücks suchen und verwirklichen können. Als Lebenslaufwissenschaft des Glücks bleibt die Pädagogik in einer doppelt paradoxen Situation: Sie weiß erstens, dass das Glücklichsein als letzte unhintergehbare Bestimmung für die Wünsche und Hoffnungen der Menschen gelten kann, und weiß zugleich, dass sich pädagogische Bemühungen nur in gebrochener, mittelbarer Form – etwa über einen „Gegenstand" oder über ein pädagogisches Setting (z. B. Beratung) – auf dieses Glück beziehen können. Andererseits reagiert die Pädagogik mit diesem Diskurs auch auf die individuellen Ansprüche der Individuen. Denn für die Moderne gilt, dass die Subjekte mehr oder weniger selbst ihre Bewertungen des Glücks vornehmen und darüber entscheiden, wann und inwiefern sie sich glücklich fühlen wollen und können. Glück als dauerhaftes Glücklichsein ist in der Moderne vor allem daran geknüpft, dass Menschen ihre zentralen Lebensziele erreichen, dass ihre wichtigsten Wünsche in Erfüllung gehen, und dass sich die Erwartungen auf positive Ereignisse verwirklichen lassen. In all diesen Fällen spielen soziokulturelle, aber vor allem auch subjektiv-biographische Bewertungsprozesse eine entscheidende Rolle (vgl. Wulf et al. 2011). Denn jedes Individuum bewertet sein aktuelles individuelles Glücksempfinden wie sein momentanes umfassenderes Glücklichsein immer auch im Kontext seiner Lebens- und Lerngeschichte, so dass sich etwa das Glücksgefühl eines Augenblicks nur sehr schwer vorhersagen lässt (vgl. Körner 2008). Glück ist vor dem Hintergrund einer subjektiven Bewertung in der Moderne plural geworden und der Pädagogik kommt hier die paradoxe Aufgabe zu, (eine bestimmte Vorstellung von) Glück nicht zum verallgemeinerbaren Bildungs- und Erziehungsziel machen zu können und andererseits zu wissen, dass Bildungs- und Erziehungsprozesse für das Glück des Einzelnen enorm bedeutsam sind.

Literatur

Bentham, Jeremy (1975): Eine Einführung in die Prinzipien der Moral und der Gesetzgebung. In: Höffe, Otfried (Hrsg.): Einführung in die utilitaristische Ethik. Klassische und zeitgenössische Texte. München, S. 35–58.

Brumlik, Micha (2002): Bildung und Glück. Versuch einer Theorie der Tugenden. Berlin.

Körner, Jürgen (2008): Menschliches Glück. In: Paragrana. Internationale Zeitschrift für Historische Anthropologie. Band 17. Heft 2: Das menschliche Leben. Berlin, S. 59–66.

Liebau, Eckart/Zirfas, Jörg (Hrsg.) (2008): Ungerechtigkeit der Bildung – Bildung der Ungerechtigkeit. Opladen.

Mertens, Gerhard (2006): Balancen. Pädagogik und das Streben nach dem Glück. Paderborn/ München/Wien/Zürich.

Rawls, John (1991): Eine Theorie der Gerechtigkeit. Frankfurt/M.

Riemen, Jochen (1991): Die Suche nach dem Glück als Bildungsaufgabe. Zur Rehabilitierung einer verschwundenen pädagogischen Kategorie. Essen.

Schubert, Ernst-Fritz (2008): Schulfach Glück. Wie ein neues Fach die Schule verändert. Freiburg.

Seel, Martin (1995): Versuch über die Form des Glücks. Frankfurt/M.

Taschner, Frank (2003): Glück als Ziel der Erziehung. Würzburg.

Wulf, Christoph et al. (2011): Das Glück der Familie. Ethnographische Studien in Deutschland und Japan. Wiesbaden.

Zirfas, Jörg (1993): Präsenz und Ewigkeit. Eine Anthropologie des Glücks. Berlin.

Zirfas, Jörg (2005): Pädagogik der Lebenskunst. Über Glauben, Glück und Sinn. In: Baader, Meike et al. (Hrsg.): Zeitschrift Schüler: Auf der Suche nach Sinn. Seelze, S. 76–78.

Zirfas, Jörg (2011): Zur Pädagogik der Glücksgefühle. Ein Beitrag zum *Pursuit of Happiness*. In: Zeitschrift für Erziehungswissenschaft 14 (2011). Heft 2, S. 223–240.

Norm und Normalität

Jörg Zirfas

Einführung

Der Begriff der Norm wie auch der Begriff der Normalität verweisen im Kern auf eine Naturvorstellung (*physis, natura*), in der die Natur als eine Baumeisterin verstanden wird, an der sich auch das menschliche Sein und das menschliche Handeln orientieren soll. Der Begriff der Norm, der auf lat. *norma,* Winkelmaß, Richtschnur, Regel zurückgeht, das wiederum von gr. *kalon,* Maßstab, Regel abgeleitet wird, stammt wohl ursprünglich aus der Architektonik, wo er im Sinne von Winkelmaß und Richtschnur gebraucht worden ist, bevor er dann auf geistige und kulturelle Phänomene übertragen wurde. Dabei können das architektonische Maß und die geistige Regel sowohl aus der Natur selbst wie auch aus deren ihnen zugrunde liegendem Vernunftgesetz abgeleitet werden (Hofmann 1984). Bis zum Mittelalter beherrschte die bautechnische Metaphorik die Normthematik in Philosophie, Jurisprudenz und etwa auch im Ordenswesen, was sich sprachlich in der stehenden Redewendung von den „regula et norma" widerspiegelt. Erst im Humanismus wird der Normbegriff stärker an Vorstellungen der Vollkommenheit, am angemessenen (ethischen) Handeln und an einer Einfügung in eine zunächst noch gottgewollte, später dann vernunftkonstituierte Ordnung orientiert. In der Aufklärung kommt dann der Bedeutungshorizont des arithmetischen Mittels, des Durchschnitts oder Gleichmaßes hinzu. Indem man das Durchschnittliche als das von der Natur aus Intendierte auffasste, wurde die Norm auch durch die anthropologischen Wissenschaften der Medizin und Psychologie zur „Gesundheit". Unabhängig davon, ob man human- und sozialwissenschaftlich unter Normen Gebote, Verbote und Erlaubnisse, Maximen oder Handlungsanweisungen, (regulative) Werte oder Ideen, allgemeine Zwecksetzungen oder universelle Imperative versteht, hält sich bis heute eine Zweideutigkeit der Begrifflichkeit, die einerseits das Allgemeine deskriptiv beschreibt und andererseits das Gesollte normativ fordert.

Aber auch dem Begriff der Normalität ist die vom Naturbegriff in seinem antiken (medizinischen) Verständnis abgeleitete Doppeldeutigkeit von durchschnittlicher, natürlicher Beschaffenheit und idealer Konstitution zu eigen. Da die Natur selbst nicht immer Regelmäßigkeiten und Regelhaftigkeiten hervorbringt, war man schon zu dieser Zeit der Ansicht, dass es einen Variationsspielraum dessen gibt, was als normal gelten kann. Insofern ist auch der Begriff der Anomalie geprägt durch die Doppeldeutigkeit und den natürlichen Spielraum. Der Begriff der Normalität gewinnt sein für die Moderne bestimmendes Diskursgeschick dann in der Physiologie der Aufklärung und des 19. Jahrhunderts, in dem etwa vom Normalzustand, den Normalgesetzen und dem Normalplasma die Rede ist. Man kann hier von einer Vereinnahmung des Begriffs der Gesundheit durch den der Normalität sprechen, mit dem sich der Mensch eindeutig als *maître de la nature* positioniert, indem er der Natur seine Normen und Normalitäten aufzwingt. Die Moderne ist insofern um die Klärung des Verhältnisses des Normalen zum Anormalen oder auch zum Pathologischen zentriert, wobei die Anomalität nicht mit dem Pathologischen, das Pathologische aber mit der Anomalität gleichzusetzen ist (Canguilhem 1974, S. 90). Für die Durchsetzung des Begriffs der Normalität sind vor allem die Medizin und die Pädagogik verantwortlich; diese Disziplinen fördern mit ihren therapeutischen und disziplinierenden Maßnahmen Standardisierungs-, Normierungs- und Normalisierungsprozesse. Allerdings finden sich diese Normalisierungsmaßnahmen nicht nur auf diesen sozialen Feldern, sondern auch im technischen, industriellen und ökonomischen oder auch im sprachlichen Bereich (Ritter 1984, Sp. 926 f.).

In der gegenwärtigen Debatte werden der Begriff der Norm und derjenige der Normalität einander gegenüber gestellt (vgl. Link 1997, 2002). *Normen* werden als präexistent und präskriptiv betrachtet; sie dienen sozialen Regulativen und sanktionieren ein spezifisches Handeln. Normen sind binär codiert (eingehalten/nicht eingehalten) und an Erfüllung orientiert. *Normalität* bezieht sich mehr und mehr auf ein Standardmaß (auch im Sinne des durch Normalisierungspraktiken entstandenen Alltäglichen) in Bezug auf empirische Messungen; sie ist somit mit deskriptiven und postexistenten Skalen und Durchschnitten verknüpft und hat eine graduelle Codierung, die mit Orientierungsmarken einhergeht. Normalität koppelt somit jede dem Handeln präexistente Normativität zugunsten eines durch massenhafte Verdatung und statistische Dispositive hervorgebrachten Durchschnitts- oder Mittelwertes ab; sie wird verstanden als ein sozialer und pädagogischer Regulierungsbegriff, der mit einer gewissen Unschärfe versehen dennoch in der Lage ist, ein normales Verhalten bzw. einen normalen Menschen „hervorzubringen" und somit auch das nicht-normale Verhalten bzw. den „pathologischen" Menschen – etwa in Form von verwahrlosten, nervösen, hysterischen, verbrecherischen, devianten etc. Menschen – zu „erzeugen". Normalität ist auf technische Verfahren angewiesen, die die Gegenstände zunächst für eine statistische Verarbeitung zurichten müssen und diese dann um Mittelwerte, Normalspektren, Grenzwerte und Anormalitätszonen anordnen. Bedeutsame und generelle Felder der Normalität, sog. Basisnormalfelder, sind etwa Leistung, Intelligenz, Gesundheit, Sicherheit, soziales Prestige, sexuelle Befriedigung oder auch Entwicklung (Stechow 2004, S. 29 f.): Diese dienen in einer als dynamisch, flexibel und kontingent verstandenen Moderne als Orientierungs- und Versicherungsmarkierungen (vgl. Rolf 1999).

Normativität und Normalität in der Moderne

Spezifisch modern sieht Michel Foucault (1926–1984) – in den Spuren von Norbert Elias und vor allem von Friedrich Nietzsche – eine Zunahme von Disziplinierungs- und Regulationstechnologien der ursprünglich weniger kontrollierten und koordinierten Körperfunktionen; diese etablieren neue Bewertungsmechanismen und Grenzziehungen. Die seit dem Mittelalter und insbesondere dort in den Klöstern entwickelten Praktiken der (zeitlichen, räumlichen, arbeits- und sozialbezogenen etc.) Körperdisziplinierungen gewinnen im 18. und 19. Jahrhundert durch die Konzentration und Verallgemeinerung von Erkenntnissen mit der Disziplinierungsmacht in Form der Institutionen der Medizin, des Militärs, der Ökonomie und der Pädagogik erheblich an Bedeutung und beginnen die Körper immer weitgehender in Besitz zu nehmen, d. h. sie beginnen, Menschen und ihre Körper an Normen auszurichten (Foucault 1977). In diesem Sinne muss man einen generativen und einen institutionellen Lernprozess unterstellen, der vom Mittelalter bis in die Moderne und hierbei über Institutionen verschiedenster Art – von den Klöstern über die Fabriken bis hin zu Schulen – in eine homologe Form der Verquickung von diskursiven und körperlichen Praktiken mündet, die unkoordiniert letztlich zu einer anthropologischen Normierung führt.

Die Individuen werden immer minutiöser an einer Gesamtregel entlang differenziert und ausgerichtet, die als Mindestmaß, als Durchschnitt oder Ideal fungieren kann. Neben der stetigen Bewertung lässt sich daher ein „Zwang zur Konformität" ausmachen: Dieses Disziplinarsystem wirkt „vergleichend, differenzierend, hierarchisierend, homogenisierend, ausschließend. Es wirkt *normend, normierend, normalisierend*" (ebd., S. 236). Die neuen Normalisierungstechniken wirken homogenisierend, da alle Menschen an gleichen Bewertungsmaßstäben gemessen werden und zugleich individualisierend, da sich von den je verschiedenen Standards immer wieder spezifische Abstände, Niveaus oder Besonderheiten ergeben.

Die Disziplinargeschichte des Körpers zeigt, wie der Körper einerseits in den Mittelpunkt der Methoden und Praktiken von Beobachtung, Kontrolle und Prüfung rückt; sie zeigt aber auch, dass die Intention der jeweiligen gesellschaftlichen Institution, seien es Gefängnisse, Fabriken, Militär oder Schule, über den Körper hinaus auf die Seelen der Betroffenen zielen. Die Disziplinargeschichte des Körpers ist eine der homogenisierten und individualisierten, kurz: der normierten Seele, die dem Menschen von eben diesen Institutionen verliehen wird.

Hierbei praktiziert die Disziplinargesellschaft eine „absteigende Individualisierung", denn – wie im physikalischen Gesetz der kommunizierenden Röhren – je anonymer und funktioneller die Macht wirkt, desto eher zeitigt sie eine Individualisierung der in und mit ihr Lebenden. Und tritt die Macht weniger durch Zeremonien denn durch Überwachungen „in Erscheinung", werden statt Genealogien und Stammbäumen vergleichende Kalibrierungen vorgenommen, werden weniger „entscheidende" Taten, sondern eher die Abstände zur Norm für die Einzelnen entscheidend: „In einem Disziplinarsystem wird das Kind mehr individualisiert als der Erwachsene, der Kranke mehr als der Gesunde, der Wahnsinnige und der Delinquent mehr als der Normale. Es sind jedenfalls immer die ersteren, auf die unsere Zivilisation alle Individualisierungsmechanismen ansetzt; und wenn man den gesunden, normalen, gesetzestreuen Erwachsenen individualisieren will, so befragt man ihn immer danach, was er noch vom Kind in sich hat, welcher geheime Irrsinn in ihm steckt, welches tiefe Verbrechen er eigentlich begehen wollte" (ebd., S. 248 f.).

Die Disziplinarmacht arbeitet mit einer neuen Form der Subjektivierung/Unterwerfung. Sie unterwirft, indem sie den Menschen zum Objekt macht, und indem sie den Menschen dazu „macht", sich selbst durch die Vergegenständlichung zu objektivieren. Im „Herzen" der Disziplinarmethoden arbeitet die Prüfung, die „subjektivierende Unterwerfung jener, die als Objekte wahrgenommen werden und die objektivierende Vergegenständlichung jener, die zu Subjekten unterworfen werden" (ebd., S. 238). Die Prüfung ist die zentrale Technologie einer „Mikrophysik der Macht" (Foucault). Sie ist das „Rad", das im Räderwerk der Macht Delinquenten „produziert", in der Klinik Kranke „fabriziert" und in der Psychiatrie Geisteskranke „formiert"; in der Schule werden durch sie Schüler „erzeugt" und in der Psychoanalyse „Neurotiker". Diese Produkte der jeweiligen Institutionen und Organisationen sollen diese am Leben erhalten und zudem ihre Macht noch steigern. Denn die „Rückfälle" in ihren Mechanismen sind vorkalkulierte „Vorfälle", die in Form einer *self fullfilling prophecy* die Notwendigkeit der jeweiligen Institutionen und ihrer Maßnahmen noch unterstreichen, können diese doch gleichsam als deren transzendentale Bedingungen gelten. Die Identität des Delinquenten, die Abweichung von der Norm, ist der Effekt einer Praxis, die mittels Prüfungen und Strafen auf Individualisierung und Subjektivierung zielt.

Die neuere Normalismusforschung, namentlich Jürgen Link (1997), kann nun zeigen, dass die Norm bzw. die Normativität nicht nur eine intensive Verwendung in Medizin, Justiz und Pädagogik erfahren haben und dass diese Begriffe stärker auf einen feststehenden Musterbegriff bezogen sind, während der flexiblere Begriff der Normalität bzw. der Normalisierung an der gesellschaftlichen Mitte und am statistischen Durchschnitt orientiert ist. Normen sind Maßstäbe und Regeln der Beurteilung und Bewertung, Normalität bezeichnet das systemkonforme, produktive Erscheinen und Verhalten bzw. die hiermit verbundenen Fähigkeiten und Kompetenzen. „Normalität" dient in diesem Sinne zur Selbstvergewisserung und zur Selbststandardisierung von Individuen. Folgt man diesen Forschungen, so zeigen sich sogenannte Basisnormalfelder wie Leistung, Gesundheit, Intelligenz, Sicherheit, Sexualität etc., für die regulative, immer wieder an kulturelle und soziale Entwicklungen angepasste Kriterien der Orientierung entwickelt und beschrieben werden. Die Individuen finden sich dann idealtypisch auf einer Verteilungskurve wieder, die der Gauß'schen Normalverteilung entspricht, und sie können dementsprechend das Risiko der Abweichung ebenso berechnen wie sie Maßnahmen ergreifen können, um sich selbst zu normalisieren.

Normalismus ist im Sinne von Link oder Foucault eine sich mit der bürgerlichen Gesellschaft herausbildende regulierende und orientierende Strategie, die den Menschen nahe legt, sich in sozialen Mittellagen zu verorten, um gleichweit von jeglicher Abweichung entfernt zu sein. Normalismus zielt auf Mediokrität; denn jenseits der Grenzen des Normalen greifen Mechanismen regressiver Sozialdisziplinierung. Normalismus zielt auf den berechenbaren Menschen, auf den „Durchschnittsmenschen" (Quételet), sei es im Sinne des körperbeherrschten Individuums, sei es im Sinne der sozial beherrschten Gesellschaft.

Dabei erscheint das Normalismusmaß, anders als das der Normativität, stärker einem historischen und kulturellen Wandel unterlegen. In diesem Sinne kann man mit Link (1997, S. 77 ff.) zunächst zwei Normalismusstrategien differenzieren: eine *protonormalistische* Strategie, die mit sehr engen und fixierten Grenzbereichen und einer maximalen Komprimierung von Normalitätszonen operiert, um eine einfache homöostatische Normalität zu erreichen, und eine *flexible normalistische* Strategie, die ein weites Spektrum von Normalitäten mit vielen Übergängen zu Risikobereichen und Anormalitäten erlaubt, und somit ein dynamisches Verständnis von Normalität ermöglicht. Während die erste Strategie eher in „totalen Institutionen" (Goffman) anzutreffen ist und ganz auf Abrichtung und Disziplinierung setzt, findet sich die zweite, in der Moderne (seit dem 20. Jahrhundert) immer wichtiger werdende Strategie in vielen Institutionen und Organisationen wieder, die stärker an Integration und Autonomie interessiert sind. Setzt die erste Strategie auf eine Fremdverortung der Individuen in einem fest gefügten System der Normen, ist die zweite an einer Selbstverortung der Individuen in dynamischen Normalitätsbereichen interessiert, die einerseits Möglichkeiten einer autonomeren Lebensgestaltung, andererseits aber auch das Risiko einer falschen Selbst-Normalisierung bergen. Doch sind beide Strategien wie zwei „siamesische Zwillinge" aneinander gebunden: „Jeder starke Protonormalismus löst in längeren Phasen historischer Entspannung Tendenzen zur Flexibilisierung aus; jeder radikale Flexibilitätsnormalismus schlägt in Krisenprozessen wieder in stärker protonormalistische Tendenzen um" (Link 2002, S. 542). Darüber hinaus konstatiert Link auch einen sogenannten Transnormalismus, mit dem ein Normalitätskonzept gemeint ist, das nicht auf statistischen Durchschnittsberechnungen beruht und das sich in einer „Art Schwebezustand an der Grenze des flexiblen Normalismus" (Link 1997, S. 33) befindet. Diese Normalitätsperspektive impliziert, dass moderne Individuen, wollen sie nicht den Gefahren der Etikettierung und Stigmatisierung unterliegen, einerseits ständige Normalisierungsarbeit leisten müssen und andererseits – gibt es doch keine wesentlichen Grenzen des Normalen – kaum vor einer Denormalisierung geschützt werden können.

Pädagogisch betrachtet kann man vor dem Hintergrund dieser Forschungen die Regulierungstechniken der Normierung und Normalisierung mit Norbert Elias als den Prozess der Zivilisation als Selbstdisziplinierung verstehen, mit Dieter Richter die Geschichte der pränormalistischen bösen und guten Kinderbilder sowie mit Carl Schneider die christliche Geschichte der sündigen Kinder nachzeichnen, oder mit Philippe Ariès die Konstituierung des Kindes als Schüler, als Separierung und Verschulung von Kindheit begreifen. Man kann die Konstruktion von Normalität und Abweichung bei Quételet, Comte, Bernard, Galton und Durkheim und die Normalisierung des kindlichen Verhaltens in der bürgerlichen Moderne (etwa durch die Etablierung der „Kinderfehler") bei den Philanthropen und Humanisten beobachten; man wird auch in den Menschenbildern des 19. und 20. Jahrhunderts die Figuren des Normierten und Normalen etwa in Gestalt des „geborenen Verbrechers", der „Verwahrlosung", der „psychopathologischen Minderwertigkeit", des „Schulversagers", des „Überlasteten", des „Verhaltensgestörten" oder des Behinderten wiederfinden (vgl. von Stechow 2004). Und schließlich lassen sich die Normalisierungstheorien und -praktiken mit ihren Standardisierungseffekten heute schon zu Beginn des Lebens in den diversen medizinischen und schulischen Untersuchungen nachweisen (Kelle/Tervooren 2008).

Zur Pädagogischen Anthropologie der Sonderpädagogik

Vor allem die Sonderpädagogik mit ihrer Fundamentalkategorie der Behinderung stellt für die Pädagogische Anthropologie eine besondere Herausforderung dar, wird doch Behinderung oftmals mit Blick auf Normalität und Normativität definiert (Schildmann 2009). Normen und Normalitäten – die im Folgenden nicht streng unterschieden werden (vgl. Canguilhem 1974, S. 163 ff.) – können im Zusammenhang mit der Thematik der Behinderung in vielfältigen Formen auftreten: als *technische* Normen, die auf die Anfertigung von normierten Prothesengliedern für mechanistisch codierte Körper- und Bewegungsnormen hinauslaufen; als *soziale* Normen, die das Einhalten spezifischer sozialer und kultureller Üblichkeiten fordern; als *medizinische* Normen, die Gesundheit von Krankheit trennen; als *funktionale* Normen, die Kriterien der Arbeits- und Leistungsfähigkeit in den Mittelpunkt rücken; als *statistische* Normen, die an einer Normalverteilung von spezifischen Werten orientiert sind; oder als *ideale* Norm, die ein anthropologisches und/oder sozio-moralisches Optimum zum Ausdruck bringt. Schließlich lässt sich auch von *ästhetischen* Normen sprechen: und zwar in Form einer idealen, einer exotischen, durchschnittlichen und einer Oberflächen-Schönheit.

Gemeinhin wird unterstellt, dass Behinderung im anthropologischen Sinne als Abweichung von einer Norm, sei es nun eine körperliche Norm der Unversehrtheit oder

Schönheit, eine Norm der politischen und ökonomischen Selbständigkeit, eine hermeneutische Norm der Verständlichkeit oder eine pädagogische Norm der Bildsamkeit und Unerziehbarkeit, verstanden wird (vgl. Sohn/Mehrtens 1999). Menschen mit Behinderungen erscheinen vor diesem Hintergrund als unerziehbar, unverständlich und bildungsunfähig, lediglich noch förderungsbedürftig und therapiefähig, und gelegentlich werden ihnen selbst diese Fähigkeiten noch abgesprochen. Historisch betrachtet prägen diese Menschenbilder die Behindertenpädagogik – bis heute. Die pädagogische wie ethische Gefahr einer solchen anthropologischen Betrachtungsweise in der Pädagogik besteht nun darin, dass man eine Theorie des „ganzen Menschen" aufstellt, die als Norm dient, um das von ihr Abweichende als krank, ungenügend, gefährlich, unerziehbar etc. zu klassifizieren. Indem eine solche Anthropologie einem essentialistischen Menschenbild folgt, legt sie (notwendigerweise) zugleich auch das Nicht-, Noch-Nicht- oder Nicht-Mehr-Humane fest. Diese Festlegung geht in der Geschichte der Sonderpädagogik mit der Kopplung an theologische, medizinische, psychologische, soziologische und pädagogische Konzepte einher, die in ihrem Bezug auf das „Anormale" sowohl normativ wie auch protonormalistisch und flexibel normalistisch verfuhren, wobei in jüngerer Zeit das für diesen Diskurs maßgebliche Basisnormalfeld die Leistung darstellt.

Die für die Medizin wie auch für die Behindertenpädagogik konstitutive Problematik der Normativität und Normalität – es muss eine Norm geben, von der aus der Gegenstand der Sonderpädagogik als menschlicher Sonderfall erscheint, der sonderpädagogischer Maßnahmen bedarf, und es muss eine statistisch nachweisbare Einstellung von Normalitätszonen geben, von der aus spezifische Menschen denormalisiert werden können – wird in dem Moment zweifelhaft, in dem diese anthropologischen Normen und Normalitäten als kontingent, willkürlich und unbegründet, ja unbegründbar deutlich werden (vgl. Kamper/Wulf 1994). Behinderung fungiert so als anthropologische Grenze, die der Pädagogik selbst Grenzen setzt, die sie wiederum als „natürlich" etikettiert. Versteht man Behinderung aber nicht als anthropologisches Apriori, sondern als eine an einen sozialen Kontext gebundene Konstruktion und Interpretation, so bedeutet dies, die Relativität und Relationalität des Behinderungsbegriffs in Rechnung zu stellen und zunächst nach den konkreten Bedingungen und Implikationen solcher normativen und normalisierenden Modelle zu fragen (Weinmann 2003).

So kann man zunächst die Historizität der normierenden und normalisierenden Grenzziehungen skizzieren, die jeweils unterschiedliche Repräsentationsformen von Behinderungen markieren: Holzschnittartig formuliert stehen sich im Mittelalter das gottgewollte Leben und die teuflische Existenz gegenüber, im Barock finden wir die Dichotomie von zivilisatorischem Leben und animalischer Besessenheit, im Zeitalter der Aufklärung die Differenz von Vernunft und Wahnsinn, die im Nationalsozialismus dann dem Double von hochwertiger, reiner Rasse und minderwertiger Bastardisierung weicht. In der Moderne orientiert man sich an einer utilitaristisch verstandenen Rationalität, die das kalkulierbare Risiko zu minimieren sucht, und in der Postmoderne betreiben wir ein Management humaner Ressourcen, eine Reproduktionstechnologie, die an der Warenproduktion, der Qualitätskontrolle und Optimierung des Produktionsprozesses interessiert ist (Mattner 2001).

Normalisierung ist in diesem Kontext ein Handeln, das in seiner schwächeren Variante dazu führt, sein Gegenüber an die alltäglichen oder ideellen Normen anzupassen oder es diesen zu unterwerfen; in seiner stärkeren Variante bedeutet Normalisierung ein performatives Handeln, das die Abweichungen von der Norm hervorruft, indem es sie (durch Stigmatisierung) „anruft". In diesem Sinne ist Normalisierung ein wesentlich dynamischerer, kreativerer und polemischerer Begriff. Normalisierungen in ihrer schwachen wie ihrer starken Variante führen zurück auf Ordnungen und deren Infragestellungen.

Wie fest oder durchlässig Grenzziehungen zwischen „normal" und „anormal" auch immer sind und wie flexibel solche grenzziehenden Normalisierungen auch gedacht werden, ob sie sich stärker am Modell der Normierung oder an dem der flexiblen Normalisierung orientieren, und wie auch immer diese selbst einen historischen Wandel forcieren oder durch ihre Beharrung auf traditionelle Strukturen blockieren, und wie auch immer ihre letztliche Begründung sein mag: theologisch, psychologisch, medizinisch, neuro-biologisch, ästhetisch, sozial etc. – entscheidend erscheinen die mit ihnen einhergehenden Praktiken. Grenzziehungen sind performativ: Sie führen dazu, Menschen aufgrund bestimmter Merkmale zu identifizieren, zu analysieren und zu klassifizieren; sie implizieren Ab- und Aussonderung, Anpassung und Korrekturen, Normalisierung und Eliminierung. Menschen mit Behinderungen sehen sich in den für sie vorgesehenen Institutionen einer ständigen Beobachtung, Prüfung und Therapie ausgesetzt, die vor keinem ihrer Lebensbereiche haltmacht und ihnen unter anderem die Freiheitsspielräume in sexuellen, intimen und körperlichen Belangen extrem beschneidet. Grenzziehungen gehen zurück auf Ordnungen und deren Infragestellungen; sie versuchen legitimatorische, teleologische, systemische oder ästhetische Ordnung durchzusetzen und aufrechtzuerhalten.

Problematisch erscheint hier, dass die Normalität der Gesundheit keine genaue Angabe darüber macht, wann sie nicht erfüllt ist. Die Grade der Nichterfüllung einer idealen oder statistischen Normalität bleiben variabel und es stellt sich die Frage, ab wann jemand als behindert gelten kann oder soll. Zudem erschwert die wissenschaftliche Steigerung der Informationen die Auswahl der Praktiken, die es erlauben, einen angemessenen Umgang mit eben diesen Grenzen zu pflegen. Wie weit oder wie eng zieht man die Grenzen der Behinderung bzw. soll man sie ziehen? Inwieweit gibt es „absolute" Grenzen, wenn man die historischen und kulturellen Differenzen des Phänomens „Behinderung" bedenkt (Zirfas 1998)? Wenn die Anthropologie der Neuzeit sich immer wieder auf Normalität fokussiert, so bildet ihre Kehrseite die stetige und nicht zu bewältigende Angst, nicht normal, d. h. etwa behindert zu sein. Hier ist an die Einsicht von Georges Canguilhem (1974, S. 132) zu erinnern, dass Pathologien immer auch Formen von Normalität darstellen.

Die Norm als Trennung von Normal und Anormal impliziert weiterhin die Legitimation derjenigen Wissenschaften, die sich dem Nicht-Normalen zuwenden, in der Absicht, es auf den normalen Weg zurückzubringen. Die wissenschaftlichen Experten zeichnen sich dabei nicht so sehr durch spezifische Kompetenzen und Qualifikationen aus, sondern durch ihre Funktion der Bestätigung einer spezifischen – hier behinderten – Identität des Anderen. Daher ist auch weniger entscheidend, ob die Norm „des" Vernünftigen nun deskriptiv verstanden werden soll, als der Mittelwert, der Standard oder das Normale, oder doch eher normativ, als das Ideal, Regulativ oder das Muster. Durch Normalisierungspraktiken werden Offenheit, Entwicklungsmöglichkeiten und Bildungsfähigkeiten der Menschen – nicht nur mit dem Blick auf Menschen mit Behinderungen – ständig unterlaufen (vgl. Becker/Koch 1999).

Und schließlich impliziert die normalisierende Grenzziehung auch noch eine Differenzierung der Menschen in bildsame und nicht bildsame. Hierbei liegt ein falsches anthropologisches Verständnis von Bildsamkeit vor. Denn auch wenn die Bildsamkeit nach wie vor als ein zentrales konstitutives Prinzip pädagogischen Denkens und Handelns gelten muss, so gilt auch nach wie vor Mollenhauers bezüglich der anthropologischen Bildsamkeit geäußertes Diktum ihrer wissenschaftlichen Unerfassbarkeit: „Ich weiß es nicht [was Bildsamkeit ist, JZ], und ich halte es für unmöglich, es in dem Sinne ‚wissen' zu können, in dem die Wissenschaft sich bemüht, zuverlässiges Wissen zu erzeugen. Wissenschaftliches Reden über Bildsamkeit ist nichts als die Erläuterung dieser Unmöglichkeit" (Mollenhauer 1994, S. 80; im Orig. kursiv). Denn Bildsamkeit ist kein genuin anthropologisches, sondern ein *pädagogisch*-anthropologisches Prinzip. Daher hat die neuzeitliche Bildungstheorie immer wieder auf die Veränderungsfähigkeit des Menschen abgehoben, und wenn sie von Bildsamkeit spricht, bedeutet dies, dass jedes Individuum an seiner Bestimmung zu arbeiten habe; und dass es letztlich kein universelles Maß für die Bildsamkeit des Einzelnen gibt, das diesem seine Bestimmung von außen auferlegt. Bildsamkeit eines Menschen ist nicht der anthropologische Maßstab, an dem seine Bestimmung zu messen wäre, sondern die pädagogische *Aufgabe*, die sich aus seiner Bestimmung ergibt, dass der Mensch sich selbst bilden *soll*.

Schluss

Nicht nur die Spezialdiskurse, wie etwa die der Kinder- und Jugendpsychiatrie oder der Justiz, sondern auch die der aktuellen Pädagogik mit ihren vielen Teildisziplinen sind genuin durch Normen und Normalitäten mit ihren impliziten oder expliziten anthropologischen Annahmen geprägt; doch mit der Neuzeit verbunden ist auch eine Normenproblematik, insofern sich Normen nicht mehr allgemeingültig begründen lassen, sich aus ihnen keine Praxis (mehr) unmittelbar ableiten lässt noch sich wissenschaftliche Erkenntnisse aus ihnen ergeben können (vgl. Ruhloff 1979). Normen, deren Funktion in der Normierung, der Ausrichtung an spezifischen Vorschriften, Regeln und Standards zu sehen ist, geraten somit immer in den Verdacht, dezisionistisch oder beliebig zu sein und sich auf (unnötige) Macht und Gewaltdurchsetzung zu beschränken. Denn den Modellen und Theorien der Normativität und Normalität liegt eine pragmatische Legitimierungsstrategie zugrunde; wer im Namen des Natürlichen, Selbstverständlichen, Normalen und Normativen spricht, reklamiert eine nicht mehr hintergehbare Fundamentalität und eine phänomenale Evidenz, die sich gegen jede Form von Kritik *ab ovo* gesichert sieht. Diese Unterstellungen sind zugleich Fest-Stellungen, die ihre argumentative Ausweisbarkeit „immer schon" unter Beweis gestellt haben. Und nicht selten verdanken sich diese Theorien einer Zirkularität, die aus der „Offensichtlichkeit" der Tatsachen auf ihre Apodiktizität schließt, oder auch einer willkürlichen Setzung, die das Modale – die positive Norm, den errechneten Durchschnitt – zum Kategorischen erklärt.

Hiermit ist eine für die neuzeitliche Pädagogik fundamentale Widersprüchlichkeit verbunden, denn mit allgemeinen Normen, die auf der Abstraktion von Einzelfällen beruhen, kann man als Pädagoge den Individuen ebenso wenig gerecht werden wie mit der Normalität der kontinuierlichen Skalierung quantitativer Abstände, die in der Vernachlässigung qualitativer Differenzen bestehen. Denn Normen, aber auch Normalitäten beziehen Ungleiches auf eine wie auch immer geartete Gleichheit. Und da die normalistische (und utilitaristische) Maxime schon erfüllt ist, wenn mit minimalem Aufwand sich mittlere Leistungen einstellen, kann man sich die individuelle Förderung von individuellen Spitzen- und Minderleistungen auch sparen, da hierfür der Aufwand zu groß erscheint (von Stechow 2004, S. 194 f.).

Insofern bleibt der pädagogische Umgang mit Normen und Normalität, und das heißt auch: der pädagogische Umgang mit Normerfüllung und Normabweichung, mit Konformität und Devianz pädagogisch höchst problematisch. Weder Normen als Maßstäbe und Regeln der Beurteilung und Bewertung noch Normalität als systemkonformes, produktives Erscheinen und Verhalten bzw. Kompetenz sind theoretisch ohne Zweifel und praktisch handlungsorientierend. So sind etwa Kriterien, wie sie in medizinisch-psychologischen Klassifikationssystemen wie dem ICD-10 oder dem DSM IV für die medizinischen Pathologien vorliegen, im Einzelfall für die Pädagogik praktisch wenig hilfreich, denn mit diesen Systemen sind weder die sie konstituierenden Elemente noch deren Entwicklung bzw. deren Zusammenspiel und auch nicht ihre individuelle subjektive Bedeutung tatsächlich geklärt. Und auch die Bildung eindeutiger Kriterien und Begrifflichkeiten lässt sich – im Felde des Pathologischen wie des Normalen – nicht auffinden. Denn gelegentlich findet man hier auch Eigenschaften und Verhaltensweisen, die, je nach Kontext, auch als nicht nur nicht pathologisch, sondern als für moderne Erfolgsgesellschaften enorm funktional erscheinen: So können Rücksichtslosigkeit, Aggressivität und Unbelehrbarkeit für Manager ebenso sinnvoll sein wie Undiszipliniertheit, Absentismus und Perversionen für Künstler. Wer Menschen pädagogisch das Etikett „nicht normkonform" bzw. „nicht normal" verleiht, erschwert bzw. verunmöglicht Bildungs- und Erziehungsprozesse. Denn er wird damit der Offenheit der anthropologischen Bestimmung, den subjektiven Bildungs- und Erziehungsnotwendigkeiten sowie den individuellen Lern- und Entwicklungsmöglichkeiten von Menschen nicht gerecht.

Literatur

Becker, Peter/Koch, Josef (1999): Was ist normal? Weinheim.

Canguilhem, Georges (1974): Das Normale und das Pathologische. München.

Foucault, Michel (1977): Überwachen und Strafen. Die Geburt des Gefängnisses. Frankfurt/M.

Hofmann, Hasso (1984): Art. „Norm". In: Ritter, Joachim/Gründer, Karlfried (Hrsg.): Historisches Wörterbuch der Philosophie. Band 6. Darmstadt, Sp. 906–910.

Kamper, Dietmar/Wulf, Christoph (Hrsg.) (1994): Anthropologie nach dem Tode des Menschen. Vervollkommnung und Unverbesserlichkeit. Frankfurt/M.

Kelle, Helga/Tervooren, Anja (Hrsg.) (2008): Ganz normale Kinder. Heterogenität und Standardisierung der kindlichen Entwicklung. Weinheim/München.

Link, Jürgen (1997): Versuch über den Normalismus. Wie Normalität produziert wird. Opladen.

Link, Jürgen (2002): Art. „Normal/Normalität/Normalismus". In: Barck, Karl-Heinz u.a. (Hrsg.): Ästhetische Grundbegriffe. Band 4. Stuttgart/Weimar, S. 538–562.

Mattner, Dieter (2001): Die Erfindung der Normalität. In: Stiftung Deutsches Hygiene-Museum und Deutsche Behindertenhilfe – Aktion Mensch e.V. (Hrsg.): Der (im-)perfekte Mensch. Vom Recht auf Unvollkommenheit. Ostfildern-Ruit, S. 13–32.

Mollenhauer, Klaus (1994): Vergessene Zusammenhänge. Über Kultur und Erziehung. 4. Aufl. Weinheim/München.

Ritter, Henning (1984): Art. „Normal; Normalität". In: Ritter, Joachim/Gründer, Karlfried (Hrsg.): Historisches Wörterbuch der Philosophie. Band 6. Darmstadt, Sp. 921–928.

Rolf, Thomas (1999): Normalität. Ein philosophischer Grundbegriff des 20. Jahrhunderts. München.

Ruhloff, Jörg (1979): Das ungelöste Normproblem der Pädagogik. Heidelberg.

Schildmann, Ulrike (2009): Art. „Normalität". In: Dederich, Markus/Jantzen, Wolfgang (Hrsg.): Behinderung und Anerkennung. Stuttgart, S. 204–208.

Sohn, Werner/Mehrtens, Herbert (1999): Normalität und Abweichung. Opladen.

Stechow, Elisabeth von (2004) Erziehung zur Normalität. Eine Geschichte der Ordnung und Normalisierung von Kindheit. Wiesbaden.

Weinmann, Ute (2003): Normalität und Behindertenpädagogik. Opladen.

Zirfas, Jörg (1998): Die Normativität des Humanen. Zur Theorie der Behinderung aus der Sicht von pädagogischer Anthropologie und Ethik. In: Eberwein, Hans/Sasse, Ada (Hrsg.): Behindert sein oder behindert werden? Interdisziplinäre Analysen zum Behinderungsbegriff. Neuwied/Berlin, S. 96–119.

Eigenes und Fremdes

Michael Wimmer

1 Grenzen und Relationen

Nicht ohne Grund fehlen im Titel die Artikel: Sie würden nicht nur unterstellen, dass es sich um gegebene Objekte der Erfahrung und des Wissens handelte, sondern darüber hinaus würden sie eine kategoriale Bestimmbarkeit versprechen, die problematisch und so nicht einlösbar ist. Könnte man das Fremde umstandslos erkennen und begrifflich identifizieren, würde es dadurch zu etwas Bekanntem und seine Fremdheit gerade verlieren. Und will man über das Eigene sprechen, das Ureigenes nur wäre, wenn es in unvordenklicher Urvertrautheit so mit dem Ich zusammenfiele, dass es von ihm nicht einmal als ein Bewusstseinsgegenstand erfasst werden könnte, dann bedürfte es zuvor eines Abstandes, um es überhaupt zum Thema und Gegenstand der Rede machen zu können. Man müsste sich also vom Eigenen entfernen, wodurch es einem wenigstens partiell fremd würde. Weder das Eigene noch das Fremde können also *als solches* erfasst, erkannt und bestimmt werden. Wenn aber das vermutete Eigene schon im Akt seiner reflexiven Erkenntnis zu einem vom denkenden Ich unterschiedenen und getrennten Gedachten, also zu etwas partiell Fremdem wird, dann stellt sich die Frage, was dieses Fremde von anderem Fremden unterscheidet. Und wie vermeintlich Eigenes fremd werden kann, so kann sich das Ich Fremdes aneignen, indem dieses, in eine unmittelbare Nähe zum Eigenen gerückt, vertraut, assimilierbar und letztlich auch zum Eigenen wird.

Die Begriffe „Eigenes“ und „Fremdes“ bezeichnen daher keine festen Objekte oder Objektbereiche. Alles Fremde kann vertraut und alles Bekannte wieder fremd werden. Deshalb lassen sich Eigenes und Fremdes auch nicht grundsätzlich entlang anderer Oppositionen wie z. B. derjenigen von Innen-Außen, Subjekt-Objekt, Ich-Welt voneinander unterscheiden. Klare und stabile Grenzziehungen sind in diesem Fall aufgrund der Unbestimmbarkeit des Fremden und des Eigenen prinzipiell nicht möglich. Vielmehr hängt umgekehrt von der Grenzziehung und der Unterscheidungspraxis ab, was jeweils als fremd und was als vertraut und zugehörig erscheint. Die jeweilige Perspektive oder Einstellung bedingt, ob etwas als fremd erscheint. Fremdheit lässt sich daher als eine Zuschreibung und Etikettierung verstehen, die nach Maßgabe subjektiver, gesellschaftlicher oder kultureller Kriterien getroffen wird und als eine praktisch folgenreiche Abgrenzung von Fremden bzw. „den Anderen" sowie als eine Identitätsbestimmung vom Eigenen bzw. von „uns" fungiert. Das Fremde erweist sich hier als Resultat einer Projektion bzw. eines negativen Abgrenzungsmechanismus zur Konstitution und Aufrechterhaltung der eigenen Identität (Said 1981).

In der alltäglichen Praxis erscheint es allerdings so, als gäbe es natürliche oder institutionalisierte Grenzen, die Eigenes und Fremdes klar voneinander unterscheiden. Als ob es beides als solches gäbe, wird Fremdheit sprachlich zuweilen als ein Attribut spezifischer Objekte oder anderer Menschen verwendet, wohingegen das Eigene mit dem ursprünglichen Wesenskern des Individuums und seiner Gruppe identifiziert wird, als Eigenschaft und zugleich als eigentliche Substanz des Selbst, in dem die Individualität des Subjekts gründet. Doch angesichts der Schwierigkeiten der Selbsterkenntnis und des Fremdverstehens vergeht diese Auffassung einer schlichten Gegebenheit von Eigenem und Fremdem, wie sie für die „natürliche Einstellung" (Husserl) charakteristisch ist. Was das Eigene angeht, so hat die philosophische Suche nach dem Grund des Eigenen nicht das wahre Selbst entdeckt, sondern bloß einen haltlosen Bilderstrom (Fichte 1981; Gamm 1992) und ein grundloses Selbst, das in seiner „Unausdeutbarkeit" (Gamm 2000, S. 207 ff.) nur noch gefasst werden kann als ein „Verhältnis, das sich zu sich selbst verhält" (Kierkegaard 1966, S. 13). Und was das Fremde angeht, so sind die ethnologischen Versuche einer Erkenntnis und eines Verstehens des Fremden bereits an dem Versuch gescheitert, den/das Fremde darzustellen und zu beschreiben, ohne ihn/es seiner Fremdheit zu berauben. Stattdessen wurde Fremdes dadurch vereinnahmt, dass man es in der Sprache und den Interpretationsmustern der eigenen Kultur beschrieb, wodurch es in derselben Bewegung in seiner eigentümlichen Fremdheit zugleich ausgeschlossen wurde (Berg/Fuchs 1993). Beide Versuche der Identifikation sind gescheitert und werden in ihrer ambivalenten Doppelbewegung von Aneignung und Ausgrenzung als Strategien der Gewalt erkennbar, die es in ein und derselben Bewegung negieren und performativ als Konstruktion hervorbringen. Dabei entzieht sich auf der einen Seite das vermeintlich Eigene umso mehr, je mehr das Ich in sich geht. Und auf der anderen Seite der Relation verschwindet das irreduzibel Fremde in dem Maße, wie es vermittels der prädikativen Bestimmungslogik als Bild oder Typus hervorgebracht und erfasst wird.

2 Perspektiven und Zugänge

Neben der Soziologie, die schon früh verschiedene Figuren und Gestalten des Fremden in ihren typischen Merkmalen und historisch sowie soziokulturell differenten Funktionen beschrieben hat (Merz-Benz/Wagner 2002) und in deren gegenwärtigem Diskurs Fremdheit als eine soziale Konstruktion thematisiert wird (Hahn 1994; Stichweh 2010), hat im philosophischen Diskurs die Phänomenologie eine Perspektive auf das Verhältnis zwischen Eigenem und Fremdem entwickelt, die konstitutionslogisch von der Erfahrung des Fremden ausgeht und das Fremde primär räumlich, von seinen Orten her denkt (Waldenfels 1997, S. 12). An Husserl anschließend, der den Charakter des Fremden als die „bewährbare Zugänglichkeit des original Unzugänglichen" beschrieb (Husserl 1977, S. 117), wird in dieser Perspektive die Fremderfahrung als Widerfahrnis verstanden, die von dem darin sich meldenden fremden Anspruch ausgeht, wobei die Begegnung des Fremden als tendenziell ent-subjektivierende Grenzerfahrung ausgelegt wird: Fremdes widerfährt dem Subjekt und kommt seiner Eigeninitiative zuvor (Waldenfels 2002). Es wird in seiner Eigenheitssphäre gestört, wobei die Unbestimmtheit, Unzugänglichkeit und Unvergleichlichkeit des Fremden das Wissen und Können des Subjekts begrenzt. Ist nämlich unsere vertraute Eigenheitssphäre ein symbolisch strukturiertes Universum von Bedeutungen, dann signifiziert jedwedes Fremde eine Bedeutungslücke und Leerstelle in dieser Welt, die es in gewisser Weise transzendiert. Insofern für das Fremde in Wahrnehmung, Bewertung und Beurteilung keine vorab passenden Codierungen, Verhaltens- und Handlungsroutinen zur Verfügung stehen, löst es Verunsicherung aus, Verwunderung wie auch ängstliches Erstaunen. Die Erfahrung des Fremden hat ihre Spezifik deshalb in der ambivalenten Kombination aus Anziehung und Abstoßung, Faszination und Schrecken in allen möglichen Mischungsverhältnissen, und zwar vor jedem moralischen Urteil. Praktisch macht sich deshalb das Fremde selbst immer irgendwie bemerkbar, indem es eine Antwort provoziert. Die Konstruktionen lassen sich daher verstehen als Antworten auf die Herausforderung des Fremden, die es in seiner irritierenden Unfassbarkeit zugleich bewältigen.

Wird in der soziologischen Perspektive die Konstruktion des Fremden bedingt durch die kulturellen Werte und Normen sowie die gesellschaftlichen Strukturen und Machtverhältnisse, die sich im Habitus und praktischen Sinn der Individuen inkorporieren (Bourdieu 2005), hängt auch für die Phänomenologie die jeweilige Auffassung von Fremdheit zum einen von der Situationsdefinition und der Organisation einer Welt vermittels der jeweiligen symbolischen Ordnung ab, die das Verhältnis zwischen Dingen und Wörtern, Innen und Außen, Traum und Wirklichkeit reguliert und je nach Raum, Zeit und Kulturordnung differiert. Wesentlich ist jedoch zum anderen, dass auch die Differenzen zwischen *Fremdem,* im Sinne von Erfahrungsbereichen und -gehalten, und *Fremdartigem,* im Sinne von Erfahrungsstrukturen und -ordnungen (Waldenfels 1990, S. 59), einer Positionierung des Beobachters unterstehen, die sich von der objektivierend-funktionalistischen dahingehend unterscheidet, dass zwischen Eigenem und Fremdem keine Reversibilität besteht. Das Fremde ist nicht einfach woanders, sondern vom Eigenen unaufhebbar getrennt; es findet sich von ihm also radikal unterschieden wie z.B. in der Geschlechter- oder der Kulturdifferenz. Der Beobachter dieser Unterschiede gehört selbst immer schon mit auf die eine Seite der Unterscheidung, weshalb niemand voraussetzungslos, von außen und neutral wie ein Schiedsrichter die Geschlechter oder Kulturen voneinander unterscheiden oder miteinander vergleichen könnte (Waldenfels 1997, S. 21).

Das bedeutet zum *einen,* dass Sachverhalt und Zugangsart untrennbar miteinander verbunden sind, denn wem wann etwas wie und in welchem Kontext als fremd erscheint, ist radikal abhängig von der Perspektive des Beobachters. Zum *zweiten* ist Fremdheit dann unaufhebbar, weil sie der Name für eine irreduzible Unzugänglichkeit ist, von der man zwar wissen und die man erfahren kann, ohne dass sie dadurch aber zugänglich, vertraut und kategorial identifizierbar würde. Man kann sein Geschlecht nicht verlassen, um es mit dem anderen zu vergleichen. Das andere Geschlecht bleibt trotz aller Verstehensmöglichkeiten letztlich unzugänglich, so wie im Grunde jede/r Andere zwar erfahrbar, in seiner Andersheit aber undurchschaubar und fremd bleibt, auch die/der scheinbar vertrauteste Nächste. Das impliziert aber zum *dritten,* dass die Paradoxie der Fremderfahrung nicht nur für das äußere Fremde, sondern auch für das Eigene gilt. Wie die wahrnehmbare Gegenwart des Fremden gerade in seiner Unzugänglichkeit und Entzogenheit besteht und die Form einer anwesenden Abwesenheit annimmt, so verweist die Selbsterfahrung stets auf eine unzugängliche Fremdheit im Eigenen, die mit dessen unerreichbarer Konstitutionsgeschichte zusammenhängt, in der sich das Eigene im Medium des Spiegelbildes als Identifikation mit dem Anderen und dann vermittels der Übernahme der Sprache des Anderen und vom Anderen erst bildet (Lacan 1973; Derrida 2003). Diese Anwesenheit des Fremden im Eigenen geht Hand in Hand mit einer Abwesenheit des Selbst für sich selbst, wobei der Selbstentzug (Meyer-Drawe 2007) bzw. diese Erfahrung der Selbstfremdheit in engstem Zusammenhang steht mit der Erfahrung des Fremden, durch die sie aktualisiert wird.

Auch das Eigene ist also nicht als homogene Substanz oder undifferenzierte Ganzheit aufzufassen, sondern ist bestimmt durch eine Kluft, die ihm eine Fremdheitserfahrung am eigenen Leibe zumutet (Plessner 1970; Merleau-Ponty 1966). Das Eigene und das Fremde gehören daher als begriffliches Kontrastpaar zwar grundsätzlich zusammen, ohne dass sich aber ihre Relation noch als eine wechselseitige dialektische Konstitutionslogik klar abgrenzbarer Identitäten oder als eine die Selbst- und Fremdwahrnehmung erweiternde Erfahrung beschreiben ließe, bei der das Fremde als Spiegel des Eigenen fungierte. Statt sich in ihrer Verschiedenheit als Gleiche bloß zu bestätigen, bringt Anerkennung performativ hervor, was sie vorgibt nur zu bestätigen (Balzer 2007), und ist daher an der machtvollen Konstruktion dessen beteiligt, worin sich der Andere wieder zu erkennen genötigt wird. Die intersubjektive Anerkennungsdialektik, wie sie heute in der Folge Hegels weiter entwickelt wird, trägt daher unwillentlich zur Homogenisierung der Fremdheit des Anderen bei, die sie nur nach Maßgabe des Eigenen anzuerkennen vermag. Aus der Perspektive radikaler Alteritätsphilosophie (Lévinas 1983) scheitert deshalb die Theorie der Anerkennung an der irreduziblen Fremdheit des Anderen, der asymmetrischen Struktur der Verantwortung und der Dezentrierung bzw. Spaltung des Subjekts.

3 Aktualität und Geschichte

Das Verhältnis zwischen Eigenem und Fremdem ist anthropologisch grundlegend, aber weder eine Konstante noch eindeutig bestimmt, sondern kulturell und historisch wandelbar und zudem plural und in sich different. Mit der kulturellen Homogenisierung des Fremden und der Dezentrierung des Subjekts ist die Grenze selbst erodiert. Sie trennt nicht mehr beide Bereiche voneinander, sondern verläuft durch sie hindurch und spaltet sie in ihrem Inneren. So macht sich im Eigenen eine Selbstfremdheit bemerkbar (Kamper 1997), die nicht aus einer Entfremdung von etwas ursprünglich Eigenem, sondern aus dessen anfänglicher Alterität und Fremdheit resultiert. Und umgekehrt scheint das vormals Fremde in die Nähe gerückt zu sein und – als integraler Bestandteil der Lebenswelt veralltäglicht und unsichtbar geworden – seine Anstößigkeit verloren zu haben. Die radikale Fremdheit von Menschen und Räumen jenseits der bekannten eigenen Welt und ihrer Grenzen scheint einer bloß noch relativen Verschiedenheit im Immanenzraum der einen globalisierten Welt gewichen zu sein. Aus den äußeren „Barbaren" wären normale Nachbarn geworden.

Dies ist die soziologische Sicht: Die Weltgesellschaft ist auf dem Weg, alle/s Fremde/n zu inkludieren (Stichweh 2010), und weil sie kein Außen mehr kennt, kann sie nicht mehr exkludieren, was sie negiert. So gibt es in ihr im strengen Sinn keine Fremden mehr, weshalb sie gezwungen ist, die Konflikte und Differenzen intern auszutragen. In dieser Sichtweise korrespondiert der Weltgesellschaft kein Begriff des Fremden mehr, weshalb das Fremde als Schlüsselkategorie zur Erfassung der modernen Sozialwelt einerseits seine Bedeutung verliert. Andererseits jedoch habe sich die Fremdheit universalisiert, wobei die Ambivalenz zum Charakteristikum der normalen Sozialerfahrung geworden sei, wohingegen anstelle von Freundschaft oder Feindschaft sich die Indifferenz zur Normaleinstellung gegenüber den anderen herausgebildet habe (ebd., S. 128 ff.).

Abgesehen davon, dass sich in den Strukturen der Indifferenz die Möglichkeit einer neuen Barbarei in der Moderne verbergen könnte, ist ein Verlust radikaler Fremdheit in einer vollständig individualisierten Gesellschaft, in der alle wechselseitig zu Fremden geworden sind, zwar denkbar, doch handelt es sich auch hierbei um eine Transformation der Relation Eigenes-Fremdes, nicht um ihre Auflösung, wie die aktuelle Diskussion um den Umgang mit kultureller, ethnischer, geschlechtlicher, sozialer und sprachlicher Heterogenität belegt (Faulstich-Wieland 2011). Und doch ist gerade diese Nivellierung unvergleichlicher Andersheit und außerordentlicher Fremdheit hin zu einem gleich-gültigen Nebeneinander relativer Verschiedenheit verbunden mit einer Verwerfung des radikal Fremden und absolut Anderen, die keineswegs folgenlos ist. Betroffen sind davon alle Basisstrukturen in den Beziehungen zu sich selbst, zu anderen und zur Welt, konstitutionslogisch, pragmatisch, ethisch wie auch politisch, und zwar sowohl was das Selbst- und Weltvertrauen angeht als auch die Bindungen an andere und die Gesellschaft, wie auch die Möglichkeit von Gewaltfreiheit und Gerechtigkeit.

Dass mit den gegenwärtigen Strukturwandlungen Veränderungen in den Sozialisationsbedingungen, den Entwicklungsmöglichkeiten von Individualität und der Identitätsfindung sowie in den pädagogischen Interaktions- und Kommunikationsmöglichkeiten einhergehen, kann hier nur erwähnt, nicht aber ausgeführt werden. Ebenso wenig lässt sich in der Kürze die Geschichte der Beziehungen zum Anderen, Fremden und der ihnen entsprechenden Selbstverständnisse und korrespondierenden Konfigurationen des Eigenen rekonstruieren. Doch wenn man die Neuzeit mit der Entdeckung der äußeren Fremden in der Neuen Welt beginnen lässt, durch die das Selbstverständnis der Alten Welt herausgefordert wurde, lassen sich homologe Strukturen in allen Entdeckungsgeschichten des Fremden erkennen, die noch folgten: in der Entdeckung der Kindheit, der biologischen Verwandtschaft der Menschen mit Tieren und des Unbewussten.

Die Begegnung mit den Fremden in Übersee evozierte bei den Europäern eine Ambivalenz, die sich im Komplementärmythos vom edlen und vom bösen Wilden niederschlug. Die Wilden und die Zivilisierten, das war die Opposition, mit der sich Europa von allen fremden Völkern absetzte, indem es sich als überlegen imaginierte, bevor es die Fremden versklavte und kolonisierte. Diese Schematisierung von Unterschieden in einer kategorialen Ordnung dualer Oppositionsbeziehungen, die zugleich hierarchisch codiert sind, ist das durchgängige formale Prinzip, in dem das Verhältnis zwischen dem Selben und dem Anderen, dem Eigenen und dem Fremden ausgelegt wurde. In dieser Logik ist es unmöglich, Anderes und Fremdes sowohl als verschieden als auch als gleich zu betrachten, da Verschiedenheit zur Ungleichheit verkommt und Gleichheit zur Identität (Todorov 1985, S. 177).

Dies ließe sich auch entlang der Geschichte der Kindheit zeigen. Die Fremdheit des Kindes hat zwar schon lange vor ihrer Entdeckung, ihrer Erforschung und der Entstehung der modernen Kindheit Bilder und Bedeutungsmuster evoziert, die den Blick auf Kinder regelten (Richter 1987). Auch die Bilder vom fremden Kind, die die Erfahrung der Andersheit von Kindern ausdrücken und zugleich bewältigen, sind ambivalent, denn dem göttlichen Kind einer Kinderverehrung korrespondierte das teuflische Kind, das in voraufklärerischen Zeiten als Einfallstor des Satans in die Welt galt und noch im Pietismus in der Vorstellung vom natürlichen Bösen im Kind weiterlebte. Das reale Kind, das diese imaginäre Anthropologie der Kindheitsbilder als kulturelle Konstruktionen evozierte, durch die ihm eine Wesensbestimmung erst zuwuchs, wurde aber in seiner Fremdheit, d. h. als Eigenwesen erst im 18. Jahrhundert entdeckt und dann zum Gegenstand des Wissens. Im Prozess der Zivilisation, der Differenzierung von Erwachsenen und Kindern im Zuge der u. a. von Foucault beschriebenen Hervorbringung des modernen Subjekts sind Kinder gleichsam zur fremden Ethnie im eigenen Land geworden. „Man kennt die Kindheit durchaus nicht", so Rousseau im Vorwort zum „Emile".

Das moderne Kindheitskind, auf das der pädagogische Diskurs als implizite und explizite Anthropologie referiert, ist also auf das engste verwoben mit der Geschichte des pädagogischen Blicks auf Kinder als Fremde, in der sich Wahrnehmung und Wissen mehrfach transformieren und in der aus dem Kind ein Wesen gemacht wird. Dieser

Diskurs hat gewalttätige Züge, weil er das, worüber er spricht, nicht nur repräsentiert, sondern zugleich konstituiert und darüber verfügt, selbst da, wo das Kind als selbsttätiges Wesen definiert wird. So wird in der wissenschaftlichen Vermessung der Kinder deren Fremdheit annulliert und durch pädagogisches Wissen ersetzt.

4 Aneignung und Entfremdung

Nachdem die moderne Pädagogik das Kind als Fremden nicht nur entdeckt, sondern auch zum Verschwinden gebracht hat, wird heute die Fremdheit des Kindes neu entdeckt. Man erkennt, dass es sich bei den Theorien und Bildern vom Kind um Konstruktionen handelt (Dracklé 1996). Wir befinden uns, so gesehen, in einer postkolonialen Situation, in der das scheinbar Bekannte wieder fremd wird, ohne uns aber noch zu befremden. So kann man die Frage stellen, ob es überhaupt noch etwas wirklich Fremdes im genuinen Sinne gibt, etwas, das uns irritieren, in Erstaunen versetzen und überraschen kann, ohne dass es sogleich als defizitäres, deviantes oder pathologisches Symptom aufgefasst wird. Genau dies geschieht z. B. bei Kindern, die nicht den gegenwärtig dominanten Verhaltens- und Leistungserwartungen an ein künftiges „unternehmerisches Selbst“ (Bröckling 2007) entsprechen. Vor allem der medizinisierte Diskurs und der durch ihn normierte pädagogische Blick, der Kindern immer häufiger ADS attestiert, sind performative Katalysatoren gravierender Transformationen, die gegenwärtig die Vorstellungen von „normalen Kindern“ und damit die Kindheit der realen Kinder grundlegend verändern.

Was hieße es also, in einer Welt ohne Fremde/s zu leben? Wäre das überhaupt möglich? Soviel man weiß, vollzieht sich jedes Lernen und jede Erfahrung, die diesen Namen verdient, in einer Relation zum Fremden und zum unbekannten Außen. Es ist Lernen und Erfahrung nur, wenn es das Fremde im Akt der Aneignung nicht einfach anähnelt und auflöst, sondern selbst eine Veränderung erfährt. Grob und aufs äußerste vereinfacht gesagt kann das Fremde allein schon durch seine Fremdheit einen Bildungsprozess provozieren, in welchem die Erfahrung des Fremden die bisherige Erfahrung fremd werden lässt und eine Transformation des Verhältnisses des Subjekts zu sich, zu anderen und der Welt auslösen kann (Koller 2011). Dies kann selbst in den Situationen passieren, in denen das Fremde dem Eigenen zum Verwechseln ähnlich ist, z. B. wenn man von sich selbst spricht oder wenn man sich im Spiegel sieht. Problematisch dabei ist jedoch, dass die Ähnlichkeit die Fremdheit verdecken kann, so dass man sie als etwas Eigenes oder etwas Bekanntes verkennt. Und zugleich ist diese identifikatorische Verwechslung und Verkennung unvermeidbar, da sie zu den Grundmechanismen der Aneignung gehört, durch die das Eigene sich allererst konstituiert. Wie die Identifikation des Spiegelbildes die Matrix erst bildet, auf der sich das Ich anschließend erheben wird (Lacan 1973), so resultiert die Muttersprache, in der das Subjekt sich seiner selbst bewusst wird und seine Identität auslegt, ebenfalls aus einer Aneignung, einem Zum-Eigenen-Machen von etwas

Äußerem und ursprünglich Fremdem. Es wird zum Subjekt nur vermittels der Sprache, ohne mit ihr aber identisch zu werden. Es gibt das Subjekt nicht ohne sie, obwohl seine Sprache nicht seine eigene, d. h. nicht sein Eigentum ist (Derrida 2003).

Es handelt sich hier um eine Art „ursprünglicher" und unaufhebbarer „Entfremdung" im Prozess der Ontogenese, für die aufgrund der Unbestimmtheit und Umweltoffenheit des Menschen der Andere und die Sprache unersetzliche Bedingungen darstellen. Alles beginnt in gewisser Weise mit dem Fremden, das seine Fremdheit verliert und derart ent-fremdet zum Eigenen wird wie das eigene Spiegelbild und die Sprache. Damit ist eine Rückkehr aus der Entfremdung, wie sie im Anschluss an die Entfremdungstheorien Rousseaus, Hegels und Marx' von Günther Buck als Identitätsversprechen des modernen Bildungsgedankens interpretiert wurde (Buck 1984), kaum noch denkbar. Eher noch könnte man sich an Kant orientieren, der im Unterschied zu Rousseau nicht davon ausging, dass der Mensch sich im Laufe seiner Geschichte von seiner Natur als seinem Eigentlichen und Eigensten entfremdet hätte und daher aus der Entfremdung zurückkehren müsse. Für Kant haben die Menschen ihr Eigenstes, nämlich ihr Vernunftvermögen, noch gar nicht vollständig ausgebildet, weshalb die Verwirklichung der Moralität in der Gesellschaft erst noch geschichtlich zu verwirklichen und damit eine Zukunftsaufgabe wäre.

Heute, nach dem Kolonialismus des 19. und den Katastrophen des 20. Jahrhunderts, haben diese geschichtsphilosophischen Erzählungen von Verfall und/oder Vollendung der Menschengattung ihre Glaubwürdigkeit verloren. Vom Verlust des Anderen und dem Verschwinden des Fremden zu sprechen, wie dies in verschiedenen Diskursen geschieht, ist also weder neu noch unproblematisch, da es sich wohl eher um eine Verschiebung handelt. Die „unüberwindbare Allergie" (Lévinas 1983, S. 211) gegenüber dem Anderen, das fremd und anders bleibt und sich nicht zum Selben machen lässt, wäre folglich nicht geheilt. Deshalb scheint auch die These von Han fragwürdig, die radikale Andersheit wäre von der relationalen Differenz abgelöst worden, der der „Stachel der Fremdheit" fehle, weshalb sie auf immunologischer Ebene „das Gleiche" wäre und keine Abwehrreaktion hervorrufe. Die Fremdheit wäre als das nur noch Exotische auf eine Konsumformel reduziert worden (Han 2010, S. 7). Auch diese Sichtweise unterschlägt die Unverfügbarkeit des Realen der Welt wie auch der Anderen, die jederzeit und unvorhersehbar zu Fremden werden bzw. als Fremde erfahren werden können, da trotz allen Wissens und aller Homogenisierungen und trotz der sich abzeichnenden Schließung der Immanenz einer Weltgesellschaft der Andere fremd und die Unzugänglichkeit des Fremden irreduzibel bleibt. Sie kann allenfalls verkannt oder geleugnet werden, denn der Anspruch des Fremden bleibt bestehen und damit die ethische Frage, wie man ihm und der Fremdheit des Anderen gerecht werden kann (Schäfer 2007). Entscheidende Voraussetzung dafür ist jedoch, dass der Anspruch des Anderen wahrgenommen wird, weil nur auf diese Weise auch die Frage des Fremden vernommen werden kann. Die Frage des Fremden kommt nämlich von ihm selbst her (Derrida 2001), und so kann nur sie uns an das Gesetz der Gastfreundschaft erinnern.

Literatur

Balzer, Nicole (2007): Die doppelte Bedeutung der Anerkennung. In: Wimmer, Michael/Reichenbach, Roland/Pongratz, Ludwig (Hrsg.): Gerechtigkeit und Bildung, Paderborn u. a., S. 49–75.

Berg, Eberhard/Fuchs, Martin (Hrsg.) (1993): Kultur, soziale Praxis, Text. Die Krise der ethnographischen Repräsentation. Frankfurt/M.

Bourdieu, Pierre (2005): Was heißt Sprechen? Zur Ökonomie des sprachlichen Tausches. Wien.

Bröckling, Ulrich (2007): Das unternehmerische Selbst. Frankfurt/M.

Buck, Günther (1984): Rückwege aus der Entfremdung. Paderborn/München.

Derrida, Jacques (2001): Von der Gastfreundschaft. Wien.

Derrida, Jacques (2003): Einsprachigkeit. München.

Drecklé, Dorle (Hrsg.) (1996): jung und wild. Zur kulturellen Konstruktion von Kindheit und Jugend. Berlin.

Faulstich-Wieland, Hannelore (Hrsg.) (2011): Umgang mit Heterogenität und Differenz. Baltmannsweiler.

Fichte, Johann Gottlieb (1981): Die Bestimmung des Menschen. Stuttgart.

Gamm, Gerhard (1992): Die Macht der Metapher. Im Labyrinth der modernen Welt. Stuttgart.

Gamm, Gerhard (2000): Nicht nichts. Studien zu einer Semantik des Unbestimmten. Frankfurt/M.

Hahn, Alois (1994): Die soziale Konstruktion des Fremden. In: Sprondel, Walter M. (Hrsg.): Die Objektivität der Ordnungen und ihre kommunikative Konstruktion. Frankfurt/M., S. 140–163.

Han, Byung-Chul (2010): Müdigkeitsgesellschaft. Berlin.

Husserl, Edmund (1977): Cartesianische Meditationen. Hamburg.

Kamper, Dietmar (1997): Selbstfremdheit. In: Paragrana, Jg. 6, H. 1, S. 9–11.

Kierkegaard, Sören (1966): Die Krankheit zum Tode. Frankfurt/M.

Koller, Hans-Christoph (2011): Bildung anders denken. Einführung in die Theorie transformatorischer Bildungsprozesse. Stuttgart.

Lacan, Jacques (1973): Schriften I. Olten.

Lévinas, Emmanuel (1983): Die Spur des Anderen. Freiburg/München.

Merleau-Ponty, Maurice (1966): Phänomenologie der Wahrnehmung. Berlin.

Merz-Benz, Peter-Ulrich/Wagner, Gerhard (Hrsg.) (2002): Der Fremde als sozialer Typus. Klassische soziologische Texte zu einem aktuellen Phänomen. Konstanz.

Meyer-Drawe, Käte (2007): „Du sollst dir kein Bildnis noch Gleichnis machen …“ – Bildung und Versagung. In: Koller, Hans-Christoph/Marotzki, Winfried/Sanders, Olaf (Hrsg.): Bildungsprozesse und Fremderfahrung. Bielefeld, S. 83–94.

Plessner, Helmut (1970): Philosophische Anthropologie. Frankfurt/M.

Richter, Dieter (1987): Das fremde Kind. Zur Entstehung der Kindheitsbilder des bürgerlichen Zeitalters. Frankfurt/M.

Said, Edward W. (1981): Orientalismus. Frankfurt/M./Berlin/Wien.

Schäfer, Alfred (Hrsg.) (2007): Kindliche Fremdheit und pädagogische Gerechtigkeit. Paderborn u. a.

Stichweh, Rudolf (2010): Der Fremde. Studien zur Soziologie und Sozialgeschichte. Frankfurt/M.

Todorov, Tzvetan (1985): Die Eroberung Amerikas. Das Problem des Anderen. Frankfurt/M.

Waldenfels, Bernhard (1990): Der Stachel des Fremden. Frankfurt/M.

Waldenfels, Bernhard (1997): Topographie des Fremden. Studien zur Phänomenologie des Fremden I. Frankfurt/M.

Waldenfels, Bernhard (2002): Bruchlinien der Erfahrung. Frankfurt/M.

Epilog

Paradigmen und Perspektiven Pädagogischer Anthropologie

Christoph Wulf & Jörg Zirfas

Im Folgenden sollen sowohl rückblickend auf wichtige epistemologische Erträge der bisherigen Forschungen als auch vorausblickend auf aktuelle Entwicklungen in der anthropologischen Forschungslandschaft Paradigmen und Perspektiven der neueren Pädagogischen Anthropologie dargestellt werden. Dabei werden insbesondere Überlegungen der Einleitung und des ersten Kapitels über die „Zugänge" eine wichtige Rolle spielen, doch sollen diese noch einmal anders strukturiert und akzentuiert werden.

Pädagogische Anthropologie vs. Educational Anthropology

Verwendet man in der angelsächsischen Welt den Begriff „educational anthropology", so begegnet man einem Verständnis von Pädagogischer Anthropologie, das sich erheblich von dem in diesem Handbuch entwickelten unterscheidet. Wenn von „educational anthropology" die Rede ist, so meint man im Englischen bzw. Amerikanischen vor allem „Ethnographie der Erziehung". Es besteht kein Zweifel, dass „ethnography of education" bzw. „Ethnographie der Erziehung" zwar ein wichtiger Bereich der Pädagogischen Anthropologie ist. Doch zunächst meint der Begriff „ethnography of education" die Erforschung von Erziehung, Bildung und Sozialisation mit ethnographischen Methoden in fremden Kulturen. In den letzten Jahrzehnten hat sich in der angelsächsischen Welt zwar eine Erweiterung des Begriffsgebrauchs vollzogen, die dazu geführt hat, „educational anthropology" bzw. „educational ethnography" auch auf Erziehung und Bildung in den USA bzw. Europa zu beziehen. Wenn von „ethnography of education" die Rede ist, etwa im Kontext der Zeitschrift gleichen Namens, bezeichnet „educational anthropology" die ethnographische Erforschung von Erziehung, Bildung und Sozialisation, nicht nur in fremden Kulturen, sondern auch in den Kulturen Europas und Amerikas. Wie „anthropology" heute kulturanthropologische bzw. ethnographische Forschungen in allen Teilen der Welt umfasst, so bezeichnet „educational anthropology" auch die ethnographische Erforschung von Erziehung, Bildung und Sozialisation in der globalisierten Welt.

Diese Ausweitung ethnographischer Forschung auf alle Länder und Kulturen der globalisierten Welt zeigt sich auch in den Forschungen im Rahmen des „Council on Anthropology and Education", einer der großen Sektionen der *American Anthropological Association.* Sie kommt auch zum Ausdruck in den Publikationen der Zeitschrift „Ethnography of Education" (z. B. Wulf/Bittner/Clemens/Kellermann 2012) und der dazu gehörigen Buchreihe mit zentralen ethnographischen Forschungen (z. B. Wulf u. a. 2010) sowie der im Kontext der Zeitschrift in Oxford jährlich organisierten internationalen Konferenzen. In die gleiche Richtung weisen die Forschungen der „Revue Européenne d'Ethnographie de l'Éducation", in deren Kontext ebenfalls eine anthropologisch bzw. ethnologisch inspirierte Ethnographie der Erziehung entstand (Wagner-Willi/Wulf 2005; Wulf 2008; Kellermann/Wulf 2010, 2011), an deren Entwicklung vor allem Ethnographen aus Frankreich, Spanien, Portugal und Italien beteiligt waren. Schließlich entstand in der Sektion „Allgemeine Erziehungswissenschaft" in der Deutschen Gesellschaft für Erziehungswissenschaft eine Kommission, die die Arbeit mit qualitativen bzw. ethnographischen Methoden im Zentrum hat und in der es auch intensive Verbindungen zur Kommission Pädagogische Anthropologie gibt.

Die verbreitete Reduktion von „anthropology" auf Ethnologie in der angelsächsischen Welt und vielen anderen Ländern hat auch zu einer Reduktion von „Pädagogischer Anthropologie" auf „Ethnographie der Erziehung" beigetragen (Anderson-Levitt 2012). Dies hängt damit zusammen, dass im Zentrum der Ethnologie, d. h. der Kulturanthropologie (USA) bzw. Sozialanthropologie (Großbritannien), seit Franz Boas und vor allem seit Bronislaw Malinowski die Feldforschung steht. Seither wird anthropologische Forschung weitgehend mit Feldforschung und „Educational Anthropology" weitgehend mit einer im „Feld" realisierten Ethnographie der Erziehung gleichgesetzt (Borneman/Hammoudi 2009).

Zweifellos ist die von der Feldforschung inspirierte ethnographische Forschung mit ihren verschiedenen Verfahren eine der wichtigsten Methoden der sozial- und kulturwissenschaftlichen Forschung, mit deren hermeneutischer Fokussierung (Geertz 1983) es gelang, Fremdheit und Alterität (Wulf 2006), kulturelle Differenzen und Transformationen sowie Phänomene des Hybriden zu erforschen (Bhabha 2004). Trotz einiger Einsprüche gegen die überwältigende Dominanz der Feldforschung in der Anthropologie (Clifford/Marcus 1986) steht „being there" und damit die Feldforschung nach wie vor im Zentrum der Forschung in der Kulturanthropologie bzw. Ethnologie und der „educational anthropology" bzw. der Ethnographie der Erziehung (Borneman/Hammoudi 2009). Dies gilt auch für die „fokussierte Ethnographie", die in der Ethnographie der Erziehung und der Erziehungswissenschaft besonders wichtig geworden ist. Obwohl ethnographische Methoden für eine synchron ausgerichtete anthropologische Forschung von zentraler Bedeutung sind, erscheint es uns nicht überzeugend, Anthropologie bzw. Pädagogische Anthropologie auf ein Forschungsverfahren zu reduzieren. Statt der Fokussierung von Anthropologie und Pädagogischer Anthropologie auf ein Forschungsparadigma halten wir es für notwendig, an einer multiparadigmatischen Anthropologie und Pädagogischen Anthropologie festzuhalten. Diese Anthropologie macht es zudem auch notwendig, eine transdisziplinäre und transkulturelle anthropologische Forschung zu entwickeln, die in der globalisierten Welt unentbehrlich ist.

Anthropologische Paradigmen

Nach unserer Auffassung ist der Mensch ein erzieherisches, d. h. erziehungsfähiges und erziehungsbedürftiges, ein sich selbst erziehendes und lernendes, d. h. lernfähiges und lernbedürftiges, ein sich bildendes, d. h. bildungsfähiges und bildungsbedürftiges, sowie ein lehrendes und ein sich sozialisierendes Wesen. Daher konstituiert sich „Pädagogische Anthropologie" in kontinuierlicher Auseinandersetzung mit Erziehungswissenschaft und Anthropologie. Innerhalb der Anthropologie scheinen uns die in der Einleitung bereits genannten und ein weiteres Paradigma für die Weiterentwicklung der Pädagogischen Anthropologie besonders wichtig zu sein. Die beiden ersten zielen auf die Erforschung dessen, was Menschen gemeinsam ist; die anderen drei betonen die historische und kulturelle Vielfalt und Differenz der Kulturen, Menschen und Gesellschaften und sehen in der Erforschung dieser Vielfalt die zentrale Aufgabe der Anthropologie. Bei den ersten beiden Paradigmen handelt es sich um die Evolution bzw. Hominisation und die Philosophische Anthropologie, bei den anderen drei um die Paradigmen der Historischen Anthropologie, der Kulturanthropologie und der Ästhetischen Anthropologie. In begrifflicher und methodischer Hinsicht enthalten alle fünf Paradigmen wichtige Elemente für ein komplexes Verständnis von Anthropologie in der globalisierten Welt, das auch für die Pädagogische Anthropologie von zentraler Bedeutung ist (Wulf 2009). Wie sich diese Paradigmen aufeinander beziehen und ob und wie weit sie sich miteinander verschränken lassen, ist eine zentrale Frage pädagogisch-anthropologischer Anthropologie und Forschung.

Evolution und Hominisation

Aus den Forschungen in diesem Bereich geht hervor, dass der heutige Mensch, der *Homo sapiens sapiens,* das Ergebnis eines irreversiblen Evolutionsprozesses ist, der bis zu den Anfängen des Lebens zurückreicht. Der menschliche Körper ist mit allen bekannten Arten des Lebens in abgestufter Form verwandt und lässt sich als Ergebnis dieser Verwandtschaft und als Resultat des Evolutionsprozesses begreifen. Für seine Entwicklung kommt den Kräften der Bewahrung und der Innovation, der Anpassung und der Spezialisierung zentrale Bedeutung zu. Im Zentrum der Hominisation stehen die genetische Rekombination und die natürliche Auslese sowie die subtilen Wechselwirkungen zwischen der inneren und der äußeren Selektion.

Während sich beim Vormenschen vor mehr als vier Millionen Jahren allmählich der aufrechte Gang herausbildete, zeigen sich beim Urmenschen mit der Nutzung von Steinen zweieinhalb Millionen Jahre später die Anfänge einer Werkzeugkultur, mit der eine flexiblere Anpassung an die Umwelt und eine wachsende Unabhängigkeit von ihr einhergehen. Beim zum Urmenschen gehörenden *Homo habilis* verlängert sich die Empfängnisbereitschaft des weiblichen Geschlechts und bilden sich im Gehirn die Sprachzentren heraus. Beide Entwicklungen tragen bei zur Entstehung von Paarbeziehungen, zur Intensivierung der sozialen Kommunikation, zur allmählichen Herausbildung der Arbeitsteilung zwischen den Geschlechtern und zur besseren Aufzucht des Nachwuchses. Im Laufe dieser Entwicklung gewinnt Kultur einen wachsenden Einfluss auf die Entwicklung und Nutzung des menschlichen Körpers.

Beim Frühmenschen, dem *Homo erectus*, kommt es vor mehr als einer Million Jahren zu einer beträchtlichen Vergrößerung und Qualitätsverbesserung des Gehirns. Es entstehen der Präzisionsgriff der menschlichen Hand und die Werkzeugkultur. Eine verbesserte Nahrungsbeschaffung wird möglich. Jagd und Feuernutzung fördern die geschlechtliche Arbeitsteilung, die Kommunikationsmöglichkeiten und die Entstehung von Gemeinschaften. Mit der Freisetzung der Hände und dem Wachstum des Gehirns entwickeln sich die Möglichkeiten von Sprache und Kultur (Schrenk 2001). Migrationen in andere Kontinente sind die Folge.

Während in Europa der Neandertaler aus einem späten archaischen *Homo sapiens* entsteht, kommt es zur gleichen Zeit in Afrika zur Entstehung des *Homo sapiens sapiens* und damit zur Entwicklung des Körpers des modernen, dem Neandertaler in vielen Bereichen überlegenen Menschen. Er hat ein größeres Gehirnvolumen, einen weniger energieaufwändigen Skelett- und Muskelaufbau, eine größere Fruchtbarkeit und eine geringere Kindersterblichkeit sowie höher entwickelte kulturelle Fertigkeiten, die das Überleben fördern. Dazu gehört auch eine Werkzeugtechnik, die für die Nutzung der Umweltressourcen besser entwickelt ist. Der *Homo sapiens sapiens* ist das Ergebnis einer mehrdimensionalen Morphogenese aus den Wechselwirkungen zwischen ökologischen, genetischen, zerebralen, sozialen und kulturellen Faktoren. Da alle lebenden Menschen zum *Homo sapiens sapiens* gehören, haben sie – von geringen Unterschieden abgesehen – die gleiche biologische Ausstattung und teilen damit die universellen Voraussetzungen menschlichen Lebens, zu denen auch die für die Pädagogische Anthropologie konstitutive Erziehungsbedürftigkeit und Erziehungsfähigkeit gehören.

Philosophische Anthropologie

Das zweite Paradigma der Anthropologie, das eher auf universelles Wissen über den Menschen zielt, entstand in der in Deutschland entwickelten Philosophischen Anthropologie (Fischer 2008). Davon ausgehend, dass sich der Mensch seiner selbst noch nie so unsicher war wie in der ersten Hälfte des 20. Jahrhunderts, versuchten Max Scheler (1976), Helmuth Plessner (1981) und Arnold Gehlen (1993) unter Bezug auf das biologische Wissen ihrer Zeit den Menschen durch den Mensch-Tier-Vergleich zu erforschen. Mit Hilfe des biologischen Wissens wollten sie Merkmale identifizieren, durch die sich Menschen von Tieren unterscheiden und die für den Menschen charakteristisch sind. Zu diesen gehörten u. a. der aufrechte Gang, die Größe des Gehirns, die konstitutionelle Frühgeburt, der Status als Mängelwesen, der Hiatus zwischen Reiz und Reaktion, die exzentrische Positionalität. Diese um weitere ergänzbaren Charakteristika der *conditio humana* wurden als Konstitutionsbedingungen des Menschen angesehen, die unabhängig von Unterschieden in der historischen und kulturellen Entwicklung der Menschen Geltung beanspruchen.

Die Philosophische Anthropologie blieb der Orientierung am „Gattungswesen Mensch“ verhaftet. So geht es Max Scheler in seiner 1928 erschienenen Schrift um die „Stellung des Menschen im Kosmos“, deren Besonderheit er im Vergleich zu den anderen Formen des Lebendigen durch den Geist gegeben sah. Der Geist ermögliche dem Menschen Gegenstandsbewusstsein und Weltoffenheit. Für Helmuth Plessner steht zu dieser Zeit die Frage nach dem Verhältnis von Pflanze, Tier und Mensch im Mittelpunkt. Nach seiner Auffassung liegt die Besonderheit des Menschen in seiner Exzentrizität. Diese macht es möglich, dass Menschen ihren Körper sowohl im Modus des Seins als auch im Modus des Habens erfahren.

In Arnold Gehlens anthropologischen Überlegungen wird der Mensch als Mängelwesen begriffen. Um als Einzelner und als Gattung überleben zu können, zielen individuelle und kollektive Handlungen darauf, die für den Menschen konstitutiven Mängel zu überwinden. Im Rahmen dieses Prozesses entstehen Kultur und die ihr Kontinuität verleihenden Institutionen.

So anregend diese Versuche sind, einen Begriff vom Menschen aus einem Merkmal zu entwickeln, so sehr enthalten sie normative Vorstellungen vom Menschen, deren Historizität und Kulturalität nicht reflektiert werden. Kritisch ließe sich gegen diese Auffassungen auch einwenden, dass es den universellen Menschen, den die Philosophische Anthropologie thematisiert, in der Wirklichkeit nicht gibt, sondern dass Menschen nur in historischen und kulturellen Ausprägungen anzutreffen sind. Der dem philosophischen Denken zugrunde liegende universelle Mensch ist eine Abstraktion, die in der geschichtlichen und kulturellen Welt keine Entsprechung hat und die suggeriert, es gäbe den Menschen außerhalb historischer und kultureller Spezifizierungen. Gegenüber dieser Abstraktion wird von Seiten der Historischen Anthropologie, der Kulturanthropologie und einer Ästhetischen Anthropologie auf der Notwendigkeit bestanden, Menschen in ihren historischen und kulturellen Ausprägungen zu untersuchen, in denen sich jeweils unterschiedliche Merkmale zeigen, die Menschen zum Menschen machen.

Anthropologie in der Geschichtswissenschaft bzw. Historische Anthropologie

Im Unterschied zu den beiden bisher behandelten, eher auf universelles Wissen zielenden Paradigmen der Anthropologie zielen die weiteren Paradigmen auf die Erforschung des Besonderen, des historisch und kulturell Partikularen. Seit der ersten Hälfte des 20. Jahrhunderts werden anthropologische Dimensionen in der französischen „Schule der Annales“ und der von ihr ausgehenden Mentalitätsgeschichte erforscht (Burke 1991). Diese Schwerpunktsetzung führt zu einer Neuorientierung der Geschichtsschreibung. Sie ergänzt die Darstellungen und Analysen der Ereignisgeschichte und die Untersuchungen der Struktur- und Sozialgeschichte. Mit der Konzentration auf anthropologische Themen werden nun sowohl die gesellschaftlichen Strukturen sozialer Wirklichkeit als auch die individuellen Momente des Handelns sozialer Individuen thematisiert. So geraten elementare menschliche Verhaltensweisen und Grundsituationen des Lebens in den Blick der historischen Forschung.

Im Unterschied zu den Ansätzen, die den universellen Charakter dieser Grundphänomene betonen, wird in der anthropologisch orientierten Geschichtswissenschaft der spezifische historische Charakter der jeweiligen Phänomene untersucht. Die Studien Fernand Braudels (1990), Emmanuel Le Roy Laduries (1980), Carlo Ginzburgs (1990) oder die von Philippe Ariès zur Geschichte der Kindheit (1975) sind dafür prominente Beispiele. Weniger genau im Detail ist die Erforschung des historischen Wandels im Bereich der „menschlichen Elementarerfahrungen“ bzw. der Mentalitätsgeschichte. Hier begrenzt die Unzulänglichkeit der Quellenlage die Möglichkeiten historischer Forschung. Historisches Wissen entsteht in der Spannung zwischen Ereignis und Erzählung, zwischen Realität und Fiktion, zwischen Strukturgeschichte und narrativer Geschichtsschreibung. Eine eindeutige Grenzziehung zwischen Beschreibung und Erzählung ist nicht möglich. Geschichtsschreibung ist kontrollierte Fiktion und Konstruktion. Der historische Wandel von Mentalitäten wird erst über lange Zeiträume greifbar.

Neben dieser anthropologischen Wende, bei der es vor allem um die Erforschung anthropologischer Themen in der Geschichtswissenschaft ging, ist eine die Geschichtlichkeit des Menschen und seiner kulturellen Produkte fokussierende transdisziplinäre und transkulturelle Historische Anthropologie entstanden (Wulf/Kamper 2002). Für die Konstitution der Kulturwissenschaften im letzten Viertel des 20. Jahrhunderts war diese von zentraler Bedeutung; sie beeinflusste auch die Pädagogische Anthropologie dieser Zeit und das vorliegende Handbuch.

Kulturanthropologie bzw. Ethnologie

Ging es in der Historischen Anthropologie um die Entfaltung eines diachronen Blicks, so steht im Mittelpunkt der Kulturanthropologie die synchron orientierte Erforschung unterschiedlicher Kulturen. Nach einer in der Kulturanthropologie verbreiteten Auffassung ist es „außerordentlich schwer, zwischen dem Natürlichen, Universellen und Dauerhaften im Menschen und dem Konventionellen, Lokalen und Veränderlichen eine Grenze zu ziehen. Ja mehr noch, es liegt nahe, dass eine solche Grenzziehung die menschlichen Verhältnisse verfälscht oder zumindest fehlinterpretiert" (Geertz 1992, S. 59). Man findet den Menschen nicht „hinter" der Vielfalt seiner historischen und kulturellen Ausprägungen, sondern in ihnen. Deshalb reicht es nach unserer Auffassung nicht aus, z. B. „Generation", „Familie", „Erziehung" als kulturelle Universalien zu identifizieren; vielmehr bedarf es der Untersuchung dieser Institutionen in verschiedenen Kulturen (Wulf/Suzuki/Zirfas u. a. 2011). Daraus ergibt sich die außerordentliche Vielgestaltigkeit von Kultur. Gerade diese liefert Aufschluss über den Menschen.

Als Wissenschaft vom Fremden hat die Kulturanthropologie die Erforschung anderer Kulturen zur Aufgabe. Die dabei gewonnenen Erkenntnisse haben nachhaltige Wirkungen auf das Verständnis des Fremden in der eigenen Kultur und auf den Kulturbegriff. In Folge der neueren epistemologischen Entwicklungen wird in der ethnologischen Forschung von einem differenzierten Kulturbegriff ausgegangen, in dessen Rahmen die Bearbeitung von Differenz eine zentrale Rolle spielt. Angesichts der Globalisierung von Politik, Wirtschaft und Kultur kommt es zur Überlappung, Durchmischung und kulturellen Assimilation von Globalem, Nationalem, Regionalem und Lokalem (Wulf/Merkel 2002; Wulf 2006). In der Folge werden neue Formen des Umgangs mit dem Fremden, d. h. mit den Angehörigen anderer Kulturen erforderlich. Dabei entsteht die Frage nach dem Verstehen des Nichtverstehens fremder Kulturen.

Der Vergleich menschlicher Äußerungen in unterschiedlichen Kulturen macht deutlich, wie sehr die Untersuchung kultureller Phänomene neue Unsicherheiten und Fragen aufwerfen kann. Mit der Erforschung heterogener Kulturen liefern kulturanthropologische Arbeiten einen wichtigen Beitrag zur Ausweitung und Vertiefung der Anthropologie. Die Erforschung multikultureller Lebensbedingungen kann dazu beitragen, die Offenheit kultureller Entwicklungen zu erhalten und einen Beitrag zur Bewahrung des Möglichen zu liefern. Ethnographische Methoden führen zu anderen Formen des Wissens als philosophisches Denken und historische Quellenarbeit. Sie sensibilisieren nicht nur für das Fremde anderer Kulturen, sondern auch für das Fremde der eigenen Kultur. Daher trägt der Rückbezug der kulturanthropologischen Perspektive auf die Kulturen Europas zu einer erheblichen Ausweitung der anthropologischen Forschung bei.

Ästhetische bzw. kunstwissenschaftliche Anthropologie

In einem Zeitalter, in dem die Frage nach dem Ästhetischen einen so hohen Stellenwert erfährt, verwundert es nicht, dass auch in der Anthropologie ästhetische Herangehensweisen zunehmend an Bedeutung gewinnen – und zwar in allen Dimensionen der traditionellen Differenzierung einer Werk-, Rezeptions- und Produktionsästhetik. Diese Forschungen können einerseits an Perspektiven anknüpfen, wie sie im Rahmen der kultur- und sozialhistorischen Forschungen von Jacob Burckhardt oder Peter Burke und im Rahmen der ikonographischen und ikonologischen Forschungen um Aby Warburg, Erwin Panofsky und Hans Belting etabliert wurden; andererseits gibt es aber auch in der Pädagogik selbst verstärkt seit den achtziger Jahren Bestrebungen, etwa Bilder als historische Quellen für die Pädagogik heranzuziehen, sei es mit einem stärker philosophischen Blick auf die Bestimmung und Bedeutung von Bildern, einem eher pädagogischen Blick auf Bilder als historische Dokumente des Erziehungs- und Bildungsgeschehens oder einem pädagogisch-anthropologischen Blick auf die Genese, Struktur und Effekte von Bildern im Entwicklungsgeschehen (Mollenhauer 1983, 1994, 1997; Rittelmeyer/Wiersing 1991; Wünsche 1991; Parmentier 1993; Schmitt u. a. 1997; Fröhlich/Stenger 2003; Bilstein 2004a/b; Gruschka 2004; Rittelmeyer/Klünker 2005).

Die wohl klassischste epistemologisch-ästhetische Herangehensweise in der Anthropologie ist diejenige der *Werkästhetik*, die die Menschenbilder in den Blick nimmt. So könnte eine historische ästhetische Anthropologie in diesem Sinne beschreiben, dass sich der Mensch in Europa in den letzten zweitausend Jahren als Ebenbild Gottes ebenso begriffen hat wie als (vernünftiges) Tier, als Maschine oder als Informations- oder Genpool. Und es würde deutlich, dass mit dem Beginn der frühen Neuzeit das eindeutige Menschenbild brüchig wird. Da der Mensch Orientierung nicht mehr aus einer Kosmologie, Theologie, Ontologie und auch nicht aus einem Naturalismus oder einer Staatsphilosophie gewinnen konnte, wird die neuzeitliche Anthropologie per se eine *reflexive:* Der Mensch wird selbst zur Instanz von Frage und Antwort, er kann die Frage nach dem Menschen nur an sich selbst richten und durch sich selbst beantworten. Der Mensch, das hat Michel Foucault für die Neuzeit präzise herausgearbeitet (Foucault 1984), verdoppelt sich, indem er zugleich Objekt des Wissens wie Subjekt der Selbsterkenntnis wird. Die neuzeitliche Anthropologie wird somit durch eine „empirisch-transzendentale Doublette" (ebd., S. 384 ff.) geöffnet und etabliert, die einen Wissens- und Denkraum mit neuen Selbsterkenntnis- und Selbstverhaltensmöglichkeiten eröffnet.

Unter *rezeptionsästhetischen* Gesichtspunkten wird somit die Frage virulent, wie man den Menschen wahrnimmt und mit welchen Methoden und Begriffen man ihn sichtbar, sagbar, verstehbar und beurteilbar macht. Hierbei gilt es zu beachten, dass Menschenbilder nicht als repräsentative Abbilder einer wie auch immer gearteten Realität „des" Menschen fungieren, sondern lediglich als Perspektivierungen und Ordnungsmuster der je historisch-kulturell unterschiedlichen Ideen und Modelle und der je unterschiedlichen anthropologischen Realitäten gelten müssen. Menschenbilder liefern *Images* von Menschen, d. h. Zeugnisse von Sichtweisen, Ideologien und Mentalitäten, aber auch von historischen Wirklichkeiten und Welten. Wer dieser rezeptionsästhetischen Haltung nachgeht und aus ihr ein epistemologisches Programm macht, verfolgt die Idee, die Wirklichkeit aus „Als-Perspektiven" wahrzunehmen und sich so einen Spielraum von Erfahrungen einzuräumen. Insofern, könnte man sagen, bleibt die menschliche Realität ein Rätsel, das nur durch Geschichten (auch diejenigen der Wissenschaft und ihrer *science fictions*) und Mythen, mithin ästhetisch, interpretierbar und erklärbar erscheint.

Die ästhetische Anthropologie erscheint daher unendlich, weil ihre eigenen Deutungen einen unendlichen Verweisungscharakter haben. Denn die ästhetischen Ideen sind, wie Kant (1981, S. 249 f., B 192 f.) unübertroffen formuliert, jene Vorstellungen der Phantasie, die „viel zu denken" geben, ohne dass ihnen „doch irgend ein bestimmter Gedanke, d. i. Begriff adäquat sein kann, die folglich keine Sprache völlig erreicht und verständlich machen kann."

So kommen schließlich auch *produktionsästhetische* Gesichtspunkte ins epistemologische Spiel um den Menschen. Hierbei geht es um Fragen der performativen Darstellung des Menschen in der Wissenschaft. So macht es oftmals einen Unterschied ums Ganze, ob ich das Humane in einem gemalten Bild, einem geschriebenen Text oder einem ethnographischen Film festhalte. Und weiter: Auch der „Anthropologe als Schriftsteller" (Geertz 1990) schafft durch seine Art und Weise des Schreibens ganz verschiedene Versionen des „einen" Humanen. Noch viel zu wenig Wert wird auf die Frage der wissenschaftlichen Präsentation der anthropologischen Forschungsergebnisse gelegt; so wäre es sinnvoll, die aktuelle anthropologische Debatte um die Neurowissenschaften und deren Bedeutung für die Pädagogik viel stärker unter den ästhetischen und medialen Produktionsbedingungen zu untersuchen. Denn ein Bild des Gehirns bleibt letztlich ein Bild und kein Gehirn – und sollte insofern (auch) unter bildwissenschaftlichen Gesichtspunkten untersucht werden.

Das Ergebnis einer ästhetischen Perspektive ist der *Homo absconditus* als Effekt eines anthropologischen Denkens, das mit dem Spielraum von Bedeutungen, Vergleichshorizonten, Konjunktion und Disjunktionen, mit seinen Pluralisierungen, Historisierungen und Strukturierungen den Menschen buchstäblich aufgelöst hat. „Wir akzeptieren also die Bezeichnung Ästhet, weil wir meinen, daß das letzte Ziel der Wissenschaften vom Menschen nicht das ist, den Menschen zu konstituieren, sondern das, ihn aufzulösen" (Lévi-Strauss 1986, S. 284). Der Mensch bleibt eine Frage ohne zureichende Antwort; Anthropologie wird somit zu einem Projekt nach dem Tode des Menschen (Kamper/Wulf 1994; Wulf 2013). Die Anthropologie ist somit nicht die Lösung, sondern die Aufgabe des Rätsels.

Konsequenzen für die Pädagogische Anthropologie

Eine Weiterentwicklung der Pädagogischen Anthropologie wird durch eine Auseinandersetzung mit diesen fünf Paradigmen möglich. Dazu hat es bereits erste unterschiedlich weit entwickelte Bemühungen gegeben. So fand z. B. am Anfang der Arbeit der Kommission „Pädagogische Anthropologie" eine Konferenz zum Thema „Evolution" statt (Uher 1995). Um reduktionistische Interpretationen der Auswirkungen der evolutionären Entwicklung auf das gegenwärtige Verhalten von Menschen zu vermeiden, muss das Verhältnis zwischen den evolutionären Gegebenheiten und den individuellen Handlungsmöglichkeiten von Menschen untersucht werden. Dabei geht es um das Ausmaß der Geltung evolutionären Wissens für die Gestaltung von Erziehung, Bildung und Sozialisation (Zeitschrift für Erziehungswissenschaft 2006). Auch die Philosophische Anthropologie hat mit ihrem Vergleich zwischen Mensch und Tier wichtige Erkenntnisse über die Lern- und Bildungsfähigkeit und über die Erziehungs- und Sozialisationsmöglichkeiten des Menschen gewonnen. Nach dem Krieg hatte sie einen nachhaltigen Einfluss auf die Pädagogische Anthropologie (Wulf/Zirfas 1994). Wie in der Evolutionsforschung stand auch hier der Anspruch im Mittelpunkt, ein allgemeines Wissen über den Menschen zu gewinnen und dieses für Erziehung und Bildung fruchtbar zu machen.

Einen anderen Weg, pädagogisch relevantes Wissen über den Menschen zu gewinnen, bot die Historische Anthropologie, die in Abgrenzung zur Philosophischen Anthropologie auf der Bedeutung des Besonderen und Einmaligen bestand (Dressel 1996; van Dülmen 2004). Die in ihrem Rahmen entwickelte Mentalitätsforschung (Dinzelbacher 1993) wurde z. B. für ein geschichtliches Verständnis von Erziehung und Bildung wichtig. Die Zusammenarbeit mit der Kommission/Sektion „Historische Bildungsforschung" der Deutschen Gesellschaft für Erziehungswissenschaft bei der Erforschung des Themas „Vervollkommnung und Bildung" (Lüth/Wulf 1997) verdeutlicht noch einmal die Bedeutung der historischen Dimension für das Verständnis pädagogischer Praktiken. Mit ihrem Konzept der doppelten Geschichtlichkeit und Kulturalität gewann die Historische Anthropologie erheblichen Einfluss auf die Pädagogische Anthropologie (Göhlich/Zirfas 2009; Wulf/Kamper 2002; Wulf 1997). In den letzten Jahren gewann die ethnographisch-kulturelle Erforschung pädagogischer Phänomene beträchtlich an Bedeutung. Dies gilt vor allem für Untersuchungen in den vier Sozialisationsfeldern Familie, Schule, Jugendkultur und Medien sowie für die Erforschung interkultureller Phänomene (Liebau/Schuhmacher-Chilla/Wulf 2001; Wulf/Suzuki/Zirfas u. a. 2011). Und schließlich lässt sich in den Forschungen der Pädagogischen Anthropologie in den letzten zwanzig Jahren (s. Literatur in Einleitung) an vielen Stellen nachzeichnen, dass den Fragen nach den Menschenbildern und ihren theoretischen und praktischen Effekten, nach den Sicht- und Rezeptionsweisen des Humanen in unterschiedlichen pädagogischen Feldern und Disziplinen und nach den anthropologischen Darstellungen und ihren pädagogischen Implikationen und Konsequenzen in vielfacher Hinsicht nachgegangen worden ist (vgl. insb. Mollenhauer/Wulf 1996; Schäfer/Wulf 1999; Bilstein 2011).

In Auseinandersetzung mit diesen fünf Paradigmen der Anthropologie liegen für die Pädagogische Anthropologie erhebliche Erkenntnismöglichkeiten. Das verdeutlichen die Forschungen der letzten Jahre, in denen für Erziehung, Bildung und Sozialisation zentrale anthropologische Bedingungen untersucht wurden. Ohne den Anspruch auf Vollständigkeit gehören dazu: Körper (Bilstein/Brumlik 2013), Nahrung (Althans/Bilstein 2014), Geschmack (Liebau/Zirfas 2011), Gender (Baader/Bilstein/Tholen 2012), Identität (Jörissen/Zirfas 2010), Generation (Liebau/Wulf 1996), Religion (Wulf/Macha/Liebau 2004), Spiel (Bilstein/Winzen/Wulf 2005), Raum (Liebau/Miller-Kipp/Wulf 1999), Zeit (Bilstein/Miller-Kipp/Wulf 1999), Gedächtnis (Sting/Dieckmann/Zirfas 1998), Ethik (Zirfas 1999).

Diese Untersuchungen stießen wiederholt auf die Grenzen disziplinärer Forschung und führten zur Entwicklung inter- bzw. transdisziplinärer Perspektiven. Dem entsprach auch die Tatsache, dass Pädagogische Anthropologie ein inter- bzw. transdisziplinärer Forschungsbereich ist, dessen Grenzen sich dynamisch verändern. Das Forschungsfeld Pädagogischer Anthropologie wird noch einmal dadurch komplexer, dass es sich kulturell und ästhetisch unterschiedlich konstituiert. Pädagogische Anthropologie wird in Indien, China oder Japan unterschiedlich konzeptualisiert, so dass inter- bzw. transkulturelle sowie ästhetische Forschungen für die Entwicklung dieses Untersuchungsfeldes von erheblichem Interesse sind (Wulf/Suzuki/Zirfas u. a. 2011). Dabei geht es u. a. um die Frage, was bei aller historischen und kulturellen Differenz den Menschen gemeinsam ist.

Disziplinarität und Transdisziplinarität

Je nach Fragestellung, paradigmatischer Orientierung und institutionellen Bedingungen können anthropologische Forschungen disziplinär oder interdisziplinär bzw. transdisziplinär sein. Intensive disziplinäre anthropologische Forschungen finden z. B. in der Geschichtswissenschaft (Burke 1991; Dressel 1996; van Dülmen 2000; Tanner 2004) und der Erziehungswissenschaft (Wulf 2001; Zirfas 2004) statt. Auch in den Literatur- und Bildwissenschaften gibt es ein erhebliches Interesse an anthropologischen Fragestellungen und Themen (Schings 1994; Bachmann-Medick 1996). Von ihren jeweiligen Disziplinen ausgehend entwickeln einige Untersuchungen durchaus interdisziplinäre bzw. transdisziplinäre Perspektiven.

Mit dem in den Kulturwissenschaften zunehmenden Interesse an anthropologischer Forschung und der damit einhergehenden Ausweitung und Umstrukturierung von Themen, Methoden und Forschungsansätzen wächst das Bemühen um multi-, inter- und transdisziplinäre Forschung. Dies ist umso mehr der Fall, als es für viele anthropologische Themen keine alleinige disziplinäre Zuständigkeit gibt. Deshalb liegen Grenzüberschreitungen nahe. Es entsteht eine anthropologische Komplexität, die die Erkenntnisse disziplinär organisierter Wissenschaften übersteigt. Auch wenn sich die Organisation des Wissens in Fachdisziplinen bewährt, so bilden sich neue Fragestellungen und Einsichten oft an den Rändern der Fachwissenschaften, zwischen ihnen oder in der Zusammenarbeit mehrerer Wissenschaften in interdisziplinären Forschergruppen und Sonderforschungsbereichen. Suchbewegungen sind erforderlich, deren inter- bzw. transdisziplinärer Charakter auch die im engeren Sinne fachwissenschaftliche Forschung zu neuen Fragestellungen, Themen und Methoden anregt.

Anthropologie und Pädagogische Anthropologie bestehen aus keinem eindeutig bestimmten Gegenstandsbereich; sie sind eher durch gemeinsame Fragen und Betrachtungsweisen gekennzeichnet. In der heutigen Situation der globalen Wissenschaftsentwicklung ist dies ein Vorteil, der dazu beiträgt, Fragen und Themen mit neuen Perspektiven zu bearbeiten. In diesem Prozess spielen die Materiallage, die Themenauswahl und die Forschungsintention sowie Entscheidungen über Methoden und Verfahren eine wichtige Rolle. Da die menschliche Existenz in unterschiedlichen historischen und kulturellen Kontexten zum Ausgangspunkt von Forschung wird, ist das Spektrum möglicher Themen, Materialien und Methoden Pädagogischer Anthropologie prinzipiell unbegrenzt.

Der konzeptuelle und methodische Austausch zwischen den anthropologisch orientierten Wissenschaften bringt auch in der Pädagogischen Anthropologie neue Forschungsansätze hervor, ohne dass dadurch die Anwendung hermeneutischer oder dekonstruktiver Verfahren ihre Bedeutung verliert. Dazu gehören z. B. die Performativität sozialen Verhaltens, der ethnologische Blick, die Anwendung von Methoden ethnographischer bzw. qualitativer Sozialforschung sowie der diachrone und synchrone Vergleich. Die Performativität sozialen Verhaltens rückt den inszenatorischen und den Aufführungscharakter und die Körperlichkeit von Bildungsprozessen ins Zentrum (Paragrana 2001, 2004; Wulf/Göhlich/Zirfas 2001; Wulf/Zirfas 2007). Der ethnologische Blick verfremdet Vertrautes, lässt neue Fragen entstehen und macht andere Perspektiven möglich. Die Rezeption ethnologischer Fragestellungen und Forschungsverfahren führt zur Weiterentwicklung qualitativer Sozialforschung. Der Vergleich trägt dazu bei, das Spezifische einer Situation bzw. eines Phänomens zu erfassen, seine Eigenart zu begreifen und darzustellen; als methodischem Verfahren kommt dem Vergleich wachsende Bedeutung zu (Casasus/Haupt 2011). Durch die Verbindung von Fragestellungen und Erkenntnissen aus dem evolutionären, dem historischen, dem ästhetischen und dem kulturanthropologischen Paradigma lassen sich z. B. neue Fragen entwickeln und weiterführende Forschungen in den zentralen pädagogisch-anthropologischen Feldern „Erziehung", „Lernen", „Bildung", „Lehren", „Sozialisation" initiieren und konkretisieren.

Interkulturalität und Transkulturalität

Für eine Weiterentwicklung der Pädagogischen Anthropologie ist nicht nur die inter- bzw. transdisziplinäre Forschung von Bedeutung. Eine weitere Herausforderung stellt die Inter- bzw. Transkulturalität dar, die infolge der Globalisierung eine zentrale Bedingung anthropologischen Wissens ist. Zwischen einer homogenisierenden Globalisierung und einer kulturelle Differenz und Mannigfaltigkeit betonenden Entwicklung entstehen Konflikte, die die Lebensbedingungen der Menschen bestimmen. Sie sind charakterisiert durch Spannungen zwischen Globalem und Lokalem, Universellem und Singulärem, Tradition und Modernität, Geistigem und Materiellem, langfristigen und kurzfristigen Überlegungen, notwendigem Wettbewerb und Chancengleichheit, einer starken Ausweitung des Wissens und einer begrenzten Fähigkeit des Menschen, damit umzugehen.

Angesichts einer auf Angleichung zielenden Globalisierung ist die Fähigkeit, Differenz wahrzunehmen und zu akzeptieren, besonders wichtig und kann auch dazu beitragen, Gewalt zu reduzieren. Die Akzeptanz kultureller Diversität stößt an eine Grenze, die durch die Menschenrechte und durch eine globale Ethik markiert wird. Konflikte, die mit den Angehörigen anderer Kulturen entstehen, müssen ausgehalten und (möglichst) gewaltfrei ausgetragen werden.

Statt einer die Homogenisierung fördernden ist eine reflexive, kritische, die Heterogenität einbeziehende Globalisierung erforderlich. Es gilt die Herausforderung des Anderen und die anthropologische Reflexion historischer und kultureller Unterschiede in die Globalisierungsdynamik einzubeziehen. Dies führt nur zu einer bedingten Angleichung der Lebenswelten. Aufgrund des kontingenten Charakters gesellschaftlicher und kultureller Entwicklungen entstehen auch unvorhersehbare Formen von Synkretismus und Hybridität. Diese bewirken neue Formen von Hybridität und kultureller Diversität, deren historischer und kultureller Hintergrund zu unterschiedlich ist, als dass diese Formen, selbst wenn sie sich in ihren Erscheinungen ähneln, in ihren Tiefenstrukturen gleich wären. Durch das Gewahrwerden von Differenz, Alterität und durch die Anerkennung kultureller Diversität und Hybridität entsteht auch die Möglichkeit, Gemeinsamkeiten wahrzunehmen und sich einander anzunähern.

Wie Erziehung, Bildung und Sozialisation in den unterschiedlichen Regionen der Welt verstanden werden, ist für das Zusammenleben der Menschen eine wichtige Frage, für deren Bearbeitung es historisch und kulturell unterschiedlichen Wissens und seiner Reflexion bedarf. In diesem Prozess ist es wichtig, die historische und kulturelle Bedingtheit des philosophischen, historischen und kulturanthropologischen Wissens wahrzunehmen, zu reflektieren und konstruktiv mit ihr umzugehen. Ein kritisches und selbstkritisches Bewusstsein trägt dazu bei, die Geltungsansprüche des in unterschiedlichen Kontexten gewonnenen Wissens zu relativieren und die anthropologische Forschung für selbstreflexive inter- bzw. transkulturelle Kooperation zu öffnen. Die politischen, wirtschaftlichen und kulturellen Entwicklungen in Europa und in der Welt machen es erforderlich, transkulturelle Formen des Wissens zu schaffen, die den universellen, partikularen und subjektiven Aspekten anthropologischen Wissens gerecht werden. In der Zukunft bedarf es einer Ausweitung und Intensivierung dieses Wissens, das sich in der Spannung zwischen den genannten Aspekten bildet. In diesem Prozess entstehen die Vielfalt und die Komplexität anthropologischen Wissens. Wenn es Aufgabe transkultureller Kooperation ist, neue Formen des Wissens zu schaffen, die auf die Herausforderungen der Globalisierung antworten können, dann ist dafür ein kontinuierlicher Umgang mit kultureller Diversität erforderlich, in dessen Verlauf es auch erforderlich wird, die Voraussetzungen des eigenen Forschens in Frage zu stellen.

Eine zentrale Aufgabe pädagogisch-anthropologischer Forschung besteht darin, die unterschiedlichen Formen von Erziehung und Bildung in der globalisierten Welt zu untersuchen. In ihnen spielen asymmetrische Macht- und Austauschbeziehungen sowie transkulturelle Dynamiken eine wichtige Rolle. In diesen Prozessen stoßen traditionelle Identitäts- und Erziehungsvorstellungen in globalen Interaktionsprozessen aufeinander. Transkulturalität dient als ein heuristischer Begriff dazu, reale, symbolische und imaginäre, soziale und kulturelle Entwicklungen in der globalisierten Welt konzeptuell und methodisch neu zu untersuchen. Dazu bedarf es auch der Untersuchung und Reflexion der impliziten Voraussetzungen und der kulturell bedingten methodischen Setzungen der Pädagogischen Anthropologie, von denen z. B. in der Einleitung die Rede war. Ziel ist die Entwicklung neuer Konzeptualisierungen und methodischer Zugänge in einer transkulturellen pädagogisch-anthropologischen Forschung. Die Dynamiken der kulturellen Strömungen, die Einfluss auf Erziehung, Bildung und Sozialisation nehmen, sind asymmetrisch. Lokale, regionale und globale Forschungen sind erforderlich, um deren diachrone und synchrone Dimensionen zu erforschen. Diese kulturellen Strömungen vollziehen sich nicht linear; sie verzweigen sich, machen Umwege, drängen in die entgegengesetzte Richtung. Gegenstände, Bedeutungen, Bilder werden übersetzt und erscheinen in neuen Kontexten. Neue soziale und erzieherische Praktiken, neue Formen des Wissens und der ästhetischen Gestaltung entstehen. Diese Veränderungen zeigen sich in Politik, Wirtschaft, Verwaltung und Bildung; sie durchdringen Literatur, Künste, Religion und Alltagsleben. Viele Prozesse in Erziehung, Bildung und Sozialisation lassen sich nur angemessen erklären, wenn ihre Geschichte analysiert wird; andere werden mithilfe ethnographischer Forschung identifiziert, analysiert und verstanden. In wieder anderen Fällen werden beide methodischen Ansätze verbunden oder können zum Ausgangspunkt weiterer Untersuchungen werden. Transkulturelle Phänomene entstehen aus der Spannung zwischen Identität, Alterität und mimetischer Anähnlichung in Prozessen der Transformation von Bildern, Texten und Begriffen. Dabei mischen sich traditionelle und fremde Elemente und erzeugen neue transkulturelle Phänomene. Angesichts dieser vielschichtigen Prozesse lassen sich Erziehung, Bildung und Sozialisation nicht als in sich ruhende, sprachlich homogene Einheiten, sondern vielmehr als dynamische, relationale und veränderliche Begriffe verstehen. Transkulturalität ist ein heuristischer Begriff, der zu neuen Perspektiven und entsprechenden methodischen Verfahren in der pädagogisch-anthropologischen Forschung führt. In diesen Transformationen spielt der relationale Charakter von Raum und Zeit eine wichtige Rolle. Simultaneität und Ubiquität der neuen Medien sind für die Genese transkultureller Phänomene wichtig. Diese tragen zur Veränderung von Raum und Zeit bei. Es entstehen Kontaktzonen mit neuen raumzeitlichen Qualitäten. Zu diesen Zonen des Kontakts gehören z. B. Internet, Weltausstellungen, Olympische Spiele und innerstädtische Schulen (Paragrana 2010). In ihnen sind die Grenzen zwischen Kulturen osmotisch und polyvalent. Begriffe wie „métissage“ und Hybridität dienen auch dazu, die Dynamik dieser neuen kulturellen Phänomene zu beschreiben, deren komplexe innere Strukturen durch Assimilation und Adaptation entstehen.

In den zahlreichen Migrationsbewegungen der globalen Welt und in den sich in ihnen vollziehenden Prozessen der Erziehung, Bildung und Sozialisation entstehen in mimetischen Bewegungen vielfältige transkulturelle Phänomene und Referenzrahmen. Diese Prozesse stoßen auf Widerstand und Abwehr; sie sind konfliktreich und antagonistisch. Für Forschungen, die in der Anthropologie und der Pädagogischen Anthropologie auf eine historische, ethnographische und philosophische Untersuchung der Welt zielen, führt der Fokus auf den transkulturellen Charakter vieler pädagogischer und sozialer Phänomene zu neuen konzeptuellen, empirischen und methodologischen Fragen.

Literatur

Althans, Birgit/Bilstein, Johannes (Hrsg.) (2014): Ernährung (in Vorbereitung).

Anderson-Levitt, Kathryn M. (2012): Anthropology of Education. A Global Guide to Ethnographic Studies of Learning and Schooling. New York/Oxford.

Ariès, Philippe (1975): Geschichte der Kindheit. München.

Baader, Meike Sophia/Bilstein, Johannes/Tholen, Toni (Hrsg.) (2012): Erziehung, Bildung und Geschlecht. Männlichkeiten im Fokus der Gender Studies. Wiesbaden.

Bachmann-Medick, Doris (1996): Cultural turns: Neuorientierungen in den Kulturwissenschaften. Reinbek.

Bhabha, Homi K. (2004): The Location of Culture. London/New York.

Bilstein, Johannes (2004a): Nicht mehr ganz so fremdes Terrain: Bildinterpretationen in der Erziehungswissenschaft. In: Zeitschrift für qualitative Bildungs-, Beratungs- und Sozialforschung. 5. Jg., H. 1, S. 117–124.

Bilstein, Johannes (2004b): Das Können der Bilder. In: Schuhmacher-Chilla, Doris (Hrsg.): Im Banne der Ungewissheit. Bilder zwischen Medien, Kunst und Menschen. Oberhausen, S. 83–103.

Bilstein, Johannes (Hrsg.) (2011): Anthropologie und Pädagogik der Sinne. Opladen/Farmington Hills.

Bilstein, Johannes/Brumlik, Micha (Hrsg.) (2013): Die Bildung des Körpers. Weinheim/Basel.

Bilstein, Johannes/Miller-Kipp, Gisela/Wulf, Christoph (Hrsg.) (1999): Transformationen der Zeit. Erziehungswissenschaftliche Forschungen zur Chronotopologie. Weinheim.

Bilstein, Johannes/Winzen, Matthias/Wulf, Christoph (Hrsg.) (2005): Anthropologie und Pädagogik des Spiels. Weinheim/Basel.

Borneman, John/Hammoudi, Abdellah (Hrsg.) (2009): Being there: The Fieldwork Encounter and the Making of Truth: Berkeley.

Braudel, Fernand (1990): Das Mittelmeer und die mediterrane Welt in der Epoche Philippe II. 3 Bde. Frankfurt/M.

Burke, Peter (1991): Offene Geschichte. Die Schule der „Annales". Berlin.

Casasus, Gilbert/Haupt, Sabine (Hrsg.) (2011): Vergleichen? Komparative Wissenschaften im Vergleich. Münster.

Clifford, James/Marcus, George E. (1986): Writing Culture. The Poetics and Politics of Ethnography. Berkeley.

Dinzelbacher, Peter (Hrsg.) (1993): Europäische Mentalitätsgeschichte. Hauptthemen in Einzeldarstellungen. Stuttgart.

Dressel, Gert (1996): Historische Anthropologie. Eine Einführung. Wien.

Dülmen, Richard van (2000): Historische Anthropologie. Entwicklung, Probleme, Aufgaben. Köln.

Fischer, Joachim (2008): Philosophische Anthropologie. Eine Denkrichtung des 20. Jahrhunderts. Freiburg.

Foucault, Michel (1984): Die Ordnung der Dinge. Eine Archäologie der Humanwissenschaften. 5. Aufl. Frankfurt/M.

Fröhlich, Volker/Stenger, Ursula (Hrsg.) (2003): Das Unsichtbare sichtbar machen. Bildungsprozesse und Subjektgenese durch Bilder und Geschichten. Weinheim/München.

Geertz, Clifford (1983): Dichte Beschreibung. Beiträge zum Verstehen kultureller Systeme. Frankfurt/M.

Geertz, Clifford (1990): Die künstlichen Wilden. Der Anthropologe als Schriftsteller. München/Wien.

Geertz, Clifford (1992): Kulturbegriff und Menschenbild. In: Rebekka Habermas/Niels Minkmar (Hrsg.): Das Schwein des Häuptlings. Sechs Aufsätze zur historischen Anthropologie. Berlin, S. 56–82.

Gehlen, Arnold (1993): Der Mensch. Seine Natur und seine Stellung in der Welt. Gesamtausgabe Bd. 3. Hrsg. v. Karl-Siegbert Rehberg. Frankfurt/M.

Ginzburg, Carlo (1990): Der Käse und die Würmer. Die Welt eines Müllers um 1600. Berlin.

Göhlich, Michael/Zirfas, Jörg (Hrsg.) (2009): Der Mensch als Maß der Erziehung. Festschrift für Christoph Wulf. Weinheim/Basel.

Gruschka, Andreas (2004): Bestimmte Unbestimmtheit – Pädagogische Lektüren in den Bildern von J. B. S. Chardin. Gießen.

Jörissen, Benjamin/Zirfas, Jörg (Hrsg.) (2010): Schlüsselwerke der Identitätsforschung. Wiesbaden.

Kamper, Dietmar/Wulf, Christoph (1994): Anthropologie nach dem Tode des Menschen. Frankfurt/M.

Kant, Immanuel (1981): Kritik der Urteilskraft. Werkausgabe Bd. X. Hrsg. von Wilhelm Weischedel. 5. Aufl. Frankfurt/M.

Kellermann, Ingrid/Wulf, Christoph (2010): Educational Character of Room. In: Revue Européenne d'Ethnographie de l'Éducation, no 7-8, S. 221–230.

Kellermann, Ingrid/Wulf, Christoph (2011): The Creation of Social Space and Emotions through Gestures: an Ethnographic Study. In: Revue International d'Ethnographie, vol 1, S. 199–215.

LeRoy Ladurie, Emmanuel (1980): Montaillou. Ein Dorf vor dem Inquisitor 1294–1324. Frankfurt/M.

Lévi-Strauss, Claude (1986): Das wilde Denken. 6. Aufl. Frankfurt/M.

Liebau, Eckart/Miller-Kipp, Gisela/Wulf, Christoph (Hrsg.) (1999): Metamorphosen des Raumes. Erziehungswissenschaftliche Forschungen zur Chronotopologie. Weinheim.

Liebau, Eckart/Schuhmacher-Chilla, Doris/Wulf, Christoph (Hrsg.) (2001): Anthropologie pädagogischer Institutionen. Weinheim.

Liebau, Eckart/Wulf, Christoph (Hrsg.) (1996): Generation. Versuche über eine pädagogisch-anthropologische Grundbedingung. Weinheim.

Liebau, Eckhart/Zirfas, Jörg (Hrsg.) (2011): Die Bildung des Geschmacks. Bielefeld.

Lüth, Christoph/Wulf, Christoph (Hrsg.) (1997): Vervollkommnung durch Arbeit und Bildung? Anthropologische und historische Perspektiven zum Verhältnis von Individuum, Gesellschaft und Staat. Weinheim.

Mollenhauer, Klaus (1983): Streifzug durch fremdes Terrain. Interpretation eines Bildes aus dem Quattrocento in bildungstheoretischer Absicht. In: Zeitschrift für Pädagogik 30, H. 2, S. 173–194.

Mollenhauer, Klaus (1994): Vergessene Zusammenhänge. Über Kultur und Erziehung. 4. Aufl. Weinheim/München.

Mollenhauer, Klaus (1997): Methoden erziehungswissenschaftlicher Bildinterpretation. In: Friebertshäuser, Barbara/Prengel, Annedore (Hrsg.): Handbuch Qualitative Forschungsmethoden in der Erziehungswissenschaft. Weinheim, S. 247–264.

Mollenhauer, Klaus/Wulf, Christoph (Hrsg.) (1996): Aisthesis/Ästhetik. Zwischen Wahrnehmung und Bewusstsein. Weinheim.

Paragrana. Internationale Zeitschrift für Historische Anthropologie (2001). Theorien des Performativen. Band 10 (1). Hrsg. von Erika Fischer-Lichte/Christoph Wulf.

Paragrana. Internationale Zeitschrift für Historische Anthropologie (2004): Praktiken des Performativen. Band 13 (1). Hrsg. von Erika/Fischer-Lichte/Christoph Wulf.

Paragrana. Internationale Zeitschrift für Historische Anthropologie (2010): Kontaktzonen. Band 19 (2). Hrsg. von Christoph Wulf.

Parmentier, Michael (1993). Sehen sehen. Ein bildungstheoretischer Versuch über Chardins „L'enfant au toton". In: Herrlitz, Hans-Georg/Rittelmeyer, Christian (Hrsg.): Exakte Phantasie. Pädagogische Erkundungen bildender Wirkungen in Kunst und Kultur. Weinheim/München, S. 105–121.

Plessner, Helmuth (1981): Die Stufen des Organischen und der Mensch. Gesammelte Schriften Bd. IV. Hrsg. von Günter Dux/Odo Marquard/Elisabeth Ströker. Frankfurt/M.

Rittelmeyer, Christian/Klünker, Heike (2005): Lesen in der Bilderschrift der Empfindungen. Erziehung und Bildung in der klassischen griechischen Antike. Stuttgart.

Rittelmeyer, Christian/Wiersing, Erhard (Hrsg.) (1991): Bild und Bildung. Wiesbaden.

Schäfer, Gerd/Wulf, Christoph (Hrsg.) (1999): Bild, Bilder, Bildung. Weinheim.

Scheler, Max (1976): Die Stellung des Menschen im Kosmos. In: Ders.: Späte Schriften. Gesammelte Werke Bd. 9. Hrsg. von Manfred S. Frings. Bern/München.

Schings, Hans-Jürgen (Hrsg.) (1994): Der ganze Mensch. Anthropologie und Literatur im 18. Jahrhundert. Stuttgart.

Schmitt, Hanno/Link, Jörg-W./Tosch, Frank (Hrsg.) (1997): Bilder als Quellen der Erziehungsgeschichte. Bad Heilbrunn.

Schrenk, Friedemann (2001): Die Frühzeit des Menschen: Der Weg zum Homo sapiens. 3. Aufl. München.

Sting, Stephan/Dieckmann, Bernhard/Zirfas, Jörg (Hrsg.) (1998): Gedächtnis und Bildung. Erinnerte Zusammenhänge. In: Dies. (Hrsg.): Gedächtnis und Bildung. Pädagogisch-anthropologische Zusammenhänge. Weinheim, S. 7–37.

Tanner, Jacob (2004): Historische Anthropologie. Zur Einführung. Hamburg.

Uher, Johanna (Hrsg.) (1995): Pädagogische Anthropologie und Evolution. Beiträge der Humanwissenschaften zur Analyse pädagogischer Probleme. Erlangen.

Wagner-Willi, Monika/Wulf, Christoph (2005): On the Use of Ethnography in the Berlin Study of Rituals. In: Revue Européenne d'Ethnographie de l'Èducation, no 4, S. 117–128.

Wünsche, Konrad (1991): Das Wissen im Bild. Zur Ikonographie des Pädagogischen. In: Oelkers, Jürgen/Tenorth, Heinz-Elmar (Hrsg.): Pädagogisches Wissen. Zeitschrift für Pädagogik. 27. Beiheft, S. 273–290.

Wulf, Christoph (Hrsg.) (1997): Vom Menschen. Handbuch Historische Anthropologie. Weinheim (2. Aufl.: Der Mensch und seine Natur. Köln 2010).

Wulf, Christoph (2001): Einführung in die Anthropologie der Erziehung. Weinheim/Basel.

Wulf, Christoph (2006): Anthropologie kultureller Vielfalt. Interkulturelle Bildung in Zeiten der Globalisierung. Bielefeld.

Wulf, Christoph (2008): Le défi de la diversité culturelle: mondialisation et européisation différenciées. Un cadre conceptuel pour une ethnographie interculturelle. In: Revue Européenne d'Ethnographie de l'Education. no 5, S. 13–24.

Wulf, Christoph (2009): Anthropologie. Geschichte, Kultur, Philosophie. Köln (2., erw. Aufl. der Erstausgabe Reinbek 2004).

Wulf, Christoph (2013): Das Rätsel des Humanen. Eine Einführung in die Historische Anthropologie. München.

Wulf, Christoph/Althans, Birgit/Audehm, Kathrin/Bausch, Constanze/Göhlich, Michael/Sting, Stephan/Tervooren, Anja/Wagner-Willi, Monika/Zirfas, Jörg (2010): Ritual and Identity. The staging and performing of rituals in the lives of young people. London.

Wulf, Christoph/Bittner, Martin/Clemens, Iris/Kellermann, Ingrid (2012): Unpacking Recognition and Esteem in School Pedagogies. In: Ethnography and Education Vol 7 (1), S. 59–75.

Wulf, Christoph/Göhlich, Michael/Zirfas, Jörg (Hrsg.) (2001): Grundlagen des Performativen. Eine Einführung in die Zusammenhänge von Sprache, Macht und Handeln. Weinheim.

Wulf, Christoph/Kamper, Dietmar (Hrsg.) (2002): Logik und Leidenschaft. Erträge Historischer Anthropologie. Berlin.

Wulf, Christoph/Macha, Hildegard/Liebau, Eckart (Hrsg.) (2004): Formen des Religiösen. Pädagogisch-anthropologische Annäherungen. Weinheim/Basel.

Wulf, Christoph/Merkel, Christine (Hrsg.) (2002): Globalisierung als Herausforderung der Erziehung. Theorien, Grundlagen, Fallstudien. Münster/New York.

Wulf, Christoph/Suzuki, Shoko/Zirfas, Jörg/Kellermann, Ingrid/Inoue, Yoshitaka/Ono, Fumio/Takenaka, Nanae (2011): Das Glück der Familie. Ethnographische Studien in Deutschland und Japan. Wiesbaden.

Wulf, Christoph/Zirfas, Jörg (1994): Theorien und Konzepte der Anthropologie. Donauwörth.

Wulf, Christoph/Zirfas, Jörg (Hrsg.) (2007): Pädagogik des Performativen. Weinheim.

Zeitschrift für Erziehungswissenschaft (2006): Biowissenschaft und Erziehungswissenschaft. Sonderheft 5. Hrsg. von Annette Scheunpflug/Christoph Wulf.

Zirfas, Jörg (1999): Die Lehre der Ethik. Zur moralischen Begründung pädagogischen Denkens und Handelns. Weinheim.

Zirfas, Jörg (2004): Pädagogik und Anthropologie. Stuttgart.

Autorenverzeichnis

Jörn Ahrens, Dr. phil., Prof. für Allgemeine Kultursoziologie mit dem Schwerpunkt Transformation von Kulturen an der Justus-Liebig-Universität Gießen. Aktuelle Arbeitsschwerpunkte: Moderne Gesellschafts- und Kulturanalyse; populäre Medien und Kulturen; Fragen der Gewalt, der Subjektivität, des Mythos und der Biowissenschaften.

Birgit Althans, Dr. phil., Prof. für Empirische Grundschulpädagogik an der Leuphania Universität Lüneburg; Forschungsschwerpunkte: Historische und Pädagogische Anthropologie, Gender und Cultural Studies, Kulturwissenschaftliche Perspektiven der Erziehungswissenschaft.

Kathrin Audehm, Dr. phil., Prof. für Erziehungswissenschaft an der Universität Hildesheim. Arbeitsschwerpunkte: Pädagogische Anthropologie, Ritual- und Gestenforschung.

Meike Sophia Baader, Dr. phil., Prof. für Allgemeine Erziehungswissenschaft an der Universität Hildesheim. Arbeitsschwerpunkte: Kindheits- und Familienforschung; Historische Bildungsforschung; Genderforschung; Diversity; Erziehung, Bildung und soziale Bewegungen; Religion und Erziehung; Demokratie und Erziehung.

Johannes Bilstein, Dr. phil., Prof. für Pädagogik an der Kunstakademie Düsseldorf. Sprecher der Kommission Pädagogische Anthropologie in der Deutschen Gesellschaft für Erziehungswissenschaft. Arbeitsschwerpunkte: Bildungstheorien, Pädagogische Anthropologie, ästhetische Bildung.

Jeanette Böhme, Dr. phil., Prof. für Schulpädagogik an der Fakultät für Bildungswissenschaften der Universität Duisburg-Essen. Arbeitsschwerpunkte: Medienkulturelle

Schultheorie, Raumwissenschaftliche Schul- und Bildungsforschung, Rekonstruktive Methoden und Methodologie.

Andrea Bramberger, Univ.-Doz. Mag., Dr. phil., Lehraufträge an der Leopold-Franzens-Universität Innsbruck, der Alpen-Adria-Universität Klagenfurt sowie der Universität Salzburg. Arbeitsschwerpunkte: Historische Anthropologie, Cultural Studies, Ästhetische Erziehung und Bildung.

Micha Brumlik, Dr. phil., Prof. für Theorien der Bildung und Erziehung an der Goethe Universität Frankfurt am Main. Forschungsschwerpunkte: moralische Sozialisation, Erziehungs- und Bildungsphilosophie, jüdische Kultur- und Religionsphilosophie.

Peter Bubmann, Prof. für Praktische Theologie im Fachbereich Theologie der Friedrich-Alexander-Universität Erlangen-Nürnberg. Arbeitsschwerpunkte: Musik & Religion aus theologisch-ästhetischer Perspektive, Hymnologie, Theorie kirchlicher Berufe, Grundfragen der Religions- und Gemeindepädagogik, Theorie christlicher Lebenskunst.

Daniel Burghardt, Dr. phil., Wissenschaftlicher Mitarbeiter am Institut für Bildungsphilosophie, Anthropologie und Pädagogik der Lebensspanne an der Universität zu Köln. Arbeitsschwerpunkte: Kulturpädagogik, Raumtheorie, Pädagogische Anthropologie, Kritische Erziehungswissenschaft.

Cornelie Dietrich, Dr. phil., Prof. für Allgemeine Erziehungswissenschaft an der Leuphana Universität Lüneburg. Arbeitsschwerpunkte: kulturwissenschaftliche Bildungsforschung und -theorie, Ästhetische Bildung, Kindheits- und Jugendforschung, Pädagogik der Frühen Kindheit.

Daniel Dietschi, M. A., Studium der Erziehungswissenschaft und Philosophie. Wissenschaftlicher Mitarbeiter am Institut für Erziehungswissenschaft an der Universität Zürich. Dissertationsprojekt zur bildungstheoretischen Bedeutung von Vorbildbezügen.

Jutta Ecarius, Dr. phil., Prof. für Erziehungswissenschaft an der Universität zu Köln, Institut I für Bildungsphilosophie, Anthropologie und Pädagogik der Lebensspanne an der Humanwissenschaftlichen Fakultät. Arbeitsschwerpunkte: Jugend-, Familien- und Generationenforschung, qualitative Bildungsforschung und soziale Ungleichheitsforschung.

Edgar Forster, Dr. phil., Prof. für Allgemeine Erziehungswissenschaft mit dem Schwerpunkt Globalisierung und Bildung an der Universität Fribourg, Schweiz. Arbeitsschwerpunkte: Theorie der Erziehung und Bildung, Postdemokratie und Citizenship,

Geschichte des Individualismus, Historische Anthropologie, Transformation von Demokratie und Subjektivität.

Michael Göhlich, Dr. phil., Prof., seit 2002 Inhaber des Lehrstuhls für Pädagogik I am Institut für Pädagogik der Friedrich-Alexander-Universität Erlangen-Nürnberg. Arbeitsschwerpunkte: Allgemeine Pädagogik, Historische Pädagogik, Schulpädagogik, Organisationspädagogik.

Gerhard de Haan, Dr. phil., seit 1991 Prof. für Allgemeine Erziehungswissenschaft/Umweltbildung und seit 2011 Prof. für Zukunfts- und Bildungsforschung an der Freien Universität Berlin. Forschungsschwerpunkte: Zukunftsforschung, Wissensgesellschaft, Innovationsforschung und nachhaltige Entwicklung.

Benjamin Jörissen, Dr. phil., seit 2011 Akademischer Rat am Institut für Pädagogik der Friedrich-Alexander-Universität Erlangen-Nürnberg. Zu seinen Arbeitsfelder gehören: Medienbildung und erziehungswissenschaftliche Medienforschung; Pädagogische Anthropologie; Qualitative Bildungs- und Sozialforschung.

Leopold Klepacki, Dr. phil., Akademischer Rat am Institut für Pädagogik der Friedrich-Alexander-Universität Erlangen-Nürnberg. Forschungsschwerpunkte: Ästhetische Bildung, Theatrale Bildung, Museumspädagogik, Theateranthropologie, geisteswissenschaftliche pädagogische Forschung.

Uwe Krebs, Prof. i. R., Dr. Dr., Dipl.-Psych., Universität Erlangen-Nürnberg. Arbeitsschwerpunkte: Vorformen von Erziehung im naturgeschichtlichen Längsschnitt; Ethnopädagogik; Geschlechterspezifik und Erziehung; psychische Bezugssysteme bei Kindern und Jugendlichen.

Eckart Liebau, Dr. phil., Prof., Inhaber des Lehrstuhls für Pädagogik an der Friedrich-Alexander Universität Erlangen-Nürnberg (UNESCO-Lehrstuhl für kulturelle Bildung). Forschungsschwerpunkte: Allgemeine Pädagogik, kulturelle Bildung in Geschichte und Gegenwart, Bildungs- und Kulturtheorie, Pädagogische Anthropologie.

Ulrike Mietzner, Dr. phil., Prof. für Historische Bildungsforschung am Institut für Allgemeine Erziehungswissenschaft und Berufspädagogik der Technischen Universität Dortmund. Arbeitsschwerpunkte: Anthropologische Grundlagen von Bildung und Erziehung, Forschungsprojekte zum Zusammenhang von Bild und Bildung; Forschungen zum 20. Jahrhundert, insbesondere jüdische Jugendbewegung.

Gudrun Morasch, Dr. phil., Privatdozentin für Erziehungswissenschaft an der Universität Augsburg. Arbeitsschwerpunkte: Frühpädagogik, Neurobiologie, Begabungsforschung, Erziehungswissenschaftliche Theoriebildung, Pädagogische Anthropologie.

Hans-Rüdiger Müller, Dr. disc. pol., Prof. für Allgemeine Pädagogik an der Universität Osnabrück. Arbeitsschwerpunkte: Theorie und Geschichte der Erziehung und Bildung; Pädagogische Anthropologie und pädagogische Ästhesiologie; pädagogische Generationenverhältnisse, Familienerziehung.

Ronnie Oliveras, seit 2011 wissenschaftlicher Mitarbeiter am Institut I für Bildungsphilosophie, Anthropologie und Pädagogik der Lebensspanne an der Humanwissenschaftlichen Fakultät der Universität zu Köln. Arbeitsschwerpunkte: Soziale Ungleichheitsforschung, Jugendkultur und Performanz, Gender Studies, Identitätsforschung.

Karl-Josef Pazzini, Dr. phil., Prof. für Bildende Kunst und Erziehungswissenschaft an der Universität Hamburg sowie Psychoanalytiker in eigener Praxis. Arbeitsschwerpunkte: Bildung vor Bildern, Psychoanalyse und Lehren, psychoanalytisches Setting, unschuldige Kinder, Übertragung und Grenze von Individuum und Gesellung.

Helga Peskoller, Dr. phil., Prof. für Erziehungswissenschaft am Institut für Erziehungswissenschaft der Leopold-Franzens-Universität Innsbruck. Arbeitsschwerpunkte: Allgemeine Erziehungswissenschaft, Historisch-Pädagogische Anthropologie, Ästhetische Bildung, Bildungstheorie, Kulturgeschichte, BergDenken.

Bernhard Rathmayr, em. A. Univ. Prof., bis 2007 Prof. der Erziehungswissenschaft an der Universität Innsbruck. Arbeitsschwerpunkte: Historische Anthropologie; Psychohistorie; Zivilisationstheorie; Theorie und Disziplingeschichte der Erziehungswissenschaften; Geschichte der Körper, der Liebe, der Medien, der Gewalt, des Essens, der Mobilität, der Kinder.

Roland Reichenbach, Dr. phil., seit 2013 Prof. für Allgemeine Erziehungswissenschaft an der Universität Zürich. Forschungsschwerpunkte: Erziehungs- und Bildungsphilosophie, Politische Bildung, Pädagogische Ethik, Verhandlungs- und Einigungsprozesse.

Norbert Ricken, Dr. phil., Prof. für Allgemeine Erziehungswissenschaft mit dem Schwerpunkt Theorie und Geschichte von Erziehung und Bildung an der Universität Bremen. Arbeitsschwerpunkte: Theorie und (Wissenschafts-)Geschichte von Erziehung und Bildung; Erziehungsphilosophie und Pädagogische Anthropologie; Identitäts-, Intersubjektivitäts- und Anerkennungstheorie sowie Subjektivationsforschung.

Markus Rieger-Ladich, Prof. Dr. phil., lehrt Erziehungswissenschaft, insbesondere Bildungs- und Erziehungstheorie sowie philosophische Grundlagen an der Eberhard Karls Universität Tübingen. Zu seinen Forschungsinteressen gehören Bildungsphilosophie, Sozialtheorie, Poststrukturalismus.

Christian Rittelmeyer, Dr. phil., Dipl.-Psych., bis 2003 Professor für Erziehungswissenschaft am Pädagogischen Seminar der Universität Göttingen. Arbeitsschwerpunkte: Pädagogische Psychologie, Pädagogische Anthropologie, Erziehungsgeschichte und Forschungsmethoden der Erziehungswissenschaft.

Alfred Schäfer, Dr. phil., Prof. für Systematische Erziehungswissenschaft an der Martin-Luther-Universität Halle Wittenberg. Arbeitsschwerpunkte: Konstitutionsprobleme von Erziehungs- und Bildungstheorie, diskursanalytische Bildungsforschung, Bildungsethnologie.

Gerd E. Schäfer, Dr. Dr. habil., Universitätsprof. i. R. für Pädagogik der frühen Kindheit und Familie an der Universität zu Köln, Prof. für Pädagogik der frühen Kindheit am „Institut für musikalische Bildung in der Kindheit" der Hochschule für Künste in Bremen. Arbeitsschwerpunkte: frühkindliche Bildungsforschung, Naturwissen junger Kinder, Ästhetik, Spiel.

Annette Scheunpflug, Dr. phil., Prof. für Allgemeine Pädagogik an der Universität Bamberg. Arbeitsschwerpunkte: Systematische Fragen der Allgemeinen Erziehungswissenschaft und Bildungsforschung; Evolutionäre Erziehungswissenschaft; Pädagogische Anthropologie; International und interkulturell vergleichende Erziehungswissenschaft mit dem Schwerpunkt Weltbürgerliche Erziehung/Globales Lernen.

Doris Schuhmacher-Chilla, Dr. phil. habil., Prof. für Kunsttheorie am Institut für Kunst und Kunsttheorie der Universität zu Köln. Arbeitsschwerpunkte: Kunsttheorie, Historische Anthropologie und Kunstwissenschaft, zeitgenössische Kunst, bes. Fotografie.

Sabine Seichter, PD, Dr. phil., zurzeit Vertretungsprof. für Erziehungswissenschaft am Department Pädagogik der FAU Erlangen-Nürnberg in Nürnberg. Arbeitsschwerpunkte: Geschichte und Theorien von Erziehung und Bildung, Kulturhistorische Anthropologie und Pädagogik der Person.

Gabriele Sorgo, Dr. phil., Privatdozentin für Kulturgeschichte am Institut für Geschichte der Universität Wien sowie seit 2009 Senior Lecturer für Pädagogische Anthropologie am Institut für Erziehungs- und Bildungswissenschaft der Karl-Franzens-Universität Graz. Arbeitsschwerpunkte: Konsumanthropologie, Körpergeschichte, Ernährungsbildung, christliche Askese.

Ursula Stenger, Dr. phil., Prof. für Erziehungswissenschaft mit dem Schwerpunkt Kindheit und Familie an der Universität zu Köln. Arbeitsschwerpunkte: Pädagogik der frühen Kindheit, ästhetische Bildung und kulturelle Praxen, Pädagogische Anthropologie und Phänomenologie sowie eine kulturwissenschaftlich orientierte Erziehungswissenschaft.

Stephan Sting, Dr. phil., Prof. für Sozial- und Integrationspädagogik am Institut für Erziehungswissenschaft und Bildungsforschung der Alpen-Adria-Universität Klagenfurt. Arbeitsschwerpunkte: Bildungsforschung, Sozialpädagogik im Kindes- und Jugendalter, Soziale Arbeit und Gesundheit.

Shoko Suzuki, Dr. phil., Prof. für Allgemeine Pädagogik an der Universität Kyoto, Japan. Member of Science Council of Japan. Gastprofessorin an der FU Berlin (2009/2010). Arbeitsschwerpunkte: Erziehungsphilosophie, Ästhetische Bildung, Thanatologie.

Anja Tervooren, Dr. phil., Prof. an der Fakultät für Bildungswissenschaften an der Universität Duisburg-Essen. Arbeitsschwerpunkte: Bildungs- und Sozialisationsforschung, Kindheits- und Jugendforschung, Ethnographie, Konstruktion von Differenz und Intersektionalität.

Kristin Westphal, Dr. phil., Prof. für Grundschulpädagogik an der Universität Koblenz-Landau, Campus Koblenz im FB 1 Bildungswissenschaften. Arbeitsschwerpunkte: Bildungstheorie; kulturelle Bildung; Pädagogische Phänomenologie und Anthropologie, Studien zur Wahrnehmung und Aufmerksamkeit von Theater und Tanz; social performances.

Michael Wimmer, Dr. phil., Prof. für Systematische Erziehungswissenschaft an der Universität Hamburg. Arbeitsschwerpunkte: Erziehungs- und Bildungsphilosophie im Kontext gesellschaftlicher Transformationsprozesse; Differenzphilosophie und Erziehungswissenschaft; Psychoanalyse, Medientheorie und Kulturwissenschaft; Ethik, Politik und Pädagogik.

Christoph Wulf, Dr. phil., Prof. für Anthropologie und Erziehung, Interdisziplinäres Zentrum für Historische Anthropologie, Cluster „Languages of Emotion", Graduiertenkolleg „InterArts Studies" an der Freien Universität Berlin; Vizepräsident der Deutschen UNESCO-Kommission. Arbeitsschwerpunkte: Anthropologie, Pädagogische Anthropologie, Mimesis- und Imagination, Performativität- und Ritual, ästhetische und interkulturelle Bildung.

Jörg Zirfas, Dr. phil., Prof. für Allgemeine Erziehungswissenschaft mit dem Schwerpunkt Pädagogische Anthropologie an der Universität zu Köln. Forschungsschwerpunkte: Historische und Pädagogische Anthropologie, Erziehungs- und Bildungsphilosophie, Qualitative Bildungs- und Sozialforschung, Kulturpädagogik und Ästhetische Bildung.

Personenregister

Sachregister

T